आर. गुप्ता® कृत

CTET

Central Teacher Eligibility Test

पिछले प्रश्न–पत्र एवं प्रैक्टिस टेस्ट पेपर्स

(हल सहित)

पेपर-II

गणित एवं विज्ञान शिक्षक पद हेतु

कक्षा VI-VIII

RPH संपादक मंडल
द्वारा संपादित

2027
EDITION

रमेश पब्लिशिंग हाउस, नई दिल्ली

प्रकाशक

ओ.पी. गुप्ता, **रमेश पब्लिशिंग हाउस**

प्रशासनिक कार्यालय

12-H, न्यू दरियागंज रोड, ऑफिसर्स मेस के सामने,

नई दिल्ली-110002 ✆ 23275224, 23245124

E-mail: info@rameshpublishinghouse.com

For Online Shopping: www.rameshpublishinghouse.com

विक्रय केन्द्र

• बालाजी मार्किट, नई सड़क, दिल्ली-110006 ✆ 23282525 📱 9354373464

• 4457, नई सड़क, दिल्ली-110006

Book Code: R-1599

ISBN: 978-93-5012-376-8

मूल्य: ₹ 490

मुद्रक: दीपक ऑफसैट, दिल्ली

अनुक्रमणिका

पिछले प्रश्न-पत्र (हल सहित)

प्रैक्टिस टेस्ट पेपर्स (हल सहित)

पिछले प्रश्न-पत्र

CTET—पेपर II, फरवरी-2026

गणित एवं विज्ञान शिक्षक हेतु

(Exam held on 07-02-2026)

भाग-I : बाल विकास व शिक्षाशास्त्र

1. निम्नलिखित कथनों को पढ़िए:

अभिकथन (A): बुद्धि परीक्षण और विस्तारित अवलोकन के संचालन का उद्देश्य बच्चों की विशिष्ट आयाम और क्षमताओं में तुलना करना होना चाहिए।

कारण (R): बुद्धिमत्ता एक जन्मजात क्षमता है और इसे पोषित नहीं किया जा सकता है।

सही विकल्प चुनिए।

1. (A) और (R) दोनों सही हैं, लेकिन (A) की (R) सही व्याख्या नहीं करता है।
2. (A) सही है, लेकिन (R) गलत है।
3. (A) और (R) दोनों गलत हैं।
4. (A) और (R) दोनों सही हैं तथा (A) की (R) सही व्याख्या करता है।

2. एक शिक्षिका, जो अपने माध्यमिक स्कूल की कक्षा में सचेत रूप से सभी जेंडर के वैज्ञानिकों के उदाहरण लेती है, कोशिश कर रही है कि वे–

1. जेंडर भेदभाव को मजबूत करें।
2. जेंडर पहचान को सक्षम करें।
3. जेंडर स्थिरता का निर्माण करें।
4. जेंडर रूढ़ियों को तोड़े।

3. निम्नलिखित कथनों को पढ़िए:

अभिकथन (A): सभी लड़कियाँ मेहनती और ईमानदार होती हैं जबकि लड़के बुद्धिमान और रोबदार होते हैं।

कारण (R): दो विशिष्ट जैविक मस्तिष्क लड़कियों और लड़कों में शारीरिक और संज्ञानात्मक कौशल के साथ-साथ व्यक्तित्व और स्वभाव में सभी मतभेदों का उत्पादन करते हैं।

सही विकल्प चुनिए।

1. (A) और (R) दोनों सही हैं, लेकिन (A) की (R) सही व्याख्या नहीं करता है।
2. (A) सही है, लेकिन (R) गलत है।
3. (A) और (R) दोनों गलत हैं।
4. (A) और (R) दोनों सही हैं तथा (A) की (R) सही व्याख्या करता है।

4. विद्यार्थियों के सीखने की प्राथमिकताओं में व्यक्तिगत भिन्नताओं को किस रूप में देखा जाना चाहिए?

1. कुछ बच्चों में संज्ञानात्मक असामान्यता
2. कुछ बच्चों में विकासात्मक कमियाँ
3. विविधता का सामान्य चित्रण
4. उनके अलग-अलग बुद्धि-लब्धि स्तरों का असामान्य मापदंड

5. वह आकलन, जो किसी विद्यार्थी के प्राप्त अंकों को अन्य विद्यार्थियों के औसत प्रदर्शन से तुलना करने के लिए किया जाता है, ... कहलाता है।

1. प्रारूप-संदर्भित
2. मानक-संदर्भित
3. आत्म-संदर्भित
4. मापदंड-संदर्भित

6. कक्षा आकलन के बारे में निम्नलिखित में से कौन-से कथन सही हैं?

(*i*) आकलन को छात्रों की अध्ययन करते समय संज्ञानात्मक प्रक्रियाओं को प्रभावित करना चाहिए।

(*ii*) आकलन को अपने आप में सीखने के अनुभव के रूप में काम करना चाहिए।

(*iii*) आकलन को छात्रों को सीखने के लिए डर और तनाव पैदा करना चाहिए।

(*iv*) आकलन मानकीकृत और मानक-संदर्भित होने चाहिए।

सही विकल्प चुनिए।

1. (*i*), (*ii*)
2. (*ii*), (*iii*), (*iv*)
3. (*i*), (*ii*), (*iii*), (*iv*)
4. (*i*), (*iii*)

1. 3	**2.** 4	**3.** 3	**4.** 3	**5.** 2	**6.** 1

7. निम्नलिखित में से कौन-सा प्रश्न विद्यार्थियों के उच्च-स्तरीय आलोचनात्मक और विश्लेषणात्मक चिंतन कौशल को बढ़ावा देगा?

1. एक विशिष्ट अखबर के लेख में उल्लिखित संज्ञाओं को पहचानें।
2. अखबारों के लेख पढ़ें और नए शब्दों की सूची बनाएँ।
3. अखबार का लेख पढ़ें और एक उपयुक्त शीर्षक के बारे में सोचें।
4. एक ही घटना को दर्शाने वाले दो अखबारों के लेखों में निहित मान्यताओं की पहचान करें।

8. निम्नलिखित कथनों को पढ़िए:

अभिकथन (A): खराब लेखन क्षमता वाले छात्रों को अक्सर उनके शिक्षकों द्वारा 'बौद्धिक रूप से अक्षम' के रूप में चित्रित किया जाता है।

कारण (R): शिक्षकों के अंतर्निहित पूर्वाग्रह होते हैं और छात्रों के सीखने के व्यवहार के बारे में धारण रखते हैं जो छात्रों के विकास को प्रभावित कर सकते हैं।

सही विकल्प चुनिए।

1. (A) और (R) दोनों सही हैं, लेकिन (A) की (R) सही व्याख्या नहीं करता है।
2. (A) सही है, लेकिन (R) गलत है।
3. (A) और (R) दोनों गलत हैं।
4. (A) और (R) दोनों सही हैं तथा (A) की (R) सही व्याख्या करता है।

9. निम्नलिखित में से कौन-सा कक्षा में विविधता को बढ़ावा देने के लिए एक तरीका **नहीं** है?

1. विद्यार्थियों को उनकी अनूठी पहचान और संस्कृतियों को व्यक्त करने के लिए प्रोत्साहित करना
2. विद्यार्थियों की पृष्ठभूमि और संस्कृतियों के आधार पर पूर्वाग्रह के अनुकूल व्यवहार करना
3. अलग-अलग पृष्ठभूमि और संस्कृतियों के व्यक्तियों के साथ बातचीत करने के लिए विद्यार्थियों को अवसर प्रदान करना
4. पाठ्यक्रम में विभिन्न दृष्टिकोणों और अनुभवों को शामिल करना

10. निम्नलिखित में से अधिगम अक्षमता और इसके कारण होने वाली चुनौती का सही मेल कौन-सा है?

1. लेखन वैकल्य—सूक्ष्म पेशीय कौशल और वर्तनी को प्रभावित करता है
2. पठन वैकल्य—संख्याओं और अंकगणितीय संक्रियाओं की सीखने की क्षमता को प्रभावित करता है
3. गतिसमन्वय वैकल्य—ठीक से देख, सुन व बोल पाने की क्षमता को प्रभावित करता है
4. गुणज वैकल्य—पढ़ने की क्षमता और भाषा प्रसंस्करण कौशल को प्रभावित करता है

11. 'स्वलीनता' से जूझ रहे विद्यार्थियों को आसानी होती है।

1. बातचीत के दौरान आँखों का संपर्क स्थापित करने में।
2. परिचित और पूर्वानुमेय दिनचर्या का पालन करने में।
3. गतिविधियों के बीच तेजी से बदलाव करने में।
4. अजनबियों के साथ संवाद करने में।

12. प्रतिभाशाली बच्चों के बारे में निम्नलिखित में से कौन-सा कथन सही **नहीं** है?

1. बच्चे एक से अधिक प्रकार की बुद्धि से प्रतिभाशाली हो सकते हैं।
2. प्रतिभाशाली बच्चे विशेष क्षमताओं और सामर्थ्य के साथ पैदा होते हैं जिन्हें विकसित करने की आवश्यकता होती है।
3. प्रतिभाशाली बच्चों में जिज्ञासा की भावना कम होती है और उनकी कल्पनाशक्ति भी कमजोर होती है।
4. बच्चे विभिन्न स्तरों पर प्रतिभाशाली हो सकते हैं और कुछ में किसी प्रकार की अक्षमता भी हो सकती है।

13. विद्यार्थियों द्वारा स्वयं का त्रुटि विश्लेषण—

1. विद्यार्थियों के अधिसंज्ञानात्मक कौशलों में बाधा डालता है।
2. अधिगम प्रक्रिया में एक निरर्थक गतिविधि है।
3. विद्यार्थियों के लिए अधिगम को स्मृति में बनाए रखने में सहायता प्रदान करता है।
4. विद्यार्थियों की समझ में और अधिक फासला पैदा करता है।

14. घोषणात्मक ज्ञान और प्रक्रियात्मक ज्ञान के संबंध में निम्नलिखित में से कौन-सा कथन सही है?

1. घोषणात्मक ज्ञान को विश्लेषणात्मक ज्ञान के रूप में भी जाना जाता है।
2. प्रक्रियात्मक ज्ञान आमतौर पर कार्यविधि-उन्मुख होता है।
3. प्रक्रियात्मक ज्ञान किसी चीज के बारे में तथ्यात्मक ज्ञान बताता है।
4. घोषणात्मक ज्ञान इस बात पर जोर देता है कि कोई चीज कैसे करनी चाहिए।

15. जिन विषय-वस्तुओं को मौजूदा संज्ञानात्मक संरचनाओं के विस्तार या संशोधन की आवश्यकता होती है, उन्हें सीखने में .... समय लगता है और वे .... अवधि के लिए स्मृति में बने रहते है।

1. लंबा, कम
2. कम, कम
3. कम लंबी
4. लंबा, लंबी

7. 4	8. 4	9. 2	10. 1	11. 2	12. 3	13. 3	14. 2	15. 4

16. निम्नलिखित कथनों को पढ़िए।

अभिकथन (A): शिक्षकों को बच्चों को ऐसे प्रश्नों पर ध्यान केंद्रित करने के लिए प्रोत्साहित करना चाहिए जैसे कि "मेरा सीखने का लक्ष्य क्या है और वहाँ पहुँचने के लिए मुझे क्या करने की जरूरत है"।

कारण (R): जब छात्र समझते हैं कि उनके काम के प्रदर्शन का आत्म-मूल्यांकन कैसे किया जाए, तो वे इस समझ का उपयोग खुद को सीखने और अपनी प्रगति में मदद करने के लिए कर सकते हैं।

सही विकल्प चुनिए।

1. (A) और (R) दोनों सही हैं, लेकिन (A) की (R) सही व्याख्या नहीं करता है।
2. (A) सही है, लेकिन (R) गलत है।
3. (A) और (R) दोनों गलत हैं।
4. (A) और (R) दोनों सही हैं तथा (A) की (R) सही व्याख्या करता है।

17. अधिगम के निर्देशित खोज-आधारित उपागम में–

1. किसी पूर्व योजना या पूर्व ज्ञान की आवश्यकता नहीं होती है।
2. शिक्षार्थियों को स्वयं के लिए ज्ञान की रचना करने के अवसर प्रदान किए जाते हैं।
3. शिक्षक एक तानाशाह के रूप में कार्य करता है और शिक्षार्थी श्रोताओं के रूप में कार्य करते हैं।
4. शिक्षक द्वारा किसी भी प्रकार के हस्तक्षेप के बिना शिक्षार्थियों को उनके हाल पर छोड़ दिया जाता है।

18. निम्नलिखित में से कौन-सी रणनीति बच्चों में वैचारिक समझ विकसित करते समय प्रभावी **नहीं** है?

1. अवधारणा क्या नहीं है यह दिखाने के लिए गैर-उदाहरण प्रस्तुत करना
2. विद्यार्थियों से अपने स्वयं के उदाहरण प्रस्तुत करने के लिए कहना
3. विद्यार्थियों से परिभाषा को ज्यों का त्यों याद करने के लिए कहना
4. विविध संदर्भों में उदाहरणों की एक विस्तृत शृंखला प्रस्तुत करना

19. एक सक्रिय माध्यमिक विद्यालय कक्षा किसके सैद्धांतिक सिद्धांतों पर स्थापित की जानी चाहिए?

1. मनोगत्यात्मकता
2. सामाजिक रचनावाद
3. मनोविश्लेषण
4. व्यवहारवाद

20. निम्नलिखित कथनों को पढ़िए:

अभिकथन (A): समानुभूति यह समझने की योग्यता पर निर्भर करती है कि दूसरों की भावनाएँ हैं और उनकी भावनाओं के अनुमान के लिए।

कारण (R): भावनाएँ और संज्ञान एक-दूसरे से संबंधित नहीं है।

सही विकल्प चुनिए।

1. (A) और (R) दोनों सही हैं, लेकिन (A) की (R) सही व्याख्या नहीं करता है।
2. (A) सही है, लेकिन (R) गलत है।
3. (A) और (R) दोनों गलत हैं।
4. (A) और (R) दोनों सही हैं तथा (A) की (R) सही व्याख्या करता है।

21. एक माध्यमिक स्कूल शिक्षक छात्रों को रणनीतिक स्व-प्रेरित शिक्षार्थी बनने में किस प्रकार सक्षम बन सकता है?

1. पूरे किए गए प्रत्येक कार्य के लिए विभिन्न प्रकार के पुनर्बलन प्रदान करके।
2. पाठ्यपुस्तक में दिए गए प्रश्नों के उत्तर अच्छी तरह से लिखवाकर।
3. सत्र के अंत में वस्तुनिष्ठ प्रकार के परीक्षण पर जोर देकर।
4. छात्रों को उनके अधिसंज्ञानात्मक ज्ञान और कौशल विकसित करने के लिए प्रोत्साहित करके।

22. निम्नलिखित में से कौन-सा आंतरिक अभिप्रेरणा का उदाहरण है?

1. व्यक्तिगत रुचि या कार्य के आनंद में अभिप्रेरित अभिप्रेरणा
2. दूसरों के साथ प्रति प्रतिस्पर्धा से अभिप्रेरित अभिप्रेरणा
3. दूसरों की प्रशंसा प्राप्त करने से अभिप्रेरित अभिप्रेरणा
4. बाहरी पुरस्कारों से अभिप्रेरित अभिप्रेरणा

23. निम्नलिखित प्रश्न में किस बहस पर प्रकाश डाला गया है?

"क्या किसी व्यक्ति का जैविक रूप से निर्धारित जेंडर अपने साथ वे सभी विशेषताएँ लाता है जो किसी के सामाजिक रूप से निर्मित जेंडर को परिभाषित करती है?"

1. विकास का निरंतर-विच्छिन्न दृष्टिकोण
2. विकास का स्थिर-अस्थिर दृष्टिकोण
3. योग्यता का अटल-वृद्धिशील दृष्टिकोण
4. प्रकृति-परिवेश का विकास पर प्रभाव

24. .... के दौरान एक प्रमुख विकासात्मक कार्य व्यक्तिगत, यौन और व्यावसायिक पहचान की खोज है।

1. प्रारंभिक बाल्यावस्था
2. किशोरावस्था
3. मध्य वयस्कता
4. मध्य बाल्यावस्था

16. 4	**17.** 2	**18.** 3	**19.** 2	**20.** 2	**21.** 4	**22.** 1	**23.** 4	**24.** 2

25. निम्नलिखित कथनों को पढ़िए:

अभिकथन (A): बच्चे समाज के मूल्यों और मानदंडों को प्रत्यक्ष और अप्रत्यक्ष तरीकों से सीखते हैं।

कारण (R): समाजीकरण समाज के रीति-रिवाजों और अनुष्ठानों को पारित करने की एक सरल प्रक्रिया है।

सही विकल्प चुनिए।

1. (A) और (R) दोनों सही हैं, लेकिन (A) की (R) सही व्याख्या नहीं करता है।
2. (A) सही है, लेकिन (R) गलत है।
3. (A) और (R) दोनों गलत हैं।
4. (A) और (R) दोनों सही हैं तथा (A) की (R) सही व्याख्या करता है।

26. जीन पियाजे के संज्ञानात्मक विकास के सिद्धांत के अनुसार, निम्नलिखित में से कौन-सी क्षमता औपचारिक संक्रियात्मक सोच को मूर्त संक्रियात्मक सोच से भिन्न करती है?

1. संरक्षण　　2. वस्तु स्थायित्व
3. प्रतीकात्मक खेल　　4. अमूर्त तर्क

27. जीन पियाजे की एक महत्वपूर्ण आलोचना यह है कि वह विकास पर .... के प्रभाव पर पर्याप्त रूप से विचार करने में विफल थे।

1. संस्कृति　　2. अनुभव
3. क्रिया　　4. परिपक्कता

28. निम्नलिखित में से कौन-सा एक सही सुमेलित युग्म है?

1. अच्छा लड़का-अच्छी लड़की उन्मुखीकरण – अधिक-से-अधिक संख्याओं के लिए सबसे अच्छा
2. कानून और व्यवस्था उन्मुखीकरण – मानवता के लिए सामाजिक न्याय के सिद्धांतों को कायम रखना
3. सामाजिक अनुबंध उन्मुखीकरण – दूसरों की धारणा पर ध्यान
4. दंड और आज्ञाकारिता उन्मुखीकरण – बुरे परिणामों से बचाव

29. जीन पियाजे और लेव वायगोत्स्की के दृष्टिकोण में कौन-सी मान्यता समान है?

1. भाषा संज्ञान को प्रभावित और निर्धारित करती है।
2. संस्कृति का सीखने पर गहरा प्रभाव पड़ता है।
3. बच्चों का विकास चरणों में होता है।
4. बच्चे अर्थ-निर्माण की प्रक्रिया में शामिल होते हैं।

30. लेव वायगोत्स्की ने प्रस्तावित किया था कि–

1. बच्चों की सोच वयस्कों में 'मात्रात्मक रूप से भिन्न' होती है।
2. बच्चों की सोच वयस्कों से 'गुणात्मक रूप से' भिन्न होती है।
3. बच्चों में बहुत क्षमता होती है जिसमें वे कार्य भी शामिल होते हैं जिन्हें वे दूसरों के सहयोग से कर सकते हैं।
4. बच्चे 'अनियंत्रित' पैदा होते हैं और समाज को उन्हें सामाजिक व्यवहार सिखाने की जरूरत है।

भाग-II : गणित एवं विज्ञान

31. यदि

$$\begin{array}{r} 2\,A \\ \times\, A \\ \hline B\,2\,A \end{array}$$

हैं। जहाँ A और B अंक हैं तो

1. A = 1, B = 6　　2. A = 1, B = 5
3. A = 5, B = 1　　4. A = 6, B = 1

32. यदि $a - b = \frac{11}{5}$ और $ab = \frac{3}{4}$ हैं, तो $(a + b)$ का एक मान है:

1. $2\frac{4}{5}$　　2. $3\frac{1}{5}$
3. $3\frac{2}{5}$　　4. $2\frac{3}{5}$

33. यदि $\frac{7x-1}{4} - \frac{1}{3}\left(2x - \frac{1-x}{2}\right) = \frac{10}{3}$ है, तो $\frac{11x+21}{2}$ का मान क्या है?

1. 29　　2. 31
3. 32　　4. 27

34. $5(2x - 4y) + 6(4x^2 + 16y^2 - 16xy) - 6$ का एक गुणनखंड है:

1. $4x - 8y + 3$
2. $3x - 6y + 1$
3. $3x - 6y - 1$
4. $2x - 4y - 3$

35. कोई दुकानदार एक पंखे को ₹ 1,500 पर खरीदता है और इस पर ₹ 2,500 मूल्य अंकित करता है। वह इस पंखे को इसके अंकित मूल्य पर 20% की छूट देकर बेचता है और साथ ही नकद भुगतान पर ₹ 250 की एक अतिरिक्त छूट भी देता है। यदि कोई ग्राहक पंखे को नकद भुगतान करके खरीदता है, तो दुकानदार को कितना लाभ (₹ में) हुआ?

1. 225　　2. 250
3. 300　　4. 200

25. 2	**26.** 4	**27.** 1	**28.** 4	**29.** 4	**30.** 3
31. 3	**32.** 1	**33.** 2	**34.** 1, 3	**35.** 2	

36. जब संख्याओं 4, 10, 12 और 24 में से प्रत्येक में x जोड़ा जाता है, तब इस क्रम में प्राप्त परिणामी संख्याएँ समानुपाती हो जाती हैं। $(3x + 1)$ का मान क्या है?

1. 13 2. 16
3. 19 4. 10

37. यदि $(3x - 30°)$ और $(2x + 20°)$ दो संपूरक कोण हैं, तो $(2x - 4°)$ का मान है:

1. 76° 2. 80°
3. 84° 4. 72°

38. किसी त्रिभुज PQR के कोण P और Q क्रमशः 30° और 50° हैं। यदि कोणों P और Q के समद्विभाजक एक बिंदु O पर मिलते हैं, तो $(2\angle POQ - 10°)$ का मान है:

1. 190° 2. 270°
3. 250° 4. 150°

39. निम्न मापनों (cm में) में से किनसे एक समकोण त्रिभुज की भुजाएँ **नहीं** बन सकती हैं?

1. 12, 16, 20 2. 4.5, 6, 7.5
3. 8, 16, 12 4. 2.5, 6.5, 6

40. निम्न में से किस अक्षर में घूर्णन सममिति **नहीं** है?

1. O 2. E
3. N 4. H

41. किसी समांतर-चतुर्भुज PQRS के विकर्ण PR और QS बिंदु O पर प्रतिच्छेद करते हैं। यदि OP = $(x + y)$ cm, OQ = 20 cm, OR = 16 cm और OS = $(y + 7)$ cm हैं, ता $(7x - y)$ (cm में) है:

1. 8 2. 9
3. 13 4. 6

42. किसी समलंब के परिमाप और क्षेत्रफल क्रमशः 52 cm और 128 cm^2 है। यदि इसकी असमांतर भुजाओं का योग 20 cm है, तो इसकी समांतर भुजाओं के बीच की दूरी है:

1. 8 cm 2. 10 cm
3. 12 cm 4. 6 cm

43. किसी आयताकार खेत का क्षेत्रफल 48 m^2 है तथा इसकी एक भुजा 6 m है। किसी व्यक्ति को 20 m प्रति मिनट की चाल से इस खेत को विकर्णतः पार करने में कितना समय लगेगा?

1. 20 सेकंड 2. 30 सेकंड
3. 40 सेकंड 4. 15 सेकंड

44. भुजाओं 8 cm, 6 cm और 10 वाले तीन धातुओं के ठोस घनों को पिघलाकर एक अकेला ठोस घन बनाया गया है। इस प्रकार बने नए घन की भुजा है:

1. 20 cm 2. 18 cm
3. 12 cm 4. 24 cm

45. प्रेक्षणों 30, 61, 55, 56, 60, 20, 26, 45, 28 और 56 के माध्यक तथा बहुलक का माध्य है।

1. 53 2. 55
3. 56 4. 52

46. अच्छी प्रकार से फेंटी गई ताशों की एक गड्डी में से एक कार्ड निकाला जाता है। निकाले गए कार्ड की एक 10 या एक लाल बादशाह होने की प्रायिकता क्या है?

1. $\frac{1}{13}$ 2. $\frac{3}{26}$
3. $\frac{2}{13}$ 4. $\frac{1}{26}$

47. वह सबसे बड़ी संख्या, जिससे 87 और 123 को भाग देने पर क्रमशः 7 और 3 शेष बचे, है:

1. 36 2. 40
3. 80 4. 20

48. $0.\overline{4} + 0.\overline{6}$ का मान है:

1. $1\frac{1}{9}$ 2. $1\frac{2}{9}$
3. $1\frac{1}{10}$ 4. 1

49. $\frac{4}{7}, \frac{9}{16}, 1\frac{2}{3}$ और $\frac{3}{5}$ में सबसे बड़ी और सबसे छोटी भिन्नों का अंतर है:

1. $\frac{81}{112}$ 2. $\frac{25}{28}$
3. $\frac{31}{56}$ 4. $\frac{2}{7}$

50. किसी संख्या के वर्ग की इकाई का अंक उस संख्या के इकाई अंक से 2 अधिक है। निम्न में से कौन-सा अंक उस संख्या के वर्ग की इकाई का अंक **नहीं** हो सकता है?

1. 5 2. 6
3. 9 4. 4

51. निम्नलिखित में से कौन-सा गणित में विद्यार्थियों के आकलन का हिस्सा **नहीं** होना चाहिए?

1. गणितीय तथ्यों का कारण देना
2. गणितीय पदों की परिभाषाओं का प्रत्यास्मरण करना
3. गणितीय संबंधों को अमूर्तन के प्रयोग से समझना
4. दैनिक जीवन की परिस्थितियों से संबंधित समस्याओं को हल करने के लिए सीखी गई गणितीय अवधारणाओं का प्रयोग करना

36. 1	**37.** 4	**38.** 2	**39.** 3	**40.** 2	**41.** 1	**42.** 1	**43.** 2
44. 3	**45.** 1	**46.** 2	**47.** 2	**48.** 1	**49.** 1	**50.** 1	**51.** 2

52. .... पहले भारतीय गणितज्ञ थे, जिन्होंने व्याख्या की कि एक ऋणात्मक संख्या का वर्गमूल नहीं होता।

1. बौधायन
2. आर्यभट्ट
3. रामानुजन
4. महावीर

53. जब दशमलव संख्याओं 1.5, 0.23, 1.6, 0.034, 1.13 को आरोही क्रम में व्यवस्थित करने के लिए कहा गया, तब एक विद्यार्थी ने इन्हें इस प्रकार व्यवस्थित किया– 0.23, 0.034, 1.5, 1.6, 1.13 विद्यार्थी द्वारा दिए गए उत्तर के लिए निम्नलिखित में से कौन-सा सबसे उपयुक्त है?

1. विद्यार्थी ने दशमलव संख्याओं को अवरोही क्रम में व्यवस्थित करके असावधानीवश एक त्रुटि की है
2. शिक्षिका को विद्यार्थी को दशमलव संख्याओं को क्रमबद्ध करने के नियमों को प्रत्यास्मरण करने और तत्पश्चात् उन्हें व्यवस्थित करने के लिए कहना चाहिए
3. विद्यार्थी में उस दशमलव संख्या को बड़ा मानने की एक भ्रांति विकसित हो गई है जिसमें दशमलव भाग में अधिक अंक हों
4. विद्यार्थी ने दशमलव संख्याओं को सही क्रम में व्यवस्थित किया है

54. एक शिक्षक ने बच्चों को 'एक-एक' इकाई के छः वर्ग काटने को कहा और फिर पूछा, "इन वर्गों का उपयोग करके आप और कितनी विभिन्न आकृतियाँ बना सकते हो? सबसे अधिक परिमाप वाली कौन-सी आकृति बनेगी?" इस क्रियाकलाप का सबसे कम उपयुक्त उद्देश्य है।

1. सृजनात्मकता और विश्लेषणात्मक कौशल विकसित करने के लिए अवसर उपलब्ध कराना
2. बच्चों के क्षेत्रफल और परिमाप के अधिगम का आकलन करना
3. याद किए हुए सूत्रों को एक नए संदर्भ में लागू करना
4. बच्चों को सामूहिक कार्य में संलग्न रखना

55. एक बच्चा एक समीकरण $x + 7 = 15$ को हल इस प्रकार करता है:

$$x + 7 - 7 = 15$$
$$x = 15$$

उस बच्चे के लिए सर्वोत्तम उपचारात्मक कार्यनीति है–

1. बच्चे को सवाल सरल भाषा में समझाएँ
2. वैकल्पिक विधि का उपयोग करते हुए समता की अवधारणा की व्याख्या करें
3. श्यामपट्ट पर उसी समीकरण को हल करने के लिए बच्चे से कहें
4. बच्चे को समीकरण हल करने वाले बहुत सारे सवाल दें

56. राष्ट्रीय पाठ्यचर्या रूपरेखा, 2005 के अनुसार, अंकगणित और बीजगणित के शिक्षण के दौरान शिक्षार्थियों में कौन-से महत्वपूर्ण कौशल विकसित किए जाने चाहिए।

A. संबंधों में पैटर्न खोजना
B. बीजगणितीय सर्वसमिकाओं को याद करना
C. संख्याओं के मध्य संबंध देखना
D. बीजगणितीय संकेतनों को लिखने का गहन अभ्यास करना

सही विकल्प चुनिए।

1. A और C
2. B और C
3. B और D
4. A, B और D

57. कक्षा VIII में 'आकृतियाँ' पढ़ाने के बाद एक शिक्षिका ने ऐतिहासिक स्थानों की यात्रा की योजना बनाई। निम्नलिखित में से कौन-सा इसके लिए सबसे उपयुक्त कारण है?

1. शिक्षिका ने अधिकतर पाठ्यक्रम पूरा कर लिया है और इसलिए मजे के लिए उसने क्षेत्र यात्रा की योजना बनाई है
2. आकृति वास्तुकला का एक अभिन्न अंग है और इस तरह की यात्राएँ विभिन्न विषयों में संबंधों को बढ़ाती हैं
3. यह गणित की कक्षा के नियमित शिक्षण से विराम होगा और विद्यार्थियों के संचार कौशल में सुधार करने का अवसर होगा
4. क्षेत्र यात्राएँ सी.बी.एस.ई. की सिफारिश हैं

58. गणित की एक शिक्षिका उमा ने एक विद्यार्थी से पूछा, "बेलन के कितने किनारे होते हैं?" विद्यार्थी ने उत्तर दिया, "दो"। उमा को चाहिए कि वह

1. सही उत्तर के लिए विद्यार्थी की प्रशंसा करें
2. बेलन की आकृति श्यामपट्ट पर बनाए और उसमें किनारे दर्शाए
3. विद्यार्थी के हाथों में बेलन दे और प्रश्न दुबारा पूछे
4. विद्यार्थी को गलत उत्तर के लिए दंडित करे

59. एक शिक्षक बच्चों को एक वर्गाकार ग्रिड पर बनी हुई छवि देते हैं और कहते हैं इसकी बड़ी और छोटी पार्श्व छवियाँ बनाएँ। निम्नलिखित में से कौन-सा गणित की कक्षा में यह क्रियाकलाप कराने का एक उद्देश्य **नहीं** होगा?

1. भिन्नों के अनुप्रयोगों का अभ्यास प्रदान करने के लिए
2. अंकगणित और ज्यामिति को एकीकृत करने के अवसर प्रदान करने के लिए
3. सर्वांगसमता और समानता की अवधारणा का परिचय देने के लिए
4. विभिन्न परिस्थितियों में अनुपात और समानुपात की अवधारणा को लागू करने के लिए

52. 4 **53.** 3 **54.** 4 **55.** 2 **56.** 1 **57.** 2 **58.** 3 **59.** 3

60. गणित में बंद सिरे वाले प्रश्न निम्नलिखित में से किन्हें बढ़ावा **नहीं** देते?

A. अपसारी चिंतन
B. अभिसारी चिंतन
C. रचनात्मकता
D. उच्च-स्तरीय चिंतन कौशल

सही विकल्प चुनिए।

1. A, B और C
2. B, C और D
3. A, C और D
4. A और B

61. आपको चाइना रोज (गुड़हल) सूचक दिया गया है।

प्रथम परखनली में, आपने दो बूँदें विलयन A की डालीं और विलयन के रंग में किसी परिवर्तन का प्रेक्षण नहीं किया।

दूसरी परखनली में, आपने दो बूँदें विलयन B की डालीं और हरा रंग प्राप्त किया।

तीसरी परखनली में, आपने दो बूँदें विलयन C की डालीं और मैजेंटा (गहरा गुलाबी) रंग प्राप्त किया।

विलयनों A, B और C की प्रकृति की पहचान कीजिए।

1. A-अम्लीय; B-क्षारकीय; C-उदासीन
2. A-उदासीन; B-क्षारकीय; C-अम्लीय
3. A-उदासीन; B-अम्लीय; C-क्षारकीय
4. A-क्षारकीय; B-उदासीन; C-अम्लीय

62. निम्नलिखित कथनों को पढ़िएः

कथन 1: किसी पिंड की अशून्य यांत्रिक ऊर्जा हो सकती है, किन्तु शून्य संवेग हो सकता है।

कथन 2: कोई पिंड शून्य कार्य कर सकता है, तब भी अगर पिंड पर लगाया गया बल अशून्य है।

सही विकल्प चुनिए।

1. कथन 1 असत्य है, किंतु, कथन 2 सत्य है
2. कथन 1 और 2 दोनों सत्य हैं
3. कथन 1 और 2 दोनों असत्य हैं
4. कथन 1 सत्य है, किंतु कथन 2 असत्य है

63. धातु के दो समरूप पात्र लिए गए। पात्र A को बाहरी सतह पर काला और पात्र B को बाहरी सतह पर सफेद रंगा गया।

चरण 1: दोनों पात्रों को सूर्य की सीधी रोशनी में रखा गया।

चरण 2: कुछ घंटों के पश्चात्, दोनों पात्रों को एक छायादार क्षेत्र में रखा गया।

निम्नलिखित में से क्या प्रेक्षित किया जाएगा?

1. पात्र B, पात्र A की अपेक्षा अधिक शीघ्रता से गर्म हो जाएगा जबकि पात्र A, पात्र B की अपेक्षा अधिक शीघ्रता से ऊष्मा खो देगा
2. पात्र A, पात्र B की अपेक्षा अधिक शीघ्रता से ऊष्मा ग्रहण करेगा और खोएगा
3. पात्र B, पात्र A की अपेक्षा अधिक शीघ्रता से ऊष्मा ग्रहण करेगा और खोएगा
4. पात्र A, पात्र B से अधिक शीघ्रता से गर्म हो जाएगा जबकि पात्र B, पात्र A से अधिक शीघ्रता से ऊष्मा खो देगा

64. तेज चाकू की तुलना में कुंद चाकू से काटना क्यों मुश्किल होता है?

1. बल कम हो जाता है
2. संपर्क क्षेत्र बढ़ जाता है
3. संपर्क क्षेत्र कम हो जाता है
4. दाब बढ़ जाता है

65. विद्युत-चुंबक की शक्ति बढ़ाने के लिए निम्नलिखित में से किसका उपयोग किया जा सकता है?

1. कुंडली के फेरों की संख्या कम करके
2. प्लास्टिक कोर (क्रोड) का उपयोग करके
3. ऐल्युमिनियम कोर (क्रोड) का उपयोग करके
4. धारा का प्रवाह बढ़ाकर

66. निम्नलिखित में से कौन-सा उन अंगों का समुच्चय है, जो पाचन क्रिया में योगदान **नहीं** देते?

1. ग्रसिका, बृहदांत्र, मलाशय
2. क्षुदांत्र, बृहदांत्र, मलाशय
3. बृहदांत्र, क्षुदांत्र, ग्रसिका
4. मुख गुहिका, ग्रसिका, मलाशय

67. निम्नलिखित कथनों को पढ़िएः

A : केंचुआ अपनी त्वचा के माध्यम से श्वास लेता है और उसके पास फेफड़े नहीं होते हैं।

B : बैंगची (टैडपोल) गलफड़ों के माध्यम से श्वास लेता है और उसके पास फेफड़े नहीं होते हैं।

C : साँप (सर्प) अपनी त्वचा के माध्यम से श्वास लेता है और उसके पास फेफड़े नहीं होते हैं।

सही विकल्प चुनिए।

1. B और C सत्य हैं
2. A और C सत्य हैं
3. केवल A सत्य हैं
4. A और B सत्य हैं

68. निम्नलिखित को पढ़िए तथा क्रमशः X, Y, Z और W की पहचान कीजिएः

X : वह भाग, जो परागण उत्पन्न करता है
Y : वह भाग, जिसमें मादा युग्मक की रचना होती है
Z : वह मादा जनजांग, जहाँ परागकण अंकुरित होते हैं
W : फूल का वह भाग, जो कीटों को आकर्षित करता है

सही विकल्प चुनिए।

1. परागकोश, स्त्रीकेसर, अंडाशय, बाह्यदल
2. परागकोश; अंडाशय, वर्तिकाग्र, पंखुड़ियाँ
3. पुंकेसर, अंडाशय, बीजांड, पंखुड़ियाँ
4. स्त्रीकेसर, वर्तिकाग्र, अंडाशय, बाह्यदल

60. 3	**61.** 2	**62.** 2	**63.** 2	**64.** 2	**65.** 4	**66.** 1	**67.** 4	**68.** 2

69. निम्नलिखित कथनों को पढ़िए:

अभिकथन (A): रोगों एवं मृत्यु की रोकथाम हेतु मलजल (गंदा पानी) का उपचार अनिवार्य है।

कारण (R): मलजल (गंदा पानी) एक ठोस अपशिष्ट है, जो जल प्रदूषण और मृदा प्रदूषण का कारण है।

सही विकल्प चुनिए।

1. (A) और (R) दोनों सही हैं, लेकिन (A) की (R) सही व्याख्या नहीं करता है।
2. (A) सही है, लेकिन (R) गलत है।
3. (A) गलत है, किन्तु (R) सही हैं।
4. (A) और (R) दोनों सही हैं तथा (A) की (R) सही व्याख्या करता है।

70. निम्नलिखित कथनों को पढ़िए:

A : श्वासरंध्र और रंध्र छिद्र होते हैं जिनके माध्यम से क्रमशः कीट और पर्ण (पत्ते) गैसों का विनिमय (आदान-प्रदान) करते है।

B : किसी पर्ण (पत्ते) में रंध्रों की संख्या की अपेक्षा एक कीट में श्वासरंध्रों की संख्या अधिक होती है।

C : रंध्र और श्वासरंध्र दोनों ही क्रमशः पर्णों और कीटों के शरीर के निम्न पृष्ठ पर विद्यमान होते हैं।

सही विकल्प चुनिए।

1. B और C सत्य हैं
2. A और C सत्य हैं
3. केवल A सत्य है
4. A और B सत्य हैं

71. रिक्त स्थानों को सही उत्तर से भरिए:

A रुधिर को फुफ्फुस धमनी में ढकेलता है। B विऑक्सीजनित रुधिर को हृदय से फेफड़ों तक ले जाती है। C ऑक्सीजनित रुधिर को वापस फेफड़ों से हृदय तक ले जाती है। वाम अलिंद से रुधिर D तक प्रवाहित होता है। E शरीर के विभिन्न अंगों से रुधिर प्राप्त करता है।

1. A-वाम निलय; B-फुफ्फुस धमनियाँ; C-फुफ्फुस शिराएँ; D-दक्षिण अलिंद; E-दक्षिण निलय
2. A-दक्षिण निलय; B-फुफ्फुस धमिनयाँ; C-फुफ्फुस शिराएँ; D-वाम निलय; E-दक्षिण अलिंद
3. A-दक्षिण निलय; B-फुफ्फस शिराएँ; C-फुफ्फुस धमनियाँ; D-वाम निलय; E-दक्षिण अलिंद
4. A-वाम निलय; B- फुफ्फुस शिराएँ; C-फुफ्फुस धमनियाँ; D-दक्षिण अलिंद; E-दक्षिण निलय

72. निम्नलिखित कथनों को पढ़िए:

अभिकथन (A): परिकल्पनाएँ सिद्धांत बनती हैं जो कि बाद में नियम बनते हैं।

कथन (R): गुरुत्वाकर्षण के नियम जैसे वैज्ञानिक नियम निरपेक्ष होते हैं।

सही विकल्प चुनिए।

1. (A) और (R) दोनों सही हैं, लेकिन (A) की (R) सही व्याख्या नहीं करता है।
2. (A) सही है, लेकिन (R) गलत है।
3. (A) और (R) दोनों गलत हैं।
4. (A) और (R) दोनों सही हैं तथा (A) की (R) सही व्याख्या करता है।

73. शीना अपनी नोटबुक में निम्नलिखित कथन लिखती है:

A_1: कैक्टस मरुस्थलीय पादप (पौधा) है।

A_2: मरुस्थलीय पादप (पौधे) के अति छोटे (लघु) आकार के पर्ण होते हैं।

A_3: छोटे (लघु) आकार के पर्ण जल की क्षति को घटाने में सहायता करते हैं।

निम्नलिखित में से कौन-सा क्रमशः A_1, A_2 और A_3 के संबंध में सही है?

1. अनुमान, अनुमान, अनुमान
2. अवलोकन, परिकल्पना, अनुमान
3. अवलोकन, अवलोकन, अनुमान
4. अनुमान, अवलोकन, परिकल्पना

74. निम्नलिखित में से किसे एक 'परीक्षणीय प्रश्न' के रूप में नहीं माना जा सकता है?

1. फ्लू मानव प्रतिरक्षा प्रणाली पर कैसे प्रभाव डालता है?
2. जीवाश्म ईंधन कब खत्म हो जाएँगे?
3. केंचुआ क्या खाता है?
4. सिगरेट के धुएँ का फेफड़ों पर क्या प्रभाव होता (पड़ता) है?

75. नीचे दिया गया उद्धरण पढ़िए:

एक शिक्षिका अपने विद्यार्थियों के लिए कुतुब मीनार के आमोद-प्रमोद भ्रमण की व्यवस्था करती है। विद्यार्थियों ने कुतुब परिसर में लोहे का स्तंभ (पिलर) देखा। शिक्षिका ने विद्यार्थियों को स्तंभ के बारे में प्रदर्शित विवरणों को लिखने के लिए कहा जो 1600 वर्ष पुराना है और जंग-प्रतिरोधी है। वह उन्हें अपने घर के लोहे की उन वस्तुओं को लिखने को भी कहती है जो कि नियमित रूप से इस्तेमाल होती है तथा जिनमें जंग लगी हुई है और जंग लगने के कारण और उसमें रोकथाम के तरीके सोचने के लिए कहती है।

उपर्युक्त गतिविधि से निम्नलिखित में से कौन-से प्रक्रिया कौशल विकसित हो रहे हैं?

1. वर्गीकरण, अवलोकन, मापन
2. अनुमान, वर्गीकरण, अवलोकन
3. वर्गीकरण, अवलोकन, परिकल्पना
4. मापन, वर्गीकरण, अनुमान

69. 2	**70.** 3	**71.** 2	**72.** 3	**73.** 3	**74.** 2	**75.** 3

76. निम्नलिखित में से कौन-सा राष्ट्रीय पाठ्यचर्या रूपरेखा, 2005 द्वारा जिस प्रकार प्रस्तावित है, उस प्रकार से विज्ञान पाठ्यचर्या की 'प्रक्रिया वैधता' को पूरा **नहीं** करता है?

1. विद्यार्थी विद्युत परिपथ के दो खुले सिरों से रबर का एक टुकड़ा, बालों की पिन और सीसा जोड़ने के संभावित प्रतिफलों की चर्चा कर रहे हैं
2. विद्यार्थी सूखे सूती कपड़े और आर्द्र रुई में रखे बीजों के अंकुरण के लिए परिकल्पना को विकसित करने में संलिप्त हैं
3. विद्यार्थी आवर्त सारणी में दिए गए तत्त्वों की सूची बनाने में संलिप्त हैं
4. विद्यार्थी विभिन्न घरेलू सामानों की अम्लता और क्षारकता की जाँच (अन्वेषण) कर रहे हैं

77. विज्ञान पाठ्यपुस्तकों में प्रायः ही अतीत के रुचिकर उपाख्यान शामिल होते हैं। ऐसी ही एक कहानी है चीन में रेशम की आकस्मिक खोज की तथा 'सिल्क रूट (रेशम मार्ग)' के माध्यम से बाकी दुनिया का रेशम से परिचय कराने में यात्रियों एवं व्यापारियों की भूमिका की।

उपर्युक्त को पाठ्यपुस्तक में शामिल करने के द्वारा विज्ञान शिक्षण-अधिगम के कौन-से लक्ष्य पूर्ण हो रहे हैं?

A. विज्ञान की प्रकृति की समझ को विकसित करने का
B. ऐतिहासिक दृष्टिकोण विकसित करने का
C. इसकी सराहना विकसित करने की कि कैसे विज्ञान सामाजिक तथा सांस्कृतिक रूप से सन्निहित (अंतःस्थापित) है
D. आनंदमयी कहानियों को शामिल करने के द्वारा विज्ञान विषय-वस्तु का बोझ कम करने का

सही विकल्प चुनिए।

1. B, C और D
2. A, B और C
3. A, B और D
4. A, C और D

78. निम्नलिखित में से कौन-सा कार्य विद्यार्थियों में वैज्ञानिक स्वभाव का विकास करने में योगदान नहीं करेगा?

1. वैज्ञानिक अवधारणाओं के विकास के ऐतिहासिक पक्षों पर बल देना
2. विज्ञान की प्रकृति के सिद्धांतों (मतों) को पढ़ना
3. प्रश्न पूछने के लिए विद्यार्थियों को प्रेरित करना
4. विद्यार्थियों को तात्कालिक (प्रत्यक्ष) अनुभव प्रदान करना

79. कक्षा VII के विद्यार्थियों को धातुओं एवं आधातुओं के भौतिक गुणों से परिचित कराने के लिए जाँच-पड़ताल-उन्मुख उपागम के अनुसार सर्वाधिक उपयुक्त रणनीति निम्नलिखित में से कौन-सी है?

1. धात्विक और अधात्विक पदार्थों का प्रयोग करने के विद्यार्थियों के दैनिक अनुभवों पर परिचर्चा करने की पहल करना
2. 'गुंजायमान', 'क्वथनांक' और 'गलनांक' शब्दों के अर्थ की व्याख्या करना
3. विद्यार्थियों को सामग्री का एक समुच्चय देना तथा उन्हें धातुओं और अधातुओं के गुणों का निगमन करने के लिए कहना
4. श्यामपट्ट पर धातुओं और अधातुओं के भौतिक गुणों के बीच अंतरों को सूचीबद्ध करना

80. निम्नलिखित कथनों को पढ़िए:

S_1 : मीमांसात्मक (सैद्धांतिक) सिद्धांतों को सत्यापित करने हेतु उच्च प्राथमिक स्तर पर सुव्यवस्थित प्रयोग को प्रस्तुत करने की आवश्यकता है।

S_2 : विज्ञान की प्रकृति को समझने में गतिविधियाँ और प्रयोगात्मक साक्ष्य एक महत्त्वपूर्ण भूमिका निभाते हैं।

S_3 : उच्च प्राथमिक स्तर पर आगमनात्मक उपागम द्वारा अधिकांश अवधारणाओं तक पहुँचना चाहिए।

सही विकल्प चुनिए।

1. S_1 और S_3 दोनों सत्य हैं तथा S_3, S_1 का सही कारण है
2. S_2 और S_3 दोनों सत्य हैं किन्तु S_1 असत्य है
3. S_1 और S_3 दोनों सत्य हैं किन्तु S_2 असत्य है
4. S_1 और S_2 दोनों सत्य हैं तथा S_2, S_1 का सही कारण है

81. कक्षा VI में 'बल' पर पाठ का औपचारिक रूप से पढ़ाना आरंभ करने से पहले शिक्षिका एक परिचर्चा रखती है, जिसमें वह बच्चों को यह कल्पना करने के लिए कहती है कि वे क्या करेंगे अगर वे गेंद को मैदान पर बहुत लंबी दूर तक लुढ़काए रखना चाहते हैं तो। वह बच्चों के उत्तरों को कैसे सर्वाधिक उपयुक्त रूप से प्रयोग कर सकती है?

A. विद्यार्थियों का मूल्यांकन करने के लिए
B. विद्यार्थियों की पूर्व-अवधारणाओं को आँकने के लिए
C. अवधारणा के शिक्षण हेतु अपनायी जाने वाली शिक्षाशास्त्रीय रणनीति को निर्धारित करने के लिए
D. शिक्षार्थियों को बल को परिभाषित कर पाने में सक्षम बनाने के लिए

सही विकल्प चुनिए।

1. B और C
2. C और D
3. A और C
4. A और B

82. रिक्त स्थानों को सही उत्तर से भरिए:

यौवनारंभ पर मादाओं में अंडाशय का आकार __A__ जाता है और __B__ उत्पन्न करता है। नर में, वृषण द्वारा __C__ उत्पन्न होता है। इन हॉर्मोनों का उत्पादन __D__ द्वारा नियंत्रित होता है।

1. A-बढ़; B-थाइरॉक्सिन; C-टेस्टोस्टेरॉन; D-थायरॉइड ग्रंथि
2. A-घट; B-एस्ट्रोजन; C-टेस्टोस्टेरॉन; D-पीयूष ग्रंथि
3. A-बढ़; B-एस्ट्रोजन; C-टेस्टोस्टेरॉन; D-पीयूष ग्रंथि
4. A-घट; B-एस्ट्रोजन; C-लिंग हॉर्मोन; D-अधिवृक्क (एड्रीनल) ग्रंथि

76. 3 **77.** 2 **78.** 2 **79.** 3 **80.** 2 **81.** 1 **82.** 3

83. एक परिपथ में तीन समरूप बल्बों और एक स्विच को विभिन्न व्यवस्थाओं में जोड़ा गया है, जैसा कि नीचे दिया गया है। किस व्यवस्था में बल्ब सर्वाधिक प्रदीप्त होंगे?

1. व्यवस्था B—सभी बल्ब पार्श्वक्रम में हैं
2. व्यवस्था C—पार्श्वक्रम में संयोजित दो बल्ब तीसरे बल्ब के साथ श्रेणीक्रम में संयोजित हैं
3. व्यवस्था D—श्रेणीक्रम में संयोजित दो बल्ब तीसरे बल्ब के साथ पार्श्वक्रम में संयोजित हैं
4. व्यवस्था A—सभी बल्ब श्रेणीक्रम में हैं

84. निम्नलिखित कथनों को पढ़िए:

अभिकथन (A): ऐनोडीकरण धातु को संक्षारण से बचाने की एक विधि है।

कारण (R): ऐनोडीकरण लोहे पर जिंक की एक परत चढ़ाने की प्रक्रिया है।

सही विकल्प चुनिए।

1. (A) और (R) दोनों सही हैं, लेकिन (A) की (R) सही व्याख्या नहीं करता है।
2. (A) सही है, लेकिन (R) गलत है।
3. (A) और (R) दोनों गलत हैं।
4. (A) और (R) दोनों सही हैं तथा (A) की (R) सही व्याख्या करता है।

85. चाँदी की वस्तुएँ कुछ दिनों तक वायु में खुला रखने पर काली क्यों पड़ जाती है?

1. वायु में उपस्थित हाइड्रोजन सल्फाइड के साथ अभिक्रिया के कारण
2. वायु में उपस्थित नाइट्रोजन ऑक्साइड़ों के साथ अभिक्रिया के कारण
3. वायु में उपस्थित कार्बन मोनोऑक्साइड के साथ अभिक्रिया के कारण
4. वायु की ऑक्सीजन के साथ अभिक्रिया के कारण

86. निम्न सारणी A, B, C और D की पहचान कीजिए:

लवण का नाम	लवण प्राप्त किया गया	
	अम्ल	क्षार
अमोनियम क्लोराइड	HCl	A
सोडियम नाइट्रेट	HNO_3	B
सोडियम क्लोराइड	C	D

सही विकल्प चुनिए।

1. A-NH_4; B-NaOH; C-HCl; D-NaOH
2. A-NH_3; B-NaOH; C-HCl; D-NaOH
3. A-NH_4OH; B-NaO; C-HCl; D-$NaHCO_3$
4. A-NH_4OH; B-$Na(OH_2)$; C-$HClO_2$; D-NaH

87. निम्नलिखित कथनों को पढ़िए:

चरण 1: चीनी का एक सांद्रित सिरप बनाने के लिए जल में कुछ चम्मच चीनी घोली गई।

चरण 2: चीनी के सिरप को धीमी आँच पर कैरामेलीकरण होने तक गर्म किया गया।

सही विकल्प चुनिए।

1. चरण 1 एक रासायनिक परिवर्तन है और चरण 2 एक भौतिक परिवर्तन है
2. चरण 1 और चरण 2 दोनों भौतिक परिवर्तन हैं
3. चरण 1 और चरण 2 दोनों रासायनिक परिवर्तन हैं
4. चरण 1 भौतिक परिवर्तन है और चरण 2 एक रासायनिक परिवर्तन है

88. किसी तत्व के आयन में दो धन आवेश हैं। परमाणु की द्रव्यमान संख्या 27 है और न्यूट्रॉनों की संख्या 14 है। आयन में इलेक्ट्रॉनों की संख्या कितनी है?

1. 10   2. 11
3. 15   4. 13

89. प्रकाश की एक किरण वायु से विभिन्न प्रकाशिक घनत्वों के तीन माध्यमों A, B और C में यात्रा करती है। नीचे दी गई सारणी का संदर्भ लीजिए और X, Y, Z और W को पहचानिए:

	प्रकाश की चाल में परिवर्तन	**प्रकाश की आवृत्ति में परिवर्तन**	**प्रकाश की तरंगदैर्ध्यता में परिवर्तन**
वायु से माध्यम A में	X	Y	घट जाती है
वायु से माध्यम B में	वृद्धि होती है	एक जैसी है	Z
वायु से माध्यम C में	एक जैसी रहती है	W	एक जैसी है

सही विकल्प चुनिए।

1. X-वृद्धि होती है; Y-वृद्धि होती है; Z-वृद्धि होती है; W-वृद्धि होती है
2. X-घटती है; Y-अपरिवर्तित रहती है; Z-वृद्धि होती है; W-अपरिवर्तित होती है
3. X-घटती है; Y-घटती है; Z-वृद्धि होती है; W-अपरिवर्तित रहती है
4. X-वृद्धि होती है; Y-घटती है; Z-घटती है; W-वृद्धि होती है

83. 1   **84.** 2   **85.** 1   **86.** 2   **87.** 4   **88.** 2   **89.** 2

90. निम्नलिखित कथनों को पढ़िएः

स्थिति A: A-संस्तर स्थिति और B-संस्तर स्थिति में जड़ों की वृद्धि एवं शाखन जल एवं खनिजों के अवशोषण के लिए लाभदायक है।

स्थिति B: C-संस्तर स्थिति खाद-मिट्टी में समृद्ध है जो मृदा को कोमल और छिद्रिल बनाता है।

सही विकल्प चुनिएः

1. केवल स्थिति B सत्य है
2. दोनों स्थितियाँ A और B सत्य हैं
3. दोनों स्थितियाँ A और B असत्य हैं
4. केवल स्थिति A सत्य है

भाग-III : भाषा-I — हिन्दी

91. निम्नलिखित कथनों को पढ़िएः

अभिकथन (A): शुरुआती वर्षों में भाषाओं के अधिगम में देरी करना बच्चों के लिए नई भाषाओं के अर्जन में कठिनाई पैदा करता है।

कारण (R): बच्चों के शुरुआती वर्ष भाषा अर्जन के लिए बहुत ही संवेदनशील अवधि होती है।

सही विकल्प चुनिए।

1. (A) और (R) दोनों सही हैं, लेकिन (A) की (R) सही व्याख्या नहीं करता है।
2. (A) सही है, लेकिन (R) गलत है।
3. (A) और (R) दोनों गलत हैं।
4. (A) और (R) दोनों सही हैं तथा (A) की (R) सही व्याख्या करता है।

92. बहुभाषावाद के संदर्भ में बुनियादी चरण के राष्ट्रीय पाठ्यचर्या रूपरेखा (2022) का एक मुख्य सिद्धांत हैः

1. बच्चे अपने शुरुआती वर्षों में नाना प्रकार की मौखिक भाषाएँ नहीं सीख पाते हैं
2. बहुभाषावाद के संज्ञानात्मक और सामाजिक/सांस्कृतिक दोनों ही लाभ हैं
3. बच्चों को अपने घर की भाषा भूलने में मदद करनी चाहिए और विद्यालय का मुख्य केन्द्र इस बात पर होना चाहिए कि बच्चे विद्यालय की भाषा सीखें
4. कक्षा की बहुभाषिक प्रकृति पाठ्यचर्या के प्रभावशाली सम्प्रेषण में अवरोधक के रूप में कार्य करती है

93. कुछ वाक् समुदायों में एक ही भाषा के विविध प्रकार साथ-साथ विद्यमान हैं, सभी प्रकारों के सामाजिक कार्यों की विशिष्ट शृंखला है। इस स्थिति को किस रूप से वर्णित किया जाएगा?

1. प्रयुक्ति
2. द्विभाषारूपिता (डिग्लॉसिया)
3. बोली
4. कोड मिश्रण (मिक्सिंग)

94. बच्चे अपने-अपने जोड़ीदार के साथ कार्य करते हैं। एक पाठ्य सामग्री को दो खंड़ों में विभाजित किया जाता है। एक बालक अपनी पाठ्य सामग्री अपने जोड़ीदार को पढ़कर सुनाता है और दूसरा बालक उसे सुनकर लिखता है। फिर दोनों समूची पाठ्य साम्रगी पर कार्य करते हैं। इस गतिविधि को क्या कहेंगे?

1. शब्द जाल
2. आंशिक श्रुतलेख
3. कथा वाचन
4. जारी रहने वाला श्रुतलेख (रनिंग डिक्टेशन)

95. निम्नलिखित में से कौन-सा भाषा की कक्षा में साहित्यिक पठन सामग्री के अध्ययन के बारे में सही **नहीं** है?

1. साहित्यिक पठन सामग्री भाषा अधिगम के लिए सांस्कृतिक निवेश है
2. साहित्यिक पठन सामग्री समालोचनात्मक चिंतन और विमर्श विकसित करती है
3. साहित्यिक पठन सामग्री सराहना और आनंद के लिए है
4. साहित्यिक पठन सामग्री का प्रयोग व्याकरण शिक्षण के लिए किया जाना चाहिए

96. कक्षा छः के विद्यार्थी नवीन को पाठ्य सामग्री के पठन में कठिनाई महसूस होती है। अध्यापक उसे कुछ सरल स्तर की पाठ्य सामग्री पढ़ने के लिए देता है। अध्यापक उसके लिए साझा पठन सत्रों का भी आयोजन करता है। अध्यापक द्वारा दी जा रही इस मदद को क्या कहा जाएगा?

1. अवलम्बन (स्कैफोल्डिंग)
2. मानस मंथन
3. मेल-मिलाप करवाना (आइस-ब्रेकिंग)
4. पठन तत्परता

97. भाषा शिक्षण-अधिगम का कौन-सा उपागम इस मत में विश्वास करता है कि 'भाषा एक आदत है'?

1. सम्प्रेषणात्मक भाषा-शिक्षण
2. प्राकृतिक उपागम
3. सहयोगात्मक भाषा-अधिगम
4. श्रव्यभाषावाद

90. 4	91. 4	92. 2	93. 2	94. 2	95. 4	96. 1	97. 4

98. एक बच्चे को अपठित गद्य खंड पढ़ने के लिए दिया गया है। बच्चे को इसे पढ़कर उस गद्य खंड के नीचे लिखे प्रश्नों के उत्तर देने हैं। इस प्रकार के पठन को किस रूप में जाना जाता है?

1. विशिष्ट पठन
2. सरसरी तौर पर पठन (स्किमिंग)
3. विस्तृत पठन
4. बारीकी से पठन (स्कैनिंग)

99. एक अध्यापक विद्यार्थियों को पाँच चित्र दिखाता है और इन चित्रों के आधार पर कहानी लिखने के लिए कहता है। यह गतिविधि किसका उदाहरण है?

1. जिगसॉ श्रुतलेख 2. साझा पठन
3. रचनात्मक लेखन 4. दिखाओ और बताओ

100. निम्नलिखित में से कौन-सी भाषा में प्रदर्शन-आधारित आकलन की विशेषता है?

1. अन्तःक्रिया के बिना प्रदर्शन
2. संदर्भ रहित परीक्षण प्रश्न
3. संदर्भ सहित सम्प्रेषणात्मक कार्य
4. बहुवैकल्पिक प्रश्न

101. पठन के बारे में दिए गए कथनों पर विचार कीजिए:

A : पठन केवल अक्षर ध्वनि संबंध की समझ और शब्दों को सही प्रकार से उच्चारित करना भर है।

B : पठन अर्थ तक पहुँचने के लिए संकेतों को डिकोड करना है।

1. A सही है, लेकिन B गलत है
2. B सही है, लेकिन A गलत है
3. A और B दोनों गलत हैं
4. A और B दोनों सही हैं

102. एक अध्यापक को अपने विद्यार्थियों के श्रवण-कौशल का आकलन करना है। श्रवण-आकलन हेतु वह किस गतिविधि का चयन कर सकता है?

1. अध्यापक कहानी सुनाता है और इसके बाद बोध-आधारित प्रश्न पूछता है
2. अध्यापक बच्चों को कहानी पढ़ने के लिए कहता है और इसके बाद बोध-आधारित प्रश्न पूछता है
3. अध्यापक शब्द-संपदा-आधारित कार्य करने के लिए देता है
4. बच्चों को उनकी मौखिक प्रस्तुति के आधार पर श्रेणी देना

103. निम्नलिखित में से कौन-सा भाषा में अर्थ के पहलुओं से संबंधित है?

1. अर्थग्राम 2. वाक्य-विन्यास
3. आकृतिमूलक 4. स्वनिम

104. निम्नलिखित में से कौन-सा भाषा अधिगम का सिद्धांत **नहीं** है?

1. शिक्षार्थियों की अधिगम के प्रति उपागमों की अपनी-अपनी प्राथमिकता हो सकती है
2. भाषा सम्प्रेषण के लिए एक उपकरण है
3. भाषा व्याकरण की संरचना/नियमों के कंठस्थीकरण के माध्यम से सीखी जाती है
4. भाषा अधिगम में कौशल और ज्ञान दोनों में ही निपुणता शामिल है

105. कक्षा छः का एक अध्यापक श्यामपट्ट के बिलकुल मध्य में एक शब्द लिखता है और शिक्षार्थियों से उन सभी शब्दों के बारे में सोचने-विचारने के लिए कहता है, जो मध्य में लिखे इस शब्द से संबंधित हों। इस गतिविधि का मुख्य उद्देश्य क्या है?

1. शिक्षार्थियों की शब्द-संपदा में सुधार करना
2. व्याकरण के प्रति समझ बनाना
3. पठन कौशल समृद्ध करना
4. लेखन-कौशल समृद्ध करना

निर्देशः (प्र.सं. 106 से 111 तक): *नीचे दिए गए गद्यांश को पढ़कर पूछे गए प्रश्नों के सबसे उपयुक्त उत्तर वाले विकल्प को चुनिए:*

पर, त्राण कहाँ? किस्मत के लाखों भोग अभी तक बाकी हैं
धरती के तन में एक नहीं सौ रोग अभी तक बाकी हैं।
जल रही आग दुर्गंध लिए, छा रहा चतुर्दिक विकट धूम
विष के मतवाले कुटिल नाग निर्भय फण जोड़े रहे घूम।
द्वेषों का भीषण तिमिर-व्यूह, पग-पग प्रहरी है अविश्वास,
है चमू सजी दानवता की खिलखिला रहा है सर्वनाश।
पर, हो अधीर मत मानवते! पर हो अधीर मत मेरे मन!
है जूझ रही इस व्यूह-बीच धरती की कोमल एक किरण।

106. 'छा रहा चतुर्दिक विकट धूम' का आशय है–

1. चारों ओर बहुत कम धुआँ है
2. चारों दिशाओं में भयंकर धुआँ है
3. चारों ओर बहुत अधिक धुआँ है
4. चारों कोनों में बहुत अधिक धुआँ है

107. बचाव/त्राण कहाँ है?

1. कोमल किरण के जूझने में
2. दानवता की चमू सजने में
3. कुटिल नागों के घूमने में
4. शेष बचे भोगों में

108. नागों का गुण नहीं है–

1. कुटिल होना 2. घुमक्कड़ होना
3. निर्भय होना 4. विषैल होना

98. 4	**93.** 3	**100.** 3	**101.** 2	**102.** 1	**103.** 1
104. 3	**105.** 1	**106.** 2	**107.** 1	**108.** 2	

109. भिन्न शब्द चुनिएः

1. कुटिल
2. कोमलता
3. मानवता
4. दानवता

110. 'हो अधीर मत मानवते!' में .... अलंकार है।

1. उत्प्रेक्षा
2. मानवीकरण
3. उपमा
4. रूपक

111. कवि अपने मन को अधीर होने से क्यों रोक रहा है?

1. क्योंकि दानवता की चमू खिलखिला रही है
2. क्योंकि धुआँ ही धुआँ है
3. क्योंकि धरती की कोमल किरण जूझ रही है
4. क्योंकि नाग घूम रहे हैं

निर्देशः (प्र.सं. 112 से 120 तक): *नीचे दिए गए गद्यांश को पढ़कर पूछे गए प्रश्नों के सबसे उपयुक्त उत्तर वाले विकल्प को चुनिएः*

एक तरफ यह लोक-साहित्य एवं लोक-विज्ञान की परम्परा है, तो दूसरी तरफ लोक-शास्त्र की परम्परा है। हम जानते हैं कि हमारे यहाँ स्मृतियों और श्रुतियों की परम्परा रही है। उसका आधार हमारी मौखिक शिक्षा परम्परा थी। मौखिक शिक्षा परम्परा हमारे घरों में एवं आश्रमों में पीढ़ी-दर-पीढ़ी चलती थीं। घर भी गृहस्थ आश्रम ही हुआ करते थे। हर घर की एक शुचिता होती थी, मर्यादा होती थी। कुदरती संसाधनों के उपयोग की मर्यादा। स्वास्थ्य संबंधी हमारे सुदीर्घ अनुभवों से उपजी शुचिता। इसे हम जीते थे।

हमारी इस मौखिक परम्परा में भी शिक्षा न केवल कंठस्थ होती थी, बल्कि वह कंठस्थ के बाद हृदयस्थ होती थी और हृदयस्थ करने के बाद उदरस्थ होती थी। यही वजह थी कि हमारे जेहन में वह रची-पची शिक्षा पीढ़ियों तक जिंदा रहती थी। तब पूरा समाज एक-एक शास्त्र को जीता था। किताबों की भी जरूरत नहीं थी। हमारा समाज तब सायास और सजग तरीके से इस परम्परा का पोषण करता था। एक-एक ग्रंथ तब एक-एक व्यक्ति या परिवार के साथ जिंदा रहता था। यही लोकशाला थी। एक स्वावलंबी एवं निःशुल्क शिक्षा व्यवस्था सर्व सुलभ लोकशाला। आज भी जरूरत इस बात की है कि हम लोकोन्मुखी बनें और लोकजीवन के प्रामाणिक अनुभवों को अपने सीखने का साधन एवं स्रोत बनाएँ। आज, जरूरत इस बात की भी है कि हम समाज में जगह-जगह पर लोकशालाओं की स्थापना करें और वहाँ पर सत्तर बरस से ऊपर के लोगों के एक समुदाय को आमंत्रित कर उनसे सीखने के अलग-अलग उपक्रम एवं आयोजन करें। आवश्यकता इस बात की है कि हम विभिन्न विषयों पर इस अनुभव-सिद्ध समुदाय की बात सुनें और उनके अनुभवों से सीखने का मानस बनाएँ। लोक-मानस में गहरे, अवगाहन के बिना हम छोटे-छोटे एवं बारीक-बारीक मगर साथ ही बेशकीमती अनुभवों की थाह नहीं पा सकेंगे। आवश्यकता है धैर्य और विश्वास की। बिना धीरज धरे हम लोकशालाओं का पूरा लाभ नहीं ले सकेंगे। यहाँ यह स्पष्ट कर देना आवश्यक है कि जिस अनुभव-सिद्ध समुदाय का मैं जिक्र कर रहा हूँ उसमें माताएँ तथा बहनें भी हैं तथा हमारे वयोवृद्ध कृषक, पशुपालक एवं कारीगर भाई लोग भी हैं। सभी जातियों और समुदायों के प्रति भी बराबरी का आस्था-भाव आवश्यक है और यह विश्वास भी जरूरी है कि सिखाने वाला सदा बड़ा होता है। यदि ऐसी आस्था के साथ हम लोकशालाओं में प्रवेश करते हैं, तो हमें ऐसी कई बातें सीखने को मिलेगी जो आज तक विश्व की किसी भी पुस्तक का हिस्सा नहीं बन सकती है। तो फिर आइए, हम लोकशाला चलें।

112. लोकशाला के संदर्भ में किस बात की जरूरत नहीं है?

1. लोकोन्मुखी बनने की
2. लोकशालाओं में किताबी ज्ञान देने की
3. लोकशालाओं में अनुभवी लोगों को बुलाने की
4. लोकशालाएँ स्थापित करने की

113. लोकशाला में क्या सीखने को मिलेगा?

1. पुस्तकेतर अनुभव-आधारित ज्ञान
2. संसार में उपलब्ध समस्त ज्ञान
3. गूगल या वेब पर उपलब्ध ज्ञान
4. पुस्तकों में संकलित ज्ञान

114. गद्यांश के अनुसार अनुभव-सिद्ध समुदाय का अंग नहीं है।

1. वयोवृद्ध पशुपालक
2. वयोवृद्ध कारीगर
3. वयोवृद्ध कृषक
4. वयोवृद्ध वैज्ञानिक

115. भिन्न शब्द पहचानिएः

1. सजग
2. साहित्य
3. सुदीर्घ
4. सायास

116. 'कुदरती संसाधनों के उपयोग की मर्यादा' का आशय है।

1. कुदरती संसाधनों का अनाप-शनाप उपयोग
2. विकास के लिए कुदरती संसाधनों का दोहन
3. आवश्यक होने पर ही कुदरती संसाधनों का उपयोग
4. मनमर्जी से संसाधनों का उपयोग

117. 'लोकोन्मुखी' का संधि-विच्छेद है।

1. लोकोन् + मुखी
2. लोक + उन्मुखी
3. लोकोत् + मुखी
4. लोक + ओन्मुखी

118. .... की परम्परा का वर्णन नहीं है।

1. लोक-विज्ञान
2. लोग-गीत
3. लोक-शास्त्र
4. लोक-साहित्य

109. 1	**110.** 2	**111.** 3	**112.** 2	**113.** 1	**114.** 4	**115.** 2	**116.** 3	**117.** 2	**118.** 2

119. मौखिक परम्परा की विशेषता नहीं है।

1. शिक्षा का पीढ़ियों तक जीवित रहना
2. शिक्षा का पीढ़ी-दर-पीढ़ी चलना
3. किताबों की जरूरत होना
4. शिक्षा का कंठस्थ होना

120. लोकशाला के लिए उचित वक्तव्य है।

1. परिवार एक से अधिक ग्रंथों को जीवित रखता था
2. शिक्षा उदरस्थ फिर हृदयस्थ होती थी
3. समाज से इसके लिए शुल्क लिया जाता था
4. यह स्वावलंबी एवं निःशुल्क शिक्षा देती थी

भाग-IV : भाषा-II — ENGLISH

121. Between 12-18 months, children begin to produce a variety of recognizable single-unit utterances. This period, in which single terms are uttered for everyday objects, is called:

1. telegraphic speech
2. holophrastic stage
3. babbling
4. cooing

122. Read the statements given below on reading and writing skills:

A : The understanding of and ability to read also affects the ability to write.

B : Reading and writing are separate processes and develop independent of each other.

Choose the ***correct*** option.

1. A is correct, but is incorrect
2. Both A and B are incorrect
3. A is incorrect, but B is correct
4. Both A and B are correct

123. All languages have certain common properties. These are called:

1. language universals
2. register
3. dialect
4. diglossia

124. Acceptance of linguistic diversity in a class will:

1. destroy the confidence of children leading to decreased imagination and creativity
2. have no impact on the language learning
3. boost up the confidence of children leading to increased imagination and creativity
4. hinder in attaining language fluency

125. Which of the following is ***not*** the characteristics of print awareness as part of emergent literacy?

1. Recognizing difference between letters and words
2. Reading is done from left to right and top to bottom
3. Starting to read full sentences
4. Handling a book

126. Given below are the learning outcomes for reading skill at foundation stage:

A. Reads short passages accurately and fluently with appropriate intonation, pauses and voice modulation

B. Reads a few sentences of familiar words with accuracy

C. Reads short passages accurately with appropriate intonation and pauses

Arrange them in order of progression.

1. B, C, A
2. A, C, B
3. C, A, B
4. A, B, C

127. Which of the following is ***not*** the part of extensive listening?

1. Listening for a main idea
2. Making inferences
3. Listening for certain facts and information
4. Listening for the gist

128. Which of the following tasks ***cannot*** be used for assessment of reading skill?

1. Multiple-choice questions based on the text read
2. Picture-cued word identification
3. Storytelling session by the teacher
4. Read aloud

129. Which of the following statements correctly defines running dictation?

1. Children work in pairs. A text is divided in half. One child reads their text for the partner which the other child writes. Two of them work out the whole text.
2. Children work in pairs. The runner runs to see the text and dictate to the partner. The partner writes the text.
3. Teacher dictates the word/text to the class and students note it.
4. Students hear or read different parts of the text, then exchange information with others to complete the task.

119. 3	**120.** 4	**121.** 2	**122.** 1	**123.** 1	**124.** 3
125. 3	**126.** 1	**127.** 3	**128.** 3	**129.** 2	

130. "A child is born with the innate capacity to acquire language". This idea of language acquisition is supported by:

1. cognitivist 2. social interactionist
3. behaviourist 4. nativist

131. In process writing approach, the element of the writing process during which writers formally share their work with the wider audience refers to:

1. publishing 2. editing
3. revising 4. drafting

132. For dealing with difficult words in the text, a language teacher first converts the words into mother tongue and then asks the students to memorize them. She is using:

1. direct method
2. structural approach
3. communicative approach
4. grammar-translation method

133. The space between what a learner can do without assistance and what they can do in collaboration with adults or more capable peers is termed as:

1. zone of proximal development
2. zone of achievement
3. distance learning
4. level of maturity

134. An impairment of language function due to localized cerebral damage which leads to difficulty in understanding and/or producing linguistic forms is called:

1. dyslexia 2. dyscalculia
3. dysarthria 4. aphasia

135. The process by which the language is passed from one generation to another is called:

1. productivity 2. arbitrariness
3. displacement 4. cultural transmission

Directions (Qs. No. 136 to 142): *Read the passage given below and answer the questions that follow:*

Legends will tell you that flamingoes are no ordinary visitors to Kachchh. They were the honoured guests of King Lakho and he had forbidden the hunting of flamingoes, which came to Kachchh from various parts of the world every year to breed. For centuries, the region had been a haven for the migratory bird. Today, Flamingo City, and island in the middle of the Rann of Kachchh, known the world over as one of the biggest breeding grounds of the Greater Flamingo, is strewn with bodies of hundreds of flamingo chicks. The parents of these chicks have fled the islands due to lack of food. Zooplanktons, algae and small fish that these bird survive on are dying due to a sudden increase in the salinity of the Rann waters. One can even see dead fish floating. Flamingoes need salt-encrusted, damp mud to build nests. The place where they build their nests has to be inaccessible to predatory cats and birds. It should also have sufficient food. The right mix of sweet and brackish water in the Rann is crucial for the proliferation of planktons and algae that the flamingoes feed on. Faced with starvation, flamingoes have fled the island leaving their chicks to fend for themselves. Till date, around a thousand flamingoes have died.

Maharaj Kumarshi Himmatsingh ji, a member of the royal family of Kachchh and an expert on the birds of Kachchh, traces the problem of increased salinity in the Rann waters to the construction of dams on rivers that flow into the region. He emphasises that efforts should be made to ensure that at least some water flows into the Rann. In fact, over the years, the number of flamingoes coming to the islands has decreased because of the change in salinity of the Rann water. In 1945, Salim Ali, the late ornithologist, had found 5 lakh birds on the island. Since then, the number has not gone above 2.2 lakh. However, the studies carried out on the Flamingo City so far cannot be taken as 100 per cent accurate.

136. What has caused increased salinity in the Rann of Kachchh?

1. Arrival of a large number of tourists
2. Construction of dams on rivers that flow into the region
3. A large number of hunting expeditions
4. Arrival of flamingoes

137. Which one of the following words, as used in the passage, is similar in meaning to the phrase 'unable to be reached'?

1. Inaccessible 2. Migratory
3. Proliferation 4. Visitors

138. Which one of the following words is opposite in meaning to the word 'destruction'?

1. Breeding 2. Starvation
3. Construction 4. Honoured

139. Identify the clause in the underlined part of the sentence:

<u>When they were faced with starvation</u>, flamingoes fled the island leaving there chicks of fend for themselves.

1. Adverb clause 2. Noun clause
3. Principal clause 4. Adjective clause

130. 4	131. 1	132. 4	133. 1	134. 4	135. 4	136. 2	137. 1	138. 3	139. 1

140. Which part of the following sentence contains an error?

(A) The right mix of/ (B) sweet and brackish/ (C) water in the Rann are crucial/ (D) for the proliferation of algae.

1. D　　2. C
3. A　　4. B

141. The flamingoes are not ordinary visitors of Kachchh as:

1. they are very beautiful birds
2. they have medicinal value
3. they have been the honoured guests of King Lakho
4. they come from Australia

142. Flamingo City is known:

1. as one of the biggest breeding grounds of the Greater Flamingoes
2. for its beauty
3. as the biggest island in the world
4. as a hunting ground of flamingoes

Directions (Qs. No. 143 to 150): *Read the passage given below and answer the questions that follow:*

One morning, the Emperor of China was feeling tired and sleepy. He had a lot of work to do but he could not keep his eyes open. "Perhaps I'm sick," he said to his servant. "Get my doctor!"

When the doctor arrived, the Emperor said, "I have many things to do today, but I can't keep my eyes open. Can you help me?"

The doctor opened his bag and took out a small box. There were some dry, dark leaves inside the box. He gave them to the Emperor and asked him to chew them. "They will help you. They are called tea leaves," said the doctor.

The Emperor looked at the tea leaves; then he put them in his mouth and began to chew them. They didn't taste nice at all. The Emperor refused to have them and became angry at the doctor. He asked the doctor to leave else he would chop his head.

Just as the doctor was leaving, two servants came into the room. they were carrying the Emperor's bath. It was full of hot water. Some of the tea leaves that the doctor was carrying fell into the hot water and the water smelled wonderful.

The Emperor asked his servant to bring a cup of hot water. When the servant brought a cup of hot water the Emperor put a few tea leaves in the water. It became a beautiful golden colour and smelt flavourful. The Emperor tasted the water. There was a big smile on his face.

Then he drank up all the water.

A few minutes later, he stopped feeling sleepy. He was full awake and he felt youthful and strong again. The Emperor smiled at the doctor and praised him for his cleverness. He ordered his servant to give him a cup of that wonderful drink every morning. Since that day, people have grown tea in China, India and in other parts of the world.

143. Read the following statements and write which of the options given below is correct:

A. As he was leaving the Emperor's room, the doctor dropped some tea leaves into the Emperor's bathwater on purpose.

B. The Emperor tasted the hot tea water and soon he started feeling sleepy.

1. Only B is correct
2. Both A and B are correct
3. Both A and B are incorrect
4. Only A is correct

144. The doctor gave the Emperor some _____ to help him stay _____.

1. giloy leaves, fit　　2. tea leaves, awake
3. tea leaves, sleepy　　4. neem leaves, awake

145. Which one of the following words is nearest in meaning to the word 'youthful'?

1. Adult　　2. Experienced
3. Young　　4. Elderly

146. Which one of the following words is opposite in meaning to the word 'flavourful'?

1. Nice　　2. Bland
3. Appetizing　　4. Yummy

147. Identify the clause in the underlined part of the sentence:

<u>When a few minutes had passed</u>, he stopped feeling sleepy.

1. Adjective clause　　2. Noun clause
3. Principal clause　　4. Adverb clause

148. Which of the following statements is ***not*** true?

1. The Emperor tasted the water.
2. There was a smile on his face.
3. After drinking it, he started feeling weak and lifeless.
4. When the servant brought the cup of hot water, the Emperor put some tea leaves into it.

149. Why did the Emperor call the doctor one morning?

1. He was feeling tired and sleepy
2. He wanted the doctor to give him some hot water
3. He wanted to discuss about his health with the doctor
4. He wanted to eat some medicinal leaves

150. The Emperor was angry because:

1. he couldn't chew the tea leaves
2. the tea leaves weren't tasty
3. the doctor gave him something that was inedible
4. the tea leaves were covered with mud

140. 2	**141.** 3	**142.** 1	**143.** 3	**144.** 2	**145.** 3
146. 2	**147.** 4	**148.** 3	**149.** 1	**150.** 2	

व्याख्यात्मक उत्तर

1. अभिकथन (A) गलत है क्योंकि आधुनिक शिक्षाशास्त्र के अनुसार बुद्धि परीक्षण और विस्तारित अवलोकन का उद्देश्य बच्चों की आपसी तुलना करना नहीं होना चाहिए, बल्कि प्रत्येक बच्चे की व्यक्तिगत सीखने की आवश्यकताओं, क्षमताओं और प्रगति को समझना होना चाहिए। तुलना आधारित दृष्टिकोण बच्चों में हीनता, प्रतिस्पर्धात्मक तनाव और आत्मविश्वास की कमी उत्पन्न कर सकता है, जबकि समावेशी शिक्षा व्यक्तिगत विकास पर बल देती है। कारण (R) भी गलत है क्योंकि बुद्धिमत्ता केवल जन्मजात नहीं होती, बल्कि यह आनुवंशिकता और पर्यावरण दोनों के संयुक्त प्रभाव से विकसित होती है। उचित शिक्षा, अनुभव, अभ्यास, सामाजिक परिवेश और प्रोत्साहन से बुद्धि का विकास संभव है। इसलिए (A) और (R) दोनों ही गलत हैं।

2. जब शिक्षिका अपनी कक्षा में सचेत रूप से सभी जेंडर के वैज्ञानिकों के उदाहरण देती है, तब वह यह संदेश देती है कि विज्ञान, बुद्धि, खोज, प्रयोग और उपलब्धि किसी एक जेंडर की संपत्ति नहीं है। इससे विद्यार्थियों के मन में बनी यह रूढ़ धारणा कमजोर होती है कि कुछ पेशे या क्षमताएँ केवल पुरुषों या केवल महिलाओं से जुड़ी होती हैं। इस प्रकार का शिक्षण समावेशी दृष्टिकोण विकसित करता है, बच्चों के आत्मविश्वास को बढ़ाता है, और यह समझ बनाता है कि योग्यता का संबंध जेंडर से नहीं बल्कि अवसर, रुचि और परिश्रम से है। इसलिए शिक्षिका जेंडर रूढ़ियों को तोड़ने का प्रयास कर रही है।

3. अभिकथन गलत है क्योंकि "सभी लड़कियाँ मेहनती और ईमानदार होती हैं" तथा "लड़के बुद्धिमान और रोबदार होते हैं" जैसे कथन जेंडर रूढ़ियों पर आधारित हैं। किसी भी जेंडर के सभी व्यक्तियों में एक जैसे व्यक्तित्व-गुण नहीं होते। मेहनत, ईमानदारी, बुद्धिमत्ता, नेतृत्व, संवेदनशीलता या आत्मविश्वास जैसे गुण व्यक्ति-विशेष, परिवेश, अनुभव और समाजीकरण से विकसित होते हैं, न कि केवल जेंडर से निर्धारित होते हैं। कारण भी गलत है, क्योंकि लड़कियों और लड़कों के बीच पाए जाने वाले सभी शारीरिक, संज्ञानात्मक, व्यक्तित्वगत और स्वभावगत अंतर को केवल जैविक मस्तिष्क-भिन्नता से नहीं समझाया जा सकता। सामाजिक अपेक्षाएँ, पालन-पोषण, अवसर, सांस्कृतिक प्रशिक्षण और सीखने के अनुभव भी बहुत महत्वपूर्ण भूमिका निभाते हैं। इसलिए (A) और (R) दोनों गलत हैं।

4. विद्यार्थियों के सीखने की प्राथमिकताओं में जो व्यक्तिगत भिन्नताएँ दिखाई देती हैं, वे सामान्य मानवीय विविधता का हिस्सा हैं। हर बच्चा एक ही तरीके से नहीं सीखता; कोई दृश्य सामग्री से बेहतर सीखता है, कोई श्रव्य माध्यम से, कोई गतिविधि द्वारा, तो कोई चर्चा और चिंतन से। इन भिन्नताओं को असामान्यता, कमी या कमजोरी मानना शिक्षा की गलत समझ है। एक संवेदनशील शिक्षक इन्हें सीखने की विविधता के रूप में स्वीकार करता है और उसी अनुसार शिक्षण-पद्धति में लचीलापन लाता है। इसलिए इन्हें विविधता का सामान्य चित्रण माना जाना चाहिए।

5. ऐसा आकलन जिसमें किसी विद्यार्थी के प्राप्त अंकों की तुलना अन्य विद्यार्थियों के औसत या समूह-प्रदर्शन से की जाती है, उसे मानक-संदर्भित आकलन कहा जाता है। इसमें यह देखा जाता है कि विद्यार्थी अपने साथियों की तुलना में कहाँ खड़ा है। इसका उद्देश्य किसी निश्चित सीखने के मानदंड की पूर्ति को नहीं, बल्कि समूह के सापेक्ष स्थिति को समझना होता है। उदाहरण के लिए, यदि किसी परीक्षा में विद्यार्थी का स्कोर कक्षा के औसत, प्रतिशतक या रैंक से तुलना करके देखा जाए, तो वह मानक-संदर्भित मूल्यांकन होगा। इसलिए यहाँ सही विकल्प मानक-संदर्भित है।

6. आकलन का उद्देश्य केवल परिणाम मापना नहीं बल्कि सीखने की प्रक्रिया को बेहतर बनाना होता है। (*i*) सही है क्योंकि आकलन छात्रों की संज्ञानात्मक प्रक्रियाओं—जैसे सोचने, समझने, विश्लेषण करने—को प्रभावित करता है और उन्हें गहराई से सीखने के लिए प्रेरित करता है। (*ii*) भी सही है क्योंकि आकलन स्वयं एक सीखने का अनुभव बन सकता है, जैसे प्रोजेक्ट, चर्चा, फीडबैक आदि के माध्यम से। (*iii*) गलत है क्योंकि डर और तनाव सीखने में बाधा डालते हैं। (*iv*) भी गलत है क्योंकि सभी आकलन को केवल मानकीकृत या मानक-संदर्भित होना आवश्यक नहीं, कक्षा में प्रारूपिक और विविध आकलन भी महत्वपूर्ण होते हैं।

7. यह प्रश्न विद्यार्थियों को तुलना, विश्लेषण और आलोचनात्मक सोच के लिए प्रेरित करता है। वे अलग-अलग लेखों में छिपे दृष्टिकोण, पूर्वाग्रह और धारणाओं को पहचानते हैं, जिससे उच्च-स्तरीय चिंतन कौशल विकसित होता है। बाकी विकल्प मुख्यतः स्मरण या साधारण समझ पर आधारित हैं।

8. अभिकथन सही है क्योंकि कई बार शिक्षक खराब लेखन को बौद्धिक कमी से जोड़ देते हैं, जो कि गलत धारणा है। कारण भी सही है क्योंकि शिक्षकों के पूर्वाग्रह और धारणाएँ छात्रों के प्रति उनके व्यवहार को प्रभावित करती हैं। यही पूर्वाग्रह छात्रों को 'बौद्धिक रूप से अक्षम' मानने की प्रवृत्ति को जन्म देते हैं, इसलिए (R), (A) की सही व्याख्या करता है।

9. यह विकल्प गलत तरीका है क्योंकि यह विविधता को बढ़ावा देने के बजाय भेदभाव को मजबूत करता है। विविधता को बढ़ावा देने के लिए समावेशी व्यवहार, समान अवसर और सम्मानपूर्ण वातावरण आवश्यक है, न कि पूर्वाग्रहपूर्ण दृष्टिकोण।

10. लेखन वैकल्य (डिसग्राफिया) में बच्चे को लिखने, अक्षर बनाने, वर्तनी और सूक्ष्म मोटर कौशल में कठिनाई होती है। बाकी विकल्पों में मिलान गलत है—पठन वैकल्य (डिस्लेक्सिया) पढ़ने

से संबंधित होता है, गतिसमन्वय वैकल्य (डिस्प्रेक्सिया) मोटर समन्वय से जुड़ा होता है, और गणितीय वैकल्य (डिस्कैल्कुलिया) संख्यात्मक क्षमता से संबंधित होता है।

11. स्वलीनता (Autism) से जूझ रहे विद्यार्थियों को सामान्यतः स्थिर, संरचित और पूर्वानुमेय वातावरण में अधिक सहजता महसूस होती है। वे अचानक परिवर्तन या नई परिस्थितियों में असहज हो सकते हैं, इसलिए निश्चित दिनचर्या उन्हें सुरक्षा और स्थिरता का अनुभव कराती है। आँखों का संपर्क बनाना, अजनबियों से संवाद करना या गतिविधियों में तेजी से बदलाव करना उनके लिए प्रायः चुनौतीपूर्ण होता है।

12. यह कथन गलत है क्योंकि प्रतिभाशाली बच्चों में सामान्यतः जिज्ञासा, रचनात्मकता और कल्पनाशक्ति अत्यधिक विकसित होती है। वे नए विचारों, समस्याओं और संभावनाओं के प्रति अधिक संवेदनशील होते हैं। अन्य सभी कथन सही हैं—वे एक से अधिक प्रकार की बुद्धि में निपुण हो सकते हैं, उनकी क्षमताओं को पोषण की आवश्यकता होती है, और वे विभिन्न स्तरों पर प्रतिभाशाली हो सकते हैं, साथ ही कुछ में अक्षमता भी हो सकती है।

13. जब विद्यार्थी स्वयं अपनी त्रुटियों का विश्लेषण करते हैं, तो वे अपनी सोच प्रक्रिया को समझते हैं और गलतियों से सीखते हैं। यह अधिसंज्ञानात्मक कौशल को मजबूत करता है और सीखने को गहराई देता है। इससे जानकारी केवल रटने के बजाय समझ के साथ दीर्घकालिक स्मृति में स्थापित होती है। इसलिए यह अधिगम प्रक्रिया को प्रभावी बनाता है।

14. प्रक्रियात्मक ज्ञान "कैसे करें" से संबंधित होता है, जैसे किसी कार्य या प्रक्रिया को करने के चरण। इसके विपरीत, घोषणात्मक ज्ञान "क्या है" यानी तथ्यात्मक जानकारी पर आधारित होता है। इसलिए विकल्प 2 सही है, जबकि अन्य विकल्पों में दोनों प्रकार के ज्ञान की विशेषताएँ उलट दी गई हैं।

15. जब नई विषय-वस्तु को सीखने के लिए मौजूदा संज्ञानात्मक संरचना का विस्तार या संशोधन (जैसे पियाजे के अनुसार समायोजन) करना पड़ता है, तो सीखने की प्रक्रिया में अधिक समय लगता है क्योंकि मस्तिष्क को नई जानकारी के अनुसार स्वयं को ढालना पड़ता है। लेकिन इस प्रकार का सीखना अधिक गहरा और सार्थक होता है, इसलिए यह जानकारी दीर्घकालिक स्मृति में लंबे समय तक बनी रहती है।

16. अभिकथन सही है क्योंकि जब शिक्षक विद्यार्थियों को अपने सीखने के लक्ष्य और उसे प्राप्त करने की रणनीति पर सोचने के लिए प्रेरित करते हैं, तो यह स्व-नियंत्रित अधिगम (self-regulated learning) को बढ़ावा देता है। कारण भी सही है क्योंकि आत्म-मूल्यांकन की क्षमता विद्यार्थियों को अपनी प्रगति का आकलन करने और सुधार करने में सक्षम बनाती है। यही आत्म-मूल्यांकन उन्हें लक्ष्य-निर्धारण और उसे प्राप्त करने की दिशा में प्रभावी ढंग से कार्य करने में मदद करता है, इसलिए (R), (A) की उचित व्याख्या करता है।

17. निर्देशित खोज-आधारित अधिगम में शिक्षक पूरी तरह निष्क्रिय नहीं होता, बल्कि मार्गदर्शक की भूमिका निभाता है। इसमें विद्यार्थियों को अन्वेषण, प्रश्न पूछने और अनुभव के माध्यम से स्वयं ज्ञान का निर्माण करने के अवसर दिए जाते हैं। यह रचनावादी दृष्टिकोण पर आधारित है, जहाँ सीखना सक्रिय प्रक्रिया होती है।

18. वैचारिक समझ विकसित करने के लिए रटने की बजाय समझ, अनुप्रयोग और विविध उदाहरण आवश्यक होते हैं। केवल परिभाषा को याद करना सतही अधिगम को बढ़ावा देता है और गहरी समझ विकसित नहीं करता। अन्य विकल्प जैसे गैर-उदाहरण, स्वयं के उदाहरण और विविध संदर्भों में उदाहरण देना, सभी समझ को गहरा करते हैं।

19. एक सक्रिय कक्षा वह होती है जहाँ विद्यार्थी सक्रिय रूप से सहभागिता करते हैं, चर्चा करते हैं और सहयोग के माध्यम से ज्ञान का निर्माण करते हैं। सामाजिक रचनावाद (Vygotsky) इसी सिद्धांत पर आधारित है, जिसमें सीखना सामाजिक अंतःक्रिया और सहयोग से होता है।

20. अभिकथन सही है क्योंकि समानुभूति (empathy) का अर्थ है दूसरों की भावनाओं को समझना और उनके दृष्टिकोण से सोच पाना। कारण गलत है क्योंकि भावनाएँ और संज्ञान एक-दूसरे से गहराई से जुड़े होते हैं। किसी व्यक्ति की भावनाओं को समझने के लिए संज्ञानात्मक प्रक्रियाएँ आवश्यक होती हैं, इसलिए (R) गलत है।

21. रणनीतिक स्व-प्रेरित शिक्षार्थी बनने के लिए विद्यार्थियों को यह समझना जरूरी है कि वे कैसे सीखते हैं, अपनी प्रगति का मूल्यांकन कैसे करें और अपनी रणनीतियों को कैसे सुधारें। अधिसंज्ञानात्मक कौशल (जैसे योजना बनाना, निगरानी करना और मूल्यांकन करना) उन्हें अपने सीखने को नियंत्रित करने में सक्षम बनाते हैं। अन्य विकल्प बाहरी नियंत्रण या सतही अभ्यास पर आधारित हैं, जबकि यह विकल्प आत्म-नियंत्रित अधिगम को बढ़ावा देता है।

22. आंतरिक अभिप्रेरणा तब उत्पन्न होती है जब व्यक्ति किसी कार्य को उसकी अपनी रुचि, आनंद या संतोष के लिए करता है। इसमें बाहरी पुरस्कार, प्रतिस्पर्धा या प्रशंसा का प्रभाव नहीं होता। इसलिए जब विद्यार्थी केवल सीखने के आनंद या जिज्ञासा के कारण कार्य करते हैं, तो वह आंतरिक अभिप्रेरणा का उदाहरण होता है।

23. दिए गए प्रश्न में यह विचार किया जा रहा है कि क्या जैविक (प्रकृति) कारक सामाजिक रूप से निर्मित जेंडर (परिवेश) की विशेषताओं को निर्धारित करते हैं। यह सीधे तौर पर इस बहस से जुड़ा है कि व्यक्ति के विकास में प्रकृति (जैविक आधार) और परिवेश (सामाजिक-सांस्कृतिक प्रभाव) का क्या योगदान है। इसलिए यह प्रकृति-परिवेश बहस को दर्शाता है।

24. किशोरावस्था में व्यक्ति अपनी पहचान (identity) की खोज करता है, जिसमें व्यक्तिगत, यौन और व्यावसायिक पहचान शामिल होती है। यह एरिक्सन के मनोसामाजिक विकास सिद्धांत के अनुसार "पहचान बनाम भूमिका भ्रम" का चरण है, जहाँ व्यक्ति अपने भविष्य, रुचियों और सामाजिक भूमिका को समझने का प्रयास करता है।

25. अभिकथन सही है क्योंकि बच्चे समाज के मूल्यों और मानदंडों को प्रत्यक्ष (जैसे निर्देश, शिक्षा) और अप्रत्यक्ष (जैसे अवलोकन, अनुकरण) दोनों तरीकों से सीखते हैं। परिवार, विद्यालय और साथियों के माध्यम से यह सीखने की प्रक्रिया निरंतर चलती रहती है। कारण गलत है क्योंकि समाजीकरण को केवल एक 'सरल प्रक्रिया' कहना उचित नहीं है; यह एक जटिल और गतिशील प्रक्रिया है जिसमें व्यवहार, दृष्टिकोण, मूल्य और सामाजिक कौशल का विकास शामिल होता है। इसलिए (A) सही है, लेकिन (R) गलत है।

26. पियाजे के अनुसार औपचारिक संक्रियात्मक अवस्था (लगभग 11 वर्ष के बाद) में बच्चे अमूर्त (abstract) और काल्पनिक स्थितियों पर सोच सकते हैं। वे परिकल्पनाएँ बना सकते हैं, संभावनाओं पर विचार कर सकते हैं और तार्किक निष्कर्ष निकाल सकते हैं। इसके विपरीत, मूर्त संक्रियात्मक अवस्था में सोच केवल ठोस वस्तुओं और प्रत्यक्ष अनुभवों तक सीमित रहती है। इसलिए अमूर्त तर्क ही इन दोनों अवस्थाओं के बीच मुख्य अंतर को दर्शाता है।

27. पियाजे की एक प्रमुख आलोचना यह है कि उन्होंने संज्ञानात्मक विकास को सार्वभौमिक और मुख्यतः जैविक परिपक्वता पर आधारित माना, जबकि सांस्कृतिक और सामाजिक संदर्भों के प्रभाव को पर्याप्त महत्व नहीं दिया। बाद में वायगोत्स्की जैसे मनोवैज्ञानिकों ने दिखाया कि संस्कृति, भाषा और सामाजिक अंतःक्रिया सीखने और विकास में महत्वपूर्ण भूमिका निभाते हैं।

28. कोहलबर्ग के नैतिक विकास सिद्धांत के अनुसार दंड और आज्ञाकारिता उन्मुखीकरण (pre-conventional स्तर) में व्यक्ति मुख्यतः दंड से बचने और पुरस्कार पाने के आधार पर निर्णय लेता है। अन्य विकल्पों में स्तरों और उनके विवरण का मिलान सही नहीं है।

29. पियाजे और वायगोत्स्की दोनों इस बात पर सहमत हैं कि बच्चे सक्रिय रूप से अपने अनुभवों के आधार पर ज्ञान का निर्माण करते हैं। वे केवल निष्क्रिय ग्रहणकर्ता नहीं होते, बल्कि अर्थ-निर्माण की प्रक्रिया में सक्रिय भागीदार होते हैं। यही रचनावादी दृष्टिकोण दोनों के सिद्धांतों में समान है।

30. वायगोत्स्की ने 'निकटस्थ विकास क्षेत्र' (Zone of Proximal Development) की अवधारणा दी, जिसके अनुसार बच्चे कुछ कार्य स्वयं नहीं कर पाते, लेकिन अधिक सक्षम व्यक्ति (शिक्षक/साथी) की सहायता से कर सकते हैं। यह सामाजिक अंतःक्रिया और सहयोग की भूमिका को दर्शाता है।

31. दिया है:

$$(2A) \times A = B2A$$

यहाँ 2A एक दो अंकों की संख्या है $\Rightarrow 20 + A$

अब,

$$(20 + A) \times A = 20A + A^2$$

और B2A का अर्थ है: $100B + 20 + A$

दोनों बराबर होंगे:

$$A^2 + 20A = 100B + 20 + A$$

$$A^2 + 19A - 20 = 100B$$

अब विकल्प जाँचते हैं:

A = 5 रखने पर:

$$25 + 95 - 20 = 100 = 100B \Rightarrow B = 1$$

जाँच: $25 \times 5 = 125 = B2A$

संतुष्ट करता है।

32. दिया है: $a - b = \frac{11}{5}, ab = \frac{3}{4}$

सूत्र: $(a + b)^2 = (a - b)^2 + 4ab$

अब, $(a + b)^2 = \left(\frac{11}{5}\right)^2 + 4 \times \frac{3}{4}$

$$= \frac{121}{25} + 3 = \frac{121}{25} + \frac{75}{25} = \frac{196}{25}$$

$$a + b = \sqrt{\frac{196}{25}} = \frac{14}{5}$$

$$\frac{14}{5} = 2\frac{4}{5}$$

अतः यह विकल्प 1 से पूर्णतः मेल खाता है।

33. दिया है: $\frac{7x-1}{4} - \frac{1}{3}\left(2x - \frac{1-x}{2}\right) = \frac{10}{3}$

पहले ब्रैकेट हल करें:

$$2x - \frac{1-x}{2} = \frac{4x-(1-x)}{2}$$

$$= \frac{4x-1+x}{2} = \frac{5x-1}{2}$$

अब, $\frac{7x-1}{4} - \frac{1}{3} \times \frac{5x-1}{2} = \frac{10}{3}$

$$\frac{7x-1}{4} - \frac{5x-1}{6} = \frac{10}{3}$$

LCM = 12:

$$\frac{3(7x-1)-2(5x-1)}{12} = \frac{10}{3}$$

$$\frac{21x-3-10x+2}{12} = \frac{10}{3}$$

$$\frac{11x-1}{12} = \frac{10}{3}$$

$$11x - 1 = 40 \Rightarrow 11x = 41 \Rightarrow x = \frac{41}{11}$$

अब,

$$\frac{11x+21}{2} = \frac{11\times\frac{41}{11}+21}{2}$$

$$= \frac{41+21}{2} = \frac{62}{2} = 31.$$

34. $5(2x - 4y) + 6(4x^2 + 16y^2 - 16xy) - 6$

सरल करने पर,

$$= 10x - 20y + 24x^2 + 96y^2 - 96xy - 6$$
$$= 24x^2 - 96xy + 96y^2 + 10x - 20y - 6$$

अब गुणनखंडन करते हैं:

$$= 2(12x^2 - 48xy + 48y^2 + 5x - 10y - 3)$$
$$= 2(3x - 6y - 1)(4x - 8y + 3)$$

जाँचः $(3x - 6y - 1)(4x - 8y + 3)$

$$= 12x^2 - 48xy + 48y^2 + 9x - 20x?$$

सही विस्तारः

$(3x)(4x - 8y + 3) - 6y(4x - 8y + 3) - 1(4x - 8y + 3)$

$$= 12x^2 - 24xy + 9x - 24xy + 48y^2 - 18y - 4x + 8y - 3$$
$$= 12x^2 - 48xy + 48y^2 + 5x - 10y - 3$$

अतः $2(3x - 6y - 1)(4x - 8y + 3)$

$$= 24x^2 - 96xy + 96y^2 + 10x - 20y - 6$$

इसलिए विकल्प 1 और 3 दोनों गुणनखंड हैं।

35. क्रय मूल्य = 1500

अंकित मूल्य = 2500

20% की छूट के बाद विक्रय मूल्य

$$= 2500 - \frac{20}{100}\times 2500$$
$$= 2500 - 500 = 2000$$

नकद भुगतान पर अतिरिक्त छूट = 250

अंतिम विक्रय मूल्य = 2000 − 250 = 1750

लाभ = 1750 − 1500 = ₹ 250.

36. मान लें प्रत्येक संख्या में जोड़ी गई संख्या x है। तब

$$4 + x,\ 10 + x,\ 12 + x,\ 24 + x$$

समानुपाती होने पर

$$\frac{4+x}{10+x} = \frac{12+x}{24+x}$$

$$(4x + x)(24 + x) = (10 + x)(12 + x)$$
$$x^2 + 28x + 96 = x^2 + 22x + 120$$
$$28x - 22x = 120 - 96$$
$$6x = 24$$
$$x = 4$$

अब $3x + 1 = 3(4) + 1 = 13.$

37. दो संपूरक कोणों का योगः 180°

अतः $(3x - 30°) + (2x + 20°) = 180°$

$$5x - 10° = 180°$$
$$5x = 190°$$
$$x = 38°$$

अब $2x - 4° = 2(38°) - 4$

$$= 76° - 4 = 72°.$$

38. दिया है, $\angle 30 = 30°, \angle Q = 50°$

अतः $\angle R = 180° - (30° + 50°) = 100°$

$\angle P$ और $\angle Q$ के समद्विभाजक जिस बिंदु O पर मिलते हैं, वह अंतःकेंद्र होता है। अंतःकेंद्र पर

$$\angle POQ = 90° + \frac{\angle R}{2}$$
$$= 90° + \frac{100°}{2} = 90° + 50° = 140°$$

अब $2\angle POQ - 10° = 2 \times 140° - 10°$

$$= 280° - 10° = 270°.$$

39. समकोण त्रिभुज के लिए

(लंबी भुजा)^2 = (अन्य दो भुजाएँ)^2 का योग

विकल्प 1: $12^2 + 16^2 = 144 + 256 = 400 = 20^2$

समकोण त्रिभुज बनता है।

विकल्प 2: $4.5^2 + 6^2 = 20.25 + 36 = 56.25 = 7.5^2$

समकोण त्रिभुज बनता है।

विकल्प 3: $8^2 + 12^2 = 64 + 144 = 208$

लेकिन $16^2 = 256$

दोनों बराबर नहीं हैं, इसलिए समकोण त्रिभुज नहीं बनता।

विकल्प 4: $2.5^2 + 6^2 = 6.25 + 36 = 42.25 = 6.5^2$

समकोण त्रिभुज बनता है।

40. घूर्णन सममिति का अर्थ है कि आकृति को किसी कोण से घुमाने पर वह फिर से पहले जैसी दिखे।

O, N और H में 180° घुमाने पर वही रूप प्राप्त होता है।

लेकिन E को 180° घुमाने पर वही आकृति नहीं मिलती।

इसलिए E में घूर्णन सममिति नहीं है।

41. समांतर-चतुर्भुज के विकर्ण एक-दूसरे को समद्विभाजित करते हैं।

इसलिए OP = OR, OQ = OS

दिया है OP = $x + y$, OR = 16

अतः $x + y = 16$

और OQ = 20, OS = $y + 7$

अतः $y + 7 = 20$

$$y = 13$$

अब $x + y = 16$

$x + 13 = 16$

$x = 3$

अब $7x - y = 7(3) - 13$

$= 21 - 13 = 8.$

42. समलंब का परिमाप = 52 cm

असमांतर भुजाओं का योग = 20 cm

अतः समांतर भुजाओं का योग = 52 - 20 = 32 cm

समलंब का क्षेत्रफल

$= \frac{1}{2} \times$ (समांतर भुजाओं का योग) $\times$ ऊँचाई

$128 = \frac{1}{2} \times 32 \times h$

$128 = 16h$

$h = 8$ cm.

43. आयताकार खेत का क्षेत्रफल = 48 m^2

एक भुजा = 6 m

दूसरी भुजा $= \frac{48}{6} = 8$ m

विकर्ण $= \sqrt{6^2 + 8^2} = \sqrt{36 + 64}$

$= \sqrt{100} = 10$ m

चाल = 20 m/min

समय $= \frac{10}{20}$ min $= \frac{1}{2}$ min

$= \frac{1}{2} \times 60 = 30$ सेकंड।

44. तीनों घनों का कुल आयतन $= 8^3 + 6^3 + 10^3$

$= 512 + 216 + 1000 = 1728$

नए घन की भुजा a मानें, तब

$a^3 = 1728$

$a = \sqrt[3]{1728} = 12$

अतः नए घन की भुजा = 12 cm.

45. प्रेक्षणों को आरोही क्रम में लिखते हैं:

20, 26, 28, 30, 45, 55, 56, 56, 60, 61

कुल 10 प्रेक्षण हैं, इसलिए माध्यक

$= \frac{5\text{वें पद} + 6\text{वें पद}}{2}$

$= \frac{45 + 55}{2} = \frac{100}{2} = 50$

बहुलक वह मान है जो सबसे अधिक बार आता है।

$= 56$

अब माध्यक तथा बहुलक का माध्य

$= \frac{50 + 56}{2} = \frac{106}{2} = 53.$

46. कुल पत्ते = 52

लाल पत्ते = 26

10 के पत्ते = 4

लाल बादशाह = 2

दोनों घटनाएँ अलग हैं, इसलिए

अनुकूल परिणाम = 4 + 2 = 6

प्रायिकता $= \frac{6}{52} = \frac{3}{26}.$

47. दिया है $87 \equiv 7 \pmod{d} \Rightarrow 87 - 7 = 80$

$123 \equiv 3 \pmod{d} \Rightarrow 123 - 3 = 120$

अतः d दोनों 80 और 120 का गुणनखंड होगा।

$d = gcd\ (80, 120)$

$80 = 2^4 \times 5,\ 120 = 2^3 \times 3 \times 5$

$gcd = 2^3 \times 5 = 8 \times 5 = 40$

अतः सबसे बड़ी संख्या = 40.

48. $0.\overline{4} = \frac{4}{9},\ 0.\overline{6} = \frac{6}{9} = \frac{2}{3}$

अब, $0.\overline{4} + 0.\overline{6} = \frac{4}{9} + \frac{6}{9} = \frac{10}{9} = 1\frac{1}{9}.$

49. $\frac{9}{8} = \frac{126}{112},\ \frac{4}{7} = \frac{64}{112},\ \frac{3}{5} = \frac{67.2}{112},\ \frac{45}{112} = \frac{45}{112}$

सबसे बड़ी भिन्न $= \frac{126}{112}$

सबसे छोटी भिन्न $= \frac{45}{112}$

अंतर $= \frac{126}{112} - \frac{45}{112} = \frac{81}{112}.$

50. मान लें उस संख्या का इकाई अंक n है। तब उसके वर्ग का इकाई अंक $n + 2$ होगा।

अब 0 से 9 तक के अंकों के वर्गों के इकाई अंक देखते हैं:

$0^2 \to 0,\ 1^2 \to 1,\ 2^2 \to 4,\ 3^2 \to 9,\ 4^2 \to 6$

$5^2 \to 5,\ 6^2 \to 6,\ 7^2 \to 9,\ 8^2 \to 4,\ 9^2 \to 1$

अब शर्त वर्ग का इकाई अंक = संख्या का इकाई अंक +2 जाँचते हैं:

$2 \to 4,\ 4 \to 6,\ 7 \to 9$

अर्थात वर्ग का इकाई अंक केवल 4, 6, 9 हो सकता है। इसलिए 5 उस संख्या के वर्ग की इकाई का अंक नहीं हो सकता।

51. गणित में आकलन का उद्देश्य केवल रटी हुई परिभाषाएँ याद कराना नहीं होना चाहिए, बल्कि यह देखना चाहिए कि विद्यार्थी अवधारणाएँ समझ रहा है या नहीं, तर्क दे पा रहा है या नहीं, और सीखी हुई गणित को नई तथा दैनिक जीवन की स्थितियों में लागू कर पा रहा है या नहीं। गणितीय तथ्यों का कारण देना, संबंधों को समझना और समस्याओं का समाधान करना सार्थक आकलन का भाग हैं। केवल परिभाषाओं का प्रत्यास्मरण अपेक्षाकृत सतही अधिगम को दर्शाता है, इसलिए यह सबसे कम उपयुक्त है।

52. महावीराचार्य भारतीय गणित के महत्वपूर्ण विद्वान थे। उन्होंने यह स्पष्ट किया कि ऋणात्मक संख्या का वर्गमूल वास्तविक संख्या के रूप में नहीं होता। यह विचार गणित के इतिहास में महत्वपूर्ण था, क्योंकि उस समय ऋणात्मक संख्याओं के साथ गणितीय क्रियाओं की समझ विकसित हो रही थी। इसलिए दिए गए विकल्पों में सही उत्तर महावीर है।

53. विद्यार्थी ने 0.23 को 0.034 से बड़ा और 1.6 को 1.13 से बड़ा रखने में यह गलती की है कि उसने दशमलव के बाद अंकों की संख्या को ही तुलना का आधार मान लिया। सही तुलना के लिए संख्याओं को समान स्थान-मूल्य में देखना चाहिए:

$$0.23 = 0.230,\ 0.034 = 0.034$$

इसलिए $0.034 < 0\text{-}23$

इसी प्रकार $1.13 < 1.50 < 1.60$

अतः यह एक सामान्य भ्रांति है कि दशमलव भाग में अधिक अंक होने पर संख्या बड़ी होगी।

54. यह गतिविधि मुख्य रूप से इकाई वर्गों का उपयोग करके विभिन्न आकृतियों का निर्माण करने और उनकी परिधि का विश्लेषण करने पर केंद्रित है। इसके प्रमुख उद्देश्यों में रचनात्मकता, स्थानिक तर्क और क्षेत्रफल-परिधि संबंधों की समझ शामिल है। यद्यपि समूह कार्य को शामिल किया जा सकता है, यह कार्य के लिए अनिवार्य नहीं है। यह गतिविधि व्यक्तिगत रूप से भी प्रभावी ढंग से की जा सकती है। इसलिए, बच्चों को समूह कार्य में शामिल करना इस गतिविधि का प्रत्यक्ष या अनिवार्य उद्देश्य नहीं है, जिससे यह सबसे कम उपयुक्त विकल्प बन जाता है।

55. बच्चे ने $x + 7 = 15$

में केवल बाएँ पक्ष से 7 घटाया, दाएँ पक्ष से नहीं। इससे स्पष्ट है कि उसे समता के सिद्धांत की समझ नहीं है। समीकरण में जो क्रिया एक पक्ष पर की जाती है, वही दूसरी तरफ भी करनी होती है, तभी समानता बनी रहती है।

सही रूप होगाः

$$x + 7 - 7 = 15 - 7$$
$$x = 8$$

इसलिए सर्वोत्तम उपचारात्मक कार्यनीति यह है कि शिक्षक किसी वैकल्पिक विधि, जैसे तुला-मॉडल या संतुलन के उदाहरण, से समता की अवधारणा स्पष्ट करे।

56. राष्ट्रीय पाठ्यचर्या रूपरेखा 2005 के अनुसार अंकगणित और बीजगणित का शिक्षण केवल नियम, संकेत या सर्वसमिकाएँ रटाने तक सीमित नहीं होना चाहिए। इसका उद्देश्य बच्चों में संख्याओं और संबंधों की संरचना को समझने की क्षमता विकसित करना है। इसलिए संबंधों में पैटर्न खोजना और संख्याओं के मध्य संबंध देखना दोनों अत्यंत महत्त्वपूर्ण कौशल हैं। इसके विपरीत बीजगणितीय सर्वसमिकाओं को केवल याद करना और संकेतनों का गहन यांत्रिक अभ्यास करना समझ-आधारित अधिगम का मुख्य लक्ष्य नहीं है।

57. ऐतिहासिक स्थानों की यात्रा 'आकृतियाँ' अध्याय को वास्तविक जीवन से जोड़ती है। भवनों, मेहराबों, गुम्बदों, स्तंभों और डिजाइनों में ज्यामितीय आकृतियाँ प्रत्यक्ष रूप से दिखाई देती हैं। इससे विद्यार्थी समझते हैं कि गणित केवल पुस्तक तक सीमित नहीं है, बल्कि वास्तुकला, इतिहास, कला और पर्यावरण से भी जुड़ा है। इसलिए यह यात्रा अंतर्विषयी अधिगम को बढ़ाती है और यही सबसे उपयुक्त कारण है।

58. गणित शिक्षण में ठोस वस्तुओं का प्रयोग बच्चों की अवधारणा स्पष्ट करने में बहुत सहायक होता है। यदि विद्यार्थी ने "दो" कहा है, तो सम्भव है कि वह बेलन के वृत्तीय किनारों की ओर संकेत कर रहा हो, पर उसकी समझ को और स्पष्ट करने की आवश्यकता है। ऐसे में शिक्षक को तुरंत केवल सही-गलत घोषित करने के बजाय बच्चे को बेलन पकड़ाकर देखने, छूने और फिर उत्तर देने का अवसर देना चाहिए। इससे अवधारणा अनुभव के माध्यम से मजबूत होगी।

59. यह गतिविधि वर्गाकार ग्रिड पर बनी छवि को बड़ा और छोटा करने (enlargement-reduction) से संबंधित है, जिसका मुख्य उद्देश्य समानता (similarity), अनुपात-समानुपात, और स्केल फैक्टर की समझ विकसित करना होता है। इसमें आकृति का आकार (shape) समान रहता है, पर माप (size) बदलता है, इसलिए यह समानता को दर्शाता है, न कि सर्वांगसमता को। सर्वांगसमता (congruence) में आकृति का आकार और माप दोनों बिल्कुल समान होते हैं, जबकि इस गतिविधि में जानबूझकर आकार बदला जा रहा है। इसलिए इस गतिविधि के माध्यम से सर्वांगसमता की अवधारणा का परिचय नहीं दिया जा सकता। इस प्रकार विकल्प 3 इस क्रियाकलाप का उपयुक्त उद्देश्य नहीं है, जबकि अन्य विकल्प इस गतिविधि से संबंधित हैं।

60. बंद सिरे वाले प्रश्नों में सामान्यतः एक निश्चित उत्तर अपेक्षित होता है। इसलिए वे अभिसारी चिंतन को तो बढ़ावा देते हैं, पर अपसारी चिंतन, रचनात्मकता और उच्च-स्तरीय चिंतन कौशल को प्रायः प्रोत्साहित नहीं करते। ऐसे प्रश्नों में खोज, वैकल्पिक उत्तर, स्वतंत्र व्याख्या और नवीन सोच की गुंजाइश कम होती है। इसलिए A, C और D सही हैं।

61. चाइना रोज (गुड़हल) सूचक में अम्लीय विलयन मैजेंटा या गहरा गुलाबी रंग देता है, क्षारकीय विलयन हरा रंग देता है, जबकि उदासीन विलयन में कोई विशेष रंग परिवर्तन नहीं होता। यहाँ A में कोई परिवर्तन नहीं हुआ, इसलिए A उदासीन है। B में हरा रंग मिला, इसलिए B क्षारकीय है। C में मैजेंटा रंग मिला, इसलिए C अम्लीय है। इसलिए सही पहचान A-उदासीन, B-क्षारकीय और C-अम्लीय है।

62. कथन 1 सत्य है क्योंकि किसी पिंड का संवेग शून्य हो सकता है, फिर भी उसकी यांत्रिक ऊर्जा अशून्य हो सकती है। उदाहरण के लिए, किसी ऊँचाई पर स्थिर रखी वस्तु का वेग शून्य होने

से उसका संवेग शून्य है, पर उसकी स्थितिज ऊर्जा अशून्य है। कथन 2 भी सत्य है क्योंकि कार्य W = Fs cos θ होता है। यदि विस्थापन शून्य हो, या बल विस्थापन के लंबवत हो, तो बल अशून्य होने पर भी कार्य शून्य हो सकता है। इसलिए दोनों कथन सही हैं।

63. काला रंग ऊष्मा का अच्छा अवशोषक और अच्छा उत्सर्जक होता है, जबकि सफेद रंग ऊष्मा का कमजोर अवशोषक और कमजोर उत्सर्जक होता है। इसलिए जब दोनों पात्र सूर्य की सीधी रोशनी में रखे जाएँगे, तो काला पात्र A अधिक तेजी से गर्म होगा। बाद में छायादार स्थान पर रखने पर वही काला पात्र A अधिक तेजी से ऊष्मा भी खो देगा। इसलिए सही प्रेक्षण यह है कि पात्र A, पात्र B की अपेक्षा अधिक शीघ्रता से ऊष्मा ग्रहण करेगा और खोएगा।

64. दाब का सूत्र है

$$P = \frac{F}{A}$$

कुंद चाकू की धार मोटी होती है, इसलिए संपर्क क्षेत्रफल अधिक होता है। समान बल लगाने पर क्षेत्रफल बढ़ने से दाब कम हो जाता है, इसलिए काटना कठिन हो जाता है। तेज चाकू में संपर्क क्षेत्रफल कम होता है, जिससे अधिक दाब उत्पन्न होता है और वस्तु आसानी से कटती है। इसलिए कुंद चाकू से काटना मुश्किल होता है क्योंकि संपर्क क्षेत्र बढ़ जाता है।

65. विद्युत-चुंबक की शक्ति कुंडली में बहने वाली धारा, फेरों की संख्या और उपयुक्त लौह क्रोड पर निर्भर करती है। धारा बढ़ाने से चुंबकीय क्षेत्र अधिक प्रबल हो जाता है, जिससे विद्युत-चुंबक की शक्ति बढ़ती है। फेरों की संख्या कम करने से शक्ति घटेगी, और प्लास्टिक या ऐल्युमिनियम क्रोड लौह क्रोड जितने प्रभावी नहीं होते। इसलिए सही विकल्प धारा का प्रवाह बढ़ाना है।

66. पाचन क्रिया में मुख्य रूप से भोजन का यांत्रिक और रासायनिक विघटन मुख, आमाशय और क्षुदांत्र में होता है। ग्रसिका केवल भोजन को आगे पहुँचाने का कार्य करती है, उसमें पाचन नहीं होता। बृहदांत्र का मुख्य कार्य जल और लवणों का अवशोषण है, तथा मलाशय मल के संचयन का कार्य करता है। इसलिए ये अंग पाचन क्रिया में प्रत्यक्ष रूप से योगदान नहीं देते।

67. केंचुआ अपनी नम त्वचा के माध्यम से श्वसन करता है और उसके पास फेफड़े नहीं होते, इसलिए A सत्य है। टैडपोल जल में रहने वाली अवस्था में गलफड़ों से श्वसन करता है और इस अवस्था में उसके फेफड़े कार्यात्मक नहीं होते, इसलिए B भी सत्य है। साँप त्वचा से नहीं, बल्कि फेफड़ों से श्वसन करता है, इसलिए C असत्य है। अतः केवल A और B सही हैं।

68. परागकणों का निर्माण परागकोश में होता है, इसलिए X परागकोश है। मादा युग्मक का निर्माण बीजांड में होता है, जो अंडाशय के भीतर स्थित रहता है, इसलिए दिए गए विकल्पों में Y के लिए अंडाशय उपयुक्त है। परागकण वर्तिकाग्र पर आकर अंकुरित होते हैं, इसलिए Z वर्तिकाग्र है। कीटों को आकर्षित करने का कार्य रंगीन और सुगंधित पंखुड़ियाँ करती हैं, इसलिए W पंखुड़ियाँ हैं। अतः सही क्रम विकल्प 2 है।

69. अभिकथन सही है क्योंकि मलजल का उपचार आवश्यक है, अन्यथा उसमें उपस्थित रोगजनक सूक्ष्मजीव जलजनित रोग फैला सकते हैं और मृत्यु तक का कारण बन सकते हैं। कारण गलत है क्योंकि मलजल मुख्यतः द्रव अपशिष्ट होता है, ठोस अपशिष्ट नहीं। यह जल प्रदूषण का कारण अवश्य बनता है, पर इसे ठोस अपशिष्ट कहना वैज्ञानिक रूप से गलत है। इसलिए (A) सही है, लेकिन (R) गलत है।

70. कथन A सही है क्योंकि कीटों में गैसों के विनिमय के लिए श्वासरंध्र (spiracles) होते हैं और पत्तियों में गैसों के आदान-प्रदान के लिए रंध्र (stomata) होते हैं। कथन B गलत है क्योंकि पत्तियों में रंध्रों की संख्या बहुत अधिक (हजारों में) होती है, जबकि कीटों में श्वासरंध्रों की संख्या सीमित होती है। कथन C भी गलत है क्योंकि रंध्र पत्तियों की निचली सतह पर अधिक होते हैं, जबकि कीटों के श्वासरंध्र शरीर के पार्श्व भागों में स्थित होते हैं, न कि किसी विशेष "निम्न पृष्ठ" पर। इसलिए केवल A ही सत्य है।

71. हृदय में दायाँ निलय (right ventricle) रुधिर को फुफ्फुस धमनी में पंप करता है, इसलिए A = दक्षिण निलय। फुफ्फुस धमनी विऑक्सीजनित रुधिर को हृदय से फेफड़ों तक ले जाती है, इसलिए B सही है। फुफ्फुस शिराएँ ऑक्सीजनित रुधिर को फेफड़ों से हृदय तक वापस लाती हैं, इसलिए C = फुफ्फुस शिराएँ। वाम अलिंद से रुधिर वाम निलय में जाता है, इसलिए D = वाम निलय। शरीर से आने वाला रुधिर पहले दाएँ अलिंद में आता है, इसलिए E = दक्षिण अलिंद।

72. वैज्ञानिक दृष्टि से परिकल्पना सीधे सिद्धांत और फिर नियम में परिवर्तित नहीं होती। सिद्धांत और नियम अलग-अलग प्रकार के वैज्ञानिक ज्ञान हैं–सिद्धांत घटनाओं की व्याख्या करते हैं जबकि नियम उनके पैटर्न का वर्णन करते हैं। इसलिए (A) गलत है। (R) भी गलत है क्योंकि वैज्ञानिक नियम पूर्णतः निरपेक्ष नहीं होते; वे भी नए प्रमाणों के आधार पर संशोधित हो सकते हैं। इसलिए दोनों कथन असत्य हैं।

73. A1 "कैक्टस मरुस्थलीय पादप है" एक प्रत्यक्ष तथ्य है जिसे देखा या सीखा जा सकता है, इसलिए यह अवलोकन है। A2 "मरुस्थलीय पादपों के छोटे पर्ण होते हैं" भी उनकी संरचना का प्रत्यक्ष अवलोकन है, क्योंकि यह विशेषता स्पष्ट रूप से दिखाई देती है। A3 "छोटे पर्ण जल की क्षति को घटाते हैं" एक कारणात्मक व्याख्या है, जो प्रत्यक्ष रूप से नहीं देखी जाती बल्कि वैज्ञानिक तर्क से निकाली जाती है, इसलिए यह अनुमान (inference) है।

74. परीक्षणीय प्रश्न वह होता है जिसे प्रयोग या प्रत्यक्ष अवलोकन से सत्यापित किया जा सके। जीवाश्म ईंधन कब समाप्त होंगे, यह निश्चित रूप से परीक्षण योग्य नहीं है क्योंकि यह भविष्य की अनिश्चित स्थिति पर आधारित है। अन्य प्रश्नों का अध्ययन प्रयोगों और अवलोकन द्वारा किया जा सकता है, इसलिए वे परीक्षणीय हैं।

75. विद्यार्थियों ने लोहे के स्तंभ को देखा–यह अवलोकन है। घर की वस्तुओं और जंग लगी वस्तुओं को अलग-अलग पहचानना वर्गीकरण है। जंग लगने के कारण और रोकथाम के तरीके सोचना परिकल्पना बनाना है। इसलिए इस गतिविधि से वर्गीकरण, अवलोकन और परिकल्पना कौशल विकसित होते हैं।

76. प्रक्रिया वैधता का अर्थ है कि विद्यार्थी वैज्ञानिक प्रक्रियाओं–जैसे अवलोकन, प्रयोग, परिकल्पना, जाँचकृमें सक्रिय रूप से भाग लें। विकल्प 1, 2 और 4 में विद्यार्थी जाँच, चर्चा और अन्वेषण कर रहे हैं। लेकिन केवल आवर्त सारणी के तत्त्वों की सूची बनाना यांत्रिक कार्य है, इसमें कोई वैज्ञानिक प्रक्रिया शामिल नहीं है, इसलिए यह प्रक्रिया वैधता को पूरा नहीं करता।

77. इस प्रकार की ऐतिहासिक कहानियाँ विद्यार्थियों को यह समझने में मदद करती हैं कि विज्ञान कैसे विकसित हुआ (ऐतिहासिक दृष्टिकोण), विज्ञान की प्रकृति क्या है (यह खोज, संयोग और प्रयास का परिणाम है), और यह भी कि विज्ञान समाज और संस्कृति से जुड़ा हुआ है। केवल विषय-वस्तु का बोझ कम करना इसका मुख्य उद्देश्य नहीं है, इसलिए D शामिल नहीं है।

78. वैज्ञानिक स्वभाव विकसित करने के लिए केवल सिद्धांतों को पढ़ना पर्याप्त नहीं है। इसके लिए प्रश्न पूछना, जाँच करना, अनुभव प्राप्त करना और तर्क करना आवश्यक है। अन्य विकल्प (इतिहास, प्रश्न पूछना, प्रत्यक्ष अनुभव) वैज्ञानिक दृष्टिकोण को बढ़ावा देते हैं, जबकि केवल सिद्धांत पढ़ना सक्रिय वैज्ञानिक स्वभाव विकसित नहीं करता।

79. जाँच-पड़ताल-उन्मुख उपागम में विद्यार्थी स्वयं अवलोकन और प्रयोग के माध्यम से निष्कर्ष निकालते हैं। सामग्री देकर उनसे गुणों का निर्धारण कराना उन्हें सक्रिय रूप से सीखने में शामिल करता है। अन्य विकल्पों में शिक्षक-केंद्रित या सैद्धांतिक दृष्टिकोण अधिक है।

80. S2 सही है क्योंकि गतिविधियाँ और प्रयोग विज्ञान की समझ के लिए आवश्यक हैं। S3 भी सही है क्योंकि उच्च प्राथमिक स्तर पर आगमनात्मक (inductive) विधि से अवधारणाएँ विकसित कराई जानी चाहिए। S1 गलत है क्योंकि इस स्तर पर जटिल सैद्धांतिक सिद्धांतों को सत्यापित करने के लिए सुव्यवस्थित प्रयोग कराना आवश्यक नहीं होता; यहाँ मुख्य जोर समझ विकसित करने पर होता है, न कि औपचारिक सत्यापन पर।

81. शिक्षिका द्वारा प्रारंभ में की गई चर्चा का उद्देश्य बच्चों की पूर्व-अवधारणाओं को समझना होता है। इससे शिक्षक यह जान पाता है कि बच्चे पहले से क्या सोचते हैं। इसी आधार पर वह उपयुक्त शिक्षण रणनीति (pedagogical strategy) तय कर सकता है। यह गतिविधि सीधे मूल्यांकन या परिभाषा सिखाने के लिए नहीं है।

82. यौवनारंभ पर मादाओं में अंडाशय का आकार बढ़ता है और वे एस्ट्रोजन हार्मोन का स्राव करते हैं। नर में वृषण टेस्टोस्टेरोन का उत्पादन करते हैं। इन सभी हार्मोनों का नियंत्रण पीयूष (pituitary) ग्रंथि द्वारा किया जाता है, जो "मास्टर ग्रंथि" कहलाती है।

83. पार्श्वक्रम (parallel) संयोजन में प्रत्येक बल्ब को पूर्ण वोल्टेज प्राप्त होता है, जिससे वे अधिक चमकते हैं। श्रेणीक्रम (series) में वोल्टेज विभाजित हो जाता है, जिससे चमक कम होती है। इसलिए सभी बल्ब पार्श्वक्रम में होने पर अधिकतम प्रदीप्त होंगे।

84. ऐनोडीकरण वास्तव में धातु (जैसे एलुमिनियम) की सतह पर ऑक्साइड की परत बनाकर उसे संक्षारण से बचाने की प्रक्रिया है, इसलिए (A) सही है। लेकिन लोहे पर जिंक की परत चढ़ाने की प्रक्रिया को गैल्वनाइजेशन कहते हैं, न कि ऐनोडीकरण। इसलिए (R) गलत है।

85. चाँदी वायु में उपस्थित हाइड्रोजन सल्फाइड (H_2S) से अभिक्रिया करके सिल्वर सल्फाइड (Ag_2S) बनाती है, जो काले रंग का होता है। यही कारण है कि चाँदी की वस्तुएँ समय के साथ काली पड़ जाती हैं।

86. लवण अम्ल और क्षार की अभिक्रिया से बनते हैं।

अमोनियम क्लोराइड (NH_4Cl) का निर्माण

$$HCl + NH_4OH \rightarrow NH_4Cl + H_2O$$

से होता है, इसलिए A = NH_4OH (अमोनियम हाइड्रॉक्साइड/अमोनिया) है।

सोडियम नाइट्रेट ($NaNO_3$) का निर्माण

$$HNO_3 + NaOH \rightarrow NaNO_3 + H_2O$$

से होता है, इसलिए B = NaOH है।

सोडियम क्लोराइड (NaCl) का निर्माण

$$HCl + NaOH \rightarrow NaCl + H_2O$$

से होता है, इसलिए C = HCl और D = NaOH है।

इस प्रकार सही विकल्प 2 है।

87. चरण 1 में चीनी को जल में घोला गया है, जो केवल अवस्था परिवर्तन (विलेपन) है, इसमें कोई नया पदार्थ नहीं बनता, इसलिए यह भौतिक परिवर्तन है। चरण 2 में चीनी को गर्म करने पर कैरामेलीकरण होता है, जिसमें चीनी के अणुओं की संरचना बदलकर नए पदार्थ बनते हैं, इसलिए यह रासायनिक परिवर्तन है।

88. द्रव्यमान संख्या = 27

न्यूट्रॉनों की संख्या = 14

प्रोटॉनों की संख्या = 27 – 14 = 13

परमाणु में इलेक्ट्रॉनों की संख्या = 13 (न्यूट्रल अवस्था)

अब आयन पर +2 आवेश है, अर्थात 2 इलेक्ट्रॉन कम हो गए:

13 – 2 = 11

अतः आयन में इलेक्ट्रॉनों की संख्या = 11.

89. जब प्रकाश वायु से किसी माध्यम में प्रवेश करता है:

- यदि माध्यम अधिक सघन है, तो चाल घटती है और तरंगदैर्ध्य भी घटता है, जबकि आवृत्ति अपरिवर्तित रहती है।
- यदि माध्यम कम सघन है, तो चाल बढ़ती है और तरंगदैर्ध्य बढ़ता है, जबकि आवृत्ति अपरिवर्तित रहती है।

अब तालिका के अनुसार:

- माध्यम A में तरंगदैर्ध्य घटती है ⇒ यह अधिक सघन माध्यम है ⇒ चाल घटेगी (X-घटती है) और आवृत्ति अपरिवर्तित रहती है (Y-अपरिवर्तित)।
- माध्यम B में चाल बढ़ती है ⇒ कम सघन माध्यम ⇒ तरंगदैर्ध्य भी बढ़ेगी (Z-वृद्धि होती है), जबकि आवृत्ति समान रहती है।
- माध्यम C में चाल और तरंगदैर्ध्य दोनों अपरिवर्तित हैं ⇒ आवृत्ति भी अपरिवर्तित रहेगी (W-अपरिवर्तित)।

अतः सही विकल्प 2 है।

90. स्थिति A सही है क्योंकि मृदा के A-स्तर (topsoil) और B-स्तर (subsoil) में जड़ों का शाखन जल तथा खनिजों के अधिक अवशोषण में सहायक होता है। यह पौधों के विकास के लिए अनुकूल है। स्थिति B गलत है क्योंकि खाद/ह्यूमस से समृद्ध, कोमल और छिद्रिल मृदा मुख्यतः A-स्तर में होती है, न कि C-स्तर में। C-स्तर अधिकतर अभिभावक शैल (parent rock) से बना होता है और इसमें ह्यूमस बहुत कम या नहीं के बराबर होता है।

91. प्रारंभिक बाल्यावस्था भाषा अधिगम के लिए अत्यंत संवेदनशील अवधि होती है। इस समय मस्तिष्क भाषा के ध्वनियों, संरचना और प्रयोग को तेजी से ग्रहण करता है। यदि इस अवधि में भाषा अधिगम में देरी होती है, तो आगे चलकर नई भाषा सीखना अपेक्षाकृत कठिन हो जाता है। इसलिए (R), (A) की सही व्याख्या करता है।

92. NCF 2022 के अनुसार बहुभाषावाद बच्चों के बौद्धिक विकास, सोचने की क्षमता और सांस्कृतिक समझ को समृद्ध करता है। यह भाषा को केवल संप्रेषण का माध्यम नहीं, बल्कि पहचान और सामाजिक जुड़ाव का साधन भी मानता है। इसलिए इसे प्रोत्साहित किया जाता है, न कि बाधा माना जाता है।

93. जब एक ही भाषा के विभिन्न रूप (जैसे मानक और बोलचाल) एक ही समाज में अलग-अलग सामाजिक कार्यों के लिए प्रयोग होते हैं, तो इसे डिग्लोसिया कहा जाता है। इसमें हर रूप का अपना विशिष्ट उपयोग और सामाजिक संदर्भ होता है।

94. इस गतिविधि में पाठ्य सामग्री को दो भागों में बाँटा जाता है और दोनों विद्यार्थियों के पास अलग-अलग भाग होते हैं। एक विद्यार्थी अपने भाग को पढ़कर सुनाता है और दूसरा उसे सुनकर लिखता है, फिर दोनों मिलकर पूरी सामग्री तैयार करते हैं। यह प्रक्रिया सुनने और लिखने दोनों कौशलों को विकसित करती है तथा सहयोगात्मक अधिगम को बढ़ावा देती है। इसलिए इसे आंशिक श्रुतलेख कहा जाता है।

95. साहित्यिक सामग्री का मुख्य उद्देश्य भाषा का सौंदर्य, भाव, संस्कृति और आलोचनात्मक सोच विकसित करना होता है। इसे केवल व्याकरण सिखाने के साधन के रूप में सीमित करना उचित नहीं है। अन्य विकल्प साहित्य के वास्तविक उद्देश्यों को सही रूप में दर्शाते हैं।

96. अध्यापक द्वारा विद्यार्थी की वर्तमान क्षमता को ध्यान में रखते हुए उसे सरल सामग्री देना और साझा पठन सत्र आयोजित करना ऐसी सहायता है जो धीरे-धीरे हटाई जाती है जब विद्यार्थी सक्षम हो जाता है। इसे स्कैफोल्डिंग कहते हैं, जिसमें शिक्षक सहारा देकर सीखने को आसान बनाता है।

97. यह उपागम इस विचार पर आधारित है कि भाषा एक आदत है, जिसे बार-बार सुनने, दोहराने और अभ्यास से विकसित किया जाता है। इसमें ड्रिल और पुनरावृत्ति पर जोर होता है, जिससे भाषा व्यवहार स्वाभाविक आदत बन जाए।

98. जब विद्यार्थी अपठित गद्यांश को पढ़कर उसके नीचे दिए गए प्रश्नों के उत्तर ढूँढते हैं, तो उनका उद्देश्य पूरे पाठ का सामान्य अर्थ समझना नहीं बल्कि विशिष्ट जानकारी (specific details) खोजना होता है। इस प्रक्रिया में वे पाठ के भीतर आवश्यक तथ्यों, शब्दों या वाक्यों को पहचानते हैं। यही विशेषता स्कैनिंग की होती है, जिसमें पाठक लक्षित जानकारी को तेजी से और ध्यानपूर्वक खोजता है।

99. चित्रों के आधार पर कहानी लिखना विद्यार्थियों की कल्पनाशक्ति, अभिव्यक्ति और सृजनात्मकता को विकसित करता है। इसमें विद्यार्थी स्वयं नए विचारों और कथानक का निर्माण करते हैं, इसलिए यह रचनात्मक लेखन का उदाहरण है।

100. प्रदर्शन-आधारित आकलन में विद्यार्थियों को वास्तविक जीवन जैसे संदर्भों में भाषा का उपयोग करने के कार्य दिए जाते हैं। इसमें केवल उत्तर चुनना नहीं, बल्कि संवाद, प्रस्तुति या लेखन के माध्यम से भाषा का प्रयोग करना शामिल होता है। इसलिए यह संदर्भयुक्त और सम्प्रेषणात्मक होता है।

101. पठन केवल अक्षर-ध्वनि संबंध और शब्दों का सही उच्चारण नहीं है, बल्कि यह एक अर्थ-निर्माण की प्रक्रिया है। इसलिए A गलत है। B सही है क्योंकि पठन में पाठक संकेतों (शब्दों/वाक्यों) को डिकोड करके अर्थ तक पहुँचता है।

102. श्रवण-कौशल के आकलन के लिए आवश्यक है कि विद्यार्थी पहले सुनें और फिर समझ के आधार पर उत्तर दें। कहानी सुनाना और फिर प्रश्न पूछना सीधे श्रवण और समझ दोनों का मूल्यांकन करता है।

103. भाषा में अर्थ के पहलुओं का अध्ययन 'अर्थग्राम' (semantics) से संबंधित होता है। अन्य विकल्प जैसे वाक्य-विन्यास (syntax), आकृतिमूलक (morphology) और स्वनिम (phoneme) भाषा के अन्य पक्षों से जुड़े हैं।

104. आधुनिक भाषा-अधिगम सिद्धांतों के अनुसार भाषा केवल नियमों को रटने से नहीं सीखी जाती, बल्कि प्रयोग, संप्रेषण और संदर्भ के माध्यम से सीखी जाती है। इसलिए यह कथन सही सिद्धांत नहीं है।

105. श्यामपट्ट के मध्य में एक शब्द लिखकर उससे संबंधित अन्य शब्दों को सोचने के लिए कहना 'शब्द जाल' (word web) गतिविधि है, जिसका मुख्य उद्देश्य शब्द-संपदा का विस्तार करना और संबंधित शब्दों के बीच संबंध स्थापित करना होता है।

106. 'चतुर्दिक' का अर्थ चारों दिशाएँ होता है और 'विकट धूम' का अर्थ भयंकर धुआँ है। इसलिए इसका आशय है कि चारों दिशाओं में घना और भयंकर धुआँ फैल रहा है।

107. कविता में निराशा के बीच आशा का संकेत 'कोमल किरण' के रूप में दिया गया है, जो संघर्ष कर रही है। यही संघर्ष ही त्राण या बचाव का संकेत है।

108. गद्यांश में नागों को 'कुटिल', 'विषैले' और 'निर्भय' बताया गया है, लेकिन 'घुमक्कड़' होने का उल्लेख नहीं है। इसलिए यही भिन्न गुण है।

109. 'कोमलता', 'मानवता' और 'दानवता' सभी '-ता' प्रत्यय से बने भाववाचक संज्ञाएँ हैं, जबकि 'कुटिल' एक विशेषण है। इसलिए यह भिन्न शब्द है।

110. 'मानवते' को संबोधित किया गया है, जिससे निर्जीव या अमूर्त तत्व (मानवता) को मानव के रूप में प्रस्तुत किया गया है। यही मानवीकरण अलंकार है।

111. कवि निराशाजनक परिस्थितियों के बावजूद आशा नहीं छोड़ता क्योंकि 'कोमल किरण' संघर्ष कर रही है। यही कारण है कि वह अपने मन को अधीर होने से रोकता है।

112. गद्यांश में स्पष्ट है कि लोकशाला अनुभव-आधारित, जीवन से जुड़ी शिक्षा देती है, न कि केवल पुस्तकीय ज्ञान। इसलिए किताबी ज्ञान देना इसकी आवश्यकता नहीं है।

113. लोकशाला में वह ज्ञान मिलता है जो पुस्तकों में नहीं मिलता, बल्कि लोगों के अनुभवों, जीवन-प्रक्रियाओं और परम्पराओं से प्राप्त होता है।

114. गद्यांश में अनुभव-सिद्ध समुदाय में कृषक, पशुपालक, कारीगर, माताएँ और बहनें शामिल हैं, वैज्ञानिक का उल्लेख नहीं है।

115. 'सजग', 'सुदीर्घ' और 'सायास' विशेषण हैं, जबकि 'साहित्य' संज्ञा है। इसलिए यह भिन्न शब्द है।

116. 'मर्यादा' का अर्थ सीमित, संतुलित और जिम्मेदार उपयोग है। इसलिए इसका आशय है कि संसाधनों का उपयोग केवल आवश्यकता अनुसार किया जाए।

117. 'लोकोन्मुखी' शब्द 'लोक' और 'उन्मुखी' के संधि से बना है, जिसका अर्थ है लोक की ओर उन्मुख होना।

118. गद्यांश में लोक-साहित्य, लोक-विज्ञान और लोक-शास्त्र की परम्पराओं का उल्लेख है, लेकिन लोक-गीत का उल्लेख नहीं है।

119. मौखिक परम्परा की विशेषता यह थी कि शिक्षा बिना पुस्तकों के ही पीढ़ियों तक चलती थी, इसलिए किताबों की आवश्यकता होना इसकी विशेषता नहीं है।

120. गद्यांश में लोकशाला को स्वावलंबी और निःशुल्क शिक्षा व्यवस्था बताया गया है, जो सभी के लिए सुलभ थी।

121. Between 12–18 months, children begin using single words to express complete ideas (e.g., "milk" for "I want milk"). This stage is called the holophrastic stage, where one-word utterances convey full meaning.

122. Reading and writing are interrelated processes; improvement in reading supports writing skills and vice versa. Therefore A is correct. B is incorrect because these skills do not develop independently but influence each other.

123. The common properties shared by all languages, such as grammar rules or structural features, are called language universals.

124. Accepting linguistic diversity makes children feel valued and respected, which enhances their confidence, creativity, and willingness to participate in language learning.

125. Print awareness involves understanding basic concepts of print such as directionality, handling books, and recognizing letters and words. Reading full sentences is a more advanced reading skill, not a part of early print awareness.

126. Reading develops from simple to complex. First, children read a few familiar sentences with accuracy (B). Next, they read short passages with accuracy and some intonation (C). Finally, they achieve fluency with proper intonation, pauses, and voice modulation (A).

127. Extensive listening focuses on overall understanding, such as gist, main idea, and inference. Listening for specific facts is part of intensive listening, not extensive listening.

128. Assessment of reading skill requires active involvement of the learner in reading. Multiple-choice questions, picture-based identification, and reading aloud assess reading ability. Storytelling by the teacher assesses listening, not reading.

129. Running dictation involves one student moving to read the text and then dictating it to a partner who writes it down, integrating reading, listening, speaking, and writing skills.

130. The idea that a child is born with an innate ability to acquire language is proposed by the nativist theory (Noam Chomsky), which emphasizes inborn linguistic capacity.

131. In the process writing approach, publishing is the stage where writers share their final work with a wider audience after drafting, revising, and editing.

132. Converting words into the mother tongue and asking students to memorize them is a key feature of the grammar-translation method, which emphasizes translation and rote learning.

133. This concept by Vygotsky refers to the gap between what a learner can do independently and what they can achieve with guidance or collaboration.

134. Aphasia is a language disorder caused by brain damage that affects the ability to understand or produce language.

135. Cultural transmission refers to the process by which language is learned and passed from one generation to the next through social interaction.

136. Passage clearly states that increased salinity is traced to the construction of dams on rivers flowing into the Rann.

137. The phrase "unable to be reached" directly matches the meaning of "inaccessible," which is also used in the passage for nesting places.

138. "Destruction" means damage or ruin, and its opposite is "construction," which means building or creating.

139. "When they were faced with starvation" modifies the verb "fled" and tells the time/condition, so it is an adverb clause.

140. The subject "The right mix" is singular, so the verb should be "is crucial," not "are crucial." Hence error is in part C.

141. Passage mentions flamingoes were honoured guests of King Lakho, making them special visitors.

142. Passage explicitly describes Flamingo City as one of the world's biggest breeding grounds of Greater Flamingoes.

143. The doctor did not drop tea leaves on purpose; they fell accidentally. Also, after drinking tea, the Emperor felt awake, not sleepy.

144. The doctor gave tea leaves to help the Emperor stay awake and overcome sleepiness.

145. "Youthful" means feeling or appearing young, energetic, and lively.

146. "Flavourful" means tasty, so its opposite is "bland," meaning lacking taste.

147. "When a few minutes had passed" tells the time of the action and modifies the verb, so it is an adverb clause.

148. This is not true because after drinking tea, the Emperor felt awake, strong, and youthful.

149. The passage clearly states that the Emperor called the doctor because he could not keep his eyes open.

150. The Emperor became angry because the tea leaves did not taste good when he chewed them.

YOUR SPACE

पिछले प्रश्न-पत्र

CTET—पेपर-II, दिसम्बर 2024

गणित एवं विज्ञान शिक्षक हेतु

(Exam held on 14-12-2024)

भाग-I : बाल विकास व शिक्षाशास्त्र

1. एक समावेशी कक्षा में शिक्षक :

A. अलग-अलग शैक्षणिक क्षमताओं के आधार पर बच्चों को अलग करता है।

B. बच्चों की विभिन्न आवश्यकताओं के अनुरूप पाठ्यचर्या और शैक्षणिक रणनीतियों को संशोधित करता है।

C. प्रतिस्पर्धा की भावना को बढ़ावा देकर बच्चों को बेहतर करने के लिए प्रोत्साहित करने की कोशिश करता है।

D. बच्चों में 'कमियों' की पहचान करता है और उनका सही ढंग से नामीकरण करता है।

2. अधिगम के सार्वभौमिक अभिकल्प में क्या शामिल **नहीं** है?

A. शिक्षार्थी जो जानते हैं, उसे प्रदर्शित करने के लिए सभी शिक्षार्थियों को विकल्प प्रदान करना।

B. सभी शिक्षार्थियों के हितों में कार्य करना और तदनुसार चुनौतियों की पेशकश करना।

C. शिक्षार्थियों के नामीकरण और वर्गीकरण के विभिन्न रूपों को लागू करना।

D. सभी शिक्षार्थियों को सूचना और ज्ञान प्राप्त करने के विभिन्न तरीके देना।

3. नई अवधारणाओं को पढ़ाने के लिए निम्नलिखित में से कौन-सी प्रभावी रणनीतियाँ हैं?

(*i*) उदाहरण प्रस्तुत करना

(*ii*) गैर-उदाहरण प्रस्तुत करना

(*iii*) अवधारणाओं के बीच संबंधों के बारे में सोच को बढ़ावा देना।

(*iv*) एक परिभाषा देना और छात्रों को इसे याद करने के लिए प्रोत्साहित करना।

A. (*i*), (*iii*) B. (*i*), (*ii*), (*iii*)

C. (*iii*), (*iv*), (*i*) D. (*i*), (*ii*)

4. भाषा और सोच प्रक्रिया के बीच संबंध का प्रस्ताव रखते हुए, लेव वायगोत्स्की ने निम्नलिखित में से किस रूप में भाषा को अवधारणाबद्ध किया?

A. भाषा आत्मकेंद्रित भाषा का एक रूप है जिसका प्रयोग केवल बुनियादी जरूरतों को पूरा करने के लिए किया जाता है।

B. भाषा संज्ञानात्मक क्षमताओं के विकास में बाधा डालती है।

C. भाषा का एक स्वतंत्र क्षेत्र है जो कि संज्ञान से संबंधित नहीं है।

D. भाषा एक सांस्कृतिक उपकरण है, जो संज्ञान को कई तरीकों से सुगम बनाती है।

5. हालाँकि अंतर-समूह व्यक्तिगत भिन्नताओं की संभावना मौजूद है, फिर भी स्वलीनता वाले अधिकांश विद्यार्थी :

A. उन्नत संवाद के कौशल प्रदर्शित करते हैं।

B. दिनचर्या या चरणों का सख्ती से पालन करते हैं।

C. कल्पनाशील खेल के उच्चतर कौशलों का प्रदर्शन करते हैं।

D. उन्नत सामाजिक-भावनात्मक पारस्परिकता की उपलब्धि प्राप्त करते हैं।

6. जीन पियाजे के संज्ञानात्मक विकास के सिद्धांत के अनुसार :

A. सीखने के अनुभव बच्चों के संज्ञानात्मक क्रियाओं के वर्तमान स्तर पर निर्भर करते हैं।

B. अनुभवों के माध्यम से सीखने के बजाय याद करने की प्रक्रिया को प्राथमिकता दी जानी चाहिए।

C. पूर्व ज्ञान सीखने की प्रक्रिया में कोई भूमिका नहीं निभाता है।

D. परिपक्वता जैसे जैविक कारक संज्ञानात्मक विकास में कोई भूमिका नहीं निभाते हैं।

1. B **2.** C **3.** B **4.** D **5.** B **6.** A

7. उन बच्चों को जिन्हें दृष्टि-बाधिता है उन्हें शामिल करते समय, शिक्षकों को .... का उपयोग करना चाहिए, जो ....।

A. ब्रेल; एक श्रवण प्रणाली है।

B. आवृत्ति संग्राहक संचरण उपकरण; स्पर्श तंत्र हैं।

C. आवृत्ति संग्राहक संचरण उपकरण, श्रवण तंत्र हैं।

D. ब्रेल; एक स्पर्श प्रणाली है।

8. फिजा ने विश्लेषण किया कि उसे विषय Z सीखने की तुलना में विषय X सीखने में अधिक समस्याएँ हैं क्योंकि वह विषय Z में रुचि रखती है और उस पर ध्यान केंद्रित कर रही है। निम्नलिखित में से कौन-सी संरचना फिजा की सोच का विश्लेषण करने की क्षमता का वर्णन करता है?

A. स्मृति B. संज्ञान

C. संज्ञानात्मक संघर्ष D. अधिसंज्ञान

9. हॉवर्ड गार्डनर के बहुबुद्धि सिद्धांत का प्रस्ताव है कि :

A. बुद्धि मुख्य रूप से आनुवंशिक विरासत में मिलती है।

B. बुद्धि को सटीक रूप से मापा जा सकता है और सटीक रूप से विधेय किया जा सकता है।

C. बुद्धिमत्ता अकादमिक सफलता का सफलतापूर्वक अनुमान लगा सकती है।

D. बुद्धि समय के साथ बदलती है।

10. प्रगतिशील शिक्षा के हिमायती इनमें से किस कथन से सहमत होंगे?

A. बच्चे स्वाभाविक रूप से 'असभ्य' होते हैं और उन्हें नैतिक मानव बनाने के लिए समाजीकरण आवश्यक है।

B. बच्चे एक सामाजिक, सांस्कृतिक, आर्थिक संदर्भ में पैदा होते हैं और यह पृष्ठभूमि उनके विकास को प्रभावित करती है।

C. बचपन एक अलग जीवन-चरण है जिसमें 'बच्चे के रूप में वे क्या हैं' के बजाय 'वे वयस्कों के रूप में क्या बनेंगे' ज्यादा महत्व रखता है।

D. बच्चे स्वाभाविक रूप से 'अच्छे' होते हैं और समाज उन्हें भ्रष्ट करता है।

11. **अभिकथन (A):** भय और तनाव का वातावरण बनाना छात्रों को सचेत और हरदम तैयार रखता है और सार्थक सीखने को सुसाधित करता है।

कारण (R): अधिगम केवल बाहरी कारकों द्वारा नियंत्रित होता है।

सही विकल्प चुनें :

A. (A) और (R) दोनों सही हैं, लेकिन (A) की (R) सही व्याख्या नहीं करता है।

B. (A) सही है, लेकिन (R) गलत है।

C. (A) और (R) दोनों गलत हैं।

D. (A) और (R) दोनों सही हैं और (A) की (R) सही व्याख्या करता है।

12. निम्न में से कौन-सा प्रदर्शन लक्ष्य अभिविन्यास का एक उदाहरण है?

A. एक छात्र अच्छा ग्रेड पाने और दूसरों से बेहतर होने के लिए कड़ी मेहनत करता है।

B. एक छात्र शिक्षक से अधिक से अधिक सीखने के लिए कठिन अध्ययन करता है।

C. एक छात्र अपनी समझ को आगे बढ़ाने के लिए कड़ी मेहनत करता है।

D. एक छात्र किसी विषय की गहरी समझ हासिल करने के लिए कठिन अध्ययन करता है।

13. निम्न में से कौन विद्यार्थियों में सीखने के लिए आकलन का एक उदाहरण है?

A. पूर्व ज्ञान की जाँच के लिए कक्षा की शुरूआत में एक प्रश्नोत्तरी और विचार-मंथन।

B. देशभर के छात्रों की तुलना करने के लिए एक मानकीकृत परीक्षण।

C. एक परियोजना की शुरूआत में छात्रों को दिया गया रूब्रिक, यह रेखांकित करते हुए कि उन्हें एक निश्चित ग्रेड प्राप्त करने के लिए क्या करना चाहिए।

D. एक अंतिम परीक्षा जिसमें पूरे सत्र में सीखी गई सभी सामग्री शामिल होती है।

14. निम्नलिखित में से कौन-सा कथन नैदानिक आकलन के उद्देश्य का उपयुक्त वर्णन करता है?

A. विद्यार्थियों के अभिवृत्ति स्वरूप की पहचान करना और उनकी आवश्यकताओं के अनुसार एक व्यावसायिक निर्देशन कार्यक्रम तैयार करना।

B. शिक्षकों को उनके शिक्षण विधियों के बारे में प्रतिपुष्टि प्रदान करना।

C. उन क्षेत्रों की पहचान करना जहाँ विद्यार्थियों को अतिरिक्त सहायता या निर्देश की आवश्यकता हो सकती है।

D. विद्यार्थियों को अपने सहकर्मियों के काम का समालोचनात्मक आकलन करने का अवसर प्रदान करना।

15. लेव वायगोत्स्की संज्ञानात्मक विकास को किस रूप में देखते हैं?

A. एक व्यक्तिगत क्रिया

B. एक एकीकृत प्रक्रिया

C. पर्यावरण को प्रभावी रूप से अपनाने की प्रक्रिया

D. एक सहयोगात्मक प्रक्रिया

7. D	**8.** D	**9.** D	**10.** B	**11.** C	**12.** A	**13.** C	**14.** C	**15.** D

16. लेव वायगोत्स्की के सिद्धांत का पालन करते हुए, एक शिक्षक को :

A. विद्यार्थियों द्वारा कंठस्थ किए जाने वाले ज्ञान का प्रसार करना चाहिए।
B. विद्यार्थियों को एक-दूसरे के साथ प्रतिस्पर्धा करने के लिए प्रोत्साहित करना चाहिए।
C. अपने विद्यार्थियों के साथ पारस्परिक अध्यापन का पालन करना चाहिए।
D. विद्यार्थियों द्वारा सांस्कृतिक उपकरणों के उपयोग को हतोत्साहित करना चाहिए।

17. निम्न में से कौन-सा एक ऐसे प्रश्न का उदाहरण है जो विवेचनात्मक सोच को बढ़ावा देता है?

A. द्वितीय विश्व युद्ध में कौन-से देश प्रत्यक्ष रूप से शामिल थे?
B. द्वितीय विश्व युद्ध के फैलने में किन कारकों का योगदान था?
C. द्वितीय विश्व युद्ध के दौरान जर्मनी का नेता कौन था?
D. द्वितीय विश्व युद्ध किस वर्ष समाप्त हुआ था?

18. **अभिकथन (A):** 12 साल की अमाना हर बार डर जाती है जब शिक्षिका उसे ब्लैकबोर्ड पर गणित की समस्या का जवाब देने या हल करने के लिए कहती है क्योंकि उसे डर है कि शिक्षिका उसे डाँटेंगी और वह शर्मिंदा होगी।

कारण (R): जब छात्र असुरक्षित और चिंतित महसूस करते हैं तो उनकी शिक्षा पर प्रतिकूल प्रभाव पड़ता है।

सही विकल्प चुनें :

A. (A) और (R) दोनों सही हैं, लेकिन (A) की (R) सही व्याख्या नहीं करता है।
B. (A) सही है, लेकिन (R) गलत है।
C. (A) और (R) दोनों गलत हैं।
D. (A) और (R) दोनों सही हैं और (A) की (R) सही व्याख्या करता है।

19. जीन पियाजे .... को .... मानता है। लेव वायगोत्स्की .... को .... मानता है।

A. आत्मकेन्द्रित वाक्, स्व-विनियमित में प्रभावी, निजी वाक्, संज्ञानात्मक अपरिपक्वता का संकेत
B. निजी वाक्, संज्ञानात्मक अपरिपक्वता का संकेत; आत्मकेन्द्रित वाक्, आत्म-विनियमित में प्रभावी
C. निजी वाक्, आत्म-विनियमित में प्रभावी; आत्मकेन्द्रित वाक्, संज्ञानात्मक अपरिपक्वता का संकेत
D. आत्मकेन्द्रित वाक्, संज्ञानात्मक अपरिपक्वता का संकेत; निजी वाक्, स्व-विनियमित में प्रभावी

20. **अभिकथन (A):** लड़कों की तुलना में लड़कियों में सामाजिक और सांस्कृतिक कारकों से अधिक प्रभावित होने की जन्मजात प्रवृत्ति होती है।

कारण (R): लड़कियाँ आनुवंशिक रूप से लड़कों की तुलना में अधिक संवेदनशील और भावनात्मक रूप से कमजोर होती हैं, जिसके कारण उनकी सामाजिक अपेक्षाओं के अनुरूप होने की संभावना अधिक हो जाती है।

सही विकल्प चुनें :

A. (A) और (R) दोनों सही हैं, लेकिन (A) की (R) सही व्याख्या नहीं करता है।
B. (A) सही है, लेकिन (R) गलत है।
C. (A) और (R) दोनों गलत हैं।
D. (A) और (R) दोनों सही हैं और (A) की (R) सही व्याख्या करता है।

21. दस साल की काकुली गणित के एक कठिन सवाल से जूझ रही है। उसके समस्या समाधान कौशल को बढ़ाने के लिए उसकी शिक्षिका क्या कर सकती है?

A. उसे समस्या को छोड़ने और अगले एक पर जाने के लिए कहें
B. कोशिश करते रहने के लिए उसे प्रोत्साहित करें और जरूरत पड़ने पर आलम्बन प्रदान करें
C. कड़ी से कड़ी सजा दें ताकि भविष्य में ऐसा दोबारा न हो
D. उसे समस्या का समाधान दें

22. 'वर्ग समावेशन' का एक उदाहरण :

अभिकथन (A): लोकेश को एक संकल्पना (दिल्ली) को दूसरी संकल्पना (भारत) के उप-समूह के रूप में वर्गीकृत करने में परेशानी होती है।

कारण (R): यह समझना कि भावनाएँ स्मृति और सीखने को कैसे प्रभावित करती हैं, स्व-विनियमित सीखने को संसाधित कर सकता है।

सही विकल्प चुनें :

A. (A) और (R) दोनों सही हैं, लेकिन (A) की (R) सही व्याख्या नहीं करता है।
B. (A) सही है, लेकिन (R) गलत है।
C. (A) और (R) दोनों गलत हैं।
D. (A) और (R) दोनों सही हैं और (A) की (R) सही व्याख्या करता है।

16. C **17.** B **18.** D **19.** D **20.** C **21.** B **22.** A

23. निम्नलिखित में से किस विधि में शिक्षक और विद्यार्थी अपनी भूमिकाओं का विनिमय करते हैं?

A. ग्रहणशील अधिगम
B. वर्णनात्मक अध्यापन
C. पारस्परिक अध्यापन
D. अनुकूलित अधिगम

24. व्यवहार, रुचियाँ, दृष्टिकोण, कौशल और व्यक्तित्व लक्षण जिन्हें एक संस्कृति विशिष्ट जेंडर के लिए उपयुक्त मानती है, उन्हें .... के रूप में संदर्भित किया जाता है और यह .... होते हैं।

A. जेंडर भूमिकाएँ; आनुवंशिक रूप से निर्धारित
B. जेंडर पहचान; सांस्कृतिक रूप से परिभाषित
C. जेंडर पहचान; आनुवंशिक रूप से निर्धारित
D. जेंडर भूमिकाएँ; सांस्कृतिक रूप से परिभाषित

25. **अभिकथन (A):** प्रत्येक बच्चे को खेलने, प्रयोग करने और अपनी दुनिया की खोज करने के अवसर मिलते हैं।

कारण (R): बचपन एक सार्वभौमिक निर्माण है।

सही विकल्प चुनें :

A. (A) और (R) दोनों सही हैं, लेकिन (A) की (R) सही व्याख्या नहीं करता है।
B. (A) सही है, लेकिन (R) गलत है।
C. (A) और (R) दोनों गलत हैं।
D. (A) और (R) दोनों सही हैं और (A) की (R) सही व्याख्या करता है।

26. आप एक शिक्षक हैं जो अपने छात्रों को आलोचनात्मक और रचनात्मक रूप से सोचने के लिए प्रोत्साहित करना चाहते हैं। निम्नलिखित में से कौन-सी रणनीति इस प्रकार की चिंतन को बढ़ावा देने की सबसे अधिक संभावना है?

A. छात्रों को उनके अपने समाधान खोजने के लिए खुले सिरे वाले प्रश्न प्रदान करना।
B. छात्रों को उनके ज्ञान का आकलन करने के लिए बहुविकल्पी परीक्षण देना।
C. विषय पर व्याख्यान देना और छात्रों को विस्तृत नोट्स प्रदान करना।
D. एक परियोजना सौंपना जिसमें छात्रों को किसी विषय पर जानकारी को याद रखना और प्रस्तुत करना हो।

27. **अभिकथन (A):** एक समावेशी कक्षा में, सभी पाठ्यचर्या अनुकूलन के शैक्षिक मानकों को 'विशेष बच्चों' के लिए निम्नस्तर करने के लिए निर्देशित किया जाना चाहिए।

कारण (R): 'विशेष बच्चों' की मुख्यधारा की कक्षा में सीखने की कोई संभावना नहीं है।

सही विकल्प चुनें :

A. (A) और (R) दोनों सही हैं, लेकिन (A) की (R) सही व्याख्या नहीं करता है।
B. (A) सही है, लेकिन (R) गलत है।
C. (A) और (R) दोनों गलत हैं।
D. (A) और (R) दोनों सही हैं और (A) की (R) सही व्याख्या करता है।

28. लॉरेन्स कोहूलबर्ग के सिद्धांत के बारे में निम्नलिखित में से कौन-सा कथन सही है?

A. यह प्रायोगिक विधियों द्वारा किए गए अध्ययन पर आधारित है।
B. यह बच्चों को दुविधात्मक स्थितियाँ प्रस्तुत करता है।
C. यह नैतिक तर्क पर संस्कृति और जेंडर के प्रभाव को ध्यान में रखता है।
D. यह बच्चों में नैतिक विकास की प्रगति के सटीक अवस्थाओं को निर्दिष्ट नहीं करता है।

29. एक शिक्षिका छात्रों को उनके पूर्व ज्ञान को नई संकल्पनाओं से जोड़ने के अवसर प्रदान करके अपनी कक्षा में सार्थक सीखने व विवेचनात्मक सोच को सक्षम बनाना चाहती है। निम्नलिखित में से कौन-सी शिक्षण रणनीति सबसे प्रभावी होगी?

A. विद्यार्थियों को पाठ्यपुस्तक के अध्याय को पढ़ने और अंत में प्रश्नों के उत्तर देने के लिए कहना।
B. छात्रों से नई सामग्री से संबंधित अपने स्वयं के अनुभव साझा करने के लिए कहना और फिर उन्हें विषय से जोड़ना।
C. छात्रों को नई सामग्री से संबंधित कार्य को पूरा करने के तरीके के बारे में चरण-दर-चरण मार्गदर्शिका प्रदान करना।
D. नई सामग्री पर व्याख्यान देना और छात्रों को याद करने के लिए महत्वपूर्ण शब्दों की सूची प्रदान करना।

30. विकास के .... आयाम के तहत भावनाओं, आत्म-धारणा तथा परिवारों, साथियों और दोस्तों के साथ पारस्परिक संबंधों में परिवर्तन का अध्ययन किया जाता है।

A. संज्ञानात्मक
B. भाषायी
C. मनो-सामाजिक
D. भौतिक

23. C	**24.** D	**25.** C	**26.** A	**27.** C	**28.** B	**29.** B	**30.** C

भाग-II : गणित एवं विज्ञान

31. $31096 \div (2704 \div 2) + 0.6738 + 0.63 + 0.059 - 0.79$ का मान बराबर है :

A. 23.5728 B. 24.6728
C. 24.5728 D. 23.6728

32. निम्न आँकड़े एक खिलाड़ी द्वारा उसके द्वारा खेले गए पिछले 11 मैचों में लिए गए विकेटों की संख्याएँ दर्शाते हैं :

1, 0, 2, 4, 0, 3, 1, 1, 2, 4, 1

इन आँकड़ों के माध्य और बहुलक का अंतर क्या है?

A. $\frac{8}{11}$ B. $\frac{10}{9}$
C. $\frac{8}{9}$ D. $\frac{7}{11}$

33. त्रिज्या 25 cm वाले एक पहिए द्वारा 350 चक्कर लगाने में तय की गई दूरी (मीटरों में) है ($\pi = 22/7$ का उपयोग कीजिए) :

A. 550 B. 825
C. 1100 D. 275

34. किसी तिर्यक द्वारा दो समांतर रेखाओं के प्रतिच्छेदन से बने दो संगत कोण $(3x - 20°)$ और $(5x - 60°)$ हैं। तब, $(4x + 30°)$ का मान है :

A. 110° B. 130°
C. 150° D. 90°

35. उच्च प्राथमिक स्तर पर पूर्णांकों का जोड़ पढ़ाने के लिए निम्नलिखित में से क्या सबसे कम लाभदायक है?

A. लिफ्ट का उपयोग B. संख्या रेखा का उपयोग
C. चार्ट पेपर का उपयोग D. सीढ़ियों का उपयोग

36. रेखा AB पर स्थित O एक बिंदु है। AB के एक ही ओर दो किरणें OC और OD इस प्रकार खींची गई हैं कि $OC \perp OD$ है, $\angle AOC = x$ और $\angle BOD = 3x$ है। तब, $\angle BOD$ बराबर है :

A. 45° B. 60°
C. $67\frac{1}{2}°$ D. $22\frac{1}{2}°$

37. आकलन के लिए निम्नलिखित में से कौन-सा कथन **सही** है?

A. योगात्मक आकलन यह जानने में मदद करता है कि किसी अवधारणा के शिक्षण के दौरान निर्देशात्मक उद्देश्यों को किस हद तक प्राप्त किया गया है।

B. 'अधिगम के लिए आकलन' एक ऐसी प्रक्रिया है जिसमें प्रतिपुष्टि प्रदान करने का कोई अवसर नहीं होता।

C. पाठ्यक्रम पूरा होने के बाद ग्रेड देने के लिए रचनात्मक आकलन का उपयोग किया जाता है।

D. अधिगम के रूप में मूल्यांकन, स्व-मूल्यांकन और सहकर्मी मूल्यांकन के अवसर उत्पन्न करता है।

38. ₹ 8000 की एक राशि 7.5% वार्षिक दर से x वर्ष में साधारण ब्याज पर ₹ 9500 हो जाती है। उसी राशि का 20% वार्षिक दर से उतने ही समय में कितना मिश्रधन होगा, यदि ब्याज वार्षिक संयोजित होता है?

A. ₹ 12144 B. ₹ 12672
C. ₹ 13824 D. ₹ 11616

39. मीनू ने श्यामपट्ट पर कुछ संख्याएँ लिखकर उनको बढ़ते क्रम में व्यवस्थित करके इस प्रकार लिखा $2 < 7 < 9 < 12$। फिर उसने प्रत्येक संख्या को $\left(-\frac{1}{2}\right)$ से गुणा कर दिया।

उपर्युक्त परिस्थिति में निम्नलिखित कथनों में से **सही** कथन पहचानिए।

A. संख्याओं का माध्य समान रहेगा।

B. आरोही क्रम बदल कर अवरोही क्रम हो जाएगा।

C. आरोही क्रम में पदों की संख्या बदल जाएगी।

D. संख्याओं का आरोही क्रम अभी भी यही रहेगा।

40. प्रारंभिक स्तर पर गणित की पाठ्य-पुस्तकों में निम्नलिखित में से कौन-सी विशेषता सबसे उपयुक्त है?

A. किताबों में अभ्यास करने के लिए बहुत सारे समान प्रश्न होने चाहिए

B. अवधारणाओं को जटिल से सरल की ओर प्रस्तुत किया जाना चाहिए

C. अवधारणाओं को ठोस से अमूर्त की ओर प्रस्तुत किया जाना चाहिए

D. पुस्तक की भाषा अत्यधिक सटीक और तकनीकी होनी चाहिए

41. $20pq^2 + 4pq + 45pr^2 - 60pqr - 6rp$ के गुणनखंडों में से एक गुणनखंड निम्न है :

A. $2q - 3r$

B. $10p - 15r + 2$

C. $15p - 10r + 2$

D. $2r - 3q$

31. A **32.** A **33.** A **34.** A **35.** C **36.** C **37.** D **38.** B **39.** B **40.** C **41.** A

42. निम्नलिखित में से कौन-सी गणित शिक्षण की एक शिक्षक-केंद्रित विधि है?

A. व्याख्यान विधि
B. स्वतः शोध (ह्यूरिस्टिक) विधि
C. सामूहिक परिचर्चा विधि
D. समस्या समाधान विधि

43. किसी वस्तु का क्रय मूल्य ₹ 750 है। इसे इसके अंकित मूल्य पर 24% की छूट देकर ₹ 608 में बेचा गया। यदि इस वस्तु को इसके अंकित मूल्य पर बेचा जाता, तो कितना लाभ प्रतिशत प्राप्त होता?

A. 6%
B. $5\frac{1}{3}\%$
C. $6\frac{2}{3}\%$
D. 5%

44. संख्याएँ 12, 13, 14, ..., 70, 71 कार्डों पर लिख कर एक डिब्बे में रख दी जाती हैं (एक कार्ड पर एक संख्या) तथा फिर इस डिब्बे में से बिना अंदर देखे, एक कार्ड निकाला जाता है। इसकी क्या प्रायिकता है कि निकाले गए कार्ड पर एक ऐसी संख्या है, जो अभाज्य **नहीं** है?

A. $\frac{15}{59}$
B. $\frac{3}{4}$
C. $\frac{45}{59}$
D. $\frac{1}{4}$

45. निम्न में से कौन-सी परिमेय संख्याएँ $\frac{-7}{10}$ और $\frac{-1}{4}$ के बीच में स्थित हैं?

A. $\frac{-2}{3}, \frac{-3}{5}, \frac{-3}{4}$
B. $\frac{5}{-8}, \frac{2}{3}, \frac{-3}{5}$
C. $\frac{5}{-8}, \frac{-2}{3}, \frac{-3}{5}$
D. $\frac{-3}{5}, 0, \frac{-1}{5}$

46. निम्न में से कौन-सी संख्या मानक रूप में लिखी गई है?

A. 8.5×10^{-12}
B. 0.6×10^{15}
C. 83.7×10^{-9}
D. 45×10^{3}

47. एक नौ-अंकीय संख्या $565x9274y$, संख्या 88 से विभाज्य है। तब, $(2x + 3y)$ का मान है :

A. 25
B. 24
C. 22
D. 26

48. निम्नलिखित में से क्या गणित में आँके जाने वाली विद्यार्थियों की सबसे महत्वपूर्ण क्षमताओं को निरूपित करता है?

(*a*) संबंधों को समझने के लिए अमूर्तता का उपयोग करने की क्षमता
(*b*) पाठ्यपुस्तक में दिए सभी सूत्रों को याद करने की क्षमता
(*c*) दैनिक जीवन की परिस्थितियों से संबंधित समस्याओं को हल करने के लिए गणितीय अवधारणाओं का अनुप्रयोग करने की क्षमता
(*d*) गणित में पूरे अंक प्राप्त करने की क्षमता

सही विकल्प चुनें :

A. (*a*) और (*d*)
B. (*b*), (*c*) और (*d*)
C. (*b*) और (*d*)
D. (*a*) और (*c*)

49. किसी पंचभुज ABCDE में, $\angle A = (2x + 9°)$, $\angle B = (2x + 1°)$, $\angle C = (2x - 1°)$, $\angle D = (2x + 5°)$ और $\angle E = (2x - 4°)$ है। तब, $(2x + 10°)$ का मान है :

A. 116°
B. 118°
C. 124°
D. 114°

50. बहुत से व्यवसाय जैसे कि लेखाशास्त्र (हिसाब-किताब), बैंकिंग, दुकानदारी, सिलाई का काम इत्यादि में प्रत्यक्ष या परोक्ष रूप से गणित की आवश्यकता होती है। यह गणित के .... मूल्य की व्याख्या है।

A. सांस्कृतिक
B. उपयोगितावादी
C. व्यावसायिक
D. विषयात्मक

51. माना कि $A = 3x^2 - 8x + 11$, $B = -2x^2 + 12x$, $C = -4x^2 + 7$ और $D = x^2 - x - 11$ है।
यदि $(A + B + C) - D = px^2 + qx + r$ है, तो $(p + q + r)$ का मान है :

A. 28
B. 30
C. 31
D. 27

52. निम्न में से किन मापनों के लिए, त्रिभुज ABC की रचना की जा सकती है?

A. AB = 8 cm, BC = 4 cm, ∠BCA = 90°, ∠ABC = 60°
B. ∠ACB = 120°, ∠ABC = 25°, AC = BC = 4 cm
C. AB = 5 cm, BC = 6 cm, ∠ABC = 130°, ∠BAC = 25°
D. AB = 3 cm, BC = 4 cm, AC = 7 cm

53. निम्नलिखित में से किसका उपयोग विद्यार्थियों में समस्या-समाधान की योग्यता, मापन की योग्यता, प्रयोगात्मक योग्यता आदि का रिकॉर्ड रखने के लिए किया जाता है?

A. रिपोर्ट कार्ड
C. उपाख्यानात्मक रिकॉर्ड
B. शिक्षक डायरी
D. संचयी रिकॉर्ड

54. PQRS एक समांतर चतुर्भुज है, जिसमें PQ = (4*x* + 1) cm, QR = 26 cm, RS = 25 cm और PS = (3*y* − 1) cm है। तब, (3*x* + 2*y*) (cm में) है :

A. 36
B. 38
C. 39
D. 35

42. A **43.** C **44.** B **45.** C **46.** A **47.** D **48.** D **49.** A **50.** B **51.** B **52.** A **53.** B **54.** A

55. किसी समलंब ABCD की समांतर भुजाओं AB और CD के बीच की दूरी 12 cm है। यदि AB < CD, CD = 24 cm तथा AD = BC =13 cm है, तो इस समलंब का क्षेत्रफल (cm^2 में) निम्न है :

A. 114 B. 247
C. 228 D. 123.5

56. यदि x वह न्यूनतम संख्या है, जिसे 2605 में से घटाने पर वह पूर्ण वर्ग हो जाती है, तो $(4x + 7)$ का मान है :

A. 23 B. 27
C. 31 D. 11

57. नीतू हमेशा परिवर्तनों (ट्रांसफॉर्मेशन) की पहचान करने में उलझन में रहती है। उसकी गणित की शिक्षिका ने उसे प्रत्येक परिवर्तन के लिए एक सरल शब्द देकर उसकी मदद की जो कि है : परिवर्तन, प्रतिबिम्ब, रोटेशन, स्थानान्तरित और आवर्धन।

ऊपर दिए गए हर परिवर्तन के अर्थ को निम्नलिखित में से कौन-सा **सही** क्रम में निरूपित करता है?

A. पलटना, घुमाना, फिसलना और बड़ा आकार
B. फिसलना, पलटना, घुमाना और बड़ा आकार
C. पलटना, फिसलना, घुमाना और बड़ा आकार
D. घुमाना, फिसलना, पलटना और बड़ा आकार

58. 12 cm भुजा वाले एक ठोस घन को छोटे ठोस घनों में काटा जाता है, जिनमें से प्रत्येक की भुजा 4 cm है। प्रारंभिक घन के कुल पृष्ठीय क्षेत्रफल तथा इस प्रकार बने नए छोटे घनों के कुल पृष्ठीय क्षेत्रफल के बीच क्या संबंध होगा?

A. नया कुल पृष्ठीय क्षेत्रफल प्रारंभिक कुल पृष्ठीय क्षेत्रफल का दोगुना हो जाएगा।
B. नया कुल पृष्ठीय क्षेत्रफल प्रारंभिक कुल पृष्ठीय क्षेत्रफल का $\frac{1}{3}$ हो जाएगा।
C. नया कुल पृष्ठीय क्षेत्रफल प्रारंभिक कुल पृष्ठीय क्षेत्रफल का तिगुना हो जाएगा।
D. नया कुल पृष्ठीय क्षेत्रफल प्रारंभिक कुल पृष्ठीय क्षेत्रफल का $\frac{1}{2}$ हो जाएगा।

59. कथन में दी गई जानकारी के आधार पर, कौन-सी सुझाई गई कार्यवाही तार्किक रूप से अनुपालन करती है?

कथन : क्षेत्रमिति की समस्याओं को हल करते समय अनामिका अवधारणात्मक त्रुटि करती है।

कार्यवाही :

I. शिक्षिका अनामिका को बहुत सारे व्यावहारिक और दृश्यात्मक अभ्यास करने के लिए देती हैं।
II. शिक्षिका खुले सिरे वाले प्रश्न देकर चर्चा के अवसर प्रदान करती है।

सही विकल्प चुनें :

A. केवल कार्यवाही (II)
B. न तो कार्यवाही (I) और न ही कार्यवाही (II)
C. कार्यवाही (I) और (II) दोनों
D. केवल कार्यवाही (I)

60. यदि $x = k$, समीकरण $\frac{x-4}{7} - 1 = \frac{5-x}{3} + x$ का हल है, तो $\frac{11k+18}{11k-12}$ का क्या मान होगा?

A. $\frac{3}{4}$ B. $\frac{5}{8}$
C. $\frac{4}{9}$ D. $\frac{1}{2}$

61. मानव पाचकतंत्र में पित्त रस के कार्य के संबंध में निम्नलिखित में से कौन-सा/से कथन सही है/हैं?

(*a*) यह आमाशय से आते हुए आंशिक रूप से पचे भोजन को क्षारीय बना देता है।
(*b*) यह वसा के पाचन में सहायता करता है।

A. (*a*) गलत है तथा (*b*) सही है
B. (*a*) और (*b*) दोनों सही हैं
C. (*a*) और (*b*) दोनों गलत हैं
D. (*a*) सही हैं तथा (*b*) गलत हैं

62. निम्नलिखित में से कौन-सा जलीय पादपों (पौधों) के संदर्भ में सही सुमेलन समुच्चय को निरूपित करता है?

अनुकूलन	उद्देश्य
(*a*) बृहत् वृत्तीय पर्ण	(*i*) क्षय से सुरक्षित होती है
(*b*) मोमी आवरण	(*ii*) जल धाराओं से प्रतिरोध (देता) प्रस्तुत होता है
(*c*) तनों (स्तंभों) में बृहत् सुरंगें और छिद्र होते हैं	(*iii*) उत्प्लावकता प्रदान होती है
(*d*) फीते (रिबन) जैसे पर्ण	(*iv*) तिरता (तैरते) रहने में सहायता होती है

	(*a*)	(*b*)	(*c*)	(*d*)
A.	(*ii*)	(*iii*)	(*i*)	(*iv*)
B.	(*ii*)	(*iv*)	(*iii*)	(*i*)
C.	(*iii*)	(*i*)	(*iv*)	(*ii*)
D.	(*iii*)	(*iv*)	(*ii*)	(*i*)

55. C **56.** A **57.** A **58.** C **59.** C **60.** B **61.** B **62.** C

63. **अभिकथन (A):** नाइक्रोम का प्रयोग विद्युत-टोस्टर और विद्युत गीजर जैसे यंत्रों में तापन तत्व के रूप में होता है।

कारण (R): नाइक्रोम का उच्च गलनांक और निम्न प्रतिरोधकता होती है।

सही विकल्प चुनें :

A. (A) और (R) दोनों सही हैं, लेकिन (A) की (R) सही व्याख्या नहीं करता है।
B. (A) सही है, लेकिन (R) गलत है।
C. (A) और (R) दोनों गलत हैं।
D. (A) और (R) दोनों सही हैं और (A) की (R) सही व्याख्या करता है।

64. निम्नलिखित सूचना के आधार पर उन पदार्थों की पहचान कीजिए जो जलने पर ज्वाला देते हैं :

पदार्थ	अवस्था	जलने पर वाष्प बनता है
A	ठोस	नहीं
B	द्रव (तरल)	हाँ
C	ठोस	हाँ
D	द्रव (तरल)	नहीं

A. A और B
B. B और C
C. C और D
D. A और D

65. ___(A)___ हार्मोन हमारे शरीर में कार्बोहाइड्रेट, प्रोटीन तथा वसा उपापचय को नियंत्रित करता है। यह ___(B)___ ग्रंथि द्वारा स्रावित होता है तथा हमारे आहार में ___(C)___ इस ग्रंथि के कामकाज को प्रभावित करता है।

(A), (B), (C) क्रमशः हैं :

A. ऐड्रिनीलन, एड्रिनल (अधिवृक्क), लवण
B. थायरॉक्सिन, थाइरॉइड, आयोडीन
C. वृद्धिकर हार्मोन, पीयूष, प्रोटीन
D. इन्सुलिन, अग्नाशय, शर्करा

66. कक्षा VII में निम्नलिखित गतिविधि की गई :

विद्यार्थियों को चार लौह दंड दिए गए जिनमें से दो दंड चुंबक हैं। उन्हें दंड चुंबक की पहचान करने के लिए कहा गया। इस गतिविधि के माध्यम से निम्नलिखित में से कौन-से प्रक्रिया कौशलों को प्रोत्साहित किया जा सकता है?

A. प्रेक्षण (अवलोकन), वर्गीकरण, निष्कर्ष निकालना
B. प्रेक्षण (अवलोकन), वर्गीकरण, संप्रेषण (संचारण), माप
C. प्रेक्षण (अवलोकन), अनुमान, प्रयोग, चरों को नियंत्रित करना
D. प्रेक्षण (अवलोकन), परिकल्पना बनाना, मापना

67. विज्ञान में कला एकीकृत अधिगम को बढ़ावा देने की संभावना निम्न में से किसमें सबसे अधिक है?

A. प्रायोजनाओं (परियोजनाओं), पोर्टफोलियो द्वारा
B. उपाख्यानात्मक प्रलेखों, जर्नल लेखन द्वारा
C. जर्नल लेखन, क्षेत्र भ्रमणों द्वारा
D. पोर्टफोलियो, उपाख्यानात्मक प्रलेखों द्वारा

68. निम्नलिखित में से कौन-सा विज्ञान में खुली पुस्तक आकलन का उद्देश्य नहीं होना चाहिए?

A. अधिगमकर्ताओं की अवधारणात्मक समझ को मापना
B. परीक्षाओं में अधिक अंक लाना
C. पुस्तक के अन्वेषण के अवसर प्रदान करना
D. अधिगमकर्ताओं में आकलन के भय को कम करना

69. निम्नलिखित में से कौन-से कथन **सही** हैं?

(*a*) क्रिस्टलन (क्रिस्टलीकरण) एक रासायनिक परिवर्तन है।
(*b*) प्रकाश-संश्लेषण एक रासायनिक परिवर्तन है।
(*c*) फल का पक्वन एक भौतिक परिवर्तन है।
(*d*) दूध से दही बनना एक रासायनिक परिवर्तन है।

A. (*b*) और (*d*)
B. (*b*) और (*c*)
C. (*c*) और (*d*)
D. (*a*) और (*b*)

70. सभी आयु वर्ग के बच्चों की विभिन्न धारणाएँ होती हैं, जोकि विज्ञान अवधारणाओं से भिन्न हो सकती हैं। निम्नलिखित में से इन धारणाओं के संबंध में कौन-से कथन सही हैं?

(*a*) ये धारणाएँ सामान्यतः स्थिर होती हैं।
(*b*) ये प्रेक्षित (अनुपालनीय) परिघटनाओं के कारण बनती हैं।
(*c*) ये समान विकासात्मक प्रतिरूप का पालन करती हैं।
(*d*) उन्हें सरलता से परिवर्तित किया जा सकता है।
(*e*) वे प्रायः प्रभाव-क्षेत्र (डोमेन) विशिष्ट होती हैं।

A. (*b*), (*c*), (*d*)
B. (*a*), (*b*), (*c*), (*d*)
C. (*a*), (*b*), (*c*), (*e*)
D. (*a*), (*b*), (*c*)

71. **अभिकथन (A):** शिराओं की तुलना में धमनियों की मोटी और प्रत्यास्थ भित्तियाँ होती हैं।

कारण (R): शिराओं की तुलना में धमनियों में रक्त प्रवाह का दाब कम (निम्न) होता है।

सही विकल्प चुनें :

A. (A) और (R) दोनों सही हैं, परन्तु (R), (A) की सही व्याख्या नहीं है।
B. (A) सही है तथा (R) गलत है।
C. (A) और (R) दोनों गलत हैं।
D. (A) और (R) दोनों सही हैं तथा (R), (A) की सही व्याख्या है।

63. B **64.** B **65.** B **66.** A **67.** A **68.** B **69.** A **70.** C **71.** B

72. S1. स्वपरागण केवल द्विलिंगी पुष्पों (फूलों) में हो सकता है।

S2. पर-परागण केवल एकलिंगी पुष्पों (फूलों) में हो सकता है।

A. S1 और S2 दोनों गलत हैं
B. S1 सही है तथा S2 गलत है
C. S1 गलत है तथा S2 सही है
D. S1 और S2 दोनों सही हैं

73. निम्नलिखित में से कौन-सा कथन **सही** है?

S1. मानव शरीर का सामान्य तापमान 37°C है।

S2. ऊष्मा उच्च तापमान वाले शरीर से निम्न तापमान वाले शरीर की ओर प्रवाहित होती है।

A. S1 और S2 दोनों अनुमान हैं।
B. S1 अवलोकन (प्रेक्षण) है तथा S2 अनुमान है।
C. S1 अनुमान है तथा S2 अवलोकन (प्रेक्षण) है।
D. S1 और S2 दोनों अवलोकन (प्रेक्षण) हैं।

74. माध्यम A का घनत्व B के घनत्व से अधिक है किन्तु माध्यम C के घनत्व से कम है। किस माध्यम में ध्वनि सबसे तेज गति करेगी?

A. B
B. C
C. इस सूचना से निष्कर्ष नहीं निकाला जा सकता
D. A

75. जब बर्फ (हिम) 0°C पर पिघलती है तो उसका तापमान :

A. घटता है
B. समान रहता है
C. पहले घटता है और फिर समान रहता है
D. बढ़ता है

76. निम्नलिखित में से कौन-सी रणनीति जाँच-पड़ताल उन्मुख विज्ञान शिक्षण का समर्थन करेगी?

A. जल में डुबाने पर किसी वस्तु के भार घटने को प्रदर्शित करना
B. विद्यार्थियों को तैरने एवं डूबने से संबंधित गतिविधियों में संलिप्त (लगाना) रखना
C. वास्तविक एवं आभासी भार के बीच के भेद समझाना
D. आर्किमिडीज सिद्धांत को परिभाषित एवं व्याख्या करना

77. विज्ञान में नियमों एवं सिद्धांतों के संदर्भ में निम्नलिखित कथनों को पढ़िए :

S1. नियम सामान्यीकरण कथन हैं जबकि सिद्धांत व्याख्याएँ हैं।

S2. नियम बहुत पुराने हैं और सिद्धांत समकालीन हैं।

S3. नियम बदले नहीं जा सकते हैं जबकि सिद्धांत परिवर्तन के अधीन हैं।

A. S1 और S2 सही हैं जबकि S3 गलत है
B. S1 और S3 सही हैं जबकि S2 गलत है
C. S3 सही है जबकि S1 और S2 गलत हैं
D. S1 सही है; S2 और S3 गलत हैं

78. जब प्रकाश की किरण माध्यम A से माध्यम B में प्रवेश करती है तब उसकी चाल (गति) घटती है और आगे माध्यम C में प्रवेश करने पर उसकी चाल (गति) बढ़ती है

इससे निम्नलिखित में से कौन-सा निष्कर्ष निकाला जा सकता है?

A. A का अपवर्तनांक B से कम है, परन्तु C के समान है।
B. A और C के अपवर्तनांक B से कम हैं।
C. A, B, C के अपवर्तनांक की तुलना उपरोक्त सूचना के आधार पर नहीं की जा सकती है।
D. A का अपवर्तनांक B और C से अधिक है।

79. ___(A)___ कायिक प्रवर्धन की एक प्रविधि (तकनीक) है, जिसमें तने (स्तंभ) के एक भाग अथवा पादप (पौधे) की तरुण शाखा को खींच कर आर्द्र मृदा में इस प्रकार (गाड़) दबा दिया जाता है कि वह शाखा अपने जनक पादप (पौधे) से फिर भी जुड़ी रहे। कुछ समय पश्चात, गाड़े गए भाग में जड़ें विकसित हो जाती हैं तथा यह एक नए पादप (पौधे) में विकसित हो जाता है। ___(B)___ सामान्यतः इस प्रविधि (तकनीक) के माध्यम से उगाए पादप (पौधे) का उदाहरण है।

(A) और (B) क्रमशः है :

A. रोपण, गुलाब
B. मुकुलन, हाइड्रा
C. परतन, चमेली
D. कर्तन, आलू

80. द्रव में डूबे (निमज्जित) बिम्ब पर उत्प्लावन बल कार्य करता है :

A. अधोमुखी दिशा में
B. सभी दिशाओं में
C. तरल सतह से समांतर
D. ऊर्ध्वमुखी दिशा में

81. **अभिकथन (A):** STEM (स्टेम) संबंधी पाठ्यक्रमों में उपलब्धि लिंग (जेंडर) द्वारा प्रभावित होती है।

कारण (R): लड़के एवं लड़कियों द्वारा प्रयोग की गई समस्या समाधान रणनीतियाँ भिन्न होती हैं।

सही विकल्प चुनें :

A. (A) और (R) दोनों सही हैं, परन्तु (R), (A) की सही व्याख्या नहीं है।
B. (A) सही है तथा (R) गलत है।
C. (A) और (R) दोनों गलत हैं।
D. (A) और (R) दोनों सही हैं तथा (R), (A) की सही व्याख्या है।

72. B **73.** A **74.** B **75.** B **76.** B **77.** D **78.** B **79.** C **80.** D **81.** C

82. निम्नलिखित में से कौन-सा/से कथन विज्ञान की प्रकृति के बारे में सही है/हैं?

(*a*) वैज्ञानिक विचार सांस्कृतिक संदर्भ द्वारा प्रभावित नहीं हैं।
(*b*) कोई एकल वैज्ञानिक विधि (पद्धति) नहीं है।

A. (*a*) सही है और (*b*) गलत है
B. (*a*) गलत है और (*b*) सही है
C. (*a*) और (*b*) दोनों गलत हैं
D. (*a*) और (*b*) दोनों सही हैं

83. निम्नलिखित में से कौन-से कथन व्हेल और डॉल्फिन में श्वसन के संदर्भ में सही हैं?

(*a*) वे विलीन ऑक्सीजन का उपयोग नहीं कर सकती हैं।
(*b*) उनके पास गिल (क्लोम) होते हैं।
(*c*) उनके पास बृहत् नासाद्वार होते हैं।
(*d*) वे प्रायः जल-पृष्ठ पर श्वास लेने के लिए आती हैं।

A. (*a*), (*c*), (*d*) B. (*b*), (*c*), (*d*)
C. (*a*), (*b*), (*d*) D. (*a*), (*b*), (*c*)

84. (*a*) सुनीता परखनली (टेस्ट-ट्यूब) में 0.5 ग्राम सोडियम कार्बोनेट लेती है फिर उसमें 5 मिली तनु हाइड्रोक्लोरिक अम्ल डालती है।
(*b*) वह उपरोक्त अभिक्रिया से उत्पन्न गैस को चूने के पानी के माध्यम से गुजरती है।

निम्नलिखित में से कौन (A) और (B) में हो रही रासायनिक अभिक्रियाओं को निरूपित करता है?

A. (*a*) – $Na_2CO_3 + 2HCl \rightarrow 2NaCl + H_2O + CO_2$
(*b*) – $Ca(OH)_2 + CO_2 \rightarrow CaCO_3 + H_2O$
B. (*a*) – $NaHCO_3 + HCl \rightarrow NaCl + H_2O + CO_2$
(*b*) – $Ca(OH)_2 + CO_2 \rightarrow CaCO_3 + H_2O$
C. (*a*) – $NaHCO_3 + HCl \rightarrow NaCl + H_2O + CO_2$
(*b*) – $CaCO_3 + H_2O + CO_2 \rightarrow Ca(HCO_3)_2$
D. (*a*) – $Na_2CO_3 + 2HCl \rightarrow 2NaCl + H_2O + CO_2$
(*b*) – $CaCO_3 + H_2O + CO_2 \rightarrow Ca(HCO_3)_2$

85. निम्नलिखित में से कौन-से कथन यौगिक के संबंध में सही **नहीं** हैं?

(*a*) यौगिक संघटक पदार्थों के गुणों को दर्शाते हैं।
(*b*) केवल तत्व ही यौगिक बनाने के लिए अभिक्रिया कर सकते हैं।
(*c*) प्रत्येक यौगिक का संयोजन सदैव स्थिर (निश्चित) होता है।
(*d*) यौगिकों को भौतिक एवं रासायनिक विधियों द्वारा ही पृथक किया जा सकता है।

A. (*b*), (*c*), (*d*) B. (*a*), (*b*), (*d*)
C. (*a*), (*c*), (*d*) D. (*a*), (*b*), (*c*)

86. निम्नलिखित में से कौन-सा कथन **सही** है?

A. निम्न जल-धारक क्षमता वाली मृदा का उत्तम वातन होता है तथा निम्न अंतःस्रवण दर होती है।
B. निम्न जल-धारक क्षमता वाली मृदा का कमजोर वातन होता है तथा निम्न अंतःस्रवण दर होती है।
C. निम्न जल-धारक क्षमता वाली मृदा का उत्तम वातन होता है तथा उच्च अंतःस्रवण दर होती है।
D. निम्न जल-धारक क्षमता वाली मृदा का कमजोर वातन होता है तथा उच्च अंतःस्रवण दर होती है।

87. निम्न में से कौन-से प्रश्न अपसारी हैं?

A. क्या होता अगर पृथ्वी पर कोई गुरुत्व (गुरुत्वाकर्षण) नहीं होता?
B. कैसे ऊँचाई के साथ गुरुत्व (गुरुत्वाकर्षण) बदल जाता है?
C. अगर पृथ्वी को आकार में आधा कर दिया जाए तो गुरुत्व (गुरुत्वाकर्षण) कैसे प्रभावित होगा?
D. क्यों ऊपर की ओर फेंकी गई गेंद नीचे आती है?

88. निम्नलिखित सारणी को पूरा कीजिए :

परमाणु संख्या	द्रव्यमान संख्या	इलेक्ट्रॉन की संख्या	प्रोटॉन की संख्या	न्यूट्रॉन की संख्या
9	A	B	C	10
D	24	E	12	F

A, B, C, D, E, F क्रमशः हैं :

A. 19, 9, 9, 12, 12, 12
B. 9, 10, 9, 24, 12, 12
C. 9, 9, 10, 24, 12, 12
D. 19, 10, 9, 12, 12, 12

89. **अभिकथन (A):** अवमुख (उत्तल) दर्पणों का उपयोग वाहनों में पश्चदर्शन-दर्पणों (रियरव्यू-मिरर) के रूप में होता है।

तर्क (R1): वे ऊर्ध्वशीर्ष एवं विवर्द्धित प्रतिबिम्ब बनाते हैं।

तर्क (R2): उनका व्यापक दृष्टिक्षेत्र होता है।

A. (A) सही है तथा केवल (R1) ही (A) की सही व्याख्या है।
B. (A) सही है तथा केवल (R2) ही (A) की सही व्याख्या है।
C. (A) सही है परन्तु (R1) और (R2) दोनों ही (A) की सही व्याख्याएँ नहीं हैं।
D. (A) सही है तथा (R1) और (R2) दोनों (A) के लिए सही व्याख्याएँ हैं।

90. धातुओं की आपेक्षिक अभिक्रियाशीलता के संबंध में निम्नलिखित में से कौन-सा/से कथन **सही** है/हैं?

(*a*) जिंक (जस्ता), लौह से अधिक अभिक्रियाशील है, परन्तु ऐलुमिनियम से कम अभिक्रियाशील है।
(*b*) सोडियम, पोटैशियम और कैल्सियम से अधिक अभिक्रियाशील है।
(*c*) ऐलुमिनियम, मैग्नीशियम से अधिक अभिक्रियाशील है।

A. केवल (*a*) B. (*b*) और (*c*)
C. केवल (*c*) D. (*a*) और (*b*)

82. B **83.** A **84.** A **85.** B **86.** C **87.** A **88.** A **89.** B **90.** A

भाग-III : भाषा-I : हिन्दी

निर्देश (प्र.सं. 91 से 99 तक): *निम्नलिखित गद्यांश को पढ़कर पूछे गए प्रश्नों के उत्तर के लिए सबसे उपयुक्त विकल्प का चयन कीजिए।*

शिक्षा एक सृजनात्मक सामाजिक एवं सांस्कृतिक कार्य है। वह एक तरफ मौखिक एवं लिखित सांस्कृतिक परंपरा की वाहक होती है। किंतु दूसरी ओर वह संस्कृति की निर्मात्री भी है। क्योंकि वह प्रचलित संस्कृति में कुछ नया जोड़ती है तथा कुछ पुरानी चीजों को घटाती है या उनका स्वरूप बदलती है। चूँकि कोई भी संस्कृति किसी देशकाल के सापेक्ष होती है, इसलिए शिक्षा सबसे पहले नए युग के लिए नयी संस्कृति विकसित करने का काम करती है। वह समाज में प्रचलित परंपराओं, रीति-रिवाजों को जारी रखने के पहले उनके औचित्य के बारे में सोचने की प्रेरणा भी देती है। सांस्कृतिक कर्म के रूप में शिक्षा को देखने से यह बात स्वतः स्पष्ट हो जाती है कि संस्कृति न तो एकाकी होती है, न उसे बाहरी प्रभाव से रोका जा सकता है और न उसका प्रभाव दूसरे समाज पर पड़ने से बचाया जा सकता है। संस्कृति अपने स्वभाव में आदान-प्रदान की प्रक्रिया है, यह हमेशा प्रगतिशील और ग्रहणशील है।

91. 'संस्कृति पर तरह-तरह के प्रभाव पड़ते हैं' यह बात कैसे समझी जा सकती है?

A. जब शिक्षा को संस्कृति से अलग करके देखा जाए।
B. जब शिक्षा को संस्कृति से जोड़कर देखा जाए।
C. शिक्षा को पृथक रूप से देखा जाए।
D. जब शिक्षा को धर्म से जोड़कर देखा जाए।

92. प्रचलित परंपराओं के औचित्य के बारे में सोचने की प्रेरणा कौन देता है?

A. पुस्तकें B. पर्यावरण
C. धर्म D. शिक्षा

93. शिक्षा को किस प्रकार के कार्य के रूप में देखा गया है?

A. राजनैतिक B. सांस्कृतिक
C. भौतिक D. आर्थिक

94. इनमें से कौन-सा शब्द समूहों से भिन्न है?

A. प्रचलित रीति B. सांस्कृतिक कर्म
C. आदान-प्रदान D. मौखिक परंपरा

95. "कोई भी संस्कृति किसी देशकाल के सापेक्ष होती है।" इस वाक्य से आशय है :

A. संस्कृति समय एवं स्थान के अनुसार स्वयं में परिवर्तन लाती है।
B. संस्कृति देश और काल में अंतर करती है।
C. संस्कृति किसी भी तरह से प्रभावित नहीं होती है।
D. संस्कृति और देश में घनिष्ठ संबंध है।

96. गद्यांश के अनुसार कौन-सा वाक्य **सही** है?

A. संस्कृति में किसी भी प्रकार का आदान-प्रदान नहीं होता है।
B. संस्कृति में गतिशीलता का अभाव है।
C. संस्कृति हमेशा प्रगतिशील है।
D. संस्कृति की मुख्य विशेषता उसका एकाकीपन है।

97. निम्नलिखित में से कौन-सा शब्द कारक चिह्न **नहीं** है?

A. तथा B. से
C. के लिए D. की

98. किस शब्द में 'इक' प्रत्यय का प्रयोग हुआ है?

A. सृजनात्मक B. प्रचलित
C. संबंधित D. सामाजिक

99. शिक्षा संस्कृति की निर्मात्री है, क्योंकि :

A. वह परंपराओं को रूढ़ रूप देती है।
B. वह रीति-रिवाज की परिचायक है।
C. वह परंपराओं को ज्यों का त्यों स्वीकारती है।
D. वह मौजूदा संस्कृति में कुछ नवीनता लाती है।

निर्देश (प्र.सं. 100 से 105 तक): *निम्नलिखित पद्यांश को पढ़कर पूछे गए प्रश्नों के उत्तर के लिए सबसे उपयुक्त विकल्प का चयन कीजिए।*

कलम, आज उनकी जय बोल।
जला अस्थियाँ बारी-बारी
छिटकाई जिनने चिनगारी,
जो चढ़ गए पुण्य वेदी पर लिए बिना गरदन का मोल।
कलम, आज उनकी जय बोल।
जो अगणित लघु दीप हमारे,
तूफानों में एक किनारे,
जल-जलकर बुझ गए किसी दिन माँगा नहीं स्नेह मुँह खोल।
कलम, आज उनकी जय बोल।
पीकर जिनकी लाल शिखाएँ
उगल रहीं लू-लपट दिशाएँ
जिनके सिंहनाद से सहमी धरती रही अभी तक डोल।
कलम, आज उनकी जय बोल।

100. पद्यांश में 'सिंहनाद' शब्द से आशय है :

A. ललकार B. युद्ध ध्वनि
C. समवेत स्वर D. सिंह की गर्जना

91. B **92.** D **93.** B **94.** C **95.** A **96.** C **97.** A **98.** D **99.** D **100.** A

101. 'कलम, आज उनकी जय बोल' पंक्ति से क्या अभिप्राय है?

A. देश के लिए समर्पित लोगों के लिए लिखा जाए।
B. सभी के लिए प्रशंसा के शब्द लिखे जाएँ।
C. लिखने की अपेक्षा बोलकर गुणगान किया जाए।
D. जय-जयकार के नारे लगाए जाएँ।

102. भिन्न शब्द समूह की पहचान करें।

A. लाल शिखाएँ B. जला अस्थियाँ
C. पुण्य वेदी D. लघु दीप

103. 'निस्वार्थ भाव से अपने प्राणों का बलिदान कर दिया' यह भाव किस पंक्ति में मुखरित हुआ है?

A. सहमी धरती रही अभी तक डोल।
B. जो चढ़ गए पुण्य वेदी पर लिए बिना गरदन का मोल।
C. कलम, आज उनकी जय बोल।
D. किसी दिन माँगा नहीं स्नेह मुँह खोल।

104. 'छिटकाई जिनने चिनगारी', पंक्ति में रेखांकित शब्द किसके लिए प्रयुक्त हुआ है?

A. अध्यापक B. सामाजिक कार्यकर्ता
C. स्वतंत्रता सेनानी D. राजनीतिज्ञ

105. इस पद्यांश में कौन-सी भावना अभिव्यक्त हुई है?

A. समाज सुधार B. प्रकृति प्रेम
C. पाखंड विरोध D. देशप्रेम

106. 'सामग्री की प्रामाणिकता' किससे संबंधित है?

A. सत्तासीन लोगों द्वारा विकसित या लिखित सामग्री
B. जीवन के वास्तविक संदर्भों में विकसित या लिखित सामग्री
C. वह सामग्री जो बच्चे घर से लेकर आते हैं
D. अध्यापक द्वारा अपनी कक्षा के लिए लिखी गई सामग्री

107. निम्नलिखित में से किन्हें ग्रहणशील (रिसेप्टिव) कौशलों के रूप में जाना जाएगा?

A. पठन और बोलना B. बोलना और लेखन
C. श्रवण और पठन D. श्रवण और लेखन

108. अपर्णा, कक्षा पाँच की शिक्षार्थी यह समझती है कि किसी ऑडियो या बातचीत का अर्थ समझने के लिए श्रवण में प्रत्येक ध्वनि, शब्दों फिर वाक्यों को सुनना शामिल है। वह श्रवण अधिगम के किस उपागम/युक्ति में विश्वास रखती है?

A. अधो शीर्षमुखी उपागम (बॉटम-अप)
B. टॉप डाउन और बॉटम-अप दोनों उपागम
C. यह न तो टॉप डाउन है और न ही बॉटम-अप उपागम है
D. शीर्ष अधोमुखी उपागम (टॉप डाउन)

109. निम्नलिखित में से कौन-सा विदेशी भाषाओं के अध्ययन के संबंध में राष्ट्रीय शिक्षा नीति 2020 के परिप्रेक्ष्य में सही **नहीं** है?

A. त्रिभाषा सूत्र के अन्तर्गत भाषाओं में से एक के रूप में विदेशी भाषाओं का अध्ययन।
B. विदेशी भाषा को त्रिभाषा सूत्र के अन्तर्गत अध्ययन की जा रही तीन भाषाओं में शामिल नहीं किया गया है।
C. फ्रेंच को एक अतिरिक्त विकल्प के रूप में अनुशंसित किया गया है।
D. माध्यमिक चरण के दौरान एक अतिरिक्त विकल्प के रूप में विदेशी भाषाओं का अध्ययन।

110. बहुत से भारतीय जो नौकरी के लिए विदेश जाते हैं, वे उस स्थान की भाषा सीखते हैं। इस प्रेरणा को क्या कहा जाएगा?

A. समाकलनात्मक प्रेरणा
B. यांत्रिक प्रेरणा
C. यह न तो यांत्रिक है और न ही समाकलनात्मक है
D. समाकलनात्मक और यांत्रिक दोनों प्रकार की प्रेरणा

111. यहाँ एक पाठ्य सामग्री या कुछ कथन हैं। पता लगाइए कि यह पाठ्य सामग्री किस भाषा प्रयुक्ति (रजिस्टर) का प्रतिनिधित्व कर रही है?

"भारत का संविधान प्रत्येक व्यक्ति को समान रूप से देखता है। इसका तात्पर्य यह हुआ कि देश में प्रत्येक व्यक्ति, महिला और पुरुष, सभी धर्मों, जातियों, आदिवासी, शैक्षिक और आर्थिक पृष्ठभूमि के, सभी को समान रूप से देखना। इसका तात्पर्य यह नहीं है कि असमानता समाप्त हो चुकी है। असमानता नहीं होनी चाहिए। कम से कम लोकतांत्रिक भारत में सभी व्यक्तियों की समानता का सिद्धान्त मायने रखता है।"

A. सामाजिक विज्ञान प्रयुक्ति
B. कानूनी प्रयुक्ति
C. वैज्ञानिक प्रयुक्ति
D. राजनीतिक प्रयुक्ति

112. निम्नलिखित में से कौन-सा कथन भाषा की बोली के बारे में **सही** है?

A. एक भाषा की विभिन्न बोलियाँ बोलने वाले दूसरी बोली बोलने वाले की बात समझ पाते हैं।
B. बोली एक बड़ी श्रेणी है और भाषा तुलनात्मक रूप से छोटी श्रेणी में आती है।
C. कभी-कभी विभिन्न सामाजिक समूहों के लोग एक भाषा की विभिन्न बोलियाँ बोलते हैं।
D. भाषा की बोलियाँ एक क्षेत्र से दूसरे क्षेत्र में भिन्न-भिन्न होती हैं।

101. A	**102.** B	**103.** B	**104.** C	**105.** D	**106.** B
107. C	**108.** A	**109.** A	**110.** B	**111.** A	**112.** *

113. निम्नलिखित में से कौन-सा कार्य समेकित अधिगम कौशलों को समुन्नत करता है?

A. प्रदत्त कार्य

B. परियोजना कार्य

C. कोई एक आलेख (आर्टिकल) लिखना

D. रोल प्ले

114. निम्नलिखित में से कौन-सा 'भाषा के बारे में जानना' से संबंधित है?

A. प्रक्रियात्मक ज्ञान B. व्याकरणपरक ज्ञान

C. युक्तिपरक दक्षता D. घोषणात्मक ज्ञान

115. कक्षा छह की अध्यापक आज पढ़ी जाने वाली भाषा सामग्री को शिक्षार्थियों के पूर्व ज्ञान और अनुभव से जोड़ने के लिए 'वार्म अप' गतिविधि करवाती है। पाठ्य सामग्री पढ़ाना शुरू करने से पहले शिक्षार्थियों को पाठ्य सामग्री (कहानी) के चित्र देखने के लिए कहती है। वह अपने शिक्षार्थियों से क्या करवाना चाहती है?

A. चित्रों की सराहना करना

B. पाठ्य सामग्री के बारे में अनुमान लगाना

C. चित्रों को समझने की क्षमता विकसित करना

D. चित्रों के माध्यम से कहानी की मन में कल्पना कर पाना

116. निम्नलिखित में से कौन-सी शास्त्रीय भाषा **नहीं** है?

A. संस्कृत B. तेलुगू

C. हिंदी D. तमिल

117. शिक्षार्थियों द्वारा हुए अधिगम के उदाहरणों का सतत रूप रखा गया रिकॉर्ड क्या कहलाएगा?

A. सतत सारगर्भित आकलन B. निपुणता आकलन

C. निदानात्मक परीक्षण D. पोर्टफोलियो

118. निम्नलिखित में से कौन-सी युक्ति 'संदर्भ में व्याकरण शिक्षण' से संबंधित है?

संदर्भ में भाषा की सामग्री प्रस्तुत करना शिक्षार्थियों का ध्यान भाषा की सामग्री की ओर दिलाना, जीवन की वास्तविक परिस्थितियों में भाषा प्रयोग के योग्य बनाना और शिक्षार्थियों का ध्यान खोज-बीन के द्वारा उनके नियमों की ओर दिलाना।

A. निगमनात्मक विधि

B. खोज-बीन विधि

C. सचेतनता जागृत करना

D. स्कीमा का सृजन

119. भाषा अधिगम में 'सर्वांगी (सिस्टमिक) दक्षता' क्या है?

A. इस बात को समझना और प्रयोग में लाना कि भाषाओं की एक व्याकरणिक व्यवस्था है।

B. इस बात को समझना कि सभी भाषाओं की एक सामान्य संरचनात्मक व्यवस्था है।

C. इस बात की समझ कि सभी मनुष्यों के पास बहुत-सी भाषाओं की व्यवस्थाएँ हैं।

D. इस बात को समझना और प्रयोग में लाना कि भाषा एक व्यवस्था के रूप में कार्य करती है।

120. कक्षा छह की अध्यापिका बोलने से संबंधित किसी गतिविधि के लिए निम्नलिखित कार्य तैयार करती है :

''रेगिस्तान और उसकी जलवायु स्थिति के बारे में कोई पाँच वाक्य बोलिए।''

क्या यह एक अच्छा या अच्छा कार्य नहीं है? अपने उत्तर और उत्तर के कारण का चयन करें।

A. यह एक अच्छा कार्य है, क्योंकि यह शिक्षार्थी को कुछ बोलने के लिए तैयार करता है, यह रेगिस्तान है।

B. यह अच्छा कार्य नहीं है, क्योंकि कुछ शिक्षार्थी रेगिस्तान के बारे में नहीं जानते होंगे।

C. यह एक अच्छा कार्य नहीं है क्योंकि इसमें संदर्भ की कमी है, क्योंकि उन्हें रेगिस्तान और उसकी स्थितियों के बारे में कुछ नहीं बताया गया है।

D. यह एक अच्छा कार्य है क्योंकि शिक्षार्थियों ने भूगोल की किताब में रेगिस्तान के बारे में पढ़ा होगा, इसलिए उनके पास बोलने के लिए सामग्री है।

भाग-IV : भाषा-II : ENGLISH

Directions (Qs. No. 121-128): *Read the passage given below and answer the questions that follow:*

1. Surrounded by verdant forests, natural springs, and blue hills, Netarhat is Jharkhand's best-kept secret, located in the district of Latehar, at a distance of about 151 km from the capital city of Ranchi. This quaint hill station brings solace and gives visitors much-deserved refuge from the hustle and bustle of cities. It is located at an altitude of 3696 feet, allowing people to enjoy magnificent views. Fabulous sunrises and stunning sunsets leave the visitors awestruck. Explore the surreal beauty of this beautiful place, also known as "Queen of Chota Nagpur", and return refreshed and rejuvenated.

113. B	114. D	115. B	116. C	117. D	118. C	119. D	120. C

2. With its shimmering waters, sparkling reflections, cool air, and breathtaking scenery, Netarhat lake offers serenity to its visitors. It is an ideal spot for picnics, and the lake's tranquil waters tempt you to go boating as well. Get closer to nature with the most beautiful forests in Jharkhand, and the pine forests. Netarhat, with its pretty lakes, shady valleys, mountain villages and thick evergreen forests filled with gorgeous pine trees, provides a panoramic scene to the visitors. The pine forests surrounded by mists in winter, make any traveller feel as though they have been transported to another world entirely.

3. The most well-known location is the Sunrise Point which offers a spectacular view of the sunrising that resembles an oil painting. Visitors cannot help but be struck by the sun's rays as they emerge from valleys covered in lush vegetation and cluster of tall trees. The most picturesque view of the sunrise is visible from Hotel Prabhat Vihar, situated 17 km from Bazaar Haat. Netarhat certainly is a perfect getaway in the heart of nature. Guest houses provide cosy accommodations and a heavenly dining pallete to its visitors.

121. The phrase 'hustle and bustle of cities' implies:

A. stunning sights and scenes of cities
B. peace and calm of cities
C. busy and noisy cities
D. beauty and eye catching views of cities

122. Read the following statements:

(*a*) Netarhat is located at a height of 3696 feet.
(*b*) It is referred to as the 'Queen of Chota Nagpur'.
(*c*) Netarhat is blessed with verdant banyan forests.

A. (*b*) and (*c*) are correct, (*a*) is incorrect
B. (*a*) and (*b*) are correct, (*c*) is incorrect
C. (*a*), (*b*) and (*c*) are all correct
D. (*a*) and (*c*) are correct, (*b*) is incorrect

123. Identify the parts of speech of the underlined words in the given sentence:

'Fabulous <u>sunrises</u> and stunning sunsets leave the visitors <u>awestruck</u>.

A. verb, adverb B. noun, adverb
C. verb, adjective D. noun, adjective

124. The Sunrise Point offers visitors a breathtaking view of:

A. the sunrise B. an oil painting
C. lush vegetation D. Both (A) and (C)

125. Which one of the following scenic views is not found in Netarhat?

A. beautiful sunrises and sunsets
B. clusters of tall pine trees
C. scintillating views of sunrises
D. refugee camps

126. As mentioned in para 1,

the quaint hill station, Netarhat gives peace and calm to visitors because:

A. they can go fishing in the lake waters
B. they can enjoy train rides
C. they can go paragliding from hill tops
D. they can be away from hectic city life

127. Complete the given word analogy:

gorgeous : beautiful :: tranquil : ?

A. peaceful B. choppy
C. blue-green D. misty

128. The underlined word in the phrase 'this quaint hill station brings <u>solace</u>....' implies:

A. it makes you visit the place year after year
B. it evokes curiosity
C. it brings peace and comfort
D. it makes you breathless

Directions (Qs. No. 129-135): *Read the passage given below and answer the questions that follow:*

1. It was Somi's idea that we meet at the pool in ten years time. "When we are men, we must come back to this place, ten years from today," he said. "Rusty, at midday on 5 April 1964, we must return to the pool, no matter where we are, or what we are doing. Promise?" It was a school boy's pledge, and made in deadly earnest. As boys, we usually mean the things we say. And so we shook hands on it and dived back into the water.

2. The pool had been discovered by me a few months earlier. I remember that it was going to rain... I could see the rain moving across the foothills, and I could smell it on the breeze. But instead of turning homewards, I pushed my way through the leaves and brambles that grew across the forest path. I had heard the murmur of water and I wanted to see and touch it. Sliding down the rockface into a small ravine, I found a stream running over a bed of shingle. Water trickled down from the hillside, from amongst ferns and grasses and wild primroses. The rocks beside the stream were smooth, and some of them were grey and some yellow. A small waterfall came down the rocks and formed a deep pool of apple-green water.

3. When I saw the pool, I ran back to town to tell the others. Anil and Somi were my closest friends. Anil lived in a crowded lane of the Dilaram Bazaar,

121. C **122.** B **123.** D **124.** A **125.** D **126.** D **127.** A **128.** C

was wild and a little dangerous, subject to moods and impulses. Somi was sensitive and gentle in his ways, but common with Anil he had a sense of fun and an instinct for adventure. The pool was my own discovery, and I was proud of it. "We'll call it Rusty pool", said Somi.

129. What brought the three boys together?

A. their earnest attitudes
B. their childhood mischiefs
C. their spirit of adventure
D. their swimming talents

130. Who among the three friends proposed the idea of meeting at the pool ten years hence?

A. Somi B. Rusty
C. Somi and Rusty D. Anil

131. '.......... a pledge made in deadly earnest' implies:

A. to wish for the death of someone
B. a promise in complete seriousness
C. a promise not to be kept
D. being suspicious about someone's intention

132. Identify the parts of speech of the underlined words in the given sentence:

'He was <u>wild</u> and a little <u>dangerous</u>, subject to moods and impulses'.

A. adjective, adjective B. adverb, noun
C. adjective, noun D. adverb, adjective

133. Which word can be the nearest synonym for the word 'instinct'?

A. premonition B. inclination
C. hatred D. affinity

134. Which one of the following options does **not** describe the pool in the stream?

A. trickling waterfall down the rocks
B. apple-green colour of the water
C. water trickling among fern and grasses
D. rough rocks on the bed

135. Complete the word analogy given below:

crowded : deserted :: vigour : ?

A. strength B. weakness
C. lethargy D. heaviness

136. Kripa and Karan are twins and speak a particular dialect of Manipuri. However they differ in their speech. What is their individual special way of speaking the dialect known as?

A. Dialect B. Speech act
C. Manipuri D. Idiolect

137. Aditi knows the rules of past perfect tense. But can't use in a context. What knowledge does she possess?

A. Procedural knowledge
B. Declarative knowledge
C. Application of knowledge
D. Language acquisition device

138. Learner understands and applies that language works as a system.

A. Systemic competence
B. Sociolinguistic competence
C. Strategic competence
D. Communicative competence

139. A teacher of class VII wants her learners to read the short text with an understanding of power and identity of the people and community presented in the text. What does the teacher aim to promote among learners?

A. Critical literacy B. Analytical reading
C. Literary skills D. Language literacy

140. Ashwin knows Odia from his birth and he studies English and Hindi. Based on this statement, find which of the following statement is NOT true?

A. His Hindi learning is language learning.
B. His English learning is language learning.
C. His English learning is language acquisition.
D. His Odia learning is language acquisition.

141. Instrumental motivation is when:

A. a person learns the language for being closer to the native speakers of the language.
B. a person learns the language for their communities religious and social functions.
C. a person learns the language for writing a book.
D. a person learns the language for utilitarian reason like employment.

142. Here is a text. Read and find out which language register does the text belong to?

Suddenly, after the revolution, it seemed possible to change this. In many parts of the world including Europe and Asia, new ideas about individual rights and who controlled social power began to be discussed. In India, Raja Rammohan Roy and Derozio talked of the significance of the French Revolution. The developments in the colonies, in turn, reshaped these ideas of societal change.

A. Political register B. Social Science register
C. Revolution register D. Science register

129. C **130.** A **131.** B **132.** A **133.** B **134.** D **135.** B **136.** D **137.** B **138.** A
139. A **140.** C **141.** D **142.** B

143. Subash, a teacher of class VIII regrets, "Language assessment generally does not give importance to receptive skills." What does he mean by 'receptive skills'?

A. Speaking and reading
B. Listening and reading
C. Speaking and writing
D. Listening and writing

144. Top-down approach to listening involves:

A. Listening to the gist of the speech, text or the audio.
B. Listening to overall message of the text, speech or the audio.
C. Listening to each sound, words, phrases, clauses and sentences.
D. Paying attention to the specific details.

145. Which of the following is TRUE of the study of classical language as advocated by National Education Policy (NEP) 2020?

A. Study of classical language as an option under three language formula.
B. Study of classical language during the preparatory stage.
C. Study of classical language as a core language at the secondary stage.
D. Study of classical language as an additional option during secondary stage.

146. What are the stages involved in designing and doing a Project Work in language classroom?

A. Forming groups, identifying the topic, planning, collection of data, interpretation of data, writing the draft and finalization of the report.
B. Forming groups, identifying the topic, planning, collection of data, writing the draft, interpretation of data, and finalization of the report.
C. Teacher and learners can design and do the project work any way they want to.
D. Forming groups, planning, collection of data, interpretation of data, writing the draft, identifying the topic, and finalization of the report.

147. Which of the following is NOT true of language?

A. Language is a repository of history
B. Language contributes to the sum of human knowledge
C. Some languages can only convey science and engineering better
D. Language expresses identity

148. A test which aims to identify an individual student's specific areas of weakness and strength is known as:

A. Validity test
B. Diagnostic test
C. Formative test
D. Objective test

149. What is the status given to the English language in the Indian Constitution?

A. Associate Official language
B. Foreign language
C. Language of statutory bodies
D. Official language

150. A teacher of Class VII wanted to give a writing task of writing a description of a person. She went out of the classroom and brought a Hawker to her classroom with his basket. She requested him to be there for about seven minutes and then asked her learners to work in pair and write a description of the person.

What do you think the hawker in this activity known as?

A. A Hawker
B. A participant in the activity
C. Materials
D. Teaching Assistant

व्याख्यात्मक उत्तर

1. (B): समावेशी कक्षा में शिक्षक का कर्तव्य होता है कि वह प्रत्येक बच्चे की अनोखी शैक्षणिक आवश्यकताओं के अनुसार पाठ्यचर्या और शिक्षण रणनीतियों में संशोधन करें। ऐसा करने से सभी बच्चों को सीखने का समान अवसर मिलता है, जबकि विकल्प A (विभाजन), C (प्रतिस्पर्धा को बढ़ावा) और D (लेबलिंग) समावेशी सिद्धांतों के विपरीत हैं।

2. (C): अधिगम के सार्वभौमिक अभिकल्प (Universal Design for Learning) का मूल उद्देश्य सभी शिक्षार्थियों को उनके सीखने के विभिन्न तरीकों के अनुसार विकल्प प्रदान करना, चुनौतियाँ उत्पन्न करना और सीखने के अनुकूल माहौल तैयार करना है। शिक्षार्थियों का नामीकरण और वर्गीकरण करना इस सिद्धांत में शामिल नहीं है, अतः विकल्प C सही है।

3. (B): नई अवधारणाओं को समझाने के लिए प्रभावी रणनीतियाँ उदाहरण (*i*) और गैर-उदाहरण (*ii*) प्रस्तुत करने के साथ-साथ अवधारणाओं के बीच संबंधों को स्पष्ट करने के लिए सोच को बढ़ावा देना (*iii*) शामिल हैं। केवल परिभाषा देकर याद कराने

143. B	**144.** B	**145.** D	**146.** A	**147.** C	**148.** B	**149.** A	**150.** C

(*iv*) से रट्टा मारने जैसा शिक्षण होता है, जो प्रभावी सीखने में सहायक नहीं होता। इसलिए (*i*), (*ii*) और (*iii*) मिलाकर विकल्प B सही है।

4. (D): लेव वायगोत्स्की के दृष्टिकोण के अनुसार, भाषा केवल संचार का माध्यम नहीं बल्कि एक सांस्कृतिक उपकरण है जो संज्ञानात्मक प्रक्रियाओं को सुगम बनाता है। इसीलिए विकल्प D में वर्णित अवधारणा उनके सिद्धांतों के अनुरूप है।

5. (B): स्वलीनता की अवस्था में बच्चों में यह प्रवृत्ति देखी जाती है कि वे स्वयं के कामों को योजनाबद्ध ढंग से करने के लिए पूर्व निर्धारित दिनचर्या या चरणों का पालन करते हैं। स्वलीनता विकसित होने का एक महत्वपूर्ण पहलू यह है कि बच्चे अपने कार्यों को सुव्यवस्थित रूप में करने की ओर अग्रसर होते हैं। ऐसा मानना है कि जब बच्चे आत्मनिर्भरता की ओर बढ़ते हैं, तो वे अपने दिनचर्या और क्रियाकलापों में एक निश्चित संरचना अपनाते हैं। यह संरचना उन्हें अनुशासन, संगठन और स्वायत्तता प्रदान करती है।

6. (A): जीन पियाजे के संज्ञानात्मक विकास सिद्धांत के अनुसार, बच्चे अपनी संज्ञानात्मक संरचनाओं के अनुसार जानकारी ग्रहण करते हैं। उनका मानना था कि बच्चे ज्ञान को निर्माण की प्रक्रिया से सीखते हैं, जिसमें उनकी वर्तमान संज्ञानात्मक संरचनाएं नई जानकारी को आत्मसात और समायोजन के माध्यम से संशोधित करती हैं।

7. (D): दृष्टि-बाधिता वाले बच्चों के लिए ब्रेल (Braille) एक महत्वपूर्ण लिखित संचार प्रणाली है, जिसमें उभरे हुए बिंदुओं का उपयोग किया जाता है, जिन्हें उंगलियों से पढ़ा जाता है। यह प्रणाली पूरी तरह से स्पर्श आधारित होती है, जिससे दृष्टिहीन व्यक्ति बिना नेत्रज्योति के भी पढ़ने-लिखने में सक्षम होते हैं। ब्रेल प्रणाली अक्षरों और संख्याओं को बिंदुओं के पैटर्न में बदलकर पाठ को स्पर्श-सक्षम बनाती है। शिक्षकों को ब्रेल का उपयोग करना चाहिए ताकि दृष्टिहीन छात्र भी अन्य बच्चों के समान शिक्षा प्राप्त कर सकें।

8. (D): अधिसंज्ञान (Metacognition) का अर्थ है 'सोचने के बारे में सोचना'। यह वह संज्ञानात्मक प्रक्रिया है, जिसमें व्यक्ति अपनी स्वयं की सोच, सीखने की रणनीतियों और समस्याओं को हल करने की विधियों का विश्लेषण करता है। फिजा अपने सीखने के अनुभव की समीक्षा कर रही है और यह समझ रही है कि उसे विषय Z क्यों आसान लगता है और विषय X कठिन। यह प्रक्रिया अधिसंज्ञान को दर्शाती है, क्योंकि इसमें व्यक्ति अपनी स्वयं की सीखने की प्रक्रिया पर विचार करता है और उसका मूल्यांकन करता है।

9. (D): हॉवर्ड गार्डनर के बहुबुद्धि सिद्धांत (Multiple Intelligences Theory) के अनुसार, बुद्धि एक स्थिर या निश्चित अवधारणा नहीं है, बल्कि यह समय के साथ विकसित होती है और विभिन्न संदर्भों में अलग-अलग रूप ले सकती है।

10. (B): प्रगतिशील शिक्षा (Progressive Education) का मुख्य सिद्धांत यह है कि बच्चों का विकास उनके सामाजिक, सांस्कृतिक और आर्थिक संदर्भों से प्रभावित होता है। जॉन डिवी जैसे शिक्षाविदों ने प्रगतिशील शिक्षा को बढ़ावा दिया, जिसमें बच्चे की पृष्ठभूमि, उसके अनुभव और सामाजिक वातावरण को सीखने की प्रक्रिया में शामिल किया जाता है। यह शिक्षा दृष्टिकोण इस बात को स्वीकार करता है कि बच्चे एक सामाजिक संदर्भ में विकसित होते हैं, और उनकी सीखने की शैली व रुचि उनके सामाजिक परिवेश से प्रभावित होती है।

11. (C): शिक्षा और मनोविज्ञान के सिद्धांत बताते हैं कि भय और तनाव का वातावरण छात्रों की सीखने की क्षमता को बाधित करता है, न कि उसे सुधारता है। सकारात्मक और सहयोगी वातावरण में छात्र बेहतर ध्यान केंद्रित करते हैं और ज्ञान का प्रभावी ढंग से आत्मसात कर पाते हैं। दूसरी ओर, अधिगम केवल बाहरी कारकों द्वारा नियंत्रित नहीं होता, बल्कि यह आंतरिक प्रेरणा, संज्ञानात्मक प्रक्रियाओं और सामाजिक अंतःक्रियाओं का भी परिणाम होता है। इसलिए, दोनों अभिकथन और कारण गलत हैं क्योंकि वे शिक्षा की प्रभावी अवधारणाओं के विपरीत हैं।

12. (A): प्रदर्शन लक्ष्य अभिविन्यास (Performance Goal Orientation) का अर्थ है कि विद्यार्थी का उद्देश्य केवल अच्छे अंक प्राप्त करना या दूसरों से बेहतर प्रदर्शन करना होता है। यह आंतरिक रूप से सीखने पर केंद्रित नहीं होता, बल्कि बाहरी मानकों पर आधारित होता है, जैसे प्रतिस्पर्धा, पुरस्कार, या सामाजिक स्वीकृति। इस प्रकार, जब कोई छात्र केवल अच्छे ग्रेड पाने या दूसरों से श्रेष्ठ बनने के लिए मेहनत करता है, तो यह प्रदर्शन लक्ष्य अभिविन्यास का एक स्पष्ट उदाहरण होता है।

13. (C): सीखने के लिए आकलन (Assessment for Learning) का उद्देश्य यह समझना होता है कि छात्र किस स्तर पर हैं और उनकी सीखने की प्रक्रिया को कैसे बेहतर बनाया जा सकता है। इसमें छात्रों की वर्तमान समझ का मूल्यांकन किया जाता है ताकि शिक्षण विधियों को उनके अनुसार अनुकूलित किया जा सके। कक्षा की शुरुआत में प्रश्नोत्तरी या विचार-मंथन गतिविधियाँ छात्रों के पूर्व ज्ञान और उनकी अवधारणाओं को समझने के लिए की जाती हैं, जिससे शिक्षकों को उनकी शिक्षा को प्रभावी रूप से निर्देशित करने में मदद मिलती है।

14. (C): नैदानिक आकलन (Diagnostic Assessment) का मुख्य उद्देश्य यह पता लगाना होता है कि विद्यार्थी किन क्षेत्रों में कठिनाई महसूस कर रहे हैं और उन्हें अतिरिक्त सहायता की आवश्यकता कहाँ है। यह शिक्षकों को विद्यार्थियों की कमजोरियों को समझने और उनके लिए उपयुक्त शिक्षण रणनीतियाँ विकसित करने में मदद करता है।

15. (D): लेव वायगोत्स्की ने संज्ञानात्मक विकास को एक सामाजिक प्रक्रिया के रूप में देखा, जिसमें सीखना दूसरों के साथ सहयोग और अंतःक्रिया के माध्यम से होता है। उनके अनुसार, बच्चे अपनी संस्कृति और सामाजिक परिवेश से सीखते हैं, और उनके संज्ञानात्मक विकास में सहकर्मी, शिक्षक, और अधिक जानकार व्यक्तियों की भूमिका महत्वपूर्ण होती है। उन्होंने क्षेत्रीय विकास के निकटतम क्षेत्र (ZPD) की अवधारणा दी, जिसमें बच्चों को

उन कार्यों में सहायता दी जाती है जो वे अकेले नहीं कर सकते लेकिन मार्गदर्शन और सहयोग से सीख सकते हैं। इस प्रकार, संज्ञानात्मक विकास एक सहयोगात्मक प्रक्रिया है।

16. (C): लेव वायगोत्स्की के सिद्धांत के अनुसार, सीखना एक सामाजिक प्रक्रिया है जिसमें पारस्परिक सहयोग और मार्गदर्शन की महत्वपूर्ण भूमिका होती है। पारस्परिक अध्यापन (Reciprocal Teaching) एक शिक्षण रणनीति है, जिसमें शिक्षक और छात्र एक-दूसरे के साथ संवाद करते हुए सीखने की प्रक्रिया को आगे बढ़ाते हैं। वायगोत्स्की के जोन ऑफ प्रॉक्सिमल डेवलपमेंट (ZPD) के सिद्धांत के अनुसार, शिक्षक को उन गतिविधियों को बढ़ावा देना चाहिए, जहां विद्यार्थी दूसरों के साथ अंतःक्रिया के माध्यम से सीख सकें और धीरे-धीरे स्वतंत्र रूप से समस्याओं को हल करने में सक्षम बन सकें।

17. (B): विवेचनात्मक सोच (Analytical Thinking) में विश्लेषण, तर्क और मूल्यांकन की आवश्यकता होती है। यह केवल तथ्यों को याद करने तक सीमित नहीं होती, बल्कि उनसे जुड़े कारणों और प्रभावों को समझने पर केंद्रित होती है। 'द्वितीय विश्व युद्ध के फैलने में किन कारकों का योगदान था?' इस प्रकार का प्रश्न छात्रों को ऐतिहासिक घटनाओं के पीछे की परिस्थितियों, सामाजिक-राजनीतिक कारणों और प्रभावों पर विचार करने के लिए प्रेरित करता है।

18. (D): जब कोई छात्र भयभीत और असुरक्षित महसूस करता है, तो उसकी सीखने की क्षमता प्रभावित होती है। अमाना गणित की समस्या को हल करने में संकोच कर रही है क्योंकि उसे शिक्षिका की प्रतिक्रिया को लेकर डर है, जिससे वह तनावग्रस्त महसूस कर रही है। यह दर्शाता है कि जब विद्यार्थी चिंता और भय से ग्रस्त होते हैं, तो उनकी शिक्षा पर नकारात्मक प्रभाव पड़ता है। मनोवैज्ञानिक अनुसंधान भी यह पुष्टि करते हैं कि सकारात्मक और प्रेरणादायक शिक्षण वातावरण छात्र के आत्मविश्वास को बढ़ाने और उनके अधिगम को सुधारने में मदद करता है।

19. (D): जीन पियाजे ने आत्मकेन्द्रित वाक् (Egocentric Speech) को संज्ञानात्मक अपरिपक्वता का संकेत माना, क्योंकि उनका मानना था कि छोटे बच्चे अपनी सोच को दूसरों से साझा करने के बजाय केवल खुद के लिए बोलते हैं। दूसरी ओर, लेव वायगोत्स्की ने निजी वाक् (Private Speech) को आत्म-विनियमन और संज्ञानात्मक विकास के लिए महत्वपूर्ण माना।

20. (C): लड़कियों और लड़कों की सामाजिक संवेदनशीलता जन्मजात नहीं होती, बल्कि यह सामाजिक और सांस्कृतिक कारकों द्वारा प्रभावित होती है। यह वैज्ञानिक रूप से प्रमाणित नहीं है कि लड़कियाँ आनुवंशिक रूप से अधिक संवेदनशील या भावनात्मक रूप से कमजोर होती हैं। सामाजिक संरचनाएँ और पारंपरिक लैंगिक भूमिकाएँ लड़कियों और लड़कों के व्यवहार और सोचने के तरीकों को प्रभावित कर सकती हैं, लेकिन यह जैविक रूप से पूर्वनिर्धारित नहीं होता। इसलिए, यह कथन और उसका कारण दोनों ही गलत हैं, क्योंकि वे वैज्ञानिक प्रमाणों पर आधारित नहीं हैं।

21. (B): जब कोई बच्चा कठिन समस्या का सामना करता है, तो शिक्षकों का कर्तव्य होता है कि वे उसे प्रयास करते रहने के लिए प्रेरित करें। वायगोत्स्की के जोन ऑफ प्रॉक्सिमल डेवलपमेंट (ZPD) के सिद्धांत के अनुसार, बच्चे सीखने में सहायता (scafolding) से लाभ उठाते हैं। शिक्षक को उसे समाधान खोजने के लिए निर्देशित करना चाहिए, न कि उसे समाधान सीधे बता देना चाहिए या उसे समस्या छोड़ने के लिए कहना चाहिए। इससे उसकी समस्या समाधान क्षमता और आत्म-विश्वास दोनों विकसित होंगे।

22. (A): वर्ग समावेशन (Class Inclusion) में किसी तत्व को एक बड़े समूह का हिस्सा समझने की क्षमता विकसित होती है। उदाहरण के लिए, 'दिल्ली भारत का हिस्सा है' समझने में कठिनाई होने का अर्थ है कि बच्चे को वर्ग समावेशन में समस्या हो रही है। हालांकि, कारण (R) भावनाओं, स्मृति और स्व-विनियमन से संबंधित है, जो वर्ग समावेशन की कठिनाई की सही व्याख्या नहीं करता। इसलिए, दोनों कथन सही हैं, लेकिन (A) की सही व्याख्या (R) नहीं करता है।

23. (C): पारस्परिक अध्यापन (Reciprocal Teaching) एक शिक्षण विधि है, जिसमें शिक्षक और विद्यार्थी अपनी भूमिकाओं का विनिमय करते हैं। इस विधि में शिक्षक विद्यार्थियों को निर्देशित करने के बाद, विद्यार्थियों को भी शिक्षक की भूमिका निभाने का अवसर दिया जाता है, जिससे वे सक्रिय रूप से सीखने की प्रक्रिया में भाग लेते हैं। यह विधि विशेष रूप से पढ़ने की समझ को बढ़ाने और विद्यार्थियों के आत्म-निर्देशन को विकसित करने के लिए उपयोगी होती है।

24. (D): जेंडर भूमिकाएँ (Gender Roles) उन व्यवहारों, दृष्टिकोणों और अपेक्षाओं को संदर्भित करती हैं, जिन्हें एक समाज विशिष्ट जेंडर के लिए उपयुक्त मानता है। ये भूमिकाएँ आनुवंशिक रूप से निर्धारित नहीं होतीं, बल्कि ये समाज और संस्कृति द्वारा परिभाषित की जाती हैं। विभिन्न संस्कृतियों में जेंडर भूमिकाएँ भिन्न-भिन्न होती हैं और समय के साथ बदल भी सकती हैं। इसलिए, यह अवधारणा सामाजिक और सांस्कृतिक कारकों से प्रभावित होती है।

25. (C): प्रत्येक बच्चे को खेलने, प्रयोग करने और अपनी दुनिया की खोज करने का अवसर मिलना चाहिए, लेकिन वास्तविकता में सामाजिक-आर्थिक और सांस्कृतिक कारकों के कारण यह अवसर सभी बच्चों को समान रूप से नहीं मिल पाता। दूसरी ओर, बचपन एक सार्वभौमिक निर्माण (Universal Construct) नहीं है, क्योंकि इसका अनुभव और परिभाषा विभिन्न संस्कृतियों और समाजों में भिन्न होता है। इसलिए, दोनों कथन गलत हैं, क्योंकि वे वास्तविकता को पूर्ण रूप से प्रतिबिंबित नहीं करते।

26. (A): खुले सिरे वाले प्रश्न (open-ended questions) छात्रों को विभिन्न दृष्टिकोणों से विचार करने, तर्कसंगत रूप से सोचने और अपनी समझ को गहराई से विकसित करने में मदद करते हैं। ये प्रश्न किसी एक निश्चित उत्तर तक सीमित नहीं होते, बल्कि छात्रों को समस्या के विभिन्न समाधान तलाशने के लिए प्रेरित करते हैं, जिससे उनका विश्लेषणात्मक और रचनात्मक चिंतन विकसित होता है।

27. (C): समावेशी शिक्षा का उद्देश्य यह नहीं है कि 'विशेष बच्चों' के लिए पाठ्यचर्या के शैक्षिक मानकों को कम कर दिया जाए, बल्कि यह है कि उन्हें उचित सहारा (scafolding) और संसाधन प्रदान किए जाएं ताकि वे अपनी क्षमता के अनुसार सीख सकें। 'विशेष बच्चों' की मुख्यधारा की कक्षा में सीखने की संभावना से इनकार करना भी गलत है, क्योंकि उचित शिक्षण रणनीतियों और समायोजन से वे प्रभावी रूप से सीख सकते हैं। इसलिए, समावेशी शिक्षा को बाधाओं को कम करने और सभी बच्चों को समान अवसर देने की प्रक्रिया के रूप में देखा जाना चाहिए।

28. (B): लॉरेन्स कोह्लबर्ग के नैतिक विकास सिद्धांत में बच्चों को नैतिक दुविधाओं (moral dilemmas) से परिचित कराया जाता है, ताकि उनके नैतिक तर्क (moral reasoning) के स्तर को समझा जा सके। उदाहरण के लिए, 'हाइन्ज दुविधा' (Heinz Dilemma) का उपयोग यह देखने के लिए किया जाता है कि बच्चे किस स्तर पर नैतिक निर्णय लेते हैं। इस सिद्धांत के अनुसार, नैतिक विकास पूर्व-परंपरागत, परंपरागत और उत्तर-परंपरागत तीन चरणों में होता है। यह सिद्धांत नैतिक विकास की प्रक्रिया को समझने के लिए बच्चों के उत्तरों का विश्लेषण करता है।

29. (B): सार्थक सीखने और विवेचनात्मक सोच को सक्षम बनाने के लिए यह महत्वपूर्ण है कि छात्र अपने पूर्व ज्ञान को नई संकल्पनाओं से जोड़ें। जब छात्र अपने स्वयं के अनुभव साझा करते हैं और शिक्षक उन्हें नई जानकारी से जोड़ते हैं, तो वे अधिक प्रभावी रूप से सीखते हैं। यह शिक्षण रणनीति संज्ञानात्मक जुड़ाव (cognitive engagement) को बढ़ाती है और छात्रों की समझ को गहरा बनाती है, जिससे वे सूचना को याद रखने के बजाय अर्थपूर्ण रूप से आत्मसात कर पाते हैं।

30. (C): मनो-सामाजिक (Psycho-social) विकास में भावनाओं, आत्म-धारणा, और परिवार, साथियों एवं दोस्तों के साथ पारस्परिक संबंधों में परिवर्तन का अध्ययन किया जाता है। एरिक एरिकसन के मनो-सामाजिक विकास सिद्धांत के अनुसार, व्यक्ति का सामाजिक और भावनात्मक विकास विभिन्न चरणों में होता है, जिसमें आत्म-परिभाषा, आत्म-संस्थान और सामाजिक संबंध महत्वपूर्ण भूमिका निभाते हैं।

31. (A): $31096 \div (2704 \div 2) + 0.6738 + 0.63 + 0.059 - 0.79$

$= 31096 \div 1352 + 0.6738 + 0.63 + 0.059 - 0.79$

$= 23 + 0.6738 + 0.63 + 0.059 - 0.79$

$= 23 + 1.3628 - 0.79 = 24.3628 - 0.79 = 23.5728.$

32. (A): दिए गए आँकड़ों को बढ़ते क्रम में व्यवस्थित करने पर,
0, 0, 1, 1, 1, 1, 2, 2, 3, 4, 4

माध्य $= \dfrac{0+0+1+1+1+1+2+2+3+4+4}{11} = \dfrac{19}{11}$

तथा बहुलक = 1 (अधिकतम 4 बार)

$\therefore$ माध्य और बहुलक का अन्तर $= \dfrac{19}{11} - 1 = \dfrac{8}{11}.$

33. (A): यहाँ पर, पहिए की त्रिज्या = 25 सेमी.

पहिए की परिधि $= 2\pi r = 2\pi \times 25 = 50\pi$ सेमी.

$\therefore$ 350 चक्कर लगाने में तय की गई दूरी

$= 350 \times 50\pi$ सेमी

$= 350 \times 50 \times \dfrac{22}{7} = 50 \times 50 \times 22 = 55000$ सेमी

$= \dfrac{55000}{100}$ मी. = 550 मी.।

34. (A): तिर्यक द्वारा दो समांतर रेखाओं के प्रतिच्छेदन से बने दो संगत कोण $(3x - 20°)$ तथा $(5x - 60°)$ हैं।

$\because$ दोनों संगत कोण बराबर हैं

$\therefore \quad (3x - 20°) = (5x - 60°)$

$\Rightarrow \quad 5x - 3x = -20 + 60$

$\Rightarrow \quad 2x = 40 \Rightarrow x = 20$

$\therefore \quad 4x + 30° = 4 \times 20° + 30°$

$= 80° + 30° = 110°.$

35. (C): उच्च प्राथमिक स्तर पर पूर्णांकों के जोड़ पढ़ाने में चार्ट पेपर का उपयोग सबसे कम लाभदायक माना जाता है क्योंकि यह विषय के अमूर्त संकल्पनात्मक पहलुओं को स्पष्ट और गतिशील रूप से प्रदर्शित नहीं कर पाता। लिफ्ट, संख्या रेखा और सीढ़ियाँ ऐसी भौतिक और इंटरैक्टिव सामग्री प्रदान करती हैं जिससे संख्याओं के स्थानिक संबंध और क्रम आसानी से समझे जा सकते हैं। चार्ट पेपर की स्थिरता इसे अपेक्षित दृश्यात्मक और स्पर्श-आधारित सीखने में न्यूनतम योगदान देने वाला उपकरण बनाती है।

36. (C):

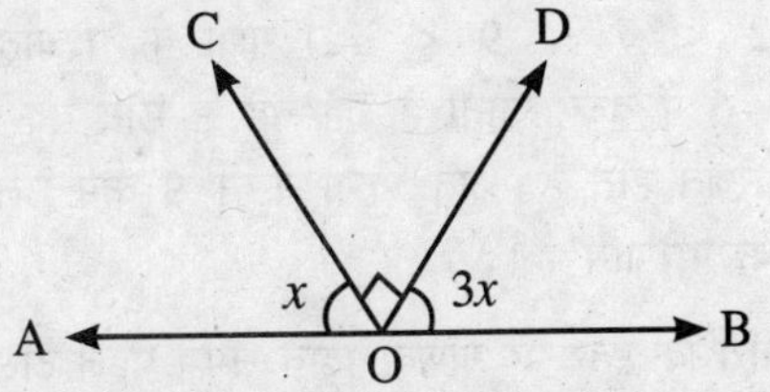

$\because \angle AOC + \angle COD + \angle BOD = 180°$

$\therefore \quad x + 90° + 3x = 180°$

$\Rightarrow \quad 4x = 180° - 90°$

$\Rightarrow \quad 4x = 90°$

$\Rightarrow \quad x = \dfrac{45°}{2}$

$\therefore \quad \angle BOD = 3x$

$= 3 \times \dfrac{45°}{2} = \dfrac{135°}{2} = 67\dfrac{1}{2}^{\circ}.$

37. (D): यह कथन बताता है कि आकलन सिर्फ अंतिम परिणाम ज्ञात करने का माध्यम नहीं है, बल्कि यह सीखने की प्रक्रिया में निरंतर फीडबैक, आत्म-चिंतन और सहपाठी मूल्यांकन के अवसर भी प्रदान करता है। इससे विद्यार्थी अपनी त्रुटियों का पता लगाकर सुधार कर सकते हैं, जिससे उनकी समग्र सीखने की क्षमता में वृद्धि होती है। यह प्रक्रिया शिक्षा को अधिक सहभागी और गतिशील बनाती है।

38. (B): $$\text{समय} = \frac{\text{साधारण ब्याज} \times 100}{P \times r}$$

$$= \frac{(₹\ 9500 - ₹\ 8000) \times 100}{₹\ 8000 \times 7.5}$$

$$= \frac{1500 \times 100}{8000 \times \frac{15}{2}} = \frac{150 \times 2}{8 \times 15} = \frac{20}{8}$$

$$= \frac{5}{2} = 2\frac{1}{2} \Rightarrow t = 2\frac{1}{2}\ \text{वर्ष}$$

अब, मिश्रधन = ?, उतने ही समय में 20% दर से वार्षिक ब्याज संयोजित होता है

$$\therefore\ A = P\left(1 + \frac{r}{100}\right)^2 \left(1 + \frac{r \times \frac{1}{2}}{100}\right)$$

$$= 8000\left(1 + \frac{20}{100}\right)^2 \left(1 + \frac{20 \times \frac{1}{2}}{100}\right)$$

$$= 8000\left(1 + \frac{1}{5}\right)^2 \left(1 + \frac{1}{10}\right) = 8000\left(\frac{36}{25}\right)\left(\frac{11}{10}\right)$$

$$= 32 \times 36 \times 11 = ₹\ 12672.$$

39. (B): जब प्रत्येक संख्या को –1/2 से गुणा किया जाता है, तो संख्याओं के चिह्न उलट जाते हैं। उदाहरणस्वरूप, मूल आरोही क्रम (2 < 7 < 9 < 12) गुणा के पश्चात् –1, –3.5, –4.5, –6 में बदल जाता है, जो बड़े से छोटे तक अवरोही क्रम में व्यवस्थित होते हैं। अतः गुणा करने से क्रम उलट जाना एक प्राकृतिक परिणाम है।

40. (C): प्रारंभिक स्तर पर गणित पढ़ाते समय पहले ठोस, व्यावहारिक उदाहरणों का प्रयोग करना महत्वपूर्ण होता है ताकि छात्र वास्तविक जीवन के संदर्भ में अवधारणाओं से परिचित हो सकें। जब उनकी समझ विकसित हो जाती है, तब धीरे-धीरे उन्हें अमूर्त विचारों और प्रतीकों से परिचित कराया जाता है। इस क्रमिक परिवर्तन से छात्र की संज्ञानात्मक प्रगति में सहूलियत होती है।

41. (A): दिए गए बहुपद का गुणनखंड निर्धारित करने के लिए, सामान्य पदों का गुणनखंडन करना और द्विपद व्यंजकों की पहचान करना आवश्यक है। गुणनखंडन द्वारा, संभावित द्विपद गुणनखंडों में से एक $2q - 3r$ पाया जाता है, जो बहुपद गुणनखंडन नियमों को संतुष्ट करता है। यह विधि बीजीय व्यंजकों को सरल बनाने और बहुपद समीकरणों को प्रभावी ढंग से हल करने में मदद करती है।

42. (A): गणित शिक्षण में व्याख्यान विधि एक स्पष्ट रूप से शिक्षक-केंद्रित पद्धति है, जिसमें शिक्षक विषय को सुनियोजित और संरचित तरीके से प्रस्तुत करते हैं। इस विधि में मुख्य रूप से शिक्षक द्वारा जानकारी प्रदान की जाती है, जिससे छात्र का ध्यान शिक्षक की प्रस्तुति पर केंद्रित रहता है। यह पद्धति अक्सर कम इंटरैक्टिव होती है और छात्र सक्रिय रूप से भाग नहीं लेते।

43. (C): माना कि वस्तु का अंकित मूल्य ₹ x है

तब, $$\text{विक्रय मूल्य} = x \times \frac{100 - 24}{100}$$

$$\Rightarrow\ 608 = x \times \frac{76}{100}$$

$$\Rightarrow\ x = \frac{608 \times 100}{76} = 800$$

$$\Rightarrow\ x = ₹\ 800$$

$\therefore$ अंकित मूल्य = ₹ 800

अब, विक्रय मूल्य = अंकित मूल्य = ₹ 800

दिया गया है, क्रय मूल्य = ₹ 750

$\because$ लाभ = विक्रय मूल्य – क्रय मूल्य
= 800 – 750 = 50

$$\therefore\ \text{प्रतिशत लाभ} = \frac{\text{लाभ} \times 100}{\text{क्रय मूल्य}}$$

$$= \frac{50 \times 100}{750} = \frac{100}{15} = \frac{20}{3} = 6\frac{2}{3}\%.$$

44. (B): दी गई संख्याएँ 12, 13, 14, ..., 70, 71

$\therefore$ कुल संख्या = 60

यहाँ, अभाज्य संख्याएँ: 13, 17, 19, 23, 29, 31, 37, 41, 43, 47, 53, 59, 61, 67, 71

कुल अभाज्य संख्याएँ = 15

$\therefore$ प्रायिकता (निकाले गए कार्ड की संख्या)

$$= \frac{60 - 15}{60} = \frac{45}{60} = \frac{3}{4}.$$

45. (C): परिमेय संख्याएँ $\frac{-7}{10}$ तथा $\frac{-1}{4}$ के बीच

$\Rightarrow$ –0.70 तथा –0.25 के बीच

(A) $\frac{-2}{3}, \frac{-3}{5}, \frac{-3}{4}$

$\Rightarrow$ –0.66, –0.60, –0.075

(B) $\frac{-5}{8}, \frac{2}{3}, \frac{-3}{5}$

$\Rightarrow$ –0.62, 0.66, –0.60

(C) $\frac{-5}{8}, \frac{-2}{3}, \frac{-3}{5}$

$\Rightarrow$ –0.62, –0.66, –0.60

(D) $\frac{-3}{5}, 0, \frac{-1}{5}$

$\Rightarrow$ –0.60, 0, –0.20

यहाँ, विकल्प (C) –0.70 तथा –0.25 के बीच है।

46. (A): मानक रूप (Standard Form) में लिखी गई संख्या का गुणांक 1 से 10 के बीच होना चाहिए, जिसके साथ 10 का कोई घातांक जुड़ा होता है। विकल्प A में 8.5 एक मानक गुणांक है, जबकि अन्य विकल्पों में गुणांक मानक सीमा से बाहर हैं। अतः 8.5×10^{-12} ही सही मानक रूप है।

47. (D): $\because$ $565x9274y$, 88 से विभाज्य है

$\Rightarrow$ $565x9274y$, 8 तथा 11 से विभाज्य है

$\therefore$ $74y$, 8 से विभाज्य है

$\Rightarrow \quad \frac{74y}{8} = 93$, जब $y = 4$

तथा $565x9274y$, 11 से विभाज्य है

$\Rightarrow (y + 7 + 9 + 5 + 5) - (4 + 2 + x + 6)$

$= 0$ या 11 से विभाज्य है

$\Rightarrow (y + 26) - (x + 12) = 0$

$\Rightarrow \quad y - x + 14 = 0$

$\Rightarrow \quad 4 - x + 14 = 0$ ($y = 4$ रखने पर)

$\therefore \quad 18 - x = 0$ या 11 से विभाज्य है

जब $x = 7$ तब $18 - x = 11$

अतः $x = 7$ तथा $y = 4$

अतः, $2x + 3y$ का मान $= 2 \times 7 + 3 \times 4$

$= 14 + 12 = 26$

$\Rightarrow \quad 2x + 3y = 26.$

48. (D): गणित में सफलता केवल सूत्रों की याददाश्त तक सीमित नहीं होती, बल्कि इसमें अवधारणाओं के बीच के गहरे संबंधों की समझ और उनके व्यावहारिक अनुप्रयोग की क्षमता भी शामिल है। विद्यार्थियों को अमूर्त सोच विकसित करने से संख्यात्मक और ज्यामितीय संरचनाओं को समझने में मदद मिलती है, जिससे वे वास्तविक जीवन की समस्याओं का प्रभावी समाधान कर पाते हैं।

49. (A): एक पंचभुज ABCDE में,

सभी कोणों का योग $= 540°$

$\therefore \angle A + \angle B + \angle C + \angle D + \angle E = 540°$

$\Rightarrow 2x + 9° + 2x + 1° + 2x - 1° + 2x + 5° + 2x - 4° = 540°$

$\Rightarrow \quad 10x + 10° = 540°$

$\Rightarrow \quad 10x = 540° - 10°$

$\Rightarrow \quad 10x = 530°$

$\Rightarrow \quad x = 53°$

अतः $(2x + 10°)$ का मान $= 2 \times 53° + 10°$

$= 106 + 10° = 116°$

$\Rightarrow \quad 2x + 10° = 116°.$

50. (B): गणित की उपयोगितावादी प्रकृति दर्शाती है कि गणितीय सिद्धांत न केवल शैक्षणिक ज्ञान का हिस्सा हैं, बल्कि ये दैनिक जीवन, व्यवसाय, लेखाशास्त्र, बैंकिंग आदि में समस्याओं के समाधान में भी महत्वपूर्ण भूमिका निभाते हैं। इस व्यावहारिक उपयोगिता के कारण गणित का मूल्य बढ़ जाता है और इसे वास्तविक जीवन के संदर्भ में लागू किया जा सकता है।

51. (B): दिया गया है, $A = 3x^2 - 8x + 11$

$B = -2x^2 + 12x$

$C = -4x^2 + 7$ तथा

$D = x^2 - x - 11$

$(A + B + C) - D = px^2 - qx + r$

$\Rightarrow (3x^2 - 8x + 11 - 2x^2 + 12x - 4x^2 + 7) - (x^2 - x - 11) = px^2 + qx + r$

$\Rightarrow -4x^2 + 5x + 29 = px^2 + qx + r$

दोनों तरफ तुलना करने पर,

$\therefore \quad p = -4, q = 5$

तथा $\quad r = 29$

अतः, $\quad p + q + r = -4 + 5 + 29$

$\Rightarrow \quad p + q + r = 30.$

52. (A): $AB = 8$ cm,

$BC = 4$ cm,

$\angle BCA = 90°$

$\angle ABC = 60°$

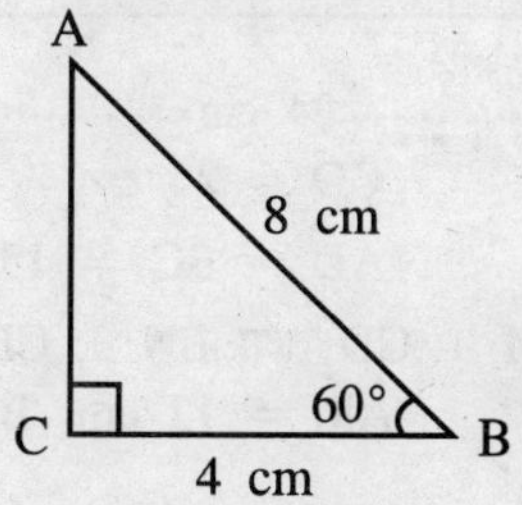

$\because \quad \cos 60° = \frac{1}{2}$

$\Rightarrow \quad \cos 60° = \frac{BC}{AB} = \frac{4}{8} = \frac{1}{2}$

$\Rightarrow \quad \cos 60° = \frac{1}{2}$

$\therefore$ विकल्प (A) से, त्रिभुज ABC की रचना की जा सकती है।

53. (B): घटनाजन्य अभिलेख संक्षिप्त लिखित अवलोकन होते हैं जो किसी छात्र के प्रदर्शन या व्यवहार की महत्वपूर्ण घटनाओं का दस्तावेजीकरण करते हैं। वे इस बारे में गुणात्मक विवरण प्राप्त करते हैं कि छात्र समस्याओं का समाधान कैसे करते हैं, मात्राओं को मापते हैं या प्रयोग करते हैं। यह उन्हें समस्या-समाधान, मापन और प्रयोग जैसे कौशल को वर्णनात्मक, संदर्भ-विशिष्ट तरीके से ट्रैक करने के लिए उपयोगी बनाता है।

54. (A): दिया गया है, समांतर चतुर्भुज PQRS,

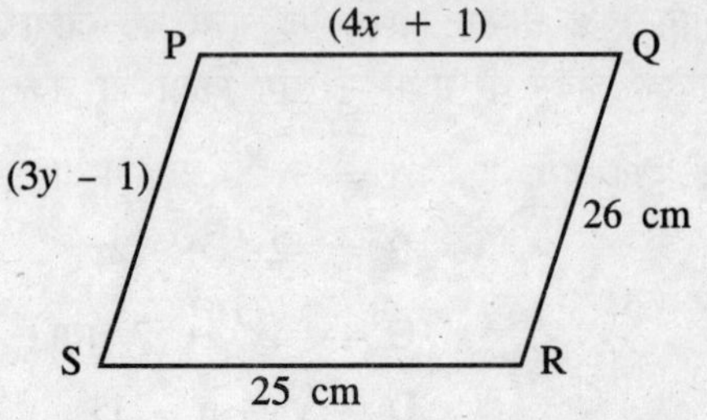

$$PQ = (4x + 1) \text{ cm}$$
$$QR = 26 \text{ cm}, RS = 25 \text{ cm},$$
$$PS = (3y - 1) \text{ cm}$$
$\because$ $PQ = RS$
$\therefore$ $4x + 1 = 25$
$\Rightarrow$ $4x = 24 \Rightarrow x = 6$ तथा $PS = QR$
$\therefore$ $3y - 1 = 26$
$\Rightarrow$ $3y = 27 \Rightarrow y = 9$
अतः $(3x + 2y) = 3 \times 6 + 2 \times 9$
$= 18 + 18 = 36$ cm
$\Rightarrow$ $(3x + 2y) = 36$ cm.

55. (C): दिया गया है, ABCD एक समलंब चतुर्भुज है

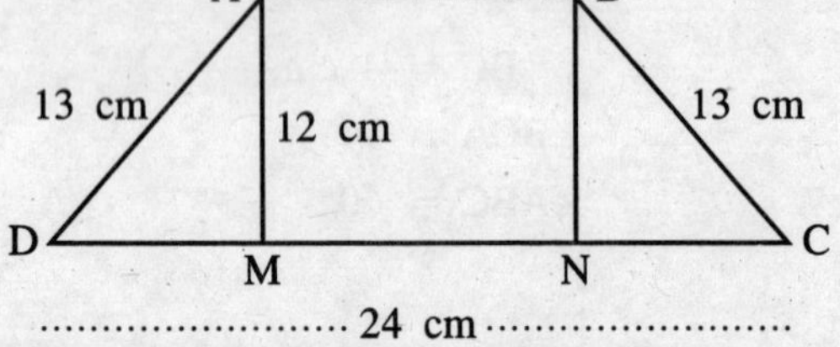

$AB < CD$, $CD = 24$ cm
तथा $AD = BC = 13$ cm
माना कि $AM \perp CD$ तथा $BN \perp CD$
$\therefore$ $AM = 12$ cm, $BN = 12$ cm
ΔAMD में,
$$AM^2 + DM^2 = AD^2$$
$\Rightarrow$ $12^2 + DM^2 = 132$
$\Rightarrow$ $DM^2 = 169 - 144 = 25 = (5)^2$
$\Rightarrow$ $DM = 5$ cm,
$\therefore$ $CN = 5$ cm
$[\because AM = BN$ तथा $AD = BC]$
$\therefore$ $MN = 24 - (5 + 5) = 14$ cm
$\Rightarrow$ $AB = MN = 14$ cm
$\therefore$ समलंब चतुर्भुज का क्षेत्रफल
$= \frac{1}{2}$ (समांतर भुजाओं का योग) $\times$ ऊँचाई
$= \frac{1}{2}(AB + CD) \times AM$
$= \frac{1}{2}(14 + 24) \times 12 = \frac{1}{2} \times 38 \times 12$
$= 19 \times 12 = 228 \text{ cm}^2$.

56. (A): $2605 - x = (51)^2$
$\Rightarrow$ $2605 - x = 2601$
$\Rightarrow$ $x = 2605 - 2601 \Rightarrow x = 4$
$\therefore$ $(4x + 7) = 4 \times 4 + 7 = 16 + 7$
$\Rightarrow$ $(4x + 7) = 23$ cm.

57. (A): इस विकल्प में प्रतिबिम्ब को 'पलटना' के रूप में समझाया गया है, जो वस्तु के प्रतिबिंब द्वारा उसकी छवि को उलट देता है। रोटेशन को 'घुमाना' के रूप में निरूपित किया गया है, जिससे वस्तु अपने अक्ष पर घूमती है। स्थानान्तरित को 'फिसलना' के रूप में दर्शाया गया है, जो बिना घुमाव के सीधी रेखा में चलने का संकेत देता है, जबकि आवर्धन को 'बड़ा आकार' के रूप में समझा गया है, जिससे वस्तु के माप में वृद्धि होती है। यह क्रमिक निरूपण सभी परिवर्तन की मूल परिभाषाओं के अनुरूप है।

58. (C): दिया गया है, एक घन जिसकी भुजा 12 cm है

इसका आयतन $=$ (भुजा)^3
$= (12)^3 = 1728 \text{ cm}^3$

तथा इसका कुल पृष्ठीय क्षेत्रफल $= 6$(भुजा)^2
$= 6(12)^2 \text{ cm}^2$
$= 6 \times 144 = 864 \text{ cm}^2$

तथा प्रत्येक छोटे घन की भुजा 4 cm है

इसका आयतन $=$ (भुजा)$^3 = (4)^3 = 64 \text{ cm}^3$

तथा इसका कुल पृष्ठीय क्षेत्रफल $= 6$(भुजा)^2
$= 6(4)^2 = 96 \text{ cm}^2$

तथा छोटे कुल घनों की संख्या $= \frac{1728}{64} = 27$

$\therefore$ नए छोटे कुल घनों का कुल पृष्ठीय क्षेत्रफल
$= 27 \times 96 \text{ cm}^2$
$= 2592 \text{ cm}^2$

अतः नया कुल पृष्ठीय क्षेत्रफल/प्रारंभिक कुल पृष्ठीय क्षेत्रफल
$= \frac{2592}{864} = 3$

अतः नया कुल पृष्ठीय क्षेत्रफल प्रारंभिक कुल पृष्ठीय क्षेत्रफल का तिगुना हो जाएगा।

59. (C): यह विकल्प दोनों सुझाई गई कार्यवाहियों को तार्किक रूप से शामिल करता है, क्योंकि अनामिका की अवधारणात्मक त्रुटि को दूर करने के लिए उसे व्यावहारिक एवं दृश्यात्मक अभ्यास (कार्यवाही I) प्रदान करना और खुले सिरे वाले प्रश्नों के माध्यम से चर्चा के अवसर (कार्यवाही II) देना आवश्यक है। व्यावहारिक अभ्यास से वह अवधारणाओं को हाथों-हाथ समझ सकती है, जबकि चर्चा से उसकी सोच में सुधार और स्पष्टीकरण संभव होता है। दोनों कार्यवाहियाँ मिलकर उसके समझने की प्रक्रिया को बेहतर बनाने में सहायक सिद्ध होती हैं।

60. (B): दिया गया है, $x = k$

$\frac{x-4}{7} - 1 = \frac{5-x}{3} + x$ समीकरण का हल है

$$\Rightarrow \quad \frac{x-4}{7} - \frac{5-x}{3} = 1 + x$$

$$\Rightarrow \quad \frac{3(x-4) - 7(5-x)}{21} = (1 + x)$$

$$\Rightarrow \quad 3x - 12 - 35 + 7x = 21(1 + x)$$

$$\Rightarrow \quad 10x - 47 = 21 + 21x$$

$$\Rightarrow \quad 10x - 21x = 47 + 21$$

$$\Rightarrow \quad -11x = 68$$

$$\Rightarrow \quad x = \frac{-68}{11} \Rightarrow k = \frac{-68}{11}$$

अतः $\frac{11k+18}{11k-12}$ का मान $= \frac{11 \times \frac{-68}{11} + 18}{11 \times \frac{-68}{11} - 12}$

$$= \frac{-68+18}{-68-12} = \frac{-50}{-80} = \frac{5}{8}$$

$$\Rightarrow \quad \frac{11k+18}{11k-12} = \frac{5}{8}.$$

61. (B): पित्त रस भोजन के पाचन में महत्वपूर्ण भूमिका निभाता है। यह आंशिक रूप से पचे भोजन को क्षारीय बना देता है, जिससे आमाशय से आने वाले अम्लीय भोजन का संतुलन होता है, और साथ ही वसा के पाचन में सहायता करता है। इस प्रकार, दोनों कथन पारस्परिक रूप से पित्त रस के कार्य को सही रूप में निरूपित करते हैं।

62. (C): बृहत् वृत्तीय पर्ण में उत्प्लावकता प्रदान होती है, जिससे पर्ण की सतह पर जल के बुलबुले बनते हैं *(iii)*। मोमी आवरण क्षय से सुरक्षा प्रदान करता है *(i)*। तनों में बृहत् सुरंगें और छिद्र होते हैं, जो तैरने में सहायता करते हैं *(iv)*। फीते (रिबन) जैसे पर्ण जल धाराओं से प्रतिरोध प्रदान करते हैं *(ii)* ताकि पौधे स्थिर रहें।

63. (B): नाइक्रोम का प्रयोग विद्युत-टोस्टर और विद्युत गीजर में तापन तत्व के रूप में किया जाता है। हालांकि, नाइक्रोम के गुणों में उच्च गलनांक होना सही है, परन्तु इसकी प्रतिरोधकता वास्तव में अपेक्षाकृत अधिक होती है ताकि गर्मी उत्पन्न हो सके। अतः कारण (R) त्रुटिपूर्ण है जबकि अभिकथन (A) सही है।

64. (B): तालिका में जिस पदार्थ के जलने पर वाष्प बनता है, उसमें ज्वाला का प्रादुर्भाव होता है। द्रव (तरल) होने के कारण पदार्थ B में वाष्प का निर्माण होता है और ठोस पदार्थ C में भी जलने पर वाष्प बनता है, जिससे ज्वाला उत्पन्न होती है। इसीलिए पदार्थ B और C उन पदार्थों का प्रतिनिधित्व करते हैं जो जलने पर ज्वाला देते हैं।

65. (B): यह हार्मोन हमारे शरीर में कार्बोहाइड्रेट, प्रोटीन तथा वसा उपापचय को नियंत्रित करता है और थायरॉक्सिन के रूप में जाना जाता है। इसे थाइरॉइड ग्रंथि द्वारा स्रावित किया जाता है और इस ग्रंथि के कार्य में आयोडीन का प्रमुख योगदान होता है। इस क्रम में, थायरॉक्सिन, थाइरॉइड तथा आयोडीन क्रमशः (A), (B) तथा (C) के लिए उपयुक्त हैं।

66. (A): विद्यार्थियों को चार लोहे के दंडों में से चुंबकीय दंड की पहचान करने की गतिविधि में सबसे पहले वस्तुओं का सावधानीपूर्वक अवलोकन किया जाता है। इसके पश्चात् वे दंडों का वर्गीकरण करते हैं और अंत में उनके अवलोकनों के आधार पर निष्कर्ष निकालते हैं। इस प्रक्रिया से उन्हें वैज्ञानिक प्रक्रिया के मूल कौशल विकसित करने में सहायता मिलती है।

67. (A): विज्ञान में कला एकीकृत अधिगम को बढ़ावा देने के लिए प्रायोजनों और पोर्टफोलियो का उपयोग सबसे प्रभावी माना जाता है। परियोजनाओं के माध्यम से विद्यार्थी रचनात्मक तरीके से विषय से संबंधित कला के आयामों को समझते हैं, और पोर्टफोलियो उनके विचारों, निर्माणात्मक कार्यों और सीखने की प्रक्रिया को दस्तावेजीकृत करता है। यह एकीकृत अधिगम की दृष्टि से अत्यधिक उपयुक्त है।

68. (B): खुली पुस्तक आकलन का उद्देश्य अधिगमकर्ताओं की अवधारणात्मक समझ को मापना, पुस्तक के अन्वेषण के अवसर प्रदान करना तथा आकलन के भय को कम करना होता है। परीक्षाओं में अधिक अंक लाने का लक्ष्य केवल अंक प्राप्ति पर केंद्रित होता है, जो खुली पुस्तक आकलन के मूल उद्देश्य से विपरीत है। अतः यह उद्देश्य शामिल नहीं होना चाहिए।

69. (A): प्रकाश-संश्लेषण एक जटिल रासायनिक प्रक्रिया है जिसमें पौधे कार्बन डाइऑक्साइड और पानी से ग्लूकोज संश्लेषित करते हैं *(b)*। दूध से दही बनना भी एक रासायनिक परिवर्तन है, जहाँ लैक्टिक एसिड के निर्माण के साथ दूध की संरचना बदल जाती है *(d)*। क्रिस्टलीकरण सामान्यतः भौतिक परिवर्तन है और फल का पक्वन मिश्रित परिवर्तन होते हैं, अतः केवल *(b)* और *(d)* सही हैं।

70. (C): बच्चों की धारणाएँ स्थिर हो सकती हैं *(a)* और अक्सर वे प्रेक्षित परिघटनाओं के कारण बनती हैं *(b)*। साथ ही, ये धारणाएँ समान विकासात्मक प्रतिरूप का पालन करती हैं *(c)* तथा प्रायः प्रभाव-क्षेत्र (डोमेन) विशिष्ट होती हैं *(e)*, जिससे विभिन्न आयु वर्ग के बच्चों में धारणाओं का एक विशिष्ट पैटर्न देखने को मिलता है। इन्हें सरलता से परिवर्तित नहीं किया जा सकता, अतः *(d)* को शामिल नहीं किया जाता।

71. (B): धमनियों की मोटी और प्रत्यास्थ भित्तियाँ रक्त को उच्च दाब में पंप करने के कारण विकसित हुई हैं, जबकि शिराओं में रक्त का दाब अपेक्षाकृत कम होता है। अतः (A) में दी गई जानकारी सत्य है। कारण (R) में जो कारण दिया गया है, वह उल्टा है–धमनियों में उच्च रक्तचाप के कारण मोटी दीवारें होती हैं, न कि निम्न दाब के कारण। इसलिए (R) त्रुटिपूर्ण है।

72. (B): स्वपरागण तब संभव होता है जब पुष्प में स्त्री और पुल्लिंग दोनों अंग एक ही फूल में उपस्थित हों, जिससे स्वपरागण केवल

द्विलिंगी पुष्पों में होता है। दूसरी ओर, पर-परागण का सिद्धांत यह है कि परागण एक फूल से दूसरे फूल में होता है, चाहे वे एकलिंगी हों या द्विलिंगी। अतः यह कथन S2 गलत है। इसी आधार पर उत्तर B सही है।

73. (A): मानव शरीर का सामान्य तापमान 37°C होना तथा ऊष्मा का उच्च तापमान वाले से निम्न तापमान वाले की ओर प्रवाह होना, ये दोनों तथ्य प्रयोगात्मक मापन तथा वैज्ञानिक विश्लेषण के आधार पर प्राप्त अनुमान हैं। इन्हें प्रत्यक्ष अवलोकन के साथ-साथ सिद्धांतात्मक व्याख्या से भी जोड़कर देखा जाता है। अतः दोनों कथन अनुमान के रूप में वर्गीकृत होते हैं।

74. (B): ध्वनि की गति उस माध्यम के गुणों पर निर्भर करती है, विशेषकर उसके घनत्व और लोचता (elasticity) पर। दिए गए सूचना के अनुसार, यदि माध्यम A का घनत्व B से अधिक है और माध्यम A का घनत्व किसी तीसरे माध्यम C से कम है, तो ध्वनि की गति सबसे अधिक उस माध्यम में होगी जिसका घनत्व अपेक्षाकृत कम है और लोचता उपयुक्त है। इस संदर्भ में माध्यम C में ध्वनि की गति सर्वोच्च होने की संभावना है।

75. (B): जब बर्फ 0°C पर पिघलती है, तो उसमें संचित ऊष्मा का प्रयोग पिघलन (latent heat of fusion) में होता है। इस दौरान तापमान में वृद्धि नहीं होती बल्कि वह 0°C पर स्थिर रहता है जब तक पूरी मात्रा में बर्फ पिघल न जाए। इसलिए बर्फ का तापमान पिघलते समय समान रहता है।

76. (B): जाँच-पड़ताल उन्मुख विज्ञान शिक्षण में विद्यार्थियों को प्रत्यक्ष अनुभव और सहभागिता के अवसर देने से उनके अवलोकन कौशल, प्रयोगात्मक समझ और वैज्ञानिक सोच में वृद्धि होती है। तैरने एवं डूबने से संबंधित गतिविधियाँ विद्यार्थियों को प्रत्यक्ष रूप से प्रक्रियाओं का अनुभव कराती हैं, जिससे वे सक्रिय रूप से सीखते हैं। अतः इस रणनीति से जांच-पड़ताल आधारित अधिगम को उत्तेजित किया जा सकता है।

77. (D): सिद्धांतों और नियमों के संदर्भ में S1 का कथन कि नियम सामान्यीकरण कथन हैं जबकि सिद्धांत व्याख्याएँ हैं, वैज्ञानिक दृष्टिकोण से उचित है। दूसरी ओर, S2 और S3 के कथन काल, परिवर्तनशीलता तथा पुनर्समीक्षा के संदर्भ में त्रुटिपूर्ण हैं क्योंकि नियम और सिद्धांत दोनों समय के साथ संशोधित हो सकते हैं। अतः केवल S1 सही है।

78. (B): जब प्रकाश माध्यम A से माध्यम B में प्रवेश करता है तो उसकी गति कम हो जाती है, और माध्यम B में उसकी गति की कमी का कारण उच्च अपवर्तनांक है। जब प्रकाश माध्यम B से माध्यम C में प्रवेश करता है तो उसकी गति बढ़ जाती है, जिससे यह स्पष्ट होता है कि माध्यम A और C के अपवर्तनांक B की तुलना में कम हैं। इसलिए, निष्कर्ष B सही है।

79. (C): यह तकनीक 'परतन' के नाम से जानी जाती है, जिसमें पौधे की तरुण शाखा को खींचकर आर्द्र मृदा में गाड़ दिया जाता है ताकि वह अपने मूल से जुड़ी रहे और समय के साथ जड़ विकसित कर एक स्वतंत्र पौधा बन जाए। इस तकनीक के माध्यम से उगाए गए पौधों का एक प्रमुख उदाहरण चमेली है। अतः (A) और (B) के स्थान पर क्रमशः परतन और चमेली सही विकल्प हैं।

80. (D): जब कोई वस्तु द्रव में निमज्जित होती है, तो उस पर उत्प्लावन बल (buoyant force) काम करता है जो उसे ऊपर उठाने की दिशा में प्रभावी होता है। यह बल सभी दिशाओं में समान नहीं होता, बल्कि विशेष रूप से ऊर्ध्वमुखी दिशा में कार्य करता है, जिससे वस्तु द्रव की सतह की ओर बढ़ती है। अतः उत्तर D सही है।

81. (C): STEM पाठ्यक्रमों में उपलब्धि पर लिंग का प्रभाव होने का कोई स्थायी प्रमाण नहीं मिलता तथा लड़के एवं लड़कियों की समस्या समाधान रणनीतियाँ भिन्न होने का तर्क भी STEM उपलब्धि के भेद को पूरी तरह से व्याख्यायित नहीं कर पाता। अतः दोनों कथन अपने आप में त्रुटिपूर्ण हैं, इसलिए उत्तर C सही है।

82. (B): वैज्ञानिक विचार सांस्कृतिक संदर्भों से प्रभावित होते हैं, अतः (*a*) का दावा करना कि वे प्रभावित नहीं होते, असत्य है। वहीं, कोई एकल वैज्ञानिक विधि नहीं होने का तर्क (*b*) वैज्ञानिक प्रक्रियाओं की विविधता को दर्शाता है, जो सत्य है। इसलिए उत्तर B सही है।

83. (A): व्हेल और डॉल्फिन में श्वसन के लिए गिल (क्लोम) नहीं होती, अतः (*a*) 'विलीन ऑक्सीजन का उपयोग नहीं कर सकतीं' सही है। साथ ही, उनके पास बृहत् नासाद्वार (जो कि श्वास ग्रहण का संशोधित अंग है) और वे प्रायः जल-पृष्ठ पर श्वास लेने आती हैं, इसलिए (*c*) तथा (*d*) भी सत्य हैं। विकल्प (*b*) गलत है क्योंकि उनके पास गिल नहीं होती। अतः उत्तर A सही है।

84. (A): सुनीता द्वारा सोडियम कार्बोनेट (Na_2CO_3) और हाइड्रोक्लोरिक अम्ल (HCl) के बीच अभिक्रिया में कार्बन डाइऑक्साइड (CO_2) उत्पन्न होता है, जिसे चूने के पानी (जो कि कैल्शियम हाइड्रॉक्साइड, $Ca(OH)_2$, पर आधारित होता है) के साथ प्रतिक्रिया में डालने पर कैल्शियम कार्बोनेट ($CaCO_3$) बनता है। यह क्रमशः गैस के पता लगाने का एक मानक प्रयोग है, अतः उत्तर A सही है।

85. (B): (अ) यौगिक में संघटक पदार्थों के गुण प्रदर्शित नहीं होते, बल्कि यौगिक के गुण उसके नए संयोजन से निर्धारित होते हैं। (ब) केवल तत्व ही यौगिक बनाने के लिए अभिक्रिया नहीं कर सकते; कभी-कभी यौगिक बनाने में यौगिक भी भाग लेते हैं। (द) यौगिकों को पृथक करने के लिए भौतिक विधियाँ पर्याप्त नहीं होतीं; रासायनिक विधियाँ भी आवश्यक होती हैं। इन कथनों में (अ), (ब) और (द) गलत हैं, अतः उत्तर B सही है।

86. (C): निम्न जल-धारक क्षमता वाली मृदा में जल जल्दी निकल जाता है, जिससे उसमें उच्च अंतःस्रवण दर रहती है और साथ ही, खुलापन होने के कारण उत्तम वातन सुनिश्चित होता है। यह विकल्प मृदा के जल प्रबंधन और वातानुकूलन गुणों को सही रूप में निरूपित करता है, अतः उत्तर C सही है।

87. (A): यह प्रश्न एक काल्पनिक परिदृश्य प्रस्तुत करता है, जहाँ गुरुत्वाकर्षण की अनुपस्थिति के परिणामस्वरूप भौतिक घटनाओं पर गहराई से विचार करने की आवश्यकता होती है। इस प्रकार के प्रश्न अपसारी होते हैं क्योंकि इनमें सैद्धांतिक एवं कल्पनाशील सोच की गुंजाइश होती है। अतः उत्तर A सही है।

88. (A): सारणी में दिए गए अंशों के अनुसार परमाणु की संख्या 19 है, द्रव्यमान संख्या 9 है, इलेक्ट्रॉन की संख्या 9 है, प्रोटॉन की संख्या 12 है, और न्यूट्रॉन की संख्या 12 है। साथ ही दूसरी पंक्ति में D, E, F के मान क्रमशः 12, 12, 12 होने चाहिए। विकल्प A इस व्यवस्था को सही ढंग से निरूपित करता है, अतः उत्तर A सही है।

89. (B): अवमुख (उत्तल) दर्पणों का उपयोग वाहनों में पश्चदर्शन-दर्पण के रूप में किया जाता है क्योंकि इनमें व्यापक दृष्टिक्षेत्र होता है, जो (R2) में वर्णित है। (R1) में दिया गया विवरण प्रतिबिम्ब के आकार से सम्बंधित है, जो मुख्य कारण नहीं है। अतः केवल (R2) ही (A) का उचित स्पष्टीकरण प्रदान करता है, इसलिए उत्तर B सही है।

90. (A): यह कथन दर्शाता है कि जिंक (जस्ता) लौह से अधिक अभिक्रियाशील है, परन्तु ऐलुमिनियम से कम अभिक्रियाशील है, जो रासायनिक अभिक्रियाशीलता की स्थापित श्रेणी के अनुरूप है। अन्य कथन (ब) तथा (स) में दी गई तुलना रासायनिक अभिक्रियाशीलता के सामान्य सिद्धांतों से मेल नहीं खाती। अतः उत्तर A सही है।

91. (B): गद्यांश में यह स्पष्ट किया गया है कि शिक्षा न केवल मौखिक एवं लिखित सांस्कृतिक परंपरा की वाहक है, बल्कि वह संस्कृति को नया रूप भी देती है। जब शिक्षा को संस्कृति से जोड़ा जाता है, तो यह समझ में आता है कि संस्कृति पर अनेक प्रभाव पड़ते हैं। इसीलिए शिक्षा का सांस्कृतिक संदर्भ में विश्लेषण करने पर यह बात स्पष्ट हो जाती है कि संस्कृति पर तरह-तरह के प्रभाव होते हैं।

92. (D): गद्यांश में बताया गया है कि शिक्षा प्रचलित परंपराओं में नयी सोच और नवीनता का संचार करती है। यह विद्यार्थियों को मौजूदा रीति-रिवाजों के औचित्य पर विचार करने के लिए प्रेरित करती है।

93. (B): गद्यांश में शिक्षा को एक सृजनात्मक सामाजिक एवं सांस्कृतिक कार्य के रूप में प्रस्तुत किया गया है। इसमें यह उल्लेख है कि शिक्षा परंपरा की वाहक के साथ-साथ संस्कृति की निर्मात्री भी है। अतः शिक्षा को सांस्कृतिक कार्य के रूप में देखना उपयुक्त है।

94. (C): गद्यांश में 'आदान-प्रदान' शब्द से यह संकेत मिलता है कि संस्कृति निरंतर बदलती रहती है और इसमें वस्तुओं, विचारों एवं मान्यताओं का आपसी लेन-देन होता है।

95. (A): वाक्य से यह स्पष्ट होता है कि कोई भी संस्कृति किसी देशकाल के सापेक्ष होती है, अर्थात् संस्कृति अपने समय और स्थान के अनुरूप बदलती रहती है। यह परिवर्तनशीलता दर्शाती है कि संस्कृति समय एवं स्थान के अनुसार अपने स्वरूप में परिवर्तन लाती है। अतः विकल्प A सही है।

96. (C): गद्यांश में यह वर्णित है कि संस्कृति आदान-प्रदान की प्रक्रिया के माध्यम से प्रगतिशील और ग्रहणशील होती है। इसका अर्थ है कि संस्कृति स्थायी नहीं, बल्कि हमेशा विकसित होती रहती है। इसलिए यह वाक्य सही है कि संस्कृति हमेशा प्रगतिशील है।

97. (A): यह प्रश्न भाषा में प्रयुक्त कारक चिह्नों में से एक की पहचान से संबंधित है। 'तथा' एक संयोजक शब्द है जो दो या अधिक शब्दों या वाक्यांशों को जोड़ता है, जबकि अन्य विकल्प में 'से', 'के लिए' और 'की' कारक चिह्न हैं।

98. (D): यहाँ 'इक' प्रत्यय का प्रयोग उन शब्दों में होता है जिनका अर्थ किसी समूह या समुदाय से संबंधित हो जाता है। 'सामाजिक' शब्द में 'इक' प्रत्यय लगा है। जबकि दिए गए विकल्पों में, 'सृजनात्मक', 'प्रचलित' और 'संबंधित' में 'इक' प्रत्यय नहीं है।

99. (D): गद्यांश में यह कहा गया है कि शिक्षा संस्कृति की निर्मात्री है क्योंकि वह परंपरागत संस्कृति में नया जोड़ती है तथा पुरानी चीजों का स्वरूप बदलती है। इस प्रकार शिक्षा मौजूदा संस्कृति में नवीनता लाने का कार्य करती है। अतः उत्तर D सही है।

100. (A): इस पंक्ति में 'सिंहनाद' शब्द से प्रतीत होता है कि यहाँ किसी ऐसी ध्वनि की बात हो रही है, जो सिंह की गर्जना से भी अधिक जोशीली और प्रभावी हो। 'ललकार' शब्द उस उग्र और चुनौतीपूर्ण ध्वनि का संक्षेपण करता है, जो वीरता एवं जोश का प्रतीक है। अतः विकल्प A, 'ललकार', सही अर्थ को दर्शाता है।

101. (A): 'कलम, आज उनकी जय बोल' पंक्ति में यह भाव स्पष्ट होता है कि वह लेखनी का सम्मान करें और उन व्यक्तियों की सराहना करें, जिन्होंने देश की सेवा के लिए अपना बलिदान दिया। यह पंक्ति उन महान योगदानों का गुणगान करने हेतु प्रेरित करती है, जो देश के प्रति समर्पित हैं। इसलिए विकल्प A सही है।

102. (B): वर्णित शब्द समूहों में 'लाल शिखाएँ', 'पुण्य वेदी' और 'लघु दीप' प्रतीकात्मक अर्थ रखते हैं, परंतु 'जला अस्थियाँ' शब्द वास्तविक विध्वंस या जलने के बाद शेष बची हुई अस्थियों को संदर्भित करता है।

103. (B): यह पंक्ति स्वयंसेवी बलिदान और आत्मसमर्पण की भावना को उजागर करती है। 'बिना गरदन का मोल' से अभिप्राय है कि जिन्होंने अपने प्राणों का बलिदान किया, वे किसी भी मूल्य या मोल से परे थे। अतः यह पंक्ति निस्वार्थ भाव से बलिदान की भावना को व्यक्त करती है, इसलिए विकल्प B उपयुक्त है।

104. (C): 'छिटकाई जिनने चिनगारी' पंक्ति में प्रयुक्त रेखांकित शब्द चित्रण के रूप में उस उग्र और प्रखर ऊर्जा का संकेत देता है,

जो स्वतंत्रता सेनानियों में देखी जाती है। यह शब्द उनकी आक्रामकता, संघर्षशीलता एवं जोश को दर्शाता है। अतः विकल्प C, 'स्वतंत्रता सेनानी', सही अर्थ प्रदान करता है।

105. (D): पद्यांश में शिक्षा, संस्कृति एवं क्रांति की छवि से जो भाव प्रकट होता है, वह अत्यंत प्रेरणादायक और देशभक्ति से ओत-प्रोत है। कवि ने कलम की महत्ता और उसके बलिदान को उजागर करते हुए देश के प्रति अपार प्रेम का संदेश दिया है। अतः विकल्प D सही है।

106. (B): 'सामग्री की प्रामाणिकता' का तात्पर्य उस सामग्री से है, जो जीवन के वास्तविक अनुभवों, संदर्भों एवं परिस्थितियों से उपजी हो। यह सामग्री न तो केवल सत्तासीन लोगों के द्वारा निर्मित हो और न ही केवल शैक्षिक या पारंपरिक स्रोतों से हो, बल्कि वह उस सत्य को प्रतिबिंबित करती है जो वास्तविक जीवन में देखी जाती है। अतः विकल्प B सही है।

107. (C): ग्रहणशील (रिसेप्टिव) कौशल वे होते हैं, जिनमें व्यक्ति को जानकारी प्राप्त करने में सरलता होती है। इसमें सुनना (श्रवण) और पढ़ना (पठन) शामिल हैं, क्योंकि दोनों में व्यक्ति निष्क्रिय रूप से जानकारी ग्रहण करता है। लेखन एवं बोलना सृजनात्मक (उत्पादक) कौशल माने जाते हैं। अतः विकल्प C उपयुक्त है।

108. (A): अपर्णा यह समझती है कि ऑडियो या बातचीत का अर्थ समझने के लिए पहले छोटे-छोटे ध्वनि इकाइयों को सुनना और समझना आवश्यक है, जो बाद में शब्दों और वाक्यों में संकालेत हो जाता है। यह दृष्टिकोण बॉटम-अप उपागम के अनुरूप है, जहाँ समझ का निर्माण निचले स्तर से ऊपर की ओर होता है। अतः विकल्प A सही है।

109. (A): राष्ट्रीय शिक्षा नीति 2020 के परिप्रेक्ष्य में विदेशी भाषाओं को त्रिभाषा सूत्र में शामिल नहीं किया गया है, बल्कि उन्हें माध्यमिक चरण में एक अतिरिक्त विकल्प के रूप में देखा जाता है। अतः विकल्प A, जो विदेशी भाषाओं को त्रिभाषा सूत्र के अन्तर्गत मानता है, सही नहीं है।

110. (B): यहाँ संदर्भित प्रेरणा उस स्वचालित, अनुकूलनात्मक प्रवृत्ति को दर्शाती है, जिसमें विदेश में नौकरी करने वाले भारतीय उस देश की भाषा सीखते हैं ताकि दैनिक जीवन की आवश्यकताओं और कार्यकुशलता में वृद्धि हो सके। यह प्रेरणा प्राकृतिक अनिवार्यता पर आधारित है, जहाँ व्यक्ति अपने पर्यावरण के अनुकूल होने के लिए यांत्रिक रूप से कार्य करता है। अतः इसे यांत्रिक प्रेरणा कहा जाता है।

111. (A): पाठ्य सामग्री में संविधान, समानता और लोकतांत्रिक सिद्धांतों के संदर्भ में विश्लेषणात्मक भाषा का प्रयोग किया गया है, जो सामाजिक विज्ञान के दृष्टिकोण को प्रतिबिंबित करता है। यह भाषा समाज, संस्कृति और सामाजिक संस्थाओं की जटिलताओं को स्पष्ट रूप से उजागर करती है। इसलिए यह सामाजिक विज्ञान प्रयुक्ति का प्रतिनिधित्व करती है।

112. (*)

113. (B): परियोजना कार्य विद्यार्थियों को वास्तविक समस्याओं का समाधान खोजने, सहयोग करने और विभिन्न दृष्टिकोणों को समेकित करने का अवसर प्रदान करता है। यह कार्य समेकित अधिगम कौशलों को उन्नत करता है क्योंकि इसमें अनुसंधान, आलोचनात्मक सोच और रचनात्मकता का सम्मिलित प्रयोग होता है।

114. (D): भाषा के बारे में जानना, यानी भाषा की संरचनाओं, नियमों और प्रयोगों का ज्ञान, घोषणात्मक ज्ञान के अंतर्गत आता है। यह वह ज्ञान है जिसे व्यक्ति अपने मस्तिष्क में संरक्षित रखता है और जिसे व्यक्त कर सकता है, जैसे व्याकरण के सिद्धांत। अतः इसे घोषणात्मक ज्ञान कहा जाता है।

116. (C): भारतीय शास्त्रीय भाषाओं में संस्कृत, तेलुगू और तमिल को प्राचीन तथा शास्त्रीय भाषा माना जाता है, जबकि हिंदी एक आधुनिक और विकसित भाषा है। शास्त्र तथा परंपरा के संदर्भ में हिंदी को शास्त्रीय भाषा में शामिल नहीं किया जाता। अतः उत्तर हिंदी सही है।

117. (D): पोर्टफोलियो विद्यार्थियों द्वारा उनके अधिगम के उदाहरणों, परियोजनाओं और अन्य सृजनात्मक कार्यों का एक सतत रूप में रखरखाव होता है। यह उनके विकास, सुधार और उपलब्धियों का समग्र दस्तावेजीकरण प्रस्तुत करता है। इसलिए इसे पोर्टफोलियो कहा जाता है।

118. (C): संदर्भ में व्याकरण शिक्षण का उद्देश्य शिक्षार्थियों का ध्यान भाषा के नियमों और उनके प्रयोग की ओर आकर्षित करना है। इस युक्ति के अंतर्गत शिक्षार्थियों में जागरूकता पैदा की जाती है कि भाषा केवल एक संरचना नहीं, बल्कि एक जीवंत व्यवस्था है। अतः इसे सचेतनता जागृत करना कहा जाता है।

119. (D): सर्वांगी (सिस्टमिक) दक्षता का तात्पर्य है कि शिक्षार्थी भाषा की संरचनात्मक व्यवस्था को समझें और उसका प्रयोग कर सकें। यह दक्षता यह सुनिश्चित करती है कि भाषा के नियम और उसकी संरचना को एक समग्र प्रणाली के रूप में अपनाया जाए। इसलिए विकल्प D सही है।

120. (C): यह कार्य शिक्षार्थियों को बोलने के लिए प्रेरित तो करता है, परंतु इसमें आवश्यक पृष्ठभूमि और संदर्भ की अनुपस्थिति से उनकी समझ पर विपरीत प्रभाव पड़ सकता है। जब विषय से संबंधित पूर्व जानकारी उपलब्ध नहीं होती, तो विद्यार्थी अपने उत्तर में संपूर्णता नहीं ला पाते। अतः यह कार्य अच्छा नहीं माना जाता।

121. (C): The phrase "hustle and bustle of cities" is used to depict the hectic, chaotic, and noisy nature of urban life. It implies that cities are crowded with constant movement and clamor rather than offering calm or picturesque beauty. This expression highlights the stark contrast between the peace of Netarhat and the energetic, often overwhelming environment of cities.

122. (B): Statement (*a*) correctly mentions that Netarhat is located at a height of 3696 feet, which is clearly stated in the passage. Statement (*b*) is also accurate since the passage refers to Netarhat as "Queen of Chota Nagpur." However, statement (*c*) is incorrect because the passage describes Netarhat as being surrounded by verdant forests but does not specify "banyan forests" in particular. Thus, only (*a*) and (*b*) are valid.

123. (D): In the sentence "Fabulous sunrises and stunning sunsets leave the visitors awestruck," the underlined words are assumed to be "sunrises" and "stunning" (if one word from each descriptive pair is underlined). Here, "sunrises" functions as a noun and "awestruck" serves as an adjective modifying "sunsets." This combination – a noun paired with an adjective – is exactly what option D represents.

124. (A): The passage clearly emphasizes that Sunrise Point offers a spectacular view of the sunrise, described as resembling an oil painting. This focus on the early morning display is central to the narrative, making option A the correct answer.

125. (D): Among the scenic views mentioned in the passage are beautiful sunrises and sunsets, clusters of tall trees, and the serene lake environment. Refugee camps are not described or implied anywhere in the passage as part of the natural beauty of Netarhat.

126. (D): The passage states that Netarhat provides solace and a refuge from the "hustle and bustle of cities." This indicates that its appeal lies in its capacity to offer peace and calm, enabling visitors to escape the hectic and noisy life of urban areas. Option D captures this idea by emphasizing that the hill station gives visitors the opportunity to be away from the chaotic city environment.

127. (A): The word analogy "gorgeous : beautiful :: tranquil : ?" requires a word that has a similar synonymous relationship as "gorgeous" does with "beautiful." In this context, "tranquil" is best paired with "peaceful," as both words describe a state of calm and serenity.

128. (C): In the phrase "this quaint hill station brings solace," the word "solace" means comfort and peace. It suggests that the hill station provides a restorative effect on the visitors, offering them relief from stress and fatigue. Therefore, option C is correct.

129. (C): In the second passage, the three boys are united by their shared love for exploration and discovery. Their bond is strengthened by the thrill of adventure and the excitement of finding new places like the pool. This spirit of adventure is the key factor that brings them together, making option C the appropriate choice.

130. (A): The passage explicitly states that it was Somi's idea for the friends to meet again at the pool ten years later. This initiative, expressed in his earnest proposal, sets the plan in motion. Therefore, option A is correct.

131. (B): The phrase "a pledge made in deadly earnest" signifies a promise made with utmost sincerity and seriousness. It implies that the commitment is genuine and not taken lightly, reflecting the resolute attitude of the boys. Thus, option B is the correct.

132. (A): In the sentence "He was wild and a little dangerous, subject to moods and impulses," the words "wild" and "dangerous" are both describing the noun "He" (i.e., they are modifying the noun). Both of them are adjectives because they describe the qualities of the subject. Therefore, both "wild" and "dangerous" are adjectives, making option A the correct choice.

133. (B): The word "instinct" is best synonymous with "inclination," as both terms refer to a natural or inherent tendency. In this context, "inclination" captures the essence of an innate drive or predisposition that motivates behaviour. Therefore, option B is correct.

134. (D): The passage vividly describes the pool with features such as trickling waterfalls, apple-green water, and water meandering among ferns and grasses. There is no mention of rough or uneven rocks; in fact, the rocks are described as smooth. Hence, option D.

135. (B): The analogy "crowded : deserted :: vigour : ?" is constructed on opposites. Just as "crowded" is the antonym of "deserted," "vigour" is opposed by "weakness." The relationship is one of contrast, making option B – "weakness" – the correct answer to complete the analogy.

136. (D): Idiolect refers to the unique mode of speech used by an individual. In this case, although Kripa and Karan are twins who share the same dialect of Manipuri, the distinctive manner in which each speaks is termed their idiolect.

137. (B): Declarative knowledge is the understanding of facts and rules about a language. Aditi's grasp of the rules of the past perfect tense, without being able to apply it in context, indicates she possesses explicit (declarative) knowledge. This type of knowledge is different from procedural knowledge, which is the ability to use that knowledge in real-life communication.

138. (A): Systemic competence is the ability to understand and apply the structure and organization of language as a system. When a learner grasps that language functions as a set of interrelated rules and components, they demonstrate systemic competence. This understanding goes beyond knowing isolated facts to perceiving the language as an integrated whole.

139. (A): Critical literacy involves analyzing texts to understand power relations and identities within a community. The teacher's objective of having learners read with an understanding of power and identity indicates she is aiming to promote critical literacy. This approach encourages learners to question and reflect on the underlying messages and societal structures presented in the text.

140. (C): This statement is NOT true. Ashwin, who has known Odia from birth (acquired naturally), studies English and Hindi formally. His learning of English and Hindi is through structured instruction, making it language learning rather than natural language acquisition. Thus, his English learning is not an example of language acquisition.

141. (D): Instrumental motivation is when language is learned for practical, utilitarian purposes such as obtaining employment, advancing one's career, or other functional benefits. This type of motivation is driven by external rewards or outcomes rather than by an intrinsic interest in the language itself.

142. (B): The text discusses historical revolutions, ideas about individual rights, and societal change, which are core themes in social sciences. The language and terminology used align with academic discourse found in social science texts. Therefore, the text belongs to the social science register.

143. (B): Receptive skills refer to the abilities of listening and reading, through which individuals receive and comprehend information. Subash's remark that language assessment often neglects these skills implies that listening and reading, which require the learner to absorb and process information, are the receptive components of language proficiency.

144. (B): The top-down approach to listening emphasizes using one's prior knowledge, context, and expectations to understand the overall meaning of a spoken text, speech, or audio. It focuses on grasping the general idea or gist without necessarily paying attention to every detail or specific sound. Employing this strategy enables listeners to quickly capture the essence of the message being communicated. This is different from a bottom-up approach, which requires careful attention to linguistic elements such as sounds and words. Therefore, option B is the correct answer.

145. (D): According to the National Education Policy (NEP) 2020, the study of classical languages is intended to be offered as an additional option at the secondary stage of education. This policy does not mandate the study of classical languages as part of the core curriculum but instead allows them to be chosen as an elective. As a result, "additional option during secondary stage" best encapsulates the status of classical languages in the NEP 2020. Option D is correct based on this understanding.

146. (A): Project work in the language classroom is a structured process that typically involves several sequential stages. These include forming groups, identifying a topic, planning, data collection, data interpretation, drafting a report, and finally, finalizing the report. This systematic approach ensures that learners engage in comprehensive, collaborative, and reflective work.

147. (C): This statement is not true of language. Language, as a medium of communication, is versatile and capable of conveying a wide range of subjects including literature, history, science, and personal expression. It is incorrect to assert that only certain languages can effectively convey science and engineering; all languages can express diverse domains of human knowledge.

148. (B): A diagnostic test is designed to identify an individual student's specific areas of strength and weakness. Such tests provide detailed information about a student's learning gaps and proficiencies, allowing educators to tailor subsequent instruction to address these specific needs.

149. (A): In the Indian Constitution, English is designated as an Associate Official Language. This status means that while English is used for official purposes, it holds a subsidiary position relative to Hindi, which is the official language of the central government.

150. (C): In this classroom activity, the hawker is brought in not to assist with teaching or participate as an active co-teacher, but rather to serve as authentic, real-life stimulus material. His presence provides learners with a tangible, practical context that enriches their descriptive writing exercise, thereby classifying him as a material resource in the activity.

पिछले प्रश्न-पत्र

CTET—Paper-II, जुलाई-2024

गणित एवं विज्ञान शिक्षक हेतु

(Exam held on 07-07-2024)

बाल विकास व शिक्षाशास्त्र

1. प्रगतिशील शिक्षा में बच्चों को किस तरह देखा जाता है?

A. मासूम और आश्रित
B. आज्ञाकारी और केवल ज्ञान का उपभोग करने में सक्षम
C. ज्ञानवर्धक और अर्थ की रचना करने वाले
D. कमजोर और सुरक्षा की जरूरत में

2. छात्रों के लिए कक्षा में प्रतिक्रिया सबसे अधिक प्रभावी होती है जब :

A. यह छात्रों को तुलनात्मक श्रेणी प्रदान करता है।
B. यह सीखने की गतिविधि के दौरान और पश्चात भी होता है।
C. यह इस बात पर ध्यान केंद्रित करता है कि बच्चा क्या नहीं कर सकता बजाय इसके कि वह क्या कर सकता है।
D. यह वर्ष के अंत में परीक्षण और परीक्षा पर केंद्रित है।

3. **अभिकथन (A):** किशोरावस्था के दौरान जेंडर अपेक्षाओं के अनुरूप स्त्रीत्व या पुरुषत्व की परंपराओं का पालन करने के लिए दबाव बढ़ जाता है।

कारण (R): जेंडर और जेंडर भूमिकाएँ जैविक रूप से निर्धारित की जाती हैं।

सही विकल्प चुनें :

A. (A) और (R) दोनों सही हैं और (R), (A) की सही व्याख्या करता है
B. (A) और (R) दोनों सही हैं और (R), (A) की सही व्याख्या नहीं करता है
C. (A) सही है लेकिन (R) गलत है
D. (A) और (R) दोनों गलत हैं

4. सुनीता, एक 12 वर्षीय लड़की, विशेष संगीतीय क्षमता रखती है। उसके माता-पिता, दोनों ही निपुण गायक हैं, और वे सुनीता को अपनी आवाज को और बेहतर करने के लिए प्रशिक्षण कक्षा में भेज रहे हैं। सुनीता की यह क्षमता संभावित रूप से किन कारकों के अंतःक्रिया का परिणाम है?

A. वृद्धि और परिपक्वता
B. पोषण और अनुशासन
C. आनुवंशिकता और वातावरण
D. लैंगिक पहचान और आनुवंशिक संरचना

5. संवेदनशील अवधि वह समय अवधि होती है जिसके दौरान कुछ .... विशेष रूप से "सामान्य" विकास के लिए महत्वपूर्ण होती हैं।

A. उत्पत्तिमूलक कारक
B. मानवजाति कारक
C. पर्यावरणीय कारक
D. वंशानुगत कारक

6. विद्यार्थियों में समालोचनात्मक चिंतन को विकसित करने के लिए, एक शिक्षक को :

A. केवल ऐसे ही सवाल पूछने चाहिए जिनका एक ही उत्तर हो
B. विद्यार्थियों को उनके संदेह और सवाल पूछने के लिए हतोत्साहित करना चाहिए
C. ऐसे सवाल देने चाहिए जिनमें निष्कर्ष और व्याख्याएँ शामिल होते हैं
D. ऐसे सवालों से बचना चाहिए जिनमें विवेचन और विश्लेषण की आवश्यकता होती है

7. एक शिक्षिका खुद से पूछती है—"मैं ऐसे अनुभव कैसे प्रदान कर सकती हूँ जिसमें छात्रों को पर्यावरण में विभिन्न प्रकार की वस्तुओं को वर्गीकृत करने और उनकी वर्गीकरण के स्कीमों का विश्लेषण करने की आवश्यकता हो?" वह छात्रों में किस बुद्धिमत्ता को बढ़ावा देने की कोशिश कर रही है?

A. भाषाई बुद्धिमत्ता
B. अंतर्वैयक्तिक बुद्धिमत्ता
C. प्राकृतिक बुद्धिमत्ता
D. शारीरिक-गतिसंवेदी बुद्धिमत्ता

1. C	**2.** B	**3.** C	**4.** C	**5.** C	**6.** C	**7.** C

8. महारत हासिल करने के लक्ष्य निर्धारित करने से छात्र की अभिप्रेरणा और योग्यता के बारे में विचार कैसे प्रभावित होते हैं?

A. यह अक्सर योग्यता के स्थिर दृष्टिकोण में बढ़ी हुई आंतरिक अभिप्रेरणा और विश्वास को दर्शाता है।

B. यह अक्सर योग्यता के वृद्धिशील दृष्टिकोण में बढ़ी हुई आंतरिक अभिप्रेरणा और विश्वास को दर्शाता है।

C. यह अक्सर योग्यता के स्थिर दृष्टिकोण में बढ़ी हुई बाहरी अभिप्रेरणा और विश्वास को दर्शाता है।

D. यह अक्सर योग्यता के वृद्धिशील दृष्टिकोण में बढ़ी हुई बाहरी अभिप्रेरणा और विश्वास को दर्शाता है।

9. रमा एक शिक्षिका है जो वायगोत्स्की के सिद्धांत को अपनी कक्षा में लागू कर रही है और वह एक चुनौतीपूर्ण कार्य को पूरा करने के लिए अपने छात्रों को समूहों में काम करने के लिए नियुक्त करती है। कार्य के दौरान, एक छात्र एक महत्वपूर्ण संकल्पना को समझने के लिए संघर्ष करता है। रमा के लिए इस छात्र की मदद करने का सबसे प्रभावी तरीका क्या होगा?

A. छात्र को समस्या का उत्तर प्रदान करें ताकि समूह आगे बढ़ सके।

B. छात्र को समस्या को स्वयं हल करने का प्रयास करने के लिए प्रोत्साहित करें।

C. छात्र को एक अलग कार्य सौंपें जो उसकी योग्यताओं के अनुकूल हो।

D. छात्र के साथ समस्या पर काम करें और समूह के अन्य सदस्यों को शामिल करते हुए आवश्यकतानुसार मार्गदर्शन और प्रतिपुष्टि प्रदान करें।

10. अभिकथन (A): शिक्षकों को विद्यार्थियों के बीच बहस, चर्चा और सहयोग को प्रोत्साहित करना चाहिए।

कारण (R): ज्ञान उत्पादन एक निष्क्रिय प्रक्रिया है और सामूहिक गतिविधियों में संलग्नता अर्थपूर्ण अधिगम में बाधा डालता है।

सही विकल्प चुनें :

A. (A) और (R) दोनों सही हैं और (R), (A) की सही व्याख्या करता है

B. (A) और (R) दोनों सही हैं, लेकिन (R), (A) की सही व्याख्या नहीं करता है

C. (A) सही है, लेकिन (R) गलत है

D. (A) और (R) दोनों गलत हैं

11. भावनाओं, व्यक्तित्व और सामाजिक संबंधों में परिवर्तन और स्थिरता किस विकास में शामिल हैं?

A. व्यक्तित्व विकास

B. भावनात्मक विकास

C. मनोसामाजिक विकास

D. संज्ञानात्मक विकास

12. छात्रों के विविध समूहों को पूरा करने के लिए निम्नलिखित में से कौन 'सांस्कृतिक रूप से उत्तरदायी शिक्षण' का सही वर्णन करता है?

(*i*) सुविचारित (*ii*) अनुकूलित

(*iii*) विभेदित (*iv*) मानकीकृत

A. (*i*), (*iv*) B. (*ii*), (*iii*)

C. (*i*), (*ii*), (*iii*) D. (*i*), (*ii*), (*iii*), (*iv*)

13. अभिकथन (A): स्कूलों को उस ढाँचे के भीतर कार्य करना चाहिए जो तैयार उत्पाद और सीखने के परिणामों का आकलन करते हैं।

कारण (R): सीखना पक्के तौर पर आनुक्रमिक और पदानुक्रमित है।

सही विकल्प चुनें :

A. (A) और (R) दोनों सही हैं और (R), (A) की सही व्याख्या करता है

B. (A) और (R) दोनों सही हैं, लेकिन (R), (A) की सही व्याख्या नहीं करता है

C. (A) सही है, लेकिन (R) गलत है

D. (A) और (R) दोनों गलत हैं

14. लेव वायगोत्स्की के अनुसार भाषा और विचार के बीच क्या संबंध है?

A. भाषा विचार को आकार नहीं देती है

B. विचार भाषा को आकार देते हैं

C. भाषा और विचार एक दूसरे से स्वतंत्र हैं

D. भाषा और विचार विकास की जटिल विनिमेय प्रक्रियाएँ हैं

15. निम्नलिखित में से कौन-सा सही सुमेलित युग्म है?

A. मानदंड-संदर्भित मूल्यांकन : विशिष्ट विषयों की महारत शामिल है

B. मानक-संदर्भित मूल्यांकन : साथियों के प्रदर्शन की तुलना करता है

C. रचनात्मक मूल्यांकन : यह निर्धारित करना कि छात्र कक्षा से पहले और बाद में क्या कर सकते हैं

D. योगात्मक मूल्यांकन : इनमें पेपर-पेंसिल परीक्षण के साथ-साथ गैर-लिखित व्यवहारों के विस्तृत विवरण शामिल हैं

16. निम्नलिखित में से क्या दृष्टिबाधित विद्यार्थियों को कक्षा में भागीदारी लेने में बाधा डालता है?

A. इलेक्ट्रॉनिक रूप से प्रारूपित व्याख्यान प्रतिलेखन

B. मुद्रित पाठ्यपुस्तकें और नोट्स

C. उभरी हुई रेखा चित्र और मानचित्र

D. ग्राफिक सामग्री के स्पर्शनीय तरीके

8. B	**9.** D	**10.** C	**11.** C	**12.** C	**13.** D	**14.** D	**15.** B	**16.** B

17. लॉरेंस कोहलबर्ग ने बच्चों के नैतिक विकास का अध्ययन करने के लिए किस विधि का प्रयोग किया?

A. मात्रात्मक शोध कार्य विधि
B. बच्चों के सामने नैतिक दुविधाएँ रखना और अनुक्रियाओं की समालोचना करना
C. खेल के दौरान बच्चों का अवलोकन करना
D. प्रायोगिक विधि

18. रचनावादी शिक्षण विद्यार्थियों को .... अधिगम की ओर ले जाता है।

A. खोज-आधारित B. अर्थहीन
C. यंत्रवत् D. ग्रहणशील

19. पठन वैकल्य से जूझ रहे छात्रों को पढ़ना सिखाया जा सकता है :

A. व्यवस्थित ध्वन्यात्मक प्रशिक्षण के माध्यम से।
B. उच्च ग्रेड स्तर के पठन ग्रंथ प्रदान करके।
C. लंबे और जटिल गद्यांश देकर।
D. अनुकूलन की अनुबंधन विधि के माध्यम से।

20. जीन पियाजे के संज्ञानात्मक विकास का सिद्धांत यह बताता है कि :

A. व्यवहार को दंड और पुरस्कारों के माध्यम से अनुकूलित किया जाना चाहिए।
B. अवधारणाओं को जटिल से सरल के क्रम में सिखाया जाना चाहिए।
C. पाठ्यक्रम को बच्चों के आयु-समूह व चरण को ध्यान में रखकर तैयार किया जाना चाहिए।
D. शिक्षण का बल गतिविधि के परिणाम पर होना चाहिए न कि सोचने की प्रक्रिया पर।

21. आप एक शिक्षक हैं जो अपने छात्रों को परासंज्ञानात्मक कौशल विकसित करने में मदद करना चाहते हैं। निम्नलिखित में से कौन-सी रणनीति में इस प्रकार के चिंतन को बढ़ावा देने की सबसे अधिक संभावना है?

A. छात्रों को उनके प्रदर्शन पर गुणात्मक प्रतिपुष्टि के बजाय अंक देना।
B. छात्रों को अपने स्वयं के सीखने और सोचने की प्रक्रिया पर विचार करने के लिए प्रोत्साहित करना।
C. विद्यार्थियों को सत्रीय कार्य के लिए सारांशित नोट्स प्रदान करना।
D. गृहकार्य सौंपना जिसके लिए याद रखने और याद करने की आवश्यकता होती है।

22. निम्नलिखित में से कौन-सा कथन 'स्वलीनता' के संदर्भ में सही है?

A. स्वलीनता वाले सभी लोगों में कम-से-कम एक विशेष कौशल होता है।
B. स्वलीनता एक तंत्रिकीय विकासात्मक विकार है।
C. स्वलीनता केवल वातावरणीय कारकों के कारण होता है।
D. स्वलीनता का इलाज किया जा सकता है; उम्र के साथ इसमें सुधार आता है।

23. पियाजे और वायगोत्स्की के सिद्धांतों में एक प्रमुख समानता है :

A. भाषा और विचार के बीच संबंधों के बारे में उनके चिंतन।
B. बच्चों के विकास में चरण-जैसी प्रगति पर ध्यान।
C. बच्चों की स्वयं की शिक्षा में संलग्नता और जुड़ाव।
D. संज्ञानात्मक प्रक्रियाओं में संस्कृति की भूमिका।

24. **अभिकथन (A):** शिक्षकों को शिक्षार्थियों के बीच व्यक्तिगत भिन्नताओं का सम्मान करना चाहिए और सभी शिक्षार्थियों की आवश्यकताओं के अनुसार अपने शिक्षण को समायोजित करना चाहिए।

कारण (R): शिक्षकों को विविध पृष्ठभूमि के शिक्षार्थियों को पढ़ाते समय, उनके बीच सहयोग, समूह कार्य और बातचीत से बचना चाहिए।

सही विकल्प चुनें :

A. (A) और (R) दोनों सही हैं और (R), (A) की सही व्याख्या करता है
B. (A) और (R) दोनों सही हैं, लेकिन (R), (A) की सही व्याख्या नहीं करता है
C. (A) सही है, लेकिन (R) गलत है
D. (A) और (R) दोनों गलत हैं

25. किस अधिगम की रणनीति में बच्चों द्वारा दूसरों को सिखाना शामिल है जो उन्होंने सीखा है?

A. अनुबंधन अधिगम B. रटकर सीखना
C. व्याख्यात्मक शिक्षण D. पारस्परिक शिक्षण

26. **अभिकथन (A):** एशियाई संस्कृतियों में जो सामाजिक सद्भावना पर जोर देते हैं, 'क्रोध' की अभिव्यक्ति को हतोत्साहित किया जाता है और 'शर्म' को प्रोत्साहित किया जाता है।

कारण (R): भावनाएँ व्यक्तिपरक हैं और सीखने में कोई भूमिका नहीं निभाती हैं।

सही विकल्प चुनें :

A. (A) और (R) दोनों सही हैं और (R), (A) की सही व्याख्या करता है
B. (A) और (R) दोनों सही हैं, लेकिन (R), (A) की सही व्याख्या नहीं करता है
C. (A) सही है, लेकिन (R) गलत है
D. (A) और (R) दोनों गलत हैं

17. B	18. A	19. A	20. C	21. B	22. B	23. C	24. C	25. D	26. C

27. जीन पियाजे के अनुसार बच्चे वयस्कों से किस प्रकार भिन्न हैं?

A. बच्चे वयस्कों पर निर्भर होते हैं जबकि वयस्क स्वतंत्र होते हैं

B. बच्चों की तुलना में वयस्क बहुत अधिक ज्ञानी होते हैं

C. बच्चों की सोच वयस्कों से गुणात्मक रूप से भिन्न होती है

D. बच्चों की सोच मात्रात्मक रूप से वयस्कों से भिन्न होती है

28. निम्न में से कौन-सा प्रश्न विश्लेषणात्मक चिंतन को बढ़ावा देता है?

A. भारत की राजधानी .... है।

B. भारत में कितने राज्य हैं?

C. भारत की कुल जनसंख्या कितनी है?

D. भारत में जनसंख्या वृद्धि के विभिन्न कारण क्या हैं?

29. समावेशी कक्षाओं :

A. को पहचानना चाहिए कि हर बच्चा एक ही दर से और एक ही समय में सीखेगा।

B. में "विशेष बच्चों" की जरूरतों को पूरा करने के लिए एक अलग शैक्षिक कार्यक्रम पेश किया जाता है।

C. अलग-अलग भिन्नताओं के अनुसार विभेदित निर्देश दिए जाते हैं।

D. बच्चों के बीच हर तरह की विभिन्नता को दूर करने का लक्ष्य रखती हैं।

30. **अभिकथन (A):** शिक्षकों को बच्चों को प्रयोग के लिए बहुत सारे अवसर देने चाहिए और उदाहरणों और गैर-उदाहरणों पर चर्चा करनी चाहिए।

कारण (R): बच्चों में गलत धारणाओं से निपटने का एक रचनात्मक तरीका विपरीत उदाहरण प्रदान करना है।

सही विकल्प चुनें :

A. (A) और (R) दोनों सही हैं और (R), (A) की सही व्याख्या करता है

B. (A) और (R) दोनों सही हैं, लेकिन (R), (A) की सही व्याख्या नहीं करता है

C. (A) सही है, लेकिन (R) गलत है

D. (A) और (R) दोनों गलत हैं

गणित व विज्ञान

31. किसी चतुर्भुज ABCD का परिमाप 120 cm है। यदि BC = 48 सेमी., CD = 17 सेमी., AD = 40 सेमी. तथा $\angle A = \angle B = 90°$ है, तो चतुर्भुज ABCD का क्षेत्रफल (सेमी.^{2} में) है :

A. 660 B. 690
C. 720 D. 750

32. निम्नलिखित में से कौन-सा कथन गणित में उपपत्तियों के संबंध में सबसे कम उपयुक्त है?

A. यह व्याख्या करता है कि एक विशेष गणितीय परिणाम सत्य क्यों होना चाहिए

B. यह संबंधों को उजागर करने में मदद करता है और गणित की अंतर्निहित संरचना में अंतर्दृष्टि प्रदान करता है

C. यह विद्यार्थियों को अपने स्वयं के तर्क को मान्य करने में मदद कर सकता है

D. उपपत्तियों का निर्माण अंतर्दर्शीय ज्ञान पर होता है न कि तर्क पर

33. PQRS एक समांतर चतुर्भुज है, जिसके विकर्ण PR और QS परस्पर बिंदु O पर प्रतिच्छेद करते हैं। यदि OP = $(x + 7)$सेमी., OQ = $(x + y)$ सेमी., OR = 20 सेमी. तथा OS = 16 सेमी. है, तो $(7y + 5)$ का मान (सेमी. में) है :

A. 21 B. 23
C. 26 D. 28

34. $52 \times 3 \div 4 + \sqrt{441} \div 7 \times 3 + 5 - 32 \div 8 \times 12$ का मान है :

A. 0 B. 5
C. 15 D. 21

35. अरुण, वरुण से तीन वर्ष बड़ा है। आठ वर्ष पहले, अरुण की आयु का $\frac{5}{6}$वाँ, वरुण की आयु के $\frac{3}{5}$वाँ से 6 वर्ष अधिक था। यदि वरुण की वर्तमान आयु x वर्ष है, तब x का मान निम्न समीकरण को हल करने से प्राप्त हो सकता है :

A. $\frac{5}{6}(x-5) - \frac{3}{5}(x-8) = 6$

B. $\frac{5}{6}(x-8) - \frac{3}{5}(x-5) = 6$

C. $\frac{3}{5}(x+5) - \frac{5}{6}(x-8) = 6$

D. $\frac{3}{5}(x+3) - \frac{5}{6}(x-8) = 6$

27. C	28. D	29. C	30. A	31. A	32. D	33. C	34. B	35. A

36. अधिगम का वह क्षेत्र जो कि व्यवहार एवं मूल्यों के साथ संबंधित है उसे .... के रूप में जाना जाता है।

A. ज्ञान क्षेत्र
B. संज्ञानात्मक क्षेत्र
C. भावात्मक क्षेत्र
D. मनो-गत्यात्मक क्षेत्र

37. किसी लंब वृत्तीय बेलन की ऊँचाई और आधार त्रिज्या क्रमशः 9 सेमी. और 6 सेमी. हैं। यदि आधार त्रिज्या आधी कर दी जाए तथा ऊँचाई में 3 सेमी. की वृद्धि कर दी जाए, तो निम्न में से कौन-सा इस बेलन के नए आयतन की व्याख्या करता है?

A. नया आयतन मूल आयतन का दुगुना हो जाएगा
B. नया आयतन मूल आयतन का आधा हो जाएगा
C. नया आयतन मूल आयतन का तिगुना हो जाएगा
D. नया आयतन मूल आयतन का एक-तिहाई हो जाएगा

38. वैन हैले के ज्यामितीय अधिगम के सिद्धांत के अनुसार निम्नलिखित कथनों को ज्यामितीय सोच के आरोही स्तरों में व्यवस्थित कीजिए :

(*a*) ज्यामितीय आकृतियों के गुणों की पहचान
(*b*) विभिन्न आकृतियों का वर्गीकरण
(*c*) ज्यामितीय आकृतियों के गुणों के बीच संबंध ढूँढना
(*d*) ज्यामितीय आकृतियों की, जैसी वे हैं, उसी रूप में पहचान

सही विकल्प चुनें :

A. (*a*), (*b*), (*c*), (*d*)
B. (*d*), (*b*), (*a*), (*c*)
C. (*d*), (*c*), (*b*), (*a*)
D. (*a*), (*c*), (*b*), (*d*)

39. एक पाई चार्ट में, किसी विद्यार्थी द्वारा गणित, विज्ञान, सामाजिक विज्ञान, हिन्दी और अंग्रेजी में प्राप्त अंकों को क्रमशः 90°, 80°, 65°, 75° और 50° के केन्द्रीय कोणों वाले त्रिज्य खंडों द्वारा निरूपित किया गया है। यदि उस विद्यार्थी द्वारा प्राप्त कुल अंक 540 थे, तो उसके द्वारा गणित और अंग्रेजी में प्राप्त अंकों का अंतर क्या है?

A. 60
B. 50
C. 40
D. 30

40. NCERT के अनुसार, उच्च प्राथमिक स्तर पर, संख्या प्रणाली के अंतर्गत, निम्नलिखित में से कौन-से प्रकरण सम्मिलित नहीं किए गए हैं?

A. सम्मिश्र संख्याएँ
B. भिन्न
C. घातांक और घात
D. वर्गमूल और घनमूल

41. निम्नलिखित में से कौन-सा कथन आकलन के एक साधन के रूप में रूब्रिक के लिए सत्य नहीं है?

A. रूब्रिक का एक निश्चित पैमाना होता है।
B. रूब्रिक के पैमाने पर प्रत्येक बिन्दु पर प्रदर्शन का वर्णन करने वाली विशेषताओं की सूची होती है।
C. रूब्रिक में विद्यार्थियों के लिए एक स्पष्ट प्रदर्शन लक्ष्य होता है।
D. रूब्रिक मूल्यांकन को अधिक व्यक्तिपरक बनाता है।

42. किसी बहुफलकी के फलकों (F), किनारों (E) और शीर्षों (V) की संख्याएँ क्रमशः 7, 15 और x हैं। तब, $(2F + 3E - 4x)$ का मान है :

A. 20
B. 19
C. 18
D. 17

43. यदि $(2x + 5y)^2 - 5(2x + 5y) - 14 = (2x + 5y + p)(2x + 5y + q)$ है, तो $(p + q)$ का मान है :

A. 7
B. –14
C. 9
D. –5

44. एक तिर्यक रेखा दो समांतर रेखाओं को प्रतिच्छेद करती है तथा इस प्रकार तिर्यक रेखा के एक ही ओर बने दो अंतःकोण $(2x + 15°)$ और $(3x - 20°)$ हैं। तब, $(4x + 6°)$ का मान है :

A. 154°
B. 150°
C. 148°
D. 146°

45. भिन्नों $\frac{6}{7}, 2\frac{3}{5}, \frac{3}{8}$ और $2\frac{8}{15}$ में सबसे बड़ी और सबसे छोटी भिन्नों का योग है :

A. $2\frac{9}{35}$
B. $2\frac{37}{40}$
C. $2\frac{7}{35}$
D. $2\frac{39}{40}$

46. निम्नलिखित में से क्या आकलन के अर्थ को नहीं समझाता?

A. यह मूल्यांकन है
B. यह विद्यार्थियों को नामांकित करने में सहायता करता है
C. यह व्यक्तिगत भिन्नताओं का निदान करने में सहायता करता है
D. यह विद्यार्थी के प्रदर्शन पर जानकारी एकत्रित करने का एक तरीका है

47. निम्नलिखित में से क्या गणित में रचनात्मकता का संकेतक नहीं है?

A. विद्यार्थी विभिन्न संदर्भों में अभिसारी चिंतन का उपयोग करते हैं
B. विद्यार्थी लचीली सोच में सक्षम हैं
C. विद्यार्थी विविध और वैकल्पिक समस्या समाधान की कार्यनीतियों का उपयोग करते हैं
D. विद्यार्थी प्रश्न प्रस्तुत कर सकते हैं

36. C	**37.** D	**38.** B	**39.** A	**40.** A	**41.** D
42. B	**43.** D	**44.** A	**45.** D	**46.** B	**47.** A

48. यदि 955 में जोड़ी जाने वाली x ऐसी न्यूनतम संख्या है, जो उसे एक पूर्ण वर्ग बना देती है, तो $3x + 2$ का मान बराबर है :

A. 20 B. 14
C. 11 D. 5

49. 1 और 500 के बीच ऐसी कितनी प्राकृत संख्याएँ हैं, जो संख्याओं 3, 5 और 7 में से प्रत्येक से विभाज्य हैं?

A. 3 B. 4
C. 5 D. 6

50. राष्ट्रीय पाठ्यचर्या रूपरेखा 2005 के अनुसार निम्नलिखित में से कौन-सी प्रक्रिया गणित में सबसे कम महत्वपूर्ण है?

A. दिन प्रतिदिन की समस्याओं का समाधान करना
B. यह समझना कि गणितीय तकनीक का उपयोग कब और कैसे किया जा सकता है
C. गणित में शार्टकट खोजना
D. गणितीय सूत्र का सामान्यीकरण

51. किसी त्रिभुज ABC की भुजा AB पर M एक बिंदु इस प्रकार स्थित है कि AM = BM = CM है। यदि कोण A और B क्रमशः x और 70° हैं, तो $(3x + 25°)$ का मान बराबर है :

A. 70° B. 85°
C. 100° D. 115°

52. 10% वार्षिक दर पर निवेश की गई एक धनराशि 2 वर्ष में ₹ 3,267 हो जाती है, जब ब्याज वार्षिक संयोजित होता है। उसी राशि पर उसी दर से $2\frac{1}{2}$ वर्ष में कितना साधारण ब्याज होगा?

A. ₹ 625 B. ₹ 650
C. ₹ 675 D. ₹ 700

53. किसी त्रिभुज ABC की भुजा AB पर स्थित D एक बिन्दु इस प्रकार है कि CD, कोण ACB का समद्विभाजक है। यदि $\angle A = 50°$ और $\angle B = 70°$ है, तो $\angle ADC$ बराबर है :

A. 30° B. 50°
C. 70° D. 100°

54. किसी कक्षा के कुछ विद्यार्थियों द्वारा प्राप्त अंक 36, 37, 31, 42, 23, 38, 17, 18, 35, 25, 29 और 35 हैं। इन आँकड़ों के माध्य और परिसर का अंतर है :

A. 4.5 B. 5.0
C. 5.5 D. 6.0

55. एक व्यापारी 12 पंखे ₹ 24,000 में खरीदता है। वह प्रत्येक पंखे को उसके क्रय मूल्य से 25% अधिक पर अंकित करता है। यदि वह सभी पंखों को 10% की छूट देकर बेच देता है, तो कुल मिलाकर उसका लाभ (₹ में) है :

A. 2700 B. 3000
C. 3200 D. 3500

56. $\dfrac{(a-b+c)^2-(a-b-c)^2}{b-a}$ बराबर है :

A. $b - c$ B. $c - a$
C. $-4c$ D. $2c$

57. किसी समकोण त्रिभुज का क्षेत्रफल 240 सेमी.^{2} है। यदि कर्ण के अतिरिक्त उसकी एक भुजा 30 सेमी. है, तो उस त्रिभुज का परिमाप (सेमी. में) है :

A. 80 B. 84
C. 92 D. 100

58. एक शिक्षक शिक्षार्थियों को विभिन्न प्रकार के त्रिभुजाकार कागज की कतरनें वितरित करता है और उन्हें कोणों का योग ज्ञात करने के लिए कोणों को मापने और सारणीबद्ध करने के लिए कहता है। वह उन्हें प्रत्येक परिस्थिति में परिणाम नोट करने के लिए कहता है।

शिक्षण की यह विधि .... का एक उदाहरण है।

A. खोज विधि
B. शिक्षक केंद्रित उपागम
C. निगमनात्मक विधि
D. विश्लेषणात्मक उपागम

59. निम्नलिखित में से कौन-सा सत्य नहीं है?

A. $3 + 4 \times 5$ एक गणितीय व्यंजक नहीं है
B. गुणन की संक्रियाएँ गणितीय व्यंजकों पर की जा सकती हैं
C. व्यंजक $(x^2 + 10x + 25)$ को और अधिक सरल नहीं किया जा सकता है
D. समीकरण में चर का वह मान जो समीकरण को संतुष्ट करता है, समीकरण का हल कहलाता है

60. दो संख्याओं का अनुपात 3 : 7 है तथा इनका LCM = 630 है। तब, इन संख्याओं के LCM और HCF का योग है :

A. 30 B. 300
C. 600 D. 660

48. A	**49.** B	**50.** C	**51.** B	**52.** C	**53.** D	**54.** C
55. B	**56.** C	**57.** A	**58.** A	**59.** C	**60.** D	

61. (A) धातु-ऑक्साइड प्रकृति में क्षारकीय होते हैं।
(B) वायु गर्म होने पर फैलती है।
(C) कार्बन डाइऑक्साइड प्रवेश (डालने पर) कराने पर चूने का पानी दूधिया हो जाता है।
(D) सोडियम हाइड्रोक्साइड एवं हाइड्रोक्लोरिक अम्ल एक दूसरे को उदासीन कर देते हैं।

अगर अवलोकन O द्वारा निरूपित है एवं I द्वारा अध्याहार (निष्कर्ष) है तो निम्नलिखित में से कौन-सा कथन सही है?

A. O - C, D; I - A, B
B. O - B, C; I - A, D
C. O - C; I - A, B, D
D. O - A, B; I - B, C

62. निम्नलिखित में से कौन-सा विज्ञान में वैकल्पिक अवधारणाओं की विशेषता नहीं है?

A. विचार स्थिर होते हैं
B. विचार परिवर्तन प्रतिरोधी होते हैं
C. विचार अवलोकीकृत विशेषताओं से विकसित होते हैं
D. विचार, कारण और प्रभाव तर्क को प्रदर्शित नहीं करते हैं

63. निम्नलिखित कथनों को पढ़िए और सही उत्तर का चुनाव कीजिए :

अभिकथन (A): यह अनुशंसित है कि अम्ल को तनु बनाने के लिए जल में अम्ल डाला जाना चाहिए न कि अम्ल में जल।

कारण (R): अम्ल का मंदन (तनुकरण) करना उच्च रूप से ऊष्माक्षेपी अभिक्रिया है।

A. (A) और (R) दोनों सही हैं और (R), (A) की सही व्याख्या करता है
B. (A) और (R) दोनों सही हैं, लेकिन (R), (A) की सही व्याख्या नहीं करता है
C. (A) सही है, लेकिन (R) गलत है
D. (A) और (R) दोनों गलत हैं

64. निम्नलिखित कथनों को पढ़िए और सही उत्तर का चुनाव कीजिए :

अभिकथन (A): थल प्राणियों की तुलना में जलीय प्राणियों की श्वसन दर धीमी होती है।

कारण (R): जल में घुली हुई ऑक्सीजन की उच्च मात्रा जलीय प्राणियों की श्वसन दर को प्रभावित करती है।

A. (A) और (R) दोनों सही हैं और (R), (A) की सही व्याख्या करता है
B. (A) और (R) दोनों सही हैं, लेकिन (R), (A) की सही व्याख्या नहीं करता है
C. (A) सही है, लेकिन (R) गलत है
D. (A) और (R) दोनों गलत हैं

65. **अभिकथन (A):** सिनेमा हॉल और संगीत समारोह हॉल की छतें सामान्यतः वक्रित होती हैं।

कारण (R): एक वक्रित सतह से टकराने के पश्चात् ध्वनि तरंगें सभी दिशाओं में परावर्तित हो जाती हैं।

सही विकल्प चुनें :

A. (A) और (R) दोनों सही हैं और (R), (A) की सही व्याख्या करता है
B. (A) और (R) दोनों सही हैं, लेकिन (R), (A) की सही व्याख्या नहीं करता है
C. (A) सही है, लेकिन (R) गलत है
D. (A) और (R) दोनों गलत हैं

66. निम्नलिखित में से कौन-सा/से वैज्ञानिक अनुसंधान/अन्वेषण के बारे में सही है/हैं?

(*a*) परिणाम क्रिया विधि द्वारा प्रभावित नहीं होते हैं।
(*b*) किसी अनुसंधान/अन्वेषण में सामाजिक संदर्भ प्रभावित कर सकते हैं।
(*c*) आकड़ें और साक्ष्य (प्रमाण) समान होते हैं।
(*d*) कोई भी सार्विक (सर्वव्यापी) वैज्ञानिक विधि नहीं है।

A. (*a*) और (*b*)
B. (*b*) और (*d*)
C. (*a*) और (*c*)
D. (*c*) और (*d*)

67. निम्नलिखित कथनों को पढ़िए और सही उत्तर का चुनाव कीजिए :

अभिकथन (A): एक तापदीप्त बल्ब का पुंतंतु (तंतु) टंग्स्टन का बना होता है।

कारण (R): टंग्स्टन का निम्न प्रतिरोध एवं उच्च गलनांक होता है।

A. (A) और (R) दोनों सही हैं और (R), (A) की सही व्याख्या करता है
B. (A) और (R) दोनों सही हैं, लेकिन (R), (A) की सही व्याख्या नहीं करता है
C. (A) सही है, लेकिन (R) गलत है
D. (A) और (R) दोनों गलत हैं

61. C	**62.** D	**63.** A	**64.** D	**65.** A	**66.** B	**67.** C

68. एक प्लास्टिक की बोतल में भिन्न-भिन्न स्तरों (ऊँचाईयों) पर समरूप (एकरूप) तीन छेद किए गए। बोतल को पानी से भर दिया गया। निम्नलिखित में से कौन-सा कथन छेदों से पानी के (प्रवाह) बहाव के बारे में सही है?

(*a*) निम्नतम छेद से पानी अधिकतम बल के साथ बाहर आएगा

(*b*) उच्चतम छेद से पानी अधिकतम बल के साथ बाहर आएगा

(*c*) सभी छेदों से पानी समान रूप से बाहर आएगा

(*d*) निम्नतम छेद से पानी अधिकतम दूरी पर गिरेगा

(*e*) उच्चतम छेद से पानी अधिकतम दूरी पर गिरेगा

(*f*) सभी छेदों से पानी समान दूरी पर गिरेगा

A. (*c*) और (*f*) B. (*a*) और (*e*)

C. (*b*) और (*e*) D. (*a*) और (*d*)

69. निम्नलिखित में से क्या मानव परिसंचारी प्रणाली तंत्र को वर्णित करेगा?

A. विवृत, एकल संचारी B. विवृत, द्विकसंचारी

C. संवृत, एकल संचारी D. संवृत, द्विकसंचारी

70. कक्षा VII का एक शिक्षक "पादपों और जीव-जन्तुओं में अनुकूलन" विषय पर विद्यार्थियों की वैकल्पिक अवधारणाओं की पहचान करने की योजना बनाता है। इस उद्देश्य के लिए निम्नलिखित रणनीतियों के समुच्चय में से कौन-सा सर्वाधिक उपयुक्त है?

A. आरेखण (चित्रांकन), जाँच-सूची, साक्षात्कार

B. पोर्टफोलियो (पत्राधान), सामूहिक परिचर्चा, नैदानिक प्रश्नावली

C. नैदानिक प्रश्नावली, साक्षात्कार, आरेखण (चित्रांकन)

D. प्रायोजना (परियोजना), जाँच-सूची, आरेखण (चित्रांकन)

71. उर्वरकों एवं कीटनाशकों के अति प्रयोग के कारण निम्नलिखित में से कौन-सा नहीं होता है?

A. मृदा अपरदन B. नाइट्रीकरण

C. सुपोषण D. जैव आवर्धन

72. एक कार में ओडोमीटर मापता है :

A. कार द्वारा तय की गई दूरी

B. कार की तात्कालिक चाल (गति)

C. कार की औसत चाल (गति)

D. कार का त्वरण (गतिवर्धन)

73. निम्नलिखित में से वैज्ञानिक नियमों के बारे में कौन-सा सही है?

A. वे अवलोकनशील परिघटनाओं के मध्य संबंधों का वर्णन करते हैं

B. वे वैज्ञानिक सिद्धांतों से बनते हैं

C. उन्हें चुनौती नहीं दी जा सकती है

D. वे भौतिक परिघटनाओं के लिए तर्क (विवेचन) प्रदान करते हैं

74. निम्नलिखित में से कौन-सा/से कथन सही हैं?

(*a*) स्वपरागण केवल द्विलिंगी पुष्पों (फूलों) में होता है।

(*b*) द्विलिंगी पुष्प (फूल), स्व एवं पर-परागण दोनों प्रकार से पराग सींच सकते हैं।

A. (*a*) सही है और (*b*) गलत है

B. (*a*) गलत है और (*b*) सही है

C. (*a*) और (*b*) दोनों गलत हैं

D. (*a*) और (*b*) दोनों सही हैं

75. निम्नलिखित में से कौन-सी गतिविधि आगमिक विवेचन के लिए सर्वाधिक उपयुक्त है?

A. विद्यार्थियों को परावर्तन के नियम बताने के लिए कहना

B. विद्यार्थियों को समतल दर्पण में आपतन-कोण के विभिन्न मापों के लिए परावर्तन-कोण मापने के लिए कहना

C. प्रयोगात्मक रूप से परावर्तन के नियमों को सत्यापित करना

D. परावर्तन के नियम पर आधारित संख्या विषयक (संख्यात्मक) समस्याओं को हल करना

76. पुरुष के दो शुक्राणु स्त्री के दो अंडों (अंड) के साथ मिलते हैं। बनने वाले जुडवाँ होते हैं :

A. समरूप

B. भ्रात्रीय

C. समरूप अथवा भ्रात्रीय हो सकते हैं

D. सदैव संयुक्त

77. निम्नलिखित में से कौन-सा/से कथन वर्षा-जल संरक्षण के बारे में सही है/हैं?

(*a*) यह भू-जल का संरक्षण करता है।

(*b*) यह स्थानीय आप्लावन को कम करता है।

(*c*) यह जल निकास संबंधी समस्याओं को उत्पन्न करता है।

(*d*) इसका उपयोग फसलों की सिंचाई के लिए किया जा सकता है।

A. (*a*), (*b*), (*c*) B. (*a*), (*c*), (*d*)

C. (*a*), (*b*), (*d*) D. (*b*), (*c*), (*d*)

78. कक्षा में सामाजिक-वैज्ञानिक मामलों की परिचर्चा सहायता करती है :

(*a*) अधिगमकर्ताओं में तर्कसंगत कौशल का विकास करने में

(*b*) किसी मामले पर बहु-परिप्रेक्ष्यों का विकास करने में

(*c*) नागरिक विज्ञान संबंधी गतिविधियों को प्रेरित करने में

(*d*) विज्ञान के विकास में समाज की भूमिका के महत्व को स्वीकार करने में

A. (*b*) और (*c*) B. (*a*), (*b*) और (*c*)

C. (*c*) और (*d*) D. (*b*), (*c*) और (*d*)

68. D	**69.** D	**70.** B, C	**71.** A	**72.** A	**73.** A
74. B	**75.** B	**76.** B	**77.** C	**78.** B	

79. निम्नलिखित में से कौन-सा 'जाँच-पड़ताल की तरह विज्ञान' को चित्रित करता है?

A. दिए गए पादपों (पौधों) का शाकों, झाड़ियों एवं वृक्षों में वर्गीकरण करना

B. चने के बीजों में अंकुरण की दर को प्रभावित करने वाले कारकों का अन्वेषण करना

C. नारियल के पेड़ (वृक्ष) के पाँच उपयोग सूचीबद्ध करना

D. विभिन्न पर्णों में शिराविन्यास के प्रकारों का अवलोकन करना

80. विज्ञान में लिंग (जेंडर) प्रतिसंवेदी शिक्षाशास्त्र अपरिहार्य बनाता है :

(*a*) लिंग (जेंडर) संबंधित संवेदनशील भाषा के उपयोग को

(*b*) रूढ़िबद्ध धारणाओं की जाँच/परख करने में विद्यार्थियों को संलिप्त करने को

(*c*) लिंग (जेंडर) आधारित समूह बनाने को

(*d*) विभेदीकृत निर्देश एवं आकलन के प्रयोग को

A. (*a*), (*b*) और (*c*)

B. (*a*), (*c*) और (*d*)

C. (*a*) और (*b*)

D. (*c*) और (*d*)

81. नीचे दिए गए कथनों को पढ़िए और सही उत्तर का चुनाव कीजिए :

S1 - प्रकाश संश्लेषण ऊष्माशोषी अभिक्रिया है।

S2 - श्वसन ऊष्माक्षेपी अभिक्रिया है।

A. S1 और S2 दोनों सही हैं

B. S1 और S2 दोनों गलत हैं

C. S1 सही है और S2 गलत है

D. S1 गलत है और S2 सही है

82. निम्नलिखित सारणी विभिन्न सूचकों के डाले जाने पर अम्ल और क्षार में होने वाले रंग परिवर्तन को चित्रित करती है :

सूचक	अम्ल में होने वाला रंग परिवर्तन	क्षारक में होने वाला रंग परिवर्तन
हल्दी	कोई परिवर्तन नहीं	A
चाइना रोज	गहरा गुलाबी	B
फीनॉलफ्थेलिन	C	गुलाबी
मेथिल-ऑरेंज	D	गुलाबी

A, B, C, D क्रमशः हैं :

A. रक्ताभ भूरा, हरा, रंगहीन, ऑरेंज (नारंगी)

B. पीला, हरा, ऑरेंज (नारंगी), रंगहीन

C. रक्ताभ भूरा, गुलाबी, ऑरेंज (नारंगी), रंगहीन

D. पीला, ऑरेंज (नारंगी), गुलाबी, रंगहीन

83. ज्वाला का रंग निर्भर करता है :

(*a*) दाह्य पदार्थ की प्रकृति पर

(*b*) ऑक्सीजन आपूर्ति पर

(*c*) आस-पास के तापमान पर

A. केवल (*a*) B. केवल (*b*)

C. (*a*) और (*b*) D. (*a*) और (*c*)

84. निम्नलिखित में से कौन-से कारक पृथ्वी पर पवनों के जनन एवं बहाव के लिए उत्तरदायी हैं?

(*a*) पृथ्वी का अनियमित (परिवर्तनीय) तापन

(*b*) महासागरों का अनियमित (परिवर्तनीय) तापन

(*c*) पृथ्वी और सूर्य के बीच की दूरी

(*d*) पृथ्वी पर गुरुत्वाकर्षण बल

A. केवल (*a*) B. (*a*) और (*c*)

C. (*a*) और (*b*) D. (*a*) और (*d*)

85. A का परमाणु-क्रमांक 13 है तथा B का परमाणु-क्रमांक 17 है। A और B से निर्मित यौगिक का रसायनिक सूत्र हो सकता है :

A. A_3B B. AB_3

C. AB_2 D. AB

86. निम्नलिखित में से कौन-सा कथन ताप के चालन के बारे में सही नहीं है?

A. द्रवों की तुलना में ठोस वस्तुओं में चालन तीव्र होता है

B. ऊष्मा के प्रवाह के लिए दो वस्तुओं को एक-दूसरे के संपर्क में होना चाहिए

C. गैसों में चालन नहीं होता है

D. सभी पदार्थ (सामग्रियाँ) ऊष्मा को स्वयं से समान प्रकार से प्रवाहित होने की अनुमति नहीं देते/देती हैं

87. एक वस्तु को जब द्रव A में डाला जाता है तब वह द्रव के बाहर अपने आयतन के $\frac{1}{4}$ (एक चौथाई) भाग के साथ तैरती है तथा जब द्रव B में डाला जाता है तब वह द्रव के बाहर अपने आयतन के $\frac{3}{4}$ (तीन चौथाई) भाग के साथ तैरती है। निम्नलिखित में से कौन-सा कथन सही है?

A. द्रव A का घनत्व, द्रव B के घनत्व से अधिक है

B. दोनों द्रवों का समान घनत्व है

C. द्रव B का घनत्व, द्रव A के घनत्व से अधिक है

D. उपरोक्त सूचना के आधार पर द्रवों के घनत्वों की तुलना नहीं की जा सकती है

79. B **80.** C **81.** A **82.** A **83.** C **84.** C **85.** B **86.** C **87.** C

88. सुनीता शीतजल के बीकर में पोटैशियम धातु का एक टुकड़ा डाल देती है तथा अवलोकनों को लिखती है।

निम्नलिखित में से कौन-सा अवलोकन सही नहीं है?

A. पोटैशियम जल के साथ प्रचंड रूप से अभिक्रिया करता है

B. यह ऊष्माशोषी अभिक्रिया है

C. हाइड्रोजन गैस विकसित होती है

D. फट ध्वनि सुनाई देती है

89. विज्ञान कक्षा में अपसारी प्रश्नों का उद्देश्य हो सकता है :

(*a*) आलोचनात्मक (विवेचनात्मक) चिंतन को प्रोत्साहित (बढ़ावा देना) करने का

(*b*) विद्यार्थियों के बीच भेद करने का

(*c*) संचारण (सम्प्रेषण) विकसित करने का

(*d*) प्रतिभाशाली विद्यार्थियों की पहचान करने का

(*e*) वैकल्पिक अवधारणाओं की पहचान करने का

(*f*) विज्ञान में व्यक्तिनिष्ठता को स्वीकारने का

A. (*a*), (*b*), (*d*) और (*e*)

B. (*a*), (*b*), (*c*) और (*f*)

C. (*a*), (*c*), (*e*) और (*f*)

D. (*b*), (*d*), (*e*) और (*f*)

90. निम्नलिखित सारणी में दी गई सूचना के आधार पर दर्पणों की पहचान कीजिए :

दर्पण	प्रतिबिम्ब की प्रकृति	प्रतिबिम्ब का आकार
A	आभासी और ऊर्ध्वशीर्षी	वस्तु के समानुरूप
B	वास्तविक और प्रतिलोमित	वस्तु के समानुरूप
C	वास्तविक और प्रतिलोमित	विवर्द्धित
D	आभासी और ऊर्ध्वशीर्षी	आकार में छोटी

A. A-समतल, B-अवमुख, C-अवतल, D-अवमुख

B. A-अवमुख, B-अवतल, C-अवमुख, D-अवतल

C. A-समतल, B-अवतल, C-अवतल, D-अवमुख

D. A-अवतल, B-समतल, C-अवमुख, D-अवतल

भाषा-I—हिन्दी

निर्देश (प्र.सं. 91 से 99 तक) : *निम्नलिखित गद्यांश को पढ़कर पूछे गए प्रश्नों के सही/सर्वाधिक उपयुक्त विकल्प का चयन कीजिए।*

साहित्य सदैव समाज को निरंतरता प्रदान करता है। यह साहित्य और समाज का गहरा संबंध ही है कि साहित्य में समाज के विश्रृंखलित होते सिद्धांतों और टूटते-बिखरते मूल्यों की चिंता बराबर बनी रहती है। वही साहित्य कालों के बंधन को तोड़कर, उसकी सीमाओं से परे जाकर कालजयी बन पाता है, जिसमें मानवीय सत्य की व्याख्या हो और संवेदनाओं के सहारे आस्था जगाने का प्रयास हो। समय-समय पर साहित्यकारों ने समाज के बदतर होने की स्थिति को पहचाना है। कुछ रचनाकार हमारे साहित्य पटल पर ऐसी गहरी छाप छोड़ जाते हैं, जिनकी आवश्यकता हर युग में बनी रहती है, जिनके विचार सदैव तरोताजा ही रहते हैं और जिनकी रचनाएँ समाज को दीप्त करने का दायित्व निभाती चलती हैं। उनका साहित्यकार व्यक्तित्व केवल समस्याओं को ही नहीं परखता बल्कि मनुष्यता में विश्वास को बचाए रखने की कोशिश करता है।

91. कौन-सा साहित्य कालजयी साहित्य बन पाता है?

A. जो पाठकों का मनोरंजन करे।

B. जो समाज का दर्पण हो।

C. जो मानवीय सत्य की व्याख्या करे।

D. जो बिखरते सिद्धान्तों की चिंता करे।

92. 'कालजयी' से तात्पर्य है :

A. जो काल विशेष में बँधा हुआ हो।

B. हर काल में प्रासंगिक हो।

C. काल विशेष की सही व्याख्या करता हो।

D. अल्प काल तक रहने वाला।

93. किस तरह के साहित्यकारों की आवश्यकता हर युग में बनी रहती है?

A. जो समाज को जागरूक करते हैं।

B. जो समाज का मनोरंजन करते हैं।

C. जो समाज को नैतिक बनाते हैं।

D. जो समाज का विकास करते हैं।

94. साहित्यकारों ने समाज की किस स्थिति की पहचान करने का प्रयास किया है?

A. विकास की ओर अग्रसर समाज

B. पतन की ओर जाता हुआ समाज

C. उन्नतशील समाज

D. बिखरता हुआ समाज

88. B	**89.** A	**90.** C	**91.** C	**92.** B	**93.** A	**94.** B

95. गद्यांश के अनुसार साहित्य में किस तरह की चिंता झलकती है?

A. समाज के आधुनिक होने की
B. मूल्यों के बिखरने की
C. नए सिद्धान्तों के बनने की
D. सामाजिक विघटन की

96. 'विशृंखलित' में प्रत्यय है :

A. लित B. त
C. इत D. खलित

97. 'समाज के बदतर होने की स्थिति' वाक्य में रेखांकित शब्द का अर्थ है :

A. अभिमानी B. बेईमानी
C. अत्यधिक बुरा D. दुराचारी

98. 'विश्वास' शब्द का अर्थ है :

A. विश्वमय B. विश्व से संबंधित नियम
C. तत्वज्ञान संबंधी D. निश्चित धारणा

99. समाज को गति कौन प्रदान करता है?

A. विज्ञान B. तकनीकी विकास
C. शिक्षा D. साहित्य

निर्देश (प्र.सं. 100 से 105 तक) : *निम्नलिखित पद्यांश को पढ़कर पूछे गए प्रश्नों के सबसे उपयुक्त उत्तर वाले विकल्प का चयन कीजिए।*

दिवसावसान का समय,
मेघमय आसमान से उतर रही है
वह संध्या सुंदरी परी-सी
धीरे-धीरे-धीरे।
तिमिरांचल में चंचलता का नहीं कहीं आभास,
मधुर मधुर हैं दोनों उसके अधर-
किंतु जरा गंभीर नहीं है उनमें हास-विलास
हँसता है तो केवल तारा एक
गुँथा हुआ उन घुँघराले काले-काले बालों से
हृदयराज की रानी का वह करता है अभिषेक।

100. 'दिवसावसान' का संधि विच्छेद है :

A. दिवस + अवसान B. दिवा + अवसान
C. दिवसा + वसान D. दिवस + आवसान

101. पद्यांश में किस का चित्रण हुआ है?

A. प्रकृति का B. नवचेतना का
C. वेदना का D. प्रेमभाव का

102. 'हृदयराज की रानी' किसके लिए प्रयुक्त हुआ है?

A. मेघ B. आकाश
C. संध्या D. तिमिर

103. संध्या सुंदरी किस तरह के आकाश से उतर रही है?

A. तारों भरे आकाश से
B. बादलों से भरे आकाश से
C. चंद्रमा की रोशनी से भरे आकाश से
D. सूर्य लालिमा से भरे आकाश से

104. किसके हँसने की बात की गई है?

A. मेघ B. तारा
C. संध्या D. आकाश

105. पद्यांश में किस अलंकार का प्रयोग अधिक मुखरित है?

A. अतिशयोक्ति B. अनुप्रास
C. यमक D. मानवीकरण

106. अध्यापकों, शिक्षार्थियों और सामग्री पर टैस्ट एवं आकलन का प्रभाव क्या कहलाता है?

A. विधि प्रभाव (कार्पस इफेक्ट)
B. भाषा परीक्षण का प्रभाव (वाशबैक इफेक्ट)
C. कक्षायी प्रभाव
D. पुनर्बलन

107. विद्यालयों को योगात्मक द्विभाषावाद का अनुसरण करना चाहिए क्योंकि यह ________।

A. बच्चे की संस्कृति और भाषा को महत्व देता है।
B. अंग्रेजी शिक्षण को द्वितीय भाषा के रूप में महत्व देता है।
C. बच्चे की भाषा को तो समुन्नत करता है परन्तु उनकी संस्कृति को नहीं
D. प्रथम भाषा के विकास में अवरोध पैदा करता है

108. भाषागत कार्य जैसे स्वरशैली, तान, बलाघात और लय को क्या कहा जाएगा?

A. काव्य
B. छंदशास्त्र
C. ध्वन्यात्मकता
D. प्रशासनिक अध्यादेश (प्रेगमेटिक)

109. भारत में भाषाओं के बारे में कौन-सा कथन सही **नहीं** है?

A. भारत के संविधान के अनुसार अंग्रेजी सह राजकीय भाषा है
B. भारत के संविधान की आठवीं अनुसूची के अनुसार-22 भाषाएँ हैं
C. संस्कृत आधुनिक भारतीय भाषा है
D. हिंदी भारतीय उप महाद्वीप की लोक भाषा (लिंग्वा फ्रांका) है

95. B	**96.** C	**97.** C	**98.** D	**99.** D	**100.** A	**101.** A	**102.** C
103. B	**104.** B	**105.** D	**106.** B	**107.** A	**108.** B	**109.** C	

110. भाषा की कक्षा में विद्यार्थी अध्यापक के निर्देशन में समूह बनाकर दिए गए टॉपिक पर एक विज्ञापन प्रस्तुत करते हैं। इस तरीके से भाषा सीखना क्या कहलाता है?

A. सहयोगात्मक अधिगम
B. प्रतियोगिता और प्रतिद्वंद्विता
C. भाषायी खेल
D. निर्देशन और परामर्श

111. एक अध्यापक ने बच्चों को रेस्टौरेंट से जुड़ी शब्दसंपदा से परिचित कराने वाला काम दिया। इस पाठ का क्या उद्देश्य होना चाहिए?

A. शिक्षार्थियों को कोश विषयक सामग्री से परिचित करवाना
B. व्याकरणिक सामग्री से परिचित करवाना
C. अवकाश के दौरान कहीं जाने से संबंधित पाठ्य सामग्री से परिचित करवाना
D. समालोचनात्मक चिंतन विकसित करना

112. अधिगम का कौन-सा मत इस बात में विश्वास रखता है कि मौखिक या अमौखिक भाषा आदत निर्माण की प्रक्रिया के माध्यम से आती है?

A. उपयोगितावादी (फंक्शनलिस्ट)
B. व्यवहारवादी (बिहेवियरिस्ट)
C. संज्ञानात्मकवादी
D. अन्तःक्रियात्मकवादी

113. किसी भी कहानी का समय और स्थान क्या कहलाता है?

A. थीम
B. सैटिंग
C. कथानक (प्लॉट)
D. क्लाइमेक्स (अंत)

114. भाषा की कक्षा में एक अध्यापक ने विद्यार्थियों के एक समूह को ग्राहक, प्रॉपर्टी डीलर, मकानमालिक और किराएदार का अभिनय करने के लिए कहा और शेष विद्यार्थियों से कहा कि इस अभिनय को देखें और वार्तालाप का आनन्द लें। इस गतिविधि को क्या कहा जाएगा?

A. रोलप्ले
B. ड्रामा
C. अभिनय की कक्षा
D. निर्देशन

115. कक्षा पाँच की भाषा अध्यापक अपनी कक्षा में भाषा शिक्षण के लिए प्रतिदिन अनेक प्रकार की सामग्री जैसे कि समाचार-पत्र, भोजन तालिका और रेल यात्रा के टिकट आदि लाती है। वह अधिगम के लिए क्या कर रही है?

A. वह अधिगम को और अधिक वास्तविक तथा उपयोगी बनाने के लिए प्रामाणिक सामग्री का प्रयोग कर रही है।
B. वह अपने विद्यार्थियों को बहुविध भाषाएँ सीखने में मदद कर रही है।
C. वह चाहती है कि उसके विद्यार्थी जीवन की वास्तविक स्थितियों से अंग्रेजी सीखें।
D. वह विद्यार्थियों में जागरूकता लाना चाहती है।

116. किसी श्रवण से जुड़ी गतिविधि की योजना बनाते समय कौन-सा कारक महत्वपूर्ण **नहीं** है?

A. रिकॉर्डिंग को थोड़ा-सा रोकना (पॉज देना)
B. बोलने की गति
C. वक्ताओं का जेन्डर (बोलने वाले महिला हैं या पुरुष)
D. वक्ताओं की संख्या

117. भारत में बहुभाषावाद के संदर्भ में अध्यापक के लिए क्या समझना जरूरी है?

A. सम्प्रेषण से सामाजिक सम्बद्धता स्थापित होती है
B. अल्पसंख्यक भाषाओं को प्रभुत्वशाली भाषाओं में मिला देना चाहिए
C. विविधता भरे समाज में 'एक भाषा' नीति बनानी चाहिए
D. भाषा, अस्मिता और संस्कृति ये भिन्न-भिन्न अस्तित्व रखती हैं

118. भाषा के कौन-से कौशल ग्राह्य कौशल हैं?

A. श्रवण और बोलना
B. बोलना और लेखन
C. पठन और लेखन
D. श्रवण और पठन

119. श्रवण में क्या शामिल है?

A. ध्वनि सुनना, ध्वनियाँ जैसी हैं, तदनुसार डिकोड करना
B. विषयवस्तु के बारे में अनुमान लगाना
C. विषय के पूर्व ज्ञान का इस्तेमाल करना
D. ध्वनियों की पहचान करना और उनसे अर्थ निकालना

120. कॉलम A में भाषा शिक्षण विधियाँ हैं और कॉलम B में उनकी समझ या संबंधित गतिविधियाँ हैं, मिलान करें।

कॉलम-A	**कॉलम-B**
(*a*) सम्प्रेषणात्मक भाषा शिक्षण	(*i*) सामाजिक रूप से स्वीकृत और संदर्भ के अनुरूप भाषा
(*b*) प्रत्यक्ष विधि	(*ii*) मौन पठन
(*c*) व्याकरण अनुवाद	(*iii*) लिखित साहित्यिक सामग्री
(*d*) वैस्ट (West's) की नवीन विधि	(*iv*) व्याकरण को आगमनात्मक तरीके से पढ़ाना

	(*a*)	(*b*)	(*c*)	(*d*)
A.	(*i*)	(*iv*)	(*iii*)	(*ii*)
B.	(*iv*)	(*ii*)	(*iii*)	(*i*)
C.	(*iii*)	(*i*)	(*ii*)	(*iv*)
D.	(*ii*)	(*i*)	(*iv*)	(*iii*)

110. A	**111.** A	**112.** B	**113.** B	**114.** A	**115.** A
116. C	**117.** A	**118.** D	**119.** D	**120.** A	

भाषा-II—ENGLISH

Directions (Qs. No. 121-128): *Read the passage given below and answer the questions that follow:*

1. Chocoholics no longer need to feel guilty about their desire for chocolate. They are simply the victim of the genes, scientists have found. The so called "sweet-tooth gene" has been identified by separate teams of researchers and helps explain why some find it harder to resist chocolate bars and cream cakes. It also raises the possibility of designing a drug which could "switch off" the gene and help people resist sugary foods. Children, in particular, risk their health by eating too many sweets and chocolates.

2. To identify the gene, research teams conducted almost identical experiments using mice which have differences in their ability to taste sweet foods. One of the team members said "A sweet taste receptor recognises the sweet content of food and initiates a cascade of events which signals to the brain that a sweet food has been eaten." He further added, "The same gene exists in humans, so it means that if your parents have a sweet tooth then you probably will as well".

3. He said, We have always known that some people have a sweeter tooth than others. But it has also been proved that if you are gradually exposed to less sugar, then the body becomes accustomed to less. They will be satisfied with a lower level of sweetness. Doctors warn against any form of gene therapy which seeks to deactivate the sweet gene. "We have produced this gene through evolution because sweet foods in nature are not poisonous, they give us energy. We all need to have some sugar in our diet," claim scientists. US researchers are using this discovery to develop artificial sweeteners without any after-taste.

121. Identify parts of speech of the underlined words in the given sentence:

'Doctors warn <u>against</u> any form of gene therapy which seeks to deactivate the <u>sweet</u> gene'.

A. preposition, adjective
B. adverb, adjective
C. preposition, noun
D. conjunction, noun

122. Complete the given word analogy:

accustomed : habitual :: initiate : ___?___ .

A. halt
B. complicate
C. start off
D. hinder

123. Having a sweet tooth means:

A. buying sweet food items from shops
B. being fond of sweets and chocolates
C. teeth being sweet to taste
D. teeth becoming decayed due to sugary food items

124. Doctors are not in favour of gene therapy because:

A. Sweet foods give energy to the body.
B. It is poisonous.
C. People will feel guilty after going through it.
D. It will enhance sugar levels in the body.

125. According to doctors, sweet foods are:

A. dangerous
B. energy boosters
C. poisonous
D. deactivated genes

126. The phrase '... initiates a cascade of events', means:

A. to put a stop to orderly events
B. to halt and hinder sequential events
C. signals given to the brain
D. to start a series of occurrences

127. Read the statements given below:

(*a*) Doctors have favoured gene therapy to control sweet gene.
(*b*) A sweet taste receptor recognizes the amount of sweetness in food.
(*c*) Heredity factors have absolutely no role to play in inheriting the sweet gene.

A. (*a*) and (*c*) are incorrect, (*b*) is correct
B. (*a*) and (*b*) are incorrect, (*c*) is correct
C. (*b*) and (*c*) are incorrect, (*a*) is correct
D. (*a*), (*b*) and (*c*) are all incorrect

128. 'Chocoholics' are people:

A. who hate chocolates
B. who enjoy both chocolates and alcohol
C. who are fond of chocolates
D. who are makers of chocolates

121. A	**122.** C	**123.** B	**124.** A	**125.** B	**126.** D	**127.** A	**128.** C

Directions (Qs. No. 129-135): *Read the passage given below and answer the questions that follow:*

1. Every now and then we would speed through a village lined with waving Tibetan children. Their villages looked wonderful and so inviting that Dorje was not showing any signs of slowing down. Small clusters of single and double storey buildings with walk-in courtyards jostled together in the foothills to gain maximum exposure to the sun. The houses looked solid, built for the harsh environment. Walls are made up of stone to waist height and finished off with mud bricks to the roof. Tin cans lined the window ledges, with the bright orange of marigolds in full bloom livening up the black-and-white of the houses.

2. Branches of trees adorned with colourful prayer flags stood high into the wind from the top of the flat roofs. The auspicious blue, white, red, green and yellow colours of the fabrics stood out against the rich blue of the Tibetan sky. Each prayer flag carries a picture of Lungta, the jewelled dragon horse, who carries the owner's prayers up to the divine every time the flag flaps in the wind.

3. The larger villages have healthy trees, usually willows or poplars which look quite out of place in the generally treeless landscape. Wood is a precious commodity in the highland areas of Tibet and is never wasted. The few shrubs which grow wild on the hillsides are harvested for use as brushwood and each courtyard wall is piled high with sticks gathered from the mountains to get a fire started. The lack of solid fuel in the shape of wood is not a problem for the Tibetans, who have an ingenious wood substitute: yak dung.

129. Why do the willows and poplars look absurd in the landscape?
A. They are stunted shrubs.
B. They have minimum branches and leaves.
C. Because the landscape is generally treeless.
D. The other trees camouflage them.

130. Identify the underlined words in the given sentence:
The lack of solid fuel in the shape of wood is not a problem for the Tibetans.
A. noun, adjective
B. adjective, noun
C. noun, noun
D. verb, noun

131. Read the following two statements:
Assertion (A): Wood and sticks are piled high against the courtyard walls in the houses.
Reasoning (R): Wood is found in abundance across Tibet.
A. (A) is incorrect, but (R) is correct
B. (A) is correct and (R) is not the reason for it
C. (A) and (R) are both incorrect
D. (A) is correct and (R) is the reason for it

132. Yak dung is used by the Tibetans as a substitute for:
A. buildings
B. marigolds
C. fire
D. wood

133. What aspect of Tibetan houses as described in the passage is incorrect?
A. Walls are made of mortar and cement.
B. Tin cans line the window ledges.
C. Roofs are made of mud bricks.
D. They are solidly built.

134. The phrase 'courtyards jostling together' implies:
A. being very far apart
B. being in different sizes and dimensions
C. being one on top of the other
D. being in close proximity

135. Complete the given word analogy:
precious : valuable :: ingenious : ___?___ .
A. theoretical
B. inventive
C. genuine
D. practical

136. Which is a tool that allows for a number of synchronous and asynchronous online teaching opportunities?
A. Textbook
B. Railway ticket
C. Television
D. Padlet

137. Which tool is not ideal for formative assessment?
A. Assignment
B. Paper pencil test
C. Project
D. Class presentation

129. C	**130.** C	**131.** B	**132.** D	**133.** A	**134.** D	**135.** B	**136.** D	**137.** B

138. Using everyday objects to teach language is called __________.

A. Realia
B. Language games
C. Teaching aid
D. Text

139. India's language in education policy (Three Language Formula) attempts to promote:

A. Multi language education
B. Monolingual education
C. Bilingual education with the focus on Hindi
D. Mother-tongue based multilingualism

140. What is NOT true about top-down processing?

A. Listeners rely on their background knowledge
B. Listeners make guesses about the intended meaning
C. Listeners make use of the knowledge of the world
D. Listeners need to understand every word

141. When is International Mother Language Day celebrated?

A. 1st January
B. 14th February
C. 21st February
D. 13th April

142. Identify the type of email you would write if you were writing to a colleague who is your friend.

A. Informal
B. Formal
C. Business
D. Correspondence

143. Assessment done throughout the teaching-learning process to clarify student learning and understanding is called _________.

A. Assessment for learning
B. Assessment of learning
C. Assessment in learning
D. Assessment as learning

144. In a second language class, a teacher played audio on 'Health is wealth'. He then distributed handouts and asked the students to tick the correct answer from the given option. The objective of the lesson was to enable the learner:

A. to hear the lesson on health
B. to engage the learners with a task
C. to listen, to analyse the ideas
D. to memorise the lesson on health and wealth

145. What is NOT true about errors in language learning?

A. Errors hinder the language learning process.
B. Errors are not always bad and help in learning.
C. Errors are crucial aspects of the language learning process.
D. Errors help to understand the process of second language acquisition.

146. Creativity in language education is:

A. open-ended classroom tasks which allow for different interpretations and answers.
B. merging elements from different subjects to understand something.
C. classroom activity using new methods of teaching.
D. classroom material using communicative language teaching.

147. Learners should be exposed to language, and errors are evidence that learning is taking place is advocated by:

A. Behaviourists
B. Cognitivist
C. Humanist
D. Psychoanalyst

148. Which of the following statements are correct?

(*a*) Dyslexia is a reading disorder.
(*b*) Dysgraphia is a writing disorder.
(*c*) Dysgraphia is a reading disorder.
(*d*) Dyslexia is a writing disorder.

A. Only (*a*) is correct
B. Only (*b*) and (*d*) are correct
C. Both (*a*) and (*b*) are correct
D. Both (*c*) and (*d*) are correct

149. Rita, a government school teacher, uses visual devices and language games to teach English to class VII students. Which principle of teaching is Rita applying?

A. Principle of natural process
B. Principle of practice and habit formation
C. Principle of motivation and interest
D. Principle of correlating with life

150. What is a short story which has animals as the main characters and teaches an explicit moral called?

A. Fantasy
B. Fable
C. Science Fiction
D. Travelogue

138. A, C	**139.** D	**140.** D	**141.** C	**142.** A	**143.** A	**144.** B, C
145. A	**146.** A	**147.** B	**148.** C	**149.** C	**150.** B	

व्याख्यात्मक उत्तर

1. (C): प्रगतिशील शिक्षा में बच्चों को सक्रिय, ज्ञानवर्धक और अर्थ की रचना करने वाले के रूप में देखा जाता है। इस शैक्षिक दृष्टिकोण में बच्चे को शिक्षा के केंद्र में रखा जाता है, जहाँ उनके विचारों, रुचियों, और पूर्वाग्रहों को महत्व दिया जाता है। यह दृष्टिकोण बच्चों को खुद के लिए ज्ञान की खोज करने की छूट देता है, जिससे वे नई जानकारियों को समझने और उसका महत्व ढूंढ़ने में सक्षम होते हैं।

2. (B): प्रभावी प्रतिक्रिया तब अधिक प्रभावी होती है जब यह सीखने की गतिविधि के दौरान और उसके बाद भी दी जाती है। यह दृष्टिकोण छात्रों को तत्काल प्रतिक्रिया प्रदान करता है, जिससे वे अपनी गलतियों से सीख सकते हैं और अपने सीखने की यात्रा में सुधार कर सकते हैं। इससे छात्रों की सीखने की क्षमता में वृद्धि होती है और वे अधिक संलग्न होते हैं।

3. (C): किशोरावस्था के दौरान जेंडर अपेक्षाओं के अनुरूप परंपराओं का पालन करने का दबाव वास्तव में बढ़ जाता है, लेकिन यह जैविक रूप से निर्धारित नहीं होता। जेंडर और जेंडर भूमिकाएँ सामाजिक और सांस्कृतिक कारकों से प्रभावित होती हैं, न कि केवल जैविक कारकों से। इसलिए अभिकथन सही है, लेकिन कारण गलत है।

4. (C): सुनीता की संगीतीय क्षमता उसकी आनुवंशिकता और उसके परिवेश के अंतक्रिया का परिणाम हो सकती है। उसके माता-पिता दोनों ही निपुण गायक हैं, जिससे यह संकेत मिलता है कि उसकी संगीतीय प्रतिभा में आनुवंशिक कारक महत्वपूर्ण हो सकते हैं। साथ ही, वातावरण भी महत्वपूर्ण है क्योंकि उसे प्रशिक्षण और संगीतीय विकास के अवसर प्रदान किए गए हैं।

5. (C): संवेदनशील अवधि की अवधारणा यह सुझाव देती है कि विशेष समय के दौरान बाहरी कारकों का विकास पर गहरा प्रभाव पड़ता है। यह विचार विशेष रूप से पर्यावरणीय कारकों पर लागू होता है, जैसे कि भाषाई उत्तेजना, सामाजिक संपर्क, और सीखने के अवसर, जो कि एक बच्चे के विकास के लिए महत्वपूर्ण होते हैं।

6. (C): विद्यार्थियों में समालोचनात्मक चिंतन को विकसित करने के लिए, शिक्षकों को ऐसे सवाल पूछने चाहिए जो निष्कर्ष और व्याख्याओं को प्रोत्साहित करते हैं। इस प्रकार के प्रश्न छात्रों को गहराई से सोचने के लिए प्रेरित करते हैं और विभिन्न दृष्टिकोणों को समझने की क्षमता को बढ़ाते हैं। इससे उन्हें अपनी सोच को व्यापक और गहरा बनाने में मदद मिलती है, जो कि समालोचनात्मक चिंतन के लिए अनिवार्य है।

7. (C): जब एक शिक्षिका अपने छात्रों को पर्यावरण में विभिन्न प्रकार की वस्तुओं को वर्गीकृत करने और उनकी वर्गीकरण स्कीमों का विश्लेषण करने के लिए प्रेरित करने की कोशिश कर रही है, वह प्राकृतिक बुद्धिमत्ता को बढ़ावा दे रही है। यह बुद्धिमत्ता प्रकृति और पर्यावरण के तत्वों को समझने और उनसे संबंधित कौशलों को विकसित करने से जुड़ी होती है।

8. (B): महारत हासिल करने के लक्ष्य छात्रों की योग्यता के वृद्धिशील दृष्टिकोण को प्रोत्साहित करते हैं, जिससे उनमें आंतरिक अभिप्रेरणा और विश्वास में वृद्धि होती है। यह उन्हें यह मानने की ओर प्रेरित करता है कि उनकी क्षमताएँ विकसित हो सकती हैं और उन्हें अपने लक्ष्यों की प्राप्ति के लिए कड़ी मेहनत करनी चाहिए।

9. (D): वायगोत्स्की के सिद्धांत के अनुसार, सामाजिक बातचीत और सहकर्मी सहायता सीखने के प्रमुख घटक हैं। इसलिए, रमा के लिए अपने छात्र की मदद करने का सबसे प्रभावी तरीका है कि वह उसके साथ समस्या पर काम करे और अन्य छात्रों को भी इसमें शामिल करे, जिससे सहयोगी सीखने की प्रक्रिया को बढ़ावा मिले।

10. (C): शिक्षकों को विद्यार्थियों के बीच बहस, चर्चा और सहयोग को प्रोत्साहित करना चाहिए, क्योंकि यह अधिगम को अधिक अर्थपूर्ण और गहन बनाता है। ज्ञान उत्पादन एक सक्रिय प्रक्रिया है, जिसमें छात्रों की सक्रिय भागीदारी और विचार-विमर्श शामिल होते हैं। इसलिए, ज्ञान उत्पादन को निष्क्रिय प्रक्रिया के रूप में देखना गलत है।

11. (C): भावनाओं, व्यक्तित्व, और सामाजिक संबंधों में परिवर्तन और स्थिरता मनोसामाजिक विकास के अंतर्गत आते हैं। यह विकासात्मक अवस्था एरिक एरिक्सन के सिद्धांत से संबंधित है, जिसमें व्यक्ति की उम्र के अनुसार सामाजिक और भावनात्मक चुनौतियों को संबोधित किया जाता है। मनोसामाजिक विकास व्यक्ति की सामाजिक समझ और भावनात्मक विकास को दर्शाता है जो उनके आसपास के लोगों के साथ उनके संबंधों को प्रभावित करता है।

12. (C): "सांस्कृतिक रूप से उत्तरदायी शिक्षण" वह है जो सुविचारित, अनुकूलित, और विभेदित होता है। यह शिक्षण विधि विद्यार्थियों की सांस्कृतिक पृष्ठभूमि और उनकी अद्वितीय शैक्षणिक जरूरतों को समझते हुए शिक्षा की सामग्री और शिक्षण के तरीकों को उनके अनुरूप बनाता है। यह दृष्टिकोण छात्रों की विविधता को मान्यता देता है और उनकी अकादमिक सफलता को बढ़ावा देने में मदद करता है।

13. (D): अभिकथन कि स्कूलों को केवल तैयार उत्पाद और सीखने के परिणामों का आकलन करना चाहिए, और कारण कि सीखना आनुक्रमिक और पदानुक्रमित है, दोनों गलत हैं क्योंकि सीखने की प्रक्रिया अधिक जटिल और गतिशील होती है। सीखना एक गतिशील प्रक्रिया है जिसमें व्यक्तिगत अंतर, परिस्थितियाँ, और संदर्भ महत्वपूर्ण होते हैं, और यह केवल आनुक्रमिक नहीं होती।

14. (D): लेव वायगोत्स्की के अनुसार, भाषा और विचार आपस में गहराई से जुड़े हुए हैं और विकास की एक जटिल विनिमेय प्रक्रिया के रूप में कार्य करते हैं। उनका मानना था कि भाषा विचार को आकार देती है और विचार भाषा के विकास को प्रभावित करते हैं, जिससे विचार और भाषा की समझ में सहायता मिलती है।

15. (B): मानक-संदर्भित मूल्यांकन वह है जिसमें छात्रों के प्रदर्शन की तुलना निश्चित मानकों या बेंचमार्क के आधार पर की जाती है। इस प्रकार का मूल्यांकन यह निर्धारित करने के लिए किया जाता है कि छात्रों ने निर्धारित मानकों की तुलना में किस स्तर का प्रदर्शन किया है और उनके साथियों के प्रदर्शन के सापेक्ष कैसे खड़े होते हैं।

16. (B): दृष्टिबाधित विद्यार्थियों के लिए मुद्रित पाठ्यपुस्तकें और नोट्स कक्षा में भागीदारी लेने में बाधा डालते हैं क्योंकि ये सामग्रियां उनके लिए सुलभ नहीं होतीं। इसके विपरीत, ब्रेल में लिखित सामग्री या ऑडियो बुक्स जैसे विकल्प उन्हें अधिक सहजता से सूचनाओं तक पहुँचने की अनुमति देते हैं। मुद्रित सामग्री की असुलभता उनकी सीखने की क्षमता को सीमित करती है और इसे समावेशी शिक्षा की दिशा में एक महत्वपूर्ण चुनौती माना जाता है।

17. (B): लॉरेंस कोहलबर्ग ने नैतिक विकास पर अपने शोध में बच्चों के सामने नैतिक दुविधाएँ प्रस्तुत कीं और उनकी प्रतिक्रियाओं का विश्लेषण किया। इस विधि के माध्यम से, उन्होंने यह समझने की कोशिश की कि बच्चे विभिन्न नैतिक स्थितियों में कैसे प्रतिक्रिया देते हैं और उनके नैतिक तर्क कैसे विकसित होते हैं। यह प्रक्रिया उन्हें विकासात्मक नैतिक चरणों की पहचान करने में मदद करती है जो उनके प्रसिद्ध नैतिक विकास के सिद्धांत का आधार बनी।

18. (A): रचनावादी शिक्षण अधिगम को खोज-आधारित दिशा में ले जाता है। इस दृष्टिकोण में, शिक्षा सक्रिय खोज और ज्ञान के निर्माण पर केंद्रित होती है, जिससे विद्यार्थियों को अपने अनुभवों के माध्यम से सीखने का अवसर मिलता है। विद्यार्थी अधिक संलग्न होते हैं और अधिक गहनता से सीखते हैं क्योंकि वे नई जानकारियों को स्वयं खोजते और उन्हें समझते हैं।

19. (A): पठन वैकल्य से जूझ रहे छात्रों के लिए व्यवस्थित ध्वन्यात्मक प्रशिक्षण अत्यंत प्रभावी होता है। इस प्रक्रिया में ध्वनियों की पहचान, उनके संयोजन, और शब्दों के गठन के मूल सिद्धांतों को सिखाया जाता है, जिससे छात्र ध्वनियों और शब्दों के बीच संबंधों को बेहतर ढंग से समझ सकते हैं और पढ़ने की उनकी क्षमता में सुधार होता है।

20. (C): जीन पियाजे का संज्ञानात्मक विकास का सिद्धांत बताता है कि बच्चे विभिन्न विकासात्मक चरणों में ज्ञान को समझने और सोचने की अपनी क्षमताओं के अनुसार अभिग्रहण करते हैं। इसलिए, पाठ्यक्रम को बच्चों की उम्र और विकासात्मक चरण के अनुसार डिजाइन करना चाहिए ताकि वे सूचनाओं को अधिक प्रभावी ढंग से समझ और सीख सकें।

21. (B): परासंज्ञानात्मक कौशल विकास में छात्रों को उनके स्वयं के सीखने और सोचने की प्रक्रियाओं पर चिंतन करने के लिए प्रेरित करना महत्वपूर्ण है। इससे वे अपनी समझ का मूल्यांकन कर सकते हैं, अपनी जानकारी की सीमाओं को पहचान सकते हैं, और अधिक प्रभावी ढंग से सीखने के लिए नई रणनीतियों को अपना सकते हैं। यह उन्हें स्वयं के सीखने की जिम्मेदारी लेने और आत्म-निर्देशित लर्निंग में संलग्न होने की क्षमता में सुधार करता है।

22. (B): स्वलीनता या ऑटिज्म स्पेक्ट्रम डिसऑर्डर एक न्यूरोडेवलपमेंटल विकार है जो व्यक्ति के सामाजिक संवाद और संचार कौशल पर प्रभाव डालता है और साथ ही साथ व्यवहारिक प्रतिबंधितता और पुनरावृत्ति को भी शामिल करता है। यह विकार व्यक्ति के विकास के शुरुआती दौर में प्रगट होता है और आमतौर पर जीवन भर बना रहता है।

23. (C): पियाजे और वायगोत्स्की दोनों ही बच्चों के विकास में बच्चों की सक्रिय भूमिका और सीखने में उनकी संलग्नता को महत्व देते हैं। वायगोत्स्की ने सामाजिक इंटरैक्शन के माध्यम से सीखने की महत्वपूर्णता पर जोर दिया, जबकि पियाजे ने व्यक्तिगत अनुभवों के माध्यम से सीखने की प्रक्रिया पर ध्यान केंद्रित किया।

24. (C): शिक्षकों को विविध विद्यार्थियों के बीच व्यक्तिगत भिन्नताओं का सम्मान करना चाहिए और सभी शिक्षार्थियों की आवश्यकताओं के अनुसार अपने शिक्षण को समायोजित करना चाहिए, यह सही है। हालांकि, कारण कि शिक्षकों को सहयोग, समूह कार्य, और बातचीत से बचना चाहिए, गलत है क्योंकि ये तत्व विद्यार्थियों के बीच संवाद और सहयोग को बढ़ावा देते हैं और सीखने को और अधिक समावेशी और प्रभावी बनाते हैं।

25. (D): पारस्परिक शिक्षण की रणनीति में बच्चों द्वारा दूसरों को वह सिखाना शामिल है जो उन्होंने स्वयं सीखा है। इस तरह की शिक्षण रणनीति से बच्चे न केवल अपनी समझ को गहरा करते हैं, बल्कि उन्हें सीखी हुई सामग्री को दोहराने और व्याख्या करने का अवसर भी मिलता है, जिससे उनकी शैक्षणिक दक्षता और समझ में सुधार होता है।

26. (C): एशियाई संस्कृतियों में वास्तव में क्रोध की अभिव्यक्ति को हतोत्साहित किया जाता है और शर्म को प्रोत्साहित किया जाता है क्योंकि इन समाजों में सामूहिकता और समूह के हित को व्यक्तिगत भावनाओं से ऊपर माना जाता है। हालांकि, यह दावा कि भावनाएँ व्यक्तिपरक हैं और सीखने में कोई भूमिका नहीं निभाती हैं, गलत है क्योंकि भावनाएँ वास्तव में सीखने की प्रक्रिया को प्रभावित करती हैं और इसमें महत्वपूर्ण भूमिका निभा सकती हैं।

27. (C): जीन पियाजे के अनुसार, बच्चों और वयस्कों की सोच में गुणात्मक अंतर होता है, जिसका मतलब है कि बच्चों की सोच की प्रक्रिया वयस्कों से मौलिक रूप से अलग होती है। बच्चे अपनी सोच में अधिक सचित्र और केंद्रित नहीं होते, जबकि वयस्क अपनी सोच में अधिक तार्किक और व्यवस्थित होते हैं।

28. (D): भारत में जनसंख्या वृद्धि के विभिन्न कारण क्या हैं? यह प्रश्न विश्लेषणात्मक चिंतन को बढ़ावा देता है क्योंकि इसमें छात्रों से जनसंख्या वृद्धि के कारणों के बारे में गहराई से सोचने और उन्हें समझाने की मांग की जाती है। यह उन्हें तथ्यों को याद रखने से परे जाकर, कारणों और परिणामों के बीच संबंधों का विश्लेषण करने के लिए प्रेरित करता है।

29. (C): समावेशी कक्षाएं इस प्रकार संचालित की जाती हैं जहां शिक्षक विभिन्न छात्रों की विशेष जरूरतों, सीखने की शैलियों, और क्षमताओं के अनुसार शिक्षण योजनाएं और गतिविधियाँ तैयार करते हैं। यह दृष्टिकोण सभी विद्यार्थियों को उनकी विशेष आवश्यकताओं के अनुरूप सहायता प्रदान करने और उनकी शैक्षणिक सफलता सुनिश्चित करने के लिए महत्वपूर्ण है।

30. (A): शिक्षकों द्वारा बच्चों को प्रयोग के लिए बहुत सारे अवसर देना और उदाहरणों और गैर-उदाहरणों पर चर्चा करना उन्हें गलत धारणाओं से निपटने में मदद करता है। विपरीत उदाहरण प्रदान करना एक रचनात्मक तरीका है जो बच्चों को उनकी गलतियों से सीखने और अधिक सटीक समझ विकसित करने में सहायता करता है।

31. (A):

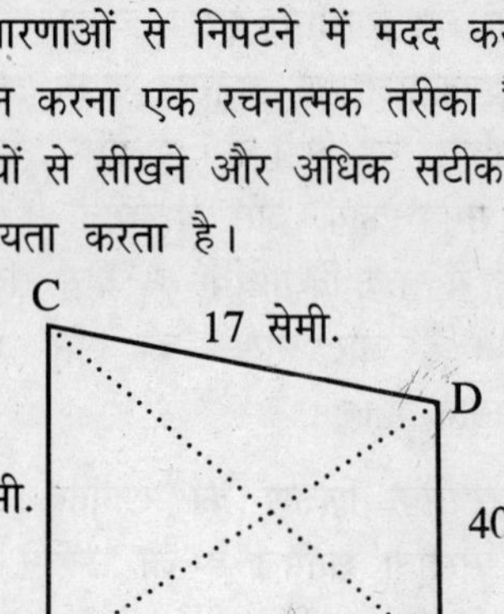

$\because$ चतुर्भुज ABCD का परिमाप = 120 सेमी.

$\therefore$ AB = 120 – (40 + 17 + 48)

= 120 – 105

= 15 सेमी.

ABCD का क्षेत्रफल = ΔABC का क्षेत्रफल + ΔBAD का क्षेत्रफल

$= \frac{1}{2}\times 15\times 48+\frac{1}{2}\times 15\times 40$

= 360 + 300 = 660 सेमी.^{2}

32. (D): "उपपत्तियों का निर्माण अंतर्दर्शीय ज्ञान पर होता है न कि तर्क पर" यह कथन गणित में उपपत्तियों के संबंध में सबसे कम उपयुक्त है क्योंकि गणितीय उपपत्तियाँ तर्क पर आधारित होती हैं, न कि केवल अंतर्दर्शी ज्ञान पर। उपपत्ति का उद्देश्य तर्कसंगत और व्यवस्थित विधि से गणितीय सत्यों की पुष्टि करना होता है, जिससे यह स्पष्ट होता है कि कोई गणितीय परिणाम क्यों सत्य है। इसलिए, गणितीय उपपत्तियाँ तर्क-सिद्ध और सटीक होनी चाहिए, जो ठोस तर्क पर आधारित होती हैं, न कि मात्र अंतर्ज्ञान पर।

33. (C):

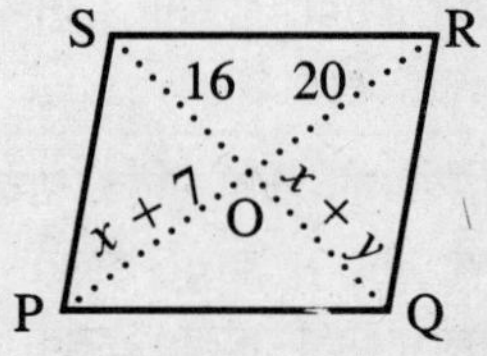

$\because$ PQRS एक समानान्तर चतुर्भुज है

$x + y = 16$

तथा $x + 7 = 20$

$\Rightarrow x = 13$

$\Rightarrow 13 + y = 16$

$\Rightarrow y = 3$

$\therefore$ $7y + 5$ का मान = 7 × 3 + 5

= 21 + 5

= 26 सेमी.।

34. (B): $52\times 3\div 4+\sqrt{441}\div 7\times 3+5-32\div 8\times 12$

= 39 + 21 ÷ 7 × 3 + 5 – 4 × 12

= 39 + 3 × 3 + 5 – 48

= 39 + 14 – 48

= 53 – 48

= 5.

35. (A): $\because$ वरूण की वर्तमान आयु = x वर्ष

$\therefore$ अरूण की वर्तमान आयु = $(x + 3)$ वर्ष

प्रश्नानुसार,

8 वर्ष पहले, वरूण की आयु = $x - 8$

अरूण की आयु = $(x - 5)$ वर्ष

$$\therefore \quad \frac{5}{6}(x-5) - \frac{3}{5}(x-8) = 6$$

$$\Rightarrow \quad \frac{5x-25}{6} - \frac{3x+24}{5} = 6$$

$$\Rightarrow \quad \frac{25x-125-18x+144}{30} = 6$$

$$\Rightarrow \quad 7x + 19 = 180$$

$$\Rightarrow \quad 7x = 161$$

$$\Rightarrow \quad x = \frac{161}{7} = 23$$

अतः वरूण की वर्तमान आयु = 23 वर्ष।

36. (C): अधिगम का वह क्षेत्र जो व्यवहार और मूल्यों के साथ संबंधित है, भावात्मक क्षेत्र के रूप में जाना जाता है। यह क्षेत्र शिक्षा में उन पहलुओं पर ध्यान केंद्रित करता है जो व्यक्ति की भावनाओं, मूल्यों, रवैयों, और अनुभूतियों से संबंधित होते हैं। इस क्षेत्र में शिक्षा का उद्देश्य विद्यार्थियों की भावनात्मक वृद्धि और विकास को बढ़ावा देना है, जिसमें उनके मूल्यों और नैतिकता का विकास शामिल है। यह विद्यार्थियों को उनके सामाजिक और व्यक्तिगत जीवन में सचेत और जिम्मेदार व्यवहार के लिए सशक्त बनाने में मदद करता है।

37. (D):

9 सेमी.

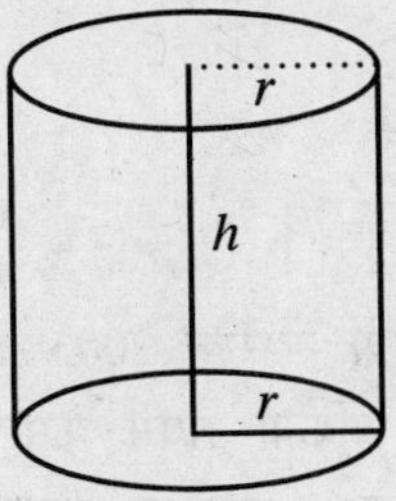

r = 6 सेमी.

h = 9 सेमी.

बेलन का मूल आयतन = $\pi \times 6 \times 6 \times 9 = 324\,\pi$ सेमी.^{3}

अब, $r = \frac{6}{2} = 3$ सेमी.

तथा $h = 9 + 3 = 12$ सेमी.

बेलन का नया आयतन = $\pi \times 3 \times 3 \times 12$

= $108\,\pi$ सेमी.^{3}

= $\frac{\text{नया आयतन}}{\text{मूल आयतन}} = \frac{108}{324} = \frac{6}{18} = \frac{1}{3}$

स्पष्टतः नये बेलन का आयतन मूल बेलन के आयतन का एक-तिहाई होगा।

38. (B): वैन हैले के ज्यामितीय अधिगम के सिद्धांत के अनुसार, ज्यामितीय सोच के आरोही स्तरों का क्रम इस प्रकार है :

- पहले ज्यामितीय आकृतियों की, जैसी वे हैं, उसी रूप में पहचान
- इसके बाद विभिन्न आकृतियों का वर्गीकरण
- फिर ज्यामितीय आकृतियों के गुणों की पहचान
- अंत में ज्यामितीय आकृतियों के गुणों के बीच संबंध ढूँढना।

यह क्रम इसलिए है क्योंकि यह ज्यामितीय सोच के विकासात्मक चरणों को दर्शाता है जहाँ विद्यार्थी पहले मौलिक रूप से आकृतियों को पहचानते हैं, फिर उन्हें वर्गीकृत करते हैं, उसके बाद गुणों की गहराई में जाते हैं, और अंत में गुणों के बीच तार्किक संबंध स्थापित करते हैं।

39. (A): छात्र द्वारा गणित में प्राप्तांक = $\frac{90^\circ}{360^\circ} \times 540 = 135$

छात्र द्वारा अंग्रेजी में प्राप्तांक = $\frac{50^\circ}{360^\circ} \times 540 = 75$

छात्र द्वारा प्राप्तांकों का अभीष्ट अन्तर = 135 – 75 = 60.

40. (A): NCERT के अनुसार, उच्च प्राथमिक स्तर पर, संख्या प्रणाली के अंतर्गत सम्मिश्र संख्याएँ सम्मिलित नहीं किए गए हैं। इस स्तर पर अधिकतर शामिल विषयवस्तु में भिन्न, घातांक और घात, तथा वर्गमूल और घनमूल जैसे अधिक बुनियादी और मौलिक गणितीय अवधारणाएं शामिल होती हैं। सम्मिश्र संख्याएँ, जो कि एक उन्नत विषय है, आम तौर पर उच्चतर शैक्षणिक स्तरों पर पढ़ाई जाती हैं।

41. (D): "रूब्रिक मूल्यांकन को अधिक व्यक्तिपरक बनाता है" यह कथन रूब्रिक के लिए सत्य नहीं है क्योंकि रूब्रिक का उपयोग मूल्यांकन प्रक्रिया को कम व्यक्तिपरक और अधिक उद्देश्यपूर्ण बनाने के लिए किया जाता है। रूब्रिक प्रदर्शन के मानदंडों को स्पष्ट और मापनीय तरीके से व्यक्त करते हैं, जिससे शिक्षकों को प्रत्येक छात्र के काम का उद्देश्यपूर्ण और निष्पक्ष आकलन करने में मदद मिलती है। रूब्रिक के द्वारा प्रदान किया गया स्थिरता और स्पष्टता मूल्यांकन की सटीकता और विश्वसनीयता को बढ़ाती है, जिससे यह व्यक्तिपरकता को कम करता है, न कि बढ़ाता है।

42. (B): बहुफलकीय में, हम जानते हैं

$$V - E + F = 2$$

$$\Rightarrow x - 15 + 7 = 2$$

$$\Rightarrow x - 8 = 2 \Rightarrow x = 10$$

$2F + 3E - 4x$ का मान

$$= 2 \times 7 + 3 \times 15 - 4x$$

$$= 14 + 45 - 40$$

$$= 59 - 40 = 19.$$

43. (D): माना कि $2x + 5y = a$

$$a^2 - 5a - 14 = (a + p)(a + q)$$

$$\Rightarrow a^2 - 7a + 2a - 14 = (a + p)(a + q)$$

$$\Rightarrow a(a - 7) + 2(a - 7) = (a + p)(a + q)$$

$$\Rightarrow \quad (a + 2)\ (a - 7) = (a + p)\ (a + q)$$
$$\Rightarrow \quad a + 2 = a + p$$
$$\text{or} \quad a - 7 = a + q$$
$$\Rightarrow \quad p = 2,\ q = -7$$
$$\therefore \quad p + q = 2 - 7 = -5.$$

44. (A):

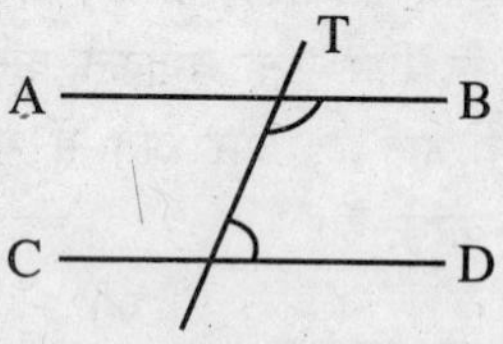

$\because$ दो आन्तरिक कोणों का योग = 180°

$$2x + 15° + 3x - 20° = 180°$$
$$\Rightarrow \quad 5x - 5° = 180°$$
$$\Rightarrow \quad 5x = 180° + 5° = 185°$$
$$\Rightarrow \quad x = \frac{185}{5} = 37°$$

$4x + 6°$ का मान $= 4 \times 37° + 6°$
$= 148° + 6° = 154°.$

45. (D): $\frac{6}{7} = 0.85$

$$2\frac{3}{5} = 2.6$$
$$\frac{3}{8} = 0.37$$
$$2\frac{8}{15} = 2.5$$

स्पष्टतः, $2\frac{3}{5}$ सबसे बड़ा और $\frac{3}{8}$ सबसे छोटा है

$\therefore$ सबसे बड़ी तथा सबसे छोटी भिन्न का योग

$$= 2\frac{3}{5} + \frac{3}{8} = \frac{13}{5} + \frac{3}{8} = \frac{104 + 15}{40}$$
$$= \frac{119}{40} = 2\frac{39}{40}.$$

46. (B): आकलन का अर्थ विद्यार्थियों के प्रदर्शन, ज्ञान, क्षमता, या कौशल का मूल्यांकन करने से संबंधित है, न कि उन्हें नामांकित करने में सहायता करने से। आकलन के माध्यम से, शिक्षक यह समझने में सक्षम होते हैं कि विद्यार्थी किन क्षेत्रों में अच्छा कर रहे हैं और किन क्षेत्रों में सुधार की आवश्यकता है। यह विद्यार्थियों को नामांकित करने की प्रक्रिया से बिलकुल अलग है, जो कि प्रवेश प्रक्रिया या कक्षा में उनकी जगह तय करने से संबंधित हो सकती है।

47. (A): गणित में रचनात्मकता का संकेत देने वाले कारकों में आमतौर पर लचीली सोच, विविध और वैकल्पिक समस्या समाधान की कार्यनीतियों का उपयोग, और नए प्रश्न प्रस्तुत करने की क्षमता शामिल होती है। अभिसारी चिंतन, जो कि एकल सही उत्तर पर केंद्रित होता है, रचनात्मकता का संकेतक नहीं है क्योंकि यह चिंतन की उस विशेषता को दर्शाता है जहां विचारों का संकुचन होता है, न कि विस्तार। रचनात्मकता में, विचारों का विस्तार और नई संभावनाओं की खोज महत्वपूर्ण होती है, जो कि अभिसारी चिंतन में कम पाया जाता है।

48. (A): 955, $(30)^2$ तथा $(31)^2$ के बीच है

$$(30)^2 = 900$$
$$(31)^2 = 961$$
$$\therefore \quad 961 - 955 = 6$$

अतः $955 + 6 = 961$

955 में 6 जोड़ने पर वह पूर्ण वर्ग संख्या बन जाएगी

अतः $x = 6$

$3x + 2$ का मान $= 3 \times 6 + 2 = 20.$

49. (B): 3, 5 तथा 7 का लघुत्तम समापवर्त्य = 105

1 से 500 के बीच 3, 5 तथा 7 से विभाजित होने वाली संख्याएँ हैं

$$105 \times 1 = 105$$
$$105 \times 2 = 210$$
$$105 \times 3 = 315$$
$$105 \times 4 = 420$$

अतः अभीष्ट संख्या = 4.

50. (C): राष्ट्रीय पाठ्यचर्या रूपरेखा 2005 के अनुसार, गणित में शॉर्टकट खोजने की प्रक्रिया सबसे कम महत्वपूर्ण है क्योंकि यह गणितीय सोच और समझ को गहराई से विकसित करने के बजाय त्वरित समाधान पर जोर देती है। एनसीएफ 2005 गणित की शिक्षा में समझ की गहराई, गणितीय तर्क और समस्या समाधान की क्षमताओं को बढ़ावा देने पर जोर देता है। इसलिए, गणित में शॉर्टकट की खोज, जो कि अक्सर गहन समझ की अनदेखी करती है, को कम महत्वपूर्ण माना जाता है क्योंकि यह छात्रों को गणितीय संबंधों और प्रक्रियाओं की गहरी समझ विकसित करने से रोकता है।

51. (B):

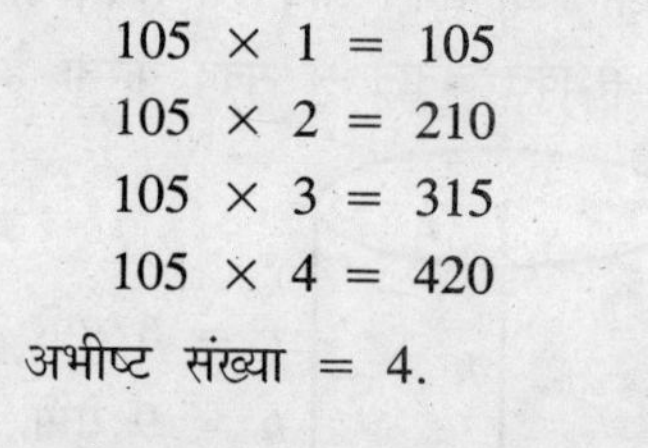

$$\because \quad AM = MB = CM$$
$$\Rightarrow \quad AM = CM = \angle A = \angle C$$

$\therefore \quad CM = MB \Rightarrow \angle C = \angle B$

$\Rightarrow \quad \angle C = 70°$

[दिया है, $\angle B = 70°$, $\angle A = x°$]

ΔABC में,

$\angle A + \angle B + \angle C = 180°$

$\Rightarrow x + 70° + x + 70° = 180°$

$\Rightarrow \quad 2x + 140° = 180°$

$\Rightarrow \quad 2x = 40°$

$\Rightarrow \quad x = 20$

$3x + 25°$ का मान $= 3 \times 20 + 25 = 85°$.

52. (C): मिश्रधन = मूलधन$\left(1+\frac{\text{दर}}{100}\right)^{\text{समय}}$

$$\frac{3267}{\text{मूलधन}} = \left(1+\frac{10}{100}\right)^2 = \left(\frac{11}{10}\right)^2 = \frac{121}{100}$$

$$\Rightarrow \quad \text{मूलधन} = \frac{3267 \times 100}{121} = ₹\ 2700$$

$$\text{साधारण ब्याज} = \frac{P \times r \times t}{100}$$

$$= \frac{2700 \times 10 \times 5}{100 \times 2}$$

$= 27 \times 25$

$=$ ₹ 675.

53. (D):

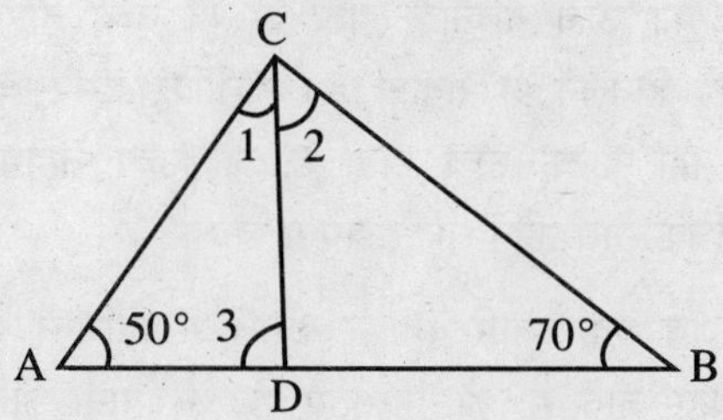

ΔABC में,

$\angle A + \angle B + \angle C = 180°$

$\Rightarrow \quad 50° + 70° + \angle C = 180°$

$\Rightarrow \quad \angle C = 180° - 120° = 60°$

$\because$ CD, $\angle C$ को समद्विभाजित करता है

$\therefore \quad \angle 1 = \angle 2 = 30°$

ΔACD में,

$\angle 1 + \angle 50° + \angle 3 = 180°$

$\Rightarrow \quad 30° + 50° + \angle 3 = 180°$

$\Rightarrow \quad \angle 3 = 180° - 80°$

$= 100°$

अतः $\angle ADC = 100°$.

54. (C): माध्य

$$= \frac{36+37+31+42+23+38+17+18+35+25+29+35}{12}$$

$$= \frac{366}{12} = 30.5$$

परिसर $= 42 - 17 = 25$

अभीष्ट अन्तर $= 30.5 - 25 = 5.5$.

55. (B): 12 पंखों का क्रय मूल्य = ₹ 24000

1 पंखे का क्रय मूल्य = ₹ 2000

प्रत्येक पंखे का अंकित मूल्य $= 2000 + \frac{25}{100} \times 2000$

= ₹ 2500

छूट $= \frac{10}{100} \times 2500$ = ₹ 250

प्रत्येक पंखे का विक्रय मूल्य = 2500 − 250 = ₹ 2250

प्रत्येक पंखे पर लाभ = 2250 − 2000 = ₹ 250

अतः पूरे पर लाभ = 12 × 250 = ₹ 3000.

56. (C): $\frac{(a-b+c)^2-(a-b-c)^2}{b-a}$

$$= \frac{(a-b+c+a-b-c)(a-b+c-a+b+c)}{b-a}$$

$$= \frac{(2a-2b)(2c)}{b-a} = \frac{-2(b-a)(2c)}{(b-a)} = -4c.$$

57. (A):

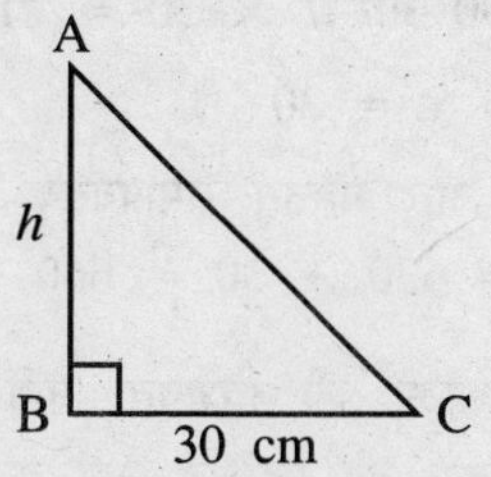

समाकेण त्रिभुज ABC का क्षेत्रफल $= \frac{1}{2} \times 30 \times h$

$\Rightarrow \quad 240 = 15h$

$\Rightarrow \quad h = \frac{240}{15} = 16$

$\Rightarrow \quad AB = 16$ सेमी.

हम जानते हैं, $(AC)^2 = (AB)^2 + (BC)^2$

$= (16)^2 + (30)^2$

$= 256 + 900 = 1156$

$\Rightarrow \quad AC = \sqrt{1156} = 34$ सेमी.

ΔABC का परिमाप = AB + BC + AC

= 16 + 30 + 34 = 80 सेमी.

58. (A): इस शिक्षण विधि में, शिक्षक शिक्षार्थियों को विभिन्न प्रकार के त्रिभुजाकार कागज की कतरनें वितरित करता है और उन्हें कोणों का योग ज्ञात करने के लिए कोणों को मापने और सारणीबद्ध करने के लिए कहता है। यह विधि खोज विधि का एक उदाहरण है क्योंकि इसमें शिक्षार्थियों को सक्रिय रूप से जानकारी की खोज करने और गणनाओं के माध्यम से नई अंतर्दृष्टि प्राप्त करने का अवसर मिलता है। शिक्षार्थियों को स्वयं त्रिभुजों के कोणों को मापकर और उनका योग ज्ञात करके समझने का मौका मिलता है कि सभी त्रिभुजों के कोणों का योग हमेशा 180 डिग्री होता है, जिससे वे गणितीय सिद्धांतों को व्यावहारिक रूप से समझ सकें।

59. (C): दिया गया व्यंजक $(x^2 + 10x + 25)$

$= (x^2 + 5x + 5x + 25)$

$= x(x + 5) + 5(x + 5)$

$= (x + 5)\ (x + 5) = (x + 5)^2$

अतः दिये गये व्यंजक $(x^2 + 10x + 25)$ को आगे सरल नहीं किया जा सकता।

60. (D): माना कि दो संख्याएँ $3x$ और $7x$ हैं

लघुत्तम समापवर्त्य = 630 (दिया गया है)

दोनों संख्याओं का लघुत्तम समापवर्त्य $21x$

$$21x = 630$$

$$\Rightarrow \quad x = \frac{630}{21} = 30$$

संख्याएँ $3 \times 30 = 90$ और $7 \times 30 = 210$ हैं

महत्तम समापवर्तक $= x = 30$

अतः लघुत्तम समापवर्त्य और महत्तम समापवर्तक का योग

$$= 630 + 30 = 660.$$

62. (D): वैकल्पिक अवधारणाओं की विशेषता नहीं है कि ये कारण और प्रभाव के तर्क को प्रदर्शित नहीं करते। वास्तव में, वैकल्पिक अवधारणाएँ अक्सर व्यक्ति की समझ और उसके अनुभवों की विकृतियों पर आधारित होती हैं और ये स्थिर और परिवर्तन प्रतिरोधी हो सकती हैं। ये अवधारणाएँ अक्सर अवलोकीकृत विशेषताओं से विकसित होती हैं, लेकिन वे विज्ञान के आधारभूत सिद्धांतों के तर्कसंगत पहलुओं को भी समेटे हुए होती हैं, जिसमें कारण और प्रभाव के तर्क भी शामिल हैं।

63. (A): यह सिफारिश की जाती है कि अम्ल को जल में मिलाना चाहिए, न कि जल को अम्ल में, क्योंकि जब जल को अम्ल में डाला जाता है तो यह एक उच्च ऊष्माक्षेपी प्रतिक्रिया को जन्म दे सकता है जो खतरनाक हो सकता है। इसलिए, अम्ल का मंदन (तनुकरण) करना एक उच्च रूप से ऊष्माक्षेपी अभिक्रिया है, और इसीलिए अम्ल को जल में मिलाना सुरक्षित रहता है।

64. (D): थल प्राणियों की तुलना में जलीय प्राणियों की श्वसन दर आम तौर पर तेज होती है क्योंकि जल में ऑक्सीजन की मात्रा हवा की तुलना में कम होती है, जिससे जलीय प्राणियों को अधिक बार श्वसन करना पड़ता है। इसलिए, अभिकथन (A) गलत है, और कारण (R) भी गलत है क्योंकि यह वास्तविकता का सही वर्णन नहीं करता है।

65. (A): सिनेमा हॉल और संगीत समारोह हॉल की छतें वक्रित होती हैं ताकि ध्वनि तरंगें टकराने के बाद सभी दिशाओं में समान रूप से परावर्तित हो सकें, जिससे ध्वनि की गुणवत्ता बढ़े और श्रोताओं को बेहतर ऑडियो अनुभव प्राप्त हो। यह ध्वनिकी का एक मूल सिद्धांत है, जो सुनिश्चित करता है कि हॉल के हर हिस्से में ध्वनि उचित रूप से पहुँचे।

66. (B): वैज्ञानिक अनुसंधान में सामाजिक संदर्भ का प्रभाव पड़ सकता है और विज्ञान में कोई सार्वभौमिक वैज्ञानिक विधि नहीं होती है। विज्ञान में विधियाँ और अभ्यास शोध प्रश्न, उपलब्ध तकनीकों और ऐतिहासिक और सामाजिक संदर्भों पर निर्भर करते हैं। इसलिए दावा कि सामाजिक संदर्भ प्रभावित कर सकते हैं और कोई सर्वव्यापी वैज्ञानिक विधि नहीं है, दोनों सही हैं।

67. (C): तापदीप्त बल्ब का पुंतंतु टंग्स्टन का बना होता है क्योंकि टंग्स्टन का उच्च गलनांक होता है, जो उच्च तापमान पर भी तार को पिघलने से रोकता है। हालांकि, टंग्स्टन का प्रतिरोध निम्न नहीं बल्कि उच्च होता है, जो उच्च तापमान पर तार के अधिक गर्म होने में सहायता करता है।

68. (D): जब एक प्लास्टिक की बोतल में विभिन्न ऊँचाइयों पर छेद किए जाते हैं, तो निम्नतम छेद से पानी अधिकतम बल के साथ बाहर आएगा और अधिकतम दूरी पर गिरेगा क्योंकि इस छेद पर पानी का दबाव सबसे अधिक होता है।

69. (D): मानव परिसंचरणी तंत्र एक संवृत, द्विकसंचारी प्रणाली है, जिसमें दो अलग-अलग परिसंचरण पथ होते हैं : पल्मोनरी परिसंचरण और सिस्टमिक परिसंचरण। इस प्रणाली में रक्त पूरे शरीर में बंद नलिकाओं के माध्यम से प्रवाहित होता है, जो ऑक्सीजनयुक्त और ऑक्सीजनरहित रक्त को अलग करता है।

71. (A): उर्वरकों और कीटनाशकों के अत्यधिक प्रयोग से मृदा अपरदन नहीं होता है। इसके विपरीत, यह मृदा की गुणवत्ता और जल निकासी क्षमता को कम कर सकता है, जिससे जल जमाव और मृदा का संरचनात्मक क्षरण होता है। मृदा अपरदन मुख्यतः भूमि की गलत उपयोग, वनों की कटाई,

और अनुपयुक्त जल प्रबंधन के कारण होता है। उर्वरक और कीटनाशकों के प्रयोग से मृदा के रासायनिक गुणों में परिवर्तन होता है, जिससे जैव आवर्धन और अन्य पारिस्थितिकी समस्याएँ जैसे कि जल और मृदा प्रदूषण हो सकता है।

72. (A): ओडोमीटर एक यंत्र है जो वाहन द्वारा यात्रा की कुल दूरी को मापता है। यह डिवाइस वाहन की गति या त्वरण को नहीं दर्शाता है, बल्कि केवल यात्रा की संपूर्ण दूरी का आंकड़ा प्रदान करता है। इसका मुख्य उपयोग वाहन की मेंटेनेंस और ईंधन दक्षता की निगरानी में होता है।

73. (A): वैज्ञानिक नियम पर्यवेक्षित परिघटनाओं के बीच सामान्य संबंधों का वर्णन करते हैं और वैज्ञानिक समुदाय द्वारा स्वीकृत होते हैं क्योंकि वे बार-बार परीक्षणों और प्रयोगों के द्वारा सत्यापित होते रहते हैं। ये नियम वैज्ञानिक सिद्धांतों से विकसित होते हैं और उन्हें नए अवलोकनों के आधार पर चुनौती दी जा सकती है।

74. (B): स्वपरागण द्विलिंगी पुष्पों में भी हो सकता है, लेकिन यह केवल उन्हीं में सीमित नहीं है क्योंकि एकलिंगी पुष्पों में भी स्वपरागण हो सकता है। द्विलिंगी पुष्प अपने पराग को स्वयं या अन्य पुष्पों पर स्थानांतरित कर सकते हैं, जिसे स्व-परागण और पर-परागण कहा जाता है।

75. (B): आगमिक विवेचन उन गतिविधियों को संदर्भित करता है जहाँ छात्र स्वयं अनुभवात्मक डेटा एकत्र करते हैं और उसका विश्लेषण करते हैं। इस प्रक्रिया में, छात्र प्रत्यक्ष रूप से आपतन-कोण और परावर्तन-कोण के मापों को मापते हैं और परावर्तन के नियमों की व्यावहारिक समझ विकसित करते हैं, जिससे विज्ञान की मौलिक अवधारणाओं की गहराई से समझ होती है।

76. (B): जब पुरुष के दो शुक्राणु स्त्री के दो अंडों के साथ मिलते हैं, तो बनने वाले जुड़वाँ भ्रात्रीय (Fraternal) होते हैं, न कि समरूप (Identical)। भ्रात्रीय जुड़वाँ अलग-अलग अंडों से उत्पन्न होते हैं और उनका आनुवंशिक मेकअप पूरी तरह से समान नहीं होता है, जो उन्हें आम भाई-बहनों की तरह बनाता है लेकिन एक ही समय में पैदा होते हैं। यह प्रक्रिया द्विगर्भाशयता कहलाती है, जिसमें दो अलग-अलग अंडे साथ ही निषेचित होते हैं।

77. (C): वर्षा-जल संरक्षण भू-जल स्तर को बढ़ावा देता है, स्थानीय आप्लावन को कम करता है, और इसका उपयोग फसलों की सिंचाई के लिए किया जा सकता है। यह जल निकास संबंधी समस्याओं को उत्पन्न नहीं करता है; बल्कि इससे जल निकास की समस्याओं का समाधान हो सकता है क्योंकि अधिक जल भूमि में समाहित हो जाता है, जो बाढ़ के ज़ोखिम को कम करता है।

78. (B): कक्षा में सामाजिक-वैज्ञानिक मामलों की परिचर्चा से अधिगमकर्ताओं में तर्कसंगत कौशल का विकास होता है, विभिन्न परिप्रेक्ष्यों की समझ बढ़ती है, और यह नागरिक विज्ञान संबंधी गतिविधियों को प्रेरित करता है। ये चर्चाएँ विद्यार्थियों को विभिन्न दृष्टिकोणों से सोचने की क्षमता देती हैं और समाज की विज्ञान में भूमिका के महत्व को समझने में भी मदद करती हैं।

79. (B): "जाँच-पड़ताल की तरह विज्ञान" वह प्रक्रिया है जिसमें अवलोकन, प्रयोग और विश्लेषण के द्वारा सिद्धांतों की जांच की जाती है। चने के बीजों के अंकुरण पर प्रयोग करके विभिन्न बाह्य कारकों का प्रभाव समझना इस परिभाषा को पूरी तरह से संतुष्ट करता है, क्योंकि यह वैज्ञानिक पद्धति का उपयोग करते हुए ज्ञान की खोज करता है।

80. (C): विज्ञान में लिंग प्रतिसंवेदी शिक्षाशास्त्र संवेदनशील भाषा के उपयोग और रूढ़िवादी धारणाओं की जांच को अपरिहार्य बनाता है। यह विद्यार्थियों को जेंडर के प्रति संवेदनशील और आलोचनात्मक रूप से सोचने की क्षमता विकसित करने में मदद करता है, ताकि वे विज्ञान और तकनीकी क्षेत्रों में लिंग संबंधित बाधाओं को समझ सकें और उनका समाधान कर सकें।

81. (A): प्रकाश संश्लेषण एक ऊष्माशोषी अभिक्रिया है जिसमें पौधे सूर्य की ऊर्जा का उपयोग करके कार्बन डाइऑक्साइड और पानी से ग्लूकोज और ऑक्सीजन बनाते हैं। यह ऊर्जा अभिक्रिया में अवशोषित होती है। दूसरी ओर, श्वसन एक ऊष्माक्षेपी अभिक्रिया है जिसमें ऊर्जा उत्पन्न होती है क्योंकि ग्लूकोज को टूटकर कार्बन डाइऑक्साइड, पानी और ऊर्जा में परिवर्तित किया जाता है।

82. (A): सूचकों के रंग परिवर्तनों के अनुसार, हल्दी अम्ल में कोई रंग परिवर्तन नहीं करती और क्षारक में रक्ताभ भूरा हो जाता है। चाइना रोज अम्ल में गहरा गुलाबी और क्षारक में हरा होता है। फीनॉलफ्थेलिन अम्ल में रंगहीन होता है और क्षारक में गुलाबी होता है। मेथिल-ऑरेंज अम्ल में ऑरेंज होता है और क्षारक में गुलाबी होता है।

83. (C): ज्वाला का रंग दाह्य पदार्थ की प्रकृति और ऑक्सीजन आपूर्ति पर निर्भर करता है। विभिन्न तत्व जैसे कि सोडियम या कॉपर जलने पर विशिष्ट रंग उत्पन्न करते हैं, और ऑक्सीजन की मात्रा ज्वाला के तापमान और रंग को प्रभावित करती है।

84. (C): पृथ्वी पर पवनों के जनन और बहाव के लिए पृथ्वी का अनियमित तापन और महासागरों का अनियमित तापन उत्तरदायी हैं। ये कारक दबाव प्रणालियों के बीच अंतर को जन्म देते हैं, जो हवा के बहाव को निर्देशित करते हैं। पृथ्वी और सूर्य के बीच की दूरी और गुरुत्वाकर्षण बल सीधे पवनों के जनन में भूमिका नहीं निभाते हैं।

85. (B): आवर्त सारणी के अनुसार, A का परमाणु क्रमांक 13 (एल्यूमिनियम) और B का परमाणु क्रमांक 17 (क्लोरीन) है। एल्यूमिनियम और क्लोरीन का रासायनिक सूत्र AB_3 यानी $AlCl_3$ होता है क्योंकि एल्यूमिनियम तीन वैलेंस इलेक्ट्रॉन दान कर सकता है और क्लोरीन प्रत्येक एक वैलेंस इलेक्ट्रॉन प्राप्त करता है, इस प्रकार तीन क्लोरीन आयनों के साथ एक एल्यूमिनियम आयन संयुग्मित होता है।

86. (C): यह कथन सही नहीं है। गैसों में ऊष्मा का चालन कम होता है क्योंकि उनके अणु एक-दूसरे से बहुत दूर होते हैं, लेकिन चालन अभी भी होता है। ऊष्मा के चालन के लिए अणुओं के बीच ऊष्मीय ऊर्जा का स्थानांतरण जरूरी होता है, और यह गैसों में भी संभव है, हालांकि उनकी ऊष्मीय चालकता ठोस और द्रवों की तुलना में काफी कम होती है।

87. (C): जब एक वस्तु द्रव A में डाली जाती है तो उसका 1/4 भाग बाहर रहता है, जबकि द्रव B में 3/4 भाग बाहर रहता है। इसका मतलब है कि द्रव B का घनत्व अधिक होना चाहिए ताकि उसमें वस्तु का अधिक भाग तैर सके। आर्किमिडीज के सिद्धांत के अनुसार, वस्तु का तैरने वाला भाग उस द्रव के घनत्व के अनुपात में होता है जिसमें वह डाली गई हो।

88. (B): पोटैशियम और जल के संपर्क में आने पर होने वाली प्रतिक्रिया वास्तव में ऊष्माक्षेपी होती है, न कि ऊष्माशोषी। यह अभिक्रिया तेजी से होती है और इसमें बहुत अधिक ऊर्जा उत्पन्न होती है, जिससे हाइड्रोजन गैस निकलती है और कभी-कभी फटने जैसी ध्वनि भी सुनाई देती है।

89. (A): अपसारी प्रश्नों का उद्देश्य आलोचनात्मक चिंतन को बढ़ावा देना, विद्यार्थियों के बीच भेद करना, प्रतिभाशाली विद्यार्थियों की पहचान करना, और वैकल्पिक अवधारणाओं की पहचान करने में सहायता करना होता है। ये प्रश्न विद्यार्थियों को विभिन्न दृष्टिकोणों से सोचने के लिए प्रेरित करते हैं और उनके ज्ञान की गहराई को बढ़ाते हैं।

90. (C): दर्पण की पहचान के लिए प्रतिबिम्ब की प्रकृति और आकार महत्वपूर्ण हैं। समतल दर्पण आभासी और ऊर्ध्वशीर्षी प्रतिबिम्ब देते हैं जो वस्तु के समानुरूप होते हैं। अवतल दर्पण वास्तविक और प्रतिलोमित प्रतिबिम्ब दे सकते हैं जो वस्तु के समानुरूप या विवर्द्धित हो सकते हैं। अवमुख दर्पण आभासी और ऊर्ध्वशीर्षी प्रतिबिम्ब देते हैं जो आकार में छोटे होते हैं।

91. (C): कालजयी साहित्य वह होता है जो समय और सीमाओं के बंधनों को पार करता है। ऐसा साहित्य जो मानवीय सत्यों की व्याख्या करता है और जिसमें गहरी संवेदनाएं और आस्थाएँ समाहित होती हैं, वही समय के परीक्षण को खरा उतरता है और विभिन्न युगों में भी अपनी प्रासंगिकता बनाए रखता है।

92. (B): ''कालजयी'' का अर्थ है वह साहित्य जो सभी कालों में उतना ही महत्वपूर्ण रहता है जितना कि जब वह लिखा गया था। ऐसा साहित्य अपने समय की सीमाओं को पार करता है और भविष्य की पीढ़ियों के लिए भी महत्वपूर्ण बना रहता है, क्योंकि उसमें उन सच्चाइयों का वर्णन होता है जो सार्वभौमिक और सार्वकालिक होती हैं।

93. (A): गद्यांश के अनुसार, वे साहित्यकार जिनकी रचनाएँ समय की परीक्षा में खरी उतरती हैं और जिनकी आवश्यकता हर युग में बनी रहती है, वे समाज को जागरूक करने का कार्य करते हैं। उनकी रचनाएँ समाज में व्याप्त समस्याओं पर प्रकाश डालती हैं और मनुष्यता में विश्वास को बचाने की कोशिश करती हैं।

94. (B): साहित्यकारों ने समाज के पतन की ओर जाने की स्थिति की पहचान करने का प्रयास किया है। वे समाज में घटित हो रहे नकारात्मक परिवर्तनों को उजागर करते हैं और इसके माध्यम से लोगों को सचेत करने का प्रयास करते हैं।

95. (B): गद्यांश के अनुसार, साहित्य में समाज के बिखरते हुए सिद्धांतों और मूल्यों की चिंता बराबर बनी रहती है। साहित्यकार समाज के इन बिखरावों को उजागर करते हैं और इसे अपनी रचनाओं के माध्यम से चित्रित करते हैं।

96. (C): ''विश्रृंखलित'' शब्द में ''इत'' प्रत्यय है। यह प्रत्यय शब्द को विशेषण बनाता है, जिसका अर्थ होता है ''जो श्रृंखला या क्रम से बाहर हो गया हो।''

97. (C): ''बदतर'' शब्द का अर्थ होता है ''अत्यधिक बुरा'' या ''बहुत खराब स्थिति में।'' यह विशेषण समाज के उस नकारात्मक पहलू को दर्शाता है जिसकी पहचान साहित्यकार करते हैं।

98. (D): ''विश्वास'' शब्द का अर्थ होता है ''निश्चित धारणा'' या ''किसी व्यक्ति, वस्तु, या विचार में पूरा विश्वास।'' यह विश्वास लोगों को उनके विचारों और कार्यों में दृढ़ता प्रदान करता है।

99. (D): साहित्य समाज को गति प्रदान करता है क्योंकि यह समाज में चल रहे विभिन्न मुद्दों को उजागर करता है, चिंतन के नए द्वार खोलता है और सांस्कृतिक तथा नैतिक मूल्यों की रक्षा करता है।

100. (A): ''दिवसावसान'' शब्द का संधि विच्छेद है ''दिवस + अवसान'', जिसका अर्थ होता है दिन का अंत या समापन। ''दिवस'' का मतलब होता है दिन, और ''अवसान'' का अर्थ होता है समाप्ति, इसलिए यह संधि विच्छेद इस शब्द का सही विश्लेषण प्रदान करता है।

101. (A): पद्यांश में प्रकृति का चित्रण किया गया है, जिसमें संध्या को एक सुंदरी परी की तरह वर्णित किया गया है जो मेघमय आसमान से धीरे-धीरे उतर रही है। यहाँ प्रकृति के विभिन्न तत्वों को एक काव्यात्मक और रोमांटिक ढंग से दर्शाया गया है, जिसमें संध्या का सौंदर्य और शांति प्रमुख हैं।

102. (C): ''हृदयराज की रानी'' शब्द संध्या के लिए प्रयुक्त हुआ है, जिसे इस पद्यांश में एक सुंदरी परी की तरह वर्णित किया गया है। संध्या को इस तरह से व्यक्तिगत और राजसी रूप में दर्शाना इसकी महत्वपूर्ण और नायिका जैसी भूमिका को उजागर करता है।

103. (B): पद्यांश में उल्लेख किया गया है कि संध्या ''मेघमय आसमान से उतर रही है'', जिसका अर्थ है कि संध्या का वातावरण बादलों से भरा हुआ है। इससे एक रोमांटिक और मिस्टिकल वातावरण का सृजन होता है, जिसमें संध्या का अवतरण और भी मनमोहक और काव्यात्मक बन जाता है।

104. (B): पद्यांश में उल्लेख किया गया है कि ''हँसता है तो केवल तारा एक'', जिसका मतलब है कि तारा ही इस कविताई दृश्य में हँस रहा है। यह तारा को एक प्रकार का व्यक्तित्व देता है, जहां वह संध्या के शांत और गंभीर माहौल में उज्ज्वलता और हर्षित भाव प्रदान करता है।

105. (D): पद्यांश में मानवीकरण अलंकार का प्रयोग बहुत ही मुखरित रूप से हुआ है, जैसे संध्या को एक सुंदरी परी के रूप में वर्णित करना और तारे को हँसने की क्रिया देना। यह काव्यात्मक तकनीक प्राकृतिक तत्वों को मानवीय गुण और व्यवहार देकर उन्हें अधिक जीवंत और भावपूर्ण बनाती है, जो पाठकों को गहराई से जोड़ती है।

106. (B): वाशबैक इफेक्ट एक शैक्षिक मनोविज्ञान की अवधारणा है जो बताती है कि कैसे मूल्यांकन और आकलन के तरीके सीधे तौर पर अध्यापकों की शिक्षण विधियों, शिक्षार्थियों के सीखने के तरीकों, और शैक्षणिक सामग्री की तैयारी को प्रभावित करते हैं। यह प्रभाव अक्सर परीक्षा की मांगों के आधार पर शिक्षण और सीखने की प्रक्रियाओं को ढालने का कारण बनता है।

107. (A): योगात्मक द्विभाषावाद वह शैक्षिक दृष्टिकोण है जो बच्चों की मूल संस्कृति और भाषा को महत्व देने पर जोर देता है। यह विधि दोनों भाषाओं का समान रूप से विकास करती है, जिससे छात्र अपनी पहचान और सांस्कृतिक मूल्यों के प्रति आत्मविश्वास महसूस करते हैं।

108. (B): छंदशास्त्र भाषागत कार्य जैसे स्वरशैली, तान, बलाघात और लय का अध्ययन करने वाली शाखा है। यह विषय विभिन्न ध्वनियों की व्यवस्था और उनके उपयोग को समझने में मदद करता है, जो काव्य और साहित्य में अभिव्यक्ति की गहराई और रूपक को प्रभावित करते हैं।

109. (C): यह कथन सही नहीं है क्योंकि संस्कृत एक प्राचीन भारतीय भाषा है, जो आधुनिक भारतीय भाषाओं की जड़ है लेकिन खुद आधुनिक नहीं है। इसे भारतीय ज्ञान और विद्या की प्राचीन भाषा माना जाता है।

110. (A): जब विद्यार्थी शिक्षक के निर्देशन में समूह बनाकर किसी दिए गए विषय पर काम करते हैं, इसे सहयोगात्मक अधिगम कहा जाता है। इस शैक्षिक दृष्टिकोण में, छात्र समूह में मिलकर सीखते हैं, जिससे उन्हें विभिन्न विचारों और समाधानों को समझने और विकसित करने का अवसर मिलता है।

111. (A): एक अध्यापक द्वारा बच्चों को रेस्टोरैंट से जुड़ी शब्दसंपदा से परिचित कराना इस उद्देश्य से किया जाता है कि बच्चे उस विशेष क्षेत्र से संबंधित विशिष्ट शब्दों और वाक्यांशों को समझें और सीखें। इससे उन्हें भाषा के व्यावहारिक उपयोग में मदद मिलती है।

112. (B): व्यवहारवादी दृष्टिकोण में यह विश्वास होता है कि भाषा सीखना आदत निर्माण की प्रक्रिया के माध्यम से होता है। इस दृष्टिकोण के अनुसार, भाषाई व्यवहार प्रतिक्रिया और प्रोत्साहन की श्रृंखला के माध्यम से विकसित होता है, और सीखने की प्रक्रिया में पुनरावृत्ति और पुष्टि केंद्रीय भूमिका निभाती है।

113. (B): किसी भी कहानी का समय और स्थान ''सैटिंग'' कहलाता है। सैटिंग एक कहानी के पृष्ठभूमि के तत्वों को दर्शाती है, जिसमें कहानी कहाँ और कब घटित होती है, इसका वर्णन शामिल है। यह कहानी के मूड, वातावरण और चरित्रों के व्यवहार को प्रभावित करती है।

114. (A): जब विद्यार्थियों के एक समूह को विभिन्न पात्रों का अभिनय करने के लिए कहा जाता है और अन्य विद्यार्थियों को इसे देखने और आनंद लेने के लिए कहा जाता है, तो इसे ''रोलप्ले'' कहा जाता है। यह शैक्षणिक तकनीक विद्यार्थियों को संवादी भाषा का अभ्यास करने, सामाजिक कौशल विकसित करने और विभिन्न परिस्थितियों को समझने का अवसर देती है।

115. (A): वह अधिगम को और अधिक वास्तविक तथा उपयोगी बनाने के लिए प्रामाणिक सामग्री का प्रयोग कर रही है। कक्षा पाँच की भाषा अध्यापक द्वारा विभिन्न प्रकार की प्रामाणिक सामग्री जैसे कि समाचार-पत्र, भोजन तालिका और रेल यात्रा के टिकट का उपयोग करने से विद्यार्थियों को वास्तविक दुनिया की स्थितियों में भाषा के प्रयोग का अनुभव होता है। यह दृष्टिकोण अधिगम को अधिक व्यवहारिक और यथार्थपूर्ण बनाता है, जिससे छात्रों की रुचि और समझ में वृद्धि होती है।

116. (C): वक्ताओं का जेन्डर (बोलने वाले महिला हैं या पुरुष): श्रवण से जुड़ी गतिविधि की योजना बनाते समय वक्ताओं का लिंग महत्वपूर्ण नहीं होता है। इसके बजाय, अधिक महत्वपूर्ण कारक जैसे कि बोलने की गति, वक्ताओं की संख्या, और रिकॉर्डिंग में पॉज देना होता है जो सुनने की प्रक्रिया को बेहतर बनाते हैं और श्रोताओं के समझने की क्षमता को बढ़ाते हैं।

117. (A): भारत में बहुभाषावाद के संदर्भ में यह समझना महत्वपूर्ण है कि भाषा सिर्फ संचार का माध्यम नहीं है बल्कि यह सामाजिक सम्बद्धता और सांस्कृतिक पहचान को भी स्थापित करती है। भाषा के माध्यम से लोग अपने सामाजिक समूहों के साथ जुड़ते हैं और अपनी सांस्कृतिक विशेषताओं को प्रकट करते हैं।

118. (D): भाषा के ग्राह्य कौशल में श्रवण और पठन शामिल हैं। ये दोनों कौशल वे हैं जिनमें जानकारी को ग्रहण करने की प्रक्रिया शामिल होती है, जहाँ श्रोता या पाठक को बाहर से जानकारी प्राप्त होती है और उसे समझना होता है।

119. (D): श्रवण में ध्वनियों की पहचान करना और उनसे अर्थ निकालना शामिल है। इसमें व्यक्ति न केवल ध्वनियों को सुनता है, बल्कि उन्हें पहचान कर उनका सही अर्थ भी समझता है, जो भाषा की समझ और विश्लेषण की गहराई को दर्शाता है।

120. (A): सम्प्रेषणात्मक भाषा शिक्षण सामाजिक रूप से स्वीकृत और संदर्भ के अनुरूप भाषा सिखाने के लिए होता है। प्रत्यक्ष विधि में व्याकरण को आगमनात्मक तरीके से पढ़ाया जाता है। व्याकरण अनुवाद विधि लिखित साहित्यिक सामग्री का अध्ययन करने के लिए प्रयोग होती है। वैस्ट की नवीन विधि में मौन पठन शामिल होता है।

121. (A): In the sentence provided, "against" functions as a preposition indicating opposition or a counter stance to "any form of gene therapy," setting up the relationship between the action (warn) and the object (gene therapy). The word "sweet" acts as an adjective, describing the specific type of gene, namely the "sweet gene," which is the target of the gene therapy.

122. (C): The word analogy here compares "accustomed" with "habitual," which are synonyms, indicating a regular, established pattern. Similarly, "initiate" relates to "start off," both indicating the beginning of an action or process. Thus, "start off" completes the analogy by maintaining the logical relationship of beginning an action.

123. (B): The term "having a sweet tooth" is an idiomatic expression that means a strong liking or fondness for sweet foods, especially sweets and chocolates. It does not refer to the physical taste of teeth or to the act of purchasing sweets, nor does it directly relate to tooth decay caused by such foods.

124. (A): Doctors warn against gene therapy targeting the sweet gene because, according to the passage, sweet foods are evolutionarily beneficial as they are non-poisonous and provide energy. This suggests that completely removing the ability to enjoy or desire sweet foods could remove an essential aspect of human dietary needs.

125. (B): The passage states that doctors claim sweet foods in nature are not poisonous and provide energy. This highlights that sweet foods, while potentially harmful if consumed in excess, are natural sources of energy, thus describing them as "energy boosters."

126. (D): The phrase "initiates a cascade of events" metaphorically describes the start of a series of linked or sequential events. In this context, it refers to the biological process beginning with the detection of sweetness and culminating in the brain recognizing that sweet food has been consumed.

127. (A): Statement (*a*) is incorrect because doctors warn against gene therapy for the sweet gene, not favour it. Statement (*b*) is correct as it aligns with the information in the passage stating that a sweet taste receptor recognizes the sweetness in food. Statement (*c*) is incorrect as the passage explicitly mentions that if your parents have a sweet tooth, you likely will too, indicating a hereditary factor.

128. (C): "Chocoholics" is a playful term derived from "choc(olate)" and the suffix "-holic," indicating an intense fondness for chocolates, similar to how terms like "workaholic" describe someone obsessively engaged in work. This term does not imply hatred or manufacturing of chocolates, nor does it relate to alcohol.

129. (C): The willows and poplars look absurd in the landscape because they stand out in a generally treeless environment. The presence of these relatively lush trees in an otherwise barren landscape makes them appear unusual and conspicuous, emphasizing the contrast between the cultivated areas and the natural treeless surroundings typical of the high Tibetan plateau.

130. (C): In the phrase "The lack of solid fuel in the shape of wood," the word "lack" functions as a noun, indicating the absence or unavailability of something, in this case, solid fuel. "Shape" also acts as a noun in this context, referring to the form or embodiment of something, specifically wood in this instance. Both terms serve as key subjects and objects within the sentence, structuring the statement around the issue of fuel availability.

131. (B): Assertion (A) is correct as it states that wood and sticks are piled high against the courtyard walls, which is a practice described in the passage to conserve and store wood. However, Reasoning (R) is incorrect because wood is not found in abundance across Tibet. In fact, the passage indicates that wood is a precious commodity in the highland areas, suggesting its scarcity rather than abundance.

132. (D): Yak dung is used by Tibetans as a substitute for wood, particularly as a source of fuel. In the context of a treeless landscape where wood is scarce and valued, yak dung serves as an ingenious alternative for heating and cooking, leveraging a readily available natural resource.

133. (A): This statement is incorrect as described in the passage. The Tibetan houses are mentioned to have walls made up of stone to waist height and finished off with mud bricks up to the roof, not mortar and cement. The construction materials listed in the passage are adapted to the local environment and available resources.

134. (D): The phrase "courtyards jostling together" implies that the courtyards are in close proximity to one another, suggesting a crowded or compact arrangement. This expression conveys the idea of limited space in the foothills where these homes are built, leading to a dense clustering of buildings with little separation.

135. (B): Completing the analogy "precious: valuable :: ingenious: inventive" correlates because just as 'precious' is synonymous with 'valuable', 'ingenious' is synonymous with 'inventive'. Both pairs highlight a characteristic quality; 'precious' refers to high worth or value, and 'ingenious' refers to creativity or cleverness, particularly in solving problems or creating solutions, hence 'inventive'.

136. (D): Padlet is a digital tool that supports both synchronous and asynchronous online teaching opportunities. It allows educators to create a virtual bulletin board where students can post and collaborate on different media types in real time or at their convenience. This functionality makes it an effective tool for enhancing interactive learning and providing flexible engagement for students in various educational contexts.

137. (B): The paper pencil test is not ideal for formative assessment, which aims to monitor student learning to provide ongoing feedback that can be used by instructors to improve their teaching and by students to improve their learning. Paper pencil tests are typically summative and used to evaluate student learning at the end of an instructional unit by comparing it against some standard or benchmark.

139. (D): India's language in education policy, specifically the Three Language Formula, attempts to promote mother-tongue based multilingualism. This policy advocates for instruction in the mother tongue plus two other languages, supporting multilingual education to foster greater linguistic tolerance and maintaining cultural heritage.

140. (D): This statement is NOT true about top-down processing. Top-down processing in listening involves the use of background knowledge, context, and other higher-level cognitive functions to understand and interpret spoken language. This approach does not require listeners to understand every word; instead, they can make educated guesses and use their existing knowledge to grasp the meaning of the speech.

141. (C): International Mother Language Day is celebrated on 21st February. It was proclaimed by UNESCO in 1999 and has been observed every year since 2000. The day promotes linguistic diversity and multilingual education, and it highlights the importance of preserving and protecting all languages used by peoples of the world.

142. (A): If you are writing an email to a colleague who is also your friend, the appropriate type of email would be informal. This style allows for a casual tone and personal touch, reflecting the friendly relationship between you and your colleague, as opposed to the more formal or strictly professional language used in typical business communications.

144. (B, C): The objectives of the lesson where the teacher played an audio on 'Health is wealth' and then distributed handouts for students to tick the correct answer were to engage the learners with a task to enable the learners to memorize the content of the lesson. This method of teaching, involving listening to content followed by a task focused on recalling details, is aimed at reinforcing the material in the students' memory.

145. (A): Errors hinder the language learning process: This statement is NOT true about errors in language learning. Contrary to the idea that errors hinder the process, they are actually a crucial part of learning a language. Errors provide insight into a learner's understanding and progress, and they help both learners and educators identify areas that need more focus. They are indicative of the learner's attempts to experiment with language usage and are informative in the process of second language acquisition.

146. (A): Creativity in language education involves open-ended classroom tasks that allow for multiple interpretations and answers. This approach fosters creativity by enabling learners to think independently and express their ideas in diverse ways, which enhances their engagement and deepens their understanding of the language through creative thinking and problem-solving.

147. (B): The cognitivist perspective in psychology supports the idea that learners should be exposed to language and that errors are evidence of learning taking place. Cognitivists believe that learning is a process of mental organization and reorganization, and errors reflect the learner's mental processes as they try to assimilate and accommodate new language structures into their existing cognitive framework.

148. (C): Dyslexia is correctly identified as a reading disorder, characterized by difficulties with accurate and/or fluent word recognition, poor decoding, and spelling abilities. Dysgraphia, on the other hand, is a writing disorder, involving difficulties in handwriting, coherence, and the physical act of writing on a page. The statements about dysgraphia being a reading disorder and dyslexia being a writing disorder are incorrect.

149. (C): Rita, a government school teacher, uses visual devices and language games to teach English to class VII students, which applies the principle of motivation and interest. By incorporating engaging and interactive methods into her lessons, Rita enhances the learners' interest and motivation, which are key factors in effective learning processes. These methods make the learning experience more enjoyable and relevant, thereby increasing student engagement and retention of the language.

150. (B): A short story that features animals as the main characters and teaches an explicit moral is called a fable. Fables are a traditional genre of storytelling used to impart moral lessons through simple and memorable tales where animals are anthropomorphized to reflect human traits and behaviors, making the moral lessons accessible and impactful to the audience, especially children.

पिछले प्रश्न-पत्र (हल सहित)

CTET—पेपर-II, जनवरी 2024

गणित एवं विज्ञान शिक्षक हेतु

(Exam Held on 21-01-2024)

बाल विकास एवं शिक्षाशास्त्र

1. वायगोत्स्की के अनुसार, संज्ञानात्मक विकास को सुगम बनाने में शिक्षक की क्या भूमिका है?
A. छात्र को जानकारी और ज्ञान प्रदान करना।
B. आलम्बन के माध्यम से छात्र के सीखने का मार्गदर्शन और समर्थन करना।
C. छात्र को पूरी तरह से स्वतंत्र रूप से सीखने की अनुमति देना।
D. केवल उन्हीं कार्यों को देना जो विद्यार्थी वर्तमान में स्वतंत्र रूप से कर सकता है।

2. किशोरावस्था के बारे में निम्नलिखित में से कौन-सा कथन सही नहीं है?
A. किशोरावस्था एक सामाजिक रचना है।
B. किशोरावस्था को आमतौर पर यौवन को शुरू करने के लिए माना जाता है—यह एक ऐसी प्रक्रिया है जो यौन परिपक्वता और पुनरुत्पादन की क्षमता की ओर ले जाती है।
C. किशोरावस्था बचपन और वयस्कता के बीच विकासात्मक संक्रमण है जिसमें शारीरिक, संज्ञानात्मक और मनोसामाजिक परिवर्तन होते हैं।
D. विभिन्न संस्कृतियों के बच्चे एक समान तरीके से किशोरावस्था में प्रवेश करते हैं और इसे अनुभव करते हैं।

3. सुजाता नृत्य प्रतियोगिता में केवल इसलिए उत्सुकता से भाग लेती है क्योंकि वह नकद का प्रथम पुरस्कार जीतने में रुचि रखती है। सुजाता :
A. आंतरिक रूप से प्रेरित है।
B. बाहरी रूप से प्रेरित है।
C. महारत उन्मुख शिक्षार्थी है।
D. असफलता परिहार शिक्षार्थी है।

4. शिक्षार्थियों के बीच व्यक्तिगत भिन्नताओं को संबोधित करने के लिए एक शिक्षक को :
A. मतभेदों को असामान्य और एक प्रकार की कमी के रूप में स्वीकार करना चाहिए
B. व्यक्तिगत भिन्नताओं को नजर-अंदाज करना चाहिए
C. भिन्नताओं को मानव विविधता की प्रत्यक्ष विशेषता के रूप में मानना चाहिए
D. सभी शिक्षार्थियों के लिए एक अनम्य और समान पाठ्यक्रम लागू करना चाहिए

5. जीन पियाजे का मानना था कि ज्ञान है :
A. पर्यावरण से निष्क्रिय रूप से पारित होने के बजाय बच्चे द्वारा निर्मित किया जाता है।
B. अंतःक्रियाओं के माध्यम से प्राप्त करने के बजाय जन्मजात और दिया हुआ होता है।
C. अधिक जानकार अन्य लोगों के साथ बातचीत से सह-निर्मित होता है।
D. एक दृश्य व्यवहार परिवर्तन है जिसे विश्वसनीयता के साथ मापा जा सकता है।

6. एक प्रगतिशील कक्षा में आकलन :
A. गतिशील होता है।
B. वस्तुनिष्ठ होता है।
C. योगात्मक होता है।
D. मानक संदर्भित होता है।

7. निम्नलिखित में से कौन सी प्रक्रिया वातावरण से प्राप्त जानकारी के अर्थ-निर्माण और इसे स्मृति में आगे संग्रहीत करने के लिए आवश्यक है?
A. ध्यान देना
B. क्षय होना
C. भूलना
D. पुनर्प्राप्ति

1. B	2. D	3. B	4. C	5. A	6. A	7. A

8. निम्नलिखित में से कौन-सा एक ऐसे प्रश्न का उदाहरण है जिसमें छात्रों को जानकारी का विश्लेषण करने की आवश्यकता होती है?

A. "टू किल ए मॉकिंगबर्ड" उपन्यास का कथानक क्या है?
B. "टू किल ए मॉकिंगबर्ड" उपन्यास का विषय क्या है?
C. "टू किल ए मॉकिंगबर्ड" में लेखक प्रतीकवाद का उपयोग कैसे करते हैं?
D. "टू किल ए मॉकिंगबर्ड" का नायक कौन है?

9. **अभिकथन (A):** शिक्षकों को निरंतर अपने स्वयं के रूढ़िवादिता और पूर्वाग्रहों पर चिंतन करना चाहिए।

कारण (R): सांस्कृतिक रूप से उत्तरदायी शिक्षण का अर्थ है कि शिक्षक चिंतनशील हो।

सही विकल्प चुनें :

A. (A) और (R) दोनों सही हैं और (R), (A) की सही व्याख्या करता है
B. (A) और (R) दोनों सही हैं, लेकिन (R), (A) की सही व्याख्या नहीं करता है
C. (A) सही है, लेकिन (R) गलत है
D. (A) और (R) दोनों गलत हैं

10. कोहलबर्ग के नैतिक विकास के सिद्धांत की कैरोल गिलिगन की आलोचना का केंद्रीय तर्क है :

A. देखभाल की नैतिकता और नारीवादी दृष्टिकोण
B. बच्चों की नैतिक क्षमताओं को अधिक आंकना
C. बच्चों के अध्ययन में प्रायोगिक शोध प्रणाली का उपयोग
D. स्कूल जाने वाले बच्चों के लिए अध्ययन के शैक्षिक निहितार्थ

11. **अभिकथन (A):** वास्तविक जीवन की समस्याओं और मूर्त अनुभवों से सीखने से बच्चों को अधिगम और जानकारी प्राप्त करने के लिए कई रास्ते मिलते हैं।

कारण (R): विकास अपेक्षाकृत व्यवस्थित और अनुक्रमिक है।

सही विकल्प चुनें :

A. (A) और (R) दोनों सही हैं और (R), (A) की सही व्याख्या करता है
B. (A) और (R) दोनों सही हैं, लेकिन (R), (A) की सही व्याख्या नहीं करता है
C. (A) सही है, लेकिन (R) गलत है
D. (A) और (R) दोनों गलत हैं

12. अपपठन वैकल्य/डिस्लेक्सिया एक .... स्थिति है जो शिक्षार्थी की .... की क्षमता को प्रभावित करती है।

A. भावनात्मक, चित्र बनाने
B. तंत्रिकीय/न्यूरोलॉजिकल, ध्वनियों को प्रतीक चिह्नों के साथ जोड़ने
C. शारीरिक, साथियों के साथ समाजीकरण
D. संवेदी, शारीरिक गतिविधियों के समन्वय

13. एक माध्यमिक स्कूल शिक्षक छात्रों को संकल्पनाओं और वास्तविक दुनिया के अनुप्रयोगों के बीच संबंध बनाने में मदद करके सार्थक सीखने को सक्षम बनाना चाहता है। निम्नलिखित में से कौन सी गतिविधि एक उपयुक्त शैक्षणिक रणनीति होगी?

A. छात्रों को नियम और परिभाषाएँ याद करने दें।
B. विद्यार्थियों से बहुविकल्पीय प्रश्नों वाली कार्य पत्रक पूरी करने को कहें।
C. विद्यार्थियों को उद्दीपक-प्रतिक्रिया अनुबंधन की विधि द्वारा सीखने को कहें।
D. छात्रों को छोटे समूहों में वर्तमान मुद्दे पर शोध करने दें और अपने निष्कर्ष कक्षा में प्रस्तुत करें।

14. कोहलबर्ग के नैतिक विकास की किस अवस्था में बच्चों का तर्क कानून की नैतिकता के इर्द-गिर्द घूमता है?

A. पूर्व-पारंपरिक नैतिकता
B. पारंपरिक नैतिकता
C. विषम नैतिकता
D. स्वायत्त नैतिकता

15. निम्नलिखित में से कौन एक समावेशी कक्षा का उदाहरण नहीं है?

A. विविध दृष्टिकोणों का समावेश
B. उचित समावेशन का पालन
C. विभेदित निर्देश देना
D. प्रतिस्पर्धी लोकाचार को प्रोत्साहित करना

16. रचनात्मक मूल्यांकन के लिए कार्य की प्रगति को दर्शाते पोर्टफोलियो एक प्रभावी प्रणाली है क्योंकि :

(*a*) वे मूल्यांकन की प्रक्रिया में छात्रों को शामिल करते हैं।
(*b*) वे व्यक्तिगत छात्रों की प्रगति के बारे में अंतर्दृष्टि प्रदान करते हैं।
(*c*) वे मुख्य रूप से अंतिम उत्पाद की प्रस्तुति पर ध्यान केंद्रित करते हैं।
(*d*) वे छात्र अधिगम के ठोस सबूत पेश करते हैं।

A. (*b*), (*c*)
B. (*a*), (*d*)
C. (*a*), (*b*), (*c*)
D. (*a*), (*b*), (*d*)

8. C	9. A	10. A	11. B	12. B	13. D	14. B	15. D	16. D

17. निम्न में से कौन-सा एक महारत लक्ष्य अभिविन्यास का वर्णन करता है?

A. दूसरों के साथ प्रतिस्पर्धा करने के लिए एक निश्चित स्तर के प्रदर्शन को प्राप्त करने पर ध्यान देना।

B. किसी कार्य के लिए अपनी कौशल और समझ को सुधारने पर ध्यान देना।

C. बाहरी पुरस्कार प्राप्त करने के लिए उच्च ग्रेड प्राप्त करने पर ध्यान देना।

D. अपमान के डर से असफलता या सजा से बचने पर ध्यान देना।

18. निम्नलिखित में से कौन प्रगतिशील शिक्षा में शिक्षक की भूमिका का सबसे अच्छा वर्णन करता है?

A. शिक्षक कक्षा में ज्ञान और प्राधिकार का प्राथमिक स्रोत है।

B. शिक्षक बच्चों को प्रयोग करने के लिए विविध सामग्री प्रदान करता है और आवश्यकता पड़ने पर आलम्बन प्रदान करता है।

C. शिक्षक पाठ्यचर्या मानकों का कड़ाई से पालन सुनिश्चित करने के लिए जिम्मेदार है।

D. शिक्षक बच्चों को स्वतंत्र रूप से सीखने देता है और उनके सीखने में हस्तक्षेप नहीं करता है।

19. "पाठ्यपुस्तकों और मीडिया में विभिन्न जेंडर का प्रतिनिधित्व कितना और किस तरीके से किया जाता है" जैसे महत्वपूर्ण प्रश्न पूछने से किसको प्रोत्साहन मिलेगा?

A. जेंडर रूढ़ियों पर सवाल उठाना

B. जेंडर स्थिरता को मजबूत करना

C. जेंडर पहचान को मजबूत करना

D. जेंडर भूमिका की नम्यता को हतोत्साहित करना

20. जीन पियाजे के अनुसार चिन्हों के लिए चिन्हों का प्रयोग करने की क्षमता जैसे कि अक्षर X को अज्ञात अंक के लिए मानने की क्षमता .... के दौरान विकसित होती है और विद्यार्थियों को .... सीखने में सक्षम बनाती है।

A. मूर्त संक्रियात्मक अवस्था; बीजगणित और गणना

B. मूर्त संक्रियात्मक अवस्था; संरक्षण और क्रमबद्धता

C. औपचारिक संक्रियात्मक अवस्था; बीजगणित और गणना

D. औपचारिक संक्रियात्मक अवस्था; संरक्षण और क्रमबद्धता

21. आलोक निम्नलिखित व्यवहार दिखाता है : पढ़ते समय सिर को अजीब स्थिति में पकड़ना; आँख को बार-बार मूंदना और रगड़ना; आँखों की लाली/सूजन; अक्षर पहचान में भ्रमित होना। यह किसके संभावित लक्षण हो सकते हैं?

A. दृष्टि संबंधी समस्याएँ
B. भाषा की समझ की समस्या
C. स्वलीनता विकार
D. संचार संबंधी विकार

22. **अभिकथन (A):** एक समावेशी कक्षा में, सीखने के लक्ष्यों, शैक्षणिक रणनीतियों के साथ-साथ आकलन में अनुकूलन किया जाना चाहिए।

कारण (R): समावेशन का दर्शन शैक्षणिक दृष्टिकोण और मूल्यांकन के माध्यम से सभी व्यक्तिगत मतभेदों को समाप्त करने की वकालत करता है।

सही विकल्प चुनें :

A. (A) और (R) दोनों सही हैं और (R), (A) की सही व्याख्या करता है

B. (A) और (R) दोनों सही हैं, लेकिन (R), (A) की सही व्याख्या नहीं करता है

C. (A) सही है, लेकिन (R) गलत है

D. (A) और (R) दोनों गलत हैं

23. लेव-वायगोत्स्की के अनुसार बच्चे .... के साथ अंतःक्रिया के अनुभव से लाभान्वित होते हैं और उन कार्यों को कर पाते हैं जो उनके समीपदुराभिमुख विकास के क्षेत्र के .... हैं।

A. अधिक जानकार अन्य; अंदर

B. अधिक जानकार अन्य; बस बाहर

C. भौतिक वातावरण; अंदर

D. भौतिक वातावरण; बस बाहर

24. एक शिक्षिका ने नोटिस किया कि उसका एक छात्र अत्यधिक विचलित है और उसे कक्षा के दौरान ध्यान देने में परेशानी होती है। निम्नलिखित में से कौन सी रणनीति छात्र को केंद्रित रहने में मदद करने के लिए एक प्रभावी रणनीति होगी?

A. छात्र को कक्षा के दौरान बार-बार करने के लिए कार्य देना।

B. छात्र को सख्ती से अपना अवधान अवधि बढ़ाने के लिए कहना।

C. स्व-नियमन और समय-प्रबंधन के लिए छात्र को टाइमर देना।

D. माता-पिता को बुलाकर छात्र के खिलाफ सख्त अनुशासनात्मक कार्रवाई करना।

25. **अभिकथन (A):** छात्रों के अच्छा प्रदर्शन करने और स्कूल में बने रहने की अधिक संभावना है यदि उनको अपने स्कूल से भावनात्मक लगाव है और वे मानते हैं कि उनका होना मायने रखता है।

कारण (R): भावनाएँ सीखने में महत्वपूर्ण भूमिका निभाती हैं।

सही विकल्प चुनें :

A. (A) और (R) दोनों सही हैं और (R), (A) की सही व्याख्या करता है

B. (A) और (R) दोनों सही हैं, लेकिन (R), (A) की सही व्याख्या नहीं करता है

C. (A) सही है, लेकिन (R) गलत है

D. (A) और (R) दोनों गलत हैं

17. B	**18.** B	**19.** A	**20.** C	**21.** A	**22.** C	**23.** A	**24.** C	**25.** A

26. निम्नलिखित में से कौन सा संरचनावादी अधिगम सिद्धांत का मूल सिद्धांत है?

A. शिक्षकों को छात्रों को प्रत्यक्ष निर्देश और स्पष्ट मार्गदर्शन प्रदान करना चाहिए।

B. अधिगम तब होता है जब छात्रों को शिक्षकों से सही उत्तर और प्रतिपुष्टि मिलती है।

C. छात्र अपने पर्यावरण के साथ सक्रिय संलग्नता के माध्यम से अपने ज्ञान का निर्माण करते हैं।

D. अधिगम मुख्य रूप से एक निष्क्रिय प्रक्रिया है जिसमें सूचना प्राप्त करना और याद रखना शामिल है।

27. **अभिकथन (A):** एक बच्चा किसी कार्य को करने में जितना कम सक्षम होता है, शिक्षकों को उतने ही अधिक संकेत व इशारे देनी चाहिए. और जैसे-जैसे बच्चा अधिक से अधिक कर सकता है, शिक्षक को कम से कम मदद करनी चाहिए।

कारण (R): बुद्धि को बुद्धि-लब्धि की गणना करके सटीक रूप से नहीं मापा जा सकता है।

सही विकल्प चुनें :

A. (A) और (R) दोनों सही हैं और (R), (A) की सही व्याख्या करता है

B. (A) और (R) दोनों सही हैं, लेकिन (R), (A) की सही व्याख्या नहीं करता है

C. (A) सही है, लेकिन (R) गलत है

D. (A) और (R) दोनों गलत है

28. निम्नलिखित में से कौन-सा समाजीकरण की प्रक्रिया की विशेषताएँ हैं?

(*a*) यह एक रेखीय प्रक्रिया है।

(*b*) यह एक जटिल प्रक्रिया है।

(*c*) यह एक बहुआयामी प्रक्रिया है।

(*d*) यह विभिन्न संस्कृतियों में विशिष्ट रूप से होती है।

A. (*a*), (*b*) B. (*b*), (*c*)

C. (*b*), (*c*), (*d*) D. (*a*), (*b*), (*c*), (*d*)

29. **अभिकथन (A):** वह कोई उद्देश्यात्मक निश्चित क्षण नहीं होता जब कोई बच्चा मध्य बाल्यावस्था या किशोरावस्था में प्रवेश करता है।

कारण (R): विकास, प्रकृति में निरंतर होता रहता है।

सही विकल्प चुनें :

A. (A) और (R) दोनों सही हैं और (R), (A) की सही व्याख्या करता है

B. (A) और (R) दोनों सही हैं, लेकिन (R), (A) की सही व्याख्या नहीं करता है

C. (A) सही है, लेकिन (R) गलत है

D. (A) और (R) दोनों गलत हैं

30. एक प्रारंभिक विद्यालय का शिक्षक छात्र के शैक्षणिक आत्म-संप्रत्यय के विकास को दृढ़ता से प्रभावित कर सकता है :

A. सभी विद्यार्थियों से बहुत कम अपेक्षाएँ रखना

B. छात्रों में स्वायत्तता और पहल को दंडित करना

C. छात्रों में स्वायत्तता और पहल को पुरस्कृत करना

D. विशेष छात्रों से बहुत कम उम्मीदें रखना

गणित एवं विज्ञान

31. किसी समांतर चतुर्भुज ABCD का विकर्ण BD इस प्रकार है कि $\angle CBD = 12x$, $\angle ABD = 7y$, $\angle ADB = 60°$ और $\angle CDB = 28°$ है। तब $2x + 3y$ का मान है :

A. 20° B. 21°

C. 22° D. 23°

32. एक विद्यार्थी ने परिमेय संख्याओं के निम्नलिखित गुणधर्मों की सूची बनाई। इनमें से कौन-सा/से सही है/हैं?

(*a*) एक परिमेय संख्या में पूर्णांक सम्मिलित है।

(*b*) शून्य (0) परिमेय संख्या नहीं है।

(*c*) सभी भिन्न परिमेय संख्याएँ होती हैं।

सही विकल्प चुनें :

A. (*a*) और (*c*) B. केवल (*b*)

C. केवल (*c*) D. (*a*) और (*b*)

33. $p^3x + p^2(x - y) - p(y + z) - z$ के गुणनखंडों में से एक गुणनखंड है :

A. $p^2x - py + z$

B. $p^2x + py + z$

C. $p^2x - py - z$

D. $p^2x + py - z$

34. यदि आंकड़ों 30, 8, 7, 3, 17, 15, 21, 24, 29, 23 का माध्यक x है और इन आंकड़ों में 3 को 33 से तथा 8 को 18 से प्रतिस्थापित करने पर प्राप्त आंकड़ों का माध्यक यदि y है, तो y और x का अन्तर क्या है?

A. 1 B. 2

C. 3 D. 4

26. C	**27.** B	**28.** C	**29.** A	**30.** C	**31.** C	**32.** A	**33.** C	**34.** C

35. तीन संख्याएँ 2 : 3 : 4 के अनुपात में हैं और उनके घनों का योग 33957 है। इन तीनों संख्याओं का योग क्या है?

A. 54
B. 63
C. 72
D. 81

36. किसी बहुफलकी के शीर्षों (V), किनारों (E) और फलकों (F) की संख्याएँ क्रमशः 10, 15 और x हैं। तब $(3x - 12)$ का मान है :

A. 7
B. 9
C. 14
D. 18

37. यदि $\frac{x}{y} = \left(\frac{-1}{3}\right)^{-3} \div \left(\frac{2}{3}\right)^{-4}$ है, तो $\left(\frac{x}{y} + \frac{y}{x}\right)^{-1}$ का मान क्या है?

A. $-\frac{3}{16}$
B. $\frac{19}{48}$
C. $\frac{38}{73}$
D. $-\frac{48}{265}$

38. .... द्वारा अवधारणा को 'स्कीमा' के रूप में नामांकित किया गया था।

A. वायगोत्सकी
B. पियाजे
C. ब्रूनर
D. वैन हैले

39. यदि $x = 1.011 + 10.11 - 12.101 + 0.1011$ है, तो x में क्या जोड़ा जाए, जिससे योगफल 1.1 प्राप्त हो?

A. 1.9789
B. 0.3111
C. 0.2211
D. 1.1311

40. शिक्षक ने कक्षा में मौखिक आकलन का आयोजन किया जिससे यह पता चला कि राम विषम, सम, अभाज्य और भाज्य जैसी सभी प्रकार की संख्याओं की यथार्थ रूप से परिभाषा बता सकता है, परन्तु जब संख्याओं का समुच्चय दिया गया तब वह संख्याओं को सही रूप से पहचान नहीं पाया।

उपरोक्त परिस्थिति के लिए निम्नलिखित में से कौन-सा अति-उपयुक्त है?

A. राम की स्मरण शक्ति अच्छी है परन्तु अभ्यास की कमी है
B. राम की स्मरण शक्ति अच्छी है परन्तु एकाग्रता की कमी है
C. राम की स्मरण शक्ति अच्छी है परन्तु अवधारणात्मक बोध की कमी है
D. राम में विश्लेषणात्मक योग्यता है

41. कोई दुकानदार एक वस्तु को उसके अंकित मूल्य पर 28% की छूट देकर ₹324 पर बेचता है। वस्तु का क्रय मूल्य ₹300 है। यदि वह उस वस्तु को उसके उसी अंकित मूल्य पर 18% की छूट देकर बेचे, तो उसका लाभ प्रतिशत क्या होगा?

A. 10%
B. 19%
C. 23%
D. 24%

42. दो परिमेय संख्याओं का गुणनफल $-\frac{40}{3}$ है। यदि उन दो संख्याओं में से एक $-\frac{5}{2}$ है, तो दूसरी संख्या का व्युत्क्रम निम्न के बीच में स्थित है :

A. $\frac{3}{20}$ और $\frac{9}{50}$
B. $\frac{9}{50}$ और $\frac{1}{5}$
C. $\frac{1}{5}$ और $\frac{1}{4}$
D. $\frac{1}{4}$ और $\frac{1}{3}$

43. कक्षा VI की एक गणित की शिक्षिका ने अपने विद्यार्थियों के समक्ष निम्नलिखित प्रश्न रखा :

"प्रातः कालीन सैर में तीन व्यक्ति एक साथ चलना प्रारंभ करते हैं। उनके कदमों की लम्बाई क्रमशः 70 सेमी., 85 सेमी. और 95 सेमी. हैं। इनमें से प्रत्येक न्यूनतम कितनी दूरी चले कि वे वही दूरी पूरे-पूरे कदमों में तय कर सके?"

निम्नलिखित में से कौन-सी अवधारणाएँ दिए गए प्रश्न को हल करने के लिए आवश्यक होंगी?

A. महत्तम समापवर्तक (म.स) की अवधारणा
B. लघुत्तम समापवर्तक (ल.स) की अवधारणा
C. विभाजन की अवधारणा
D. समानुपात की अवधारणा

44. एक विद्यार्थी को प्रतिशतता पर निम्नलिखित समस्या हल करने को दी गई,

"अगर एक शहर की जनसंख्या 28,000 से घटकर 26,500 हो गई है तो जनसंख्या के घटने की प्रतिशतता ज्ञात कीजिए।"

उसने निम्नलिखित हल लिखा,

प्रारंभिक जनसंख्या = 28,000; नई जनसंख्या = 26,500

घटने का प्रतिशत $= \frac{26500}{28000} \times 100\% = 94.6\%$

विद्यार्थी के उत्तर के संदर्भ में निम्नलिखित में से क्या सबसे उपयुक्त है?

A. विद्यार्थी प्रतिशतता की अवधारणा को समझने में सक्षम है परन्तु वह यह समझ पाने में समर्थ नहीं है कि किस राशि की प्रतिशतता ज्ञात करनी है
B. विद्यार्थी ने प्रश्न को सही तरीके से हल किया है किन्तु उसने उत्तर में गलत चिह्नों का उपयोग किया है
C. विद्यार्थी प्रतिशतता की अवधारणा को नहीं जानता
D. विद्यार्थी ने असावधानीवश एक त्रुटि की है

35. B **36.** B **37.** D **38.** B **39.** A **40.** C **41.** C **42.** B **43.** B **44.** A

45. दो सम्पूरक कोणों का अन्तर 20° है। यदि इनमें से छोटा कोण p है, तो $3p - 50°$ का मान है :

A. 310° B. 270°
C. 250° D. 190°

46. x, y के साथ व्युत्क्रमानुपाती विचरण करता है। जब $x = 3.5$ है, तब $y = 2.4$ है। जब $x = 5.6$ है, तब y का मान क्या होगा?

A. 1.4 B. 1.5
C. 2.1 D. 2.8

47. गणित की कक्षा में दृष्टिबाधित विद्यार्थियों के लिए निम्नलिखित अधिगम शिक्षण संसाधनों (एलटीआर) में से कौन-सा सबसे उपयुक्त है?

(*a*) जियोजेबरा
(*b*) टेलर का गिनतारा
(*c*) कम्प्यूटर
(*d*) स्प्रेडशीट

सही विकल्प चुनें :

A. (*a*) और (*b*) B. (*c*) और (*d*)
C. (*b*) और (*c*) D. (*b*), (*c*) और (*d*)

48. राष्ट्रीय शिक्षा नीति, 2020 सिफारिश करती है कि खेल एकीकृत शिक्षाशास्त्र को कक्षा में उपयोग करने की आवश्यकता है। खेल एकीकृत शिक्षाशास्त्र के संदर्भ में गणित की कक्षा के लिए निम्नलिखित में से कौन-सा कथन सही है?

(*a*) शिक्षण-अधिगम प्रक्रिया आनन्ददायक हो जाएगी।
(*b*) खेल का उपयोग गणित पढ़ाने में सम्भव नहीं है।
(*c*) इसमें बहुत समय खर्च हो जाएगा तो इसे टालना चाहिए।
(*d*) प्रसिद्ध खेलों के अलावा कई स्वदेशी खेल हैं जिनका उपयोग गणित पढ़ाने में किया जा सकता है।

सही विकल्प चुनें :

A. (*a*) और (*c*)
B. (*b*) और (*c*)
C. (*a*) और (*d*)
D. (*b*), (*c*) और (*d*)

49. किसी लम्ब वृत्तीय बेलन का वक्र पृष्ठीय क्षेत्रफल 4400 सेमी.^{2} है और उसके आधार की परिधि 110 सेमी. है। बेलन का आयतन (मी.^{3} में) है :

$\left(\pi = \frac{22}{7} \text{ का प्रयोग कीजिए}\right)$

A. 0.0284 B. 0.0385
C. 0.0285 D. 0.0382

50. ऊपर से खुला हुआ एक बक्सा 3 सेमी. मोटी लकड़ी का बना है। इसकी बाह्य लम्बाई, चौड़ाई तथा ऊँचाई क्रमशः 1.48 मी., 1.16 मी. और 83 सेमी. है (आधार = लम्बाई × चौड़ाई)। इसकी आंतरिक सतहों पर ₹150 प्रति मी.^{2} की दर से पेंट कराने की लागत क्या होगी?

A. ₹838.20 B. ₹839.10
C. ₹841.40 D. ₹842.50

51. त्रिभुजों ABC और DEF में; ∠B = 90°, BC = 8 सेमी., ∠A = 40°, DE = 8 सेमी., ∠F = 40° और ∠E = 90° है। तब, निम्न कथनों में से कौन-सा कथन सत्य है?

A. ΔABC ≅ ΔDEF, RHS द्वारा
B. ΔABC ≅ ΔFED, RHS द्वारा
C. ΔABC ≅ ΔDFE, AAS द्वारा
D. ΔABC ≅ ΔFED, AAS द्वारा

52. तीन क्रमागत पूर्णांक इस प्रकार हैं कि जब उन्हें बढ़ते क्रम में लिया जाता है और क्रमशः 3, 5 और 2 से गुणा करके जोड़ा जाता है, तो योगफल 99 प्राप्त होता है। आरम्भिक पहले तथा तीसरे पूर्णांकों का योग क्या है?

A. 16 B. 18
C. 20 D. 24

53. मिडल स्कूल की गणित की एक शिक्षिका अपनी कक्षा के समक्ष निम्नलिखित प्रश्न रखती है :

"निम्नलिखित आँकड़ों को दर्शाने के लिए आप किस प्रकार के आलेख का उपयोग करेंगे?
(*a*) किसी खेलकूद प्रतियोगिता में प्रतिभागियों के कद
(*b*) किसी स्टेशन पर प्रातः 9:00 बजे से सायं 9:00 बजे तक रेलगाड़ियों से जाने वाले यात्रियों की संख्या।"

अध्यापिका का आशय है :

A. दंड-आलेख और रेखा-आलेख के बीच के अन्तर को समझने में शिक्षार्थियों की सहायता करना
B. पाई-चार्ट की अवधारणा का परिचय देना
C. रेखा-आलेख का संदर्भात्मक परिस्थितियों द्वारा शिक्षण करना
D. आँकड़ों के निरूपण के लिए आयतचित्र के उपयोग का शिक्षण करना

54. यदि 8-अंकीय संख्या 9 4 7 1 x 9 y 2, 72 से विभाज्य है, तो निम्न में से कौन-सा कथन सत्य नहीं है?

A. $x = 8$ और $y = 5$
B. $x = 4$ और $y = 9$
C. $x = 9$ और $y = 5$
D. $x = 3$ और $y = 1$

45. D **46.** B **47.** C **48.** C **49.** B **50.** B **51.** D **52.** C **53.** D **54.** C

55. गणित एक सोचने का तरीका है क्योंकि :

(*a*) यह विद्यार्थियों को साक्ष्यों एव प्रतिमानों के निरीक्षण में व्यस्त (संलग्न) रखने के लिए अवसर प्रदान करता है।

(*b*) समस्या समाधान के दौरान विद्यार्थी सूत्रों एवं चिह्नों को दोहराते हैं।

(*c*) विद्यार्थी विभिन्न नई समस्याओं का समाधान करने के लिए उपयुक्त युक्तियों का उपयोग करते हैं।

सही विकल्प का चयन कीजिए :

A. (*a*) और (*b*)
B. (*b*) और (*c*)
C. (*a*) और (*c*)
D. केवल (*b*)

56. निम्न सारणी में किसी डिब्बे में रखे गए विभिन्न फलों की संख्याओं को दर्शाया गया है :

फलों के प्रकार	आम	सेब	संतरे	अमरूद	अनार
संख्या	44	56	42	30	38

यदि उपरोक्त आंकड़ों का एक पाई चार्ट बनाया जाता है, तो उस त्रिज्यखंड का कोण क्या होगा जो सेबों को दर्शाता है?

A. 79.2°
B. 72°
C. 96°
D. 100.8°

57. किसी समलम्ब चतुर्भुज की समांतर भुजाएँ 11 सेमी. और 25 सेमी. हैं और उनके बीच की दूरी 12 सेमी. है। इसका क्षेत्रफल उस आयत के क्षेत्रफल के बराबर है जिसकी भुजाएँ 3 : 2 के अनुपात में हैं। उस आयत का परिमाप (सेमी. में) क्या है?

A. 40
B. 50
C. 60
D. 70

58. यदि $A = -2x^2 + 12x$, $B = 11 - 8x + 3x^2$, $C = 17 - 4x^2$ और $D = x^2 - x - 3$ हैं, तो $(A + B + C - D)$ में x^2 और x के गुणांकों का योग है :

A. 0
B. –1
C. 1
D. 3

59. निम्नलिखित में से कौन-सा गणित अधिगम के आकलन का आयाम नहीं है?

A. सम्प्रेषण
B. प्रतिमान (Pattern) और प्रक्रिया (कार्य-विधि)
C. गणित के प्रति रुझान
D. गणितीय तर्क

60. त्रिभुज PQR में, $\angle P = 55°$ और QR = 18 सेमी. है। निम्न स्थितियों में से किसमें ΔPQR एक अधिक कोण विषमबाहु त्रिभुज हो सकता है?

A. $\angle R = 25°$ और PQ = 18 सेमी.
B. $\angle R = 15°$ और PR > 18 सेमी.
C. $\angle R = 65°$ और PQ > 18 सेमी.
D. $\angle R = 35°$ और PR = 18 सेमी.

61. निम्नलिखित अनुच्छेद को ध्यानपूर्वक पढ़िए तथा उस विकल्प का चयन कीजिए जोकि सही प्रकार से दिए गए क्रम में रिक्त स्थानों को भरें।

ध्वनि कम्पन द्वारा उत्पन्न होती है तथा भिन्न-भिन्न वाद्य यंत्रों के विशिष्ट कम्पमान भाग होते हैं। __X__ में ध्वनि तानित तारों द्वारा उत्पन्न होती है, __Y__ में तानित झिल्ली है जो कम्पन करती है तथा __Z__ में ध्वनि उत्पन्न करने वाला कम्पमान भाग, वायु-स्तम्भ (कॉलम) है।

X, Y और Z क्रमशः हो सकते हैं :

A. सितार, हार्मोनियम, ढोलक
B. ढोलक, इकतारा, मुख-आर्गन
C. गिटार, तबला, शहनाई
D. इकतारा, वायलिन, पियानो

62. निम्नलिखित में से पादप (पौधे) सूक्ष्म पोषकों के समुच्चय (लघु मात्राओं में पादपों द्वारा आपेक्षित पोषक) की पहचान कीजिए:

A. पोटैशियम, मैग्नीशियम, ताँबा
B. ताँबा, फॉस्फोरस, कैल्सियम
C. सल्फर, ऐलुमिनियम, क्लोरीन
D. जिंक (जस्ता), लौह, मैंगनीज

63. निम्नलिखित कथनों को ध्यानपूर्वक पढ़िए तथा सही विकल्प का चयन कीजिए :

अभिकथन (A) : रात्रि आकाश में तारे पूर्व से पश्चिम की ओर गति करते प्रतीत होते हैं।

तर्क (R) : पृथ्वी पश्चिम से पूर्व दिशा में घूर्णन करती है।

A. (A) और (R) दोनों सही हैं और (R), (A) की सही व्याख्या करता है
B. (A) और (R) दोनों सही हैं, लेकिन (R), (A) की सही व्याख्या नहीं करता है
C. (A) सही है, लेकिन (R) गलत है
D. (A) और (R) दोनों गलत हैं

64. निम्नलिखित में से कौन-से कथन लोहे में जंग लगने के संबंध में सही हैं?

(*a*) यह लौह (लौहे) और ऑक्सीजन के बीच रासायनिक अभिक्रिया को शामिल करता है।

(*b*) यह एक ऊष्माक्षेपी अभिक्रिया है।

(*c*) यह सामान्य ताप (कोष्ठ-ताप) पर हो सकता है।

(*d*) यह उत्क्रमणीय अभिक्रिया है।

A. (*a*), (*b*), (*d*)
B. (*b*) और (*c*)
C. (*a*) और (*d*)
D. (*a*), (*b*) और (*c*)

55. C	**56.** C	**57.** C	**58.** C	**59.** C	**60.** B	**61.** C	**62.** D	**63.** A	**64.** D

65. कॉलम A में दिए गए पदार्थों का कॉलम B में दिए गए उनके रासायनिक नामों के साथ सुमेल कीजिए :

(A)	(B)
(*a*) बुझा चूना	(*i*) कैल्सियम ऑक्साइड
(*b*) सादा नमक	(*ii*) सोडियम बाइकार्बोनेट
(*c*) चूना पत्थर	(*iii*) कैल्सियम कार्बोनेट
(*d*) कॉस्टिक सोडा	(*iv*) कैल्सियम हाइड्रोक्साइड
(*e*) बिना बुझा चूना	(*v*) सोडियम हाइड्रोक्साइड
(*f*) बेकिंग सोडा (खाना)	(*vi*) सोडियम क्लोराइड

	(*a*)	(*b*)	(*c*)	(*d*)	(*e*)	(*f*)
A.	(*iv*)	(*vi*)	(*iii*)	(*v*)	(*i*)	(*ii*)
B.	(*vi*)	(*ii*)	(*v*)	(*i*)	(*iii*)	(*iv*)
C.	(*i*)	(*vi*)	(*iii*)	(*v*)	(*ii*)	(*iv*)
D.	(*iv*)	(*v*)	(*iii*)	(*ii*)	(*i*)	(*iv*)

66. सही कथन/कथनों की पहचान कीजिए :

(*a*) : तथ्य एक अवलोकन है जिसे समयोपरि बारंबार सही पाया गया है।

(*b*) : नियम एक सिद्धांत है जिसे समयोपरि बारंबार सही पाया गया है।

A. केवल (*a*)
B. (*a*) और (*b*)
C. केवल (*b*)
D. (*a*) और (*b*) में कोई भी नहीं

67. निम्नलिखित लेख को पढ़िए :

जब ऋणात्मक रूप से आवेशित छड़ (रॉड) को अनावेशित विद्युतदर्शी के निकट लाया जाता है,

(*a*) विद्युतदर्शी पत्तियाँ एक-दूसरे से और दूर जाएंगी।

(*b*) दोनों विद्युतदर्शी पत्तियाँ समान आवेश अर्जित करेंगी।

(*c*) ऋणात्मक आवेशों को विद्युतदर्शी पर हस्तांतरित किया जाता है जिसके परिणामस्वरूप इसकी पत्तियाँ एक-दूसरे से और दूर चली जाती हैं।

उपरोक्त तीन कथनों के :

A. (*a*) अवलोकन है जबकि (*b*) और (*c*) अनुमान है
B. (*a*) और (*b*) अवलोकन हैं और (*c*) अनुमान है
C. (*a*), (*b*) और (*c*) अवलोकन हैं
D. (*a*), (*b*) और (*c*) अनुमान हैं

68. निम्नलिखित में कौन-सी गैसें अम्लीय वर्षा के लिए उत्तरदायी हैं?

(*a*) नाइट्रोजन (*b*) ऑक्सीजन
(*c*) ओजोन (*d*) सल्फर डाइऑक्साइड
(*e*) नाइट्रिक ऑक्साइड

A. (*a*) और (*b*) B. (*b*) और (*c*)
C. (*c*) और (*d*) D. (*d*) और (*e*)

69. निम्नलिखित में से कौन-सा परिकल्पना करने के कौशल का निर्देशक नहीं है?

A. खोजबीन तक ले जाने वाले प्रश्न बनाना
B. कुछ सिद्धांतों के विषय में अवलोकनों अथवा संबंधों की व्याख्या करने का प्रयास करना
C. सूचना एकत्र करने के लिए ज्ञानेंद्रियों का उपयोग करना
D. किसी प्रयोग के लिए चरों की पहचान करना

70. निम्नलिखित में से सही कथनों की पहचान कीजिए :

(*a*) सामान्यतः अधातु जल के साथ अभिक्रिया नहीं करते।

(*b*) सामान्यतः अधातु अम्लों के साथ अभिक्रिया नहीं करते।

सही विकल्प का चयन कीजिए :

A. केवल (*a*) B. केवल (*b*)
C. (*a*) और (*b*) दोनों D. न तो (*a*) न ही (*b*)

71. एक गेंद को हवा में ऊपर की ओर फेंका गया। वह अधिकतम ऊँचाई तक पहुँचने के तत्पश्चात फेंकने वाले के पास आ गई।

गेंद की उपरिमुखी और अधोमुखी गति/चाल के समय निम्नलिखित में से कौन-सी राशियों का समान मान है?

A. त्वरण B. गुरुत्व का बल
C. विस्थापन D. गुरुत्व द्वारा किया गया कार्य

72. एक पिंड का रैखिक संवेग p तथा द्रव्यमान (संहति) m है। गतिज ऊर्जा क्या है?

A. p^2m B. $2p^2m$
C. $\frac{p^2}{2m}$ D. pm

73. उच्च प्राथमिक स्तर पर 'रासायनिक अभिक्रिया' की अवधारणा से विद्यार्थियों को परिचित कराने के लिए निम्नलिखित में से कौन-सी अति उपयुक्त रणनीति है?

A. संयोजकता इलेक्ट्रॉन और इलेक्ट्रॉनिक विन्यास की अवधारणा की व्याख्या करना
B. रासायनिक समीकरणों को प्रतीकात्मक रूप में लिखना तथा विद्यार्थियों को अवलोकन करने के लिए कहना
C. रासायनिक अभिक्रिया को परिभाषित करना तथा उदाहरण देना
D. उन रासायनिक अभिक्रियाओं पर परिचर्चा करना जिनका विद्यार्थियों ने उनके जीवन में संभावित रूप से अवलोकन कर रखा है

65. A **66.** A **67.** A **68.** D **69.** C **70.** C **71.** A,B **72.** C **73.** D

74. निम्नलिखित में से उन जंतुओं का समुच्चय कौन-सा है जो सभी बाह्य निषेचन को दर्शाते हैं?

A. मुर्गी, छिपकली, तितली
B. छिपकली, तितली, मेंढ़क
C. तितली, मेंढ़क, मछली
D. मेंढ़क, मछली, स्टारफिश

75. नीचे दी गई परीक्षण सामग्री पर विचार कीजिए तथा निम्नलिखित को सुमेल कीजिए :

कॉलम-A	**कॉलम-B**
बल की इकाई (मात्रक)	जूल
लौह का चिह्न	HCl
हाइड्रोक्लोरिक अम्ल का सूत्र	Ag
कार्य की इकाई (मात्रक)	
चाँदी का चिह्न	कैलोरी
बैटरी का चिह्न	Fe
	न्यूटन

यह उचित सिद्ध करने के लिए कि सामग्री जैसे-तैसे बना दी गई है इसका निम्नलिखित में से कौन-सा कारण नहीं दिया जा सकता है?

A. कॉलम A में किसी प्रविष्टि के लिए कॉलम B में अधिकतम दो युक्तियुक्त प्रविष्टियाँ हैं
B. कॉलम A और B में असमान प्रविष्टियाँ हैं
C. मिलते हुए युग्मों का सरलता से अनुमान लगाया जा सकता है
D. प्रविष्टियों में (के बीच में) विसंगति है

76. निम्नलिखित कथनों को पढ़िए और सही विकल्प का चयन कीजिए :

अभिकथन (A) : सूखी हुई किशमिश को जब कुछ समय के लिए सादे जल में छोड़ दिया गया तो वह परासरण के कारण फूल जाती है।

तर्क (R) : पादप कोशिकाओं में वरणात्मक रूप से पारगम्य कोशिका झिल्ली होती है।

A. (A) और (R) दोनों सही हैं और (R), (A) की सही व्याख्या करता है।
B. (A) और (R) दोनों सही हैं, लेकिन (R), (A) की सही व्याख्या नहीं करता है।
C. (A) सही है, लेकिन (R) गलत है
D. (A) गलत है, लेकिन (R) सही है

77. उच्च प्राथमिक स्तर पर 'अभावजन्य रोग' विषय को प्रस्तुत करने की निम्नलिखित में से कौन-सी सबसे उपयुक्त रणनीति होगी?

A. संतुलित आहार की परिभाषा प्रदान करना तथा अभाव की अवधारणा को प्रस्तुत करना
B. अभावजन्य रोग से संबंधित डॉक्टर (चिकित्सक) के प्रदेशन की व्यवस्था कर उस पर परिचर्चा करना
C. मानव शरीर में विभिन्न पोषकों और जिन क्रियाओं का वे निष्पादन करते हैं उसे सूचीबद्ध करना
D. सामान्य मानव संबंधी रोगों पर परिचर्चा करना

78. निम्नलिखित में से कौन श्रेष्ठ रूप से 'विज्ञान संदेहवाद को बढ़ावा देता है' कथन की व्याख्या करता है?

A. विषयनिष्ठ आनुभाविक साक्ष्यों के आधार पर वैज्ञानिक दावे की वैधता को आंकते हैं
B. विज्ञान प्रकृति में शुद्ध रूप से आगमनात्मक है
C. वैज्ञानिक दूसरे (अन्य) वैज्ञानिकों के जाँच-परिणामों पर विश्वास नहीं करते हैं
D. वैज्ञानिक उन्मुक्त विचार वाले होते हैं तथा अपने विचारों को रूपांतरित करने के इच्छुक होते हैं

79. क्षैतिज (अनुप्रस्थ) मेज (टेबल) पर पड़े हुए एक डिब्बे (बॉक्स) का द्रव्यमान (संहति) 500 ग्राम है। उस पर लगने वाले बल/बलों के संबंध में निम्नलिखित में से कौन-सा कथन सही है? [$g = 10 \text{ m/s}^2$]

A. उस पर कोई बल कार्य नहीं करता है
B. अधोमुखी दिशा में उस पर 5 N का असंतुलित बल कार्य करता है
C. संतुलित बलों का एक युग्म (युगल) उस पर कार्य करता है
D. उपरिमुखी दिशा में उस पर 5 N का असंतुलित बल कार्य करता है

80. __X__ एक यंत्र है जिसका प्रयोग कोनों के इर्दगिर्द देखने के लिए किया जाता है और यह __Y__ के सिद्धांत पर आधारित है।

X और Y क्रमशः हैं :

A. दूरदर्शक (Telescope), परावर्तन
B. बहुरूपदर्शी, अपवर्तन
C. परिदर्शी, परावर्तन
D. परिदर्शी, प्रकीर्णन

81. X और Y गाढ़े काले द्रव हैं जिनका प्रयोग सड़कों को पक्का करने के लिए किया जा सकता है। X पेट्रोलियम से व्युत्पन्न है तथा Y कोयले से व्युत्पन्न है। निम्नलिखित में से कौन-सा क्रमशः X और Y हो सकता है?

A. बिटुमेन, कोलतार
B. कोलतार, चारकोल (काष्ठ-कोयला)
C. चारकोल (काष्ठ-कोयला), बिटुमेन
D. कोलतार, बिटुमेन

74. D **75.** B **76.** A **77.** B **78.** A **79.** C **80.** C **81.** A

82. निम्नलिखित में से कौन-सा शिक्षक द्वारा कक्षा में प्रदर्शन को कार्यान्वित करने के संबंध में वांछनीय नहीं है?

A. कक्षा में कार्यान्वित करने से पूर्व प्रदर्शन का अभ्यास करना

B. समय पूर्व ही उन अनुबंधों (संबंधों) पर बल देना जिनका निर्माण करना विद्यार्थियों के लिए आवश्यक है

C. प्रदर्शन को व्याख्याओं से संपूरक करना (पूरा करना)

D. परिचर्चा के साथ प्रदर्शन का अनुगमन करना

83. निम्नलिखित में से कौन-सा/से कथन सही है/हैं?

A. खाद की अपेक्षा उर्वरक पोषकों के संबंध में अधिक समृद्ध होते हैं

B. उर्वरक मृदा की जलधारण क्षमता में वृद्धि करते हैं

C. उर्वरकों से मृदा को प्रचुर मात्रा में ह्यूमस प्राप्त होती है

D. उर्वरकों से मृदा में मित्र जीवाणुओं की संख्या में वृद्धि हो जाती है

84. उस समुच्चय को ढूँढिए जोकि कॉलम A में पादपों का उनके द्वारा प्रदर्शित अलैंगिक जनन की विधि के साथ सही प्रकार से सुमेल करता है :

कॉलम-A	**कॉलम-B**
(*a*) गुलाब	(*i*) मुकुलन
(*b*) खमीर (Yeast)	(*ii*) बीजाणु रचना
(*c*) पर्णांग (Ferns)	(*iii*) खंडन
(*d*) स्पाइरोगाइरा	(*iv*) परागण
	(*v*) कायिक प्रवर्धन

	(*a*)	(*b*)	(*c*)	(*d*)
A.	(*v*)	(*i*)	(*ii*)	(*iii*)
B.	(*iv*)	(*i*)	(*v*)	(*iii*)
C.	(*v*)	(*iii*)	(*ii*)	(*i*)
D.	(*iv*)	(*iii*)	(*i*)	(*ii*)

85. निम्नलिखित में से कौन-से पादप रोग (व्याधि/बीमारी) जीवाणु द्वारा होते हैं?

(*a*) गेहूँ में घुन लगना (गेहूँ का किट्ट)

(*b*) सिट्रस टैंकर

(*c*) भिंडी की पीत शिरा किर्मीर

A. (*a*) और (*b*)

B. केवल (*b*)

C. (*b*) और (*c*)

D. केवल (*c*)

86. अधिकतम और न्यूनतम प्रतिरोध के बीच का अंतर जोकि प्रत्येक $\frac{1}{3}\Omega$ के तीन प्रतिरोधों को जोड़ने के द्वारा प्राप्त की जा सकती है, वह है :

A. $\frac{2}{3}\Omega$ B. $\frac{8}{9}\Omega$

C. $1\ \Omega$ D. $\frac{1}{9}\Omega$

87. एक शिक्षिका अपनी कक्षा VI के विद्यार्थियों को 'शरीर में गति' पाठ पढ़ाते समय निम्नलिखित प्रतिबिम्ब दिखाती है :

जलयात्रा करती नाव, तैरती मछली और एक उड़ता हवाई जहाज। वह तत्पश्चात विद्यार्थियों को प्रतिबिम्बों की आकृति एवं गति के प्रकार को प्रतिबिम्बित करने के लिए कहती है। उत्तर देने के लिए विद्यार्थियों द्वारा निम्न में से किनको संभावित रूप से नियोजित किया जाएगा?

(*a*) वर्गीकरण (*b*) अवलोकन

(*c*) आगमनात्मक तर्कशीलता (*d*) मापन

A. (*a*) और (*b*) B. (*b*) और (*c*)

C. (*c*) और (*d*) D. (*a*) और (*d*)

88. कहा जा सकता है कि निम्नलिखित में से सभी में बीज प्रकीर्णन ने पादपों को लाभ पहुँचाया है (सहायता की है) सिवाय:

A. अतिसंकुलता

B. सूर्य के प्रकाश, जल एवं खनिजों के लिए प्रतिस्पर्धा टालने के

C. नए आवासों में अपनी पकड़ बनाने के

D. नई किस्में उत्पन्न करने के

89. न्यूटन के गुरुत्वाकर्षण के सिद्धांत को एक उत्कृष्ट सिद्धांत मानने के पीछे निम्नलिखित में से कौन-सा सर्वाधिक उपयुक्त कारण है?

A. यह कम धारणाएँ बनाकर बड़ी संख्या में प्रेक्षणों की व्याख्या करता है

B. इस पर पूर्ण प्रयोग के पश्चात ही पहुँचा गया है

C. इसे परिशुद्ध गणित भाषा का प्रयोग करके सूत्रबद्ध किया गया है

D. इसे दीर्घसमय अवधि में विकसित किया गया है

90. निम्नलिखित कथनों को ध्यानपूर्वक पढ़िए तथा सही विकल्प का चयन कीजिए :

S1 : रेयॉन एक संश्लिष्ट तंतु है।

S2 : रेयॉन को बिना किसी प्राकृतिक कच्चे माल के प्रयोग के बनाया जाता है।

A. S1 व S2 दोनों सही हैं

B. S1 सही है और S2 गलत है

C. S1 गलत है और S2 सही है

D. S1 व S2 दोनों गलत हैं

82. B	**83.** A	**84.** A	**85.** B	**86.** B	**87.** B	**88.** A	**89.** A	**90.** B

भाषा-I–हिन्दी

निर्देश (प्र.सं. 91 से 99): *निम्नलिखित गद्यांश को पढ़कर पूछे गए प्रश्नों के सही/सर्वाधिक उपयुक्त विकल्प का चयन कीजिए।*

इच्छा से प्रेरित होकर लोग उन्नति के मार्ग पर चलने लगते हैं। अपनी यात्रा के आरंभ में वे अपनी प्रगति में बाधा डालने वाली सैकड़ों व्यक्तिगत और सामाजिक खामियों का पता लगाते हैं। उन आदिमानवों ने सुख प्राप्त करने की अपनी सहज इच्छा से प्रेरित होकर भी इन खामियों के खिलाफ संघर्ष किया। हालाँकि प्रगति प्राप्त करने के लिए कोई व्यवस्थित तरीका उपलब्ध न होने के कारण वे बहुत कमजोर थे।

मानव अस्तित्व त्रिपक्षीय है—भौतिक, मानसिक और आध्यात्मिक। अपनी यात्रा के प्रारंभिक चरण में सुदूर अतीत के अंधेरे युग में मानव ने अकेले भौतिक और मानसिक क्षेत्रों में प्रगति की। मानव संरचना में रूपात्मक परिवर्तन अब भी हो रहे हैं और भविष्य में भी होंगे। मनुष्य भविष्य में ऐसे उल्लेखनीय परिवर्तनों से गुजरेगा जो आज के लोगों के लिए लगभग अपरिचित होंगे। हम यह नहीं कह सकते कि उन आरंभिक मनुष्यों ने वास्तव में कोई महत्वपूर्ण आध्यात्मिक प्रगति की थी। हालाँकि उन्होंने जो भी उन्नति की, वह किसी भी तरह से महत्वहीन नहीं थी।

91. विशेषण-विशेष्य का उदाहरण नहीं है :
A. रूपात्मक परिवर्तन
B. अँधेरे युग
C. मानव अस्तित्व
D. आध्यात्मिक दुनिया

92. उन्नति प्राप्त करने के लिए आवश्यक है कि मनुष्य :
A. अपनी खूबियों को जान ले।
B. अपनी कमियों को जान ले
C. अपने लक्ष्य की ओर चलता रहे।
D. संघर्षरत रहे और विद्रोह करे।

93. गद्यांश के आधार पर कहा जा सकता है कि
A. परिवर्तन महत्वपूर्ण नहीं होते।
B. परिवर्तन मानव जीवन का सत्य है।
C. परिवर्तन अपरिपक्वता को दर्शाते हैं।
D. परिवर्तन तीव्र गति से होते हैं।

94. ''अध्यात्म'' शब्द में 'इक' प्रत्यय लगाने पर शब्द बनेगा :
A. अध्यात्मिक
B. आध्यात्मीक
C. आध्यात्मिक
D. आधयात्मिक

95. ''मानव'' शब्द में किस प्रत्यय और उपसर्ग का प्रयोग संभव है?
A. ईय, अ B. ईय, अन
C. इत, अ D. ईय, सु

96. मानव के कौन-से तीन पक्ष हैं?
A. आध्यात्मिक, त्रिपक्षीय, भौतिक
B. सांसारिक, मानसिक, आध्यात्मिक
C. भौतिक, मानसिक, सांसारिक
D. भौतिक, मानसिक, आध्यात्मिक

97. आदिमानव ने .... क्षेत्र में प्रगति की परंतु .... क्षेत्र में प्रगति नहीं कर सका।
A. आध्यात्मिक, भौतिक B. भौतिक, मानसिक
C. भौतिक, आध्यात्मिक D. मानसिक, भौतिक

98. ''उल्लेखनीय परिवर्तन'' से तात्पर्य है :
A. बड़े-बड़े परिवर्तन
B. महत्वपूर्ण परिवर्तन
C. पुस्तकों में उल्लिखित परिवर्तन
D. पुरस्कृत परिवर्तन

99. प्रगति प्राप्त करने का व्यवस्थित तरीका किसके पास नहीं था?
A. सभी मनुष्यों के पास
B. सभी अज्ञानी मानवों के पास
C. सभी अव्यवस्थित आदिमानवों के पास
D. आदिमानवों के पास

निर्देश (प्र.सं. 100 से 105): *नीचे दी गई कविता की पंक्तियों को पढ़कर सबसे उचित विकल्प का चयन कीजिए।*

कट गया है शीश पर
ये शीश है झुका नहीं
राही उसी का नाम है
जो राह में रुका नहीं
एक दिन प्रकाश होता है
कितना भी अंधकार हो
सत्य की विजय सदा
असत्य की हार हो।
सच्चाई साथ में रहे
कैसा भी अपना अंत हो
सत्य की विजय सदा
असत्य की हार हो।

91. C	**92.** B	**93.** B	**94.** C	**95.** A	**96.** D	**97.** C	**98.** B	**99.** D

100. कविता में .... पर सर्वाधिक बल दिया गया है।

A. प्रकाश B. अंधकार

C. सत्य D. राह

101. "अंधकार" .... का प्रतीक नहीं है।

A. बुराई B. निराशा

C. चुनौतियाँ D. समाधान

102. कविता के अनुसार राही की विशेषता है :

A. हर तरह से काम निकालना।

B. हर तरह के मार्ग पर चलते रहना।

C. हर परिस्थिति में विजयी रहना।

D. हर परिस्थिति में कार्यरत रहना।

103. कविता के अनुसार किसी भी स्थिति में :

A. सिर नहीं कटना चाहिए।

B. अंधकार नहीं होना चाहिए।

C. स्वाभिमान बना रहना चाहिए।

D. दुखी नहीं होना चाहिए।

104. समूह से भिन्न शब्द-युग्म है :

A. हार - विहार

B. सत्य - असत्य

C. जय - पराजय

D. प्रकाश - अंधकार

105. इस कविता का मुख्य स्वर है :

A. तमस B. ओज

C. श्रृंगार D. देशभक्ति

106. कोझीकोडि के एक विशेष समुदाय में बोली जा रही मलयालम इसी स्थान में दूसरों के द्वारा बोली जा रही मलयालम से थोड़ी-सी भिन्न है। विशेष समुदाय द्वारा बोली जा रही मलयालम को किस रूप में जाना जाएगा?

A. मलयालम के दो प्रकार।

B. मलयालम की क्षेत्रीय बोली।

C. मलयालम की सामाजिक बोली।

D. ये दो भिन्न-भिन्न भाषाएँ हैं।

107. नीचे दिया गया अधिगम कार्य शिक्षार्थियों को भिन्न-भिन्न समूहों में करने के लिए दिया गया। पता लगाएं कि शब्द संपदा के अधिगम की इस गतिविधि को किस रूप में जाना जाएगा?

निम्नलिखित शब्दों से संबंधित शब्द और वाक्यों का पता लगाइए।

(परिवार) (संबंध) (भावनाएँ)

A. थीम आधारित शब्दावली B. शब्द समूह

C. समूह शब्दावली D. शब्द जाल

108. वह भाषा क्या है जिसका प्रयोग हम दिन-प्रतिदिन के लिए आमने-सामने की अंतःक्रिया के लिए करते हैं?

A. संज्ञानात्मक अकादमिक भाषा निपुणता (CALP)

B. बुनियादी अंतरवैयक्तिक सम्प्रेषण कौशल (BICS)

C. सम्प्रेषणात्मक भाषा कौशल

D. अन्तरवैयक्तिक भाषा निपुणता

109. मिडिल स्तर पर अध्यापन करने वाली अध्यापक एक पाठ्य सामग्री/छोटी कहानी पठन के लिए देती है और कहती है कि सत्ता एवं न्याय के दृष्टिकोण से इस पाठ्य सामग्री के अर्थ व विचारों पर चर्चा करो। अध्यापक अपने शिक्षार्थियों में किसका विकास करने की चेष्टा कर रही है?

A. समालोचनात्मक साक्षरता कौशल

B. समालोचनात्मक शिक्षणशास्त्र

C. समालोचनात्मक भाषा विकास

D. उच्च स्तरीय भाषा कौशल

110. व्याकरण के शिक्षण अधिगम में प्रक्रियात्मक ज्ञान क्या है?

A. यह जानना कि व्याकरणिक प्रश्न/तत्वों को कैसे किया जाए।

B. व्याकरणिक तत्वों के बारे में ज्ञान।

C. व्याकरणिक तत्वों के नियमों को जानना।

D. भाषा और उसकी संस्कृति को जानना।

111. कक्षा सात की अध्यापिका जोड़ियों (Pairs) में कार्य करवाने वाली गतिविधि करवा रही हैं जिसमें सभी जोड़ियों (Pairs) को दस वाक्यों की कहानी पर काम करने के लिए देती है। पहली जोड़ीदार पहला वाक्य पढ़ती है और दूसरी जोड़ीदार उस वाक्य को लिखती है। अब दूसरी जोड़ीदार दूसरा वाक्य पढ़ती है और पहली जोड़ीदार उस दूसरे वाक्य को लिखती है। इस तरह से दोनों जोड़ीदार कहानी पूरी करते हैं। बाद में वे मूल कहानी से अपने लिखे हुए की तुलना करते हैं। इस गतिविधि को क्या कहेंगे?

A. पारस्परिक लेखन B. पारस्परिक श्रवण

C. वाक्य श्रुतलेख D. पारस्परिक श्रुतलेख

100. C	**101.** D	**102.** D	**103.** C	**104.** A	**105.** B
106. C	**107.** A	**108.** B	**109.** A	**110.** A	**111.** D

112. निम्नलिखित में से कौन-सा संकेत भाषा के बारे में सही नहीं है?

A. संकेत भाषा के बहुत से प्रकार हैं।
B. संकेत भाषा प्राकृतिक भाषा है।
C. संकेत भाषा की व्याकरण नहीं होती है।
D. संकेत भाषा में व्याकरण होती है।

113. त्रिभाषा सूत्र के बारे में कौन-सा कथन सही है?

A. मातृभाषा/घर की भाषा, क्षेत्रीय भाषा प्रथम भाषा के रूप में।
B. अंग्रेजी/हिंदी/घर की भाषा/स्थानीय भाषा प्रथम भाषा के रूप में।
C. मातृभाषा/घर की भाषा/हिंदी प्रथम भाषा के रूप में।
D. मातृभाषा/घर की भाषा/अंग्रेजी प्रथम भाषा के रूप में।

114. उपचारात्मक शिक्षण किसके लिए है?

A. उन शिक्षार्थियों के लिए जिन्हें भाषा अधिगम के कुछ आयामों पर ध्यान देने की आवश्यकता है।
B. उन अध्यापकों के लिए जिन्हें भाषा सीखने वाले कुछ विद्यार्थियों के लिए अपने शिक्षण में सुधार की जरूरत है।
C. उन शिक्षार्थियों और अध्यापकों के लिए जिन्हें अपने शिक्षण/अधिगम युक्तियों को समझने और बदलने/सुधार लाने की जरूरत है।
D. उन शिक्षार्थियों और अध्यापकों के लिए जो भाषा की परीक्षा में अधिक अंक लाना चाहते हैं।

115. शिक्षण की वह विधि जिसमें अध्यापक और चार विद्यार्थी विभिन्न भूमिकाओं के साथ एक सहयोगात्मक अधिगम समूह का गठन करते हैं। पाठ्यवस्तु की विषयवस्तु पर संवाद किया जाता है, जिससे समीपस्थ विकास का क्षेत्र सृजित होता है और परिणामतः पठन बोध में सुधार होता है। इस विधि को क्या कहेंगे?

A. व्याकरण अनुवाद विधि
B. पारस्परिक शिक्षण
C. संरचनात्मक उपागम
D. मॉडल पठन

116. एक भाषा अध्यापक अंग्रेजी में कहानी सुनाती है और शिक्षार्थियों से कहती है कि उन्हें जो भी भाषा आती है, उस भाषा में यह कहानी समूह में सुनाएँ फिर कक्षा की सामान्य भाषा में यही कहानी सुनाएँ। इस शिक्षणशास्त्रीय युक्ति को किस रूप में जाना जाता है?

A. परभाषा व्यवहार (ट्रांसलैंग्युजिंग)
B. बहुभाषिक नीति
C. बहुभाषा शिक्षण
D. भाषा अर्जन

117. एक शिक्षार्थी किसी विशिष्ट जानकारी प्राप्त करने के लिए समाचार पत्र से समाचार पढ़ती है। इस पठन को क्या कहेंगे?

A. समालोचनात्मक चिंतन
B. सरसरी तौर पर पठन
C. बारीकी से पठन
D. अध्ययन कौशल

118. 'अंतरभाषिक पहचान' क्या है?

A. शिक्षार्थी के निर्णय कुछ तो सहजात भाषा में और कुछ लक्ष्य भाषा में समान होते हैं।
B. शिक्षार्थी के निर्णय सहजात भाषा में कुछ और लक्ष्य भाषा में कुछ असमान होते हैं।
C. शिक्षार्थी का यह निर्णय कि सहजात भाषा का ज्ञान द्वितीय भाषा के अधिगम में अवरोध पैदा करता है।
D. शिक्षार्थी की यह समझ कि विभिन्न भाषाओं का अधिगम विभिन्न योग्यताओं का आधार/समआश्वासन है।

119. कक्षा 6 की शिक्षार्थी श्रेया अपने पिता के स्थानांतरण के कारण पंजाब के जालंधर से तमिलनाडु के मदुरई जाती है। वह मातृभाषा के कारण पंजाबी जानती है और विद्यालय में द्वितीय भाषा के रूप में अंग्रेजी भी जानती है। उसने अपने पड़ोसियों की मदद से तमिल बोलना और पढ़ना सीख लिया है। उसके द्वारा जानी गई भाषाओं के संदर्भ में कौन-सा कथन सही है?

A. पंजाबी और तमिल भाषा अर्जन है और अंग्रेजी भाषा अधिगम के अन्तर्गत आएगी।
B. तमिल भाषा अर्जन और अंग्रेजी तथा पंजाबी भाषा अधिगम के अन्तर्गत आएगी।
C. सभी तीन भाषाएँ पंजाबी, तमिल व अंग्रेजी भाषा अधिगम के अन्तर्गत आएगी।
D. अंग्रेजी भाषा अर्जन और पंजाबी तथा तमिल भाषा अधिगम के अन्तर्गत हैं।

120. निम्नलिखित में से कौन-सा विस्तृत पठन का उद्देश्य नहीं है?

A. सराहना बोध के लिए पठन
B. बहिर्वेशन (एक्स्ट्रापोलेशन) के लिए पठन
C. व्याकरण अधिगम के लिए पठन
D. आनन्द के लिए पठन

112. C	113. A	114. C	115. B	116. A	117. C	118. A	119. A	120. C

भाषा-II-English

Directions (Q.No. 121-128): *Read the given passage and answer the questions that follow.*

1. The loss in earnings that farmers see due to extreme weather events or erratic seasonality is, by now, accepted as the most widely felt economic impact of climate change. Farmers were the first people to feel the impacts of climate change, which ultimately affects the country's overall agricultural output and adds to food inflation. High food prices, in turn, could result in people slashing down consumption, which adversely impacts nutritional security.

2. A significant number of farming households produce food for their own consumption. These households have given birth to an old saying : those who eat their own food are the healthiest. In countries like India, where malnutrition is high and food insecurity is a nagging constant, such households have used the home production system to remain out of this crisis. As studies point out, these households are also protected from market fluctuations, thus ensuring that they can afford healthy food. Obviously, they are not impacted by food inflation either.

3. But there are serious conversations taking place over how climate change-induced extreme weather events would impact such households. We need to understand the link between nutrition intake and household food production, and whether weather fluctuations would have any impact on this. Researchers have analysed village level data from households with their own food production and consumption, and co-related this with the local weather conditions to infer whether there was a correlation. The paper establishes that people growing their own food consume more, thus adding to nutrition levels and attaining overall food security. There was also reduction in child stunting and underweight conditions as well as women achieving a normal body mass index. These trends are more pronounced in remote villages.

121. Read the following sentences :

(*a*) A significant number of Indian households afford healthy food.

(*b*) Household food production has limited impact on food inflation.

(*c*) Food insecurity is an occasional phenomenon in India.

A. (*a*), (*b*) and (*c*) are all incorrect
B. (*a*) and (*c*) are incorrect, (*b*) is correct
C. (*a*) and (*b*) are incorrect, (*c*) is correct
D. (*b*) and (*c*) are incorrect, (*a*) is correct

122. Identify the parts of speech of the underlined words.

A <u>significant</u> number of farming households produce food for their <u>own</u> consumption.

A. adjective, pronoun
B. adverb, pronoun
C. noun, adjective
D. noun, pronoun

123. Complete the given word analogy:

local : global : : erratic : ?

A. believable B. consistent
C. disputable D. dependable

124. What is correct about the health status of farmers who take to household food production?

A. children are malnourished
B. better nutritional intake
C. stunted growth of children
D. women with higher body mass index

125. By which word can the underlined word be replaced in the given sentence?

'These trends are more <u>pronounced</u> in remote areas.'

A. disregarded B. important
C. noticeable D. ignored

126. As mentioned in para 1, what is the series of events that are triggered by climate change?

(*a*) increase in prices of food items
(*b*) detrimental effect on nutritional security
(*c*) extreme weather conditions
(*d*) reduced food consumption

A. (*a*) → (*d*) → (*c*) → (*b*)
B. (*c*) → (*a*) → (*d*) → (*b*)
C. (*b*) → (*c*) → (*d*) → (*a*)
D. (*c*) → (*b*) → (*d*) → (*a*)

127. Some households have remained out of the crisis of food insecurity by adopting:

A. high food prices
B. climate change conditions
C. protection from extreme weather conditions
D. home production systems

121. D	**122.** A	**123.** B	**124.** B	**125.** C	**126.** B	**127.** D

128. Which statement is incorrect with regard to household food production?

A. Nutritional intake was better

B. Food consumption in such households was higher

C. Women enjoyed normal body mass index

D. Increase in number of malnourished children

Directions (Q.No. 129-135): *Read the given extract and answer the questions that follow.*

1. *Untouchable*, a charming French comedy about two friends who have almost nothing in common, has been a huge international success. But before the story became a cinematic sensation, how exactly did a rich French aristocrat and an Algerian immigrant with a criminal past become good friends? Philip and Abdul first met in Paris in 1993 when Philip was looking for a nurse. He was from a very wealthy family. At one time he had been a successful business man, living a life of great luxury. Then he had a terrible paragliding accident and lost the use of his arms and legs. Life in a wheelchair was lonely and boring. Philip was struggling to imagine the future, and he needed practical help with his day-to-day life.

2. Philip interviewed more than 80 people for the job of a nurse. But none of them seemed right. Then he met Abdul, who had quit a life of crime in Algeria and moved to France to look for work. He was lively, intelligent and quick-thinking, with a crazy sense of humour. Philip got on with Abdul immediately, and he offered him the job. The two men didn't have much in common. Abdul loved pop music, but Philip preferred classical music. Philip loved modern art, but Abdul hated it. Philip's family was sure that he had made a bad choice. They believed that Philip needed someone much more sensible. Meanwhile, Abdul wasn't planning on staying in the job for long.

3. However, their working relationship quickly developed into a close friendship. Abdul gave Philip the support he needed. More importantly, his energy and sense of humour brought fun and excitement back into Philip's life. Abdul helped Philip make trips to other countries. Both of them now live in different countries, each with a wife and family. They keep in touch regularly. All that really matters to their friendship, though, it is their shared love of laughter and adventure.

129. Read the sentences given below:

(*a*) 'Untouchable' is a French comedy movie.

(*b*) The theme revolves around 2 friends, Philip and Abdul, who have similar tastes.

(*c*) The movie was a huge success in France and Algeria.

A. (*a*), (*b*) and (*c*) are all incorrect

B. (*a*) and (*c*) are correct, (*b*) is incorrect

C. (*b*) and (*c*) are incorrect, (*a*) is correct

D. (*a*) and (*b*) are correct, (*c*) is incorrect

130. Complete the given word analogy:

Luxury : opulence : : sensation : ?

A. disaster | B. callousness

C. feeling | D. suspicion

131. What bound the two very different men together for years?

A. their love for adventure sports

B. warm friendship

C. love for music

D. their immigration status

132. Why did Philip need a nurse?

A. To wipe out Abdul's criminal past.

B. To help him with day-to-day practical things of life.

C. To listen to classical music together.

D. To resolve Abdul's immigration status.

133. Abdul migrated to France to -

A. work in the movie industry

B. run away from the Algerian police

C. listen to pop music

D. search for employment

134. Which aspect of Abdul's personality is not true?

A. He had a criminal past record.

B. He was quick-witted and supportive.

C. He shared a close rapport with his employer.

D. He preferred listening to classical music.

135. Identify the parts of speech of the underlined words.

However, their <u>working</u> relationship <u>quickly</u> developed into a close friendship.

A. adjective, adverb

B. verb, adverb

C. adjective, verb

D. noun, adverb

128. D **129.** C **130.** C **131.** B **132.** B **133.** D **134.** D **135.** A

136. Which of the following methods advocates oral drilling and 'mastery of the formal properties of language' as essential for language learning?
A. Audiolingualism
B. Communicative language teaching
C. Grammar translation method
D. Total Physical Response

137. Elam is a student of class VII is able to speak four languages, Kannada, Marathi, Hindi and English. He uses all the four languages freely when he speaks to his parents at home and in school he uses Hindi, Kannada and English as these are the language known to his friends and teachers. What is this practice known as?
A. Translingual ability
B. Code-meshing
C. Code-moving
D. Interlanguage

138. Which one of the following statements is true of language learning?
A. Knowledge of the native/first language interferes in the learning of second language.
B. Knowledge of the native/first language has nothing to do in the learning of second language.
C. Knowledge of the native/first language supports in the learning of second language.
D. First language learning and second language are completely distinct.

139. A teacher of class VI brought items like spoon, plate, utensils, boxes and pan to her classroom to teach vocabulary from there writing a description of objects in kitchen. What are these objects known as in language teaching?
A. Teaching materials B. Realia
C. Cooking items D. Real life tasks

140. Declarative knowledge is ________
A. knowing to pronounce word in a language.
B. knowledge about the grammatical item.
C. knowing how to identify an error in a grammatical item.
D. knowing how to do the grammatical item.

141. Here is a situation where students were exposed to the opposite perspective of the subject under consideration to allow them to further understand it. What does this process attempt to promote among learners?
A. Critical analysis B. Process based pedagogy
C. Critical Literacy D. Literacy development

142. What is 'Translanguaging'?
A. It refers to moving from one language to another language while teaching-learning languages.
B. It refers to understanding how languages change over the period of time.
C. It is a pedagogical process of using more than one language as resources in a classroom.
D. It is language-in-education policy on how many languages are to be taught in a school.

143. Which of the following processes involved for learning to write well in a language?
A. Brainstorming – making an outline – drafting – jotting down points – editing – finalizing.
B. Brainstorming – jotting down points – writing the draft – making an outline – editing – finalising.
C. Brainstorming – jotting down points – writing the draft – editing – making an outline – finalizing.
D. Brainstorming – jotting down points – making an outline – writing the draft – editing – finalising.

144. Learners in a class of Social Science try to capture the main ideas of the classroom lecture and make point of the lecture. What is this skill known as?
A. Study skill
B. Listening skill
C. Writing skill
D. Cognitive skill

145. Here is a question. Read and find out which typology of question it belongs to.

Having read the story of the little girl, you feel moved by her suffering and courage to face the trouble. You would write a letter to the little girl appreciating her. Write the letter in about 120 words.
A. Expressive questions
B. Long answer question
C. Extrapolative question
D. Discursive question

146. A teacher in class VIII read out a text of five sentences in English twice and asked her learners to listen to the text carefully. Then she asked them to work in group of four to recreate text nearer to the one read out, not exactly the same. What is this activity known as?
A. Writing task
B. Paragraph Dictation
C. Collective Dictation
D. Listening task

136. A	**137.** A	**138.** C	**139.** B	**140.** B	**141.** C	**142.** C	**143.** D	**144.** A	**145.** C	**146.** B,C

147. This refers to the proficiency in academic language or language needed for various content areas.
A. Inter-language proficiency
B. Basic Interpersonal Communication Skills (BICS)
C. Communicative language proficiency
D. Cognitive Academic Language Proficiency (CALP)

148. Which of the following is NOT true of National Education Policy 2020 on language education?
A. Study of a classical language under three language formula.
B. Study of mother tongue/home language under three language formula.
C. Study of Indian languages under three language formula.
D. Study of English as language under three language formula.

149. Which one of the following is true of the three language formula?
A. All children begin their schooling in the medium of English/home language and move on to add at least two more languages by the time they complete their high school.
B. All children begin their schooling in their state language and move on to add at least two more languages by the time they complete their high school.
C. All children begin their schooling in the official language, Hindi and move on to add at least two more languages by the time they complete their high school.
D. All children begin their schooling in their mother tongue/home language and move on to add at least two more languages by the time they complete their high school.

150. Learning Outcomes attempt to enable learner to :
A. attain the grammatical knowledge in measurable terms.
B. attain the competencies in measurable terms.
C. attain minimum levels of learning of all skills.
D. attain language components in measurable terms.

व्याख्यात्मक उत्तर

1. (B): वायगोत्स्की के अनुसार, शिक्षक की भूमिका संज्ञानात्मक विकास में महत्वपूर्ण होती है, जो आलम्बन के माध्यम से छात्रों के सीखने का मार्गदर्शन और समर्थन करके परिलक्षित होती है। इस पद्धति में, शिक्षक वह सहायता प्रदान करते हैं जो छात्रों को उन कार्यों को पूरा करने में सक्षम बनाती है जो वे स्वयं से नहीं कर सकते। इस सहायता को धीरे-धीरे हटा दिया जाता है क्योंकि छात्रों की क्षमताएं विकसित होती हैं और वे स्वतंत्र रूप से सीखने में सक्षम हो जाते हैं।

2. (D): किशोरावस्था के बारे में कथन जो कहता है कि सभी संस्कृतियों के बच्चे एक समान तरीके से किशोरावस्था में प्रवेश करते हैं और इसे अनुभव करते हैं, सही नहीं है। वास्तविकता में, किशोरावस्था का अनुभव सांस्कृतिक, सामाजिक, और पर्यावरणीय कारकों से प्रभावित होता है, जिससे विकासात्मक मील के पत्थरों और अनुभवों में विविधता आती है। विभिन्न समाजों में किशोरावस्था की अपनी अद्वितीय रीतियाँ, अपेक्षाएँ, और व्याख्याएँ होती हैं, जो इस विकासात्मक चरण की समझ और नेविगेशन में विविधता को दर्शाती हैं।

3. (B): सुजाता का नृत्य प्रतियोगिता में भाग लेने का कारण नकद पुरस्कार जीतने की इच्छा है, जो बाहरी प्रेरणा का एक उदाहरण है। बाहरी प्रेरणा तब होती है जब व्यक्ति किसी कार्य को उससे होने वाले बाहरी लाभ (जैसे कि पुरस्कार, प्रशंसा, या इनाम) के लिए करता है, न कि कार्य में निहित आनंद या संतुष्टि के लिए।

4. (C): शिक्षकों को व्यक्तिगत भिन्नताओं को मानव विविधता की प्रत्यक्ष विशेषता के रूप में मानना चाहिए। यह दृष्टिकोण विविधता को समृद्धि के स्रोत के रूप में स्वीकार करता है और शिक्षण की रणनीतियों को व्यक्तिगत जरूरतों, रुचियों, और सीखने की शैलियों के अनुकूल बनाने की ओर प्रेरित करता है।

5. (A): जीन पियाजे का मानना था कि ज्ञान बच्चों द्वारा उनके वातावरण के साथ सक्रिय इंटरैक्शन के माध्यम से निर्मित किया जाता है, न कि पर्यावरण से निष्क्रिय रूप से पारित होने के बजाय। उनका सिद्धांत बताता है कि बच्चे जिज्ञासु और सक्रिय सीखने वाले होते हैं जो अपने अनुभवों के माध्यम से ज्ञान और समझ विकसित करते हैं।

6. (A): एक प्रगतिशील कक्षा में आकलन गतिशील होता है, जिसका अर्थ है कि यह समय के साथ विकसित होता है और छात्रों की सीखने की प्रक्रिया, उनकी प्रगति, और समझ को मापने के लिए विविध रूपों और तरीकों का उपयोग करता है। इस प्रकार का आकलन छात्रों की व्यक्तिगत जरूरतों को समझने और उनकी शैक्षिक यात्रा को समर्थन देने में मदद करता है।

147. D	148. A	149. D	150. B

7. (A): वातावरण से प्राप्त जानकारी के अर्थ-निर्माण और इसे स्मृति में आगे संग्रहीत करने के लिए ध्यान देना आवश्यक है। ध्यान केंद्रित करने से हम उन जानकारियों पर फोकस कर पाते हैं जो महत्वपूर्ण हैं, और उन्हें और अधिक प्रभावी ढंग से संसाधित कर सकते हैं, जिससे जानकारी को याद रखने और बाद में इसे पुनः प्राप्त करने में सहायता मिलती है।

8. (C): "टू किल ए मॉकिंगबर्ड" में लेखक द्वारा प्रतीकवाद का उपयोग एक ऐसा प्रश्न है जिसमें छात्रों को जानकारी का विश्लेषण करने की आवश्यकता होती है। इसमें छात्रों को उपन्यास में उपयोग किए गए प्रतीकों की पहचान करने और उनके अर्थ की व्याख्या करने की जरूरत होती है, जो गहरी समझ और विचारशील विश्लेषण की मांग करता है।

9. (A): (A) और (R) दोनों सही हैं और (R), (A) की सही व्याख्या करता है। शिक्षकों को निरंतर अपने स्वयं के रूढ़िवादिता और पूर्वाग्रहों पर चिंतन करना चाहिए ताकि वे सांस्कृतिक रूप से उत्तरदायी शिक्षण प्रदान कर सकें। यह चिंतनशील प्रक्रिया उन्हें अपने सिखाने के तरीकों को विविधता और समावेशिता के साथ अधिक प्रभावी ढंग से लागू करने में सक्षम बनाती है।

10. (A): कोहलबर्ग के नैतिक विकास के सिद्धांत की कैरोल गिलिगन की आलोचना मुख्य रूप से देखभाल की नैतिकता और नारीवादी दृष्टिकोण पर केंद्रित है। गिलिगन ने तर्क दिया कि कोहलबर्ग का सिद्धांत मुख्य रूप से पुरुषों के नैतिक विचारों पर आधारित है और यह महिलाओं के अनुभव और देखभाल के संबंधों को महत्व नहीं देता है। उन्होंने बताया कि महिलाओं का नैतिक विचार अधिकतर संबंधों और देखभाल के परिप्रेक्ष्य से प्रभावित होता है।

11. (B): अभिकथन (A) सही है जो यह बताता है कि वास्तविक जीवन की समस्याओं और मूर्त अनुभवों से सीखने से बच्चों को जानकारी प्राप्त करने के लिए विविध रास्ते मिलते हैं। हालांकि, कारण (R) जो कहता है कि विकास अपेक्षाकृत व्यवस्थित और अनुक्रमिक है, (A) की सही व्याख्या नहीं करता है क्योंकि यह अधिगम के विविध रास्तों को स्पष्ट नहीं करता है।

12. (B): डिस्लेक्सिया एक तंत्रिकीय/न्यूरोलॉजिकल स्थिति है जो शिक्षार्थी की ध्वनियों को प्रतीक चिह्नों के साथ जोड़ने की क्षमता को प्रभावित करती है। यह पढ़ने की क्षमता पर विशेष रूप से प्रभाव डालता है, जिसमें शब्दों को पहचानने, वर्तनी को समझने और पढ़ते समय अर्थ प्राप्त करने में कठिनाइयाँ शामिल हो सकती हैं।

13. (D): वास्तविक दुनिया के अनुप्रयोगों के साथ संकल्पनाओं को जोड़ने के लिए, छात्रों को छोटे समूहों में वर्तमान मुद्दों पर शोध करने और उनके निष्कर्षों को कक्षा में प्रस्तुत करने की अनुमति देना सबसे उपयुक्त है। इससे छात्रों को विषयों के प्रति गहरी समझ विकसित करने और उन्हें वास्तविक जीवन के संदर्भों में लागू करने का अवसर मिलता है।

14. (B): कोहलबर्ग के नैतिक विकास के सिद्धांत के अनुसार, पारंपरिक नैतिकता की अवस्था में बच्चों का तर्क सामाजिक मानदंडों और कानून की नैतिकता के आसपास केंद्रित होता है। इस चरण में, वे नियमों का पालन करने के महत्व को समझते हैं और सामाजिक अनुमोदन या निंदा के प्रति संवेदनशील होते हैं।

15. (D): एक समावेशी कक्षा विविधता और समानता को प्रोत्साहित करती है, जहाँ सभी छात्रों को समान अवसर और समर्थन प्रदान किया जाता है। प्रतिस्पर्धी लोकाचार को प्रोत्साहित करना, जो विद्यार्थियों के बीच प्रतिस्पर्धा को बढ़ावा देता है, एक समावेशी शिक्षा वातावरण के लिए अनुपयुक्त है क्योंकि यह सभी के लिए सहयोगी और समर्थक सीखने की स्थिति नहीं बनाता।

16. (D): पोर्टफोलियो रचनात्मक मूल्यांकन के लिए एक प्रभावी प्रणाली है क्योंकि वे मूल्यांकन की प्रक्रिया में छात्रों को शामिल करते हैं, व्यक्तिगत छात्रों की प्रगति के बारे में गहरी अंतर्दृष्टि प्रदान करते हैं, और छात्र अधिगम के ठोस सबूत पेश करते हैं। इससे शिक्षकों को छात्र की सीखने की यात्रा और विकास का एक स्पष्ट चित्रण मिलता है।

17. (B): महारत लक्ष्य अभिविन्यास वह है जिसमें व्यक्ति अपनी कौशल और समझ को सुधारने पर ध्यान केंद्रित करते हैं। यह सीखने के प्रति एक सकारात्मक दृष्टिकोण बढ़ाता है, जहाँ लक्ष्य खुद को बेहतर बनाना है, न कि केवल दूसरों के साथ प्रतिस्पर्धा करना या बाहरी पुरस्कारों के लिए पढ़ाई करना।

18. (B): प्रगतिशील शिक्षा में, शिक्षक की भूमिका बच्चों को विविध सामग्री प्रदान करने वाले और आवश्यकता पड़ने पर मार्गदर्शन प्रदान करने वाले के रूप में है। इस शैक्षिक दृष्टिकोण में, शिक्षक छात्रों को प्रयोग करने, पूछताछ करने और खुद से सीखने के लिए प्रेरित करता है, साथ ही उन्हें उनके अन्वेषणों में मार्गदर्शन और समर्थन प्रदान करता है।

19. (A): 'पाठ्यपुस्तकों और मीडिया में विभिन्न जेंडर का प्रतिनिधित्व कितना और किस तरीके से किया जाता है' जैसे महत्वपूर्ण प्रश्न पूछने से जेंडर रूढ़ियों पर सवाल उठाने को प्रोत्साहन मिलेगा। इस प्रकार के प्रश्नों से छात्रों को जेंडर के पारंपरिक चित्रण और सामाजिक निर्मित भूमिकाओं के बारे में सोचने और चिंतन करने के लिए प्रेरित किया जाता है, जिससे वे इन रूढ़ियों को पहचान सकें और उन पर सवाल उठा सकें।

20. (C): जीन पियाजे के अनुसार, चिह्नों के लिए चिह्नों का प्रयोग करने की क्षमता, जैसे कि अक्षर X को अज्ञात अंक के लिए मानने की क्षमता, औपचारिक संक्रियात्मक अवस्था के दौरान विकसित होती है और विद्यार्थियों को बीजगणित और गणना सीखने में सक्षम बनाती है। इस अवस्था में बच्चे अधिक जटिल गणितीय और तार्किक सोच करने की क्षमता विकसित करते हैं, जिसमें अमूर्त विचार और अक्षरों का उपयोग करके समस्याओं को हल करना शामिल है।

21. (A): आलोक द्वारा दिखाए गए व्यवहार, जैसे कि पढ़ते समय सिर को अजीब स्थिति में पकड़ना; आंख को बार-बार मूंदना और रगड़ना; आंखों की लाली/सूजन; अक्षर पहचान में भ्रमित होना, दृष्टि संबंधी समस्याओं के संभावित लक्षण हो सकते हैं। ये लक्षण संकेत दे सकते हैं कि छात्र को पढ़ने में कठिनाई हो रही है, जो दृष्टि की समस्याओं के कारण हो सकती है, जैसे कि धुंधली दृष्टि या अन्य दृष्टि विकार।

22. (C): अभिकथन (A) सही है क्योंकि समावेशी शिक्षा में सीखने के लक्ष्यों, शैक्षणिक रणनीतियों, और आकलन में विविधता के आधार पर छात्रों की विशिष्ट आवश्यकताओं को पूरा करने के लिए अनुकूलन आवश्यक है। हालांकि, कारण (R) गलत है क्योंकि समावेशन का दर्शन व्यक्तिगत मतभेदों को समाप्त करने की वकालत नहीं करता है, बल्कि इन मतभेदों को स्वीकार करते हुए सभी के लिए सार्थक और समर्थनपूर्ण शैक्षणिक अनुभव प्रदान करने की वकालत करता है।

23. (A): लेव वायगोत्स्की के अनुसार, बच्चे 'अधिक जानकार अन्य' के साथ अंतःक्रिया के अनुभव से लाभान्वित होते हैं और ऐसे कार्यों को कर पाते हैं जो उनके 'समीपदुराभिमुख विकास के क्षेत्र' के अंदर होते हैं। वायगोत्स्की का सिद्धांत बताता है कि सामाजिक इंटरैक्शन और अधिक जानकार व्यक्तियों के साथ सहयोग से बच्चों की शैक्षणिक और सामाजिक विकास की क्षमता बढ़ती है।

24. (C): अत्यधिक विचलित छात्र के लिए स्व-नियमन और समय-प्रबंधन के लिए टाइमर देना एक प्रभावी रणनीति हो सकती है। इससे छात्र को उसके कार्यों पर ध्यान केंद्रित रखने और समय की बेहतर समझ विकसित करने में मदद मिलेगी। टाइमर छात्र को उसके कार्य के लिए एक निश्चित समय सीमा में काम करने की प्रेरणा देता है, जिससे वह अधिक केंद्रित और संगठित बन सकता है।

25. (A): अभिकथन (A) और कारण (R) दोनों सही हैं और (R), (A) की सही व्याख्या करता है। छात्रों का स्कूल से भावनात्मक लगाव उनकी अकादमिक प्रगति और स्कूल में बने रहने की संभावना को बढ़ाता है क्योंकि भावनाएँ सीखने की प्रक्रिया में एक महत्वपूर्ण भूमिका निभाती हैं। जब छात्रों को लगता है कि उनका होना मायने रखता है, तो वे अधिक प्रेरित और अकादमिक रूप से लगाव बनाए रखने की संभावना रखते हैं।

26. (C): संरचनावादी अधिगम सिद्धांत का मूल सिद्धांत है कि छात्र अपने पर्यावरण के साथ सक्रिय संलग्नता के माध्यम से अपने ज्ञान का निर्माण करते हैं। इस सिद्धांत के अनुसार, ज्ञान एक सक्रिय, निर्माणात्मक प्रक्रिया है जिसमें छात्र अपने अनुभवों के माध्यम से, और अपने संज्ञानात्मक ढांचे के भीतर अर्थ और समझ विकसित करते हैं।

27. (B): अभिकथन (A) सही है क्योंकि यह वायगोत्स्की के जोन ऑफ प्रॉक्सिमल डेवलपमेंट (ZPD) के सिद्धांत पर आधारित है, जिसके अनुसार शिक्षकों को छात्रों को उन कार्यों को सीखने में मदद करनी चाहिए जो वे अकेले नहीं कर सकते, लेकिन उचित सहायता के साथ कर सकते हैं। जैसे-जैसे छात्र क्षमताओं में वृद्धि करता है, शिक्षक को कम से कम मदद प्रदान करनी चाहिए। कारण (R) यह कहता है कि बुद्धि को बुद्धि-लब्धि की गणना करके सटीक रूप से नहीं मापा जा सकता, जो कि एक अलग संदर्भ में सही हो सकता है लेकिन यह (A) की सही व्याख्या नहीं करता है क्योंकि वह बुद्धि के मापन के बजाय सीखने की प्रक्रिया और शिक्षण पद्धतियों पर केंद्रित है।

28. (C): समाजीकरण की प्रक्रिया जटिल होती है, बहुआयामी होती है, और विभिन्न संस्कृतियों में विशिष्ट रूप से होती है। यह एक रेखीय प्रक्रिया नहीं है क्योंकि यह विभिन्न स्तरों पर, विभिन्न तरीकों से, और विभिन्न सामाजिक इकाइयों के साथ बातचीत करते हुए होती है।

अतः विकल्प (*b*), (*c*), (*d*) सही हैं।

29. (A): अभिकथन (A) सही है क्योंकि विकास के विभिन्न चरणों में प्रवेश एक उद्देश्यात्मक या निश्चित क्षण पर नहीं होता है। कारण (R) भी सही है और इसकी सही व्याख्या करता है क्योंकि विकास निरंतर होता है, इसलिए किसी विशिष्ट उम्र या समय पर निर्धारित बदलावों की अपेक्षा करना मुश्किल है।

30. (C): एक प्रारंभिक विद्यालय का शिक्षक छात्रों में स्वायत्तता और पहल को पुरस्कृत करके उनके शैक्षणिक आत्म-संप्रत्यय के विकास को दृढ़ता से प्रभावित कर सकता है। इससे छात्रों को अपनी क्षमताओं में विश्वास बढ़ता है और वे सीखने की प्रक्रिया में अधिक सक्रिय और उत्साहित होते हैं।

31. (C): दिया है, समांतर चतुर्भुज ABCD का विकर्ण BD इस प्रकार है कि :

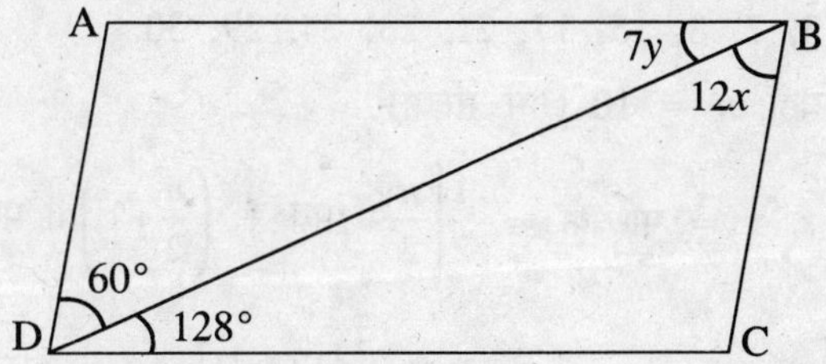

$\angle CBD = 12x$, $\angle ABD = 7y$, $\angle ADB = 60°$ और $\angle CDB = 28°$

$\because AB \parallel DC$ और $AD \parallel BC$

$\therefore \angle ABD = \angle BDC$

$\Rightarrow 7y = 28°$

$y = 4°$

और $\angle CBD = \angle ADB$

$\Rightarrow 60° = 12x$

$x = 5°$

अतः $2x + 3y = 2 \times 5 + 3 \times 4 = 22°$.

32. (A): (*a*) **एक परिमेय संख्या में पूर्णांक शामिल होते हैं :** एक परिमेय संख्या कोई भी संख्या होती है जिसे भिन्न के रूप में व्यक्त किया जा सकता है जहाँ अंश और हर दोनों पूर्णांक होते हैं, और हर शून्य नहीं होता है। पूर्णांक पूर्ण संख्याएँ हैं, जिनमें धनात्मक, ऋणात्मक और शून्य शामिल हैं। पूर्णांकों को 1 के हर वाले भिन्न के रूप में व्यक्त करके परिमेय संख्याओं के रूप में दर्शाया जा सकता है। उदाहरण के लिए, 5 को 5/1 के रूप में दर्शाया जा सकता है, –3 को –3/1 के रूप में दर्शाया जा सकता है, और 0 को 0/1 के रूप में दर्शाया जा सकता है। इसलिए, पूर्णांक वास्तव में परिमेय संख्याओं के समुच्चय में शामिल होते हैं।

(*c*) **सभी भिन्न परिमेय संख्याएँ हैं :** भिन्न पूर्णांक के एक भाग का प्रतिनिधित्व करता है, जिसे एक पूर्णांक द्वारा दूसरे पूर्णांक को विभाजित करने के रूप में व्यक्त किया जाता है। उदाहरण के लिए, 3/4, –2/5 और 7/2 सभी भिन्न हैं। परिभाषा के अनुसार, परिमेय संख्याएँ वे संख्याएँ होती हैं जिन्हें भिन्न के रूप में व्यक्त किया जा सकता है जहाँ अंश और हर दोनों पूर्णांक होते हैं। चूँकि भिन्न इस मानदंड को पूरा करते हैं–उनमें अंश और हर में पूर्णांक होते हैं–वे सभी परिमेय संख्याएँ हैं।

33. (C): $p^3x + p^2(x - y) - p(y + z) - z$

$= p^3x + p^2x - p^2y - py - pz - z$

$= (p^3 + p^2)x - (p^2 + p)y - (p + 1)z$

$= p^2(p + 1)x - p(p + 1)y - (p + 1)z$

$= (p^2 x - py - z)(p + 1)$

अतः एक गुणनखंड $(p^2x - py - z)$ है।

34. (C): दिए गए आँकड़ों को आरोही क्रम में व्यवस्थित करने पर

3, 7, 8, 15, 17, 21, 23, 24, 29, 30

यहाँ, $n = 10$ (सम संख्या)

$$\therefore x = \text{माध्यक} = \frac{1}{2}\left[\frac{n}{2}\text{वाँ पद} + \left(\frac{n}{2}+1\right)\text{वाँ पद}\right]$$

$$\Rightarrow \quad x = \frac{1}{2}[17+21]$$

$$= \frac{1}{2}[38] = 19$$

पुनः आँकड़ों में 3 को 33 तथा 8 को 18 से प्रतिस्थापित करने पर

नया आँकड़ा: 33, 7, 18, 15, 17, 21, 23, 24, 29, 30

आरोही क्रम में,

7, 15, 17, 18, 21, 23, 24, 29, 30, 33

$$\therefore y = \text{माध्यक} = \frac{1}{2}[5\text{वाँ पद} + 6\text{वाँ पद}]$$

$$\Rightarrow \quad y = \frac{1}{2}[21 + 23]$$

$$= \frac{1}{2}[44]$$

$$= 22$$

अतः $(y - x) = 22 - 19 = 3$

अतः y और x का अंतर 3 है।

35. (B): माना 3 संख्याएँ हैं : $2x$, $3x$ और $4x$

तब, $(2x)^3 + (3x)^3 + (4x)^3 = 33957$

$\Rightarrow 8x^3 + 27x^3 + 64x^3 = 33957$

$\Rightarrow 99x^3 = 33957$

$\Rightarrow x^3 = 343$

$\Rightarrow x^3 = (7)^3$

$\Rightarrow x = 7$

अतः तीनों संख्याओं का योग $= 2x + 3x + 4x$

$= 9x$

$= 9 \times 7$

$= 63.$

36. (B): दिया है, V = 10, E = 15 और F = x

$\because$ F + V – E = 2

$\therefore x + 10 - 15 = 2$

$\Rightarrow x - 5 = 2$

$\Rightarrow x = 7$

अतः $(3x - 12) = 3 \times 7 - 12 = 21 - 12 = 9$

अतः $(3x - 12) = 9$

37. (D): दिया है, $\frac{x}{y} = \left(\frac{-1}{3}\right)^{-3} \div \left(\frac{2}{3}\right)^{-4}$

$$= \left(\frac{3}{-1}\right)^3 \div \left(\frac{3}{2}\right)^4$$

$$= (-3)^3 \times \left(\frac{2}{3}\right)^4$$

$$= (-1)(3)^3 \times \frac{(2)^4}{(3)^4}$$

$$\Rightarrow \quad \frac{x}{y} = (-1)\frac{(2)^4}{3}$$

$$= \frac{-16}{3}$$

$$\therefore \quad \left(\frac{x}{y}+\frac{y}{x}\right)^{-1} = \left(\frac{-16}{3}+\frac{3}{-16}\right)^{-1}$$

$$= -\left(\frac{16}{3}+\frac{3}{16}\right)^{-1}$$

$$= -\left(\frac{256+9}{48}\right)^{-1}$$

$$= -\left(\frac{265}{48}\right)^{-1}$$

$$= -\frac{48}{265}$$

38. (B): जीन प्याजे के संज्ञानात्मक विकास के सिद्धांत के अनुसार आत्मसातीकरण, समायोजन और सम्यधारण ऐसे तरीके हैं जिनके माध्यम से बच्चे नए अनुभवों को पहले से मौजूद अनुभूति संरचनाओं (स्कीमा) में एकीकृत करते हैं। स्कीमा किसी भी चीज का प्रतिनिधित्व करने से पहले से ही मौजूद मानसिक मॉडल है। यह ज्ञान का एक बिल्डिंग ब्लॉक है जो हमारे दिमाग में कमरे या सूचना के पैकेट के रूप में होता है।

39. (A): दिया है, $x = 1.011 + 10.11 - 12.101 + 0.1011$

$\Rightarrow x = -0.8789$

माना x में y को जोड़ने से योगफल 1.1 प्राप्त होगा।

$\therefore x + y = 1.1$

$\Rightarrow -0.8789 + y = 1.1$

$\Rightarrow y = 1.1 + 0.8789$

$\Rightarrow y = 1.9789.$

40. (C): मौखिक आकलन शिक्षण-अधिगम की प्रभावकारिता को सुदृढ़ करके मूल्यांकन अधिगम को बढ़ावा देने का कार्य करता है। इस आधार पर शिक्षक छात्रों की निरंतर भागीदारी और इनपुट के साथ छात्रों की रुचियों, क्षमताओं और अधिगम की प्रगति पर प्रासंगिक जानकारी के माध्यम से अपनी शिक्षण योजनाओं को अनुकूलित कर सकते हैं।

समझना सोच की तरह एक मानसिक प्रक्रिया है, यह समस्याओं को हल करने, तथ्यों को वर्गीकृत करने और उस धारणा का उपयोग करके चीजों को समझाने के लिए पर्याप्त रूप से समझने की क्षमता है।

प्रश्न में, राम संख्याओं की पहचान करने में असमर्थ है, क्योंकि उसे परिभाषा याद हो सकती है, लेकिन उसके पास अवधारणात्मक बोध ज्ञान की कमी है, जो उन्हें संख्याओं की पहचान करने से रोकता है।

41. (C): यहाँ 1 वस्तु का विक्रय मूल्य = ₹324

1 वस्तु का क्रय मूल्य = ₹300

छूट = 28%

माना वस्तु का अंकित मूल्य = ₹(300 + x)

तब, विक्रय मूल्य $= (300+x)\times\frac{100-28}{100}$

$\Rightarrow \quad 324 = (300+x)\times\frac{72}{100}$

$\Rightarrow \quad (300 + x) = 324\times\frac{100}{72} = 450$

$\Rightarrow \quad (300 + x) =$ ₹450

पुनः छूट = 18%

$\therefore$ विक्रय मूल्य $= 450\times\frac{100-18}{100}$

$= \frac{9}{2}\times 82$

$= 9 \times 41$

$= 369$

अब लाभ = विक्रय मूल्य - क्रय मूल्य

$= 369 - 300 = 69$

अतः लाभ प्रतिशत $= \frac{\text{लाभ}\times 100}{\text{क्रय मूल्य}}$

$= \frac{69\times 100}{300}$

$= 23\%.$

42. (B): दिया है, दो परिमेय संख्याओं का गुणनफल $= \frac{-40}{3}$

$\Rightarrow pq = \frac{-40}{3}$

$\Rightarrow p\times\frac{-5}{2} = \frac{-40}{3}$

$\Rightarrow p = \frac{-40}{3}\times\frac{-2}{5} = \frac{16}{3}$

व्युत्क्रम $= \frac{1}{p} = \frac{3}{16} = 0.1875$

यहाँ $\frac{1}{p}$, $\frac{9}{50}(=0.18)$ और $\frac{1}{5}(=0.2)$ के बीच में स्थित है।

43. (B): दो या दो से अधिक संख्याओं का 'लघुत्तम समावर्तक' वह छोटी से छोटी संख्या है, जो दिए गए संख्या में से प्रत्येक से पूर्णतया विभाजित हो जाती है। यह न्यूनतम गुणन निकालने का तरीका होता है।

चूँकि तीन व्यक्तियों के कदमों की लम्बाई क्रमशः 70 सेमी., 85 सेमी. और 95 सेमी. है। अतः न्यूनतम दूरी के लिए लघुत्तम विधि से अभीष्ट दूरी निकाली जा सकती है ताकि उस दूरी को पूरे-पूरे कदमों से तय किया जा सके।

44. (A): छात्र प्रतिशतता की अवधारणा को समझने में सक्षम है परन्तु वह यह समझ पाने में समर्थ नहीं है कि किस राशि की प्रतिशतता ज्ञात करनी है। छात्र ने घटने की प्रतिशतता की सही गणना की, लेकिन ऐसा लगता है कि उसने गलत समझा कि प्रतिशत क्या दर्शाता है। प्रतिशत कमी की गणना मूल जनसंख्या के आधार पर की जानी चाहिए, न कि नई जनसंख्या के आधार पर। इसलिए, जब छात्र प्रतिशत की अवधारणा को समझते हैं, वे इस बारे में स्पष्ट नहीं हैं कि प्रतिशत कमी की गणना किस राशि के सापेक्ष की जानी चाहिए।

45. (D): माना $p < q$

तब, $q - p = 20°$ ...(*i*)

और $q + p = 180°$ ...(*ii*)

(*i*) और (*ii*) को जोड़ने पर,

$2q = 200°$

$\Rightarrow q = 100°$

$q = 100$ को (*i*) में रखने पर,

$p = 80°$

अतः $3p - 50° = 3 \times 80° - 50°$

$= 240° - 50°$

$= 190°$

46. (B): दिया है, $x \propto \frac{1}{y} \Rightarrow x = \frac{k}{y}$, जब $x = 3.5$

तब, $y = 2.4$

$\Rightarrow 3.5 = \frac{k}{2.4}$

$\Rightarrow k = 3.5 \times 2.4$

$\Rightarrow k = 8.4$

जब, $x = 5.6$

तब, $x = \frac{k}{y}$

$\Rightarrow 5.6 = \frac{8.4}{y}$

$\Rightarrow y = \frac{8.4}{5.6}$

$\Rightarrow y = \frac{6}{4} = \frac{3}{2}$

$\Rightarrow y = 1.5$

47. (C): दृष्टिबाधित बच्चे स्पर्शशील माध्यम से सीखने पर निर्भर करते हैं। इन्हें सीखाने के कुछ आधुनिक तकनीक हैं, यथा–ब्रेल स्लेट, टेलर फ्रेम, जियोबोर्ड, कम्प्यूटर, टेलर्स अबेकस आदि।

- **टेलर्स अबेकस :** यह एक पाकेट-आकार का यंत्र है जो अंकगणितीय कार्यों में सक्षम है। इसकी मदद से दृष्टिहीन बच्चे गणित लिखने के कौशल विकसित करते हैं।
- **कम्प्यूटर :** नेत्रहीन छात्रों के लिए ऑडियो सबसे लोकप्रिय और सफल आउटपुट मीडिया में से एक रहा है और कम्प्यूटर आधारित इंटरफेस की एक विस्तृत विविधता में कार्यरत है।

अतः विकल्प (*b*) और (*c*) सही हैं।

48. (C): राष्ट्रीय शिक्षा नीति 2020 द्वारा विद्यालयों में सभी स्तर पर नियमित रूप से खेल-कूद, योग, नृत्य, मार्शल आर्ट तथा बागवानी को स्थानीय उपलब्धता के अनुसार प्रदान करने की कोशिश की जाएगी ताकि बच्चे शारीरिक गतिविधियों एवं व्यायाम वगैरह में भाग ले सकें। इस नीति का उद्देश्य हमारे देश की कई बढ़ती विकासात्मक अनिवार्यताओं को संबोधित करना है जिसमें प्रत्येक छात्र की सृजनात्मक क्षमता के विकास पर बल हो। इस नीति में खेल को शिक्षाशास्त्र में शामिल करने का उद्देश्य है कि इससे शिक्षण अधिगम तुलनात्मक रूप से ज्यादा आनन्ददायक हो जाएगा। खेल मंत्री किरण रिजिजू ने भी अपने बयान में 'खेल संग्रहालय' निर्मित करने की बात कही है। खेलने से रणनीतिक गणितीय सोच को बढ़ावा मिलता है क्योंकि छात्र समस्याओं को हल करने के लिए विभिन्न रणनीतियाँ तलाशते हैं और संख्याओं की अपनी समझ को गहरा करते हैं। जब बार-बार खेला जाता है तो खेल छात्रों के कम्प्यूटेशनल प्रवाह के विकास में सहायता करते हैं। खेलों में छात्रों को संख्या प्रणाली और 'बेंचमार्क संख्याओं' (जैसेः 10,000 और 1,000) के साथ परिचित होने और गणना अभ्यास में संलग्न होने, संचालन की गहरी समझ बनाने की अनुमति देने की क्षमता है।

अतः विकल्प (*b*) और (*d*) सही हैं।

49. (B): दिया है, एक लम्ब वृत्तीय बेलन का वक्र पृष्ठीय क्षेत्रफल = 4400 सेमी.^{2}

$\Rightarrow 2\pi rh = 4400$ ...(*i*)

और उसके आधार की परिधि = 110 सेमी.

$\Rightarrow 2\pi r = 110$ ...(*ii*)

$\therefore r = \frac{110}{2\pi}$

$= \frac{55}{\frac{22}{7}}$

$= \frac{55}{22} \times 7$

$$= \frac{5}{2}\times 7$$

$$= \frac{35}{2} \text{ सेमी.}$$

$$\Rightarrow \quad r = \frac{35}{2} \text{ सेमी.}$$

(*i*) और (*ii*) से,

$110h = 4400 \Rightarrow h = 40$ सेमी.

$\therefore$ बेलन का आयतन $= \pi r^2 h$

$$= \frac{22}{7}\times\left(\frac{35}{2}\right)^2\times 40$$

$$= \frac{22}{7}\times\frac{35}{2}\times\frac{35}{2}\times 40$$

$$= 22 \times 5 \times 35 \times 10$$

$$= 1100 \times 35$$

$= 38500$ सेमी.^{3}

$= \frac{38500}{100\times100\times100}$ मी.^{3}

$= 0.0385$ मी.^{3}

50. (B): यहाँ, ऊपर से खुला हुआ एक बक्सा है

$\therefore$ आन्तरिक लम्बाई $= 1.48 \times 100 - 6 = 142$ सेमी.

चौड़ाई $= 1.16 \times 100 - 6 = 110$ सेमी.

और ऊँचाई $= 83 - 3 = 80$ सेमी.

$\therefore$ बक्से के आंतरिक सतह का क्षेत्रफल $= lb + 2(bh + lh)$

$= 142 \times 110 + (110 \times 80 + 142 \times 80)$ सेमी.^{2}

$= 15620 + 2[80(110 + 142)]$ सेमी.^{2}

$= 15620 + 160\ (252)$ सेमी.^{2}

$= 15620 + 40320$ सेमी.^{2}

$= 55940$ सेमी.^{2}

$= \frac{55940}{100\times100}$ मी.^{2}

$= 5.594$ मी.^{2}

अतः इसकी आंतरिक सतहों पर पेंट कराने की लागत

$= ₹150 \times 5.594$

$= ₹839.10.$

51. (D): दिया है, ΔABC और ΔDEF में,

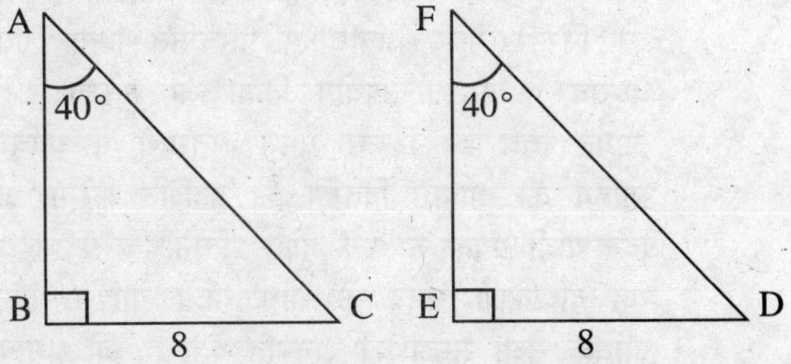

दिया है, $\angle A = \angle F = 40°$

$\angle B = \angle E = 90°$

$BC = DE = 8$ cm

$\therefore AB = FE$

AAS-सर्वांगसमता नियम से,

$\Delta ABC \cong \Delta FED.$

52. (C): माना 3 क्रमागत पूर्णांक x, $x + 1$ और $x + 2$ हैं

तब, $3(x) + 5(x + 1) + 2(x + 2) = 99$

$\Rightarrow 3x + 5x + 5 + 2x + 4 = 99$

$\Rightarrow 10x + 9 = 99$

$\Rightarrow 10x = 90$

$\Rightarrow x = 9$

$\therefore$ आरंभिक पहले तथा तीसरे पूर्णांकों का योग

$= x + x + 2$

$= 2x + 2$

$= 2 \times 9 + 2$

$= 18 + 2$

$= 20$

53. (D): डेटा प्रतिनिधित्व के लिए आयत चित्र का उपयोग सिखाना, प्रश्न में दिए गए परिदृश्यों के अनुरूप है। आयत चित्र का उपयोग निरंतर डेटा के आवृत्ति वितरण को अंतराल या डिब्बे में समूहीकृत करके दर्शाने के लिए किया जाता है।

(*a*) **किसी खेलकूद प्रतियोगिता में प्रतिभागियों के कद :** हालांकि ऊँचाई को निरंतर डेटा माना जा सकता है, उन्हें अंतराल या श्रेणियों में भी समूहीकृत किया जा सकता है (उदाहरण के लिए, 150-160 सेमी, 160-170 सेमी, आदि)। इस मामले में, एक आयत चित्र प्रत्येक अंतराल के भीतर प्रतिभागियों की ऊँचाई के आवृत्ति वितरण को प्रभावी ढंग से प्रदर्शित कर सकता है, जिससे प्रतिभागियों के बीच ऊँचाई के वितरण में अंतर्दृष्टि प्रदान की जा सकती है।

(*b*) **किसी स्टेशन पर प्रातः 9:00 बजे से सायं 9:00 बजे तक रेलगाड़ियों से जाने वाले यात्रियों की संख्या :** किसी स्टेशन पर प्रातः 9:00 बजे से सायं 9:00 बजे तक रेलगाड़ियों में चढ़ने वाले यात्रियों की संख्या के परिदृश्य

में, एक आयत चित्र हो सकता है यदि समय अंतराल को निरंतर समय अवधि में परिवर्तित किया गया तो वास्तव में इसका उपयोग किया जा सकता है। फिर आयत चित्र इन निरंतर समय अंतरालों में यात्रियों के बोर्डिंग की आवृत्ति वितरण को प्रदर्शित करेगा, जो पूरे दिन यात्री प्रवाह का एक दृश्य प्रतिनिधित्व प्रदान करेगा। यह दृष्टिकोण समय के साथ यात्री बोर्डिंग पैटर्न की अधिक सूक्ष्म समझ की अनुमति देता है, जो प्रभावी ढंग से ट्रेन स्टेशन संचालन का विश्लेषण और प्रबंधन करने के लिए मूल्यवान हो सकता है।

54. (C): दिया है, 9 4 7 1 x 9 y 2, 72 से विभाज्य है $(72 = 8 \times 9)$

$\Rightarrow$ 9 4 7 1 x 9 y 2, 8 और 9 से विभाज्य है

$\therefore \quad \frac{9y2}{8} = 119$ जब $y = 5$

$= 124$ जब $y = 9$

$= 114$ जब $y = 1$

और 9 4 7 1 x 9 y 2, 9 से विभाज्य है

$$\therefore \quad \frac{9+4+7+1+x+9+y+2}{9} = \frac{32+5+x}{9}$$

$$= \frac{37+x}{9} = 5$$

जब $x = 8$

और $\frac{32+x+9}{9} = 5$, जब $x = 4$

और $\frac{32+x+1}{9} = 4$, जब $x = 3$

अतः विकल्प (C) $x = 9$ और $y = 5$ सत्य नहीं है।

55. (C): गणितीय चिंतन वास्तविक दुनिया की समस्याओं को हल करने तथा गणित को शामिल करने के लिए चिंतन करने का एक तरीका है। गणितीय रूप से चिंतन, तर्क करने और काम करने से विद्यार्थियों को समस्याओं की पहचान करने और उन्हें प्रस्तुत करने तथा समाधान खोजने के लिए उपयुक्त रणनीतियों का चयन करने और उन्हें लागू करने में शामिल किया जाता है।

गणित एक सोचने का तरीका है क्योंकि :

- इसमें कंठस्थ करके याद करना शामिल नहीं है, गणित को कुछ भी आँख बंद करके याद नहीं किया जा सकता है।
- यह विद्यार्थियों को प्रमाण और परीक्षा प्रतिमान में संलग्न होने का अवसर प्रदान करता है क्योंकि गणित में समस्याओं को हल करने के लिए अधिगम के बहुत सारे प्रमाण शामिल होता है।
- यह बच्चे की मानसिक स्थिति को बढ़ाता है क्योंकि वह अवधारणा का पता लगाने, समझने और लागू करने का प्रयास करता है।
- विद्यार्थियों को नई और विभिन्न समस्याओं को अपने तरीके से हल करने के लिए उपयुक्त रणनीतियों का उपयोग करता है।

अतः विकल्प (a) और (c) सही हैं।

56. (C): दी गई सारणी से,

फलों की कुल संख्या $= 44 + 56 + 42 + 30 + 38$

$= 210$

$\because$ आँकड़ों का एक पाई-चार्ट बनाया जाता है

$\therefore 360° = 210$

$\Rightarrow$ 1 फल $= \frac{360°}{210} = \frac{12°}{7}$

$\therefore$ 56 फल $= \frac{12°}{7} \times 56 = 96°$

अतः सेबों को दर्शाने वाले त्रिज्यखंड का कोण $= 96°$.

57. (C): माना आयत की भुजाओं की लम्बाई $3x$ और $2x$ है।

तब आयत का क्षेत्रफल $= 3x \times 2x = 6x^2$

और समलम्ब चतुर्भुज का क्षेत्रफल

$= \frac{1}{2}$ (समांतर भुजाओं का योग) $\times$ ऊँचाई

$= \frac{1}{2}(11+25) \times 12$

$= 6(36)$

$= 216$ सेमी.^{2}

प्रश्नानुसार,

$$6x^2 = 216$$
$$\Rightarrow \quad x^2 = 36$$
$$\Rightarrow \quad x = 6$$

अतः आयत का परिमाप $= 2(l + b)$

$= 2(3x + 2x)$

$= 10x$

$= 10 \times 6$

$= 60$ सेमी.।

58. (C): (A + B + C – D)

$= -2x^2 + 12x + 11 - 8x + 3x^2 + 17 - 4x^2 - (x^2 - x - 3)$

$\Rightarrow (A + B + C - D) = -4x^2 + 5x + 31$

$\therefore$ (A + B + C – D) में x^2 और x के गुणांकों का योग = –4 + 5 = 1.

59. (C): गणितीय शिक्षण के मूल्यांकन के आयाम : गणितीय शिक्षा में एक व्यापक मूल्यांकन सुनिश्चित करने के लिए निम्नलिखित आयामों को शामिल किया जाना चाहिए :

- **अवधारणाएँ और कार्य पद्धति :** यद्यपि गणितीय अवधारणाओं और प्रक्रियाओं की प्रकृति और विकासात्मक प्रवृत्तियों के बारे में शोध से बहुत कुछ जाना जाता है। यह अपेक्षा की जाती है कि कक्षा में गणित पढ़ाते समय हर शिक्षक को अपने छात्र के विचारों और प्रक्रियाओं के विकास की प्रकृति का पता लगाना चाहिए।
- संख्या, सम्प्रेषण, मापन, तर्क, आँकड़े का संरक्षण, समस्या समाधान तथा दशमलव सहित संख्या का ज्ञान।

60. (B): दिया है, ΔPQR में, $\angle P = 55°$ और QR = 18 सेमी.

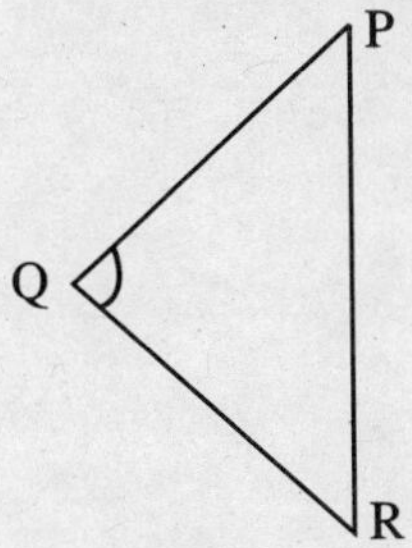

$\therefore \angle R = 15°$ और PR > 18 सेमी.

$\therefore \angle Q > 90°$

अतः ΔPQR एक अधिक कोण विषमबाहु त्रिभुज हो सकता है।

61. (C): गिटार एक लोकप्रिय तत् वाद्य यंत्र है। इलेक्ट्रिक गिटार में विद्युत प्रवर्धन की सहायता से ध्वनि उत्पन्न होती है। तबला में चमड़े की झिल्ली कम्पन करती है तथा इससे इसके भीतर की हवा भी कम्पन करती है। संगीत शास्त्र में शहनाई को सुषिर वाद्य यंत्र कहा गया है। इसमें वायु स्तम्भ (कॉलम) के माध्यम से ध्वनि उत्पन्न होती है।

62. (D): पादपों को उचित वृद्धि और विकास के लिए पोषक तत्वों की आवश्यकता होती है। 16 तत्व पादपों के लिए अनिवार्य होते हैं, जैसे : C, H, O, N, P, S, K, Mg, Ca, Fe, Cu, B, Zn, Mn, Mo और Cl

इन अनिवार्य तत्वों को दो श्रेणी में वर्गीकृत किया जाता है:

- **वृहत तत्व :** इनमें C, H, O, S, P, K, Mg, Ca आदि हैं।
- **सूक्ष्म पोषक तत्व :** इनमें Fe, Cu, B, Zn, Mn, Mo और Cl आदि हैं।

63. (A): आकाश में तारों की स्वाभाविक गति पृथ्वी के घूर्णन के कारण होती है। पृथ्वी अपने अक्ष में पश्चिम से पूर्व की ओर घूर्णन करती है, जिसके कारण तारे विपरीत दिशा में अर्थात पूर्व से पश्चिम की ओर गति करते हुए प्रतीत होते हैं। इस प्रकार कथन और तर्क दोनों सही हैं तथा तर्क (R) कथन (A) की सही व्याख्या करता है।

64. (D): आर्द्रता की उपस्थिति में लोहा वायुमंडलीय आक्सीजन के साथ मिलकर एक भूरे रंग का रसायन बनाता है, जिसे जंग (आयरन आक्साइड) कहा जाता है। इसके ऑक्सीकरण से ऊष्मा पैदा होती है। जंग लगने के उपरांत लोहे का क्षरण होना शुरू होता है। इससे बचने के लिए लोहे के ऊपर पेंट या जिंक की परत लगाई जाती है। जंग लगने की प्रक्रिया कमरे के तापक्रम पर भी सम्भव है।

प्रतिक्रिया निम्नरूपेण है :

$$4 Fe + 3 O_2 + 6H_2O \rightarrow 4 Fe(OH)_3$$

अतः कथन (*a*), (*b*) और (*c*) सही हैं।

65. (A): पदार्थ और उनके रासायनिक नाम हैं :

- बुझे हुए चूने को कैल्शियम हाइड्रॉक्साइड के रूप में भी जाना जाता है, जिसे रासायनिक रूप से $Ca(OH)_2$ के रूप में दर्शाया जाता है। यह बुझे हुए चूने (कैल्शियम ऑक्साइड) में पानी मिलाकर बनाया जाता है, जिसके परिणामस्वरूप एक रासायनिक प्रतिक्रिया होती है जो कैल्शियम हाइड्रॉक्साइड उत्पन्न करती है।
- सादा नमक सोडियम क्लोराइड का सामान्य नाम है, जिसे रासायनिक रूप से NaCl के रूप में दर्शाया जाता है। सोडियप क्लोराइड सोडियम आयन (Na^+) और क्लोराइड आयन (Cl^-) से मिलकर बना एक यौगिक है।
- चूना पत्थर मुख्य रूप से कैल्शियम कार्बोनेट ($CaCO_3$) से बना होता है। यह एक तलछटी चट्टान है जो समय के साथ कैल्शियम कार्बोनेट जमा होने से बनती है।
- कास्टिक सोडा सोडियम हाइड्रॉक्साइड का सामान्य नाम है, जिसे रासायनिक रूप से NaOH के रूप में दर्शाया जाता है। सोडियम हाइड्रॉक्साइड एक मजबूत क्षार है और आमतौर पर साबुन और कागज के निर्माण सहित विभिन्न औद्योगिक प्रक्रियाओं में उपयोग किया जाता है।
- बिना बुझा चूना को कैल्शियम ऑक्साइड के रूप में भी जाना जाता है, जिसे रासायनिक रूप से CaO के रूप में दर्शाया जाता है। यह एक भट्टी में चूना पत्थर (कैल्शियम कार्बोनेट) को गर्म करने से उत्पन्न होता है, जिसके परिणामस्वरूप कैल्शियम कार्बोनेट कैल्शियम ऑक्साइड और कार्बन डाइऑक्साइड में विघटित हो जाता है।

- बेकिंग सोडा सोडियम बाइकार्बोनेट का सामान्य नाम है, जिसे रासायनिक रूप से $NaHCO_3$ के रूप में दर्शाया जाता है। सोडियम बाइकार्बोनेट का उपयोग आमतौर पर बेकिंग में किण्वन एजेंट के रूप में और सीने की जलन से राहत के लिए एंटासिड के रूप में किया जाता है।

66. (A): तथ्य ऐसा अवलोकन है जो वास्तविकता के अनुकूल या साक्ष्य के प्रयोग द्वारा प्रमाणित किया जाता है। इसके बारम्बार जाँच के बाद इसे सही पाने की शर्त होती है। सामान्यतः तथ्य विश्वास, ज्ञान और राय से स्वतंत्र होते हैं।

जब कोई प्रतिपादित सिद्धांत घटनाओं, प्रेक्षणों तथा तथ्यों के लिए सत्य पाया जाता है तो वह नियम बन जाता है। नियम में परिवर्तन भी सम्भव है। यह हर बार एक जैसा नहीं होता। समय, परिस्थिति, प्रेक्षणों में उतार-चढ़ाव के साथ नियम बदलते रहते हैं।

67. (A): जब ऋणात्मक रूप से आवेशित छड़ (रॉड) को अनावेशित विद्युतदर्शी के निकट लाया जाता है :

(*a*) **इलेक्ट्रोस्कोप की पत्तियां एक-दूसरे से दूर हो जाती हैं :** यह कथन इलेक्ट्रोस्कोप की पत्तियों की स्थिति में प्रत्यक्ष और मापने योग्य परिवर्तन का वर्णन करता है जब एक ऋण आवेश वाली छड़ को इसके पास लाया जाता है। इसलिए, यह वास्तव में एक अवलोकन है।

(*b*) **दोनों इलेक्ट्रोस्कोप पत्तियां समान आवेश प्राप्त करती हैं :** यह कथन कथन (*a*) में वर्णित अवलोकन के आधार पर एक निष्कर्ष का प्रस्ताव करता है। यह अनुमान लगाया गया है कि इलेक्ट्रोस्कोप की पत्तियाँ ऋणात्मक रूप से आवेशित की गई छड़ के प्रभाव के कारण समान आवेश प्राप्त करती हैं। अतः यह एक अनुमान है।

(*c*) **ऋणात्मक आवेश इलेक्ट्रोस्कोप पर गुजरते हैं जिससे इसकी पत्तियां और दूर हो जाती हैं :** कथन (*b*) के समान, यह कथन भी कथन (*a*) में वर्णित अवलोकन के लिए एक तंत्र या स्पष्टीकरण का प्रस्ताव करता है। यह अनुमान लगाया गया है कि छड़ से निकलने वाले ऋणात्मक आवेश के कारण इलेक्ट्रोस्कोप की पत्तियाँ एक-दूसरे से दूर चली जाती हैं। अतः यह भी एक अनुमान है।

68 (D): सल्फर डाइक्साइड और नाइट्रोजन ऑक्साइड मुख्य रूप से अम्लीय वर्षा के लिए जिम्मेदार हैं। ये गैसें ईंधन के दहन के उप-उत्पाद के रूप में उत्पन्न होती हैं। वायुमंडल में आक्सीकरण प्रतिक्रिया के माध्यम से सल्फर डाइक्साइड सल्फ्यूरिक एसिड में परिवर्तित हो जाती है।

वायुमंडल ऐसी ही प्रतिक्रिया के कारण नाइट्रोजन डाइक्साइड को नाइट्रिक अम्ल में बदल देता है। ये दोनों ही वर्षा जल के pH को कम करने के लिए जिम्मेदार हैं। अम्ल वर्षा इस्पात संरचनाओं, संगमरमर और पत्थर निर्माणों के क्षरण के लिए उत्तरदायी हैं।

69. (C): परिकल्पना का प्राथमिक कार्य दो या दो से अधिक कारकों के बीच एक विशिष्ट संबंध को इस तरह से बतलाना है कि उनका अनुभव करना सम्भव हो। एक परिकल्पना बनाते समय प्रयोग करने या आगे के अवलोकन करने से पहले इसे जितना सम्भव हो उतना मजबूत बनाना सबसे अच्छा है। इसे प्रश्न पूछकर, विचार मंथन करके, अपने द्वारा उपयोग की जाने वाली भाषा में विशिष्ट होकर, तार्किक होकर और यह सुनिश्चित करके कि परिकल्पना बाधाओं के भीतर परीक्षण योग्य है। ज्ञानेन्द्रियों का उपयोग परिकल्पना करने का निर्देशक नहीं है।

70. (C): सामान्यतः अधातु जल से अभिक्रिया नहीं करते हैं। ये इलेक्ट्रॉन ग्राही तथा विद्युत ऋणात्मक होते हैं। अधातु इलेक्ट्रॉन दान करके हाइड्रोजन को अपचित करने में असमर्थ होती है। परिणामस्वरूप, अधातु जल के साथ अभिक्रिया नहीं करती है।

अधातु अम्लों के साथ भी अभिक्रिया करता है तो वह अम्लों द्वारा उत्पन्न H^+ आयनों को इलेक्ट्रॉन दान करता है। अधातु इलेक्ट्रॉन ग्राही होती है और इस प्रकार यह इलेक्ट्रॉनों का त्याग नहीं करता है।

अतः दिए गए दोनों कथन सही हैं।

72. (C): किसी पिंड में उसकी गति के कारण उत्पन्न ऊर्जा को गतिज ऊर्जा कहते हैं।

गतिज ऊर्जा, $K.E. = \frac{1}{2}mv^2$ ...(*i*)

माना शरीर की गति v है।

वेग, $p = mv$

$$v = \frac{p}{m} \quad ...(ii)$$

समीकरण (*ii*) से v का मान समीकरण (*i*) में रखने पर,

$$K.E. = \frac{1}{2}m\left(\frac{p}{m}\right)^2$$

$$= \frac{p^2}{2m}$$

अतः शरीर की गतिज ऊर्जा $\frac{p^2}{2m}$ है।

73. (D): उच्च प्राथमिक स्तर पर विज्ञान पाठ्यचर्या का मुख्य उद्देश्य शिक्षार्थियों को वैज्ञानिक रूप से साक्षर बनाना है। एक विज्ञान के शिक्षक से यह अपेक्षित है कि यह शिक्षार्थी को गतिविधियों और प्रयोगों के माध्यम से वैज्ञानिक अवधारणाओं से रूबरू करवा पाए। इसमें वैसे रासायनिक अभिक्रियाओं पर परिचर्चा करना भी शामिल है जिनका विद्यार्थियों ने अपने जीवन में देखा या अवलोकन किया हुआ हो।

74. (D): मादा शरीर के बाहर होने वाले निषेचन को 'बाह्य निषेचन' कहते हैं। यह जलीय जंतुओं जैसे मछली, स्टारफिश, मेंढक आदि में बहुत आम बात है। बाह्य निषेचन स्पॉनिंग के दौरान होता है जब मादा अंडे को छोड़ती है और नर शुक्राणु को उसी वातावरण में छोड़ता है।

76. (A): जब सुखी हुई किशमिश को कुछ घंटों के लिए पानी में रखा जाता है तो एंडोस्मोसिस नामक घटना घटित होती है। किशमिश को पानी में भिगोने पर वह फूल जाती है।, यह सब परासरण की प्रक्रिया के कारण होता है। पानी के अणु किशमिश की कोशिका झिल्ली से होकर गुजरते हैं जिससे किशमिश फूल जाती है।

अतः दिए गए कथन और तर्क दोनों ही सही हैं तथा तर्क, कथन की सही व्याख्या करता है।

77. (B): अभावजन्य रोग (Deficiency diseases) वे रोग हैं जो प्रत्यक्ष या परोक्ष रूप से शरीर में आवश्यक पोषक पदार्थों की कमी के कारण उत्पन्न होते हैं। वेरी-वेरी रोग इसका उदाहरण है। ये रोग प्रायः अधिक समय तक कुपोषण के परिणामस्वरूप उत्पन्न होते हैं। उच्च प्राथमिक स्तर पर इससे निपटने हेतु जागरूकता बेहद जरूरी है। इस हेतु संबंधित डाक्टर के प्रदेशन की व्यवस्था कर उस पर परिचर्चा करना उपयुक्त रणनीति है।

78. (A): संदेहवाद किसी स्पष्टीकरण या दावे का मूल्यांकन करते समय निर्णय को निलम्बित करने का कार्य है। वैज्ञानिक मॉडल, कानून, तंत्र और सिद्धांत और प्राकृतिक घटनाओं की व्याख्या करते हैं। विज्ञान अस्थायी है अर्थात वैज्ञानिक ज्ञान नए साक्ष्यों के आलोक में संशोधन के लिए खुला है। यह विषयनिष्ठ अनुभाविक साक्ष्यों के आधार पर वैज्ञानिक दावे की वैधता को आंकते हैं।

79. (C): टेबल पर पड़े डिब्बे पर युग्म बल कार्य करते हैं जो संतुलन की स्थिति को बनाए हुए है। ये बल आयाम में समान परंतु भिन्न दिशा वाले हैं।

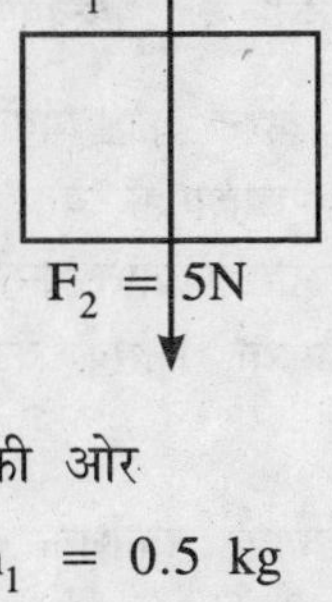

पहला बल नीचे की ओर

$$m_1 = 0.5 \text{ kg}$$
$$g = 10 \text{ m/s}^2$$
$$F_1 = 0.5 \times 10 \text{ N}$$
$$= 5 \text{ N}$$
$$F_2 = 5 \text{ N}$$

तथा दुसरा बल विपरीत दिशा में जो इसे संतुलन की स्थिति में रखे हुए है।

80. (C): पेरिस्कोप (परिदर्शी) एक ऐसा उपकरण है जिसका उपयोग दिवारों, कोनों या अन्य बाधाओं के आसपास देखने के लिए किया जाता है, यह परावर्तन के नियमों पर कार्य करता है। उपकरण के अंदर दर्पण 45° के कोण पर रखे जाते हैं, ताकि वस्तु से प्रकाश शीर्ष दर्पण से टकराए और उसी कोण से दूसरे तरफ वापस आए। इसका उपयोग पनडुब्बियों में किया जाता है।

81. (A): बिटुमेन और कोलतार क्रमशः पेट्रोलियम और कोलतार से व्युत्पन्न गाढ़ा काला द्रव है। इसका उपयोग सामान्यतः सड़क निर्माण में किया जाता है। बिटुमेन एक जटिल हाइड्रोकार्बन है जो पेट्रोलियम के आसवन से प्राप्त होता है। कोयले को वायु की अनुपस्थिति में गर्म करने प्राप्त तेलीय द्रव कोलतार कहा जाता है। यह गाढ़ा चिपचिपा पदार्थ है जो कंक्रीट को आपस में जकड़ लेता है।

82. (B): शिक्षक-शिक्षण अधिगम प्रक्रिया का एक महत्वपूर्ण घटक है। वह सुविधा प्रदाता, योजना निर्माता, नेतृत्व प्रदान कर्ता, प्रबंधक, परामर्शकर्ता तथा सह निर्माणकर्ता होता है। एक शिक्षक वह है जो एक अन्वेषक, क्रियात्मक, शोधकर्ता, आदि की भूमिका में होता है। समय पूर्व अनुबंधों पर बल देना कक्षा में प्रदर्शन को कार्यान्वित करने वाला वांछनीय तत्व नहीं है।

83. (A): खाद में मुख्य रूप से पौधों के अवशेष, सूक्ष्म जीवों की कुछ अनोखी प्रजातियाँ और अन्य कार्बनिक पदार्थ शामिल होते हैं।

मिट्टी को नाइट्रोजन, फास्फोरस और पोटैशियम जैसे पोषक तत्वों से समृद्ध करने के लिए फसलों में रासायनिक उर्वरक या सिंथेटिक उर्वरक मिलाए जाते हैं। ये उर्वरक जैव खाद के अपेक्षा पोषक तत्वों से अधिक समृद्ध होते हैं।

84. (A): कायिक प्रवर्धन : यह एक पौधे के अलैंगिक प्रजनन का एक रूप है जिसमें एक नया पौधा, तनों, जड़ों और पत्तियों से विकसित होता है. जैसे–गुलाब।

खंडन : स्पाइरोगाइरा मुक्त रूप से तैरने वाले हरे शैवाल होते हैं। इनका जनन खंडन विधि से होता है। खंडन विधि में पादप के नए खंड हो जाते हैं तथा प्रत्येक खंड नए जीव में विकसित हो जाते हैं।

मुकुलन : किसी जीव के समसूत्री विभाजन के फलस्वरूप मुकुल (Bud) का निर्माण होता है। इस नए मुकुल से जीव की सन्तति उत्पन्न होती है।

85. (B): सिट्रस कैकर एक नींबू प्रजाति में पाये जाने वाला महत्वपूर्ण रोगों में से एक है, जो जीवाणु जैन्थेमोनास एक्सोनोपोडिस के कारण हाता है। इसे फलों का घाव कहते हैं। इसमें फल और पत्तियाँ समय से पहले ही झड़ जाते हैं।

87. (B): अवलोकन को आँकड़ा संग्रह की प्रक्रिया के रूप में वर्णित किया जा सकता है। यह एक शिक्षक के द्वारा कक्षा में सीखने तथा छात्रों के प्रदर्शन को देखने का एक कार्य है।

तर्क की जिस प्रक्रिया में एकाकी प्रेक्षणों के ज्ञात तथ्यों को जोड़कर अधिक व्यापक फलन निर्मित किया जाता है वह तर्क आगमनात्मक तर्क कहलाता है।

दिए गए प्रश्न में शिक्षिका द्वारा बेहतर शिक्षण-अधिगम के लिए अवलोकन और आगमनात्मक तर्क को ही नियोजित करेगी।

88. (A): बीजों का प्रकीर्णन से तात्पर्य बीजों का मातृ पौधे से काफी दूर वायु, जल, तथा जीव-जंतुओं के माध्यम से बिखराव होता है। इस प्रक्रिया से मुख्य पादपों में सूर्य प्रकाश, जल एवं खनिजों की प्रतिस्पर्धा नहीं होती है। नए स्थानों पर पौधों को नए आवासों में अपनी पकड़ बनाने में सुविधा होती है तथा इससे नई किस्में उत्पन्न की जा सकती हैं। प्रकीर्णन के कारण अतिसंकुलता की समस्या नहीं होती है।

89. (A): न्यूटन के गुरुत्वाकर्षण सिद्धांत को उत्कृष्ट सिद्धांत माना जाता है क्योंकि यह सिद्धांत कम धारणाएँ बनाकर बड़ी संख्या में प्रेक्षणों की व्याख्या करता है जैसे—ग्रहों की कक्षीय गति, चंद्रमा की गति, ज्वार भाटा इत्यादि। यह सिद्धांत अपनी सरलता के कारण भी उत्कृष्ट सिद्धांत माना जाता है।

90. (B): रेयान एक कृत्रिम रेशा है। इसे प्रकृति में मुक्ता-अवस्था में नहीं प्राप्त किया जा सकता। यह सेल्युलोज से बनाया जाता है। सेल्यूलोज लकड़ी के लुगदी से प्रापत किया जाता है। इससे आरामदायक और मुलायम कपड़ा बनता है। अत कथन (S1) सत्य है जबकि कथन (S2) असत्य है।

91. (C): 'मानव अस्तित्व' विशेषण-विशेष्य का उदाहरण नहीं है क्योंकि यहाँ 'मानव' एक नामधारी (noun) है और 'अस्तित्व' भी एक नामधारी है। इस जोड़ी में कोई विशेषण (adjective) नहीं है जो 'अस्तित्व' की विशेषता बता रहा हो। बाकी विकल्पों में, 'रूपात्मक परिवर्तन', 'अँधेरे युग', और 'आध्यात्मिक दुनिया' में, 'रूपात्मक', 'अँधेरे', और 'आध्यात्मिक' विशेषण हैं जो क्रमशः 'परिवर्तन', 'युग', और 'दुनिया' नामधारियों की विशेषता बता रहे हैं।

92. (B): उन्नति प्राप्त करने के लिए आवश्यक है कि मनुष्य अपनी कमियों को जान ले। गद्यांश के अनुसार, मानव अपनी प्रगति में बाधा डालने वाली व्यक्तिगत और सामाजिक खामियों का पता लगाते हैं, जो उन्नति की दिशा में एक महत्वपूर्ण कदम है। यह समझना कि उनके सामने क्या चुनौतियाँ हैं और फिर उन्हें सुधारने का प्रयास करना, उन्नति की प्रक्रिया का अनिवार्य हिस्सा है।

93. (B): परिवर्तन मानव जीवन का सत्य है। गद्यांश से यह स्पष्ट है कि मानव संरचना में रूपात्मक परिवर्तन हो रहे हैं और भविष्य में भी होंगे, जो दर्शाता है कि परिवर्तन मानव जीवन का एक अविभाज्य और सतत घटक है। यह विचार यह भी रेखांकित करता है कि मानव जीवन में परिवर्तन स्थायी हैं और समय के साथ विकास के विभिन्न चरणों में नए रूप लेते रहेंगे।

94. (C): 'अध्यात्म' शब्द में 'इक' प्रत्यय लगाने पर शब्द 'आध्यात्मिक' बनता है। इस प्रक्रिया में, मूल शब्द 'अध्यात्म' के उच्चारण में एक सूक्ष्म परिवर्तन होता है, जिससे 'आ' की ध्वनि आती है, और 'इक' प्रत्यय जुड़ने से यह आध्यात्मिक बनता है। यह शब्द अब उस संबंधित अवस्था या गुणवत्ता को दर्शाता है जो अध्यात्म से संबंधित है, जैसे कि आध्यात्मिक जीवन या आध्यात्मिक प्रगति। इस तरह 'आध्यात्मिक' शब्द अध्यात्म से जुड़ी हुई चीजों या विषयों का वर्णन करने के लिए उपयोग किया जाता है।

95. (A): 'मानव' शब्द में 'ईय' प्रत्यय और 'अ' उपसर्ग का प्रयोग संभव है। 'मानव' में 'ईय' प्रत्यय जोड़ने से 'मानवीय' बनता है, जिसका अर्थ होता है 'मनुष्य से संबंधित' और 'अ' उपसर्ग का प्रयोग नकारात्मकता या विपरीत अर्थ देने के लिए होता है, लेकिन इस विशेष संदर्भ में 'अ' उपसर्ग 'मानव' के साथ सीधे प्रयोग की संभावना कम है।

96. (D): मानव के तीन पक्ष हैं भौतिक, मानसिक, और आध्यात्मिक। गद्यांश बताता है कि मानव अस्तित्व त्रिपक्षीय है जिसमें भौतिक, मानसिक, और आध्यात्मिक तीनों क्षेत्रों में विकास और प्रगति शामिल हैं। यह मानव विकास के समग्र दृष्टिकोण को दर्शाता है।

97. (C): आदिमानव ने भौतिक और मानसिक क्षेत्रों में प्रगति की, परंतु आध्यात्मिक क्षेत्र में प्रगति नहीं कर सका। गद्यांश से पता चलता है कि मानव ने अपनी शुरुआती यात्रा में भौतिक और मानसिक दोनों क्षेत्रों में विकास किया, लेकिन आध्यात्मिक प्रगति के बारे में स्पष्ट उल्लेख नहीं है।

98. (B): 'उल्लेखनीय परिवर्तन' से तात्पर्य 'महत्वपूर्ण परिवर्तन' से है। गद्यांश बताता है कि मानव भविष्य में ऐसे परिवर्तनों से गुजरेगा जो वर्तमान के लोगों के लिए लगभग अपरिचित होंगे, जो इन परिवर्तनों की महत्वपूर्णता को दर्शाता है।

99. (D): प्रगति प्राप्त करने का व्यवस्थित तरीका आदिमानवों के पास नहीं था। गद्यांश में यह स्पष्ट किया गया है कि आदिमानवों के पास प्रगति प्राप्त करने के लिए कोई व्यवस्थित तरीका उपलब्ध नहीं था, जिसके कारण वे उन्नति की दिशा में कमजोर थे।

100. (C): कविता में सत्य पर सर्वाधिक बल दिया गया है। कविता की पंक्तियाँ सत्य की विजय और असत्य की हार पर जोर देती हैं, जिससे यह स्पष्ट होता है कि सत्य के प्रति अडिग रहना और इसके प्रति समर्पित होना अंततः विजयी साबित होता है। यह थीम कविता के केंद्र में है और पूरी कविता में सत्य की महिमा का गुणगान किया गया है।

101. (D): 'अंधकार' का प्रतीक 'समाधान' नहीं है। अंधकार प्रायः बुराई, निराशा, और चुनौतियों का प्रतीक होता है, जबकि समाधान इन समस्याओं के उत्तर और अंधकार के विपरीत होता है। कविता में अंधकार का उल्लेख उन कठिनाइयों और समस्याओं के संदर्भ में है जो जीवन में आती हैं, न कि उनके समाधान के रूप में।

102. (D): कविता के अनुसार, राही की विशेषता 'हर परिस्थिति में कार्यरत रहना' है। राही का उल्लेख उस व्यक्ति के रूप में किया गया है जो राह में रुकता नहीं है, यानी वह जो अपने पथ पर निरंतर आगे बढ़ता रहता है, चाहे कोई भी बाधा क्यों न आए। यह दृढ़ संकल्प और लगातार प्रयास करने की प्रवृत्ति को दर्शाता है।

103. (C): कविता के अनुसार, किसी भी स्थिति में 'स्वाभिमान बना रहना चाहिए'। पंक्तियाँ 'कट गया है शीश पर/ये शीश है झुका नहीं' स्वाभिमान और गौरव को बनाए रखने की महत्वपूर्णता को रेखांकित करती हैं, यहाँ तक कि कठिन परिस्थितियों में भी। यह व्यक्ति की आंतरिक शक्ति और उसके चरित्र की दृढ़ता को दर्शाता है।

104. (A): समूह से भिन्न शब्द-युग्म 'हार - विहार' है। 'सत्य - असत्य', 'जय - पराजय', और 'प्रकाश - अंधकार' युग्म विरोधी भावों को प्रकट करते हैं, जबकि 'हार - विहार' में यह विरोधाभास नहीं है। 'विहार' का अर्थ है मनोरंजन या आनंद की गतिविधि, जो 'हार' के विपरीत नहीं है।

105. (B): इस कविता का मुख्य स्वर 'ओज' है। कविता में सत्य की विजय, स्वाभिमान की महत्वपूर्णता, और अंधकार के बावजूद प्रकाश की आशा पर जोर दिया गया है, जो एक प्रेरणादायक और उत्साहवर्धक संदेश प्रसारित करता है। 'ओज' यहाँ ऊर्जा, शक्ति, और साहस का संचार करता है, जो पाठकों को आगे बढ़ने और सत्य के प्रति समर्पित रहने के लिए प्रेरित करता है।

106. (C): कोझीकोडि के एक विशेष समुदाय द्वारा बोली जा रही मलयालम को 'मलयालम की सामाजिक बोली' के रूप में जाना जाएगा। सामाजिक बोलियाँ उन भाषा के रूपों को कहते हैं जो विशिष्ट समाजों या समुदायों में पाई जाती हैं और मुख्य भाषा से थोड़ी भिन्न होती हैं। ये भिन्नताएँ समुदाय के सामाजिक ढाँचे, परंपराओं, और पहचान को प्रतिबिंबित करती हैं।

107. (A): निम्नलिखित शब्दों से संबंधित शब्द और वाक्यों का पता लगाने की गतिविधि को 'थीम आधारित शब्दावली' के रूप में जाना जाएगा। इस तरह की गतिविधि में शिक्षार्थियों को एक विशेष थीम या विषय पर केंद्रित शब्दों के सेट से काम करने को कहा जाता है। इससे उन्हें विषय-विशेष की शब्दावली सीखने और उसका उपयोग करने का अवसर मिलता है।

108. (B): दिन-प्रतिदिन के लिए आमने-सामने की अंतःक्रिया के लिए प्रयोग की जाने वाली भाषा को 'बुनियादी अंतरवैयक्तिक सम्प्रेषण कौशल' (BICS) के रूप में जाना जाता है। BICS वह भाषा कौशल है जिसका इस्तेमाल व्यक्तियों द्वारा सामान्य रोजमर्रा की संवादात्मक स्थितियों में किया जाता है। इसमें आसानी से समझे जाने वाले संवाद और मूल व्यक्तिगत इंटरैक्शन शामिल होते हैं।

109. (A): अध्यापक अपने शिक्षार्थियों में 'समालोचनात्मक साक्षरता कौशल' का विकास करने की चेष्टा कर रही है। सत्ता एवं न्याय के दृष्टिकोण से पाठ्य सामग्री के अर्थ व विचारों पर चर्चा करवाकर, वह शिक्षार्थियों को गहराई से सोचने, विश्लेषण करने, और पाठ्य सामग्री की सामग्री और उसके संदर्भ की आलोचनात्मक जाँच करने के लिए प्रोत्साहित कर रही है। यह कौशल शिक्षार्थियों को समाज में विभिन्न सत्ता संरचनाओं और न्यायिक मुद्दों के प्रति जागरूक बनाता है और उन्हें समाज में जिम्मेदार और सक्रिय नागरिक बनने के लिए सशक्त बनाता है।

110. (A): व्याकरण के शिक्षण अधिगम में 'प्रक्रियात्मक ज्ञान' यह जानना है कि व्याकरणिक प्रश्न/तत्वों को कैसे किया जाए। यह व्याकरण के नियमों और संरचनाओं को लागू करने की प्रक्रिया और क्षमता से संबंधित है। प्रक्रियात्मक ज्ञान शिक्षार्थियों को भाषा के व्याकरणिक पहलुओं को समझने और उन्हें विभिन्न संदर्भों में सही ढंग से उपयोग करने की क्षमता विकसित करता है।

111. (D): इस गतिविधि को 'पारस्परिक श्रुतलेख' कहा जाएगा। इस गतिविधि में, छात्र जोड़ियों में काम करते हैं, जहाँ एक छात्र वाक्य पढ़ता है और दूसरा उसे लिखता है, फिर वे भूमिकाएँ बदल लेते हैं। यह श्रवण और लेखन कौशल को एक साथ विकसित करता है, जिसमें सहयोग और संवाद के माध्यम से सीखने की प्रक्रिया शामिल है। इस तरह की गतिविधियाँ संवादात्मक और पारस्परिक सीखने के अनुभवों को बढ़ावा देती हैं।

112. (C): संकेत भाषा के बारे में सही नहीं है कि 'संकेत भाषा की व्याकरण नहीं होती है।' संकेत भाषाएँ पूर्ण भाषाएँ हैं जिनमें अपनी विशिष्ट व्याकरणिक संरचनाएँ होती हैं। ये भाषाएँ ध्वनि आधारित भाषाओं की तरह ही जटिल और संपूर्ण अर्थ प्रणालियों को व्यक्त करने में सक्षम होती हैं, जिसमें ग्रामर के नियम और संरचना शामिल होती है।

113. (A): त्रिभाषा सूत्र के बारे में सही कथन है 'मातृभाषा/घर की भाषा, क्षेत्रीय भाषा प्रथम भाषा के रूप में।' त्रिभाषा सूत्र एक शैक्षिक नीति है जिसमें शिक्षा प्रणाली में तीन भाषाओं को अपनाने की सिफारिश की जाती है : मातृभाषा या घरेलू भाषा, दूसरी एक राष्ट्रीय भाषा, और तीसरी एक अंतरराष्ट्रीय भाषा, जिससे विद्यार्थियों की भाषाई क्षमता और सांस्कृतिक समझ विकसित हो सके।

114. (C): उपचारात्मक शिक्षण विशेष रूप से उन शिक्षार्थियों और अध्यापकों के लिए डिजाइन किया गया है जिन्हें अपने शिक्षण और अधिगम तकनीकों को समझने और उनमें सुधार लाने की जरूरत है। इसका उद्देश्य शिक्षार्थियों की सीखने में आ रही

कठिनाइयों को पहचानना और उन्हें दूर करना है, जिससे वे अपने शिक्षा के पथ पर बेहतर प्रदर्शन कर सकें। यह विधि न केवल शिक्षार्थियों के लिए, बल्कि शिक्षकों को भी अपने शिक्षण में आवश्यक सुधार और अनुकूलन के लिए मार्गदर्शन प्रदान करती है।

115. (B): पारस्परिक शिक्षण वह विधि है जिसमें अध्यापक और चार विद्यार्थी विभिन्न भूमिकाओं के साथ एक सहयोगात्मक अधिगम समूह का गठन करते हैं। इस विधि में पाठ्यवस्तु की विषयवस्तु पर संवाद किया जाता है, जिससे समीपस्थ विकास का क्षेत्र सृजित होता है और परिणामस्वरूप पठन बोध में सुधार होता है। यह विधि विद्यार्थियों के बीच सहयोग, संवाद, और सक्रिय शिक्षण को प्रोत्साहित करती है, जिससे उनकी समझ में वृद्धि होती है।

116. (A): इस शिक्षणशास्त्रीय युक्ति को 'परभाषा व्यवहार' (ट्रांसलैंग्युजिंग) के रूप में जाना जाता है। इस प्रक्रिया में, शिक्षार्थियों को अंग्रेजी में सुनाई गई कहानी को उनकी मूल भाषा में सुनाने को कहा जाता है और फिर इसे कक्षा की सामान्य भाषा में पुनः सुनाने को कहा जाता है। यह विधि विद्यार्थियों की भाषाई दक्षता को बढ़ाती है और उन्हें विभिन्न भाषाओं में सोचने और संवाद करने की क्षमता विकसित करने में मदद करती है।

117. (C): 'बारीकी से पठन' वह प्रक्रिया है जिसमें एक शिक्षार्थी किसी विशिष्ट जानकारी को प्राप्त करने के लिए समाचार पत्र से समाचार पढ़ती है। इस प्रकार का पठन विस्तृत जानकारी और समझ की खोज में किया जाता है, जहाँ पाठक पाठ के हर पहलू को ध्यान से पढ़ता है और उस पर विचार करता है। यह पठन का तरीका पाठक को गहराई से जानकारी एकत्र करने और समझने में मदद करता है, जो विशिष्ट विवरणों को समझने और उन पर प्रतिक्रिया देने के लिए आवश्यक होता है।

118. (A): 'अंतरभाषिक पहचान' का अर्थ है शिक्षार्थी के निर्णय कुछ तो सहजात भाषा में और कुछ लक्ष्य भाषा में समान होते हैं। यह धारणा भाषा सीखने की प्रक्रिया में शिक्षार्थी के द्वारा अनुभवी और समझी गई सामग्री के बीच की समानताओं और विभिन्नताओं को संबोधित करती है। इससे यह संकेत मिलता है कि शिक्षार्थी दोनों भाषाओं में समान और अलग-अलग पहलुओं को पहचानने और उनका मूल्यांकन करने में सक्षम होते हैं, जिससे उनकी भाषायी समझ में गहराई आती है।

119. (A): कक्षा 6 की शिक्षार्थी श्रेया के संदर्भ में सही कथन 'पंजाबी और तमिल भाषा अर्जन है और अंग्रेजी भाषा अधिगम के अन्तर्गत आएगी' है। श्रेया के लिए, पंजाबी उसकी मातृभाषा है और तमिल को उसने सामाजिक इंटरैक्शन के माध्यम से सीखा, इसलिए दोनों को भाषा अर्जन के रूप में माना जा सकता है। अंग्रेजी, जो विद्यालय में एक द्वितीय भाषा के रूप में सीखी गई, भाषा अधिगम के अन्तर्गत आती है, जो अधिक संरचित और शैक्षिक परिवेश में होती है।

120. (C): विस्तृत पठन का उद्देश्य जो 'व्याकरण अधिगम के लिए पठन' नहीं है। विस्तृत पठन का मुख्य उद्देश्य पठन सामग्री को गहराई से समझना, आनंद लेना, सराहना विकसित करना, और ज्ञान का विस्तार करना होता है। यह पाठक को पठन सामग्री के साथ गहन इंटरैक्शन में संलग्न करता है, जिससे उसे बेहतर समझ और अर्थ निकालने में मदद मिलती है। व्याकरण अधिगम विस्तृत पठन का प्राथमिक उद्देश्य नहीं है, बल्कि यह अधिक स्पष्ट रूप से लक्षित पठन या विशिष्ट अध्ययन कौशल से संबंधित होता है।

122. (A): The parts of speech for the underlined words "significant" and "own" in "A significant number of farming households produce food for their own consumption" are correctly identified as adjective and pronoun.

123. (B): The correct analogy completing "local : global :: erratic :" is "consistent". The relationship between the words in the analogy contrasts opposites; "local" and "global" are opposites in terms of scope, just as "erratic" and "consistent" are opposites in terms of predictability and stability.

124. (B): The correct statement about the health status of farmers engaging in household food production is "better nutritional intake". The passage discusses how those who produce and consume their own food benefit from improved nutrition, reduced child stunting, underweight conditions, and women achieving a normal body mass index, pointing towards enhanced health outcomes due to self-sustenance practices.

125. (C): The underlined word "pronounced" in "These trends are more pronounced in remote areas" can be aptly replaced with "noticeable". The context suggests that the effects or trends being discussed are more clearly observed or significantly evident in remote areas, making "noticeable" a suitable synonym for "pronounced" in this context.

126. (B): The sequence of events triggered by climate change as mentioned in para 1 is correctly summarized as "(*c*) → (*a*) → (*d*) → (*b*)". Climate change leads to extreme weather conditions (*c*), which in turn contribute to increased prices of food items (*a*), prompting reduced food consumption (*d*), and adversely impacting nutritional security (*b*).

127. (D): Households have remained out of the crisis of food insecurity by adopting "home production systems". The passage emphasizes the role of self-sustaining food production in safeguarding against malnutrition and food insecurity, even amidst market fluctuations and climate change impacts.

128. (D): The statement that is incorrect regarding household food production is "Increase in number of malnourished children". The passage specifically indicates improvements in nutritional intake, reductions in child stunting and underweight conditions, and women achieving a normal body mass index as outcomes of home food production, directly contradicting the assertion of increased malnourishment.

129. **(C):** "(*b*) and (*c*) are incorrect, (*a*) is correct" correctly reflects the information from the extract. 'Untouchable' is indeed a French comedy movie, which establishes (*a*) as correct. However, the theme does not revolve around 2 friends with similar tastes; in fact, Philip and Abdul have quite different tastes and backgrounds, making (*b*) incorrect. The success of the movie is described as a huge international success, not specifically in France and Algeria, which makes (*c*) incorrect.

130. **(C):** The correct completion for the given word analogy "Luxury : opulence :: sensation :" is "feeling". The analogy compares luxury to opulence, which are synonyms signifying wealth or richness. Similarly, "sensation" is best related to "feeling", both referring to experiences perceived through senses or emotions.

131. **(B):** The two very different men, Philip and Abdul, were bound together for years by a "warm friendship". Despite their differences in tastes and backgrounds, their relationship developed into a close friendship, highlighted by mutual support, shared laughter, and adventures, rather than a shared interest in adventure sports or music, or their immigration status.

132. **(B):** Philip needed a nurse "To help him with day-to-day practical things of life" due to a paragliding accident that left him without the use of his arms and legs. The need for a nurse was driven by the practical challenges of living in a wheelchair and requiring assistance with daily activities, not due to any desire to share musical interests or address immigration issues.

133. **(D):** Abdul migrated to France "to search for employment". The extract indicates that Abdul had left a life of crime in Algeria and moved to France looking for work, highlighting his desire to start anew and find job opportunities, rather than any specific interest in the movie industry, evading law enforcement, or musical preferences.

134. **(D):** The aspect of Abdul's personality that is not true is "He preferred listening to classical music". The extract explicitly contrasts the musical preferences of the two main characters, with Philip being the one who preferred classical music, whereas Abdul loved pop music. This distinction underscores their different tastes and backgrounds.

135. **(A):** The parts of speech of the underlined words in "However, their working relationship quickly developed into a close friendship" are correctly identified as "adjective, adverb". "Close" serves as an adjective describing the nature of the friendship, and "quickly" functions as an adverb modifying how the working relationship developed into that friendship.

136. **(A):** Audiolingualism is the method that advocates oral drilling and 'mastery of the formal properties of language' as essential for language learning. This approach emphasizes the use of language in its spoken form, repetitive drills, and patterns practice to instill linguistic structures in learners. It's grounded in behaviorist theories of learning, suggesting that language acquisition comes through habits formed by conditioning and reinforcement.

137. **(A):** Translingual ability refers to the competence of an individual to navigate fluently across multiple languages. In Elam's case, his ability to speak Kannada, Marathi, Hindi, and English and to use them interchangeably in different contexts, such as at home and school, exemplifies translingual proficiency. This skill enables him to communicate effectively in diverse linguistic environments by drawing on his knowledge of multiple languages, thereby enhancing his interpersonal and intercultural interactions. Translingual ability is distinct from multilingualism in that it emphasizes fluid and strategic language use across contexts rather than just the capability to speak multiple languages.

138. **(C):** The statement "Knowledge of the native/first language supports in the learning of second language" is true of language learning. Research in second language acquisition indicates that the first language can serve as a foundation upon which the learning of a second language is built, facilitating cognitive and linguistic connections that aid in the acquisition of additional languages.

139. **(B):** The items like spoon, plate, utensils, boxes, and pan brought to the classroom for teaching vocabulary are known as Realia in language teaching. Realia refers to real-life objects used in the classroom to teach specific vocabulary, concepts, or cultural aspects, making learning more concrete and enhancing comprehension by providing tangible examples.

140. **(B):** Declarative knowledge is "knowledge about the grammatical item." It refers to factual information and the understanding of concepts, rules, or ideas—in this case, knowledge about grammar. Declarative knowledge is the 'know-what' aspect of learning, encompassing the awareness and understanding of language rules and structures, as opposed to procedural knowledge, which is the 'know-how' or ability to use those rules and structures in actual communication.

141. (C): This process attempts to promote Critical Literacy among learners. By exposing students to opposite perspectives of the subject under consideration, it encourages them to question, analyze, and understand the subject in a deeper context. Critical Literacy involves recognizing and understanding the power relations and underlying messages in texts and discourses, enabling learners to become more informed and reflective about different viewpoints and societal issues.

142. (C): 'Translanguaging' is a pedagogical process of using more than one language as resources in a classroom. It involves leveraging the diverse linguistic repertoires of students in teaching and learning, allowing them to use all their language skills to construct meaning, enhance learning, and develop multilingual competences. Translanguaging views the language practices of bilingual or multilingual speakers as a dynamic and integrated system rather than separate entities.

143. (D): The process involved for learning to write well in a language is "Brainstorming – jotting down points – making an outline – writing the draft – editing – finalising." This sequence represents a structured approach to writing that starts with generating ideas (brainstorming), organizing thoughts (jotting down points and making an outline), creating a coherent text (writing the draft), refining the text (editing), and completing the final piece (finalizing).

144. (A): Capturing the main ideas of a classroom lecture and making notes of the lecture is known as a Study skill. This skill involves actively listening and synthesizing information presented during lectures to create concise, organized notes that highlight key points and concepts. It is essential for effective learning and review.

145. (C): The question provided belongs to the typology of an Extrapolative question. This type of question requires students to extend beyond the information given in the text, encouraging them to apply their understanding, empathize with characters, and engage in creative thinking. Writing a letter to the little girl appreciating her courage, based on the story's content, prompts students to reflect on the character's experiences and express their thoughts and feelings in a personalized manner, demonstrating deeper engagement with the material.

147. (D): "Cognitive Academic Language Proficiency (CALP)" refers to the proficiency in academic language or the language needed for various content areas. CALP is a key concept in understanding the linguistic demands of academic achievement and the deeper cognitive engagement with language required for success in content-specific learning.

148. (A): The statement that is NOT true of National Education Policy 2020 on language education is "Study of a classical language under three language formula." NEP 2020 places a strong emphasis on promoting multilingualism and the importance of learning in one's mother tongue/home language, as well as ensuring the inclusion of Indian languages in the educational system. However, the mandatory study of a classical language under the three-language formula is not a stipulation of NEP 2020, making this statement incorrect in the context of the policy's language education guidelines. The policy indeed encourages the study of classical languages, but it does not mandate it in the way the statement suggests.

149. (D): The statement that is true of the three-language formula is "All children begin their schooling in their mother tongue/home language and move on to add at least two more languages by the time they complete their high school." This approach supports multilingualism and linguistic diversity, acknowledging the cognitive and educational benefits of learning in one's mother tongue while also encouraging proficiency in additional languages.

150. (B): Learning Outcomes attempt to enable learners to "attain the competencies in measurable terms." This approach focuses on achieving specific, demonstrable skills and knowledge levels as defined by educational standards, ensuring that learning is objective, assessable, and aligned with educational goals across various domains, including language learning.

पिछले प्रश्न-पत्र (हल सहित)

CTET—पेपर-II, अगस्त 2023

गणित एवं विज्ञान शिक्षक हेतु

(Exam held on 20-08-2023)

बाल विकास एवं शिक्षाशास्त्र

1. निम्नलिखित में से कौन-सा प्रश्न बच्चों के समालोचनात्मक व रचनात्मक चिंतन को बढ़ावा देता है?

A. पानी के बचाव के लिए सबसे अच्छा तरीका कौन-सा हो सकता है और क्यों?

B. आपके शहर में पानी कहाँ से आता है?

C. आपके देश में कुल कितने राज्य और कितनी राजधानियाँ हैं?

D. आपके देश का नाम व मानचित्र पर इसकी भौगोलिक स्थिति क्या है?

2. समालोचनात्मक चिंतन में प्रमाण की क्या भूमिका होती है?

A. प्रमाण का तार्किक और सुनियोजित रूप से मूल्यांकन किया जाना चाहिए।

B. प्रमाण को बिना विश्लेषण के स्वीकार किया जाना चाहिए।

C. समालोचनात्मक चिंतन के लिए प्रमाण अप्रासंगिक होता है।

D. व्यक्तिगत राय के पक्ष में प्रमाण की उपेक्षा की जानी चाहिए।

3. समावेशी शिक्षा में क्या शामिल है?

A. सभी शिक्षार्थियों के लिए मानक पाठ्यचर्या

B. विद्यार्थियों का उनकी योग्यताओं के आधार पर पृथक्करण व वर्गीकरण करना

C. विशेष आवश्यकता वाले शिक्षार्थियों को केवल व्यावसायिक शिक्षा का प्रावधान

D. व्यक्तिगत अंतरों की पहचान के परिणामस्वरूप पाठ्यचर्या में लचीलापन

4. निम्नलिखित कथनों को पढ़िए तथा सही विकल्प का चयन कीजिए :

अभिकथन (A): बच्चों में संज्ञानात्मक विकास पर भाषा के प्रभाव पर जीन पियाजे और लेव वायगोत्स्की के दृष्टिकोण में भिन्नता है।

कारण (R): खोज अधिगम में, शिक्षक अवसर प्रदान करता है और विद्यार्थी स्वयं जानकारी प्राप्त करने के लिए उन्मुख होते हैं।

A. (A) सही है, परन्तु (R) गलत है।

B. (A) और (R) दोनों सही हैं, परन्तु (R), (A) की सही व्याख्या **नहीं** है।

C. (A) और (R) दोनों गलत हैं।

D. (A) और (R) दोनों सही हैं तथा (R), (A) की सही व्याख्या है।

5. निम्नलिखित में से कौन-सा समूह उन विशिष्टताओं का सही ढंग से उल्लेख करता है जो प्रतिभाशाली विद्यार्थियों और कक्षा में अन्य विद्यार्थियों के बीच आमतौर पर भिन्न होते हैं?

(*a*) समझ की अग्रवर्ती गहनता

(*b*) सीखने की तेज गति

(*c*) समझ के लिए दूसरों पर अधिक निर्भरता

(*d*) शारीरिक विकास की तेज गति

सही विकल्प का चयन कीजिए :

A. (*a*), (*b*) और (*c*) B. (*b*) और (*c*)

C. (*b*), (*c*) और (*d*) D. (*a*) और (*b*)

6. श्रवण बाधिता के संदर्भ में निम्नलिखित में से कौन-सा कथन सही है?

A. श्रवण बाधिता बच्चे के प्रभावी ढंग से संवाद करने की क्षमता को प्रभावित कर सकती है।

B. सभी श्रवण बाधिता वाले बच्चों को संवाद करने के लिए 'सांकेतिक भाषा/साइन लैंग्वेज' का उपयोग करने की आवश्यकता होती है।

C. बच्चे के पास तेज आवाजें करके बच्चे की सुनने की अक्षमता (श्रवण बाधिता) का विश्वसनीय तौर पर परीक्षण किया जा सकता है।

D. श्रवण बाधिता हमेशा कान की किसी शारीरिक समस्या के कारण होती है।

7. समावेशन के संदर्भ में, पाठ्यचर्या सीखने की अपेक्षाएँ _____ में समान हैं, जबकि _____ में, वे भिन्न हैं।

A. संवर्धन; गतिवर्द्धन B. संशोधन; समायोजन

C. गतिवर्द्धन; संवर्धन D. समायोजन; संशोधन

1. A	**2.** A	**3.** D	**4.** B	**5.** D	**6.** A	**7.** D

8. संरचनावादी सिद्धांतकारों के अनुसार, निम्नलिखित में से कौन-सा कथन सही **नहीं** होगा?
A. ज्ञान व्यक्तिपरक है।
B. शिक्षार्थी अपने सामाजिक और सांस्कृतिक संदर्भ में ज्ञान की रचना करते हैं।
C. प्रभावी अधिगम सुनिश्चित करने के लिए शिक्षार्थियों को बाहरी रूप से प्रेरित करने की आवश्यकता है।
D. ज्ञान बहुलवादी और बहुविध है।

9. निम्नलिखित में से कौन-सा आंतरिक अभिप्रेरणा का उदाहरण है?
A. शिक्षक को प्रभावित करने के लिए परियोजना को पूरा करना
B. व्यक्तिगत आनंद के लिए एक वाद्य यंत्र बजाना
C. डाँट से बचने के लिए पढ़ाई करना
D. पुरस्कार राशि के लिए एक प्रतियोगिता में भाग लेना

10. निम्नलिखित कथनों को पढ़िए तथा सही विकल्प का चयन कीजिए :

अभिकथन (A): शिक्षकों को विद्यार्थियों में विशेष जातीय समूहों के बारे में रूढ़िवादिता को तोड़ने के लिए कड़ी मेहनत करनी चाहिए।

कारण (R): शिक्षा का एक प्रमुख उद्देश्य विद्यार्थियों को समालोचनात्मक आत्म-चिंतन के लिए प्रोत्साहित करना है।
A. (A) सही है, परंतु (R) गलत है।
B. (A) और (R) दोनों सही हैं, परंतु (R), (A) की सही व्याख्या **नहीं** है।
C. (A) और (R) दोनों गलत हैं।
D. (A) और (R) दोनों सही हैं तथा (R), (A) की सही व्याख्या है।

11. महारत (निपुणता) लक्ष्य और प्रदर्शन लक्ष्य में क्या अंतर है?
A. महारत लक्ष्य विफलता से बचने पर केंद्रित होते हैं, जबकि प्रदर्शन लक्ष्य दूसरों से अनुमोदन और मान्यता प्राप्त करने पर केंद्रित होते हैं।
B. महारत लक्ष्य अपने कौशल और कार्य की समझ में सुधार करने पर केंद्रित होते हैं, जबकि प्रदर्शन लक्ष्य उच्च ग्रेड प्राप्त करने या बाहरी पुरस्कार प्राप्त करने पर केंद्रित होते हैं।
C. महारत लक्ष्य दूसरों से अनुमोदन प्राप्त करने पर केंद्रित होते हैं, जबकि प्रदर्शन लक्ष्य विफलता से बचने पर केंद्रित होते हैं।
D. महारत लक्ष्य में दूसरों के साथ प्रतिस्पर्धा करने के लिए एक निश्चित स्तर के प्रदर्शन को प्राप्त करने पर ध्यान केंद्रित किया जाता है, जबकि प्रदर्शन लक्ष्य में खुद के कौशल और कार्य की समझ में सुधार करने पर ध्यान केंद्रित किया जाता है।

12. भाई-बहन के रिश्ते/रिश्तों :
A. माता-पिता और साथियों के साथ संबंधों से भिन्न होते हैं और बाल्यावस्था में समाजीकरण में महत्वपूर्ण भूमिका निभाते हैं।
B. माता-पिता और साथियों के साथ संबंधों के समान हैं और बाल्यावस्था में समाजीकरण में महत्वपूर्ण भूमिका निभाते हैं।
C. केवल प्रारंभिक बाल्यावस्था में ही महत्वपूर्ण भूमिका निभाते हैं।
D. की समाजीकरण से अधिक भूमिका नहीं है।

13. निम्नलिखित कथनों को पढ़िए तथा सही विकल्प का चयन कीजिए :

अभिकथन (A): बच्चों के बीच विकासात्मक दरों में काफी भिन्नताएँ मौजूद होती हैं।

कारण (R): विकासात्मक अंतर, आनुवंशिक और अनुभवात्मक विविधताओं की जटिल अंतःक्रिया का एक अनिवार्य परिणाम हैं।
A. (A) सही है, परन्तु (R) गलत है।
B. (A) और (R) दोनों सही हैं, परन्तु (R), (A) की सही व्याख्या **नहीं** है।
C. (A) और (R) दोनों गलत हैं।
D. (A) और (R) दोनों सही हैं तथा (R), (A) की सही व्याख्या है।

14. निम्नलिखित कथन में विकास के किस सिद्धांत को दर्शाया गया है?
"जो बच्चे अपने शुरुआती वर्षों में भाषा सीखने के लिए अनुकूल वातावरण से वंचित रहते हैं, उन्हें बाद के जीवन में भाषा चुनने में थोड़ी कठिनाई होती है।"
A. भाषा का विकास पूरी तरह आनुवंशिकी पर निर्भर है।
B. भाषा और अनुभूति जटिल रूप से परस्पर संबंधित हैं।
C. विकास अव्यवस्थित और अप्रत्याशित होता है।
D. भाषा के विकास का एक संवेदनशील काल है।

15. वह विद्यार्थी जो 'पठन-वैकल्य' से जूझ रहे हैं, को पढ़ना सिखाया जा सकता है :
A. उन्हें कई विकर्षणों में अध्ययन करने के लिए प्रोत्साहित करके।
B. उच्च ग्रेड स्तर के पठन ग्रंथ प्रदान करके।
C. सुधारात्मक पठन सुनिश्चित करने के लिए सख्त दंड के उपयोग के माध्यम से।
D. प्रणालीगत ध्वन्यात्मक प्रशिक्षण के माध्यम से।

16. 'बोध-आधारित शिक्षण' का अंतर्निहित सिद्धांत यह विश्वास है कि :
A. शिक्षार्थियों की क्षमताएँ और आवश्यकताएँ विविध हैं जिन्हें मानक निर्देशों पर ध्यान केंद्रित किए बिना पूरा नहीं किया जा सकता है।
B. शिक्षार्थी निष्क्रिय प्राप्तकर्ता हैं और शिक्षक के पास 'सही' ज्ञान है।
C. ऐसा करने के लिए एक सुविधाजनक वातावरण प्रदान किए जाने पर शिक्षार्थी ज्ञान का निर्माण कर सकते हैं।
D. शिक्षार्थी कम जानते हैं और शिक्षण में विद्यार्थियों के लिए तथ्यों का प्रसारण शामिल है।

8. C **9.** B **10.** D **11.** B **12.** A **13.** D **14.** D **15.** D **16.** C

17. जटिल समस्याओं से जूझ रहे अमन के समस्या-समाधान कौशल विकसित करने में एक शिक्षक किस प्रकार मदद कर सकता है?

A. उसे मंथन करने और विचार उत्पन्न करने के लिए प्रोत्साहित करके

B. उससे कहकर कि वह समस्या को सुलझाना छोड़ दे

C. उसे प्रयोग करने और जोखिम लेने से हतोत्साहित करके

D. उसे उत्तर प्रदान करके

18. माध्यमिक कक्षाओं में अधिगम के लिए एक अनुकूल कक्षा का वातावरण ____ पर केंद्रित होता है।

A. सजा और शर्मिंदगी के डर B. सहकारी अधिगम

C. प्रतिस्पर्धी लोकाचार D. अनुबंधन और पुनर्बलन

19. लेव वायगोत्स्की का मानना था कि विकास :

A. प्रकृति में असंतत है।

B. आनुवंशिक प्रोग्रामिंग का खुलासा है।

C. सीधे परिपक्वता के परिणाम से होता है।

D. सीधे सामाजिक संपर्क के परिणाम से होता है।

20. पियाजे के अनुसार, गुणात्मक रूप से चार विभिन्न अवस्थाएँ :

A. दुनिया की विभिन्न संस्कृतियों में व्यापक रूप से भिन्न होती हैं।

B. उदाहरण देकर समझाती हैं कि बच्चों का मन लघु वयस्क मन होता है।

C. बच्चों के जेनेटिक कोड पर निर्भर होती हैं।

D. बच्चों के विकास के सार्वभौमिक पैटर्नों का प्रतिनिधित्व करती हैं।

21. निम्नलिखित में से कौन-सी पियाजे के संज्ञानात्मक विकास के सिद्धांत की सीमा है?

A. वह संज्ञानात्मक विकास में भाषा की भूमिका पर अत्यधिक बल देता है।

B. वह संज्ञानात्मक विकास में व्यक्तिगत भिन्नताओं को ध्यान में नहीं रखता है।

C. वह संज्ञानात्मक विकास में जैविक कारकों की भूमिका को ध्यान में नहीं रखता है।

D. वह संज्ञानात्मक विकास पर संस्कृति और सामाजिक कारकों के प्रभाव को ध्यान में नहीं रखता है।

22. निम्नलिखित कथनों को पढ़िए तथा सही विकल्प का चयन कीजिए :

अभिकथन (A): प्रत्येक वर्ष लता, जो कि कक्षा VII की शिक्षिका है, उनके क्षेत्रों में कैरियर पर चर्चा करने के लिए एक महिला गणित प्रोफेसर और एक पुरुष नर्स को अपनी कक्षा में आमंत्रित करती है।

कारण (R): लैंगिक (जेंडर) अंतर जन्मजात हैं और समाज के माध्यम से अधिग्रहित नहीं हैं।

A. (A) सही है, परंतु (R) गलत है।

B. (A) और (R) दोनों सही हैं, परन्तु (R), (A) की सही व्याख्या **नहीं** है।

C. (A) और (R) दोनों गलत हैं।

D. (A) और (R) दोनों सही हैं तथा (R), (A) की सही व्याख्या है।

23. एक प्रगतिशील कक्षा में, विद्यार्थी :

(*a*) अधिक प्रश्न नहीं पूछते हैं।

(*b*) शिक्षक से प्रश्न पूछते हैं।

(*c*) एक-दूसरे से प्रश्न पूछते हैं।

(*d*) स्वयं से प्रश्न पूछते हैं।

सही विकल्प का चयन कीजिए :

A. (*b*) और (*d*) B. (*b*) और (*c*)

C. (*b*), (*c*) और (*d*) D. (*a*)

24. पुल्लिंग या स्त्रीलिंग होने से जुड़ी अपेक्षाओं को ____ कहा जाता है और इन्हें ____ सीखा जाता है।

A. जेंडर भूमिकाएँ; बाल्यावस्था की सभी अवस्थाओं से लेकर वयस्कता में भी

B. जेंडर स्थिरता; प्रारंभ में किशोरावस्था के दौरान

C. जेंडर रूढ़िवादिता; केवल मध्य बाल्यावस्था के दौरान

D. जेंडर पूर्वाग्रह; मुख्य रूप से प्रारंभिक बाल्यावस्था के दौरान

25. बुद्धि के संदर्भ में निम्नलिखित में से कौन-सा दृष्टिकोण शिक्षार्थियों के बीच विविधता के सम्मानपूर्ण विचार का समर्थन करता है?

A. बुद्धि वातावरणीय कारकों से प्रभावित नहीं होती है।

B. बुद्धि आनुवंशिक कारकों से प्रभावित नहीं होती है।

C. बुद्धि को मापने के लिए बुद्धि-लब्धि परीक्षण ही एकमात्र साधन हैं।

D. बुद्धि बहु-आयामी है और समय के साथ बदल सकती है।

26. निम्नलिखित में से किसने 'सामान्य' बुद्धि की अवधारणा की आलोचना की और बुद्धि का एक वैकल्पिक सिद्धांत प्रस्तावित किया?

A. जीन पियाजे B. हॉवर्ड गार्डनर

C. लेव वायगोत्स्की D. चार्ल्स स्पीयरमैन

27. लॉरेंस कोहलबर्ग के सिद्धांत की आलोचना कैरल गिलिगन द्वारा :

A. नैतिक तर्क में लैंगिक भिन्नताओं की उपेक्षा करने के लिए की गई है।

B. विश्लेषण के मात्रात्मक तरीकों को लागू नहीं करने के लिए की गई है।

C. नैतिक विकास का एक चरण-सिद्धांत प्रस्तुत करने के लिए की गई है।

D. वास्तविक-जीवन की स्थितियों के माध्यम से तथ्यों को एकत्र करने के लिए की गई है।

17. A **18.** B **19.** D **20.** D **21.** D **22.** A **23.** C **24.** A **25.** D **26.** B **27.** A

28. एक शिक्षिका अपने विद्यार्थियों को अधिसंज्ञानात्मक कौशल विकसित करने में मदद करना चाहती है। निम्नलिखित में से कौन-सी रणनीति सबसे प्रभावी होगी?

A. विद्यार्थियों को अभिप्रेरित करने के लिए लगातार ग्रेड और प्रतिपुष्टि प्रदान करना
B. विद्यार्थियों को प्रोत्साहित करना कि वे स्वयं अपने अधिगम पर चिंतन करें और अपनी प्रगति का मूल्यांकन करें
C. विद्यार्थियों को याद करने के लिए पाठ सौंपना और उन्हें पाठ्यपुस्तक से जानकारी दोहराने के लिए प्रोत्साहित करना
D. विद्यार्थियों को सभी सीखने के कार्यों के लिए विस्तृत और निर्देशात्मक निर्देश प्रदान करना

29. निम्नलिखित कथनों को पढ़िए तथा सही विकल्प का चयन कीजिए :

अभिकथन (A): शिक्षकों को संकल्पना को मजबूत करने के लिए विद्यार्थियों को अपने स्वयं के संकल्पना के उदाहरणों और गैर-उदाहरणों की पहचान करने के लिए कहना चाहिए।

कारण (R): उदाहरणों के बारे में सोचने से संकल्पना को मजबूत किया जाता है जबकि गैर-उदाहरण विद्यार्थियों को भ्रमित करते हैं।

A. (A) सही है, परन्तु (R) गलत है।
B. (A) और (R) दोनों सही हैं, परन्तु (R), (A) की सही व्याख्या ***नहीं*** है।
C. (A) और (R) दोनों गलत हैं।
D. (A) और (R) दोनों सही हैं तथा (R), (A) की सही व्याख्या है।

30. अधिगम के सामान्य सिद्धांत बताते हैं कि विद्यार्थी बेहतर रूप से सीखते हैं यदि शिक्षक :

A. पहले अवधारणा को उसके प्रतीकात्मक रूप में प्रस्तुत करें और फिर उसके भौतिक रूप पर आएँ।
B. पहले उस पर चर्चा करें जिसके बारे में विद्यार्थी को नहीं पता है और फिर उस पर आएँ जो विद्यार्थी पहले से जानते हैं।
C. पहले अवधारणा का संपूर्ण रूप से परिचय दें और फिर उसकी बारीकियों पर आएँ।
D. पहले तर्क और कारण के संदर्भ में अवधारणाओं पर चर्चा करें और फिर विचारों को सत्यापित करने का अवसर दें।

गणित एवं विज्ञान

31. एक शिक्षिका अपनी कक्षा में दैनिक जीवन की परिस्थितियों में से विभिन्न उदाहरणों की चर्चा करती है, जैसे कई अन्य पटरियों को पार करती हुई एक रेल पटरी, दो अथवा अधिक सड़कों को पार करती हुई एक सड़क, अंग्रेजी वर्णमाला जैसे 'H', 'Z' इत्यादि।

निम्नलिखित में से किस/किन अवधारणा/अवधारणाओं का परिचय इन उदाहरणों द्वारा दिया जा सकता है?

(*a*) रेखाखंड
(*b*) तिर्यक छेदी रेखा
(*c*) समांतर रेखाएँ
(*d*) समकोण

सही विकल्प का चयन कीजिए :

A. (*b*) और (*c*)
B. केवल (*a*)
C. (*a*) और (*d*)
D. केवल (*b*)

32. निम्नलिखित में से कौन-सा गणित शिक्षण का सर्वाधिक उपयुक्त तरीका है?

A. अधिगम में रह गई कमियों को ज्ञात कर केवल उन्हें ही संबोधित करना
B. अल्प प्रदर्शन करने वालों की पहचान कर उन्हें कक्षा की अग्रिम पंक्ति में बैठाना
C. एक जैसे उपागम द्वारा प्रत्येक विद्यार्थी को पढ़ाना
D. अधिगमकर्ताओं को उनकी विद्यमान क्षमताओं को विकसित करने के लिए प्रोत्साहित करना

33. निरंतर और व्यापक मूल्यांकन (CCE) के लिए निम्नलिखित में से क्या सही है?

A. निरंतर और व्यापक मूल्यांकन में, आकलन प्रक्रिया में पूर्व ज्ञान, समझने के स्तर और अधिगम प्रक्रिया का आकलन सम्मिलित होना चाहिए।
B. निरंतर और व्यापक मूल्यांकन के लिए, शिक्षक महसूस करते हैं कि उनमें से हर एक को बच्चों के अधिगम का आकलन करने के लिए प्रतिदिन कुछ गृह-कार्य देना चाहिए।
C. निरंतर और व्यापक मूल्यांकन केवल अंकों को ग्रेड में परिवर्तित करने के बारे में है।
D. निरंतर और व्यापक मूल्यांकन में, जाँच/परीक्षण अधिक है और शिक्षण कम है।

28. B	**29.** A	**30.** C	**31.** A	**32.** D	**33.** A

34. निम्नलिखित में से कौन-सी गणित में एक अवधारणा मानचित्र की आवश्यक विशेषता/एँ है/हैं?

(*a*) यह अंशदायी उप-अवधारणाओं का उपयोग करके एक अवधारणा के वैचारिक विश्लेषण की निरूपित करता है।

(*b*) ये संकेत चिह्नों के साथ दिशात्मक हैं और दर्शाते हैं कि कौन-सी अवधारणाएँ किसके लिए पूर्व-अपेक्षित हैं।

(*c*) एक विशिष्ट अवधारणा के सीखने में रह गई कमी को पहचानने के लिए इनका उपयोग नैदानिक प्रयोजनों के लिए नहीं किया जा सकता।

(*d*) इन्हें बारंबार उपयोग नहीं किया जा सकता क्योंकि यह बहुत समय व्यय करते हैं।

सही विकल्प का चयन कीजिए।

A. (*b*) और (*d*)
B. केवल (*c*)
C. (*c*) और (*d*)
D. (*a*) और (*b*)

35. गणित की प्रकृति के बारे में निम्नलिखित में से क्या सही **नहीं** है?

A. स्कूली स्तर पर गणित में शिक्षार्थियों में विशिष्ट अभिवृत्ति आवश्यक होती है।
B. गणित में प्राथमिक अवधारणाएँ प्रकृति में अमूर्त होती हैं।
C. गणित निगमनात्मक विवेचन पर आधारित है।
D. गणित उन अधिकांश विषयों की तुलना में बहुत अधिक अमूर्त और पदानुक्रमित है जो बच्चे उसी उम्र में सीखते हैं।

36. गणित की कक्षा में ''तर्क-वितर्क'' के संबंध में निम्नलिखित में से कौन-से कथन उपयुक्त हैं?

(*a*) इसे तर्क की एक पंक्ति के रूप में समझा जा सकता है जो यह दिखाने या समझाने का इरादा रखता है कि गणितीय परिणाम सत्य क्यों है।

(*b*) यह अन्य अनुभवजन्य विषयों की तरह ही हमेशा गणित में मददगार होता है।

(*c*) यह गणित शिक्षा में स्वतःशोध दृष्टिकोण का भी एक हिस्सा हो सकता है।

(*d*) प्रारंभिक कक्षा के विद्यार्थियों के लिए यह कम उपयोगी है क्योंकि इसका मूल्यांकन कठिन होगा।

सही विकल्प का चयन कीजिए :

A. (*a*) और (*c*)
B. (*b*) और (*c*)
C. (*a*) और (*b*)
D. (*a*) और (*d*)

37. निम्नलिखित में से कौन-सा कथन गणित की पाठ्य-पुस्तक के संबंध में सही ***नहीं*** है?

A. गणित की पाठ्य-पुस्तक के उदाहरण विद्यार्थियों के दैनिक जीवन से संबंधित होने चाहिए।
B. एक गणित की पाठ्य-पुस्तक में केवल हल किए हुए उदाहरण होने चाहिए।
C. गणित की पाठ्य-पुस्तक बहुत मोटी या भारी नहीं होनी चाहिए।
D. विद्यार्थियों को अभ्यास देने के लिए गणित की पाठ्य-पुस्तक में विभिन्न प्रश्नावलियाँ होनी चाहिए।

38. गणित में एक कन्जेक्चर :

A. बिल्कुल भी महत्वपूर्ण नहीं है क्योंकि यह गणितीय समझ विकसित करने में मदद नहीं करता है।
B. एक प्रतिज्ञप्ति या निष्कर्ष है जो सिद्ध हो चुका हो।
C. केवल माध्यमिक स्तर के विद्यार्थियों के लिए महत्वपूर्ण है।
D. एक प्रतिज्ञप्ति या निष्कर्ष है जो बिना प्रमाण के एक अस्थायी आधार पर सत्य माना जाता है।

39. कथन : "6 के गुणज से 1 कम या 1 अधिक अभाज्य संख्याएँ हैं," एक _____ का उदाहरण है।

A. सामान्यीकरण
B. प्रमेय
C. कन्जेक्चर
D. अभिगृहीत

40. गणित की एक शिक्षिका अपने विद्यार्थियों के समक्ष निम्नलिखित समस्याएँ रखती है :

(*a*) सिमरन तीन महीने के किराये के रूप में ₹ 60,000 देती है। यदि हर महीने का किराया समान रहे तो पूरे वर्ष के लिए उसे कितना किराया देना होगा?

(*b*) तीन दर्जन केलों की कीमत ₹ 45 है। परिकलन कीजिए कि ₹ 12.50 में कितने केले खरीदे जा सकते हैं।

(*c*) जोई और जैनी स्कूल जा रहे हैं। जोई, जैनी से पहले चलना शुरू करता है। जब जोई तीसरे ब्लॉक पर था, तब जैनी पहले ब्लॉक पर थी। यदि दोनों की चलने की गति बराबर है, तो जब जोई नौवें ब्लॉक पर होगा तब जैनी कहाँ होगी?

उपर्युक्त तीन प्रश्नों के संदर्भ में निम्नलिखित में से कौन-सा सही है?

A. केवल (*a*) एकात्मक विधि पर आधारित है।
B. (*b*) और (*c*) एकात्मक विधि पर आधारित दैनिक जीवन की समस्याएँ हैं।
C. (*a*) और (*c*) एकात्मक विधि पर आधारित दैनिक जीवन की समस्याएँ हैं।
D. (*a*) और (*b*) एकात्मक विधि पर आधारित दैनिक जीवन की समस्याएँ हैं।

34. D	**35.** A	**36.** A	**37.** B	**38.** D	**39.** C	**40.** D

41. किसी आयत का क्षेत्रफल, जिसकी भुजाएँ 176 सेमी. और 56 सेमी. हैं, एक वृत्त के क्षेत्रफल के बराबर है। वृत्त की परिधि (सेमी. में) क्या है? ($\pi = 22/7$ लीजिए)

A. 396 B. 352
C. 440 D. 308

42. विमाओं 40 सेमी. × 36 सेमी. × x सेमी. वाले एक ठोस घनाभ के पृष्ठ को ₹ 20 प्रति 100 सेमी.^{2} की दर से पेंट कराने की लागत ₹ 1,032 है। x का मान क्या है?

A. 20 B. 15
C. 24 D. 12

43. PQRS एक चतुर्भुज है, जिसमें PQ = PS और RQ = RS है। इस चतुर्भुज के बारे में निम्नलिखित में से कौन-सा कथन सत्य है?

A. इसके विकर्ण बराबर हैं।
B. इसके विकर्ण परस्पर लंब हैं।
C. प्रत्येक विकर्ण प्रत्येक शीर्ष पर कोण को समद्विभाजित करता है।
D. इसके विकर्ण परस्पर समद्विभाजित करते हैं।

44. ABCD एक समचतुर्भुज है, जिसमें $\angle ADB = 25°$ है। तब, $(2\angle BAD - \angle ABC)$ का मान है :

A. 230° B. 240°
C. 210° D. 260°

45. नीचे दिए गए आँकड़ों के बहुलक, माध्यिका और परिसर का माध्य क्या है?

17, 8, 11, 13, 9, 14, 10, 11, 16, 23, 15, 7

A. 13 B. 12.5
C. 13.5 D. 12

46. यदि $x = \sqrt{198} \times \sqrt{550}$ और $y = \sqrt[3]{99} \times \sqrt[3]{363}$ है, तो $\frac{1}{x} + \frac{1}{y}$ बराबर है :

A. $0.\overline{01}$ B. $0.0\overline{3}$
C. $0.\overline{33}$ D. $0.\overline{1}$

47. यदि $p = (12.34 \times 10^{10}) - (5.67 \times 10^{9})$ है, तो p को मानक रूप में निम्न द्वारा व्यक्त किया जाता है :

A. 1.1773×10^{11} B. 1.1773×10^{10}
C. 1.773×10^{11} D. 1.773×10^{10}

48. किस संख्या से $\left(-\frac{1}{4}\right)^{-1}$ को गुणा किया जाए ताकि गुणनफल $\left(-\frac{7}{4}\right)^{-1}$ का व्युत्क्रम हो?

A. $\frac{7}{16}$ B. $\frac{16}{7}$
C. $-\frac{16}{7}$ D. $-\frac{7}{16}$

49. यदि $313632 = p^2 \times q^5 \times r^4$ है, जहाँ p, q तथा r अभाज्य संख्याएँ हैं, तो $(p + q - 2r)$ का मान क्या है?

A. 8 B. 7
C. 9 D. 6

50. सुनीता द्वारा प्री-बोर्ड परीक्षा में प्राप्तांक नीचे दिए गए हैं :

विषय	अंक
अंग्रेजी	72
हिंदी	84
गणित	96
विज्ञान	80
सामाजिक विज्ञान	68

यदि उपर्युक्त आँकड़ों का एक पाई चार्ट बनाया जाता है, तो सुनीता द्वारा गणित में प्राप्त अंकों को दर्शाने वाले त्रिज्यखंड का कोण कितना होगा?

A. 75.6° B. 72°
C. 86.4° D. 64.8°

51. किसी लंब-वृत्तीय बेलन की लंबाई 1.2 मीटर है और इसका आयतन 4620 सेमी.^{3} है। बेलन का वक्र वृष्ठीय क्षेत्रफल (सेमी.^{2} में) क्या है? ($\pi = 22/7$ लीजिए)

A. 2640 B. 2200
C. 2860 D. 1980

52. यदि F, V और E क्रमशः किसी त्रिभुजाकार प्रिज्म के फलकों, शीर्षों और किनारों की संख्याएँ हैं, तो निम्नलिखित में से कौन-सा कथन सत्य है?

A. 4F + 2V – 3E = 6
B. 2F + 3V – 2E = 10
C. 2F + 4V – 3E = 8
D. 3F + 2V – 2E = 11

53. रेखा AB पर एक बिंदु P स्थित है तथा PQ एक किरण इस प्रकार है कि $\angle QPA = 7x$ और $\angle QPB = 5x$ है। तब, $(8x - 10°)$ का मान है :

A. 118° B. 110°
C. 140° D. 102°

41. B **42.** B **43.** B **44.** C **45.** A **46.** B **47.** A **48.** A **49.** B **50.** C **51.** A **52.** B **53.** B

54. किसी त्रिभुज PQR की भुजा PQ पर S एक बिंदु इस प्रकार स्थित है कि RS = PS = QS है। यदि $\angle QPR = 15°$ है, तो $(2\angle PQR - \angle PRQ)$ मान है :

A. 50° B. 60°
C. 45° D. 75°

55. जब एक दुकानदार वस्तु A को ₹ 384 पर बेचता है, तो उसे 20% की हानि होती है और जब वह वस्तु B को ₹ 400 पर बेचता है, तो उसे 25% का लाभ प्राप्त होता है। यदि वह दोनों वस्तुओं को कुल मिलाकर ₹ 852 पर बेचे, तो उसका लाभ/हानि प्रतिशत क्या होगा?

A. लाभ 6.5%
B. हानि 5%
C. हानि 7%
D. लाभ 7.5%

56. ₹ 12,000 की एक राशि किसी निश्चित प्रतिशत वार्षिक ब्याज दर पर 1½ वर्ष में ₹ 15,972 हो जाती है, जब ब्याज अर्धवार्षिक संयोजित होता है। वही राशि उतने ही समय में उसी ब्याज दर से कितनी हो जाएगी, यदि ब्याज वार्षिक संयोजित होता है?

A. ₹ 15,840 B. ₹ 15,420
C. ₹ 15,950 D. ₹ 14,520

57. यदि $5x^2 - 8y - 20x + 2xy = (x + a)(bx + 2y)$ है, तो $(a - b)$ का मान है :

A. 9 B. –1
C. –9 D. 1

58. यदि $A = x^2(1 - 3y^2)$, $B = x(xy^2 - 2x)$

और $C = 3y(y - 4x^2y)$ है,

तो $A + B - C = px^2 + qx^2y^2 + ry^2$ है।

$(5p + q - r)$ का मान क्या है?

A. 12 B. 10
C. 18 D. 8

59. निम्नलिखित में से कौन-से 2, 3 और 11 से विभाज्य हैं?

(*a*) 8448
(*b*) 9812
(*c*) 9126
(*d*) 9636

सही विकल्प का चयन कीजिए :

A. (*a*) और (*b*)
B. (*b*) और (*d*)
C. (*a*) और (*d*)
D. (*a*) और (*c*)

60. समीकरण $\frac{(x+1)-(2x+4)}{3-5x} = \frac{1}{23}$ का हल, निम्न समीकरण का भी हल है :

A. $5(2x + 1) = 3(x + 1)$
B. $3(2x + 3) = 2(x + 3)$
C. $3(2x + 3) = 5(x + 1)$
D. $2(2x - 3) = 3(x + 1)$

61. निम्नलिखित कथनों को पढ़िए तथा सही विकल्प का चयन कीजिए :

अभिकथन (A): आमाशय हाइड्रोक्लोरिक अम्ल उत्पन्न करता है जो भोजन के भंजन में सहायता करता है।

तर्क (R): पाचक रसों को क्रिया करने के लिए अम्लीय माध्यम की आवश्यकता होती है।

A. (A) सही है, परंतु (R) गलत है।
B. (A) और (R) दोनों सही हैं, परंतु (R), (A) की सही व्याख्या **नहीं** है।
C. (A) गलत है, परन्तु (R) सही है।
D. (A) और (R) दोनों सही हैं तथा (R), (A) की सही व्याख्या है।

62. 'नाइट्रोजन यौगिकीकरण' शब्द का क्या अर्थ है?

A. नाइट्रोजन यौगिकों का गैसीय नाइट्रोजन में रूपांतरण
B. मृदा में उपस्थित (विद्यमान) जीवाणुओं द्वारा अमोनिया का नाइट्रेट में रूपांतरण
C. मृत जैव पदार्थ में उपस्थित (विद्यमान) नाइट्रोजन का वापस मृदा में अभिमुक्त करना (वापस छोड़ना)
D. जीवित प्राणियों के लिए अधिक प्रयोगलायक (प्रयोज्य) रूप हेतु वायुमंडलीय नाइट्रोजन का रूपांतरण

63. निम्नलिखित में से किस अवस्थिति में स्प्रिंग में न्यूनतम (कम-से-कम) स्थितिज ऊर्जा होती है?

A. स्प्रिंग को न तो संपीडित किया गया है और न ही खींचा गया है तथा वह भूमि पर पड़ा हुआ है।
B. स्प्रिंग को न्यूनतम तक संपीडित किया (दबाया) जाता है तथा वह भूमि पर पड़ा हुआ है।
C. स्प्रिंग को न्यूनतम तक संपीडित किया जाता है तथा वह ऊँचाई पर रखा गया है।
D. स्प्रिंग को अधिकतम तक खींचा जाता है तथा उसे ऊँचाई पर रखा गया है।

64. उस समुच्चय की पहचान कीजिए जिसमें अनियततापी जीवों को समाविष्ट किया गया है।

A. छिपकली, तोता, डॉल्फिन B. कबूतर, मानव, छिपकली
C. सर्प, मेंढ़क, कॉकरोच D. ह्वेल, मेंढ़क, केंचुआ

54. B **55.** A **56.** A **57.** C **58.** D **59.** C **60.** C **61.** D **62.** D **63.** A **64.** C

65. निम्नलिखित में से कौन-से मात्रकों के युग्म का समान भौतिक राशि को मापने के लिए प्रयोग किया जाता है?

A. kg m/s^2, Nm B. kg m^2/s^2, Ws
C. kg m/s^2, Ws D. kg m^2/s^2, J/s

66. निम्नलिखित अनुच्छेद को पढ़िए तथा उस शब्द समूह वाले विकल्प का चयन कीजिए जो कि सही प्रकार से दिए गए क्रम में रिक्त स्थानों को भरे।

निषेचन के समय पिता के शुक्राणु और माता के अंडाणु संलयित होकर __W__ बनाते हैं जो कि बारंबार विभाजित होकर कोशिकाओं के गोले में बदल जाता है। कोशिकाएँ विभिन्न अंगों और ऊतकों में परिवर्धित होने लगती है। इस विकसित होती संरचना को __X__ कहते हैं जो कि __Y__ की दीवार में रोपित हो जाता है। __X__ की वह अवस्था जिसमें सभी शारीरिक भागों की पहचान हो सके वह __Z__ कहलाता है।

W, X, Y, Z क्रमशः हैं :

A. युग्मनज, गर्भ, गर्भाशय, भ्रूण
B. युग्मनज, भ्रूण, गर्भाशय, गर्भ
C. भ्रूण, युग्मनज, डिंबवाहिनी नलिका (अंडवाहिनी), गर्भ
D. युग्मनज, गर्भ, डिंबवाहिनी नलिका (अंडवाहिनी), भ्रूण

67. निम्नलिखित अभिक्रियाओं में से कौन-सी संभव **नहीं** है?

A. $PbSO_4 + Fe$
B. $Al + CuSO_4$
C. $Zn + CaSO_4$
D. $Mg + ZnSO_4$

68. निम्नलिखित में से कौन-से ग्राफ सीधी रेखाएँ (ऋजु रेखाएँ) हैं?

(*a*) विराम अवस्था में पिंड/वस्तु का दूरी-समय ग्राफ
(*b*) एकसमान त्वरण के साथ गतिमान पिंड/वस्तु का वेग - समय ग्राफ
(*c*) एकसमान त्वरण के साथ गतिमान पिंड/वस्तु का दूरी - समय ग्राफ
(*d*) विराम अवस्था में पिंड/वस्तु का वेग - समय ग्राफ

सही विकल्प का चयन कीजिए :

A. (*a*), (*b*) और (*d*) B. (*a*), (*b*) और (*c*)
C. (*c*) और (*d*) D. (*a*) और (*b*)

69. चार द्रवों A, B, C और D के घनत्व नीचे दिए गए हैं :

द्रव	A	B	C	D
घनत्व (किग्रा/मी^{3})	785	820	924	1020

इस सूचना के आधार पर, निम्नलिखित में से सही कथन की पहचान कीजिए :

A. एक वस्तु जो द्रव C में तैरता है वह द्रव A में तैर भी सकता है और नहीं भी।
B. एक वस्तु जो द्रव A में तैरता है वह द्रव B में तैर भी सकता है और नहीं भी।
C. एक वस्तु जो द्रव B में तैरता है वह निश्चित रूप से द्रव A में भी तैरेगा।
D. एक वस्तु जो द्रव C में तैरता है वह निश्चित रूप से द्रव B में भी तैरेगा।

70. निम्नलिखित कथनों को पढ़िए तथा सही विकल्प का चयन कीजिए :

अभिकथन (A): विद्युत धारा एक संदिश राशि है।

तर्क (R): विद्युत धारा वह राशि है जिसके पास परिमाण के साथ-साथ दिशा भी है।

A. (A) सही है, परंतु (R) गलत है।
B. (A) और (R) दोनों सही हैं, परंतु (R), (A) की सही व्याख्या ***नहीं*** है।
C. (A) गलत है, परंतु (R) सही है।
D. (A) और (R) दोनों सही हैं तथा (R), (A) की सही व्याख्या है।

71. निम्नलिखित में से किन कोशिका अंगकों में स्वयं का डीएनए अंतर्विष्ट है?

(*a*) लवक (प्लैस्टिड)
(*b*) सूत्रकणिका (माइटोकॉन्ड्रिया)
(*c*) नाभिक (न्यूक्लियस)
(*d*) रिक्तिका

सही विकल्प का चयन कीजिए :

A. (*c*) और (*d*) B. (*b*) और (*c*)
C. (*a*), (*b*) और (*c*) D. (*a*), (*b*) और (*d*)

72. निम्नलिखित में से कौन-सा/से कथन जीवित जीवों की कोशिकाओं के संबंध में सही है/हैं?

(*a*) सभी सूक्ष्मदर्शीय (सूक्ष्म) होते हैं तथा इन्हें नग्न आँखों से नहीं देखा जा सकता है।
(*b*) सभी की कोशिका भित्ति होती है।
(*c*) सभी की केन्द्रकीय झिल्ली होती है।
(*d*) सभी की कोशिका झिल्ली होती है।

सही विकल्प का चयन कीजिए :

A. केवल (*d*) B. (*a*) और (*d*)
C. (*b*) और (*c*) D. केवल (*a*)

65. B **66.** B **67.** C **68.** A **69.** A **70.** C **71.** C **72.** A

73. उस समुच्चय का चयन कीजिए जो कॉलम A में दिए गए अपशिष्ट (कचरे) के प्रकार को कॉलम B में दिए गए इसके द्वारा अपघटन में लगने वाले लगभग समय के साथ सही प्रकार से सुमेलित हो।

(कॉलम A)	**(कॉलम B)**
(*a*) प्लास्टिक की बोतल	(*i*) 2-5 माह
(*b*) रेशमी रूमाल (स्कार्फ)	(*ii*) 1-2 सप्ताह
(*c*) सूती कमीज (शर्ट)	(*iii*) 10-30 दिन
(*d*) केले का छिलका	(*iv*) 4 वर्ष
(*e*) कागज	(*v*) अनेक वर्ष

सही विकल्प का चयन कीजिए :

	(*a*)	(*b*)	(*c*)	(*d*)	(*e*)
A.	(*iv*)	(*v*)	(*iii*)	(*i*)	(*ii*)
B.	(*v*)	(*iv*)	(*i*)	(*ii*)	(*iii*)
C.	(*iv*)	(*v*)	(*ii*)	(*i*)	(*iii*)
D.	(*v*)	(*i*)	(*ii*)	(*iii*)	(*iv*)

74. एक ऊँचाई से 15 ग्राम द्रव्यमान का पंख छोड़ा जाता है। यह पाया जाता है कि वह एकसमान वेग से गिर रहा है। उस पर काम करने वाला नेट बल कितना है?

A. शून्य B. 1.47 N

C. 14.7 N D. 147 N

75. X^{3+} आयन तत्व X (परमाणु-द्रव्यमान 27 और परमाणु क्रमांक 13) से प्राप्त हुआ है। X^{3+} में प्रोटॉनों, इलेक्ट्रॉनों और न्यूट्रॉनों की संख्या क्रमशः है :

A. 14, 13 और 10

B. 10, 13 और 14

C. 13, 13 और 10

D. 13, 10 और 14

76. उस समुच्चय की पहचान कीजिए जो द्विलिंगी पुष्पों (फूलों) को उत्पन्न करने वाले पादपों से बना है :

A. खीरा, पपीता, गुलाब

B. सरसों, गुलाब, पिटूनिया

C. मक्का, खीरा, पिटूनिया

D. मक्का, पपीता, सरसों

77. ***गलत*** कथन की पहचान कीजिए :

A. दुमटी मृदा की अपेक्षा चिकनी मृदा अधिक सुवातित होती है।

B. दुमटी मृदा की तुलना में चिकनी मृदा अधिक उर्वर होती है।

C. दुमटी मृदा की अपेक्षा चिकनी मृदा की जल धारण क्षमता बेहतर होती है।

D. चिकनी मृदा के कणों का आमाप दुमटी मृदा के कणों के आमाप के अपेक्षाकृत बहुत छोटा (सूक्ष्म) होता है।

78. निम्नलिखित में से कौन-से पदार्थ माचिस के निघर्षण पृष्ठ पर विद्यमान होते हैं?

A. काँच का चूर्ण और लाल फॉस्फोरस

B. श्वेत फॉस्फोरस और काँच का चूर्ण

C. लाल फॉस्फोरस और मैग्नीशियम

D. पोटैशियम और श्वेत फॉस्फोरस

79. __A__ और __B__ अपने हॉर्मोन तब स्रावित करते हैं जब उन्हें ग्रंथि __C__ से आदेश प्राप्त होता है।

निम्नलिखित में से कौन-सा क्रमशः A, B और C हो सकता है?

A. अग्न्याशय, अधिवृक्क (ऐड्रिनल) ग्रंथियाँ, थाइरॉइड

B. थाइरॉइड, अधिवृक्क (ऐड्रिनल) ग्रंथियाँ, पीयूष

C. वृषण, अंडाशय, थाइरॉइड

D. पीयूष, अग्न्याशय, थाइरॉइड

80. सूचीछिद्र कैमरे द्वारा निर्मित प्रतिबिम्ब वास्तविक होता है। निम्नलिखित में से कौन-सा कथन इस तथ्य की उपयुक्त व्याख्या प्रदान करता है?

A. प्रकाश छोटे से मुख (छेद) में प्रवेश करने पर विवर्तित हो जाता है।

B. प्रकाश सीधी रेखा में गमन करता है।

C. प्रकाश ऊर्जा का एक स्वरूप (रूप) है।

D. प्रकाश जब एक माध्यम से दूसरे में गमन करता है तब वह अपना पथ परिवर्तित करता है।

81. निम्नलिखित में से मुक्तोत्तर प्रश्न की पहचान कीजिए :

A. मानव सेलुलोस को क्यों नहीं पचा सकते हैं?

B. सेलुलोस किससे बना होता है?

C. क्या होगा यदि मानव सेलुलोस को पचा सकें?

D. पाँच ऐसे जीवों के नाम बताइए जो कि सेलुलोस को पचा सकते हैं।

82. निम्नलिखित में से कौन-सा/से स्कूलों में वर्तमान में पालन होने वाली पाठ्यचर्या संबंधी गतिविधियों के संबंध में सही है/हैं?

(*a*) प्रारंभिक कक्षाओं में विज्ञान और गणित को एकीकृत रूप में 'विज्ञान एवं प्रौद्योगिकी' की तरह पढ़ाया जाता है।

(*b*) माध्यमिक कक्षाओं में भौतिकी, रसायन-विज्ञान एवं जीव-विज्ञान को एकीकृत रूप में 'विज्ञान' की तरह पढ़ाया जाता है।

(*c*) प्राथमिक कक्षाओं में विज्ञान और सामाजिक विज्ञान को एकीकृत रूप में 'ईवीएस' की तरह पढ़ाया जाता है।

सही विकल्प का चयन कीजिए :

A. (*b*) और (*c*) B. (*a*) और (*b*)

C. केवल (*c*) D. केवल (*b*)

73. B **74.** A **75.** D **76.** B **77.** A **78.** A **79.** B **80.** B **81.** C **82.** A

83. विद्यार्थियों के एक समूह को एक ऐसी गतिविधि में संलग्न किया गया है जिसमें वे बीकर में सामान्य नल के पानी का क्वथन तापमान (क्वथनांक) माप रहे हैं।

निम्नलिखित में से कौन-सा इस कार्य पर उन्हें आँकने का उपयुक्त ldsd **नहीं** है?

A. थर्मामीटर के अल्पतमांक (न्यूनतम गणना) पर ध्यान देना

B. यह सुनिश्चित करना कि थर्मामीटर बीकर की दीवारों को छुए नहीं

C. क्वथनांक को 100°C मापना

D. थर्मामीटर को लटकाने के लिए स्टैंड का प्रयोग

84. निम्नलिखित में से किसको स्कूली विज्ञान पाठ्यचर्या में सामाजिक-वैज्ञानिक मामलों (जैसे जीएम भोजन) को सम्मिलित करने के लिए एक मान्य (वैध) कारण के रूप में शामिल **नहीं** किया जा सकता है?

A. तर्क-वितर्क कौशलों को विकसित करना

B. विज्ञान की प्रकृति के संबंध में समझ बनाने में सहायक है

C. साक्ष्य-आधारित तर्क में संलग्न रहने की क्षमता को विकसित करना

D. एक निश्चित विद्या-विशेष के रूप में विज्ञान की अनुशंसा करने में सहायक है

85. कक्षा VII में 'जीवों में श्वसन' पाठ पढ़ाने के पश्चात् शिक्षिका अपने विद्यार्थियों के साथ निम्नलिखित गतिविधि करती है। वे तीन परखनलियाँ लेते हैं तथा प्रत्येक के ¾ (तीन-चौथाई) को जल से भर देते हैं। परखनलियों को A, B एवं C के रूप में अंकित करते हैं। वे परखनली A में घोंघा डाल देते हैं, परखनली B में जल पादप और C में वे घोंघा और पादप दोनों रख देते हैं। शिक्षिका तब विद्यार्थियों से पूछती है कि किस परखनली में CO_2 का उच्चतम सांद्रण होगा। इस मामले में शिक्षिक किस प्रक्रिया कौशल पर बल दे रही है?

A. पूर्वानुमान

B. अनुमान लगाने

C. मापन

D. प्रश्न उठाने

86. पाठ्य-पुस्तकों में 'विस्तारित अधिगम' के भाग के रूप में प्रस्तावित गतिविधियों के संबंध में निम्नलिखित में से कौन-सा सही **नहीं** है?

A. ये बच्चों के ज्ञान एवं कौशल के रंगपटल के लिए महत्वपूर्ण मूल्य-संवर्धन हैं।

B. ये विद्यार्थियों के मूल्यांकन का महत्वपूर्ण आधार बनाती हैं।

C. इनमें से कुछ में विद्यार्थियों द्वारा विभिन्न प्रकार की सूचना एकत्र करने की और स्वयं निष्कर्ष निकालने की आवश्यकता होती है।

D. इनमें से कुछ बृहत् रूप से विशेषज्ञों, शिक्षकों एवं समाज के साथ बच्चों की अंतःक्रिया को बढ़ाते हैं।

87. विज्ञान पाठ्यचर्या की 'विषय-वस्तु वैधता' के संदर्भ में निम्नलिखित में से कौन-सा/से सामान्यतः परिलक्षित **नहीं** होता/ते है/हैं?

(*a*) सामग्री अद्यतन है।

(*b*) अवधारणाएँ यथार्थतः निरूपित हैं।

(*c*) कुछ शिक्षार्थियों के लिए अवधारणाओं को तुच्छ बनाया गया है।

सही विकल्प का चयन कीजिए :

A. केवल (*b*)

B. (*a*) और (*b*)

C. (*a*), (*b*) और (*c*)

D. केवल (*a*)

88. निम्नलिखित में से किसे टीम (दल) शिक्षण के लिए सबसे उपयुक्त तर्काधार के रूप में शामिल किया जा सकता है?

A. यह बृहत् आमाप वाली कक्षाओं के लिए एक प्रभावी रणनीति है।

B. यह विविध सुविज्ञता वाले विद्यार्थियों को लाभ पहुँचाता है।

C. यह आकलन के कार्य को और सरल बनाता है।

D. यह विद्यार्थियों की भागीदारी में वृद्धि करने में सहायक है।

89. निम्नलिखित में से कक्षा VII के विद्यार्थियों में गोलीय दर्पणों में प्रतिबिम्ब रचना की अवधारणा को प्रस्तुत करने के लिए सबसे उपयुक्त गतिविधि कौन-सी होगी?

A. विद्यार्थियों को एक समतल दर्पण में विभिन्न अवस्थितियों में अपने प्रतिबिम्बों का अवलोकन करने के लिए कहा जाता है।

B. विद्यार्थियों को चमकीले स्टील चम्मच के साथ खेलने तथा उसमें अपने प्रतिबिम्बों का अवलोकन करने के लिए कहा गया है।

C. विद्यार्थियों को परावर्तन के नियम स्पष्ट किए जाते हैं।

D. विद्यार्थियों को वक्र दर्पणों में किरण आरेख के आरेखण की प्रक्रिया स्पष्ट की जाती है।

90. निम्नलिखित में से कौन-सा इस कथन से परिलक्षित **नहीं** होता कि 'अच्छी विज्ञान शिक्षा बच्चे के अनुकूल, जीवन के अनुकूल और विद्या-विशेष (अनुशासन) के अनुकूल है'?

A. विज्ञान शिक्षा को विज्ञान संबंधी प्रक्रियाओं को अर्जित करने में विद्यार्थियों की सहायता करनी चाहिए।

B. विज्ञान शिक्षा को बच्चे और उसके आस-पास के वातावरण के बीच एक कड़ी बनानी चाहिए।

C. विज्ञान शिक्षा को विद्यार्थियों को स्कूल में अनुशासित रहने के लिए प्रशिक्षित करना चाहिए।

D. विज्ञान कक्षा कार्य विकासात्मक रूप से उपयुक्त होने चाहिए।

83. C **84.** D **85.** A **86.** B **87.** * **88.** B **89.** B **90.** C

भाषा-I-हिन्दी

91. एक अध्यापक ने कक्षा VI के शिक्षार्थियों को कैप्शन (शीर्षकों) के साथ एक फिल्म दिखायी। यह फिल्म पाठ्य-पुस्तक के एक अध्याय पर आधारित थी। कैप्शन के साथ दिखायी जा रही फिल्म किस बात के लिए प्रोत्साहित करेगी?

A. श्रवण युक्तियाँ, सक्रिय रूप से देखना और विद्यार्थियों को भाषा की प्रामाणिक सामग्री का प्रयोग करने के लिए प्रोत्साहित करना

B. सक्रिय रूप से देखना और सुनना

C. इस तरह की और फिल्में देखने के लिए विद्यार्थियों को प्रोत्साहित करना

D. मौखिक संकेतों द्वारा श्रवण युक्तियाँ, पात्रों के अभिनय की सराहना और समीक्षा लिखना।

92. निम्नलिखित कथनों को पढ़िए तथा सही विकल्प का चयन कीजिए :

अभिकथन (A): अपने प्रारंभिक बाल्यावस्था में एक बच्चा संज्ञा की अपेक्षा क्रियाओं (Verb) का अधिक प्रयोग करता है और व्याकरणिक नियमों की अनदेखी करता है।

तर्क (R): उनकी शब्द संपदा बहुत सीमित होती है।

A. (A) सही है, परन्तु (R) गलत है।

B. (A) और (R) दोनों सही हैं, परन्तु (R), (A) की सही व्याख्या **नहीं** है।

C. (A) गलत है, परन्तु (R) सही है।

D. (A) और (R) दोनों सही हैं तथा (R), (A) की सही व्याख्या है।

93. एक बालिका अपनी भाषा कक्षा का अनुभव माँ के साथ साझा करती है और कहती है कि कभी-कभी हम अपनी आँखें बंद करते हैं और हमें अध्यापिका अपने बस्ते में से कोई भी वस्तु निकालने के लिए कहती हैं। फिर हमें उस वस्तु के बारे में बताना होता है। यह सीखने का बहुत अच्छा तरीका है।

बच्चे की यह टिप्पणी अधिगम के बारे में बच्चे की प्राथमिकता की ओर संकेत करती है। उसकी प्राथमिकता की पहचान कीजिए :

A. जब मैं कुछ करती हूँ तो भाषा प्रयोग अच्छी तरह से याद कर लेती हूँ।

B. मैं जब सुनती हूँ तो भाषा प्रयोग अच्छी तरह से याद कर लेती हूँ।

C. जब मैं देख कर नकल करती हूँ तो भाषा प्रयोग अधिक अच्छी तरह से याद कर लेती हूँ।

D. मैं जब देखती हूँ तो भाषा प्रयोग अच्छी तरह से याद कर लेती हूँ।

94. शिक्षार्थी क्या करती है, उस उदाहरण को पढ़ें और उदाहरण से मेल खाती हुई युक्ति का चयन कीजिए :

'यदि मुझे किसी का अर्थ समझ में नहीं आता तो मैं देखने का प्रयास करती हूँ।'

A. संदर्भ सामग्री की मदद लेना

B. अभ्यास के लिए अवसरों का प्रयोग करना

C. मस्तिष्क की भ्रमित स्थिति

D. विन्यास पर ध्यान देना

95. नैदानिक परीक्षणों का प्रयोग किसके आकलन के लिए किया जाता है?

A. पाठ्य-वस्तु के मुख्य बिंदुओं का सारांशीकरण करने की योग्यता

B. शिक्षार्थी की अपनी भाषा संबंधी गलतियों को स्वयं पहचानने की योग्यता

C. शिक्षार्थियों को उपलब्धियों के क्रम में श्रेणीबद्ध करना

D. शिक्षार्थी के भाषा के मजबूत और कमजोर बिंदु

96. निपुणता परीक्षण सदैव किसका आकलन करते हैं?

A. भाषा का वह स्तर जहाँ तक विद्यार्थियों की पहुँच बन गयी है

B. विद्यार्थियों को पढ़ाई गई भाषा

C. बहुसंवेदी अधिगम अनुभव

D. दैनिक वार्तालाप की भाषा

97. एक अध्यापक ने विद्यार्थियों को समूहों में विभाजित किया और हाथियों पर कहानी पढ़ने से पहले उनके बारे में आयोजित प्रश्नोत्तरी में भाग लेने के लिए कहा। यहाँ पर अध्यापक का क्या मन्तव्य है?

A. टॉपिक के प्रति रुचि पैदा करना

B. सहपाठी पृष्ठपोषण

C. पाठ्य-वस्तु की समीक्षा लिखना

D. उनकी स्मृति का परीक्षण करना

98. भाषा की कक्षा में एक विद्यार्थी अवरोध पैदा कर रहा है। इस विद्यार्थी के साथ किस तरह का व्यवहार किया जाना चाहिए?

A. बच्चों को समाधान खोजने के लिए कहना चाहिए।

B. उद्यमी विद्यार्थियों पर ध्यान देना चाहिए।

C. समाधान खोजने के लिए अभिभावकों पर निर्भर रहना चाहिए।

D. विद्यालय प्रशासन को इस विद्यार्थी के बारे में बताना चाहिए।

91. A **92.** D **93.** A **94.** A **95.** D **96.** A **97.** A **98.** A

99. विद्यार्थी किसी विचार बिन्दु पर मानस-मंथन करते हैं, संयोजन करते हैं, प्रारूपण करते हैं, संपादन करते हैं और अन्ततः अपने कार्य की पुनरावृत्ति भी करते हैं।

इस प्रक्रिया द्वारा कौन-सा कौशल प्रतिबिम्बित होता है?

A. पठन कौशल
B. वाचन कौशल
C. लेखन कौशल
D. श्रवण कौशल

100. निम्नलिखित कथनों को पढ़िए तथा सही विकल्प का चयन कीजिए :

अभिकथन (A): पठन और लेखन कौशल प्राथमिक स्तर पर समालोचनात्मक चिंतन में मदद करते हैं।

तर्क (R): समालोचनात्मक चिंतन, पठन और लेखन का उप-कौशल है।

A. (A) और (R) दोनों सही हैं, परन्तु (R), (A) की सही व्याख्या **नहीं** है।
B. (A) और (R) दोनों सही हैं तथा (R), (A) की सही व्याख्या है।
C. (A) गलत है, परन्तु (R) सही है।
D. (A) सही है, परन्तु (R) गलत है।

101. भाषायी कौशल सीखने का सर्वाधिक उपयुक्त तरीका है?

A. चुनौतीपूर्ण और यांत्रिक भाषा ड्रिलों की मदद से
B. एक समय पर एक ही कौशल पर ध्यान केन्द्रित करके
C. समावेशित युक्तियों के माध्यम से
D. केवल लिखित परीक्षा और प्रदत्त कार्यों द्वारा

102. विद्यार्थियों ने वर्णनात्मक कौशल का प्रयोग करना सीखा है या नहीं, इस बात का आकलन करने के लिए अध्यापक को विद्यार्थियों को क्या करने के लिए कहना चाहिए?

A. एक ऐसी घटना साझा करो जब उन्हें बहुत अचंभा हुआ हो।
B. पाठ्य-वस्तु में आए क्रिया और विशेषण शब्दों पर गोल घेरा लगाओ।
C. वर्णन करने वाले शब्दों के प्रयोग में हुई गलतियों को सही करो।
D. कहानी पढ़ो और बोध आधारित प्रश्नों के उत्तर दो।

103. कक्षा VII की अध्यापिका निर्धारित पाठ्य-पुस्तकों के अलावा अन्य पुस्तकों के पठन को सुलभ कर रही है। वह किस तरह के पठन को समुन्नत कर रही है?

A. गहन (इंटेंसिव) पठन
B. साझा पठन
C. विस्तृत (एक्सटेंसिव) पठन
D. निर्देशित पठन

104. प्रधान अध्यापिका ने भाषा अध्यापक को नए सत्र के लिए पाठ्य-पुस्तकों तथा अन्य संसाधनों का चयन करने के लिए कहा। इनका चयन करते समय, निम्नलिखित में से एक प्रासंगिक **नहीं** है :

A. पुस्तकों और संसाधनों की अनुकूलनता
B. बच्चों की अधिगम आवश्यकताएँ और उन्हें आने वाली भाषाएँ
C. विद्यार्थियों का स्तर
D. सामग्री की अवधारणात्मक जटिलता और गहनता

105. अध्यापक ने शिक्षार्थियों द्वारा भाषा सामग्री के प्रयोग का निरीक्ष करने के लिए मानदंड निर्धारित किए। सामग्री के प्रयोग क निरीक्षण करने के लिए कौन-सा मानदंड सर्वाधिक रूप से महत्वपू और सहायक है?

A. सामग्री की उपलब्धता, तैयारी और अभ्यास
B. उपयोग, दोहराव और अभिव्यक्ति
C. अवलोकन, पृष्ठपोषण सत्र और लिखित रिपोर्ट
D. चैक लिस्ट, पूर्वानुमान और अधिगम प्रतिफल

निर्देश (प्र.सं. 106 से 111 तक): *निम्नलिखित काव्यांश को पढ़कर पू गए प्रश्नों में सही/सबसे उपयुक्त उत्तर वाले विकल्प को चुनिए।*

जिन्हें सपने अपने पाने हैं
बन जाते वे तो दीवाने हैं
गर लक्ष्य जो साधा है तूने
उसे पाने की कोशिश तू कर
चल आगे बढ़, तूफानों से न डर।
चल कश्ती उठा, सागर में उतर।
है रात अँधेरी फिक्र है क्या
एक दिन आएगी अपनी सहर
चल कश्ती उठा, सागर में उतर।

106. कविता के अनुसार अपने स्वप्नों को पूर्ण करने के लिए आवश्यक है :

A. निष्ठा एवं इच्छा शक्ति होना।
B. अनुकूल परिस्थितियाँ होना।
C. स्वप्न देख पाना।
D. धन-संपदा का होना।

107. जीवन में सुख-दुख, आशा-निराशा की स्थिति :

A. मानव को हरा देती है।
B. सदैव नहीं रहती।
C. मानव को सशक्त बनाती है।
D. सदैव बनी रहती है।

108. 'सहर' का अर्थ है :

A. सुबह
B. रात
C. शाम
D. निराशा

109. कविता की कौन-सी पंक्ति मनुष्य के मनोबल को बढ़ाती है?

A. गर लक्ष्य जो साधा है तूने।
B. जिन्हें सपने अपने पाने हैं।
C. एक दिन आएगी अपनी सहर।
D. चल कश्ती उठा, सागर में उतर।

99. C	100. D	101. C	102. A	103. C	104. D	105. C	106. A	107. D	108. A	109. D

10. कविता के मुख्य स्वर के रूप में कौन-सा वाक्यांश उचित है?
A. जो साधा है तूने
B. सागर में उतर
C. एक दिन आएगी
D. है रात अँधेरी

11. 'फिक्र' का समानार्थी शब्द है :
A. चिता B. चुनौती
C. चिंता D. डरना

निर्देश (प्र.सं. 112 से 120 तक): *निम्नलिखित गद्यांश को पढ़कर पूछे गए प्रश्नों में सही/सबसे उपयुक्त उत्तर वाले विकल्प को चुनिए।*

कहते हैं मनुष्य ने नौ से दस हजार साल पहले बौद्धिक दृष्टिकोण की खोज की थी। वह भक्ति मार्ग था। मानव इतिहास के इस दौर के लोग सबसे बुद्धिमान थे। मैंने पहले ही कहा है कि आध्यात्मिक दुनिया का महत्व बहुत अधिक है। फिर भी सापेक्ष दुनिया पूरी तरह से महत्वहीन नहीं है। जब सुदूर अतीत में मनुष्यों ने महसूस किया कि कर्म योग और ज्ञान योग उन्हें सच्ची प्रगति प्राप्त करने में मदद नहीं करेंगे, तो उन्होंने तुरंत भक्ति योग को अपना लिया।

उन्होंने अनुभव किया कि भक्ति ही उनके लिए एकमात्र मार्ग है। मनुष्य आज अपने विकसित कर्म और ज्ञान योग के कारण और भी आगे बढ़ गया है। इस प्रकार अपने पूर्वजों की तुलना में वह भक्ति के मार्ग पर चलने की आवश्यकता को अधिक तेजी से महसूस करेगा। यह कर्म और ज्ञान योग का उज्ज्वल पक्ष है। यानी ये दोनों योग भक्ति मार्ग को और मजबूत करेंगे।

112. 'इस दौर के लोग सबसे बुद्धिमान थे।' वाक्य के रेखांकित अंश में किस दौर के लोगों की चर्चा की गई है?
A. बौद्धिक दृष्टिकोण खोजने वाले धनी लोगों की।
B. मानव इतिहास में नाम दर्ज करवाने वाले लोगों की।
C. नौ-दस हजार वर्ष पूर्व के लोगों की।
D. मानव इतिहास में लक्ष्य प्राप्त करने वाले लोगों की।

113. भक्ति योग का महत्व है :
A. वास्तविक प्रगति की प्राप्ति में
B. ज्ञान योग की प्रगति में
C. सापेक्ष दुनिया की प्राप्ति में
D. कर्म योग की प्रगति में

114. ________ एवं ________ योग भक्ति मार्ग को सशक्त करेंगे।
A. भक्ति योग, ज्ञान योग B. कर्म योग, भक्ति योग
C. ज्ञान योग, राज योग D. कर्म योग, ज्ञान योग

115. गद्यांश के आधार पर कहा जा सकता है कि मानव जीवन में ______ का महत्व सर्वाधिक है।
A. कर्म योग B. ज्ञान योग
C. आध्यात्मिकता D. बौद्धिक दृष्टिकोण

116. मानव जीवन के लिए एकमात्र मार्ग है :
A. भक्ति का B. ज्ञान का
C. राज का D. कर्म का

117. मनुष्य के पूर्वजों ने किस चीज की आवश्यकता को **नहीं समझा** था?
A. ज्ञान मार्ग की B. भक्ति मार्ग की
C. कर्म मार्ग की D. मानसिक विकास की

118. विशेषण-विशेष्य का उदाहरण है :
A. सबसे बुद्धिमान B. उज्ज्वल पक्ष
C. मानव इतिहास D. अधिक तेजी

119. 'सापेक्ष' का विलोम शब्द है :
A. निरापेक्ष B. असापेक्ष
C. निरपेक्ष D. अनापेक्ष

120. समूह से भिन्न शब्द है :
A. साल B. मदद
C. तेजी D. कर्म

भाषा-II-English

121. Which one of the following is ***not*** a classroom resource for learners in teaching-learning of language?
A. Classroom library B. Reading corner
C. Classroom procedures D. Word wall

122. Read the following statements and choose the correct option:
Assertion (A): A plan for individualised learning must be created by a language teacher.
Reason (R): There is diversity in learners in the learning of new languages.
A. (A) is true, but (R) is false.
B. Both (A) and (R) are true, but (R) is not the correct explanation of (A).
C. (A) is false, but (R) is true.
D. Both (A) and (R) are true and (R) is the correct explanation of (A).

110. B **111.** C **112.** C **113.** A **114.** D **115.** C **116.** A **117.** B **118.** B **119.** C **120.** D **121.** C **122.** B

123. In which method does the learners' first language play a central role in teaching?
A. Communicative language teaching method
B. Grammar-Translation method
C. Task-based learning
D. Direct method

124. Chetan's first language was Bhojpuri. Since arriving in Tamil Nadu, he no longer speaks Bhojpuri and only speaks English with the natives. When the new second language replaces the native language, this is an example of:
A. Code-mixing
B. Subtractive bilingualism
C. Code-switching
D. Bilingualism

125. Which of the following supports a pre-reading activity?
A. Asking learners to summarise the text
B. Using a prediction task
C. Teaching grammatical structures
D. Using paraphrasing tasks

126. Which of the following is true about remedial teaching?
A. Providing support to improve performance
B. Showing sympathy to backward students
C. Providing extra marks to improve performance
D. Giving extra attention to gifted children

127. Read the following statements and choose the correct option:

Assertion (A): English is an associate official language in India.

Reason (R): English is taught as a foreign language in Indian schools.
A. (A) is true, but (R) is false.
B. Both (A) and (R) are true, but (R) is not the correct explanation of (A).
C. (A) is false, but (R) is true.
D. Both (A) and (R) are true and (R) is the correct explanation of (A).

128. Which one of the following is ***not*** a characteristic of a language?
A. Language is symbolic.
B. Language is static.
C. Language is social.
D. Language is systematic.

129. Read the following statements and choose the correct option:

Assertion (A): Prompting students to recall previous knowledge is important.

Reason (R): Recalling the previous knowledge helps students connect the known knowledge to the new knowledge.
A. (A) is true, but (R) is false.
B. Both (A) and (R) are true, but (R) is not the correct explanation of (A).
C. (A) is false, but (R) is true.
D. Both (A) and (R) are true and (R) is the correct explanation of (A).

130. A teacher of Class VIII asked her learners to produce a leaflet about saving energy at home as an assignment. This task will cater to which feature of language?
A. Question forms
B. Positive imperatives
C. Comparative
D. The past tense

131. While planning a lesson, one of the objectives is to enable learners to produce typical business communication with customers. This objective matches with one of the types of text genres listed below:
A. Report B. Description
C. Article D. Letter

132. A teacher asked students to look at the four musical instruments in the picture, and discuss why they are used in different musical contexts. Choose the cognitive skill that matches this activity:
A. Analyzing B. Composing
C. Reasoning D. Imagining

133. When monolingual speakers move from formal to informal modes of speech within the same spoken or gestured idea, they are engaging in:
A. Code-mixing B. Code-switching
C. Dialects D. Sociolinguistics

134. Children's informal interactions, friendships and relationships with others in their community are based on their use of which form of language?
A. Accommodation
B. Assimilation
C. Language socialization
D. Enculturation

123. B **124.** B **125.** B **126.** A **127.** A **128.** B **129.** D **130.** B **131.** D **132.** A **133.** B **134.** C

135. In the case of vocabulary use, grammar provides a pathway for learners to:
A. combine lexical items into meaningful and communicative expressions.
B. re-tell listening inputs into oral output.
C. draft formal pieces of writing in higher classes.
D. speak in formal situations with greater accuracy and confidence.

Directions (Qs. No. 136-142): *Read the passage given below and answer the questions that follow by selecting the correct/most appropriate option.*

"Let's go! We are going to be late!" shouted Glen gleefully as he tightened his schoolbag on his back. Three other faces broke into a smile upon hearing his words. They could not wait to soak their feet in the water and perhaps catch a small fish or two, just for kicks. They were clearly not heading towards where they should be — school. The cold imposing white building became smaller and smaller. Their little hearts grew braver by the minute. They knew exactly where to go.

The canal was huge but that morning, there was only a small lazy stream of dirty water in it. With great gusto, Glen, the leader of the pack, hoisted himself over the railings and climbed down the huge monsoon drain. In the process, he got himself very dirty, but the excitement of truancy was too great to be bothered by some loose buttons and tears in his shirt.

In a fraction of seconds, the other boys joined him. Soon, screams and laughter of delight reverberated into the air but no one else could hear them for they had chosen a canal that was far from anyone. Glen spied many tiny fish darting to and fro in the murky water. They had no economical value and were practically worthless but nevertheless, the thrill of catching them bare-handed was priceless. Glen raced after an extra fat one. He plunged his hands to grab it only to have it slip between the cracks of his fingers.

136. How many boys had missed school to go fishing to the canal that day?
A. Four B. Five
C. Three D. Two

137. The word 'lazy' in the phrase 'a small lazy stream of dirty water' means:
A. tired
B. slow
C. lethargic
D. murky

138. Why did the boys' hearts grow braver by the minute?
A. They were excited to have missed school.
B. They knew exactly where they were headed.
C. They knew that their teachers couldn't find them.
D. They could no longer see the school building.

139. Where should the boys have been at that time of the day?
A. At home B. At school
C. Playing with friends D. By the canal

140. Arrange these sentences as per the sequence in which they occur in the passage:
(*a*) Glen climbed down the huge monsoon drain.
(*b*) Soon, his friends joined Glen at the canal.
(*c*) Glen climbed over the railings with excitement.
(*d*) The boys caught fish in the dirty water.
A. (*c*) → (*a*) → (*b*) → (*d*)
B. (*d*) → (*c*) → (*b*) → (*a*)
C. (*b*) → (*a*) → (*d*) → (*c*)
D. (*a*) → (*c*) → (*d*) → (*b*)

141. Identify the underlined words (parts of speech) in the sentence given below:

Glen spied many tiny fish darting to and fro in the murky water.
A. adverb, adjective B. verb, noun
C. verb, adjective D. adverb, noun

142. Complete the word analogy:

imposing: impressive:: truancy:?
A. foolhardiness B. absenteeism
C. lying D. play-acting

Directions (Qs. No. 143-150): *Read the passage given below and answer the questions that follow by selecting the correct/most appropriate option.*

Reach Out! is an organization that runs week-long summer camps, designed to give young people the skills to be the leaders of the future. The camps help to create confident young people who wish to improve not only themselves, but the world around them. Varying in age from 12 to 17, young people come to attend the camps in Canada and the USA from across the world. They spend their time learning leadership skills, considering and discussing important issues such as pollution and health, and helping in the local community. They also meet many other people who have the same interests and beliefs and frequently make friendships that will last a lifetime.

There is no average day at the camp and changes are made to the timetable, which is handed out daily, to allow

135. A	136. A	137. B	138. D	139. B	140. A	141. C	142. B

room for exciting events as they come up. However, camp members generally get up at 7:00 a.m. and, once they've eaten breakfast, start their day with outdoor games to get them warmed up for the busy day ahead. There are workshops in the morning on skills such as public speaking, and then there's an hour for lunch at noon. For one hour in the afternoon, camp members have the opportunity to select from various activities that include dancing, yoga, basketball and song writing.

During the time at camp, there is a day known as Action Day. This is when small groups go out with an adult group leader to work with organisations in the neighbourhood.... **Reach Out!** This can involve organisations dealing with housing, journalism, healthcare or the environment, to name just a few. Evenings are spent watching documentary films or listening to guest speakers. The aim is to encourage the young people to go out and make the world a better place.

143. Read the following statements and choose the correct option:
(*a*) Reach Out! camps are week-long summer camps that are organized all across the world.
(*b*) Young people in the age group of 12 – 17 years attend these camps.
(*c*) These young people come to learn leadership skills.
A. (*b*) and (*c*) are correct, (*a*) is incorrect.
B. (*a*) and (*c*) are incorrect, (*b*) is correct.
C. (*a*) and (*b*) are correct, (*c*) is incorrect.
D. (*a*), (*b*) and (*c*) are all correct.

144. Why do young people from all over the world come to these camps?
A. For fun and friendships
B. To improve themselves and the world around them
C. To while away their time
D. To improve their leadership skills only

145. To prepare themselves and get warmed up for the busy day ahead, the young people:
A. get up as early as 7 a.m.
B. eat a heavy breakfast.
C. partake in some outdoor games.
D. attend workshops.

146. In the afternoon, which of the following activities can camp members not select?
A. Basketball and song writing
B. Yoga and public speaking
C. Dancing and yoga
D. Basketball and dancing

147. The camps are justifiably named 'Reach Out!' because:
A. members are encouraged to collaborate with neighbourhood organizations.
B. young people find it exciting to reach the camping site.
C. they are action packed throughout the day.
D. young people work under group leaders.

148. All the seven days at the camp are:
A. planned in a way to collaborate with local organizations.
B. action days.
C. tiring and average.
D. not the same routine-wise.

149. Identify the underlined words (parts of speech) in the sentence given below:

They also meet many other people who have the same interests and beliefs.

A. adverb, noun B. adverb, adjective
C. conjunction, verb D. preposition, noun

150. Complete the word analogy:

confident: shy:: average:?

A. similar B. below par
C. extraordinary D. understated

व्याख्यात्मक उत्तर

1. **(A):** प्रश्न 'पानी के बचाव के लिए सबसे अच्छा तरीका कौन-सा हो सकता है और क्यों?' का उत्तर देने के लिए बच्चों को विचार करने, विचारशीलता और समालोचनात्मक चिंतन की जरूरत होती है। इस प्रश्न में वे न केवल पानी के बचाव के तरीकों पर विचार करते हैं, बल्कि उन्हें यह भी समझना होता है कि किस तरीके को अच्छा माना जाता है और उसे सबसे अच्छा क्यों माना जाता है।

इस प्रकार, यह प्रश्न रचनात्मकता को उत्तेजित करता है, क्योंकि बच्चे विभिन्न समाधानों की संभावनाओं का पता लगा सकते हैं और उन्हें अपनी सोच में विविधता लाने की चुनौती मिलती है। समालोचनात्मक चिंतन के लिए, बच्चों को उन समाधानों के परिणाम और प्रभाव पर विचार करना होता है, जिससे वे सही और अधिक प्रभावी तरीकों को चुन सकते हैं। इस प्रकार, इस प्रश्न का उत्तर देने के लिए बच्चों को उनकी सोच में गहराई और

143. A	**144.** B	**145.** C	**146.** B	**147.** A	**148.** D	**149.** A	**150.** C

विविधता लाने की आवश्यकता होती है, जिससे उनका समालोचनात्मक और रचनात्मक चिंतन विकसित होता है।

2. **(A):** प्रमाण समालोचनात्मक चिंतन के केंद्रीय तत्वों में से एक है। यदि हम किसी विषय या मुद्दे पर विचार कर रहे हैं, तो हमारी निष्कर्ष पर पहुंचने के लिए जो जानकारी हम प्राप्त करते हैं, उसे सत्यापित और मूल्यांकित किया जाना चाहिए। प्रमाण का तार्किक और सुनियोजित रूप से मूल्यांकन करना सुनिश्चित करता है कि हमारे विचार और निष्कर्ष ठोस और विश्वसनीय हैं।

अधिकतर मामलों में, जब हम समालोचनात्मक चिंतन में होते हैं, हमें कई प्रकार के प्रमाण मिलते हैं, जो अक्सर प्रतिस्पर्धी या आपस में विरोधी होते हैं। इसलिए, प्रमाण को सही तरीके से विश्लेषित और मूल्यांकित करना यह सुनिश्चित करता है कि हम सही जानकारी पर आधारित ठोस निष्कर्ष पर पहुंच सकते हैं। इसके अलावा, यह हमें उन तर्कों और प्रमाणों को पहचानने में मदद करता है जो कमजोर, अपूर्ण या भ्रांतिपूर्ण हो सकते हैं। इस तरह, प्रमाण की सही भूमिका समालोचनात्मक चिंतन की प्रक्रिया में ज्ञान और समझ को मजबूती प्रदान करती है।

3. **(D):** समावेशी शिक्षा का मूल तत्व है कि सभी विद्यार्थियों को उनकी व्यक्तिगत आवश्यकताओं और अंतरों को मानते हुए एक सामान्य शिक्षा प्रणाली में शामिल किया जाना चाहिए। यह उन्हें सामाजिक समावेश और समाज में समानता की भावना प्रदान करता है। व्यक्तिगत अंतरों की पहचान के परिणामस्वरूप पाठ्यचर्या में लचीलापन का अभिप्रेत है कि पाठ्यक्रम, शिक्षण पद्धतियाँ और संसाधन विद्यार्थियों की विभिन्न आवश्यकताओं और क्षमताओं को ध्यान में रखते हुए अनुकूलित किए जा सकते हैं। यह सुनिश्चित करता है कि प्रत्येक विद्यार्थी को उसकी व्यक्तिगत जरूरतों और क्षमताओं के अनुसार उचित शिक्षा प्राप्त हो।

समावेशी शिक्षा का उद्देश्य सभी विद्यार्थियों को समाज में समानता, सम्मान और योगदान की भावना प्रदान करना है, ताकि वे अपने पूरे प्रतिभाशाली होने की प्रत्याशा को प्राप्त कर सकें। यह शिक्षा प्रणाली को विद्यार्थियों की विभिन्नताओं और विशेष आवश्यकताओं को समझने और सम्मानित करने के लिए प्रेरित करता है।

4. **(B):** अभिकथन (A) सही है क्योंकि जीन पियाजे और लेव वायगोत्स्की के दृष्टिकोण में बच्चों में संज्ञानात्मक विकास पर भाषा के प्रभाव पर वास्तव में भिन्नता है। पियाजे का मानना था कि भाषा संज्ञानात्मक विकास का परिणाम है, जबकि वायगोत्स्की मानते थे कि भाषा और सोच एक साथ विकसित होती हैं और भाषा संज्ञानात्मक विकास को प्रोत्साहित करती है। कारण (R) खोज अधिगम से संबंधित है, जो (A) के संज्ञानात्मक विकास पर भाषा के प्रभाव के संदर्भ से अलग है। इसलिए, जबकि दोनों कथन सही हैं, (R) (A) की सही व्याख्या नहीं है।

5. **(D):** प्रतिभाशाली विद्यार्थियों को उनकी विशेषताओं से पहचान की जाती है जैसे कि वे जानकारी को तेजी से ग्रहण करते हैं (अर्थात सीखने की तेज गति) और उनमें समझ की गहनता होती है, जिसका अर्थ है कि वे संबंधित जानकारी और संदर्भ में जानकारी को गहरे तरीके से समझते हैं (अर्थात समझ की अग्रवर्ती गहनता)। वे अन्य विद्यार्थियों की तुलना में स्वतंत्रता और स्व-निर्देशितता में सीखते हैं, इसलिए वे दूसरों पर समझ के लिए अधिक निर्भर नहीं होते (अर्थात विकल्प (*c*) गलत है)। उनका शारीरिक विकास की गति अन्य विद्यार्थियों के समान होती है, इसलिए विकल्प (*d*) भी गलत है। इसलिए, सही जवाब विकल्प (*a*) और (*b*) है।

6. **(A):** श्रवण बाधिता का सीधा प्रभाव व्यक्ति के संवेदनात्मक और सामाजिक विकास पर होता है। अगर बच्चे को सही ढंग से सुनाई नहीं दे रहा है तो उसकी संवाद करने की क्षमता प्रभावित हो सकती है, क्योंकि वह अन्य लोगों से संवाद करते समय सुनने में कठिनाई महसूस करता है। यह भावनात्मक संवाद, सामाजिक संवाद और अन्य संवाद स्थितियों में संचार की अक्षमता का कारण बन सकता है। इसलिए, श्रवण बाधिता वाले बच्चों को अक्सर विशेष शिक्षा और सहायता की जरूरत होती है ताकि वे प्रभावी तरीके से संवाद कर सकें।

7. **(D):** समावेशन के संदर्भ में, 'समायोजन' वह प्रक्रिया है जिसमें पाठ्यचर्या में छोटे-छोटे समायोजन किए जाते हैं ताकि सभी विद्यार्थियों की विभिन्न जरूरतों को पूरा किया जा सके। इसमें, सीखने की अपेक्षाएँ समान रहती हैं। वहीं 'संशोधन' में, पाठ्यचर्या की मौलिक अपेक्षाएँ और गुणवत्ता को बदल दिया जाता है, जिससे सीखने की अपेक्षाएँ भिन्न हो जाती हैं। इसलिए, सही विकल्प है (D) समायोजन; संशोधन।

8. **(C):** संरचनावादी सिद्धांत के अनुसार, अधिगम व्यक्तिगत अनुभव और विचार के माध्यम से होता है। इस सिद्धांत में माना जाता है कि ज्ञान की रचना अधिकतर स्वाभाविक और व्यक्तिगत अनुभवों के माध्यम से होती है। इसलिए, बाहरी प्रेरणा की आवश्यकता नहीं होती है। विद्यार्थियों को उनकी स्वभाविक रुचि और उत्सुकता के माध्यम से सीखने के लिए प्रेरित किया जाता है। इसलिए, विकल्प (C) सही नहीं है।

9. **(B):** आंतरिक अभिप्रेरणा वह है जो व्यक्ति के अंदर की एक भावना या इच्छा से उत्पन्न होती है, जिसमें किसी बाहरी पुरस्कार या प्रेरणा की आवश्यकता नहीं होती। 'व्यक्तिगत आनंद के लिए एक वाद्य यंत्र बजाना' इस प्रकार की आंतरिक अभिप्रेरणा का उदाहरण है, क्योंकि व्यक्ति अपने खुद के संतुष्टि और आनंद के लिए यह कार्य कर रहा है।

10. **(D):** अभिकथन (A) मानता है कि शिक्षकों को विद्यार्थियों में विशेष जातीय समूहों के प्रति रूढ़िवादिता और पूर्वधारणों को तोड़ने में मदद करनी चाहिए। यह अत्यंत महत्वपूर्ण है क्योंकि यह सुनिश्चित करता है कि सभी विद्यार्थियों को समानता और समान अवसर प्राप्त होते हैं।

कारण (R) बताता है कि शिक्षा का एक मुख्य उद्देश्य विद्यार्थियों को समालोचनात्मक आत्म-चिंतन के लिए प्रेरित करना है। जब विद्यार्थी समालोचनात्मक चिंतन में शामिल होते हैं, वे अपनी विचारधारा, मान्यताएं, और आस्थाओं को पुनः मूल्यांकन करते हैं, जो उन्हें रूढ़िवादिता और पूर्वधारणों से पार करने में मदद करता है।

11. **(B):** महारत लक्ष्य अपने कौशल और कार्य की समझ में सुधार करने पर केंद्रित होते हैं, जबकि प्रदर्शन लक्ष्य उच्च ग्रेड प्राप्त करने या बाहरी पुरस्कार प्राप्त करने पर केंद्रित होते हैं। महारत लक्ष्य (मास्टरी गोल्स) व्यक्तिगत विकास और सीखने पर ध्यान केंद्रित करते हैं। इसमें विद्यार्थी अपने ज्ञान और कौशल को बेहतर बनाने के लिए प्रतिबद्ध होते हैं। वहीं, प्रदर्शन लक्ष्य (परफॉरमेंस गोल्स) बाह्य प्रतिस्पर्धा और बाहरी मानकों को पूरा करने पर ध्यान केंद्रित करते हैं, जैसे कि उच्च ग्रेड प्राप्त करना या किसी प्रतियोगिता में उत्कृष्टता प्रदर्शित करना।

12. **(A):** भाई-बहन के रिश्ते माता-पिता और साथियों के संबंधों से भिन्न होते हैं और बाल्यावस्था में समाजीकरण में महत्वपूर्ण भूमिका निभाते हैं।

भाई-बहन के बीच के संबंध समाजीकरण के दृष्टिकोण से अद्वितीय होते हैं, क्योंकि ये रिश्ते आमतौर पर जीवन के प्रारंभिक चरण से ही शुरू होते हैं और व्यक्ति के विकास में महत्वपूर्ण भूमिका निभाते हैं। ये रिश्ते माता-पिता और साथियों के संबंधों से भिन्न होते हैं, क्योंकि भाई-बहन के बीच में एक विशेष प्रकार की समझ और आवश्यकता होती है। इसके अलावा, भाई-बहन के बीच के संबंध अधिक समझदारी, सहयोग और आत्म-निरीक्षण के अवसर प्रदान करते हैं। ये रिश्ते व्यक्तिगत और सामाजिक कौशलों को विकसित करने में मदद करते हैं, जिससे विद्यार्थी समाज में एक सकारात्मक और सक्रिय भूमिका निभा सकते हैं।

13. **(D):** बच्चों के बीच विकासात्मक दरों में काफी भिन्नताएँ मौजूद होती हैं और यह विकासात्मक अंतर, आनुवंशिक और अनुभवात्मक विविधताओं की जटिल अंतःक्रिया का एक अनिवार्य परिणाम है।

बच्चों के विकास में आने वाली विभिन्नताएँ उनके आनुवंशिक गुण, पारिवारिक पृष्ठभूमि, सामाजिक-सांस्कृतिक अनुभव और अन्य कई कारकों के जटिल संयोजन का परिणाम होती हैं। जैसा कि हम जानते हैं कि दो बच्चे कभी भी पूरी तरह से समान नहीं होते, इसलिए उनका विकास भी विभिन्न गति में होता है। इसलिए, शिक्षकों, माता-पिता और अन्य पेशेवरों को यह समझना महत्वपूर्ण है कि प्रत्येक बच्चे के विकास की गति और जरूरतें अन्य हो सकती हैं और उन्हें उसी अनुसार समझौता करना चाहिए।

14. **(D):** भाषा के विकास का एक संवेदनशील काल है। इस कथन में बताया गया है कि अगर बच्चे को जीवन के शुरुआती वर्षों में भाषा सीखने का सही वातावरण नहीं मिलता, तो वह बाद में भाषा सीखने में परेशानी का सामना कर सकता है। यह सीधा संदर्भ भाषा के विकास के संवेदनशील काल की अवधारणा से है, जिसे विकासशास्त्र में माना जाता है। संवेदनशील काल वह समय है जब बच्चे का मस्तिष्क विशेष तरह की सीखने के लिए सबसे अधिक प्रतिस्पर्धी होता है। यदि इस समय में उसे सही अनुभव नहीं मिलते हैं, तो वह कुछ कौशलों में समस्या का सामना कर सकता है।

15. **(D):** ध्वन्यात्मक समझ वाचन कौशलों का एक महत्वपूर्ण घटक है, जिसमें शब्दों के ध्वनियों और उनके अर्थ के बीच संबंध को समझाया जाता है। विद्यार्थी जो पठन-वैकल्य से जूझ रहे होते हैं, उन्हें अक्सर शब्दों को ध्वनियों में विभाजित करने में कठिनाई होती है, इसलिए ध्वन्यात्मक समझ के उन्हें प्रशिक्षण की आवश्यकता होती है। प्रणालीगत ध्वन्यात्मक प्रशिक्षण में, शिक्षक विधिपूर्वक और क्रमिक तरीके से ध्वन्यात्मक समझ के घटकों को पढ़ाते हैं, जिससे विद्यार्थी को पठन में सुधार हो सके। इस प्रकार के प्रशिक्षण को साहित्य में समर्थन प्राप्त है और इसे पठन-वैकल्य से जूझ रहे विद्यार्थियों के लिए विशेष रूप से प्रभावी माना जाता है।

16. **(C):** 'बोध-आधारित शिक्षण' वह शिक्षा दृष्टिकोण है जो मानता है कि ज्ञान का निर्माण अकेले शिक्षक द्वारा तथ्य प्रदान करने से नहीं होता, बल्कि यह विद्यार्थियों द्वारा सक्रिय रूप से जानकारी को प्रोत्साहित और पुनः प्रसंस्करण करने से होता है। इसे समझा जा सकता है कि शिक्षार्थी ज्ञान के साथ अपने पूर्ववृत्त ज्ञान और अनुभव को जोड़कर नई जानकारी को समझते और अधिगम करते हैं।

इस दृष्टिकोण में, शिक्षार्थी को सुविधाजनक, संवादपूर्ण और संवेदनशील शैक्षिक वातावरण में रखना चाहिए, जिसमें वे स्वतंत्रता, समर्थन और संवाद का अनुभव कर सकते हैं। इस प्रकार, बोध-आधारित शिक्षण में मुख्य ध्यान विद्यार्थियों को उनकी शैक्षिक यात्रा में सक्रिय सहयोगी बनाने पर है, ताकि वे अधिक स्वयंनिर्भर, समझदार और प्रतिस्पर्धात्मक हो सकें। यह दृष्टिकोण उन्हें सामर्थ्यवान और समझदार शिक्षार्थी बनाने में मदद करता है, जो अपनी जानकारी का सही उपयोग करने में सक्षम होते हैं।

17. **(A):** जटिल समस्याओं का सामना करते समय, यह जरूरी है कि शिक्षार्थी को उस समस्या के विभिन्न पहलुओं का मंथन करने और विचार उत्पन्न करने की क्षमता विकसित हो। शिक्षक इस प्रक्रिया में विद्यार्थी का मार्गदर्शन कर सकते हैं।

मंथन और विचार उत्पन्न करना विद्यार्थी को समस्या को विभिन्न दृष्टिकोणों से देखने और समझने में मदद करता है, जिससे वह समस्या को अधिक प्रभावी तरीके से हल कर सकते हैं। इसके अलावा, जब विद्यार्थी को नए विचार और समाधान खोजने के लिए प्रोत्साहित किया जाता है, तो इससे उसकी समस्या-समाधान की सोच और अनुयायी बनने की क्षमता में वृद्धि होती है।

इसके अलावा, यह प्रक्रिया विद्यार्थी को अपनी सोच में आत्म-विश्वास और स्वतंत्रता प्रदान करती है, जो उसे आने वाले समय में जीवन में और भी जटिल समस्याओं का सामना करने में मदद करती है।

18. **(B):** सहकारी अधिगम एक शिक्षा पद्धति है जिसमें छात्र समूहों में कार्य करते हैं और एक लक्ष्य की प्राप्ति के लिए सहयोग करते हैं। माध्यमिक कक्षाओं में, यह महत्वपूर्ण है कि शिक्षार्थियों को स्वतंत्रता, उत्तराधिकारिता और साझेदारी में भाग लेने का अवसर मिले। सहकारी अधिगम इन अवसरों को प्रदान करता है और छात्रों को अन्य छात्रों से सीखने, सहयोग करने और ज्ञान का आदान-प्रदान करने का मौका प्रदान करता है। यह पद्धति छात्रों को टीम में काम करने, समझदारी से तर्क करने, समझदारी से समस्याओं का समाधान करने और सहयोगी सीखने में मदद करती है। इसके अलावा, यह भी सिखाता है कि कैसे समूह में काम करके साझा लक्ष्यों की प्राप्ति के लिए मिलकर काम किया जा सकता है। अधिगम के इस तरीके का मुख्य लक्ष्य छात्रों के बीच सहयोग और समर्थन को प्रोत्साहित करना है, जिससे वे अधिक प्रभावी और समझदारी से सीख सकते हैं।

19. **(D):** लेव वायगोत्स्की ने माना कि मानव विकास में सामाजिक संपर्क की एक अभिन्न भूमिका है। उनका विचार था कि व्यक्तिगत विकास सीधे सामाजिक संपर्क के परिणाम से होता है। उन्होंने सोचा कि सीखने की प्रक्रिया में व्यक्तिगत और सामाजिक विकास का घनिष्ठ संबंध होता है। वायगोत्स्की के अनुसार, जब बच्चे और वयस्क एक विशिष्ट कार्य पर मिलकर काम करते हैं, तो वह कार्य बच्चे के व्यक्तिगत सीखने के स्तर से परिप्रेक्ष्य में आता है, जिसे वायगोत्स्की ने 'अधिकतम सहायता की सीमा' या ZPD (जोन ऑफ प्रॉक्सिमल डेवलपमेंट) के रूप में पहचाना। इसका मतलब है कि बच्चा, एक वयस्क के मार्गदर्शन में, उसे अकेले करने में असमर्थ होता है ऐसे कार्य को कर सकता है। वायगोत्स्की का मानना था कि यह सामाजिक संपर्क ही है जो व्यक्तिगत विकास को प्रेरित करता है और उसे संचालित करता है।

20. **(D):** जॉन पियाजे, बाल मनोविज्ञान में एक प्रमुख विचारक, ने बच्चों के ज्ञानिक विकास को समझाने के लिए एक संरचनावादी दृष्टिकोण अपनाया। उसने प्रस्ताव किया कि बच्चे अपने विकास के विभिन्न चरणों में गुणात्मक रूप से भिन्न तरह से सोचते हैं। पियाजे ने यह सुनिश्चित किया कि बच्चों का विकास चार अवस्थाओं में होता है—संवेदनात्मक, प्राक-संक्रियात्मक, संक्रियात्मक और संचारिक अवस्था। प्रत्येक अवस्था में बच्चे ज्ञान को संग्रहित और प्रसंस्करण करने के विशिष्ट तरीकों का उपयोग करते हैं। यह अवस्थाएँ सार्वभौमिक होती हैं, यानी कि वे सभी बच्चों में विकसित होते हैं, भले ही कुछ सांस्कृतिक विविधताएँ हों। इसका मतलब है कि, पियाजे के अनुसार, सभी बच्चे, भले ही वह कहाँ जी रहे हों, विकास की इन अवस्थाओं से गुजरते हैं और यह अवस्थाएँ उनके ज्ञानिक विकास के सामान्य पैटर्न का प्रतिनिधित्व करती हैं।

21. **(D):** जॉन पियाजे ने संज्ञानात्मक विकास के अपने सिद्धांत में व्यक्तिगत और आनुवंशिक भिन्नताओं, जैसे कि आनुवंशिकता और जैविक विशेषताएँ, पर विचार किया। वह यह मानते थे कि सभी बच्चे एक निश्चित क्रम में विकसित होते हैं, जिसे उसने अपने संज्ञानात्मक विकास के चरणों में प्रस्तुत किया। हालांकि, एक मुख्य समीक्षा जो पियाजे के सिद्धांत को सामना करना पड़ा वह था कि उसने संस्कृति और सामाजिक कारकों की भूमिका को अधिकतम नजरअंदाज किया। उसका ध्यान मुख्य रूप से व्यक्तिगत और आन्तरिक प्रक्रियाओं पर था, और वह संज्ञानात्मक विकास को मुख्य रूप से व्यक्तिगत अनुभवों और अंतर्क्रिया के जरिए होने वाली प्रक्रिया के रूप में देखते थे। इसके परिणामस्वरूप, संस्कृति और सामाजिक कारकों की भूमिका को उसके सिद्धांत में समझाया नहीं गया, जिससे की उसके अधिगमन को अनेक समीक्षाएँ मिली।

22. **(A):** अभिकथन (A) में बताया गया है कि लता, एक कक्षा VIII की शिक्षक, प्रत्येक वर्ष अपनी कक्षा में एक महिला गणित प्रोफेसर और एक पुरुष नर्स को आमंत्रित करती है, ताकि छात्रों को जेंडर आधारित पेशेवर भूमिकाओं के पारंपरिक अवबोधन को तोड़ने की दिशा में सहायता मिल सके। यह कार्यक्रम समाज में लैंगिक भूमिकाओं और पेशेवर अपेक्षाओं के प्रति समझ को बदलने में सहायक होता है।

कारण (R) में कहा गया है कि लैंगिक अंतर जन्मजात हैं और समाज के माध्यम से अधिग्रहित नहीं हैं, जो गलत है। असल में, अधिकांश विशेषज्ञ मानते हैं कि जेंडर भूमिकाएँ सामाजिक अनुभवों, संस्कृति और सिखावट से प्रभावित होती हैं। इसलिए, (R) गलत है जबकि (A) सही है।

23. **(C):** प्रगतिशील शिक्षा में, छात्र न केवल शिक्षक से, बल्कि अन्य छात्रों से भी प्रश्न पूछते हैं, और यहाँ तक कि अपने आप से भी समझने के लिए प्रश्न पूछते हैं। इस प्रकार की शिक्षा में, छात्रों को सक्रिय रूप से अपनी शिक्षा में भाग लेने, जांचने और समझने के लिए प्रोत्साहित किया जाता है। छात्र अपने ज्ञान को बनाने, विचार और धारणाओं को प्रकट करने, और समस्या समाधान के तरीके पता करने में सहायक होते हैं। यह उन्हें स्वतंत्रता, उत्साह और आत्म-निर्देशना प्रदान करता है। उन्हें अपनी जिज्ञासा, जानकारी और समझ को पूरा करने के लिए विभिन्न संसाधनों और तकनीकों का इस्तेमाल करने की अनुमति होती है। इसलिए, वे शिक्षक से, अन्य छात्रों से और अपने आप से प्रश्न पूछते हैं।

24. **(A):** जेंडर भूमिकाएँ वह सामाजिक और सांस्कृतिक अपेक्षाएँ हैं जो पुरुषों और महिलाओं से उम्मीद की जाती हैं। ये अपेक्षाएँ उन समाजों और संस्कृतियों में जिनमें हम जीते हैं, से सीखी जाती हैं और वे हमें शिक्षित करते हैं कि पुल्लिंग और स्त्रीलिंग के रूप में कैसे व्यवहार करना है। ये भूमिकाएँ बाल्यावस्था, किशोरावस्था और वयस्कता की सभी अवस्थाओं में सीखी जाती हैं। बच्चों को इन जेंडर भूमिकाओं के अनुसार उनके पारंपरिक रूपों में फिट होने के लिए संस्कारित किया जाता है, जो कि वे उन समाजों और संस्कृतियों में देखते और सीखते हैं जिनमें वे बड़े होते हैं। जेंडर भूमिकाएँ हमें यह बताती हैं कि किस प्रकार की व्यवहार और गतिविधियाँ पुरुष और महिला के लिए उपयुक्त हैं और किन्हें अनुसरण करना चाहिए।

25. **(D):** बुद्धि बहु-आयामी होने का दृष्टिकोण मानता है कि बुद्धि केवल एक या दो प्रकार की क्षमताओं से परिभाषित नहीं होती है, बल्कि यह कई विभिन्न क्षेत्रों में व्यक्ति की सोचने, समझने, सीखने और समस्या समाधान की क्षमताओं का संयोजन है। उदाहरण स्वरूप, हावर्ड गार्डनर का बहु-आयामी बुद्धि का सिद्धांत मानता है कि वहाँ कई प्रकार की बुद्धियाँ होती हैं, जैसे गणितीय-तार्किक, संगीतिक आदि। इसका मतलब है कि विभिन्न व्यक्तियों को उनकी विशेषताओं और रुचियों के आधार पर अलग-अलग प्रकार की बुद्धियाँ हो सकती हैं। यह दृष्टिकोण भी मानता है कि बुद्धि का विकास समय के साथ होता है और वातावरणीय कारकों जैसे शिक्षा, अनुभव और संस्कृति से प्रभावित हो सकता है। इसलिए, इस दृष्टिकोण से, शिक्षार्थियों के बीच विविधता को सम्मान दिया जाता है और उन्हें उनकी विशेषताओं और रुचियों के आधार पर पहचाना जाता है।

26. **(B):** हावर्ड गार्डनर ने 'बहु-आयामी बुद्धि' का सिद्धांत प्रस्तावित किया, जो इस धारणा पर आधारित है कि बुद्धि एक सिंगल डायमेंशनल मापनक्षमता नहीं है, बल्कि इसमें कई विभिन्न प्रकार की क्षमताएँ शामिल हैं। गार्डनर का मानना था कि व्यक्तियों में कई विभिन्न प्रकार की बुद्धियाँ होती हैं और यह सभी अलग-अलग तरह से प्रकट होती हैं। उसने विभिन्न प्रकार की बुद्धियों, जैसे गणितीय-तार्किक, संगीतिक, स्पेसियल, भाषा, इंटरपर्सनल, इंट्रापर्सनल आदि, की पहचान की। इस सिद्धांत के अनुसार, हर व्यक्ति में कुछ विशेष प्रकार की बुद्धियाँ प्रमुख होती हैं और उसे उसी के अनुसार मूल्यांकित किया जाना चाहिए। इस दृष्टिकोण ने बुद्धि के पारंपरिक मानकीय मूल्यांकन की आलोचना की और शिक्षा में व्यक्तिगत अंतरों को समझने का मार्ग प्रशस्त किया।

27. (A): कैरल गिलिगन ने लॉरेंस कोहलबर्ग के नैतिक विकास के सिद्धांत की आलोचना की थी क्योंकि वह मानती थी कि उसके सिद्धांत में महिलाओं और उनके नैतिक तर्क की विशेषताओं को उपेक्षित किया गया है। गिलिगन का मानना था कि महिलाओं का ध्यान नैतिक विचारधारा संबंधों और जिम्मेदारियों पर ज्यादा देने वाला होता है, जबकि पुरुषों का ध्यान न्याय और नियमों की पालना पर होता है। उसने सुझाव दिया कि महिलाओं का नैतिक तर्क संबंधों की देखभाल और सहयोग के महत्व पर आधारित होता है। गिलिगन ने इसे 'संबंधनात्मक नैतिकता' के रूप में परिभाषित किया। वह मानती थी कि कोहलबर्ग का सिद्धांत मुख्य रूप से पुरुषों के दृष्टिकोण से विकसित हुआ था और महिलाओं के अनुभव और दृष्टिकोण को पूरी तरह से प्रतिनिधित करने में असमर्थ था।

28. **(B):** अधिसंज्ञानात्मक कौशल एक व्यक्ति की क्षमता होती है जिससे वह अपने ज्ञान प्रक्रिया को जान, समझ और नियंत्रित कर सकता है। इसका मतलब है कि विद्यार्थी अपने अधिगम प्रक्रिया के बारे में सोचने, अनुमान लगाने और उसे मूल्यांकित करने में सक्षम होते हैं। विकल्प (B) विद्यार्थियों को प्रोत्साहित करना कि वे स्वयं अपने अधिगम पर चिंतन करें और अपनी प्रगति का मूल्यांकन करें, इस प्रकार की स्व-समर्पण कौशलों को प्रोत्साहित करता है। यह उन्हें उनके ज्ञान और समझ की स्थिति को समझने में मदद करता है, जिससे वे अधिक स्व-नियंत्रित और स्व-प्रभावित होते हैं। इस प्रक्रिया में, विद्यार्थी अपने अधिगम के प्रक्रिया और परिणाम में अधिक प्रतिबद्ध होते हैं और उनकी समझ में वृद्धि होती है। इसलिए, विकल्प (B) विद्यार्थियों के अधिसंज्ञानात्मक कौशलों को विकसित करने के लिए सबसे प्रभावी रणनीति है।

29. **(A):** अभिकथन (A) का सुझाव यह है कि शिक्षकों को विद्यार्थियों को उदाहरणों और गैर-उदाहरणों की पहचान में मदद करनी चाहिए ताकि वे एक विशेष संकल्पना को स्पष्ट रूप से समझ सकें। यह तरीका विद्यार्थियों को संकल्पना की अधिक गहरी समझ प्रदान करने में मदद कर सकता है, क्योंकि उदाहरण और गैर-उदाहरण उन्हें स्पष्टता प्रदान करते हैं। फिर भी, कारण (R) का कथन अधूरा है और भ्रांतिपूर्ण हो सकता है। यदि गैर-उदाहरण सही तरीके से प्रदर्शित किए जाते हैं, तो वे विद्यार्थियों को भ्रमित नहीं करेंगे, बल्कि वे संकल्पना की और अधिक स्पष्टता प्रदान कर सकते हैं। इसलिए, जबकि अभिकथन (A) सही हो सकता है, कारण (R) पूरी तरह से सही नहीं है।

30. **(C):** अधिगम के सामान्य सिद्धांत के अनुसार, जब शिक्षक पहले अवधारणा का संपूर्ण रूप से परिचय देते हैं और फिर उसकी बारीकियों पर जाते हैं, तो यह विद्यार्थियों के लिए सामग्री को समझने में सहायक होता है। इस तरीके को 'वृहदारंभिक' या 'बड़े से छोटे' दृष्टिकोण कहा जाता है। इस दृष्टिकोण में, शिक्षक विद्यार्थियों को पहले सामान्य या उच्च स्तरीय जानकारी प्रदान करते हैं, जिससे वे एक मजबूत आधार या संरचना तैयार कर सकते हैं। इसके बाद, जब वे विषय की और अधिक बारीकियों में जाते हैं, तो विद्यार्थी पहले प्रदान की गई जानकारी के संदर्भ में नई जानकारी को जोड़ सकते हैं। इससे विद्यार्थियों को सामग्री को संरचित और अर्थपूर्ण तरीके से समझने में मदद मिलती है, जो उन्हें जानकारी को याद रखने और उसे प्रयोग में लाने में मदद करता है।

31. **(A):** दिए गए उदाहरणों की विवेचना से हम देख सकते हैं कि 'दो अथवा अधिक सड़कों को पार करती हुई एक सड़क' और 'कई अन्य पटरियों को पार करती हुई एक रेल पटरी' से 'समांतर रेखाएँ' की अवधारणा को स्पष्ट किया जा सकता है क्योंकि ये रेखाएँ एक-दूसरे को कभी नहीं काटती हैं। 'अंग्रेजी वर्णमाला जैसे 'H', 'Z' से 'तिर्यक छेदी रेखा' की अवधारणा को प्रकट किया जा सकता है, क्योंकि इन अक्षरों में दो रेखाएँ तिर्यक रूप में एक-दूसरे को छेदती हैं। इसलिए, उपरोक्त दिए गए विकल्पों में (*b*) और (*c*) सही हैं।

32. **(D):** अधिगमकर्ताओं को उनकी विद्यमान क्षमताओं को विकसित करने के लिए प्रोत्साहित करना : अध्यापन और शिक्षा के प्रक्रिया में, यह महत्वपूर्ण है कि विद्यार्थियों की व्यक्तिगत क्षमताओं और रूचियों का सम्मान किया जाए। अधिगमकर्ताओं को उनकी विद्यमान

क्षमताओं को विकसित करने के लिए प्रोत्साहित करना उन्हें सकारात्मक प्रतिस्पर्धा में लाता है और उन्हें उनकी सीमा को पार करने के लिए प्रेरित करता है। जब विद्यार्थी अपनी क्षमता को पहचानते हैं और उसे विकसित करने के लिए प्रेरित होते हैं, तो वे अधिक सक्रिय और सहभागी बनते हैं और इससे उनकी समझ और ज्ञान में सुधार होता है।

33. **(A):** निरंतर और व्यापक मूल्यांकन एक ऐसी प्रक्रिया है जिसमें विद्यार्थियों की प्रगति को निरंतर और समग्र रूप से जांचा जाता है। यह प्रक्रिया विद्यार्थी के पूर्व ज्ञान, समझने के स्तर और अधिगम प्रक्रिया का समग्र आकलन सम्मिलित करती है। यह विद्यार्थी की अधिगम प्रक्रिया में वृद्धि और उसकी अध्ययन गतिविधियों में सहायक होती है। इससे शिक्षक को विद्यार्थी की वास्तविक ज्ञान स्तर की जानकारी होती है और वह उसे उचित रूप से मार्गदर्शन कर सकता है।

34. **(D):** मानचित्र एक अवधारणा के वैचारिक विश्लेषण के लिए उसकी उप-अवधारणाओं का प्रतिनिधित्व करते हैं, जिससे कि उस अवधारणा के विविध पहलुओं को अधिक स्पष्ट और संगठित रूप में देखा जा सकता है। यह विकल्प (*a*) के अनुसार है। मानचित्र में संकेत चिह्नों का उपयोग होता है जो दिखाते हैं कि कौन-सी अवधारणाएँ दूसरी अवधारणाओं के लिए पूर्व-अपेक्षित हैं, जो विकल्प (*b*) के अनुसार है। इसलिए, उपरोक्त विकल्पों में (*a*) और (*b*) सही हैं।

35. **(A):** स्कूली स्तर पर गणित में शिक्षार्थियों में विशिष्ट अभिवृत्ति आवश्यक होती है। गणित की प्रकृति अमूर्त और अभिवृत्तिपूर्ण होती है, लेकिन यह जरूरी नहीं है कि स्कूली स्तर पर गणित में शिक्षार्थियों में केवल विशिष्ट अभिवृत्ति ही आवश्यक हो। अधिकतर शिक्षार्थियों के लिए, गणित की समझ और अभिवृत्ति के स्तर में भिन्नता होती है, और यह शिक्षक की जिम्मेदारी है कि वह विभिन्न शिक्षार्थियों की विभिन्न जरूरतों और क्षमताओं के साथ काम करे। इसलिए, इस विकल्प में दिया गया कथन सही नहीं है।

36. **(A):** "तर्क-वितर्क" गणित के कक्षा में महत्वपूर्ण है क्योंकि गणित की समझ और अभिज्ञान तर्क पर आधारित है। विकल्प (*a*) में बताया गया है कि तर्क एक पंक्ति के रूप में समझा जा सकता है जो यह दिखाने का इरादा रखता है कि गणितीय परिणाम सत्य क्यों है, जो की सटीक है। विकल्प (*c*) में बताया गया है कि तर्क-वितर्क गणित शिक्षा में स्वतःशोध दृष्टिकोण का भी एक हिस्सा हो सकता है, जो की सही है। यह विधायिका और विचार में समझ और गहराई को बढ़ावा देता है। इसलिए, उपरोक्त विकल्पों में (*a*) और (*c*) सही हैं।

37. **(B):** एक गणित की पाठ्य-पुस्तक में केवल हल किए हुए उदाहरण होने चाहिए। गणित की पाठ्य-पुस्तक में केवल हल किए हुए उदाहरण होने का मतलब यह होता है कि विद्यार्थियों को समझने और अभ्यास करने के लिए अन्य प्रश्न नहीं मिलेंगे। इससे विद्यार्थी की समझ और अभ्यास की क्षमता पर सीमा लगती है। इसलिए, पाठ्य-पुस्तक में अधिकतर हल किए हुए उदाहरण के साथ-साथ अभ्यास हेतु प्रश्न भी होने चाहिए।

38. **(D):** एक प्रतिज्ञप्ति या निष्कर्ष है जो बिना प्रमाण के एक अस्थायी आधार पर सत्य माना जाता है। कन्जेक्चर गणित में एक ऐसी प्रतिज्ञप्ति है जिसकी सत्यता कोई सिद्ध नहीं कर पाया है, लेकिन यह सत्य हो सकता है। इसे पूरी तरह से समझा और प्रमाणित नहीं किया गया है। इसलिए, यह बिना किसी स्थिर प्रमाण के मान्यता प्राप्त करता है। एक कन्जेक्चर को सत्य सिद्ध करना गणितीय अन्वेषण का एक महत्वपूर्ण हिस्सा होता है।

39. **(C):** एक कन्जेक्चर गणित में ऐसी प्रतिज्ञप्ति है जिसकी सत्यता अभी तक सिद्ध नहीं की गयी है, लेकिन जिसे सत्य माना जाता है। इस कथन में दिए गए तथ्य को प्रमाणित नहीं किया गया है, लेकिन यह संभावना हो सकती है कि यह सत्य हो। इसलिए, यह कथन एक कन्जेक्चर के रूप में माना जा सकता है।

40. **(D):** एकात्मक विधि पर आधारित दैनिक जीवन की समस्याएँ हैं। प्रश्न (*a*) में विद्यार्थियों से पूछा जाता है कि यदि तीन महीने का किराया एक निश्चित राशि है, तो पूरे वर्ष का किराया कितना होगा। इसमें गुना की विधि का उपयोग होगा। प्रश्न (*b*) में केलों की कीमत और उसकी मात्रा के बीच संबंध बताया जाता है। यह एक सामान्य अनुपात समस्या है। दोनों प्रश्न विद्यार्थियों के दैनिक जीवन से संबंधित हैं और एकात्मक विधि पर आधारित हैं। इसलिए, विकल्प (D) सही है।

41. **(B):** आयत का क्षेत्रफल = लम्बाई × चौड़ाई

$= 176 \times 56$ सेमी.^{2}

प्रश्नानुसार, आयत का क्षेत्रफल = वृत्त का क्षेत्रफल

$$\Rightarrow \quad 176 \times 56 = \pi r^2$$

$$\Rightarrow \quad 176 \times 56 = \frac{22}{7}\pi r^2$$

$$\Rightarrow \quad r^2 = 176 \times 56 \times \frac{7}{22}$$

$$\Rightarrow \quad r^2 = 8 \times 56 \times 7$$

$$\Rightarrow \quad r^2 = 56 \times 56$$

$$\Rightarrow \quad r^2 = (56)^2 \Rightarrow r = 56$$

अतः वृत्त की परिधि $= 2\pi r = 2 \times \frac{22}{7} \times 56$

$= 2 \times 22 \times 8 = 352$ सेमी.।

42. **(B):** पेंट का खर्च दिया गयां है

$\Rightarrow$ ₹ 20 = 100 सेमी.^{2}

$\Rightarrow$ ₹ 1 = 5 सेमी.^{2}

$\therefore$ ₹ 1032 = 1032 × 5 सेमी.^{2} = 5160 सेमी.^{2}

तथा घनाभ की विमाएँ $= l \times b \times h$

$= 40$ सेमी. $\times$ 36 सेमी. $\times$ x सेमी.

अब घनाभ का पृष्ठीय क्षेत्रफल $= 2[lb + bh + lh]$

$$= 2\,[40 \times 36 + 36x + 40x] \text{ सेमी.}^2$$

प्रश्नानुसार,

$$2[40 \times 36 + 36x + 40x] = 5160 \text{ सेमी.}^2$$

$$\Rightarrow \quad [1440 + 76x]\ cm^2 = 2580 \text{ सेमी.}^2$$

$$\Rightarrow \quad 76x = 2580 - 1440$$

$$\Rightarrow \quad 76x = 1140 \Rightarrow x = 15 \text{ सेमी.}$$ ।

43. **(B):** दिया गया है, PQRS एक चतुर्भुज है जिसमें PQ = PS तथा RQ = RS

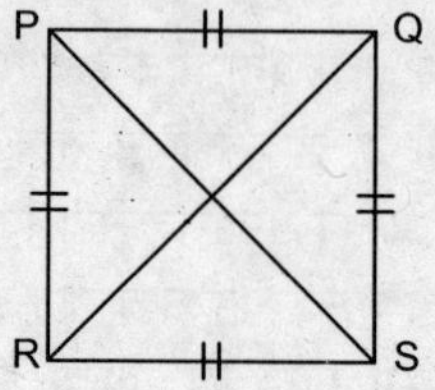

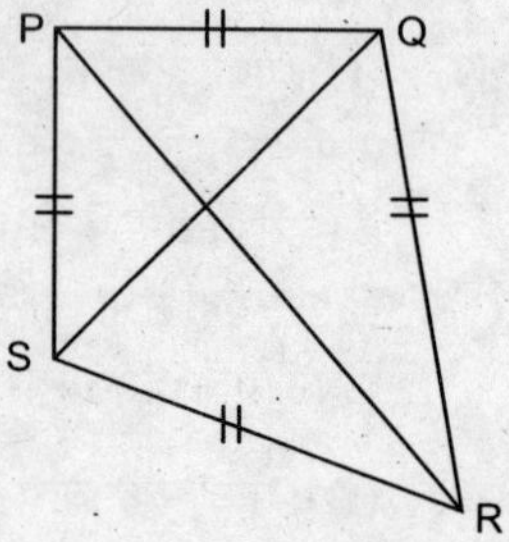

अतः इसके विकर्ण परस्पर लंब हैं।

44. **(C):** समचतुर्भुज ABCD में दिया गया है :

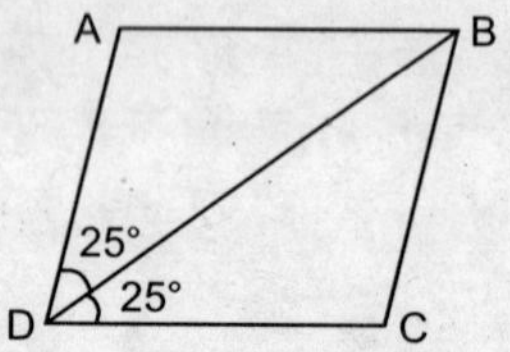

$$\angle ADB = 25°$$

$$\therefore \quad \angle ABC = \angle ADC = 50°$$

तथा $$\angle DAB = \angle DCB$$

हम जानते हैं :

$$\angle ABC + \angle ADC + \angle DAB + \angle DCB = 360°$$

$$\Rightarrow \quad 50° + 50° + 2\angle DAB = 360°$$

$$\Rightarrow \quad 2\angle DAB = 360° - 100°$$

$$\Rightarrow \quad 2\angle DAB = 260°$$

$$\Rightarrow \quad \angle DAB = 130° \Rightarrow \angle BAD = 130°$$

अब $$2\angle BAD - \angle ABC = 2 \times 130° - 50°$$

$$= 260° - 50° = 210°.$$

45. **(A):** दिए गए आँकड़ों को बढ़ते क्रम में व्यवस्थित करने पर,

7, 8, 9, 10, 11, 11, 13, 14, 15, 16, 17, 23

यहाँ $n = 12$ (सम संख्या)

$$\text{माध्यिका} = \frac{1}{2}\left[\frac{n}{2}\text{वाँ पद} + \left(\frac{n}{2}+1\right)\text{वाँ पद}\right]$$

$$= \frac{1}{2}\left[6\text{वाँ पद} + 7\text{वाँ पद}\right]$$

$$= \frac{1}{2}[11+13] = \frac{24}{2} = 12$$

तथा बहुलक = 11 (अधिकतम 2 बार)

तथा परिसर = सबसे बड़ा मान – सबसे छोटा मान

$$= 23 - 7 = 16$$

$$\text{अतः माध्य} = \frac{\text{बहुलक} + \text{माध्यिका} + \text{परिसर}}{3}$$

$$= \frac{11+12+16}{3} = \frac{39}{3} = 13$$

अतः माध्य = 13.

46. **(B):** दिया गया है, $x = \sqrt{198} \times \sqrt{550}$

$$= \sqrt{198 \times 550} = \sqrt{11 \times 18 \times 11 \times 50}$$

$$= \sqrt{11 \times 9 \times 2 \times 11 \times 2 \times 25}$$

$$= 11 \times 3 \times 2 \times 5 = 330$$

$$\Rightarrow \quad x = 330$$

तथा $$y = \sqrt[3]{99} \times \sqrt[3]{363}$$

$$= (99 \times 363)^{\frac{1}{3}} = (11 \times 9 \times 11 \times 33)^{\frac{1}{3}}$$

$$= [11 \times 9 \times 11 \times 11 \times 3]^{\frac{1}{3}}$$

$$= (11^3 \times 3^3)^{\frac{1}{3}} = 11 \times 3 = 33$$

$$\Rightarrow \quad y = 33$$

$$\therefore \quad \frac{1}{x} + \frac{1}{y} = \frac{1}{330} + \frac{1}{33}$$

$$= \frac{1+10}{330} = \frac{11}{330} = \frac{1}{30} = \frac{3}{90} = 0.0\overline{3}$$

अतः $$\frac{1}{x} + \frac{1}{y} = 0.0\overline{3}.$$

47. **(A):** दिया गया है,

$$P = (12.34 \times 10^{10}) - (5.67 \times 10^{9})$$

$$= (123.40 \times 10^{9}) - (5.67 \times 10^{9})$$

$$= (123.40 - 5.67) \times 10^{9}$$

$$= 117.73 \times 10^{9} = \frac{117.73 \times 10^{9}}{100} \times 100$$

$$= 1.1773 \times 10^{9} \times 10^{2} = 1.1773 \times 10^{11}.$$

48. **(A):** माना कि x से गुणा किया गया

तब, $$\left(-\frac{1}{4}\right)^{-1} \times x = -\frac{1}{\left(-\frac{7}{4}\right)^{-1}}$$

$$\Rightarrow \quad \frac{1}{\left(-\frac{1}{4}\right)} \times x = \frac{-7}{4}$$

$$\Rightarrow \quad -4x = \frac{-7}{4} \Rightarrow x = \frac{7}{16}$$

49. **(B):** दिया गया है, $313632 = p^2 \times q^5 \times r^4$

$= 11^2 \times 2592$

$= 11^2 \times 2^5 \times 81$

$= 11^2 \times 2^5 \times 3^4$

$= p^2 \times q^5 \times r^4$

$\therefore p = 11, q = 2$ तथा $r = 3$

अतः $(p + q - 2r) = 11 + 2 - 2 \times 3$

$= 13 - 6 = 7.$

50. **(C):** दिए गए आँकड़े से,

सुनीता द्वारा प्री-बोर्ड परीक्षा में प्राप्त अंक

$= 72 + 84 + 96 + 80 + 68$

$= 400$

$\Rightarrow \quad 400 = 360°$

$\Rightarrow \quad 96 = \frac{360}{400} \times 96 = \frac{360 \times 12}{50} = \frac{432}{5} = 86.4°$

अतः सुनीता द्वारा गणित में प्राप्त अंकों को दर्शानेवाले त्रिज्यखंड का कोण = 86.4°.

51. **(A):** दिया गया है, एक लम्ब वृत्तीय बेलन का आयतन

= 4620 सेमी.^{3}

$\Rightarrow \quad \pi r^2 h = 4620$

$\Rightarrow \quad \pi r^2 \times 120 = 4620$

$\Rightarrow \quad \frac{22}{7} r^2 = \frac{4620}{120} = \frac{231}{6}$

$\Rightarrow \quad r^2 = \frac{231}{6} \times \frac{7}{22} = \frac{7 \times 33 \times 7}{3 \times 2 \times 2 \times 11}$

$= \frac{7 \times 7 \times 11}{2 \times 2 \times 11} = \left(\frac{7}{2}\right)^2$

$\Rightarrow \quad r = \frac{7}{2}$ सेमी.

$\therefore$ बेलन का वक्रपृष्ठीय क्षेत्रफल $= 2\pi rh$

$= 2 \times \frac{22}{7} \times \frac{7}{2} \times 120$

$= 2 \times 11 \times 120$

$= 22 \times 120 = 2640$ सेमी.^{2}.

52. **(B):** एक त्रिभुजाकार प्रिज्म में, F = 5, V = 6, E = 9

$\therefore$ कथन (B),

$2F + 3V - 2E = 10$

$\Rightarrow \quad 2 \times 5 + 3 \times 6 - 2 \times 9 = 10$

$\Rightarrow \quad 10 + 18 - 18 = 10$

$\Rightarrow \quad 10 = 10$

यहाँ विकल्प (B) सत्य है।

53. **(B):** दिया गया है, रेखा AB पर एक बिंदु P है तथा PQ एक किरण इस प्रकार है कि

$\angle QPA = 7x$ तथा $\angle QPB = 5x$

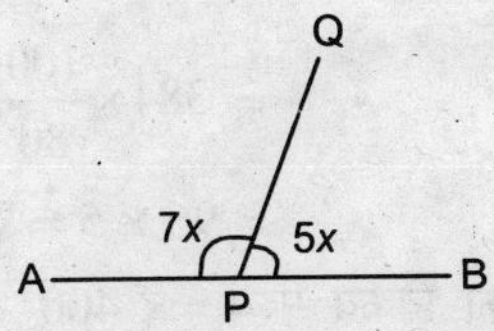

$\because \quad \angle QPA + \angle QPB = 180°$ [रैखिक युग्म]

$\therefore \quad 7x + 5x = 180°$

$\Rightarrow \quad 12x = 180°$

$\Rightarrow \quad x = 15°$

अतः $8x - 10° = 8 \times 15 - 10°$

$= 120° - 10°$

$= 110°.$

54. **(B):** दिया गया है, त्रिभुज PQR की भुजा PQ पर S एक बिंदु इस प्रकार है कि

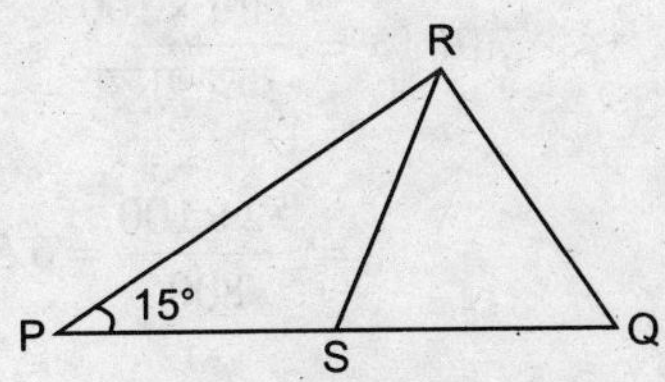

$RS = PS = QS,$

$\angle QPR = 15°$

$\because \quad PS = RS$

$\therefore \quad \angle SPR = \angle SRP = 15° \quad ....(i)$

तथा $\angle RSP = 180° - (15° + 15°) = 150°$

$\therefore \quad \angle RSQ = 180° - \angle RSP = 180° - 150°$

$\angle RSQ = 30°$

अब, $\because RS = QS$

$\therefore \quad \angle SQR = \angle SRQ$

$\because \angle SQR + \angle SRQ + \angle RSQ = 180°$

$\therefore \quad 2\angle SQR + 30° = 180°$

$\Rightarrow \quad \angle SQR = 75°$

$\Rightarrow \quad \angle SQR = \angle SRQ = 75° \quad ...(ii)$

$\Rightarrow \quad \angle PQR = 75° \quad ...(iii)$

(i) तथा *(ii)* से,

$\because \quad \angle PRQ = \angle SRP + \angle SRQ$

$= 15° + 75° = 90°$

$\Rightarrow \quad \angle PRQ = 90° \quad ...(iv)$

अतः $2\angle PQR - \angle PRQ = 2 \times 75° - 90°$

[*(iii)* तथा *(iv)* से]

$= 150° - 90°$

$= 60°.$

55. (A): वस्तु A का विक्रय मूल्य = ₹ 384, हानि = 20%

$\therefore$ वस्तु A का क्रय मूल्य $= 384 \times \frac{100}{100-20}$

$$= 384 \times \frac{100}{80} = 384 \times \frac{5}{4}$$

$$= 96 \times 5 = ₹\ 480$$

तथा वस्तु B का विक्रय मूल्य = ₹ 400

लाभ = 25%

$\therefore$ क्रय मूल्य $= 400 \times \frac{100}{125} = 400 \times \frac{4}{5}$

$$= 80 \times 4 = ₹\ 320$$

अब दोनों वस्तुओं का क्रय मूल्य = 480 + 320 = ₹ 800

दिया गया है, दोनों वस्तुओं का विक्रय मूल्य = ₹ 852

$\therefore$ लाभ = विक्रय मूल्य – क्रय मूल्य

$$= 852 - 800 = ₹\ 52$$

लाभ % $= \frac{\text{लाभ} \times 100}{\text{क्रय मूल्य}}$

$$= \frac{52 \times 100}{800} = 6.5\%.$$

56. **(A):** यहाँ पर, मूलधन = ₹ 12000

मिश्रधन = ₹ 15,972

$t = 1\frac{1}{2}$ वर्ष

जब ब्याज अर्धवार्षिक संयोजित होता है

$\therefore$ $n = 3$

माना कि दर = $r\%$

$\because$ मिश्रधन = मूलधन$\left(1+\frac{r}{100}\right)^n$

$\therefore$ $15972 = 12000\left(1+\frac{r}{100}\right)^3$

$$\Rightarrow \left(1+\frac{r}{100}\right)^3 = \frac{15972}{12000} = \frac{6 \times 2662}{6 \times 2000} = \frac{1331}{1000}$$

$$\Rightarrow \left(1+\frac{r}{100}\right)^3 = \left(\frac{11}{10}\right)^3$$

$$\Rightarrow \frac{r}{100} = \frac{11}{10} - 1$$

$$\Rightarrow \frac{r}{100} = \frac{1}{10},\ r = 10\%$$

अब ब्याज वार्षिक संयोजित होता है

$\therefore$ $r = 20\%,\ n = 1\frac{1}{2}$

$\therefore$ मिश्रधन = मूलधन$\left(1+\frac{r}{100}\right)\left(1+\frac{r \times \frac{1}{2}}{100}\right)$

$$= 12000\left(1+\frac{20}{100}\right)\left(1+\frac{20 \times \frac{1}{2}}{100}\right)$$

$$= 12000\left(1+\frac{1}{5}\right)\left(1+\frac{1}{10}\right)$$

$$= 12000 \times \frac{6}{5} \times \frac{11}{10}$$

$$= 66 \times 240 = ₹\ 15840$$

अतः अभीष्ट राशि = ₹ 15840.

57. **(C):** दिया गया है,

$$5x^2 - 8y - 20x + 2xy = (x + a)(bx + 2y)$$

$$\Rightarrow 5x(x - 4) + 2y(x - 4) = (x + a)(bx + 2y)$$

$$\Rightarrow (x - 4)(5x + 2y) = (x + a)(bx + 2y)$$

$$\Rightarrow a = -4,\ b = 5$$

अतः $(a - b) = -4 - 5 = -9$.

58. **(D):** दिया गया है, $A = x^2(1 - 3y^2)$

$B = x(xy^2 - 2x)$ और

$C = 3y(y - 4x^2y)$

$\therefore$ $A + B - C = px^2 + qx^2y^2 + ry^2$

$$\Rightarrow x^2(1 - 3y^2) + x(xy^2 - 2x) - 3y(y - 4x^2y) = px^2 + qx^2y^2 + ry^2$$

$$\Rightarrow x^2(1 - 3y^2) + x^2(y^2 - 2) - 3y^2 + 12x^2y^2 = px^2 + qx^2y^2 + ry^2$$

$$\Rightarrow x^2(1 - 3y^2 + y^2 - 2) - 3y^2 + 12x^2y^2 = px^2 + qx^2y^2 + ry^2$$

$$\Rightarrow -x^2 - 2x^2y^2 - 3y^2 + 12x^2y^2 = px^2 + qx^2y^2 + ry^2$$

$$\Rightarrow -x^2 + 10x^2y^2 - 3y^2 = px^2 + qx^2y^2 + ry^2$$

दोनों तरफ x^2, x^2y^2 तथा y^2 के गुणांक की तुलना करने पर हम पाते हैं कि, $p = -1$, $q = 10$ तथा $r = -3$

अतः $(5p + q - r) = 5 \times -1 + 10 + 3$

$$= -5 + 13 = 8.$$

59. **(C):** 2, 3 तथा 11 का लघुत्तम समापवर्त्य = 66

(A) $8448 = 66 \times 128$

(B) $9812 = 11 \times 892 = 4 \times 11 \times 223$

(C) $9126 = 6 \times 1521 = 6 \times 3 \times 507$
$= 3 \times 6 \times 3 \times 169$
$= 6 \times 9 \times 169$

(D) $9636 = 66 \times 146$

यहाँ विकल्प (A) तथा (D), 66 से विभाज्य हैं।

अतः (A) तथा (D), 2, 3 तथा 11 से विभाज्य हैं।

60. **(C):** दिया गया समीकरण

$$\frac{(x+1)-(2x+4)}{3-5x} = \frac{1}{23}$$

$$\Rightarrow \frac{-x-3}{3-5x} = \frac{1}{23}$$

$$\Rightarrow -23(x+3) = 3-5x$$

$$\Rightarrow -23x - 69 = 3 - 5x$$

$$\Rightarrow -18x = 72, x = -4$$

(A) $5(2x+1) = 3(x+1)$

$$\Rightarrow 10x + 5 = 3x + 3$$

$$\Rightarrow 7x = -2 \Rightarrow x = -\frac{2}{7}$$

(B) $3(2x+3) = 2(x+3)$

$$\Rightarrow 6x + 9 = 2x + 6$$

$$\Rightarrow 4x = -3 \Rightarrow x = -\frac{3}{4}$$

(C) $3(2x+3) = 5(x+1)$

$$\Rightarrow 6x + 9 = 5x + 5 \Rightarrow x = -4$$

(D) $2(2x-3) = 3(x+1)$

$$\Rightarrow 4x - 6 = 3x + 3 \Rightarrow x = 9$$

यहाँ –4 समीकरण (C) का भी हल है।

61. **(D):** आमाशय हमारे पाचन प्रक्रिया में महत्वपूर्ण भूमिका निभाता है। यह हाइड्रोक्लोरिक अम्ल उत्पन्न करता है जो प्रोटीनों को पाचन में मदद करता है। हाइड्रोक्लोरिक अम्ल अम्लीय माहौल प्रदान करता है जिसमें पेप्सिन जैसे पाचक एन्जाइम सक्रिय होते हैं। तर्क (R) के अनुसार, पाचक रसों को क्रियावली में रहने और पाचन में सहायक बनने के लिए अम्लीय माध्यम की जरूरत होती है। यह अम्लीय माध्यम आमाशय द्वारा उत्सर्जित हाइड्रोक्लोरिक अम्ल द्वारा प्रदान किया जाता है। इसलिए, अभिकथन (A) और तर्क (R) दोनों सही हैं, और तर्क (R), अभिकथन (A) की सही व्याख्या प्रदान करता है, जिससे यह स्पष्ट होता है कि क्यों आमाशय में अम्लीय माध्यम की जरूरत होती है।

62. **(D):** 'नाइट्रोजन यौगिकीकरण' एक जैविक प्रक्रिया है जिसमें वायुमंडलीय नाइट्रोजन (N_2) को उसके यौगिक रूप में परिवर्तित किया जाता है, जैसे अमोनिया, नाइट्रेट, या नाइट्राइट। यह प्रक्रिया विशेष प्रकार के माइक्रोब्स द्वारा की जाती है जो नाइट्रोजन यौगिकीकरण कर सकते हैं। जब यह नाइट्रोजन यौगिक रूप में परिवर्तित हो जाता है, तो यह पौधों और अन्य जीवों के लिए उपलब्ध होता है, जिसे वे अपने जीवन क्रियावलियों के लिए उपयोग कर सकते हैं। वायुमंडलीय नाइट्रोजन सीधे पौधों द्वारा उपयोग नहीं किया जा सकता है, लेकिन जब यह अमोनिया या अन्य नाइट्रोजन यौगिकों में परिवर्तित होता है, तो पौधे इसे उपयोग कर सकते हैं।

63. **(A):** स्प्रिंग में स्थितिज ऊर्जा की मात्रा तब न्यूनतम होती है जब उसे न तो संपीडित किया जाए और न ही खींचा जाए। जब स्प्रिंग को संपीडित या खींचा जाता है, तो उसमें ऊर्जा संचित होती है, जिसे वह मुक्त करता है जब उसे छोड़ दिया जाता है। जब स्प्रिंग किसी भी प्रकार से विकृत नहीं होता, तब उसमें स्थितिज ऊर्जा की मात्रा न्यूनतम होती है। इसलिए, भूमि पर पड़ा हुआ स्प्रिंग, जिसे न तो संपीडित किया गया है और न ही खींचा गया है, स्थितिज ऊर्जा के दृष्टिकोण से स्थिर अवस्था में होता है।

64. **(C):** अनियततापी जीव वह होते हैं जिनका शरीर का तापमान बाह्य पर्यावरण के तापमान से प्रभावित होता है। वे स्वयं अपने शरीर के तापमान को स्थिर नहीं रख सकते। उपर्युक्त विकल्पों में, सर्प, मेंढ़क और कॉकरोच इस वर्ग में आते हैं। वे सभी अनियततापी जीव हैं और उनका शरीर का तापमान बाह्य पर्यावरण के अनुसार बदलता रहता है। इसके विपरीत, मानव या डॉल्फिन जैसे स्थिरतापी जीव हैं जो स्वयं अपने शरीर के तापमान को स्थिर रखते हैं।

65. **(B):** मात्रकों के युग्म का समान भौतिक राशि को मापने का अभिप्रेत अर्थ है कि जब दो अलग-अलग मात्रक एक ही भौतिक राशि का प्रतिनिधित्व करते हैं, तो वे एक ही भौतिक घटना या अवस्था को दर्शाते हैं। उदाहरण स्वरूप, जब हम कहते हैं कि एक व्यक्ति की चाल की गति 5 किलोमीटर प्रति घंटा है और दूसरा कहता है कि उसकी गति 5000 मीटर प्रति घंटा है, तो दोनों ही मात्रक एक ही गति को दर्शा रहे हैं, हालांकि उनके इकाइयां अलग हैं। इसी प्रकार, विकल्प (B) में दिए गए मात्रक एक ही भौतिक राशि को माप सकते हैं, जैसा कि उनकी इकाइयों में दिखाई देता है।

66. **(B):** अनुच्छेद में पहले रिक्त स्थान में 'युग्मनज' आएगा क्योंकि पिता के शुक्राणु और माता के अंडाणु मिलकर युग्मनज बनाते हैं। दूसरे रिक्त स्थान में 'भ्रूण' होगा जो विभाजन से बनता है। तीसरे रिक्त स्थान में 'गर्भाशय' होगा जिसमें भ्रूण स्थित होता है। आखिरी रिक्त स्थान में 'गर्भ' होगा जो भ्रूण की वह अवस्था है जिसमें सभी शारीरिक भागों की पहचान होती है। इस प्रकार, उपयुक्त शब्द समूह विकल्प (B) में दिया गया है।

67. **(C):** विकल्प (C) में दिये गए शब्द या चिह्न अस्पष्ट हैं और ऐसा प्रतीत होता है कि यह एक संभवतः त्रुटि या अवैध रूप में प्रस्तुत हो सकता है। बाकी विकल्पों में दिए गए चिह्न भी अस्पष्ट हैं, लेकिन विकल्प (C) का प्रतिस्थापन अन्य विकल्पों से अधिक असमंजसपूर्ण प्रतीत होता है। इसलिए, अगर हमें एक असंभव विकल्प चुनना है, तो वह (C) होगा।

68. **(A):** प्रत्येक विकल्प पर विचार करते हैं :

(*a*) **विराम अवस्था में पिंड/वस्तु का दूरी-समय ग्राफ :** यदि पिंड विराम अवस्था में है, तो यह किसी भी समय में किसी निश्चित स्थान पर रहेगा। इसका मतलब है कि दूरी-समय ग्राफ सीधी रेखा होगी जो समय अक्ष पर समतल होगी।

(*b*) **एकसमान त्वरण के साथ गतिमान पिंड/वस्तु का वेग - समय ग्राफ :** एकसमान त्वरण के साथ गतिमान पिंड का वेग निरंतर बढ़ता रहेगा। इसलिए, वेग-समय ग्राफ सीधी रेखा होगी जो समय अक्ष को एक स्थिर झुकाव के साथ काटेगा।

(*c*) **एकसमान त्वरण के साथ गतिमान पिंड/वस्तु का दूरी - समय ग्राफ :** एकसमान त्वरण के साथ, दूरी समय के वर्ग के अनुपात में बढ़ेगी। इसलिए, यह ग्राफ परवलय होगा, न कि सीधी रेखा।

(*d*) **विराम अवस्था में पिंड/वस्तु का वेग - समय ग्राफ :** विराम अवस्था में पिंड का वेग शून्य होगा और यह शून्य पर रहेगा। इसलिए, वेग-समय ग्राफ समय अक्ष पर समतल होगी।

इस प्रकार, सही विकल्प (A) है : (*a*), (*b*) और (*d*)।

69. **(A):** द्रवों के घनत्व की तुलना के आधार पर वस्तु की तैरने की क्षमता को समझने के लिए हमें ध्यान देना होगा कि किस द्रव का घनत्व अधिक है और किसका कम। अगर एक वस्तु द्रव C में तैरता है, इसका मतलब है कि वस्तु का घनत्व द्रव C से कम है। इसका मतलब यह है कि वस्तु तब तक द्रव A में तैर सकता है जब तक द्रव A का घनत्व वस्तु से अधिक हो। यदि द्रव A का घनत्व वस्तु से कम होता है, तो वस्तु तैर नहीं सकेगा।

इसलिए, सही उत्तर है (A): 'एक वस्तु जो द्रव C में तैरता है वह द्रव A में तैर भी सकता है और नहीं भी।' इसका मतलब है कि वस्तु का तैरना द्रव A में निश्चित नहीं है और यह द्रव A के घनत्व पर निर्भर करता है।

70. **(C):** विद्युत धारा को स्कलर (सदिश रहित) राशि के रूप में माना जाता है, न कि सदिश राशि के रूप में। विद्युत धारा की मात्रा वोल्ट और ओह्म के नियमों के अनुसार निर्धारित होती है, लेकिन इसे एक विशिष्ट दिशा में मापने के लिएं विशेष दिशा नहीं होती है। यदि हम धारा की दिशा की बात करते हैं, तो हम पारंपरिक रूप से पॉजिटिव से नेगेटिव तक दिशा की बात करते हैं, लेकिन धारा स्वयं एक सदिश राशि नहीं है।

इसलिए, अभिकथन (A) गलत है क्योंकि विद्युत धारा सदिश राशि नहीं है, और तर्क (R) सही है क्योंकि यह सही धारणा प्रस्तुत करता है कि विद्युत धारा के पास परिमाण होता है, लेकिन दिशा नहीं होती।

इसलिए, सही उत्तर है (C): (A) गलत है, परंतु (R) सही है।

71. **(C):** जब हम कोशिका अंगकों की चर्चा करते हैं, हम देखते हैं कि अधिकांश कोशिका अंग में डीएनए नहीं होता है। लेकिन, कुछ अंग विशेष रूप से डीएनए को धारण करते हैं। लवक (प्लैस्टिड) और सूत्रकणिका (माइटोकॉन्ड्रिया) वे दो कोशिका अंग हैं जिनमें स्वयं का डीएनए होता है। यह डीएनए उनके स्वतंत्र वंशावली और विविध कार्यों को सहायता प्रदान करता है। लवक और सूत्रकणिका दोनों ही स्वतंत्रता से प्रतिलिपि (रेप्लीकेशन) कर सकते हैं और यह माना जाता है कि वे प्राचीन संवर्धन के माध्यम से एक प्राचीन बैक्टीरिया से उत्पन्न हुए थे।

नाभिक (न्यूक्लियस) में कोशिका का मुख्य डीएनए होता है, लेकिन यहाँ पूछा गया था कि कौनसे कोशिका अंग में 'स्वयं का' डीएनए होता है, इसलिए नाभिक को शामिल नहीं किया जा सकता।

इसलिए, सही उत्तर है : (*a*), (*b*) और (*c*)।

72. **(A):** कोशिका, जीवन की मौलिक इकाई है, और सभी जीवित प्राणियों में पाई जाती है। आमतौर पर, कोशिकाएं बहुत छोटी होती हैं और इन्हें सामान्य रूप से नग्न आँख से नहीं देखा जा सकता है, इसलिए (*a*) कथन सही है। अधिकांश कोशिकाओं की बाहरी सतह पर एक पतली झिल्ली होती है जिसे कोशिका झिल्ली कहा जाता है, इसलिए (*d*) कथन भी सही है। हालांकि, सभी जीवित प्राणियों की कोशिका भित्ति नहीं होती है - जैसे बैक्टीरिया में कोशिका भित्ति नहीं होती है, और न ही सभी कोशिकाओं में केन्द्रकीय झिल्ली होती है। इसलिए, सही उत्तर है (A), जिसमें केवल (*d*) कथन सही है।

73. **(B):** जब अपशिष्ट की बात की जाती है, तो विभिन्न प्रकार के सामग्री अलग-अलग समय तक अपघटित होती हैं। प्लास्टिक की बोतलें पर्यावरण में अपघटन में बहुत समय लेती हैं, इसलिए यह अनेक वर्ष तक अपघटित रह सकता है। रेशमी रूमाल और सूती कमीज जैविक रूप से अपघटित होते हैं, लेकिन उन्हें भी समय लगता है। केले का छिलका जल्दी अपघटित हो जाता है, जबकि कागज को भी कुछ समय लगता है। इसलिए, जब हम कॉलम I के प्रकार को कॉलम II में दिए गए अपघटन समय के साथ मिलाते हैं, तो हमें विकल्प (B) मिलता है जो कि सही है।

74. **(A):** जब पंख एकसमान वेग से गिर रहा है, इसका मतलब है कि उस पर प्रयोग हो रही गुरुत्वाकर्षण बल (भार) और वायु प्रतिरोध (ड्रैग) के बीच में संतुलन है। इस संतुलन की स्थिति में, वेग में कोई परिवर्तन नहीं होता है, जिससे पता चलता है कि नेट त्वरण शून्य है। नेट त्वरण शून्य होता है जब नेट बल भी शून्य होता है। गुरुत्वाकर्षण बल (mg) और वायु प्रतिरोध इसी समय बराबर और विपरीत दिशा में होते हैं, जिससे उनका नेट असर शून्य होता है। इसलिए, पंख पर काम करने वाला नेट बल शून्य है।

75. **(D):** गैलियम (Ga) का परमाणु क्रमांक 13 है, जिसका अर्थ है कि उसके परमाणु में 13 प्रोटान होते हैं। परमाणु द्रव्यमान 27 है, जिससे पता चलता है कि प्रोटानों और न्यूट्रॉनों की कुल संख्या 27 है। जैसा कि हम जानते हैं कि प्रोटानों की संख्या 13 है, इसलिए न्यूट्रॉनों की संख्या होगी 27 – 13 = 14। चूंकि गैलियम एक स्थूल तत्व है, इसका मतलब है कि इसमें इलेक्ट्रॉनों की संख्या

प्रोटानों की संख्या के समान होती है, अर्थात् 13। इसलिए, गैलियम $^{3+}$ आयन में प्रोटानों, इलेक्ट्रॉनों और न्यूट्रॉनों की संख्या क्रमशः 13, 10 और 14 होगी।

76. **(B):** द्विलिंगी पुष्पी पादप वे होते हैं जिनमें नर और मादा पुष्प दोनों उत्पन्न होते हैं, लेकिन वे अलग-अलग पुष्पों में होते हैं। सरसों, गुलाब और पिटूनिया इस प्रकार के पादप हैं जिनमें नर और मादा पुष्प दोनों पाए जाते हैं, लेकिन वे अलग-अलग पुष्पों में होते हैं। इस प्रकार, यह तीनों पादप द्विलिंगी पुष्पी पादप की श्रेणी में आते हैं। इसलिए, उत्तर (B) सही है जो सरसों, गुलाब और पिटूनिया को शामिल करता है।

77. **(A):** मृदा के प्रकार उसकी विशेषताओं पर आधारित हैं। चिकनी मृदा ज्यादातर जल धारण क्षमता के लिए प्रसिद्ध है क्योंकि इसमें जल अधिक समय तक बना रहता है। इसके अलावा, चिकनी मृदा के कण बहुत सूक्ष्म होते हैं, जिससे वह अधिक जल और पोषक तत्व धारण कर सकता है। वहीं, दुमटी मृदा अधिक अवसादित होता है और जल की संचारण क्षमता कम होती है। इसलिए, कथन (A) जो कहता है कि 'दुमटी मृदा की अपेक्षा चिकनी मृदा अधिक सुवातित होती है' गलत है, क्योंकि वास्तविकता में चिकनी मृदा जल धारण क्षमता में अधिक सुवातित है।

78. **(A):** माचिस के तीली में और इसके निघर्षण पृष्ठ में कई रासायनिक पदार्थ होते हैं जो इसे प्रज्वलित करने में सहायक हैं। माचिस की तीली का निघर्षण पृष्ठ आमतौर पर लाल फॉस्फोरस और काँच के चूर्ण से बना होता है। जब माचिस की तीली को इस निघर्षण पृष्ठ पर घिसा जाता है, तो गरमी उत्पन्न होती है जो लाल फॉस्फोरस को प्रज्वलित कर देती है और यह आग तीली के अन्य हिस्से को भी प्रज्वलित कर देती है। इसलिए, उत्तर (A), जो कहता है कि माचिस के निघर्षण पृष्ठ पर काँच का चूर्ण और लाल फॉस्फोरस होते हैं, सही है।

79. **(B):** अभिकथन में बताया गया है कि __A__ और __B__ तब हॉर्मोन उत्सर्जित करते हैं जब उन्हें ग्रंथि __C__ से निर्देश मिलता है। इसका मतलब है कि पहले ग्रंथि निर्देशक होता है जो दूसरे और तीसरे ग्रंथियों को निर्देशित करता है। विकल्प (B) में पीयूष ग्रंथि (पिट्यूटरी ग्रंथि) पहला ग्रंथि है जो विभिन्न हॉर्मोन्स का स्राव करता है जो अन्य ग्रंथियों को निर्देशित करते हैं। इसके बाद, अधिवृक्क (ऐड्रिनल) ग्रंथियाँ और थाइरॉइड ग्रंथि आते हैं। इसलिए, यह क्रम सही क्रम के अनुसार है। थाइरॉइड हॉर्मोन तथा अधिवृक्क ग्रंथियाँ विभिन्न हॉर्मोन्स को स्रावित करती हैं, जिसे पीयूष ग्रंथि द्वारा निर्देशित किया जाता है।

80. **(B):** सूचीछिद्र कैमरे में प्रकाश की किरणें एक छोटे से छेद के माध्यम से प्रवेश करती हैं और एक उल्टी प्रतिबिम्ब बनाती हैं। जब प्रकाश सीधी रेखा में गमन करता है, इससे वास्तविक प्रतिबिम्ब उत्पन्न होता है, जो कैमरे की विपरीत दीवार पर पड़ता है। यह वास्तविक प्रतिबिम्ब होता है क्योंकि प्रकाश की जितनी भी किरणें छिद्र से प्रवेश करती हैं, वह सभी किरणें एक ही बिंदु पर मिलती हैं, इससे वास्तविक प्रतिबिम्ब बनता है। इस प्रकार, प्रकाश का सीधी रेखा में गमन ही वास्तविक प्रतिबिम्ब बनाने के पीछे कारण है।

81. **(C):** मुक्तोत्तर प्रश्न वह होते हैं जिनका उत्तर विशिष्ट नहीं होता और उन्हें विचारशीलता, विश्लेषण और मनन की जरूरत होती है। ऐसे प्रश्न के उत्तर में कई संभावित उत्तर होते हैं जो कि विचारशीलता और विश्लेषण पर आधारित होते हैं। 'क्या होगा यदि मानव सेलुलोस को पचा सकें?' इस प्रश्न में अनेक संभावित परिणाम हो सकते हैं जो मानव शरीर, पाचन प्रक्रिया, उसके उपयोग और पर्यावरण पर आधारित हैं। इसलिए, यह प्रश्न एक मुक्तोत्तर प्रश्न है।

82. **(A):** वर्तमान शैक्षिक पाठ्यक्रम में, प्रारंभिक कक्षाओं में विज्ञान और सामाजिक विज्ञान को एकीकृत रूप में 'ईवीएस' (पारिस्थितिकी तथा सामाजिक अध्ययन) के रूप में पढ़ाया जाता है। यह तरीका छात्रों को एक होलिस्टिक दृष्टिकोण से विज्ञान और सामाजिक विज्ञान की बुनियादी समझ प्रदान करने में मदद करता है। वहीं, माध्यमिक कक्षाओं में, जैसा कि भौतिकी, रसायन विज्ञान और जीव विज्ञान, उन्हें 'विज्ञान' के एक सामूहिक विषय के रूप में पढ़ाया जाता है। इससे छात्रों को विज्ञान के विभिन्न शाखाओं की अधिक गहरी समझ होती है। इसलिए, विकल्प (*b*) और (*c*) सही हैं।

83. **(C):** क्वथनांक वह तापमान होता है जिस पर तरल अपने गैसीय रूप में परिवर्तित हो जाता है। जल का क्वथनांक 100°C पर होता है अधिकांश अवस्था में। यदि विद्यार्थी सामान्य नल के पानी का क्वथनांक माप रहे हैं, तो वह 100°C पर ही होगा। थर्मामीटर को सही तरीके से पढ़ना और सुनिश्चित करना कि वह बीकर की दीवारों को न छुए, यह भी महत्वपूर्ण है, क्योंकि इससे अधिक या कम तापमान पढ़ सकता है। हालांकि, थर्मामीटर को लटकाने के लिए स्टैंड का प्रयोग से तापमान में कोई प्रत्यक्ष प्रभाव नहीं पड़ता है, इसलिए यह उपयुक्त संकेतक नहीं होता है। इसलिए, सही जवाब विकल्प (C) है।

84. **(D):** स्कूली विज्ञान पाठ्यचर्या का मुख्य उद्देश्य विज्ञान की समझ और विज्ञान में उपयुक्त तर्क कौशलों को विकसित करना है। विज्ञान की प्रकृति के संबंध में समझ बनाना, तर्क-वितर्क कौशलों को विकसित करना, और साक्ष्य-आधारित तर्क में संलग्न रहने की क्षमता को विकसित करना, ये सभी मान्य कारण हैं जिससे सामाजिक-वैज्ञानिक मामलों को पाठ्यचर्या में शामिल किया जा सकता है। हालांकि, 'एक निश्चित विद्या-विशेष के रूप में विज्ञान की अनुशंसा करने में सहायक है' यह अभिगम विज्ञान शिक्षा की मूल उद्देश्य से मेल नहीं खाता है। विज्ञान को किसी विशेष विद्या की तरह प्रस्तुत करने के बजाय, इसे तर्क, समझ और अभियोजन में मदद करना चाहिए। इसलिए, सही जवाब विकल्प (D) है।

85. **(A):** इस गतिविधि में शिक्षिका विद्यार्थियों से पूछ रही है कि उनका क्या अनुमान है कि किस परखनली में CO_2 का सांद्रण सबसे अधिक होगा। वह विद्यार्थियों को विचार करने और अनुमान

लगाने के लिए प्रोत्साहित कर रही है जो उनके पूर्वज्ञान और जो कुछ उन्होंने पाठ में सीखा है, पर आधारित है। यह प्रक्रिया पूर्वानुमान लगाने की है, जिसमें विद्यार्थी पहले से ही जानकारी और समझ के आधार पर नतीजों का अनुमान लगा रहे हैं। इसलिए, सही जवाब विकल्प (A) है।

86. **(B):** 'विस्तारित अधिगम' के भाग के रूप में प्रस्तावित गतिविधियां प्रमुख रूप से विद्यार्थियों को अधिक समझ और जानकारी प्रदान करने के लिए हैं। इसका मुख्य उद्देश्य विद्यार्थियों के मूल्यांकन का माध्यम बनना नहीं है। हालांकि, इस तरह की गतिविधियां विद्यार्थियों के विविध कौशलों को महसूस करने में मदद कर सकती हैं, लेकिन उन्हें मूल्यांकन का प्रमुख माध्यम मानना गलत होता है। इसलिए, विकल्प (B) गलत है और यह प्रश्न का सही जवाब है।

87. **(*)**

88. **(B):** टीम शिक्षण की मुख्य लक्ष्य है विभिन्न सुविज्ञता और बौद्धिकता के स्तर पर विद्यार्थियों के बीच सहयोग और संवाद को बढ़ावा देना। जब विद्यार्थी एक दल में काम करते हैं, तो उन्हें अपने सहयोगियों से सीखने का मौका मिलता है, और वे अपनी समझ और जानकारी को साझा कर सकते हैं। यह प्रक्रिया उन विद्यार्थियों के लिए भी लाभदायक हो सकती है जो किसी विषय में माहिर होते हैं, क्योंकि शिक्षण और समझाने की प्रक्रिया भी ज्ञान की पुनरावलोकन और मजबूती करती है। इसलिए, टीम शिक्षण विविध सुविज्ञता वाले विद्यार्थियों के लिए उपयोगी होता है और उन्हें एक अधिक समझदार और सहयोगी सीखने की प्रक्रिया में शामिल करता है।

89. **(B):** गोलीय दर्पणों में प्रतिबिम्ब रचना की समझ बढ़ाने के लिए चमकीले स्टील के चम्मच का प्रयोग एक प्रभावी उपाय है। जब विद्यार्थी चम्मच के दोनों पक्षों (अंदरुनी और बाहरी) पर अपने प्रतिबिम्ब को देखते हैं, वे देख सकते हैं कि प्रतिबिम्ब कैसे पलटता है और बदलता है जैसे-जैसे वे चम्मच को अलग-अलग दृष्टिकोणों पर झुकाते हैं। इस गतिविधि से विद्यार्थियों को अनुभव होता है और वे समझ सकते हैं कि गोलीय दर्पण कैसे काम करते हैं। यह गतिविधि सैद्धांतिक जानकारी से अधिक प्रायोगिक और आनुभावात्मक है, जिससे विद्यार्थी अधिक प्रभावित होते हैं।

90. **(C):** जब कहा जाता है कि 'अच्छी विज्ञान शिक्षा बच्चे के अनुकूल, जीवन के अनुकूल और विद्या-विशेष (अनुशासन) के अनुकूल है', तो इसका मुख्य ध्यान विज्ञान शिक्षा की प्रक्रिया, सामग्री, और उसके संबंध में है, जो विद्यार्थी के जीवन और अध्ययन के साथ मेल खाता है। विकल्प (C) 'विज्ञान शिक्षा को विद्यार्थियों को स्कूल में अनुशासित रहने के लिए प्रशिक्षित करना चाहिए' इस सिद्धांत से संबंधित नहीं है, क्योंकि यह विद्यार्थियों के अनुशासन की बजाय विज्ञान शिक्षा के स्वरूप और उसके उद्देश्य पर ध्यान केंद्रित करता है।

91. **(A):** एक अध्यापक द्वारा कक्षा में कैप्शन (शीर्षक) सहित फिल्म दिखाने का मुख्य उद्देश्य विद्यार्थियों को पाठ्यक्रम की सामग्री से जुड़े विषयों को बेहतर तरीके से समझाना होता है। कैप्शन के साथ फिल्म देखने से विद्यार्थियों की श्रवण युक्तियाँ मजबूत होती हैं, जिससे वे सामग्री को सही समझते हैं और उसे याद भी करते हैं। यह भी उन्हें प्रामाणिक भाषा की सामग्री का प्रयोग करने के लिए प्रोत्साहित करता है। इससे विद्यार्थियों को अधिक रूचि आती है और वे सक्रिय रूप से पाठ्यक्रम में शामिल होते हैं। इस तरह, कैप्शन सहित फिल्म का प्रयोग शिक्षा में एक महत्वपूर्ण उपकरण होता है।

92. **(D):** जब बच्चे अपनी भाषा की विकास प्रक्रिया में होते हैं, वे आमतौर पर संज्ञा की अपेक्षा क्रियावली (वर्ब) का अधिक प्रयोग करते हैं क्योंकि वे क्रियावली के माध्यम से अपने विचार और भावनाओं को प्रकट करते हैं। जब वे इस चरण में होते हैं, उनकी शब्द संपदा सीमित होती है, और इसलिए वे व्याकरणिक नियमों और संरचना को पूरी तरह से समझ और पालन नहीं करते हैं। इसलिए, उनकी सीमित शब्द संपदा के कारण वे संज्ञा की अपेक्षा क्रियाओं का अधिक प्रयोग करते हैं और व्याकरणिक नियमों की अनदेखी करते हैं।

93. **(A):** बालिका की टिप्पणी से स्पष्ट होता है कि वह तब सबसे अधिक अधिगम करती है जब वह स्वयं किसी गतिविधि में शामिल होती है। वह उस वस्तु को महसूस करती है, जिसे वह अपनी आँखें बंद करके छू रही होती है, और फिर उसे उसके बारे में बताने के लिए कहा जाता है। इससे उसे वस्तु के बारे में गहरा अध्ययन और समझ आती है। इस प्रक्रिया में, वह स्वयं किसी चीज का अनुभव करती है जो उसे मदद करता है भाषा प्रयोग को बेहतर तरीके से याद करने में। इसलिए, उसकी प्राथमिकता वास्तविक अनुभव और सहायक गतिविधियों में है, जो उसे भाषा के प्रयोग में मदद करते हैं।

94. **(A):** जब शिक्षार्थी कहती है कि 'यदि मुझे किसी का अर्थ समझ में नहीं आता तो मैं देखने का प्रयास करती हूँ', इसका मतलब है कि वह संदर्भ सामग्री या पारिप्रेक्ष्यिक जानकारी की मदद लेने की कोशिश करती है। उसका ध्यान वहाँ होता है जहाँ वह अधिक जानकारी प्राप्त कर सकती है जिससे वह समझ सके कि वाक्य या शब्द का क्या अर्थ है। इस प्रक्रिया में, वह संदर्भ सामग्री का उपयोग करके अर्थ को स्पष्ट करने में मदद लेती है। इसलिए, उसकी प्राथमिकता संदर्भ सामग्री की मदद लेने में है।

95. **(D):** नैदानिक परीक्षण एक विशेष प्रकार का परीक्षण है जिसे शिक्षार्थी की स्थितिशील या समस्या संबंधी क्षमताओं और दुर्बलताओं को पहचानने और मूल्यांकन करने के लिए डिजाइन किया गया है। यह परीक्षण शिक्षार्थी के विशेष ज्ञान और कौशल के क्षेत्र में उसकी मजबूतियों और कमजोरियों को स्पष्ट करता है। जब यह भाषा के क्षेत्र में इस्तेमाल होता है, तो यह शिक्षार्थी के भाषा संबंधित कौशलों और ज्ञान के क्षेत्र में उसकी मजबूतियों और कमजोरियों को पहचानने में मदद करता है।

96. **(A):** निपुणता परीक्षण, विद्यार्थियों के भाषा में अधिगम की वह सीमा को मापने के लिए डिजाइन किया जाता है जहाँ तक उन्होंने भाषा को सीख लिया है। इसका मुख्य उद्देश्य यह जानना है कि विद्यार्थी उस भाषा में कितने अधिकृत हैं और वे किस स्तर पर हैं। यह परीक्षण सिखाए गए अध्ययन सामग्री का मूल्यांकन नहीं करता, बल्कि विद्यार्थी की कुशलता, समझ और भाषा में प्रवृत्ति का मूल्यांकन करता है। इस प्रकार, निपुणता परीक्षण सदैव विद्यार्थियों के भाषा अधिगम की प्रगति का आकलन करता है, जो कि उनके व्यक्तिगत और शैक्षिक विकास का महत्वपूर्ण हिस्सा है।

97. **(A):** एक अध्यापक ने विद्यार्थियों को समूहों में विभाजित किया और हाथियों पर कहानी पढ़ने से पहले उनके बारे में आयोजित प्रश्नोत्तरी में भाग लेने के लिए कहा। अध्यापक का मुख्य मन्तव्य यह है कि विद्यार्थियों में टॉपिक के प्रति रुचि पैदा करना। प्रश्नोत्तरी का आयोजन करके, वह विद्यार्थियों को पाठ के महत्वपूर्ण अंशों पर ध्यान केंद्रित करना चाहता है और उन्हें पाठ की पूर्व-समझ बनाने के लिए प्रेरित करना चाहता है। इससे विद्यार्थियों का ध्यान पाठ्यक्रम में बना रहता है और वे पाठ को बेहतर समझते हैं। समूह में विभाजन और प्रश्नोत्तरी से विद्यार्थियों में सहभागिता और समझ बढ़ती है।

98. **(A):** भाषा की कक्षा में एक विद्यार्थी अवरोध पैदा कर रहा है। इस विद्यार्थी के साथ किस तरह का व्यवहार किया जाना चाहिए? यदि एक विद्यार्थी भाषा की कक्षा में अवरोध पैदा कर रहा है, तो अध्यापक को उस विद्यार्थी के साथ समझदारी से और सहानुभूति से व्यवहार करना चाहिए। समस्या का समाधान खोजने के लिए बच्चों को ही प्रेरित करना उत्तम होता है। अध्यापक को विद्यार्थी के साथ बातचीत करके समस्या का कारण समझना चाहिए और उसे समाधान के लिए प्रेरित करना चाहिए। अन्य विद्यार्थियों की शिक्षा पर अवरोध के असर को कम करने के लिए, अध्यापक को स्थितिज्ञान बनाए रखना और विद्यार्थी के साथ सहयोग करना चाहिए।

99. **(C):** जब विद्यार्थी किसी विचार बिंदु पर मानस-मंथन करते हैं, उसे संयोजन करते हैं, प्रारूपण करते हैं, संपादन करते हैं और अंत में अपने कार्य की पुनरावृत्ति भी करते हैं, इससे यह स्पष्ट होता है कि वे अपनी विचारधारा को शब्दों में व्यक्त कर रहे हैं और उसे संपादित भी कर रहे हैं। यह सारी प्रक्रिया लेखन कौशल को प्रकट करती है, जिसमें विचारों को व्यक्त करने, उन्हें संगठित करने और सुधारने का कौशल शामिल है। इसलिए, उपर्युक्त प्रक्रिया से 'लेखन कौशल' प्रतिबिम्बित होता है।

100. **(D):** कथन (A) में कहा गया है कि पठन और लेखन कौशल समालोचनात्मक चिंतन में मदद करते हैं, जो सही है क्योंकि जब हम पढ़ते हैं और लिखते हैं, तो हमारा मन समालोचनात्मक तरीके से सोचना शुरू करता है। वहीं, (R) में कहा गया है कि समालोचनात्मक चिंतन, पठन और लेखन का उप-कौशल है, जो गलत है। समालोचनात्मक चिंतन स्वयं में एक महत्वपूर्ण कौशल है जो पठन और लेखन से प्रेरित हो सकता है, लेकिन यह उनका उप-कौशल नहीं है।

101. **(C):** भाषायी कौशलों को सीखने के लिए समावेशित युक्तियों का माध्यम अधिक प्रभावी होता है। समावेशित युक्तियाँ अधिगम प्रक्रिया में विभिन्न तत्वों और कौशलों को एक साथ जोड़ती हैं, जिससे विद्यार्थी भाषा के विभिन्न पहलुओं को एक तरीके के रूप में समझ सकते हैं। यह तरीका भाषा को वास्तविक जीवन के प्रसंग में उपयोग करने की क्षमता को बढ़ावा देता है। यह विद्यार्थियों को भाषा के संवाद, पाठन, लेखन और श्रवण कौशल में समृद्धि प्राप्त करने में मदद करता है।

102. **(A):** विद्यार्थियों के वर्णनात्मक कौशल का मूल्यांकन करने के लिए, अध्यापक को उन्हें वास्तविक जीवन से संबंधित एक ऐसी घटना वर्णन करने के लिए कहना चाहिए जिसमें उन्हें अचंभा हुआ हो। जब विद्यार्थी इस घटना का वर्णन करते हैं, तो उनके वर्णनात्मक कौशल को समझा जा सकता है। वे विवरण, भावनाएं, और अनुभव को शब्दों में प्रकट करते हैं, जिससे अध्यापक को उनके कौशल का स्थान और विकास का अद्यतित ज्ञान होता है।

103. **(C):** जब किसी अध्यापिका या अध्यापक निर्धारित पाठ्य-पुस्तकों के अलावा अन्य पुस्तकों के पठन को प्रोत्साहित करता है, तो वह विस्तृत (एक्सटेंसिव) पठन को समुन्नत कर रहा होता है। विस्तृत पठन में विद्यार्थी विभिन्न प्रकार की पुस्तकें और विषय पढ़ते हैं, जिससे उनका ज्ञान विस्तारित होता है और वे अधिक समझते हैं। इस तरह का पठन विद्यार्थियों के लिए न केवल मजेदार होता है, बल्कि यह उन्हें विभिन्न परिप्रेक्ष्यों और जानकारियों से अवगत कराता है।

104. **(D):** सामग्री की अवधारणात्मक जटिलता और गहनता के विचार से, यह महत्वपूर्ण है कि विद्यार्थी को समझाया जाए और उसे समझ में आए, परंतु पाठ्य-पुस्तक और संसाधन का चयन करते समय, इस बात को ध्यान में रखना मुख्य रूप से प्रासंगिक नहीं है। मुख्य रूप से, अध्यापक को पुस्तकों और संसाधनों की अनुकूलनता, विद्यार्थियों का स्तर और उनकी भाषा अधिगम आवश्यकताओं को ध्यान में रखना चाहिए।

105. **(C):** अध्यापक द्वारा शिक्षार्थियों के भाषा सामग्री के प्रयोग का निरीक्षण करने के लिए मानदंड निर्धारित करते समय, 'अवलोकन, पृष्ठपोषण सत्र और लिखित रिपोर्ट' उपयुक्त और सहायक होते हैं। अवलोकन से अध्यापक को सामग्री के प्रयोग की वास्तविकता का पता चलता है। पृष्ठपोषण सत्र में, विद्यार्थियों के संवाद और प्रतिसाद के माध्यम से उनकी समझ और अधिगम की गहराई का मूल्यांकन होता है। और, लिखित रिपोर्ट से अध्यापक को विद्यार्थियों के अधिगम और समझ की स्पष्ट जानकारी मिलती है। इसलिए, यह मानदंड अन्य मानदंडों की तुलना में अधिक महत्वपूर्ण और सहायक है।

106. **(A):** कविता के अनुसार, अपने सपनों को पूरा करने के लिए निष्ठा और इच्छा शक्ति की आवश्यकता होती है। कविता में बार-बार आगे बढ़ने, तूफानों से न डरने और समर्थन की बात की गई है।

107. **(D):** कविता में कहा गया है कि 'है रात अंधेरी फिक्र है क्या, एक दिन आएगी अपनी सहर' जिससे यह स्पष्ट होता है कि सुख-दुःख जीवन का हिस्सा हैं और सदैव नहीं रहते।

108. **(A):** 'सहर' शब्द का अर्थ है सुबह।

109. **(D):** 'चल कश्ती उठा, सागर में उतर।' यह पंक्ति मनुष्य को प्रेरित करती है और उसके मनोबल को बढ़ाती है।

110. **(B):** कविता का मुख्य संदेश है कि मनुष्य को उसकी दिशा में बढ़ते रहना चाहिए और उसे 'सागर में उतरना' चाहिए जो उसके आत्म-विश्वास और प्रतिबद्धता को प्रकट करता है।

111. **(C):** 'फिक्र' शब्द का समानार्थी 'चिंता' है।

112. **(C):** गद्यांश में बताया गया है कि 'मनुष्य ने नौ से दस हजार साल पहले बौद्धिक दृष्टिकोण की खोज की थी।' इससे स्पष्ट है कि 'इस दौर के लोग' वाक्य में संदर्भित नौ-दस हजार वर्ष पूर्व के लोगों की चर्चा की गई है।

113. **(A):** गद्यांश में बताया गया है कि जब मनुष्यों ने महसूस किया कि कर्म योग और ज्ञान योग उन्हें सच्ची प्रगति प्राप्त करने में मदद नहीं करेंगे, तो उन्होंने तुरंत भक्ति योग को अपना लिया। इससे स्पष्ट है कि भक्ति योग का महत्व वास्तविक प्रगति की प्राप्ति में है।

114. **(D):** गद्यांश के आखिर में कहा गया है कि 'यानी ये दोनों योग भक्ति मार्ग को और मजबूत करेंगे।' इससे यह स्पष्ट है कि कर्म योग और ज्ञान योग भक्ति मार्ग को सशक्त करते हैं।

115. **(C):** गद्यांश में स्पष्ट रूप से कहा गया है कि 'मैंने पहले ही कहा है कि आध्यात्मिक दुनिया का महत्व बहुत अधिक है।' इससे यह स्पष्ट है कि आध्यात्मिकता का महत्व सर्वाधिक है।

116. **(A):** गद्यांश में कहा गया है कि 'उन्होंने अनुभव किया कि भक्ति ही उनके लिए एकमात्र मार्ग है।' इससे यह स्पष्ट है कि मानव जीवन के लिए भक्ति का मार्ग ही एकमात्र है।

117. **(B):** गद्यांश में बताया गया है कि 'जब सुदूर अतीत में मनुष्यों ने महसूस किया कि कर्म योग और ज्ञान योग उन्हें सच्ची प्रगति प्राप्त करने में मदद नहीं करेंगे, तो उन्होंने तुरंत भक्ति योग को अपना लिया।' इससे स्पष्ट है कि उन्होंने भक्ति मार्ग की आवश्यकता को समझा।

118. **(B):** 'उज्ज्वल पक्ष' में 'उज्ज्वल' विशेषण है और 'पक्ष' विशेष्य है।

119. **(C):** 'सापेक्ष' और 'निरपेक्ष' विलोम शब्द हैं।

120. **(D):** गद्यांश में बार-बार 'कर्म' और 'ज्ञान' योग की चर्चा है जबकि 'कर्म' शब्द उन सभी से अलग है।

121. **(C):** Classroom procedures are essential for managing the classroom, maintaining discipline, and ensuring a smooth flow of teaching and learning. However, they are not direct resources for learners in the teaching-learning of a language. Classroom library, reading corner, and word wall are all direct resources that facilitate the learning of a language. A classroom library provides learners with a variety of books that they can read to enhance their language skills. A reading corner is a dedicated space for students to sit and read, promoting a reading culture. A word wall, usually a display on the wall, consists of new or challenging words that students encounter, making it a visual aid for vocabulary enhancement.

122. **(B):** Individualized learning, also known as personalized learning, refers to an approach in education that tailors the learning experience to the unique needs, interests, learning styles, and abilities of each individual student. Individual tuition is actually often planned by a language teacher. This is because personalized learning plans take into account the diverse needs, preferences and abilities of learners, leading to more effective language instruction. "Learning new languages requires the creation of individual learning plans due to the diversity among learners. Learners come with different backgrounds, prior knowledge, learning speeds and motivations. Tailoring teaching strategies to accommodate this diversity helps optimize language learning outcomes. Thus both (A) and (R) are correct, but (R) is not the correct explanation of (A).

123. **(B):** The Grammar-Translation method relies heavily on the learners' first language. In this method, learners translate sentences or texts from their first language into the target language and vice versa. The focus is mainly on grammatical rules, and the vocabulary of the second language is taught through direct translation from the first language. The main aim is to enable learners to read and translate literature in the target language. In contrast, the other methods like the Communicative language teaching method, Task-based learning, and the Direct method emphasize using the target language as the primary medium of instruction and communication.

124. **(B):** When a new language replaces and causes a reduction in the use of a person's native language, it is termed as Subtractive bilingualism. In the case of Chetan, since he no longer speaks Bhojpuri (his first language) and only speaks English after moving to

Tamil Nadu, he has experienced subtractive bilingualism. Subtractive bilingualism is often seen in contexts where individuals move to a new linguistic environment, and there's a societal pressure or need to adapt to the dominant language, often at the expense of their native language.

125. (B): Pre-reading activities prepare students for the reading task ahead and activate their prior knowledge about the topic. Using a prediction task is an effective pre-reading activity. It involves presenting students with the title, some key words, or even pictures related to the text and asking them to predict what the text might be about. This not only piques their interest but also helps them engage with the text when they finally read it. On the other hand, summarising the text is a post-reading activity, teaching grammatical structures is a part of explicit grammar instruction, and using paraphrasing tasks is a post-reading comprehension check or vocabulary exercise.

126. (A): Remedial teaching focuses on providing additional support to students who are struggling to meet the expected standards in particular subjects or areas. The main objective of remedial teaching is to identify the learning gaps and design instructional strategies to address these gaps, thus enhancing students' overall performance. It does not entail showing sympathy or giving extra marks but rather involves structured interventions. Gifted children might need enrichment programs, not remedial teaching, as they often require more challenging tasks to stimulate their advanced abilities.

127. (A): English indeed holds the status of an associate official language in India. It is used in various official capacities alongside Hindi, especially in the central government and legal matters. However, the reason (R) is not accurate. English is not taught as a foreign language in Indian schools but rather as a second or sometimes even a first language, depending on the curriculum and regional context. English has a significant presence in India due to historical and administrative reasons and is an essential part of the educational system.

128. (B): Languages are dynamic and evolve over time. They are influenced by various factors such as culture, migration, technological advancements, and interactions with other languages. New words are added, meanings of existing words may change, and some words become obsolete. While languages have systematic rules (grammar, syntax), are symbolic (use symbols or words to represent objects, ideas, and feelings), and are social (means of communication within a society), they are never static.

129. (D): Activating prior knowledge is a fundamental principle in effective teaching and learning. When students recall what they already know about a topic, it becomes easier for them to connect and integrate new information with their existing knowledge framework. This process facilitates deeper understanding and better retention of the new material. Thus, the reason (R) correctly explains the assertion (A), as making connections between known and new knowledge enhances the learning process.

130. (B): Creating a leaflet about saving energy at home would likely involve giving suggestions or instructions on how to save energy. This is often expressed using positive imperatives like "Turn off the lights when not in use" or "Unplug devices when fully charged." Positive imperatives are commands or suggestions encouraging a particular action. In contrast, question forms seek information, comparatives compare two or more entities, and the past tense indicates actions or states that occurred in the past.

131. (D): A typical business communication with customers often takes the form of letters or emails. When businesses correspond with customers, they might send letters of acknowledgment, appreciation, clarification, inquiry, or response, among others. Reports usually detail findings or results; descriptions provide detailed information about a specific topic or item; and articles provide detailed information or opinion on a subject in magazines, newspapers, or online platforms. But for direct communication with customers, letters (or emails in modern contexts) are most commonly used.

132. (A): Analyzing is the cognitive skill that matches the activity. When students look at the four musical instruments and discuss why they are used in different musical contexts, they are breaking down the information into smaller parts to understand its structure or meaning. They are assessing each instrument's unique characteristics and purposes, and determining the contexts in which they might be used. This requires a deeper understanding and interpretation of the instruments and their roles in various musical settings.

133. (B): The act described is Code-switching. Code-switching occurs when speakers alternate between two or more languages, or dialects, within a sentence, conversation, or discourse. This can happen for various reasons, such as changing the topic of conversation or addressing a different audience. Code-mixing, on the other hand, is the mixing of two or more languages or dialects in speech. Dialects are variations of a language spoken in different regions or by different groups, and Sociolinguistics studies the relationship between language and society.

134. **(C):** Language socialization refers to the process by which individuals become competent members of society through the mastery of and exposure to language. It's how children and others acquire the language and cultural norms of their communities. Informal interactions, friendships, and relationships are prime settings for language socialization. Accommodation refers to the way people change their language behavior to be more like (convergence) or unlike (divergence) their conversation partner. Assimilation is the process by which an individual or group becomes part of a different culture. Enculturation is the process of learning one's own culture.

135. **(A):** Grammar provides a pathway for learners to combine lexical items (words or phrases) into meaningful and communicative expressions. Vocabulary (lexical items) and grammar are two pillars of language learning. While vocabulary provides the essential building blocks, grammar offers the structure to arrange these blocks into meaningful patterns. Through understanding grammar, learners can construct sentences that are not only correct but also convey the desired message or information. In essence, grammar governs how words (lexical items) can be combined to form correct and coherent sentences.

136. **(A):** The passage states, "Let's go! We are going to be late!" shouted Glen gleefully as he tightened his schoolbag on his back. Three other faces broke into a smile upon hearing his words." This suggests Glen plus three other boys, making it a total of four boys.

137. **(B):** In the context of describing a stream, the word "lazy" means that the water was moving slowly. Hence, the correct meaning in this context is "slow."

138. **(D):** The passage mentions, "The cold imposing white building became smaller and smaller. Their little hearts grew braver by the minute." This suggests that as the distance from the school building increased, the boys felt braver.

139. **(B):** The boys were supposed to be "at school" since Glen shouted about them being late and tightened his school bag on his back.

140. **(A):** Based on the sequence of events in the passage, the correct order is: Glen climbed over the railings with excitement (c), Glen climbed down the huge monsoon drain (a), Soon, his friends joined Glen at the canal (b), and The boys caught fish in the dirty water (d).

141. **(C):** In the sentence "Glen spied many tiny fish darting to and fro in the murky water," the word "spied" is a verb, and the word "tiny" is an adjective describing the fish.

142. **(B):** The analogy sets a relationship between the words. "Imposing" is to "impressive" as "truancy" is to "absenteeism." Both "imposing" and "impressive" refer to something that stands out, while "truancy" and "absenteeism" refer to the act of being absent, especially without a good reason.

143. **(A):** From the passage, we understand that "Reach Out! is an organization that runs week-long summer camps" and these camps are organized in "Canada and the USA." Hence, statement (*a*) is incorrect. Young people in the age group of 12 - 17 years attend these camps (as mentioned in the text) making statement (*b*) correct. They attend the camps to learn leadership skills, which confirms statement (*c*) as correct.

144. **(B):** The text mentions that the camps help to "create confident young people who wish to improve not only themselves but the world around them." This suggests they attend the camps to improve themselves and the world around them.

145. **(C):** The passage states that after eating breakfast, they "start their day with outdoor games to get them warmed up for the busy day ahead." So, the young people partake in some outdoor games to prepare and warm up.

146. **(B):** The text indicates that camp members can select from activities including dancing, yoga, basketball, and songwriting in the afternoon. Public speaking is a workshop in the morning, hence it's not an afternoon activity they can select.

147. **(A):** The name 'Reach Out!' is justified as during a day known as Action Day, small groups collaborate with organizations in the neighborhood, indicating they are reaching out to the local community.

148. **(D):** It is mentioned that "There is no average day at the camp" and changes are made to the timetable daily. This suggests that not all seven days are the same routine-wise.

149. **(A):** In the sentence "They also meet many other people who have the same interests and beliefs," "also" is an "adverb" and "interests" is a noun.

150. **(C):** The analogy sets a relationship between the words. "Confident" is the opposite of "shy" just as "average" is the opposite of "extraordinary."

पिछले प्रश्न-पत्र (हल सहित)

CTET पेपर-II, जनवरी-फरवरी 2023

(गणित एवं विज्ञान शिक्षक हेतु)

(Online exam held on 13 January, 2023)

भाग-I

बाल विकास व शिक्षाशास्त्र

निर्देश (प्र.सं 1 से 30): *निम्नलिखित प्रश्नों के उत्तर देने के लिए **सही/सबसे उपयुक्त** विकल्प चुनिए।*

1. बाल विकास की गति :

A. एकसमान, मानकीय और अव्यवस्थित होती है।

B. में व्यक्तिगत भिन्नताएँ होती हैं और यह अव्यवस्थित होती है।

C. एकसमान, मानकीय और कुछ हद तक सुनियोजित और क्रमानुसार होती है।

D. में व्यक्तिगत भिन्नताएँ होती हैं और यह कुछ हद तक सुनियोजित और क्रमानुसार होती है।

2. किसी उम्र में बच्चों के क्रियाकलाप प्रमुखतः बड़ी मांसपेशियों के स्थूल गति के प्रयोग कर केन्द्रित होते हैं बजाए सुक्ष्म गति कार्य के?

A. शैशवावस्था

B. प्रारंभिक बाल्यावस्था

C. किशोरावस्था

D. माध्यमिक बाल्यावस्था

3. वह प्रक्रिया जिसमें युवा पीढ़ी रोजमर्रा की अंतःक्रिया से सामाजिक प्रक्रियाओं को सीखती है, क्या कहलाती है?

A. सृजनता B. संवर्धन

C. समाजीकरण D. स्थगित अनुकरण

4. जीन पियाजे के अनुसार, किस अवस्था में शिशु शारीरिक क्रियाओं के साथ संवेदी अनुभवों का समन्वय करके दुनिया की खोज करती है?

A. मूर्त संक्रियात्मक अवस्था

B. संवेदी चालक अवस्था

C. पूर्व संक्रियात्मक अवस्था

D. अमूर्त संक्रियात्मक अवस्था

5. जीन पियाजे के सिद्धांतों में एक बच्ची जो मानती है कि कार सजीव है क्योंकि वह चलती है क्या प्रदर्शित करती है?

A. जीववादी सोच B. केन्द्रियता

C. अप्रतिवर्ती सोच D. क्रमबद्धता

6. कोहलबर्ग के अनुसार, नैतिक विकास के अंतिम चरण 'व्यक्तिगत सिद्धांतों की नैतिकता और विवेक' के व्यक्तियों में क्या विशेषता होती है?

A. नियमों को निश्चित और निरपेक्ष रूप में देखना।

B. दूसरों के द्वारा सम्मान प्राप्त करने की चाह।

C. यह महसूस करना कि अपने लिए कानूनों और नियमों को बनाए रखना उनका कर्तव्य है।

D. यह विश्वास करना कि व्यक्तियों को सामाजिक कानूनों का आँख बंद करके पालन करने के बजाय उनका परीक्षण करना चाहिए।

7. लेव वायगोत्स्की के अनुसार, जब एक शिक्षक बच्चे को उसके समीपस्थ विकास के क्षेत्र तक पहुँचने में मदद करने के लिए उसे समायोजित समर्थन देता है तब वह किस संरचना का प्रयोग कर रहा है?

A. पाड़ B. अनुबंधन

C. अनुकरण D. अनुकूलन

8. लेव वायगोत्स्की ने प्रतिपादित किया कि विकास :

A. सीखने का पर्याय है।

B. सीखने से स्वतंत्र रूप में होता है।

C. पर सांस्कृतिक कारकों का कोई प्रभाव नहीं पड़ता।

D. को सामाजिक संदर्भ में अलग नहीं किया जा सकता।

9. निम्न में से कौन बाल-केन्द्रित शिक्षण के अनुरूप ***नहीं*** है?

A. स्कूली परिवेश को सुरक्षित व बच्चों के अनुकूल बनाना

B. भय मुक्त वातावरण बनना जिसमें हर बच्चा खुल कर अभिव्यक्ति कर पाए

C. कक्षा में सकारात्मक अनुशासन को लागू करना

D. विद्यार्थियों को ज्ञान के निष्क्रिय ग्रहणकर्ता के रूप में पहचानना

10. जिन व्यक्तियों में आमतौर पर पढ़ने, लिखने और कहानियाँ सुनाने के अच्छे कौशल होते हैं उनमें _______ बुद्धि अधिक मात्रा में होती हैं।

A. तर्क-गणितीय बुद्धिमत्ता B. भाषाई बुद्धिमत्ता
C. अंतवैयक्तिक बुद्धिमत्ता D. संगीतमय बुद्धिमत्ता

11. किसने प्रतिपादित किया कि भाषा का बच्चों के संज्ञानात्मक विकास पर महत्वपूर्ण प्रभाव होता है?
A. लेव वायगोत्स्की B. बी.एफ. स्किनर
C. हावर्ड गार्डनर D. जीन पियाजे

12. निम्न में से कौन-सी प्रणाली कक्षाकक्ष में जेंडर रूढ़िवादिता को चुनौती देने में प्रभावशाली है?
A. शिक्षिका को कक्षा में जेंडर से संबंधी मुद्दों को नकारना व नजरअंदाज करना चाहिए
B. शिक्षिका को कक्षा में होने वाली गतिविधियों की जिम्मेदारी सभी बच्चों को बराबर देनी चाहिए।
C. शिक्षिका को 'शारीरिक कार्य' जैसे मैंज को लगाना लड़कों को और 'हल्के कार्य' जैसे बुलेटिन बोर्ड सजाना लड़कियों को देने चाहिए।
D. शिक्षिक को लड़कियों से गणित व विज्ञान में ज्यादा अपेक्षा नहीं रखनी चाहिए।

13. विविध शिक्षार्थियों वाली कक्षा में शिक्षकों को चाहिए कि वे :
A. ऐसे पाठ्यक्रम का पालन करें जिसमें वे कक्षा में बच्चों की संस्कृति और भाषा को शामिल करें।
B. रूढ़ियों और पूर्वाग्रहों को बढ़ावा दें।
C. बच्चों के मानक-आधारित परीक्षण के लिए कठोर संरचनाएं बनाएँ।
D. योग्यता के आधार पर अलग संकाय बनाएँ।

14. शिक्षक समूह चर्चा के दौरान एक शिक्षिका बच्चों में अलग-अलग पहलुओं को ध्यान में रखते हुए कोरोना महामारी के प्रभाव पर चर्चा करने को कहती है। इस चर्चा के माध्यम से शिक्षक का उद्देश्य ______ को बढ़ावा देना है।
A. कार्यविधि चिंतन B. आलोचनात्मक चिंतन
C. अभिसारी चिंतन D. रटकर स्मरण

15. आकलन के निम्नलिखित तरीकों में से कौन-सा सामाजिक-रचनात्मक कक्षाओं में उपयोग ***नहीं*** किया जाएगा?
A. सहयोगी परियोजनाएँ B. मानकीकृत परीक्षण
C. सहकर्मी मूल्यांकन D. कक्षा अवलोकन

16. समावेशी शिक्षा का दर्शन :
A. बहीष्करण के सभी आचरण को प्रोत्साहित करेगा।
B. का आधार विद्यार्थियों को उनकी योग्यता के आधार पर पृथक स्कूलों में शिक्षित करना है।
C. केवल उन्हीं बच्चों तक सीमित है जो दृष्टिबाधित व श्रवण बाधित हैं।
D. अपवर्जन की सभी नीतियों व आचरण को चुनौती देता है।

17. एक विविध कक्षाकक्ष में जिसमें विभिन्न योग्यता वाले विद्यार्थी हैं, एक शिक्षिका को :
A. सबके लिए एक जैसा शैक्षिक शिक्षाशास्त्र अपनाना चाहिए।
B. सीखने-सीखाने के लिए विविध सामग्री का इस्तेमाल करना चाहिए।
C. शिक्षक केन्द्रित शिक्षण करना चाहिए।
D. परीक्षाओं को और केन्द्रित शिक्षण करना चाहिए।

18. वह विद्यार्थी जिन्हें 'ध्यान न्यूनता अतिक्रियाशीलता विकार' है के अनुकूल पद्धति कौन-सी है?
(*i*) विद्यार्थियों को खड़े होकर कार्य करने की अनुमति देना
(*ii*) कार्य को छोटे टुकड़ों में बाँटना
(*iii*) कक्षाकार्य को पूरा करने के लिए सख्त समयावधी तय करना
(*iv*) एक समय पर एक कार्य देना
A. (*ii*), (*iii*), (*iv*) B. (*i*), (*ii*), (*iv*)
C. (*i*), (*ii*), (*iii*) D. (*i*), (*ii*), (*iii*), (*iv*)

19. निम्न में से कौन-सा युग्म विद्यार्थी व उनकी पहचान के गुणधर्म का सही मिलान है?
A. सृजनात्मक विद्यार्थी – समस्या समाधान में अन्मयता
B. स्वलीन विद्यार्थी – गतिक क्रियाओं का दोहराव
C. अधिगम कठिनाई वाले विद्यार्थी – बेहद कमजोर स्मृति
D. दृष्टिबाधित विद्यार्थी – सुनने में कठिनाई

20. एक शिक्षिका विद्यार्थियों में सृजनात्मकता को कैसे बढ़ावा दे सकती है?
(*i*) अपसारी प्रवृत्ति वाले प्रश्न पूछकर
(*ii*) विद्यार्थियों के असामान्य उत्तरों के प्रति संवदेनशील व लचीले होकर
(*iii*) एक मात्र सही उत्तर को प्रोत्साहित करके
(*iv*) अनम्य निर्देश का पालन करने के लिए कहकर
A. (*i*), (*ii*) B. (*ii*), (*iii*)
C. (*iii*), (*iv*) D. (*i*), (*iv*)

21. सीखने को प्रभावशाली बनाने के लिए विषयवस्तु को :
A. व्याख्यान विधि में प्रस्तुत किया जाना चाहिए।
B. विद्यार्थियों के निजी जीवन के अनुभवों से जोड़ा जाना चाहिए।
C. विभाजित टुकड़ों में प्रस्तुत किया जाना चाहिए।
D. बेहद चुनौतीपूर्ण होना चाहिए जिससे वह विद्यार्थियों की सीखने के स्तर से बहुत ज्यादा हो।

22. **कथन (A):** शिक्षक को बच्चों को उनकी आवाज खोजने में मदद करनी चाहिए व उनकी जिज्ञासा को पोषित करना चाहिए– चीजों को करके देखना, सवाल पूछना, जाँच-पड़ताल करना।
तर्क (R): सीखना समझ बनाने की प्रक्रिया है न कि पुस्तकीय ज्ञान के ज्यों का त्यों पुनरुप्ति करने का कौशल।

सही विकल्प चुनें :
A. (A) और (R) दोनों सही हैं और (R) सही व्याख्या करता है (A) की।
B. (A) और (R) दोनों सही हैं, लेकिन (R) सही व्याख्या नहीं है (A) की।

C. (A) सही है, लेकिन (R) गलत है।
D. (A) और (R) दोनों गलत हैं।

23. एक संरचनावादी शिक्षिका :
A. को उदाहरण व गैर उदाहरण दोनों देने चाहिए।
B. को केवल उदाहरण देने चाहिए।
C. को संप्रत्ययों के पुष्टिकरण के लिए केवल गैर उदाहरण देने चाहिए।
D. को कक्षा में उदाहरण व गैर उदाहरण दोनों नहीं देने चाहिए।

24. _______ विद्यार्थियों को खुद पर विश्वास रखने और मेहनत करने के लिए अभिप्रेरित करते है।
A. शर्मिंदगी और निराशा
B. भय और उत्कंठा
C. यह मान्यता की क्षमता अटल और अनियंत्रणीय है
D. यह मान्यता की क्षमता वार्धिक और नियंत्रणीय है

25. शिक्षक छात्रों का शिक्षण अधिगम प्रक्रिया शुरु कराते समय उनके पूर्व ज्ञान का आह्वान करने के लिए कुछ गतिविधियाँ कराती है। इन क्रियाकलापों के संदर्भ में क्या सही ***नहीं*** है?
(*i*) यह छात्रों में जानकारी का जुड़ाव एवं संबंध बनाने में सहायक है।
(*ii*) यह समय और संसाधन की बर्बादी हैं।
(*iii*) यह शिक्षण अधिगम प्रक्रिया को प्रभावी बनाने में सहायक नहीं है।
(*iv*) यह अधिगम के लिए तैयार करने की एक सकारात्मक और मनोवैज्ञानिक पहल है।
A. (*i*), (*iv*) B. (*i*), (*ii*)
C. (*iii*), (*iv*) D. (*ii*), (*iii*)

26. एक शिक्षक छात्रों को चिंता से निपटने में कैसे मदद कर सकता है?
A. उन्हें कड़ी सजा देकर।
B. पुरस्कार देकर।
C. प्रत्यास्मरण व बार-बार अभ्यास करने के लिए कह कर।
D. उनसे उनकी भावनाओं के बारे में बात करके और उनकी उससे जूझने में मदद करके।

27. शिक्षक बच्चों को आंतरिक रूप से प्रेरित शिक्षार्थी बनने के लिए कैसे प्रोत्साहित कर सकते हैं?
A. उच्च उपलब्धि वाले शिक्षार्थियों की प्रशंसा करके।
B. कम उपलब्धि वाले शिक्षार्थियों को दंड देकर।
C. उन्हें शिक्षक की नकल करने के लिए बढ़ावा देकर।
D. सीखने में आनंद की भावना पैदा करके।

28. जब जफर अपने माध्यमिक कक्षा के विद्यार्थियों से प्रश्न करता है— आज अपने आप कैसे सीखते हैं इसके बारे में क्या सीखा, तो वह कौन-से कौशल प्रोत्साहित कर रहा है?
A. अनुबंधन B. अनुकरण
C. स्मरण व प्रत्याहार D. अधिसंज्ञान

29. कथन (A): एक शिक्षिका अपने विद्यार्थियों के साथ साझा करती है किस तरह समस्या समाधान के सभी चरणों का पालन करके किसी समस्या का समाधान कैसे किया जा सकता है।
तर्क (R): अपनी सोच को बोलकर विद्यार्थियों के साथ साझा करना एक प्रभावी शिक्षण कार्यनीति है।
सही विकल्प चुनें :
A. (A) और (R) दोनों सही हैं और (R) सही व्याख्या करता है (A) की।
B. (A) और (R) दोनों सही हैं, लेकिन (R) सही व्याख्या नहीं है (A) की।
C. (A) सही है, लेकिन (R) गलत है।
D. (A) और (R) दोनों गलत हैं।

30. कथन (A): एक बच्ची की संवेगात्मक मनोस्थिति स्कूल में उसके प्रदर्शन को प्रभावित करती है।
तर्क (R): संज्ञान व संवेग परस्पर संबंधित है।
सही विकल्प चुनें :
A. (A) और (R) दोनों सही हैं और (R) सही व्याख्या करता है (A) की।
B. (A) और (R) दोनों सही हैं, लेकिन (R) सही व्याख्या नहीं है (A) की।
C. (A) सही है, लेकिन (R) गलत है।
D. (A) और (R) दोनों गलत हैं।

भाग-II

गणित व विज्ञान

निर्देश: *निम्नलिखित प्रश्नों के उत्तर देने के लिए **सही/सबसे उपयुक्त** विकल्प चुनिए।*

31. जब चार अंकों की न्यूनतम संख्या में से एक को घटाते हैं; तब हम प्राप्त करते हैं :
A. तीन अंकों की न्यूनतम संख्या
B. तीन अंकों की अधिकतम संख्या
C. चार अंकों की अधिकतम संख्या
D. तीन अंकों की एक संख्या जिसका इकाई का अंक 1 है

32. कक्षा VI के विद्यार्थियों को पढ़ाते समय, शिक्षक स्पष्ट करते हैं कि
$8 + 7 =$ एक पूर्ण संख्या है
$8 \times 7 =$ एक पूर्ण संख्या है

$\frac{7}{8}$ = एक पूर्ण संख्या नहीं है

वह इस प्रकार कौन-सा गुण स्पष्ट कर रहे हैं?

A. योज्य प्रतिलोम गुण
B. गुणनात्मक प्रतिलोक गुण
C. संवरक गुण
D. साहचर्य गुण

33. वह न्यूनतम संख्या, जिसे $n(n+1)(n+3)$ के रूप में लिखा जा सकता है, जहाँ n एक प्राकृत संख्या है, निम्न हैं :

A. 6 B. 8
C. 7 D. 3

34. यदि हम किसी भिन्न को स्वयं उसी से गुणा करें तथा इस प्रकार प्राप्त गुणनफल को उसके व्युत्क्रम से भाग दें, तो प्राप्त भिन्न $18\frac{26}{27}$ है। मूल भिन्न है :

A. $2\frac{2}{3}$ B. $\frac{8}{27}$
C. $1\frac{1}{3}$ D. $2\frac{5}{7}$

35. यदि $2\frac{1}{4}$ और $1\frac{2}{3}$ के अंतर के $\frac{4}{3}$ को $2\frac{1}{3}$ और $1\frac{2}{7}$ के अंतर के $\frac{1}{2}$ में जोड़ा जाए, तो परिणाम प्राप्त होता है :

A. $\frac{63}{82}$ B. $\frac{82}{63}$
C. $-\frac{63}{82}$ D. $-\frac{82}{63}$

36. किसी लंब वृत्तीय बेलन का वक्र पृष्ठीय क्षेत्रफल उसके कुल पृष्ठीय क्षेत्रफल का एक-तिहाई है। यदि इस बेलन की आधार त्रिज्या 8 cm है, तो बेलन का आयतन (cm^3 में) है :

A. 256π B. 128π
C. 288π D. 144π

37. 7 m चौड़े एक वृत्ताकार दौड़-पथ की आंतरिक परिधि 440 m है। तब, बाहरी वृत्त की त्रिज्या है ($\pi = 22/7$ का उपयोग कीजिए) :

A. 63 m B. 67 m
C. 77 m D. 79 m

38. किसी लंब वृत्तीय बेलन के वक्र पृष्ठ और आधार के क्षेत्रफल क्रमशः 'a' वर्ग cm और 'b' वर्ग cm हैं। इस बेलन की ऊँचाई (cm में) है :

A. $\frac{22a}{\sqrt{\pi b}}$ B. $\frac{a\sqrt{b}}{2\sqrt{\pi}}$
C. $\frac{a}{2\sqrt{\pi b}}$ D. $\frac{a\sqrt{\pi}}{2\sqrt{b}}$

39. निम्नलिखित में से कौन एक त्रिपद है?

A. $3x^2 + 7$ B. $x^3 + 10$
C. $3x^2 + 3x + 7$ D. $3x^3 + 3x^2 + 3x + 3$

40. किसी परिमेय संख्या का हर उसके अंश से 7 अधिक है। यदि अंश में 20 की वृद्धि कर दी जाए तथा हर में, 3 की कमी कर दी जाए, तो प्राप्त संख्या $\frac{4}{3}$ है। तब, वह परिमेय संख्या है :

A. $\frac{51}{44}$ B. $\frac{44}{51}$
C. $\frac{13}{20}$ D. $\frac{4}{11}$

41. किसी वस्तु को ₹ 3290 में बेचने पर, 6% की हानि प्राप्त होती है। तब, उस वस्तु का क्रय मूल्य है :

A. ₹ 3230 B. ₹ 3350
C. ₹ 3490 D. ₹ 3500

42. यदि व्यंजकों $-3x^3y^2 + 2x^2y^3$ और $-5y^4 - 3x^2y^3$ के योग को $x^3y^2 + x^4 + x^2y^3 + y^4$ में से घटाया जाता है, तो परिणाम में y^4 का गुणांक है :

A. 6 B. −6
C. 4 D. −4

43. $\frac{15(x^2-2x-15)}{25(x+3)(x^2-25)}$ बराबर है :

A. $\frac{3}{5}(x+5)(x-3)$ B. $\frac{3}{5}(x-5)(x+3)$
C. $\frac{3}{5(x-5)}$ D. $\frac{3}{5(x+5)}$

44. निम्नलिखित में से कौन एक पाइथागोरियन त्रिक है, जिसका एक सदस्य 12 है?

A. 8, 12, 16 B. 12, 35, 37
C. 12, 35, 38 D. 12, 35, 39

45. 8 फलकों और 12 शीर्षों वाले किसी बहुफलकी के कितने किनारे होते हैं?

A. 14 B. 16
C. 18 D. 22

46. एक समद्विबाहु समलंब की स्थिति में, निम्नलिखित में से कौन-सा कथन सत्य है?

A. केवल दो आसन्न भुजाएँ बराबर लंबाई की होती हैं।
B. केवल समांतर भुजाएँ बराबर लंबाई की होती हैं।
C. केवल असमांतर भुजाएँ बराबर लंबाई की होती हैं।
D. (A) और (C) दोनों।

47. $3\frac{1}{2}$ समकोणों में डिग्रियों (°) की संख्या है :

A. 285 B. 315
C. 295 D. 305

48. यदि किसी चतुर्भुज के कोणों में अनुपात 1 : 2 : 3 : 4 है, तो चतुर्भुज के सबसे बड़े कोण की माप क्या है?

A. 72° B. 135°
C. 144° D. 162°

49. यदि 10 संख्याओं का माध्य 96 है तथा इनमें से एक संख्या 150 है, तो शेष नौ संख्याओं का माध्य क्या है?

A. 60 B. 75
C. 81 D. 90

50. यदि एक पासे को फेंका जाता है, तो एक अभाज्य संख्या प्राप्त करने की प्रायिकता क्या है?

A. $\frac{3}{5}$ B. $\frac{1}{2}$
C. $\frac{2}{3}$ D. $\frac{1}{3}$

51. त्रिपद व्यंजक के गुणक (गुणनखंड) हो सकते हैं :

(*a*) संख्या (*b*) चर
(*c*) व्यंजक (*d*) शून्य

सही विकल्प का चयन कीजिए :

A. (*a*), (*b*) और (*d*) B. केवल (*d*)
C. (*a*) और (*d*) D. (*a*), (*b*) और (*c*)

52. राष्ट्रीय पाठ्यचर्या रूपरेखा 2005 के अनुसार, गणित के शिक्षण के उच्च उद्देश्यों के रूप में निम्नलिखित में से कौन-सा/से उपयुक्त है/हैं?

(*a*) सांख्यिकी कौशल का विकास करना
(*b*) गणित में अमूर्त विचारों के साथ कार्य करने की क्षमता का विकास करना
(*c*) समस्या समाधान के लिए सही दृष्टिकोण का विकास करना

सही विकल्प का चयन कीजिए :

A. (*a*) और (*b*) B. (*d*) और (*c*)
C. (*b*) और (*c*) D. केवल (*c*)

53. एक गणित कक्षा में, निम्नलिखित में से कौन-से शिक्षण-अधिगम संसाधन दृष्टि-बाधित विद्यार्थियों की सहायता हेतु उपयोग में लाए जा सकते हैं?

(*a*) टेलर अबेकस
(*b*) कंप्यूटर
(*c*) जियोजेब्रा

सही विकल्प का चयन कीजिए :

A. (*a*) और (*b*) B. (*a*) और (*c*)
C. (*b*) और (*c*) D. केवल (*a*)

54. ठोस आकारों की दिक्स्थान संबंधी राशियों जैसे क्षेत्रफल और आयतन के अधिगम के लिए निम्नलिखित में से कौन-सा एक रचनावादी कक्षा को दर्शाता है?

A. क्षेत्रफल और आयतन की अवधारणा के शिक्षण के लिए विभिन्न सूत्रों पर शिक्षक पॉवर प्वाइंट प्रस्तुतीकरण देते हैं
B. शिक्षक विद्यार्थियों को त्री-आयामी आकारों की अनुप्राणित वीडियो दिखाते हैं
C. शिक्षक कक्षा में ठोस आकारों को लाते हैं और बच्चों को उन्हें छूने देते हैं जब तक वह सूत्रों को श्यामपट्ट पर लिखते हैं
D. शिक्षक कक्षा में ठोस आकार, ग्राफ-पत्र और मापन के अन्य साधन लाते हैं और शिक्षार्थियों को जहाँ तक हो सके विभिन्न सूत्रों की खोज करने का अवसर देते हैं

55. निम्नलिखित सारणी को पढ़िए :

तापमान °C	–5	26	35	–2	18
शहर	शिमला	बैंगलोर	दिल्ली	कश्मीर	हिमाचल

निम्नलिखित में से कौन-सी गणितीय अवधारणा/अवधारणाएँ उपरोक्त सारणी के द्वारा पढ़ाई जा सकती है?

(*a*) आँकड़ों का प्रबंधन (*b*) बीजगणितीय व्यंजन
(*c*) पूर्णांक (*d*) वर्ग और वर्गमूल

A. केवल (*a*) B. (*c*) और (*d*)
C. (*a*) और (*c*) D. (*b*) और (*d*)

56. गणित में खुले-सिरे वाले प्रश्नों के उपयोग को निम्नलिखित में से कौन-सा सबसे कम रूप से सत्यापित करता है?

A. यह अवधारणात्मक समझ का विकास करता है
B. यह अनेक उत्तर देने के अवसर प्रदान करता है
C. खुले-सिरे वाले प्रश्नों को हल करने में समय लगता है, इसलिये इन्हें गृहकार्य में दिया जा सकता है
D. बच्चे सामान्य से हट कर कुछ करने से उत्साहित होते हैं

57. किसी दी गई समय अवधि में, उपनति (ट्रेंड) में लघु बदलावों को दिखाने के लिए, बारंबारता-बंटन से संबंधित एक बड़े संख्यात्मक आंकड़ों के समुच्चय को निरूपित करने का सबसे उपयुक्त तरीका कौन-सा है?

A. दंड-आलेख B. रेखा-आलेख
C. पाई-चार्ट D. चित्रालेख

58. प्राथमिक स्तर पर गणित की परीक्षा को केंद्रित ***नहीं*** होना चाहिए :

A. विद्यार्थियों की गणितीय क्रियाविधियों की समझ पर
B. विद्यार्थियों के अवधारणात्मक ज्ञान पर
C. वास्तविक जीवन में अवधारणाओं के अनुप्रयोग पर
D. जटिल प्रश्नों को हल करने की विद्यार्थियों की क्षमता पर

59. कमल, कक्षा VI का एक विद्यार्थी, क्षेत्रफल और आयतन की इकाईयों का सही रूप से प्रयोग नहीं कर पा रहा है। निम्नलिखित में से कौन-सी युक्ति कमल की सहायता करने में सर्वाधिक उपर्युक्त है?

A. उसे क्षेत्रफल और आयतन की इकाईयों को कंठस्थ करवाएँ।
B. उससे क्षेत्रफल और आयतन संबंधी बहुत सारी समस्याएँ हल करवाएँ।
C. वास्तविक जीवन के संदर्भों का उपयोग कीजिए जहाँ क्षेत्रफल और आयतन के मापन की अवधारणाएँ प्रयोग की गई हों।
D. क्षेत्रफल और आयतन के बीच के अंतर को दर्शाती हुई एक सारणी बनाएँ और उसे उसकी नकल करने को कहें।

60. गणित में समस्या समाधान योजनाओं में ______ का सम्मिलित होना आवश्यक *नहीं* है।
A. किसी समस्या की पहचान करना एवं परिभाषित करना
B. गणितीय अवधारणाओं के पूर्व ज्ञान का उपयोग कर संभावित समाधान का चयन एवं अभिकल्पना करना
C. समस्या समाधान के लिए सूत्रों का अधिगम एवं उनको रट कर याद करना
D. युक्तियों का दोहराना एवं पुनःअभिकल्पित करना

61. निम्नलिखित में से कौन-सा अण्डप्रजक पशुओं का समुच्चय है?
A. बिच्छू, सर्प, चूहा
B. मेंढ़क, सर्प, मुर्गी
C. चूहा, बिच्छू, पेंगुइन
D. पेंगुइन, मेंढ़क, कंगारू

62. निम्नलिखित में से कौन-सी पशुओं में अलैंगिक प्रजनन प्रणाली है?
(*a*) मुकुलन
(*b*) द्वि खंडन
(*c*) टेस्ट-ट्यूब शिशुओं के जन्म के लिए पात्रे निषेचन
A. (*a*) तथा (*b*) B. (*b*) तथा (*c*)
C. (*c*) तथा (*a*) D. केवल (*b*)

63. कोई वस्तु/पदार्थ आवेशित है या नहीं, यह जाँचने के लिए एक विद्युतदर्शी निम्नलिखित में से कौन-से गुणधर्म का उपयोग करता है?
A. समान आवेश एक-दूसरे को प्रतिकर्षित करते हैं।
B. आवेशों के बहने से विद्युत धारा बनती है
C. एक रेशम के टुकड़े के साथ रगड़ने पर एक काँच की छड़ धनात्मक आवेश ग्रहण कर लेती है।
D. आवेश दो प्रकार के होते हैं– धनात्मक आवेश तथा ऋणात्मक आवेश।

64. निम्नलिखित में से कौन-सा कथन गुरूत्व बल के संदर्भ में सही है?
A. यह एक असंपर्क बल है।
B. यह आकर्षक तथा प्रतिकर्षक दोनों हो सकता है।
C. यह एक अद्वितीय बल है जो केवल पृथ्वी के पास है।
D. यह एक शक्तिशाली बल है।

65. सामान्य ताप तथा दाब पर एक जल का नमूना $-3°$ सेल्सियस पर जमना शुरू हो जाता है। इसके क्वथनांक के बारे में आप क्या कह सकते हैं?
A. यह 100° सेल्सियस से कम पर उबलने लगेगा।
B. यह 100° सेल्सियस से ज्यादा पर उबलेगा।
C. यह 100° सेल्सियस पर उबलेगा।
D. यह उबलेगा नहीं।

66. नीचे दी गई तालिका में पाचन तंत्र के कुछ अंगों उनसे स्रावित होने वाले पाचक रसों तथा खाद्य घटक जिन पर वे कार्य करते है, उनके नाम दिए गए हैं। कुछ स्थानों को रिक्त छोड़ दिया गया है। दिए गए विकल्पों में से इन स्थानों के लिए सही समुच्चय का चयन कीजिए।

अंग का नाम	स्रावित पाचक रस	खाद्य घटक जिस पर वे कार्य करते हैं
मुँह	लार	(*i*)
अमाशय	पाचक रस	(*ii*)
यकृत	(*iii*)	(*iv*)

A. (*i*) वसा, (*ii*) मांड, (*iii*) इसुंलिन, (*iv*) शर्करा
B. (*i*) प्रोटीन, (*ii*) वसा, (*iii*) पाचक रस, (*iv*) मांड
C. (*i*) मांड, (*ii*) प्रोटीन, (*iii*) पित्त, (*iv*) वास
D. (*i*) प्रोटीन, (*ii*) मांड, (*iii*) पित्त, (*iv*) शर्करा

67. निम्नलिखित में से खरीफ फसलों के समुच्चय को पहचानिए।
A. धान, कपास, मूंगफली
B. मक्का, मटर, सरसों
C. मटर, चना, गेहूँ
D. सोयाबीन, मटर, चना

68. निम्नलिखित सारणी एक भारतीय शहर के औसतन तापमान को दर्शाती है :

	अधिकतम तापमान	न्यूनतम तापमान	अवक्षेपण/वर्षा (मिमी)
जनवरी	20° सै	7.7° सै	23
फरवरी	23.5° सै	10.6° सै	33
मार्च	29.8° सै	15.2° सै	20
अप्रैल	36.7° सै	21° सै	14
मई	39.6° सै	25.3° सै	20
जून	38.2° सै	27.6° सै	74
जुलाई	26.6° सै	33.7° सै	208

उपर्युक्त चार्ट निम्नलिखित में से किस शहर का है?
A. नई दिल्ली
B. चेन्नई
C. बीकानेर
D. शिमला

69. एक अध्यापिका मनुष्य की आँख की संरचना एवं कार्य के बारे में समझाने के लिए कैमरे से सादृश्यता को उदाहरण स्वरूप लेकर (जिससे विद्यार्थी पहले से परिचित हैं) पढ़ाती है। निम्नलिखित में से किस पहलू में यह सादृश्यता नहीं हैं?
A. आँख एक सीधा प्रतिबिंब बनाती है जबकि कैमरा में उल्टा प्रतिबिंब बनता है।
B. कैमरे में अवतल लैंस होता है जबकि आँख में उत्तल लैंस होता है।
C. आँख तीन आयामों में देख सकती है जबकि कैमरा दो आयामों में देखता है।
D. मनुष्य की आँख की फोकस दूरी निश्चित होती है तथा थोड़ी सी भी समायोजित/व्यवस्थित नहीं की जा सकती है।

70. मिलान कीजिए :

	स्तंभ-A	स्तंभ-B
(*a*)	एक धातु जो कमरे के तापमान पर तन्य नहीं है	(*i*) ग्रेफाइट
(*b*)	एक अधातु जो विद्युत का सुचालक है	(*ii*) फॉस्फोरस
(*c*)	एक धातु जो मुलायम है तथा चाकू द्वारा काटी जा सकती है	(*iii*) जिंक
(*d*)	एक धातु जो वायु के संपर्क में आने पर प्रज्वलित हो जाती है	(*iv*) आयोडीन
(*e*)	एक चमकने वाली अधातु	(*v*) सोडियम

	(*a*)	(*b*)	(*c*)	(*d*)	(*e*)
A.	(*v*)	(*iv*)	(*iii*)	(*i*)	(*ii*)
B.	(*iii*)	(*i*)	(*v*)	(*ii*)	(*iv*)
C.	(*ii*)	(*iv*)	(*i*)	(*v*)	(*iii*)
D.	(*i*)	(*v*)	(*ii*)	(*iii*)	(*iv*)

71. एक गेंद को ऊर्ध्वाधर उपर की ओर हवा में फेंका जाता है। उस पर कार्य करने वाले बलों की पहचान कीजिए :

A. केवल गुरूत्व बल
B. गुरुत्व बल तथा वायु का प्रतिरोधक बल
C. गुरुत्व बल, वायु का प्रतिरोधक बल तथा गेंद फेंकने वाले व्यक्ति द्वारा लगाया गया नोदन बल
D. केवल वायु का प्रतिरोधक बल

72. निम्नलिखित वाक्य को पढ़िए तथा उन शब्दों के समुच्चय की पहचान कीजिए जो रिक्त स्थानों को सही क्रम में भरें।

एक व्यक्ति __(*i*)__ से पीड़ित है यदि उसका __(*ii*)__ पर्याप्त मात्रा में __(*iii*)__ हॉर्मोन नहीं बना रहा है।

A. (*i*) गलकण्ड, (*ii*) पियूष ग्रंथि, (*iii*) एड्रीनलिन
B. (*i*) गलकण्ड, (*ii*) अग्नाशय, (*iii*) इंसुलिन
C. (*i*) मधुमेह, (*ii*) थायरायड ग्रंथि, (*iii*) थायरॉक्सीन
D. (*i*) मधुमेह, (*ii*) अग्नाशय, (*iii*) इंसुलिन

73. निम्नलिखित में से कौन-सा ऐसे पदार्थो का समुच्चय है जो प्रकृति से अम्लीय हैं?

A. सिरका, नींबू का रस, आमाशय रस, दही
B. बेकिंग सोडा, आमाशय रस, शैम्पू, टूथपेस्ट
C. कैलेमाइन लोशन, नींबू का रस, सिरका, टूथपेस्ट
D. दही, बेकिंग सोडा, आमाशय रस, शैम्पू

74. निम्नलिखित कथनों को ध्यानपूर्वक पढ़िए तथा सही विकल्प का चुनाव कीजिए।

कथन (A): गैसें बहुत जल्दी अन्य गैसों में विसरित हो जाती हैं।

कारण (R): गैस के कण तीव्र गति से चलते है।

A. (A) तथा (R) दोनों सही हैं तथा (A) का सही स्पष्टीकरण (R) है।
B. (A) तथा (R) दोनों सही हैं, किन्तु (A) का सही स्पष्टीकरण (R) नहीं है।
C. (A) सही है, किन्तु (R) गलत है।
D. (A) तथा (R) दोनों गलत है।

75. निम्नलिखित में से सही कथनों की पहचान कीजिए :

(*a*) लकड़ी का जलना एक भौतिक तथा अनुत्क्रमणीय परिवर्तन है।
(*b*) पानी का उबलना एक रासायनिक तथा उत्क्रमणीय परिवर्तन है
(*c*) लकड़ी को बुरादे में बदल देना एक भौतिक तथा अनुत्क्रमणीय परिवर्तन है।

A. केवल (*a*) B. (*a*) तथा (*b*)
C. (*b*) तथा (*c*) D. केवल (*c*)

76. कमरे के ताप पर
ताजे जल का घनत्व = 1 ग्राम/सेमी.^{3}
सूरजमुखी के तेल का घनत्व = .92 ग्राम/सेमी.^{3}
अल्कोहल का घनत्व = .8 ग्राम/सेमी.^{3}

उपर्युक्त जानकारी का उपयोग करके नीचे दिए हुए सही कथन/कथनों को पहचानिए :

(*a*) जो वस्तु अल्कोहल में तैरती है, वह सूरजमुखी के तेल में भी अवश्य तैरेगी।
(*b*) जो वस्तु सूरजमुखी के तेल में तैरती है, वह ताजे जल में अवश्य तैरेगी।
(*c*) जो वस्तु ताजे जल में तैरती है, वह अल्कोहल में अवश्य तैरेगी।

A. (*a*) तथा (*b*) B. (*b*) तथा (*c*)
C. केवल (*c*) D. (*a*), (*b*) तथा (*c*)

77. एक रेलगाड़ी कानुपर से 1 सितम्बर को 15:50 घंटे पर चलती है तथा 3 सितम्बर को 07:10 घंटे पर बैंगलूरू पहुँचती है। रेलगाड़ी की औसत चाल पता कीजिए यदि कानपुर तथा बैंगलूरू के मध्य की दूरी 2182 किमी. है।

A. 52 किमी./घंटा B. 55.5 किमी./घंटा
C. 64.2 किमी./घंटा D. 68.2 किमी./घंटा

78. निम्नलिखित अनुच्छेद को पढ़िए तथा दिए गए क्रम में रिक्त स्थानों को सही रूप से भरने के विकल्प का चुनाव कीजिए।

जब कोई रोग-वाहक सूक्ष्मजीव हमारे शरीर में प्रवेश करता है तो भेदने वाले से लड़ने के लिए शरीर __(*i*)__ का उत्पादन करता है। यदि मृत अथवा शक्तिहीन सूक्ष्मजीवों को एक स्वस्थ शरीर में डाला जाता है तो शरीर इनका उत्पादन करके उससे लड़ता है और मार देता है। इस प्रकार __(*ii*)__ कार्य करता है __(*iii*)__ जैसे रोगों से बचाव करता है।

A. प्रतिजन, प्रतिजैविक, मधुमेह B. प्रतिरक्षी, प्रतिजैविक, गठिया
C. प्रतिरक्षी, टीका, तपेदिक D. प्रतिजैविक, टीका, गठिया

79. लकड़ी की लुग्दी का प्रयोग करके निम्नलिखित में से क्या बनाया जाता है?

A. एक्रेलिक B. नायलॉन
C. पॉलिएस्टर D. रेयॉन

80. निम्नलिखित में से कौन-से पेट्रोलियम द्वारा प्राप्त होते हैं?

(*a*) सी.एन.जी. (*b*) एल.पी.जी.
(*c*) डीजल (*d*) कोयला गैस

A. (*a*) तथा (*b*) B. (*a*) तथा (*c*)
C. (*b*) तथा (*c*) D. (*a*) तथा (*d*)

81. एक खुली किताब परीक्षा के लिए किस प्रकार के प्रश्नों को प्रस्तावित ***नहीं*** किया जाएगा?
A. अपरिचित परिस्थितियों में सैद्धांतिक नियमों का उपयोग।
B. मानक सूत्रों के लंबे न्युत्पन्न
C. खुले अंत वाले प्रश्न
D. नवीन समस्याओं को हल करना

82. निम्नलिखित में से कौन-सा एक विज्ञान की कक्षा में सामाजिक-वैज्ञानिक विषयों पर सामूहिक विचार-विमर्श का संचालन करने का लक्ष्य ***नहीं*** है?
A. किसी विषय का बहु परिप्रेक्षीय मूल्यांकन करने के लिए छात्रों को प्रोत्साहित करना।
B. छात्रों में प्रमाण आधारित बहस की आदत का विकास करना।
C. सभी छात्रों को मुद्दों के स्पष्ट रूप से परिभाषित सही समाधान की ओर ले जाना।
D. विज्ञान के सामाजिक-संदर्भ का प्रदर्शन करना।

83. कक्षा 8 के छात्रों को समझाना कि कंपन का प्रत्यय ध्वनि का कारण है। इसके लिए निम्नलिखित में से सर्वोत्तम युक्ति क्या है?
A. छात्रों को ध्वनि उत्पादक क्रियाकलापों में लगाना जैसे कि एक खींचे हुए रबड़-बैंड को पकड़ कर छोड़ना।
B. ध्वनि उत्पादन की प्रक्रिया को आरेख की सहायता से समझाना।
C. ध्वनि के प्रत्यय को एक अनुदैर्ध्य तरंग के रूप में प्रस्तुत करना।
D. ध्वनि तरंग की विशेषताओं को परिभाषित करना।

84. उत्प्लावक बल के संप्रत्यय का परिचय देने के लिए निम्नलिखित में से कौन-सी युक्ति सर्वाधिक उपयुक्त होगी?
A. उत्प्लावक बल को परिभाषा व्यक्त करना।
B. आर्कमिडिज के सिद्धांत के सार की व्याख्या करना।
C. छात्रों को पकड़ने एवं फेंकने के क्रियाकलापों में लगाना।
D. छात्रों को तैरने तथा डूबने के क्रियाकलापों में लगाना।

85. अपनी 8वीं कक्षा में विद्यार्थियों को कोशिकाओं के बारे में पढ़ाते समय, एक शिक्षिका ईंटों का उदाहरण देती है। जिस प्रकार इमारतें एक समान ईंटों से निर्मित होती है, उनकी बनावट, आकृति एवं आकार भिन्न होते हैं, उसी प्रकार कोशिकायें जीवित प्राणियों की आधारभूत संरचनात्मक ईकाइयाँ होती हैं। शिक्षिका किस शिक्षा शास्त्रीय यंत्र का उपयोग कर रही है?
A. समवृत्ति B. तर्क
C. विचार प्रयोग D. कल्पित प्रयोग

86. विद्यालयों में विज्ञान-मेलों का आयोजन करके निम्नलिखित में से कौन-सा उद्देश्य सिद्ध होने की संभावना सबसे कम है?
A. विद्यालयों को समुदाय तथा समाज के अधिक निकट लाने का
B. विद्यार्थियों को अपने नवीन विचारों का प्रदर्शन करने का अवसर प्रदान करने का
C. विभिन्न छात्रों तथा संस्थाओं के बीच विचारों के आदान-प्रदान हेतु एक मंच प्रदान करने का
D. वैयक्तिक छात्रों की विशिष्ट प्रत्ययात्मक कठिनाइयों की पहचान करने का

87. एक अध्यापिका अपने छात्रों से, एक साधारण पेण्डुलम की लम्बाई का उसकी समय अवधि पर पड़ने वाले प्रभाव का अन्वेषण कराना चाहती है। वह अपने छात्रों का प्रयोग की व्यवस्था करने में मार्गदर्शन करती है जिसमें रूचि के घटकों को परिवर्तीय रखा गया जबकि अन्य घटकों को सभी परिस्थितियों में अपरिवर्तीय रखा। इस प्रयोग के बारे में निम्नलिखित में से कौन-से कथन ***सही नहीं*** होंगे?
A. पेण्डुलम की लम्बाई एक स्वतंत्र चर होगी।
B. समय अवधि एक नियंत्रित चर होगी।
C. बॉब का द्रव्यमान एक नियंत्रित चर होगा।
D. समय अवधि एक परतंत्र चर होगी।

88. विभिन्न पक्षियों की चोंच के आकार तथा उनके द्वारा खाए जाने वाले खाद्य पदार्थों के प्रकार के बीच संबंध स्थापित करने में एक अध्यापिका अपने छात्रों की मदद करना चाहती है। इस उद्देश्य के लिए निम्नलिखित में से कौन-सी सबसे उपयुक्त युक्ति होगी?
A. विभिन्न पक्षियों की चोंचों के आरेख दिखाना।
B. छात्रों से कहे कि वे पक्षियों पर विश्वकोष की सहायता लें।
C. एक पक्षी अभयारण्य का भ्रमण करना तथा छात्रों से अवलोकन करने के लिए कहना।
D. किसी विशेषज्ञ द्वारा पक्षियों के विषय पर एक अतिथि व्याख्यान का आयोजन करना।

89. निम्नलिखित में से कौन-सा कथन विज्ञान की पाठ्यचर्या के संगठन की हमारी वर्तमान समझ से मेल नहीं खाता?
A. प्राथमिक स्तर पर, विज्ञान एवं सामाजिक विज्ञान को पर्यावरण शिक्षा के रूप में एकीकृत करना चाहिए।
B. उच्च प्राथमिक स्तर पर विज्ञान सामग्री को माध्यमिक विद्यालय के विज्ञान का हल्का स्वरूप माना जाना चाहिए।
C. माध्यमिक स्तर पर छात्रों को विज्ञान के शिक्षण/अधिगम के लिए एक एकीकृत शिक्षण के रूप में लगाना चाहिए।
D. उच्चतर माध्यमिक स्तर पर विज्ञान को पृथक विषयों के रूप में प्रस्तावित किया जाना चाहिए।

90. एक छात्रा कुछ लोहे की कीलों को एक बीकर में डालती है जिसमें कॉपर सल्फेट का विलयन है, तथा कुछ समय बाद वह अपनी नोटबुक में निम्नलिखित कथन लिखती है :
(*a*) विलयन का रंग नीले से बदल कर हल्का हरा हो जाता है।
(*b*) लोहे की कीलों पर एक भूरे रंग का परत बन जाती है
(*c*) लोहा विलयन में से ताँबे (कॉपर) को विस्थापित कर देता है।
(*d*) ताँबा लोहे से कम अभिक्रियाशील है।

उपर्युक्त कथनों को अवलोकनों या निष्कर्षों में वर्गीकृत कीजिए :
A. (*a*) और (*b*) अवलोकन है; (*c*) तथा (*d*) निष्कर्ष हैं
B. (*a*), (*b*), (*c*) अवलोकन है; (*d*) एक निष्कर्ष हैं
C. सभी अवलोकन हैं
D. (*a*) अवलोकन है; (*b*), (*c*) तथा (*d*) निष्कर्ष हैं

भाग-III

भाषा-I : हिन्दी

निर्देश (प्रश्न संख्या 91 से 99 तक): *दिए गए गद्यांश को ध्यानपूर्वक पढ़िए तथा पूछे गए प्रश्नों के उत्तर के लिए सबसे उपयुक्त विकल्प का चयन कीजिए।*

तिरुवल्लुवर तमिल के संत कवि थे। अपने व्यस्त जीवन से समय निकालकर तिरुवल्लुवर कविता करते। जीवन के अनुभवों पर आधारित उन्होंने तेरह सौ 'कुरल' रचे। 'कुरल' का अर्थ ही छोटा और ये दो पंक्तियों में सिमटा छंद है। 'तिरुक्कुरल' नामक ग्रंथ में इनके सभी 'कुरल' संग्रहीत हैं, जो तीन भागों में बँटे हैं। सद्गुण, संपन्नता तथा प्रेम। परंतु तिरुवल्लुवर के कुरलों में सामाजिक कुरीतियों तथा मानव स्वभाव की अनेक दुर्बलताओं का भी वर्णन आता है। इनके काव्य में कोरी उपदेशात्मकता और किसी धार्मिक दृष्टिकोण को प्रस्तुत करने का भाव तनिक भी नहीं है। उसमें सर्वत्र वह व्यावहारिकता और सहजता है जिसे लोकजीवन में सरलता से अपनाया जा सकता है। 'तिरुक्कुरल' को तमिल भाषा का 'वेद' कहा जाता है।

91. 'कुरल' से तात्पर्य है :
A. महाकाव्यात्मक ग्रंथ
B. दो पंक्तियों का छंद
C. तीन पंक्तियों का छंद
D. छोटा काव्यात्मक ग्रंथ

92. तिरुवल्लुर ने कितने 'कुरल' की रचना की?
A. बारह सौ बीस
B. तेरह सौ तीस
C. बारह सौ
D. तेरह सौ

93. 'तिरुक्कुरल' क्या है?
A. तिरुवल्लुवर का उपनाम
B. 'कुरल' का संग्रह ग्रंथ
C. 'कुरल' का अनुवाद ग्रंथ
D. सद्गुणों का संग्रह

94. तिरुवल्लुवर के 'कुरल' में किन विषयों को शामिल किया गया है?
A. सामाजिक कुरीतियाँ और मानव-दुर्बलताएँ
B. सामाजिक कुरीतियाँ और सहजता
C. मानव-दुर्बलताएँ और सरलता
D. सरलता और उपदेशात्मकता

95. 'तिरुक्कुरल' में .... शामिल नहीं हैं।
A. सामाजिक कुरीतियाँ
B. धार्मिक दृष्टिकोण
C. लोक जीवन
D. मानवीय दुर्बलाएँ

96. तिरुवल्लुवर की कविता का विषय एवं उद्देश्य है :
A. धर्मों की स्थापना करना
B. उपदेशात्मकता का प्रसाद
C. कुरीतियों को दूर करना
D. धार्मिक अनुभवों को सिद्ध करना

97. तिरुक्कुरल को तमिल भाषा का .... कहा जाता है।
A. छंद
B. वेद
C. महाकाव्य
D. कुरल

98. तिरुवल्लुवर की कविता की विशेषता है :
A. व्यावहारिकता एवं सहजता
B. व्यावहारिकता एवं उपदेशात्मकता
C. उपदेशात्मकता एवं सहजता
D. सहजता एवं धार्मिकता

99. किस शब्द में दो प्रत्ययों का प्रयोग ***नहीं*** हुआ है?
A. व्यावहारिकता
B. उपदेशात्मकता
C. सामाजिकता
D. सहजता

निर्देश (प्रश्न संख्या 100 से 105 तक): *दिए गए काव्यांश को ध्यानपूर्वक पढ़िए तथा पूछे गए प्रश्न के लिए सबसे उपयुक्त विकल्प का चयन कीजिए:*

फैली खेतों में दूर तलक,
मखमल-सी कोमल हरियाली।
लिपटी जिसमें रवि की किरणें,
चाँदी की-सी उजली जाली।
तिनकों के हरे-हरे तन पर
हिल हरित रुधिर है रहा झलक।
श्यामल भूतल पर झुका हुआ
नभ का चिर निर्मल नीलफलक।

100. कविता में मुख्यतः किसका वर्णन है?
A. धरती का
B. खेतों का
C. आकाश का
D. चाँदी का

101. 'हरित रुधिर' का प्रयोग किया गया है :
A. हरे रक्त के लिए
B. हरित क्रांति के लिए
C. अपरिपक्व फसल के लिए
D. पकी हुई फसल के लिए

102. आकाश कैसा है?
A. साफ और नीला
B. श्यामल और निर्मल
C. श्यामल और नीला
D. नीला और पीला

103. सूरज की किरणों से जाली कैसे बन रही होगी?
A. किरणें जाल बुनती हैं
B. फसल में से रोशनी छन रही है
C. चाँदी का जाला बुना गया है
D. सूर्य किरणों से उजाला होने पर

104. 'मखमल-सी कोमल' से अलंकार है :
A. रूपक
B. उपमा
C. उत्प्रेक्षा
D. यमक

105. 'नभ' का पर्यायवाची शब्द ***नहीं*** है :
A. गगन
B. आकाश
C. संसार
D. आसमान

106. निम्नलिखित में से कौन-सा प्रभावशाली तरीके से व्याकरण पढ़ाने के संदर्भ में सही ***नहीं*** है?
A. उचित सम्प्रेषण द्वारा नियम सम्प्रेषित करना
B. संदर्भ में व्याकरण के प्रासंगिक नियम प्रस्तुत करना
C. वास्तविक जीवन से जुड़े सम्प्रेषण द्वारा अभ्यास के लिए नियम बताना
D. नियमों को याद करके, अभ्यास (ड्रिल) द्वारा व्याकरण सीखना

107. जब हम किसी विशिष्ट सूचना के लिए पाठ्य-सामग्री पढ़ते हैं, तब यह क्या कहलाता है?
A. सरसरी तौर पर पठन
B. बारीकी से पठन
C. बहिर्वेशन (एक्सट्रापोलेशन)
D. विश्लेषण

108. मुख्यतः हम मातृभाषा कैसे/कब अर्जित करते हैं?
A. औपचारिक अधिगम स्थितियों में
B. इसे बोलकर
C. इसे सुनकर
D. इसे लिखकर

109. व्याकरण सिखाने का कौन-सा उपागम इस सिद्धान्त को प्रोत्साहित करता है कि भाषा सीखना नियमों को सीखने से संबंधित है?
A. निगमनात्मक
B. आगमनात्मक
C. सम्प्रेषणात्मक
D. व्याकरण अनुवाद

110. कोई अध्यापक अपने शिक्षार्थियों के कम अंक आने के कारणों का पता किस प्रकार लगाएंगे?
A. निदानात्मक परीक्षण द्वारा
B. निपुणता परीक्षण द्वारा
C. उपलब्धि परीक्षण द्वारा
D. अभिरुचि परीक्षण द्वारा

111. एक अध्यापक 'लेखन' सिखाने के लिए समाचार-पत्र की एक रिपोर्ट का उपयोग करती है। इस प्रकार की सामग्री को क्या कहा जाएगा?
A. अकादमिक सामग्री B. प्राकृतिक सामग्री
C. प्रामाणिक सामग्री D. बाह्य सामग्री

112. स्वर शैली (लहजा) किसमें भिन्नता दर्शाता है?
A. ध्वनि B. स्तर (पिच)
C. अवयव D. वायु

113. कक्षा में मातृभाषा का इस्तेमाल न करना किस विधि को चारित्रिक विशेषता है?
A. प्रत्यक्ष
B. द्विभाषिकता
C. व्याकरण अनुवाद
D. कला समावेशित अधिगम

114. निदानात्मक परीक्षण किनके लिए प्रयुक्त किए जाते हैं?
A. उपचारात्मक योजना बनाने की दृष्टि से विद्यार्थियों की सीखने संबंधी कमियाँ ढूँढ़ने के लिए
B. किसी विशिष्ट कार्यक्रम के लिए अभ्यर्थी की उपयुक्ता का आकलन करने के लिए
C. काम (जॉब) देने के लिए निपुणता संबंधी परीक्षण
D. विद्यार्थियों की योग्यताओं को जानने के लिए

115. 'मूल्यांकन' के संदर्भ में कौन-सा कथन सही ***नहीं*** है?
A. मूल्यांकन मापन की अधिक सारगर्भित सामग्री है
B. मूल्यांकन मात्रात्मक और गुणात्मक दोनों ही प्रकार का होता है
C. मूल्यांकन कुल शिक्षण अधिगम प्रक्रिया के मापन से संबंधित है
D. मूल्यांकन शिक्षार्थी को उसके मजबूत पक्ष और कमियों के बारे में प्रतिपुष्टि देने के लिए किया जाता है

116. भाषा शिक्षण के रचनावादी उपागम में अध्यापक से क्या अपेक्षा की जाती है?
A. शिक्षार्थी को पहले से ही मौजूद ज्ञान देना
B. अपनी पाठ्यचर्या सृजित करना
C. शिक्षार्थियों को अपनी पाठ्यपुस्तक बनाने के लिए कहना
D. शिक्षार्थियों को ज्ञान के निर्माण में अपने अनुभवों का प्रयोग करने में मदद करना

117. ''पूर्व-पठन' से जुड़े कार्य किसलिए होते हैं?
A. शिक्षार्थियों के पठन कौशल का मूल्यांकन करने के लिए
B. कठिन शब्दों और वाक्यांशों का अर्थ बताने के लिए
C. मुख्य बिंदु को प्रस्तुत करने और शिक्षार्थियों को प्रोत्साहित करने के लिए
D. पाठ्य सामग्री में प्रयुक्त व्याकरणिक बिन्दुओं की व्याख्या करने के लिए

118. निम्नलिखित में से किसके आधार पर सम्प्रेषण एक चक्रीय प्रक्रिया कहलाएगी?
A. प्रेषक B. ग्रहण करने वाली/वाला
C. प्रतिपुष्टि D. संदेश

119. संज्ञा समझाने के लिए एक अध्यापक पहले उदाहरण देती है और उसके बाद उसकी परिभाषा बताती है। यह विधि क्या कहलाती है?
A. आगमनात्मक विधि
B. निगमानात्मक विधि
C. (A) तथा (B) दोनों
D. प्रत्यक्ष विधि

120. जब एक अध्यापक भाषा पढ़ाने के लिए विज्ञान और सामाजिक विज्ञान के पाठों का उपयोग करता है, यह उपागम क्या कहलाएगा?
A. वस्तुनिष्ठ भाषा शिक्षण
B. बहुलवादीय भाषा शिक्षण
C. अनुशासन (विषय) अनुसार भाषा शिषण
D. भाषा समूचे पाठ्यक्रम में

भाग-IV

Language-II : English

Directions (Qs. No. 121-128): *Read the passage given below and answer the questions/complete the statements that follow by choosing the most appropriate options out of the given ones:*

1. Maharana Pratap ruled over Mewar only for 25 years. However, he accomplished so much grandeur during his reign that his glory surpassed the boundaries of countries and time turned him into an immortal personality. He along with his kingdom become a synonym for valour, sacrifice and patriotism. Mewar had been a leading Rajput kingdom even before Maharana Pratap occupied the throne. Kings of Mewar, with the cooperation of their nobles and subjects, had established such traditions in the kingdom, as augmented their magnificence despite the hurdles of having a smaller area under their command and less population.

2. There did come a few thorny occasions when the flag of the kingdom seemed sliding down. Their flag once again heaved high in the sky thanks to the gallantry and brilliance of the people of Mewar. This glorious traditions of the kingdom almost continued for 500 years since its establishment, right from the reign of Bappa Rawal. In fact only 60 years before Maharana Pratap, Rana Sanga drove the kingdom to the pinnacle of fame. His reputation went beyond Rajasthan and reached Delhi. Two generations before him, Rana Kumbha had given a new stature of the kingdom through victories and development work.

3. The life of the people of Mewar must have been peaceful and prosperous during the long span of time; otherwise such accomplishments would not have been possible. The ambience of Mewar remains lovely thanks to the cheerful and liberal character of its people.

121. Maharana Pratap became immortal because:
A. he ruled Mewar for 25 years
B. he added a lot of grandeur to Mewar
C. of his sacrifice and valour
D. both (A) and (C)

122. Difficulties in the way of Mewar for achieving its grandeur were:
A. lack of co-operation of the nobility
B. ancient traditions of the kingdom.
C. its small area and small population
D. the poverty of the subjects

123. During thorny occasions the flag of the kingdom seemed sliding down— the expression means:
A. the flag of Mewar was lowered.
B. the flag flew at half mast.
C. the multitudes of problems faced by people frustrated them.
D. the glory of the kingdom seemed to be decreasing.

124. Choose the correct chronology of the kings of Mewar as mentioned in the passage:
A. Bappa Rawal, Rana Kumbha, Rana Sanga, Maharana Pratap.
B. Maharana Pratap, Rana Kumbha. Bappa Rawal, Rana Sanga.
C. Rana Sanga, Rana Kumbha, Maharana Pratap, Bappa Rawal.
D. Rana Kumbha, Bappa Rawal, Rana Sanga, Maharana Pratap.

125. The people of Mewar could live a peaceful and prosperous life because.
A. all of its rulers were competent
B. most of its people were art lovers
C. most of its rulers were competent
D. only a few of its people were incompetent

126. The word 'augmented' as used in para 1 means the same as:
A. destroyed B. increased
C. damaged D. brought down

127. The word 'grandeur' in para 1 is used as a/an:
A. verb B. adverb
C. adjective D. noun

128. In para 1 'immortal' means something which can't be:
A. remembered B. destroyed
C. forgiven D. cultivated

Directions (Qs. No. 129-135): *Read the passage given below and answer the questions/complete the statements that follow by choosing the most appropriate options out of the given ones:*

Not unoften, therefore, the panther operated in the reverse gear. That is, instead of stalking upto the animals it lets them come upto it. The modus operandi adopted consists of quietly slinking at dusk into a bush somewhere in the middle of a vast grazing ground where game animals congregate in the evenings and graze throughout the night. In its hideout, the panther waits patiently in the fond hope of some unwary animal passing within its striking distance. Once in a while, when its luck is in, it makes a kill.

But, unusually night after night it must watch scores of animals grazing all round, so tantalisingly near yet so distressingly far.

Another artifice adopted by the panther consists in its climbing onto a tree with large leafy crown and use it as its ambush. This arboreal position of the panther is more common in African veldts and savannahs, where good ground cover is more difficult to come by than in the Indian jungles. Its high perch effectively insulates the panther against the preying eyes of game so used to sensing danger around them that they seldom look for it on the treetops. Seated high in the sky the panther pounces upon an unsuspecting victim that may happen to pass underneath. Panthers sitting among leafy branches high up in trees take little notice of passers-by. Their stance gives them the feeling of being invisible. Often they will choose a tree with some sort of berries that attract game animals underneath.

129. The panther operates in the reverse gear means that:
A. it goes in search of its prey.
B. it waits for its prey to come to it.
C. hides in the trees
D. moves stealthily backwards

130. The Indian panther has to ________ hunt its prey.
A. hide behind a tree
B. hide into a bush
C. wait till morning
D. hide near a water hole

131. The panther climbs a tree with berries as:
A. animals come underneath to eat berries.
B. berries help it to hide effectively.
C. it loves the aroma of berries.
D. berries have big leaves around them.

132. Study the following statements:
(*a*) Only sometimes does an animal come under a tree on which a panther is hiding
(*b*) So many times the prey is very close yet the panther can't kill it
A. (*a*) is right and (*b*) is wrong.
B. (*b*) is right and (*a*) is wrong.
C. Both (*a*) and (*b*) are right.
D. Both (*a*) and (*b*) are wrong.

133. Study the following statements:
(*a*) Indian panther prefers to hunt from the tree
(*b*) Most animals don't see any risk from the treetops
(*c*) African panthers mostly use the cover of a bush to hunt
A. (*a*) is right and (*b*) is wrong.
B. (*b*) is right and (*a*) is wrong.
C. Both (*a*) and (*b*) are right.
D. Both (*b*) and (*c*) are right.

134. 'where game animals congregate'
The underlined word does **not** mean the same as following:
A. gather. B. rally.
C. muster. D. separate.

135. 'they seldom look for it'
The underlined word is a/an ....
A. Noun B. Verb
C. Adjective D. Adverb

136. 'Input' is likely to become intake ....
A. if affective filter is low and attitudes are positi and motivation is strong.
B. if negative filter is low and attitudes are positi and motivation is strong.
C. if learners take interest in reading and listening
D. if learners internalize the form and moves to ma meaning.

137. Which of the following is **not** true of a dialect?
A. A dialect is language characteristic of a region.
B. A dialect is language characteristic of a social or a occupational group.
C. A dialect is part of the same language, not a ne language.
D. A dialect is a new language of the same family languages.

138. A teacher of class VII does the following to mak children learn language
'Pick up the box from your table and give it to me
'Run quickly to the wall and touch it.'
What is this method of teaching language known as
A. Total Physical Response
B. Suggestopaedia
C. Communicative Approach
D. Constructivism

139. A teacher reads out the following text to her class an learners are asked to listen to it carefully and recrea the text nearer to it, not exactly the same text. Wh is this strategy known as?
Humans have evolved over a period of millions years. Whatever the body we have today is not a simp product. It has gone through harsh weather condition conducive environment, good and bad times. So fe happy that you are at a point of time where mor comfort and facilities are available to us.
A. Paragraph dictation
B. Scaffolding dictation
C. Top-down strategy
D. Bottom-up strategy

140. Read the following conversation between two friend and find the purpose of the conversation
Rahul: Hello! How do you do? I am Rahul.
Sheela: Hello! I am doing fine. How do you do?
Rahul: I am fine too. I welcome you to our school.
Sheela: I am glad and excited to be here.

A. Personal communication
B. Informative purpose
C. Transactional purpose
D. Interactional purpose

1. Understanding how a grammatical form is and applying same in context is ....
A. Declarative knowledge of grammar
B. Procedural knowledge of grammar
C. Grammar in context
D. Content knowledge of grammar

2. Rya Kumar, a teacher of class VIII plans her grammar lesson to teach 'voice and tense'. She first makes her learners to read a story/text in which the form in active and passive voice appear many times and discussed it through some more examples in single sentences. She also gave them some sentences in a task to use the form on their own. Then she drew her attention to use (when and how) of the form. What strategy is this known as?
A. Present-practice-produce
B. Active and passive voice
C. Consciousness raising
D. Grammar through text

43. Which one of the following does not come under institutional writing?
A. Research reviews
B. A Resume
C. An Official letter
D. A condolence message

44. Which of the following is true of Sign Language?
A. Sign language has a grammar.
B. Sign language does not have grammar.
C. Sign language is a set of gestures.
D. Sign is not a natural language.

45. Which one of the following is **not** the purpose of teaching poetry?
A. For appreciation and enjoyment
B. For learning grammar and form
C. For understanding the social and cultural aspects.
D. For learning the poetical devices.

146. Which of the following is a study skill?
A. Reading to take notes and to summarize the text.
B. Reading for pleasure and share with others.
C. Reading a newspaper as a hobby.
D. Reading a short story and to discuss about it.

147. Which of the following is **not** an authentic materials?
A. A newspaper weather report.
B. A hotel menu
C. An advertisement in a magazine.
D. A text on education written by textbook writer.

148. Which of the following are true of assessment purposes?
(*a*) To assess the skills and competencies acquired by learners over a period of time.
(*b*) To inform the learners about their learning with reference to their peers.
(*c*) To inform learners to compete well with others in her classroom.
(*d*) To inform teachers about their learners' grammatical fluency at the end of the year.
A. (*a*) and (*b*) are correct
B. (*c*) and (*d*) are correct
C. (*b*) and (*c*) are correct
D. (*d*) and (*a*) are correct

149. Here is what a teacher does in her classroom. She asks her learners to find ways and means in which water is available and used in their villages and towns. Later she asks them write a report of the same. She also asks them to read stories on water in their languages. Learners present the report and discuss with peers in their classroom. What is this activity known as?
A. Assignment
B. Environmental Science activity
C. Project work
D. Learning activity

150. Overarching purpose of literature in language classroom is ______.
A. to enhance vocabulary and grammar.
B. to develop the skill of decoding the words.
C. to promote reading- aloud as a strategy.
D. to develop knowledge, creativity and critical thinking.

उत्तरमाला

1	2	3	4	5	6	7	8	9	10
D	A	C	B	A	D	A	D	D	B
11	**12**	**13**	**14**	**15**	**16**	**17**	**18**	**19**	**20**
A	B	A	B	B	D	B	B	B	A
21	**22**	**23**	**24**	**25**	**26**	**27**	**28**	**29**	**30**
B	A	A	D	D	D	D	D	A	A
31	**32**	**33**	**34**	**35**	**36**	**37**	**38**	**39**	**40**
B	C	B	A	B	A	C	C	C	B

41	42	43	44	45	46	47	48	49	50
D	A	D	B	C	C	B	C	D	B
51	**52**	**53**	**54**	**55**	**56**	**57**	**58**	**59**	**60**
D	C	A	D	C	C	B	D	C	B
61	**62**	**63**	**64**	**65**	**66**	**67**	**68**	**69**	**70**
B	A	A	A	B	C	A	A	C	B
71	**72**	**73**	**74**	**75**	**76**	**77**	**78**	**79**	**80**
B	D	A	A	D	A	B	C	D	C
81	**82**	**83**	**84**	**85**	**86**	**87**	**88**	**89**	**90**
B	C	A	D	A	D	B	C	B	A
91	**92**	**93**	**94**	**95**	**96**	**97**	**98**	**99**	**100**
B	D	B	B	B	C	B	A	D	B
101	**102**	**103**	**104**	**105**	**106**	**107**	**108**	**109**	**110**
C	A	B	B	C	D	B	C	A	A
111	**112**	**113**	**114**	**115**	**116**	**117**	**118**	**119**	**120**
C	B	A	A	D	D	C	C	A	D
121	**122**	**123**	**124**	**125**	**126**	**127**	**128**	**129**	**130**
B	C	D	A	C	B	D	B	B	B
131	**132**	**133**	**134**	**135**	**136**	**137**	**138**	**139**	**140**
A	C	B	D	D	A	D	A	C	D
141	**142**	**143**	**144**	**145**	**146**	**147**	**148**	**149**	**150**
B	C	D	A	B	A	D	A	C	D

व्याख्यात्मक उत्तर

31. चार अंकों की न्यूनतम संख्या = 1000

$\because$ 1000 − 1 = 999

हम 1000 में से 1 को घटाते है

तब तीन अंकों की अधिकतम संख्या = 999.

33. जब, $n = 1$

तब, $n(n+1)(n+3) = 1(1+1)(1+3) = 8$

अतः न्यूनतम संख्या 8 जिसे $n(n+1)(n+3)$ के रूप में लिखा जा सकता है।

34. माना भिन्न $\frac{x}{y}$ है

तब, $$\frac{\frac{x}{y}\times\frac{x}{y}}{\frac{y}{x}} = \frac{x}{y}\times\frac{x}{y}\times\frac{x}{y} = 18\frac{26}{27}$$

$$\Rightarrow \left(\frac{x}{y}\right)^3 = \frac{18\times27+26}{27}$$

$$\Rightarrow \left(\frac{x}{y}\right)^3 = \frac{486+26}{27}$$

$$\Rightarrow \left(\frac{x}{y}\right)^3 = \frac{512}{27}$$

$$\Rightarrow \left(\frac{x}{y}\right)^3 = \left(\frac{8}{3}\right)^3$$

$$\Rightarrow \frac{x}{y} = \frac{8}{3} = 2\frac{2}{3}$$

$\therefore$ मूल भिन्न $\frac{x}{y} = 2\frac{2}{3}$ है।

35. $\left(2\frac{1}{4}-1\frac{2}{3}\right)$ का $\frac{4}{3}+\left(2\frac{1}{3}-1\frac{2}{7}\right)$ का $\frac{1}{2}$

$= \left(\frac{9}{4}-\frac{5}{3}\right)$ का $\frac{4}{3}+\left(\frac{7}{3}-\frac{9}{7}\right)$ का $\frac{1}{2}$

$$= \left(\frac{27-20}{12}\right)\times\frac{4}{3}+\left(\frac{49-27}{21}\right)\times\frac{1}{2}$$

$$= \frac{7}{12}\times\frac{4}{3}+\frac{22}{21}\times\frac{1}{2}$$

$$= \frac{7}{9}+\frac{11}{21} = \frac{49+33}{63} = \frac{82}{63}.$$

36. दिया है:

बेलन की आधार त्रिज्या = r = 8 cm

लंब वृत्तीय बेलन का वक्र पृष्ठीय क्षेत्रफल

$= \frac{1}{3}$ (कुल पृष्ठीय क्षेत्रफल)

$\Rightarrow \quad 2\pi rh = \frac{1}{3}(2\pi rh + 2\pi r^2)$

$\Rightarrow \quad 2\pi rh = \frac{1}{3} \times 2\pi r(h+r)$

$\Rightarrow \quad h = \frac{1}{3}(h+r)$

$\Rightarrow \quad 3h = h + r \Rightarrow 2h = r$

$\Rightarrow \quad h = \frac{r}{2} = \frac{8}{2} = 4 \text{ cm}$

तब, बेलन का आयतन $= \pi r^2 h$

$= \pi(8)^2 \times 4$

$= \pi \times 64 \times 4$

$= 256\pi \text{ cm}^3$.

37. दिया है,

एक वृत्ताकार दौड़-पथ की आंतरिक परिधि = 440 m

$\Rightarrow \quad 2\pi r = 440$

$\Rightarrow \quad 2 \times \frac{22}{7} r = 440$

$\Rightarrow \quad \frac{44}{7} r = 440$

$\Rightarrow \quad r = 70 \text{ m}$

तब, बाहरी वृत्त की त्रिज्या $= r + 7$

$= 70 + 7 + 77$ m.

38. दिया है,

लंब वृत्तीय बेलन के वक्र पृष्ठ के क्षेत्रफल = a वर्ग cm

$\Rightarrow \quad 2\pi rh = a \quad ...(i)$

और इसके आधार का क्षेत्रफल = b वर्ग cm

$\Rightarrow \quad \pi r^2 = b \quad ...(ii)$

अब (i) को (ii) से विभाजित करने पर

$$\frac{2\pi rh}{\pi r^2} = \frac{a}{b}$$

$\Rightarrow \quad \frac{2h}{r} = \frac{a}{b}$

$\Rightarrow \quad r = \frac{2bh}{a} \quad ...(iii)$

(i) और (iii) से

$$2\pi h \times \frac{2bh}{a} = a \Rightarrow 4\pi bh^2 = a^2$$

$\Rightarrow \quad h^2 = \frac{a^2}{4\pi b}$

$\Rightarrow \quad h = \frac{a}{2\sqrt{\pi b}}$ cm.

39. त्रिपद : इसमें 3 पद होते हैं।

$\therefore 3x^2 + 3x + 7$ एक त्रिपद है।

40. माना परिमेय संख्या का अंश 7 है और हर $x + 7$ है

तब, परिमेय संख्या $= \frac{x}{x+7}$

$\therefore \quad \frac{x+20}{x+7-3} = \frac{4}{3}$

$\Rightarrow \quad \frac{x+20}{x+4} = \frac{4}{3} \Rightarrow 3(x+20) = 4(x+4)$

$\Rightarrow \quad 3x + 60 = 4x + 16$

$\Rightarrow \quad x = 60 - 16$

$\Rightarrow \quad x = 44$

$\therefore$ परिमेय संख्या $= \frac{x}{x+7} = \frac{44}{44+7} = \frac{44}{51}$.

41. दिया है,

वस्तु का विक्रय मूल्य = ₹ 3290

तब, क्रय मूल्य $= 3290 \times \frac{100}{100-6}$

$= 3290 \times \frac{100}{94}$

$= 35 \times 100 = 3500$.

42. $x^3y^2 + x^4 + x^2y^3 + y^4 - (-3x^3y^2 + 2x^2y^3 - 5y^4 - 3x^2y^3)$

$= x^3y^2 + x^4 + x^2y^3 + y^4 + 3x^3y^2 - 2x^2y^3 + 5y^4 + 3x^2y^3$

$= 4x^3y^2 + 2x^2y^3 + x^4 + 6y^4$

अतः परिणाम में y^4 का गुणांक = 6.

43. $\frac{15(x^2-2x-15)}{25(x+3)(x^2-5)} = \frac{15(x^2-5x+3x+5)}{25(x+3)(x^2-5^2)}$

$= \frac{15[x(x-5)+3(x-5)]}{25(x+3)(x-5)(x+5)}$

$= \frac{3(x-5)(x+3)}{5(x+3)(x-5)(x+5)} = \frac{3}{5(x+5)}$.

44. A. 8, 12, 16 $\Rightarrow 8^2 + 12^2 = 64 + 144 = 208$

$16^2 = 256$

$\because \quad 8^2 + 12^2 \neq 16^2$

$\therefore$ यह एक समकोण त्रिभुज नहीं है।

B. 12, 35, 37 $\Rightarrow 12^2 + 35^2 = 144 + 1225 = 1369$

$37^2 = 1369$

$\because 12^2 + 35^2 = 37^2$

$\therefore$ यह एक समकोण त्रिभुज है।

C. 12, 35, 38 $\Rightarrow 12^2 + 35^2 = 144 + 1225 = 1369$

$38^2 = 1444$

$\because 12^2 + 35^2 \neq 38^2$

$\therefore$ यह एक समकोण त्रिभुज नहीं है।

D. 12, 35, 39 $\Rightarrow 12^2 + 35^2 = 144 + 1225 = 1369$

$39^2 = 1521$

$\because 12^2 + 35^2 \neq 39^2$

$\therefore$ यह एक समकोण त्रिभुज नहीं है।

यहाँ, विकल्प (B) एक पाइथागोरियन त्रिक है।

45. दिया है,

बहुफलकी की शीर्षों की संख्या = 12

$\Rightarrow \quad V = 12$

बहुफलकी की फलकों की संख्या = 8

$\Rightarrow \quad F = 8$

∴ इयूलर के सूत्र से

$F + V = E + 2$

$\Rightarrow \quad 8 + 12 = E + 2$

$\Rightarrow \quad E = 20 - 2 = 18$

∴ बहुफलकी के किनारों की संख्या E = 18.

47. $3\frac{1}{2}$ समकोणों में डिग्रियों की संख्या

$$= \frac{7}{2} \times 90^\circ = 7 \times 45^\circ = 315^\circ.$$

48. माना चतुर्भुज के कोण x, $2x$, $3x$ और $4x$ है।

तब, $x + 2x + 3x + 4x = 360^\circ$

$\Rightarrow \quad 10x = 360^\circ \Rightarrow x = 36^\circ$

तब, चतुर्भुज के सबसे बड़े कोण की माप = $4x$

$= 4 \times 36^\circ = 144^\circ$.

49. 10 संख्याओं का योग = $10 \times 96 = 960$

एक संख्या 150 है

शेष 9 संख्याओं का योग = $960 - 150 = 810$

तब, शेष 9 संख्याओं का माध्य = $\frac{810}{9} = 90$.

50. दिया है, एक पासे को फेंका जाता है

∴ $S = \{1, 2, 3, 4, 5, 6\}$

∴ $n(S) = 6$

माना E अभाज्य संख्या प्राप्त करने की घटना है

तब, $E = \{2, 3, 5\}$

$\Rightarrow \quad n(E) = 3$

∴ $P(E) = \frac{n(E)}{n(S)} = \frac{3}{6} = \frac{1}{2}$

अतः अभाज्य संख्या प्राप्त करने की प्रायिकता = $\frac{1}{2}$.

पिछले प्रश्न-पत्र (हल सहित)

CTET पेपर-II, जनवरी 2022*

(गणित एवं विज्ञान शिक्षक हेतु)

भाग-I

बाल विकास व शिक्षाशास्त्र

निर्देश (प्र.सं 1 से 30): *निम्नलिखित प्रश्नों के उत्तर देने के लिए **सही / सबसे उपयुक्त** विकल्प चुनिए।*

1. कथन (A): बच्चों व बचपन की संकल्पना सार्वभौमिक नहीं हो सकती।

तर्क (R): बच्चों व बचपन की समझ में उनके सामाजिक सांस्कृतिक परिवेश की कोई भूमिका नहीं है।

A. (A) और (R) दोनों सही हैं और (R) सही व्याख्या करता है (A) की।
B. (A) और (R) दोनों सही हैं, लेकिन (R) सही व्याख्या नहीं है (A) की।
C. (A) सही है, लेकिन (R) गलत है।
D. (A) और (R) दोनों गलत हैं।

2. बच्चों के विकास के संदर्भ में कौन-सा कथन सही है?

A. विकास पूर्ण रूप से अनुवांशिकता से निर्धारित होता है।
B. विकास पूर्ण रूप से पर्यावरण द्वारा निर्धारित होता है।
C. विकास में दोनों अनुवांशिकता व पर्यावरण की अन्योन्य क्रियात्मक भूमिका है।
D. तीन-चौथाई लक्षण जन्मजात होते हैं तथा बाकी पर्यावरण द्वारा निर्धारित होते हैं।

3. कथन (A): विकासात्मक प्रतिमान की निर्धारित उम्र-सीमा केवल औसत उम्र-सीमा दर्शाती हैं।

तर्क (R): बच्चों के विकासात्मक विकास की गति अलग-अलग होती है तथा वे अलग-अलग समय पर पहुँचते हैं।

A. (A) और (R) दोनों सही हैं और (R) सही व्याख्या करता है (A) की।
B. (A) और (R) दोनों सही हैं, लेकिन (R) सही व्याख्या नहीं है (A) की।
C. (A) सही है, लेकिन (R) गलत है।
D. (A) और (R) दोनों गलत हैं।

4. बच्चे किस चरण में प्रस्तावक तर्क के कथनों को हल कर पाते हैं जैसे अगर सभी मनुष्य मछली हैं और कुछ मछली बुद्धिमान हैं, तब क्या सभी मनुष्य बुद्धिमान हैं?

A. संवेदी-पेशीय चरण
B. पूर्व संक्रियात्मक अवस्था
C. मूर्त संक्रियात्मक अवस्था
D. अमूर्त संक्रियात्मक अवस्था

5. निम्नलिखित में से जीन पियाजे के सिद्धांत की आलोचना कौन-सी है?

A. बच्चों के संज्ञानात्मक विकास में भाषा बहुत महत्वपूर्ण भूमिका निभाती है।
B. बच्चे अपने वातावरण पर सक्रिय रूप से कार्य करके सीखते हैं।
C. बच्चे अलग तरीकों से सोचते हैं–उनकी सोच वयस्कों से गुणात्मक रूप से भिन्न होती है।
D. बच्चों में दुनिया की समझ बनाने की जन्मजात इच्छा होती है।

6. व्यागोत्सकीय पद्धति जिसमें शिक्षक और छात्र सीखने में सहयोग करते हैं, क्या कहलाता है?

A. खोज अधिगम
B. पारस्परिक शिक्षण
C. क्रमादेशित निर्देश
D. प्रतिपादक शिक्षण

7. लेव व्यागोत्सकी के सिद्धांत के अनुसार, पाड़

A. के संदर्भ में बच्चे को दी जाने वाली सहायता की मात्रा व गुणवत्ता में बदलाव करने की आवश्यकता है।
B. बच्चों के संज्ञानात्मक विकास में प्रभावशाली नहीं है।
C. के संदर्भ में बच्चों को दी जाने वाली सहायता की केवल मात्रा में बदलाव करने की आवश्यकता है।
D. के संदर्भ में बच्चों को दी जाने वाली सहायता की केवल गुणवत्ता प्रकार में बदलाव करने की आवश्यकता है।

8. लॉरेंस कोहलबर्ग द्वारा प्रतिपादित नैतिक विकास के किस स्तर पर व्यक्ति अपने निर्णय को व्यक्तिगत अधिकारों पर और सर्वोपरि अच्छाई परिणाम पर आधारित करता है?

*Exam held on 08-01-2022.

A. आज्ञापालन एवं दंड अभिविन्यास
B. अच्छा लड़का अच्छी लड़की अभिविन्यास
C. अधिकारिकता एवं सामाजिक क्रम व्यवस्था अभिविन्यास
D. सार्वभौमिक नैतिक सिद्धांत अभिविन्यास

9. हावर्ड गार्डनर ने ....
A. बुद्धिमत्ता को एक स्थिर विशिष्टता मानने की परंपरागत सोच की समालोचना की।
B. 12 अलग प्रकार की बुद्धिमत्ताओं को प्रस्ताविक किया।
C. सृजनात्मकता का सिद्धांत दिया।
D. बुद्धिमत्ता के एकल संरचना सिद्धांत को प्रतिपादित किया।

10. राष्ट्रीय शिक्षा नीति, 2020 प्रस्तावित करती है कि प्राथमिक स्तर पर बच्चे बेहतर ढंग से सीखते हैं जबः
A. निर्देश की भाषा उनकी मातृभाषा/घर की भाषा हो।
B. जब विषय-वस्तु गैर-संदर्भित हो।
C. जब उन्हें रट कर याद रखने के आधार पर आंका जाए।
D. जब एकरूपी और संरचित पाठ्यचर्या का पालन किया जाए।

11. प्रगतिशील शिक्षा में अधिगमकर्ताः
A. स्वतंत्र होते हैं व उनमें सीखने में जिज्ञासा होती है।
B. निर्देश के लिए पूर्णतः शिक्षकों पर निर्भर होते हैं।
C. को 'अभ्यास प्राणी' के रूप में देखा जाता है जिन्हें सभ्य करने की जरूरत है।
D. निष्क्रिय प्राणी हैं जिन्हें शिक्षकों द्वारा नियंत्रण करने की जरूरत है।

12. सामाजिक रचनावादी सिद्धांतों पर आधारित कक्षा-कक्ष में:
A. बच्चे निष्क्रिय रूप से सुनते हैं जब शिक्षक शिक्षण करते हैं।
B. संसाधन केवल प्रदर्शन के लिए होते हैं।
C. गतिविधि के अनुसार बैठने की व्यवस्था में बदलाव होता है।
D. मूल्यांकन और अधिगम को अलग-अलग प्रक्रिया माना जाता है।

13. निम्नलिखित में से कौन-सी रणनीति एक शिक्षक द्वारा माध्यमिक कक्षाओं में जेंडर रूढ़िवादिता को संबोधित करने के लिए सही ***नहीं*** है?
A. जेंडर की एक सामाजिक संरचना के रूप में चर्चा करना।
B. गैर-लिंगवादी व्यवहार को प्रोत्साहित करना।
C. पाठ्यपुस्तकों में पुरुषों और महिलाओं के चित्रण की समालोचना करते हुए चर्चा करना।
D. लड़कों को गणित और विज्ञान एवं लड़कियों को भाषा विषय लेने के लिए प्रोत्साहित करना।

14. अधिगमकर्ताओं में व्यक्तिगत विभिन्नताओं को संबोधित करने के लिए स्कूलों को क्या करना चाहिए?
A. अधिगमकर्ताओं के बीच सभी विभिन्नताओं को हटा देना चाहिए।
B. अधिगमकर्ताओं के बीच सभी विभिन्नताओं को खारिज कर देना चाहिए।
C. सभी अधिगमकर्ताओं की व्यक्तिगत जरूरतों को अनदेखा कर उन्हें समान रूप से देखना चाहिए।
D. उनकी व्यक्तिगत जरूरतों के अनुसार व्यक्तिगत शिक्षा योजना बनानी चाहिए।

15. निम्नलिखित में से कौन-सा प्रश्न बच्चों में समालोचनात्मक सोच को बढ़ावा देने का उदाहरण है?
A. पादप कोशिका का चित्र बनाइए।
B. अपने राज्य में पानी की कमी को दूर करने के लिए विभिन्न उपाय सुझाएँ।
C. गणना कीजिए—$(384)^7$
D. भारत का क्षेत्रफल व जनसंख्या क्या है?

16. शिक्षा में समावेशन में बढ़ावा देने की दिशा में निम्न में से कौन-सा बाधक है?
A. समता का सिद्धांत
B. समानुभूति की संस्कृति
C. अगम्य इमारतें
D. मध्यवर्तन पर प्रतिक्रिया

17. निम्नलिखित में से कौन-सा अभ्यास समावेशी शिक्षा की विचारधारा के खिलाफ जाता है?
A. अधिगमकर्ता की आवाज को महत्व देना।
B. सांस्कृतिक रूप से समावेशी पाठ्यक्रम लागू करना।
C. कुछ चुने हुए अधिगमकर्ता से ही उच्च उम्मीदें रखना।
D. विविधता के प्रति सकारात्मक प्रतिक्रिया करना।

18. निम्नलिखित में से कौन-सी दिव्यांगता सीधे तौर पर सामाजिक अंतःक्रियाओं में कठिनाई से जुड़ी है?
A. स्वलीनता
B. वाचनवैकल्य
C. गतिक दिव्यांगता
D. नेत्रहीनता

19. निम्नलिखित में से कौन-सा अभ्यास श्रवण बाधित विद्यार्थियों के सफल समावेशन में बाधा उत्पन्न करेगा?
A. सूचना संसाधित करने के लिए अतिरिक्त समय देना
B. घोषणाओं और चलचित्रों के लिए शीर्षकों और कथानकों का इस्तेमाल
C. कक्षा में होंठ पढ़ने की स्थिति को बढ़ाना
D. शिक्षण के व्याख्यान उपागम पर व्यापक रूप से भरोसा करना

20. प्रतिभाशाली विद्यार्थियों की आवश्यकताओं को पूरा करने के लिए एक शिक्षक को निम्न में से किस से बचना चाहिए?
A. स्वतंत्र रूप से सीखने के अवसरों की अनुमति देना
B. स्व-निर्देशित गतिविधियों के लिए अवसर प्रदान करना
C. सभी विद्यार्थियों के लिए एकसमान लक्ष्य निर्धारित करना
D. उन्नत पूरक/पठन-सामग्री का उपयोग करना

21. **अभिकथन (A):** एक शिक्षिका को विद्यार्थियों को विभिन्न परिस्थितियों में अधिगम को लागू करने के अवसर देने चाहिए।

कारण (R): सीखे गए संप्रत्ययों को किन्ही परिस्थितियों में लागू करने से शिक्षार्थियों का ज्ञान गहरा और दीर्घकालीन हो जाता है।

A. (A) और (R) दोनों सही हैं और (R) सही व्याख्या करता है (A) की।
B. (A) और (R) दोनों सही हैं, लेकिन (R) सही व्याख्या नहीं है (A) की।
C. (A) सही है, लेकिन (R) गलत है।
D. (A) और (R) दोनों गलत हैं।

22. एक शिक्षिका अपने विद्यार्थियों के बीच संज्ञानात्मक-प्रबोधन कौशल को सुसाध्य करना चाहती है। इस उद्देश्य के लिए उसे निम्नलिखित में से किस से बचना चाहिए?

A. त्रुटियों को बिना चर्चा के खारिज करना
B. जो समझ में नहीं आता उसे पहचानना
C. उत्तरों का सहज अनुमान लगाना
D. आत्म-प्रश्नोत्तरी और आत्म-परीक्षण

23. विद्यार्थियों की विफलता अकसर अधिगम कार्यों में अरुचि से जुड़ी होती है। इसे निम्न में से किस द्वारा कम किया जा सकता है?

A. कार्य को यथासंभव आसानी से पूरा करने के लिए उन्हें अनुबंधित करना।
B. विद्यार्थियों को कार्यो को सीखने की प्रासंगिकता को समझने में मदद करना।
C. अधिकांश विद्यार्थियों के लिए सीखने के कार्यों को अबोधगम्य बनाना।
D. उनके वास्तविक जीवन में सीखने के कार्यों की प्रयोज्यता को निर्दिष्ट नहीं करना।

24. सीखना प्रभावी और प्रासंगिक हो जाता है जबः

A. नई विषयवस्तु पिछले ज्ञान से संबंधित न की जाए।
B. विद्यार्थियों द्वारा निष्क्रिय नकल कई बार दोहराई जाती है।
C. विद्यार्थी अर्थ-निर्माण की प्रक्रिया में सक्रिय रूप से शामिल होते हैं।
D. विद्यार्थियों की प्रतिक्रियाएं कुछ उत्तेजनाओं का उपयोग करके अनुबंधित की जाती हैं।

25. निम्नलिखित में से कौन-सा प्रश्न प्रक्रियात्मक ज्ञान का उदाहरण है?

A. पाइथागोरस प्रमेय बताइये।
B. भोजन में उपस्थित मुख्य घटकों के नाम बताइए।
C. साइकिल कैसे चलाई जाती है?
D. 'गोदान' उपन्यास के लेखक कौन हैं?

26. अधिसंज्ञान के बारे में निम्नलिखित में से कौन-सा कथन सही नहीं है?

A. अधिसंज्ञान अपने ज्ञान पर मनन करने में मदद करता है।
B. अधिसंज्ञान एक निचले क्रम का ज्ञान है।
C. अधिसंज्ञान संज्ञान और अधिगम को नियमित करता है।
D. अधिसंज्ञान 'सोच के बारे में सोच' है।

27. निम्नलिखित में से कौन-सा कारक विद्यार्थियों की समस्या-समाधान प्रतिक्रिया में बाधा डालता है?

A. चयनित समाधान के परिणामों की आशंका।
B. लक्ष्यों को परिभाषित करना और समस्या का प्रस्तुतिकरण।
C. कई संभावित समाधानों की खोज।
D. सामग्री के पारंपरिक उपयोग पर स्थिरता।

28. वैकल्पिक अवधारणाओं के संदर्भ में निम्नलिखित में से कौन-सा कथन सही है?

A. वैकल्पिक अवधारणाएँ हमेशा निराधार होती हैं और शिक्षकों द्वारा इन्हें अत्यधिक हतोत्साहित किया जाना चाहिए।
B. वैकल्पिक अवधारणाएँ बच्चों की सीखने की क्षमता में मध्यस्थता करने में सार्थक हैं।
C. वैकल्पिक अवधारणाएँ वैचारिक परिवर्तन और संज्ञानात्मक क्षमताओं के बारे में कुछ भी नहीं दर्शाती हैं।
D. वैकल्पिक अवधारणाएँ केवल उन्हीं बच्चों में बनती हैं जिनमें तंत्रिका संबंधी कमी होती है।

29. निम्नलिखित में से कौन-सा संवेग अधिगम को नकारात्मक रूप से प्रभावित करता है?

A. जिज्ञासा B. आनंद
C. निराशा D. गौरव

30. किसी कार्य की सफलता या विफलता पर निम्नलिखित में से कौन-सा आरोपण भविष्य में विद्यार्थियों की प्रेरणा और इसी तरह के कार्यों में संलग्न होने के प्रयासों में गिरावट का कारण बन सकता है?

A. स्थिर, गैर-नियंत्रणीय B. अस्थिर, नियंत्रणीय
C. आंतरिक, नियंत्रणीय D. आंतरिक, अस्थिर

भाग-II

गणित व विज्ञान

निर्देश : *निम्नलिखित प्रश्नों के उत्तर देने के लिए* ***सही/सबसे उपयुक्त*** *विकल्प चुनिए।*

31. यदि $x = \frac{2}{5} \times \frac{-3}{7} - \frac{1}{14} - \frac{3}{7} \times \frac{3}{5}$ है, तो $3x$ का व्युत्क्रम क्या है?

A. $\frac{2}{3}$ B. $-\frac{3}{2}$
C. $-\frac{2}{3}$ D. $\frac{1}{2}$

32. यदि पाँच अंकीय संख्या $9x34y$, 24 से विभाज्य है, तो $(x + y)$ का अधिकतम मान क्या है?
A. 10 B. 16
C. 12 D. 13

33. $\left(\frac{5}{10}+\frac{5}{100}+\frac{5}{1000}\right)$ में क्या जोड़ा जाए कि योग $\frac{5}{2}$ प्राप्त हो?
A. 1.955 B. 1.855
C. 1.945 D. 1.845

34. 60 विद्यार्थियों की एक कक्षा में, कुल विद्यार्थियों की संख्या का $\frac{1}{5}$ हिन्दी पढ़ना पसंद करते हैं, शेष विद्यार्थियों की संख्या का $\frac{3}{8}$ गणित पढ़ना पसंद करते हैं और शेष विद्यार्थी विज्ञान पढ़ना पसंद करते हैं। विज्ञान पढ़ना पसंद करने वाले विद्यार्थियों की संख्या है:
A. 24 B. 18
C. 20 D. 30

35. 1510 में कौन-सी न्यूनतम संख्या जोड़ी जाए कि वह एक पूर्ण वर्ग बन जाए?
A. 6 B. 9
C. 14 D. 11

36. यदि $4 + 5 (x - 1) = 34$ है, तो $4x^2 - 3x$ का मान है:
A. 175 B. 180
C. 185 D. 190

37. $(3x^2 + 5x - 4)$ में से $(8x - x^2 - 4)$ को घटाने पर प्राप्त परिणाम में x^2 का गुणांक क्या है?
A. 5 B. –4
C. –5 D. 4

38. 95×103 का मान निकालते समय, एक विद्यार्थी ने $95 \times 103 = 10000 + 10a - 5$ लिखा। तब, a का क्या मान है?
A. 10 B. 20
C. –20 D. –10

39. किसी फैक्ट्री को कुछ वस्तुएँ 63 दिन में निर्मित करने के लिए 42 मशीनों की आवश्यकता पड़ती है। यह प्रस्ताव दिया जाता है कि इतनी ही वस्तुओं को x मशीनों का उपयोग करते हुए, 54 दिन में निर्मित किया जाए। $3x$ का मान है:
A. 49 B. 36
C. 108 D. 147

40. $\frac{x^4-(y+z)^4}{x^2+y^2+z^2+2yz}$ बराबर है:
A. $(x - y + z)(x + y + z)$
B. $(x - y - z)(x + y + z)$
C. $(x + y - z)(x + y + z)$
D. $(x - y - z)(x - y + z)$

41. AB एक रेखा है तथा P उस पर स्थित कोई बिंदु है। AB के एक ही ओर दो किरणें PC और PD इस प्रकार हैं कि किरण PC किरणों PB और PD के बीच में स्थित है। यदि $\angle APD = 80°$ है तथा कोणों CPD और BPC का अनुपात 2 : 3 है, तो $3\angle CPD + 2\angle BPC$ बराबर है:
A. 240° B. 200°
C. 120° D. 100°

42. किसी त्रिभुज PQR की माध्यिका PS की लंबाई उसकी भुजा QR की लंबाई की आधी है। यदि $\angle R = 24°$ है, तो $\angle Q$ बराबर है:
A. 24° B. 36°
C. 48° D. 66°

43. ABCD एक चतुर्भुज है, जिसमें $\angle A = \angle D$ और $\angle B = \angle C$ है। तब,
A. AB||CD के साथ ABCD एक समद्विबाहु समलंब है।
B. AD||BC के साथ ABCD एक समद्विबाहु समलंब है।
C. AB = AD के साथ ABCD एक पतंग है।
D. AB = BC के साथ ABCD एक पतंग है।

44. निम्नलिखित में से किस आकृति में रैखिक सममिति होती है, परंतु घूर्णन सममिति ***नहीं*** होती है?
A. समबाहु त्रिभुज B. आयत
C. पतंग D. समचतुर्भुज

45. किसी त्रिभुज की दो भुजाओं की लंबाइयाँ 13 सेमी और 19 सेमी हैं। इस त्रिभुज की तीसरी भुजा की लंबाई को निम्नलिखित के बीच स्थित अवश्य होना चाहिए:
A. केवल 13 सेमी और 19 सेमी
B. केवल 12 सेमी और 32 सेमी
C. केवल 8 सेमी और 21 सेमी
D. केवल 6 सेमी और 32 सेमी

46. भुजाओं 45 सेमी, 51 सेमी और 24 सेमी वाले एक त्रिभुज का क्षेत्रफल 30 सेमी लंबाई वाले एक आयत के क्षेत्रफल के बराबर है। तब, उस आयत का परिमाप है:
A. 96 सेमी B. 48 सेमी
C. 120 सेमी D. 60 सेमी

47. 9.8 मी. व्यास वाले एक वृत्ताकार बगीचे का क्षेत्रफल A है। तब 2A + 4.48 मी^{2} का मान है: $\left(\pi = \frac{22}{7}\right.$ का उपयोग कीजिए$\left.\right)$
A. 154.50 मी^{2} B. 155.40 मी^{2}
C. 154.48 मी^{2} D. 155.44 मी^{2}

48. 1 मी. लंबे एक रोड-रोलर का व्यास 84 सेमी है। यह किसी मैदान को एक बार समतल करने के लिए पूरे 750 चक्कर लगाता है। तब, उस मैदान का क्षेत्रफल है: $\left(\pi = \frac{22}{7}\right.$ का उपयोग कीजिए$\left.\right)$
A. 1980 मी^{2} B. 990 मी^{2}
C. 2180 मी^{2} D. 1090 मी^{2}

49. प्रेक्षणों 15, 50, 120, 6, 80, 100, 10, 8, 10, 15, 15 के परिसर, बहुलक और माध्यक का माध्य है:

A. 48 B. 39

C. 52 D. 51

50. संख्याओं 29, 30, 31 ....., 88, 89 और 90 को पर्चियों पर लिखा जाता है (एक पर्ची पर एक संख्या) तथा इन पर्चियों को एक डिब्बे में रख दिया जाता है। तब, इस डिब्बे में से एक पर्ची यादृच्छिक रूप से निकाली जाती है। इसकी क्या प्रायिकता है कि निकाली गई पर्ची पर एक अभाज्य संख्या ***नहीं*** आएगी?

A. $\frac{15}{62}$ B. $\frac{7}{31}$

C. $\frac{47}{62}$ D. $\frac{24}{31}$

51. निम्नलिखित को सुमेलित कीजिए:

I.	अनुमान	(*a*)	एक कथन जिसे सही माना गया है, जो कि प्रमाणित नहीं किया जा सकता है।
II.	उपपत्ति	(*b*)	एक अभिकथन, जिसकी सत्यता अभी तक स्थापित नहीं हो सकी है।
III.	स्वयंसिद्ध	(*c*)	एक पूर्ण तर्क जोकि अभिकथन की सत्यता पर बल देने के लिए तर्कसंगत रूप से, अनुमानों से निष्कर्ष की ओर बढ़ता है।

	I	II	III
A.	(*b*)	(*c*)	(*a*)
B.	(*a*)	(*c*)	(*b*)
C.	(*c*)	(*a*)	(*b*)
D.	(*a*)	(*b*)	(*c*)

52. निम्नलिखित में से कौन-सा गणित प्रयोगशाला का उद्देश्य ***नहीं*** हो सकता है?

A. मूर्त शिक्षण-अधिगम सामग्री के उपयोग द्वारा छात्रों को गणितीय अवधारणाओं को समझने में सहायता करना।

B. छात्रों को गणित की परीक्षा की तैयारी के लिए एक स्थान सुनिश्चित करवाना।

C. छात्रों की गणित अधिगम के प्रति रुचि और उत्साह बढ़ाना।

D. खेल, पहेलियों और निदर्श (मॉडल) का उपयोग करते हुए गणितीय समस्या-समाधान पर केन्द्रित गतिविधियाँ करवाना।

53. एक छठी कक्षा का छात्र चाँदा (प्रोट्रेक्टर) का उपयोग करते हुए कोणों का माप ज्ञात करता है। ऐसा करते हुए वह 80° के कोण को 100° अंकित करता है। 60° को 120° और 70° को 110° ..... आदि इत्यादि। इस प्रकार की त्रुटि का सबसे उपयुक्त कारण क्या हो सकता है?

A. वह चाँदे को गलत तरीके से पकड़ रहा है।

B. उसने चाँदे का उपयोग करके कोणों को सही दिशा में मापने/पढ़ने के कौशल को पूर्णरूप से ग्रहण नहीं किया है।

C. वह कोण के शीर्ष और चाँदे के केंद्र की सीध को नहीं मिला रहा है।

D. वह कुछ गलत नहीं कर रहा क्योंकि दोनों कोण मापों का एक ही अर्थ है।

54. निम्नलिखित में से कौन-सा गणित शिक्षण और अधिगम का आगमनात्मक उपागम को ***नहीं*** दर्शाता है?

A. विशिष्ट तथ्यों से लेकर गणित के सामान्य (व्यापक) सिद्धांतों तक तर्क करना।

B. पर्याप्त मूर्त और विशिष्ट उदाहरणों के माध्यम से विद्यार्थियों को एक सूत्र तक पहुँचने में सहायता करना।

C. यह गणित पढ़ाने का एक शिक्षक-केन्द्रित उपागम है।

D. शिक्षार्थियों को स्वयं गणित के सूत्र को खोजने के लिए प्रोत्साहित करना।

55. निम्नलिखित में से कौन-सा 'क्षेत्रमिति' पढ़ाने के लिए रचनावादी दृष्टिकोण का सबसे अच्छा दृष्टांत है जो राष्ट्रीय पाठ्यचर्या रूपरेखा (2005) में दर्शाई विचारधारा के अनुसार है?

A. विभिन्न सूत्रों का परिचय देते हुए श्यामपट्ट पर क्षेत्रमिति के अनुप्रयोग पर आधारित प्रश्नों को हल करना।

B. ठोस आकारों और रोजमर्रा की वस्तुओं का उपयोग करके छात्रों को दिए गए आकारों का क्षेत्रफल और आयतन ज्ञात करने के लिए विभिन्न तरीकों की खोज करने में सहायता करना।

C. छात्रों को पाठ्यपुस्तक में हल किए उदाहरणों पर आधारित प्रश्नों को बिना किसी सहायता के हल करने के लिए कहना।

D. विभिन्न कंप्यूटर आधारित तकनीकों का उपयोग करके क्षेत्रफल और आयतन की अवधारणा को पढ़ाना।

56. राष्ट्रीय पाठ्यचर्या रूपरेखा-2005 के अनुसार निम्नलिखित में से कौन-सा गणित पाठ्यचर्या का उद्देश्य ***नहीं*** है।

A. गणित को छात्रों के दैनिक अनुभवों से संबंधित करना।

B. बच्चे की विचार प्रक्रिया का गणितीकरण।

C. कलनविधि पर अत्यधिक बल देना।

D. अर्थपूर्ण समस्याओं को हल करने में छात्रों को व्यस्त (संलग्न) करना।

57. निम्नलिखित में से किस अवधारणा को दिए गए दृष्टांत का उपयोग करके समझाया जा सकता है?

$\_\_\_ + 5 = \sqrt{16}$

A. बीजीय व्यंजक में चर B. बीजीय व्यंजक में स्थिरांक मान

C. घन मूल D. बीजीय समीकरण

58. जब एक छठी कक्षा के छात्र से पूछा गया कि $\frac{1}{5}$ और $\frac{1}{4}$ में से कौन-सा भिन्न बड़ा है? तो छात्र हमेशा कहता है $\frac{1}{5}$। भिन्न के शिक्षण-अधिगम के संबंध में निम्नलिखित में से कौन-सी प्रतिक्रिया दी गई परिस्थिति के लिए सबसे उपयुक्त है?

A. छठी कक्षा के छात्र के लिए यह बहुत जल्दी होगा कि वह भिन्न की अवधारणा की समझ बना सके।
B. यह भ्रांति हर का मान बड़ा होने के कारण उत्पन्न होती है।
C. छात्र ने अवधारणा को ठीक से याद नहीं किया है।
D. छात्र को पाठ्य-पुस्तक से समान प्रकार के सवालों का अभ्यास करने की आवश्यकता है।

59. एक शिक्षक एक वृत्ताकार कागज को छोटे-छोटे त्रिज्यखडों में काटता है और उन्हें आयत बनाने के लिए संरेखित करता है। यह एक गतिविधि है, जो .... व्युत्पन्न करने के तरीके को दर्शाती है।
A. वृत्त की परिधि
B. वृत्त के क्षेत्रफल का सूत्र
C. वृत्त का व्यास
D. वृत्त का आयत में रूपांतरण

60. राष्ट्रीय पाठ्यचर्या रूपरेखा, 2005 के अनुसार निम्नलिखित में से कौन-सा सांस्कृतिक संसाधन गणित शिक्षा-शास्त्र में सबसे न्यूनतम योगदान देने वाला माना जा सकता है।
A. कहानियाँ और किस्से जिनमें संख्यानात्मक पहेलियाँ सम्मिलित हों।
B. गणना और परिकलन का पारंपरिक और व्यावसायिक ज्ञान
C. शिल्प-उपकरण जिनमें आकृतियों और सरणियों (व्यूहों) के प्रतिमान (पैटर्न) सम्मिलित हों।
D. रट कर याद करने की विधियाँ/तकनीकें

61. नीचे दिए गए अभिकारकों (अभिकर्मकों) के समुच्चयों पर विचार कीजिए।
(*a*) $Al_2(SO_4)_3$ (aq) + Zn(s)
(*b*) $Al_2(SO_4)_3$ (aq) + Fe(s)
(*c*) $CuSO_4$ (aq) + Fe(s)
(*d*) $CuSO_4$ (aq) + Zn(s)
इनमें से किसमें/किनमें अभिक्रिया होगी?
A. (*a*) और (*b*) B. केवल (*c*)
C. केवल (*d*) D. (*c*) और (*d*)

62. तत्व 'X' विद्युत का कुचालक है। ऑक्सीजन में जलकर एक गैस उत्पन्न करता है जो जल में घुलनशील है और यह विलयन नीले लिटमस-पत्र को लाल कर देता है। तत्व 'X' है:
A. कार्बन B. नाइट्रोजन
C. मैग्नीशियम D. सल्फर

63. नाइट्रोजन चक्र के विभिन्न चरण नीचे दिए गए हैं:
(*a*) गैसीय नाइट्रोजन यौगिकों का वर्षा द्वारा मृदा में जाना।
(*b*) वायुमण्डलीय नाइट्रोजन का बिजली से टकराना।
(*c*) जीवाणु नाइट्रोजन के यौगिकों को गैसीय नाइट्रोजन में परिवर्तित करते हैं।
(*d*) पौधे नाइट्रोजन यौगिकों को अवशोषित कर लेते हैं।
(*e*) पशु पौधों को ग्रहण करते हैं और नाइट्रोजन के यौगिक शरीर से बाहर उत्सर्जित करते हैं।

इन चरणों का सही क्रम है:
A. (*b*), (*a*), (*d*), (*e*), (*c*) B. (*a*), (*b*), (*c*), (*d*), (*e*)
C. (*c*), (*b*), (*d*), (*e*), (*a*) D. (*d*), (*e*), (*c*), (*b*), (*a*)

64. किसी भोजन के नमूने में प्रोटीन की उपस्थिति को जाँचने के लिए डाले गए रसायन हैं:
A. कॉपर सल्फेट, बेकिंग सोडा
B. कॉपर सल्फेट, कास्टिक सोडा
C. जिंक सल्फेट, बेकिंग सोडा
D. जिंक सल्फेट, कास्टिक सोडा

65. ध्वनि की उच्चता और उसके आयाम में क्या संबंध है?
A. उच्चता α (आयाम)^2
B. उच्चता $\alpha \frac{1}{(\text{आयाम})^2}$
C. उच्चता α (आयाम)^3
D. उच्चता $\alpha \frac{1}{\text{आयाम}}$

66. स्तंभ A में दिए गए सौरमण्डल के सदस्यों का मिलान स्तंभ B में दिए गए उनके गुणधर्मों से कीजिए।

स्तंभ-A	स्तंभ-B
(*a*) तारारूप	(*i*) छोटे पिण्ड जो कभी-कभी पृथ्वी के वायुमण्डल में प्रवेश करते हैं।
(*b*) धूमकेतु	(*ii*) छोटे पिण्ड जो मुगल और बृहस्पति के बीच के स्थान में उपस्थित होते हैं।
(*c*) उल्कापिण्ड	(*iii*) पिण्ड जो पृथ्वी के चारों ओर एक नजदीकी दूरी पर चक्कर लगाते हैं।
(*d*) उपग्रह	(*iv*) चमकदार शीर्ष और लम्बी पूँछ वाले आकाशीय पिण्ड।

	(*a*)	(*b*)	(*c*)	(*d*)
A.	(*iv*)	(*iii*)	(*ii*)	(*i*)
B.	(*iii*)	(*ii*)	(*i*)	(*iv*)
C.	(*ii*)	(*i*)	(*iv*)	(*iii*)
D.	(*ii*)	(*iv*)	(*i*)	(*iii*)

67. निम्न में से कौन-सा जलीय विलयन विद्युत धारा का चालन नहीं करता?
A. नींबू का रस
B. शर्करा का विलयन
C. कास्टिक सोडा का विलयन
D. साधारण नमक का विलयन

68. दिल्ली के आरंभिक बिन्दु से किसी बस के ओडोमीटर का पाठ्यांक 4000 किलोमीटर है और 3 घण्टे में अपने गंतव्य पर पहुँचने के बाद यह पाठ्यांक 4150 किलोमीटर दर्शा रहा है। बस की औसत चाल है:

A. 13.8 मी./सेकण्ड B. 138 मी./सेकण्ड
C. 128 मी./सेकण्ड D. 12.8 मी./सेकण्ड

69. A, B और C मृदा के तीन प्रकार हैं जिनके लक्षण नीचे दिए गए हैं। गेहूँ की फसल उगाने के लिए इनमें से कौन-सी मृदा सबसे उत्तम हैं?

मृदा का प्रकार	कणों का अनुपात	जल प्रतिधारक गुण
(*a*)	बड़े कणों की अधिक संख्या	निम्न
(*b*)	महीन कणों की कम संख्या	उच्च
(*c*)	बड़े तथा महीन कणों की लगभग एक समान संख्या	मध्यम

A. केवल (*a*) B. (*a*) और (*b*)
C. (*b*) और (*c*) D. (*a*) और (*c*)

70. विभिन्न जीव विभिन्न अंगों द्वारा श्वसन करते हैं। स्तंभ-A में दिए गए जीवों को, स्तंभ-B में दिए गए श्वसन के उनके अंगों से मिलाइए।

स्तंभ-A (जीव)	स्तंभ-B (श्वसन के अंग)
(*a*) मेंढक	(*i*) क्लोम
(*b*) केंचुआ	(*ii*) श्वासनली
(*c*) तिलचट्टा	(*iii*) गीली त्वचा
(*d*) मछली	(*iv*) फेफड़े

	(*a*)	(*b*)	(*c*)	(*d*)
A.	(*iv*)	(*iii*)	(*ii*)	(*i*)
B.	(*iii*)	(*ii*)	(*i*)	(*iv*)
C.	(*ii*)	(*i*)	(*iv*)	(*iii*)
D.	(*iii*)	(*ii*)	(*iv*)	(*i*)

71. वनों के संदर्भ में निम्न में से कौन-सा कथन सत्य ***नहीं*** है?
A. वन मृदा के अपरदन को रोकते हैं।
B. वन अपने आसपास के क्षेत्रों में अच्छी वर्षा करने में सहायक होते हैं।
C. वन जलवायु, जल चक्र तथा वायु की गुणवत्ता पर प्रभाव डालते हैं।
D. एक वन में वृक्ष वनस्पति की सबसे ऊपरी और झाड़ सबसे निचली परत बनाते हैं।

72. ऊँटों को रेगिस्तान की परिस्थितियों में जीवित रहने के लिए निम्न में से कौन-से अनुकूलन मदद करते हैं?
A. उनकी टाँगें लंबी होती हैं।
B. वे बहुत मूत्रत्याग करते हैं।
C. वे बहुत पसीना बहाते हैं।
D. उनकी लीद आर्द्र है।

73. स्तंभ-A में दिए गए ग्रन्थियों के नामों का मिलान उनके अनियमित रूप से कार्य करने के कारण उत्पन्न होने वाली परिस्थितियों से कीजिए जो स्तंभ-B में दी गई है।

स्तंभ-A (ग्रंथियाँ)	स्तंभ-B (अभावजनित रोग)
(*a*) थॉयराइड	(*i*) मधुमेह
(*b*) अग्न्याशय	(*ii*) तनाव तथा क्रोध
(*c*) एड्रीनल ग्रंथि	(*iii*) घेंघा
(*d*) पीयूष ग्रंथि	(*iv*) अवरुद्ध वृद्धि

	(*a*)	(*b*)	(*c*)	(*d*)
A.	(*iv*)	(*iii*)	(*i*)	(*ii*)
B.	(*iii*)	(*iv*)	(*ii*)	(*i*)
C.	(*iii*)	(*i*)	(*ii*)	(*iv*)
D.	(*iv*)	(*ii*)	(*iii*)	(*i*)

74. यीस्ट के विषय में निम्न में से कौन-सा कथन सत्य ***नहीं*** है?
A. यीस्ट एक-कोशिकीय है।
B. यीस्ट तेजी से गुणा करके नये यीस्ट बनाता है और श्वसन के दौरान कार्बन डाइऑक्साइड गैस उत्पन्न करता है।
C. यीस्ट एक लंबे समय तक निष्क्रिय रह सकता है।
D. यीस्ट विखण्डन द्वारा प्रजनन करता है।

75. नीचे दिए गए कथन पढ़िए और सही विकल्प का चुनाव कीजिए।

अभिकथन (A): कागज के एक टुकड़े का जलकर राख में परिवर्तित होना एक रासायनिक परिवर्तन है।

कारण (R): कागज के टुकड़े का जलना अनुत्क्रमणीय परिवर्तन है।

A. (A) व (R) दोनों सत्य हैं और (R), (A) की सही व्याख्या करता है।
B. (A) व (R) दोनों सत्य हैं, किन्तु (R), (A) की सही व्याख्या नहीं करता।
C. (A) सही है, किन्तु (R) गलत है।
D. (R) सही है, किन्तु (A) गलत है।

76. एक द्रव में विद्युत धारा के प्रवाह को जाँचने के लिए एक संपरीक्षित (टेस्टर) का प्रयोग किया गया और पाया गया कि संपरीक्षित का बल्ब नहीं जला। निम्नलिखित दो कथनों में से कौन-सा कथन इस अवलोकन की व्याख्या कर पाएगा?
(*a*) संपरीक्षित का परिपथ पूरा नहीं हुआ।
(*b*) संपरीक्षित में विद्युत धारा दुर्बल थी।
A. केवल (*a*) B. केवल (*b*)
C. (*a*) व (*b*) दोनों D. न (*a*), न (*b*)

77. निम्नलिखित में से सही कथन चुनिए:
गेहूँ और घास के पौधों में
A. समान प्रकार की जड़ें परन्तु पत्तियों के शिरा विन्यास भिन्न होते हैं।
B. समान प्रकार की जड़ें और पत्तियों के शिरा विन्यास भी समान होते हैं।
C. भिन्न प्रकार की जड़ें और पत्तियों के शिरा विन्यास भिन्न होते हैं।

D. भिन्न प्रकार की जड़ें, परन्तु पत्तियों के शिरा विन्यास समान होते हैं।

78. नीचे दी गई तालिका में तीन पदार्थों A, B और C के गुणधर्म सूचीबद्ध किये गए हैं। इन पदार्थों में से किस पदार्थ का प्रयोग आप घरेलू विद्युत परिपथ में कम विद्युत रेटिंग वाले फ्यूज को बनाने के लिए करेंगे?

पदार्थ	°C में गलनांक	विशिष्ट प्रतिरोधकता (Ω m)
(*a*)	1090	1.7×10^{-8}
(*b*)	240	11.2×10^{-8}
(*c*)	980	1.6×10^{-8}

A. (*a*) व (*c*)
B. (*b*) व (*a*)
C. केवल (*b*)
D. केवल (*a*)

79. निम्नलिखित में से कौन-सा कथन सहीं ***नहीं*** है?
A. जमीन पर लुढ़कती एक गेंद की गति रैखिक भी है और घूर्णनात्मक भी।
B. झूले पर झूलते एक बच्चे की गति आवर्ती भी है और दोलीय भी।
C. बिजली के किसी पंखे के एक ब्लेड पर अंकित बिंदु की गति वृत्तीय भी है और आवर्ती भी।
D. एक सिलाई-मशीन की सुई की गति दोलीय भी है और रैखिक भी।

80. नीचे दिया गया अनुच्छेद इन्द्रधनुष के बनने की प्रक्रिया का वर्णन करता है। A, B, C, D और E की पहचान कीजिए।

सूर्य का प्रकाश जब पानी की छोटी-छोटी बूँदों पर पड़ता है, तो कुछ किरणें दोनों माध्यमों के बीच की सतह पर A हो जाती है और संघटक रंगों में बँट जाती है। B रंग सबसे अधिक विचलित होता है और उसका वेग C होता है, जबकि रंग D सबसे कम विचलित होता है और उसकी आवृत्ति E होती है। A, B, C, D और E क्रमशः हैं।
A. अपवर्तित, बैंगनी, न्यूनतम, लाल, न्यूनतम
B. परावर्तित, बैंगनी, अधिकतम, लाल, न्यूनतम
C. विखंडित, लाल, न्यूनतम, बैंगनी, अधिकतम
D. अपवर्तित, लाल, अधिकतम, बैंगनी, अधिकतम

81. विज्ञान की कई पाठ्य-पुस्तकें, जैसे कि एन.सी.ई.आर.टी. की संबद्ध पाठ में अनुपूरक सूचनाएँ जैसे कि दंतकथाएँ, कहानियाँ और अनूठे तथ्य देती हैं।

इनके संदर्भ में निम्न में से क्या सही ***नहीं*** है?
A. ये बच्चों के लिए अनुपूरक पाठ्य-सामग्री की कमी को पूरा करते हैं।
B. ये विद्यार्थियों के मूल्यांकन में सहायक हैं।
C. ये विद्यार्थियों की विषय में रुचि जागृत करने में सहायक हो सकते हैं।
D. ये विज्ञान की प्रकृति को समझने में मददगार हो सकते हैं।

82. निम्न में से विज्ञान पाठ्यचर्या की वैधता का कौन-सा मानक शिक्षार्थियों को वे विधियाँ/प्रक्रियाएँ अर्जित करने में संलग्न करता है जिससे विज्ञान का ज्ञान उत्पन्न होता है और उसे मान्यता मिलती है?
A. संज्ञानात्मक
B. सामग्री (विषय-वस्तु)
C. प्रक्रम (प्रक्रिया)
D. ऐतिहासिक

83. एक शिक्षिका अपने विद्यार्थियों के लिए सरल लोलक पर कक्षा की योजना बना रही है। उसके पास कुछ सामग्री है:
(*a*) पतली लचीली डोरी
(*b*) हल्के भार का स्प्रिंग
(*c*) सूती धागा

उपर्युक्त में से कौन-सी सामग्री सरल लोलक की डोरी के रूप में चुनी जा सकती है?
A. (*a*) और (*b*)
B. केवल (*b*)
C. (*b*) और (*c*)
D. केवल (*c*)

84. कक्षा VII की शिक्षिका ने अपनी छात्राओं से कक्षा में निम्न प्रश्न पूछाः

यदि एक सप्ताह तक तुम्हारे क्षेत्र में विद्युत शक्ति बंद हो जाए, तब आप अपने दैनिक कार्यों को करने के लिए ऊर्जा के किन वैकल्पिक स्रोतों का उपयोग करेंगे?

निम्न में से किसके लिए यह प्रश्न सर्वथा ***अनुपयुक्त*** है?
A. शिक्षार्थियों को विद्युत के विवेकपूर्ण उपयोग के लिए संवेदनशील बनाने के लिए
B. शिक्षार्थियों में अपसारी चिंतन को प्रोत्साहित करने के लिए
C. ऊर्जा के वैकल्पिक स्रोतों से शिक्षार्थियों की परिचितता का आकलन करने के लिए
D. शिक्षार्थियों के सामान्य ज्ञान का आकलन करने के लिए

85. निम्न में से विवृतांत (खुले सिरे वाले) प्रश्न की पहचान करिए:
A. लुढ़काने और खिसकाने में क्या अंतर है?
B. क्या द्रवों में गति करती वस्तुएँ घर्षण बल का अनुभव करती हैं?
C. किसी नाव का धारा रेखीय आकार उसकी गति में किस प्रकार मदद करता है?
D. क्या होगा यदि घर्षण बल का अस्तित्व न हो?

86. कक्षा VII की शिक्षिका अपनी छात्राओं को समतल दर्पणों द्वारा निर्मित प्रतिबिम्ब के गुणधर्म समझाना चाहती है। निम्नलिखित में से कौन-सी गतिविधि इस प्रकरण का आरम्भ करने के लिए सबसे अधिक मददगार होगी?
A. छात्राएँ प्रतिबिंब निर्माण दर्शाते हुए किरण आरेख खींचती है।
B. छात्राएँ समतल दर्पण के सामने विभिन्न स्थितियों पर विभिन्न बिंब रखती हैं और उनके प्रतिबिंबों के लक्षणों का अवलोकन करती हैं।

C. छात्राएँ पाठ्य-पुस्तक में दिए गए परिदर्शी के आरेख का अध्ययन करती हैं।

D. छात्राएँ पिन होल कैमरे के साथ गतिविधि करती हैं और अपने अवलोकनों को लिपिबद्ध करती हैं।

87. नीचे स्तंभ-I में कुछ प्रक्रिया कौशलों के नाम दिए गए हैं। स्तंभ-II में दिए गए उपर्युक्त सूचकों से उनका मिलान करिए।

स्तंभ-I (प्रक्रिया कौशल)	स्तंभ-II (सूचक)
(*a*) निरीक्षण करना	(*i*) सूचना के विभिन्न टुकड़े एकत्र कर पूर्ण स्थिति को समझना
(*b*) परिकल्पना करना	(*ii*) ऐसी व्याख्याएँ सुझाना जिनकी जाँच की जा सकती है
(*c*) पूर्वानुमान करना	(*iii*) उपयुक्त साधनों द्वारा निष्कर्षों को दर्शाना
(*d*) संप्रेषण करना	(*iv*) किसी अज्ञात स्थिति के विषय में कुछ कहने के लिए प्रमाण का उपयोग करना
(*e*) पैटर्न पहचानना	(*v*) इन्द्रियों का उपयोग कर आँकड़े एकत्र करना

	(*a*)	(*b*)	(*c*)	(*d*)	(*e*)
A.	(*iv*)	(*iii*)	(*i*)	(*v*)	(*ii*)
B.	(*v*)	(*iii*)	(*iv*)	(*i*)	(*ii*)
C.	(*v*)	(*ii*)	(*iv*)	(*iii*)	(*i*)
D.	(*iii*)	(*i*)	(*ii*)	(*v*)	(*iv*)

88. वायु की दी गई मात्रा के दाब तथा आयतन के मध्य संबंध दर्शाने के लिए निम्न में से कौन-सी युक्ति सर्वथा उपयुक्त है?

A. एक गुब्बारे को फुलाना

B. किसी सिरिंज का पिस्टन अंदर धकेलना

C. फुटबॉल को फुलाना

D. कुछ सेकण्डों के लिए अपनी साँस रोकना

89. उच्च प्राथमिक स्तर पर विज्ञान के शिक्षण का एक मुख्य उद्देश्य वैज्ञानिक दृष्टिकोण का विकास करना है। निम्न में से कौन विद्यार्थियों में वैज्ञानिक दृष्टिकोण का आकलन करने का सूचक ***नहीं*** है:

A. कारण-कार्य संबंध को देखना

B. प्रेक्षणों में प्रतिमान और संबंधों की पहचान करना

C. विज्ञान की काल्पनिक फिल्म देखना

D. दैनिक परिघटनाओं के लिए सत्यभाषी व्याख्याओं को खोजना

90. निम्न में से कौन-सा लक्ष्य विज्ञान की साक्षरता के विकास से जड़ा हुआ ***नहीं*** है?

A. प्रचलित मीडिया में जो वैज्ञानिक मुद्दे देखे जाते हैं उन खबरों पर जानकारी रखने की क्षमता विकसित करना।

B. राष्ट्रीय सरोकारों से संबंधित वैज्ञानिक मुद्दों पर अपना मद बनाना।

C. लोगों में विज्ञान की एक कार्यात्मक समझ का विकास करना।

D. वैज्ञानिक व्यवसाय के लिए आवश्यक ज्ञान एवं कौशल प्रदान करना।

भाग-III

भाषा-I : हिन्दी

निर्देश (प्र.सं. 91 से 99): *नीचे दिए गए गद्यांश को पढ़कर पूछे गए प्रश्नों के सबसे उपयुक्त उत्तर वाले विकल्प को चुनिए:*

विश्व में बहुत से ऐसे लोग हुए हैं जिन्होंने असफल होने के बावजूद हार नहीं मानी और अंत में सफल हुए। विफलता से बेहतर कोई भी शिक्षक नहीं है। विफलता हमें यह सवाल करने का मौका देती है कि मुझसे क्या गलत हुआ है? जीत-हार जीवन की क्रियाएँ हैं। इसे जीवन बना देना गलत है। एक क्रिया को माथे पर जगह देना और दूसरी को खारिज कर देना गलत है। जीवन का आनंद, आनंद का जीवन इसी में निहित है कि बाह्य जीवन और आंतरिक जीवन की सुसंगतता की कर्मक्षेत्र के मूल में हो। भौतिक उपलब्धियों का ढेर अंतस के खाली होने की कीमत पर भी हो सकता है। हार इच्छा में शामिल नहीं है पर लोक कल्याण पर कोई सकारात्मक हस्तक्षेप न होता हो तो जीत के लिए अपना सबकुछ दाँव पर लगा देना भी उचित नहीं। सफलता और प्रगति जैसे शब्दों के नए अर्थ तय करने होंगे।

91. गद्यांश के आधार पर कौन-सा कथन सही है?

A. असफल होने वाले व्यक्ति कभी सफल नहीं हो पाते।

B. हार-जीत का जीवन बना देना गलत है।

C. असफलताएँ सीखने का मौका नहीं देती हैं।

D. एक बार असफल होने पर पुनः कोशिश करनी बेकार है।

92. विफलताओं को अच्छा शिक्षक क्यों कहा गया है?

A. विफलताएँ हमें अपनी गलतियों को समझने के मौके देती हैं।

B. विफलताएँ आनन्द से वंचित रखती हैं।

C. विफलताएँ जीतने के लिए प्रेरित करती हैं।

D. विफलताएँ सफलता की सीढ़ी हैं।

93. 'इसे जीवन बना देना गलत है।'

गद्यांश के अनुसार रेखांकित शब्द के स्थान पर क्या लिखा जा सकता है?

A. जीत-हार को B. सफलता को

C. विफलता को D. हस्तक्षेप को

94. ''एक क्रिया को माथे पर जगह देना और दूसरी को खारिज कर देना गलत है।''

रेखांकित से आशय है–

A. असफलताओं को अस्वीकृत कर देना गलत है।

B. दूसरी हार को अमान्य कर देना चाहिए।

C. हार का सदैव बहिष्कार करना चाहिए।

D. असफलताएं जीवन में आती रहती हैं।

95. ''बाह्य जीवन और आंतरिक जीवन की सुसंगतता ही कर्मक्षेत्र के मूल में हो।'' रेखांकित शब्द का भाव है:

A. अनुरूपता B. युक्तिपूर्णता

C. उपलब्धता D. असम्बद्धता

96. 'अंतस के खाली होने' से तात्पर्य है:

A. जीवन से विरक्ति का भाव।

B. जीवन में धन का अभाव।

C. जीवन में संवेदनशून्यता।

D. जीवन में संवेदनशीलता।

97. उपसर्ग एवं प्रत्यय की दृष्टि से 'सुसंगतता' का कौन-सा विग्रह सही है?

A. सुसंग + त + ता B. सु + संगत + ता

C. सुसंगत + त + ता D. सु + संग + ता

98. किस शब्द में प्रत्यय का प्रयोग ***नहीं*** किया गया है?

A. सफलता B. उपलब्धता

C. हार D. विफलता

99. 'एक क्रिया को माथे पर जगह देना' रेखांकित वाक्यांश का आशय है:

A. मस्तिष्क में बैठा लेना। B. स्मृति में रखना।

C. प्रदर्शित करना। D. सर्वश्रेष्ठ मान लेना।

निर्देश (प्र.सं. 100 से 105): *नीचे दिए गए गद्यांश को पढ़कर पूछे गए प्रश्नों के सबसे उपयुक्त उत्तर वाले विकल्प को चुनिए:*

देखकर बाधा विविध बहु विघ्न घबराते नहीं।
रह भरोसे भाग के, दुख भोग पछताते नहीं।।
काम कितना ही कठिन हो, किंतु उकताते नहीं।
भीर में चंचल बने जो वीर दिखाते नहीं।।
हो गए एक आन में उनके बुरे दिन भी भले।
जगह सब काल में वे ही मिले फूले फले।।
पर्वतों को काटकर सड़कें बना देते हैं वे।
सैकड़ों मरुभूमि में नदियाँ बहा देते हैं वे।।

100. 'वे ही मिले फूले फले।' में 'वे' का प्रयोग किनके लिए किया गया है?

A. जो हर समय हर जगह रहते हैं।

B. जो कभी मुश्किलों से घबराते नहीं हैं।

C. जो दुख भोगते हैं और पछताते हैं।

D. जिनके बुरे दिन कभी नहीं आते।

101. कविता में किनकी चर्चा की गई है?

A. भाग्य के भरोसे रहने वालों की।

B. बहुत जल्दी घबरा जाने वालों की।

C. वीरता का प्रदर्शन करने वालों की।

D. सतत रूप से कर्म करने वालों की।

102. 'अथक परिश्रम' करने वाले व्यक्तियों की क्या पहचान है?

A. जो परिश्रम करके धन कमाना जानते हैं।

B. जो किसी भी काम से घबराते नहीं हैं।

C. जो भीड़ में वीरता का प्रदर्शन करना जानते हैं।

D. जो भाग्य को सर्वोपरि मानते हैं।

103. 'सैंकड़ों मरुभूमि में नदियाँ बहा देते हैं वे' में रेखांकित पंक्ति का भाव है:

A. पसीना बहाना।

B. असंभव कार्य को संभव बना देना।

C. नदी से नहर निकालना।

D. तालाब खोदना।

104. 'वीर' से भाववाचक संज्ञा शब्द बनेगा:

A. वीरशाली B. वीरतापूर्ण

C. वीरशील D. वीरता

105. 'पर्वत' के लिए सर्वाधिक उपयुक्त विशेषण है:

A. विशाल B. प्रतिभाशाली

C. लालची D. अयोग्य

106. **स्थिति (*i*):** सना और इरफान दूरभाष पर अपने सप्ताहान्त की योजना पर चर्चा करते हैं।

स्थिति (*ii*): रोहन दी गयी पाठ्यसामग्री को पढ़ता है और कहानी के मुख्य विचार का सारांशीकरण करता है।

बुनियादी अंतरवैयक्तिक सम्प्रेषणात्मक कौशल (BICS) और संज्ञानात्मक अकादमिक भाषायी निपुणता (CALP)। इन दो भाषायी कौशलों को ध्यान में रखते हुए उपयुक्त स्थितियाँ कौन-सी हैं?

A. (*i*) CALP है, (*ii*) BICS है

B. (*i*) BICS है, (*ii*) CALP है

C. (*i*) और (*ii*) दोनों CALP हैं

D. (*i*) और (*ii*) दोनों BICS हैं

107. निम्नलिखित में से कौन-सा विद्यार्थियों में 'निष्कर्ष निकालने' के कौशल का विकास करने के लिए सही शिक्षण शास्त्रीय क्रम है?

I. अनुमान लगाना

II. पठन और बारीकी से देखना

III. पाठ्यसामग्री में से मुख्य बिंदुओं की पहचान करना।

A. I, II, III B. II, I, III

C. II, III, I D. III, I, II

108. निम्नलिखित में से कौन-सी शिक्षणशास्त्रीय विधि 'विषय-वस्तु आधारित उपागम' के सबसे निकट है?

A. विद्यार्थियों को मुहावरों का प्रयोग करते हुए वाक्य बनाने में मदद करने के लिए दिन-प्रतिदिन में काम आने वाली वस्तुएँ दिखाना
B. विद्यार्थियों को पठन-सामग्री में नए शब्दों को रेखांकित करने और शब्दकोश से उनका अर्थ ढूँढ़ने के लिए कहना
C. कक्षा में विद्यार्थियों को छोटे-छोटे समूहों में बाँटना और प्रत्येक समूह को अलग-अलग कहानी पढ़कर उस पर चर्चा करने के लिए कहना
D. विद्यार्थियों की रुचि के विषयों पर पठन-सामग्री का चयन करना और कहानियों के मुख्य विचार बिंदु ढूँढ़ने के लिए कहना

109. कक्षा छह के विद्यार्थियों को अकर्मक और सकर्मक क्रिया पढ़ाने के बाद अध्यापिका समूहों में गतिविधि करवाती है।

विद्यार्थी A सकर्मक क्रिया का एक वाक्य पुस्तक से पढ़कर विद्यार्थी B को अकर्मक क्रिया में बताती है। विद्यार्थी B अनुमान लगाती है कि इस वाक्य का सकर्मक क्रिया रूप क्या होगा। विद्यार्थी A आवश्यकतानुसार सुधार करती है, पुनः दोहराती है, जब तक कि विद्यार्थी B सही अनुमान न लगा ले।

यह गतिविधि किसका प्रतिनिधित्व करती है?
A. स्वैन की उत्पाद (परिणाम) परिकल्पना
B. क्रैशन की निवेश परिकल्पना
C. ब्रूनर का विकास का सिद्धांत
D. क्रैशन की अर्जन-अधिगम परिकल्पना

110. सस्वर वाचन की कक्षा में 'सक्रिय श्रवण' का प्रदर्शन करने के लिए कौन-सी गतिविधि ***सबसे कम*** उपयुक्त है?
A. विद्यार्थी कहानी पढ़ रही है, जब भी वह गलती करती है, अध्यापिका उसे रोक देती है, सुधार करती है और दोहराने के लिए कहती है
B. विद्यार्थी द्वारा कहानी पूरी पढ़ लेने के बाद अध्यापक उससे प्रश्न पूछती है–'तुमने इस कहानी से क्या सीखा?'
C. जैसे कि विद्यार्थी कहानी पढ़ रही है, अध्यापक उससे फॉलो-अप के लिए सवाल पूछती है, जैसे कि 'अमुक पर लेखक के विचारों के बारे में आप क्या सोचते हैं?'
D. जैसे-जैसे विद्यार्थी कहानी का प्रत्येक खंड पढ़ती जाती है, अध्यापक पूरी कक्षा में कहानी के उस भाग का सारांश प्रस्तुत करती जाती है और विद्यार्थी को आगे के भाग पढ़ना जारी रखने के लिए कहती है

111. बच्चे '............' उद्देश्य के लिए पढ़ते-लिखते हैं।
A. रटना
B. अर्थ निर्माण
C. कक्षाकक्षीय कार्य को पूर्ण करना
D. प्रोन्नति के लिए प्रमाण-पत्र

112. विद्यार्थियों को विस्तारात्मक लेखन से परिचित करवाने के लिए उसमें निहित कौशलों के विकास के लिए कौन-सी गतिविधि सर्वाधिक रूप से मदद करेंगी?
A. विद्यार्थियों द्वारा रोल-प्ले जिसमें उन्हें हाव-भाव के साथ संवाद बोलने हैं।
B. विद्यार्थियों को बताई गई वस्तु के लिए 100 शब्दों का प्रयोग करते हुए रचनात्मक विज्ञापन की अभिकल्पना करनी है।
C. पाँच-पाँच के समूह बनाना, समूह में एक विद्यार्थी कहानी आरम्भ करती है और शेष विद्यार्थी उसमें जोड़ते जाते हैं।
D. विद्यार्थी विशेषण की परिभाषा बताते हैं और विशेषण के प्रकारों की सूची बनाते हैं।

113. निम्नलिखित में से कौन-सा कथन स्पष्ट करता है कि बालक 'विकास के निकटस्थ क्षेत्र' में है?
A. अर्जुन दी गई पाठ्यसामग्री को समझ के साथ पढ़ सकता है और उससे सम्बंधित प्रश्नों के उत्तर दे सकता है।
B. अध्यापक द्वारा क्रिकेट पर गद्यखंड लिखने का तरीका प्रस्तुत करने एवं फुटबाल पर मुख्य शब्द देने के बाद साहिल फुटबाल पर गद्यखंड लिख सकता है।
C. मुनीरा अपने वर्तमान स्तर से कहीं आगे की पठन-सामग्री प्रवाह के साथ पढ़ सकती है और अपने सहपाठियों द्वारा कठिनाई महसूस करने पर उनकी सहायता भी करती है।
D. अपनी अध्यापिका द्वारा गद्यखण्ड की संरचना में मदद करने, मुख्य शब्द देने के बावजूद भी रूबी वर्णनात्मक गद्यखंड नहीं लिख पाती है।

114. निम्नलिखित में से कौन-सी व्याकरणिक अवधारणाएँ/उपअवधारणाएँ आगमनात्मक उपागम के द्वारा सर्वाधिक उपयुक्त तरीके से समझाई जा सकती है?
A. सरल वाक्य में शब्दों का क्रम
B. जातिवाचक संज्ञा के लिए समूह संज्ञा
C. किसी एक वाक्य में बहुत से विशेषण होने पर विशेषणों का क्रम
D. सकर्मक क्रिया से अकर्मक क्रिया में वाक्य को बदलना

115. पठन के संदर्भ में बारीकी से पढ़ना (स्कैनिंग) से क्या आशय है?
A. किसी विशिष्ट सूचना के लिए पढ़ना
B. पाठ्यसामग्री का सारांश जानने के लिए पढ़ना
C. दूसरों के लिए द्रुत गति से पढ़ना
D. स्वयं के लिए धीमी गति से पढ़ना

116. निम्नलिखित में से कौन-सा इस बात का मूल्यांकन करने के लिए सर्वाधिक उपयुक्त है कि विद्यार्थी ने दिए गए पाठ को पूरी तरह से समझ लिया है?
A. उनसे प्रश्न पूछिए, "पाठ में मुख्य पात्र कौन-से हैं?"
B. पाठ को पढ़ते समय जो भी शब्द अपरिचित या नए लगे उन पर घेरा बनाइए।
C. पढ़े गए पाठ का उपयुक्त शीर्षक बताइए।
D. अपने किसी सहपाठी के साथ मिलकर कहानी के कुछ हिस्सों का अभिनय करें।

117. नीचे आकलन की एक गतिविधि दी गई है:

'दी गई पाठ्यसामग्री को आधार बनाकर 100 शब्दों से क्रम में उत्तर दें।'

I. आपको कहानी का कौन-सा भाग सबसे प्रिय लगा?

II. यदि आप मुख्य पात्र होते तो क्या इसी प्रकार से प्रतिक्रिया देते?

इस गतिविधि द्वारा कौन-से भाषायी कौशलों की जाँच हो रही है?

A. कहानी के मुख्य विचार की पहचान
B. लेखक की विचारधारा को साझा करना
C. अपना विमर्श/विचार प्रस्तुत करना
D. रचनात्मक लेखन

118. 'निष्कर्ष निकालने' के कौशल का विकास करने के लिए कौन-सी शिक्षण अधिगम सामग्री एक अच्छा संसाधन है?

A. प्रामाणिक वस्तुएँ और पठन-सामग्री
B. कक्षा में शब्द दीवार
C. एक ही पठन-सामग्री का भिन्न-भिन्न भाषाओं में अनुवाद करके देना
D. विभिन्न छवियों को दर्शाने वाले फ्लैश कार्ड और उनके आधार पर अनुमान लगाना कि वे किस बारे में है

119. निम्नलिखित में से कौन-सा 'औपचारिक-पत्र लेखन' सिखाने के लिए 'मिश्रित अधिगम उपागम' का सर्वाधिक उपयुक्त उदाहरण हैं?

A. अध्यापक कुछ विद्यार्थियों को ऑफलाइन तथा कुछ को वीडियो कांफ्रेंसिंग के माध्यम से औपचारिक-पत्र का प्रारूप समझाती है।
B. अध्यापक ऑफलाइन कक्षा में औपचरिक-पत्र लेखन में पत्र का प्रारूप समझाती है और विद्यार्थियों को ऑनलाइन अभ्यास गतिविधि देती है कि अपने प्रधानाचार्य को एक पत्र लिखो।
C. अध्यापक विद्यार्थियों को वीडियाकांफ्रेंस के माध्यम से औपचारिक पत्र लेखन एक-एक व्याख्यान देती है और वीडियो पर औपचारिक पत्र के और उदाहरण देखने के लिए कहती है।
D. विद्यार्थी कक्षा में औपचारिक-पत्र लेखन के कई उदाहरण देखते हैं और अध्यापक उन्हें औपचारिक-पत्र लिखने के प्रारूप का अभ्यास करने के लिए कहती है।

120. राष्ट्रीय शिक्षा नीति, 2020 विदेशी भाषा के अध्ययन की अनुशंसा किस रूप में करती है?

A. माध्यमिक स्तर पर एक अतिरिक्त विकल्प के रूप में
B. त्रिभाषा सूत्र के अंतर्गत एक विकल्प एक रूप में
C. प्राथमिक चरण के दौरान की भाषा
D. राष्ट्रीय शिक्षा नीति विदेशी भाषा के अध्ययन की अनुशंसा नहीं करती है।

भाग-IV

Language-II : English

Directions (Qs. No. 121-128): *Read the passage given below and answer the questions/complete the statements that follow by choosing the appropriate options from the given ones.*

When a gorilla walks (and usually a family will travel about half a mile a day), he takes the main weight on his short legs and rests lightly on the knuckles of his hands at the end of his very long arms. When he stands upright a full-grown male rises to six feet, but with that immense chest he is far heavier than any normal man could ever be. Six hundred pounds is not uncommon. His strength is incredible-certainly great enough to enable him to take a man in his hands and wrench his head off. The female is much smaller and lighter.

Miss Donisthorpe, who recently made a study of Gorillas in the Muhavura area, says that the animals have a strong smell which she describes as a mixture of human sweat, manure and charred wood. They have good eyesight but are probably deficient in both hearing and smelling. They appear to talk to one another, Miss Donisthorpe says, in high-pitched voices, not unlike that of a women, or by smacking their lips or striking their cheeks and the female if alarmed, will scream. The male on the other hand, is capable of making a frightening demonstration in the face of danger. He stays behind while his family gets away, rising to his feet and uttering a terrifying roar. Sometimes he will drum on his chest and shake the trees around him with every appearance of uncontrollable fury. In extremity he will charge.

But all this, Miss Donisthorpe assured us, is no more than shadow boxing as a general rule, for the gorilla is gentle, kindly creature, a most forgiving ape who lives at peace with all the animals and his reputation for savagery and belligerence is nothing but a myth.

121. In the face of danger a female gorilla:

A. smacks her lips.
B. beats her chest.
C. shrieks.
D. climbs a tree for protection.

122. Choose the correct option:

A. All the limbs of a gorilla are of the same size.
B. His legs are shorter than his arms.
C. At six feet he weighs as much as a man may.
D. A female is as strong as a man.

123. Choose the correct option:

A. The entire family of a gorilla goes in search of food.
B. The family stays at one place and the male gets food.

C. The male protects the babies and the female goes in search of food.
D. Everyday the gorilla travels for a mile.

124. Choose the correct option:
A. A gorilla can smell the proximity of danger.
B. He gets the signal of danger even if a twig breaks in the vicinity.
C. In case of danger the family makes a united stand.
D. A male gorilla is very protective of his family.

125. Study the following statements:
(*a*) A gorilla will charge at you if you are a danger to the family.
(*b*) He is capable of living a peaceful life in jungle.
A. (*a*) is right and (*b*) is wrong.
B. (*b*) is right and (*a*) is wrong.
C. Both (*a*) and (*b*) are right.
D. Both (*a*) and (*b*) are wrong.

126. 'his strength is 'incredible'.
The underlined word means the same as:
A. inclusive B. unbelievable
C. invincible D. uncommon

127. 'but are probably deficient'
The word opposite in meaning to the underlined word is:
A. usually B. seriously
C. normally D. certainly

128. 'The male on the other hand ....'
The underlined word is/an__________.
A. Noun B. Pronoun
C. Adjective D. Adverb

Directions (Qs. No. 129-135): *Read the passage given below and answer the questions/complete the statements that follow by choosing the appropriate options from the given ones.*

1. Celebrities advertising products is nothing new. In fact it has been part of our lives for years. Even before the 2000's, you couldn't sit through a commercial break without seeing the teen pop icon of that time, Britney Spears, endorsing a soft drink. The legacy was later continued by the most famous celebrity we know of, Beyoncé. She was paid millions to promote the carbonated drink, which outraged health advocacy groups. Many concerned people questioned her ethics as to why she was supporting a drink that plays a major role in causing obesity.

2. With the growing importance of social media in a shopper's purchase journey, companies are evolving and stepping up the endorsement game across different channels. With celebrities vouching for promoting their products, brands can increase awareness, trust and familiarity, which are important variables in the purchase decision making process.

3. Consumers feel more sympathetic towards a brand, if their products are promoted by a celebrity they admire or relate to. It's a simple psychological effect, people believe that purchasing a product that's promoted by a celebrity they admire, will allow them to emulate the celebrity's desired traits or attract similar people into their lives. They will associate the celebrity's success, beauty, athletic skills with a particular product.

4. Brands are taking advantage of that by increasingly utilising the social media communities of celebrities. Social media is a way for consumers, in particular, those of younger demographics, to engage and build intimate connections with the celebrities they admire and follow.

129. Read the following statements.
(*a*) The trend of celebrities advertising products started in 2000.
(*b*) However, the trend is no longer so popular with the current generation.
A. (*a*) is true and (*b*) is false.
B. (*a*) is false and (*b*) is true.
C. Both (*a*) and (*b*) are true.
D. Both (*a*) and (*b*) are false.

130. How can brands increase their sales?
A. By selling their products cheaper.
B. By making people familiar with their products.
C. By discouraging the endorsement game.
D. By winning over the sympathy of health advocacy groups.

131. Read the following statement:
(*a*) Most soft drinks are carbonated drinks.
(*b*) They can make you fat, in a way that is not healthy.
(*c*) Celebrities become famous by promoting soft drinks.
A. (*a*) and (*b*) are true and (*c*) is false.
B. (*a*) and (*c*) are true and (*b*) is false.
C. (*b*) and (*c*) are true and (*a*) is false.
D. Only (*b*) is true

132. Demography is the scientific study of:
A. geographical disturbances in an area
B. wild animals
C. changing number of births and deaths in a community
D. marine life

133. 'emulate' in para 3 is used as a/an:
A. Noun B. Adjective
C. Adverb D. Verb

134. Which word in para 1 means the same as:
'a strong feeling of shock and anger'.
A. obesity B. ethics
C. outage D. advocate

135. "which are important variables ....." in para 2 is an example of ________.

A. adverb clause B. noun clause
C. adjective clause D. principal clause

136. Students from different home languages may struggle in English medium classrooms.

Which of the following activities will BEST help in providing initial support for this situation?

A. Enforcing students to only speak in English during class hours and not use their home language.
B. Building a word wall in the classroom with words in English and their possible equivalents in home languages.
C. Creating groups of students with different home languages and assigning them a common task.
D. Weekly tasks of grammar based worksheets to be done at home by all students in class.

137. In a language class on 'visualising the story', a teacher (T) is having a conversation with students:

T: Rosalie, what are we trying to visualise?

Rosalie: The given story.

T: Why is it called visualising, Syed?

Syed: Because we need to make mental images of the text

A. Why does the author choose dark grey to describe the sky?
B. Which character in the story sounds most like a person you know?
C. Based on what you visualise, what do you think happens next in the story?
D. What elements of the story help in visualising?

138. Mr. Rajan introduces the concept of clauses–what a main clause and subordinate clause are, rules for each etc. He models out few examples also where the rules are applied and then asks students to complete a worksheet on identifying the main and subordinate clause in sentences.

The above teaching method is an example of ....

A. Deductive learning B. Inductive learning
C. Flipped learning D. Cooperative learning

139. Desuggestopedia is sometimes used to teach English to students for whom it is not the home language.

Which of the following writing exercises is an example of this method?

A. Teacher shares writing samples and asks students to prepare a draft for a similar topic. She then reviews a few drafts in front of the whole class so that students can incorporate changes.
B. Teacher asks students to ideate based on the given topic, prepare a 100 words draft and present it to the class. All students will then rate each draft and the most popular one will be awarded.
C. Teacher shares a topic and asks students to ideate in groups and be as creative as possible. Based on the ideation, students create individual drafts and present it in their groups.
D. Students work in groups of 3: The student assigned as 'ideator' ideates, the 'drafter' drafts the writing sample and the 'presenter' presents it to the class.

140. Which of the following is an example of 'extensive listening'?

A. Doing activities on a learning website where students convert sentences from one form to another and do self-checks.
B. Learning new vocabulary using flashcards that have both, an audio and a written component.
C. Listening to a short audiobook on a specific topic and summarising its central idea or message.
D. Watching a movie in home language and matching dialogues with the subtitle which is translated to English.

141. Reading has several skills associated with it. A teacher gives the following instructions:

(*i*) Read the title.
(*ii*) Read the introduction or the first paragraph.
(*iii*) Read the first sentence of every other paragraph.
(*iv*) Read any headings and sub-headings.
(*v*) Notice any pictures, charts, or graphs.
(*vi*) Notice any italicized or boldface words or phrases.
(*vii*) Read the summary or last paragraph.

Which of the below skills is the teacher trying to build in students?

A. Skimming B. Scanning
C. Summarising D. Intensive reading

142. Which of the following is ***not true*** of National Education Policy (NEP) 2020 on language education?

A. Compulsory study of a foreign language
B. Mother tongue/home language/regional language as medium upto grade 5 and possibly upto 8
C. Flexible three language formula
D. Study of a classical language as an additional option

143. A teacher creates different lesson plans for the same chapter for 3 groups of students in the class. For students who need support, she covers topics from the previous grade, for 'average' students she covers topics from the textbook and for 'outstanding' students she covers additional topics apart from the textbook.

Is this a good example of differentiation? Why/Why not?

A. Yes, because this is a simple way to support students at varying learning levels so that all can complete the given task.

B. No, because the idea of differentiation is not to set lower expectations or categorize students as a whole.
C. No, because it is unfair to the 'outstanding' students that others are getting easier content.
D. Yes, because the teacher has personalised learning by 'watering down' the syllabus according to students' learning levels.

144. Which of the following pedagogical methods follows a 'contextualised approach' towards teaching the topic of **tense forms**?
A. Explaining different rules of conversion from present continuous to past continuous with single-sentence examples.
B. Asking students to share with the class what they discussed at dinner table at home the previous day in simple past tense.
C. Asking students to read a story at home and identify the different tense forms used in different parts of the story.
D. Encouraging students to apply the concept of present/past/future tense in their first language and compare the two.

145. When asked to make a sentence by rearranging the words - "the, cat, milk, gave, to, I," - Sam writes the following -

I gave to the cat milk.

Which of the below describes Sam's likely MISCONCEPTION?
A. The object and subject are independent of each other and can be placed anywhere.
B. Prepositions should come between the subject and the object.
C. The sentence should always begin with subject and end with object(s), rest come in between.
D. None - Sam has rearranged the sentence correctly.

146. After a class on formal letter writing, Ms. Manisha gave her students an assignment to write a letter to the principal about their annual class trip, which she then graded and provided detailed feedback for. Then she asked students to resubmit their work. What type of assessment is this?
A. Continuous and comprehensive evaluation
B. Diagnostic assessment
C. Summative assessment
D. Formative assessment

147. Which of the following assessments is BEST aligned with the learning objective: Students will be able to use appropriate adverbs in sentences.
A. Fill in the blanks with appropriate adverbs:
_______, the dog barked so ______ that the neighbours complained.
B. Identify the adverbs in the given sentence:
Recently, we went to the mall. It was really crowded.
C. I usually cannot run this swiftly.
The underlined words are all examples of _____.
D. What are the different types of adverbs? Explain with examples.

148. Which of the following resources could BEST serve as a book for a 'narrative writing' class?
A. An instructions manual
B. A fictional novel
C. A creative ad poster
D. A dictionary

149. Collaboration is an important 21st century skill for students.

Which of the following ICT-based activities can MOST help the purpose for groups of students working on a play-writing assignment?
A. Students in each group create a common shared online document where they put down their thoughts and create a final script.
B. Students in each group write dialogues and then self-check spellings and grammar using an online grammar tool.
C. Students in each group upload their scripts to a common drive folder which the teacher will review and provide feedback for.
D. Students in each group write different parts of the play based on what they are comfortable with and collate this to form the final script.

150. During writing exercises, Mr. Singh has found that his students organize their writing well but are not able to be creative with their ideation.

Which of the following graphic organisers should Mr. Singh teach his students to use so that their "ideation" skills improve?
A. Flowchart
B. Venn diagrams
C. Mind Maps
D. K-W-L chart

उत्तरमाला

1	2	3	4	5	6	7	8	9	10
C	C	A	D	A	B	A	D	A	A
11	**12**	**13**	**14**	**15**	**16**	**17**	**18**	**19**	**20**
A	C	D	D	B	C	C	A	D	C
21	**22**	**23**	**24**	**25**	**26**	**27**	**28**	**29**	**30**
A	A	B	C	C	B	D	B	C	A

31	32	33	34	35	36	37	38	39	40
C	C	C	D	D	A	D	C	D	B
41	42	43	44	45	46	47	48	49	50
A	D	B	C	D	A	B	A	A	C
51	52	53	54	55	56	57	58	59	60
A	B	B	C	B	C	D	B	B	D
61	62	63	64	65	66	67	68	69	70
D	D	A	B	A	D	B	A	C	A
71	72	73	74	75	76	77	78	79	80
D	A	C	D	B	C	B	C	D	A
81	82	83	84	85	86	87	88	89	90
B	C	D	D	D	B	C	B	C	D
91	92	93	94	95	96	97	98	99	100
B	A	A	A	A	C	B	C	D	B
101	102	103	104	105	106	107	108	109	110
D	B	B	D	A	B	C	D	A	A
111	112	113	114	115	116	117	118	119	120
B	B	B	A	A	C	C	D	B	A
121	122	123	124	125	126	127	128	129	130
C	B	A	D	C	B	D	C	D	B
131	132	133	134	135	136	137	138	139	140
A	C	D	C	C	B	D	A	C	C
141	142	143	144	145	146	147	148	149	150
A	A	B	B	C	D	A	B	A	C

व्याख्यात्मक उत्तर

2. मानव व्यक्तित्व आनुवंशिकता और वातावरण की अंतःक्रिया का परिणाम होता है। वंशानुगत कारक, शारीरिक कारक, बुद्धि, संवेगात्मक कारक, सामाजिक कारक इत्यादि बाल विकास को प्रभावित करने वाले आंतरिक कारक हैं। सामाजिक, आर्थिक एवं वातावरणजन्य अन्य कारक बालक के विकास को प्रभावित करने वाले बाह्य कारक हैं। आनुवांशिक गुणों का एक पीढ़ी से दूसरी पीढ़ी में स्थानांतरण होने की प्रक्रिया को आनुवांशिकता या वंशानुक्रम कहा जाता है। आनुवांशिकता को स्थिर सामाजिक संरचना माना जाता है। एक व्यक्ति के वंशानुक्रम में वह सब शारीरिक बनावटें, शारीरिक विशेषताएं एवं क्रियाएं सम्मिलित रहती हैं, जिनको वह अपने माता-पिता, अपने पूर्वजों या प्रजाति से प्राप्त करता है। आनुवांशिकता का मूलाधार कोशिका है, जिस प्रकार एक-एक ईंट को चुनकर इमारत बनती है, ठीक उसी प्रकार कोशिकाओं के द्वारा मानव शरीर का निर्माण होता है।

वातावरण का अर्थ है—पर्यावरण। पर्यावरण दो शब्दों से मिलकर बना है परि एवं आवरण। परि का अर्थ होता है—चारों ओर तथा आवरण का अर्थ होता है—ढकना। इस प्रकार वातावरण अथवा पर्यावरण का अर्थ होता है—चारों ओर घेरने वाला। मानव विकास में जितना योगदान आनुवांशिकता का है, उतना ही योगदान वातावरण का भी है। इसलिए कुछ मनोवैज्ञानिक वातावरण को सामाजिक वंशानुक्रम भी कहते हैं। वुडवर्थ के अनुसार, "वातावरण में वे समस्त बाह्य तत्व आ जाते हैं जिन्होंने जीवन प्रारंभ करने के समय से व्यक्ति को प्रभावित किया है"। बोरिंग लैगफील्ड एवं वेल्ड के अनुसार, व्यक्ति का वातावरण उन सभी उत्तेजनाओं का योग है, जिनको वह जन्म से मृत्यु तक ग्रहण करता है।

आनुवंशिकता की भूमिका को समझना बहुत महत्वपूर्ण है और इससे भी अधिक लाभकारी है कि हम समझें कि परिवेश में कैसे सुधार किया जा सकता है? ताकि बच्चे की आनुवांशिकता द्वारा निर्धारित सीमाओं के भीतर सर्वोत्तम संभावित विकास के लिए सहायता की जा सके। बालक के संपूर्ण व्यवहार की सृष्टि, वंशानुक्रम और वातावरण की अंतःक्रिया द्वारा होती है। शिक्षा की किसी भी योजना में वंशानुक्रम और वातावरण को एक-दूसरे से पृथक नहीं किया जा सकता है।

वातावरण से व्यक्ति शरीर का आकार-प्रकार प्राप्त करता है। वातावरण शरीर को पुष्ट करता है। विद्यालयों में कई प्रकार की अनुशासनहीनता दिखाई पड़ती है। कई बार इनके लिए परिवार का परिवेश ही नहीं बल्कि काफी हद तक वंशानुक्रम भी जिम्मेदार होता है। जैसे—चोरी करना, झूठ बोलना आदि। अवगुणों के विकास में बालक के परिवार एवं उसके वंशानुक्रम की भूमिका

अहम होती है। बालक की रुचियाँ, प्रवृत्तियाँ तथा अभिवृत्ति आदि के विकास के लिए भी वातावरण अधिक जिम्मेदार होता है, लेकिन वातावरण के साथ यदि वंशानुक्रम भी ठीक है तो इसको सार्थक दिशा मिल सकती है।

5. संज्ञानात्मक विकास के सम्बन्ध में जीन पियाजे का योगदान सर्वोपरि है। जीन पियाजे (1896-1980) स्विट्जरलैण्ड के एक प्रमुख मनोवैज्ञानिक थे, जिन्होंने प्राणि-विज्ञान में शिक्षा प्राप्त की थी, इनकी रुचि यह जानने की थी कि बालकों में बुद्धि का विकास किस ढंग से होता है। इसके लिए उन्होंने अपने स्वयं के बच्चों को अपनी खोज का विषय बनाया। बच्चे जैसे-जैसे बड़े होते गये, उनके मानसिक विकास सम्बन्धी क्रियाओं का वे बड़ी बारीकी से अध्ययन करते रहे। इस अध्ययन के परिणामस्वरूप उन्होंने जिन विचारों का प्रतिपादन किया उन्हें पियाजे के मानसिक या संज्ञानात्मक विकास के सिद्धान्त के नाम से जाना जाता है। जीन पियाजे ने 1923 से 1932 के बीच पाँच पुस्तकों को प्रकाशित कराया, जिनमें संज्ञानात्मक विकास के सिद्धान्त का प्रतिपादन किया गया। जीन पियाजे का मानना था कि बच्चे खेल प्रक्रिया के माध्यम से सक्रिय रूप से सीखते हैं, उन्होंने सुझाव दिया कि बच्चे को सीखने में मदद करने में वयस्क की भूमिका बच्चे के लिए उपयुक्त सामग्री प्रदान करना है। अल्फ्रेड बिने के साथ (1922-23) बुद्धि-परीक्षणों पर कार्य करते समय ही उन्होंने बालकों के संज्ञानात्मक विकास के सिद्धान्त की अवधारणा प्रस्तुत की। जीन पियाजे ने बालक के संज्ञानात्मक विकास के संदर्भ में शिक्षा-मनोविज्ञान में क्रांतिकारी संकल्पना को प्रस्तुत किया है, जिसके परिणामस्वरूप इन्हें प्रतिष्ठित नोबल पुरस्कार से सम्मानित किया गया। जीन पियाजे ने अधिगम के व्यवहारवादी सिद्धान्तों की आलोचना करते हुए संज्ञानात्मक विकास का गत्यात्मक मॉडल प्रस्तुत किया, जिसे 'कस्ट्रक्टिविज्म' के नाम से जाना जाता है।

जीन पियाजे के संज्ञानात्मक विकास की संकल्पनाएँ:

1. स्कीमा (Schema)
2. आत्मसात्करण (Assimilation)
3. समायोजन (Accommodation)
4. साम्यधारण (Equilibrium)

6. जब बालक वयस्कों के साथ सामाजिक अन्तःक्रिया (Social Interaction) करता है तब एक प्रकार से पारस्परिक शिक्षण (Reciprocal Teaching) की ही तकनीक से होता है। वहाँ शिक्षक और बालक किसी क्रिया को क्रमानुसार करते हैं और शिक्षक बालक के लिए एक आदर्श होता है जिसका बालक अनुसरण करता है।

इन सारी अन्तःक्रियाओं में शिक्षक बालक के लिए एक पाड़ (Scaffolding) की तरह कार्य करता है जिसमें बालक के द्वारा किये गये नवीन कार्यों को शिक्षक समर्थन या सहारा प्रदान करते हैं, जब तक आवश्यक है। फिर धीरे-धीरे छात्र बिना समर्थन के पूर्ण स्वतंत्र होकर कार्य करने लगते हैं। पाड़ (Scaffolding) से तात्पर्य एक ऐसी मानसिक संरचना (Mental Structure) से है जो नये कार्यों या नये चिन्तन को करते समय शिक्षक बालक को सहारे के रूप में प्रदान करते हैं।

वाइगोत्सकी के अनुसार, संज्ञानात्मक विकास में भाषा (Language) और चिन्तन का प्रमुख स्थान है। इनके अनुसार बालक अपने व्यवहार को नियोजित और निर्देशित करने के लिए भाषा का प्रयोग करते हैं, सिर्फ सम्प्रेषण के लिए नहीं। वे कहते हैं कि प्रारम्भ में चिंतन एक दूसरे से स्वतंत्र होते हैं परन्तु धीरे-धीरे वे आपस में मिल जाते हैं। उनका मत है कि कोई भी मानसिक कार्य करने से पहले बालक में बाहरी समाज से संवाद होना आवश्यक है। बाहरी दुनिया से बात करने के लिए भाषा को सीखना आवश्क है। बालक जैसे ही भाषा सीखता है वह भीतरी सम्भाषण प्रारम्भ कर देता है। सभी बालक अपने अन्दर आत्म वार्तालाप (Self-Talk) की आदत बना लेते हैं। यही वार्तालाप आगे जाकर उनका चिन्तन बनकर सामने आता है।

10. राष्ट्रीय शिक्षा नीति, 2020 प्रस्तावित करती है कि प्राथमिक स्तर पर बच्चे बेहतर ढंग से सीखते हैं जब निर्देश की भाषा उनकी मातृभाषा, घर की भाषा हो। 'एनईपी 2020' में कम-से-कम ग्रेड 5 तक, संभव हो तो ग्रेड 8 तक और उससे आगे भी मातृभाषा/स्थानीय भाषा/क्षेत्रीय भाषा को ही शिक्षा का माध्यम रखने पर विशेष जोर दिया गया है। विद्यार्थियों को स्कूल के सभी स्तरों और उच्च शिक्षा में संस्कृत को एक विकल्प के रूप में चुनने का अवसर दिया जाएगा। त्रि-भाषा फॉर्मूले में भी यह विकल्प शामिल होगा। किसी भी विद्यार्थी पर कोई भी भाषा नहीं थोपी जाएगी। भारत की अन्य पारंपरिक भाषाएं और साहित्य भी विकल्प के रूप में उपलब्ध होंगे। विद्यार्थियों को 'एक भारत श्रेष्ठ भारत' पहल के तहत 6-8 ग्रेड के दौरान किसी समय 'भारत की भाषाओं' पर एक आनंददायक परियोजना/गतिविधि में भाग लेना होगा। कई विदेशी भाषाओं को भी माध्यमिक शिक्षा स्तर पर एक विकल्प के रूप में चुना जा सकेगा। भारतीय संकेत भाषा यानी साइन लैंग्वेज (आईएसएल) को देश भर में मानकीकृत किया जाएगा और बधिर विद्यार्थियों द्वारा उपयोग किए जाने के लिए राष्ट्रीय एवं राज्य स्तरीय पाठ्यक्रम सामग्री विकसित की जाएगी।

11. प्रगतिशील शिक्षा में अधिगमकर्ता स्वतंत्र होते हैं व उनमें सीखने की जिज्ञासा होती है। प्रगतिशील शिक्षा वह है जो निम्नलिखित विशेषताओं पर जोर देती है–

- परियोजनाओं पर कड़ी मेहनत करके सीखने पर जोर।
- शिक्षा में उद्यमिता का एकीकरण।
- समस्या-समाधान और आलोचनात्मक सोच पर जोर।

प्रगतिशील शिक्षा की अवधारणा उन्नीसवीं शताब्दी में शुरू हुई थी। इसकी कुछ विशेषताएं हैं–

- अधिगम का आनंद कार्य करके लें।

- शिक्षक सुपरवाइजर की भूमिका निभाता है।
- कार्य करने के लिए प्राकृतिक रुचि सबसे अच्छी प्रेरणा है।
- छात्रों के स्वास्थ्य और विकास पर ध्यान दिया जाता है।
- समूह गतिविधि के साथ-साथ सहयोग को प्रोत्साहित करें।

26. अधिसंज्ञान (Metacognition) एक निम्न श्रेणी का ज्ञान नहीं है। शब्द अधि का अर्थ "आगे" या "शीर्ष पर" होता है। इसलिए अधिसंज्ञान "संज्ञान के बारे में संज्ञान", "सोच के बारे में सोच", "जानने के बारे में जानना" और "किसी व्यक्ति की जागरूकता के बारे में जागरूकता" है। विचारात्मक शिक्षण में शिक्षक उसके शिक्षण व्यवहार के बारे में सोचता है जिसका अर्थ अधिसंज्ञान होता है।

27. सामग्री के पारंपरिक उपयोग पर स्थिरता विद्यार्थियों की समस्या-समाधान प्रतिक्रिया में बाधा डालता है। समस्या समाधान में मानसिक विन्यास तथा अभिप्रेरणा का अभाव दो प्रमुख अवरोध है। मानसिक विन्यास व्यक्ति के समस्या समाधान करने की एक प्रवृत्ति है जिसमें वह पहले से प्रयोग की गई मानसिक संक्रियाओं या उपायों का अनुसरण करता है। किसी विशिष्ट युक्ति की पूर्व सफलता नयी समस्या के समाधान में कभी-कभी सहायक होगी। यद्यपि यह प्रवृत्ति मानसिक दृढ़ता भी उत्पन्न करती है जो समस्या के समाधानकर्ता के लिए नए नियमों या युक्तियों के बारे में सोचने में बाधक बनती है। अतः कुछ स्थितियों में जहाँ मानसिक विन्यास समस्या समाधान की गुणवत्ता और गति में वृद्धि करता है वहीं अन्य स्थितियों में यह समस्या समाधान को बाधित करता है।

मानसिक विन्यास की तरह ही समस्या समाधान में प्रकार्यात्मक स्थिरता (functional fixedness) तब उत्पन्न होती है जब लोग किसी चीज या परिस्थिति के सामान्य प्रकार्यों पर स्थिर हो जाने के कारण समस्या का हल करने में विफल हो जाते हैं। यदि आपने कभी मोटी दफ्ती मढ़ी हुई पुस्तक का उपयोग कील ठोंकने के लिए किया है, तो आप मानसिक स्थिरता को पार कर चुके हैं।

लोग समस्या का समाधान करने में कुशल हो सकते हैं, परंतु यदि वे अभिप्रेरित नहीं हैं तो उनकी दक्षता एवं योग्यता किसी काम की नहीं है। कभी-कभी लोग जब पहले ही चरण को पूरा करने में कठिनाई या असफलता का अनुभव करते हैं तो वे शीघ्र ही निराश होकर कार्य छोड़ देते हैं। अतः समस्या का समाधान या हल ढूँढ़ने के लिए कठिनाई के बाद भी उन्हें अपने प्रयास में निरंतर लगे रहने की आवश्यकता है।

31. दिया है, $x = \frac{2}{5}\times\frac{-3}{7}-\frac{1}{14}-\frac{3}{7}\times\frac{3}{5}$

$$= \frac{-6}{35}-\frac{1}{14}-\frac{9}{35}$$

$$= \frac{-12-5-18}{70}=\frac{-35}{70}=\frac{-1}{2}$$

$$\Rightarrow \quad x = \frac{-1}{2}$$

$$\therefore \quad 3x = \frac{-3}{2}$$

अतः $3x$ का व्युत्क्रम $= \frac{1}{3x}=\frac{1}{\frac{-3}{2}}=\frac{-2}{3}$

33. $\left(\frac{5}{10}+\frac{5}{100}+\frac{5}{1000}\right)+x = \frac{5}{2}$

$$\Rightarrow \left(\frac{1}{2}+\frac{1}{20}+\frac{1}{200}\right)+x = \frac{5}{2}$$

$$\frac{100+10+1}{200}+x = \frac{5}{2}$$

$$\frac{111}{200}+x = \frac{5}{2}$$

$$x = \frac{5}{2}-\frac{111}{200}$$

$$= \frac{500-111}{200}=\frac{389}{200}$$

$$x = 1.945$$

अतः योग में 1.945 जोड़ा जाए।

34. दिया है, कक्षा में कुल विद्यार्थियों की संख्या = 60

हिन्दी पसंद करने वाले विद्यार्थियों की संख्या $= 60\times\frac{1}{5} = 12$

$\therefore$ शेष विद्यार्थी $= 60 - 12 = 48$

गणित पसंद करने वाले विद्यार्थियों की संख्या

$$= 48\times\frac{3}{8} = 6\times 3 = 18$$

$\therefore$ शेष विद्यार्थी $= 48 - 18 = 30$

अतः, विज्ञान पसंद करने वाले विद्यार्थियों की संख्या = 30.

35. $1510 = 1521 - 11$

$$\Rightarrow 1510 = 39\times 39 - 11$$

$$\Rightarrow 1510 + 11 = (39)^2$$

$$\Rightarrow 1521 = (39)^2$$

अतः 1510 में 11 जोड़ने पर वह एक पूर्ण वर्ग बन जाता है।

36. दिया है, $4 + 5(x - 1) = 34$

$$\Rightarrow 5(x-1) = 34 - 4$$

$$\Rightarrow 5(x-1) = 30$$

$$\Rightarrow x - 1 = \frac{30}{5}$$

$$\Rightarrow x - 1 = 6$$

$$\Rightarrow x = 1 + 6$$

$$\Rightarrow x = 7$$

$\therefore \quad 4x^2 - 3x = 4(7)^2 - 3 \times 7$
$= 4 \times 49 - 21$
$= 196 - 21 = 175.$

37. $\because$ परिणाम $= 3x^2 + 5x - 4 - (8x - x^2 - 4)$
$= 3x^2 + 5x - 4 - 8x + x^2 + 4$
$= 4x^2 - 3x$

अतः परिणाम में x^2 का गुणांक = 4.

38. $95 \times 103 = 10000 + 10a - 15$
$\Rightarrow \quad 95 \times 103 = 9985 + 10a$
$\Rightarrow \quad 9785 = 9985 + 10a$
$\Rightarrow \quad 10a = 9785 - 9985$
$\Rightarrow \quad 10a = -200$
$\Rightarrow \quad a = -20.$

39. अधिक मशीन, कम दिन → विलोमानुपात

मशीन   दिन
$42 : x :: 54 : 63$

$$\Rightarrow \quad x = \frac{42 \times 63}{54} = \frac{42 \times 7}{6} = 7 \times 7 = 49$$

अतः $3x$ का मान $= 3 \times 49 = 147.$

40. $$\frac{x^4 - (y+z)^4}{x^2 + y^2 + z^2 + 2yz} = \frac{[x^2 - (y+z)^2][x^2 + (y+z)^2]}{x^2 + y^2 + z^2 + 2yz}$$

$$= \frac{[x^2 - (y+z)^2][x^2 + y^2 + z^2 + 2yz]}{x^2 + y^2 + z^2 + 2yz}$$

$= x^2 - (y + z)^2$
$= [x - (y + z)][x + y + z]$
$= (x - y - z)(x + y + z).$

41. प्रश्नानुसार,

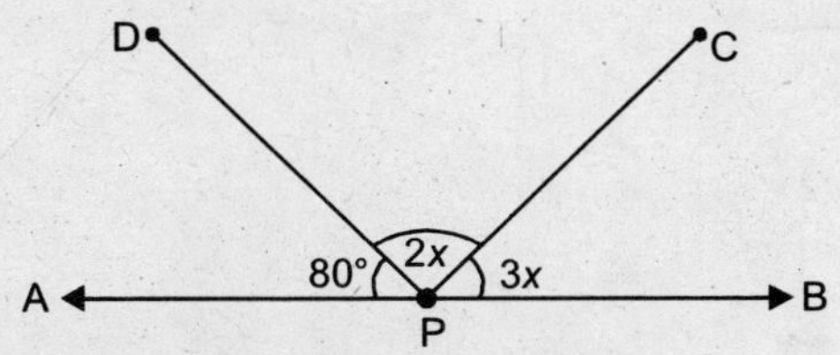

माना ∠CPD और ∠BPC, $2x$ और $3x$ हैं

तब, $\angle APD + \angle CPD + \angle BPC = 180°$
$\Rightarrow \quad 80° + 2x + 3x = 180°$
$\Rightarrow \quad 5x = 180 - 80° = 100$
$$\Rightarrow \quad x = \frac{100}{5} = 20°$$

अतः, $3\angle CPD + 2\angle BPC = 3 \times 2x + 2 \times 3x$
$= 6x + 6x = 12x$
$= 12 \times 20° = 240°.$

45. दिया है, त्रिभुज की दो भुजाओं की लंबाइयाँ 13 सेमी और 19 सेमी है

∴ तीसरी भुजा (19 – 13) सेमी और (13 + 19) सेमी के बीच में अवश्य होनी चाहिए

अर्थात 6 सेमी और 32 सेमी के बीच में अवश्य होना चाहिए।

46. माना त्रिभुज की भुजाएँ $a = 45$ सेमी
$b = 51$ सेमी, और $c = 24$ सेमी

$$\text{तब, } s = \frac{a+b+c}{2} = \frac{45+51+24}{2} = \frac{120}{2} = 60 \text{ सेमी}$$

$\therefore \quad \Delta$ का क्षेत्र. $= \sqrt{s(s-a)(s-b)(s-c)}$
$= \sqrt{60(60-45)(60-51)(60-24)}$
$= \sqrt{60 \times 15 \times 9 \times 36}$
$= \sqrt{900 \times 9 \times 36}$
$= 30 \times 3 \times 6 = 540$ सेमी^{2}

प्रश्नानुसार,

त्रिभुज का क्षेत्रफल = आयत का क्षेत्रफल
$\Rightarrow \quad 540 =$ लंबाई × चौड़ाई
$\Rightarrow \quad 540 = 30 \times b$
$$\Rightarrow \quad b = \frac{540}{30} = 18 \text{ सेमी}$$

अतः आयत का परिमाप $= 2(l + b)$
$= 2(30 + 18) = 2 \times 48 = 96$ सेमी

47. यहाँ, व्यास = 9.8 मी.
$\Rightarrow \quad 2r = 9.8$ मी.
$\Rightarrow \quad r = 4.9$ मी.
$\therefore \quad$ A = एक वृत्ताकार बगीचे का क्षेत्रफल
$= \pi r^2$
$= \frac{22}{7} \times (4.9)^2$ मी^{2}
$= \frac{22}{7} \times 4.9 \times 4.9$
$= 22 \times 0.7 \times 4.9$
$\Rightarrow \quad A = 15.4 \times 4.9$ मी^{2}
$\Rightarrow \quad 2A = 2(15.4 \times 4.9)$
$= 2(75.46) = 150.92$ मी^{2}

अतः 2A + 4.48 मी^{2} का मान
$= 150.92$ मी^{2} + 4.48 मी^{2}
$= 155.40$ मी^{2}.

48. दिया है, एक रोड-रोलर का व्यास = 84 सेमी
$\Rightarrow \quad 2r = 84$ सेमी

$\Rightarrow$ r = 42 सेमी = $\frac{42}{100}$ सेमी

और लम्बाई = h = 1 मी

$\therefore$ एक रोड-रोलर का वक्र पृष्ठ क्षेत्रफल

$= 2\pi rh$

$= 2 \times \frac{22}{7} \times \frac{42}{100} \times 1$ मी^{2}

$= \frac{44 \times 6}{100}$ मी^{2}

अतः उस मैदान का क्षेत्रफल = $750 \times \frac{44 \times 6}{100}$

$= \frac{15 \times 44 \times 6}{2} = 15 \times 22 \times 6$

$= 90 \times 22 = 1980$ मी^{2}

49. प्रेक्षणों को बढ़ते क्रम में लिखने पर:

6, 8, 10, 10, 15, 15, 15, 50, 80, 100, 120

$\therefore$ परिसर = उच्च सीमा – निम्न सीमा

$= 120 - 6 = 114$

और बहुलक = 15 [15 तीन बार आया है]

और प्रेक्षणों की कुल संख्या = 11

$\Rightarrow$ $n = 11$ एक विषम संख्या है

$\therefore$ माध्यक = $\frac{n+1}{2}$ वां पद

$= \frac{11+1}{2}$ = 6वां पद

= 15

अतः प्रेक्षणों के परिसर, बहुलक और माध्यक का माध्य

$= \frac{114+15+15}{3} = \frac{144}{3} = 48.$

50. यहाँ,

संख्याओं 29, 30 31, ...90

$\because$ पर्चियों की संख्या = 62

$\therefore$ S = 62

$\therefore$ $n(S) = {}^{62}C_1 = 62$

$\because$ अभाज्य संख्याएं हैं: 29, 31, 37, 41, 43, 47, 53, 59, 61, 67, 71, 73, 79, 83 और 89

$\therefore$ अभाज्य संख्याओं की संख्या = 15

पर्चियों की संख्या जिस पर अभाज्य संख्या नहीं लिखी है

$= 62 - 15 = 47$

$\therefore$ $n(E) = {}^{47}C_1 = 47$

अतः पर्ची पर एक अभाज्य संख्या नहीं आएगी की प्रायिकता

$= P(E) = \frac{n(E)}{n(S)} = \frac{47}{62}.$

68. 3 घंटे में बस द्वारा तय की गई दूरी

= 4150 किमी. – 4000 किमी.

= 150 किमी.

$\therefore$ बस की औसत चाल = $\frac{150}{3}$ किमी./घंटे

= 50 किमी./घंटे

$= 50 \times \frac{5}{18}$ मी/सेकंड

$= \frac{250}{18}$ = 13.8 मीटर/सेकंड।

पिछले प्रश्न-पत्र (हल सहित)

CTET पेपर-II, जनवरी 2021*

(गणित एवं विज्ञान शिक्षक हेतु)

भाग-I

बाल विकास व शिक्षाशास्त्र

निर्देश (प्र.सं 1 से 30): *निम्नलिखित प्रश्नों के उत्तर देने के लिए* ***सही/सबसे उपयुक्त*** *विकल्प चुनिए।*

1. कक्षा में अर्थपूर्ण अधिगम को प्रोत्साहित करने के लिए अध्यापिका को ....

(*i*) विद्यार्थियों की सहायता करनी चाहिए कि वे अपने मनोभावों और अभिप्रेरणों को सुव्यवस्थित कर पायें।

(*ii*) विद्यार्थियों को उनके प्रदर्शन के आधार पर वर्गीकृत और नामांकित करके उनके योग्यता-आधारित समूह बनाने चाहिए।

(*iii*) विद्यार्थियों में संवाद और परिचर्चा को प्रोत्साहित करना चाहिए, जिससे वे बहुपरिप्रेक्ष्य करने में सशक्त हों।

(*iv*) कक्षा में विविधता की उपेक्षा करके शिक्षण की मानक विधि को अपनाना चाहिए।

A. (*i*), (*iii*), (*iv*) B. (*i*), (*ii*), (*iii*), (*iv*)
C. (*i*), (*iii*) D. (*ii*), (*iii*)

2. प्रतिकूल परिस्थितियों और वंचित पृष्ठभूमि वाले अधिगमकर्ताओं को संबोधित करने के लिए निम्नलिखित में से कौन-सी पद्धति प्रभावशाली ***नहीं*** है?

A. विद्यार्थियों को संतुलित चुनौतीपूर्ण लक्ष्यों के लिए अभिप्रेरित करना और उपयुक्त शिक्षण सहायता उपलब्ध कराना।
B. कार्यकलापों के लिए सहयोगी समूह बनाना और विद्यार्थियों को एक-दूसरे का समर्थन करने के लिए प्रोत्साहित करना।
C. अधिगमकर्ताओं से बातचीत करके उनकी आवश्यकताओं और उनके सम्मुख आई चुनौतियों को समझना।
D. अधिगमकर्ताओं को विद्यालय के बाहर ट्यूशन पढ़ने के लिए कहना, जिससे कि अध्यापक को उन पर अधिक ध्यान न देना पड़े।

3. बच्चों के अधिगम में शारीरिक स्वास्थ्य और सांवेगिक अवस्था ....

A. का कोई आपसी संबंध नहीं है।
B. की भूमिका नगण्य है।
C. का कोई प्रभाव नहीं होता है।
D. की एक महत्त्वपूर्ण भूमिका है।

4. कक्षा में प्रभावशाली अधिगम के लिए .... वातावरण की रचना करनी चाहिए बजाए .... वातावरण के।

A. भयावह; सुसाध्यक B. प्रतिस्पर्द्धिक; सुसाध्यक
C. सहयोगिक; प्रतिस्पर्द्धिक D. प्रतिस्पर्द्धिक; सहयोगिक

5. निम्नलिखित में से कौन-सा उदाहरण विद्यार्थियों को अधिगम के लिए अभिप्रेरित करने के लिए प्रभावशाली पद्धति है?

A. वे कार्य देना जो कि बहुत सरल हों।
B. प्रतियोगिताओं के लिए बहुत से अवसर उत्पन्न कराना।
C. पाड़ उपलब्ध कराना विशेषकर जब विद्यार्थी कोई नया कौशल सीख रहे हों।
D. सीखने से ज्यादा कार्य पूर्ण करने पर बल देना।

6. बच्चों के चिंतन के विषय में निम्नलिखित में कौन-सा कथन सहीं ***नहीं है?***

A. बच्चे अपने आस-पास की विविध घटनाओं के बारे में सक्रियतापूर्वक सोचते हैं और उनमें अन्वेषण (छान-बीन) की लालसा होती है।
B. बच्चे अपने आस-पास की वस्तुओं को जानने के लिए जन्मजात जिज्ञासु होते हैं।
C. बच्चे अपने आस-पास की विविध घटनाओं के बारे में स्वयं अपने सिद्धांतों की रचना करते हैं।
D. बच्चे प्रत्ययों को स्वयं नहीं सोच सकते और अध्यापक की मूल भूमिका उन्हें जानकारी उपलब्ध कराना है।

7. अधिगम, एक .... और .... प्रक्रिया है।

A. सरल; व्यक्तिगत B. जटिल; निष्क्रिय
C. जटिल; सक्रिय D. सरल; रैखिक

8. अपनी कक्षा में अर्थपूर्ण अधिगम को सुसाध्य बनाने के लिए अध्यापिका को अपनी कक्षा में सामाजिक, सांस्कृतिक, धार्मिक, भाषीय विविधता को .... चाहिए।

A. समझना B. अनदेखा करना
C. टालना D. उपेक्षित करना

Exam held on 31-01-2021.

9. एक .... कक्षा में अध्यापिका अपनी शिक्षा-शास्त्र व आकलन की विधियों को विद्यार्थियों की व्यक्तिगत जरूरतों के अनुसार परिवर्तित करती है।

A. पाठ्य-पुस्तक केंद्रित B. व्यवहारवादी
C. अध्यापक-केंद्रित D. प्रगतिशील

10. बच्चों का विद्यालय में असफल होना :

A. साबित करता है कि इन बच्चों में आनुवंशिक पैदाइशी कमियाँ हैं और इन्हें विद्यालय से निकाल देना चाहिए।
B. सूचित करता है कि अभिभवाकों में अपने बच्चों के अधिगम में सहायता करने का सामर्थ्य नहीं है।
C. प्रस्तावित करता है कि वंचित पृष्ठभूमि वाले बच्चों में अधिगम का सामर्थ्य नहीं होता है।
D. निर्दिष्ट करता है कि विद्यालय इन बच्चों की आवश्यकताओं और रुचियों की पूर्ति करने में समर्थ नहीं है।

11. समूह में एक-दूसरे को पढ़ाने और सहायता करने से :

A. बच्चों का ध्यान भंग हो सकता है और यह एक प्रभावशाली शैक्षिक पद्धति नहीं है।
B. बच्चों में प्रतिस्पर्धात्मक प्रवृत्ति उत्पन्न होती है, जो कि अधिगम में विघ्न/रुकावट पैदा करती है
C. बच्चे स्वयं की चिंतन प्रक्रिया पर आक्षेप कर सकते हैं और संज्ञानात्मक क्रियाकलाप के उच्च स्तर पर पहुँच सकते हैं।
D. बच्चों में भ्रांति उत्पन्न हो सकती है, जो उनके अधिगम में हस्तक्षेप करती है।

12. बच्चों के समाजीकरण में विद्यालय ....

A. प्राथमिक कारक है। B. द्वितीयक कारक है।
C. की कोई भूमिका नहीं है। D. की बहुत कम भूमिका है।

13. निम्नलिखित में से किस मनोवैज्ञानिक ने प्रस्तावित किया है कि बच्चों का चिंतन गुणात्मक रूप से वयस्कों की अपेक्षा अलग होता है?

A. हॉवर्ड गार्डनर B. लॉरेंस कोह्लबर्ग
C. जीन पियाजे D. लेव वायगोत्स्की

14. विकास के विषय में निम्नलिखित में से कौन-सा कथन सही है?

A. विकास सुरुचिपूर्ण, सुव्यवस्थित समूह की अवस्थाओं में पूर्वनिश्चित आनुवंशिक घटकों के कारण होता है।
B. विकास एक सरल और एक-दिशीय प्रक्रिया है।
C. बच्चों के विकास में बहुत-सी सांस्कृतिक विविधताएँ होती हैं।
D. संसार में सभी बच्चों का विकास एक ही क्रम में और सुनिश्चित समय से होता है।

15. निम्नलिखित में से मध्य बाल्यावस्था की अवधि का मुख्य प्रमाण चिह्न कौन-सा है?

A. पेशीय कौशल और समग्र शारीरिक वृद्धि का तेजी से विकास।
B. वैज्ञानिक तर्क और अमूर्त रूप से सोचने की क्षमता का विकास।
C. प्रतीकात्मक-खेल का उभरना।
D. तर्कसंगत विचारों का विकास जो कि प्राकृतिक रूप से मूर्त हैं।

16. जीन पियाजे के अनुसार बच्चे अमूर्त संक्रियात्मक अवस्था में :

A. संरक्षण, वर्गीकरण व श्रेणीबद्धता करने में सक्षम नहीं हैं।
B. प्रतीकात्मक और सांकेतिक खेलों में भाग लेना प्रारंभ करते हैं।
C. परिकल्पित निगमनात्मक तर्क और प्रतिज्ञप्ति चिंतन करने में समर्थ हैं।
D. केंद्रीकरण और अनुत्क्रमणीय सोच से आबद्ध हैं।

17. लॉरेंस कोह्लबर्ग की नैतिक विकास के सिद्धांत के अनुसार व्यक्ति किस अवस्था में है जब वह विश्वास करता है कि वर्तमान सामाजिक प्रणाली को सक्रियतापूर्वक बनाए रखने में धनात्मक मानवीय संबंध और सामाजिक वर्ग सुरक्षित रहता है?

A. यंत्रीय उद्देश्य अभिविन्यास
B. सार्वभौमिक नैतिक सिद्धांत अभिविन्यास
C. दंड और आज्ञापालन अभिविन्यास
D. सामाजिक-क्रम व्यवस्था अभिविन्यास

18. बाल्यावस्था की अवधि में विकास :

A. में केवल परिमाणात्मक परिवर्तन होते हैं।
B. अनियमित और असंबद्ध होता है।
C. धीमी गति से होता है एवं उसे मापा नहीं जा सकता।
D. बहुस्तरीय और मिश्रित होता है।

19. 'निकटस्थ विकास का क्षेत्र' क्या है?

A. वह प्रक्रिया जिसमें शुरू में विभिन्न समझ वाले दो व्यक्ति समान समझ पर पहुँचते हैं।
B. वह प्रक्रिया जिसमें बच्चे, समाज के वयस्क सदस्यों द्वारा निर्धारित विधि से कार्य करते हैं।
C. बच्चों के वर्तमान स्तर पर स्वतंत्र प्रदर्शन और वयस्क व अधिक कौशल वाले समकक्षियों की सहायता से बच्चे द्वारा उपार्जित किए जाने वाले प्रदर्शन के मध्य का क्षेत्र है।
D. विभिन्न प्रकार के कार्य जो कि अपनी आयु के अनुसार बच्चे को करने चाहिए परन्तु वह नहीं कर सकती है।

20. एक प्रगतिशील कक्षा में शिक्षण-अधिगम प्रक्रिया के दौरान अधिगमकर्ताओं का मूल्यांकन :

A. अभिभावकों को प्रतिपुष्टि देने के प्रयोजन से 'बेहद सफल', 'कम सफल' व 'असफल' विद्यार्थियों को पहचानने में सहायक होता है।
B. बेहद महत्त्वपूर्ण है, क्योंकि यह बच्चों की समझ की जानकारी देता है और अध्यापिका को अपने शिक्षा-शास्त्र पर विचारने में सहायक होता है।
C. बच्चों के अधिगम में सहायक नहीं है।
D. बच्चों की अधिगम प्रक्रिया में रुकावट उत्पन्न करता है।

21. हॉवर्ड गार्डनर के बहु-बुद्धि सिद्धांत के अनुसार निम्नलिखित में से कौन-सा जोड़ा बुद्धि के प्रकार और अंत-स्थिति अनुपालन संभावना के अनुसार सही है?

बुद्धि का प्रकार	अंत-स्थिति अनुपालन संभावना
A. भाषिक	– मूर्तिकार
B. शारीरिक गति-संवेदनता	– खिलाड़ी
C. स्थानिक	– मनोवैज्ञानिक
D. अंतरावैयक्तिक	– विक्रेता

22. लेव वायगोत्स्की के अनुसार :
A. बच्चों का संज्ञानात्मक विकास चरणों में होता है।
B. स्कीमा के परिपक्वन से बच्चों में संज्ञानात्मक विकास अग्रसर होता है।
C. बच्चों के संज्ञानात्मक विकास में भाषा की एक महत्वपूर्ण भूमिका है।
D. बच्चे 'भाषा अधिग्रहण यंत्र' द्वारा भाषा सीखते हैं।

23. बाल-केंद्रित कक्षा वह है, जिसमें :
A. बच्चों के व्यवहार को निदेशित करने के लिए अध्यापक पुरस्कार और दंड का प्रयोग करता है।
B. अध्यापक लचीला है और प्रत्येक बच्चे की व्यक्तिगत आवश्यकताओं को पूरा करता है।
C. अध्यापक केवल पाठ्यपुस्तक को ज्ञान के स्रोत के लिए उपयोग करता है।
D. अध्यापक, बच्चों को उनकी क्षमता के आधार पर वर्गीकृत करता है।

24. किस मनोवैज्ञानिक के अनुसार बच्चों के संज्ञानात्मक विकास में 'सांस्कृतिक उपकरण' एक महत्त्वपूर्ण भूमिका निभाते हैं?
A. अल्बर्ट बन्डुरा B. बी.एफ. स्किनर
C. लेव वायगोत्स्की D. जीन पियाजे

25. कक्षा में सभी लिंगों में जेंडर रूढ़िवादिता कम करने और विकास के विस्तार की संभावनाओं को बढ़ाने के लिए प्रभावशाली पद्धति कौन-सी है?
A. एक ही लिंग के योग्यता समूह बनाना।
B. क्रियाकलाप के लिए मिश्रित लिंग समूह बनाना और विचार-विमर्श को प्रोत्साहित करना।
C. लिंगों के जैविक अंतरों की उपेक्षा करना और उन्हें अस्वीकार करना।
D. समाज में चित्रित लिंग भूमिकाओं को प्रबल करना।

26. अध्यापकों को कक्षा में बहुभाषीयता को .... समझना चाहिए।
A. एक समस्या B. एक व्यवस्थागत मुद्दा
C. एक गुण और साधन D. एक रुकावट

27. प्रतिभाशाली और सृजनात्मक बच्चों की आवश्यकताओं को किस प्रकार संबोधित किया जा सकता है?
A. प्रश्न हल करने के लिए विशिष्ट निर्देश उपलब्ध कराकर।
B. रटने पर आधारित परीक्षा देकर।
C. चुनौतीपूर्ण कार्य और नीरसता दूर करने के लिए क्रियाकलाप देकर।
D. वे प्रश्न देकर जिनमें अभिमुखी चिंतन की आवश्यकता है।

28. पठनवैफल्य बच्चों की पहचान किस प्रकार की जा सकती है?
A. उनके पढ़ने और लिखने की कौशलता के विश्लेषण से।
B. उनकी जटिल व उच्च-स्तरीय समस्याओं को हल करने की क्षमता का आकलन करके।
C. उनके सामाजिक एवं सांस्कृतिक संदर्भ को जानकर।
D. पूर्ण शारीरिक स्वास्थ्य परीक्षण द्वारा।

29. आंशिक दृष्टि वाले विद्यार्थियों के लिए निम्नलिखित में से कौन-सी अधिगम सामग्री उपयुक्त ***नहीं*** है?
A. बोलती पुस्तकें, स्पर्शीय सूचना पट
B. छोटी मुद्रा वाली कार्यशीट
C. बड़े आकार में मुद्रित पुस्तकें
D. त्रि-विमीय नक्शे और चार्ट

30. 'समावेशी शिक्षा' के पीछे अंतर्हित विचार है :
A. अलग-अलग अक्षमताओं वाले बच्चों के लिए विशिष्ट शैक्षिक संस्थानों का प्रावधान करना।
B. दार्शनिकता कि सभी बच्चों को नियमित विद्यालय में समान शिक्षा पाने का अधिकार है।
C. बच्चों को उनकी योग्यता के आधार पर पृथक करना और व्यावसायिक प्रशिक्षण का प्रबंध करना।
D. बच्चों की अक्षमताओं के आधार पर, उनकी सीमाओं की पहचान करने के लिए, उन्हें नामांकित करना।

भाग-II

गणित व विज्ञान

निर्देश : *निम्नलिखित प्रश्नों के उत्तर देने के लिए **सही / सबसे उपयुक्त** विकल्प चुनिए।*

31. माध्यमिक विद्यालय में दो दशमलव वाली संख्याओं के गुणनफल की संकल्पना का परिचय देने के लिए निम्नलिखित में से कौन-सी सर्वाधिक उपयुक्त रणनीति है?
A. महत्त्व दिया जाना चाहिए कि गुणनफल, संख्याओं का बार-बार योग है।
B. महत्त्व दिया जाना चाहिए कि गुणनफल, विभाजन का प्रतिलोम है।
C. संकल्पना का परिचय देने के लिए कलन-विधि का प्रयोग किया जाना चाहिए।
D. प्रक्रिया का चित्रात्मक रूप में प्रदर्शन करना चाहिए।

32. निम्नलिखित में से कौन-सा गणित शिक्षण का संकीर्ण उद्देश्य है?
A. विद्यार्थियों को संख्याओं और संख्याओं पर होने वाली संक्रियाओं का संचालन करने में निपुण करना।

B. विद्यार्थियों में सामान्यीकरण क्षमता का विकास करना।
C. विद्यार्थियों में सुव्यवस्थित तर्कण को प्रोत्साहित करना।
D. विद्यार्थियों में कथन की सत्यता और असत्यता को प्रमाणित करने की योग्यता का विकास करना।

33. निम्नलिखित में से कौन-सी योजना विद्यार्थियों को गणितीय प्रश्नों को हल करने का शिक्षण देने के लिए सर्वाधिक उपयुक्त है?
A. अध्यापिका को शुरू में ही समस्या के हल प्राप्त करने के चरणों की व्याख्या कर देनी चाहिए।
B. विद्यार्थियों को प्रोत्साहित किया जाना चाहिए कि वे प्रश्न का बहुत से परिप्रेक्ष्यों से अवलोकन करें।
C. अनुमान और सत्यापन अभिगम को कड़ाई से हतोत्साहित किया जाना चाहिए।
D. प्रारंभ में ही दिए गए प्रश्नों के समूह को हल करने के लिए आवश्यक सूत्रों की सूची उपलब्ध करा देनी चाहिए।

34. निम्नलिखित में से अशुद्ध कथन को पहचानिए :
A. गणितीय संचारण में भाषा का प्रयोग परिशुद्ध होना आवश्यक है।
B. गणितीय ज्ञान की संरचना में अनुमान लगाना उपयोगी नहीं होता है।
C. गणितीय ज्ञान की संरचना में परिकल्पना की एक भूमिका है।
D. गणित में कल्पित तर्क प्रमुख होते हैं।

35. विद्यार्थियों में गणित अधिगम का मूल्यांकन करने के लिए निम्नलिखित में से कौन-सी योजना वांछनीय है?
A. विद्यार्थियों की अपने उत्तरों को समर्थन देने की क्षमता मूल्यांकन का महत्त्वपूर्ण आधार होना चाहिए।
B. गणितीय शब्द संग्रह का विकास मूल्यांकन का आधार नहीं होना चाहिए।
C. समानता के लिए सभी विद्यार्थियों को एकसमान कार्य दिये जाने चाहिए।
D. विद्यार्थियों के अशुद्ध उत्तरों की उपेक्षा करनी चाहिए।

36. एक आकृति का त्रिभुज होने के लिए शर्त कि यह तीन रेखाखण्डों का सम्मिलन हो :
A. आवश्यक और पर्याप्त दोनों ही शर्त हैं।
B. न तो आवश्यक और न ही पर्याप्त शर्त है।
C. आवश्यक है परन्तु पर्याप्त शर्त नहीं है।
D. पर्याप्त है, परन्तु आवश्यक शर्त नहीं है।

37. निम्नलिखित कथनों पर ध्यान दीजिए :
(a) = यदि n सम है, तो n^2 सम है।
(b) = यदि n^2 सम नहीं है, तो n सम नहीं है।
(c) = यदि n^2 सम है, तो n सम है।
(d) = यदि n सम नहीं है, तो n^2 सम नहीं है।
निम्नलिखित कथनों में कौन-सा सत्य है?
A. (b), (a) का प्रतिलोम है। B. (d), (a) का प्रतिस्थिति है।
C. (c), (a) का विलोम है। D. (d), (a) का विलोम है।

38. दृष्टिबाधित विद्यार्थियों के लिए निम्नलिखित में से किसका प्रयोग गणित शिक्षण अधिगम के साधनों के रूप में नहीं किया जा सकता है?
A. टाइल B. जियोबोर्ड
C. जियोजेब्रा D. टेलर का गिनतारा

39. निम्नलिखित कथनों में से कौन-सा सत्य है?
A. गणितीय ज्ञान के उत्पादन में अंतर्ज्ञान की कोई भूमिका नहीं है।
B. गणितीय कथन प्रतिबंधित हो सकते हैं।
C. गणित की पुस्तकों में दी गई सभी प्रमेयों की उपपत्ति से ही गणित बनता है।
D. एक व्यक्ति जो कि अंकगणितीय परिकलन में अच्छा है वह गणित में भी अच्छा होगा और विलोमतः भी यह सत्य होगा।

40. समावेशी कक्षा में पठन अक्षमता वाले विविध बाधित क्षमता के छात्रों के गणित अधिगम के विषय में निम्नलिखित में से कौन-सा सत्य ***नहीं*** है?
A. पठन अक्षमता वाले बच्चों को अपने विचारों को क्रमबद्ध और संघटित रूप में लिखने में कठिनाई हो सकती है।
B. पठन अक्षमता केवल भाषा सीखने को प्रभावित करती है न कि गणितीय अधिगम को।
C. पठन अक्षमता का प्रभाव व्यक्ति के संख्याओं के शाब्दिक और स्थानिक दृष्टिकोण में समन्वयन करने पर होता है।
D. गणित के चित्रांकित नमूने पठन अक्षमता वाले बच्चों द्वारा अनुभव की गई कठिनाइयों को दूर करने में सहायक होते हैं।

41. 6-अंकों की बड़ी से बड़ी संख्या के विभिन्न अभाज्य गुणनखंडों की संख्या है :
A. 5 B. 6
C. 3 D. 4

42. यदि 8-अंकीय संख्या $179x091y$, 88 से विभाज्य है, तो $(x - y)$ का क्या मान है?
A. 3 B. 4
C. 1 D. 2

43. मान लीजिए कि $a = \frac{11}{13}, b = \frac{13}{14}$ और $c = \frac{15}{17}$ तीन भिन्न हैं। निम्न में से कौन-सा सत्य है?
A. $\frac{11}{13} < \frac{15}{17} < \frac{13}{14}$ B. $\frac{11}{13} < \frac{13}{14} < \frac{15}{17}$
C. $\frac{13}{14} < \frac{11}{13} < \frac{15}{17}$ D. $\frac{15}{17} < \frac{13}{14} < \frac{11}{13}$

44. यदि $0.139 + 0.75 + 2.105 - (1.001) \times 1.1 = 2 - k$ है, तो k का मान है :
A. 0.1071 B. 0.1075
C. 0.8925 D. 0.982

45. यदि $a = -\frac{3}{4}$ और $b = \frac{5}{6}$ हैं, तो निम्न में से कौन-सा a और b के बीच स्थित नहीं है?

A. $-\frac{2}{5}$ B. $-\frac{7}{9}$
C. 0 D. $-\frac{1}{2}$

46. 1.7×10^4 और 12.5×10^{-6} के गुणनफल को मानक रूप में $k \times 10^n$ द्वारा व्यक्त किया जाता है। $(2k + n)$ का मान है :

A. 2.25 B. 3.25
C. 2.125 D. 1.125

47. दो संख्याएँ 3 : 5 के अनुपात में है। यदि प्रत्येक संख्या में 12 जोड़ा जाए, तो यह अनुपात 5 : 7 हो जाता है। दी गई दोनों संख्याओं का योग है :

A. 48 B. 56
C. 32 D. 40

48. किसी वस्तु का अंकित मूल्य ₹ 840 है। एक दुकानदार इस वस्तु को अंकित मूल्य पर 15% की छूट देकर बेचता है, और फिर भी उसे 19% का लाभ होता है। वस्तु का क्रय मूल्य क्या है?

A. ₹ 600 B. ₹ 640
C. ₹ 540 D. ₹ 580

49. यदि $\frac{5x-7}{3}+2=\frac{4x-3}{4}+4x$ है, तो $(8x + 5)$ का मान है :

A. 9 B. 13
C. 6 D. 7

50. मान लीजिए $P = 12xy - 10y^2 - 18x^2$, $Q = 14x^2 + 12y^2 + 9xy$, और $R = 5y^2 - x^2 + xy$ हैं। तब $(P + Q) - R =$

A. $20xy - 7x^2 - 3y^2$ B. $20xy - 3x^2 - 3y^2$
C. $22xy - 3x^2 + 3y^2$ D. $22xy + 3x^2 - 3y^2$

51. यदि $x^4 + \frac{1}{x^4} = 322$, $x \neq 0$ है, तो $\left(x - \frac{1}{x}\right)$ का एक मान है :

A. 6 B. 8
C. 2 D. 4

52. यदि $15x^2 - 26x + 8 = (Ax + B)(Cx + D)$ है, जहाँ, A और C धनात्मक पूर्णांक हैं, तो $(2A + B - C - 2D)$ का मान क्या है?

A. 2 B. 3
C. 0 D. 1

53. ΔABC और ΔDEF में यदि AB = EF, BC = DE तथा CA = FD हैं, तो :

A. $\Delta ABC \cong \Delta EFD$ B. $\Delta ABC \cong \Delta DFE$
C. $\Delta ABC \cong \Delta DEF$ D. $\Delta ABC \cong \Delta FED$

54. निम्न में से कौन-सी एक समकोण त्रिभुज की भुजाएँ हो सकती है

A. 15 सेमी, 32 सेमी, और 57 सेमी
B. 65 सेमी, 72 सेमी, और 97 सेमी
C. 20 सेमी, 21 सेमी, और 31 सेमी
D. 35 सेमी, 77 सेमी, और 88 सेमी

55. किसी बहुफलक के 7 फलक और 10 शीर्ष हैं। इस बहुफलक के किनारों की संख्या है :

A. 15 B. 17
C. 13 D. 14

56. ΔABC में, भुजा AB को E तक और भुजा CA को D तक बढ़ाया जाता है।

यदि $\angle BAD = 125°$ और $\angle EBC = 100°$ है, तो निम्न में से कौन-सा सत्य है?

A. $\angle ABC$ और $\angle ACB$ का अंतर 35° है।
B. $\angle BAC$ और $\angle ACB$ का अंतर 20° है।
C. ΔABC समद्विबाहु त्रिभुज है।
D. AB > BC है।

57. समलंब PQRS में, PQ ∥ SR है और PQ तथा SR का अनुपात 3 : 2 है। यदि समलंब का क्षेत्रफल 480 सेमी^{2} है और PQ तथा SR के बीच की दूरी 12 सेमी है, तो SR की लंबाई है :

A. 36 सेमी B. 48 सेमी
C. 24 सेमी D. 32 सेमी

58. 88 सेमी × 10 सेमी माप वाले एक आयताकार कागज के टुकड़े को बिना अतिव्यापन किए, मोड़कर एक 10 सेमी ऊँचाई का बेलन बनाया जाता है। बेलन की धारिता (लीटर में) क्या है? ($\pi = \frac{22}{7}$ लीजिए)

A. 7.392 B. 8.624
C. 5.54 D. 6.16

59. किसी घन का आयतन 2197 सेमी^{3} है। इसका पार्श्व पृष्ठीय क्षेत्रफल (सेमी^{2} में) क्या है?

A. 845 B. 1014
C. 676 D. 576

60. निम्न आँकड़ों के लिए, परिसर, बहुलक तथा माध्यक का माध्य क्या है?

5, 10, 3, 6, 4, 8, 9, 3, 15, 2, 9, 4, 19, 11, 4

A. 10 B. 12
C. 8 D. 9

61. निम्नलिखित कथन में से कौन-सा विज्ञान की प्रकृति का सबसे अच्छा वर्णन करता है?

A. वैज्ञानिक अपने कार्य में पूर्ण रूप से निष्पक्ष होते हैं।
B. वैज्ञानिक विधि अनुसंधान के संचालन के लिए एकमात्र मार्गदर्शिका है।
C. विज्ञान विश्वासों की एक प्रणाली है।
D. विज्ञान प्रकृति में सामाजिक है।

62. विज्ञान की पाठ्यचर्या में संज्ञानात्मक वैधता का अर्थ है :

A. पाठ्य-पुस्तक का तुच्छीकरण
B. विज्ञान के उचित मजेदार तत्त्वों को शामिल करना।
C. विज्ञान की अवधारणाएँ समय के साथ कैसे विकसित होती हैं का समावेश।
D. शिक्षार्थियों के संज्ञानात्मक स्तर के अनुसार सामग्री का समायोजन

63. एन.सी.एफ. 2005 के अनुसार, उच्च प्राथमिक स्तर के विज्ञान की पाठ्यचर्या में निम्नलिखित में से कौन-सा अनुशंसित है?
(*a*) अवधारणाओं को रोजमर्रा के अनुभव की समझ बनाने से जोड़ा जाना चाहिए।
(*b*) अवधारणाओं तक गतिविधियों/प्रयोगों द्वारा पहुँचा जाना चाहिए।
(*c*) अवधारणाओं का विषयक उपागम द्वारा शिक्षण होना चाहिए।
(*d*) अवधारणाओं के साथ नियम और सिद्धांतों को पेश करने की आवश्यकता है।
A. (*a*), (*b*) और (*d*) B. (*a*) और (*d*)
C. (*a*), (*b*) और (*c*) D. (*a*) और (*b*)

64. निम्नलिखित कथनों से पहचानें जो कि विज्ञान के बारे में सत्य है :
A. जब एक सिद्धांत को वैज्ञानिक सबूतों के द्वारा बहुत अधिक समर्थन मिलता है तो वह नियम बन जाता है।
B. आने वाले समय में, विज्ञान समाज की अधिकांश समस्याओं को हल करने में सक्षम होगा।
C. वैज्ञानिक अपने काम को पूरा करने के लिए कल्पना पर बहुत विश्वास करते हैं।
D. सभी वैज्ञानिक विचारों को नियंत्रित प्रयोगों द्वारा खोजा और परखा जाता है।

65. ईशु को एक सप्ताह के लिए मौसम की रिपोर्ट एकत्र करने का एक व्यक्तिगत कार्य दिया गया। नीचे दिए गए आकलन संकेतकों से पहचानें कि ईशु कहाँ गलत हो गई :
A. वह निष्कर्ष निकालती है कि आर्द्रता में कमी से वर्षा की संभावना बढ़ जाती है।
B. वह समझती है कि अधिकतम और न्यूनतम तापमान की सीमा प्रतिदिन भिन्न है।
C. वह हर दिन एक वेबसाइट के आँकड़े सारणीबद्ध करती है।
D. वह इस परिणाम पर पहुँचती है कि आने वाले सप्ताह में बारिश हो सकती है या नहीं।

66. निम्नलिखित में से क्या शिक्षार्थियों में संकल्पनात्मक कमी को समझने के लिए एक उपयोगी रणनीति है?
A. अवधारणा मानचित्रण का उपयोग करना।
B. नियमित गृहकार्य देना।
C. प्रश्नोत्तरी सत्रों का आयोजन करना।
D. प्रयोगात्मक कौशलों का अवलोकन करना।

67. विज्ञान को पढ़ने के लिए और अधिक लड़कियों को प्रोत्साहित करने के लिए, आप निम्न सभी प्रकारों को अपना सकते हैं, सिर्फ एक को छोड़कर :
A. कक्षा में महिला वैज्ञानिकों को आमंत्रित करें।
B. विज्ञान में बारे में मिथकों और रूढ़ियों की जाँच में शिक्षार्थियों को जोड़ें।
C. लैंगिक रूप से संवेदनशील भाषा का उपयोग करें और अपने शिक्षार्थियों को ऐसा करने के लिए प्रोत्साहित करें।
D. ध्यान रखें कि विज्ञान की कक्षा में लड़कियाँ हमेशा हावी रहें।

68. विज्ञान शिक्षक को और अधिक अपसारी प्रश्न पूछने चाहिए क्योंकि :
(*a*) यह गहन सोच को प्रोत्साहित और विकसित करता है।
(*b*) यह शिक्षार्थियों को उत्तर सही करने में दिशा प्रदान करता है।
(*c*) यह सोचने की युक्तियों को विकसित करता है।
(*d*) यह शिक्षार्थियों में सृजनात्मक व्यवहार के आकलन में सहायता करता है।
A. केवल (*b*) B. केवल (*a*)
C. (*a*), (*b*), (*c*) D. (*a*), (*c*), (*d*)

69. कक्षा में प्रदर्शनों का उपयोग मुख्य रूप से शिक्षार्थियों को शामिल करता है :
A. दृश्य, श्रवण और गतिबोधक सीखना।
B. श्रवण और गतिबोधक सीखना।
C. दृश्य और श्रवण सीखना।
D. केवल दृश्य सीखना।

70. घनत्व की अवधारणा के शिक्षण के लिए जाँच उपागम का उपयोग करके अपनी विज्ञान कक्षा के लिए नियोजन का क्रम दें :
(*a*) शिक्षार्थियों को तैरने और डूबने वाली वस्तुओं के बीच संबंध निर्धारित करने का अवसर दें।
(*b*) शिक्षार्थियों को विभिन्न वस्तुओं के साथ टब में पानी के साथ खेलने का अवसर दें।
(*c*) शिक्षार्थियों को एक छोटी नाव डिजाइन करने के लिए कहें जो 1 किलोग्राम वजन ले जा सके।
A. $(b) \rightarrow (c) \rightarrow (a)$ B. $(b) \rightarrow (a) \rightarrow (c)$
C. $(a) \rightarrow (b) \rightarrow (c)$ D. $(c) \rightarrow (b) \rightarrow (a)$

71. 'Y' कोई ऐसा पौधा है जिसमें क्लोरोफिल (हरितलवक) नहीं होता है। 'Y' क्या हो सकता है?
A. घटपर्णी (पिचर पादप) B. मेपल वृक्ष
C. कसकुटा (अमरबेल) D. शैवाल

72. नीचे दिया गया कौन-सा कथन सही है?
A. बृहदांत्र में भोजन का परिपाचन होता है।
B. बृहदांत्र में अंगुली के समान उभरी हुई संरचनाएँ होती हैं जिन्हें दीर्घ रोम कहते हैं।
C. बृहदांत्र क्षुद्रांत्र की अपेक्षा चौड़ी तथा छोटी होती है।
D. बृहदांत्र में पाचित भोजन का अवशोषण होता है।

73. रेशम कीट के जीवनचक्र और रेशम फाइबर के उत्पादन के संबंध में कौन-सा कथन सही ***नहीं*** है?
A. रेशम फाइबर केटरपिलर द्वारा स्रावित प्रोटीन होते हैं।
B. रेशम कीट के कोकून से रेशम का धागा प्राप्त किया जाता है।
C. रेशम कीट के लार्वा को केटरपिलर कहते हैं।
D. प्यूपा/कोशित विकसित होकर केटरपिलर बन जाता है।

74. निम्नलिखित में से कौन सही मिलान का निरूपण करता है?
(*a*) सिकुड़कर और शिथिल होकर शरीर की गति में सहायता करती है। (*i*) उपास्थि
(*b*) कठोर संरचना जो कंकाल बनाती है। (*ii*) पेशी
(*c*) कंकाल का भाग जिसे झुकाया जा सकता है। (*iii*) पसली-पिंजर
(*d*) वक्ष की अस्थि और मेरुदण्ड को जोड़कर बक्से की रचना करता है। (*iv*) अस्थि

	(a)	(b)	(c)	(d)
A.	(iii)	(ii)	(i)	(iv)
B.	(iv)	(iii)	(ii)	(i)
C.	(i)	(iii)	(ii)	(iv)
D.	(ii)	(iv)	(i)	(iii)

75. निम्नलिखित में से मानवों की कौन-सी ग्रंथि दो से अधिक हॉर्मोन स्रावित करती है?
A. अग्न्याशय B. थायरॉइड
C. एड्रिनल D. पीयूष

76. नीचे दिया गया कौन-सा कथन सही है?
A. सभी अधातुएँ गैस होती हैं
B. सभी अधातुएँ अतन्य (तन्य नहीं) होती हैं।
C. सभी धातुएँ ठोस होती हैं।
D. सभी धातुएँ कठोर होती हैं।

77. 'Y' कोई मानव-निर्मित रेशा (फाइबर) है जिसे प्राकृतिक स्रोत से प्राप्त किया जाता है। 'Y' क्या हो सकता है?
A. एक्रिलिक B. जूट
C. रेयॉन D. नाइलॉन

78. नीचे दी गयी तालिका का अध्ययन कीजिए :

ईंधन	ऊष्मीय-मान	अवस्था	ज्वलन ताप
A	उच्च	ठोस	उच्च
B	मध्यम	गैस	उच्च
C	मध्यम	गैस	मध्यम
D	निम्न	द्रव	निम्न

इनमें से घरेलू ईंधन के रूप में कौन-सा सबसे अधिक उपयुक्त है?
A. C B. D
C. A D. B

79. किसी विशिष्ट क्षेत्र में विशिष्ट रूप से पायी जाने वाली स्पीशीज को कहा जाता है :
A. विशेषक्षेत्री स्पीशीज B. प्रवासी स्पीशीज
C. संकटापन्न स्पीशीज D. विलुप्त स्पीशीज

80. धातु 'X', धातु 'Y' को उसके लखण-विलयन से विस्थापित कर देती है परन्तु धातु Z को उसके लवण विलयन से विस्थापित करने योग्य नहीं है। इनमें सबसे ज्यादा अभिक्रियाशील धातु कौन-सी है?
A. Z
B. निर्धारित नहीं किया जा सकता है।
C. X
D. Y

81. किसी बिम्ब से प्रकाश किरणें किसी पृष्ठ पर गिरती हैं तथा पूर्णतः विसरित ढंग से परावर्तित हो जाती हैं। आप इस बिम्ब के प्रतिबिम्ब की प्रकृति के बारे में क्या कह सकते हैं?
A. यह आभासी और आवर्धित होगा।
B. कोई प्रतिबिम्ब नहीं बनेगा।
C. यह आभासी और समान साइज का होगा।
D. यह वास्तविक और आवर्धित होगा।

82. अपने कमरे में फर्श पर रखे किसी विशाल बॉक्स को सरकाने के लिए रेशमा को निम्नलिखित बलों में से किससे अधिक बल लगाना चाहिए?
A. अभिलम्ब बल B. पेशीय बल
C. स्थैतिक घर्षण D. गुरुत्वाकर्षण बल

83. निम्नलिखित में से ***सही कथन*** की पहचान कीजिए :
A. ध्वनि निर्वात में गमन नहीं कर सकती।
B. ध्वनि का तारत्व उसके आयात द्वारा निर्धारित होता है।
C. कम्पन की आवृत्ति निम्न है, तो तारत्व उच्च होता है।
D. ध्वनि की प्रबलता का निर्धारण कम्पन की आवृत्ति द्वारा किया जाता है।

84. नीचे दिया गया कौन-सा समुच्चय ऐसे द्रवों को समाविष्ट करता है जो विद्युत के हीन चालक हैं?
A. शैम्पू, वनस्पति तेल, आसुत जल
B. चीनी का विलयन, सिरका, नींबू का रस
C. टोंटी का जल, शैम्पू, शहद
D. लवण विलयन, नींबू का रस, सिरका

85. नीचे दिया गया कौन-सा समुच्चय रासायनिक परिवर्तनों को समाविष्ट करता है?
A. भोजन पकाना, पानी उबालना, जल में चीनी घोलना
B. लोहे को जंग लगना, कागज का जलना, भोजन का पाचन
C. पानी उबालना, काँच तोड़ना, लोहे को जंग लगना
D. जल में लवण घोलना, भोजन का पाचन, कागज के टुकड़े-टुकड़े करना।

86. नीना किराने की कुछ वस्तुएँ खरीदने के लिए साइकिल से बाजार जा रही थी। बाजार उसके घर से 4 किमी दूर है। उसने पहले 10 मिनट 12 किमी/घंटे की चाल से गमन किया। उसे रास्ते में उसकी मित्र निखत मिलती है जिससे वह रुककर 15 मिनट बातचीत करती है। इसके पश्चात वह अपनी यात्रा 8 किमी/घंटे की चाल से फिर से आरम्भ करती है। उसकी यात्रा की औसत चाल क्या है?
A. 10 किमी/घंटे B. 4 किमी/घंटे
C. 6 किमी/घंटे D. 8 किमी/घंटे

87. लवण और जल के मिश्रण को पृथक करने की प्रक्रिया में निम्नलिखित में से कौन सहायक ***नहीं*** होगा?
A. आसवन B. उबालना
C. निस्तारण D. निस्यन्दन

88. नीचे दिए गए प्रकाश के कौन-से गुणधर्मों का उपयोग छाया बनने की परिघटना की व्याख्या के लिए किया जा सकता है?
(a) प्रकाश सरल रेखा में गमन करता है।
(b) प्रकाश उच्च चाल से गमन करता है।
(c) प्राकश सात वर्णों (रंगों) से मिलकर बना है।
(d) प्रकाश अपारदर्शी वस्तुओं से नहीं गुजरता है।
A. (c) और (d) B. (d) और (a)
C. (a) और (b) D. (b) और (c)

89. निम्नलिखित में से सही कथन को पहचानिए :

A. दुम्मट मृदा में बड़े कणों का अनुपात बलुआ मृदा की अपेक्षाकृत उच्चतर होता है।

B. चिकनी मृदा में महीन कणों का अनुपात दुम्मट मृदा की अपेक्षाकृत उच्चतर होता है।

C. बलुआ मृदा में महीन कणों का अनुपात चिकनी मृदा की अपेक्षाकृत उच्चतर होता है।

D. चिकनी मृदा में बड़े कणों और महीन कणों की मात्रा लगभग बराबर होती है।

90. विटामिन 'X' की हीनता (कमी) के कारण मसूढ़ों से रुधिर बहने लगता है। यह विटामिन खनिज 'Y' के अवशोषण के लिए आवश्यक है तथा 'X' भोजन 'Z' में पाया जाता है। 'X', 'Y' और 'Z' को पहचानिए :

A. X-विटामिन B, Y-कैल्सियम, Z-हरी पत्तियों वाली वनस्पति

B. X-विटामिन A, Y-फॉस्फोरस, Z-कुक्कुट उत्पाद

C. X-विटामिन D, Y-कैल्सियम, Z-दुग्ध उत्पाद

D. X-विटामिन C, Y-आयरन, Z-निम्बू वंश के फल

भाग-III

भाषा-I : हिन्दी

निर्देश (प्र.सं. 91 से 99): *निम्नलिखित गद्यांश को पढ़कर पूछे गए प्रश्नों के **सबसे उपयुक्त** उत्तर वाले विकल्प को चुनिए:*

खेल की कक्षा शुरू हुई तो एक दुबली-पतली लड़की शिक्षक से ओलिंपिक रेकॉर्ड्स के बारे में सवाल पूछने लगी। इस पर कक्षा में सभी छात्र हँस पड़े। चार साल की उम्र में ही उसे पोलियो हो गया था। शिक्षक ने भी व्यंग्य किया, 'तुम खेलों के बारे में जानकर क्या करोगी? तुम तो ठीक से खड़ी भी नहीं हो सकती, फिर ओलिंपिक से तुम्हारा क्या मतलब? तुम्हें कौन-सा खेलों में भाग लेना है जो यह सब जानना चाहती हो।' उदास होकर लड़की चुपचाप बैठ गई। सारी क्लास उस पर देर तक हँसती रही। घर जाकर उसने माँ से पूछा, 'क्या मैं दुनिया की सबसे तेज धावक बन सकती हूँ?' उसकी माँ ने उसे प्रेरित किया और कहा, 'तुम कुछ भी कर सकती हो। इस संसार में नामुमकिन कुछ भी नहीं है।'

अगले दिन जब खेल पीरियड में उसे बाकी बच्चों से अलग बिठाया गया, तो उसने कुछ सोचकर बैसाखियाँ सँभाली और दृढ़ निश्चय के साथ बोली, 'सर, याद रखिएगा, अगर लगन सच्ची और इरादे बुलंद हों, तो सब कुछ संभव है।' सभी ने इसे भी मजाक में लिया और उसकी बात पर ठहाका लगाया।

अब वह लड़की तेज चलने के अभ्यास में जुट गई, वह कोच की सलाह पर अमल करने लगी, अच्छी और पौष्टिक खुराक लेने लगी। कुछ दिनों में उसने अच्छी तरह चलना, फिर दौड़ना सीख लिया। उसके बाद वह छोटी-मोटी छौड़ में हिस्सा लेने लगी। अब कई लोग उसकी मदद के लिए आगे आने लगे। वे उसका उत्साह बढ़ाते। उसके हौंसले बुलंद होने लगे। उसने 1960 के ओलिंपिक में 100 मीटर, 200 मीटर और 4×100 रिले में वर्ल्ड रेकॉर्ड बनाकर सबको आश्चर्यचकित कर दिया। ओलिंपिक में इतिहास रचने वाली वह बालिका थी अमेरिका की प्रसिद्ध धाविका विल्मा रूडोल्फ।

91. 'व्यंग्य किया' का सबसे उपयुक्त अर्थ होगा :

A. डाँट लगाई B. ताना मारा

C. उपहास किया D. निकाल दिया

92. 'पौष्टिक खुराक' में दोनों शब्द हैं, क्रमश :

A. देशज – आगत B. तत्सम – आगत

C. तत्सम – तद्भव D. तद्भव – तत्सम

93. 'तुम्हें कौन-सा खेलों में भाग लेना है .....'

भावार्थ की दृष्टि से देखें तो उपर्युक्त वाक्य है :

A. प्रश्नार्थक वाक्य B. विधानार्थक वाक्य

C. निषेधार्थक वाक्य D. विस्मयार्थक वाक्य

94. लड़की के सवाल पूछने पर छात्र हँस पड़े, क्योंकि लड़की :

A. खेलना नहीं चाहती थी। B. बहुत छोटी थी।

C. खेलना नहीं जानती थी। D. खेल नहीं सकती थी।

95. आपके विचार से लड़की को सफलता की सबसे बड़ी प्रेरणा किसने दी?

A. उसकी माँ ने B. उसके प्रशिक्षक ने

C. उसके शिक्षक ने D. उसके सहपाठियों ने

96. शिक्षक के उत्तर से उसके बारे में धारणा बनती है कि वह :

A. कठोर था। B. हितैषी था।

C. सत्यवादी था। D. प्रेरक था।

97. लड़की के अनुसार सब कुछ संभव है, यदि हो :

A. कठोर परिश्रम और सबल शरीर

B. बुलंद हौंसला और ईश्वर की कृपा

C. सच्ची प्रेरणा और अच्छा प्रशिक्षक

D. सच्ची लगन और ऊँचा इरादा

98. गद्यांश में निहित मुख्य संदेश है ....

A. सफलता के लिए लगन और परिश्रम आवश्यक है।

B. शारीरिक अक्षमता वाले लोगों को अधिक परिश्रम करना पड़ता है।

C. किसी का मजाक उड़ाना ठीक नहीं।

D. शिक्षक को दयालु होना चाहिए।

99. 'आश्चर्य-चकित' का विग्रह होगा :
A. आश्चर्य से चकित B. आश्चर्य है जो चकित
C. आश्चर्य में चकित D. आश्चर्य और चकित

निर्देश (प्र.सं. 100 से 105): *निम्नलिखित काव्यांश को पढ़कर पूछे गए प्रश्नों के **सबसे उपयुक्त** उत्तर वाले विकल्प को चुनिए:*

दिशाएँ निमंत्रण मुझे दे रही हैं,
सफलता का यह द्वार मेरे लिए है।।
न अवरोध कोई न बाधा कहीं है,
न संदेह कोई न व्यवधान कोई।
अटल एक विश्वास मन में भरा है,
नहीं पथ-डगर आज अनजान कोई।।
हृदय में कहीं कह रहा बात कोई,
धरा औ गगन सिर्फ तेरे लिए है।।
नहीं कुछ यहाँ जो मुझे रोक पाए,
न कोई यहाँ जो मुझे टोक पाए।
अजानी हवा में बहे जा रहा हूँ
मुझे आज लगता कि मैं वह नहीं हूँ।।
रही जगमगा इंद्रधनुषी दिशाएँ
दिगंतर मदिर रस अलौकिक पिए हैं।।

100. व्याकरण की दृष्टि से 'इंद्रधनुषी' शब्द है :
A. विशेषण B. क्रिया विशेषण
C. संज्ञा D. सर्वनाम

101. अर्थ की दृष्टि से शेष से भिन्न शब्द को पहचानिए :
A. व्यवधान B. बाधा
C. डगर D. अवरोध

102. कविता का केंद्रीय स्वर है :
A. सुनसानी और अनजानापन
B. कर्म और प्रेरणा
C. उत्साह और आत्मविश्वास
D. बाधाएँ और विघ्न

103. दिशाएँ कवि को क्यों बुला रही हैं?
A. संदेह दूर करने के लिए
B. सफलता प्राप्त करने के लिए
C. कविता पाठ करने के लिए
D. अनजान रास्तों से बचने के लिए

104. कवि को अपनी सफलता पर अटल विश्वास क्यों है?
A. उसे रोक-टोक करने वाला कोई नहीं है।
B. सफलता पाना बहुत सरल है।
C. उसे कोई रुकावट नहीं दिखाई देती।
D. दिशाएँ उसे बुला रही हैं।

105. किस पंक्ति से प्रतीत होता है कि कवि का व्यक्तित्व बदल गया है?
A. नहीं कुछ यहाँ जो मुझे रोक पाए।
B. मुझे आज लगता कि मैं वह नहीं हूँ।
C. अटल एक विश्वास मन में भरा है।
D. अजानी हवा में बहे जा रहा हूँ।

106. त्रिभाषा सूत्र के अनुसार स्कूल में पहली भाषा जो पढ़ाई जाए वह .... हो या .... भाषा।
A. हिंदी, अंग्रेजी B. अंग्रेजी, विदेशी
C. मातृभाषा, क्षेत्रीय D. मातृभाषा, हिंदी

107. व्याकरण पढ़ाने की आगमन विधि .... पर सर्वाधिक बल देती है।
A. उदाहरणों B. मानकता
C. नियमों D. परिभाषा

108. भाषा के संदर्भ में संचार माध्यमों का प्रयोग न केवल सामाजिक संवेदनाएँ विकसित करता है बल्कि .... को समझने में मदद करता है।
A. विभिन्न माध्यमों के उपयोग
B. विभिन्न माध्यमों की आर्थिक स्थिति
C. विभिन्न माध्यमों की जानकारी
D. विभिन्न माध्यमों में प्रयुक्त भाषा

109. कहानियों की विभिन्न शैलियों पर की गई चर्चा बच्चों को .... में मदद करती है।
A. कहानी के तत्त्वों को याद करने
B. कहानियों की कमियाँ बताने
C. व्याकरण समझने
D. कहानियाँ रचने

110. संदर्भ में व्याकरण किस पर बल देता है?
A. पाठ के अंत में दिए समस्त भाषा-अभ्यास को पूर्ण करवाने पर।
B. पाठ पढ़ाते समय प्रसंगवश आने वाले व्याकरणिक बिंदुओं को स्पष्ट करने पर।
C. पाठ के अंत में समस्त व्याकरणिक बिंदुओं को स्पष्ट करने पर।
D. पाठ के दौरान आए समस्त व्याकरणिक बिंदुओं की परिभाषा बताने पर।

111. प्रत्येक भाषा शिक्षक को इस बात की जानकारी जरूर होनी चाहिए कि उसकी कक्षा के बच्चों की .... पृष्ठभूमि क्या है।
A. भाषिक व सांस्कृतिक B. सांस्कृतिक व आर्थिक
C. आर्थिक व सामाजिक D. सामाजिक व व्यावसायिक

112. सातवीं कक्षा में पढ़ाने वाले ऋषभ ने बच्चों को 'जल संरक्षण' पर आधारित सरकार द्वारा जारी पोस्टर दिखाया और चर्चा की। ऋषभ द्वारा प्रयुक्त सामग्री है :
A. कृत्रिम B. प्रामाणिक
C. अनुपयोगी D. मनोरंजक

113. कविता-शिक्षण के समय शिक्षक द्वारा ऐसे प्रश्नोत्तर पर बल देना चाहिए :
A. जिनका एक ही उत्तर हो।
B. जिनका उत्तर पुस्तक में दिया हो।

C. जिनके उत्तर सरल हों।
D. जिनके उत्तर विभिन्न हों।

114. गद्य शिक्षण में अपेक्षित ***नहीं*** है :
A. तार्किक शक्ति का विकास
B. अनुकरण क्षमता का विकास
C. भाषा की बारीकियाँ समझना
D. कल्पनाशीलता का विकास

115. हिंदी भाषा की पाठ्य-पुस्तकों में हिंदीतर भाषाओं की रचनाओं को भी स्थान मिलना चाहिए ताकि :
A. बच्चे हिंदीतर भाषाओं पर अपनी पकड़ बना सकें।
B. बच्चे हिंदीतर भाषाओं के व्याकरण से परिचित हो सकें।
C. बच्चों को हिंदीतर रचनाकारों की जानकारी मिल जाए।
D. बच्चे हिंदीतर रचनाओं की भाषिक विशेषताओं से परिचित हो सकें।

116. उच्च प्राथमिक स्तर पर हिंदी भाषा शिक्षण का एक महत्त्वपूर्ण उद्देश्य है :
A. हिंदी भाषा के प्रसिद्ध रचनाकारों को जानना।
B. हिंदी भाषा की प्रसिद्ध रचनाओं को जानना।
C. हिंदी भाषा की नियमबद्ध प्रकृति को पहचानना।
D. हिंदी भाषा के व्याकरण को कंठस्थ करना।

117. भाषण, परिचर्चा, संवाद, बच्चों की .... क्षमता का विकास करने में सहायक हैं।
A. कल्पनाशीलता B. अनुकरण
C. लिखित अभिव्यक्ति D. मौखिक अभिव्यक्ति

118. गद्य रचना को पद्य में रूपांतरित करना और पद्य को गद्य में रूपांतरित करना .... में मदद करता है।
A. भाषायी संरचनाओं पर अधिकार
B. भाषा-व्याकरण पर अधिकार
C. साहित्य के सर्वोत्कृष्ट सृजन
D. अभ्यास-प्रश्नों को गढ़ने

119. आठवीं कक्षा में हिंदी भाषा सीखने-सिखाने के लिए आप किस सामग्री को सर्वाधिक महत्त्व देंगे?
A. व्याकरण की पुस्तक B. पोस्टर
C. पाठ्य-पुस्तक D. साहित्यिक सामग्री

120. आप छठी कक्षा के बच्चों के लिए हिंदी भाषा सीखने-सिखाने की किस पद्धति का समर्थन करेंगे?
A. जिसमें बच्चे परस्पर अंतः क्रिया करते हैं।
B. जिसमें बच्चे केवल लेखन कार्य करते हैं।
C. जिसमें बच्चों को बोलने के अवसर मिलें।
D. जिसमें बच्चों को पाठ्य-पुस्तक बिल्कुल न पढ़नी हो।

भाग-IV

Language-II : English

Directions (Qs. No. 121-128): *Read the passage given below and answer the questions that follow by selecting the **correct/most appropriate** options:*

The richness of her childhood experience came from living a life, which embraced tradition on one hand and exposure to the world of change, of questioning and questing on the other. Her father's progressive ideas, his involvement in bringing about change in the restricted Brahminical society, his encouragement of Kamaladevi to follow her own inclinations and yet give her an opportunity to study in a school and participate in all the social functions with which he was involved, as a Senior Revenue Official, her confidence. The example of her grandmother, who lived the life of a scholar and fearless woman, who travelled alone without any fear of any social disapproval or adverse consequences, was a fitting example to Kamaladevi, who later travelled all over the world, often risking her life.

Girjabai, her mother was a dominant influence throughout her childhood and youth who set an example by overcoming all difficulties without a murmur. She discarded meaningless social customs and observances. She championed the cause of women. Her conviction was that a woman must educate herself, so that she could be independent and her insistence that Kamaladevi should not only study, but also participate in cultural activities and sports, enriched her daughter's life.

Kamaladevi went with her mother to Seva Sadan and saw her exhorting women even older than her to become literate. She heard her read to them from the newspapers, magazines and extracts from books by social reformers and nationalists, followed by discussions and saw their attitudes changing. Girijabai's love for shared by Kamaladevi and she was encouraged to learn North Indian and Carnatic music. This love of music was a great source of peace for Kamaladevi in her later years.

121. 'which embraced tradition'

The word 'embraced' here means:
A. pleased B. followed
C. disused D. performed

122. 'an example by overcoming all difficulties'

The word 'overcoming' means:

A. conquering B. over bearing
C. reaching D. not coming

123. 'living a life, which embraced tradition,

Which part of speech is the underlined word?
A. Pronoun B. Determiner
C. Adjective D. Adverb

124. Which two contradictory kinds of experience did Kamaladevi have in her childhood?
A. Childlike and Adult
B. Social and Individual
C. Questioning and Questing
D. Tradition and Change

125. Her father did not believe in:
A. allowing children to join the adults in their activities
B. female education
C. removing brahminical restrictions
D. giving freedom to children

126. Which of the following statements is NOT correct of her grandmother?
A. She was not afraid of social criticism.
B. She travelled unescorted.
C. She believed that women should lead a secure life.
D. She loved to read books.

127. Which of the following statements is correct about her mother?
A. She preferred studies to sports.
B. She did not believe in adult literacy.
C. She struggled through life smilingly.
D. She observed faithfully all the social customs.

128. Study the following statements:
(*a*) Kamaladevi's mother read to her from newspapers and magazines.
(*b*) Music was a source of great comfort to her.
A. Both (*a*) and (*b*) are right.
B. Both (*a*) and (*b*) are wrong.
C. (*a*) is right and (*b*) is wrong.
D. (*a*) is wrong and (*b*) is right.

Directions (Qs. No. 129-135): *Read the passage given below and answer the questions that follow by selecting the* ***correct/most appropriate*** *options.*

The goal of independence was achieved in India through a prolonged struggle, during which, the far-sightedness of the leaders of the freedom movement resulted in giving a final shape to our social and economic goals to be achieved after freedom. This vision imagined to build a self-reliant nation through maximum utilization of the resources in men and materials, and the establishment of a noble and liberal society. It has been an article of faith amongst the policy planners in India that while economic strenght determined the scope and quality of political freedom for millions, the quality of freedom depends on increased work and production in factories. It leads to just and equal distribution of wealth among the people so that the poor can also enjoy the benefit of freedom. This, it is recognized, is possible only through increased employment opportunities in the society.

In human terms, democracy means availability of equal opportunities to all the people irrespective of caste, creed, sex and religion to develop their personalities. It means access to education in Arts, Science and Humanities and also awareness of our age old values and traditions. It needs to be emphasized that the Indian policy has been based on a concern for the individual not only as a worker working for the economic development of the society but also as an end in itself.

In the Indian context, the concept of national development goes far beyond economic growth; it is concerned with the creation of a nation united in one purpose, of people speaking different languages, professing different religions and rooted in a variety of cultures.

129. 'while economic strength determined the scope'

The word 'determined' means:
A. preferred B. rejected
C. established D. decried

130. 'our social and economic goal'

Part of speech of the underlined word is:
A. Interjection B. Conjunction
C. Pronoun D. Determiner

131. 'In the Indian context, the concept of'

The word 'concept' means:
A. Care B. Inception
C. Curiosity D. Idea

132. The Independence was achieved in India
A. through violent means
B. by making use of every resource available
C. through a long struggle
D. by self-reliant leadership

133. Our leaders' vision of independent India was based on:
A. economic self-reliance
B. diversification of employment
C. boycott of foreign goods
D. development of defence forces

134. In addition to economic growth our society, as a consequence, also needs:
A. to pay attention to climatic changes.
B. just and equitable distribution of wealth.
C. development of countryside.
D. to give importance to cultural variety.

135. Study the following statements:
(*a*) Along with economic growth, we also want to develop a united nation with one aim.
(*b*) A noble and liberal society depends entirely on economic wealth.

A. Both (*a*) and (*b*) are right.
B. Both (*a*) and (*b*) are wrong.
C. (*a*) is right and (*b*) is wrong.
D. (*a*) is wrong and (*b*) is right.

136. What does 'free-writing approach' to writing promote?
A. Understanding of the content and fluency
B. Syntax and language use
C. Understanding of form and accuracy
D. Grammatical accuracy

137. 'Pedagogical Grammar' means that ______:
A. Begin from form and move on to use.
B. Teaching through immersion
C. All grammar teaching should be rule focussed.
D. Teaching grammar in context.

138. Which one of the following is not advocated as an element for assessment in a poem?
A. Grammar B. Vocabulary
C. Poetic devices D. Theme of the poem

139. A teacher asked her learners to watch a movie two days ago and now she asks them to have a discussion on what would they do, if they were the hero/heroine of the movie? What is this assessment task known as?
A. Speaking task B. Thinking task
C. Extrapolative task D. Critical pedagogy

140. What does fluency in reading mean?
A. Ability to interpret the text.
B. Ability to read without any grammatical errors.
C. Ability to read a text at ease with expression.
D. Ability to read a text without any mistake at all.

141. Which of the following statements are true of languages in India?
(*a*) English is the official language of India.
(*b*) Hindi is the national language of India.
(*c*) Hindi is the official language of India.
(*d*) English is the associate official language of India.
A. (*a*) and (*d*) are true. B. (*b*) and (*c*) are true.
C. (*a*) and (*b*) are true. D. (*c*) and (*d*) are true.

142. 'Declarative Knowledge' in learning grammar refers to ______.
A. knowing the ideas and concepts in learning
B. knowing to use a dictionary
C. knowing the rules of a grammatical item
D. knowing how to do a grammatical item

143. 'Habit formation thorugh repetition' is a component of which method?
A. Task based language teaching
B. Constructivism
C. Communicative approach
D. Audio lingualism

144. A teacher of class VII asks her learners to bring at least two or three objects from home and she asks them to exchange the objects among themselves. She now asks them to describe the objects in their hands in at least ten sentences. What are the objects known as in language teaching-learning materials?
A. Teachers materials
B. Inputs for language learning
C. Realia
D. Home objects

145. Which one of the following components is a process in the Top Down approach to teaching-learning of listening?
A. Recognising prominent details
B. Recognising the topic
C. Discriminating between intonation compounds
D. Discriminating between phonemes

146. A teacher arranges her learners into pairs and give them a text of two paragraphs. One learner in the pair reads out the text to the other and the partner takes the dictation. Then the process is reversed. What is this known as?
A. Running dictation
B. Composition dictation
C. Jig-saw dictation
D. Partial dictation

147. 'Mechanics' of language in speaking skills includes ______.
A. social and cultural rules of using language
B. script, words and sentences
C. pronunciation, grammar and vocabulary
D. clarity of message

148. Jatin Ragav is reading fast, looking for specific information in a machinery manual. What is this reading sub skill known as?
A. Bottom up reading B. Critical reading
C. Skimming D. Scanning

149. Here are some sets of words in some pattern. Find what are these known as in teaching-learning of pronunciation?
bit-bet, did-dead, hid-head, lid-lead, miss-mess, pin-pen, lock-luck.
A. Vowels
B. Stress and intonation
C. Contrastive pairs
D. Comparable pairs

150. Words which one recognizes when one hears or sees them are ______.
A. Explicit vocabulary
B. Implicit vocabulary
C. Productive vocabulary
D. Receptive vocabulary

उत्तरमाला

1	2	3	4	5	6	7	8	9	10
C	D	D	C	C	D	C	A	D	D
11	**12**	**13**	**14**	**15**	**16**	**17**	**18**	**19**	**20**
C	B	C	C	D	C	D	D	C	B
21	**22**	**23**	**24**	**25**	**26**	**27**	**28**	**29**	**30**
B	C	B	C	B	C	C	A	B	B
31	**32**	**33**	**34**	**35**	**36**	**37**	**38**	**39**	**40**
D	A	B	B	A	C	C	C	B	B
41	**42**	**43**	**44**	**45**	**46**	**47**	**48**	**49**	**50**
A	D	A	A	B	B	A	A	C	B
51	**52**	**53**	**54**	**55**	**56**	**57**	**58**	**59**	**60**
D	D	D	B	A	A	D	D	C	D
61	**62**	**63**	**64**	**65**	**66**	**67**	**68**	**69**	**70**
D	D	D	C	A	A	D	D	C	B
71	**72**	**73**	**74**	**75**	**76**	**77**	**78**	**79**	**80**
C	C	D	D	D	B	C	A	A	A
81	**82**	**83**	**84**	**85**	**86**	**87**	**88**	**89**	**90**
B	C	A	A	B	C	*	B	B	D
91	**92**	**93**	**94**	**95**	**96**	**97**	**98**	**99**	**100**
B	B	C	D	A	A	D	A	A	A
101	**102**	**103**	**104**	**105**	**106**	**107**	**108**	**109**	**110**
C	C	B	C	B	C	A	D	D	B
111	**112**	**113**	**114**	**115**	**116**	**117**	**118**	**119**	**120**
A	B	D	B	D	C	D	A	D	A
121	**122**	**123**	**124**	**125**	**126**	**127**	**128**	**129**	**130**
B	A	A	D	C	C	C	D	C	B
131	**132**	**133**	**134**	**135**	**136**	**137**	**138**	**139**	**140**
D	C	A	B	C	A	D	A	C	C
141	**142**	**143**	**144**	**145**	**146**	**147**	**148**	**149**	**150**
D	C	B	C	B	D	C	D	C	D

व्याख्यात्मक उत्तर

41. 6-अंकों की बड़ी से बड़ी संख्या = 999999

$$= 9 \times 3 \times 7 \times 11 \times 13 \times 37$$

$\therefore$ विभिन्न अभाज्य गुणनखडों की संख्या = 5

42. दिया है,

8 अंकों की संख्या $179x091y$, 88 से विभाजित है

$\therefore$ संख्या $179x091y$, 8 और 11 से विभाजित है

$\because$ कोई संख्या 8 से विभाजित तभी होगी जबकि उसके सैकड़े, दहाई और इकाई अंकों से बनी संख्या 8 से पूर्णतया विभाजित हो।

जब, $\frac{91y}{8} = 114$

तब, $y = 2$

पुनः कोई संख्या 11 से तभी विभाजित होगी जबकि इकाई अंक से बायीं ओर चलने पर सम स्थान के अंकों के योग तथा विषम स्थान के अंकों का योग का अंतर 0 हो अथवा 11 से विभाजित हो।

$$\therefore (y + 9 + x + 7) - (1 + 0 + 9 + 1)$$
$$= (2 + 9 + x + 7) - 11$$
$$= 18 + x - 11 = 7 + x$$

जब $\frac{7+x}{11} = 1$ तब $x = 4$

अतः $(x - y) = 4 - 2 = 2.$

43. यहाँ, $a = \frac{11}{13} = 0.8461$

$b = \frac{13}{14} = 0.9285$

और $c = \frac{15}{17} = 0.8823$

$\therefore \quad a < b < c$

$\Rightarrow \quad \frac{11}{13} < \frac{15}{17} < \frac{13}{14}.$

44. दिया है,

$0.139 + 0.75 + 2.105 - (1.001) \times 1.1 = 2 - k$

$\Rightarrow \quad 2.994 - 1.1011 = 2 - k$

$\Rightarrow \quad 1.8929 = 2 - k$

$\Rightarrow \quad k = 2 - 1.8929$

$\Rightarrow \quad k = 0.1071.$

45. दिया गया है, $a = -\frac{3}{4} = -0.75,\ b = \frac{5}{6} = 0.83$

A. $-\frac{2}{5} = -0.4$, B. $-\frac{7}{9} = -0.77$, D. $-\frac{1}{2} = -0.5$

यहाँ –0.77, a और b के बीच में स्थित नहीं है

अतः $-\frac{7}{9}$ स्थित नहीं है $-\frac{3}{4}$ और $\frac{5}{6}$ के बीच में

47. माना दो संख्याएँ $3x$ और $5x$ हैं

तब, $\frac{3x+12}{5x+12} = \frac{5}{7}$

$\Rightarrow \quad 7(3x + 12) = 5(5x + 12)$

$\Rightarrow \quad 21x + 84 = 25x + 60$

$\Rightarrow \quad 25x - 21x = 84 - 60$

$\Rightarrow \quad 4x = 24 \Rightarrow x = 6$

अतः दी गई दोनों संख्याओं का योग

$= 3x + 5x = 8x = 8 \times 6 = 48.$

48. अंकित मूल्य = ₹ 840

छूट = 15%

$\therefore$ विक्रय मूल्य $= 840 \times \frac{100-15}{100} = 840 \times \frac{85}{100}$

$= 840 \times \frac{17}{20} = 42 \times 17 =$ ₹ 714

और लाभ = 19%

$\therefore$ वस्तु का क्रय-मूल्य

$= 714 \times \frac{100}{100+19}$

$= 714 \times \frac{100}{119} = 6 \times 100 =$ ₹ 600.

49. $\frac{5x-7}{3} + 2 = \frac{4x-3}{4} + 4x$

$\Rightarrow \quad \frac{5x-7+6}{3} = \frac{4x-3+16x}{4}$

$\Rightarrow \quad \frac{5x-1}{3} = \frac{20x-3}{4}$

$\Rightarrow \quad 20x - 4 = 60x - 9$

$\Rightarrow \quad 60x - 20x = 9 - 4$

$\Rightarrow \quad 40x = 5 \Rightarrow x = \frac{5}{40} = \frac{1}{8}$

$\therefore \quad 8x + 5 = 8 \times \frac{1}{8} + 5 = 1 + 5 = 6.$

50. यहाँ $P = 12xy - 10y^2 - 18x^2$

$Q = 14x^2 + 12y^2 + 9xy$

और $R = 5y^2 - x^2 + xy$

$\therefore \quad (P + Q) - R = 12xy - 10y^2 - 18x^2 + 14x^2 + 12y^2 + 9xy - (5y^2 - x^2 + xy)$

$= 12xy - 10y^2 - 18x^2 + 14x^2 + 12y^2 + 9xy - 5y^2 + x^2 - xy$

$= 20xy - 3y^2 - 3x^2$

$= 20xy - 3x^2 - 3y^2.$

51. दिया गया है, $x^4 + \frac{1}{x^4} = 322$

$\because \quad \left(x^2 + \frac{1}{x^2}\right)^2 = x^4 + \frac{1}{x^4} + 2 \cdot x^2 \cdot \frac{1}{x^2}$

$\therefore \quad \left(x^2 + \frac{1}{x^2}\right)^2 = 322 + 2$

$\Rightarrow \quad \left(x^2 + \frac{1}{x^2}\right)^2 = 324 = (18)^2$

$\Rightarrow \quad x^2 + \frac{1}{x^2} = 18$

और $\left(x - \frac{1}{x}\right)^2 = x^2 + \frac{1}{x^2} - 2x \cdot \frac{1}{x}$

$\therefore \quad \left(x - \frac{1}{x}\right)^2 = 18 - 2 = 16$

$\Rightarrow \quad \left(x - \frac{1}{x}\right)^2 = 4^2$

$\Rightarrow \quad \left(x - \frac{1}{x}\right) = 4.$

52. $15x^2 - 26x + 8 = (Ax + B)(Cx + D)$

$\Rightarrow 15x^2 - 20x - 6x + 8 = (Ax + B)(Cx + D)$

$\Rightarrow (3x - 4)(5x - 2) = (Ax + B)(Cx + D)$

$\therefore \quad A = 3, B = -4, C = 5, D = -2$

अतः $(2A + B - C - 2D) = 2 \times 3 - 4 - 5 - 2x - 2$

$= 6 - 4 - 5 + 4 = 10 - 9 = 1.$

53. दिया है, ΔABC और ΔDEF में

$AB = EF$

$BC = DE$

और $CA = DE$

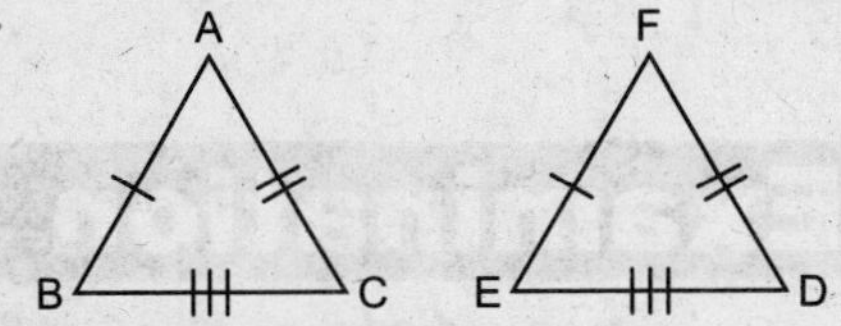

$\therefore$ भुजा-भुजा-भुजा सर्वांगसम नियम से

$\Delta ABC \cong \Delta FED$

54. समकोण त्रिभुज की भुजाएँ

A. 15 सेमी, 32 सेमी और 57 सेमी

$\Rightarrow \quad 15^2 + 32^2 = 225 + 1024 = 1249$

और $\quad 57^2 = 2349 \therefore 15^2 + 32^2 \neq 57^2$

B. 65 सेमी, 72 सेमी और 97 सेमी

$\Rightarrow \quad 65^2 + 72^2 = 4225 + 5184 = 9409$

और $\quad 97^2 = 9409 \therefore 65^2 + 72^2 = 9409$

C. 20 सेमी, 21 सेमी और 31 सेमी

$\Rightarrow \quad 20^2 + 21^2 = 400 + 441 = 841$

और $\quad 31^2 = 961 \therefore 20^2 + 21^2 \neq 31^2$

D. 35 सेमी, 77 सेमी और 88 सेमी

$\Rightarrow \quad 35^2 + 77^2 = 1225 + 5929 = 7154$

और $\quad 88^2 = 7744 \therefore 35^2 + 77^2 \neq 88^2$

अतः (B) समकोण त्रिभुज की भुजाएँ हो सकती है।

56. दिया गया है, $\angle BAC = 125°$

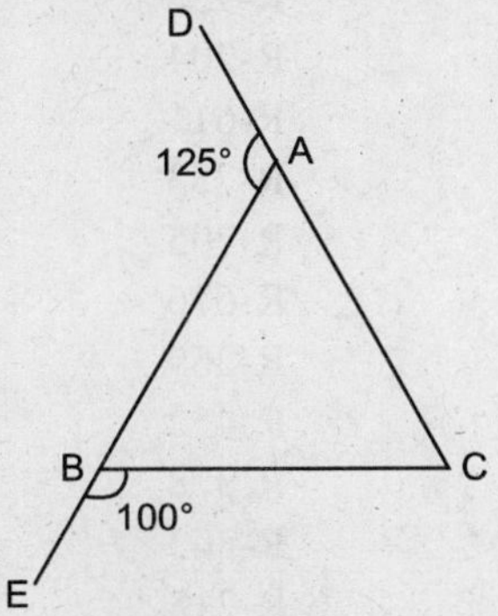

और $\quad \angle EBC = 100°$

$\because \quad \angle BAD + \angle BAC = 180°$

$\therefore \quad 125° + \angle BAC = 180°$

$\Rightarrow \quad \angle BAC = 180° - 125° = 55°$

और $\angle EBC + \angle ABC = 180°$

$\Rightarrow \quad 100° + \angle ABC = 180°$

$\Rightarrow \quad \angle ABC = 180° - 100° = 80°$

$\Rightarrow \quad \angle ABC = 80°$

$\because \angle ABC + \angle BCA + \angle BAC = 180°$

$\therefore 80° + \angle BCA + 55° = 180°$

$\Rightarrow \quad \angle BCA = 180° - (80° + 55°)$

$\Rightarrow \quad \angle BCA = 45°$

$\because \quad \angle ABC - \angle ACB = 80° - 45° = 35°$

$\therefore \angle ABC$ और $\angle ACB$ के बीच का अंतर = 35°.

57. माना PQ और SR की लंबाई $3x$ और $2x$ है और दिया है $h = 12$ सेमी (समलंब की ऊँचाई)

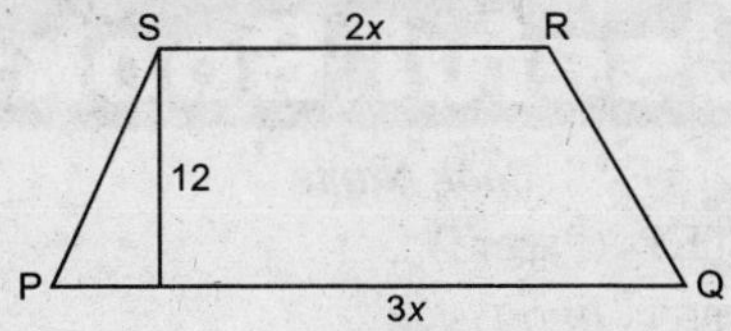

समलंब का क्षेत्रफल = $\frac{1}{2}$ (समांतर भुजाओं का योग) $\times h$

$\Rightarrow \quad 480 = \frac{1}{2}(3x + 2x) \times 12$

$\Rightarrow 480 = 6 \times 5x \Rightarrow x = \frac{480}{30} = 16$

अतः SR की लंबाई = $2x = 2 \times 16 = 32$ सेमी।

58. आयताकार कागज के टुकड़े का माप = 88 सेमी × 10 सेमी

$\because \quad 2\pi r = 88$

$\therefore \quad 2 \times \frac{22}{7} r = 88$

$\Rightarrow \quad r = 88 \times \frac{7}{44} = 2 \times 7 = 14$ सेमी

बनाये गये बेलन की ऊँचाई 10 सेमी

$\therefore$ बेलन का आयतन = $\pi r^2 h$

$= \frac{22}{7} \times 14 \times 14 \times 10 = 22 \times 2 \times 14 \times 10$

$= 44 \times 140 = 6160$ सेमी³

$\because \quad 1000$ सेमी³ = 1 लीटर

$\therefore$ 6160 सेमी³ = $\frac{1}{1000} \times 6160$ लीटर = $\frac{616}{100}$ = 6.16 लीटर

अतः बेलन की क्षमता = 6.16 लीटर।

59. दिया गया है

घन का आयतन = 2197 सेमी³

$\Rightarrow$ (भुजा)³ = (13)³ सेमी³ $\Rightarrow$ भुजा = 13 सेमी

अतः इसका पार्श्व पृष्ठीय क्षेत्रफल = 4 (भुजा)²

$= 4 \times (13)^2$ सेमी²

$= 4 \times 169$ सेमी² = 676 सेमी².

60. आकड़ों को बढ़ते क्रम में सजाने पर

2, 3, 3, 4, 4, 4, 5, 6, 8, 9, 9, 10, 11, 15, 19

यहाँ, परिसर = अधिकतम मान − न्यूनतम मान = 19 − 2 = 17

बहुलक = 4,

माध्यिका के लिए

आकड़ों की संख्या = $n = 15$ एक विषम संख्या है

$\therefore$ माध्यिका = $\frac{n+1}{2}$ वाँ पद = $\frac{15+1}{2} = \frac{16}{2}$ = 8वाँ पद

$\Rightarrow \quad$ माध्यिका = 6

अतः परिसर, बहुलक और माध्यिका का माध्य

$= \frac{17+4+6}{3} = \frac{27}{3} = 9.$

पिछले प्रश्न-पत्र (हल सहित)

CTET पेपर-II, दिसम्बर 2019*

(गणित एवं विज्ञान शिक्षक हेतु)

भाग-I

बाल विकास व शिक्षाशास्त्र

निर्देश (प्र.सं 1 से 30): *निम्नलिखित प्रश्नों के उत्तर देने के लिए* **सही/सबसे उपयुक्त** *विकल्प चुनिए।*

1. नूर विद्यालय में अपना लंच बॉक्स लाना भूल गई तथा यह कहते हुए तान्या से उसका लंच साझा करने के लिए कहा, "तुम्हें आज अपना लंच मेरे साथ साझा करना चाहिए क्योंकि कल मैंने तुम्हारे साथ अपना लंच साझा किया था।"

लॉरेंस कोह्लबर्ग के नैतिक विकास के सिद्धांत के अनुसार नूर का कथन .... अभिविन्यास प्रारूप को .... अवस्था पर दर्शाता है।

A. कानून एवं व्यवस्था; पश्च-परम्परागत
B. आज्ञापालन; पूर्व-परम्परागत
C. अच्छा होना; परम्परागत
D. आदान-प्रदान; परम्परागत

2. समाज में विभिन्न लिगों के लिए उपयुक्त मानी जाने वाली प्रारूपिक विशेषताओं के बारे में जन सामान्य की अवधारणाओं को क्या कहते हैं?

A. जेंडर विभेदीकरण
B. जेंडर भूमिकाएँ
C. जेंडर पहचान
D. जेंडर रूढ़िवादिताएँ

3. हाल ही में पाठ्यचर्या में ऐसी कहानियों को शामिल करने के लिए विवेकशील प्रयास किया गया है जिसमें पिता घर के कार्यों में लगा रहता है और माता साहसी गतिविधियों को करती है। यह कदम किसलिए महत्वपूर्ण है?

A. यह जेंडर पक्षपात को सशक्त बनाता है।
B. यह जेंडर रूढ़िवादिता को समाप्त करता है।
C. यह जेंडर स्थिरता को प्रोत्साहित करता है।
D. यह जेंडर विभेदीकरण को बढ़ाता है।

4. वायगोट्स्की के अनुसार, जब एक वयस्क बच्चे के निष्पादन के वर्तमान स्तर को सहयोग द्वारा विस्तारित करता है तो इसे क्या कहते हैं?

A. खोजपूर्ण अधिगम
B. समीपस्थ विकास का क्षेत्र
C. पाड़ (ढांचा)
D. अंतः व्यक्तिनिष्ठता

5. जीन पियाजे के संज्ञानात्मक विकास के सिद्धांत के अनुसार, परिकल्पित निगमनात्मक तर्क किस अवधि में विकसित होता है?

A. संवेदी-चालक अवस्था
B. पूर्व संक्रियात्मक अवस्था
C. मूर्त संक्रियात्मक अवस्था
D. अमूर्त संक्रियात्मक अवस्था

6. .... के अनुसार, बच्चों के चिंतन के बारे में सामाजिक प्रक्रियाओं तथा सांस्कृतिक संदर्भ के प्रभाव को समझना आवश्यक है।

A. लॉरेंस कोह्लबर्ग
B. जीन पियाजे
C. लेव वायगोट्स्की
D. अलबर्ट बैन्डुरा

7. पियाजे के संज्ञानात्मक विकास के सिद्धांत से निहितार्थ निकालते हुए एक ग्रेड 6-8 के शिक्षक को अपनी कक्षा में क्या करना चाहिए?

A. तार्किक बहस के प्रयोग को हतोत्साहित करना चाहिए।
B. ऐसी समस्याएँ प्रस्तुत करनी चाहिए जिसमें तर्क आधारित समाधान की आवश्यकता होती है।
C. एक अवधारणा को पढ़ाने के लिए केवल मूर्त सामग्रियों का प्रयोग करना चाहिए।
D. केवल निर्धारित पाठ्यक्रम पर निर्भर रहना चाहिए।

8. हावर्ड गार्डनर के बहु बुद्धि सिद्धांत के अनुसार, 'तार्किक-गणितीय' बुद्धि वाले एक व्यक्ति की क्या विशेषताएँ हो सकती हैं?

A. ध्वनि, ताल तथा शब्दों के अर्थ के प्रति संवेदनशीलता।
B. दृश्य-स्थानिक परिवेश को सटीक रूप से ग्रहण करने की योग्यता।
C. संगीतमय अभिव्यक्तियों के आवाज के स्तर, ताल एवं सौंदर्यपरक गुणों को उत्पन्न करने एवं प्रशंसा करने की योग्यता।
D. पैटर्न को खोजने की एवं तर्क की लम्बी शृंखला को हल करने की क्षमता और सवेंदनशीलता।

**Exam held on 08-12-2019.*

9. वह प्रक्रिया जिसके द्वारा बच्चे आदतों, कौशलों, मूल्यों तथा अभिप्रेरणा को विकसित करते हैं और जो उन्हें समाज का जिम्मेदार एवं क्रियाशील सदस्य बनाती है, उसे क्या कहा जाता है?

A. सामाजीकरण
B. समावेशन
C. मुख्यधारा से जुड़ना
D. विभेदीकरण

10. मानव विकास के संदर्भ में आनुवंशिकता तथा पर्यावरण की भूमिका के बारे में निम्नलिखित कथनों में से कौन-सा सही है?

A. वैयक्तिक विभिन्नताओं का एकमात्र कारण आनुवंशिकता है।
B. परिवेशीय प्रभाव पूर्ण रूप से एक व्यक्ति के विकास को निर्धारित करते हैं।
C. मानव-विकास को न तो आनुवंशिकता और न ही पर्यावरण प्रभावित करते हैं।
D. आनुवंशिकता एवं पर्यावरण दोनों एक जटिल पारस्परिक क्रिया के रूप में मानव विकास को प्रभावित करते हैं।

11. एक प्रगतिशील कक्षा में :

A. विद्यार्थी के द्वारा ज्ञान की संरचना की जाती है।
B. विद्यार्थी के द्वारा निष्क्रिय रूप से ज्ञान प्राप्त किया जाता है।
C. विद्यार्थी के द्वारा ज्ञान को उसी रूप में दोहराया जाता है।
D. शिक्षक के निर्देशों के अनुसार विद्यार्थी के द्वारा ज्ञान का अनुस्मरण किया जाता है।

12. सतत् एवं समग्र मूल्यांकन में क्या शामिल है?

A. केवल संरचनात्मक आकलन
B. केवल संकलनात्मक आकलन
C. न तो संरचनात्मक न ही संकलनात्मक आकलन
D. विविध प्रकार की रणनीतियों का प्रयोग करते हुए दोनों संरचनात्मक एवं संकलनात्मक आकलन का प्रयोग करना

13. आपकी कक्षा के एक विद्यार्थी को विभिन्न स्रोतों से बार-बार यह बताया गया है कि उसके सामाजिक वर्ग के लोग शैक्षिक क्षेत्र में निम्न स्तरीय प्रदर्शन करते हैं। इस रूढ़िवादिता एवं परिणामिक रूढ़िवादी आशका के प्रभाव को कम करने के लिए एक शिक्षक को क्या पहल करना चाहिए?

A. इस प्रकार के सरोकारों को अनदेखा करना चाहिए
B. विभिन्न सामाजिक वर्गों के विद्यार्थियों के बीच प्रतियोगिता आयोजित करनी चाहिए
C. विद्यार्थी से पढ़ाई छोड़कर किसी अन्य क्षेत्र में शामिल होने के लिए सलाह देनी चाहिए
D. विभिन्न सामाजिक वर्गों के रोल मॉडल से संबंधित कहानियों एवं उदाहरणों को प्रस्तुत करना चाहिए

14. एक समावेशी कक्षा में शिक्षक को क्या करना चाहिए?

A. यह विश्वास करना चाहिए कि प्रत्येक बच्चे में अपनी योग्यताओं एवं शक्ति के अनुसार सीखने की क्षमता है
B. अशक्त अधिगमकर्ताओं के प्रति दया एवं सहानुभूति का भाव प्रदर्शित करना चाहिए
C. बच्चों को 'अपाहिज बच्चा', 'मंद बुद्धि बच्चा' आदि के रूप में वर्गीकृत करना चाहिए
D. केवल प्रतिभाशाली एवं योग्य बच्चों पर ध्यान देना चाहिए

15. एक विद्यार्थी कक्षा में निम्नलिखित लक्षण प्रदर्शित करता है :

– पढ़ने के प्रति चिंता
– शब्दों या अक्षरों को पहचानने में कठिनाई
– निम्न स्तरीय शब्दावली कौशल
– पहले पढ़े हुए पाठ को समझने या याद करने में कठिनाई

ये किसके सूचक हैं?

A. एक 'स्वलीन' विद्यार्थी के
B. एक सृजनात्मक विद्यार्थी के
C. अधिगम अशक्तता वाले विद्यार्थी के
D. 'मानसिक क्षति' वाले विद्यार्थी के

16. एक शिक्षक एक समावेशी कक्षा में विशेष योग्यता वर्ग वाले अधिगमकर्ताओं की आवश्यकताओं को किस प्रकार से बता सकता है/संबोधित कर सकता है?

A. आकलन के लिए पेपर-पेंसिल टेस्ट का प्रयोग करना तथा अभ्यास एवं रटने पर बल देना
B. विद्यार्थियों को निर्देश देने के लिए एक रूप तरीकों का प्रयोग करना
C. अत्यधिक लिखित गृहकार्य देना तथा उत्तरों को अन्य प्रतिभाशाली विद्यार्थियों से नकल करने पर दबाव डालना
D. प्रत्येक विद्यार्थी के अधिगम के सशक्त पक्षों एवं कमजोरियों के विश्लेषण के आधार पर विशिष्ट अधिगम उद्देश्यों को विकसित करना

17. एक शिक्षिका अपनी कक्षा में सृजनात्मक विद्यार्थियों को किस प्रकार से प्रोत्साहित कर सकती है?

A. अपसारी चिंतन पर बल देकर
B. अभिसारी चिंतन को हतोत्साहित करके
C. अनेक परिप्रेक्ष्यों को प्रोत्साहित करके तथा मूल विचारों को महत्व देकर
D. विद्यार्थियों को जोखिम लेने एवं चुनौतियाँ का सामना करने से हतोत्साहित करके

18. निम्नलिखित में से कौन-सा कारक कक्षा में सार्थक अधिगम का पक्ष लेता है?

A. बच्चों को पढ़ने के लिए अभिप्रेरित करने हेतु परीक्षणों की संख्या को बढ़ाना।
B. बच्चों को पढ़ने के लिए अभिप्रेरित करने हेतु पुरस्कारों को बढ़ावा देना।
C. निर्देश के लिए केवल व्याख्यान विधि को अपनाना।
D. विषयवस्तु तथा बच्चों के संपूर्ण कुशलक्षेम एवं अधिगम के प्रति सच्चा सरोकार रखना।

19. निम्नलिखित में से कौन-सा प्रभावशाली समस्या समाधान रणनीति का एक उदाहरण है?
A. समाधान के मूल्यांकन पर बिलकुल ध्यान नहीं देना
B. क्रियात्मक अनम्यता – एक वस्तु के केवल परंपरागत कार्य पर ध्यान देना
C. प्रतिक्रिया निर्धारण – समस्या प्रस्तुतिकरण के एक ही आयाम में सीमित रहना
D. साधन-साध्य विश्लेषण–समस्या को अनेक उपलक्ष्यों में विभाजित करना

20. निम्नलिखित में से कौन-सी शिक्षण-अधिगम के लिए एक प्रभावशाली शिक्षण प्रणाली **नहीं** है?
A. बच्चों को अंतदृष्टि के द्वारा अनुमान लगाने के लिए प्रोत्साहित करना
B. प्रयोग एवं पर्यवेक्षण
C. संवाद एवं परिचर्चा
D. दिए गए ज्ञान को दोहराने पर ध्यान केंद्रित करना

21. शिक्षक कक्षा में पढ़ने में ध्यान न देने वाले बच्चों से किस प्रकार का बरताव कर सकते हैं?
A. बच्चों को कक्षा से बाहर जाने के लिए कहकर
B. पूरी कक्षा के सामने उन्हें बार-बार डाँटकर
C. उनसे बात करके तथा उनकी अरुचि का कारण जानने की कोशिश करके
D. उन्हें गृहकार्य के रूप में अत्यधिक वर्कशीट देकर

22. संरचनावादी उपागम बताता है कि .... ज्ञान की संरचना के लिए अत्यन्त आवश्यक है।
A. विद्यार्थी का पूर्वज्ञान
B. अनुबंधन
C. दंड
D. यंत्रवत् याद करना

23. बच्चे अनेक घटनाओं के बारे में सहजानुभूत सिद्धांत की संरचना करते हैं। इस पृष्ठभूमि में एक शिक्षक को क्या करना चाहिए?
A. संवाद के द्वारा बच्चों की इन अवधारणाओं को चुनौती देनी चाहिए
B. बच्चों के इन विचारों को खारिज करना चाहिए
C. बच्चों के विचारों एवं सिद्धांतों को अनदेखा करना चाहिए
D. बच्चों को इन विचारों के लिए डाँटना चाहिए क्योंकि ये विचार उनके शिक्षण में हस्तक्षेप करते हैं

24. संज्ञान एवं संवेग के बीच किस प्रकार संबंध होता है?
A. एक दूसरे से स्वतंत्र हैं
B. एक दिशीय – संवेग संज्ञान को प्रभावित करते हैं
C. एक दिशीय – संज्ञान संवेगों को प्रभावित करता है
D. द्विदिशीय – दोनों के बीच एक गतिशील पारस्परिक क्रिया होती है

25. निम्नलिखित में से कौन-से कारक अधिगम को प्रभावित करते हैं?
(*i*) विद्यार्थी की अभिरुचि
(*ii*) विद्यार्थी का सांवेगिक स्वास्थ्य
(*iii*) शिक्षाशास्त्रीय रणनीतियाँ
(*iv*) विद्यार्थी का सामाजिक एवं सांस्कृतिक संदर्भ
A. (*i*), (*ii*)
B. (*ii*), (*iii*)
C. (*i*), (*ii*), (*iii*)
D. (*i*), (*ii*), (*iii*), (*iv*)

26. निम्नलिखित में से क्या ज्ञान के सार्थक संरचना की प्रक्रिया का एक महत्वपूर्ण पहलू है?
A. सामाजिक पारस्परिक क्रियाएँ
B. लगातार अभ्यास तथा बार-बार स्मरण करना
C. पुरस्कार एवं दंड
D. उद्दीपन-प्रतिक्रिया संबंध

27. जब विद्यार्थी पुरस्कार पाने की इच्छा से बार-बार किसी गतिविधि को करने का निर्णय लेते हैं (जैसा कि एक प्रयोग का नियोजन एवं संचालन करना) जो कि प्रत्यक्ष रूप से उस गतिविधि से संबंधित नहीं है (जैसा कि एक 'स्टार' या 'बैज' प्राप्त करना), ऐसी स्थिति में क्या संभावना उत्पन्न होती है?
A. अधिगम के प्रति भौतिकवादी अभिवृत्ति का विकास
B. समझने के लिए अधिगम से आनंद प्राप्त करना
C. पुरस्कार के बिना भी उस गतिविधि में लगे रहना
D. अन्य लोगों को खुश करने के लिए कार्य करने के बजाय स्वयं की निपुणता के लिए उद्देश्य निर्धारित करना

28. बाल्यावस्था की अवधारणा से क्या अभिप्राय है?
A. यह विभिन्न सांस्कृतिक संदर्भों में सार्वभौम रूप से समान है
B. समकालीन सामाजिक-संरचनावादी मनोवैज्ञानिकों के अनुसार यह एक सामाजिक संरचना है
C. यह है कि बच्चे दुष्ट रूप में पैदा होते हैं और उन्हें सभ्य बनाना होता है
D. यह कि बच्चे शून्य से शुरुआत करते हैं और उनके गुण पूरी तरह से परिवेश के द्वारा निर्धारित किए जाते हैं

29. निम्नलिखित में से कौन-सी 'मध्य बाल्यावस्था' की विशेषता है?
A. शारीरिक वृद्धि एवं विकास बहुत तेज गति से होता है
B. अमूर्त रूप से सोचने तथा वैज्ञानिक तर्क का प्रयोग करने की योग्यता विकसित होती है
C. बच्चे तार्किक एवं मूर्त रूप से सोचना प्रारंभ कर देते हैं
D. अधिगम मुख्य रूप से संवेदी एवं चालक गतिविधियों द्वारा घटित होता है

30. परिवार एवं पास-पड़ोस, बच्चों के सामाजीकरण की :
A. मनोवैज्ञानिक एजेंसियाँ हैं
B. प्राथमिक एजेंसियाँ हैं
C. मध्य एजेंसियाँ हैं
D. द्वितीयक एजेंसियाँ हैं

भाग-II

गणित व विज्ञान

निर्देश : *निम्नलिखित प्रश्नों के उत्तर देने के लिए* **सही / सबसे उपयुक्त** *विकल्प चुनिए।*

31. पूर्णांकों 1 से 100 तक के मध्य अभाज्य युग्मों की संख्या क्या है?

A. 5 B. 6
C. 7 D. 8

32. यदि $21168 = 2^a \times 3^b \times 7^c$ है, जहाँ a, b तथा c प्राकृत संख्याएँ हैं, तो $(4a - 5b + c)$ का मान क्या है?

A. 0 B. 1
C. 2 D. 3

33. माना कि x एक वह सबसे छोटी संख्या है, जिसे 8, 12, 20, 28, 35 से भाग देने पर प्रत्येक दशा में 5 शेष रहता है। x के अंकों का योग है :

A. 11 B. 14
C. 15 D. 17

34. संख्याओं 50, 61, 92, 117 में से प्रत्येक में से कौन-सी संख्या घटाई जाए ताकि इस प्रकार इसी क्रम में प्राप्त संख्याएँ समानुपात हो जाएँ?

A. 14 B. 17
C. 19 D. 23

35. ₹ 1,710 की एक राशि A, B तथा C में इस प्रकार बाँटी जाती है कि A का चार गुना, B का 6 गुना तथा C का 9 गुना बराबर हैं। A और C में क्या अंतर है?

A. ₹ 360 B. ₹ 450
C. ₹ 480 D. ₹ 540

36. टोकरियों A और B में रखे फलों की संख्या में 7 : 9 का अनुपात है। यदि टोकरी A में से छह फल निकालकर टोकरी B में डाल दिए जाएं, तो यह अनुपात 1 : 3 हो जाता है।

A और B में कुल कितने फल हैं?

A. 28 B. 32
C. 36 D. 40

37. ΔABC और ΔADB का उभयनिष्ठ आधार AB है और दोनों त्रिभुज, AB के एक ओर स्थित हैं। $DA \perp AB$, $CB \perp AB$ तथा $AC = BD$ है। निम्न में से कौन-सा सत्य है?

A. $\Delta ABC \cong \Delta ABD$ B. $\Delta ABC \cong \Delta ADB$
C. $\Delta ABC \cong \Delta BAD$ D. $\Delta ABC \cong \Delta BDA$

38. चार त्रिभुजों की भुजाएँ नीचे दी गई हैं :

(*i*) 20 सेमी., 22 सेमी., 24 सेमी.
(*ii*) 15 सेमी., 32 सेमी., 37 सेमी.
(*iii*) 11 सेमी., 60 सेमी., 61 सेमी.
(*iv*) 19 सेमी., 40 सेमी., 41 सेमी.

इनमें से कौन-सा समूह समकोण त्रिभुज बनाता है?

A. (*i*) B. (*ii*)
C. (*iii*) D. (*iv*)

39. किसी चतुर्भुज के कोण 3 : 5 : 7 : 9 के अनुपात में हैं। चतुर्भुज के सबसे छोटे तथा सबसे बड़े कोण का अंतर क्या है?

A. 50° B. 60°
C. 72° D. 90°

40. किसी त्रिभुज का परिमाप 12 सेमी. है। यदि इसकी सभी भुजाओं की लंबाइयाँ (सेमी. में) पूर्णांकों में हैं, तो इस प्रकार के कितने विभिन्न त्रिभुज संभव हैं?

A. 2 B. 3
C. 4 D. 5

41. एक घनाभाकार गोदाम की लंबाई, चौड़ाई और ऊँचाई क्रमशः 56 मी, 42 मी. और 10 मी. है। इसके अंदर (अधिकतम) कितने घनाभाकार डिब्बे रखे जा सकते हैं, यदि प्रत्येक डिब्बे की विमाएँ 2.8 मी. × 2.5 मी. × 70 सेमी. हैं?

A. 2400 B. 3600
C. 4800 D. 5400

42. किसी लंब वृत्तीय बेलन के आधार की परिधि 528 सेमी. है और इसकी ऊँचाई 2 मी. है। बेलन का आयतन है

$\left(\pi = \frac{22}{7}\right.$ लीजिए।$\left.\right)$

A. 2.2176 मी.^{3} B. 3.3264 मी.^{3}
C. 4.4352 मी.^{3} D. 6.6528 मी.^{3}

43. किसी चतुर्भुज का क्षेत्रफल 227.2 सेमी.^{2} है और इसके एक विकर्ण पर उसके सम्मुख शीर्षों से डाले गए लम्बों की लम्बाइयाँ 7.2 सेमी. तथा 8.8 सेमी. हैं। इस विकर्ण की लंबाई क्या है?

A. 26.8 सेमी. B. 28.4 सेमी.
C. 30.2 सेमी. D. 32.6 सेमी.

44. यदि $5(3x + 4) - 8(6x + 7) = 9x - 8$ है, तो $(x^2 - 2x + 1)$ का मान क्या है?

A. $\frac{2}{3}$ B. $\frac{4}{9}$
C. $\frac{5}{3}$ D. $\frac{25}{9}$

45. जब $a = 1$, $b = -3$ तथा $c = -2$ हैं, तो
$a(a + b^2 + c) + b^2(a^2 + b^2 + c^2) - c(a + b^2)$
का क्या मान है?

A. 138 B. 154
C. 162 D. 176

46. व्यंजक

$(x - y)(x^2 + xy + y^2) + (x + y)(x^2 - xy + y^2) - (x + y)(x^2 - y^2)$

बराबर है :

A. $x^3 - y^3 + xy(x + y)$ B. $y^3 - x^3 + xy(y + x)$
C. $x^3 + y^3 + xy(y - x)$ D. $x^3 + y^3 + xy(x - y)$

47. निम्न आँकड़ों के लिए माध्यक, बहुलक और परिसर का माध्यक्या है?

11, 25, 0, 8, 25, 30, 44, 50, 30, 18, 20, 17, 11, 9, 24, 25, 29

A. 31 B. 32
C. 33 D. 34

48. एक गणितीय प्रमेय है :

A. एक कथन जिसे अभिगृहीतों की तर्कसंगत युक्तियों द्वारा सिद्ध किया गया है।
B. एक कथन जो कि सदैव सही होता है और उसे उपपत्ति की आवश्यकता नहीं है।
C. एक कथन जिसकी सत्यता या असत्यता की कोई जानकारी नहीं है।
D. एक कथन है जिसकी उपपत्ति यथेष्ट साक्ष्य से रहित है।

49. "वस्तुएँ जो कि एकसमान वस्तु के बराबर हैं, वे एक-दूसरे के बराबर होंगी।" यह अभिगृहीत जो अंकगणित व बीजगणित का आधार है, दिया है :

A. यूक्लिड (Euclid) ने
B. पाइथागोरस (Pythagoras) ने
C. देकार्ते (Descartes) ने
D. ऑयलर (Euler) ने

50. गणित में अंतःविषयकता को प्रोत्साहित करने के लिए निम्नलिखित में से किसे आकलन योजना के रूप में उपयोग किया जा सकता है?

(*a*) परियोजना (प्रोजेक्ट) (*b*) क्षेत्र भ्रमण (फील्ड ट्रिप)
(*c*) वर्णन अभिलेखों (*d*) ओलिंपियाड

A. (*a*) और (*b*) B. (*a*) और (*c*)
C. (*b*) और (*c*) D. (*c*) और (*d*)

51. किस विधि से यह सिद्ध किया जा सकता है कि "दो सम पूर्णांकों का योग सदैव सम होता है"?

A. आगमन विधि द्वारा उपपत्ति
B. प्रत्यक्ष उपपत्ति
C. प्रतिवाद द्वारा उपपत्ति
D. प्रति सकारात्मक उपपत्ति

52. गणित के उच्च प्राथमिक स्तर पर निम्नलिखित में से किन कौशलों को प्रोत्साहित किया जाता है?

(*a*) मानसदर्शन
(*b*) पक्षांतरण
(*c*) कंठस्थ करना
(*d*) सामान्यीकरण
(*e*) अनुमान लगाना

A. (*a*), (*b*), (*d*), (*e*) B. (*a*), (*b*), (*c*), (*d*)
C. (*b*), (*c*), (*d*), (*e*) D. (*a*), (*c*), (*d*), (*e*)

53. निम्नलिखित में से किस कार्य से विद्यार्थियों में विवेचनात्मक विचारों के विकास की संभावना न्यूनतम होगी?

A. 72×73 को तीन विभिन्न तरीकों से हल करके उनके परिणामों की तुलना कीजिए।
B. समीकरण $7x + 3 = 24$ को निरूपित करने वाली कोई दो स्थितियों को सूत्रबद्ध कीजिए।
C. एक विद्यार्थी ने एक लंब वृत्तीय बेलन, जिसकी त्रिज्या 3.5 सेमी. और ऊँचाई 10 सेमी. है, का आयतन 38.5 सेमी.^{3} परिकलित किया। उसने कहाँ गलती की?
D. एक लंब वृत्तीय बेलन का आयतन ज्ञात कीजिए जिसकी त्रिज्या 3.5 सेमी. और ऊँचाई 10 सेमी. है।

54. राष्ट्रीय पाठ्यचर्या की रूपरेखा (एन.सी.एफ.) 2005 की अनुशंसा के अनुसार 'सभी के लिए गणित' उपलब्ध कराने का व्यापक उद्देश्य निम्नलिखित में से किससे संरेख है?

A. यह मान लिया जाना चाहिए कि गणित का महत्व कुछ विशिष्ट विद्यार्थियों के लिए है।
B. पाठ्य-पुस्तक में सम्मिलित प्रश्न केवल सामान्य कठिनाई वाले होने चाहिए।
C. विभिन्न क्षेत्रों और विभिन्न सामाजिक समूहों वाले गणितज्ञों के योगदानों की विशिष्टताओं पर बल देना चाहिए।
D. गणित में निपुण विद्यार्थियों को एकाकीपन में शिक्षण देना चाहिए।

55. गणितीय कक्षा कक्ष को प्रभावी बनाने के लिए निम्नलिखित में से क्या प्रभावी है?

A. समूह में कार्य और समूह में समस्या सुलझाने को हतोत्साहित करना चाहिए।
B. महत्व दिया जाना चाहिए कि अनिवार्य रूप से गणित एक मूर्त विषय है।
C. एक प्रश्न को हल करने के लिए विभिन्न तरीकों को प्रोत्साहित करना चाहिए।
D. अध्यापक द्वारा एक नई समस्या को हल करने के चरणों को कुशलता से बोर्ड पर निरूपित करना चाहिए।

56. आयतन के मापन के शिक्षण और अधिगम संदर्भ में निम्नलिखित में से कौन-सी प्रक्रिया वांछनीय है?

A. प्रारंभ में एक घन के आयतन के सूत्र को लिखना।
B. प्रारंभ से ही सटीक परिकलन को प्रोत्साहित करना।
C. विद्यार्थियों को प्रारंभ में 2-विमाओं वाली आकृतियों के आयतन की जानकारी देना।
D. विद्यार्थियों को विभिन्न आकृतियों के आयतन के परिकलन हेतु प्रयासों की कल्पना के लिए प्रोत्साहित करना।

57. पियाजे के अनुसार बच्चों की दिक्-स्थान की समझ के लिए निम्नलिखित में से क्या सही **नहीं** है?

A. ज्यामितीय बोध की प्रगति एक सुनिश्चित क्रम का अनुसरण करती है।

B. ज्यामितीय बोध की प्रगति ऐतिहासिक क्रम में होती है न कि तर्कसंगत क्रम में।

C. बच्चों में दिक्स्थान की प्रारंभिक समझ उनके ज्ञानेंद्रिय प्रेरक अनुभवों से उत्पन्न होती है।

D. प्रक्षेपित दिक्स्थान को समझने के लिए विभिन्न दृश्य और स्पर्शीय अनुभवों के तालमेल की आवश्यकता होती है।

58. यदि $-12 \times (-3) + [20 \div (-4) - (-24) \div 8] - [16 \div (-2)] = (-28 \div 7) + x$ है, तो x का मान है :

A. 29 B. 39
C. 46 D. 47

59. यदि 8-अंकों वाली संख्या $30x0867y$, 88 से विभाज्य है, तो $(3x + y)$ का मान क्या है?

A. 4 B. 5
C. 6 D. 7

60. $6\frac{2}{3} \div 2\frac{1}{2} \times 3\frac{3}{4} - 5\frac{1}{2} \times 4\frac{1}{4} + 1\frac{2}{3}\left(\frac{7}{8} + \frac{3}{4} \times \frac{2}{3}\right)$ का मान है?

A. $-11\frac{1}{12}$ B. $11\frac{1}{12}$

C. $6\frac{1}{2}$ D. $-6\frac{1}{2}$

61. 'X' वह रसायन है जो हमारे आमाशय में उपस्थित है तथा भोजन के पाचन के लिए आवश्यक है। जब 'X' आधिक्य में स्रावित होता है, तो यह अपाचन जैसी स्वास्थ्य समस्याएँ उत्पन्न करता है। 'Y' वह रसायन है जिसका उपयोग ऐसी ही परिस्थिति में उपचार के लिए किया जाता है। 'X' और 'Y' क्या हैं?

A. X हाइड्रोक्लोरिक अम्ल तथा Y सोडियम कार्बोनेट है।

B. X मिल्क ऑफ मैग्नीशिया तथा Y हाइड्रोक्लोरिक अम्ल है।

C. X हाइड्रोक्लोरिक अम्ल तथा Y मिल्क ऑफ मैग्नीशिया है।

D. X मिल्क ऑफ मैग्नीशिया तथा Y एस्कॉर्बिक अम्ल है।

62. निम्नलिखित में से किस प्रक्रिया में बैक्टीरिया (जीवाणुओं) का उपयोग नहीं होता?

A. दही बनने में

B. डबलरोटी पकने में

C. गन्ने के रस के किण्वन में

D. नाइट्रोजन के स्थिरीकरण में

63. निम्नलिखित में से कौन-सा अन्य से भिन्न है?

A. वनोन्मूलन

B. मरुस्थलीकरण

C. अपरदन

D. संरक्षण

64. निम्नलिखित में से कौन-सा कथन सही **नहीं** है?

A. पाचन एक रासायनिक परिवर्तन है।

B. प्रकाश-संश्लेषण एक रासायनिक परिवर्तन है।

C. श्वसन एक रासायनिक परिवर्तन है।

D. क्रिस्टलीकरण एक रासायनिक परिवर्तन है।

65. कणों के साइज (आकार) के अनुसार कौन-सा आरोही क्रम को निरूपित करता है?

A. चट्टान, मृत्तिका, रेत (बालू), बजरी, गाद

B. मृत्तिका, गाद, रेत (बालू), बजरी, चट्टान

C. गाद, मृत्तिका, रेत (बालू), बजरी, चट्टान

D. चट्टान, बजरी, रेत (बालू), गाद, मृत्तिका

66. मछली (मत्स्य) में क्लोम (गिल) का कार्य होता है–

A. वायु से ऑक्सीजन ग्रहण करना।

B. जल में उपस्थित पोषकों को अवशोषित करना।

C. जल में उपस्थित विलेय (घुलनशील) ऑक्सीजन अवशोषित करना।

D. जल में अपशिष्टों को उत्सर्जित करना।

67. यदि संयोजक तार नहीं है, तो विद्युत परिपथ को पूरा करने के लिए निम्नलिखित में से किसका उपयोग किया जा सकता है?

A. कागज की पट्टिका

B. रबड़ की पेटी (पट्टिका)

C. लकड़ी की छड़

D. ब्लेड

68. मंजुला समतल दर्पण में अपने प्रतिबिम्ब का प्रेक्षण कर रही है। उसकी दर्पण से दूरी 5 मी. है। वह दर्पण की ओर 1 मी. चलती है। अब उसकी और दर्पण में बने उसके प्रतिबिम्ब के बीच की दूरी है :

A. 1 मी. B. 4 मी.
C. 8 मी. D. 10 मी.

69. कोई लोलक 3 सेकेण्ड में 30 दोलन करता है। नीचे दिए गए कथनों में से सही कथन को चुनिए :

A. इसका आवर्तकाल 10 s तथा आवृत्ति 3 Hz है।

B. इसका आवर्तकाल 0.1 s तथा आवृत्ति 10 Hz है।

C. इसका आवर्तकाल 10 s तथा आवृत्ति 0.3 Hz है।

D. इसका आवर्तकाल 0.3 s तथा आवृत्ति 0.3 Hz है।

70. गलत कथन पहचानिए :

A. बाल बेयरिंग का उपयोग मशीन के भागों के बीच के घर्षण में वृद्धि करने के लिए किया जाता है।

B. पृथ्वी पर सम्पर्क में रखे दो पृष्ठों के बीच घर्षण कभी भी समाप्त नहीं किया जा सकता है।

C. लोटनिक घर्षण सर्पी घर्षण से कम होता है।

D. किसी तरल में गति करते किसी पिण्ड पर घर्षण बल उसकी आकृति पर निर्भर करता है।

71. निम्नलिखित में से कौन-सा/से कथन सत्य है/हैं?

(*a*) आयरन जिंक सल्फेट विलयन से जिंक को विस्थापित कर सकता है।

(*b*) जिंक कॉपर सल्फेट विलयन से कॉपर को विस्थापित कर सकता है।

(*c*) कॉपर आयरन सल्फेट विलयन से आयरन को विस्थापित कर सकता है।

A. केवल (*a*) B. केवल (*b*)
C. (*a*) और (*b*) D. (*b*) और (*c*)

72. निम्नलिखित में से सही कथन पहचानिए :

A. डॉक्टरी थर्मामीटर का उपयोग उबलते द्रवों का ताप मापने के लिए किया जा सकता है।
B. कमरे का ताप मापने के थर्मामीटर का परिसर 30°C –100°C होता है।
C. प्रयोगशाला-थर्मामीटर का परिसर 35°C – 42°C होता है।
D. प्रयोगशाला-थर्मामीटर का परिसर डॉक्टरी थर्मामीटर से अधिक होता है।

73. गलत कथन पहचानिए :

A. केरोसिन का कैलोरीमान (ऊष्मीय मान) कोयले के कैलोरीमान (ऊष्मीय मान) से अधिक है।
B. कोयले का कैलोरीमान (ऊष्मीय मान) लकड़ी के कैलोरीमान (ऊष्मीय मान) से अधिक है।
C. बायोगैस का कैलोरीमान (ऊष्मीय मान) LPG के कैलोरीमान (ऊष्मीय मान) से अधिक है।
D. CNG का कैलोरीमान (ऊष्मीय मान) डीजल के कैलोरीमान (ऊष्मीय मान) से अधिक है।

74. कोई बस अपनी यात्रा के पहले 12 मिनट 50 किमी./घं. की चाल से और अगले 18 मिनट 40 किमी./घं. की चाल से चलती है। इस समय की अवधि में बस कुल कितनी दूरी तय करती है?

A. 20 किमी. B. 22 किमी.
C. 24 किमी. D. 28 किमी.

75. निम्नलिखित में से गलत कथन पहचानिए :

A. पृथ्वी की अपने अक्ष पर गति आवर्ती गति है।
B. प्रकाश की गति सरल रेखीय गति है।
C. सितार के कर्षित तार की गति दोलन गति है।
D. सभी आवर्ती गतियाँ वर्तुल (वृत्ताकार) गतियाँ होती हैं।

76. समतल दर्पणों में बनने वाले प्रतिबिम्बों के संबंध में नीचे दिए गए कौन-से कथन सत्य हैं?

(*a*) प्रतिबिम्ब सीधा बनता है।
(*b*) प्रतिबिम्ब वास्तविक होता है।
(*c*) प्रतिबिम्ब पार्श्व परिवर्तित होता है।
(*d*) प्रतिबिम्ब का साइज बिम्ब के साइज के बराबर होता है।

A. (*a*), (*b*), (*c*) B. (*a*), (*c*), (*d*)
C. (*b*), (*c*), (*d*) D. (*a*), (*b*), (*d*)

77. निम्नलिखित में से क्या विज्ञान की प्रकृति के संदर्भ में सही **नहीं** है?

A. विज्ञान सीखने का अंतःविषयक क्षेत्र है।
B. विज्ञान हमेशा अस्थायी है।
C. विज्ञान संदेहवाद को बढ़ावा देता है।
D. विज्ञान तथ्यों के समुच्चय के समतुल्य है।

78. राष्ट्रीय पाठ्यचर्या 2005 के अनुसार, ''अच्छी विज्ञान शिक्षा' होनी चाहिए :

A. विज्ञान शिक्षक के प्रति निष्ठ
B. बच्चे के प्रति निष्ठ
C. विद्यालय के वातावरण के प्रति निष्ठ
D. कक्षा-कक्ष संस्कृति के प्रति निष्ठ

79. एक अच्छी विज्ञान शिक्षा पाठ्यचर्या की निम्नलिखित में से कौन-सी वैधता की संतुष्टि क्रियाकलाप और प्रयोग द्वारा होती है?

A. संज्ञानात्मक B. ऐतिहासिक
C. पर्यावरण संबंधी D. प्रक्रियात्मक

80. अनु कक्षा VIII के बच्चों को शैक्षिक भ्रमण लिए लेकर जाती है। इस क्रियाकलाप के लिए निम्नलिखित में से क्या सबसे अधिक उपयुक्त उद्देश्य हो सकता है?

(*a*) यह बच्चों के मध्य अंतःक्रिया को प्रेरित करता है।
(*b*) यह ठोस अनुभवों के द्वारा प्रक्रिया कौशलों को बढ़ावा देता है।
(*c*) यह बच्चों के अवलोकन कौशलों को बढ़ाता है।
(*d*) यह शिक्षक और कक्षा की एक लय को तोड़ता है।

A. (*a*), (*b*) और (*c*) B. केवल (*b*) और (*c*)
C. (*a*), (*c*) और (*d*) D. केवल (*a*) और (*c*)

81. निम्नलिखित में से क्या उच्च प्राथमिक स्तर पर विज्ञान शिक्षा का उद्देश्य **नहीं** होना चाहिए?

A. बच्चों की प्राकृतिक जिज्ञासा का पोषण करना।
B. जीवन के प्रति झुकाव और सहभागिता के मूल्यों का विकास करना।
C. वैज्ञानिक स्वभाव का विकास करना।
D. अवधारणाओं की पाठ्य-पुस्तकीय परिभाषाओं पर बल देना।

82. निम्नलिखित में से क्या बच्चों में समालोचनात्मक चिंतन को बढ़ावा दे सकता है?

A. बच्चों से कक्षा में विज्ञान की पाठ्यपुस्तक को पढ़ने के लिए कहना।
B. बच्चों को पाठ्यपुस्तक के अंत में दिए गए अधिगम विस्तार को पढ़ने के लिए कहना।
C. बच्चों को समूह में आपस में चर्चा और इसके उपरांत बड़े समूह में साझा करने को कहना।
D. शिक्षक के द्वारा प्रयोग का प्रदर्शन।

83. एक शिक्षक कक्षा का आरंभ एक दिए गए भोजन के नमूने में मांड का रासायनिक परीक्षण का प्रदर्शन करके करता है। उपरोक्त कथन में रेखांकित शब्द से संबंधित संज्ञानात्मक प्रक्रिया है।

A. सृजन करना। B. विश्लेषण करना।
C. अनुप्रयोग करना। D. बोध करना।

84. निम्नलिखित में से कौन-सी गतिविधि बच्चों में सक्रिय अधिगम का प्रावधान **नहीं** करेगी?

A. विज्ञान क्लब की स्थापना B. क्षेत्र भ्रमण का आयोजन
C. विज्ञान का कोना बनाना D. कक्षा में व्याख्यान सुनना

85. विज्ञान में निम्नलिखित में से किसके द्वारा सीखने में कमी का पता लगाया जाता है?

(*a*) अवधारणा मानचित्र
(*b*) वर्णन अभिलेख
(*c*) पोर्टफोलियो
(*d*) सत्र अंत उपलब्धि परीक्षण

A. केवल (*d*) B. (*a*) और (*d*)
C. (*a*), (*b*) और (*c*) D. (*b*), (*c*) और (*d*)

86. निम्नलिखित में से कौन-सा साधन अवलोकन आधारित है?

A. मौखिक परीक्षण B. लिखित परीक्षण
C. कागज पैंसिल परीक्षण D. वर्णन अभिलेख

87. नीचे दिए गए कथनों में से कौन-से कथन सही हैं?

(*a*) पशमीना शाल बकरी के बालों से बनता है।
(*b*) अंगोरा एक प्रकार की ऊन है जो खरगोश से प्राप्त होती है।
(*c*) ऊँट की ऊन कॉर्पेट बनाने में उपयोग होती है।
(*d*) पशमीना ऊन खरगोश से प्राप्त होती है।

A. (*a*) और (*c*) B. (*a*) और (*b*)
C. (*b*) और (*c*) D. (*c*) और (*d*)

88. नीचे दिए गए लक्षणों के आधार पर जन्तु को पहचानिए :

(*a*) लम्बा मेरुदंड (रीढ़)
(*b*) बहुत-सी माँसपेशियाँ
(*c*) आगे को धकेलने के लिए शरीर अनेक वलयों में मुड़ा

A. सर्प B. केंचुआ
C. घोंघा D. अंकुश-कृमि

89. नीचे दिया गया कौन-सा कथन सही नहीं है?

A. सभी धमनियाँ ऑक्सीजन समृद्ध रक्त को ले जाती हैं।
B. सभी धमनियाँ ऑक्सीजन को हृदय से अन्य भागों में ले जाती हैं।
C. धमनियों की भित्तियाँ मोटी होती हैं।
D. धमनियों की भित्तियाँ प्रत्यास्थ होती हैं।

90. निम्नलिखित में से कौन मिलानों के सही क्रम को निरूपित करता है?

(*a*) एसीटिक्र अम्ल I. दही
(*b*) लैक्टिक अम्ल II. पालक
(*c*) ऑक्सीलिक अम्ल III. नींबू-वंश फल
(*d*) एस्कॉर्बिक अम्ल IV. सिरका

	(*a*)	(*b*)	(*c*)	(*d*)
A.	II	III	IV	I
B.	I	II	III	IV
C.	IV	I	II	III
D.	II	IV	I	III

PART- III

भाषा-I : हिन्दी

निर्देश (प्र.सं. 91 से 99): *निम्नलिखित गद्यांश को पढ़कर पूछे गए प्रश्नों के **सबसे उपयुक्त** उत्तर वाले विकल्प को चुनिए:*

हम श्वास द्वारा ऑक्सीजन ग्रहण करते और कार्बन डाई-ऑक्साइड छोड़ते हैं। ऐसा ही अधिकतर जानवरों, चिड़ियों, रेंगनेवाले जंतुओं, कीड़े-मकोड़ों के द्वारा भी किया जाता है। दूसरी ओर सभी प्रकार की वनस्पतियाँ कार्बन डाई-ऑक्साइड ग्रहण करतीं और ऑक्सीजन छोड़ती हैं। यदि हवा में लंबे समय तक ऑक्सीजन और कार्बन डाई-ऑक्साइड का अनुपात एक जैसा रहे तब उसका अर्थ होगा कि पौधों और प्राणियों का जीवन एक-दूसरे के अस्तित्व के मामले में समान स्तर पर आ जायेगा। लेकिन यदि हम कार्बन डाई-ऑक्साइड का अनुपात वातावरण में बढ़ा दें तब प्रकृति के द्वारा लाखों सालों से बनाकर रखा गया संतुलन बदल जायेगा।

वातावरण और वनस्पतियाँ कार्बन डाई-ऑक्साइड का लगातार विनिमय करती रहती हैं। वातावरण से वह वनस्पतियों में जाती है। जब वनस्पतियाँ सड़ने लगती हैं तब उनमें से कार्बन डाई-आक्साइड निकलकर पुनः वातावरण में समा जाती है। वनस्पतियाँ इस प्रकार कार्बन डाई-ऑक्साइड वसंत और ग्रीष्म ऋतु में ग्रहण करती हैं और जब वे सर्दियों में नष्ट होने लगती हैं तब उसे छोड़ती हैं। इस प्रकार वातावरण में मौजूद कार्बन डाई-ऑक्साइड की मात्रा में मौसम दर मौसम फर्क होता है।

91. वनस्पतियाँ जब सड़ने लगती हैं तो वातावरण को .... मिलतीहै।

A. ऑक्सीजन B. नाइट्रोजन
C. कार्बन डाई-ऑक्साइड D. जैविक खाद

92. पौधों और प्राणियों का जीवन एक-दूसरे के अस्तित्व के समान आ जाएगा, जब हवा में लंबे समय तक ....।

A. सूर्य का प्रकाश मिलता रहे
B. कार्बन डाई-ऑक्साइड मिलना बंद हो जाए
C. कार्बन डाई-ऑक्साइड और ऑक्सीजन का अनुपात समान रहे
D. वनस्पतियाँ कार्बन डाई-ऑक्साइड का विनिमय करती रहें

93. 'वातावरण' का विग्रह और समास होगा :

A. वात और आवरण — द्वंद्व
B. वात का आवरण — तत्पुरुष
C. वात का बना ऐसा आवरण — बहुव्रीहि
D. वातावरण रूपी वात — कर्मधारय

94. 'श्वास' और 'ऑक्सीजन' शब्द हैं :
A. तत्सम तद्भव B. तद्भव देशज
C. देशज आगत D. तत्सम आगत

95. 'लंबे समय तक' पद व्याकरण की दृष्टि से है :
A. संज्ञा B. सर्वनाम
C. विशेषण D. क्रिया-विशेषण

96. गद्यांश का मुख्य विषय है :
A. ऑक्सीजन और कार्बन डाई-ऑक्साइड का संतुलन
B. श्वास द्वारा ऑक्सीजन ग्रहण
C. पौधों और प्राणियों का जीवन
D. वसंत और ग्रीष्म ऋतु में वनस्पतियाँ

97. 'विनिमय' का अर्थ है :
A. लेना-पहुँचाना B. देना-खरीदना
C. लेना-देना D. आना-जाना

98. हम साँस के साथ :
A. ऑक्सीजन छोड़ते और ग्रहण करते हैं।
B. ऑक्सीजन लेते और कार्बन डाई-ऑक्साइड छोड़ते हैं।
C. कार्बन डाई-ऑक्साइड लेते और छोड़ते हैं।
D. कार्बन डाई-ऑक्साइड लेते और ऑक्सीजन छोड़ते हैं।

99. ऑक्सीजन ग्रहण करने में अधिकांश जीवधारियों का स्वभाव :
A. मानव से भिन्न है। B. मानव के विपरीत है।
C. मानव की तरह है। D. विचित्र प्रकार का है।

निर्देश (प्र.सं. 100 से 105): *निम्नलिखित काव्यांश को पढ़कर पूछे गए प्रश्नों के उत्तर दीजिए:*

वह आता—
दो टूक कलेजे के करता पछताता पथ पर आता।
पेट-पीठ दोनों मिलकर हैं एक,
चल रहा लकुटिया टेक,
मुट्ठी-भर दाने को—भूख मिटाने को
मुँह फटी पुरानी झोली को फैलाता—
दो टूक कलेजे के करता पछताता पथ पर आता।

100. 'पेट-पीठ दोनों मिलकर हैं एक' इसका कारण क्या हो सकता है?
A. सिकुड़कर बैठना।
B. झुककर चलना।
C. कुछ भी भोजन न करना।
D. भीख माँगने का नाटक करना।

101. 'कलेजे के दो टूक करना' का आशय है :
A. टुकड़े-टुकड़े करना।
B. मन को कष्ट पहुँचाना।
C. दिल की चीर-फाड़ करना।
D. कठिनाई पैदा करना।

102. भिखारी अपनी झोली क्यों फैलाता है?
A. भूख मिटाने के लिए कुछ अन्न चाहता है।
B. झोली में कुछ छिपाना चाहता है।
C. मुट्ठी-भर अनाज दिखाना चाहता है।
D. अपनी गरीबी के बारे में बताना चाहता है।

103. 'मुँह' शब्द में प्रयुक्त चंद्रबिंदु है :
A. अनुस्वार B. अनुनासिक
C. नासिक्य D. शिरोरेखा

104. काव्यांश से हमारे मन में उठने वाला मुख्य भाव है :
A. शृंगार B. हास्य
C. करुणा D. वीरता

105. 'वह आता' में 'वह' सर्वनाम किसका द्योतक हो सकता है?
A. गांधीजी B. अतिथि
C. भिक्षुक D. विकलांग

106. उच्च प्राथमिक स्तर पर भाषा सीखने का उद्देश्य है :
A. प्रश्नोत्तरी, भाषण, अन्त्याक्षरी का मात्र आयोजन करना।
B. भाषा की बारीकी और सौंदर्यबोध को सही रूप में समझना।
C. दूसरों के अनुभवों से जुड़कर सवालों के जवाब देना।
D. निजी अनुभवों को केवल लिखकर अभिव्यक्ति करना।

107. 'ज्ञान से संबंधित अन्य विषयों की समझ का विकास तथा उससे आनंद उठाने की क्षमता का विकास' उच्च प्राथमिक स्तर पर भाषा सीखने का :
A. एकमात्र उद्देश्य है।
B. एक महत्वपूर्ण उद्देश्य है।
C. सर्वाधिक महत्वपूर्ण उद्देश्य है।
D. सबसे कम महत्वपूर्ण उद्देश्य है।

108. पढ़ने का अर्थ है :
A. पढ़कर समझना B. वर्णमाला का ज्ञान
C. वाक्यों को पढ़ना D. शब्दों को पढ़ना

109. कविता में कई बार 'अभी भी' का प्रयोग करके बातें रची गई हैं ... बिना रुके चलने वाले किसी कार्य का भाव निकल रहा है या नहीं?' प्रश्न .... की ओर संकेत करता है।
A. व्याकरणिक ज्ञान B. भाषा की बारीकी
C. व्याकरण की परिभाषा D. भाषा-संरचना

110. उच्च प्राथमिक स्तर पर भाषा सीखने में पाठ्य-पुस्तक के अतिरिक्त कौन-सी संसाधन सामग्री सर्वाधिक महत्वपूर्ण है?
A. रेडियो नाटक B. कविता पाठ
C. आयु अनुरूप साहित्य D. समाचार-पत्र

111. गणित, विज्ञान आदि विषयों की कक्षाओं में भी बच्चे भाषा सीखते हैं। यह विचार :
A. पूर्णतः सत्य है। B. पूर्णतः असत्य है।
C. आंशिक रूप से सत्य है। D. निराधार है।

112. उच्च प्राथमिक स्तर पर पाठ्य-पुस्तकों में हिंदीतर भाषा को ही जगह मिलनी चाहिए ताकि बच्चे :
A. भाषा की विभिन्न रंगतों से परिचित हो सकें।
B. हिंदीतर भाषी साहित्यकारों से परिचित हो सकें।
C. सामाजिक संस्कृति से परिचित हो सकें।
D. ये सभी।

113. बच्चे भाषा तब बेहतर तरीके से सीखते हैं जब :
A. अनेक पाठ्य-पुस्तकें हों।
B. भाषा का समृद्ध परिवेश हो।
C. सरल साहित्य का चयन हो।
D. परीक्षाओं का आयोजन हो।

114. उच्च प्राथमिक स्तर पर भाषा-आकलन की दृष्टि से सर्वाधिक महत्वपूर्ण है :
A. अवलोकन
B. जाँच सूची
C. साक्षात्कार सूची
D. लिखित परीक्षा

115. द्वितीय भाषा की पाठ्यचर्या का एक लक्ष्य है–प्राकृतिक भाषा ज्ञान में अर्जित दक्षता के अनुरूप .... दक्षता प्राप्त करना।
A. उच्च B. सर्वोच्च
C. औसत D. बुनियादी

116. भाषा के विभिन्न कौशलों को .... रूप में पढ़ाने की अनुशंसा की जाती है।
A. क्रमिक B. एकीकृत
C. उच्च D. निम्न

117. व्याकरण शिक्षण की कौन-सी विधि अपेक्षाकृत प्रभावी है?
A. आगमन विधि B. निगमन विधि
C. सूत्र विधि D. पाठ्यपुस्तक विधि

118. उच्च प्राथमिक स्तर पर भाषा की पाठ्य-पुस्तक में 'रक्त और हमारा शरीर' पाठ शामिल करने का विचार .... से जुड़ा है।
A. विषयों की विभिन्न भाषाओं
B. संपूर्ण पाठ्यचर्या में भाषा
C. हिंदी भाषा की विभिन्न रंगतों
D. विज्ञान संबंधी शब्दावली

119. त्रिभाषा-फार्मूला भारत की .... की चुनौतियों और .... को संबोधित करने का एक प्रयास है।
A. संस्कृति, समाधानों B. समस्याओं, अवसरों
C. भाषा-स्थिति, संस्कृति D. भाषा-स्थिति, अवसरों

120. लिखने की क्षमता का विकास बोलने, सुनने और पढ़ने की क्षमता की संगति में होना चाहिए। यह विचार :
A. पूर्णतः असत्य है। B. पूर्णतः सत्य है।
C. आंशिक रूप से सत्य है। D. पूर्णतः निराधार है।

PART- IV

Language-II : English

Directions (Qs. No. 121-128): *Read the passage given below and answer the questions that follow by selecting the correct/most appropriate options:*

As science progresses, superstitions ought to grow less. On the whole, that is true. However, it is surprising how superstitions linger on. If we are tempted to look down on savage tribes for holding such ideas, we should remember that even today, among most civilised nations, a great many equally stupid superstitions exist and are believed in by a great many people.

Some people will not sit down thirteen at a table; or will not like to start anything important on a Friday; or refuse to walk under a ladder. Many people buy charms and talismans because they think they will bring them luck. Even in civilised nations today, many laws are made on the basis of principles which are just as much unproved. For instance, it is often held as a principle that white people are by nature superior to people of other colours. The ancient Greeks believed that they were superior to the people of Northern and Western Europe. The only way to see if there is anything in such a principle is to make scientific studies of a number of white and black and brown people under different conditions of life and find out just what they can and cannot achieve.

It is, however, true that the increase of scientific knowledge does reduce superstition and also baseless guessing and useless arguments and practices. Civilised people do not argue and get angry about what water is composed of. The composition of water is known, and there is no argument about it.

121. We should not despise the savage tribes because:
A. they do not believe in science.
B. they indulge in useless arguments.
C. they have stopped being superstitious.
D. we are no less superstitious than they are.

122. Which of the following has a scientific basis for it?
A. We should not walk under a ladder.
B. Number thirteen is inauspicious.
C. Talismans and charms always bring luck.
D. Fridays are as good as other days.

123. Who believe in superstitions?
A. All civilised nations.
B. Only some civilised nations.
C. Only some tribals.
D. All tribals and some civilized nations.

124. Study the following statements:
(*a*) Ancient Greeks were superior to other European nations.
(*b*) Science helps us fight superstitions.
A. (*a*) is right and (*b*) is wrong.
B. (*a*) is wrong and (*b*) is right.
C. Both (*a*) and (*b*) are right.
D. Both (*a*) and (*b*) are wrong.

125. Which part of speech is the underlined word in the following sentence?
On the whole that is true.
A. Determiner B. Pronoun
C. Conjunction D. Preposition

126. Identify the part of speech of the underlined word in the following sentence.
It is often held that as a principle.
A. Pronoun B. Adverb
C. Adjective D. Preposition

127. Fill in the blank in the following sentence.
_____ is opposite in meaning to the word, 'superior'.
A. Higher B. Prior
C. Inferior D. Lower

128. The statement which best sums up the passage is:
A. Superstitions disappear with the advancement of science.
B. Irrational beliefs decline with the advancement of science.
C. Civilized nations are no less superstitions than the savage tribes.
D. We are very different from the savage nations in our beliefs.

Directions (Qs. No. 129-135): *Read the passage given below and answer the questions that follow by selecting the correct/most appropriate options.*

If asked, "What matters are related to health *i.e.* health decisions?" most of us would answer—hospitals, doctors and pills. Yet we are all making a whole range of decisions about our health which go beyond this limited area of doctors, pills etc. For example, whether or not to smoke, take exercise, wear a seat belt, drive a motor bike, drink alcohol regularly etc. The way we reach decisions and form attitudes about our health is only just beginning to be understood.

The main paradox is why people consistently do things which are known to be very hazardous. Two interesting examples of this are smoking and not wearing seat belts. Addiction makes smokers keep on smoking and whether to wear a seat belt or not is affected by safety considerations. Taken together both these examples show how people reach decisions about their health. Understanding this process is crucial. Only then can we effectively change public attitude towards voluntary activities like smoking.

Smokers run the risk of contracting heart disease, several times more as compared to non-smokers. Even lung cancer. Despite extensive press campaigns which have regularly told smokers and car drivers the grave risks they are running, the number of smokers and non-wearers of seat belts has remained much the same. Although the numbers of deaths from road accidents and smoking are well publicized, they have aroused little public interest.

If we give smokers the real figures of deaths caused by smoking, will it affect their views on the dangers of smoking? Unfortunately not. Many of the real figures are in the form of probable estimates, and evidence shows that people are very bad at understanding this kind of information.

129. Why does a common man choose to wear a seat belt?
A. There is a law for it.
B. He wants to protect himself.
C. It is fitted in the car.
D. For fear of the policeman.

130. Study the following statements:
(*a*) Though it is very dangerous, some people don't quit smoking.
(*b*) Whether or not to drink alcohol is not a health decision.
A. (*a*) is right and (*b*) is wrong.
B. (*a*) is wrong and (*b*) is right.
C. Both (*a*) and (*b*) are right.
D. Both (*a*) and (*b*) are wrong.

131. Which of the following pieces of advice can be easily ignored by the people?
A. Don't smoke.
B. Wear a seat belt.
C. Don't drink alcohol.
D. Don't drive a motor bike.

132. Which part of speech is the underlined word in the following sentence?
Yet, we are all making a whole range of decisions.
A. Adverb B. Conjunction
C. Pronoun D. Preposition

133. Which part of speech is the underlined word in the following sentence?
Understanding this process is crucial.
A. Determiner B. Preposition
C. Adverb D. Conjunction

134. Smokers run double the risk of contracting heart disease.
The word 'contracting' here means:
A. receiving B. removing
C. catching D. avoiding

135. An example of 'limited area' of health:
A. smoking B. taking exercise
C. wearing a seat belt D. taking medicines

136. A teacher asks her learners to discuss in groups of four, jot down ideas and then develop them in an outline to write a paragraph. Learners then edit the paragraph into a final draft. Which strategy of writing does the teacher follow here?
A. Group work B. Process approach
C. Product approach D. Discussion method

137. Transactional listening:
A. lays emphasis on conveying information.
B. lays emphasis on harmonious communication in the social context.
C. does not require careful attention to details and facts.
D. is interactive by nature.

138. CALP stands for:
A. Cognitively Academic Language Proficiency
B. Cognitively Advanced Language Proficiency
C. Competency based Academic Language Proficiency
D. Comparative Academic Language Proficiency

139. 'A task' in Task Based Language Learning means _____ .
A. an activity where the target language is used by the learner for a communicative purpose.
B. a piece of work, designed by the teacher for language teacher.
C. a text-book exercise to be carried out by learners individuals.
D. a task for the teacher for assessing learners language learning.

140. According to National Curriculum Framework 2005, which one of the following is **NOT** an objective of language teaching-learning?
A. the competence to understand what one hears.
B. ability to read with comprehension.
C. effortless expression.
D. to know the history of languages.

141. Which one of the following is **NOT** true of language learning?
A. Reading is making meaning.
B. Grammatical rules are important for learning a language.
C. Language learning takes time.
D. Language learning needs a context.

142. Which is an effective way of teaching-learning grammar?
A. Teaching the rules first followed by examples.
B. Presenting grammar form in a natural discourse, then explaining how the form is made and used.
C. Presenting single sentence examples in plenty of ways and then explaining the form.
D. Teaching through a typical grammar book.

143. What status is given to English language in the Indian Constitution?
A. Recognised language
B. Associate official language
C. Official language
D. Foreign language

144. A language teacher asks learners to write a paragraph on 'scarcity of water'. Learners gather information from science and social science books and other sources before writing. Such task aims at:
A. developing the scientific attitude.
B. completing the syllabus of other subjects simultaneously.
C. achieving language learning across the curriculum.
D. enhancing co-curricular skills.

145. Which one of the following is NOT an assessment tool for language learning?
A. Observation schedule
B. Portfolio
C. Assignment
D. Realia

146. Teaching a novel is to promote:
A. reading for pleasure
B. reading for details
C. reading to become a writer
D. reading to learn vocabulary

147. Story telling as a strategy in language teaching is aimed at _____ .
A. learning the morals.
B. learning to retell the story.
C. engaging learners with language.
D. testing the memory of learners.

148. 'Input Hypothesis' refers to:
A. the relationship between what the learner is exposed to a language and language acquisition.
B. the relationship between what languages the learners know and the languages they are taught.
C. the relationship among the learner, teacher and the materials.
D. all the inputs of the school.

149. Which one of the following makes the communication a cyclic process?
A. Sender D. Receiver
C. Feedback D. Message

150. Top-down process of reading:
A. proceeds from whole to part.
B. proceeds from part to whole.
C. proceeds from centre to periphery.
D. proceeds from bottom to top.

उत्तरमाला

1	2	3	4	5	6	7	8	9	10
D	D	B	C	D	C	B	D	A	D
11	**12**	**13**	**14**	**15**	**16**	**17**	**18**	**19**	**20**
A	D	D	A	C	D	C	D	D	D
21	**22**	**23**	**24**	**25**	**26**	**27**	**28**	**29**	**30**
C	A	A	D	D	A	A	B	C	B
31	**32**	**33**	**34**	**35**	**36**	**37**	**38**	**39**	**40**
D	D	D	B	B	B	C	C	D	B
41	**42**	**43**	**44**	**45**	**46**	**47**	**48**	**49**	**50**
C	C	B	D	B	C	C	A	A	A
51	**52**	**53**	**54**	**55**	**56**	**57**	**58**	**59**	**60**
B	A	D	C	C	D	B	C	B	A
61	**62**	**63**	**64**	**65**	**66**	**67**	**68**	**69**	**70**
C	B	D	D	B	C	D	C	B	A
71	**72**	**73**	**74**	**75**	**76**	**77**	**78**	**79**	**80**
B	D	C	B	D	B	D	B	D	A
81	**82**	**83**	**84**	**85**	**86**	**87**	**88**	**89**	**90**
D	C	C	D	C	D	*	A	A	C
91	**92**	**93**	**94**	**95**	**96**	**97**	**98**	**99**	**100**
C	C	B	D	D	A	C	B	C	C
101	**102**	**103**	**104**	**105**	**106**	**107**	**108**	**109**	**110**
B	A	B	C	C	B	B	A	B	C
111	**112**	**113**	**114**	**115**	**116**	**117**	**118**	**119**	**120**
A	D	B	A	D	B	A	C	D	B
121	**122**	**123**	**124**	**125**	**126**	**127**	**128**	**129**	**130**
D	D	D	B	B	B	C	B	B	A
131	**132**	**133**	**134**	**135**	**136**	**137**	**138**	**139**	**140**
D	B	A	C	D	B	A	B	A	D
141	**142**	**143**	**144**	**145**	**146**	**147**	**148**	**149**	**150**
B	B	B	C	D	A	C	A	C	A

व्याख्यात्मक उत्तर

2. समाज में विभिन्न लिंगों के लिए उपयुक्त समझी जाने वाली विशिष्ट विशेषताओं के बारे में व्यापक रूप से आयोजित विश्वासों को लिंग रूढ़ियों के रूप में जाना जाता है। एक लिंग स्टीरियोटाइप विशेषताओं या गुणों के बारे में एक सामान्यीकृत अवधारणा या पूर्व धारणा है, या महिलाओं और पुरुषों द्वारा निभाई जाने वाली भूमिकाएँ हैं या जिनके पास ये भूमिकाएँ होनी चाहिए। एक लिंग स्टीरियोटाइप हानिकारक होता है जब यह महिलाओं की और पुरुषों की अपनी व्यक्तिगत क्षमताओं को विकसित करने, अपने पेशेवर करियर को आगे बढ़ाने और अपने जीवन के बारे में विकल्प चुनने की क्षमता को सीमित करता है।

3. हाल ही में पाठ्यक्रम में कहानियों को शामिल करने के लिए जागरूक प्रयास किए गए हैं जहाँ पिता घरेलू कार्यों में शामिल हैं और माँ साहसिक कार्य कर रही हैं। यह कदम महत्वपूर्ण है क्योंकि इसका लक्ष्य लैंगिक रूढ़िवादिता को खत्म करना है। अंतर्राष्ट्रीय मानवाधिकार कानून की रूपरेखा लिंग रूढ़ियों और रूढ़िवादिता पर रोक लगाती है जो मानव अधिकारों और मौलिक स्वतंत्रता के आनंद को कम करती है। राज्यों का दायित्व है कि वे अपने जीवन के सभी क्षेत्रों में महिलाओं और पुरुषों के साथ भेदभाव को समाप्त करें। इस दायित्व के लिए राज्यों को सार्वजनिक और निजी जीवन दोनों में लैंगिक रूढ़ियों को समाप्त करने के साथ-साथ रूढ़िवादिता से दूर रहने के उपायों की कोशिश करनी चाहिए।

4. वायगोट्स्की के अनुसार, जब वयस्क बच्चे के प्रदर्शन के मौजूदा स्तर को बढ़ाने के लिए समर्थन को समायोजित करते हैं, तो इसे पाड़ (ढांचा) कहा जाता है। ढांचा प्रभावी शिक्षण की एक प्रमुख विशेषता है, जहां वयस्क लगातार सीखने वाले के प्रदर्शन के प्रत्युत्तर में उसकी मदद के स्तर को समायोजित करता है।

5. अंतिम चरण को औपचारिक परिचालन चरण (किशोरावस्था से वयस्कता में, लगभग 12 से वयस्कता तक) के रूप में जाना जाता है : बुद्धिमत्ता का उपयोग अमूर्त अवधारणाओं से संबंधित प्रतीकों के तार्किक उपयोग के माध्यम से किया जाता है। विचार के इस रूप में "धारणाएँ शामिल हैं जिनका वास्तविकता से कोई आवश्यक संबंध नहीं है।" इस अवस्था में, व्यक्ति काल्पनिक और निगमनात्मक तर्क के लिए सक्षम होता है। इस समय के दौरान, लोग अमूर्त अवधारणाओं के बारे में सोचने की क्षमता विकसित करते हैं।

पियाजे ने कहा कि औपचारिक परिचालन चरण के दौरान "हाइपोथेटिकोडिडक्टिव रीजिनिंग" महत्वपूर्ण हो जाता है। इस तरह की सोच में काल्पनिक "क्या-अगर" (What-if) स्थितियाँ शामिल हैं जो हमेशा वास्तविकता में निहित नहीं होती हैं, अर्थात् प्रतिपक्षीय सोच में। यह अक्सर विज्ञान और गणित में आवश्यक होता है।

6. लेव वायगोत्स्की के अनुसार, बच्चों की सोच पर सामाजिक प्रक्रियाओं और सांस्कृतिक संदर्भ के प्रभाव को समझना महत्वपूर्ण है। वायगोत्स्की ने संज्ञानात्मक विकास के लिए एक समाजशास्त्रीय दृष्टिकोण विकसित किया है। उन्होंने लगभग उसी समय अपने सिद्धांतों को विकसित किया जब जीन पियाजे ने अपने विचारों (1920 और 30 के दशक) को विकसित करना शुरू कर दिया था, लेकिन 38 वर्ष की आयु में उनकी मृत्यु हो गई, और इसलिए उनके सिद्धांत अधूरे रह गए। हालाँकि उनके कुछ लेख अभी भी रसियन अनुवादित हैं।

कोई भी एक सिद्धांत (जैसे कि पियाजे का संतुलन) विकास के लिए जिम्मेदार नहीं हो सकता है। व्यक्तिगत विकास को उस सामाजिक और सांस्कृतिक संदर्भ के बिना नहीं समझा जा सकता है जिसके भीतर यह सन्निहित है। व्यक्ति में उच्च मानसिक प्रक्रियाओं का मूल सामाजिक प्रक्रियाओं में निहित है।

8. जो लोग तार्किक-गणितीय बुद्धि में मजबूत होते हैं वे तर्क, पैटर्न को पहचानने और तार्किक रूप से समस्याओं का विश्लेषण करने में अच्छे होते हैं। ये व्यक्ति संख्याओं, रिश्तों और प्रतिमानों के बारे में वैचारिक रूप से सोचते हैं। तार्किक-गणितीय बुद्धि के लक्षणों में शामिल हैं :

- समस्या को सुलझाने के कौशल में उत्कृष्ट।
- अमूर्त विचारों के बारे में सोचकर आनंद मिलता है।
- वैज्ञानिक प्रयोगों को करना पसंद करता है।
- जटिल संगणनाओं को हल करने में कुशल।

9. वह प्रक्रिया जिसके द्वारा बच्चे आदतों, कौशल, मूल्यों और उद्देश्यों को विकसित करते हैं, जो उन्हें समाज के उत्पादक और जिम्मेदार सदस्य बनाते हैं, समाजीकरण कहा जाता है। समाजीकरण समाज के मानदंडों और विचारधाराओं के समावेशन की प्रक्रिया है। समाजीकरण सीखने और सिखाने दोनों को शामिल करता है और इस प्रकार यह "वह साधन है जिसके द्वारा सामाजिक और सांस्कृतिक निरंतरता प्राप्त होती है।"

10. सभी लक्षण आनुवांशिक और पर्यावरणीय दोनों कारकों पर निर्भर करते हैं। आनुवंशिकता और पर्यावरण उनके प्रभावों को उत्पन्न करने के लिए अंतःक्रिया करते हैं। इसका मतलब यह है कि जिस तरह से जीन क्रिया करते हैं, वह उस वातावरण पर निर्भर करता है जिसमें वे कार्य करते हैं। उसी तरह, पर्यावरण का प्रभाव उस जीन पर निर्भर करता है, जिसके साथ वे काम करते हैं।

उदाहरण के लिए, लोग ऊँचाई/लंबाई में भिन्न होते हैं। हालाँकि ऊँचाई अत्यधिक आनुवंशिक गुण है, फिर भी पर्यावरण चर का बड़ा प्रभाव हो सकता है। उदाहरण के लिए, जापानी-अमेरिकी अपने दूसरे चचेरे भाइयों की तुलना में औसत लम्बे और भारी होते हैं, जो जापान में बड़े हुए। ये पर्यावरणीय चर, विशेष रूप से आहार अंतर के प्रभाव को दर्शाते हैं।

11. एक प्रगतिशील कक्षा में शिक्षार्थी द्वारा ज्ञान का निर्माण किया जाता है। प्रगतिशील शिक्षा एक शैक्षणिक आंदोलन है जो उन्नीसवीं शताब्दी के अंत में शुरू हुआ था और वर्तमान में विभिन्न रूपों में कायम है। अभी हाल ही में, इसे परीक्षण-उन्मुख अनुदेश के विकल्प के रूप में देखा गया है। परीक्षण-उन्मुख अनुदेश शैक्षणिक वित्तपोषण अधिनियम द्वारा लागू किया गया है। इस अधिनियम का उद्देश्य है—कोई बच्चा वंचित न रह जाए।

"प्रगतिशील" शब्द 19वीं शताब्दी के पारंपरिक पाठ्यक्रम से इस शिक्षा को अलग करने के लिए जोड़ा गया था, जिसकी जड़ें विश्वविद्यालय के शास्त्रीय पाठ्यक्रम में निहित थीं और सामाजिक आर्थिक स्तर पर दृढ़ता से विभेदित किया गया था। इसके विपरीत, प्रगतिशील शिक्षा वर्तमान अनुभव में अपनी जड़ें पाती है।

12. सतत एवं व्यापक या समग्र मूल्यांकन बच्चे के आकलन की निरन्तर चलने वाली विकासात्मक प्रक्रिया है। सतत एवं व्यापक मूल्यांकन बच्चे के विकास के पहलुओं को बताता है। बच्चे की सीखने की स्थिति को देखते हुए कि बच्चा कितना सीखा उसी प्रकार उसकी शिक्षण पद्धति में आवश्यकता अनुसार बदलाव किया जाता है। सतत एवं व्यापक मूल्यांकन की आवश्यकता बच्चे के यह समझने के लिए किया जाता है कि अधिगम का किस प्रकार अवलोकन किया जाता है व सुधार किया जाता है। सतत एवं व्यापक मूल्यांकन विविध प्रकार की रणनीतियों का प्रयोग करते हुए दोनों संरचनात्मक एवं संक्रलनात्मक आकलन का प्रयोग करना है।

14. समावेशी कक्षा में, एक शिक्षक को यह मानना चाहिए कि प्रत्येक बच्चे में अपनी योग्यता और शक्ति के अनुसार सीखने की क्षमता होती है। समावेशी शिक्षा तब होती है, जब सभी छात्र, चाहे उनकी कोई भी समस्याएँ क्यों न हों, उन्हें उम्र-उपयुक्त सामान्य शिक्षा वर्गों में रखा जाता है, जो उनके पड़ोस के स्कूलों में उच्च गुणवत्ता वाले निर्देश, हस्तक्षेप और समर्थन प्राप्त करने के लिए होते हैं जो उन्हें सफलता को पूरा करने में सक्षम बनाते हैं।

22. रचनावादी दृष्टिकोण शिक्षण विधियाँ रचनावादी शिक्षण सिद्धांत पर आधारित हैं। जॉन डेवी और जीन पियाजे ने बचपन के विकास

और शिक्षा पर शोध किया; दोनों अनौपचारिक शिक्षा के विकास में बहुत प्रभावशाली थे। प्रभावशाली शिक्षा के बारे में डेवी के विचार से पता चलता है कि शिक्षा को शिक्षकों की भूमिका के साथ जुड़े हुए चिंतन और प्रतिबिंब की खोज और विस्तार करना चाहिए। इसके विपरीत, पियाजे ने तर्क दिया कि हम अपने ज्ञान का विस्तार करके उन अनुभवों को सीखते हैं जो बचपन से वयस्कता तक खेल के माध्यम से उत्पन्न होते हैं, जो सीखने के लिए आवश्यक हैं। दोनों सिद्धांत अब प्रगतिशील शिक्षा के व्यापक आंदोलन से घिरे हुए हैं। कंस्ट्रक्टिविस्ट लर्निंग सिद्धांत बताता है कि सभी ज्ञान का निर्माण पूर्व ज्ञान के आधार पर किया गया है। जैसे, बच्चों को एक खाली स्लेट के रूप में नहीं माना जाता है, और उनके वर्तमान ज्ञान के संदर्भ में कक्षा सामग्री को तैयार किया जाता है।

23. बच्चे विभिन्न घटनाओं के बारे में 'सरल सिद्धांतों' का निर्माण करते हैं। इस पृष्ठभूमि में एक शिक्षक को संवाद के माध्यम से बच्चों की इन अवधारणाओं को चुनौती देनी चाहिए। इस प्रकार, विज्ञान की एक बच्चे की समझ के संदर्भ में, 'सरल विश्वास' का अर्थ होगा, विश्व दृष्टि के बारे में अत्यधिक सरल, स्पष्ट और जटिलता-रहित विश्वास, जो वैज्ञानिक समुदाय द्वारा निर्मित दुनिया के महत्वपूर्ण निर्णयों और विश्लेषण-युक्त दृष्टिकोण से अप्रभावित है। इसी तरह सरल सिद्धांतों और सरल धारणाओं को समरूप तरीके से समझा जा सकता है।

28. बाल्यावस्था, वास्तव में मानव जीवन का वह स्वर्णिम समय है जिसमें उसका सर्वांगीण विकास होता है। फ्रायड यद्यपि यह मानते हैं कि बालक का विकास पाँच वर्ष की आयु तक हो जाता है, लेकिन बाल्यावस्था विकास की प्रक्रिया को गति प्राप्त करती है और एक परिपक्व व्यक्ति के निर्माण की ओर अग्रसर होती है।

शैशवावस्था के बाद बाल्यावस्था का आरम्भ होता है। यह अवस्था बालक के व्यक्तित्व के निर्माण की होती है। बालक में इस अवस्था में विभिन्न आदतों, व्यवहार, रुचि एवं इच्छाओं के प्रतिरूपों का निर्माण होता है। इस अवस्था में बालक में अनेक अनोखे परिवर्तन होते हैं। 6 वर्ष की आयु में बालक का स्वभाव बहुत उग्र होता है। 7 वर्ष की आयु में वह उदासीन होता है और अकेले रहना पसन्द करता है। 8 वर्ष की आयु में उसमें अन्य बालकों में सामाजिक सम्बन्ध स्थापित करने की भावना बहुत प्रबल होती है। 0-12 वर्ष तक की आयु में विद्यालय का उसके लिए कोई आकर्षण नहीं रहता है। वह कोई नियमित कार्य करके, कोई महान और रोमांचकारी कार्य करना चाहता है।

बाल्यावस्था का काल 6 से 12 वर्ष माना जाता है। इस अवस्था में बालकों तथा बालिकाओं के कद, भार में उतार-चढ़ाव होते रहते हैं। इस अवस्था में हड्डियों में मजबूती तथा दृढ़ता आती है, दाँतों में स्थायित्व आने लगता है। बाल्यावस्था में मानसिक विकास भी तीव्र होता है। वह अपनी जिज्ञासा को शांत करने के लिए अनेक प्रश्न करता है उसकी रुचि विस्तार पाने लगती है। सूक्ष्म चिंतन का आरंभ हो जाता है। बाल्यावस्था में बालक विद्यालय में प्रवेश ले चुका होता है। परिवार के अलावा अन्य लोगों के साथ उसकी समाजीकरण की प्रक्रिया प्रारम्भ हो जाती है। इस अवस्था में विषमलिंगीय आकर्षण दिखाई देने लगता है। धीरे-धीरे बालकों का शब्दकोश भी विस्तृत हो सकता है। इस अवस्था में बालकों में आत्मनिर्भरता की भावना विकसित होने लगती है। उनकी आदतों, रुचियों, मनोवृत्ति तथा रहन-सहन आदि में पर्याप्त भिन्नता स्पष्ट होने लगती है। इस प्रकार स्पष्ट होता है कि बाल्यावस्था एक सामाजिक संरचना है।

29. पियाजे के सिद्धान्त के अनुसार बच्चे चार प्रमुख विकासात्मक चरणों की शृंखला के माध्यम से प्रगति करते हैं।

(*a*) **शैशवावस्था के सेंसरी मोटर का स्तर**–इसमें इन्द्रियाँ और गत्यात्मक क्रियाएँ सम्मिलित हैं।

(*b*) **पूर्व बाल्यावस्था का प्रीऑपरेशनल स्तर**–एक बच्चे के तार्किक मानसिक आपरेशन में सिद्धहस्त होने से पहले का स्तर।

(*c*) **मध्य बाल्यावस्था का मूर्त संक्रियात्मक स्तर**–ठोस वस्तुओं और परिस्थितियों को मानसिक कार्यों से जोड़ना तथा इसी अवस्था में बच्चे तार्किक एवं मूर्त रूप से सोचना प्रारंभ कर देते हैं।

(*d*) **किशोरवय से वयस्क तक औपचारिक संक्रियात्मक स्तर**–इस स्तर पर मानसिक कार्यों में अमूर्त चिंतन और कई चरों के समन्वय को सम्मिलन किया जाता है।

30. प्राथमिक समाजीकरण एक व्यक्ति के जीवन में प्रारंभिक अवधि है, जिसके दौरान वे शुरू में सीखते हैं और अपने आसपास के अनुभवों और अंतःक्रियाओं के माध्यम से स्वयं को संवारते हैं। यह प्रक्रिया परिवार के माध्यम से घर पर शुरू होती है, जिसमें व्यक्ति सीखता है कि समाज, सामाजिक मानदंडों और सांस्कृतिक प्रथाओं में क्या स्वीकार किया जाता है या नहीं किया जाता है। परिवार के माध्यम से प्राथमिक समाजीकरण बच्चों को सिखाता है कि कैसे बंधन बनाएँ, रिश्ते बनाएं तथा प्रेम, विश्वास और एकजुटता सहित महत्वपूर्ण अवधारणाओं को समझें। प्राथमिक समाजीकरण के कई एजेंटों में परिवार, बचपन के दोस्त, शैक्षिक प्रणाली और सोशल मीडिया जैसे संस्थान शामिल हैं। ये सभी एजेंट एक बच्चे के समाजीकरण की प्रक्रिया को प्रभावित करते हैं जो वे अपने जीवन के बाकी हिस्सों के लिए संचित करते हैं।

32. दिया है, $21168 = 2^a \times 3^b \times 7^c$ ...(*i*)

यहाँ $21168 = 42 \times 504$

$$\Rightarrow \quad 21168 = 2 \times 3 \times 7 \times 8 \times 9 \times 7$$
$$= 2 \times 3 \times 7 \times 2^3 \times 3^2 \times 7$$
$$= 2^4 \times 3^3 \times 7^2 \quad ...(ii)$$

(*i*) और (*ii*) से हम पाते हैं

$$2^a \times 3^b \times 7^c = 2^4 \times 3^3 \times 7^2$$

$$\therefore \quad a = 4,$$
$$b = 3, c = 2$$

जहाँ a, b और c प्राकृतिक संख्याएँ हैं।

$\therefore \quad 4a - 5b + c = 4 \times 4 - 5 \times 3 + 2$
$= 16 - 15 + 2$
$= 18 - 15 = 3$

अतः $(4a - 5b + c)$ का मान 3 है।

33. x = सबसे छोटी संख्या = (8, 12, 20, 28, 35 का ल.स.) + 5

2	8,	12,	20,	28,	35
2	4,	6,	10,	14,	35
5	2,	3,	5,	7,	35
7	2,	3,	1,	7,	7
	2,	3,	1,	1	1

$= 140 \times 6 = 840$

$\therefore \quad x = 840 + 5$
$= 845$

$\therefore x$ के अंकों का योग
$= 8 + 4 + 5 = 17.$

34. माना कि घटाई जाने वाली संख्या $= x$.

तब, $\dfrac{50-x}{61-x} = \dfrac{92-x}{117-x}$

$(50 - x)(117 - x) = (61 - x)(92 - x)$

$5850 - 167x + x^2 = 5612 - 153x + x^2$

$(167 - 153)x = 5850 - 5612$

$14x = 238$

$x = \dfrac{238}{14} = 17.$

35. माना कि A, B और C क्रमशः x, y और z पाते हैं

प्रश्न के अनुसार, $4x = 6y = 9z$ ...(*i*)

(*i*) से हम पाते हैं, $y = \dfrac{2}{3}x$ और $z = \dfrac{4}{9}x$

पुनः $x + y + z = 1710$

$x + \dfrac{2}{3}x + \dfrac{4}{9}x = 1710$

$\left(\dfrac{9+6+4}{9}\right)x = 1710$

$\left(\dfrac{19}{9}\right)x = 1710$

$x = \dfrac{1710 \times 9}{19}$

$= 810$

$z = \dfrac{4}{9} \times 810 = 360$

A और C के बीच का अंतर
$= x - z$
$= 810 - 360$
$= ₹ 450.$

36. माना कि टोकरियों A और B में रखे फूलों की संख्या $7x$ और $9x$ हैं।

तब, $\dfrac{7x-6}{9x+6} = \dfrac{1}{3}$

$\Rightarrow \quad 21x - 18 = 9x + 6$

$\Rightarrow \quad 21x - 9x = 18 + 6$

$\Rightarrow \quad 12x = 24$

$\Rightarrow \quad x = 2$

$\therefore$ टोकरी A और B में कुल फूलों की संख्या
$= 7x + 9x$
$= 16x$
$= 16 \times 2 = 32.$

37.

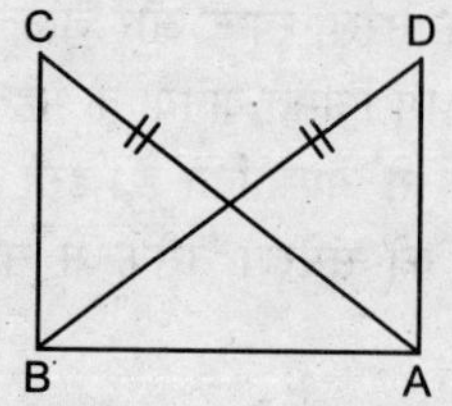

दिया है,

ΔABC और ΔADB में,

$AC = BD$

$\angle BAD = \angle ABC = 90°$ [$DA \perp DB$, $CB \perp AB$]

$AB = BA$ (उभयनिष्ठ आधार)

RHS - सर्वांगसमता नियम से,

$\Delta ABC \cong \Delta BAD.$

38. समकोण त्रिभुज में दो भुजाओं के वर्गों का योग तीसरी भुजा के वर्ग के बराबर होता है।

(*i*) $20^2 + 22^2 = 884$

और $24^2 = 576$

$\therefore \quad 20^2 + 22^2 \neq 24^2$

(*ii*) $15^2 + 32^2 = 1249$

और $37^2 = 1369$

$\therefore \quad 15^2 + 32^2 \neq 37^2$

(*iii*) $11^2 + 60^2 = 3721$

और $61^2 = 3721$

$\therefore \quad 11^2 + 60^2 = 61^2$

(*iv*) $19^2 + 40^2 = 1961$

और $41^2 = 1681$

$\therefore \quad 19^2 + 40^2 \neq 41^2$

अतः विकल्प (C) का समूह समकोण त्रिभुज बनाता है।

39. माना कि चतुर्भुज के कोण $3x, 5x, 7x$ और $9x$ हैं।

$\because$ किसी चतुर्भुज के कोणों का योग = 360°

$\therefore \quad 3x + 5x + 7x + 9x = 360°$

$\Rightarrow \quad 24x = 360°$

$$x = \frac{360°}{24}$$

$$= \frac{30°}{2}$$

$= 15°$

सबसे छोटा कोण = 3 × 15 = 45°

सबसे बड़ा कोण = 9 × 15 = 135°

अंतर = 135° – 45° = 90°.

40. दिया है, त्रिभुज का परिमाप = 12 सेमी.

i.e., $\quad a + b + c = 12$ सेमी.

हम जानते हैं कि किसी त्रिभुज की दो भुजाओं का योग तीसरी भुजा से बड़ा होता है।

$\because \quad a + b + c = 12$

$\therefore \quad 3 + 4 + 5 = a + b + c$

$\therefore \quad a = 3, b = 4, c = 5$

$3 + 4 > 5 \Rightarrow a + b > c$

$4 + 5 > 3 \Rightarrow b + c > a$

और $\quad 3 + 5 > 4 \Rightarrow a + c > b$

अतः यहाँ 3 त्रिभुज संभव हैं।

41. गोदाम का आयतन = 56 मी. × 42 मी. × 10 मी.

और डिब्बे का आयतन = 2.8 मी. × 2.5 मी. × 70 सेमी.

$= 2.8$ मी. × 2.5 मी. × $\frac{70}{100}$ मी.

$= 2.8$ मी. × 2.5 मी. × 0.7 मी.

इसलिए घनाभाकार डिब्बे की संख्या

$$= \frac{56 \times 42 \times 10}{2.8 \times 2.5 \times 0.7}$$

$$= \frac{56 \times 10 \times 42 \times 10 \times 10 \times 10}{28 \times 25 \times 7}$$

$= 2 \times 10 \times 6 \times 10 \times 4$

$= 4800$ मी.

42. आधार की परिधि = $2 \times \pi \times r$

यहाँ, r = त्रिज्या

$$528 = 2 \times \frac{22}{7} \times r$$

$$\therefore \quad r = \frac{528 \times 7}{2 \times 22}$$

= 84 सेमी.

= 0.84 मी.

अब, बेलन का आयतन

$= \pi r^2 h$

$$= \frac{22}{7} \times (0.84)^2 \times 2$$

= 4.4352 मी.^{3}.

43. दिया है, चतुर्भुज का क्षेत्रफल = 227.2 सेमी.^{2}

माना कि $\quad d_1$ = पहला विकर्ण

= 7.2 सेमी. + 8.8 सेमी.

= 16 सेमी.

और $\quad d_2$ = दूसरा विकर्ण

प्रश्न के अनुसार,

इसके एक विकर्ण पर उसके सम्मुख शीर्षों से लम्ब डाला गया है अर्थात् चतुर्भुज समचतुर्भुज है

इसलिए, समचतुर्भुज का क्षेत्रफल = $\frac{1}{2} \times d_1 \times d_2$

$\Rightarrow \quad 227.2$ सेमी.$^2 = \frac{1}{2} \times 16 \times d_2$

$$\Rightarrow \quad d_2 = \frac{227.2}{8}$$

= 28.4 सेमी.

अतः विकर्ण की लंबाई = 28.4 सेमी.

44. दिया है, $5(3x + 4) - 8(6x + 7) = 9x - 8$

$\therefore \quad 15x + 20 - 48x - 56 = 9x - 8$

$\Rightarrow \quad -33x - 36 = 9x - 8$

$-33x - 9x = +36 - 8$

$42x = 28$

$$x = \frac{28}{-42}$$

$$= \frac{-2}{3}$$

$$\therefore \quad x^2 - 2x + 1 = \left(\frac{-2}{3}\right)^2 - 2 \times \frac{-2}{3} + 1$$

$$= \frac{4}{9} + \frac{4}{3} + 1$$

$$= \frac{4 + 12 + 9}{9}$$

$$= \frac{25}{9}.$$

45. जब, $a = 1$, $b = -3$ और $c = -2$

तब, $a(a + b^2 + c) + b^2 (a^2 + b^2 + c^2) - c(a + b^2)$

$= 1[1 + (-3)^2 + (-2)] + (-3)^2[1^2 + (-3)^2 + (-2)^2] - (-2)[1 + (-3)^2]$

$= (1 + 9 - 2) + 9(1 + 9 + 4) + 2(1 + 9)$

$= 8 + 9(14) + 2(10)$

$= 8 + 126 + 20$

$= 134 + 20$

$= 154.$

46. व्यंजक $= (x - y)(x^2 + xy + y^2) + (x + y)(x^2 - xy + y^2) - (x + y)(x^2 - y^2)$

$= x^3 - y^3 + x^3 + y^3 - (x^3 - xy^2 + x^2y - y^3)$

$= 2x^3 - x^3 + xy^2 - x^2y + y^3$

$= x^3 + y^3 + xy(y - x).$

47. दिए गए आंकड़ों को बढ़ते क्रम में सजाने पर

0, 8, 9, 11, 11, 17, 18, 20, 24, 25, 25, 25, 29, 30, 30, 44, 50

यहाँ, n = पदों की संख्या = 17

$\therefore$ माध्यक $= \dfrac{n+1}{2}$ वाँ पद

$= \dfrac{17+1}{2}$

= 9वाँ पद = 24

और बहुलक = 25 (अधिकतम तीन बार)

और परिसर = (अधिकतम मान – न्यूनतम मान)

$= 50 - 0 = 50$

$\therefore$ माध्यक, बहुलक और परिसर का माध्य

$= \dfrac{\text{माध्यक} + \text{बहुलक} + \text{परिसर}}{3}$

$= \dfrac{24+25+50}{3}$

$= \dfrac{99}{3} = 33.$

58. $-12 \times (-3) + [20 \div (-4) - (-24) \div 8] - [16 \div (-2)] = (-28 \div 7) + x$

$\Rightarrow \quad 36 + [-5 + 3] - [-8] = -4 + x$

$36 - 2 + 8 = -4 + x$

$x = 34 + 8 + 4$

$x = 46.$

59. दिया है, 8-अंकों वाली संख्या $30x0867$, 88 से विभाज्य है

$\therefore$ संख्या $30x0867y$, 8 और 11 से विभाज्य है।

$\because$ संख्या 8 से विभक्त होगी यदि उसके सैंकड़े, दहाई और इकाई अंकों से बनी संख्या 8 से पूर्णतया विभक्त हो

$\therefore$ $67y$, 8 से विभक्त है

$\therefore \dfrac{67y}{8} = 84$, जब $y = 2$

और एक संख्या 11 से विभाज्य होगी यदि इकाई अंक से बायीं ओर चलने पर सम-स्थानों के अंकों के योग तथा विषम स्थानों के अंकों का योग का अंतर 0 हो अथवा 11 से विभाज्य हो।

$\therefore (7 + 8 + x + 3) - (y + 6 + 0 + 0)$

$= 18 + x - (2 + 6)$

$= 18 + x - 8$

$= 10 + x$

$\therefore \dfrac{10+x}{11} = 1$, जब $x = 1$

इसलिए, $(3x + y) = (3 \times 1 + 2) = 3 + 2 = 5.$

60. $6\frac{2}{3} \div 2\frac{1}{2} \times 3\frac{3}{4} - 5\frac{1}{2} \times 4\frac{1}{4} + 1\frac{2}{3}\left(\frac{7}{8} + \frac{3}{4} \times \frac{2}{3}\right)$

$= \frac{20}{3} \div \frac{5}{2} \times \frac{15}{4} - \frac{11}{2} \times \frac{17}{4} + \frac{5}{3}\left(\frac{7}{8} + \frac{1}{2}\right)$

$= \frac{20}{3} \times \frac{2}{5} \times \frac{15}{4} - \frac{11 \times 17}{8} + \frac{5}{3}\left(\frac{7+4}{8}\right)$

$= \frac{20}{3} \times \frac{2 \times 15}{20} - \frac{11 \times 17}{8} + \frac{5}{3} \times \frac{11}{8}$

$= 10 - \frac{187}{8} + \frac{55}{24}$

$= 10 + \frac{55}{24} - \frac{187}{8}$

$= 10 + \frac{55 - 561}{24}$

$= 10 - \frac{506}{24}$

$= 10 - \frac{253}{12}$

$= \frac{120 - 253}{12}$

$= -\frac{133}{12}$

$= -11\frac{1}{12}.$

62. जीवाणुओं का उपयोग–

(*i*) यह सड़े-गले, मृत अवशेषों का क्षय करता है।

(*ii*) जूट, पटसन और सन को क्लास्ट्रीडियम ब्यूटीरियम नामक जीवाणु सड़ा देता है, जिससे रेशा निकलता है।

(*iii*) कुछ जीवाणु भूमि की उर्वरा शक्ति को बढ़ाते हैं। सभी पौधे नाइट्रेट्स के रूप में नाइट्रोजन लेते हैं और लेग्यूमिनेसी कुल के पौधों की जड़ों में राइजोबियम लेग्यूमिनोसेरम नामक जीवाणु पाए जाते हैं, जो वायुमंडल के स्वतंत्र नाइट्रोजन को नाइट्रेट्स के रूप में बदलने की क्षमता रखते हैं।

(*iv*) बैक्टीरियम लैक्टिसाई एसिडाई और बैक्टीरियम एसिडाई लैक्टिसाई जीवाणु दूध में पाए जाते हैं। ये जीवाणु दूध में पायी जाने वाली लैक्टोस शर्करा का किण्वन करके लैक्टिक अम्ल बनाते हैं, जिसके कारण दूध खट्टा हो जाता है। लैक्टिक अम्ल जीवाणु दूध में पाए जाने वाले केसीन (Casein) नामक प्रोटीन की छोटी-छोटी बूँदों को एकत्रित करके दही जमाने में सहायता करता है।

(*v*) सिरका (Vinegar) का निर्माण शर्करा घोल से ऐसीटोबैक्टर एसेटी नामक जीवाणु द्वारा होता है।

(*vi*) कुछ प्रतिजैविकी औषधियाँ (Antibiotics) जीवाणुओं की क्रिया द्वारा बनाई जाती हैं।

64. क्रिस्टलीकरण एक भौतिक परिवर्तन है। जब किसी द्रव में बहुत अधिक मात्रा में ठोस पदार्थ घुला हुआ रहता है और सान्द्र विलयन बनाता है तो इस सान्द्र विलयन में से ठोस पदार्थ और द्रव को अलग-अलग करने के लिए जिस विधि को काम में लिया जाता है उसे क्रिस्टलीकरण प्रक्रिया कहते हैं।

अतः क्रिस्टलीकरण प्रक्रिया तब काम में ली जाती है जब कोई विलयन सान्द्र हो अर्थात् जिसमें द्रव की मात्रा कम होती है और ठोस पदार्थ बहुत अधिक मात्रा में उपस्थित रहता है, ऐसी स्थिति में जब ठोस और द्रव को पृथक करना होता है तो क्रिस्टलीकरण विधि का इस्तेमाल किया जाता है। अर्थात् क्रिस्टलीकरण एक संतृप्त विलयन से ठोस क्रिस्टल बनाने या अलग करने की प्रक्रिया होती है। उदाहरण : चासनी से शक्कर को अलग करना आदि।

66. सभी को जीवित रहने के लिए ऑक्सीजन की जरूरत होती है। मछलियों के पास विशेष अंग यानी गिल्स इसीलिए होते हैं। ये उनके सिर के दोनों ओर पाए जाते हैं। मछलियाँ पानी के अंदर सांस लेने के लिए मुँह को खोलती हैं और गिल्स की तरफ पंप कर देती हैं। इसके बाद ये गिल्स में उपस्थित मेम्ब्रेन की मदद से पानी में उपस्थित ऑक्सीजन को सोख लेती हैं। इसके बाद गिल्स खुलने से ये पानी बाहर आ जाता है।

68. समतल दर्पण में किसी वस्तु का प्रतिबिंब दर्पण के पीछे उतनी ही दूरी पर बनती है, जितनी दूरी पर वस्तु दर्पण के आगे रखी होती है। यह प्रतिबिंब काल्पनिक, वस्तु के बराबर एवं पार्श्व उल्टा बनता है। चूँकि मंजुला दर्पण से 4 मी. की दूरी पर है, अतः मंजुला और दर्पण में बने उसके प्रतिबिंब के बीच की दूरी 8 मी. होगी।

69. जब कोई पिण्ड एक निश्चित समयान्तराल में एक ही निश्चित पथ पर बार-बार अपनी गति को दोहराता है, तो उसकी गति को आवर्त गति कहते हैं तथा यह निश्चित समयान्तराल आवर्तकाल T कहलाता है। एक सेकेण्ड में वह अपनी गति को जितनी बार दोहराती है, वह उसकी आवृत्ति n कहलाती है। चूँकि लोलक 3 सेकेण्ड में 30 दोलन करता है, अतः एक सेकेण्ड में 10 दोलन करेगा।

अर्थात् $n = 10$ Hz

और $T = \frac{1}{n} = \frac{1}{10} = 0.1$ सेकेण्ड

70. घर्षण बल की विशेषताएँ–

(*i*) दो सतहों के मध्य लगने वाला घर्षण बल उनके सम्पर्क क्षेत्रफल पर निर्भर नहीं करता है। यह केवल सतहों की प्रकृति पर निर्भर करता है।

(*ii*) लोटनिक घर्षण बल का मान सबसे कम और स्थैतिक घर्षण बल का मान सबसे अधिक होता है।

(*iii*) घर्षण बल या घर्षण को कम करने के लिए मशीनों में स्नेहन (Lubrication) तथा बॉल बियरिंग (Ball Bearings) लगाए जाते हैं, जो सर्पी घर्षण को लोटनिक घर्षण में बदल देते हैं।

(*iv*) ठोस-ठोस सतहों के मध्य घर्षण अधिक, द्रव-द्रव सतहों के मध्य उससे कम और वायु-ठोस सतहों के बीच घर्षण सबसे कम होता है।

72. चूँकि नैदानिक थर्मामीटर का उपयोग मानव शरीर के अलावा अन्य तापमान को मापने के लिए नहीं किया जा सकता है, इसलिए हमें अन्य उद्देश्यों के लिए एक विशेष प्रकार के थर्मामीटर की आवश्यकता होती है। एक प्रयोगशाला थर्मामीटर, जिसे बोलचाल की भाषा में लैब थर्मामीटर के रूप में जाना जाता है, का उपयोग मानव शरीर के तापमान के अलावा अन्य तापमान को मापने के लिए किया जाता है।

इसका परास $-10°C$ से $110°C$ तक होता है। प्रयोगशाला थर्मामीटर प्रयोगशाला उद्देश्यों के लिए डिजाइन किए जाते हैं जैसे कि क्वथनांक, हिमांक बिंदु या अन्य पदार्थों का तापमान। हम एक विलायक के तापमान की जांच के लिए एक प्रयोगशाला थर्मामीटर का उपयोग कर सकते हैं, लेकिन नैदानिक नहीं। मानव शरीर का ताप एक छोटे परिसर के बीच बदलता रहता है, इसलिए इस थर्मामीटर में न्यूनतम बिन्दु $35°C$ तथा उच्चतम बिन्दु $43°C$ अंकित किया जाता है।

73. किसी ईंधन का ऊष्मीय मान (Calorific Value) ऊष्मा की वह मात्रा है, जो उस ईंधन के एक ग्राम को वायु या ऑक्सीजन में पूर्णतः जलाने के पश्चात प्राप्त होती है। उत्पन्न ऊष्मा को कैलोरी (Calorie), किलो कैलोरी (Kilo Calorie) या जूल (Joule) के पदों में व्यक्त किया जाता है। किसी भी अच्छे ईंधन का ऊष्मीय मान अधिक होना चाहिए। सभी ईंधनों में हाइड्रोजन का ऊष्मीय मान सबसे अधिक होता है, लेकिन इसका उपयोग घरेलू या औद्योगिक ईंधन के रूप में सामान्यतः नहीं किया जाता, क्योंकि इसका सुरक्षित भंडारण कठिन होता है। इसका उपयोग अंतरिक्ष

यानों में तथा उच्च ताप उत्पन्न करने वाले ज्वालकों में किया जाता है। हाइड्रोजन को भविष्य का ईंधन कहा जाता है।

77. पूरे वैचारिक इतिहास के दौरान विज्ञान की प्रकृति दार्शनिक छानबीन का विषय रही है और यह विवेचना अभी भी जारी है। जैसे-जैसे विज्ञान की प्रगति हुई है, विशेष रूप से पिछली चार सदियों में, वैसे-वैसे विज्ञान की प्रकृति के बारे में हमारे विचार भी विकसित हुए हैं। जब 16वीं तथा 17वीं शताब्दी में गैलीलियो, देकार्त, कैपलर और न्यूटन के खोज कार्यों के द्वारा आधुनिक विज्ञान को आकार दिया जा रहा था, तभी फ्रांसिस बेकन उसे प्रतिपादित कर रहे थे जिसे हम आज वैज्ञानिक पद्धति कहते हैं। मोटे तौर पर कहें तो इस लेख का प्रारम्भिक हिस्सा विज्ञान की प्रकृति के बारे में बेकन के विचारों को ही फिर से दोहराता है। बेकन के विचारों का सार यह है कि विज्ञान प्रकृति के पूर्वाग्रह रहित अवलोकनों से तर्कों तथा नियंत्रित प्रयोगों के आधार पर विकसित किया गया एक आगमनात्मक (इंडक्टिव) व्यापकीकरण है। बेकन ने अपनी दूरदृष्टि से इस नई पद्धति की प्रकृति के क्रियाकलापों का न केवल पूर्वानुमान लगाने की, बल्कि उन्हें नियंत्रित करने की ताकत को भी पहचान लिया था।

बीसवीं सदी के आरम्भ में, विज्ञान के दार्शनिकों के एक प्रभावशाली समूह ने इस वैज्ञानिक पद्धति की एक अधिक सटीक और मजबूत अभिव्यक्ति को प्रतिपादित करने की जिम्मेदारी उठाई। संक्षेप में, वे किसी वक्तव्य या कथन को तभी अर्थपूर्ण मानते थे जब वह या तो अपने-आप स्पष्ट और प्रमाणित हो या उसे पुष्टि की जा सकने वाले रूप में प्रस्तुत किया जा सके।

89. जो रुधिर वाहिनियाँ हृदय से रुधिर को शरीर के विभिन्न अंगों तक ले जाती हैं, उन्हें धमनियाँ (Arteries) कहते हैं। इनमें सामान्यतः शुद्ध रुधिर या ऑक्सीजनित (Pure blood or Oxygenated Blood) बहता है, सिवाय फुफ्फुसीय धमनी (Pulmonary Artery) के जिसमें अशुद्ध रक्त या विऑक्सीजनित रुधिर (Impure blood or Deoxygenated blood) प्रवाहित होता है। धमनियों में कपाट (valve) नहीं पाये जाते हैं।

90. **ऐसीटिक अम्ल (Acetic Acid):** यह अनेक फलों के रसों में मुक्त अवस्था में पाया जाता है। यह विशेष रूप से सिरके (Vinegar) में पाया जाता है। इसे व्यापारिक स्तर पर पाइरोलिग्नियस अम्ल (Pyrolignious Acid) से प्राप्त किया जाता है। सेलुलोज ऐसीटेट के रूप में इसका उपयोग फोटोग्राफिक फिल्म तथा रेयान (Rayon) बनाने में होता है। इसका 4-6% तनु घोल सिरका (Vinegar) कहलाता है।

ऑक्जैलिक अम्ल (Oxalic Acid): यह द्वि-कार्बोक्सिलिक अम्ल (Dicarboxylic Acid) है। यह पोटैशियम लवण के रूप में प्रायः वनस्पतियों में पाया जाता है। जैसे—पालक। पोटैशियम हाइड्रोजन लवण के रूप में यह ऑक्जैलिस (Oxalis) तथा रूमेक्स (Rumex) परिवार के पौधों में पाया जाता है। कैल्सियम ऑक्जैलेट (Calcium Oxalate) के रूप में यह प्रायः पौधों के कोशिकाओं (cells) में पाया जाता है। थोड़ी मात्रा में यह मूत्र में भी पाया जाता है। मानव गुर्दे (Kidney) में कैल्सियम ऑक्जैलेट के एकत्रित होने के कारण ही पथरी (Stone) की बीमारी पैदा होती है। फेरस ऑक्जैलेट के रूप में इसका उपयोग फोटोग्राफी में होता है। इससे कपड़े में लगे स्याही के धब्बे दूर किए जाते हैं।

एसकॉर्बिक एसिड (Ascorbic acid): खट्टे फलों (नींबू, संतरा आदि) में पाया जाता है।

लेक्टिक अम्ल (Lactic Acid): यह एक मोनोहाइड्रोक्सी अम्ल है, जो जल में हाइड्रोजन बंधों के कारण अधिक विलेय परन्तु कार्बनिक विलायकों में अविलेय होता है। यह खट्टे दूध में उपस्थित रहता है। मांसपेशियों में इसी अम्ल के एकत्रित होने के कारण थकावट का अनुभव होता है।

पिछले प्रश्न-पत्र (हल सहित)

CTET पेपर-II, जुलाई 2019*

(गणित एवं विज्ञान शिक्षक हेतु)

भाग-I

बाल विकास व शिक्षाशास्त्र

निर्देश (प्र.सं 1 से 30): *निम्नलिखित प्रश्नों के उत्तर देने के लिए **सही/सबसे उपयुक्त** विकल्प चुनिए।*

1. विकास में वैयक्तिक विभिन्नता को समझने के लिए क्या महत्त्वपूर्ण है?

A. पर्यावरणीय कारकों पर विचार करना जो लोगों को प्रभावित करते हैं।

B. शरीर एवं दिमाग के परिपक्वन पर विचार करना।

C. वंशागत विशेषताओं के साथ-साथ पर्यावरणीय कारकों एवं उनकी पारस्परिक क्रिया पर विचार करना।

D. वंशागत विशेषताओं पर विचार करना जो प्रत्येक व्यक्ति को जीवन में विशेष शुरुआत देती हैं।

2. निम्नलिखित में से कौन-सा विकास का सिद्धांत ***नहीं*** है?

A. विकास तुलनात्मक रूप से क्रमिक होता है।

B. विकास समय के साथ धीरे-धीरे घटित होता है।

C. विकास की सटीक गति एवं प्रकृति जन्म के समय ही निर्धारित हो जाती है।

D. व्यक्ति अलग-अलग गति से विकास करते हैं।

3. अनेक शोध अध्ययनों से पता चलता है कि शिक्षक लड़कियों की अपेक्षा लड़कों से अधिक पारस्परिक क्रिया करते हैं। इसका सही विवेचन क्या है?

A. लड़कियों की तुलना में लड़कों को अधिक अवधान की आवश्यकता होती है।

B. यह शिक्षण में लिंग पक्षपात का एक उदाहरण है।

C. कक्षा में लड़कियों की तुलना में लड़कों को अधिक आसानी से नियंत्रित किया जा सकता है।

D. लड़कियों की तुलना में लड़कों में शैक्षिक क्षमताएँ काफी अधिक होती हैं।

4. निम्नलिखित में से कौन-सा प्रगतिशील शिक्षा की अवधारणा के बारे में प्रमुख है?

A. प्रत्येक बच्चे की क्षमता एवं संभावना में विश्वास करना

B. मानक निर्देश एवं मूल्यांकन

C. बाह्य प्रेरणा तथा एकरूप मूल्यांकन मानदंड

D. पाठ्यपुस्तक केंद्रीय अधिगम

5. 'दृश्य रूप से बाधित' विद्यार्थियों के साथ कार्य करते समय एक शिक्षक को किस प्रकार के अनुदेशन अनुकूलन करने चाहिए?

A. कई प्रकार की दृश्य प्रस्तुतियों का प्रयोग करना।

B. स्वयं अभिविन्यास करना ताकि विद्यार्थी उसे ध्यान से देख सकें।

C. अनेक प्रकार के लिखित कार्यों, विशेष रूप से वर्कशीटों पर ध्यान केंद्रित करना।

D. स्पष्ट रूप से बोलना तथा छूकर महसूस करने वाली सामग्रियों का अधिक मात्रा में प्रयोग करना।

6. सहयोगात्मक अधिगम एवं हमउम्र साथियों के द्वारा शिक्षण का एक समावेशी कक्षा में किस प्रकार से उपयोग करना चाहिए?

A. सक्रिय रूप से हतोत्साहित करना चाहिए।

B. कभी-कभी प्रयोग करना चाहिए।

C. प्रयोग नहीं करना चाहिए।

D. सक्रिय रूप से आगे बढ़ाना चाहिए।

7. निम्नलिखित में से कौन-सा समावेशी कक्षा में सबसे अधिक महत्वपूर्ण है?

A. मानकीकृत परीक्षण

B. प्रतियोगी अधिगम को बढ़ावा देना

C. विशिष्ट शिक्षा योजना

D. एकरूप निर्देश

8. अधिगमकर्त्ताओं एवं उनकी प्राथमिक विशेषताओं के मिलान युग्मों में से निम्नलिखित में से कौन-सा सही है?

A. 'पठन-अक्षमता' अधिगमकर्त्ता – धाराप्रवाह पढ़ने एवं लिखने में कमी है।

B. सृजनात्मक अधिगमकर्त्ता – अतिसक्रिय; कार्य को पूरा करने में धीमे हैं।

*Exam held on 07-07-2019.

C. अवधानात्मक कमी अधिगमकर्त्ता – उच्च अभिप्रेरणा, लम्बे समय तक अवधान बनाए रख सकते हैं।
D. श्रव्य क्षतिग्रस्त अधिगमकर्त्ता – दृश्य सूचनाओं को समझ नहीं सकते हैं।

9. एक समस्या को मूल एवं अपसारी समाधानों के साथ करने की योग्यता निम्नलिखित में से किसकी एक प्राथमिक विशेषता है?
A. क्षतिग्रस्त बच्चों की
B. सृजनात्मक बच्चों की
C. अधिगम अशक्तता वाले बच्चों की
D. अहंकेंद्रित बच्चों की

10. निम्नलिखित में से कौन-सा एक संरचनात्मक परिवेश के साथ अनुकूल ***नहीं*** हो सकता है?
A. विद्यार्थी सहयोगात्मक तरीके से कार्य करते हैं तथा आपस में कार्य-केंद्रित वार्ता में लगे रहने के लिए सहयोग दिया जाता है।
B. शिक्षक प्रमुख प्रकरणों के संबंध में विद्यार्थियों के विचारों एवं अनुभवों को प्राप्त करते हैं तथा उनके वर्तमान ज्ञान की पुनर्संरचना या विस्तृत करने के लिए शिक्षण-अधिगम की योजना बनाते हैं।
C. अध्यापक विशिष्ट सत्रावसान मूल्यांकन रणनीतियों को लागू करते हैं तथा प्रक्रियाओं के बजाय प्रदर्शन पर फीडबैक देते हैं।
D. विद्यार्थियों को जटिल, सार्थक एवं समस्या-आधारित गतिविधियों में लगे रहने के लिए लगातार अवसर प्रदान किए जाते हैं।

11. एक शिक्षक को विद्यार्थियों को .... निर्धारित करने के लिए प्रोत्साहित करना चाहिए बजाए .... के।
A. प्रदर्शन लक्ष्य; अधिगम लक्ष्य
B. असफलता से बचने के लिए लक्ष्य; अंक लेने के लिए लक्ष्य
C. अंक लेने के लिए लक्ष्य; असफलता से बचने के लिए लक्ष्य
D. अधिगम लक्ष्य; प्रदर्शन लक्ष्य

12. निम्नलिखित में से कौन-सा अधिगम के सार्थक सरलीकरण के रूप में परिणीत ***नहीं*** होता है?
A. दोहराने एवं स्मरण करने को बढ़ावा देना।
B. उदाहरणों एवं गैर-उदाहरणों का प्रयोग करना।
C. एक समस्या पर अनेक तरीकों से विचार करने के लिए प्रोत्साहित करना।
D. पहले से विद्यमान ज्ञान से नए ज्ञान को जोड़ना।

13. इनमें से कौन-सा बाह्य अभिप्रेरणा का एक उदाहरणा है?
A. "मैं बहुत अधिक सीखती हूँ जब मैं अपना गृहकार्य करती हूँ।"
B. "गृहकार्य करने से मैं अपनी अवधारणाओं को अच्छी तरह से समझ पाती हूँ।"
C. "मैं अपना गृहकार्य पूरा करती हूँ क्योंकि शिक्षक प्रत्येक नियत कार्य के लिए हमें अंक देते हैं।"
D. "मैं अपना गृहकार्य करना पसंद करती हूँ क्योंकि यह बहुत आनन्ददायक है।"

14. एक प्राथमिक कक्षाकक्ष में एक शिक्षक को क्या करना चाहिए?
A. केवल गैर-उदाहरण देने चाहिए।
B. उदाहण एवं गैर-उदाहरण दोनों देने चाहिए।
C. उदाहरण या गैर-उदाहरण दोनों नहीं देने चाहिए।
D. केवल उदाहरण देने चाहिए।

15. निम्नलिखित रणनीतियों में से कौन-सी बच्चों में अर्थ निर्माण को बढ़ावा देगी?
A. सूचनाओं का संचरण
B. दंडात्मक साधनों का प्रयोग करना
C. एकरूप एवं मानकीकृत परीक्षण
D. अन्वेषण एवं परिचर्चा

16. निम्नलिखित में से कौन प्रभावी अधिगम रणनीतियों के उदाहरण हैं?
(*i*) लक्ष्य एवं समय-सारिणी निर्धारित करना।
(*ii*) संगठनात्मक चार्टों एवं अवधारणात्मक नक्शे बनाना।
(*iii*) उदाहरणों एवं गैर-उदाहरणों के बारे में सोचना।
(*iv*) हमउम्र साथी को समझाना।
(*v*) स्वयं से प्रश्न करना।
A. (*i*), (*iv*), (*v*)
B. (*i*), (*ii*), (*iii*), (*v*)
C. (*i*), (*ii*), (*iii*), (*iv*), (*v*)
D. (*i*), (*ii*), (*iii*)

17. संरचनात्मक ढांचे में बच्चे को किस रूप में देखा जाता है?
A. 'कोरी पटिया' या 'खाली स्लेट' जिसके जीवन को अनुभव के द्वारा पूर्ण रूप से आकार दिया जाता है।
B. एक 'निष्क्रिय प्राणी' जिसे अनुबंधन के द्वारा किसी भी रूप में आकार दिया जा सकता है तथा ढाला जा सकता है।
C. एक 'समस्या – समाधान करने वाला' तथा 'वैज्ञानिक अन्वेषक' के रूप में।
D. 'लघु वयस्क' के रूप में जो सभी पक्षों जैसे आकार, संज्ञान तथा संवेग में वयस्क की तुलना में कम है।

18. अपनी कक्षा में सहयोगात्मक अधिगम का प्रयोग करते समय एक शिक्षक की भूमिका किस प्रकार की होती है?
A. कक्षा को छोड़ देना तथा बच्चों को स्वयं कार्य करने देना।
B. सहयोगात्मक होना तथा प्रत्येक समूह की निगरानी करना।
C. उस समूह का सहयोग करना जिसमें 'होनहार' एवं प्रतिभाशाली बच्चे हैं।
D. एक मूक दर्शक होना तथा बच्चे जो करना चाहते हैं, उन्हें करने देना।

19. बच्चों की गलतियाँ एवं भ्रांत-धारणाएँ ....
A. शिक्षक-अधिगम प्रक्रिया के लिए रुकावट एवं विघ्न हैं।
B. शिक्षण-अधिगम प्रक्रिया में अनदेखी करनी चाहिए।
C. सूचित करती हैं कि बच्चों की क्षमताएँ वयस्कों की तुलना में बहुत निम्न स्तर की हैं।
D. शिक्षण-अधिगम प्रक्रिया में एक महत्वपूर्ण कदम हैं।

20. पियाजे के अनुसार, विशिष्ट मनोवैज्ञानिक संरचनाएँ (अनुभव से सही अर्थ निकालने के व्यवस्थित तरीके) को क्या कहा जाता है?

A. स्कीमा B. प्रतिमान
C. मानसिक मैप D. मानसिक उपकरण

21. "एक उचित प्रश्न/सुझाव के द्वारा बच्ची की समझ को उस बिंदु से बहुत आगे ले जाया जा सकता है जिस पर वह अकेले पहुँच सकती है।"

निम्नलिखित में से कौन-सी संरचना उपरोक्त कथन को प्रकाशित करती है?

A. साम्यधारण
B. संरक्षण
C. बुद्धि
D. समीपस्थ/निकटस्थ विकास का क्षेत्र

22. लेव वायगोत्स्की के अनुसार, आधारभूत मानसिक क्षमताओं को मुख्य रूप से किसके द्वारा उच्चतर संज्ञानात्मक प्रक्रियाओं में बदला जाता है?

A. सामाजिक पारस्परिक क्रिया
B. उद्दीपन—अनुक्रिया संबंध
C. अनुकूलन एवं संघटन
D. पुरस्कार एवं दण्ड

23. निम्नलिखित कथनों में से कौन-सा विकास एवं अधिगम के बीच संबंध को सही तरीके से सूचित करता है?

A. अधिगम विकास का ध्यान किए बिना घटित होता है।
B. अधिगम की दर विकास की दर से काफी अधिक होती है।
C. विकास एवं अधिगम अंतःसंबंधित और अंतःनिर्भर होते हैं।
D. विकास एवं अधिगम संबंधित नहीं हैं।

24. निम्नलिखित में से कौन-सा मूर्त क्रियात्मक अवस्था के प्रमुख कौशलों में से एक है?

A. सुरक्षित रखने की योग्यता
B. परिकल्पित निगमनात्मक तर्क
C. द्वितीयक वर्तुल प्रतिक्रियाएँ
D. सजीवात्मक चिंतन

25. जीन पियाजे एवं लेव वायगोत्स्की जैसे संरचनावादी अधिगम को किस रूप में देखते हैं?

A. प्रतिक्रियाओं का अनुबंधन
B. निष्क्रिय आवृत्तीय प्रक्रिया
C. सक्रिय विनियोजन से अर्थ-निर्माण की प्रक्रिया
D. कौशलों का अर्जन

26. समाचार-पत्रों से कहानियों एवं कतरनों का चयन करना एवं प्रस्तुत करना जो पुरुष एवं महिलाओं दोनों को गैर-परम्परागत भूमिकाओं में चित्रित करते हैं, निम्नलिखित में से किसके लिए एक प्रभावी रणनीति है?

A. लैंगिक/जेंडर स्थिरता को बढ़ाने के लिए।
B. रूढ़िवादी लैंगिक/जेंडर भूमिकाओं को प्रोत्साहन देने के लिए।
C. लैंगिक/जेंडर रूढ़ियों का सामना करने के लिए।
D. लैंगिक/जेंडर पक्षपात को बढ़ाने के लिए।

27. निम्नलिखित वर्णन को पढ़िए तथा कोह्लबर्ग के नैतिक तर्क की अवस्था को पहचानिए।

वर्णनः
अंतःकरण के स्व-चयनित नैतिक सिद्धांतों के द्वारा सही कार्य परिभाषित किया जाता है जो कानून एवं सामाजिक समझौते पर ध्यान दिए बिना सम्पूर्ण मानवता के लिए वैध होता है।

A. सामाजिक—अनुबंधन अभिविन्यास
B. सामाजिक—क्रम व्यवस्था अभिविन्यास
C. सार्वभौम नैतिक सिद्धांत अभिविन्यास
D. यंत्रीय उद्देश्य अभिविन्यास

28. हावर्ड गार्डनर के बहु-बुद्धि सिद्धांत के अनुसार, निम्नलिखित विशेषताओं से युक्त एक व्यक्ति की बुद्धि को किस प्रकार से वर्गीकृत किया जा सकता है?

विशेषताएंः
"दूसरों की मनोदशा, स्वभाव, प्रेरणा तथा अभिप्राय को उचित तरीके से पता लगाने एवं प्रतिक्रिया करने की योग्यता।"

A. अंतरावैयक्तिक B. अंतर्वैयक्तिक
C. नैदानिक D. प्रकृतिवादी

29. बच्चों के मूल्यांकन के लिए निम्नलिखित में से कौन-से कारण होने चाहिए?

(*i*) बच्चों को 'गैर-उपलब्धि वाले', 'निम्न-उपलब्धि वाले', 'औसत' एवं 'उच्च-उपलब्धि वाले' के रूप में अलग करना एवं नाम देना।
(*ii*) कक्षा में शिक्षण-अधिगम प्रक्रियाओं में सुधार करना।
(*iii*) समय के साथ बच्चों में होने वाले अधिगम परिवर्तनों एवं प्रगति के बारे में पता लगाना।
(*iv*) बच्चे की क्षमताओं, संभावनाओं, सशक्त पक्षों एवं चुनौतीपूर्ण पक्षों के बारे में माता-पिता के साथ चर्चा करना।

A. (*i*), (*ii*), (*iii*)
B. (*ii*), (*iii*), (*iv*)
C. (*ii*), (*iv*)
D. (*i*), (*ii*), (*iii*), (*iv*)

30. निम्नलिखित में से कौन बच्चे के समाजीकरण में एक महत्वपूर्ण भूमिका अदा करते हैं?

(*i*) मीडिया
(*ii*) विद्यालय
(*iii*) परिवार
(*iv*) पास-पड़ोस

A. (*ii*), (*iii*)
B. (*i*), (*iii*), (*iv*)
C. (*i*), (*ii*), (*iii*), (*iv*)
D. (*iii*), (*i*)

भाग-II

गणित व विज्ञान

निर्देश : *निम्नलिखित प्रश्नों के उत्तर देने के लिए* ***सही/सबसे उपयुक्त*** *विकल्प चुनिए।*

31. किसी घनाभ का कुल पृष्ठीय क्षेत्रफल 194 मी^{2} है। यदि इसकी लंबाई 8 मी तथा चौड़ाई 6 मी है, तो इसका आयतन (मी^{3} में) है:

A. 126 B. 168
C. 224 D. 112

32. किसी समलंब का क्षेत्रफल 105 सेमी^{2} है और उसका शीर्षलंब 7 सेमी है। यदि समांतर भुजाओं में से एक भुजा दूसरी से 6 सेमी अधिक लंबी है, तो लंबी भुजा की लंबाई, सेमी में, है:

A. 16 B. 15
C. 12 D. 18

33. आधार की 3 सेमी त्रिज्या वाले एक लंब वृत्तीय बेलन का वक्र पृष्ठीय क्षेत्रफल 94.2 सेमी^{2} है। बेलन का आयतन (सेमी^{3} में) है ($\pi = 3.14$ लीजिए।)

A. 141.3 B. 125.6
C. 113.04 D. 138.6

34. यदि 14, 12, 34 तथा 30, प्रत्येक में x जोड़ा जाए, तो इस प्रकार (इस क्रम में) प्राप्त संख्याएँ समानुपात में होती हैं। $\sqrt{12x+9}$ का क्या मान होगा?

A. 9 B. 11
C. 13 D. 8

35. निम्न कथनों में से कौन-सा सत्य है?

A. 10 भुजा वाले एक समबहुभुज की दस सममित रेखाएँ होती हैं।
B. एक वृत्त की कोई सममित रेखा नहीं होती है।
C. एक कोण की दो सममित रेखाएँ होती हैं।
D. एक समषड्भुज की केवल चार सममित रेखाएँ होती हैं।

36. x का वह मान जो समीकरण $10(x + 6) + 8(x - 3) = 5(5x - 4)$ को संतुष्ट करता है वह निम्न समीकरण को भी संतुष्ट करता है:

A. $3(3x - 5) = 2x + 1$
B. $2(x + 3) = 5(x - 5) + 4$
C. $5(x - 5) = 2(x - 3) + 5$
D. $5(x - 3) = x + 5$

37. $11x - 16y + 7a$ प्राप्त करने के लिए $5y - 13x - 8a$ में से क्या घटाना चाहिए?

A. $21y - 5x - a$
B. $21y - 24x - 15a$
C. $24x - 21y + a$
D. $6x + 21y + 15a$

38. गणित के संदर्भ में, ग्रामीण क्षेत्रों से विद्यालय में आने वाले बच्चों के लिए निम्न में से कौन-सा कथन सही है?

A. उनके पास मौखिक गणितीय परंपराओं और ज्ञान की प्रचुरता है।
B. उन्हें गणित का कोई ज्ञान नहीं है।
C. उनकी गणित में संचारण निपुणता निकृष्ट है।
D. उन्हें विधिवत गणित सीखने की कोई आवश्यकता नहीं है क्योंकि वह उनके काम नहीं आएगा।

39. निम्नलिखित कथनों को पढ़िए:

1. अभिगृहीत प्रस्ताव हैं जिन्हें मान लिया जाता है।
2. अभिगृहीत विशेष प्रमेय हैं।
3. अभिगृहीत परिभाषाएँ हैं।
4. अभिगृहीत को सिद्ध करने पर वह प्रमेय बन जाता है।

निम्नलिखित में से कौन-से कथन सही हैं?

A. 1 और 4 B. केवल 2
C. केवल 1 D. 1 और 3

40. निम्नलिखित में से कौन-सा कथन विद्यार्थियों द्वारा गणित में की गई अशुद्धियों के समसामयिक निरीक्षण पर प्रकाश ***नहीं*** डालता है?

A. वे अधिगम का हिस्सा हैं।
B. वे जानकारी प्राप्त करने का मूल्यवान स्रोत हैं।
C. वे अध्यापिका का उसकी कक्षाओं की आयोजना तैयार करने में मार्गदर्शन कर सकती हैं।
D. उन्हें अनदेखा कर देना चाहिए।

41. निम्नलिखित कथन (कथनों) में से गणित के संदर्भ में कौन-सा/से सही है/हैं?

1. गणित एक उपकरण है।
2. गणित एक प्रकार की कला है।
3. गणित एक भाषा है।

A. 2 और 3 B. केवल 1
C. 1, 2 और 3 D. 1 और 2

42. यह सिद्ध करने के लिए कि $\sqrt{2}$ एक अपरिमेय संख्या है, एक अध्यापक यह मानकर शुरू करता है कि यह एक परिमेय संख्या है और आगे बढ़ते हुए यह सिद्ध करता है कि यह पूर्वानुमान संभव नहीं है। यह उपपत्ति निम्न विधि का उदाहरण है:

A. निगमन
B. प्रतिवाद
C. सत्यापन
D. आगमन

43. निम्नलिखित में से कौन-सा कथन गणितीय अधिगम के वांछित मूल्यांकन अभ्यास पर प्रकाश डालता है?

A. विद्यार्थियों का आकलन करने के लिए वार्तालाप करना और एकैक विचार-विमर्श करना भी लाभदायक हो सकता है।
B. आकलन, उत्पादन के अनुकूल और विद्यार्थी के उचित उत्तर पर केंद्रित होना चाहिए।
C. विद्यार्थियों के अनुचित उत्तरों की अधिकांशतः उपेक्षा कर देनी चाहिए क्योंकि हमें विद्यार्थियों की क्षमता पर केंद्र करना चाहिए।
D. विद्यार्थियों का आकलन करने के लिए केवल कागज-कलम वाला कार्य उपयुक्त है, क्योंकि उनमें सही उत्तर की आवश्यकता होती है।

44. गणितीय अधिगम के लिए निम्नलिखित में से कौन-सा कथन सही है?

A. लड़कियों पर गणित में अधिक ध्यान देने की आवश्यकता होती है क्योंकि वे उसमें कमजोर होती हैं।
B. गणित एक विशेष विषय है जो कि विशिष्ट कुछ लोगों के लिए ही है।
C. अनौपचारिक ऐल्गोरिथ्म, औपचारिक गणित से निकृष्ट है।
D. प्रत्येक व्यक्ति गणित सीख सकता है और उसमें सफल हो सकता है।

45. अनुपात और समानुपात प्रत्यय को समझने के लिए आनुपातिक विवेचन की भूमिका को उजागर किया थाः

A. जोल्टन डाइन्स ने
B. जीन पियाजे ने
C. लेव वायगोत्स्की ने
D. वैन हील ने

46. एक विद्यार्थी बीजगणित की उन शाब्दिक समस्याओं को हल नहीं कर सकता है जिनमें स्थानांतरण सम्मिलित होता है। सर्वोत्तम उपचारात्मक योजना हैः

A. अन्य भाषाओं की शाब्दिक समस्याओं के अभ्यास के लिए अधिक प्रश्न देना।
B. छात्र को शाब्दिक समस्या का अर्थ आसान भाषा में समझाना।
C. विकल्प विधि से समानता प्रत्यय को समझाना।
D. संख्याओं के स्थानांतरण के अभ्यास के लिए अधिक प्रश्न देना।

47. गणित अध्यापन की समसामयिक समझ अध्यापकों को निम्नलिखित सभी को करने को प्रोत्साहित करती है, केवल इसको छोड़करः

A. समस्याओं के परिकलन का परिचय उसकी संकल्पनात्मक समझ से पहले कराना।
B. विद्यार्थियों के लिए ऐसे सुयोग उत्पन्न करना कि वे समस्याओं के हल का अनुमान और सत्यापन कर सकें।
C. विद्यार्थियों में सुव्यवस्थित तर्क करने के कौशल को विकसित करना।
D. सन्निकट हल प्राप्त करने की क्षमता को प्रोत्साहित करना।

48. $[(-4) \div 2] \times (-3) - (-3)\,[(-3) \times (-7) - 8] + (4)\,[(-48) \div 6]$ का मान हैः

A. -11 B. 13
C. -16 D. 9

49. भिन्नों $\frac{44}{49}, \frac{33}{38}, \frac{22}{25}$ तथा $\frac{24}{29}$ को अवरोही क्रम में निम्न प्रकार से लिखा जाता हैः

A. $\frac{22}{25}, \frac{24}{29}, \frac{33}{38}, \frac{44}{49}$ B. $\frac{44}{49}, \frac{22}{25}, \frac{33}{38}, \frac{24}{29}$
C. $\frac{44}{49}, \frac{33}{38}, \frac{24}{29}, \frac{22}{25}$ D. $\frac{24}{29}, \frac{33}{38}, \frac{22}{25}, \frac{44}{49}$

50. निम्न कथनों में से कौन-सा कथन पूर्णांकों के लिए सत्य ***नहीं*** है?

A. भाग क्रमविनिमेय है।
B. 1 गुणनात्मक तत्समक है।
C. व्यवकलन क्रमविनिमेय नहीं है।
D. गुणन साहचर्य होता है।

51. यदि $x = 2^3 \times 3^2 \times 5^3 \times 7^3$
$y = 2^2 \times 3^3 \times 5^4 \times 5^3$, तथा
$z = 2^4 \times 3^4 \times 5^2 \times 7^5$,
हैं, तो x, y और z का महत्तम समापवर्तक हैः

A. $(15)^3 \times 7^4$ B. $(30)^3 \times 7^3$
C. 30×7^5 D. $(30)^2 \times 7^3$

52. यदि $52272 = p^2 \times q^3 \times r^4$, जहाँ p, q और r अभाज्य संख्याएँ हैं, तो $(2p + q - r)$ का मान हैः

A. 22 B. 23
C. 29 D. 21

53. यदि 7-अंकों वाली संख्या $134x58y$, 72 से विभाज्य है, तो $(2x + y)$ का मान हैः

A. 7 B. 8
C. 9 D. 6

54. निम्न में कौन-सा पाइथागोरस त्रिक ***नहीं*** है?

A. 8, 15, 17
B. 11, 60, 63
C. 13, 84, 85
D. 7, 24, 25

55. उस कोण का माप, जिसके संपूरक का माप कोण के पूरक के माप के चार गुना के बराबर है, निम्न हैः

A. $45°$ B. $60°$
C. $75°$ D. $30°$

56. यदि किसी त्रिभुज के कोणों का माप, डिग्री में, x, $3x + 20$ तथा $6x$ हैं, तो त्रिभुज अवश्य ही होगाः

A. न्यूनकोण त्रिभुज
B. समकोण त्रिभुज
C. समद्विबाहु त्रिभुज
D. अधिककोण त्रिभुज

57. त्रिभुज ABC और DEF में, $\angle C = \angle F$, AC = DF और BC = EF है। यदि AB = $2x - 1$ तथा DE = $5x - 4$ है, तो x मान है:

A. 2 B. 3
C. 4 D. 1

58. किसी त्रिभुज की एक भुजा 5 सेमी तथा दूसरी भुजा 10 सेमी है, और इसका परिमाप P सेमी है, जहाँ P एक पूर्णांक है। P के न्यूनतम और अधिकतम संभव मान क्रमशः हैं:

A. 20 और 28
B. 21 और 29
C. 22 और 27
D. 19 और 29

59. माना कि आँकड़ों 13, 8, 15, 14, 17, 9, 14, 16, 13, 17, 14, 15, 16, 15, 14 का माध्यक x है। यदि 8 के स्थान पर 18 कर दिया जाए, तो आँकड़ों का माध्यक y है। x तथा y के मानों का योग क्या है?

A. 28 B. 29
C. 30 D. 27

60. किसी थैले में 3 सफेद, 2 नीली और 5 लाल गेंदें हैं। थैले में से यदृच्छया एक गेंद निकाली जाती है। निकाली गई गेंद लाल रंग की ***नहीं*** है, इसकी क्या प्रायिकता है?

A. $\frac{3}{10}$ B. $\frac{1}{5}$

C. $\frac{1}{2}$ D. $\frac{4}{5}$

निर्देशः *निम्नलिखित प्रश्नों के उत्तर देने के लिए* ***सही/सबसे उपयुक्त*** *विकल्प चुनिए:*

61. दूध में निम्नलिखित कौन-से पोषकतत्व होते हैं?

A. प्रोटीन, विटामिन-C, विटामिन-A
B. कार्बोहाइड्रेट, विटामिन-C, आयरन (लोहा)
C. प्रोटीन, आयरन (लोहा), विटामिन-D
D. प्रोटीन, कैल्सियम, विटामिन-D

62. प्रतिरोधी (रोगाणुरोधक) के रूप में घावों पर लगाए जाने वाले बैंगनी रंग के विलयन में कौन-सी अधातु होती है?

A. आयोडीन B. ब्रोमीन
C. सल्फर D. क्लोरीन

63. वायु के संबंध में नीचे दिया गया कौन-सा कथन ***सही नहीं*** है?

A. मृदा में वायु उपस्थित नहीं होती।
B. जल चक्र में वायु की महत्त्वपूर्ण भूमिका होती है।
C. वायु स्थान घेरती है।
D. वायु में भार होता है।

64. स्तम्भ-A में दिए गए पाचन तंत्र के अंगों और स्तम्भ-B में दिए गए उनके कार्यों का नीचे दिया गया कौन-सा मिलान सही है?

स्तम्भ-A	स्तम्भ-B
(*a*) यकृत (लिवर)	(*i*) जहाँ प्रोटीन का पाचन आरम्भ होता है।
(*b*) आमाशय	(*ii*) जहाँ पित्त रस संचयित होता है।
(*c*) पित्ताशय	(*iii*) क्षुदांत्र में पाचक रस मुक्त करता है।
(*d*) अग्न्याशय	(*iv*) सबसे बड़ी ग्रंथि

	(*a*)	(*b*)	(*c*)	(*d*)
A.	(*iv*)	(*i*)	(*ii*)	(*iii*)
B.	(*i*)	(*iii*)	(*ii*)	(*iv*)
C.	(*iii*)	(*iv*)	(*ii*)	(*i*)
D.	(*i*)	(*ii*)	(*iv*)	(*iii*)

65. कोशिका के विषय में कौन-सा कथन सत्य है?

A. किसी ऊतक की कोशिकाएँ समान होती हैं।
B. किसी भली-भाँति व्यवस्थित जीव में कोशिकाओं का आकार (साइज) समान होता है।
C. सभी कोशिकाओं में केन्द्रक होता है।
D. सभी कोशिकाओं की आकृति गोल होती है।

66. निम्नलिखित में किनका उनकी जनन की विधा से सही मिलान किया गया है?

A	B
(*a*) यीस्ट	(*i*) कायिक प्रवर्धन
(*b*) आलू	(*ii*) बीजाणु समासंघ (बीजाणु जनन)
(*c*) शैवाल	(*iii*) खण्डन
(*d*) कवक	(*iv*) मुकुलन

	(*a*)	(*b*)	(*c*)	(*d*)
A.	(*i*)	(*iii*)	(*ii*)	(*iv*)
B.	(*ii*)	(*iv*)	(*iii*)	(*i*)
C.	(*iii*)	(*ii*)	(*iv*)	(*i*)
D.	(*iv*)	(*i*)	(*iii*)	(*ii*)

67. निम्नलिखित में से कौन-सा/से प्रदूषक ओजोन परत के अपक्षय के लिए उत्तरदायी है/हैं?

A. क्लोरोफ्लुओरो कार्बन
B. अम्लीय वर्षा
C. मेथैन और कार्बन डाइऑक्साइड
D. कार्बन डाइऑक्साइड और कार्बन मोनो-ऑक्साइड

68. निम्नलिखित में से कौन-सा समुच्चय संचारी रोगों को निरूपित करता है?

A. मियादी बुखार (टायफॉइड), मलेरिया, रक्तक्षीणता, स्वाइनफ्लू
B. मियादी बुखार (टायफॉइड), स्वाइनफ्लू, मलेरिया, पोलियो
C. डायबिटीज, मियादी बुखार (टायफॉइड), मलेरिया, रक्तक्षीणता
D. रक्तक्षीणता, स्कर्वी, अतिसार, हैजा

69. निम्नलिखित में से क्या एक विज्ञान की प्रकृति के संदर्भ में सही ***नहीं*** है?

1. विज्ञान हमेशा अस्थायी है।

2. विज्ञान संदेहवाद को बढ़ावा देता है।
3. विज्ञान एक ज्ञान की रचना की प्रक्रिया है।
4. विज्ञान की प्रकृति स्थिर है।

A. 2 B. 3
C. 1 D. 4

70. निम्नलिखित में से किसका विकांस विज्ञान के द्वारा होता है?
1. निष्पक्षता
2. वैज्ञानिक दृष्टिकोण
3. वैज्ञानिक स्वभाव
4. स्थायी मानस प्रवृत्ति

A. 2, 3 और 4 B. 1, 2 और 3
C. 3 और 4 D. 1 और 4

71. एक विज्ञान शिक्षक की भूमिका होनी चाहिए ....
A. छात्रों को उत्पाद आधारित शिक्षण-अधिगम पर्यावरण प्रदान करना।
B. सृजनात्मक विचारों को रटने के अभ्यास में छात्र का मार्गदर्शन करना।
C. उच्च संज्ञानात्मक क्षमताओं वाले प्रश्नों के निर्माण के लिए सभी छात्रों को प्रेरित करना।
D. छात्रों को प्रचुर विभिन्न सीखने के अनुभव प्रदान करना।

72. राष्ट्रीय पाठ्यचर्या 2005 के अनुसार, एक अच्छी विज्ञान शिक्षा
1. सीखने वाले के प्रति सच्ची होनी चाहिए।
2. सीखने वाले के पर्यावरण के प्रति सच्ची होनी चाहिए।
3. शिक्षक के प्रति सच्ची होनी चाहिए।
4. विज्ञान के प्रति सच्ची होनी चाहिए।

A. केवल 2 और 3 B. 1, 2 और 3
C. केवल 4 D. 1, 2 और 4

73. ''बच्चे के अपने क्षेत्र के लोगों में वायु प्रदुषण के स्रोतों की जागरूकता का सर्वे का संचालन करना।''

निम्नलिखित में से कौन-सी संज्ञानात्मक प्रक्रिया उपरोक्त सीखने के उद्देश्य में रेखांकित क्रियापरक 'संचालन करना' से सबसे अधिक संबंधित होगी?
A. बोध करना।
B. सृजन करना।
C. अनुप्रयोग करना।
D. याद करना।

74. निम्नलिखित में से कौन-सी युक्ति विज्ञान शिक्षण-अधिगम में सीखने वाले को शामिल करने के लिए सबसे अधिक उपयुक्त हो सकती है?
A. छात्रों के कठिन बिन्दुओं को स्पष्ट करना।
B. सबसे पहले छात्र को सीखने में जोड़ने पर कार्य करना।
C. छात्रों को समूह आकलन के लिए प्रोत्साहित करना।
D. विज्ञान की पुस्तक को पढ़ना।

75. निम्नलिखित में से किस युक्ति के द्वारा प्रकाश के परावर्तन की संकल्पना का अर्थवान स्पष्टीकरण द्रिया जा सकता है?
A. प्रकाश के परावर्तन को दिखाता हुआ चार्ट
B. सीखने वालों के द्वारा सफेद कागज के परदे पर प्रकाश के परावर्न का अवलोकन करना और उसका निष्कर्ष निकालना।
C. संकल्पना आधारित बंद उत्तर वाले प्रश्नों को पूछकर
D. संकल्पना आधारित ऐनिमेटेड वीडियो

76. विज्ञान में क्षेत्र भ्रमण क्यों महत्वपूर्ण है?
A. इसका संचालन आसान है।
B. यह विज्ञान की जानकारी इकट्ठी करता है।
C. यह सीखने वाले में मेहनत की आदत का विकास करता है।
D. यह अपने हाथ से कार्य करने के अनुभव प्रदान करता है।

77. निम्न में से कौन-सा साधन बाल-केन्द्रित आकलन के लिए है?
1. पोर्टफोलियो
2. अवधारणा मानचित्रण
3. पेपर-पेंसिल परीक्षण
4. जर्नल लिखना

A. 1, 2 और 4 B. केवल 1 और 3
C. 2, 3 और 4 D. केवल 3

78. विज्ञान में सीखने जैसा आकलन का अर्थ है :
A. योगात्मक आकलन
B. स्वः आकलन
C. सत्र आकलन
D. रचनात्मक

79. अमृता कोई विद्युत परिपथ व्यवस्थित करने का प्रयास कर रही है। उसके पास पर्याप्त संख्या में संयोजक तार नहीं हैं। परिपथ को पूरा करने के लिए वह नीचे दिए गए पदार्थों में से किस एक का उपयोग कर सकती है?

A. स्टील का तार B. काँच की छड़
C. रबड़ का पाइप D. मोटा धागा

80. सही कथन को पहचानिए :
A. अवतल दर्पण सीधा प्रतिबिम्ब भी बनाता है और उलटा प्रतिबिम्ब भी बनाता है।
B. उत्तल दर्पण सदैव ही उलटा प्रतिबिम्ब बनाता है।
C. उत्तल दर्पण सीधा प्रतिबिम्ब भी बनाता है और उलटा प्रतिबिम्ब भी बनाता है।
D. अवतल दर्पण सदैव ही सीधा प्रतिबिम्ब बनाता है।

81. चींटी के दंश (डंक) में निम्नलिखित में से कौन-सा अम्ल होता है?
A. फॉर्मिक अम्ल
B. ऑक्सैलिक अम्ल
C. एसीटिक अम्ल
D. एस्कॉर्बिक अम्ल

82. किसी ईंधन के 3.7 किग्रा को पूर्ण दहन करने पर 1.665×10^8 जूल ऊर्जा प्राप्त होती है। मानक मात्रकों में इस ईंधन का कैलोरी मान (ऊष्मीय मान) है

A. 22222
B. 61605
C. 25000
D. 45000

83. मायरा किसी पैकेट को पहुँचाने के लिए 5 किमी दूरी पर अपनी सहेली के घर साइकिल चलाकर जाती है। वह जाते समय 12 किमी/घं की चाल से जाती है और लौटते समय 8 किमी/घं की चाल से लौटती है। उसकी समस्त यात्रा की औसत चाल है :

A. 9.6 किमी/घं
B. 10 किमी/घं
C. 5 मी/से.
D. 20 किमी/घं

84. निम्नलिखित में से किस समुच्चय में केवल दूरी मापने के मात्रक हैं?

A. बालिश्त, वर्ष, प्रकाशवर्ष
B. बालिश्त, मीटर, प्रकाशवर्ष
C. मीटर, हर्ट्ज, बालिश्त
D. मीटर, प्रकाशवर्ष, हर्ट्ज

85. समीर अपने कंचे (गोली) को फर्श पर बिछे तीन विभिन्न पृष्ठों (सतहों)—तनी हुई सेलोफेन शीट, कालीन और समाचार-पत्र पर लुढ़काता है। कंचे पर लगने वाला घर्षण बल बढ़ते क्रम में किस प्रकार होगा?

A. समाचार-पत्र, कालीन, सेलोफेन शीट
B. सेलोफेन शीट, समाचार-पत्र, कालीन
C. सेलोफेन शीट, कालीन, समाचार-पत्र
D. समाचार-पत्र, सेलोफेन शीट, कालीन

86. कोई पिण्ड रैखिकतः किसी एकसमान वेग से गतिमान है। यदि समय को X-अक्ष पर निरूपित किया जाए, तो नीचे दिया गया कौन-सा कथन सही है?

A. इस गति का वेग-समय ग्राफ Y-अक्ष के समान्तर एक सरल रेखा होगा।
B. इस गति का दूरी-समय ग्राफ Y-अक्ष के समान्तर एक सरल रेखा होगा।
C. इस गति का वेग-समय ग्राफ X-अक्ष के समान्तर एक सरल रेखा होगा।
D. इस गति का दूरी-समय ग्राफ X-अक्ष के समान्तर एक सरल रेखा होगा।

87. निम्नलिखित में से कौन पेट्रोलियम का उपोत्पाद **नहीं** है?

A. कोक
B. बिटुमेन
C. स्नेहक तेल
D. पैराफिन मोम

88. अमन किसी बन्द कमरे में एक प्लास्टिक की बोतल, एक लकड़ी का चम्मच और एक धातु का चम्मच को रात भर रखता है। कक्ष ताप 30°C है। सुबह होने पर वह इन तीनों वस्तुओं के ताप रिकॉर्ड करता है जो T_1, T_2 और T_3 हैं। निम्नलिखित में से किस संबंध द्वारा इन तापों के निरूपण की सबसे अधिक संभावना हो सकती है?

A. $T_3 > T_2 > T_1$
B. $T_1 = T_2 < T_3$
C. $T_1 > T_2 > T_3$
D. $T_1 = T_2 = T_3$

89. निम्नलिखित जीवों में से कौन प्रकाश-संश्लेषण द्वारा अपना भोजन बना सकता है?

A. कवक
B. राइज़ोबियम
C. वायरस (विषाणु)
D. शैवाल

90. निम्नलिखित में से कौन-से लक्षण ध्रुवीय भालू को चरम शीत अवस्थाओं के अनुकूल बनाने में सहायता करते हैं?

A. सफेद बाल (फर), मुड़े हुए लम्बे और पैने नाखून, त्वचा के नीचे वसा की परत
B. सफेद बाल (फर), चपटे पैर, बालों की परतें
C. सूँघने की तीव्र शक्ति, चपटे पैर, बालों की परतें
D. सफेद बाल (फर), चपटे पैर, त्वचा के नीचे वसा की परत

PART- III

भाषा-I : हिन्दी

निर्देश (प्र.सं. 91 से 99): *निम्नलिखित गद्यांश को पढ़कर पूछे गए प्रश्नों के **सबसे उपयुक्त** उत्तर वाले विकल्प को चुनिए:*

आज शिक्षक की भूमिका उपदेशक या ज्ञानदाता की-सी नहीं रही। वह तो मात्र एक प्रेरक है कि शिक्षार्थी स्वयं सीख सकें। उनके किशोर मानस को ध्यान में रखकर शिक्षक को अपने शिक्षण कार्य के दौरान अध्ययन-अध्यापन की परंपरागत विधियों से दो कदम आगे जाना पड़ेगा, ताकि शिक्षार्थी समकालीन यथार्थ और दिन-प्रतिदिन बदलते जीवन की चुनौतियों के बीच मानव-मूल्यों के प्रति अडिग आस्था बनाए रखने की प्रेरणा ग्रहण कर सके। पाठगत बाधाओं को दूर करते हुए विद्यार्थियों की सहभागिता को सही दिशा प्रदान करने का कार्य शिक्षक ही कर सकता है।

भाषा शिक्षण की कोई एक विधि नहीं हो सकती। जैसे मध्यकालीन कविता में अलंकार, छंदविधान, तुक आदि के प्रति आग्रह था किंतु आज लय और प्रवाह का महत्व है। कविता पढ़ाते समय कवि की युग चेतना के प्रति सजगता समझना आवश्यक है। निबंध में लेखक के दृष्टिकोण और भाषा-शैली का महत्व है और शिक्षार्थी को अर्थग्रहण की योग्यता का विकास जरूरी है। कहानी के भीतर बुनी अनेक कहानियों को पहचानने और उन सूत्रों को पल्लवित करने का अभ्यास शिक्षार्थी की कल्पना और अभिव्यक्ति कौशल को बढ़ाने के लिए उपयोगी हो सकता है। कभी-कभी कहानी का नाटक में विधा परिर्वन कर उसका मंचन किया जा सकता है।

मूल्यांकन वस्तुतः सीखने की ही एक प्रणाली है, ऐसी प्रणाली जो रटंत प्रणाली से मुक्ति दिला सके। परंपरागत साँचे का अनुपालन न करे, अपना ढाँचा निर्मित कर सके। इसलिए यह गाँठ बाँध लेना आवश्यक है कि भाषा और साहित्य के प्रश्न बँधे-बँधाए उत्तरों तक सीमित नहीं हो सकते। शिक्षक पूर्वनिर्धारित उत्तर की अपेक्षा नहीं कर सकता। विद्यार्थियों के उत्तर साँचे से हटकर किंतु तर्क संगत हो सकते हैं और सही भी। इस खुलेपन की चुनौती को स्वीकारना आवश्यक है।

91. मूल्यांकन के बारे में सत्य नहीं है:
A. इसका निश्चित ढाँचा होता है।
B. उत्तर पहले से निर्धारित नहीं होते।
C. यह सीखने की ही एक विधि है।
D. रटंत का अंत करता है।

92. समास की दृष्टि से कौन-सा पद शेष से भिन्न है?
A. भाषा-शिक्षण B. अर्थ-ग्रहण
C. युग-चेतना D. दिन-प्रतिदिन

93. 'विद्यार्थी' के लिए अनुच्छेद में प्रयुक्त अन्य पर्यायवाची शब्द हैं:
A. शिक्षार्थी, छात्र
B. सहभागी, परीक्षार्थी
C. किशोर, मानस
D. अध्यापक, अध्येता

94. 'सहभागिता' शब्द का निर्माण किस उपसर्ग और प्रत्यय से हुआ है?
A. सह ता B. स इता
C. सह इता D. स ता

95. अनुच्छेद में प्रयुक्त 'समकालीन' शब्द का सबसे उपयुक्त अर्थ होगा:
A. आकस्मिक B. समसामयिक
C. वर्तमान D. आधुनिक

96. कौन-सा कथन आज के शिक्षक की भूमिका के बारे में सत्य ***नहीं*** है?
A. परंपरागत शिक्षण विधियों को छोड़ा नहीं जा सकता।
B. शिक्षक विद्यार्थियों की सहभागिता सुनिश्चित करता है।
C. मानव मूल्यों पर उसकी आस्था अडिग होती है।
D. शिक्षक प्रेरक है, ज्ञानदाता नहीं।

97. शिक्षक से किस प्रकार की बाधाएँ दूर करने की अपेक्षा की गई है?
A. पाठ-प्रस्तुति से संबंधित
B. पाठ के भीतर से उभरने वाली
C. पाठ्यक्रम से जुड़ी हुई
D. पाठ पढ़ाते हुए आने वाली

98. आधुनिक कविता में महत्वपूर्ण है:
A. भाषा और शैली
B. मानवीकरण और बिंबविधान
C. लय और प्रवाह
D. छंद और अलंकार

99. कहानी के द्वारा लेखन विद्यार्थियों में कल्पनाशीलता और अभिव्यक्ति की कुशलता बढ़ाने के लिए महत्वपूर्ण गतिविधि हो सकती है:
A. कहानी का विधा-परिवर्तन
B. निहित कथासूत्रों का पल्लवन
C. कहानी को मौखिक सुनाने का अभ्यास
D. कहानी का वाचन

निर्देश (प्र.सं. 100 से 105): *निम्नलिखित काव्यांश को पढ़कर पूछे गए प्रश्नों के उत्तर दीजिए:*

आकाश का साफा बाँधकर
सूरज की चिलम खींचता
बैठा है पहाड़
घुटनों पर पड़ी है नदी चादर-सी
पास ही दहक रही है
पलाश के जंगल की अँगीठी
अंधकार दूर पूर्व में
सिमटा बैठा है भेड़ों के गल्ले-सा

अचानक बोला मोर
जैसे किसी ने आवाज दी—
'अजी सुनते हो।'
चिलम औंधी
धुआँ उठा
सूरज डूबा
अँधेरा छा गया।

100. अंधकार के सिमटकर बैठे होने का कारण है:
A. किसान आग सेंक रहा है।
B. अभी सूर्यास्त नहीं हुआ।
C. स्थान का अभाव है।
D. अभी सूर्योदय नहीं हुआ।

101. अचानक तुरत-फुरत घटनाएँ होने का कारण है:
A. सूरज का डूबना
B. अँधेरा छा जाना
C. भेड़ों का बिखर जाना
D. 'सुनते हो' की आवाज

102. "सिमटा बैठा है भेड़ों के गल्ले-सा" – किस विकल्प में सभी शब्द 'गल्ला' के समानार्थी हैं?
A. गल्ला, सौदा, माल, गोदाम
B. रेवड़, झुंड, भीड़, रेला
C. भीड़भाड़, रेलमपेल, भगदड़, झुरमुट
D. समूह, भीड़, दर्शक, झुंड

103. कविता में दो समानार्थी शब्द हैं:
1. अंधकार
2. अँधेरा
इन दोनों के बारे में कौन-सा कथन सत्य है?
A. दोनों तद्भव हैं।
B. पहला तद्भव है।

C. दूसरा तद्भव है।
D. दोनों तत्सम हैं।

104. शाम का सजीव चित्रण करने के लिए किस रूपक को अनुपयुक्त माना जा सकता है?
A. आकाश का साफा B. मोर की आवाज
C. जंगल की अँगीठी D. सूरज की चिलम

105. पलाश वन को अँगीठी कहा गया है क्योंकि:
A. जंगल में आग लगी होती है।
B. पलाश की लकड़ी जलाने के काम आती है।
C. खिले पलाश के वन आग के समान दिखते हैं।
D. पलाश ग्रीष्म ऋतु में फूलता है।

106. उच्च प्राथमिक स्तर पर बच्चों के भाषा-विकास के लिए जरूरी है कि .... समृद्धि का भाषा, ... व अन्य विषयगत शिक्षण युक्ति में उपयोग किया जाए।
A. कलात्मक, साहित्य B. भाषिक, साहित्य
C. परिवेश, भाषिक D. साहित्य, कला

107. 'उच्च प्राथमिक स्तर की हिंदी भाषा की पाठ्य-पुस्तकों में हिंदीतर भाषा को भी जगह मिलनी चाहिए।'– इस कथन का औचित्य ***नहीं*** है।
A. हिंदीतर भाषा के साहित्य से परिचित कराना।
B. हिंदीतर भाषाओं की रचना–शैलियों से परिचित कराना।
C. हिंदीतर भाषाओं के माध्यम से संवेदनाओं को विस्तार देना।
D. हिंदीतर भाषियों के आक्रोश को शांत करना।

108. विद्यार्थियों की पढ़ने में रुचि जगाने एवं भाषा-ज्ञान में वृद्धि के लिए पाठ्य-पुस्तक के अतिरिक्त ....।
A. पाठ्यचर्या सहगामी क्रियाओं का अधिकाधिक आयोजन किया जाना चाहिए।
B. समाचार-पत्र, पोस्टर का निर्माण करवाया जाना चाहिए।
C. पठन-सामग्री विकसित की जा सकती है।
D. शैक्षिक भ्रमण का अधिकाधिक आयोजन किया जाना चाहिए।

109. उच्च प्राथमिक स्तर पर बच्चों के भाषायी आकलन की दृष्टि से सबसे महत्वपूर्ण प्रश्न है:
A. वसंत ऋतु में नीलकंठ के लिए जालीघर में बंद रहना असहनीय क्यों हो जाता था?
B. लेखिका को नीलकंठ की कौन-कौन-सी चेष्टाएँ बहुत भाती थीं?
C. नीलकंठ की नृत्य-भंगिका को अपने शब्द-चित्र में प्रस्तुत कीजिए।
D. मोर-मोरनी के नाम किस आधार पर रखे गए हैं?

110. भाषा अर्जित करने के संदर्भ में .... सर्वाधिक महत्वपूर्ण है:
A. समृद्ध भाषा-परिवेश
B. संचार माध्यमों का अधिक प्रयोग
C. विद्यालयी परीक्षा-प्रक्रिया
D. भाषिक पठन-सामग्री

111. बहुभाषिक कक्षा में बच्चों की भाषाओं को स्थान देने के लिए आवश्यक है कि:
A. शिक्षक बच्चों को उनकी भाषाओं में ही व्यवहार करने के लिए कहे।
B. शिक्षक बच्चों के मातृभाषा-प्रयोग को स्वीकार करे।
C. शिक्षक बच्चों की मातृभाषाओं में गीत-कविता सुने।
D. शिक्षक बच्चों की भाषाओं का ही प्रयोग करे।

112. आठवीं कक्षा में पढ़ने वाली रूबीना लिखने में बेहद कठिनाई का अनुभव करती है। संभव है कि वह .... से ग्रसित हो।
A. डिस्लेक्सिया B. डिस्ग्राफिया
C. भाषाघात D. डिस्केलकुलिया

113. हिंदी भाषा के विविध रूपों से परिचित कराने में .... सर्वाधिक सहायक है।
A. हिंदी भाषा का साहित्य व अन्य मुद्रित सामग्री
B. हिंदी भाषा की पुस्तक व विज्ञापन
C. हिंदी भाषा की पत्रिका व पाठ्य पुस्तक
D. हिंदी भाषा के समाचार-पत्र व विज्ञापन

114. भाषा सीखने और भाषा अर्जित करने में मुख्य अंतर का आधार ***नहीं*** है:
A. स्वाभाविकता B. सहजता
C. व्याकरण D. भाषाई परिवेश

115. 'स्त्री को सौंदर्य का प्रतिमान बना दिया जाना ही उसका बंधन बन जाता है।' – इस विषय पर कक्षा में चर्चा कीजिए। भाषा की पाठ्य-पुस्तक में इस प्रश्न को स्थान देने का क्या औचित्य है?
A. स्त्री-बंधन की चर्चा करना।
B. सौंदर्य प्रसाधनों का विरोध करना।
C. भाषा को स्त्री विमर्श से जोड़ना।
D. सौंदर्य-प्रतिमान बनाना।

116. 'पाठ में ठिठियाकर हँसने लगी' जैसा वाक्य आया है। ठिठियाना शब्द में 'आना' प्रत्यय का प्रयोग हुआ है। 'आना' प्रत्यय से बनने वाले चार सार्थक शब्द लिखिए। – इस प्रश्न का स्वरूप .... को पोषित करता है।
A. सूत्र शैलीय व्याकरण B. संदर्भ में व्याकरण
C. पाठ्य-पुस्तकीय व्याकरण D. प्रत्यय का समस्त ज्ञान

117. उच्च प्राथमिक स्तर पर .... परिचित कराने की प्रक्रिया पर बल दिया जाता है।
A. लेखन प्रक्रिया से B. अलंकार व छंद से
C. साहित्यिक विधाओं से D. पठन प्रक्रिया से

118. उच्च प्राथमिक स्तर पर व्याकरण सिखाने की किस विधि को आप सर्वाधिक महत्वपूर्ण एवं उपयोगी पाते हैं?
A. निगमन विधि B. पाठ्य-पुस्तकीय विधि
C. अनुवाद विधि D. आगमन विधि

119. उच्च प्राथमिक स्तर पर भाषा शिक्षण का उद्देश्य ***नहीं*** है:
A. भाषा के व्याकरणिक बिंदुओं की परिभाषाओं को जानना
B. भाषा की बारीकी और सौंदर्य बोध को समझने की क्षमता का विकास
C. विभिन्न साहित्यिक विधाओं की समझ का विकास
D. निजी अनुभवों के आधार पर भाषा का सृजनशील प्रयोग

120. 'भाषा की नियमबद्ध प्रकृति को पहचानना और उसका विश्लेषण करना।' – उच्च प्राथमिक स्तर पर भाषा शिक्षण का ....
A. उद्देश्य नहीं है।
B. एकमात्र उद्देश्य है।
C. मुख्य उद्देश्य है।
D. उद्देश्य है।

PART- IV

Language-II : English

Directions (Qs. Nos. 121-128): *Read the passage given below and answer the questions that follow by selecting the* ***correct/most appropriate*** *options.*

The other day I received an unusual and very gratifying gift : I was given a tree. Or rather, I was given half-a-dozen trees, which would be planted on my behalf. I had been invited to give a talk to an organisation. After such events, the speaker is usually given a token gift. Sometimes the gift is that of a pen, or something useful. Often, the gift is in the form of a plaque or similar commemorative token. However well-meant, such gifts are destined to gather dust in forgotten corners. Which is why I was agreeably surprised to be given a scroll which attested that, in a designated plantation established for the purpose, six tress would be added in my name, as part of 'green' movement being sponsored by the organization.

In an increasingly environmentally-conscious world, the gift of a living tree or plant makes for a perfect present. The tradition of giving and receiving gifts has increasingly become a highly evolved marketing exercise. Apart from festivals like Diwali, Holi, Christmas, Eid and others, a whole new calendar of celebratory events has been created to promote the giving of gifts: Mother's Day, Father's Day, Teacher's Day, Valentine's Day and so on and on.

What do you give to people - friends, relatives, spouses, children, parents, employees, clients, well-wishers who have more or less everything, or at least everything that you could afford to give them as a gift? Another shirt or kurta? Another bottle of scent or after-shave? Another box of chocolates? Another - other?

121. Why do you not very much care for it when you receive a shirt or a kurta as a gift?
A. You already have so many of them.
B. You don't like the colour.
C. You were not asked about your choice.
D. The giver had to spend a lot of money.

122. The word 'gratifying' means:
A. satisfying
B. giving
C. fortifying
D. annoying

123. The word 'destined' means:
A. decided
B. declined
C. departed
D. fated

124. Name the part of speech of the underlined word in the following clause.
<u>which</u> is why I was agreeably surprised.
A. Adjective
B. Pronoun
C. Adverb
D. Preposition

125. Identify the part of the following sentence which has an error in it.
(*a*) Your claim ought / (*b*) to succeed in that case / (*c*) the damages / (*d*) will be substantial.
A. (*b*)
B. (*c*)
C. (*d*)
D. (*a*)

126. The writer was thrilled when he was given
A. six trees
B. a plaque
C. a pen
D. a tree

127. What usually happens to the gifts he/she receives?
A. He gives them away as gifts to others.
B. They are put away and forgotten.
C. He keeps them religiously as mementoes.
D. He uses them if he needs them.

128. The gift received by the writer was:
A. environment friendly
B. very expensive
C. gathering dust in a corner
D. a marketing exercise

Directions (Qs. Nos. 129-135): *Read the passage given below and answer the questions that follow by selecting the* ***correct/most appropriate*** *options.*

With more than 3,000 languages currently spoken, English undoubtedly is amongst the richest of all languages. The Oxford English Dictionary lists about half a million words of which only 2,00,000 are frequently used. This is because, the balance 3,00,000 words are technical and not found in ordinary dictionaries. The only language that can come near English is Chinese.

Apart from being the richest language, English also boasts of being one of the most widely spoken, second only to Mandarin Chinese. This remarkable achievement is only because of the one thing that we all love to do – copy! 'Siesta' for example is of Spanish origin. 'Sputnik' as you must be aware of, has a Russian origin. 'Restaurant' is from France and 'Super' from Germany. Even before the birth of the 'genius' of 'drama', William Shakespeare, the words 'genius' and 'drama' were adapted from Greek. Now, you must be wondering if English has anything original about it. Well, find it out! Did you ever try to find out how many different words of English we use in our daily life? Try to guess and then read on. A modem novelist has a vocabulary of anywhere between ten to fifteen thousand words.

William Shakespeare used thirty thousand words and the only writer to come close to him was James Joyce in 'Ulysses'. We normally have a vocabulary of about ten thousand words of which only five thousand are used in everyday conversation. This leads to a limited variety of words. This is because we repeat a lot of words. In conversation and in writing, it is 'the'. (Try counting it in this article and you will have proof of it.)

129. How many words are usually used by an English speaking person?
A. 5,000 B. 10,000
C. 15,000 D. 3,000

130. Which of the following words is most often used in English language?
A. the B. is
C. one D. a

131. The word that is similar in meaning to the word, 'remarkable' is:
A. remedial B. remaining
C. optional D. astonishing

132. The word that is opposite in meaning to the word, 'ordinary' is :
A. complex B. special
C. liable D. usual

133. Which part of speech is the underlined word in the following sentence?

Did you ever try to find out?
A. Adjective B. Pronoun
C. Verb D. Adverb

134. English is the most widely used language in the world because:
A. it is the richest language.
B. it has taken words from other languages.
C. it has half a million words in it.
D. Shakespeare has written in English.

135. In our everyday conversation we use a limited number of words because:
A. we are not a genius like Shakespeare.
B. everybody is not highly educated.
C. we repeat a lot of words.
D. our vocabulary is unlimited.

Directions (Qs. Nos. 136-150): *Answer the following questions by selecting the* ***most appropriate*** *options.*

136. A teacher gives a puzzle to her class-VIII students and asks them to solve it by speaking out how they solve it. What is this strategy known as?
A. Think aloud protocol
B. Listening
C. Picture reading
D. Speaking aloud

137. Sanskrit in India today is a:
A. Modern Indian language and a classical language
B. Religious language
C. Hindu language
D. Modern Indian language

138. A teacher of Class-VII asked her students to read a short story and come to the class. She asks them to discuss the major points of the story in groups and present them to the whole class. What is this reading known as?
A. Reading with a purpose
B. Reading for thinking
C. Extensive reading
D. Intensive reading

139. English does not find its place as a __________.
A. school language in the school curriculum
B. third language in the school curriculum
C. medium of instruction
D. first language in the school curriculum

140. Bottom-up processing in listening is to:
A. decode the overall messages of the discourse and move down the micro level units.
B. encode all the sounds from speaker to listener.
C. use multiple ways to decode the messages.
D. decode messages moving from sounds to words, phrases, clauses and other grammatical elements to sentences.

141. What is the following strategy known as in reading?

The text is read more slowly and in detail to get the gist or overall sense of the text.
A. Summarising B. Skimming
C. Scaffolding D. Scanning

142. A teacher asks her learners of class-VII to refer to the textbook of History and find a theme which can be connected with English language text for writing an essay.

What is this practice known as?

A. Language across the curriculum
B. Language in learning
C. Language and history integrated learning
D. Language and Social Science learning

143. Multilingualism as a resource means
A. using the languages of learners as a strategy in school.
B. teaching many languages.
C. promoting of languages through content learning.
D. learning many languages in school.

144. Match the types of writing with their corresponding category:

(*a*) Personal writing	(*i*) Letter of complaint
(*b*) Study writing	(*ii*) Diary writing
(*c*) Creative writing	(*iii*) Synopsis writing
(*d*) Public writing	(*iv*) Travelogue

	(*a*)	(*b*)	(*c*)	(*d*)
A.	(*ii*)	(*iii*)	(*iv*)	(*i*)
B.	(*iii*)	(*ii*)	(*i*)	(*iv*)
C.	(*iv*)	(*iii*)	(*ii*)	(*i*)
D.	(*i*)	(*ii*)	(*iii*)	(*iv*)

145. A teacher divides her class into groups of five and allocates different themes to the groups. The groups have to collect information on the themes and write reports to be presented to the class. What is this activity known as?
A. Project work B. Writing work
C. Research D. Assignment

146. Process approach to writing involves
A. Brainstorming, writing the first draft and final writing.
B. Outlining, revising and writing the final draft.
C. Writing the first draft, revising and developing the final draft.
D. Brainstorming, outlining, drafting revising, proof-reading and drafting the final writing.

147. Continuous Assessment focuses on:
A. Informal assessment
B. Informal and a combination of both formative and summative
C. Outcome and achievement based assessment
D. Formal assessment

148. 'Pre-reading' activity in class is to:
A. connect learners' with one another.
B. enable learners to know about the story which they would read ahead.
C. All of these
D. connect learner's previous knowledge with what she learns in the reading text.

149. Pedagogical Grammar is:
A. grammar for teachers
B. grammar in context to connect grammar points with real life context
C. grammar with formal rules to be applied while writing
D. grammar of pedagogy

150. What are these words known as?
– the, of, and, a, to, that, it, with, but, they, she, he
A. Form words
B. Use words
C. Unimportant words
D. Sight words

उत्तरमाला

1	2	3	4	5	6	7	8	9	10
C	C	B	A	D	D	C	A	B	C
11	**12**	**13**	**14**	**15**	**16**	**17**	**18**	**19**	**20**
D	A	C	B	D	C	C	B	D	A
21	**22**	**23**	**24**	**25**	**26**	**27**	**28**	**29**	**30**
D	A	C	A	C	C	C	B	B	C
31	**32**	**33**	**34**	**35**	**36**	**37**	**38**	**39**	**40**
B	D	A	A	A	C	B	A	C	D
41	**42**	**43**	**44**	**45**	**46**	**47**	**48**	**49**	**50**
C	B	A	D	B	C	A	B	B	A
51	**52**	**53**	**54**	**55**	**56**	**57**	**58**	**59**	**60**
D	D	B	B	B	D	D	B	B	C
61	**62**	**63**	**64**	**65**	**66**	**67**	**68**	**69**	**70**
D	A	A	A	A	D	A	B	D	B
71	**72**	**73**	**74**	**75**	**76**	**77**	**78**	**79**	**80**
D	D	B	B	B	D	A	B	A	A

81	82	83	84	85	86	87	88	89	90
A	D	A	B	B	C	A	D	D	A
91	92	93	94	95	96	97	98	99	100
A	D	A	A	B	A	B	C	B	B
101	102	103	104	105	106	107	108	109	110
D	B	C	B	C	B	D	C	C	A
111	112	113	114	115	116	117	118	119	120
B	B	A	C	C	B	C	D	A	D
121	122	123	124	125	126	127	128	129	130
A	A	D	B	A	B	B	A	A	A
131	132	133	134	135	136	137	138	139	140
D	B	D	B	C	A	A	C	D	D
141	142	143	144	145	146	147	148	149	150
B	A	A	A	A	D	B	D	B	D

व्याख्यात्मक उत्तर

1. व्यक्तिगत विभिन्नता (Individual difference) प्रकृति का स्वाभाविक गुण व देन है। सामान्यतः सभी व्यक्ति समान दिखाई देते हैं किन्तु सूक्ष्म रूप से देखने पर ज्ञात होता है कि उनमें परस्पर अन्तर आवश्यक है। एक ही माता-पिता की संतानें भी शारीरिक बनावट, मानसिक योग्यताओं तथा व्यक्तित्व के गुणों आदि में समान नहीं दिखाई देतीं।

व्यक्तिगत विभिन्नता का मुख्य कारण वंशानुक्रम व वातावरण है। प्रत्येक व्यक्ति में कुछ विशेषतायें होतीं है जो उसे दूसरे व्यक्ति से अलग करती हैं। वंशानुक्रम का अध्ययन करते समय, 19वीं शताब्दी में सर फ्रांसिस गाल्टन का ध्यान वंशानुक्रम की ओर गया। 20वीं शताब्दी में, पियर्सन, कैटेंल व रिमैन आदि मनोवैज्ञानिकों ने इसका अध्ययन किया। फलस्वरूप व्यक्तिगत विभिन्नता को जानकर, शिक्षा शास्त्रियों ने शिक्षा की योजना, उपयुक्त उपयोगी शिक्षा प्रणालियों व सिद्धान्तों का निर्माण किया।

स्किनर ने कहा– ''बालक की प्रत्येक सम्भावना के विकास का एक विशिष्ट काल होता है। यह विशिष्ट काल वैयक्तिक भेद के अनुसार प्रत्येक में भिन्न-भिन्न होता है, यदि उचित समय पर इस सम्भावना को विकसित करने का प्रयत्न किया जाए तो उसके नष्ट होने का भय रहता है।''

व्यक्तिगत विभिन्नता के आधारः

1. **वंशानुक्रमः** माता-पिता व अन्य पूर्वजों से संतान को प्राप्त होने वाला गुण इन्हीं के कारण प्रत्येक मनुष्य में विभिन्नता और समानता भी दिखाई देती है।
2. **पर्यावरणः** मानव विकास में पर्यावरण का स्थान बड़ा महत्वपूर्ण है। पर्यावरण में वे सभी तत्व आते हैं जो मानव विकास व उसके सम्बन्धों को प्रभावित करती है। पर्यावरण का अर्थ व्यापक है। इसके प्रभाव से ही वैयक्तिगत विभिन्नता विकसित होती है।

2. विकास की प्रक्रिया एक जटिल व निरन्तर चलने वाली प्रक्रिया होती है। यह जन्म से मृत्यु तक चलती रहती है। यह विकास की प्रक्रिया अनियमित रूप से नहीं बल्कि धीरे-धीरे क्रमबद्ध व निश्चित समय पर होती है। धीरे-धीरे उसका लम्बाई, भार क्रियात्मक क्रियाएँ प्रत्यक्षीकरण सामाजिक समायोजन आदि का विकास होता है। विभिन्न मनोवैज्ञानिकों ने विकास के मुख्य दस नियमों की चर्चा की है, जो निम्नांकित हैं:

(*i*) विकास में परिवर्तन होता है।
(*ii*) प्रारंभिक विकास परवर्ती विकास से अधिक महत्वपूर्ण होता है।
(*iii*) विकास परिपक्वता तथा सीखने की उपज है।
(*iv*) विकासात्मक पैटर्न पूर्वानुमेय होता है।
(*v*) विकासात्मक पैटर्न में पूर्वानुमेय गुण होते हैं।
(*vi*) विकास में वैयक्तिक विभिन्नता होती है।
(*vii*) विकासात्मक पैटर्न में भिन्न-भिन्न अवस्थाएँ होती हैं।
(*viii*) प्रत्येक विकासात्मक अवस्था में कुछ सामाजिक प्रत्याशाएँ होती हैं।
(*ix*) विकास के प्रत्येक क्षेत्र में कुछ अंतनिर्हित कठिनाई होती है।
(*x*) विकास की भिन्न-भिन्न अवस्थाओं में सुख-शांति एकसमान नहीं होते हैं।

4. प्रगतिशील शिक्षा की अवधारणा के अनुसार शिक्षा का एकमात्र उद्देश्य बालक की शक्तियों का विकास है। वैयक्तिक भिन्नता के अनुरूप शिक्षण प्रक्रिया में भी अंतर रखकर इस उद्देश्य को पूरा किया जा सकता है। प्रगतिशील शिक्षा कहती है कि शिक्षा का उद्देश्य

ऐसा वातावरण तैयार करना होना चाहिए, जिसमें प्रत्येक बालक को सामाजिक विकास का पर्याप्त अवसर मिले।

प्रगतिशील शिक्षा का उद्देश्य जनतंत्रीय मूल्यों की स्थापना है। यह हमें यह बताता है कि बालक में जनतंत्रीय मूल्यों का विकास किया जाना चाहिए। प्रगतिशील शिक्षा में शिक्षण विधि को अधिक व्यावहारिक बनाने पर जोर दिया जाता है। इसमें बालक के स्वयं करके सीखने पर जोर दिया जाता है।

प्रगतिशील में रुचि और प्रयास दो तत्वों को विशेष महत्वपूर्ण माना गया है। शिक्षक को बालक की स्वाभाविक रुचियों को समझकर उसके लिए उपयोगी कार्यों की व्यवस्था करनी चाहिए। बालक को स्वयं कार्यक्रम बनाने का अवसर देना चाहिए जिससे वे अपनी रुचि के अनुसार कार्यक्रम बना सकेंगे। प्रगतिशील शिक्षा के अनुसार बालक को ऐसे कार्य देने चाहिए जिससे उनमें स्फूर्ति, आत्मविश्वास, आत्मनिर्भरता तथा मौलिकता का विकास हो सके। इस प्रकार प्रगतिशील शिक्षा की अवधारणा मुख्यतः प्रत्येक बच्चे की क्षमता एवं संभावना में विश्वास करना है।

5. शैक्षिक परिभाषा में दृष्टिदोष को इस आधार पर परिभाषित किया जाता है कि यह दोष कहाँ तक छात्रों की सीखने की क्षमता को प्रभावित करता है तथा उसे सीखने के लिए विशेष विधि एवं उपकरणों का सहारा लेना पड़ता है। छात्र के सीखने की क्षमता जितनी ही अधिक प्रभावित होगी और उसे सीखने के लिए जितना ही अधिक विशेष विधि एवं उपकरण का सहारा लेना होगा, उसमें दृष्टिदोष उतना ही गंभीर समझा जाता है। पूर्ण रूप से अंधे छात्रों के लिए सीखने की क्षमता काफी प्रभावित होती है। इन्हें ब्रेल (Braille) पद्धति द्वारा ही पढ़ना-लिखना सिखाया जा सकता है। आंशिक रूप से दृष्टिदोष बालकों को सामान्य पुस्तकों से पढ़ाया-लिखाया जा सकता है। दृष्टिबाधित छात्रों के साथ कार्य करते समय एक शिक्षक को स्पष्ट रूप से बोलना तथा छूकर महसूस करने वाली सामग्रियों का अधिक मात्रा में प्रयोग करना चाहिए।

6. शिक्षा का समावेशीकरण यह बताता है कि विशेष शैक्षणिक आवश्यकताओं की पूर्ति के लिए एक सामान्य छात्र और एक दिव्यांग छात्र को समान शिक्षा प्राप्ति के अवसर मिलने चाहिए। इसमें एक सामान्य छात्र एक दिव्यांग छात्र के साथ विद्यालय में अधिकतर समय बिताता है। पहले समावेशी शिक्षा की परिकल्पना सिर्फ विशेष छात्रों के लिए की गयी थी लेकिन आधुनिक काल में हर शिक्षक को इस सिद्धान्त को विस्तृत दृष्टिकोण में अपनी कक्षा में व्यवहार में लाना चाहिए। सहयोगात्मक अधिगम एवं हमउम्र साथियों के द्वारा शिक्षण का एक समावेशी कक्षा में उपयोग सक्रिय रूप से आगे बढ़ाने में कराना चाहिए।

7. क्षतियुक्त और विशिष्ट बालकों का मुख्य धारा में शामिल करने से भी अधिक उनकी भलाई के विषय में सोचना समावेश का ध्येय है। समावेशित शिक्षा शारीरिक और मानसिक रूप से क्षतिग्रस्त बच्चों को सामान्य बालकों के साथ सामान्य कक्षा में शिक्षा ग्रहण करने पर जोर देती है और विशिष्ट बालकों की विशेष आवश्यकताओं की पूर्ति के लिये अनुमोदन करती है। यदि किसी विशिष्ट बालक को विशेष शिक्षा और सहायता की आवश्यकता होती है तो उसे विशिष्ट या अपंग न कहकर उसकी आवश्यकतानुसार शिक्षा तथा मदद दी जाती है। इस प्रकार समावेशित शिक्षा में मुख्य धारा तथा एकीकरण का सहारा लेकर सभी बालकों को एक साथ शिक्षित करने के उद्देश्य पर बल दिया जाता है। इस तरह से विशिष्ट और सामान्य बच्चों में किसी भी प्रकार का भेदभाव नहीं किया जाता है। 'विशिष्ट शिक्षा योजना' समावेशी कक्षा में सबसे अधिक महत्वपूर्ण है।

एम. मैनीवन्नान के शब्दों में "समावेशी शिक्षा उस नीति तथा प्रक्रिया का परिपालन है जो सब बच्चों को सभी कार्यक्रमों में भाग लेने के लिये अनुमति देती है। नीति से तात्पर्य है कि अपंग बालकों को बिना किसी विरोध के सामान्य बालकों के सभी शैक्षिक कार्यक्रमों में भाग लेने के लिये स्वीकृति प्रदान करे। समावेशी प्रक्रिया से अभिप्राय पद्धति के उन साधनों से है जो इस प्रक्रिया को सबके लिये सुखद बनाये। समावेशी शिक्षा क्षतियुक्त बालकों के लिये सामान्य शिक्षा के अभिन्न अंग के अतिरिक्त कुछ नहीं है। यह सामान्य शिक्षा के भीतर अलग की कोई प्रणाली नहीं है।"

8. डिस्लेक्सिया एक अधिगम विकलांगता है जिसका प्रकटीकरण पठन विकार के रूप में होता है अर्थात् डिस्लेक्सिया से ग्रसित बालक पढ़ने एवं लिखने में कठिनाई अनुभव करता है। 'डिस्लेक्सिया' शब्द का प्रयोग अक्सर पठन अक्षमता के लिए किया जाता है, हालांकि जैविकीय अर्थ में यह मस्तिष्कीय शिथिलता के साथ जुड़ी हुई है। इस संदर्भ में, तंत्रिका वैज्ञानिक लेखन अक्षमता के लिए एग्राफिया और गणितीय अक्षमता के लिए एकैलकुलिया जैसे शब्दों का प्रयोग करते हैं, जो सभी मस्तिष्क की शिथिलताओं से जुड़े हैं। डिस्लेक्सिया के दो प्रमुख प्रकार हैं: अधिग्रहित और विकासात्मक। किसी व्यक्ति के जीवन के किसी भी स्तर पर किसी दुर्घटना के कारण होने वाली पठन अक्षमता को अधिग्रहित डिस्लेक्सिया कहा जाता है। यहाँ दुर्घटना से अभिप्राय मस्तिष्क में किसी भी तरह की छेड़-छाड़ होने से है जो आगे चलकर मस्तिष्कीय क्षति को जन्म देती है। दूसरे शब्दों में, अधिग्रहित डिस्लेक्सिया एक पठन अक्षमता है जो मस्तिष्कीय क्षति के कारण होती है। इसके विपरीत, विकासात्मक डिस्लेक्सिया विकास काल के दौरान होता है, जो लगभग 0 से 18 वर्ष के बीच होती है।

12. सामान्य अर्थ में सीखना व्यवहार में परिवर्तन को कहा जाता है (Learning refers to change in behaviour) परंतु सभी तरह के व्यवहार में हुए परिवर्तन को सीखना नहीं कहा जाता है। व्यवहार में परिवर्तन थकान, दवा खाने, बीमारी, परिक्वन आदि से भी हो सकता है परंतु ऐसे परिवर्तनों को सीखना नहीं कहा जाता है। मनोविज्ञान में सीखने से तात्पर्य सिर्फ उन्हीं परिवर्तनों से होता है जो अभ्यास या अनुभव के फलस्वरूप होता है तथा जिसका उद्देश्य

बालक को समायोजन में मदद करना होता है। दोहराने एवं स्मरण करने को बढ़ावा देना अधिगम के सार्थक सरलीकरण के रूप में परिणीत नहीं होता है। दोहराने या रटकर सीखना वैसे सीखना को कहा जाता है जिसमें शिक्षार्थी दिए गए सामग्रियों के साहचर्य शब्दशः तथा मनमाने ढंग से उसके आशय को बिना समझे हुए सीखता है। निरर्थक पदों को सीखना, शब्दों के जोड़े को सीखना, अक्षर अंक जोड़ों को सीखना इस श्रेणी के सीखने के उदाहरण हैं।

13. अभिप्रेरणा मुख्यतः दो प्रकार के होते हैं: आंतरिक अभिप्रेरणा (Intrinsic motivation) तथा बाह्य अभिप्रेरणा (Extrinsic motivation)। आन्तरिक अभिप्रेरण से मोटे तौर पर तात्पर्य स्वतः अभिरुचि से होता है। जब व्यक्ति किसी कार्य को इसलिए करता है क्योंकि उसकी अभिरुचि है तथा उस कार्य को करने से उसे खुशी मिलती है, तो ऐसा कहा जाता है कि व्यक्ति में आन्तरिक अभिप्रेरण है। स्पष्ट है कि इस तरह का अभिप्रेरण तब कुछ वैसे कारकों पर निर्भर करता है जो व्यक्ति में पाये जाते हैं तथा जिन्हें बाहर से प्रत्यक्ष रूप से देखना संभव नहीं है। डेसी ने आन्तरिक अभिप्रेरण को परिभाषित करते हुए कहा है, "वातावरण के साथ समायोजन करने में व्यक्ति में उत्पन्न आत्म-निर्धारित तथा सक्षमता की भाव की आवश्यकता को आन्तरिक अभिप्रेरण कहा जाता है।"

बाह्य अभिप्रेरण आन्तरिक अभिप्रेरण से भिन्न होता है। बाह्य अभिप्रेरण व्यक्ति के भीतर न होकर बाह्य होता है तथा इसका संबंध पुरस्कार, वेतन, श्रेणी आदि से होता है। यदि किसी व्यक्ति को किसी काम करने के लिए ₹ 10 मिलता है तो ₹ 10 यहाँ बाह्य अभिप्रेरण का उदाहरण होगा। परन्तु उस काम को पूरा करने से उसमें कुछ संतोष, खुशी आदि भी होता है। इन आन्तरिक अनुभूतियों को आन्तरिक अभिप्रेरण की संज्ञा दी जाएगी। इस प्रकार प्रश्न में दिया गया विकल्प "मैं अपना गृहकार्य पूरा करती हूँ क्योंकि शिक्षक प्रत्येक नियत कार्य के लिए हमें अंक देते हैं।" बाह्य अभिप्रेरणा के उदाहरण हैं।

16. प्रभावी अधिगम तभी हो सकता है जब अधिगमकर्ता सक्रिय रूप से अधिगम प्रक्रिया में भाग ले तथा विषयवस्तु भी तार्किक एवं उसके पूर्व ज्ञान से सम्बन्धित हो। इसलिए यह आवश्यक है कि विद्यार्थी को स्वतंत्र रूप से चिंतन करने तथा प्रभावी शिक्षार्थी बनने में सक्षम बनाने हेतु शिक्षक विषयवस्तु को तार्किक एवं संघटित रूप से प्रस्तुत करे जिससे विद्यार्थी उस ज्ञान को अपने पूर्वज्ञान से साहचर्य स्थापित कर अधिगम को सफल बनाये।

प्रभावी अधिगम रणनीतियों के उदाहरण निम्नलिखित हैं:

- लक्ष्य एवं समय-सारिणी निर्धारित करना।
- संगठनात्मक चार्टों एवं अवधारणात्मक नक्शे बनाना।
- उदाहरणों एवं गैर-उदाहरणों के बारे में सोचना।
- समान उम्र के मित्र को समझना।
- स्वयं से प्रश्न करना।

18. सहयोगात्मक अधिगम (Cooperative learning) आज छात्रों के उच्च अधिगम की मांग है। यह अधिगम छात्रों को स्वयं करके (Learning by doing) सीखने का अवसर प्रदान करता है। इस प्रकार के अधिगम में छात्रों को छोटे-छोटे समूहों में बांटकर निश्चित लक्ष्य को प्राप्त करने का प्रयत्न मिल-जुलकर करना होता है। इस प्रकार छात्रों को स्वयं तो सीखना होता ही है, साथ ही समूह के अन्य छात्रों के अधिगम को भी देखना होता है। अधिगम का यह प्रकार छात्रों को अधिगम को भी देखना होता है। अधिगम का यह प्रकार छात्रों को न केवल परिस्थितियों का अध्ययन करना सिखाता है, अपितु उनमें सामाजिक कौशलों जैसे—सहयोग, सहायता, समायोजन आदि का विकास करना है। सहयोगात्मक अधिगम में शिक्षक की भूमिका सहयोगात्मक के साथ-साथ प्रत्येक समूह की निगरानी करना होता है।

19. सामान्य रूप से हम सभी के द्वारा अधिगम को एक ऐसी प्रक्रिया के रूप में परिभाषित किया जाता है कि जिसमें अनुभव और प्रशिक्षण के माध्यम से विद्यार्थियों के व्यवहार में काफी हद तक स्थायी एवं प्रभावपूर्ण परिवर्तन लाए जा सकते हैं। स्पष्टतः बच्चों की गलतियाँ एवं भ्रांत-धारणाएँ शिक्षण-अधिगम प्रक्रिया में एक महत्वपूर्ण कदम है। अधिगम को किसी भी शिक्षण प्रक्रिया के संदर्भ में निम्न तीन प्रकार के तत्त्वों पर निर्भर रहते हुए पाया जा सकता है:

1. अधिगमकर्त्ता (Learner) या विद्यार्थी जिसके व्यवहार में परिवर्तन लाए जाते हैं।
2. अधिगम अनुभव (Learning experiences), जिन्हें अधिगमकर्त्ता के व्यवहार में अपेक्षित परिवर्तन लाने के लिए काम में लाया जाता है।
3. मानव एवं भौतिक संसाधन (Men and material resources) जिनकी सहायता से आवश्यक अधिगम अनुभव अधिगमकर्त्ता के व्यवहार में परिवर्तन लाने के लिए प्रदान किए जाते हैं।

स्पष्ट है कि अधिगम प्रक्रिया में जिन तत्वों का समावेश है उन्हीं को ठीक होने से अधिगम प्रक्रिया में अच्छे परिणामों की प्राप्ति हो सकेगी। दूसरे शब्दों में जिस तरह की प्रकृति इन तत्वों की होगी तथा जिस ढँग से इनके द्वारा अधिगम में अपनी-अपनी भागीदारी निभाई जाएगी, अधिगम प्रक्रिया द्वारा उसी प्रकार की सफलता हमारे हाथ लगेगी। इस तरह अधिगम को प्रभावित करने वाले कारक प्रत्यक्ष और अप्रत्यक्ष रूप से उपरोक्त तीन तत्वों से जुड़ी हुई अधिगम एवं शिक्षण प्रक्रिया या प्रणाली को साधारणतया निम्नांकित कारकों पर आधारित रहते हुए पाया जाता है:

1. विद्यार्थी या अधिगमकर्त्ता से संबंधित कारक
2. अध्यापक से संबंधित कारक
3. विषयवस्तु से संबंधित कारक
4. प्रक्रिया से संबंधित कारक

20. पियाजे के अनुसार बच्चे अपने संज्ञानात्मक दुनिया की रचना स्वयं करते हैं। वे दुनिया को समझने के लिए अपने अनुभवों को व्यवस्थित तथा विचारों का समन्वय नई सूचनाओं को शामिल करके करते हैं।

व्यवस्थीकरण एक सतत् चलने वाली प्रक्रिया है जिसमें सूचनाओं और अनुभवों को मानसिक तंत्र या श्रेणी में व्यवस्थित किया जाता है। पियाजे ने इन मानसिक अवधारणाओं को 'स्कीमा' (Schemas) कहा। स्कीमा (Schema) एक मानसिक अवधारणा है जो कि सूचना को व्यवस्थित करने और व्याख्या करने में उपयोगी होती है। एक व्यक्ति की चिंतन प्रक्रिया जैसे-जैसे अधिक व्यवस्थित होने लगती है तथा नई स्कीम का विकास होता है वैसे ही व्यवहार भी, वातावरण के अनुकूल, बेहतर हो जाता है।

पियाजे ने पाया कि बच्चे अपने स्कीमा को दो प्रक्रियाओं के माध्यम से अपनाते हैं: आत्मसातीकरण तथा समायोजन। आत्मसात करने का अर्थ है वर्तमान स्कीमा या पूर्वज्ञान में सूचनाओं को शामिल करना। उदाहरण के लिए यदि बच्चा घोड़े के बारे में जानता है तथा जब वह पहली बार ऊँट को देखता है तो वह इसे एक "घोड़ा" कह सकता है। दूसरी ओर समायोजन में वर्तमान स्कीमा में परिवर्तन करना या नई सूचना के प्रत्युत्तर में नई स्कीमा की रचना करना है। बच्चे समायोजन का प्रदर्शन करते हैं जब वे जानवरों को पहचानने के लिए ऊँट की पहचान करने के स्कीमा को अपने अन्य तंत्र में जोड़ते हैं। इस प्रक्रिया के दौरान बच्चे दुनिया को समझने के अपने प्रयास में असंतुलन का अनुभव करते हैं। क्रमिक रूप से वे विचार के संतुलन की स्थिति में पहुँचते हैं जिसे साम्यावस्था कहा जाता है। विचार के एक अवस्था से दूसरे अवस्था में बदलने की प्रक्रिया को संतुलन कहा जाता है।

22. लेव वायगोत्स्की के अनुसार संज्ञानात्मक विकास का मूल कारण सामाजिक अन्योन्यक्रिया है। लेव वायगोत्स्की ने बच्चों के संज्ञानात्मक विकास में सामाजिक कारकों एवं भाषा को महत्वपूर्ण बतलाया है।

23. अधिगम और विकास एक जटिल तरीके से अंतःसम्बन्धित और अंतःनिर्भर होते हैं क्योंकि व्यक्ति अपनी दैनिक क्रियाओं और अनुभवों द्वारा कुछ न कुछ सीखता है। फलस्वरूप उसका शारीरिक और मानसिक विकास होता है। सीखने की इस विशेषता को पेस्टालॉजी ने वृक्ष और फ्रोबेल ने उपवन का उदाहण देकर स्पष्ट किया है।

24. पियाजे के संज्ञानात्मक विकास के सिद्धांत के अनुसार तीसरे चरण ठोस संक्रिया की अवस्था 7 साल से प्रारंभ होकर 12 साल तक चलती है। इस अवस्था की विशेषता यह है कि बालक ठोस वस्तुओं (Concrete objects) के आधार पर आसानी से मानसिक संक्रियाएँ (Mental operations) करके समस्या का समाधान कर लेता है परंतु यदि उन वस्तुओं को न देकर उसके बारे में शाब्दिक कथन (Verbal statement) तैयार कर यदि समस्या उपस्थित की जाती है, तो वे ऐसी समस्याओं पर मानसिक संक्रियाएँ (Mental operations) कर किसी निष्कर्ष पर पहुँचने में असमर्थ रहते हैं।

इस अवस्था में बालकों में तीन महत्वपूर्ण संप्रत्यय (Concepts) विकसित कर जाता है—संरक्षण (Conservation), संबंध (Relations) तथा वर्गीकरण (Classification)। इस अवस्था में बालक तरह (Liquid), लंबाई (Length), भार (Weight) तथा तत्व (Substance) के संरक्षण से संबंधित समस्याओं (Problems) का समाधान करते पाए जाते हैं।

27. **नैतिक विकासः** बच्चे के विकास का एक दूसरा महत्वपूर्ण पक्ष है मानवीय क्रियाओं के सही या गलत होने के मध्य अंतर करना सीखना। बच्चे जिस तरह से सही एवं गलत के बीच अंतर करना, अपराध बोध की अनुभूति करना, स्वयं को दूसरे व्यक्ति के स्थान पर रखकर देखना तथा जब दूसरे लोग कठिनाई में होते हैं तो उनकी मदद करना सीखते हैं, ये सभी नैतिक विकास के घटक हैं। बच्चे जिस प्रकार संज्ञानात्मक विकास की विभिन्न अवस्थाओं से गुजरते हैं, लॉरेन्स कोह्लबर्ग (Lawrence Kohlberg) के अनुसार, वैसे ही वे नैतिक विकास की विभिन्न अवस्थाओं से गुजरते हैं। "अंतःकरण के स्व-चयनित नैतिक सिद्धांतों के द्वारा सही कार्य परिभाषित किया जाता है जो कानून एवं सामाजिक समझौते पर ध्यान दिए बिना संपूर्ण मानवता के लिए वैध होता है।" यह कोहलर के सार्वभौम नैतिक सिद्धांत अभिविन्यास से सम्बन्धित है। इस अवस्था में अपने नैतिक नियमों को प्रोत्साहित करने तथा आत्म-निंदा से बचने का अभिप्रेरण तीव्र होता है। यह उच्चतम सामाजिक स्तर का उच्चतम अवस्था होता है जहाँ किशोरों में सार्वत्रिक नैतिक नियम की नैतिक बरकरार रहती है। यहाँ किशोर दूसरों के विचारों तथा नैतिक प्रतिबंधों से स्वतंत्र होकर अपने आंतरिक मानकों के अनुरूप व्यवहार करता है।

28. बहु-बुद्धि का सिद्धांत हावर्ड गार्डनर (Howard Gardner) द्वारा प्रस्तुत किया गया। उनके अनुसार, बुद्धि कोई एक तत्व नहीं है बल्कि कई भिन्न-भिन्न प्रकार की बुद्धियों का अस्तित्व होता है। प्रत्येक बुद्धि एक-दूसरे से स्वतंत्र रहकर कार्य करती है। इसका अर्थ यह है कि यदि किसी व्यक्ति में अंतःक्रिया करते हुए साथ-साथ कार्य करती हैं। अपने-अपने क्षेत्रों में असाधारण योग्यताओं का प्रदर्शन करने वाले अत्यंत प्रतिभाशाली व्यक्तियों का गार्डनर ने अध्ययन किया और उसके आधार पर आठ प्रकार की बुद्धियों का वर्णन किया। ये निम्नलिखित हैं—

भाषागत (Linguistic): यह अपने विचारों को प्रकट करने तथा दूसरे व्यक्तियों के विचारों को समझने हेतु प्रवाह तथा नम्यता के साथ भाषा का उपयोग करने की क्षमता है।

तार्किक-गणितीय (Logical-mathematical): इस प्रकार की बुद्धि की अधिक मात्रा रखने वाले व्यक्ति तार्किक तथा आलोचनात्मक चिंतन कर सकते हैं।

देशिक (Spatial): यह मानसिक बिंबों को बनाने, उनका उपयोग करने तथा उनमें मानसिक धरातल पर परिमार्जन करने की योग्यता है।

संगीतात्मक (Musical): सांगीतिक अभिरचनाओं को उत्पन्न करने, उनका सर्जन तथा प्रहस्तन करने की क्षमता सांगीतिक योग्यता कहलाती है।

शारीरिक-गतिसंवेदी (Bodily-kinanesthetic): किसी वस्तु अथवा उत्पाद के निर्माण के लिए अथवा मात्र शारीरिक प्रदर्शन के लिए संपूर्ण शरीर अथवा उसके किसी एक अथवा एक से अधिक अंग की लोच तथा पेशीय कौशल की योग्यता शारीरिक-गतिसंवेदी योग्यता कही जाती है।

अंतर्वैयक्तिक (Interpersonal): इस योग्यता द्वारा व्यक्ति दूसरे व्यक्तियों की अभिप्रेरणाओं या उद्देश्यों, भावनाओं तथा व्यवहारों का सही बोध करते हुए उनके साथ मधुर संबंध स्थापित करता है। मनोवैज्ञानिक, परामर्शद, राजनीतिज्ञ, सामाजिक कार्यकर्ता तथा धार्मिक नेता आदि में उच्च अंतर्वैयक्तिक बुद्धि पाए जाने की संभावना होती है।

अंतःव्यक्ति (Intrapersonal): इस योग्यता के अंतर्गत व्यक्ति को अपनी शक्ति तथा कमजोरियों का ज्ञान और उस ज्ञान का दूसरे व्यक्तियों के साथ सामाजिक अंतःक्रिया में उपयोग करने का ऐसा कौशल सम्मिलित है जिससे वह अन्य व्यक्तियों से प्रभावी संबंध स्थापित करता है।

प्रकृतिवादी (Naturalistic): इस बुद्धि का तात्पर्य प्राकृतिक पर्यावरण से हमारे संबंधों की पूर्ण अभिज्ञता से है।

30. समाजीकरण की प्रक्रिया मानव को समाज का सदस्य बनाने की प्रक्रिया है। यदि किसी शिशु का जन्म के बाद मानव समूह में समाजीकरण न हो तब वह सामाजिक व्यक्ति नहीं हो सकता। ऐसी अनेक घटनायें हुई हैं जब मानव शिशु का पालन-पोषण पशुओं के बीच हुआ, तब वह पशु के समान व्यवहार करने लगा। एन्थनी गिडेन्स ने एक गूँगी बच्ची का उदाहरण दिया है, जिसे संयोगवश अकेले रहना पड़ा यानी उसका समाजीकरण नहीं हुआ तब वह सामान्य बच्ची नहीं बन सकी।

बच्चे का समाजीकरण उन अनेक अभिकरणों तथा संस्थाओं द्वारा किया जाता है जिनमें वह भाग लेता है, जैसे परिवार, स्कूल, समकक्ष समूह, आस-पड़ोस, मीडिया, व्यावसायिक समूह तथा सामाजिक वर्ग/जाति, क्षेत्र, धर्म आदि।

31. घनाभ का कुल पृष्ठीय क्षेत्रफल = 194 मी^{2}

$$2(lb + bh + hl) = 194$$

$l = 8$ मी, $b = 6$ मी (दिया है)

$$2(8 \times 6 + 6 \times h + h \times 8) = 194$$
$$48 + 6h + 8h = 97$$
$$14h = 97 - 48$$
$$14h = 49$$
$$h = \frac{7}{2} \text{ मी}$$

$\because$ घनाभ का आयतन $= l \times b \times h$

$$= 8 \times 6 \times \frac{7}{2}$$
$$= 168 \text{ मी}^3$$

32. माना समलंब की लंबी भुजा की लम्बाई = a सेमी और दूसरी भुजा की लम्बाई = b सेमी

$\because$ समलंब का क्षेत्रफल $\frac{1}{2} \times$ समान्तर भुजाओं का योग $\times$ ऊँचाई

तब, $\frac{1}{2}(a+b) \times h = 105$

$$\frac{1}{2}(a+b) \times 7 = 105$$
$$a + b = \frac{105 \times 2}{7}$$
$$a + b = 30 \quad ...(1)$$

दिया है, $a - b = 6 \quad ...(2)$

समी. (1) और समी. (2) को हल करने पर,

$$a = 18, b = 12$$

$\therefore$ समलंब की लम्बी भुजा की लम्बाई = 18 सेमी

33. लम्ब वृत्तीय बेलन का वक्र पृष्ठीय क्षेत्रफल = 94.2 सेमी^{2}

त्रिज्या (r) = 3 सेमी

$\therefore$ बेलन का वक्र पृष्ठीय क्षेत्रफल $= 2\pi rh$

$$\therefore \quad 2\pi rh = 94.2$$
$$2 \times 3.14 \times 3 \times h = 94.2$$
$$h = 5 \text{ सेमी}$$

$\because$ बेलन का आयतन $= \pi r^2 h$

$$= 3.14 \times (3)^2 \times 5$$
$$= 141.3 \text{ सेमी}^3$$

34. $(14 + x) : (12 + x) :: (34 + x) : (30 + x)$

$$(14 + x)(30 + x) = (12 + x)(34 + x)$$
$$420 + 44x + x^2 = 408 + 46x + x^2$$
$$2x = 12$$
$$x = 6$$

$\therefore$ $\sqrt{12x+9}$ का मान $= \sqrt{12x+6+9} = \sqrt{72+9}$

$$= \sqrt{81} = 9$$

36. दिया है,

$$10(x + 6) + 8(x - 3) = 5(5x - 4)$$
$$10x + 60 + 8x - 24 = 25x - 20$$
$$18x + 36 = 25x - 20$$
$$7x = 56$$
$$x = 8$$

विकल्प चुनने पर,

(A) $3(3x-5) = 2x+1$

$3(3\times 8-5) = 57$

$2\times 8+1 = 17$

$\therefore \quad 3(3x-5) \neq 2x+1$

(B) $2(x+3) = 5(x-5)+4$

$2(8+3) = 2\times 11 = 22$

$5(8-5)+4 = 19$

$2(x+3) \neq 5(x-5)+4$

(C) $5(x-5) = 2(x-3)+5$

$5(8-5) = 5\times 3 = 15$

$2(8-3)+5 = 10+5 = 15$

$\therefore \quad 5(x-5) = 2(x-3)+5$

अतः x का विकल्प (C) के समीकरण को सन्तुष्ट करता है।

37. माना $(5y-13x-8a)$ से A घटाना होगा। तब,

$$(5y-13x-8a) - A = 11x-16y+7a$$

$$\therefore \quad A = (5y-13x-8a)-(11x-16y+7a)$$
$$= 5y-13x-8a-11x+16y-7a$$
$$= 21y-24x-15a$$

48. $[(-4)\div 2]\times(-3)-(-3)\,[(-3)\times(-7)-8]+(4)\,[(-48)\div 6]$

BODMAS नियमानुसार

$$= (-2)\times(-3)-(-3)\,[(-3)\times(-7)-8]+(4)[(-8)]$$
$$= 6+3(21-8)-32$$
$$= 6+3(13)-32$$
$$= 6+39-32$$
$$= 45-32$$
$$= 13$$

49. $\because \frac{44}{49} = 0.897,\ \frac{33}{38} = 0.868,\ \frac{22}{25} = 0.880,\ \frac{24}{29} = 0.827$

$$\therefore \frac{44}{49} > \frac{22}{25} > \frac{33}{38} > \frac{24}{29}$$

51. म.स.प. $(x, y, z) = 2^2\times 3^2\times 5^2\times 7^3$
$$= 900\times 7^3$$
$$= (30)^2\times 7^3$$

53. एक संख्या 72 से तभी विभाज्य होगी यदि वह 8 और 9 दोनों से विभाज्य हो।

8 से विभाज्य : एक संख्या 8 से विभाज्य होगी यदि उस संख्या की अंतिम तीन अंक 8 से विभाज्य हो।

9 से विभाज्य : एक संख्या 9 से विभाज्य होगी यदि संख्या के अंकों का योग 9 से विभाज्य हो।

तब, $\frac{58y}{8} \Rightarrow y = 4 \because \frac{584}{8} = 73$

$$\frac{1+3+4+x+5+8+y}{9} = \frac{21+x+y}{9} = \frac{21+x+4}{9}$$
$$= \frac{25+x}{9}$$

$$\Rightarrow \quad x = 2 \because \frac{25+2}{9} = \frac{27}{9} = 3$$

$\therefore$ x और y का मान क्रमशः 2 और 4 है।

तब, $2x+y = 2\times 2+4 = 8.$

54. a, b और c पाइथागोरस त्रिक होंगे यदि

$$a^2+b^2 = c^2$$

(1) $8^2+15^2 = 17^2$

($\therefore$ 8, 15, 17 पाइथागोरस त्रिक है)

(2) $11^2+60^2 \neq 63^2$

($\therefore$ 11, 60, 63 पाइथागोरस त्रि नहीं है)

(3) $13^2+84^2 = 85^2$

($\therefore$ 13, 84, 85 पाइथागोरस त्रिक है)

(4) $7^2+24^2 = 25^2$

($\therefore$ 7, 24, 25 पाइथागोरस त्रिक है)

55. माना कोण = α

तब, कोण का सम्पूरक = $180-\alpha$

कोण का पूरक = $90-\alpha$

प्रश्नानुसार,

कोण का सम्पूरक = $4\times$ कोण का पूरक

$$180-\alpha = 4(90-\alpha)$$
$$180-\alpha = 360-4\alpha$$
$$3\alpha = 180$$
$$\Rightarrow \quad \alpha = 60°$$

56. त्रिभुज के तीनों कोणों का योग = $180°$

$$\therefore \quad x+(3x+20)+6x = 180°$$
$$10x+20 = 180°$$
$$10x = 16°$$
$$x = 16°$$

$\therefore$ त्रिभुज के कोण क्रमशः $16°, 68°, 96°$ है

$\because \quad 96° > 16°+68°$

त्रिभुज के एक कोण का मान अन्य दो कोणों के योग से अधिक है। इसलिए त्रिभुज अधिककोण त्रिभुज है।

57.

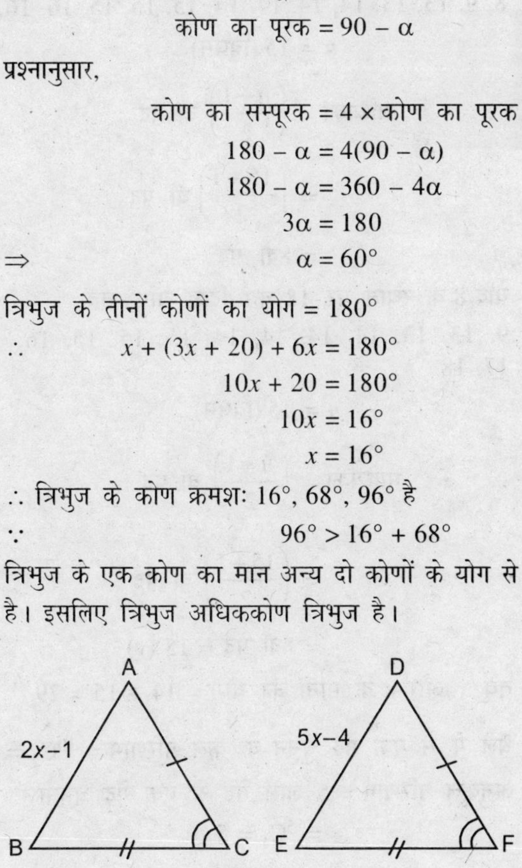

$\because$ $AC = DF$

$\angle C = \angle F$

$BC = EF$

$\therefore$ $\Delta ABC \cong \Delta DEF$ [SAS नियम]

ΔABC और ΔDEF सर्वांगसम त्रिभुज हैं।

$\therefore$ $AB = DE$

$2x - 1 = 5x - 4$

$3x = 5x - 4$

$3x = 3$

$x = 1$

58. माना तीसरी भुजा = x

तब, $P = 5 + 10 + x$

तीसरी भुजा $x = P - 15$

$\because$ दो भुजाओं का योग > तीसरी भुजा

$5 + 10 > P - 15$

$P < 30 \quad \therefore P_{max} = 29$

दो भुजाओं का अन्तर < तीसरी भुजा

$|5 - 10| < P - 15$

$5 < P - 15$

$P > 20$

$\therefore$ $P_{min} = 21$

59. आरोही क्रम में लिखने पर,

8, 9, 13, 13, 14, 14, 14, 14, 15, 15, 15, 16, 16, 17, 17

$n = 15$ (विषम)

$\therefore$ माध्यिका = $\left(\frac{n+1}{2}\right)$ वाँ पद

$= \left(\frac{15+1}{2}\right)$ वाँ पद

= 8वाँ पद

यदि 8 के स्थान पर 18 कर दिया जाए, तब

9, 13, 13, 14, 14, 14, 14, 15, 15, 15, 16, 16, 17, 17, 18

$n = 15$ (विषम)

$\therefore$ माध्यिका = $\left(\frac{n+1}{2}\right)$ वाँ पद

$= \left(\frac{15+1}{2}\right)$ वाँ पद

= 8वाँ पद = 15 (y)

तब x और y के मानों का योग = 14 + 15 = 29.

60. थैले में से एक गेंद चुनने के कुल परिणाम = $^{10}C_1 = 10$

अनुकूल परिणाम = 5 लाल गेंद से एक गेंद चुनना

$= {}^5C_1 = 5$

$\therefore$ लाल रंग की गेंद होने की अभीष्ट प्रायिकता = $\frac{5}{10} = \frac{1}{2}$

तब, लाल रंग की गेंद नहीं होने की प्रायिकता

$= 1 - \frac{1}{2} = \frac{1}{2}$.

61. दूध एक अपारदर्शी सफेद पेय पदार्थ है जो मादाओं के दुग्ध ग्रन्थियों द्वारा बनता है। नवजात शिशु तब तक दूध पर निर्भर रहता है जब तक वह अन्य पदार्थों का सेवन करने में अक्षम होता है।

- दूध एक विजातीय पदार्थ है जिसमें वसा, प्रोटीन, दुग्धम, खनिज पदार्थ तथा अन्य अवयव या तो घोल या निलम्बन या पायस के रूप में सदैव द्रव अवस्था में पाए जाते हैं।
- साधारणतया दूध में 85 प्रतिशत जल होता है और शेष भाग में ठोस तत्त्व यानी खनिज व वसा होता है।
- दूध प्रोटीन, कैल्शियम और राइबोफ्लेविन (विटामिन बी-2) युक्त होता है, इनके अलावा इसमें विटामिन ए, डी, के और ई सहित फॉस्फोरस, मैग्नीशियम, आयोडिन व कई खनिज और वसा तथा ऊर्जा भी होती है। इसके अलावा इसमें कई एंजाइम भी होते हैं।
- दूध में न्यूनतम वसा 3.5 प्रतिशत और वसा रहित ठोस 8.5 प्रतिशत होनी चाहिये। दूध का pH मान 6.6 होता है।

62. एन्टीसेप्टिक औषधियाँ सूक्ष्म जीवाणुओं को मारने एवं उनकी वृद्धि को रोकने में सहायक होती है। यह रक्त को दूषित होने से रोकने व घाव (Wounds) आदि भरने में विशेष रूप से सहायक होती है। प्राचीन काल से ही सिरका (Vinegar) तथा सिडार तेल (Cedar's Oil) का प्रयोग घावों आदि के उपचार में होता आ रहा है। आधुनिक काल में एन्टिसेप्टिक औषधियाँ तैयार करने वालों में सेमिलवीस, लिस्तर व कोच आदि का नाम विशेष रूप से उल्लेखनीय है। एन्टीसेप्टिक के रूप में घावों पर लगाए जाने वाले बैंगनी रंग के विलयन में अघातु के रूप में आयोडीन होती है। इसके अतिरिक्त कुछ महत्वपूर्ण एन्टिसेप्टिक औषधियाँ निम्नलिखित हैं–हाइपोक्लोरस अम्ल, इथाइल ऐल्कोहॉल, फिनॉल, हेक्साक्लोरोफीन, फार्मेल्डीहाइड, हाइड्रोजन पेरॉक्साइड, एक्रीफ्लेविन आदि।

63. पृथ्वी को चारों ओर से घेरे हुए वायु के विस्तृत फैलाव को वायुमंडल कहते हैं। वायु का यह आवरण एक लिफाफे के रूप में है जो पृथ्वी के गुरुत्वाकर्षण के कारण इसका एक अभिन्न अंग बन गया है। वायुमंडल में विभिन्न प्रकार की गैसें हैं जिनमें नाइट्रोजन की मात्रा सबसे अधिक है। यह समूचे वायुमंडल के आयतन का 78.03% भाग है। दूसरे स्थान पर ऑक्सीजन है जो वायुमंडल के 20.99% आयतन में फैली हुई है। इस प्रकार नाइट्रोजन तथा ऑक्सीजन मिलकर वायुमंडल का 99% आयतन घेरे हुए हैं। इस प्रकार प्रश्न के अनुसार वायु मृदा में उपस्थित होती है। इसके साथ ही साथ जल चक्र में वायु की महत्वपूर्ण भूमिका होती है।

64. **यकृत (Liver):** यह मानव शरीर की सबसे बड़ी ग्रंथी है। इसका वजन लगभग 1.5-2 किग्रा. होता है। यकृत द्वारा ही पित्त स्रावित होता है। यह पित्त आँत में उपस्थित एन्जाइम की क्रिया को तीव्र कर देता है। यह प्राटीन की अधिकतम मात्रा को कार्बोहाइड्रेट में परिवर्तित कर देता है।

आमाशय (Stomach): आमाशय में भोजन लगभग चार घंटे तक रहता है। भोजन के आमाशय में पहुँचने पर पाइलोरिक ग्रंथियों से जठर रस (Gastric Juice) निकलता है। आमाशय में निकलने वाले जठर रस में एन्जाइम-पेप्सिन एवं रेनिन होते हैं। आमाशय से ही प्रोटीन का पाचन आरम्भ होता है।

पित्ताशय (Gall-bladder): पित्ताशय नाशपाती के आकार की एक थैली होती है, जिसमें यकृत से निकलने वाला पित्त जमा रहता है। पित्त पीले-हरे रंग का क्षारीय द्रव है, जिसका pH मान 7.7 होता है।

अग्न्याशय (Pancreas): यह मानव शरीर की दूसरी सबसे बड़ी ग्रंथि है। यह एक साथ अन्तःस्रावी (नलिकाहीन-Endocrine) और बहिःस्रावी (नलिकायुक्त Exocrine) दोनों प्रकार की ग्रंथी है। छोटी ऑत में भोजन के पाचन की क्रिया पूर्ण होती है एवं पचे हुए भोजन का अवशोषण होता है। छोटी आँत की दीवारों से आंत्रिक रस निकलता है। अर्थात् छोटी आँत पाचक रस मुक्त करता है।

65. कोशिका (Cell) जीवन की सबसे होती कार्यात्मक एवं संरचनात्मक इकाई है। कोशिका के अध्ययन के विज्ञान को Cytology कहा जाता है। कोशिका शब्द का सर्वप्रथम प्रयोग अंग्रेज वैज्ञानिक रॉबर्ट हुक ने सन् 1665 ई. में किया था। सबसे छोटी कोशिका जीवाणु माइकाप्लाज्म गैलिसेप्टिकमा (Mycoplasm gallisepticuma) की है तथा सबसे लम्बी कोशिका तंत्रिका-तंत्र की कोशिका है। कोशिका सिद्धांत का प्रतिपादन 1839-39 ई. में इलाइडेन और इवान ने किया था। समान उत्पत्ति, संरचना एवं कार्यो वाली कोशिकाओं के समूह को उत्तक (Tissue) कहते हैं।

66. **मुकुलन (Budding):** हाइड्रा एवं यीस्ट जैसे कुछ प्राणी पुनर्जनन की क्षमता वाली कोशिकाओं का उपयोग मुकुलन के लिए करते हैं। हाइड्रा में कोशिकाओं के नियमित विभाजन के कारण एक स्थान पर उभार विकसित हो जाता है। यह उभार (मुकुल) वृद्धि करता हुआ नन्हें जीव में बदल जाता है तथा पूर्ण विकसित होकर जनक से अलग होकर स्वतंत्र जीव बन जाता है।

कायिक प्रवर्धन (Vegetative propagation): ऐसे बहुत से पौधे हैं जिनमें कुछ भाग जैसे जड़, तना तथा पत्तियाँ उपयुक्त परिस्थितियों में विकसित होकर नया पौधा उत्पन्न करते हैं। अधिकतर जंतुओं के विपरीत, एकल पौधे इस क्षमता का उपयोग जनन की विधि के रूप में करते हैं। परतन, कलम अथवा रोपण जैसी कायिक प्रवर्धन की तकनीक का उपयोग कृषि में भी किया जाता है। गन्ना, आलू, गुलाब अथवा अंगूर इसके कुछ उदाहरण हैं।

बीजाणु समासंघ (Spore formation): अनेक सरल बहुकोशिक जीवों में भी विशिष्ट संरचनाएँ पाई जाती हैं। यह विशिष्ट जनन संरचनाएं राइजोपस का कवक जाल है। ये जनन के भाग नहीं हैं परंतु ऊर्ध्व तंतुओं पर सूक्ष्म गुच्छ (गोल) संरचनाएँ जनन में भाग लेती हैं। ये गुच्छ बीजाणुधानी हैं जिनमें विशेष कोशिकाएँ अथवा बीजाणु पाए जाते हैं। यह बीजाणु वृद्धि करके राइजोपस के नए जीव उत्पन्न करते हैं। बीजाणु के चारों ओर एक मोटी भित्ति होती है जो प्रतिकूल परिस्थितियों में उसकी रक्षा करती है, नम सतह के संपर्क में आने पर वह वृद्धि करने लगते हैं। जैसे– कवक।

विखंडन (Fragmentation): एककोशकी जीवों में कोशिका विभाजन अथवा विखंडन द्वारा नए जीवों की उत्पत्ति होती है। विखंडन के अनेक तरीके प्रेक्षित किए गए। अनेक जीवाणु तथा प्रोटोजोआ की कोशिका विभाजन द्वारा सामान्यतः दो बराबर भागों में विभक्त हो जाती है। जैसे–शैवाल।

67. वायुमण्डल में ओजोन गैस की उपस्थिति पर्यावरण के जैविक तत्वों के जीवन को सुचारू रूप से चलाने के लिए आवश्यक है। सूर्य से आने वाले विकिरण में उपस्थित पराबैंगनी किरणों का 99% से भी अधिक भाग इस गैस के द्वारा वायुमण्डल में प्रवेश के साथ ही अवशोषित कर लिया जाता है। इस अवशोषण से पृथ्वी पंर जीवन के विविध रूप, पराबैंगनी किरणों के कई हानिकारक प्रभावों से बच पाते हैं। ओजोन गैस ऊष्मा उत्पन्न करने वाली लाल अवरक्त किरणों को पृथ्वी तक पहुँचाने देती है जिससे पृथ्वी का तापमान सन्तुलन रहता है। ओजोन ऑक्सीजन तत्व का ही एक रूप है। समतापमण्डल में सूर्य की पराबेंगनी किरणें वायुमण्डलीय ऑक्सीजन से क्रिया करके ओजोन गैस बनाती हैं। ओजोन परत को पृथ्वी का छाया या रक्षा कवच कहते हैं।

ओजोन में हो रही कमी का कारण रासायनिक अभिक्रियाओं को माना जाता है जो ओजोन को ऑक्सीजन में परिवर्तित कर रही हैं। ओजोन गैस में विघटन उत्पन्न करने वाला प्रमुख रसायन क्लोरोफ्लोरोकार्बन्स यौगिक है। इस यौगिक का उपयोग शीतलीकरण उद्योग (रेफ्रीजरेटर्स, एयर कण्डीशनिंग), अग्निरोधी पदार्थों, प्लास्टिक, रंग और एरोसोल उद्योग में होता है। क्लोरोफ्लोरोकार्बन्स से मुक्त हुआ क्लोरीन का एक परमाणु, ओजोन के एक लाख अणुओं को तोड़ने की क्षमता रखता है। इसी तरह धीरे-धीरे ओजोन परत का क्षरण होता है।

68. भोजन और जल के जरिए अनेक रोगोत्पादक कारक शरीर में प्रवेश कर जाते हैं। इनमें से अनेक रोग संचरणीय होते हैं। संचरणीय रोग उन रोगों को कहते हैं जो रोग ऐसे संक्रमण अथवा ग्रसन (infestation) से होते हैं जो प्रत्यक्ष अथवा परोक्ष रूप में एक मनुष्य से दूसरे मनुष्य में, जंतु से मनुष्य में अथवा जंतु से जंतु में, वायु, धूल, मृदा, जल, भोजन इत्यादि के जरिए संचरित हो सकते हैं। ऐसे सामान्य रोग हैं : टायफॉइड, हैजा, मलेरिया, छोटी माता, गिनी कृमि, स्वाइनफ्लू, पोलियो इत्यादि। संचरण की श्रृंखला में तीन

कड़ियाँ होती हैं : (1) संक्रमण का भंडार, (2) संचरण का तरीका, (3) परपोषी।

71. एक विज्ञान शिक्षक की भूमिका निम्नलिखित होनी चाहिए:
1. शिक्षण क्रिया के दौरान विद्यार्थियों से प्रश्न पूछना।
2. किसी प्रकरण के शिक्षण में प्रयोगों का प्रदर्शन कर अवधारणाओं को स्पष्ट करना।
3. श्यामपट्ट का उचित एवं समुचित प्रयोग करना।
4. विभिन्न तथ्यों का विवरण प्रस्तुत करके विषय-वस्तु का विस्तार करना।
5. आवश्यकतानुसार दृश्य श्रव्य सामग्रियों, शिक्षण सहायक सामग्रियों का प्रयोग करना।
6. आवश्यकतानुसार लेखाचित्रों एवं चित्रों का प्रयोग करना।
7. उचित उदाहरणों, अनुभवों के प्रस्तुतीकरण के माध्यम से कक्षा को रोचक एवं अवधारणाओं की समझ बनाने का कार्य करना।

72. NCF 2005 में विज्ञापन विषय के छः वैध मानकों की चर्चा की गई है।

इसमें से पहला वैध मानक है—"संज्ञानात्मक वैधता के लिए आवश्यक है कि पाठ्यचर्या की विषयवस्तु, प्रक्रिया, भाषा व शिक्षा शास्त्रीय अभ्यास आयु के अनुरूप हो और बच्चे की संज्ञानात्मक पहुँच के भीतर आएँ।

दूसरे मानक के रूप में महत्वपूर्ण विषय को सरल रूप में पहुँचने की बात की गई है।

तीसरे मानक के रूप में प्रक्रिया की वैधता है जिसके अंतर्गत प्रणालियों एवं प्रक्रियाओं में विद्यार्थियों को व्यस्त रखता है जो उन्हें वैज्ञानिक जानकारी के पुष्टिकरण व सृजन करने की ओर ले जाए। विज्ञान में बच्चे की स्वभाविक जिज्ञासा एवं सृजनशीलता का पोषण हो सके।

चौथा मानक ऐतिहासिक वैधता है जो समय के साथ विकसित हुई है और यह एक सामाजिक उद्यम की समझ है। साथ ही सामाजिक घटक विज्ञान को कैसे प्रभावित करते हैं?

पाँचवें मानक के रूप में पर्यावरण वैद्यता जो स्थानीय वैश्विक दोनों के संदर्भ में हो। यह मुद्दों को तकनीक व समाज के पारस्परिक संवाद के क्रम में समझ सके तथा कार्यक्षेत्र में आवश्यक ज्ञान व कौशल का पोषक हो।

छठवाँ मानक नैतिक वैधता के लिए जरूरी है कि पाठ्यचर्या, ईमानदार, वस्तुपरकता, सहयोग, भय व पूर्वाग्रह से मुक्ति जैसे मूल्यों का विकास तथा विद्यार्थी में पर्यावरण व जीवन के संरक्षण के प्रति चेतना विकसित हो।

77. बाल केन्द्रित आकलन के लिए निम्न साधन महत्वपूर्ण हैं:

मनोवैज्ञानिक परीक्षण : किसी शिक्षार्थी की मानसिक तथा व्यवहारात्मक विशेषताओं के मापन के लिए मनोवैज्ञानिक परीक्षण करते हैं।

व्यक्ति अध्ययन : इस विधि में शिक्षक किसी शिक्षार्थी के मनोवैज्ञानिक गुणों तथा मनो-सामाजिक परिवेश के संदर्भ में उसके मनोवैज्ञानिक इतिहास आदि का गहनता से अध्ययन करता है।

प्रेक्षण : कक्षा में शिक्षार्थी की व्यवहारगत घटनाओं तथा शिक्षण अधिगम प्रक्रिया का अवलोकन या प्रेक्षण कर अभिलेख या रिपोर्ट बनायी जाती है।

आत्म-प्रतिवेदन : इस विधि में शिक्षार्थी स्वयं अपने विश्वासों, मतों आदि के बारे में तथ्यात्मक सूचनाएँ प्रस्तुत करता है।

संचित अभिलेख पत्र : शिक्षार्थियों के व्यक्तित्व एवं व्यवहार के विभिन्न पक्षों में आए परिवर्तनों एवं उपलब्धियों को एक ही प्रपत्र में लिखकर सुरक्षित रखा जाता है, संचित अभिलेख पत्र कहलाता है। जैसे बच्चों या शिक्षार्थियों का शारीरिक, मानसिक, सामाजिक, नैतिक, मनोवैज्ञानिक अभिलेख तैयार करना।

घटनावृत्त : स्कूल में घटित होने वाली दैनिक घटनाओं का विवरण भी शिक्षार्थियों के व्यवहार परिवर्तन का मूल्यांकन करने में सहायता करता है। उन घटनाओं में किस शिक्षार्थियों की क्या उपलब्धि हुई, इस बात का विवरण शिक्षार्थियों की भाषागत उपलब्धियों को मापने में सहायता करता है। जैसे किसी प्रतिस्पर्धा या घटना का लेख तैयार करना।

निर्धारण मापनी : शिक्षार्थियों की योग्यताएं एवं उपलब्धि किस स्तर की है, इस बात का निर्धारण करने के लिए निर्धारण मापनी जैसे ग्रेड देने का प्रयोग किया जाता है।

पोर्टफोलियो : एक निश्चित अवधि में शिक्षार्थियों द्वारा किए गए कार्यों के संग्रह को पोर्टफोलियो कहते हैं। ये रोजमर्रा के काम भी हो सकते हैं या फिर शिक्षार्थी के कार्यों के नमूने भी हो सकते हैं। जैसे शिक्षार्थियों के भाषा विकास का रिकॉर्ड रखना।

80. अवतल दर्पण पर बने प्रतिबिम्ब उल्टे तथा वास्तविक होते हैं परंतु यदि वस्तु फोकस व ध्रुव के बीच होता है तो प्रतिबिम्ब सीधा आभासी व बड़ा बनता है। इस दर्पण का उपयोग—दाढ़ी बनाने वाले दर्पण, डॉक्टरों द्वारा कान, गला व आँख देखने के दर्पण, सोलर कुकर में, गाड़ियों के हेड लाइट व सर्च लाइट में होता है।

81. कुछ प्रमुख कार्बनिक अम्लों के प्राकृतिक स्रोत निम्नवत् हैं:

कार्बनिक अम्ल		**प्राकृतिक स्रोत**
फार्मिक अम्ल	–	लाल चींटियों व मधुमक्खियों में
साइट्रिक अम्ल	–	खट्टे फलों में
लैक्टिक-अम्ल	–	दूध में
ऑक्जेलिक अम्ल	–	सारेल का वृक्ष
टारटेरिक अम्ल	–	इमली तथा अंगूर

87. पेट्रोलियम एक अत्यधिक उपयोगी पदार्थ है जिसका उपयोग दैनिक जीवन में बहुत अधिक होता है। इसका निर्माण कोयले की तरह वनस्पतियों के पृथ्वी के नीचे दबने तथा कालांतर में उनके ऊपर उच्च दाब तथा ताप आपतन के कारण हुआ है। प्राकृतिक रूप

से पाये जाने वाले पेट्रोलियम को अपरिष्कृत तेल (Crude Oil) कहते हैं। यह काले रंग का गाढ़ा द्रव होता है। पेट्रोलियम के सही अभिलक्षण बदबूदार, गाढ़ा, गहरे रंग का तेल है। पैराफिन मोम, ग्रीस एवं पेट्रोल, पेट्रोलियम के उपोत्पाद है जबकि कोक पेट्रोलियम से नहीं पाया जाता है।

89. प्रकाश संश्लेषण हरे पौधों में होने वाली एक क्रिया है जिसमें वे भोज्य पदार्थों का निर्माण करते हैं। इस क्रिया में पौधे के हरे भाग सूर्य से प्रकाश की ऊर्जा को ग्रहण कर वायु से ली गई कार्बन डाइऑक्साइड (CO_2) तथा मृदा से शोषित जल (H_2O) को अप्रधान रचना के रूप में बाहर निकालते हैं। प्राकृतिक रूप से पौधे सूर्य के प्रकाश से ही ऊर्जा ग्रहण करते हैं, किन्तु समुद्रीय शैवाल चन्द्रमा के प्रकाश में यह क्रिया करते हैं तथा विद्युत प्रकाश में भी पौधों में प्रकाश संश्लेषण की क्रिया होती है।

90. ध्रुवीय क्षेत्रों में चरम जलवायु पाई जाती है। ये क्षेत्र सदैव बर्फ से ढके रहते हैं और यहाँ वर्ष के अधिकांश भाग में अत्यधिक सर्दी रहती है। ध्रुवों पर छह महीने तक सूर्यास्त नहीं होता, और बाकी छह महीनों तक यहाँ सूर्योदय नहीं होता है। सर्दियों में तापमान –37°C तक हो जाता है। यहाँ रहने वाले जंतु इन चरम स्थितियों के लिए अनुकूलित हो गए हैं। ध्रुवीय भालू (पोलर बियर) और पैंग्विन इसके उदाहरण हैं।

ध्रुवीय भालू को चरम शीत अवस्थाओं के अनुकूल बनाने में निम्न लक्षण सहायता करते हैं, जो इस प्रकार हैं :

- सफद बालों (फर) के कारण सफेद बर्फ की पृष्ठभूमि में यह आसानी से दिखाई नहीं देता। इसके परभक्षी और शिकार इसे आसानी से नहीं देख पाते हैं।
- इसके शरीर पर बालों की दो मोटी परतें होती हैं। यह सर्द मौसम में इसे गर्म रखती है।
- इसकी त्वचा के नीचे वसा की एक परत होती है। इसका शरीर शीतरोधित होता है और इसे गर्म रखता है।
- इसके नखर (नाखून) मुड़े हुए, लम्बे और पैने होते हैं। यह इन्हें बर्फ पर चलने में सहायता करते हैं।
- इसमें सूँघने की शक्ति (घ्राण शक्ति) तीव्र होती है, जिससे भालू को अपने शिकार को ढूँढ़ने और पकड़ने में सहायक होती है।

पिछले प्रश्न-पत्र (हल सहित)

CTET पेपर-II, दिसम्बर 2018*

(गणित एवं विज्ञान शिक्षक हेतु)

भाग-I

बाल विकास व शिक्षाशास्त्र

निर्देश : *निम्नलिखित प्रश्नों के उत्तर देने के लिए **सही/सबसे उपयुक्त** विकल्प चुनिए।*

1. शरीर के केंद्रीय भाग से परिधियों या अग्रांगों की ओर विकास दर्शाता है :

A. विकिरणीय विकास के सिद्धांतों को
B. विकेंद्रीकृत विकास के सिद्धांतों को
C. मध्य-बाह्य विकास के सिद्धांतों को
D. सोपानीय विकास के सिद्धांतों को

2. स्कूल बच्चों के समाजीकरण की एक ऐसी संस्था है जहाँ :

A. प्रमुख स्थान स्कूली बच्चों का होता है
B. प्रमुख स्थान स्कूल की दिनचर्या का होता है
C. प्रमुख स्थान स्कूल की गतिविधियों का होता है
D. प्रमुख स्थान स्कूल के शिक्षकों का होता है

3. जब आप एक शिक्षक समूह से जुड़ जाते हैं और अपने समूह के अन्य लोगों की ही तरह पोशाक धारण करने लगते हैं, तो आप प्रदर्शन कर रहे होते हैं :

A. समूह की पहचान का
B. समूह आज्ञाकारिता का
C. समूह निर्देश-अनुपालन का
D. समूह की अनुरूपता का

4. किसी वस्तु के स्थायित्व की अवधारणा पियाजे के विकास के ...... चरण में प्राप्त हो जाती है।

A. संवेदी-गामक   B. पूर्व-परिचालन
C. मूर्त-परिचालन   D. औपचारिक परिचालन

5. व्यक्तिगत शिक्षा कार्यक्रम की योजना .... के संदर्भ में बनायी जाती है।

A. विशेष शिक्षा कार्यक्रम
B. बाल-केंद्रित शिक्षा कार्यक्रम
C. मुक्त विद्यालयी शिक्षा कार्यक्रम
D. ई-अधिगम शिक्षा कार्यक्रम

6. .... महीनों की आयु के बीच अधिकांश बच्चे शब्दों को मिलाकर छोटे-छोटे वाक्यों में बोलना शुरू कर देते हैं।

A. 12 से 18   B. 18 से 24
C. 24 से 30   D. 30 से 36

7. बुद्धिलब्धि या आइ-क्यू. की अवधारणा दी गई थी :

A. गैलटॉन के द्वारा   B. बिने के द्वारा
C. स्टर्न के द्वारा   D. टर्मन के द्वारा

8. सृजनात्मकता को .... की अवधारणा से संबंधित माना जाता है।

A. द्रव बौद्धिकता   B. रवादार बौद्धिकता
C. अभिसृत सोच   D. विविध सोच

9. किसी भाषा के स्वीकृत ध्वनि संयोजनों को इसके .... नियमों के अंतर्गत बताया जाता है :

A. ध्वनि-संबंधी   B. व्याकरणिक
C. वाक्यात्मक   D. विभक्ति-विषयक

10. जब सोचने की प्रक्रिया किसी भाषा द्वारा प्रभावित होती है, तो ऐसी स्थिति को कहते हैं :

A. संस्कृति प्रभावित   B. भाषा निर्धारित
C. संज्ञानात्मक पक्ष   D. सामाजिक-भाषायी उद्धृत

11. अपने अनुभवों और लक्षणों के आधार पर उपकरणों में खराबी के कारण की परिकल्पना का परीक्षण कर रवि उपकरणों की मरम्मत करता है। वह उपयोग करता है :

A. अंतर्दृष्टि का   B. कलन-विधि का
C. मानसिक दृढ़ता का   D. अनुमानी विधि का

12. दिव्या अकसर निर्देशित कार्यों को छोटे-छोटे हिस्सों में विभाजित कर आसान बना लेती है। वह उपयोग करती है :

A. कम करने की विधि का
B. द्वितीयक विस्तारण विधि का
C. उपलक्ष्य विश्लेषण विधि का
D. क्रियात्मक जड़ता नियामक विधि का

*Exam Paper-II held on 09-12-2018.

13. "पुरुष और महिला की भूमिकाओं का निर्धारण समाज करता है।" यह कथन बताता है कि :
A. लैंगिकता एक अंतर्निहित अवतरण है
B. लैंगिकता एक आनुवांशिक प्रतिभा है
C. लैंगिकता एक अंतर्ज्ञानी अवतरण है
D. लैंगिकता एक सामाजिक अवतरण है

14. ग्रेडिंग, कोडिंग, अंकन और क्रेडिट संचय प्रणालियाँ .... के कुछ उदाहरण हैं।
A. परीक्षा के उत्तर-पत्रों के मूल्यांकन की प्रक्रिया
B. कक्षा में बच्चों की स्थिति की निरूपण विधि
C. आलेख-पत्र (रिपोर्ट कार्ड) में अकादमिक प्रगति को दर्शाने
D. अधिगमकर्ताओं की उपलब्धि के आकलन की गणन-विधि

15. अधिगमकर्ताओं की उपलब्धि का आकलन शिक्षकों की सहायता करता है :
A. अधिगमकर्ताओं के प्रदर्शन का रिकॉर्ड रखने में
B. शिक्षण-अधिगम विधियों की प्रभावशीलता का मूल्यांकन करने में
C. कक्षाओं में अधिगमकर्ताओं के क्षमता समूह बनाने में
D. शिक्षण के लिए गतिविधियों की सूची तैयार करने में

16. समावेशी शिक्षा .... के सिद्धांत पर आधारित है।
A. सामाजिक संतुलन
B. समता एवं समान अवसर
C. सामाजिक अस्तित्व एवं वैश्वीकरण
D. विश्व बंधुता

17. दिव्यांगजन अधिकार अधिनियम वर्ष .... में लागू किया गया है।
A. 1992　　B. 1995
C. 1999　　D. 2016

18. व्यक्तिगत विविधताओं वाले बच्चों को पढ़ाने के लिए ऐसे विद्यालय होने चाहिए जहाँ शिक्षक :
A. व्यक्तिगत विविधताओं के आधार पर वर्गीकृत की गई कक्षाओं के विभिन्न वर्गों में पढ़ा सकें
B. विविध अधिगम आवश्यकताओं के अनुसार विभिन्न शिक्षण-अधिगम प्रविधियों का प्रयोग करने में प्रशिक्षित हों
C. विशिष्ट व्यक्तिगत विधिधताओं वाले बच्चों को पढ़ाने के लिए प्रशिक्षित हों
D. बच्चों को समरूप अधिगमकर्ता बनाने के लिए प्रशिक्षित हों

19. निःशुल्क एवं अनिवार्य बाल शिक्षा अधिकार अधिनियम 2009 दिव्यांग बच्चों की निःशुल्क शिक्षा के अधिकारों को सुनिश्चित करता है :
A. 6 वर्ष से 18 वर्ष तक के लिए
B. 3 वर्ष से 18 वर्ष तक के लिए
C. 6 वर्ष से 14 वर्ष तक के लिए
D. 6 वर्ष से 22 वर्ष तक के लिए

20. विविध अधिगमकर्ताओं के लिए सुगम्य स्वरूपों में शिक्षण-अधिगम सामग्रियाँ प्रदान करने का तात्पर्य .... से है।
A. सार्वभौमिक समावेशी शिक्षा के नैतिक विचार
B. शिक्षण व्यावसायिकता की सार्वभौमिक संहिता
C. शिक्षण के सार्वभौमिक मानववादी दृष्टिकोण
D. अधिगम की सार्वभौमिक संरचना

21. स्वजागरूकता एवं संज्ञानात्मक क्षमताओं का नियंत्रण, जैसे—योजना बनाना, समीक्षा करना और संशोधन करना इत्यादि .... में अंतर्निहित हैं।
A. केंद्रीकरण　　B. संज्ञानबोध
C. संज्ञान　　D. समायोजन

22. जब बच्चे प्राप्त की गई सूचनाओं की व्याख्या करने के लिए अपने अनुभवों के आधार पर सोचते हैं, तो उसे .... कहा जाता है।
A. प्रतिक्रियावादी सोच　　B. सृजनात्मक सोच
C. अमूर्त सोच　　D. मूर्त सोच

23. अधिगमकर्ताओं को व्यक्तिगत क्षमता के आधार पर उनकी कठिनाइयों के विभिन्न स्तरों को ध्यान में रखते हुए पढ़ाने की विधि को .... कहा जाता है।
A. विभेदी अनुदेशन　　B. चयनित अनुदेशन
C. सटीक शिक्षण　　D. त्रुटिहीन अनुदेशन

24. प्रतिपालन अधिगम का एक विशिष्ट चरण है, जो अधिगम के .... चरण का पूर्ववर्ती है।
A. अधिग्रहण　　B. अभिप्रेरण
C. आत्मनिर्भरता　　D. सामान्यीकरण

25. जजोंक का यह मानना है कि संज्ञान और भाव .... होते हैं।
A. अन्योन्याश्रित　　B. स्वतंत्र
C. अंतर्संबंधित　　D. एकीकृत

26. पहले से सीखे हुए कार्यों में सुधार लाने के लिए शिक्षक बच्चों को प्रदर्शन देकर सीखा रहा है। वह शिक्षण की .... विधि का प्रयोग कर रहा है।
A. अनुकरण　　B. अवलोकन
C. संशोधन　　D. प्रतिरूपण

27. मैन्न और जैनिस के अनुसार, निर्णय लेने वाले बच्चे समस्या का विश्लेषण करते हैं, विकल्पों की सूची बनाते हैं और इसके फायदे और नुकसान के प्रत्येक पहलू पर विचार करते हैं। उसका व्यवहार प्रस्तुत करता है :
A. चौकस　　B. सतर्क
C. निवर्तमान　　D. निरंकुश

28. एक समस्या सुधारक बच्चा .... विचार के आधार पर कथनों की सच्चाई या संभावना का मूल्यांकन करता है।
A. सृजनात्मक　　B. सौंदर्यबोध
C. अमूर्त　　D. तार्किक

29. जिस दिए गए कार्य को करते समय बच्चे स्वयं आनंद लेते हुए अनुभव प्राप्त करते हैं, उसे .... कहा जाता है।
A. ड्रिल और अभ्यास कार्य
B. उपभोक्ता प्रकार का कार्य
C. निर्माणात्मक प्रकार का कार्य
D. समस्यात्मक प्रकार का कार्य

30. बहु-संवेदी शिक्षण-अधिगम की प्रविधि में अधिगम संवर्धन हेतु दृश्य, श्रव्य, स्पर्श और .... संवेदनाओं का एक साथ प्रयोग किया जाता है।
A. गतिबोधक B. कर्ण-कोटर
C. प्रत्यक्षीकरण D. अवलोकन

भाग-II

गणित और विज्ञान

निर्देश : *निम्नलिखित प्रश्नों के उत्तर देने के लिए* ***सही/सबसे उपयुक्त*** *विकल्प चुनिए।*

31. एक बैठक में, सदस्यों में से $\frac{4}{25}$ महिलाएँ थीं। यह सदस्यों का कितना प्रतिशत था?
A. 40% B. 24%
C. 16% D. 4%

32. एक दुकान ने अपनी कीमतों में 10% की कमी की। एक सामान की नई कीमत क्या है, जो पहले ₹ 500 में बेची जाती थी?
A. ₹ 510 B. ₹ 550
C. ₹ 450 D. ₹ 400

33. नीचे तापमान (°C में) का एक डेटा सेट दिया गया है :
–6, –8, –2, 3, 2, 0, 5, 4, 8
डेटा का परिसर क्या है?
A. 0 °C B. 16 °C
C. 18 °C D. 10 °C

34. एक सिक्का 10 बार उछाला जाता है और परिणाम इस प्रकार अवलोकित किए जाते हैं :
H, T, H, T, T, H, H, T, H, H (H चित है; T पट है)
चित प्राप्त करने की संभावना क्या है?
A. $\frac{3}{5}$ B. $\frac{4}{5}$
C. $\frac{2}{5}$ D. $\frac{1}{5}$

35. संख्यात्मक व्यंजक $\frac{3}{7}+\frac{(-7)}{8}=\frac{25}{56}$ दिखाता है कि:
A. परिमेय संख्याएँ योग के अंतर्गत संवृत होती हैं
B. परिमेय संख्याएँ व्यवकलन के अंतर्गत संवृत होती हैं
C. परिमेय संख्याएँ गुणन के अंतर्गत संवृत होती हैं
D. परिमेय संख्याएँ विभाजन के अंतर्गत संवृत होती हैं

36. निम्नलिखित 3D आकृतियों में से किसमें शीर्ष नहीं होता है?
A. पिरामिड B. प्रिज्म
C. शंकु D. गोला

37. यदि $\left(\frac{5}{7}\right)^4 \times \left(\frac{5}{7}\right)^{-3} = \left(\frac{5}{7}\right)^{5x-2}$ हो, तो x है :
A. $\frac{1}{5}$ B. $\frac{2}{5}$
C. $\frac{3}{5}$ D. $\frac{4}{5}$

38. मानिए कि a, b, c तीन परिमेय संख्याएँ हैं जहाँ $a=\frac{3}{5}$, $b=\frac{2}{3}$ और $c=\frac{-5}{6}$ है। निम्नलिखित में से कौन-सा सत्य है?
A. $a \times (b + c) = b \times (a + c)$
B. $a \div (b + c) = b \div (a + c)$
C. $a + (b + c) = c + (a + b)$
D. $a - (b - c) = c \times (a - c)$

39. ज्यामितीय निरूपण, जो पूरे और उसके अंश के बीच संबंध दिखाता है, है :
A. हिस्टोग्राम B. पाई चार्ट
C. दण्ड आलेख D. चित्रलेख

40. यदि q एक प्राकृतिक संख्या p का वर्ग है, तो p है :
A. q का वर्ग B. q का वर्गमूल
C. q के बराबर D. q से बड़ा

41. $\sqrt{91+\sqrt{70+\sqrt{121}}}$ का मान है :
A. 9 B. 10
C. 11 D. 12

42. एक पार्क में, 784 पौधे व्यवस्थित किए जाते हैं ताकि पंक्ति में पौधों की संख्या, पंक्तियों की संख्या के समान ही हो। प्रत्येक पंक्ति में पौधों की संख्या है :
A. 18 B. 28
C. 38 D. 48

43. यदि दो राशियाँ x और y एक-दूसरे के व्युत्क्रम रूप में घटते-बढ़ते हैं, तो निम्नलिखित में से कौन-सा सत्य है?
A. उनके संबंधित मानों का अनुपात एकसमान बना रहता है।

B. उनके संबंधित मानों का गुणन एकसमान बना रहता है।
C. उनके संबंधित मानों का योग एकसमान बना रहता है।
D. उनके संबंधित मानों का अंतर एकसमान बना रहता है।

44. दिया है
$$\begin{array}{r} 7y \\ \times 6 \\ \hline yyy \end{array}$$
तब y का मान है :

A. 8 B. 6
C. 4 D. 2

45. 7000 m^2 क्षेत्रफल के एक आयताकार टैंक को भरने के लिए 140 m^3 पानी की आवश्यकता है। टैंक में पानी के स्तर की ऊँचाई क्या होगी?

A. 10 cm B. 20 cm
C. 30 cm D. 40 cm

46. निम्नलिखित में से मुद्रा के योग का कौशल पढ़ाने के लिए सबसे उपयुक्त रणनीति कौन-सी है?

A. आइ. सी. टी. का उपयोग
B. रोल प्ले
C. मॉडलों का प्रयोग
D. बहुत सारी समस्याएँ/प्रश्न हल करना

47. अपनी कक्षा में गुणा की अवधारणा को पढ़ाने के बाद एक शिक्षक ने अपने बच्चों से 48 को 4 से गुणा करने को कहा।

उनके छात्रों में से एक ने इसे मौखिक रूप से हल किया, "48 को 4 से गुणा करने के लिए हम पहले 48 में 48 ज़ोड़ते हैं, जिससे 96 बनता है और फिर 96 और जोड़ते हैं, तो 192 बनता है। इस प्रकार उत्तर 192 है"।

गुणा की उसकी रणनीति के बारे में आप क्या कह सकते हैं?

A. बच्चे ने गुणा करने के लिए गलत विधि का उपयोग किया। संख्याओं को गुणा करने के लिए उसे स्थानीय मान ऐल्गोरिद्म का उपयोग करना चाहिए।
B. उसे गुणा की अवधारणा समझ में नहीं आई है।
C. दी गई समस्या एक गुणा समस्या है और योग की समस्या नहीं है।
D. उसने गुणा को बार-बार योग के रूप में समझा है।

48. बच्चों को 'समय' की अवधारणा को प्रस्तावित करने के लिए प्रारंभिक गतिविधि के रूप में निम्नलिखित में से कौन-सी की जानी चाहिए?

A. समय से संबंधित वाक्यांशों के साथ पूर्व अनुभवों के बारे में चर्चा करना
B. बच्चों को पढ़ाना कि घड़ी में समय को कैसे पढ़ा जाए
C. बच्चों को पढ़ाना कि बीते हुए समय की गणना कैसे करें
D. विभिन्न इकाइयों में समय का रूपांतरण करना

49. निम्नलिखित में से कौन-सा मूल्यांकन का उद्देश्य **नहीं** है?

(*a*) छात्र के विकास की निगरानी करना
(*b*) निर्देशक निर्णय लेना
(*c*) पाठ्यक्रम की प्रभावशीलता का मूल्यांकन करना
(*d*) प्रदर्शन के आधार पर बच्चों की रैंकिंग करना

नीचे दिए गए कूट का प्रयोग कर सही उत्तर चुनिए।

A. (*a*) B. (*d*)
C. (*b*) D. (*c*)

50. उच्च प्राथमिक स्तर पर गणित पढ़ाने के लिए निम्नलिखित में से कौन-सी विधि सबसे अधिक उपयुक्त है?

A. प्रदर्शन विधि
B. व्याख्यान विधि
C. गतिविधि-आधारित अधिगम
D. समस्या-समाधान विधि

51. उच्च प्राथमिक स्तर पर गणित अधिगम के लिए निम्नलिखित में से कौन-सा सबसे अधिक आवश्यक है?

A. एक समस्या को कई बार हल करना
B. किसी समस्या को हल करने के विभिन्न तरीकों की खोज करना
C. सभी सूत्रों को याद करना
D. शिक्षक बोर्ड पर जो लिखता है, उसका सही ढंग से नकल करना

52. उच्च प्राथमिक स्तर पर गणित की कक्षा में उपयोग होने वाली पूछताछ की रणनीति :

A. को हतोत्साहित करना चाहिए क्योंकि यह उस बच्चे को नीचा दिखाती है जो उत्तर देने में असमर्थ हैं
B. कक्षा को कोलाहलपूर्ण बनाती है क्योंकि बच्चे बहुत ज्यादा बात करेंगे
C. बच्चों के बीच तनाव पैदा कर सकती है और उन्हें शिक्षक के अधिकार को स्वीकार करने के लिए मजबूर कर सकती है
D. बच्चों को उनके विचार या समझ व्यक्त करने और आलोचनात्मक रूप से सोचने में मदद करती है

53. एक शिक्षक ने कक्षा VIII के बच्चों को क्षेत्रफल मापन सिखाया है, लेकिन उनके कई छात्र क्षेत्रफल और आयतन की विभिन्न इकाइयों के उपयोग के बीच उलझन में हैं। बच्चों में इस तरह के भ्रम का कारण क्या हो सकता है?

A. बच्चों को क्षेत्रफल की इकाइयों का उपयोग नहीं आता था।
B. बच्चों ने विभिन्न इकाइयों को याद नहीं किया है।
C. अलग-अलग इकाइयों को उनके दैनिक जीवन से संबंधित किए बिना सभी को एक साथ बताया गया है।
D. कक्षा VIII के शिक्षार्थी के लिए क्षेत्रफल मापन की अवधारणा एक कठिन विषय है।

54. कक्षा में गणितीय वार्तालाप को प्रोत्साहित करने का सबसे उपयुक्त उद्देश्य निम्नलिखित में से कौन-सा हो सकता है?

A. गणितीय विवरणों के बारे में बात करते हुए और उनका उपयोग करते समय बच्चों को एक सटीक भाषा का उपयोग करने में सक्षम होना चाहिए

B. गणित से डरने वाले बच्चों को कक्षा में आपस में बातचीत करने (अंतःक्रिया) में सक्षम होना चाहिए
C. गणित के विषयों के बारे में कक्षा में बहस आयोजित करना
D. बच्चों को गणित की कक्षा में प्रमेय और सूत्रों के वाचन में सक्षम होना चाहिए।

55. गणित में नैदानिक परीक्षण का उद्देश्य है :
A. बच्चों की समझ में अंतर जानना
B. माता-पिता को प्रतिक्रिया देना
C. प्रगति रिपोर्ट भरना
D. अंतिम अवधि की परीक्षा के लिए प्रश्न-पत्र की योजना बनाना

56. उपचारात्मक शिक्षण सहायक है :
A. पूरी कक्षा को पढ़ाने के लिए
B. पाठ की पुनरावृत्ति के लिए
C. खेल-मार्ग विधि द्वारा शिक्षण के लिए
D. कमजोर छात्रों की सीखने की कठिनाइयों को दूर करने के लिए

57. निम्नलिखित में से कौन-सी एक गणितीय प्रक्रिया नहीं है?
A. मानसदर्शन B. रटना
C. आकलन D. मापन

58. "गणित सीखने में त्रुटियाँ एक महत्वपूर्ण भूमिका निभाती हैं।" यह कथन है :
A. असत्य, क्योंकि लापरवाही के कारण त्रुटियाँ होती हैं
B. सत्य, क्योंकि त्रुटियाँ बच्चे की सोच को दर्शाती हैं
C. असत्य, क्योंकि गणित सटीक है
D. सत्य, क्योंकि त्रुटियाँ प्राप्त अंकों के बारे में प्रतिक्रिया प्रदान करती हैं

59. 'आकार' पढ़ाते समय, एक शिक्षक ऐतिहासिक स्थानों की यात्रा की योजना बना सकता है, क्योंकि :
(*a*) अवकाश समय प्रदान करने की आवश्यकता है क्योंकि अधिकांश पाठ्यक्रम समय पर पूरा हो चुका है
(*b*) यह संचार कौशल में सुधार करने का अवसर होगा
(*c*) आकार हर वास्तुकला का एक अभिन्न हिस्सा है और इस तरह की यात्राएँ विषयों में संबंध को प्रोत्साहित करती हैं
(*d*) शिक्षा बोर्ड द्वारा फील्ड ट्रिप की सिफारिश की जाती है, इसलिए इसका आयोजन अवश्य किया जाना चाहिए

नीचे दिए गए कूट का प्रयोग कर सही उत्तर चुनिए।
A. (*a*) और (*b*) B. (*c*)
C. (*b*) और (*c*) D. (*a*), (*c*) और (*d*)

60. एक छात्र को एक घन की सतह का क्षेत्रफल निकालने के लिए कहा गया था।

उसने आयतन निकाला।

गणना में त्रुटि का/के कारण है/हैं :
(*a*) छात्र कक्षा को उबाऊ पाता है, क्योंकि उसे गणित की कक्षा पसंद नहीं है
(*b*) छात्र उस कक्षा में अध्ययन करने के लिए उपयुक्त नहीं है
(*c*) छात्र सतह का क्षेत्रफल और आयतन की अवधारणा को समझने में सक्षम नहीं है
(*d*) छात्र सतह का क्षेत्रफल और आयतन की अवधारणा को समझ गया है

नीचे दिए गए कूट का प्रयोग कर सही उत्तर चुनिए।
A. (*c*) B. (*b*) और (*c*)
C. (*d*) D. (*a*) और (*b*)

61. संसार में पाये जाने वाले सबसे लंबे सर्प हैं :
A. वाइपर B. ऐनाकोंडा
C. बोआ D. जालीदार अजगर

62. विश्वभर में लोगों द्वारा योग किया जाता है, क्योंकि :
A. यह एक आसान व्यायाम है
B. यह लोगों को स्वस्थ रखता है
C. यह भूख बढ़ाता है
D. यह खुशियाँ लाता है

63. चेचक के टीके का आविष्कार .... के द्वारा किया गया।
A. रोनाल्ड रॉस B. रॉबर्ट कोच
C. एडवर्ड जेनर D. अलेक्जेंडर फ्लेमिंग

64. निम्नलिखित में से किसका उपयोग एक परिरक्षक के रूप में किया जाता है?
A. कॉपर सल्फेट B. सोडियम बेंजोएट
C. अमोनियम सल्फेट D. सोडियम क्लोराइड

65. यीस्ट का उपयोग .... के उत्पादन में किया जाता है।
A. एल्कोहॉल B. दही
C. चीनी D. साधारण नमक

66. माइटोकॉन्ड्रिया : ए.टी.पी. :: राइबोसोम : ?
A. कार्बोहाइड्रेट B. वसा
C. प्रोटीन D. विटामिन

67. यदि एक सरल लोलक की आवृत्ति 2 हर्ट्ज हो, तो यह 16 सेकंड में कितने दोलन पूरे करेगा?
A. 8 B. 16
C. 32 D. 64

68. निम्नलिखित में से कौन-सी धातु वायु में रखने पर जल उठती है?
A. सोडियम B. मैग्नीशियम
C. जस्ता (जिंग) D. ऐल्यूमिनियम

69. मैग्नीशियम हाइड्रॉक्साइड [$Mg(OH)_2$] का उपयोग .... के रूप में किया जाता है।
A. ऑक्सीकारक B. अपचायी कारक
C. प्रति-अम्ल D. किण्वन कारक

70. निम्नलिखित में से कौन-सी गैस पॉप की ध्वनि के साथ जलती है?
A. ऑक्सीजन B. हाइड्रोजन
C. नाइट्रोजन D. सल्फर डाइऑक्साइड

71. निम्नलिखित में से कौन-सा/से असंपर्क बल का/के उदाहरण है/हैं?
A. गुरुत्वाकर्षण बल B. पेशीय बल
C. चुम्बकीय बल D. (A) और (B) दोनों

72. मधुमेह रोग किस हॉर्मोन द्वारा नियंत्रित होता है?
A. थायरॉक्सिन B. एड्रेनेलिन
C. इंसुलिन D. थाइमोसिन

73. निम्नलिखित में से कौन-सा पेट्रोलियम का उत्पाद **नहीं** है?
A. मिट्टी का तेल B. सी.एन.जी.
C. पैराफिन मोम D. बिटूमेन

74. रेड डेटा बुक .... का रिकॉर्ड रखती है।
A. संकटापन्न प्रजातियों B. विलुप्त प्रजातियों
C. वनस्पति D. पशुवर्ग

75. जूते के सोल असमतल क्यों किए जाते हैं?
A. जूते को और मजबूती देने के लिए
B. जड़त्व घटाने के लिए
C. जड़त्व बढ़ाने के लिए
D. जूते का जीवन बढ़ाने के लिए

76. सारिका ने आसुत जल एक बोतल में लिया और पता लगाने की कोशिश की कि वह विद्युत् का सुचालक है या नहीं। उसे क्या प्राप्त होने की संभावना है?
A. यह विद्युत् का सुचालक है।
B. यह एक विद्युत्‌रोधी है।
C. यह विद्युत् का कमजोर चालक है।
D. उपर्युक्त में से कोई नहीं

77. निम्नलिखित में से कौन-सा कथन सत्य **नहीं** है?
A. किसी विद्युत् परिपथ में सुरक्षित प्रवाहित होने के लिए विद्युत् धारा की न्यूनतम सीमा है।
B. किसी विद्युत् परिपथ में सुरक्षित प्रवाहित होने के लिए विद्युत धारा की अधिकतम सीमा है।
C. सभी भवनों के विद्युत् परिपथों में फ्यूज लगाए जाते हैं।
D. यदि परिपथ में उपयुक्त फ्यूज लगाया जाए, तो सुरक्षित सीमा से अधिक विद्युत् धारा होने पर यह उड़ जाएगा।

78. निम्नलिखित में से किस स्थान की चक्रवात से सबसे अधिक प्रभावित होने की संभावना है?
A. पोरबंदर B. पुरी
C. मुम्बई D. गोवा

79. पृथ्वी पर ऋतुएँ बदलती हैं, क्योंकि :
A. पृथ्वी का घूर्णन अक्ष इसकी कक्षा के तल के लम्बवत् है
B. पृथ्वी का घूर्णन अक्ष इसकी कक्षा के तल के सापेक्ष झुका हुआ है
C. पृथ्वी और सूर्य के बीच की दूरी नियत नहीं है
D. पृथ्वी का घूर्णन अक्ष इसकी कक्षा के तल के समानांतर है

80. दो स्तम्भ, स्तम्भ-A और स्तम्भ-B दिए गए हैं :

स्तम्भ-A	**स्तम्भ-B**
(*a*) वृक्षवितान	(*i*) पादपों और जंतुओं के मृत ऊतक
(*b*) अपघटक	(*ii*) एक जंगली जंतु
(*c*) ह्यूमस	(*iii*) सूक्ष्मजीव
(*d*) साही	(*iv*) बड़े वृक्ष की शाखाएँ

निम्नलिखित में से कौन-सा दिए गए स्तम्भ-A के क्रम के अनुसार स्तम्भ-B का सही क्रम होगा?

	(*a*)	(*b*)	(*c*)	(*d*)
A.	(*i*)	(*ii*)	(*iii*)	(*iv*)
B.	(*i*)	(*iii*)	(*ii*)	(*iv*)
C.	(*iii*)	(*iv*)	(*ii*)	(*i*)
D.	(*iv*)	(*iii*)	(*i*)	(*ii*)

81. विज्ञापन में रचनात्मक आकलन क्यों महत्त्वपूर्ण है?
A. यह लेना आसान है।
B. यह शिक्षार्थियों में वैज्ञानिक दृष्टिकोण के विकास में सहायक है।
C. यह निदानात्मक है।
D. यह विज्ञान को अच्छे प्रकार से समझने में सहायक है।

82. विद्यालयों में विज्ञान मेले का आयोजन क्यों किया जाता है?
A. शिक्षार्थियों को विज्ञान में उच्च शिक्षा के लिए तैयार करने के लिए
B. शिक्षार्थियों को उनकी परीक्षा में अच्छे अंक प्राप्त करने में सहायता करने के लिए
C. शिक्षार्थियों में विज्ञान में सृजन एवं प्रयोग करने की क्षमता का विकास करने के लिए
D. शिक्षार्थियों का उनके प्रदर्शन के आधार पर मूल्यांकन करने के लिए

83. एक शिक्षक के नाते निम्नलिखित में से किसे आप शिक्षण में वैज्ञानिक विधा के लिए सबसे उपयुक्त समझते हैं?
A. शिक्षार्थियों को कक्षा में अवधारणाओं को स्पष्ट करना
B. अवधारणाओं के शिक्षण हेतु तकनीकी का प्रयोग दिखाना
C. शिक्षार्थियों को परियोजनाएँ देना
D. अवधारणाओं से संबंधित गतिविधियों को शिक्षार्थियों से कराना

84. एन.सी.एफ.-2005 के अनुसार, "अच्छी विज्ञान शिक्षा जीवन के प्रति सत्य होती है।" इसका क्या अर्थ है?
A. विज्ञान बालक को कार्य की दुनिया में प्रवेश हेतु तैयार करे।
B. विज्ञान बालक को अर्थपूर्ण ढंग से व्यस्त करने में सक्षम हो।
C. विज्ञान बालक को वैज्ञानिक ज्ञान अर्जित करने की प्रक्रियाओं को सीखने लायक बनाए।
D. विज्ञान आसान जीवन व्यतीत करने में सहायक हो।

85. निम्नलिखित में से कौन-सा वैज्ञानिक दृष्टिकोण का गुण **नहीं** है?
A. खुला मस्तिष्क
B. अधिक सीखने की उत्सुकता
C. समस्याओं के प्रति व्यवहार में वस्तुनिष्ठता
D. कठिन कार्य

86. हरि कक्षा VI के शिक्षार्थियों को घूर्णन गति पढ़ाना चाहता है। निम्नलिखित में से कौन-सी सबसे अच्छी विधा होगी?
A. चर्चा
B. गतिविधि-आधारित शिक्षण
C. उदाहरण देना
D. प्रदर्शन

87. निम्नलिखित में से कौन-सा विज्ञान अधिगम का एक महत्वपूर्ण उद्देश्य है?
A. विज्ञान का ज्ञान अर्जित करना
B. विज्ञान की विषयवस्तु की जानकारी एकत्रित करना
C. अध्ययनकर्ताओं में ईमानदारी, अखंडता और सहयोग के मूल्यों की प्राप्ति
D. अपने सहपाठियों को विज्ञान का ज्ञान अर्जित करने में सहायता करना

88. विज्ञान के मूल्यांकन में सतत एवं समग्र मूल्यांकन का अर्थ है
A. अंतिम एवं रचनात्मक मूल्यांकन
B. अधिक आवर्ती जाँच एवं परीक्षा
C. अधिगम के आकलन हेतु सामान्य गतिविधियाँ और अभ्यास
D. विज्ञान के सभी पहलुओं का मूल्यांकन

89. निम्नलिखित में से कौन-सा समस्या-समाधान विधि का एक चरण **नहीं** है?
A. स्थिति की कल्पना करना
B. समाधान का प्रयास करना
C. निष्कर्ष निकालना
D. अवलोकन

90. निम्नलिखित में से कौन-सा विज्ञान में अनुरूपता विधि का एक चरण है?
A. समानताओं का चित्रण
B. अमूर्तता का प्रस्तुतीकरण
C. अवधारणाओं को एक-दूसरे से जोड़ना
D. उपयोग

PART- III

भाषा-I : हिन्दी

निर्देश (प्र. सं. 91 से 98): *नीचे गए गद्यांश को पढ़कर पूछे गए प्रश्नों के **सही/सबसे उपयुक्त** उत्तर वाले विकल्प को चुनिए।*

"भारत 15 अगस्त, 1947 को आजाद हुआ। इस आजादी के लिए पूरे देश की जनता ने एक लंबा और मुश्किल संघर्ष चलाया था। इस संघर्ष में समाज के बहुत सारे तबकों की हिस्सेदारी थी। तरह-तरह की पृष्ठभूमि के लोगों ने इसमें भाग लिया। वे स्वतंत्रता, समानता तथा निर्णय प्रक्रिया में हिस्सेदारी के विचारों से प्रेरित थे। औपनिवेशिक शासन के तहत लोग ब्रिटिश सरकार से भयभीत रहते थे। वे सरकार के बहुत सारे फैसलों से असहमत थे। लेकिन अगर वे इस फैसलों की आलोचना करते तो उन्हें भारी खतरों का सामना करना पड़ता था। स्वतंत्रता आंदोलन ने यह स्थिति बदल डाली। राष्ट्रवादी खुलेआम ब्रिटिश सरकार की आलोचना करने लगे और अपनी मांगें पेश करने लगे। 1885 में ही भारतीय राष्ट्रीय कांग्रेस ने माँग की कि विधायिका में निर्वाचित सदस्य होने चाहिए और उन्हें बजट पर चर्चा करने एवं प्रश्न पूछने का अधिकार मिलना चाहिए। 1909 में बने गवर्नमेंट ऑफ इंडिया ऐक्ट ने कुछ हद तक निर्वाचित प्रतिनिधित्व की व्यवस्था को मंजूरी दे दी। हालाँकि ब्रिटिश सरकार के अंतर्गत बनाई गई ये शुरुआती विधायिकाएँ राष्ट्रवादियों के बढ़ते जा रहे दबाव के कारण ही बनी थीं, लेकिन इनमें भी सभी वयस्कों को न तो वोट डालने का अधिकार दिया गया था और न ही आम लोग निर्णय प्रक्रिया में हिस्सा ले सकते थे।"

91. लोग किन विचारों से प्रेरित होकर आजादी के संघर्ष में शामिल हुए?
A. स्वतंत्रता
B. समानता
C. निर्णय प्रक्रिया में हिस्सेदारी
D. उपर्युक्त सभी

92. आजादी के लिए संघर्ष किसने चलाया?
A. भारतीय राष्ट्रीय कांग्रेस ने
B. देश की जनता ने
C. ब्रिटिश सरकार ने
D. सदस्यों ने

93. निम्नलिखित में से लोकतांत्रिक व्यवस्था का मूल्य कौन-सा है?
A. समानता
B. स्वतंत्रता
C. विचारों की अभिव्यक्ति
D. उपर्युक्त सभी

94. आंदोलन का क्या असर पड़ा?
A. ब्रिटिश शासक चले गए
B. सरकार की खुलकर आलोचना होने लगी
C. लोगों को हिस्सेदारी मिल गई
D. लोकतंत्र स्थापित हो गया

95. कांग्रेस की क्या माँग थी?
A. भारतीय पुरज़ोर विरोध करें
B. विधायिका में चुने हुए सदस्य हों
C. अंग्रेजों भारत छोड़ो
D. आजादी दो

96. सबसे सटीक/सार्थक वाक्य चुनिए।
A. संघर्ष मनुष्य को सफलता दिलाता है।
B. संघर्ष मनुष्य को उजाड़ता है।
C. संघर्ष मनुष्य को भटकाता है।
D. संघर्ष मनुष्य को निखारता है।

97. 'खुलेआम' शब्द का सबसे सार्थक प्रयोग है :
A. खुलेआम नगाड़े बज रहे थे।
B. खुलेआम बरसात हो रही थी।
C. खुलेआम बुराइयाँ हो रही थीं।
D. खुलेआम नाक बज रही थी।

98. 'दबाव' शब्द का प्रयोग कहाँ पर होगा?
A. चढ़ता .... गिरता गया।
B. हवा का .... कम हो गया।
C. भीड़भाड़ .... से था।
D. सभी चुपचाप .... से थे।

निर्देश (प्र. सं. 99 से 105): *नीचे दी गई कविता को पढ़कर पूछे गए प्रश्नों के **सही/सबसे उपयुक्त** उत्तर वाले विकल्प को चुनिए।*

मुख्य नायक के चट्टान जैसे भारी स्वर का साथ देती
वह आवाज सुंदर कमजोर काँपती हुई थी
वह मुख्य गायक का छोटा भाई है
या उसका शिष्य
या पैदल
मुख्य गायक की गरज में
वह अपनी गूँज मिलाता आया है प्राचीन काल से
गायक जब अंतरे की जटिल तानों के जंगल में
खो चुका होता है
या अपने ही सरगम को लाँघकर
चला जाता है भटकता हुआ एक अनहद में
तब संगतकार ही स्थायी को सँभाले रहता है
जैसे समेटता हो मुख्य गायक का पीछे छूटा हुआ सामान
जैसे उसे याद दिलाता हो उसका बचपन
जब वह नौसिखिया था
तारसप्तक में जब बैठने लगता है उसका गला
प्रेरणा साथ छोड़ती हुई उत्साह अस्त होता हुआ
आवाज से राख जैसा कुछ गिरता हुआ
तभी मुख्य गायक को ढाँढ़स बँधाता
कहीं से चला आता है संगतकार का स्वर
कभी-कभी वह यों ही दे देता है उसका साथ
यह बताने के लिए कि वह अकेला नहीं है
और यह कि फिर से गाया जा सकता है
गाया जा चुका राग
और उसकी आवाज में जो एक हिचक साफ़ सुनाई देती है
या अपने स्वर को ऊँचा न उठाने की जो कोशिश है
उसे विफलता नहीं
उसकी मनुष्यता समझा जाना चाहिए।

99. संगतकार के माध्यम से कवि किस प्रकार के व्यक्तियों की ओर संकेत करना चाह रहा है?
A. सहयोगी B. सहृदय
C. समरस D. संगदिल

100. 'चट्टान' जैसा भारी स्वर से आशय है :
A. मोटी आवाज B. पुरुष आवाज
C. गंभीर आवाज D. पत्थर की आवाज

101. ''गायक जब अंतरे की जटिल तानों की जंगल में खो चुका होता है'' के मायने हैं–अंतरे को गाते हुए वह–
A. भटक जाता है B. लीन हो जाता है
C. बेसुरा हो जाता है D. बेलगाम हो जाता है

102. 'अनहद' शब्द में :
A. 'अ' उपसर्ग है B. 'द' प्रत्यय है
C. 'अन' उपसर्ग है D. 'हद' प्रत्यय है

103. 'राख जैसा कुछ गिरता हुआ' का अर्थ है :
A. बुझता हुआ स्वर B. ऊँचा स्वर
C. उदास स्वर D. भयभीत स्वर

104. 'संगतकार' का अर्थ है :
A. गायक का साज उठाने वाला
B. गायक के साथ रहने वाला
C. गायक के साथ गाने वाला
D. गायक को बिखरने से बचाने वाला

105. 'ढाँढ़स बँधाना' का अर्थ है :
A. तसल्ली देना B. आशीर्वाद देना
C. आज्ञा देना D. रक्षासूत्र बाँधना

निर्देश (प्र. सं. 106 से 120): *नीचे दिए गए प्रश्नों के **सही / सबसे उपयुक्त** उत्तर वाले विकल्प को चुनिए।*

106. पढ़ना सीखने के लिए आवश्यक है कि :
A. केवल लक्ष्य भाषा सुनने का माहौल हो
B. घर की भाषा सुनने-बोलने को मिले
C. लक्ष्य भाषा की अर्थपूर्ण और रोचक सामग्री सुनने-पढ़ने को मिले
D. चार्ट अधिक से अधिक कक्षा में लगाए जाएँ

107. भाषा केवल अभिव्यक्ति का माध्यम ही नहीं बल्कि स्वयं से .... का माध्यम है।
A. लिखने B. पढ़ने
C. बातचीत D. सुनने

108. ''लड़के होकर रोते हो'' ..... यह कथन :
A. भाषा को बच्चों की दृष्टि से पढ़ने को बाध्य करता है
B. भाषा को अध्यापकों की दृष्टि से पढ़ने को बाध्य करता है
C. भाषा को जेंडर की दृष्टि से पढ़ने को बाध्य करता है
D. भाषा को व्याकरण की दृष्टि से पढ़ने को बाध्य करता है

109. कहानी के संदर्भ में कौन-सा कथन उपयुक्त लगता है?
A. कहानी में संवाद होना आवश्यक है।
B. कहानी में शुरुआत होना आवश्यक है।
C. कहानी में शुद्ध भाषा होना आवश्यक है।
D. कहानी में कथानक का होना आवश्यक है।

110. एक भाषा के अध्यापक को बच्चों में :
A. भाषा सिद्धांतों की समझ विकसित करने पर बल देना चाहिए
B. आलंकारिक भाषा-प्रयोग की समझ विकसित करने पर बल देना चाहिए
C. विविध संदर्भों में भाषा-प्रयोगों की क्षमता विकसित करने पर बल देना चाहिए
D. शुद्ध भाषा-प्रयोग की क्षमता विकसित करने पर बल देना चाहिए

111. "कोई भाषा किसी भी लिपि में लिखी जा सकती है"—इस कथन पर आपकी राय है कि :
A. यह बिल्कुल संभव नहीं
B. यह बहुत हद तक संभव है
C. हर भाषा की अपनी लिपि होती है
D. भाषा और लिपि के बीच एक सीधा संबंध है

112. भाषा सभी विषयों के .... में है।
A. पढ़ने B. अध्यायों
C. केंद्र D. प्रारंभ

113. "कविता का एक निश्चित अर्थ होता है, जिसे सभी विद्यार्थियों को पढ़ना चाहिए"—इस कथन के बारे में आप मानते हैं कि :
A. किसी कविता को एक निश्चित अर्थ के साथ पढ़ना चाहिए
B. सभी विद्यार्थी अपने अनुभव और परिवेश में कविता समझते हैं
C. कवि ने कविता एक अर्थ में लिखी जिसे विद्यार्थी को समझना चाहिए
D. अलग-अलग अर्थ समझने से पढ़ने की प्रक्रिया बाधित होती है

114. आप मानते हैं कि अलग-अलग तरह की सामग्री पढ़ने का अवसर मिलने से :
A. भाषा को विविध संदर्भों में प्रयोग करने की समझ बनती है।
B. व्याकरण-सम्मत भाषा सीखने को मिलती है।
C. किताबों के बारे में जानकारी मिलती है।
D. लेखकों के बारे में जानकारी मिलती है।

115. हिंदी में विज्ञान संबंधी पाठों को पढ़ाने का उद्देश्य है :
A. विज्ञान की भाषा को समझना
B. विज्ञान विषय को गहराई से जानना
C. विज्ञान के प्रति जिज्ञासा बढ़ाना
D. विज्ञान के संदर्भ में हिंदी भाषा-प्रयोग को समझना

116. लेखन-क्षमता के आकलन के लिए :
A. अभिव्यक्त विचारों को जाँचना होगा
B. व्याकरण-सम्मत भाषा को देखना होगा
C. अर्थपूर्ण वाक्यों और संदर्भों को देखना होगा
D. लिखावट की सफाई और सुंदरता को जाँचना होगा

117. हिंदी के पाठों में अन्य भाषाओं के शब्दों के होने का अर्थ है:
A. पाठ का लेखक हिंदी नहीं जानता
B. पाठ समाज के बहुभाषी स्वरूप की सहज प्रस्तुति है
C. पाठ कठिन और अस्पष्ट है
D. विद्यार्थियों को शुद्ध भाषा नहीं सिखाई जा रही

118. आपकी दृष्टि में अभ्यास :
A. पाठ को समझने में मदद करते हैं
B. बच्चों को तार्किक बनाते हैं
C. बच्चों को भाषा के बारे में बताते हैं
D. बच्चों को उत्तर देना सिखाते हैं

119. उच्च प्राथमिक स्तर की पाठ्यसामग्री में अनुवाद सामग्री रखने का उद्देश्य है :
A. बहुत-सी सामग्री से परिचय कराना
B. प्रचुर हिंदी साहित्य का न होना
C. अन्य भाषाओं के साहित्य को हिंदी में पढ़ने के अवसर देना
D. पूरे देश को पढ़ने के अवसर देना

120. यदि आपकी कक्षा में दृष्टिबाधित बच्चे हैं, तो आप :
A. उन्हें विशेष सहानुभूति से पढ़ाएँगे
B. उन्हें पढ़ने के उपयुक्त साधन देंगे
C. उन्हें सभी बच्चों से अलग गतिविधि देंगे
D. उनसे कम गतिविधियाँ कराएंगे

PART- IV

भाषा-II : अंग्रेजी

Directions (Qs. Nos. 121-129): *Read the passage given below and answer the questions that follow by selecting the* ***correct/most appropriate*** *options.*

The strength of Indian democracy lies in its tradition, in the fusion of the ideas of democracy and national independence which was characteristic of the Indian national movement long before independence. Although the British retained supreme authority over India until 1947, the provincial elections of 1937 provided real exercise in democratic practice before national independence. During the Pacific War, India was not overrun or seriously invaded by the Japanese and· after the War was over, the transfer of power to a government of the Indian Congress Party was a peaceful one as far as Britain was concerned. By 1947,

'Indianization' had already gone far in the Indian Civil Service and army, so that the new government could start with effective instruments of central control.

After independence, however, India was faced with two vast problems, the first, that of ethnic diversity and the aspirations of subnationalities. The Congress leadership was more aware of the former problem than of the second; as a new political elite which had rebelled not only against the British Raj, but also against India's social order; they were conscious of the need to initiate economic development and undertake social reforms, but as nationalists who had led a struggle against alien rule on behalf of all parts of India, they took the cohesion of the Indian nation too much for granted and underestimated the centrifugal forces of ethnic division, which were bound to be accentuated rather than diminished as the popular masses were more and more drawn into politics. The Congress Party was originally opposed to the idea of recognizing any division of India on a linguistic basis and preferred to retain the old provinces of British India which often cut across linguistic boundaries; it was only in response to strong pressures from below that the principle of linguistic States was conceded as the basis of a federal 'Indian Union'. The rights granted to the States created new problems for the Central Government. The idea of making Hindi the national language of a united India was thwarted by the recalcitrance of the speakers of other important Indian languages, and the autonomy of the States rendered central economic planning extremely difficult.

Land reforms remained under the control of the States and many large-scale economic projects required a degree of cooperation between the Central Government and one or more of the States which it was found impossible to achieve. Coordination of policies was difficult even when the Congress Party was in power both in the States and at the Centre; when a Congress government in Delhi was confronted with non-Congress parties in office in the States, it became much harder.

121. Choose the word which is most nearly the same in meaning as the word 'thwarted' as used in the passage.
A. Opposed
B. Implemented
C. Accepted
D. Diverted

122. Choose the word which is most opposite in meaning of the word 'conceded' as used in the passage.
A. Criticized B. Rejected
C. Denounced D. Withdrawn

123. What was central economic planning found to be difficult?
A. Multiplicity of States and Union Territories
B. Lack of coordination in different government departments
C. Autonomy given to the States in certain matters
D. Lack of will in implementing land reforms

124. Which one of the following problems was India faced with after independence?
A. Military attack from across the border
B. Lack of coordination between the Central and State Governments
C. Improper coordination of various government policies
D. Increasing the production from a very low level

125. Which one of the following issues was **not** appropriately realized by the Central Government?
A. Ethnic diversity of the people
B. A national language for the country
C. Implementation of the formulated policies
D. Centre-State relations

126. Which, according to the passage, can be cited as exercise in democratic practice in India before independence?
A. The handing over of the power by British to India
B. The Indianization of the Indian Civil Service
C. Several democratic institutions created by the Indian National Congress
D. None of the above

127. Which one of the following statements is **not** true in the context of the passage?
A. The Congress Party was originally opposed to the idea of division of States on linguistic basis.
B. Economic development and social reforms were initiated soon after independence.
C. The political elite in India rebelled against the British Raj.
D. The Congress leadership was fully aware of the problems of ethnic diversity in India at the time of independence.

128. Why was the linguistic reorganization of the States accepted?
A. The States were not cooperating with the Central Government.
B. Non-Congress governments in the States demanded such a reorganization of the States.
C. No common national language could be emerged.
D. Strong pressures from the States were exerted on the Central Government to create such States.

129. India was not overrun by the Japanese during the Pacific War because:
A. Japan had friendly relations with Britain
B. Japan was interested in India's freedom
C. Japan was skeptical about its success in War
D. None of the above

Directions (Qs. Nos. 130-135): *Read the passage given below and answer the questions that follow by selecting the* ***correct/most appropriate*** *options.*

"A principal fruit of friendship", Francis Bacon wrote in his timeless meditation on the subject, "is the ease and discharge of the fullness and swellings of the heart, which passions of all kinds do cause and induce." For Thoreau, friendship was one of life's great rewards. But in today's cultural landscape of muddled relationships scattered across various platforms for connecting, amidst constant debates about whether our Facebook 'friendships' are making us more or less happy, it pays to consider what friendship actually is. That's precisely what CUNY Philosophy professor Massimo Pigliucci explores in *Answers for Aristotle How Science and Philosophy Can Lead Us to a More Meaningful Life* (public library), which also gave us this provocative read on the science of what we call 'intuition'.

Philosophers and cognitive scientists agree that friendship is an essential ingredient of human happiness. But beyond the dry academic definitions—like, say, "voluntary interdependence between two persons over time, which is intended to facilitate socio-emotional goals of the participants, and may involve varying types and degrees of companionship, intimacy, affection and mutual assistance"—lies a body of compelling research that sheds light on how, precisely, friendship augments happiness. The way friendship enhances well-being, it turns out, has nothing to do with quantity and everything to do with quality—researchers confirm that it isn't the number of friends (or, in the case of Facebook, 'friends').

130. The change in the present situation which has forced us to rethink the concept of friendship is:
A. Bacon and Thoreau's theories are no longer available to read
B. the arrival of social media on the scene
C. there is more interest in the sciences
D. friendships are not possible in the real world anymore, due to over-competition

131. Friendship leads to happiness. Is it true?
A. Yes, researches have proven that friendship does lead to happiness
B. No, there is no relationship between friendship and happiness
C. Friends cannot make each other happy
D. One needs to find one's happiness alone, with peace of mind

132. Did Pigliucci's book discuss intuition too?
A. No, it only discussed friendship
B. It just explained science and philosophy
C. It discussed Aristotle's theories
D. Yes

133. Is the quality of friends important?
A. No, it is important to have more number of friends, quality does not matter
B. No, number of comments on social networking sites is important, not the quality of friends
C. Yes, it matters
D. No, quality comes automatically with quantity

134. As per the first paragraph, what are the debates about?
A. They are centered around whether our Facebook friends are helping us become more or less happy.
B. There are no debates around friendship.
C. The quality of comments of social media is debatable.
D. Thoreau and Aristotle's thinking is at loggerheads.

135. The word that is opposite in meaning to the word 'muddled' is:
A. confused B. chaotic
C. ordered D. rumpled

Directions (Qs. Nos. 136-150): *Answer the following questions by selecting the* ***correct/most appropriate*** *options.*

136. Positive interference is a kind of:
A. target language
B. foreign language
C. pictorial language
D. native language

137. In learning the new language, multilingualism is:
A. a methodology B. an asset
C. an interference D. a burden

138. Note taking is done:
A. during a lecture
B. while reading a review
C. during extensive reference work
D. while writing an essay

139. The method of teaching foreign language without using the pupil's first language is:
A. direct method
B. classical method
C. grammar-translation method
D. old method

140. Two words have identical sound and spelling, but not related in meaning. It is known as:
A. homophone B. homonymy
C. homograph D. polysemy

141. Language of word is **not** necessary for:
A. imaginative thinking
B. conceptual thinking
C. associative thinking
D. perceptual thinking

142. Communicative Language Teaching replaced basically:
A. Natural Language Processing
B. Structural Teaching
C. Situational Language Teaching
D. Motivational Teaching

143. Students are not organisms. Which one of the following methods sees them as a whole person?
A. CLT B. SLT
C. Silent way D. CLL

144. Writing is the .... representation of speech sounds.
A. alphabetical B. graphical
C. phonetic D. systematic

145. When a teacher uses realia to teach vocabulary and grammar, she is:
A. using role play as a learning device
B. using real objects, actions and real-life situations
C. using computer technology
D. teaching through true stories

146. A poem whose first letters of each line spell out a word is called:
A. alliterative B. epic
C. acrostic D. haiku

147. Decorum in spoken English pertains to:
A. appropriate gestures
B. clarity and purity of style
C. correct grammatical usage
D. voice quality

148. Inquiry-based curriculum is based on:
A. deductive reasoning
B. inductive reasoning
C. heuristic reasoning
D. analogical reasoning

149. Which of the following are structural words?
A. Auxiliaries
B. Prepositions
C. Conjunctions
D. All of the above

150. Conventions of writing include :
A. story ideas
B. proper punctuation
C. imagination
D. good vocabulary

Answers

1	2	3	4	5	6	7	8	9	10
C	A	D	A	B	B	C	D	A	B
11	12	13	14	15	16	17	18	19	20
D	C	D	D	B	B	D	B	A	D
21	22	23	24	25	26	27	28	29	30
B	D	A	D	B	D	B	D	B	A
31	32	33	34	35	36	37	38	39	40
C	C	B	A	A	D	C	C	B	B
41	42	43	44	45	46	47	48	49	50
B	B	B	C	B	B	D	A	B	D
51	52	53	54	55	56	57	58	59	60
B	D	C	A	A	D	B	D	B	A
61	62	63	64	65	66	67	68	69	70
D	B	C	B	A	C	C	A	C	B
71	72	73	74	75	76	77	78	79	80
*	C	B	A	C	C	A	B	B	D
81	82	83	84	85	86	87	88	89	90
C	C	D	A	D	B	C	C	D	A
91	92	93	94	95	96	97	98	99	100
D	B	D	B	B	D	C	B	A	C
101	102	103	104	105	106	107	108	109	110
B	C	A	D	A	C	C	C	D	C
111	112	113	114	115	116	117	118	119	120
B	C	B	A	A	C	B	A	C	B

121	122	123	124	125	126	127	128	129	130
A	B	C	B	A	D	D	D	D	B
131	132	133	134	135	136	137	138	139	140
A	D	C	A	C	A	B	A	A	B
141	142	143	144	145	146	147	148	149	150
A	B	D	B	B	C	A	C	D	B

व्याख्यात्मक उत्तर

31. किसी भिन्न को प्रतिशत में बदलने के लिये उसमें 100 से गुणा करते हैं।

$$\frac{4}{25}\times 100 = 4\times 4\%$$
$$= 16\%$$

32. वस्तु का प्रारम्भिक मूल्य = ₹ 500

वस्तु के मूल्य में 10% की कमी की गयी

$$\therefore \quad 500\times\frac{10}{100} = 50$$

वस्तु का वर्तमान मूल्य

$$= 500 - 50 = 450$$

33. डेटा का परिसर इस प्रकार परिभाषित है :

परिसर = सबसे बड़ा प्रेक्षण − सबसे छोटा प्रेक्षण

$$= 8 - (-8)$$
$$= 16°C$$

34. $$\text{प्रायिकता} = \frac{\text{अनुकूल परिणाम}}{\text{कुल परिणाम}}$$

चित्त आने की संख्या = 6 (अनुकूल परिणाम)

कुल परिणाम = 10

$$\text{प्रायिकता} = \frac{6}{10} = \frac{3}{5}$$

35. परिमेय संख्याएँ योग, व्यवकलन और गुणन की संक्रियाओं के अंतर्गत संवृत होती हैं।

36. गोला (sphere) वह ठोस है जिसमें केवल एक तल होता है और इसके तल का प्रत्येक बिन्दु एक निश्चित बिन्दु से समान दूरी पर होता है। इस बिन्दु को गोले का केन्द्र कहते हैं तथा केन्द्र से गोले के किसी बिन्दु की दूरी को गोले की त्रिज्या कहते हैं। उदाहरण के लिए, गेंद का आकार गोल होता है।

37. $$\left(\frac{5}{7}\right)^4\times\left(\frac{5}{7}\right)^{-3} = \left(\frac{5}{7}\right)^{5x-2}$$

$$\left(\frac{5}{7}\right)^{4-3} = \left(\frac{5}{7}\right)^{5x-2}$$

$$\left(\frac{5}{7}\right)^{1} = \left(\frac{5}{7}\right)^{5x-2}$$

दोनों पक्षों की तुलना करने पर,

$$5x - 2 = 1,$$
$$5x = 1 + 2$$

38. दी गयी संख्याएं $a = \frac{2}{5},\ b = \frac{2}{3},\ c = -\frac{5}{6}$

प्रेक्षण के द्वारा

$$a + (b + c) = c + (a + b)$$
$$\text{L.H.S} = a + (b + c)$$
$$= \frac{3}{5}+\left(\frac{2}{3}-\frac{5}{6}\right)$$
$$= \frac{3}{5}+\left(\frac{4-5}{6}\right)$$
$$= \frac{3}{5}-\frac{1}{6}$$
$$= \frac{18-5}{30} = \frac{13}{36}$$
$$= -\frac{5}{6}+\left(\frac{9+10}{15}\right)$$
$$= -\frac{5}{6}+\frac{19}{15}$$
$$= \frac{-25+38}{30}$$
$$= \frac{13}{30}$$
$$\therefore a + (b + c) = c + (a + b)$$

39. एक पाई चार्ट, पाई के एक टुकड़े के रूप में प्रतिशत मान को दिखाता है।

40. प्रश्नानुसार,

$$\therefore \quad q = p^2$$
$$\therefore \quad p^2 = q$$
$$\therefore \quad p = \sqrt{q}$$

41. $$\sqrt{91+\sqrt{70+\sqrt{121}}} = \sqrt{91+\sqrt{70+11}}$$
$$= \sqrt{91+\sqrt{81}} = \sqrt{91+9} = \sqrt{100} = 10$$

42. आकार वर्गाकार होगा

प्रत्येक पंक्ति में पौधों की संख्या

$$= \sqrt{784} = 28$$

44.
$$6 \times 1 = 6$$
$$6 \times 2 = 12$$
$$6 \times 3 = 18$$
$$6 \times 4 = 24$$
$$6 \times 5 = 30$$
$$6 \times 6 = 36$$
$$6 \times 7 = 42$$
$$6 \times 8 = 48$$
$$6 \times 9 = 54$$
$$6 \times 10 = 60$$

प्रश्नानुसार,

$$\begin{array}{r} 7y \\ \times 6 \\ \hline yyy \\ \hline \end{array}$$

प्रेक्षण के द्वारा $y - 4$ रखने पर,

$$\begin{array}{r} 74 \\ \times 6 \\ \hline 444 \\ \hline \end{array}$$

45. आयताकार टैंक का क्षेत्रफल

$$= \text{लम्बाई} \times \text{चौड़ाई}$$
$$= 700 \text{ मी.}^2$$

आयताकार टैंक का आयतन

$$= \text{लम्बाई} \times \text{चौड़ाई} \times \text{ऊँचाई}$$
$$= 140 \text{ मी.}^3$$

$$\text{ऊँचाई} = \frac{140 \text{ मी.}^3}{700 \text{ मी.}^2}$$

$$= \frac{1}{5} \text{ मी.}$$

$$= \frac{100}{5} \text{ सेंमी.}$$

$$= 20 \text{ सेंमी.}$$

46. रोल प्ले ऐसी तकनीक है जो छात्रों को एक प्रबंधित वातावरण में अनुभव और परीक्षण की विभिन्न रणनीतियों को विकसित करने के लिए एक प्रतिबंधित तरीके से अन्य लोगों के साथ बातचीत करके यथार्थवादी परिस्थितियों में शिक्षण करती है।

47. बच्चे ने गुणन को बहुयोग के रूप में सीखा है।

48. बच्चों को समय की अवधारणा को प्रस्तावित करने के लिए समय से संबंधित वाक्यांशों के साथ पूर्व अनुभव की चर्चा करनी चाहिए। जैसे बीता हुआ कल, आने वाला कल।

49. मूल्यांकन का उद्देश्य है, बालकों को धीमी गति से सीखने वाले एवं प्रतिभाशाली बालकों के रूप में लेबल करना; जिन बालकों को उपचारात्मक शिक्षा की आवश्यकता है, उनकी पहचान करना; अधिगम की कठिनाइयों व समस्या वाले क्षेत्रों को पता लगाना।

50. उच्च प्राथमिक स्तर पर गतिविधि आधारित अधिगम गणित पढ़ने के लिए सबसे उपयुक्त विधि है।

51. किसी समस्या का समाधान ढूढ़ने के कई तरीकों की खोज करना।

52. उच्च प्राथमिक स्तर पर गणित की कक्षा में होने वाली पूछ-ताछ की रणनीति को हतोत्साहित करना चाहिए।

53. छात्र को मापन की अलग-अलग इकाईयों का दैनिक जीवन में उपयोग नहीं पता।

54. गणित से डरने वाले छात्रों को एक-दूसरे से बात चीत करना चाहिए।

55. यह परीक्षण गणितीय शक्तियों और कमजोरियों की एक जानकारी प्रदान करने के लिए मौजूद है। आपके स्कूल के आधार पर, इसका उपयोग आपको किसी विशेष गणित पाठ्यक्रम या ट्यूटोरियल समूह को निर्दिष्ट करने या यह निधारित करने के लिए किया जा सकता है कि आपको किसी विशेष विषय को संशोधित करने की आवश्यकता है या नहीं।

56. उपचारात्मक शिक्षण उन छात्रों को मदद प्रदान करने की प्रक्रिया है जो कठिनाइयों का सामना कर रहे हैं। वे उस अवधारणा को समझ सकें और उसमें महारत हासिल कर सकें जिसमें वे संघर्ष कर रहे हैं।

59. आकार हर वास्तुकला में है। ऐतिहासिक स्थान की यात्रा आकार की अवधारणा को विकसित करने में सहायक है।

60. छात्र को आयतन और क्षेत्रफल में अंतर ज्ञात नहीं है और उसे इनके दैनिक उपयोग की अवधारणा की जानकारी भी नहीं है।

61. जालीदार अजगर (पायथन रेटिकुलस) अजगर की एक प्रजाति है जो दक्षिण एशिया और दक्षिण पूर्व एशिया में पायी जाती है। वे दुनिया के सबसे लंबे सांप और सबसे लंबे सरीसृप हैं।

62. योग लोगों को शारीरिक और मानसिक दोनों तरीके से स्वस्थ रखता है।

65. यीस्ट किण्वन के द्वारा कार्बोहाइड्रेट कार्बन डाइऑक्साइड गैस (CO_2) और इथाइल अल्कोहल में परिवर्तित करता है।

66. राइबोसोम सजीव कोशिका के कोशिका द्रव में स्थित बहुत ही सूक्ष्म कण हैं, जिनकी प्रोटीनों के संश्लेषण में महत्वपूर्ण भूमिका है। ये आनुवांशिक पदार्थो (डीएनए या आरएनए) के संकेतों को प्रोटीन शृंखला में परिवर्तित करते हैं।

67. आवृत्ति = 2Hz
अर्थात् लोलक 1 सेकण्ड में दो दोलन करता है।
16 सेकण्ड में किये गये दोलनों की संख्या
$= 16 \times 2 = 32$

68. सोडियम अत्यधिक क्रियाशील तत्व है। यह हवा या पानी के साथ तीव्र गति से अभिक्रिया करता है। सोडियम ऑक्सीजन से अभिक्रिया कर सोडियम पैराक्साइड बना लेता है और जल से अभिक्रिया कर सोडियम हाइड्रोक्साइड बनाता है।

69. मैग्नीशियम हाइड्रॉक्साइड एसिड को कम करता है।

70. पॉप की ध्वनि ऑक्सीजन के साथ हाइड्रोजन के जलने से होने वाले छोटे विस्फोट से आती है।

71. असम्पर्क बल के उदाहरण
गुरुत्वाकर्षण
चुंबकीय बल
नाभिकीय बल

72. मधुसूदनी (इंसुलिन) (रासायनिक सूत्र : $C_{45}H_{69}O_{14}N_{11}S.3H_2O$) अग्न्याशय यानि पैंक्रियाज के अन्तःस्रावी भाग लैंगरहैन्स की द्विपिकाओं की बीटा कोशिकाओं से स्रावित होने वाला एक जन्तु हार्मोन है। रासायनिक संरचना की दृष्टि से यह एक पेप्टाइड हार्मोन है जिसकी रचना 51 अमीनो अम्ल से होती है। यह शरीर में ग्लूकोज के उपापचय को नियंत्रित करता है।

73. **पेट्रोलियम उत्पादों की सूची :**
ईंधन : ब्यूटेन, डीजल ईंधन, ईंधन तेल, पेट्रोल, मिट्टी तेल, द्रवीकृत प्राकृतिक गैस, रसोई गैस, प्रोपेन
अन्य उत्पाद : माइक्रोक्रिस्टलाइन मोम, नापलम, मिट्टी का तेल, नेफथलीन, पैराफिन मोम, पेट्रोलियम जेली, पेट्रोलियम मोम, परिष्कृत डामर, परिष्कृत बिटुमेन

74. संकटग्रस्त जातियों की IUCN लाल सूची जिसे IUCN लाल सूची या रेड डाटा सूची (अंग्रेजी : IUCN Red List) भी कहते हैं, सन् 1963 में गठित विश्व-भर में पौधों और पशुओं की जातियों की संरक्षण स्थिति की सबसे व्यापक तालिका है। अंतर्राष्ट्रीय प्रकृति संरक्षण संघ (IUCN) विस्व-स्तर पर विभिन्न जातियों की संरक्षण-स्थिति पर निगरानी रखने वाला सर्वोच्च संगठन है। क्षेत्रीय लाल सूचियों की एक श्रृंखला विश्व के विभिन्न देशों तथा संगठनों द्वारा किसी एक राजनीतिक प्रबंधन इकाई के अंतर्गत जातियों के विलुप्त होने के जोखिम का आकलन कर तैयार की जाती है।

75. जूते के तलवों को असमतल बनाया जाता है क्योंकि इससे घर्षण बढ़ता है और जूते के साथ चलते समय व्यक्ति को अच्छी पकड़ देते हैं।

76. आसुत जल विद्युत् का कमजोर चालक है। निष्कर्ष यह है कि आसुत जल में कुछ आयन हैं, लेकिन समुद्री जल या नल के पानी (जिसमें बहुत सारे आयन हैं) के विपरीत, सुचारू रूप से विद्युत का संचालन करने के लिए पर्याप्त नहीं है।

79. पृथ्वी का घूर्णन अक्ष इसकी अक्ष के सापेक्ष झुका हुआ है। पृथ्वी के अक्षीय झुकाव (के कारण, हमारा ग्रह सूर्य की तिरछी कक्षा में परिक्रमा करता है जिसका अर्थ है कि पृथ्वी के विभिन्न क्षेत्र साल के अलग-अलग समय में सूर्य से दूर या पास होते हैं।

80. **वृक्षवितान :** वर्षावन में अधिकांश पौधे और जीव-जन्तु जीवन वन के धरातल पर नहीं पाया जाता है बल्कि पेड़ों की पत्तियों के घने जाल में पाया जाता है, जो वृक्षवितान (Canopy) कहलाता है। वृक्षवितान (Canopy), जो भूतल से 100 फीट उपर हो सकता है, वर्षावन के पेड़ों की शाखाओं और पत्तियों के आच्छादन से बनता है। वैज्ञानिकों का अनुमान है कि वर्षावन में पाया जाने वाला 70-90 प्रतिशत जीवन पेड़ों में पाया जाता है जो इसे पौधे और जीव-जन्तु जीवन के लिये उत्तम आवास बनाता है। कई जाने माने जीव-जन्तु जैसे बन्दर, मेंढक, छिपकलियां, पक्षी, सांप, स्लाथ और छोटी बिल्लियां वृक्षवितान (Canopy) में पाये जाते हैं। अपघटक सूक्ष्म जीव होते हैं जो कि सभी मृत जीवों (वनस्पतियों और जन्तुओं) को उनके पार्थिव अवयवों में तोड़ देते हैं। अपघटन की प्रक्रिया मृत्यु के बाद शुरू हो जाती है जिसे सामान्य तौर पर सड़ने के तौर पर देखा जाता है।

ह्युमस : कृषि के सन्दर्भ में मिट्टी की सबसे उपरी पतली परत को ह्युमस (humus) कहते हैं जिसमें जैविक पदार्थों की मात्रा भरपूर होती है। जिसमें पादपों और जन्तुओं के मृत ऊतक पाए जाते हैं। साही एक कृंतक जानवर है।

81. रचनात्मक आकलन बच्चों में विज्ञान को अच्छी प्रकार से सीखने में मदद करता है।

83. शिक्षण सम्बन्धी अवधारणाएं छात्रों के द्वारा करने से उनमें अवध ारणा अधिक स्पष्ट होगी।

86. प्रदर्शन में उदाहरण या प्रयोग के द्वारा कारण या प्रमाण दिखाना, समझाना या स्पष्ट करना शामिल है। सीधे शब्दों में कहें, प्रदर्शन का मतलब है 'स्पष्ट रूप से दिखाना'।

87.
- विज्ञान और प्राकृतिक दुनिया के बारे में जिज्ञासु मन और जिज्ञासा का विकास करना
- समस्याओं को हल करने और वैज्ञानिक और अन्य संदर्भों में सूचित निर्णय लेने के लिए ज्ञान, वैचारिक समझ और कौशल प्राप्त करना
- वैज्ञानिक जांच को डिजाइन करने और वैज्ञानिक जांच करने के लिए कौशल विकसित करना और निष्कर्ष निकालने के लिए वैज्ञानिक सबूत का मूल्यांकन करना

- विभिन्न तरीकों से सटीक तरीके से वैज्ञानिक विचारों, तर्कों और व्यवहारिक अनुभवों का संचार करना
- समस्याओं को हल करने, बहस करने और वैज्ञानिक तथा अन्य संदर्भों में निर्णय लेने के लिए विश्लेषणात्मक, गंभीर और रचनात्मक रूप से सोचना
- तकनीकी विकास में विज्ञान और उसके अनुप्रयोग के लाभों और सीमाओं की सराहना करें
- विज्ञान की अंतर्राष्ट्रीय प्रकृति और विज्ञान, प्रौद्योगिकी और समाज की अन्योन्याश्रयता को समझना जिसमें सामाजिक, आर्थिक, राजनीतिक, पर्यावरणीय, सांस्कृतिक और नैतिक कारकों द्वारा लगाए गए लाभ, सीमाएं और निहितार्थ शामिल हैं
- साझा वातावरण के प्रति ईमानदारी और सम्मान के मूल्यों को विकसित करना

88. विज्ञान में सतत और व्यापक मूल्यांकन (CCE) का अर्थ एक प्रणाली को संदर्भित करता है जिससे छात्र के विज्ञान के विकास के सभी पहलुओं को शामिल है। यह मूल्यांकन की एक विकासात्मक प्रक्रिया है जो दो उद्देश्यों पर जोर देती है। ये उद्देश्य हैं–व्यापक आधार पर सीखने और व्यवहार संबंधी परिणामों के मूल्यांकन और मूल्यांकन में निरंतरता।

पिछले प्रश्न-पत्र (हल सहित)

CTET पेपर-II, सितम्बर 2016*

(गणित एवं विज्ञान शिक्षक हेतु)

भाग-I

बाल विकास व शिक्षाशास्त्र

निर्देश : *निम्नलिखित प्रश्नों के उत्तर देने के लिए* ***सही/सबसे उपयुक्त*** *विकल्प चुनिए।*

1. एक शिक्षिका अपनी कक्षा में विविधता को संबोधित कर सकती है :

1. भिन्नताओं को स्वीकार करके और उसे महत्त्व देकर
2. बच्चों की सामाजिक-सांस्कृतिक पृष्ठभूमि का शिक्षा-शास्त्रीय संसाधन के रूप में प्रयोग करके
3. विभिन्न अधिगम शैलियों को समायोजित करके
4. मानक निर्देश देकर और निष्पादन हेतु सर्वमान्य मानदण्ड निर्धारित करके

नीचे दिए गए कूट के आधार पर सही उत्तर चुनिए।

A. 1, 2 और 3 B. 1, 2, 3 और 4
C. 1, 2 और 4 D. 2, 3 और 4

2. कोई शिक्षिका अपनी कक्षा में फर्नीचर की तीखी धार वाले किनारों को रुई से ढँका रखने को कहती है और 'छुओ तथा अनुभव करो' वाले सूचना-पट्टों का उपयोग करने को कहती है। वह किस वर्ग के विशेष शिक्षार्थियों की आवश्यकता पूर्ति करने का प्रयास कर रही है?

A. सामाजिक रूप से वंचित शिक्षार्थी
B. दृष्टि विकलांग शिक्षार्थी
C. श्रवण विकलांग शिक्षार्थी
D. सीख न सकने वाले शिक्षार्थी

3. प्रतिभाशाली बच्चों के लिए सबसे अच्छे शैक्षिक कार्यक्रम वे होते हैं जो :

A. उनके आक्रामक व्यवहार को नियंत्रित करते हैं।
B. उन्हें अधिगम के न्यूनतम मानकों तक काम करने को प्रेरित करने के लिए उपहारों और पुरस्कारों का उपयोग करते हैं।
C. प्रत्यास्मरण के द्वारा ज्ञान की प्रवीणता पर बल देते हैं।
D. उनके चिंतन को प्रेरित कर उन्हें विविध विचारों में व्यस्त रहने के अवसर देते हैं।

4. विद्यालयों में विद्यार्थियों की असफलता के बारे में निम्नलिखित में से कौन-से कथन सही हैं?

1. विशेष जातियों और समुदायों से संबंधित विद्यार्थी असफल होते हैं क्योंकि उनमें योग्यता नहीं होती।
2. विद्यार्थी विद्यालयों में असफल होते हैं क्योंकि उन्हें अधिगम के लिए उपयुक्त पुरस्कार नहीं दिए जाते।
3. विद्यार्थी असफल होते हैं क्योंकि शिक्षण उस तरीके से नहीं किया जाता जो उनके लिए सार्थक हो।
4. विद्यार्थी असफल होते हैं क्योंकि विद्यालय व्यवस्था प्रत्येक विद्यार्थी की आवश्यकताओं और अभिरुचियों का ध्यान नहीं रखती।

A. 2 और 4 B. 3 और 4
C. 1 और 2 D. 2 और 3

5. दो विद्यार्थी एक ही अवतरण को पढ़ते हैं, फिर भी इसके बिलकुल भिन्न अर्थ लगाते हैं। उनके बारे में निम्नलिखित में से क्या सत्य है?

A. संभव नहीं है, क्योंकि अधिगम का आशय अर्थ लगाना नहीं है।
B. संभव नहीं है और विद्यार्थियों को उसे दुबारा पढ़ना चाहिए।
C. संभव है, क्योंकि शिक्षक ने अवतरण को समझाया नहीं है।
D. संभव है, क्योंकि व्यक्ति के अधिगम को विविध कारण विभिन्न विधियों से प्रभावित करते हैं।

6. राष्ट्रीय पाठ्यचर्या की रूपरेखा, 2005 के अनुसार अधिगम अपने स्वभाव में .... और .... है।

A. सक्रिय; सरल B. सक्रिय; सामाजिक
C. निष्क्रिय; सरल D. निष्क्रिय; सामाजिक

7. विद्यार्थियों को स्वतंत्र रूप से चिंतन करने और प्रभावी शिक्षार्थी बनने में सक्षम बनाने हेतु शिक्षक के लिए यह महत्वपूर्ण है :

A. एक संघटित तरीके से जानकारी को प्रस्तुत करना ताकि पुनःस्मरण करने में सरल हो
B. विद्यार्थियों के द्वारा प्राप्त की गई प्रत्येक सफलता के लिए उन्हें पुरस्कार देना

*Exam was held on 18-09-2016.

C. विद्यार्थियों को सिखाना कि किस प्रकार से अपने अधिगम का अनुवीक्षण करें
D. छोटी-छोटी इकाइयों या खंडों में जानकारी प्रदान करना

8. यदि कोई शिक्षिका चाहे कि उसके विद्यार्थी समस्या-समाधान कौशल प्राप्त कर ले, तो विद्यार्थियों को ऐसे क्रियाकलापों में लगाना चाहिए जिनमें हो :
A. पूछना, तर्क करना और निर्णय लेना
B. बहुविकल्पी प्रश्नों वाले स्तरीकृत कार्यपत्रक
C. प्रत्यास्मरण, रटना और समझना
D. ड्रिल और अभ्यास

9. कक्षा तक पहुँचने वाली बच्चों की भोली अवधारणाओं को जानना:
A. शिक्षक की योजना और शिक्षण में रुकावट बनता है
B. शिक्षक के हौसले को पस्त कर देता है क्योंकि इससे उसका कार्यभार बढ़ता है
C. शिक्षक के किसी उद्देश्य की पूर्ति नहीं करता
D. शिक्षक के लिए अपने शिक्षण को अधिक सार्थक बनाने की योजना बनाने में सहायक होता है

10. निम्नलिखित में से कौन-से तत्त्व अधिगम को प्रभावित करते हैं?
1. शिक्षार्थी का उत्प्रेरण
2. शिक्षार्थी की परिपक्वता
3. शिक्षण युक्तियाँ
4. शिक्षार्थी का शारीरिक और संवेगात्मक स्वास्थ्य

A. 1, 2 और 3 B. 1, 2, 3 और 4
C. 1 और 2 D. 1 और 3

11. सार्थक अधिगम है :
A. निजी अनुभवों से ज्ञान की संरचनाओं का सक्रिय निर्माण
B. उद्दीपक तथा उत्तर के बीच युग्मन तथा साहचर्य
C. वयस्कों और अधिक सक्षम साथियों का अनुकरण
D. दी गई सूचना का निष्क्रिय ग्रहण

12. विद्यार्थियों के प्रभावशाली अधिगम के लिए निम्नलिखित में से कौन-सा, शिक्षक के प्रारंभिक कार्यों में से एक नहीं है?
A. बच्चों को यह सिखाना कि वे अपने अधिगम प्रयासों को कैसे देख और सुधार सकते हैं
B. विद्यार्थियों को उपदेशात्मक विधि से सूचना प्रदान करना
C. विद्यार्थियों की उन धारणाओं का जानना जिन्हें लेकर वे कक्षा में आते हैं
D. विद्यार्थियों से उच्चतर स्तर के प्रश्नों के उत्तर की अपेक्षा करना

13. विकास के सिद्धांतों के बारे में निम्नलिखित में से कौन-सा कथन गलत है?
A. विकास एक परिमाणात्मक प्रक्रिया है जिसका ठीक-ठीक मापन हो सकता है।
B. विकास परिपक्वन और अधिगम पर आधारित होता है।
C. विकास वंशानुगतता और वातावरण के बीच सतत अन्योन्यक्रिया से होता है।
D. प्रत्येक बच्चा विकास के चरणों से गुजरता है फिर भी बच्चों में वैयक्तिक भिन्नताएँ बहुत होती हैं।

14. .... तथा .... की विशिष्ट अन्योन्यक्रिया का परिणाम विकास के विविध मार्गों और निष्कर्षों के रूप में हो सकता है।
A. खोज; पोषण B. चुनौतियाँ; सीमाएँ
C. वंशानुक्रम; पर्यावरण D. स्थिरता; परिवर्तन

15. विद्यालय और समाजीकरण के बारे में निम्नलिखित में से क्या सत्य है?
A. विद्यालय समाजीकरण का पहला मुख्य कारक है।
B. विद्यालय समाजीकरण का एक महत्वपूर्ण कारक है।
C. समाजीकरण में विद्यालय की कोई भूमिका नहीं होती।
D. समाजीकरण में विद्यालय की बहुत थोड़ी भूमिका होती है।

16. जीन पियाजे के संज्ञानात्मक विकास के सिद्धांत के बारे में निम्नलिखित कथनों में से सही कथन कौन-सा है?
A. बच्चों के सांस्कृतिक आधार के अनुसार इन चरणों का क्रम बदला जा सकता है।
B. पियाजे का तर्क है कि संज्ञानात्मक विकास, चरणों में आगे बढ़ने की अपेक्षा निरंतर होता है।
C. पियाजे ने संज्ञानात्मक विकास के पाँच स्पष्ट चरण प्रस्तावित किए हैं।
D. किसी चरण को छोड़ा नहीं जा सकता क्योंकि ये चरण स्थिर हैं।

17. जीन पियाजे के द्वारा प्रस्तुत 'संरक्षण' के प्रत्यय से तात्पर्य है कि:
A. दूसरों के परिदृश्य को ध्यान में रखना एक महत्वपूर्ण संज्ञानात्मक क्षमता है।
B. वन्यजीवन और वनों का संरक्षण बहुत महत्वपूर्ण है।
C. कुछ भौतिक गुणधर्म वही रहते हैं चाहे बाहरी आकृतियाँ बदल जाएँ
D. परिकल्पना पर विधिवत् परीक्षण से सही निष्कर्ष पर पहुँचा जा सकता है

18. हॉवर्ड गार्डनर के बहुबुद्धि सिद्धांत के अनुसार निम्नलिखित का मिलान कीजिए :

बुद्धि का प्रकार	*अंत अवस्था*
(*a*) संगीतात्मक	(*i*) चिकित्सक
(*b*) भाषिक	(*ii*) कवि
(*c*) अंतर्वैयक्तिक	(*iii*) खिलाड़ी
(*d*) स्थानिक	(*iv*) वायलिन-वादक
	(*v*) मूर्तिकार

	(*a*)	(*b*)	(*c*)	(*d*)
A.	(*iv*)	(*ii*)	(*v*)	(*iii*)
B.	(*v*)	(*ii*)	(*iv*)	(*i*)
C.	(*ii*)	(*iv*)	(*i*)	(*v*)
D.	(*iv*)	(*ii*)	(*i*)	(*v*)

19. लेव वाइगोत्स्की के अनुसार :

A. बच्चे भाषा अर्जन की एक युक्ति से कोई भाषा सीखते हैं

B. वयस्कों और साथियों से अन्योन्यक्रिया करने का भाषा के विकास में कोई प्रभाव नहीं पड़ता।

C. भाषिक विकास मानव चिंतन के स्वभाव को बदल देता है

D. भाषिक विकास में संस्कृति की भूमिका बहुत कम होती है।

20. लॉरेंस कोलबर्ग के नैतिक तर्क के सिद्धांत की अनेक बातों के लिए आलोचना की जाती है। इस आलोचना के संदर्भ में निम्नलिखित में से कौन-सा कथन सही है?

A. कोलबर्ग ने अपने अध्ययन को मूलतः पुरुषों के नमूनों पर आधृत रखा है।

B. कोलबर्ग ने नैतिक तर्क के प्रत्येक सोपान के लिए विशेष उत्तर नहीं दिया है।

C. अपनी सैद्धांतिक रूपरेखा पर पहुँचने के लिए कोलबर्ग ने पियाजे के सिद्धांतों को दोहराया है।

D. कोलबर्ग का सिद्धांत बच्चों के प्रत्युत्तरों पर ध्यान-केंद्रित नहीं करता।

21. निम्नलिखित में से कौन-सा अधिगम के आकलन को उजागर करता है?

A. शिक्षक किसी विद्यार्थी के निष्पादन का आकलन दूसरों के निष्पादन की तुलना में करता है।

B. शिक्षक विद्यार्थियों की चिंतन प्रक्रियाओं पर ध्यान देने के अलावा उनकी अवधारणात्मक समझ का भी आकलन करता है।

C. शिक्षक 'मानक' उत्तरों से विद्यार्थियों के उत्तरों की तुलना करके उनका आकलन करता है।

D. शिक्षक पाठ्य-पुस्तकों में दी गई जानकारी के आधार पर विद्यार्थियों का आकलन करता है।

22. 'बालकेंद्रित' शिक्षा-शास्त्र का अर्थ है :

A. कक्षा में सारी बातें सीखने के लिए शिक्षक का आगे-आगे होना

B. शिक्षक द्वारा बच्चों को आदेश देना कि क्या किया जाना चाहिए

C. बच्चों के अनुभवों और उनकी आवाज को प्रमुखता देना

D. निर्धारित सूचना का अनुसरण करने में बच्चों को सक्षम बनाना

23. निम्नलिखित में से कौन-सा कथन भाषा और विचार के बारे में पियाजे और वाइगोत्स्की के दृष्टिकोण का सही वर्णन करता है?

A. दोनों भाषा को बच्चे के विचारों से जन्म लेती हुई मानते हैं।

B. वाइगोत्स्की के अनुसार पहले विचार जन्म लेता है और पियाजे के अनुसार भाषा का विचार पर भारी प्रभाव पड़ता है।

C. पियाजे के अनुसार पहले विचार जन्म लेता है और वाइगोत्स्की के अनुसार भाषा का विचार पर भारी प्रभाव पड़ता है।

D. दोनों मानते हैं कि बच्चे की भाषा से विचार जन्म लेते हैं।

24. विद्यालय-यात्रा पर जाने के लिए पोती को अपने पिता से बहस करते हुए देखकर दादी कहती है, "तुम अच्छी लड़की की तरह आज्ञाकारी क्यों नहीं हो? तुम लड़कों की तरह व्यवहार करोगी तो तुमसे कौन शादी करेगा?" यह कथन निम्नलिखित में से किसको प्रतिबिम्बित करता है?

A. बच्चों के लालन-पोषण में परिवार की कठिनाइयाँ

B. लिंग समरूपता

C. लड़कियों और लड़कों के स्वभाव के बारे में रूढ़िबद्ध धारणा

D. लड़की के लिंग की गलत पहचान

25. आकलन के बारे में निम्नलिखित कथनों में से कौन-से कथन सही हैं?

1. आकलन से विद्यार्थियों को यह सहायता मिलनी चाहिए कि वे अपनी शक्तियों और रिक्तियों को देख सकें और शिक्षक तदनुसार उन्हें ठीक कर सकें।
2. आकलन तभी सार्थक होता है जब विद्यार्थियों का तुलनात्मक मूल्यांकन भी हो।
3. आकलन केवल स्मरणशक्ति का ही नहीं, बोधन और अनुप्रयोग का भी होना चाहिए।
4. आकलन तक उद्देश्यपूर्ण नहीं हो सकता जब तक उससे भय और चिंता का संचार न हो।

A. 1 और 3 B. 2 और 3

C. 1 और 2 D. 2 और 4

26. शिक्षा का अधिकार अधिनियम, 2009 के अनुसार विशेष आवश्यकता वाले बच्चों को पढ़ना चाहिए :

A. व्यावसायिक प्रशिक्षण केंद्रों में जो उन्हे जीवन कौशलों के लिए तैयार करेंगे

B. घर पर माता-पिता और देखभाल करने वालों के साथ जो उन्हें आवश्यक सहायता उपलब्ध कराएँ

C. खासतौर पर उन्हीं के लिए बनाए गए विशेष विद्यालयों में

D. समावेशी शिक्षा व्यवस्था में इस प्रावधान के साथ कि उनकी व्यक्तिगत आवश्यकताओं की पूर्ति की जा सके।

27. जिस कक्षाकक्ष में विविध पृष्ठभूमि से विद्यार्थी आते हों, वहाँ एक प्रभावी शिक्षक :

A. समान आर्थिक पृष्ठभूमि के विद्यार्थियों का समूह बनाएगा और उन्हें एक साथ रखेगा।

B. वंचित पृष्ठभूमि के विद्यार्थियों को कठिन परिश्रम करने के लिए कहेगा ताकि वे अपने साथियों के बराबर पहुँच सकें।

C. समूह में वैयक्तिक भिन्नता को बताने के लिए उनकी सांस्कृतिक जानकारी पर ध्यान देगा।

D. सांस्कृतिक जानकारी की अनदेखी करेगा और एक सर्वमान्य तरीके से अपने सभी विद्यार्थियों के साथ व्यवहार करेगा।

28. निम्नलिखित विकास के सिद्धांतों का उसके सही वर्णन से मिलान कीजिए :

सिद्धांत	वर्णन
(a) समीप-दूराभिमुख दिशा	(i) विभिन्न बच्चे भिन्न-भिन्न दर से बढ़ते हैं
(b) शिर : पदाभिमुख दिशा	(ii) सिर से पैर का क्रम
(c) अंतर्वैयक्तिक भिन्नताएँ	(iii) किसी अकेले बच्चे में विकास की दर विकास के एक क्षेत्र की अपेक्षा दूसरी में भिन्न हो सकती है
(d) अंतरावैयक्तिक भिन्नताएँ	(iv) शरीर के केन्द्र से बाहर की ओर
	(v) सरल से जटिल की ओर वृद्धि

	(a)	(b)	(c)	(d)
A.	(iv)	(ii)	(i)	(iii)
B.	(v)	(ii)	(i)	(iii)
C.	(ii)	(iv)	(i)	(iii)
D.	(ii)	(iv)	(iii)	(i)

29. संज्ञान और संवेग के बारे में निम्नलिखित कथनों में से कौन-सा कथन सही है?

A. संवेग संज्ञान को प्रभावित करते हैं किंतु संज्ञान संवेगों को प्रभावित नहीं करता।
B. संज्ञान और संवेग परस्पर जुड़े हैं और एक-दूसरे को प्रभावित करते हैं।
C. संज्ञान और संवेग एक-दूसरे से स्वतंत्र प्रक्रियाएँ हैं।
D. संज्ञान संवेगों को प्रभावित करता है किंतु संवेग संज्ञान को प्रभावित नहीं करता।

30. विविध शिक्षार्थियों वाली एक समावेशी कक्षा में सहयोगी अधिगम और समवयस्कों से सीखनाः

A. कार्यन्वित नहीं किया जाना चाहिए और विद्यार्थियों को क्षमताओं के अनुसार अलग-अलग किया जाना चाहिए
B. केवल कभी-कभी ही प्रयोग किया जाना चाहिए क्योंकि वह सहपाठियों से तुलना को बढ़ावा देता है
C. सक्रिय रूप से निरुत्साहित किया जाना चाहिए और प्रतियोगिता को बढ़ावा देना चाहिए
D. सक्रिय रूप से प्रोत्साहित किया जाना चाहिए जिससे समवयस्कों की स्वीकार्यता बढ़े

भाग-II

गणित और विज्ञान

निर्देश : *निम्नलिखित प्रश्नों के उत्तर देने के लिए **सही/सबसे उपयुक्त** विकल्प चुनिए।*

31. 2, 1, 2, 3, 3, 6, 4, 8, 14, 9, 4, 8, 4
उपर्युक्त आँकड़ों के बहुलक, माध्यक तथा परिसर का माध्य हैः

A. 7 B. 9
C. 4 D. 6

32. आपकी कक्षा में कुछ विद्यार्थी लगातार गणित की परीक्षाओं और परीक्षणों में अच्छा प्रदर्शन नहीं कर पा रहे हैं। एक शिक्षक के रूप में आपः

A. उनको उच्च उपलब्धि वालों के साथ बिठा देंगे
B. अच्छा न करने के परिणाम को समझाएँगे
C. अभ्यास के लिए अधिक टेस्ट देंगे
D. कारणों का निदान करेंगे और उपचारी कदम उठाएँगे

33. गणित के समावेशी कक्षा-कक्ष में दृष्टिबाधित शिक्षार्थियों की आवश्यकताओं को संबोधित करने के लिए आपकी क्या नीति होगी?

A. गणित में उच्च अंक प्राप्त करने वालों के साथ उनके जोड़े बना देंगे।
B. उनके लिए वैकल्पिक अध्यापन-अधिगम और आकलन पद्धति की अभिकल्पना करेंगे।
C. शिक्षार्थियों को विशेष शिक्षक के पास भेजेंगे।
D. गणित के बदले कोई दूसरा विषय दे देंगे।

34. गणित में शिक्षार्थी की रुचि और अभिवृत्ति को परखने के लिए निम्नलिखित में से कोन-सी मूल्यांकन नीतियाँ प्रयुक्त हो सकती हैं?

A. पोर्टफोलियो, परियोजना, कागज-पेंसिल परीक्षा
B. मौखिक परीक्षा, कागज-पेंसिल परीक्षा, कक्षा की सहभागिता
C. जाँच सूची, पोर्टफोलियो, कागज-पेंसिल परीक्षा
D. जाँच सूची, पोर्टफोलियो, परियोजना, कक्षा की सहभागिता

35. कक्षा VII की गणित शिक्षिका नीता, गणित के कक्षा-कक्ष में सर्वेक्षण पर आधारित बहुत सारी परियोजनाएं (प्रोजेक्ट) देती है। इस क्रियाकलाप का उद्देश्य है :

1. समस्या सुलझाने के कौशल को प्रोत्साहित करना
2. प्रामाणिक आँकड़ों को एकत्रित करने का अवसर विद्यार्थियों को प्रदान करना
3. कक्षा-कक्ष की एकरसता को भंग करना
4. वैकल्पिक आकलन के लिए इसका उपयोग करना

उपर्युक्त उद्देश्यों में से कौन-से सही हैं?

A. 1, 2 और 4 B. 1, 2 और 3
C. 1 और 2 D. 1 और 3

36. गणित में निम्नलिखित पदों में से कौन-सा पद परिभाषित है?

A. समतल B. बिंदु
C. रेखा D. चतुर्भुज के विकर्ण

37. निम्नलिखित में से कौन-सा पहलू 'बीजगणित' में महत्वपूर्ण **नहीं है**?

A. सामान्यीकरण
B. मानसिक चित्रण
C. माप
D. क्रमपरिवर्तन

38. गणित में 'प्रश्न रखने' का अर्थ है :
A. विषयवस्तु में से प्रश्नों का सृजन करना
B. प्रश्नों को हल करने में असमर्थता
C. कक्षा में संदेह प्रस्तुत करना
D. प्रश्न हल करना

39. गणित की अच्छी पाठ्य-पुस्तक में होते हैं, बहुत सारे :
A. प्रमेय और उनकी उपपत्ति
B. समन्वेषण के लिए प्रश्न
C. अभ्यास प्रश्न
D. हल किए हुए उदाहरण

40. निम्नलिखित कथन पर विचार कीजिए :
"प्रत्येक विषम प्राकृत संख्या का अभाज्य संख्या है।"
'उपपत्ति' की निम्नलिखित विधियों में से किसका प्रयोग उपर्युक्त कथन के प्रमाण/खंडन हेतु किया जा सकता है?
A. प्रतिवाद द्वारा उपपत्ति B. खंड विधि
C. प्रत्यक्ष उपपत्ति D. प्रतिस्थिति द्वारा उपपत्ति

41. गणित में दुश्चिंता के लिए निम्नलिखित में से कौन-सा घटक उत्तरदायी नहीं है?
A. पाठ्यक्रम B. विषय की प्रकृति
C. लिंग D. परीक्षा पद्धति

42. निम्न में से कौन-सी संख्या $\frac{-5}{6}$ तथा $\frac{7}{8}$ के बीच में नहीं है?
A. $\frac{-11}{12}$ B. $\frac{5}{6}$
C. $\frac{-17}{24}$ D. $\frac{-3}{4}$

43. $\left[\left(\frac{3}{8}\right)^{-2} \times \left(\frac{-4}{5}\right)^{-3}\right]$ का व्युत्क्रम है :
A. $\frac{9}{125}$ B. $\left(\frac{8}{3}\right)^3 \times \left(\frac{5}{-4}\right)^3$
C. $\frac{-9}{125}$ D. $\frac{125}{9}$

44. यदि $(13^2 - 5^2)^{3/2} = 6^3 \times A$ है, तो A का मान है :
A. 2^3 B. 2^4
C. 2 D. 2^2

45. यदि $x\sqrt{243} = y\sqrt{867}$ है, जहाँ x और y सह-अभाज्य संख्याएँ हैं, तब $(x - y)$ का मान है :
A. 6 B. 8
C. 3 D. 4

46. a के उन सभी संभावित मानों, जिनके लिए 4-अंकीय संख्या $547a$, 3 से विभाज्य है, का योग है :
A. 13 B. 15
C. 7 D. 10

47. $x^4 - 256$, $x^3 - 4x^2 + 3x - 12$ और $x^2 - 7x + 12$ का एक सार्व गुणनखंड है :
A. $x + 3$ B. $x - 3$
C. $x + 4$ D. $x - 4$

48. बहुपद $8x^3 - 6x^2 + 10x + 3$ को $(4x + 1)$ से भाग देने पर भागफल $2x^2 + k$ है, जहाँ k बराबर है :
A. $-3 - 2x$ B. $-3 + 2x$
C. $3 - 2x$ D. $3 + 2x$

49. $(9x^2 + 15 - x)$ और $(-1 - x + x^2)$ के गुणनफल में, यदि x^3, x^2 और x के गुणांक क्रमशः A, B और C हैं, तो (A + B – C) का मान है:
A. 11 B. 14
C. –3 D. –17

50. जब $x = \frac{1}{9}$ और $y = \frac{-3}{4}$ है, तो व्यंजक $81x^2 + 16y^2 - 72xy$ का मान है :
A. $\frac{9}{4}$ B. $\frac{9}{16}$
C. 25 D. 16

51. अभि की आयु अपनी बेटी की आयु से दो गुना है। पाँच वर्ष पहले, उसकी आयु अपनी बेटी की आयु की चार गुनी थी। यदि बेटी की वर्तमान आयु x वर्ष है, तो :
A. $4(x + 5) = 2(2x - 5)$ B. $2(x - 5) = 4(2x + 5)$
C. $2(x - 5) = 4(2x - 5)$ D. $4(x - 5) = 2x - 5$

52. 8% वार्षिक दर से, जबकि ब्याज वार्षिक संयोजित होता है, ₹ 6,250 की एक राशि का मिश्रधन $2\frac{3}{4}$ वर्षों के पश्चात् है :
A. ₹ 7,727.40 B. ₹ 7,872.60
C. ₹ 7,165.60 D. ₹ 7,581.40

53. एक व्यक्ति अपने सामान को उसके क्रय-मूल्य से 40% अधिक पर अंकित करता है तथा अंकित मूल्य पर 40% बट्टा देता है। उसका हानि/लाभ प्रतिशत है :
A. हानि, 16% B. कोई हानि/लाभ नहीं
C. हानि, 8% D. लाभ, 10%

54. किसी चतुर्भुज के कोण 2 : 3 : 5 : 8 के अनुपात में हैं। इसके सबसे बड़े कोण के संपूरक तथा सबसे छोटे कोण के पूरक का योग है :
A. 70° B. 80°
C. 50° D. 60°

55. किसी समकोण त्रिभुज की दो भुजाओं की माप 15 सेमी और 17 सेमी है। त्रिभुज की तीसरी भुजा की लंबाई के लिए निम्न कथनों में से कौन-सा/कौन-से सत्य हो सकता है/सकते हैं?
1. यह 4 सेमी तथा 7 सेमी के बीच में है।
2. यह 20 सेमी तथा 23 सेमी के बीच में है।
3. यह 10 सेमी से छोटी है।
A. 2 और 3 B. 1 और 3
C. केवल 2 D. केवल 1 और 2

56. यदि किसी त्रिभुज का एक कोण 110° है, तो इसके अन्य दो कोणों के समद्विभाजकों के बीच बने कोण की माप है:

A. 110° B. 145°
C. 90° D. 100°

57. ΔABC में, AB = 4 सेमी, AC = 5 सेमी. और BC = 6 सेमी है। Δ PQR में, PR = 4 सेमी, PQ = 5 सेमी और RQ = 6 सेमी है। Δ ABC सर्वांगसम है :

A. Δ QRP के B. Δ RPQ के
C. Δ PQR के D. Δ PRQ के

58. एक टंकी घनाभ के आकार की है। इसमें अधिकतम 540 m^3 पानी आ सकता है। यदि इस टंकी की लंबाई 8 मीटर तथा चौड़ाई 15 मीटर है, तो इसमें पानी की गहराई कितने मीटर होगी, जब यह $\frac{2}{3}$ भरी हुई है?

A. 3 B. 4.5
C. 2 D. 2.5

59. दो समबाहु त्रिभुजों के क्षेत्रफलों में अनुपात 16 : 9 है। यदि छोटे त्रिभुज का परिमाप 63 सेमी है, तो बड़े त्रिभुज की भुजा, छोटे त्रिभुज की भुजा से कितनी अधिक बड़ी है?

A. 5 सेमी B. 7 सेमी
C. 3 सेमी D. 4 सेमी

60. किसी त्रिभुज का क्षेत्रफल एक वृत्त के क्षेत्रफल के बराबर है, जिसका परिमाप 6π सेमी. है। यदि त्रिभुज का आधार 8 सेमी है, तो इसकी संगत ऊँचाई (सेमी में) है :

A. 2.25 π B. 2.25
C. π D. 2

निर्देश (प्रश्न 61 से 63 तक): *नीचे दिए गए परिच्छेद पर आधारित हैं।*

कक्षा VIII की एक शिक्षिका ने अपनी कक्षा में नीचे दिए गए क्रियाकलाप का निदर्शन दिया :

"शिक्षिका ने एक चम्मच में थोड़ा-सा सल्फर लेकर उसे जलाया। उन्होंने फिर उस चम्मच को ढक्कन वाले गिलास के भीतर रखा और यह सुनिश्चित किया कि बनने वाली गैस गिलास से बाहर न जाए। कुछ मिनट पश्चात् उन्होंने गिलास में पानी डाला।"

61. क्या होता है यदि इस गिलास में नीले और लाल लिटमस पत्र डाले जाते हैं?

A. लाल लिटमस पत्र नीला हो जाता है।
B. दोनों में कोई परिवर्तन नहीं होता।
C. नीला लिटमस पत्र लाल हो जाता है।
D. नीला लिटमस पत्र नीला ही रहता है।

62. ऊपर दिखाए गए क्रियाकलाप में जल में सल्फर डाइऑक्साइड के घुलने पर कौन-सा पदार्थ बनता है?

A. सल्फ्युरस अम्ल B. सल्फर डाइऑक्साइड
C. सल्फ्युरिक अम्ल D. सल्फ्युरिक ऑक्साइड

63. उपर्युक्त क्रियाकलाप द्वारा किन प्रक्रिया कुशलताओं को प्रोत्साहित किया जा सकता है?

A. प्रेक्षण और मापन
B. प्रेक्षण और चरों पर नियंत्रण
C. प्रेक्षण, निष्कर्ष निकालना और मापन
D. प्रेक्षण, वर्गीकरण और निष्कर्ष निकालना

64. एक विज्ञान शिक्षिका अपने विद्यार्थियों को एक समतल सतह पर तेल और चीनी के घोल, दोनों की दो-दो बूँदें रखने को कहती हैं। उसके बाद वह उन्हें सतह को टेढ़ा करने और उन बूँदों के नीचे पहुँचने के क्रम का प्रेक्षण करने को कहती है। इस क्रियाकलाप से शिक्षिका द्रव के किस गुण को विद्यार्थियों के संज्ञान में लाना चाहती है?

A. परिमाण B. बिन्दु
C. श्यानता (विस्कोसिटी) D. विलेयता

65. आपको पता चलता है कि आपकी कक्षा VI के बहुत से विद्यार्थियों का विश्वास है कि पौधे की वृद्धि के लिए कच्चा माल केवल मृदा से ही प्राप्त होता है। इस विचार के खंडन में निम्नलिखित में से कौन-सी युक्ति सबसे अधिक उपयुक्त होगी?

A. पौधों में भोजन-निर्माण की प्रक्रिया के बारे में विद्यार्थियों को मनोरंजक पठन सामग्री उपलब्ध कराना।
B. विद्यार्थियों को प्रकाश-संश्लेषण के बारे में एक सुनिर्मित पावरप्वॉइंट प्रस्तुति दिखाना।
C. प्रकाश-संश्लेषण की प्रक्रिया तथा संबद्ध रासायनिक प्रतिक्रियाओं को विस्तारपूर्वक समझाना।
D. विद्यार्थियों को पानी में लगा मनी प्लांट देना और उसकी वृद्धि का प्रेक्षण कर निष्कर्ष निकालने के लिए कहना।

66. विज्ञान पाठ्यक्रम की प्रक्रियात्मक वैधता के मानदण्ड की अपेक्षा है कि :

A. शिक्षार्थियों को ऐसी प्रक्रियाओं में व्यस्त रखा जाना चाहिए जो वैज्ञानिक सोच को पैदा करने की दिशा में ले जाती हो।
B. विज्ञान को एक ऐसे विशेष विषय के रूप में पढ़ाया जाना चाहिए जिसकी अनूठी विशिष्टताएँ हैं।
C. विज्ञान को मूल्यों से मुक्त सामाजिक सरोकारों से अप्रभावित विषय के रूप में प्रस्तुत किया जाना चाहिए।
D. शिक्षार्थियों को विभिन्न प्राकृतिक प्रक्रियाओं से सुपरिचित कराया जाना चाहिए।

67. विज्ञान में व्यावहारिक/प्रयोगात्मक गतिविधियाँ संचालित करने का उद्देश्य निम्नलिखित में से कौन-सा नहीं है?

A. वे हस्तकौशल-युक्त कौशलों के विकास में सहायक हों।
B. वे उच्च अंक या ग्रेड पाने में सहायक हों।
C. वे विज्ञान के विचारों की समझ बढ़ाएँ।
D. वे समस्या-समाधान का अवसर प्रदान करें।

68. ऐल्युमिनियम की एक समतल पट्टी पर मोम के कुछ छोटे टुकड़े लगभग समान दूरी पर जमाए गए हैं। पट्टी के एक सिरे को एक स्टैंड के साथ क्लैम्प किया गया है और दूसरे सिरे को गर्म किया जाता है। नीचे दिए गए कथनों 1 और 2 पर विचार कीजिए:
1. लौ से बढ़ती दूरी के क्रम में मोम के टुकड़े एक-के-बाद-एक गिरने लगते हैं।
2. ऐलुमिनियम की पट्टी उष्णता को लौ के निकटतम सिरे से दूसरे सिरे को स्थानान्तरित कर देती है।

उपर्युक्त दो कथनों में से:
A. 1 और 2 दोनों ही प्रेक्षण हैं
B. 1 और 2 दोनों ही निष्कर्ष हैं
C. 1 प्रेक्षण है और 2 निष्कर्ष
D. 2 प्रेक्षण है और 1 निष्कर्ष

69. एक शिक्षक कक्षा VII के विद्यार्थियों से निम्नलिखित प्रश्न पूछता है: "एक फ्रिज से बर्फ के दो समान घनाभ लिए जाते हैं। उनमें से एक को चूर्णित किया जाता है और दूसरे को ऐसा ही छोड़ दिया जाता है। यह देखा गया कि चूर्णित बर्फ जल्दी पिघलती है। इसका क्या कारण हो सकता है?"
इस प्रश्न द्वारा किस प्रक्रियात्मक कौशल को बढ़ावा मिलता है?
A. चरों पर नियंत्रण
B. प्रयोगात्मकता
C. प्रेक्षण
D. परिकल्पना करना

70. कक्षा VII का एक शिक्षक कक्षा में निम्नलिखित क्रियाकलाप का प्रदर्शन करता है :
"एक पत्ती को परखनली में लिया जाता है और उसके ऊपर स्पिरिट उड़ेला जाता है। इसके बाद परखनली को पानी से आधे भरे बीकर में रखा जाता है और उसे तब तक गर्म किया जाता है जब तक पत्ती का रंग न उड़ जाए। उसके बाद पत्ती को बाहर निकाला जाता है और आयोडीन की कुछ बूँदें उस पर डाली जाती हैं। पत्ती का रंग नीला-काला हो जाता है।"
इस क्रियाकलाप के बाद शिक्षक अधिगम के विभिनन सूचकों के आकलन के लिए कुछ प्रश्न देता है।
निम्नलिखित में से कौन-सा 'विश्लेषण' का आकलन करेगा?
A. क्या क्लोरोफिल को हटाये बिना यह प्रयोग किया जा सकता है?
B. पत्ती को हानि न पहुँचे, इसके लिए क्या सावधानी बरती गई?
C. परखनली में स्पिरिट उड़ेलते समय क्या सावधानी बरती गई?
D. जब पत्ती पर घोल उड़ेला गया, तो रंग का क्या हुआ?

71. आप चाहते हैं कि कक्षा VI के विद्यार्थी नमक और रेत के मिश्रण को अलग करने के लिए नमक की पानी में विलेयता के गुण को पहचान सकें। प्रतिप्रश्न-उन्मुख शिक्षण के समर्थक होने के नाते आप:
A. रेत और नमक के मिश्रण को लेंगे, उसका पृथक् किया जाना दिखाएँगे ओर उसके बाद विद्यार्थियों से स्वयं पुनरावृत्ति के लिए कहेंगे।
B. विद्यार्थियों को रेत ओर नमक का मिश्रण उपलब्ध कराएँगे, उन्हें पृथक् करने की विविध विधियों पर सोचने के लिए कहेंगे और उन्हें अपने विचार आजमाने में सहायता करेंगे।
C. पहले मिश्रण को पृथक् करने की विभिन्न विधियों को समझाएँगे और उसके बाद रेत और नमक के मिश्रण को पृथक करना समझाएँगे।
D. पहले विद्यार्थियों को उन विभिन्न विधियों के बारे में परिकल्पना करने को कहेंगे, जिनसे रेत और नमक को अलग किया जा सके और तब विस्तृत स्पष्टीकरण के बाद उन्हें सही उत्तर तक ले जाएँगे।

72. निम्नलिखित कथनों में से कौन-सा विज्ञान और तकनीकी के संबंधों का वर्णन करता है?
A. विज्ञान और तकनीकी स्वतंत्र रूप से और परस्पर अलग-अलग चढ़ते हैं।
B. विज्ञान एक व्यापक प्रयास है, जबकि तकनीकी उद्देश्योन्मुख और प्रायः स्थान-विनिर्दिष्ट होती है।
C. विज्ञान की तुलना में तकनीकी अधिक सृजनात्मक प्रक्रिया है।
D. विज्ञान एक प्राचीन उद्यम है परंतु तकनीकी उसकी अपेक्षा नवीन है।

73. निम्नलिखित में से कौन-सा एकल पुष्प नहीं है, वरन् पुष्पों का एक गुच्छा है?
A. सूर्यमुखी
B. धतूरा
C. गुलाब
D. चाइना रोज (गुड़हल)

74. कोई साइकिल किसी सीधी सड़क पर नियत चाल से चल रही है। साइकिल के पहिये दर्शाते हैं :
A. वृत्तीय और आवर्ती गति
B. वृत्तीय, स्थानान्तरीय और आवर्ती गति
C. वृत्तीय और स्थानान्तरीय गति
D. स्थानान्तरीय और आवर्ती गति

75. मान लीजिए आप एक किसान हैं ओर उस क्षेत्र में रहते हैं जहाँ की मृदा काली है। यदि आपके क्षेत्र की जलवायु उष्ण है, और आप अपने खेतों में रेशे प्रदान करने वाले पौधे उगाना चाहते हैं, तो आप निम्नलिखित में से किसे प्राथमिकता देंगे?
A. कपास
B. रेयॉन
C. नारियल
D. जूट (पटसन)

76. विषम को चुनिए।
A. युग्मक
B. भ्रूण
C. अण्ड
D. अण्डाणु

77. लाला रस (लार) का कार्य है :
A. मंड (स्टार्च) को वसा में परिवर्तित करना
B. मंड (स्टार्च) को शर्करा में परिवर्तित करना
C. श्वासनली में खाद्य कणों के प्रवेश को रोकना
D. कार्बोहाइड्रेट को प्रोटीन में परिवर्तित करना

78. निम्नलिखित में से कौन-सा कथन सही है?

A. उच्छ्वसन की (श्वास निकालने वाली) वायु में कार्बन डाइऑक्साइड नहीं होती।

B. अन्तः श्वसन और उच्छ्वसन (श्वास खींचने और श्वास निकालने) दोनों ही प्रकार की वायु में ऑक्सीजन होती है।

C. अन्तः श्वसन की (श्वास में खींची गई) वायु में कार्बन डाइऑक्साइड नहीं होती।

D. उच्छ्वसन की (श्वास निकालने वाली) वायु में ऑक्सीजन नहीं होती।

79. रितु एक समतल दर्पण के सामने खड़ी है। रितु और उसके प्रतिबिम्ब के बीच की दूरी 10 मीटर है। यदि वह दर्पण की ओर 2 मीटर चले तो रितु और उसके प्रतिबिम्ब के बीच की दूरी होगी:

A. 6 मी. B. 8 मी.

C. 10 मी. D. 12 मी.

80. आपके पास तीन परखनलियाँ X, Y और Z हैं, जो तीन विभिन्न विलयनों से आधी-आधी भरी हैं, जैसे X में सोडियम क्लोराइड विलयन, Y में सोडियम हाइड्रॉक्साइड विलयन तथा Z में तनु हाइड्रोक्लोरिक अम्ल। उपर्युक्त प्रत्येक विलयन में फिनॉफ्थेलिन विलयन की एक-एक बूँद डालने पर आप यह प्रेक्षण करेंगे कि परखनलियों में भरे विलयन इस प्रकार दिखाई देते हैं :

A. X—रंगहीन; Y—फीका हरा तथा Z—गुलाबी

B. X—रंगहीन; Y—गुलाबी तथा Z—रंगहीन

C. X—गुलाबी; Y—गुलाबी तथा Z—रंगहीन

D. X—फीका हरा; Y—रंगहीन तथा Z—लाल

81. हमारे मुख में विभिन्न प्रकार के दाँतों का आगे से पीछे की ओर क्रम है :

A. कृंतक–रदनक–चर्वणक–अग्रचर्वणक

B. रदनक–कृंतक–चर्वणक–अग्रचर्वणक

C. कृंतक–रदनक–अग्रचर्वणक–चर्वणक

D. रदनक–कृंतक–अग्रचर्वणक–चर्वणक

82. पादपों एवं वृक्षों में पानी ऊपर तक चूषण-कर्षण (खिंचाव) के कारण पहुँचता है। निम्नलिखित में से किस परिघटना के कारण यह चूषण-कर्षण होता है?

A. अवशोषण B. प्रकाश-संश्लेषण

C. वाष्पोत्सर्जन D. श्वसन

83. निम्नलिखित में से कौन-सा अदरक का जननांग है?

A. बीज B. पत्ती

C. जड़ D. तना

84. निम्नलिखित द्रवों में से कौन-से विद्युत् के चालक हैं?

1. सिरका 2. शर्करा का विलयन

3. लवण का विलयन 4. आसुत जल

A. 3 और 4 B. 2 और 3

C. 1, 3 और 4 D. 1 और 3

85. नीचे दिए गए कथनों पर विचार कीजिए :

1. पौधे प्रकाश-संश्लेषण के बिना भी कुछ समय तक जीवित रह सकते हैं।
2. पौधे श्वसन के बिना भी कुछ समय तक जीवित रह सकते हैं।
3. पौधों के जीवित रहने के लिए प्रकाश-संश्लेषण और श्वसन दोनों ही आवश्यक हैं।
4. दिन के समय प्रकाश-संश्लेषण और श्वसन पौधों में होने वाली समक्षणिक (एक ही समय होने वाली) प्रक्रियाएँ हैं।

सही कथन हैं :

A. 1, 3 और 4 B. 1, 2 और 4

C. 1, 2 और 3 D. 2, 3 और 4

86. लकड़ी का एक गुटका किसी मेज पर विराम की अवस्था में है। इस गुटके पर कार्यरत बल/बलों के विषय में क्या कहा जा सकता है?

A. इस पर केवल गुरुत्वाकर्षण बल ही कार्य कर रहा है।

B. गुरुत्वाकर्षण और घर्षण बल इस पर कार्य कर रहे हैं।

C. इस पर कोई बल कार्य नहीं कर रहा है।

D. इस पर संतुलित बलों का कोई युगल कार्य कर रहा है।

87. बाँस के पौधे की पत्तियों में शिरा-विन्यास तथा जड़ किस प्रकार के होते हैं?

A. जालिकारूपी शिरा-विन्यास और रेशेदार (झकड़ा) जड़

B. जालिकारूपी शिरा-विन्यास और मूसला जड़

C. समान्तर शिरा-विन्यास और रेशेदार (झकड़ा) जड़

D. समान्तर शिरा-विन्यास और सूसला जड़

88. चुम्बकों के विषय में नीचे दिया गया कौन-सा तथ्य सही नहीं है?

A. छड़ चुम्बक के सिरों पर चुम्बकीय क्षेत्र अधिक प्रबल होता है।

B. चुम्बकीय क्षेत्र रेखाएँ चुम्बक के उत्तर ध्रुव से आरम्भ होती हैं और दक्षिण ध्रुव पर विलीन हो जाती हैं।

C. आकर्षण चुम्बकत्व का एक निश्चित परीक्षण है।

D. चुम्बकों के सजातीय ध्रुव एक-दूसरे को प्रतिकर्षित करते हैं।

89. नीचे दी गई धातुओं और अधातुओं का मिलान उनके उपयोगों से कीजिए :

(*a*) आयोडीन	(*i*) जल-शोधन में
(*b*) मरकरी	(*ii*) घावों पर
(*c*) ऐलुमिनियम	(*iii*) तापमापियों में
(*d*) क्लोरीन	(*iv*) खाद्य-पदार्थों की डिब्बाबंदी (पैकेजिंग) में

	(*a*)	(*b*)	(*c*)	(*d*)
A.	(*iii*)	(*ii*)	(*iv*)	(*i*)
B.	(*iv*)	(*ii*)	(*iii*)	(*i*)
C.	(*i*)	(*ii*)	(*iii*)	(*iv*)
D.	(*ii*)	(*iii*)	(*iv*)	(*i*)

90. निम्नलिखित में से **सत्य** कथन छाँटिए।

A. बेकेलाइट थर्मोप्लास्टिक है जबकि मेलामाइन थर्मोसेटिंग प्लास्टिक है।

B. मेलामाइन थर्मोप्लास्टिक है जबकि बेकेलाइट थर्मोसेटिंग प्लास्टिक है।

C. बैकेलाइट और मेलामाइन दोनों ही थर्मोप्लास्टिक हैं।

D. बेकेलाइट और मेलामाइन दोनो ही थर्मोसेटिंग प्लास्टिक हैं।

भाग-III

भाषा-I : हिन्दी

निर्देश (प्र. सं. 91 से 96): *नीचे दिए गए पद्यांश को पढ़कर निम्नलिखित प्रश्नों के **सही/सबसे उपयुक्त** उत्तर वाले विकल्प को चुनिए।*

माँ तम्हारा ऋण बहुत है मैं अकिंचन
किंतु फिर भी कर रहा इतना निवेदन
थाल में लाऊँ सजाकर भाल जब भी
कर दया स्वीकार लेना वह समर्पण।

माँ मुझे बलिदान का वरदान दे दो
तोड़ता हूँ मोह का बंधन क्षमा दो
आज सीधे हाथ में तलवार दे दो
और बाएँ हाथ में ध्वज को थमा दो।

सुमन अर्पित चमन अर्पित
नीड़ का कण-कण समर्पित
चाहता हूँ, देश की धरती, तुझे कुछ और भी दूँ।

91. 'माँ' संबोधन किसके लिए है?
A. मातृभूमि के लिए
B. देवी दुर्गा के लिए
C. जननी के लिए
D. पृथ्वी के लिए

92. कवि निवेदन कर रहा है किः
A. उसके जीवनदान को स्वीकार किया जाए
B. उस पर दया की जाए
C. उसे ऋण चुकाने का अवसर मिले
D. वह मूल्यवान थाल में माथा सजाकर लाए

93. 'नीड़ का कण-कण समर्पित' कथन में 'नीड़' का आशय हैः
A. झोपड़ी
B. महल
C. तिनके
D. घर-परिवार

94. "चाहता हूँ, देश की धरती, तुझे कुछ और भी दूँ"—कथन में 'कुछ और' से तात्पर्य है कि कुछ ऐसा दिया जाए जो :
A. ब्याज चुकाने से बेहतर हो
B. थाल में दी जाने वाली भेंट से अच्छा हो
C. ऋण चुकाने से बढ़कर हो
D. बलिदान से भी बढ़कर हो

95. 'अकिंचन' का अर्थ है :
A. परमदुखी
B. अति निर्धन
C. ऋणी
D. बेसहारा

96. 'बलिदान' शब्द से बना विशेषण है :
A. आत्मबलि
B. बलिदानी
C. प्रबल दानी
D. बलवान

निर्देश (प्र. सं. 97 से 111): *निम्नलिखित प्रश्नों के **सही/सबसे उपयुक्त** उत्तर वाले विकल्प को चुनिए।*

97. सरसरी तौर पर किसी पाठ को देखकर उसकी विषयवस्तु का पता कर लेनाः
A. पढ़कर समझने का पहला प्रयास है
B. पढ़ने की कुशलता का अंतिम पड़ाव है
C. पढ़ने की निम्न स्थिति को दर्शाता है
D. पढ़ने की एक महत्वपूर्ण कुशलता है

98. बच्चों के बोलना सीखने के संदर्भ में कौन-सा कथन **सही** है?
A. बच्चों को सुनने और बोलने के अधिक-से-अधिक अवसर देने चाहिए।
B. अपनी भाषा से इतर भाषाओं को सुनने के लिए मना करना चाहिए।
C. सभी बच्चों की बोलना एवं सुनना सीखने की गति समान होती है।
D. बच्चों को प्रारंभ से ही शुद्ध उच्चारण के प्रति सचेत रहना चाहिए।

99. भोजपुरीभाषी मोना 'श' को 'स' और 'र' को 'ड' बोलती है। इसका सर्वाधिक संभावित कारण हैः
A. मातृ भाषा का व्याघात
B. उच्चारणगत त्रुटि
C. मातृभाषा से प्रेम
D. हिन्दी भाषा की कठिनता

100. कक्षा III की शिक्षिका अपने विद्यार्थियों को पाठ्य-पुस्तक से इतर भिन्न-भिन्न प्रकार के बाल-साहित्य पढ़ने के लिए प्रोत्साहित करती है, क्योंकि वह चाहती है कि बच्चेः
A. बाल-साहित्य के प्रकाशकों के बारे में जान सकें
B. तरह-तरह की विधाओं से परिचित हो सकें
C. विभिन्न बाल-साहित्यकारों के नाम जान सकें
D. अपनी पठन-क्षमता बढ़ा सकें

101. उच्च प्राथमिक स्तर पर व्याकरणिक पक्षों, शब्दों की बारीकियों के आकलन के संदर्भ में सबसे अधिक महत्त्वपूर्ण हैः
A. पाठ्य-पुस्तकीय व्याकरण के नियम जानना
B. शब्दकोशीय शब्द-संपदा का ज्ञान
C. परिभाषाओं को जानना
D. संदर्भ में व्याकरण समझना

102. आपने अपने विद्यार्थियों को एक प्रश्न दिया है—"घर से विद्यालय आने तक आप रास्ते में जो-जो चीजें देखते हैं, उन्हें लिखें।" आपकी कक्षा में एक विद्यार्थी दृष्टि-बाधित है। आपः
A. प्रश्न में उस बच्चे की आवश्यकता के अनुसार परिवर्तन करेंगी
B. स्वयं प्रश्न का उत्तर लिखकर देंगी
C. उसे इस प्रश्न का उत्तर लिखने के लिए मना करेंगी
D. उसे कहेंगी कि अपने सहपाठी से पूछकर लिख लो

103. उच्च प्राथमिक स्तर पर बच्चों की भाषाई क्षमताओं का आकलन करने के लिए सर्वाधिक उपयोगी हैः

A. पाठ में आई कहानी को आगे बढ़वाना
B. पाठ के व्याकरण की जाँच-परख करना
C. पाठांत प्रश्नों के उत्तर लिखवाना
D. पाठ की विषयवस्तु को लिखवाना

104. "बच्चे अपने चारों ओर लिखित सामग्री का जितना उपयोग होते देखेंगे उतनी ही लिखित भाषा के प्रति उनकी समझ सहज रूप से बनती चली जाएगी।" उपर्युक्त कथन का निहितार्थ हैः

A. बच्चों को श्यामपट्ट पर लिखे हुए तथ्य अपनी कॉपी में लिखने के अधिकाधिक अवसर देने चाहिए
B. बच्चों को अपने इर्द-गिर्द विज्ञापन, होर्डिंग्स, कैलेंडर, बाल-साहित्य, सूचियाँ आदि देखने-पढ़ने के अवसर मिलते रहने चाहिए
C. बच्चों की पाठ्य-पुस्तकों में बहुत-से पाठ होने चाहिए
D. बच्चों को गृहकार्य में लेखन-संबंधी कार्य ही देना चाहिए

105. 'भाषा अर्जन' के बारे में कौन-सा कथन **सही** है?

A. यह विद्यालय में ही होता है।
B. यह परिवार में ही होता है।
C. यह सहज होता है।
D. यह कठिन होता है।

106. निम्नलिखित में से किस स्थिति में आप कहेंगे कि 'पठन' हो रहा है?

A. ध्वनि का उतार-चढ़ाव
B. उचित गति एवं प्रवाह
C. अनुमान के साथ भाव ग्रहण
D. प्रत्येक शब्द का सही उच्चारण

107. उच्च माध्यमिक स्तर पर हिन्दी भाषा की पाठ्य-पुस्तक में हिन्दीतर भाषाओं की रचनाओं को भी स्थान देने का मुख्य उद्देश्य हैः

A. अन्य भाषाओं के साथ तुलना करना
B. अन्य भाषाओं के उत्कृष्ट साहित्य से परिचित कराना
C. अन्य भाषाओं के व्याकरण से परिचित कराना
D. अन्य भाषाओं के रचनाकारों से परिचित कराना

108. बच्चों की सशक्त लेखन क्षमता का परिचायक हैः

A. मौलिक विचार
B. आलंकारिक भाषा
C. सुंदर लिखावट
D. सशक्त वाक्य-विन्यास

109. मुहावरे और लोकोक्तियाँ सीखने-सिखाने का एक महत्वपूर्ण उद्देश्य है :

A. कोश से मुहावरा एवं लोकोक्ति का अर्थ देखना
B. मुहावरे एवं लोकोक्तियों का निर्माण करना
C. मुहावरे एवं लोकोक्तियों का सुचिंतित प्रयोग करना
D. मुहावरे एवं लोकोक्तियों का अर्थ बताना

110. निम्नलिखित में से किस प्रकार के प्रश्न बच्चों की भाषागत रचनात्मकता का आकलन करने में सर्वाधिक रूप से उपयुक्त होंगे?

A. 'सही कथन पर निशान लगाओ' वाले प्रश्न
B. बहुविकल्पीय प्रश्न
C. मुक्त अंत वाले प्रश्न
D. एक शब्द में उत्तर वाले प्रश्न

111. तपस्या सातवीं कक्षा में विभिन्न संदर्भों में 'पृथ्वी', 'वसुधा' और 'भूमि' शब्दों के प्रयोगों की तरफ बच्चों का ध्यान आकर्षित करती है। ऐसा करने में उसका उद्देश्य हैः

A. पर्यायवाची शब्दों की परिभाषा देना
B. भाषा का व्याकरणिक ज्ञान देना
C. शब्द-भण्डार का विकास कराना
D. हिन्दी की बारीकियाँ समझाना

निर्देश (प्र. सं. 112 से 120): *नीचे दिए गए गद्यांश को पढ़कर पूछे गए प्रश्नों के **सही/सबसे उपयुक्त** उत्तर वाले विकल्प को चुनिए।*

उत्तर भारत के संत कवि कबीर और दक्षिण भारत के संत कवि तिरुवल्लुवर के समय में लगभग दो हजार वर्ष का अंतराल है किंतु इन दोनों महाकवियों के जीवन में अद्भुत साम्य पाया जाता है। दोनों के माता-पिता ने जन्म देकर इन्हें त्याग दिया था, दोनों का लालन-पालन निस्संतान दंपतियों ने बड़े स्नेह और जतन से किया था। व्यवसाय से दोनों जुलाहे थे। दोनों ने सात्विक गृहस्थ जीवन की साधना की थी।

तिरुवल्लुवर का प्रामाणिक जीवन-वृत्तांत प्राप्त नहीं होता। प्रायः उन्हें चेन्नई के निकट मइलापुर गाँव का जुलाहा माना जाता है किंतु कुछ लोगों के अनुसार वे राजा एल्लाल के शासन में एक बड़े पदाधिकारी थे और उन्हें वैसा ही सम्मान प्राप्त था जैसा चंद्रगुप्त के शासनकाल में चाणक्य को। उनके बारे में अनेक दंतकथाएँ प्रचलित हैं। जैसे कहा जाता है कि एक संन्यासी नारी जाति से घृणा करता था। उसका विश्वास था कि स्त्रियाँ बुराई की जड़ हैं और उनके साथ ईश्वर-भक्ति हो ही नहीं सकती। तिरुवल्लुवर ने बड़े आदर से उसे अपने घर बुलाया। दो दिन उनके परिवार में रहकर संन्यासी के विचार ही बदल गए। उसने कहा, "यदि तिरुवल्लुवर और उनकी पत्नी जैसी जोड़ी हो तो गृहस्थ जीवन ही श्रेष्ठ है।"

कबीर के दोहों की भाँति तिरुवल्लुवर ने भी छोटे छंद में कविता रची जिसे 'कुरल' कहा जाता है। कुरलों का संग्रह 'तिरुक्कुरल' उनका एकमात्र ग्रंथ है। तिरुक्कुरल को तमिल भाषा का वेद माना जाता है। इसका प्रत्येक कुरल एक सूक्ति है और ये सूक्तियाँ सभी धर्मों का सार हैं। संपूर्ण मानवजाति को शुभ के लिए प्रेरित करना ही इसका उद्देश्य प्रतीत होता है। जैसे धर्म के बारे में दो कुरलों का आशय हैः

- भद्र पुरुषों! पवित्र मानव होना ही धर्म है। स्वच्छ मन वाले बनो और देखो तुम उन्नति के शिखर पर कहाँ-से-कहाँ पहुँच जाते हो।
- झूठ न बोलने के गुण को ग्रहण करो तो किसी अन्य धर्म की आवश्यकता ही न रहेगी।

112. यदि कबीर का समय पंद्रहवीं शताब्दी ईस्वी है, तो तिरुवल्लुवर का समय होगाः

A. लगभग 500 वर्ष ई.पू.
B. लगभग पहली सदी ईस्वी
C. लगभग 1500 वर्ष ई.पू.
D. लगभग 1000 वर्ष ई.पू.

113. तिरुवल्लुवर के अनुसार श्रेष्ठ धर्म है :

A. मंदिरों में जाना
B. किसी अन्य धर्म की आवश्यकता न रहना
C. ईश्वर में आस्था होना
D. मन से पवित्र होना

114. 'तमिल' किस देश-प्रदेश की भाषा है?

A. केरल
B. कर्नाटक
C. श्रीलंका
D. तमिलनाडु

115. जो संबंध चंद्रगुप्त का चाणक्य से था वही संबंध:

A. एल्लाल का तिरुवल्लुवर से था
B. तिरुवल्लुवर का एल्लाल से था
C. चाणक्य का चंद्रगुप्त हो या
D. चंद्रगुप्त का एल्लाल से था

116. तिरुवल्लुवर और कबीर में साम्य के बिंदु हैं:

1. जन्म के बाद माता-पिता के द्वारा त्याग देना
2. एक-से छंद में कविता करना
3. जुलाहे का व्यवसाय करना
4. नारी जाति से घृणा करना

सही विकल्प को चुनिए।

A. 2 तथा 3
B. 1 तथा 2
C. 1, 2 तथा 3
D. 1, 2 तथा 4

117. नारी जाति से घृणा करने वाले संन्यासी के विचार तिरुवल्लुवर ने कैसे बदले?

A. अपनी गृहस्थी का साक्षी बनाकर
B. उसका स्वागत-सत्कार करके
C. सुंदर उपदेश देकर
D. अपनी रचनाएँ सुनाकर

118. 'ईश्वर-भक्ति' शब्द का विग्रह और समास होगा:

A. ईश्वर रूपी भक्ति—कर्मधारय
B. ईश्वर की भक्ति करता हो जो—बहुब्रीहि
C. ईश्वर और भक्ति—द्वंद्व
D. ईश्वर की भक्ति—तत्पुरुष

119. किसी धर्म की आवश्यकता कब **नहीं** रह जाती?

A. झूठ को त्याग देने पर
B. ईश्वर की शरण माँग लेने पर
C. नास्तिक हो जाने पर
D. धर्म पर विश्वास न होने पर

120. 'स्नेह' और 'जतन' शब्द क्रमशः हैं:

A. देशज और आगत
B. आगत और तद्भव
C. तत्सम और तद्भव
D. तद्भव और देशज

PART- IV

Language-II : English

Directions (Q. Nos. 121 to 127) : *Read the passage given below and answer the questions that follow by selecting the **correct/most appropriate** options.*

Where does all our garbage disappear once it leaves our homes? There are four methods of managing waste : recycling, landfilling, composting and burning. Each method has its strengths and weaknesses.

Recycling is the process of turning waste into new materials. For example, used paper can be turned into paperboard, which can be used to make book covers. Recycling can reduce pollution, save materials and lower energy use. Some argue that collecting, processing and converting waste uses more than it saves.

Landfilling is the oldest method of managing waste. Landfilling is to bury garbage in a hole. Over a period of time the process of landfilling has advanced. Garbage is compacted before it is thrown into the pit. In this way garbage can fit in each landfill. Large garbage bags are placed at the bottom of a landfill so that toxic garbage juice does not get into the groundwater. But in spite of the bags, landfills may pollute the underground water. Not to mention that all garbage stinks. Nobody wants to live next to a landfill.

As landfill space increases, interest in composting grows. Composting is when people pile up organic matter, such as food waste, and allow it to decompose. The product of this decomposition is compost. Compost can be added to the soil to make the soil richer and better for growing crops.

One thing that is easier to do is burning garbage. There are two main ways to burn waste. The first is to harvest fuel from the waste. The second is to burn the waste directly; the heat from this burning process can boil water, which can power steam generators. Unfortunately, burning garbage pollutes the air.

121. Garbage recycling:

A. wastes a lot of energy
B. uses more energy than it saves
C. saves a lot of energy
D. saves only a little energy

122. Consider the following statements:

1. Landfilling does not allow water and air pollution.
2. Composting is better than landfilling.

Which of the above statements is/are **true**?

A. Neither 1 nor 2
B. Both 1 and 2
C. only 1
D. only 2

123. It is safe to dispose of garbage through:

A. recycling and composting
B. burning and landfilling
C. recycling and burning
D. composting and burning

124. Consider the following statements:

1. We do not use any energy in the process of composting.
2. Burning can be a source of energy.

Which of the above statements is/are **true**?

A. Only 1 B. Only 2
C. Both 1 and 2 D. Neither 1 nor 2

125. Compacting of garbage is done to:

A. save space
B. avoid soil pollution
C. protect groundwater
D. remove the stink

126. "... the process of turning waste ..." The word 'turning' is a/an:

A. adjective B. participle
C. noun D. verb

127. "There are two main ways to burn waste." The underlined word is a

A. participle B. gerund
C. noun D. verb

Directions (Q. Nos. 128 to 142) : *Answer the following questions by selecting the* ***correct/most appropriate*** *options.*

128. When children are introduced to English as a second language:

A. they should begin writing first
B. they should read first
C. they should begin with letters of alphabet
D. they should be exposed to language orally

129. Eclecticism in language teaching refers to using:

A. technology to teach language
B. all the methods to teach language
C. appropriate strategies from various methods of teaching
D. the best method of teaching

130. Which of the following approaches/mehods advocates linguistic competence and performance?

A. Structural approach
B. Communicative approach
C. Grammar-translation method
D. Direct method

131. Global listening is **not** listening:

A. for improving recognition of spoken text
B. for specific information
C. without being constrained by preset questions or tasks
D. at different levels of comprehension

132. Which of the following activities needs to be taken care of for helping non-native speakers to produce the sounds of the target language?

A. Maintaining the regional interference
B. Distinguishing the vowel from consonant sounds
C. Imitating the way a native speaker produces sounds
D. Ensuring that the words spoken are intelligible to others

133. The concept of transformative-generative grammar was given by:

A. Piaget B. Bruner
C. Ferdinand Saussure D. Noam Chomsky

134. Tail question also refers to:

A. most important question
B. follow-up question
C. question tag
D. insignificant question

135. A teacher of Class VII while teaching the poem, *The Solitary Reaper* by William Wordsworth asks children to find how the last words of each line sound. What is she trying to draw the attention of learners to?

A. Vocabulary B. Theme of the poem
C. Spelling of words D. Rhyme scheme

136. To help the students overcome the problems of spelling mistakes, the teacher will use ______ as the teaching strategy.

A. dictation B. loud reading
C. brainstorming D. pronunciation drill

137. Grammar-translation method of teaching English heavily relies on:

A. language use as the main focus
B. form-focussed teaching
C. meaning-focussed teaching
D. direct teaching as a strategy for learning

138. Language proficiency refers to:

1. fluency 2. accuracy
3. appropriateness 4. efficiency

Which of the above are **true**?

A. 1, 3 and 4 B. 1, 2 and 4
C. 1, 2 and 3 D. 2, 3 and 4

139. Written description of a child's progress that a teacher keeps on a day-to-day basis is

A. rating scale B. rubric
C. anecdotal record D. portfolio

140. A teacher of Class VI in a writing assessment task asked students to write on : "If I were famous for something ...". This is assessment of a/an ______ answer.

A. descriptive B. narrative
C. extrapolative D. factual

141. A good language textbook should:

1. contain learner-centred materials.
2. contain teacher-friendly instruction and content-related materials.
3. incorporate language skills throughout.
4. have more syntactical items in its content:

Which of the above are **true**?

A. 1, 3 and 4 B. 2, 3 and 4
C. 1, 2 and 3 D. 1, 2 and 4

142. Kavya notes down the errors committed by learners of the class and discusses them once in a fortnight. What is this practice known as?
A. Error correction
B. Providing feedback
C. Evaluation
D. Assessment

Directions (Q. Nos. 143 to 150) : *Read the passage given below and answer the questions that follow by selecting the **correct/most appropriate** options.*

"Although India has a tradition of women warriors, participation in the Salt Satyagraha was their first appearance in any modern militant political campaign and I could hardly suppress my excitement at the enormity of the occasion and my own good fortune to be amongst the first. As I attached my name to the pledge to devote myself to my country's freedom battle, my hand shook a little under my tumultuous emotions. It seemed such a stupendous moment in my life, in the life of the women of my country. I felt I was tracing not the letters of my name, but recording a historic event. There was not much time for thought, however. The next instant we were filing out, taking the road to the sea, marching with quick steps. Great sky-rending cries or 'Jai' fillled the air. Heavy-scented flower garlands almost smothered us. From the balconies and roofs unseen hands showered rose-petals until the road became a carpet of flowers. Often our march was stopped and bright-eyed women sprinkled rose water from silver sprays, tipped our palms with sandalwood paste and perfume and blessed us waving lights round our heads and faces for good omen."

The long narrow strip of sand that borders the city like a white ribbon was transformed this morning into another sea—a sea of human faces that swayed and danced and bobbed about even as did the deep azure waves that rimmed the shore. The city seemed to have disgorged almost its entire population onto the sands. It was not the struggling batch of seven that was breaking the Salt Law, but hundreds and thousands now filling the water's edge. And still they kept coming, thousands of women amongst them, striding like proud warriors, gracefully balancing their pitchers of maroon-red earth and shimmering brass that scattered a thousand hues as the sunrays struck them. Even as I lit my little fire to boil the saltwater, I saw thousands of fires aflame dancing in the wind. The copper pans sizzled in laughter while their bosoms traced the white grains of salt as the heat lapped up the last drop of water.

143. Participation in the Salt Satyagraha evoked in the author a feeling of:
A. fear
B. ecstasy
C. pride
D. excitement

144. The author took a pledge to:
A. be part of India's freedom struggle
B. launch a literacy campaign
C. fight against social evils
D. serve the poor people of India

145. The warm welcome given to the Satyagrahis showed:
A. people's hatred of the British
B. general resentment against British exploitation of the people
C. that the Indian people turn every event into a joyous occasion
D. the full support of the people for breaking the Salt Law

146. "A sea of human faces that swayed and danced" means:
A. a large number of enthusiastic people
B. human faces resembling a sea
C. people dancing while bathing
D. people bathing and frolicking in the sea

147. Women lighted their little fires on the seashore to:
A. express their anger against the British
B. make tea and drink it to overcome their fatigue
C. protect themselves from cold
D. boil seawater to make salt

148. The word which nearly means the same as 'stupendous' is :
A. influential
B. wonderful
C. crucial
D. significant

149. The word opposite in meaning to the word 'proud' as used in the passage is:
A. fawning
B. gentle
C. humble
D. decent

150. Which part of speech is the underlined word in the following sentence?
"I could <u>hardly suppress my excitement.</u>"
A. Conjunction
B. Pronoun
C. Adverb
D. Adjective

उत्तरमाला

1	2	3	4	5	6	7	8	9	10
A	B	D	B	D	B	C	A	D	B
11	12	13	14	15	16	17	18	19	20
A	B	A	C	B	D	C	D	C	A

21	22	23	24	25	26	27	28	29	30
B	C	C	C	A	D	C	A	B	D
31	32	33	34	35	36	37	38	39	40
A	D	B	D	A	D	C	A	B	B
41	42	43	44	45	46	47	48	49	50
C	A	C	A	B	B	D	C	A	D
51	52	53	54	55	56	57	58	59	60
D	A	A	A	A	B	D	A	B	A
61	62	63	64	65	66	67	68	69	70
C	A	D	C	D	A	B	C	D	A
71	72	73	74	75	76	77	78	79	80
B	B	A	B	A	B	B	B	A	B
81	82	83	84	85	86	87	88	89	90
C	C	D	D	A	D	C	C	D	D
91	92	93	94	95	96	97	98	99	100
A	A	D	D	B	B	D	A	A	D
101	102	103	104	105	106	107	108	109	110
D	A	A	B	C	C	B	A	C	C
111	112	113	114	115	116	117	118	119	120
D	A	D	D	A	C	A	D	A	C
121	122	123	124	125	126	127	128	129	130
B	D	A	C	A	C	C	D	C	B
131	132	133	134	135	136	137	138	139	140
C	D	D	C	D	A	B	C	C	C
141	142	143	144	145	146	147	148	149	150
C	B	D	A	D	A	D	B	C	C

व्याख्यात्मक उत्तर

31. दिये गये आँकड़े 2, 1, 2, 3, 3, 6, 4, 8, 14, 9, 4, 8, 4 है।

बहुलक = 4

माध्यमान = 4

परास = 14 – 1 = 13

$\therefore$ माध्य = $\frac{4+4+13}{3} = \frac{21}{3} = 7$

42. $\frac{-5}{6}$ तथा $\frac{7}{8}$

6 तथा 8 का ल.स. = 24

$\frac{-5}{6} = \frac{-20}{24}$

$\frac{7}{8} = \frac{21}{24}$

अतः $\frac{-11}{12} = \frac{-22}{24}$ $\frac{-5}{6}$ और $\frac{7}{8}$ के बीच नहीं है।

43. $\left[\left(\frac{3}{8}\right)^{-2} \times \left(\frac{-4}{3}\right)^{-3}\right]$

$= \left[\left(\frac{8}{3}\right)^{2} \times \left(\frac{-5}{4}\right)^{3}\right] = \frac{64}{9} \times \frac{-125}{64} = \frac{-125}{9}$

अतः $\left[\left(\frac{3}{8}\right)^{-2} \times \left(\frac{-4}{5}\right)^{-3}\right]$ का प्रतिलोम $= -\frac{9}{125}$

44. $(13^2 - 5^2)^{3/2} = 6^3 \times A$

$\Rightarrow (169 - 25)^{3/2} = 216A$

$\Rightarrow (144)^{3/2} = 216A$

$\Rightarrow (12)^{2\times\frac{3}{2}} = 216A$

$\Rightarrow (12)^3 = 216A$

$\Rightarrow A = \frac{12\times12\times12}{6\times6\times6} = 2 \times 2 \times 2 = 2^3$

अतः A का मान = 2^3

45. $\because$ x तथा y असहभाज्य संख्याएं हैं, तब $x - y$ का मान = 8

46. 547 a = 5472 = 5 + 4 + 7 + 2 = 18 जो 3 से विभाजित हो जाता है।

$\therefore$ a = 2, 5, 8

योग = 2 + 5 + 8 = 15

47. $x^2 - 256 = (x^2)^2 - (4^2)^2$

$= (x^2 + 4^2)(x^2 - 4^2)$

$= (x^2 + 4^2)(x + 2^2)(x - 2)(x + 2)$

$= (x^2 + 16)(x + 4)(x - 4)$

$x^2 - 4x^2 + 3x - 12$

$x^2 (x - 4) + 3 (x - 4)$

$= (x - 4)(x^2 \ 3)$

$x^2 - 7x + 12$

$= x^2 - 4x - 3x + 12$

$= x(x - 4) - 3(x - 4)$

$= (x - 4)(x - 3)$

अतः सार्व गुणनखण्ड $= (x - 4)$

48. $4x + 1 \overline{\big)\, 8x^3 - 6x^2 + 10x + 3 \,\big(}\ 2x^2 - 2x + 3$

$8x^3 + 2x^2$

$- \quad -$

$-8x^2 + 10x + 3$

$-8x^2 - 2x$

$+ \quad +$

$12x + 3$

$12x + 3$

$- \quad -$

प्रश्नानुसार,

$2x^2 + k = 2x^2 - 2x + 3$

$\Rightarrow k = 3 - 2x$

अतः k का मान $= 3 - 2x$

49. $(9x^2 - x + 15)(x^2 - x - 1)$

$\Rightarrow 9x^2 (x^2 - x - 1) - x(x^2 - x - 1) + 15(x^2 - x - 1)$

$\Rightarrow 9x^4 - 9x^3 - 9x^2 - x^3 + x^2 + x + 15x^2 - 15x - 15$

$\Rightarrow 9x^4 - 10x^3 + 7x^2 - 14x - 15$

A = –10

B = 7

C = –14

$\therefore$ A + B – C = –10 + 7 + 14 = 11

50. $81x^2 - 72xy + 16y^2$

$= (9x)^2 - 2(9x)(4y) + (4y)^2$

$= (9x - 4y)^2$

$= \left[9 \times \frac{1}{9} - 4\left(-\frac{3}{4}\right)\right]^2$

$= (1 + 3)^2 = (4)^2 = 16$

51. $\because$ पुत्री की वर्तमान आयु $= x$ वर्ष

$\therefore$ अभी की वर्तमान आयु $= 2x$ वर्ष

5 वर्ष पहले,

$2x - 5 = 4(x - 5)$

$\Rightarrow 4(x - 5) = 2x - 5$

52. साधारण ब्याज $= \frac{6250 \times 8 \times 1}{100} = 500$

मिश्रधन = 6250 + 500 = ₹ 6750

साधारण ब्याज $= \frac{6750 \times 8 \times 1}{100} =$ ₹ 540

मिश्रधन = 6750 + 540 = 7290

साधारण ब्याज $= \frac{7290 \times 8 \times 3}{100 \times 4} =$ ₹ 437.40

मिश्रधन = 7290 + 437.40 = ₹ 7727.40

53. माना कि क्रय मूल्य = ₹ 100

अंकित मूल्य = ₹ 100 + $\frac{40}{100} \times 100$ = ₹ 140

छूट $= \frac{40}{100} \times 140 = 56$

विक्रय मूल्य = 140 – 56 = 84

हानि = 100 – 84 = 16

प्रतिशत हानि $= \frac{\text{हानि}}{\text{क्रयमूल्य}} \times 100$

$= \frac{16}{100} \times 100 = 16\%$

54. $2x + 3x + 5x + 8x = 360$

$\Rightarrow 18x = 360° \quad \Rightarrow x = 20$

$2x = 2 \times 20 = 40°$

$3x = 3 \times 20 = 60°$

$5x = 5 \times 20 = 100°$

$8x = 8 \times 20 = 160°$

अभीष्ट कोणों का योग = 20° + 50° = 70°

55. **स्थिति I :** $2m - \frac{1}{2m} = 2$

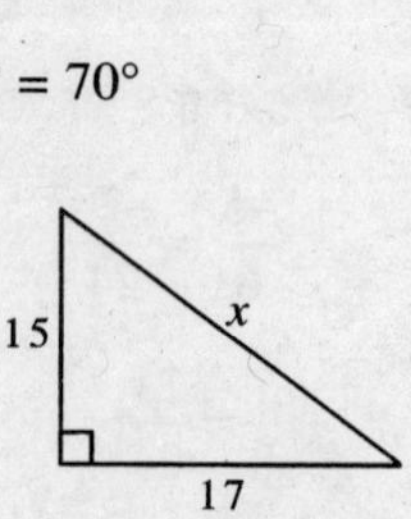

$x^2 = (15)^2 + (17)^2$

$= 225 + 289 = 514$

$\Rightarrow x = 22.6$

स्थिति II :

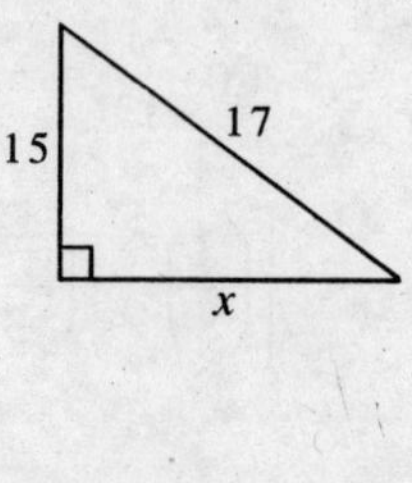

$x^2 = (17)^2 - (15)^2$

$= 289 - 225 = 64$

$\Rightarrow x = 8$

अतः विकल्प B सही है।

58. $\because$ टंकी का $\frac{2}{3}$ भाग भरा हुआ है

$= 540 \times \frac{2}{3} = 360$ घनमीटर^3

अब, $x = \frac{360}{15 \times 8} = \frac{360}{120} = 3$ मी.

$\therefore$ अभीष्ट ऊँचाई = 3 मीटर

59. $\frac{\frac{\sqrt{3}}{4}a^2}{\frac{\sqrt{3}}{4}b^2} = \frac{16}{9}$

$\Rightarrow \frac{a}{b} = \frac{4}{3}$

$\therefore$ दोनों त्रिभुजों का अनुपात = 4 : 3

माना कि बड़ी त्रिभुज की भुजा = $4x$ तथा

छोटी त्रिभुज की भुजा = $3x$

छोटी त्रिभुज की परिमिति = 63

$\Rightarrow 3 \times 3x = 63$

$\Rightarrow \quad x = \frac{63}{9} = 7$

$\therefore \quad 4x = 4 \times 7 = 28$

$\Rightarrow \quad 3x = 3 \times 7 = 21$

बड़ी त्रिभुज की भुजा = 28 सेमी

छोटी त्रिभुज की भुजा = 21 सेमी

अन्तर = 28 – 21 = 7 सेमी

60. $\because C = 2\pi r$

$\Rightarrow 2\pi r = 6\pi$

$\Rightarrow r = 3$ सेमी.

वृत्त का क्षेत्रफल = $\pi r^2 = 9\pi$ वर्ग सेमी^{2}

त्रिभुज का क्षेत्रफल = $\frac{1}{2} \times b \times h$

प्रश्नानुसार,

$\frac{1}{2} \times b \times h = 9\pi$

$\Rightarrow \frac{1}{2} \times 8 \times h = 9\pi$

$\Rightarrow h = \frac{9\pi}{4} = 2.25\pi$ सेमी.

अतः त्रिभुज की ऊँचाई = 2.25 π सेमी.

पिछले प्रश्न-पत्र (हल सहित)

CTET पेपर-II, फरवरी 2016*

(गणित एवं विज्ञान शिक्षक हेतु)

भाग-I

बाल विकास व शिक्षाशास्त्र

निर्देश : *निम्नलिखित प्रश्नों के उत्तर देने के लिए* ***सही/सबसे उपयुक्त*** *विकल्प चुनिए।*

1. शिक्षार्थियों में बहुत विभिन्नताएँ होती हैं। इनमें से किसके/किनके लिए शिक्षक को संवेदनशील होने की आवश्यकता है?

I. संज्ञानात्मक क्षमताओं और सीखने के स्तरों पर आधारित भिन्नताएँ

II. भाषा, जाति, लिंग, धर्म, समुदाय की विविधता पर आधारित भिन्नताएँ

नीचे दिए गए कूट के आधार पर सही उत्तर चुनिए।

A. केवल II   B. I और II दोनों
C. न तो I और न ही II   D. केवल I

2. केवल कागज-पेंसिल जाँचों द्वारा आकलन

A. समग्र मूल्यांकन को सुविधा प्रदान करता है
B. निरंतर मूल्यांकन को सुविधा प्रदान करता है
C. सकल आकलन को बढ़ावा देता है
D. आकलन को सीमित कर देता है

3. माध्यमिक विद्यालय की कक्षा में शिक्षिका के पास एक 'बधिर' बच्चा है। उसके लिए यह महत्वपूर्ण है कि

A. उसके प्रति संकेत करे जिसे वह बच्चा बार-बार भी नहीं कर पा रहा
B. बच्चे को डाँट-फटकार कर उसे अलग स्थान पर बैठाए ताकि वह बधिर केन्द्र में प्रवेश ले ले
C. विद्यालय सलाहकार (काउंसलर) से कहे कि वे बच्चे के अभिभावकों से बात करे तथा उन्हें अपने बच्चे को विद्यालय से हटाने के लिए कहें
D. वह बच्चे को उस स्थान पर बैठाए जहाँ से वह शिक्षिका के होंठ तथा चेहरे के भाव साफ तौर पर देख सके

4. एक शिक्षक समाज के 'वंचित वर्ग' के बच्चों की आवश्यकताओं को प्रभावपूर्ण तरीके से पूरा कर सकता है

A. उन्हें कक्षा-कक्ष में अलग स्थान पर बैठाकर, ताकि वे अन्य बच्चों से मेल-जोल न करें
B. अन्य बच्चों को वंचित पृष्ठभूमि वाले बच्चों के प्रति सहानुभूतिपूर्ण व्यवहार करने के लिए कहकर
C. कक्षा-कक्ष के प्रत्येक बच्चे की आवश्यकतानुसार अपना शिक्षण-कौशल अपनाकर
D. उनकी पृष्ठभूमि की उपेक्षा करके तथा उन्हें विद्यालय में कार्य करने के लिए कहकर

5. अधिगम-असमर्थता वाले बच्चे

A. कुछ भी नहीं सीख सकते
B. अधिगम के कुछ पक्षों से संघर्ष करते हैं
C. बहुत सक्रिय होते हैं, लेकिन उनकी बुद्धि-लब्धि कम होती है
D. बहुत बुद्धिमान तथा परिपक्व होते हैं

6. शिक्षक बच्चों को सृजनात्मक विचारों के लिए प्रोत्साहित कर सकता है

A. उन्हें उत्तर कंठस्थ करने के लिए कहकर
B. उनसे प्रत्यास्मरण-आधारित प्रश्न पूछकर
C. उन्हें बहु-विकल्पी प्रश्न देकर
D. उन्हें समस्या-समाधान के लिए विभिन्न तरीकों से सोचने के लिए कहकर

7. विशेष आवश्यकताओं वाले बच्चों से व्यवहार करने के लिए निम्नलिखित दार्शनिक दृष्टिकोणों में से किसका अनुसरण किया जाना चाहिए?

A. उन्हें पृथक् करके उनकी शिक्षा किसी भिन्न शैक्षिक संस्थाओं में होनी चाहिए।
B. उन्हें केवल व्यावसायिक प्रशिक्षण दिया जाना चाहिए।
C. उन्हें समावेशी शिक्षा का और नियमित विद्यालयों में अध्ययन करने का अधिकार प्राप्त हो।
D. उन्हें किसी प्रकार की शिक्षण की आवश्यकता ही नहीं होती।

8. अधिगमकर्ता-केन्द्रित विधि का आशय है

A. कि शिक्षक अधिगमकर्ता के लिए स्वयं निष्कर्ष निकाल देते हैं
B. परंपरागत प्रतीकात्मक विधियाँ
C. उन विधियों को अपनाना, जिनमें शिक्षक मुख्य कर्ता के रूप में होता है
D. वे विधियाँ, जहाँ अधिगम में अधिगमकर्ता की अपनी पहल तथा प्रयास सम्मिलित होते हैं

*Exam was held on 21-02-2016.

9. निम्नलिखित में से कौन-सा एक सीखने के लिए प्रमुख है?
A. अनुबंधन
B. रटकर याद करना
C. अनुकरण
D. अर्थ-निर्माण

10. पियाजे तथा वाइगोत्स्की के अनुसार, एक रचनात्मक कक्षा-कक्ष में अधिगम
A. शिक्षक द्वारा लिखवाया जाता है तथा शिक्षार्थी निष्क्रिय प्राप्तकर्ता होते हैं
B. उद्दीपक तथा अनुक्रिया के जोड़ से होता है
C. शिक्षक द्वारा पुनर्बलन किया जाना है
D. शिक्षार्थियों द्वारा स्वयं सृजित किया जाता है, जो एक सक्रिय भूमिका निभाते हैं

11. निम्नलिखित में से कौन-सा 'आधारभूत सहायता' का एक अच्छा उदाहरण है (जिसका आशय है समस्या-समाधान को तब तक सिखाना जब तक शिक्षार्थी स्वयं न कर सकें)?
A. उसे आधा समाधान (हल) किया उदाहरण उपलब्ध करवाना
B. उसे कहना कि जब तक वह समस्या का समाधान नहीं कर लेती, तब तक घर नहीं जा सकती
C. समस्या का समाधान जल्दी देने के लिए पुरस्कार देना
D. उसे यह बताना कि वह बार-बार प्रयास द्वारा कर सकती है

12. आपकी कक्षा में सीखने की विविध शैलियों वाले बच्चे हैं। उसका आकलन करने के लिए आप उन्हें
A. विविध प्रकार के कार्य और परीक्षण देंगे
B. परीक्षण पूरे करने के लिए एकसमान समय देंगे
C. समान अनुदेश देंगे तथा उसके बाद बच्चों द्वारा परीक्षण में प्राप्त अंकों के अनुसार उनको नामित करेंगे
D. कार्यों और परीक्षणों के एकसमान सेट देंगे

13. आजकल बच्चों की 'गलत धारणाओं' को 'वैकल्पिक धारणाएँ' कहने की एक प्रवृत्ति है। इसे कहा जा सकता है
A. बच्चों की गलतियों की व्याख्या के लिए मनोहारी शब्दों का उपयोग करना
B. बच्चों को उनकी सोच में प्रौढ़ों के समान मानना
C. बच्चों की समझ में सूक्ष्म भेद करना और उनका अपने सीखने के प्रति निष्क्रिय रहना
D. पहचानना कि बच्चे सोच सकते हैं और उनकी सोच प्रौढ़ों से भिन्न होती है

14. निम्नलिखित में से कौन-सा एक माध्यमिक विद्यालय की कक्षा-कक्ष में शिक्षक की भूमिका का सर्वोत्तम/उचित वर्णन करता है?
A. चर्चाओं के अवसर उपलब्ध कराना
B. प्रथम स्थान के लिए शिक्षार्थियों को आपस में प्रतिस्पर्धा के लिए बढ़ावा देना
C. बहु-परिप्रेक्ष्य को निरुत्साहित करना तथा एक-आयामी परिप्रेक्ष्य पर केन्द्रीभूत होना
D. व्याख्यान देने के लिए पॉवरपॉइंट प्रेजेंटेशन का प्रयोग करना

15. अभिप्रेरणा और अधिगम के बारे में निम्नलिखित में से कौन-सा एक कथन सही है?
A. अधिगम केवल तभी प्रभावी होता है जब शिक्षार्थियों में भीतरी प्रेरणा से सीखने की अंतर्निहित इच्छा हो।
B. अधिगम केवल तभी प्रभावी होता है जब शिक्षार्थी बाहरी रूप से प्रेरित हो—बाहरी कारणों से प्रेरित हो।
C. अधिगम में प्रेरणा की कोई भूमिका नहीं होती।
D. अधिगम केवल तभी प्रभावी होता है जब शिक्षार्थी बाहरी पुरस्कारों का उपयोग करने से प्रेरित हो।

16. सीखने के बारे में निम्नलिखित कथनों में से कौन-सा एक सत्य है?
A. सीखना कौशलों के संचय के समान है।
B. सीखने को सामाजिक क्रियाएँ सुविधा देती हैं।
C. सीखना एक निष्क्रिय ग्रहणशील प्रक्रिया है।
D. सीखना शिक्षार्थी के पूर्व ज्ञान पर आधारित नहीं है।

17. निम्नलिखित में से कौन-सी एक महत्वपूर्ण गतिविधि बच्चों को सीखने के लिए सक्षम बनाती है?
A. व्याख्यान
B. निर्देश
C. पुरस्कार
D. संवाद

18. विकास के बारे में निम्नलिखित में से कौन-सा एक कथन सही है?
A. विकास भिन्न व्यक्तियों में भिन्न गति से होता है।
B. विकास जन्म से किशोरावस्था तक बहुत तीव्र गति से होता है और उसके बाद रुक जाता है।
C. विकास जन्म से किशोरावस्था तक आगे की ओर बढ़ता है और फिर पीछे की ओर।
D. विकासात्मक परिवर्तन एक सीधी रेखा में आगे जाते हैं।

19. मध्य-बचपन अवधि है
A. 2 वर्ष से 6 वर्ष
B. 6 वर्ष से 11 वर्ष
C. 10 वर्ष के बाद
D. जन्म से 2 वर्ष

20. "किस व्यक्ति को आकार देने में वातावरण के घटकों की कोई भूमिका नहीं होती, क्योंकि प्रत्येक व्यक्ति की वृद्धि उनकी आनुवंशिक संरचना से निर्धारित होती है।" यह कथन है
A. ठीक है, क्योंकि बहुत-से शोध यह सिद्ध करते हैं कि आनुवंशिक पदार्थ ही व्यक्ति के विकास की भविष्यवाणी करता है
B. ठीक नहीं है, क्योंकि वातावरण के घटक किसी व्यक्ति की वृद्धि और विकास में कम योगदान करते हैं
C. ठीक नहीं है, क्योंकि बहुत-से शोध यह सिद्ध करते हैं कि विकास में वातावरण का बड़ा प्रभाव पड़ सकता है
D. ठीक है, क्योंकि किसी व्यक्ति की आनुवंशिक संरचना बहुत प्रबल होती है

21. .... एक प्रक्रिया है, जिसके माध्यम से मानव शिशु समाज के सक्रिय सदस्य के रूप में निष्पादन करने के लिए आवश्यक कौशलों का अर्जन करना प्रारंभ करता है।
A. सीखना
B. परिपक्वता
C. विकास
D. समाजीकरण

22. पियाजे के अनुसार, विकास को प्रभावित करने में निम्नलिखित कारकों में से किसकी भूमिका महत्वपूर्ण होती है?
A. भौतिक विश्व के साथ अनुभव
B. अनुकरण
C. पुनर्बलन
D. भाषा

23. पूर्व-संक्रियात्मक काल से आने वाली संज्ञानात्मक योग्यता है
A. लक्ष्य-केन्द्रित व्यवहार की योग्यता
B. दूसरे के दृष्टिकोण को समझने की योग्यता
C. अभिकलनात्मक निष्कर्ष चिंतन
D. अमूर्त चिंतन की योग्यता

24. निम्नलिखित में से किस एक जोड़े का मिलान ठीक हुआ है?
A. अच्छा लड़का व अच्छी लड़की अभिविन्यास—अच्छा बनकर कोई स्वीकृति प्राप्त करता है
B. नियम और आदेश अभिविन्यास—मानवाधिकारों के मूल्य के आधार पर नैतिक सिद्धांत स्वयं चुने जाते हैं
C. सामाजिक संविदा अभिविन्यास—किसी कार्य के भौतिक परिणाम निर्धारित करते हैं कि वह अच्छा है या बुरा
D. दंड देना और आज्ञापालन अभिविन्यास—नियम तय नहीं हैं, किंतु समाज के हित में बदले जा सकते हैं

25. वाइगोत्स्की की संस्तुति के अनुसार, बच्चों की 'व्यक्तिगत वाक्' की संकल्पना
A. प्रदर्शित करती है कि बच्चे अपने-आप से प्यार करते हैं
B. स्पष्ट करती है कि बच्चे अपने ही कार्यों के निर्देशन के लिए भाषा का उपयोग करते हैं
C. प्रदर्शित करती है कि बच्चे बुद्धू होते हैं इसलिए उन्हें प्रौढ़ों के निर्देशन की आवश्यकता होती है
D. स्पष्ट करती है कि बच्चे अहं-केंद्रित होते हैं

26. वाइगोत्स्की के अनुसार, सीखने को पृथक् नहीं किया जा सकता
A. पुनर्बलन से
B. व्यवहार में मापने योग्य परिवर्तन से
C. अवबोधन और अवधानात्मक प्रक्रियाओं से
D. उसके सामाजिक संदर्भ से

27. प्रगतिशील शिक्षा में अपरिहार्य है कि कक्षा-कक्ष
A. सत्तावादी होता है, जहाँ शिक्षक आदेश देता है और शिक्षार्थी चुपचाप अनुसरण करता है
B. सबके लिए मुक्त होता है जिसमें शिक्षक अनुपस्थित होता है
C. शिक्षक के पूरे नियंत्रण में होता है जिसमें वह अधिनायकतावादी होता है
D. लोकतांत्रिक होता है और समझने के लिए बच्चों को पर्याप्त स्थान दिया गया होता है

28. निम्नलिखित में से कौन-सा एक उदाहरण भाषिक बुद्धि वाले व्यक्ति को दर्शाता है?
A. स्वर, ताल और सुर के प्रति संवेदनशीलता
B. ध्यान देने और दूसरे से अंतर कर सकने की योग्यता
C. एक को दीर्घ शृंखलाओं को सँभाल सकने की योग्यता
D. शब्दों के अर्थ और क्रम तथा भाषा के विविध प्रयोगों के प्रति संवेदनशीलता

29. भाषा
A. हमारी विचार-प्रक्रिया को पूरी तरह से नियंत्रित करती है
B. हमारी विचार-प्रक्रिया को प्रभावित करती है
C. विचार-प्रक्रिया का निर्धारण नहीं कर सकती
D. विचार-प्रक्रिया को प्रभावित नहीं करती

30. कक्षा VIII की एक पाठ्य-पुस्तक में इस प्रकार के चित्र हैं—शिक्षिका एवं घरेलू काम करने वाली के रूप में महिला; जबकि डॉक्टर एवं पाइलट के रूप में पुरुष। इस प्रकार के चित्रण से बढ़ सकती/सकता है
A. लिंग भूमिका-निर्वाह खेल
B. लिंग स्थिरता
C. लिंग सशक्तिकरण
D. लिंग रूढ़िबद्धता

भाग-II

गणित और विज्ञान

निर्देश : *निम्नलिखित प्रश्नों के उत्तर देने के लिए **सही/सबसे उपयुक्त** विकल्प चुनिए।*

31. निम्न स्थितियों में से किस स्थिति में चतुर्भुज ABCD की रचना संभव नहीं है?
A. BC = 4.5 cm, AD = 5.5 cm, CD = 5 cm, AC = 5.5 cm और BD = 7 cm
B. AB = 6 cm, BC = 9.5 cm, $\angle A = 75°$, $\angle B = 150°$ और $\angle C = 140°$
C. AB = 3.5 cm, $\angle B = 125°$, $\angle C = 80°$, BC = 5.5 cm और CD = 5 cm
D. AB = 4 cm, BC = 6 cm, AC = 8 cm, AD = 5.5 cm और DC = 5 cm

32. मान लीजिए कि x एक ऐसा कोण है, जो अपने पूरक के समान है और y एक ऐसा कोण है, जो अपने संपूरक के समान है। तब $2x + 3y$ बराबर है
A. 135°
B. 270°
C. 360°
D. 180°

33. यदि एक समबहुभुज के प्रत्येक कोण का माप 108° है, तो इसकी भुजाओं की संख्या क्या होगी?

A. 6 B. 7
C. 8 D. 5

34. ABCD एक चतुर्भुज है, जिसमें BD = 40 cm है। सम्मुख शीर्षों से BD पर खींचे गए लंबों की लंबाइयाँ 16 cm तथा 12 cm हैं। चतुर्भुज का क्षेत्रफल (वर्ग cm में) है

A. 560 B. 580
C. 600 D. 500

35. कागज की दो शीटें ली गई हैं, जिनका माप 22 cm × 28 cm है। प्रत्येक शीट से एक बेलन बनाया गया है, जिसमें एक की ऊँचाई 22 cm और दूसरे की ऊँचाई 28 cm है। उनके आयतनों (घन cm में) में अंतर होगा

A. 216 B. 294
C. 316 D. 0

36. तार के दो टुकड़े हैं और प्रत्येक की लंबाई 5024 cm है। तार के एक टुकड़े से एक वर्ग तथा दूसरे से एक वृत्त बनाया जाता है। वर्ग के क्षेत्रफल का वृत्त के क्षेत्रफल से अनुपात है

A. $4 : \pi$ B. $\pi : 8$
C. $8 : \pi$ D. $\pi : 4$

37. अनीशा और अमित कक्षा VII में पढ़ते हैं। अनीशा ने अमित से कहा कि यदि उनकी कक्षा में प्रत्येक विद्यार्थी के गणित के अंकों में 5 की वृद्धि की जाए, तो औसत में 5 की वृद्धि होगी। उसने आगे यह भी कहा कि यह सभी संख्याओं के लिए सही होगा। अमित इससे सहमत नहीं हुआ और अनीशा ने 5 के स्थान पर संख्या n लेकर इसे सिद्ध किया। अनीशा ने उपयोग किया

A. निगमनिक तर्क का B. सामान्य ज्ञान का
C. आकलन का D. आगमनिक तर्क का

38. तकनीकी पर आधारित खेलों, जिनमें संख्याओं के गुणनखंड या द्वि-आयामी आकृतियों को जोड़कर नई आकृति बनाना आदि होता है, इनका प्रयोग

A. विद्यार्थियों में अवधारणाओं को समझने की क्षमता में वृद्धि करता है ताकि वे अपनी योग्यता के अनुसार अन्वेषण, प्रेक्षण और निष्कर्ष करने के कारण कुशल हो जाते हैं
B. शिक्षक द्वारा विद्यार्थियों के गणित प्रदर्शन का मूल्यांकन करने में सहायता करता है
C. विद्यार्थियों को गणित की प्रयोगशाला में व्यस्त रखने में शिक्षक की सहायता करता है
D. विद्यार्थियों की संख्यात्मक दक्षता और परिकलन दक्षता को बढ़ाता है

39. ज्यामिति में उपपत्ति लिखना संकेत करता है

A. कथन के तर्क या औचित्य को
B. ज्यामितीय प्रश्न के वर्णन को
C. किसी आकृति को खींचने के पद को
D. द्वि-स्तंभीय तालिका को, जिसमें अभिगृहीत और निगमन हैं

40. "दो पूरक कोण 2 : 3 के अनुपात में हैं। उनको ज्ञात कीजिए।"
कक्षा VII की एन.सी.ई.आर.टी. की पाठ्य-पुस्तक के उपरोक्त प्रश्न का संदर्भ है कि यह

A. निम्न श्रेणी का विचार है, क्योंकि यह जानकारी का प्रत्यक्ष स्थिति में उपयोग करने पर आधारित है
B. उच्चतर श्रेणी का विचार है, क्योंकि यह अपेक्षा करता है कि दी हुई जानकारी की व्याख्या की जाए, इसका विश्लेषण किया जाए और इसके प्रयोग से वांछित जानकारी प्राप्त की जाए
C. उच्चतर श्रेणी का विचार है, क्योंकि यह अपेक्षा करता है कि दी हुई जानकारी से चित्र की रचना की जाए
D. निम्न श्रेणी का विचार है, क्योंकि यह स्मरण ज्ञान पर आधारित है

41. "सिद्ध कीजिए कि ऐसी कोई भी परिमेय संख्या नहीं है, जिसका वर्ग 2 है।"
इस प्रकार की उपपत्ति है

A. विरोध द्वारा उपपत्ति
B. प्रत्युदाहरण द्वारा उपपत्ति
C. प्रतिस्थिति द्वारा उपपत्ति
D. प्रत्यक्ष उपपत्ति

42. निम्न कथन पर विचार कीजिए :
"यदि एक चतुर्भुज के विकर्ण परस्पर को समद्विभाजित करते हैं, तो चतुर्भुज एक समांतर चतुर्भुज होगा।"
यह कथन है

A. अभिगृहीत
B. साध्य
C. परिभाषा
D. प्रमेय

43. गणित में 'प्रदर्शन' उल्लेख नहीं करता है

A. एक महत्वपूर्ण ज्यामितीय परिणाम को प्रमेय में व्यक्त करना
B. दिए गए आँकड़ों को आलेख द्वारा व्यक्त करना
C. संख्या श्रेणी को ज्यामितीय प्रतिरूप में व्यक्त करना
D. दो चरों के मध्य संबंध को समीकरण में व्यक्त करना

44. कक्षा VIII की एन.सी.ई.आर.टी. एक्सेम्पलर पुस्तक (प्रश्न प्रदर्शिका) में 5वीं इकाई 'चतुर्भुजों को समझना और ज्यामितीय प्रयोग' के अंत में बहुत सारे क्रियाकलाप जैसे कि चौपड़ की रचना, चीनी पहेली की रचना इत्यादि दिए हुए हैं। इस प्रकार के कार्यों के उद्देश्यों में से एक उद्देश्य सहायता करना है

A. गतिबोध वाले शिक्षार्थियों को, केवल अपने दृश्य विचार कौशल में सुधार करने में
B. श्रोतागण शिक्षार्थियों को, केवल अपनी सर्जनात्मक कला को सुधारने में
C. सभी शिक्षार्थियों को अपनी विभिन्न विधाशैलियों के साथ स्थानिक स्थिति सुधारने में
D. दृष्टिवाले शिक्षार्थियों को, केवल अपनी विश्लेषणात्मक कला को सुधारने में

45. गणित की परियोजनाओं के बारे में निम्नलिखित कथनों में से कौन-सा सही नहीं है?

A. वे समस्या-समाधान कौशल को बढ़ाते हैं।
B. वे अंतर्विषयी अनुबंधों को सिद्ध करते हैं।
C. वे गणित में अंक प्राप्त करना आसान करते हैं।
D. वे अन्वेषण कौशल को प्रोत्साहित करते हैं।

46. निम्नलिखित में से कौन-सा क्रियाकलाप 'आँकड़ों के प्रस्तुतीकरण और आँकड़ों के निरूपण' के लिए उपयुक्त नहीं है?

A. सर्वेक्षण B. वाद-विवाद
C. समाचारपत्र रिपोर्ट D. परियोजना

47. यदि $x = \frac{2}{3}$ और $y = \frac{3}{4}$ है, तो $(x-y)^{-1}$ और $(x^{-1}-y^{-1})$ के मध्य एक परिमेय संख्या है

A. $\frac{2}{3}$ B. $-\frac{71}{2}$
C. $-\frac{71}{12}$ D. $\frac{1}{6}$

48. यदि $0.001 + 1.01 + 1.001 - (1.03 \times 0.1) + (1.11 \div 0.1) + x = 1.4 \times \left(\frac{1}{10}\right)^{-1}$ है, तो x का मान है

A. 0.919 B. 0.785
C. 0.758 D. 0.991

49. यदि $3(5x-7) - 4(8x-13) = 2(9x-11) - 17$ है, तो $\frac{7x-5}{11x-9}$ का मान है

A. $-\frac{14}{31}$ B. $-\frac{9}{13}$
C. $\frac{9}{13}$ D. $\frac{14}{31}$

50. यदि $\frac{\sqrt{1058} \times \sqrt{648}}{x} = 18$ है, तो x का मान है

A. 36 B. 46
C. 58 D. 23

51. A का क्या मान होगा, यदि $\sqrt[3]{500} \times \sqrt[3]{-3456} = 40 \times A$ सत्य है?

A. –3 B. –12
C. –15 D. –2

52. m का वह मान, जबकि

$$\left(\frac{2}{9}\right)^3 \times \left(\frac{4}{81}\right)^{-6} = \left(\frac{2}{9}\right)^{2m-1}$$ है, है

A. –6 B. 0
C. –4 D. 3

53. मान लीजिए कि $x = 597 \times 10^{22} + 73.5 \times 10^{21}$ है। जब x को मानक रूप में 6.0435×10^m के द्वारा व्यक्त किया जाए, तो m का मान है

A. 22 B. 23
C. 24 D. 21

54. यदि $2m - \frac{1}{2m} = 2$ है, जहाँ $m \neq 0$, तब $m^2 + \frac{1}{16m^2}$ का मान है

A. $2\frac{1}{2}$ B. 2
C. $1\frac{1}{2}$ D. 4

55. $x^4 + 4$ का एक गुणनखंड है

A. $x^2 + 2$ B. $x^2 + 2x - 2$
C. $x^2 - 2x + 2$ D. $x^2 - 2$

56. पाँच प्रेक्षणों $x, x+2, x+4, x+6, x+8$ का माध्य 11 है। प्रथम तीन प्रेक्षणों का माध्य होगा

A. 12 B. 2
C. 20 D. 9

57. एक थैले में 5 लाल कंचे, 4 हरे कंचे और 3 नीले कंचे हैं। सभी कंचे रंग के अतिरिक्त सभी प्रकार से एक जैसे, अर्थात् सर्वसम हैं। थैले में से बिना इसमें देखे एक कंचा बाहर निकाला जाता है। यह कंचा हरे रंग का नहीं है, इसकी क्या प्रायिकता है?

A. $\frac{1}{3}$ B. $\frac{2}{3}$
C. $\frac{7}{12}$ D. $\frac{5}{12}$

58. यदि AB × BA = BCB है, जहाँ A, B और C केवल एक ही अंक को प्रदर्शित करते हैं और A ≠ B ≠ C है, तब A + B + C का मान है

A. 9 B. 8
C. 6 D. 10

59. यदि x, y और z क्रमशः किसी बहुफलक के फलकों, शीर्षों और किनारों की संख्याओं को प्रदर्शित करते हैं, तो निम्न में से कौन-सा सत्य है?

A. $x + 2 = z - y$ B. $z - 2 = x - y$
C. $y - 2 = z + x$ D. $x - 2 = z - y$

60. रवि ने दो वस्तुएँ प्रत्येक को ₹ 1,500 में खरीदा। उसने एक वस्तु को 6% लाभ पर तथा दूसरी को 4% हानि पर बेचा। इस पूरे सौदे में हुआ उसका लाभ/हानि प्रतिशत है

A. लाभ, 1%
B. हानि, $1\frac{1}{2}$%
C. लाभ, 2%
D. हानि, 1%

61. निम्नलिखित में से जीवाणुओं (बैक्टीरिया) द्वारा फैलने वाले रोगों का समूह चुनिए।

A. मलेरिया, पोलियो और मियादी बुखार (टायफॉइड)
B. छोटी माता, तानिकाशोथ (मेनिनजाइटिस) और तपेदिक (ट्यूबरकुलोसिस)
C. तपेदिक (ट्यूबरकुलोसिस), न्युमोनिया और मियादी बुखार (टायफॉइड)
D. छोटी माता, इन्फ्लुएन्जा और पोलियो

62. नीचे दिए गए स्तम्भ–A और स्तम्भ–B पर विचार कीजिए जिनमें स्तम्भ–A में सूक्ष्मजीवों के नाम दिए गए हैं तथा स्तम्भ–B में उन वर्गों के नाम दिए गए हैं जिनसे वे संबंधित हैं :

स्तम्भ–A	**स्तम्भ–B**
(a) ऐस्परजिलस	*(i)* शैवाल
(b) लैक्टोबैसिलस	*(ii)* जीवाणु
(c) पैरामीशियम	*(iii)* कवक
(d) स्पाइरोगएरा	*(iv)* प्रोटोजोआ
	(v) विषाणु

स्तम्भ–A की मदों का स्तम्भ–B की मदों के साथ सही मिलान करें।

	(a)	*(b)*	*(c)*	*(d)*
A.	*(iii)*	*(ii)*	*(iv)*	*(i)*
B.	*(v)*	*(iii)*	*(ii)*	*(iv)*
C.	*(iii)*	*(ii)*	*(iv)*	*(v)*
D.	*(ii)*	*(iii)*	*(iv)*	*(i)*

63. निम्नलिखित में से कौन-से कथन मानव परिसंचरण तंत्र में शिराओं के विषय में सत्य हैं?

(a) सभी शिराएँ कार्बन डाइऑक्साइड-बहुल रक्त को वहन करती हैं।
(b) शिराओं की दीवारें पतली होती हैं।
(c) शिराएँ रक्त को विभिन्न अंगों से हृदय की ओर ले जाती हैं।

A. *(b)* और *(c)* B. *(a)* और *(c)*
C. *(a)*, *(b)* और *(c)* D. *(a)* और *(b)*

64. सेलुलोज-बहुल खाद्य-पदार्थ (रूक्षांश) मानव के संतुलित आहार के आवश्यक अवयव माने जाते हैं। निम्नलिखित में से कौन-सा एक कथन सेलुलोज के बारे में सही है?

A. मानव में सेलुलोज-पाचक एन्जाइम नहीं होते।
B. सेलुलोज एक प्रकार का कार्बोहाइड्रेट है, जो मानव रुधिर में अवशोषित होकर ऊर्जा प्रदान करता है।
C. सेलुलोज आसानी से छोटे-छोटे अवयवों में टूट जाता है, जो रूक्षांश के रूप में निष्कासित हो जाते हैं।
D. मानव में उपस्थित सेलुलोज-पाचक जीवाणु, सेलुलोज को रेशों में परिवर्तित कर देते हैं।

65. सिर और ऊपरी जबड़े के बीच का जोड़ एक उदाहरण है

A. श्रोणि संधि (पेल्विक जॉइंट) का
B. बद्ध संधि (फिक्स्ड जॉइंट) का
C. केंद्रक खल्लिका संधि (बॉल एंड सॉकेट जॉइंट) का
D. हिंज संधि (हिंज जॉइंट) का

66. सही कथन/कथनों को पहचानिए :

(a) धरती में भंडारित ताजा जल विश्व की नदियों और झीलों में विद्यमान जल से कम है।
(b) जल की कमी ऐसी समस्या है, जिसका सामना केवल ग्रामीण लोग करते हैं।
(c) खेतों में सिंचाई के लिए नदियों का जल ही एकमात्र स्रोत है।
(d) जल का मूलभूत स्रोत वर्षा ही है।

A. *(a)* और *(b)* B. *(a)*, *(b)* और *(c)*
C. केवल *(d)* D. *(a)* और *(c)*

67. विज्ञान में आकलन को बल देना चाहिए

A. प्रयोग करते हुए सही परिणामों की प्राप्ति पर
B. साफ और स्पष्ट आरेख बनाने की योग्यता पर
C. अवधारणाओं और प्रक्रियाओं की समझ पर
D. संक्षिप्त परिभाषाओं और सही उत्तरों पर

68. निम्नलिखित में से मुक्त अंत वाला/वाले प्रश्न को पहचानिए।

(a) अगर हमारे शरीर में मांसपेशियाँ न हों, तो हमें किन समस्याओं का सामना करना होगा?
(b) गुलाब के पौधे, आम के पेड़ और तुलसी के तने में क्या अंतर है?
(c) साँप और घोंघे की गति-शैली में बहुत अंतर होता है। ऐसा क्यों है?
(d) विभिन्न जड़ों का अवलोकन कीजिए और उनकी विशेषताएँ लिखिए।

A. केवल *(a)* B. केवल *(c)*
C. *(a)* और *(c)* D. *(b)* और *(d)*

69. कक्षा VIII की एन.सी.ई.आर.टी. की पाठ्य-पुस्तक में से दिए गए निम्नलिखित अनुच्छेद को पढ़िए :

नाइलॉन रेशम जैसा दिखता है। यह प्रबल और लचीला होता है। जब 1939 में नाइलॉन सामने आया, तो उसके मोहक गुणों ने जनता में सनसनी अथवा नाइलॉन-उन्माद उत्पन्न कर दिया। इस नए रेशे से बने महिलाओं के मोजों की भारी माँग थी। परंतु दुर्भाग्य से द्वितीय विश्वयुद्ध (1939-1945) के चलते नाइलॉन उत्पादन का अधिकांश भाग पैराशूट बनाने हेतु काम में लिया जाने लगा। युद्ध के बाद, जब मोजों का उत्पादन पुनः प्रारंभ हुआ तो मांग के अनुसार पूर्ति नहीं हो सकी। उस उत्पाद के लिए एक भारी काला बाजार था। एक जोड़ा मोजे के लिए महिलाओं को कई घंटे लाइन में लगना पड़ता था। कई बार 'नाइलॉन उपद्रव' भी हो जाते थे।

विज्ञान की पाठ्य-पुस्तक में उपर्युक्त को शामिल करने की क्या सार्थकता है?

(a) विज्ञान में ऐतिहासिक परिप्रेक्ष्य का विकास एवं विचारों का विकास करना।
(b) यह समझ विकसित करना कि नए आविष्कार किस तरह नई माँगों को उत्पन्न करते हैं
(c) विज्ञान की समग्र समझ का विकास करना

(*d*) ऐसे घटना-वृत्तांतों को शामिल करने से विज्ञान की पाठ्य-पुस्तक आसान और सरल बनते हैं

A. केवल (*b*) और (*c*) B. केवल (*a*) और (*d*)
C. (*a*), (*b*) और (*c*) D. केवल (*a*) और (*c*)

70. कभी-कभी शिक्षार्थियों को विज्ञान संबंधी अवधारणाओं से जुड़ी वैकल्पिक अवधारणा होती है। विज्ञान शिक्षक को क्या करना चाहिए?

A. उनके विचारों की उपेक्षा करें
B. विभिन्न गतिविधियों के माध्यम से अपने विचारों पर पुनः विचार करने में शिक्षार्थियों को मदद करें
C. अवैज्ञानिक विचारों के लिए शिक्षार्थियों को डाँटें
D. शिक्षार्थियों को बताएँ कि उनके विचार 'गलत' हैं और उन्हें सही विचार पढ़ाएँ

71. निम्नलिखित कथनों में से कौन-सा/से एक अच्छी विज्ञान कक्षा की ओर संकेत करता है/करते हैं?

(*a*) शिक्षार्थी स्वयं अपने प्रयोग करते हैं और अपने अवलोकनों को दर्ज करते हैं।
(*b*) शिक्षार्थी, शिक्षक द्वारा दिए गए निदर्शन/प्रदर्शन का अवलोकन करते हैं और उसके चरणों को लिखते हैं।
(*c*) शिक्षार्थी अधिक प्रश्न पूछने के लिए स्वतंत्र हैं।
(*d*) शिक्षक शिक्षण के लिए पाठ्य-पुस्तक के साथ-साथ विविध संसाधनों का उपयोग करता है।

A. केवल (*b*) B. (*b*) और (*d*)
C. (*a*), (*c*) और (*d*) D. (*a*) और (*c*)

72. सोमिया अक्सर अपनी कक्षा VII के विद्यार्थियों को क्षेत्र-भ्रमण पर लेकर जाती है। इसका/इसके उद्देश्य क्या हो सकता है/सकते हैं?

(*a*) यह विद्यार्थियों को ठोस अनुभव प्रदान करता है।
(*b*) वह उन्हें इस पर प्रोजेक्ट और दत्त-कार्य गठनात्मक आकलन के लिए दे सकती है।
(*c*) यह विद्यार्थियों के प्रक्रमण कौशलों का विकास करती है।
(*d*) यह उसके शिक्षण समय को बचाता है।

A. केवल (*a*) B. केवल (*d*)
C. (*b*) और (*c*) D. (*a*), (*b*) और (*c*)

73. निम्नलिखित आकलन युक्तियों में से कौन-सी युक्ति विज्ञान कक्षा में विद्यार्थियों की प्रायोगिक कौशल को आकलित करने के लिए सबसे अधिक उचित है?

A. जाँच-सूची (चेकलिस्ट) B. अवधारणा प्रतिचित्रण
C. कागज-पेन्सिल परीक्षा D. प्रयोग अभिलेख

74. "पानी के नल को खोलिए। इसे पतली धार के लिए समायोजित कीजिए। किसी रिफिल को आवेशित कीजिए। इसे जल की धारा के निकट लाइए। प्रेक्षण कीजिए कि क्या होता है। इस गतिविधि की संक्षिप्त रिपोर्ट लिखिए।"

इस गतिविधि के माध्यम से विद्यार्थियों में विकसित कौशल है/हैं

A. अवलोकन, प्रयोग करना तथा सृजनात्मकता
B. केवल अवलोकन
C. केवल प्रयोग करना
D. अवलोकन, प्रयोग करना तथा सम्प्रेषण

75. विज्ञान की प्रकृति के संबंध में उस कथन की पहचान कीजिए जो ठीक न हो।

A. विज्ञान में अनुमान और अटकल का भी स्थान होता है लेकिन अंततः वैज्ञानिक सिद्धांत को प्रासंगिक अवलोकनों एवं/अथवा प्रयोगों द्वारा अवश्य सत्यापित कर स्वीकार किया जाए।
B. विज्ञान को तटस्थ और वस्तुनिष्ठ के रूप में देखा जाता है और विज्ञान के नियमों को स्थिर माना जाता है।
C. विज्ञान की पद्धति और अन्य क्षेत्रों से उसका सीमांकन दार्शनिक वाद-विवाद का विषय रहा है।
D. विज्ञान के अधिकतर स्थापित और सार्वभौमिक नियमों को नए अवलोकनों, प्रयोगों और विश्लेषण के संदर्भ में हमेशा संशोधनीय, अनन्तिम माना जाता है।

76. 'ऊर्जा संरक्षण' विषय को पढ़ाने के लिए निम्नलिखित में से कौन-सी युक्ति शिक्षक के लिए सबसे उचित हैं?

(*a*) विद्यार्थियों को ऊर्जा संरक्षण पर नारे लिखने के लिए कहना
(*b*) ऊर्जा संरक्षण के लिए कम-से-कम पाँच तरीके लिखना
(*c*) ऊर्जा संरक्षण प्रदर्शित करने के लिए नमूना/परियोजना बनाना
(*d*) विद्यार्थियों को अपने जीवन में विभिन्न तरीकों से ऊर्जा संरक्षण के लिए प्रोत्साहित करना

A. (*a*), (*b*) और (*d*) B. (*a*), (*c*) और (*d*)
C. (*b*), (*c*) और (*d*) D. (*a*), (*b*) और (*c*)

77. हमारे सौर परिवार में ऐसे दो ग्रह हैं, जिनका सूर्य के चारों ओर परिक्रमणकाल हमारी पृथ्वी के परिक्रमणकाल की तुलना में छोटा है, परन्तु उनका घूर्णनकाल पृथ्वी के घूर्णनकाल से बड़ा है। इन ग्रहों के नाम हैं

A. मंगल और बृहस्पति B. बुध और शनि
C. बुध और शुक्र D. यूरेनस और नेप्च्यून

78. सल्फर (S), अल्यूमीनियम (Al) और लौह (Fe) के गलनांक (°C में) क्रमशः 113, 666 तथा 1535 हैं। निम्नलिखित में से कौन-सा एक सही है?

A. केवल Fe 200 °C तापमान पर ठोस है
B. Al तथा Fe 200°C तापमान पर ठोस हैं
C. Fe, S तथा Al 200°C तापमान पर ठोस हैं
D. केवल S 200°C तापमान पर ठोस है

79. एक विद्युत् परिपथ इस प्रकार लगाया गया है कि बैटरी V का धनात्मक टर्मिनल एक बल्ब B_1 से जुड़ा है जो बल्ब B_2 से जुड़े प्रतिरोधक R से जुड़ा है। अंततः B_2 बैटरी के ऋणात्मक टर्मिनल से जुड़ा है। दोनों बल्ब दीप्तिमान हैं। अगर R का मान बढ़ा दिया जाए, तो

A. B_2 की दीप्ति कम हो जाएगी और B_1 की दीप्ति में कोई परिवर्तन नहीं आएगा

B. B_1 और B_2 दोनों अपरिवर्तित रहेंगे
C. B_1 और B_2 दोनों की दीप्ति कम हो जाएगी
D. B_1 की दीप्ति कम हो जाएगी और B_2 की दीप्ति में कोई परिवर्तन नहीं आएगा

80. दिए गए कथनों को पढ़िए तथा सही विकल्प को चुनिए :
कथन A : डॉक्टरी तापमापी (थर्मामीटर) का परिसर 35°C से 42°C है।
कथन B : प्रयोगशाला तापमापी (थर्मामीटर) का परिसर प्रायः 10°C से 110°C होता है।
A. कथन A तथा कथन B दोनों गलत हैं
B. कथन A सही है किन्तु कथन B गलत है
C. कथन B सही है किन्तु कथन A गलत है
D. कथन A तथा कथन B दोनों सही हैं

81. भारत के निम्नलिखित स्थानों में से कौन-सा स्थान चक्रवातों से सबसे अधिक प्रभावित होगा?
A. उदयपुर B. बद्रीनाथ
C. पुरी D. अमृतसर

82. हवा ऊष्मा के स्रोत के समीप गर्म हो जाती है तथा ऊपर उठ जाती है। हवा पार्श्वों से आकर इसका स्थान ले लेती है। इसी प्रकार हवा तेल हीटरों से भी गर्म होती है। यह कौन-सी प्रक्रिया है?
A. संवहन B. विकिरण
C. विसरण D. संचालन

83. एक पुस्तक मेज के तल पर विश्राम की स्थिति में पड़ी है। इस पर लग रहे बल/बलों के बारे में निम्नलिखित में से कौन-सा एक कथन सत्य है?
A. इस पर संतुलित बलों का एक जोड़ा काम कर रहा है।
B. इस पर केवल गुरुत्वाकर्षण बल कार्य कर रहा है।
C. इस पर केवल घर्षण बल कार्य कर रहा है।
D. इस पर कोई बल कार्य नहीं कर रहा।

84. दिए गए कथनों को पढ़िए तथा सही विकल्प को चुनिए :
कथन A : भारी अनाजों से भूसा ओसाई द्वारा अलग किया जाता है।
कथन B : विभिन्न प्रकार के कणों के मिश्रण को चालन व निस्यंदन प्रक्रिया द्वारा अलग किया जाता है।
A. कथन B सत्य है तथा कथन A असत्य है
B. कथन A तथा कथन B दोनों असत्य हैं
C. कथन A तथा कथन B दोनों सत्य हैं
D. कथन A सत्य है तथा कथन B असत्य है

85. स्थिर अवस्था में द्रव
A. केवल नीचे की दिशा में दबाव डालता है
B. केवल पार्श्व की ओर दबाव डालता है
C. सभी दिशाओं में दबाव डालता है
D. केवल लम्बवत् दिशा में दबाव डालता है

86. एक समतल दर्पण पर प्रतिबिंब बनने के संबंध में निम्नलिखित में से कौन-से कथन सत्य हैं?
(*a*) प्रतिबिंब का आकार वस्तु के आकार से बड़ा होता है।
(*b*) प्रतिबिंब वस्तु की दूरी के समान दूरी पर बनता है।
(*c*) प्रतिबिंब पार्श्व प्रतिलोमित होता है।
(*d*) प्रतिबिंब आभासी होता है।
A. (*b*), (*c*) और (*d*) B. (*a*), (*c*) और (*d*)
C. (*a*), (*b*), (*c*) और (*d*) D. (*a*), (*b*) और (*c*)

87. निम्नलिखित सभी एककोशीय हैं, सिवाय
A. भ्रूण B. पैरामीशियम
C. मुर्गी का अंडा D. युग्मज/युग्मनज

88. दैनिक जीवन के निम्नलिखित उदाहरण पढ़िए तथा उचित विकल्प का चयन कीजिए।
(*a*) जब भोजन खराब होता है, तो वह दुर्गंध उत्पन्न करता है।
(*b*) सेब के एक टुकड़े को जब कुछ क्षण के लिए बाहर रखा जाता है, तो वह भूरा हो जाता है।
(*c*) चींटी के काटने से उत्पन्न जलन को शान्त करने के लिए कैलामिन का प्रयोग किया जाता है।
A. (*b*) एक भौतिक परिवर्तन है
B. (*a*) तथा (*b*) भौतिक परिवर्तन हैं
C. सभी रासायनिक परिवर्तन हैं
D. (*a*) तथा (*b*) रासायनिक परिवर्तन प्रस्तुत करते हैं

89. कोई छात्र मैग्नीशियम रिबन को वायु में दहन करता है और बची हुई राख को आसुत जल में घोलकर विलयन बनाता है। इस विलयन की एक बूँद क्रमशः पहले नीले लिटमस और फिर लाल लिटमस पर डालने पर वह यह प्रेक्षण करेगा कि
A. नीला लिटमस लाल हो जाता है, जबकि लाल लिटमस लाल ही रहता है
B. नीला लिटमस लाल हो जाता है, जबकि लाल लिटमस नीला हो जाता है
C. नीला लिटमस रंगहीन हो जाता है, जबकि लाल लिटमस लाल ही रहता है
D. नीला लिटमस नीला ही रहता है, जबकि लाल लिटमस नीला हो जाता है

90. "ताँबा, जस्ता को उसके नमक के घोल से अलग नहीं कर सकता है। कारण दीजिए।"
कक्षा VIII के विद्यार्थियों द्वारा निम्नलिखित कारण दिए गए :
(*a*) ताँबा, जस्ते से अधिक अभिक्रियाशील है।
(*b*) ताँबा, जस्ते से कम अभिक्रियाशील है।
(*c*) जस्ता, उत्कृष्ट धातुओं में से एक है।
(*d*) अभिक्रिया शृंखला में जस्ता, ताँबे के नीचे होता है।
कक्षा VIII के विद्यार्थियों द्वारा दिए गए कारणों में से सही कारण/कारणों को चुनिए।
A. केवल (*a*) B. (*c*) और (*d*)
C. केवल (*b*) D. (*a*) और (*d*)

भाग-III

भाषा-I : हिन्दी

निर्देश (प्र. सं. 91 से 99): *नीचे दिए गए गद्यांश को पढ़कर निम्नलिखित प्रश्नों के **सही/सबसे उपयुक्त** उत्तर वाले विकल्प को चुनिए।*

कभी सोचा है भारत में कितने प्रकार के वाद्ययंत्र प्रचलित हैं? सोचने में शीघ्रता मत कीजिए। तमिलनाडु-केरल से कश्मीर तक, राजस्थान-गुजरात से नागालैंड-मणिपुर तक इस भारत नामक विशाल भूखंड में सैंकड़ों प्रकार के वाद्ययंत्र परंपरा से प्रचलित रहे हैं। विशेषकर चमड़े से मढ़े वाद्ययंत्र तो सर्वाधिक हैं। बाँसुरी जैसे फूँककर बजाए जाने वाले, झाँझ जैसे झंकार वाले या फिर तार लगी तूँबी वाले भी कम नहीं। ये तार वाले भी कुछ गज से बजाए जाते हैं और कुछ छोटी-सी अँगूठी-जैसे मिजराब से।

अब प्रश्न उठता है कि जिन्हें हम भारतीय वाद्ययंत्र कहते हैं क्या वे भारत में ही जन्मे हैं या कहीं और से आए हैं? कहना कठिन है। जब भी हम किसी वाद्ययंत्र को बजते देखते-सुनते हैं तो मन कहता है कि उसकी उत्पत्ति भारत में ही हुई होगी। लेकिन सत्य यह नहीं है। आज प्रचलित वाद्ययंत्रों में से अनेक बाहर से भी आए हैं और यह भी सच है कि अनेक भारतीय वाद्ययंत्र यहाँ से अन्य देशों में प्रचलित हुए हैं। सभ्यता और संस्कृति का इतिहास जानने का एक माध्यम वाद्ययंत्र भी हैं। वेदों में उल्लिखित वाद्ययंत्रों के प्रमाण हड़प्पा सभ्यता में प्राप्त हुए हैं। वहीं सुदूर पूर्व इंडोनेशिया में प्राचीन भारतीय वाद्ययंत्र आज भी प्रयुक्त हो रहे हैं। हमारी वीणा मिस्री, सुमेरी, जापानी, चीनी संस्कृति में भी विद्यमान रही है।

91. जिन्हें हम भारतीय वाद्ययंत्र कहते हैं :
A. वे कहीं और से आए हैं
B. उनमें से कुछ भारत के और कुछ बाहर के हैं
C. वे चीन और इंडोनेशिया के हैं
D. वे भारत में ही जन्मे हैं

92. कौन-सा भारतीय वाद्ययंत्र मिस्र, चीन, जापान आदि की संस्कृति में भी विद्यमान है?
A. तबला B. झाँझ
C. वीणा D. बाँसुरी

93. कौन-सा कथन असत्य है?
A. तमिलनाडु और केरल के वाद्ययंत्र सबसे प्रसिद्ध हैं।
B. कुछ वाद्ययंत्र 'गज' से बजाए जाते हैं।
C. प्राचीन भारतीय वाद्ययंत्र इंडोनेशिया में भी प्रयुक्त होते हैं।
D. भारत में अनेक प्रकार के वाद्ययंत्र प्रचलित हैं।

94. गद्यांश के अनुसार, सभ्यता और संस्कृति का इतिहास जानने में सहायक हैं :
A. साहित्यिक ग्रंथ B. वाद्ययंत्र
C. कलाकार D. प्राचीन यंत्र

95. 'भारतीय' शब्द व्याकरण की दृष्टि से है :
A. सर्वनाम B. विशेषण
C. क्रिया D. संज्ञा

96. किस शब्द में उपसर्ग और प्रत्यय दोनों हैं?
A. भारतीय B. शीघ्रता
C. विशाल D. प्रचलित

97. वेदों में चर्चित कुछ वाद्ययंत्रों के प्रमाण मिले हैं :
A. हड़प्पा सभ्यता में B. सुमेरी संस्कृति में
C. पुराणों में D. भारतीय सभ्यता में

98. 'जन्म' शब्द का समानार्थी है :
A. उत्पत्ति B. उल्लेख
C. विद्यमान D. प्रयुक्त

99. 'भूखंड' शब्द में समास है :
A. कर्मधारय B. द्वंद्व
C. द्विगु D. तत्पुरुष

निर्देश (प्र. सं. 100 से 114): *निम्नलिखित प्रश्नों के के सही/सबसे उपयुक्त उत्तर वाले विकल्प को चुनिए।*

100. बच्चे के स्कूल की भाषा और घर एवं पड़ोस की भाषा में .... होना/होनी चाहिए।
A. जुड़ाव B. समरूपता
C. समरसता D. अलगाव

101. भाषा की पाठ्य-पुस्तक में एक पाठ एकांकी के रूप में है, आप ....
A. एकांकी में आए पात्रों के संवाद याद करवाएँगी
B. शिक्षार्थियों से एकांकी पढ़वाने के बाद उसका मंचन करवाएँगी
C. एकांकी के मुख्य संवाद लिखवाएँगी
D. हाव-भाव के साथ एकांकी पढ़कर सुनाएँगी

102. लिखना एवं पढ़ना सीखने के संदर्भ में कौन-सा कथन सबसे उपयुक्त है?
A. पढ़ना सीखने की तुलना में लिखना सीखना जटिल है।
B. लिखना सीखने की तुलना में पढ़ना सीखना जटिल है।
C. दोनों कौशल एक-एक करके सीखे जाते हैं।
D. लिखना और पढ़ना सीखना समान रूप से अंतःसंबंधित हैं।

103. द्वितीय भाषा सीखने के संदर्भ में सबसे कम महत्वपूर्ण है :
A. अभिभावक से प्राप्त प्रोत्साहन
B. भाषा की परीक्षा
C. अभिवृत्ति
D. शिक्षक का रवैया

104. पद्य, गद्य और नाटक हमारी .... संवेदना को धार प्रदान करने के साथ-साथ हमारे जीवन के .... पहलू को समृद्ध करते हैं।
A. भाषिक; सौंदर्यात्मक B. भाषिक; ज्ञानात्मक
C. सांस्कृतिक; साहित्यिक D. सांस्कृतिक; भौतिक

105. कोई एक भाषा .... लिपि/लिपियों में लिखी जा सकती है, हाँ, उसमें थोड़ा फेरबदल हो सकता है।

A. तीन B. सभी
C. सीमित D. एक

106. वाणी और लेखन में मूल अंतर यह है कि लिखित भाषा .... स्तर पर देखी जाती है और .... होती है।

A. चेतन; स्वाभाविक B. अचेतन; स्वाभाविक
C. अचेतन; कालबद्ध D. सचेतन; कालबद्ध

107. भाषा-कक्षा में समावेशी वातावरण का निर्माण करने के लिए जरूरी है कि

A. बच्चों की सभी आवश्यकताओं को पूर्ण किया जाए
B. बच्चों को विविध दृश्य-श्रव्य सामग्री उपलब्ध कराई जाए
C. बच्चों के प्रति अति उदारवादी दृष्टिकोण रखा जाए
D. बच्चों की विविध भाषाओं को पढ़ाया जाए

108. उच्च प्राथमिक स्तर पर हिन्दी भाषा-शिक्षण का सर्वाधिक संबंध है :

A. पढ़ी सामग्री के बारे में आलोचनात्मक चिंतन से
B. हिन्दी की व्याकरणिक व्यवस्था को जानने से
C. सृजनात्मक लेखन की अनिवार्यता से
D. हिन्दी की ध्वनियों को सिखाने से

109. भाषा नियमों द्वारा नियंत्रित .... का माध्यम भर नहीं है, बल्कि यह हमारी सोच को भी निर्मित करती है।

A. सौंदर्यबोध B. संस्कृति
C. संप्रेषण D. कला

110. पूनम अपने विद्यार्थियों को पढ़ाते समय दृश्य-श्रव्य सामग्री का प्रयोग करती है। इसका प्रमुख कारण है कि वह कक्षा के

A. सभी बच्चों की आवश्यकताओं को संबोधित करती है
B. सभी बच्चों को नियंत्रण में रखती है
C. सभी बच्चों की रुचि का ध्यान रखती है
D. सभी बच्चों का मनोरंजन करती है

111. कक्षा आठ के बच्चों का सतत् आकलन करने में सबसे अधिक महत्वपूर्ण है

A. लिखित परीक्षा
B. भाषा-प्रयोग की क्षमता
C. मौखिक परीक्षा
D. व्याकरण की जानकारी

112. "बच्चे की भाषा समाज के साथ संपर्क का ही परिणाम है।" यह विचार किसका है?

A. पियाजे B. चॉम्स्की
C. स्किनर D. वाइगोत्स्की

113. भाषा अर्जित करने की स्थिति में बच्चे

A. भाषिक नियमों को स्वाभाविक रूप से रटते हैं
B. कभी कोई त्रुटि नहीं करते
C. अधिकतर त्रुटियाँ ही करते हैं
D. भाषिक नियमों को स्वाभाविक रूप से ग्रहण करते हैं

114. रमेश सातवीं कक्षा में पढ़ता है। वह सामान्य बातचीत में ठीक है, लेकिन पढ़ते समय वह बार-बार अटकता है। वह संभवतः .... से ग्रस्त है।

A. डिस्कैल्कुलिया
B. डिस्ग्राफिया
C. डिस्लेक्सिया
D. डिस्फेजिया

निर्देश (प्र. सं. 115 से 120): *निम्नलिखित काव्यांश को पढ़कर दिए गए प्रश्नों के सही/सबसे उपयुक्त उत्तर वाले विकल्प को चुनिए।*

न अवरोध कोई, न बाधा कही है
न संदेह कोई, न व्यवधान कोई
बहुत दूर से हैं दिशाएँ बुलातीं
नहीं पथ-डगर आज अनजान कोई
दिशाएँ निमंत्रण मुझे दे रही हैं, दिगंतर खुला सिर्फ मेरे लिए है।
नहीं कुछ यहाँ राह जो रोक पाए
न कोई यहाँ जो मुझे टोक पाए
अजानी हवा में उड़ा जा रहा हूँ
विजय गीत मेरा गगन मस्त गाए
हृदय में कहीं कह रहा बात कोई, धरा और गगन सिर्फ तेरे लिए है।

115. कवि को कोई कह रहा है कि

A. बाधाओं से दूर रहना चाहिए
B. धरती और आसमान उसके लिए है
C. लक्ष्य अभी बहुत दूर है
D. अजानी हवा में उड़ो

116. कविता में दो समानार्थी शब्द एक ही वाक्य में आए हैं। वह वाक्य कौन-सा है?

A. धरा और गगन सिर्फ तेरे लिए हैं
B. न अवरोध कोई, न बाधा कहीं है
C. न संदेह कोई, न व्यवधान कोई
D. अजानी हवा में उड़ा जा रहा हूँ

117. कवि को कौन निमंत्रण दे रहा है?

A. दिशाएँ B. हवा
C. गगन D. दिगंतर

118. अर्थ की दृष्टि से शेष से भिन्न शब्द छाँटिए।

A. धरा B. पथ
C. डगर D. राह

119. कवि का विजय गीत कौन गा रहा है?

A. आकाश B. धरती
C. दिशाएँ D. हवा

120. 'कोई' शब्द व्याकरण की दृष्टि से है

A. सर्वनाम B. विशेषण
C. अव्यय D. क्रिया

PART- IV

Language-II : English

Directions (Q. Nos. 121 to 150) : *Read the passage given below and answer the questions that follow by selecting the* ***correctèmost appropriate*** *options.*

Peoples' faces light up when I say I taste chocolate for a living, but it is not always delicious. I also have to taste defective chocolate, which might have a bitter or burnt flavour. I'm usually in a small room, not allowed to talk, and parked in front of a computer to log information. Sometimes the room has red lighting to disguise the appearance of the chocolate, so I can evaluate it only by taste, not appearance. I can sample as many as 30 chocolates per day, so as to keep my palate active, I spit the sweets back out. That's another not-so-glamorous part of the job. Between samples, I wait 30 seconds to let my senses rest, and I chew half an unsalted cracker biscuit and drink plain warm water, as carbonated water and ice numb one's senses.

First I smell the chocolate and log its aroma. I also listen : if chocolate doesn't sound crisp when broken, it may be a sign it's old or was improperly stored. Then I place one inch bit in my mouth and leave it there for a few seconds. I press it against my palate and let it melt, recording the four basic tastes—sweet, sour, bitter and salty. Then I blow out short puffs of air through my nose. Certain sense receptors in the back of our head are stimulated by oxygen. They allow us to smell food when we chew. Exhaling sharply can bring out aromas like berry, mushroom, tea, citrus, beeswax, toast, cinnamon, and savoury spices that are sometimes too subtle for the nose to catch. I log these attributes, too, along with the texture.

121. People get surprised when the narrator tells them that he
A. has to eat bitter chocolate
B. has to work in a small room
C. is a chocolate taster
D. has to work under red light

122. There is no glamour in his job as
A. his place of work is narrow
B. he never ate burnt chocolate
C. he has to blow out short puffs
D. he keeps on spitting out chocolate

123. The narrator cannot eat and enjoy the chocolate
A. to keep his palate active
B. as it has a burnt flavour
C. as it has not been stored properly
D. as it is defective

124. The process of chocolate tasting runs in the order of _____ and again smelling.
A. smelling, breaking, listening, melting
B. melting, listening, breaking, smelling
C. breaking, smelling, listening, melting
D. breaking, listening, smelling, melting

125. "Leave it there."
When the above sentence is changed into *passive voice,* it becomes
A. It was left there.
B. Let it be left there.
C. Let it was left there.
D. It is left there.

126. "Peoples' faces light up ...."
The word 'light' here is a/an
A. verb
B. adjective
C. adverb
D. noun

127. The word 'parked' (Para 1) means
A. operated
B. seated
C. ran
D. managed

128. The word 'log' (Para 2) means
A. cut
B. enjoy
C. taste
D. record

Directions (Q. Nos. 129 to 143) : *Answer the following questions by selecting the* ***correct/most appropriate*** *options.*

129. A speech community refers to a group of people who
A. are bilingual
B. share community membership and linguistic communication
C. share homogeneity with reference to their value system
D. are multilingual

130. Activating learners' schema means
A. making a link between the topic and learners' background knowledge and experience
B. making a link between the textbook and its structural patterns and grammatical items
C. dealing with learners having learning difficulties
D. showing a picture and asking learners to write a story

131. As per Noam Chomsky's theory, the role of Language Acquisition Device (LAD) is to
A. generate grammar rules
B. memorize grammar rules
C. learn languages in formal schools
D. imitate the language of adults

132. Prediction in terms of reading refers to
A. using knowledge of subject matter for guessing the content and vocabulary
B. paraphrasing
C. previewing
D. using prior knowledge of the subject and the ideas in the text as clues to the meanings of unknown words

133. Diphthongs are also known as
A. semi-vowels
B. pure vowels
C. vowels with weak sounds
D. glide vowels

134. Yasmin, an English language teacher, gave her students group work to explore an area and asked them to find important notices and names of places and streets to document them to write a report. This activity is known as
A. assignment
B. activity-based learning
C. peer work
D. project work

135. Mrudusmita, while teaching a lesson on atoms from the science textbook, gave her students activities based on the theme. The activities included vocabulary and debate on the uses of atomic energy. What is this strategy known as?
A. Language across curriculum
B. Language in other subjects
C. Language of science
D. Language through science

136. While listening to a speech in English, sometimes we listen to basic unit of a sound, a syllable and a word, then a sentence and then a paragraph to decode the meaning of the complete speech. This mental process can be described as
A. Bottom-up approach
B. Middle-path approach
C. Interactive model
D. Top-down approach

137. In free writing, a learner is engaged in
A. writing sentences without applying her/his mind
B. expressing ideas without giving much attention to spelling and grammar
C. listing out the things she/he has just memorized
D. writing with specific relation to spelling and grammar

138. Susheela discussed a short story in the classroom and asked her students to write an article for a newspaper on the theme of the story. What is this writing known as?
A. Long answer
B. Short essay
C. Writing for a newspaper
D. Extrapolative writing

139. A question tag is also known as a
A. tail question B. descriptive question
C. critical question D. head question

140. Mind-mapping helps the students to
A. use literary devices more effectively in their writing
B. brainstorm, explore any idea and expand it
C. learn passively each of the linguistic items
D. memorize the grammar rules

141. Grammatical structures can be practised in a controlled manner by
A. correcting wrong sentences written by the learners
B. doing composition exercises
C. explaining the use of particular structures
D. gap-filling grammar exercises

142. Interactive listening means listening
A. carefully for word stress and intonation
B. to judge the speaker's mood and tone
C. carefully to what is said and responding
D. curiously to what is said

143. Continuous and Comprehensive Evaluation of learner is
A. periodic assessment of learning
B. periodic assessment of teaching
C. continuous tests and assignments
D. conducting continuous tests

Directions (Q. Nos. 144 to 150) : *Read the passage given below and answer the questions that follow by selecting the **correct/most appropriate** options.*

The Kittur Fort

One can see today only the dilapidated walls and ruins of the great fort which was once known for its strength. The most important landmark as one goes towards the fort is the 'Bahadurgad'. Situated to the southwest of the fort and outside of it, on a natural hillock, the highest in the plain, the Bahadurgad', which was the watchtower, provides a most panoramic and commanding view of the sparsely wooded surrounding region of green grassland, fading, as if gradually, into soft contoured hills in the west and the horizons on the other sides. To the north of the tower is Ranagattikeret where Rani Chennamma fought her last stubborn fight against the British, with almost savage determination.

The actual fort, circular in plan, consisted of double walls, separated by moats on the outer sides, with semi-circular bastions on the exterior of the outer wall. It had originally the main gateway on the east, approached by the causeway across the outer moat known as ane honda which was used for bathing the elephants.

The entrances through the walls are deliberately not aligned, evidently in the interests of security. After passing by the winding path through the walls, one is led to the front side of the imposing main entrance of the palace located near the northern arc of the inner fort wall.

To the south of the palace, inside the fort, are the ruins of horse-stables and foundations of residential buildings, probably meant for the important officials of the palace. To the southwest is the heavily built watchtower relieved by a series of parallel buttresses at regular intervals.

144. Which one of the following statements is true?
A. From it, one can enjoy a view of the hills in the east.
B. It was used as a watchtower.
C. Rani Chennamma ruled Kittur from here.
D. Bahadurgad is situated inside the Kittur Fort.

145. Rani Chennamma fought against the British
A. in the contoured hills
B. at Ranagattikere
C. in Bahadurgad Fort
D. in the wooded grasslands

146. From Bahadurgad, one could easily get
A. to see tall rugged hills in the west
B. a look at green grasslands
C. to see a natural hillock
D. a commanding view of a dense forest

147. Unaligned gates in the walls
A. make the fort secure
B. make the fort insecure
C. make the walls look imposing
D. make the entry easy

148. "... as <u>one</u> goes towards ...."
'one' in the above clause is a/an
A. verb B. pronoun
C. adjective D. noun

149. "... and <u>commanding</u> view of ... ."
'commanding' in the above phrase is a/an
A. verb B. adjective
C. adverb D. noun

150. The word 'landmark' means the same as
A. adventure B. hill
C. plain D. marker

उत्तरमाला

1	2	3	4	5	6	7	8	9	10
D	D	D	C	B	D	C	D	D	D
11	**12**	**13**	**14**	**15**	**16**	**17**	**18**	**19**	**20**
A	A	D	A	A	B	D	A	B	C
21	**22**	**23**	**24**	**25**	**26**	**27**	**28**	**29**	**30**
D	A	B	A	B	D	D	D	B	D
31	**32**	**33**	**34**	**35**	**36**	**37**	**38**	**39**	**40**
B	C	D	A	B	D	D	A	A	B
41	**42**	**43**	**44**	**45**	**46**	**47**	**48**	**49**	**50**
C	D	A	C	C	B	C	D	C	B
51	**52**	**53**	**54**	**55**	**56**	**57**	**58**	**59**	**60**
A	C	C	C	C	D	B	B	D	A
61	**62**	**63**	**64**	**65**	**66**	**67**	**68**	**69**	**70**
C	C	A	A	B	C	C	A	C	B
71	**72**	**73**	**74**	**75**	**76**	**77**	**78**	**79**	**80**
C	D	A	A	B	B	C	B	C	B
81	**82**	**83**	**84**	**85**	**86**	**87**	**88**	**89**	**90**
C	A	A	C	C	A	A	C	D	C
91	**92**	**93**	**94**	**95**	**96**	**97**	**98**	**99**	**100**
B	C	A	B	B	D	A	A	D	A
101	**102**	**103**	**104**	**105**	**106**	**107**	**108**	**109**	**110**
B	D	B	A	B	D	B	A	C	A
111	**112**	**113**	**114**	**115**	**116**	**117**	**118**	**119**	**120**
B	D	D	C	B	B	A	A	A	A
121	**122**	**123**	**124**	**125**	**126**	**127**	**128**	**129**	**130**
C	D	A	A	B	A	B	D	B	A
131	**132**	**133**	**134**	**135**	**136**	**137**	**138**	**139**	**140**
A	A	D	D	A	A	B	D	A	B
141	**142**	**143**	**144**	**145**	**146**	**147**	**148**	**149**	**150**
D	C	A	B	B	B	A	B	B	D

व्याख्यात्मक उत्तर

31. एक चतुर्भुज में सभी कोणों का योग 360° होता है। यहाँ पर, तीन कोणों का योग (75° + 150° + 140°) = 365° है।

अतः चतुर्भुज ABCD की रचना सम्भव नहीं है।

32. x का पूरक कोण = 90° − x

तथा y का संपूरक कोण = 180° − y

$$\because \quad 2x + 3y = 2(90° - x) + 3(180 - y)$$
$$= 180° - 2x + 540 - 3y$$
$$\Rightarrow \quad 4x + 6y = 180 + 540$$
$$= 720°$$
$$\Rightarrow \quad 2(2x + 3y) = 720°$$
$$\Rightarrow \quad 2x + 3y = \frac{720}{2} = 360°$$

33. समबहुभुज का प्रत्येक कोण $= \frac{(n-2)\times 180°}{n}$

$$\Rightarrow \quad 108° = \frac{180n - 360°}{n}$$
$$\Rightarrow \quad 180n - 108n = 360$$
$$\Rightarrow \quad 72n = 360$$
$$\Rightarrow \quad n = 5$$

अतः भुजाओं की संख्या = 5.

34.

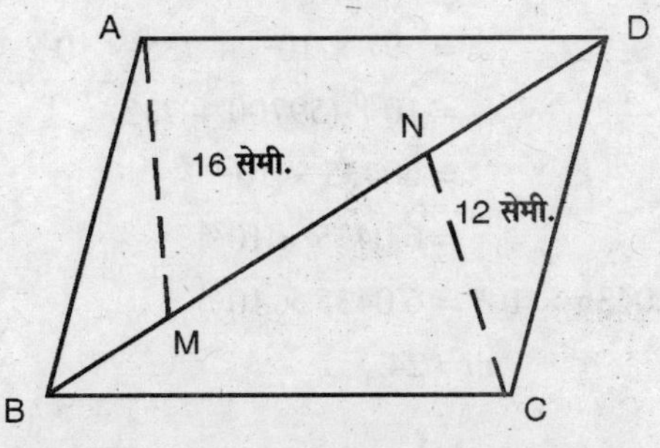

चतुर्भुज ABCD का क्षेत्रफल

$= \frac{1}{2} \times$ विकर्ण (ऊँचाइयों का योगफल)

$$= \frac{1}{2}\times 40(16+12)$$
$$= 20 \times 28$$

= 560 वर्ग सेमी.

35. I शीट के लिए :

वृत्त की परिधि $= 2\pi r_1$

$$\Rightarrow \quad 28 = 2\times\frac{22}{7}\times r_1$$

$\Rightarrow \quad r_1 = \frac{28\times 7}{2\times 22} = \frac{49}{11}$ सेमी.

I बेलन का आयतन $= \pi\left(\frac{49}{11}\times\frac{49}{11}\times 22\right)$

$$= \pi\left(\frac{49\times 49\times 2}{11}\right)$$
$$= \frac{22}{7}\times\frac{49\times 49\times 2}{11}$$

= 98 × 14 घन सेमी.

II शीट के लिए :

वृत्त की परिधि $= 2\pi r_2$

$$22 = 2\times\frac{22}{7}\times r_2$$

$\Rightarrow \quad r_2 = \frac{22\times 7}{2\times 22} = \frac{7}{2}$ सेमी.

II बेलन का आयतन $= \pi\left(\frac{7}{2}\times\frac{7}{2}\times 28\right)$

$$= \frac{22}{7}\times\frac{7\times 7\times 28}{4}$$

= 49 × 22 घन सेमी.

उनके आयतनों में अन्तर = 98 × 14 − 49 × 22

= 49 × 2 × 14 − 49 × 2 × 11

= 49 × 2 (14 − 11)

= 98 × 3

= 294 घन सेमी.

36. वर्ग की भुजा की लम्बाई $= \frac{5024}{4} = 1256$ सेमी.

वर्ग का क्षेत्रफल = 1256 × 1256 वर्ग सेमी.

वृत्त की परिधि $= 2\times\frac{22}{7}\times r$

$$\Rightarrow \quad 5024 = 2\times\frac{22}{7}\times r$$
$$\therefore \quad r = \frac{7\times 5024}{2\times 22}$$

वृत्त का क्षेत्रफल $= \frac{22}{7}\times\frac{7\times 5024}{44}\times\frac{7\times 5024}{44}$

$$\text{अभीष्ट अनुपात} = \frac{\text{वर्ग का क्षेत्रफल}}{\text{वृत्त का क्षेत्रफल}}$$

$$= \frac{1256 \times 1256 \times 7 \times 44 \times 44}{22 \times 7 \times 5024 \times 7 \times 5024}$$

$$= \frac{11}{14} = \frac{11 \times 2}{14 \times 2}$$

$$= \frac{22}{7 \times 2 \times 2}$$

$$= \frac{\pi}{4} = \pi : 4.$$

47. $(x-y)^{-1}$ तथा $(x^{-1}-y^{-1})$ के बीच एक परिमेय संख्या

$$= \frac{1}{2}\left(\frac{1}{x-y} + \frac{1}{x} - \frac{1}{y}\right)$$

$$= \frac{1}{2}\left(\frac{1}{\frac{2}{3}-\frac{3}{4}} + \frac{1}{\frac{2}{3}} - \frac{1}{\frac{3}{4}}\right)$$

$$= \frac{1}{2}\left(\frac{1}{\frac{8-9}{12}} + \frac{3}{2} - \frac{4}{3}\right)$$

$$= \frac{1}{2}\left(-12 + \frac{9-8}{6}\right)$$

$$= \frac{1}{2}\left(\frac{-72+1}{6}\right) = \frac{-71}{12}.$$

48. $0.001 + 1.01 + 1.001 - (1.03 \times 0.1) + (1.11 \div 0.1) + x$

$$= 1.4 \times \left(\frac{1}{10}\right)^{-1}$$

$$\Rightarrow \quad 2.012 - .103 + 11.1 + x = 1.4 \times \frac{10}{1}$$

$$\Rightarrow \quad 13.112 - .103 + x = 14$$

$$\Rightarrow \quad 13.009 + x = 14$$

$$\Rightarrow \quad x = 14 - 13.009$$

$$= 0.991.$$

49. $3(5x-7) - 4(8x-13) = 2(9x-11) - 17$

$$\Rightarrow \quad 15x - 21 - 32x + 52 = 18x - 22 - 17$$

$$\Rightarrow \quad -17x + 31 = 18x - 39$$

$$\Rightarrow \quad 35x = 70$$

$$\Rightarrow \quad x = 2$$

$$\therefore \quad \frac{7x-5}{11x-9} \text{ का मान} = \frac{14-5}{22-9}$$

$$= \frac{9}{13}.$$

50. $\because \quad \dfrac{\sqrt{1058} \times \sqrt{648}}{x} = 18$

$$\Rightarrow \quad \sqrt{2 \times 529} \times \sqrt{2 \times 324} = 18x$$

$$\Rightarrow \quad 23\sqrt{2} \times 18\sqrt{2} = 18x$$

$$\Rightarrow \quad x = 46.$$

51. $\sqrt[3]{500} \times \sqrt[3]{-3456} = 40 \times A$

$$\Rightarrow \quad \sqrt[3]{125 \times 4} \times \sqrt[3]{-216 \times 4 \times 4} = 40\ A$$

$$\Rightarrow \quad -5 \times 6 \times 4 = 40\ A$$

$$\Rightarrow \quad A = \frac{-120}{40} = -3.$$

52. $\left(\dfrac{2}{9}\right)^3 \times \left(\dfrac{4}{81}\right)^{-6} = \left(\dfrac{2}{9}\right)^{2m-1}$

$$\Rightarrow \quad \left(\frac{2}{9}\right)^3 \times \left[\left(\frac{2}{9}\right)^2\right]^{-6} = \left(\frac{2}{9}\right)^{2m-1}$$

$$\Rightarrow \quad \left(\frac{2}{9}\right)^{3-12} = \left(\frac{2}{9}\right)^{2m-1}$$

$$\Rightarrow \quad 2m - 1 = -9$$

$$\Rightarrow \quad m = -4$$

53. $x = 597 \times 10^{22} + 73.5 \times 10^{21}$

$$= 597 \times 10^{22} + 735 \times 10^{20}$$

$$= 10^{20}(59700 + 735)$$

$$= 60435 \times 10^{20}$$

$$= 6.0435 \times 10^{24}$$

$$\because \quad 6.0435 \times 10^m = 6.0435 \times 10^{24}$$

$$\Rightarrow \quad m = 24.$$

54. $\because \quad 2m - \dfrac{1}{2m} = 2$

दोनों तरफ वर्ग करने पर,

$$4m^2 + \frac{1}{4m^2} - 2 = 4$$

$$\Rightarrow \quad 4m^2 + \frac{1}{4m^2} = 6$$

$$\Rightarrow \quad m^2 + \frac{1}{16m^2} = \frac{6}{4} = \frac{3}{2}$$

$$= 1\frac{1}{2}.$$

55. $x^4 + 4$

$$= (x^2)^2 + (2)^2$$

$$= (x^2+2)^2 - 2(x^2)(2)$$

$$= (x^2+2)^2 - 4x^2$$

$$= (x^2+2)^2 - (2x)^2$$

$$= (x^2+2+2x)(x^2+2-2x)$$

अतः उनमें से एक गुणनखण्ड $x^2 - 2x + 2$ है।

56. पाँच प्रेक्षणों का योग = 55

$\Rightarrow x + x + 2 + x + 4 + x + 6 + x + 8 = 55$

$\Rightarrow \quad 5x + 20 = 55$

$\Rightarrow \quad x + 4 = 11$

$\Rightarrow \quad x = 7$

$$\therefore \quad \frac{x+x+2+x+4}{3} = \frac{3x+6}{3}$$

$$= \frac{3(x+2)}{3} = x+2$$

$$= 7 + 2 = 9$$

अतः प्रथम तीन प्रेक्षणों का माध्य 9 होगा।

57. कुल कंचों की संख्या = 12

हरे कंचे छोड़कर प्रायिकता

$$= \frac{5+3}{12} = \frac{8}{12} = \frac{2}{3}.$$

58. $AB \times BA = BCB$

$12 \times 21 = 252$

$\therefore \quad A + B + C = 1 + 2 + 5 = 8.$

60. I. क्रय मूल्य = ₹ 1500

लाभ = 6%

$$\text{विक्रय मूल्य} = \frac{106}{100} \times 1500$$

= ₹ 1590

II. क्रय मूल्य = ₹ 1500

हानि = 4%

$$\text{विक्रय मूल्य} = \frac{96}{100} \times 1500$$

= ₹ 1440

कुल क्रय मूल्य = ₹ 3000

कुल विक्रय मूल्य = 1590 + 1440 = ₹ 3030

लाभ = 3030 − 3000 = ₹ 30

$$\text{लाभ \%} = \frac{30}{3000} \times 100 = 1\%.$$

पिछले प्रश्न-पत्र (हल सहित)

CTET पेपर-II, सितम्बर 2015*

(गणित एवं विज्ञान शिक्षक हेतु)

भाग-I

बाल विकास व शिक्षाशास्त्र

निर्देश : *सबसे उचित विकल्प चुनकर निम्नलिखित प्रश्नों के उत्तर दीजिए।*

1. लिंग (जेंडर) पक्षपात .... की ओर संकेत करता है।
A. सांस्कृतिक अभिवृत्तियों के कारण अपेक्षाओं पर आधारित लड़कों और लड़कियों से भिन्न व्यवहार करना
B. आनुवंशिक विभिन्नताएँ जो लड़कों और लड़कियों में मौजूद हैं
C. स्त्रियोचित और पुरुषोचित विशेषताओं में सापेक्षिक रूप से स्वयं का बोध
D. अपने शरीर-विज्ञान के कारण लड़कों और लड़कियों के बीच विभिन्नताओं की स्वीकृति

2. एक उच्च प्राथमिक विद्यालय के शिक्षक के रूप में आपके पास कक्षा में कुछ ऐसे बच्चे हैं जो प्रथम पीढ़ी के रूप में विद्यालय आ रहे हैं। आपके द्वारा निम्नलिखित में से किसे किए जाने की संभावना सर्वाधिक है?
A. माता-पिता को बुलाएँगे और उनसे अपने बच्चों का ट्यूशन लगाने को नम्रतापूर्वक कहेंगे।
B. कक्षा गतिविधि के समय और गृहकार्य के लिए उन्हें बुनियादी सहयोग और अन्य सहायता उपलब्ध कराएँगे।
C. उन्हें याद करने के लिए और उत्तर को पाँच बार अपनी उत्तर पुस्तिका में लिखने के लिए गृहकार्य देंगे।
D. बच्चों से कहेंगे कि उनमें आगे पढ़ने की क्षमता नहीं है और अब उन्हें अपने माता-पिता के काम में सहायता करनी चाहिए।

3. समान आयु के बच्चों में भी आकृति, योग्यता, स्वभाव, रुचि, प्रवृत्ति और अन्य बातों में बहुत अंतर होता है। इस संदर्भ में विद्यालय की क्या भूमिका है?
A. सुनिश्चित करना कि प्रत्येक बच्चे को अपनी क्षमताओं के अनुसार विकास के अवसर मिलें।
B. बच्चों के आकलन के लिए नियामक मानक स्थापित करना।
C. सुनिश्चित करना कि शिक्षक मानकीकृत निर्देश और पाठ्यपुस्तकों का उपयोग करें।
D. सुनिश्चित करना कि सभी बच्चों का विकास एक ही प्रकार से हो।

4. एक समावेशी कक्षा में किसी शिक्षिका की सबसे महत्वपूर्ण भूमिका है :
A. कक्षा के लिए ऐसी योजना बनाना कि प्रत्येक बच्चा समान गति से आगे बढ़े।
B. यह सुनिश्चित करना कि शिक्षिका कक्षा को मानक निर्देश दे रही है।
C. बच्चे के माता-पिता के व्यवसाय को जानना ताकि शिक्षिका प्रत्येक बच्चे के भावी व्यवसाय को जान सके।
D. सुनिश्चित करना कि प्रत्येक बच्चे को अपनी संभावना को प्राप्त करने का अवसर मिले।

5. अपनी कक्षा के बच्चों कोउनकी अपनी अवधारणाओं को बदलने में आप किस प्रकार सहायता करेंगे?
A. अवधारणाओं के बारे में बच्चों को अपनी समझ को व्यक्त करने का अवसर देकर।
B. बच्चों को सूचनाएँ लिखाकर उन्हें याद करने को कहकर।
C. यदि बच्चों की अवधारणाएँ गलत हों तो उन्हें दंड देकर।
D. तथ्यात्मक जानकारी देकर।

6. जब बच्चे एक विशेष संख्या में पुस्तकें पढ़ते हैं तो उन्हें एक प्रमाणपत्र दिया जाता है। यह रणनीति शायद अधिक समय तक काम न करे, क्योंकि :
A. पुस्तकों को पढ़ना बच्चों को उनके गृहकार्य को पूरा करने में बाधा डालेगा।
B. यह संभवतः बच्चों को केवल प्रमाणपत्र प्राप्त करने के लिए पुस्तकों कोपढ़ने की तरफ ले जा सकता है।
C. पुस्तकालय में बहुत अधिक पुस्तकों को खरीदने की आवश्यकता होगी।
D. जब अधिक संख्या में बच्चे पढ़ना शुरू कर देंगे तो बड़ी मात्रा में प्रमाणपत्र देने होंगे।

7. किसी कक्षा में शिक्षक की भूमिका है :
A. सीधे तरीके से ज्ञान पहुँचाना और शिक्षार्थियों को सही उत्तरों के लिए तैयार करना।

*Exam was held on 20-09-2015.

B. समय-सारणी का कठोरता से पालन करना और पाठ्यक्रम से बँधे रहना।
C. सीखने की विश्वसनीय स्थितियाँ जुटाना और शिक्षार्थियों को स्वतंत्र चिंतन की सुविधा देना।
D. अपने ज्ञान से शिक्षार्थियों को परिपूर्ण करना और उन्हें परीक्षा के लिए तैयार करना।

8. निम्नलिखित में से कौन-सा कथन बच्चों की त्रुटियों के सम्बन्ध में सबसे उपयुक्त है?
A. बच्चों की गलतियाँ एक खिड़की के समान होती हैं, यह जानने के लिए कि वे किस प्रकार सोचते हैं।
B. गलतियों से बचने के लिए बच्चों को शिक्षक का अनुकरण करना चाहिए।
C. बच्चों की गलतियों को गंभीरता से लिया जाना चाहिए और उन्हें कठोर दंड दिया जाना चाहिए ताकि वे गलतियाँ न दुहराएँ।
D. बच्चे गलतियाँ करते हैं क्योंकि उनमें विचार करने की क्षमता नहीं होती।

9. आकलन शिक्षण-अधिगम प्रक्रिया का अभिन्न अंग है क्योंकि :
A. बच्चों को अंक दिए जाने चाहिए ताकि वे समझ सकें कि अपने सहपाठियों की तुलना में कहाँ पर हैं।
B. आकलन से अध्यापक बच्चों के अधिगम को समझता है और उसके अपने शिक्षण की परिपुष्टि भी होती है।
C. आकलन ही एकमात्र तरीका है जो आश्वस्त करता है कि शिक्षकों ने पढ़ाया और बच्चों ने सीखा।
D. आज के समय में केवल अंक ही शिक्षा में महत्वपूर्ण हैं।

10. "पाठ्यचर्या ऐसी हो जो पाठ्य-पुस्तक के ज्ञान को पुनः प्रस्तुत करने के स्थान पर बच्चों को अपनी आवाजें पाने, कार्य करने के लिए अपनी जिज्ञासा का पोषण करने, प्रश्न पूछने और जाँच-पड़ताल करने तथा अपने अनुभवों को बाँटने तथा विद्यालय के ज्ञान के साथ जोड़ने में सक्षम बनाए।"
—राष्ट्रीय पाठ्यचर्या की रूपरेखा 2005, पृ. 13 इस पृष्ठभूमि में, एक शिक्षक की प्राथमिक भूमिका क्या होनी चाहिए?
A. यह सुनिश्चित करना कि शिक्षिका अच्छे प्रश्न पूछे और शिक्षार्थी अपनी उत्तर पुस्तिका में उत्तर लिखें।
B. बच्चों को उनकी अपनी समझ और अपने ज्ञान को साझा करने के पर्याप्त अवसर देना।
C. बच्चों के अनुभवों को निरस्त कर पाठ्य-पुस्तकों पर ध्यान केंद्रित करना।
D. पाठ्य-पुस्तक के अध्यायों को क्रमवार पूरा कराना।

11. बच्चों को अपने अध्ययन में प्रयास करने हेतु प्रोत्साहित करने के लिए शिक्षकों को .... की आवश्यकता होती है।
A. बच्चे को डाँटने
B. बच्चे को नियंत्रण में रखने
C. अन्य बच्चों के साथ तुलना करने
D. बच्चे को प्रेरित करने

12. भावनाओं, अधिगम और अभिप्रेरणा के संदर्भ में निम्नलिखित में से किस कथन से आप सहमत हैं?
A. कुछ नया सीखना इस पर निर्भर करता है कि उसमें हम कितने निपुण हैं।
B. सीखने के लिए भावनाओं को अलग रख देना चाहिए।
C. प्रेरणा और सीखने के साथ भावनाएँ घनिष्ठ रूप से जुड़ी हैं।
D. सीखने के लिए अभिप्रेरित करने में भावनाओं की कोई भूमिका नहीं होती।

13. बहुविकल्पी प्रश्न बच्चों की .... की योग्यता का आकलन करते हैं।
A. सही उत्तर का प्रत्यास्मरण करने
B. सही उत्तर का निर्माण करने
C. सही उत्तर की व्याख्या करने
D. सही उत्तर की पहचान करने

14. समाजीकरण की प्रक्रिया में शामिल नहीं है:
A. कौशलों का अर्जन।
B. मूल्यों और विश्वासों का अर्जन।
C. आनुवंशिक संचरण।
D. एक संस्कृति की रीतियों और मानदंडों को सीखना।

15. 'मानसिक संरचनाएँ जो चिन्तन के निर्माण प्रखंड हैं'—इसके लिए पियाजे ने किस शब्द/पद का प्रयोग किया है?
A. विकास के क्षेत्र
B. जीन
C. परिपक्वन प्रखंड
D. स्कीमा (अवधारणाएँ)

16. वायगोत्स्की के अनुसार बच्चे स्वयं से क्योंबोलते हैं?
A. बच्चे अपने कार्य को दिशा देने के लिए बोलते हैं।
B. बच्चे अपने प्रति वयस्कों का ध्यान आकर्षित करने के लिए बोलते हैं।
C. बच्चे स्वभाव से बहुत बातूनी होते हैं।
D. बच्चे अहंकेंद्रित होते हैं।

17. अधिगम अशक्तता वाले :
A. बच्चे निम्न बुद्धिलब्धि वाले होते हैं।
B. बच्चों को एक समान दिखाई देने वाले अक्षरों और वर्णों में भ्रम होता है।
C. बच्चे दृश्य-शब्दों (साइट वर्ड्स) को आसानी से पहचानते और समझते हैं।
D. बच्चों का मानसिक विकास मंद होता है।

18. सृजनात्मकता क्या है?
A. सृजनात्मकता 200 से ऊपर की बुद्धिलब्धि से सर्वाधिक बेहतर ढंग से परिभाषित होती है।
B. बुद्धि का एक प्रकार जो उन कौशलों से संबंधित है जो संचित किए गए ज्ञान और अनुभव पर निर्भर होते हैं।
C. बुद्धि का एक प्रकार जो संसाधन की गति को शामिल करते हुए सूचना-प्रक्रमण कौशलों पर अत्यधिक निर्भर होता है।

D. समस्याओं के मौलिक और अपसारी समाधानों को पहचानने अथवा तैयार करने की योग्यता।

19. भारत में बहुत सेबच्चे, विशेषकर लड़कियाँ, विद्यालय में आने से पहले और विद्यालय से वापस जाने के बाद घर का काम करते हैं। आपके विचार से इस संदर्भ में एक शिक्षिका को गृहकार्य के बारे में क्या करना चाहिए?

A. उसे उन बच्चों को कठोर दंड देना चाहिए जो अपना गृहकार्य पूरा नहीं करते हैं।

B. शिक्षिका को ऐसा गृहकार्य देना चाहिए जो विद्यालय में कराए गए अधिगम को बच्चों के घरेलू जीवन से जोड़ता है।

C. शिक्षिका को सुनिश्चित करना चाहिए कि बच्चे अपना गृहकार्य पूरा करने के लिए सुबह जल्दी उठें और देर तक रुकें।

D. बच्चों के माता-पिता से उनके गृहकार्य को पूरा कराने के लिए ट्यूशन लगवाने के लिए कहिए।

20. एक प्रभावी कक्षा में :

A. बच्चे शिक्षक का सम्मान नहीं करते हैं और जैसा उन्हें अच्छा लगता है वैसा ही करते हैं।

B. बच्चे अपने अधिगम को सुगम बनाने के लिए मार्गदर्शन एवं सहयोग हेतु शिक्षक से सहायता लेते हैं।

C. बच्चे हमेशा उत्सुक और तैयार रहते हैं, क्योंकि शिक्षक उनकी प्रत्यास्मरण योग्यता का आकलन करने के लिए नियमित रूप से परीक्षा लेता रहता है।

D. बच्चे शिक्षक से डरते हैं, क्योंकि वह मौखिक और शारीरिक दंड का प्रयोग करता है।

21. ज्ञान के एक बड़े असम्बद्ध भाग को प्रस्तुत करना :

A. शिक्षार्थियों के लिए प्रत्यास्मरण को आसान बनाएगा।

B. अपने तरीके से जानकारी को व्यवस्थित करने में शिक्षार्थियों की सहायता करेगा।

C. शिक्षिका के कार्य को कठिन और शिक्षार्थियों के कार्य को आसान बनाएगा।

D. शिक्षार्थियों केलिए अवधारणात्मक समझ को प्राप्त करने को कठिन बनाएगा।

22. क्या बच्चे इसलिए भाषा अर्जित करते हैं, क्योंकि उनमें आनुवंशिक रूप से ऐसा करने की पूर्वप्रवृत्ति होती है या उनके माता-पिता प्रारंभिक अवस्था से ही उन्हें गहन रूप से सिखाते हैं? यह प्रश्न आवश्यक रूप से दर्शाता है :

A. बहु-कारक योग्यता के रूप में विकास पर चर्चा।

B. क्या विकास एक सतत् प्रक्रिया है या एक असतत् प्रक्रिया?

C. भाषा के विकास पर संज्ञान का प्रभाव।

D. प्रकृति और पोषण पर बहस।

23. अमूर्त वैज्ञानिक चिन्तन के लिए क्षमता का विकास निम्नलिखित अवस्थाओं में से किसकी एक विशेषता है?

A. पूर्व-संक्रियात्मक अवस्था

B. मूर्त संक्रियात्मक अवस्था

C. औपचारिक संक्रियात्मक अवस्था

D. संवेदी-गतिक अवस्था

24. एक बच्चा तर्क प्रस्तुत करता है–'आप यह मेरे लिए करें और मैं वह आपके लिए करूँगा।' यह बच्चा कोहलबर्ग की नैतिक तर्कणा की किस अवस्था के अंतर्गत आएगा?

A. दण्ड और आज्ञापालन अभिमुखीकरण

B. 'अच्छा लड़का-अच्छी लड़की' अभिमुखीकरण

C. सामाजिक-अनुबंध अभिमुखीकरण

D. सहायक उद्देश्य अभिमुखीकरण

25. प्रगतिवादी शिक्षा :

A. समस्या समाधान और आलोचनात्मक चिंतन पर अधिक बल देती है।

B. अनुबंधन और पुनर्बलन के सिद्धांतों पर आधारित है।

C. पाठ्य-पुस्तकों पर आधारित है, क्योंकि वे ज्ञान के एकमात्र वैध स्रोत हैं।

D. इस मत पर विश्वास करती है कि शिक्षक को अपने उपागम में दृढ़ रहना है और वर्तमान समय में बिना दंड का प्रयोग किए बच्चों को पढ़ाया नहीं जा सकता है।

26. विभिन्न मुद्दों और विमर्शों पर उनके लिए कारण प्रस्तुत करते हुए बच्चों को अपनी व्यक्तिगत राय को व्यक्त करने के लिए प्रोत्साहित करने वाले प्रश्न किसको बढ़ावा देते हैं?

A. जानकारी का पुनःस्मरण

B. बच्चों का मानकीकृत आकलन

C. विश्लेषणात्मक और आलोचनात्मक चिंतन

D. अभिसारी चिंतन

27. निम्नलिखित में से कौन-सा कथन विकास और अधिगम के बीच संबंध कोसर्वश्रेष्ठ रूप में जोड़ता है?

A. अधिगम और विकास एक जटिल तरीके से अंतःसंबंधित हैं।

B. विकास अधिगम से स्वतंत्र है।

C. अधिगम विकास के पीछे रहता है।

D. अधिगम और विकास समानार्थक/पारिभाषिक शब्द हैं।

28. इनमें से कौन-सा विकास का एक सिद्धांत नहीं है?

A. विकास वंशानुक्रम और पर्यावरण दोनों से प्रभावित होता है।

B. विकास संशोधन योग्य होता है।

C. विकास केवल संस्कृति से शासित और निर्धारित होता है।

D. विकास जीवनपर्यंत होता है।

29. बाल-केंद्रित कक्षा की एक प्रमुख विशेषता है कि उसमें :

A. शिक्षक बच्चों के लिए व्यवहार के समरूप तरीकों को निर्धारित करता है और जब वे उसका पालन करते हैं, तो उन्हें उपयुक्त पुरस्कार देता है।

B. शिक्षक की भूमिका ज्ञान को सीखने के लिए उसे प्रस्तुत करना है और शिक्षार्थियों का मानक मापदण्डों पर आकलन करना है।

C. शिक्षक के मार्गदर्शन से शिक्षार्थियों को अपनी स्वयं की समझ का निर्माण करने के लिए उत्तरदायी बनाया जाता है।
D. शिक्षक के द्वारा बल प्रयोग और मनोवैज्ञानिक नियंत्रण होता है, जो अधिगम पथ और बच्चों के व्यवहार को निर्धारित करता है।

30. बुद्धि के बारे में निम्नलिखित में से कौन-सा कथन सर्वाधिक उपयुक्त है?

A. बुद्धि बहु-आयामी है और इसमें कई पहलू निहित हैं।
B. बुद्धि को केवल मानकीकृत बुद्धिलब्धि परीक्षणों के आयोजन के द्वारा विश्वसनीय रूप से निर्धारित किया जा सकता है।
C. बुद्धि मूलभूत रूप से स्नायु-तंत्र-संबंधी कार्यप्रणाली है। उदाहरणार्थ–प्रक्रमण की गति, संवेदी-विभेद आदि।
D. बुद्धि विद्यालय में अच्छा प्रदर्शन करने की योग्यता है।

भाग-II

गणित व विज्ञान

निर्देश : ***सबसे उचित*** *विकल्प चुनकर निम्नलिखित प्रश्नों के उत्तर दीजिए।*

31. विभिन्न पर्चियों पर 4 से 15 तक प्राकृत संख्याएँ लिखी हुई हैं (एक पर्ची पर एक संख्या), उन्हें एक बक्से में डालकर अच्छी प्रकार से मिला दिया जाता है। बक्से के अंदर से बिना देखे रेनु एक पर्ची निकालती है। इस पर्ची पर अभाज्य संख्या लिखे होने की प्रायिकता क्या है?

A. $\frac{3}{11}$ B. $\frac{1}{3}$
C. $\frac{5}{12}$ D. $\frac{2}{5}$

32. एक धनराशि चक्रवृद्धि ब्याज द्वारा 3 वर्षों के पश्चात ₹ 4,818 और 6 वर्ष के पश्चात ₹ 7,227 हो जाती है, वह धनराशि है :

A. ₹ 2,490 B. ₹ 3,122
C. ₹ 3,212 D. ₹ 2,409

33. यदि कागज की 18 शीटों का भार 50 ग्राम है, तो उसी कागज की कितनी शीटों का भार $3\frac{3}{4}$ कि.ग्रा. होगा?

A. 1314 B. 1386
C. 1836 D. 1350

34. यदि $\frac{3x-2}{3}+\frac{2x+3}{2}=x+\frac{7}{6}$, है, तो $\frac{5x-2}{4}$ का मान है :

A. $\frac{-1}{3}$ B. $\frac{1}{4}$
C. $\frac{-1}{12}$ D. $\frac{1}{12}$

35. यदि $4x^2+12xy-8x+9y^2-12y=(ax+by)(ax+by-4)$, है, तब a^2+b^2 का मान है :

A. 10 B. 13
C. 25 D. 5

36. $(5x+2)$ और $(2x^2-3x+5)$, के गुणनफल में x^2 और x के गुणांकों का योग है :

A. 8 B. 9
C. –8 D. –9

37. किसी आयताकार बक्से का आंतरिक आधार 15 सेमी. लंबा और $12\frac{1}{2}$ सेमी. चौड़ा है और इसकी ऊँचाई $7\frac{1}{2}$ सेमी. है। इस बक्से को $2\frac{1}{2}$ सेमी. भुजा वाले घनों से भरा जाता है। घनों की संख्या होगी :

A. 60 B. 90
C. 120 D. 45

38. किसी समलंब का परिमाप 58 सेमी. है और इसकी असमांतर भुजाओं की लम्बाइयों का योग 20 सेमी. है। यदि इसका क्षेत्रफल 152 सेमी.^{2} हो, तो समांतर भुजाओं के बीच की दूरी, सेमी. में है :

A. 8 B. 9.8
C. 15.2 D. 6

39. किसी सम उत्तल बहुभुज के प्रत्येक अंतःकोण की माप 156° है। बहुभुज की भुजाओं की संख्या है :

A. 12 B. 10
C. 8 D. 15

40. यदि एक समबहुभुज की भुजाओं की संख्या 'n' है, तो इसकी सममित रेखाओं की संख्या बराबर है :

A. n^2 B. $2n$
C. n D. $\frac{n}{2}$

41. किसी त्रिभुज की भुजाएँ 6.5 सेमी., 10 सेमी. और x सेमी. हैं, जहाँ x एक धनात्मक संख्या है। निम्न में से x का न्यूनतम संभव मान क्या है?

A. 2.8 B. 3.5
C. 4 D. 4.5

42. छाया ने दी गई परिमेय संख्या को इस प्रकार हल किया $\frac{-25}{-30}=-\frac{5}{6}$

इस प्रकार की त्रुटि को माना जा सकता है :

A. संकल्पनात्मक त्रुटि
B. प्रक्रमणपरक त्रुटि
C. समस्या को ठीक से न समझने के कारण त्रुटि
D. लापरवाह त्रुटि

43. उच्च प्राथमिक स्तर पर 'आँकड़ों के प्रबंधन' का केंद्र होता है :
A. आँकड़ों का केवल प्रस्तुतीकरण
B. आँकड़ों का केवल संगठन
C. आँकड़ों को एकत्रित करने की तकनीक
D. आँकड़ों का संग्रह, संगठन और प्रस्तुति

44. गणित में समस्या के समाधान का निम्नलिखित में से कौन-सा तरीका नहीं है?
A. चित्रांकन
B. अंतर सेआरंभ की ओर हल करना
C. रट लेना
D. परीक्षण और त्रुटि विधि

45. पियाजे (Piaget) के अनुसार, जब बालक औपचारिक परिचालन स्तर पर होता है, तो परिचय देने का उपयुक्त समय है :
A. आँकड़ों का प्रबंधन
B. संख्याएँ
C. रेखागणित
D. अनुपात और समानुपात

46. कक्षा VII की पाठ्य-पुस्तक में दी गई निम्नलिखित समस्या को पढ़िए :
''एक मानचित्र दिया गया है, जिसमें पैमाना 2 सेमी. = 1000 किमी. है। यदि मानचित्र में दो स्थान 2.5 सेमी. की दूरी पर हैं, तो उनके बीच की वास्तविक दूरी क्या होगी?''
यह समस्या है :
A. अनुसंधानात्मक प्रकृति की
B. उच्च स्तरीय चिंतन कौशलों पर आधारित
C. समस्या-समाधान के कौशल को बढ़ाने की
D. अंतर्विषयी प्रकृति की

47. निम्नलिखित में से कौन-सी गणितीय प्रक्रिया नहीं है?
A. अनुमान लगाना। B. कंठस्थ करना।
C. मापना। D. साकार कल्पना करना।

48. राष्ट्रीय पाठ्यचर्या की रूपरेखा (एन.सी.एफ.) 2005 के अनुसार, विद्यालय में गणित उन परिस्थितियों में पनपता है जबकि
A. दैनिक अभ्यास से बच्चों कोसभी संकल्पनाएँ सीखने के लिए विवश किया जाए।
B. बच्चे सुनते हैं और अध्यापक सक्रियता से व्याख्या करता है।
C. बच्चे एक साथ सूत्रों का अभ्यास करते हैं और उन पर परीक्षा में प्रदर्शन करने का दबाव होता है।
D. गणित बच्चों के जीवन के अनुभवों का हिस्सा हो जाए।

49. कक्षा VI में, अध्यापक ने रचनात्मक (फॉर्मेटिव) मूल्यांकन (FA) कार्य के लिए वाद-विवाद का विषय दिया।
''हिंदू-अरेबिक संख्याएँ, रोमन संख्याओं से अधिक प्रभावशाली हैं।''
FA के इस क्रियाकलाप का उद्देश्य मूल्यांकन करना है :
A. विश्लेषणात्मकता का B. रचनात्मकता का
C. समझ का D. जानकारी का

50. गणित के कक्षा-कक्ष में महत्व दिया जाता है :
A. गणितीय विषय, प्रक्रिया और तर्क पर
B. समस्या समाधान की युक्तियों पर
C. गणितीय एल्गोरिथ्म (परिकलन प्रक्रिया) और प्रणाली पर
D. गणितीय विषय पर

51. अध्यापक ने विद्यार्थियों को बट्टे (छूट) पर आधारित निम्नलिखित समस्या हल करने के लिए दी :
''एक कमीज और स्वेटर के अंकित मूल्य (M.P.) क्रमशः ₹ 200 और ₹ 300 हैं और कमीज व स्वेटर पर बट्टा क्रमशः 20% तथा 12% है। बिल तैयार करते समय गलती से दुकानदार ने इन वस्तुओं के बट्टे की अदला-बदली कर दी। बिल मिलने पर हमीदा ने इस गलती को देखा और दुकानदार को उचित मूल्य दिया। हमीदा ने दुकानदार को कितनी मुद्रा दी?''
इस प्रश्न से शिक्षक किन मूल्यों को प्रोत्साहित करने का प्रयास करता है?
A. ईमानदारी B. सहकारिता
C. सहानुभूति D. संवेदनशीलता

52. $\frac{6}{7}, \frac{8}{9}, \frac{9}{10}, \frac{7}{8}$ में से सबसे बड़ी भिन्न और सबसे छोटी भिन्न का अंतर है :
A. $\frac{1}{56}$ B. $\frac{1}{72}$
C. $\frac{2}{63}$ D. $\frac{3}{70}$

53. $S = 1-2+3-4+5-6+7-8+ ..... +49-50$, S का योज्य प्रतिलोम है :
A. 25 B. −25
C. 1 D. 0

54. यदि $a = 3^{129} \times 5^{128} \times 7^{22}$,
$b = 3^{128} \times 5^{129} \times 7^{21}$
$c = 3^{127} \times 5^{129} \times 7^{23}$ और
$d = 3^{127} \times 5^{128} \times 7^{24}$ हैं, तब
a, b, c और d का म.स. (H.C.F.) है :
A. $3^{128} \times 5^{128} \times 7^{21}$ B. $3^{128} \times 5^{129} \times 7^{21}$
C. $3^{127} \times 5^{128} \times 7^{21}$ D. $3^{127} \times 5^{128} \times 7^{22}$

55. $\sqrt[3]{-2300} \times \sqrt[3]{5290}$ का मान है :
A. −529 B. −270
C. 230 D. −230

56. जबकि $a = 2, b = 3$ और $c = 0$ है, तो $\frac{(2^a)^{bc}}{(5^b)^{ac}}$ का मान क्या है?
A. 0 B. −1
C. $\frac{2}{5}$ D. 1

57. $4+\frac{44}{10}+\frac{404}{100}+\frac{444}{1000}+\frac{4}{10,000}$ का मान है :

A. 12.8944
B. 12.8844
C. 12.8804
D. 12.8224

58. संख्या 9y8071, 11 से विभाज्य होगी यदि '*y*' का न्यूनतम मान है :

A. 0 B. 2
C. 3 D. 1

59. $(14.96 \times 10^{10}) - (3.84 \times 10^{8})$ को मानक रूप में निम्न द्वारा व्यक्त किया जाता है :

A. 14.9216×10^{10}
B. 1492.16×10^{8}
C. 1.49216×10^{11}
D. 14921.6×10^{9}

60. आँकड़ों 6, 3, 9, 5, 1, 2, 3, 6, 5, 1, 3 के माध्य, बहुलक और माध्यक का योग है :

A. 11 B. 12
C. 13 D. 10

61. कॉलम A के जीवों का मिलान कॉलम B में दिए गए उनके कार्य से कीजिए :

कॉलम–A	***कॉलम–B***
(*i*) लैक्टोबैसिलस	(*a*) नाइट्रोजन स्थिरीकरण
(*ii*) प्रोटोजोआ	(*b*) एड्स
(*iii*) राइजोबियम	(*c*) मलेरिया
(*iv*) विषाणु	(*d*) दही का जमना

इनका सही मिलान है :

	(*i*)	(*ii*)	(*iii*)	(*iv*)
A.	(*d*)	(*a*)	(*b*)	(*c*)
B.	(*a*)	(*b*)	(*c*)	(*d*)
C.	(*a*)	(*d*)	(*c*)	(*b*)
D.	(*d*)	(*c*)	(*a*)	(*b*)

62. निम्नलिखित में से सही कथन चुनिए।

A. पौधे क्लोरोफिल की अनुपस्थिति में भी प्रकाश-संश्लेषण कर सकते हैं।
B. केवल हरी पत्तियों वाले पौधे ही प्रकाश-संश्लेषण कर सकते हैं।
C. केवल पत्तियों में ही प्रकाश-संश्लेषण होता है।
D. सभी रंगों की पत्तियाँ प्रकाश-संश्लेषण करती हैं।

63. रीमा अपनी दोस्त को बताती है कि भिंडी एक फल है। उसकी दोस्त शहाना उससे असहमत है। निम्नलिखित में से कौन-सा कथन सत्य है?

A. भिंडी को पकाकर खाया जाता है, अतः वह एक सब्जी है।
B. भिंडी में बीज होते हैं, इसलिए वह एक फल है।
C. भिंडी में बीज होते हैं, इसलिए वह एक सब्जी है।
D. भिंडी एक सब्जी है, अतः वह फल नहीं हो सकती।

64. जब हम क्रोध में, शर्मिंदगी या चिंता में होते हैं तब हमारे शरीर का कौन-सा हॉर्मोन तनाव समायोजन में हमारी मदद करता है?

A. एड्रिनेलिन B. इंसुलिन
C. एस्ट्रोजन D. थायरॉक्सिन

65. खंड-I में दिए गए पौधे के खाने योग्य भाग को खंड-II से मिलाइए:

खंड–I	***खंड–II***
(*i*) जड़	(*a*) मूँगफली
(*ii*) तना	(*b*) सेब
(*iii*) बीज	(*c*) गन्ना
(*iv*) फल	(*d*) गाजर

दिए गए विकल्प हैं :

	(*i*)	(*ii*)	(*iii*)	(*iv*)
A.	(*b*)	(*a*)	(*d*)	(*c*)
B.	(*a*)	(*d*)	(*c*)	(*b*)
C.	(*c*)	(*b*)	(*d*)	(*a*)
D.	(*d*)	(*c*)	(*a*)	(*b*)

66. निम्नलिखित में से कौन-सा विकल्प वायरस द्वारा मनुष्य को होने वाले रोगों के समूह को दर्शाता है?

A. चिकनपॉक्स, मलेरिया, हैपेटाइटिस-A
B. खसरा, पोलियो, टाइफॉयड
C. खसरा, टाइफॉयड, क्षयरोग
D. खसरा, चिकनपॉक्स, हैपेटाइटिस-A

67. निम्नलिखित में से कौन-सा विकल्प स्वपोषियों के समूह को दर्शाता है?

A. शैवाल, अमरबेल (आकाशबेल), केला, आम
B. पालक, छत्रक, टमाटर, यीस्ट
C. तुलसी, शैवाल, अमरबेल (आकाशबेल), छत्रक
D. शैवाल, पालक, टमाटर, केला

68. मानव पोषण में पोषक तत्वों की आवश्यकता, भोजन ग्रहण करने की विधि और शरीर में इसका उपयोग विभिन्न चरणों में होता है, जो हैं :

(*a*) अवशोषण
(*b*) निष्कासन
(*c*) स्वांगीकरण
(*d*) अंतर्ग्रहण
(*e*) पाचन

इन चरणों को उस क्रम में लगाइए जिस क्रम में ये शरीर में होते हैं।

A. (*d*), (*e*), (*a*), (*c*), (*b*)
B. (*e*), (*d*), (*c*), (*a*), (*b*)
C. (*d*), (*a*), (*b*), (*c*), (*e*)
D. (*a*), (*b*), (*c*), (*d*), (*e*)

69. निम्नलिखित में से कौन-सा विद्युत का चालक नहीं है?

A. नींबू का रस
B. लवण जल
C. आसवित जल
D. सिरका

70. माध्यम A माध्यम B से प्रकाशीय रूप से (ऑप्टीकली) अधिक सघन है। निम्नलिखित में से कौन-सा कथन सही है?
A. माध्यम A की अपेक्षा माध्यम B में प्रकाश की गति अधिक है।
B. माध्यम A और B दोनों में प्रकाश की गति समान है।
C. तुलना नहीं की जा सकती।
D. माध्यम B की अपेक्षा माध्यम A में प्रकाश की गति अधिक है।

71. हम वायुमंडल के भार से पिचकते नहीं हैं, क्योंकि :
A. हमारे शरीर के भीतर का दाब वायुमंडलीय दाब की अपेक्षा अधिक है और यह बाहर के दाब को निरस्त कर देता है।
B. हमारे शरीर के भीतर का दाब वायुमंडलीय दाब की अपेक्षा कम है।
C. हमारे शरीर के भीतर का दाब वायुमंडलीय दाब के बराबर है और यह बाहर के दाब को निरस्त कर देता है।
D. हमारे शरीर के भीतर का दाब वायुमंडलीय दाब की अपेक्षा अधिक है।

72. पानी के बर्तन में लोहे का एक खंड (ब्लॉक) डाला जाता है और वह तल में डूब जाता है। इसका कारण है–
A. ब्लॉक द्वारा विस्थापित जल का भार ब्लॉक के भार की तुलना में कम है।
B. ब्लॉक का भार ब्लॉक द्वारा विस्थापित जल के भार की तुलना में कम है।
C. जल का घनत्व ब्लॉक के घनत्व की तुलना में अधिक है।
D. बर्तन इतना गहरा नहीं है कि ब्लॉक तैर सके।

73. निम्नलिखित में से कौन-सा कथन गलत है?
A. एक सीटी की उच्च आवृत्ति है, इसलिए वह उच्च तारत्व की ध्वनि उत्पन्न करती है।
B. सामान्यतः पुरुष की आवाज़ महिला की तुलना में तीक्ष्ण होती है।
C. चिड़िया उच्च तारत्व की ध्वनि उत्पन्न करती है, जबकि शेर निम्न तारत्व पर दहाड़ता है।
D. एक ढोल निम्न आवृत्ति पर कंपित होता है, इसलिए वह निम्न तारत्व की ध्वनि उत्पन्न करता है।

74. हमारे सौर परिवार में दो ग्रह ऐसे हैं जो पूर्व से पश्चिम की ओर घूर्णन करते हैं। ये ग्रह हैं :
A. शुक्र और यूरेनस
B. बुध और शुक्र
C. यूरेनस और नेप्च्यून
D. बुध और यूरेनस

75. मनुष्यों में सर्वाधिक उत्सर्जन उत्पाद है :
A. अमोनिया
B. यूरिक अम्ल
C. अमोनियम क्लोराइड
D. यूरिया

76. निम्नलिखित में से कौन-सी प्रक्रिया/प्रक्रियाएँ छड़ चुंबक की चुंबकीय विशेषताओं को नष्ट करती है/हैं?
(*a*) दो टुकड़ों में काटना
(*b*) तापन
(*c*) पीटना
(*d*) सील करना
A. (*b*) एवं (*c*)
B. (*a*), (*b*) एवं (*c*)
C. (*a*) एवं (*d*)
D. केवल (*a*)

77. आठवीं कक्षा का कोई छात्र यह कहता है, ''भारी वस्तुएँ जल में डूब जाती हैं और हल्की वस्तुएँ जल में तैरती हैं।''

कक्षा VIII के विज्ञान शिक्षक के लिए इस पर प्रतिक्रिया देने के लिए सर्वोत्तम परामर्श क्या होगा?
A. बच्चे को स्पष्ट कीजिए कि यह वस्तु का भार नहीं वरन् उस वस्तु का घनत्व है जो यह निर्धारित करता है कि कोई वस्तु डूबेगी अथवा तैरेगी।
B. प्रतिकारी, उदाहरण दीजिए और विभिन्न आकृतियों, आकारों और भारों की वस्तुओं की व्यवस्था करके बच्चे को खोजने का अवसर प्रदान कीजिए।
C. उसे यह स्पष्ट कीजिए कि हल्का अथवा भारी आपेक्षिक पद हैं।
D. इस कथन को स्वीकार कर लिया जाए, क्योंकि यह बच्चे की संकल्पना को इंगित करता है जिसका आदर किया जाना चाहिए।

78. नीचे दी गई कौन-सी परिस्थिति विद्यार्थियों को ''ज्ञान की खोज'' के लिए सर्वोत्तम अवसर प्रदान करती है?
A. विद्यार्थी का ''बीजों के अंकुरण'' विषय पर योजनाबद्ध निर्देशन के परिष्कृत और विस्तृत सत्र में भाग लेना।
B. विद्यार्थियों को अंकुरण से संबद्ध तथ्यों की प्रयोग के द्वारा खोज करने के लिए प्रोत्साहित करना।
C. विद्यार्थियों को टीम शिक्षण द्वारा 'भोजन के अवयव' विषय पर शिक्षा देना।
D. विद्यार्थियों को पहले बीजों के अंकुरण का निदर्शन दिखाकर फिर विस्तार से व्याख्या की गई है।

79. एक शिक्षक कक्षा में एक जली मोमबत्ती को मेज पर रखता है। उसके बाद एक जार से उसे ढक देता है।
(*a*) कुछ देर बाद मोमबत्ती बुझ जाती है।
(*b*) मोमबत्ती के जलने के लिए हवा आवश्यक है।
(*c*) मोमबत्ती को जलते रहने के लिए ऑक्सीजन चाहिए।
उपर्युक्त तीन कथनों में से :
A. कथन (*a*) और (*b*) अवलोकन हैं।
B. सभी कथन अवलोकन हैं।
C. सभी कथन अनुमान हैं।
D. केवल कथन (*a*) अवलोकन है।

80. नीचे दिए गए प्रश्नों में से कौन-सा 'मुक्त-अन्त वाला' प्रश्न है?
A. यदि घर्षण बल न हो, तो क्या होगा?
B. किसी पीपे (बैरल) को समतल पृष्ठ पर सरकाने की तुलना में उसे लुढ़काना आसान क्योंहोता है?
C. ढालू वक्र सड़कों पर फिसलने सेकिस प्रकार रोकते हैं?
D. केले के छिलके पर हम क्यों फिसल जाते हैं?

81. विज्ञान के 'नियमों' और 'सिद्धांतों' के विषय में निम्नलिखित में से कौन-सा कथन सत्य है?
A. वैध ठहराए जाने पर सिद्धांत ही नियम बन जाते हैं।
B. 'सिद्धांत' केवल जीव विज्ञानों में मिलते हैं और 'नियम' केवल भौतिक विज्ञानों में मिलते हैं।
C. सिद्धांत और नियम एक ही हैं और एक ही प्रकार्य करते हैं सिवा इसके कि नियम सिद्धांतों का ही संक्षिप्त रूप होते हैं।
D. नियम दृष्टिगोचर तथ्यों में संबंधों के साधारणीकृत वर्णन हैं और सिद्धांत दृष्टिगोचर तथ्यों के स्पष्टीकरण।

82. कोई विज्ञान शिक्षिका अपने छात्रों का विभिन्न प्रक्रमण कौशलों में मूल्यांकन करना चाहती है। छात्रों के विभिन्न प्रक्रमण कौशलों का मूल्यांकन करने के लिए नीचे दिया गया कौन-सा साधन सर्वाधिक उपयुक्त होगा?
A. प्रश्नावली
B. प्रेक्षण सूची
C. कागज-पेंसिल परीक्षण
D. साक्षात्कार

83. निम्नलिखित में से विज्ञान शिक्षण का कौन-सा लक्ष्य उच्च प्राथमिक स्तर पर नहीं होना चाहिए?
A. जिज्ञासा का पोषण एवं वैज्ञानिक स्वभाव का विकास करना।
B. मूल्यों को आत्मसात करना।
C. विज्ञान के तथ्यों को सीखने वालों को प्रस्तुत करना।
D. विज्ञान शिक्षा को सीखने वाले के प्रतिदिन के अनुभव से संबंधित करना।

84. शिक्षक द्वारा कक्षा VII के बच्चों को "पानी बचाओ" विषय पर अधिगम को किस प्रकार अधिक सार्थक बनाया जा सकता है?
A. निबंध लिखवा कर
B. बच्चों को पानी की खपत पर अपने मुहल्ले के लोगों का साक्षात्कार तथा 'जल-जाँच' करवा कर
C. पहेली प्रतियोगिता करवा कर
D. पोस्टर बनवा कर

85. कक्षा VI के विद्यार्थियों को 'पाचन' पर पढ़ाने से पहले एक अध्यापक उन्हें मानव शरीर का एक रेखाचित्र देता है और उन्हें कहता है कि वे उन सभी अंगों को चित्रित करें जिनसे होकर उनके विचार से भोजन उनके खाने के बाद गुजरता है। इस प्रश्न को पूछने के लिए अध्यापक का क्या उद्देश्य हो सकता है?
A. पाचन तंत्र के बारे में विद्यार्थियों की समझ को समझना और तद्नुसार उनका श्रेणीकरण करना।
B. मानव शरीर और पाचन के बारे में विद्यार्थियों के पूर्व विचारों की पड़ताल करना ताकि भावी शिक्षण-अधिगम सत्र को तदनुसार नियोजित किया जा सके।
C. पता लगाना कि किस विद्यार्थी ने पहले से पाठ पढ़ा हुआ है और कक्षा में तैयारी करके आना तथा तदनुसार उनका श्रेणीकरण करना।
D. विद्यार्थियों की रेखाचित्र बनाने की कला को परखना, क्योंकि जीवन विज्ञान में रेखाचित्र बनाना एक महत्वपूर्ण कौशल है।

86. कक्षा 7 की एक अवधारणा "धुआँ ऊपर क्यों उठता है?" पर प्रभावशाली चर्चा के लिए एक विज्ञान शिक्षक को :
(*a*) चर्चा के दौरान कम प्रश्न पूछने चाहिए।
(*b*) बच्चों को एक समान मंच देना चाहिए।
(*c*) बच्चों की रुचि बनाए रखने के लिए उनकी प्रतिक्रियाओं को स्वीकारना चाहिए।
(*d*) चर्चा के अंत में बच्चों के विचारों का सारांश करते हुए आकलन करना चाहिए।
A. (*b*), (*c*) और (*d*) B. (*d*) केवल
C. (*c*) और (*d*) D. (*a*) और (*b*)

87. आपके पास दो परखनलियाँ 'A' और 'B' हैं। परखनली 'A' में हल्दी का पेस्ट भरा है, जबकि परखनली 'B' में फिनॉलफ्थेलिन का जलीय विलयन भरा है। इन दोनों परखनलियों में तनु हाइड्रोक्लोरिक अम्ल की कुछ बूँदें डालने पर इनमें भरे पदार्थ प्रतीत होंगे :
A. 'A' में पीला रहेगा जबकि 'B' में रंगहीन रहेगा।
B. 'A' और 'B' दोनों ही लाल दिखाई देंगे।
C. 'A' लाल दिखाई देगा जबकि 'B' में रंगहीन रहेगा।
D. 'A' में पीला रहेगा जबकि 'B' में गुलाबी दिखाई देगा।

88. अनीता परखनली में सोडियम हाइड्रॉक्साइड का ताजा विलयन तैयार करती है। वह उसमें एल्यूमिनियम की पन्नी का एक छोटा-सा टुकड़ा डालती है और माचिस की जलती हुई तीली परखनली के मुँह के पास लाती है। वह 'पॉप' की आवाज सुनती है। 'पॉप' की आवाज .... की उपस्थिति की ओर संकेत करती है।
A. ऑक्सीजन गैस
B. हाइड्रोजन गैस
C. एल्यूमिनियम गैस
D. जल गैस

89. जब जल तरल से गैसीय चरण में रूपांतरित होगा तब निम्नलिखित में से कौन-सा एक बदलाव होगा?
A. कणों की संरचना में बदलाव।
B. कणों की दूरी में बदलाव।
C. कणों के रंग में बदलाव।
D. कणों के आकार में बदलाव।

90. निम्नलिखित में से किस ईंधन का ऊष्मीय मान सबसे अधिक है?
A. पेट्रोल B. डीजल
C. हाइड्रोजन D. कोयला

भाग-III

भाषा-I हिन्दी

निर्देश (प्र. सं. 91 से 99): *नीचे दिए गए गद्यांश को पढ़कर निम्नलिखित प्रश्नों में **सबसे उचित** उत्तर वाले विकल्प चुनिए।*

''किसी को देखने के लिए आँख की नहीं, दृष्टि की आवश्यकता होती है''—स्वामी विवेकानंद का यह कथन इस महिला के जीवन का दर्शन बन गया है। इसी जीवन दर्शन के सहारे उन्होंने एक ओर कठिनाइयों का सामना किया तो दूसरी ओर सफलता का मार्ग ढूँढ़ा और उस पर निर्भयता से बढ़ चलीं। जी हाँ, हम बात कर रहे हैं मुंबई की रेवती रॉय की।

रेवती रॉय वह महिला हैं जिन्होंने महिलाओं की कठिनाइयों को ध्यान में रख केवल उन्हीं की सुविधा के लिए 'फॉरशी' नाम से कैब-सेवा प्रारंभ की। उद्देश्य स्पष्ट था—कामकाजी और जरूरतमंद महिलाओं को अपने शहर में सुरक्षित सफर का भरोसा देना। यह सेवा उन महिलाओं के लिए वरदान साबित हुई जिन्हें महानगरों में मुँह बाए बैठे अपराधी तत्त्वों या परपीड़ा में आनंद लेने वालों से प्रायः रोज ही जूझना पड़ता है।

खतरों और आशंकाओं से भरी सड़क-परिवहन की जिंदगी में कदम रखने का निर्णय लेना रेवती के लिए सरल नहीं था। लेकिन कभी-कभी विवशता भी प्रेरणा देती है। ऐसे ही अवसरों पर 'आँख नहीं, दृष्टि' वाला दर्शन प्रेरक होता है। गंभीर बीमारी से जूझ रहे पति के इलाज में सारी जमापूँजी चुक जाने के बाद रेवती को अपने अस्तित्व के लिए कुछ-न-कुछ करना था। सो उन्होंने एकदम नया रास्ता चुना—कैब के द्वारा महिलाओं को सुरक्षित यात्रा का आश्वासन।

91. रेवती रॉय ने एकदम नया रास्ता चुना
A. महिलाओं के लिए कैब संचालन का
B. खतरों में कदम रखने का
C. लोगों की सेवा करने का
D. बीमार पति की देखभाल का

92. किस जिंदगी को खतरों और आशंकाओं से भरा माना गया है?
A. सड़क परिवहन की
B. 'फॉरशी' कैब संचालन की
C. कामकाजी महिलाओं की
D. महानगरों की

93. कौन-सा विकल्प गद्यांश के मुख्य भाव के सबसे निकट है?
A. हिम्मत करे इंसान तो क्या काम है मुश्किल
B. साहस और खतरे
C. पहले घर फिर बाहर
D. हिम्मत और जिंदगी

94. किस शब्द में उपसर्ग और प्रत्यय दोनों हैं?
A. कठिनाइयाँ
B. प्रारंभ
C. सफलता
D. परिवहन

95. 'परपीड़ा' शब्द का गद्यांश में प्रयोग केअनुसार अर्थ है
A. दूसरों को पीड़ा
B. दूसरों से पीड़ा
C. दूसरों में पीड़ा
D. दूसरों की पीड़ा

96. गद्यांश के प्रारंभ में उद्धृत कथन किसके जीवन का दर्शन बना?
A. असुरक्षित महिलाओं के
B. संघर्षशील व्यक्ति के
C. रेवती रॉय के
D. विवेकानंद के

97. रेवती रॉय की कैब सेवा मूलतः किसके लिए है?
A. मुंबई के निवासियों के लिए
B. कामकाजी महिलाओं के लिए
C. महानगरों के लिए
D. जरूरतमंद लोगों के लिए

98. कामकाजी महिलाओं को प्रायः नित्य ही जूझना पड़ता है—
A. परपीड़क और अपराधी लोगों से
B. मनमानी करने वाले चालकों से
C. परिवहन की समस्याओं से
D. गृहस्थी की समस्याओं से

99. कैब सेवा प्रारंभ करने के पीछे कारण था—
A. पारिवारिक विवशता
B. समाजसेवा की भावना
C. महिलाओं की कठिनाइयाँ
D. सामाजिक दबाव

निर्देश (प्र. सं. 100 से 105): *निम्नलिखित काव्यांश को पढ़कर दिए गए प्रश्नों में **सबसे उचित** उत्तर वाले विकल्प चुनकर लिखिए।*

गरजते घन घनन-घन-घन,
नाचता है मोर-सा मन,
ऐसी पड़ी झर-झर झड़ी—
भीगा बदन बेसुध है मन।
आज वर्षा अजब आई!
बह रही है मस्त पुरवाई,
नदी है द्वार तक आई,
मेघों से लिपटकर सो गया सूरज—
ले रहे हैं खेत अँगड़ाई।
आज वर्षा गजब आई!

100. 'पुरवाई' सेआशय है—
A. पूर्व को बहने वाली नदी
B. पूर्व की ओर बहने वाली पवन
C. मदमस्त करने वाली हवा
D. पूर्व से आने वाली वायु

101. 'बेसुध है मन' कहकर कवि बताना चाहता है कि मन–
A. मस्त हो जाता है।
B. गाने लगता है।
C. झूमने लगता है।
D. पानी से भीग जाता है।

102. खेत अँगड़ाइयाँ ले रहे हैं क्योंकि–
A. सूर्य के सो जाने से उन्हें भी नींद आ रही है।
B. सुबह हो गई, वे नींद से जाग रहे हैं।
C. उन्हें बहुत आनंद आ रहा है।
D. सूर्य दिखाई नहीं दे रहा है।

103. 'गरजते घन घनन-घन-घन'–में अलंकार है
A. अनुप्रास B. रूपक
C. श्लेष D. उपमा

104. मन की उपमा किससे दी गई है?
A. वर्षा से B. मोर से
C. सावन से D. बादलों से

105. ''लिपटकर सो गया सूरज'' का भाव है कि सूर्य
A. खो गया है। B. थक गया है।
C. छिप गया है। D. नींद में है।

निर्देश (प्र. सं. 106 से 120): *नीचे दिए गए प्रश्नों के **सबसे उचित** उत्तर वाले विकल्प चुनिए।*

106. साहित्य की **किस** विधा के शिक्षण में सस्वर पठन सर्वाधिक अपेक्षित है?
A. जीवनी B. आत्मकथा
C. संस्मरण D. एकांकी

107. उच्च प्राथमिक स्तर पर हिंदी भाषा में अभिव्यक्ति परखने के लिए आप किस प्रश्न को सर्वाधिक महत्वपूर्ण समझते हैं?
A. लेखक ने ऐसा क्यों कहा कि ताजा बर्फ धोखा देने वाली होती है?
B. 'लोकगीत संस्कृति के परिचायक होते हैं'–इस कथन पर अपने विचार व्यक्त कीजिए।
C. 'आँखों पर पर्दा पड़ना' मुहावरे का वाक्य में प्रयोग कीजिए।
D. सेना ने पार्क को क्योंघेर लिया था?

108. कक्षा आठ में पढ़ने वाली नंदिनी लिखते समय वर्तनी की अशुद्धियाँ करती है। भाषा-शिक्षक के रूप में आप अपनी क्या जिम्मेदारी मानते हैं?
A. नंदिनी को समझाना कि वर्तनी की शुद्धता ही लेखन का सशक्त पहलू है।
B. नंदिनी को ऐसे अवसर प्रदान करना कि वह स्वयं उनमें सुधार करे।
C. नंदिनी की अशुद्धियों को काटकर सही करना और उन्हें बीस-बीस बार लिखवाना।
D. नंदिनी को समझाना कि वर्तनी की अशुद्धियाँ करने पर उसके अंक कट जाएँगे

109. उच्च प्राथमिक स्तर पर मुहावरे-लोकोक्तियों के शिक्षण के संबंध में आपके लिए सर्वाधिक महत्वपूर्ण है–
A. मुहावरे-लोकोक्तियों का अर्थ समझाने का प्रयत्न।
B. मुहावरे-लोकोक्तियों का वाक्यों में प्रयोग करना।
C. अधिक से अधिक मुहावरे-लोकोक्तियों के प्रयोग द्वारा भाषा को आलंकारिक बनाना।
D. संदर्भानुसार मुहावरे-लोकोक्तियों के प्रयोगों को समझना और उनका प्रयोग करना।

110. निम्नलिखित में से कौन-सा प्रश्न ''संदर्भ में व्याकरण शिक्षण'' को पुष्ट करता है?
A. 'घर-घर आपकी ही चर्चा है।' वाक्य में 'घर' शब्द की पुनरावृत्ति से अर्थ पर क्या प्रभाव पड़ता है?
B. 'घर-घर' पुनरुक्त शब्द-युग्म है, इसी तरह के दो और शब्द-युग्म बताइए।
C. 'घर-घर' पुनरुक्त शब्द-युग्म है, दिए गए शब्द-समूहों में से ऐसे शब्द-युग्म छाँटिए।
D. 'घर-घर' शब्द-युग्म का प्रयोग करते हुए दो वाक्य बनाइए।

111. उच्च प्राथमिक स्तर पर हिंदी भाषा की पाठ्य-पुस्तक का निर्माण करते हुए आपके लिए सबसे कम महत्वपूर्ण है–
A. भाषा की विविध छटाओं को समेटने वाले पाठ
B. समृद्ध हिंदी साहित्य की छटा का प्रदर्शन
C. भाषायी क्षमताओं को बढ़ावा देने के लिए अभ्यास
D. समस्त व्याकरणिक बिंदुओं का समावेश

112. किसी रचना के बारे में स्वतंत्र राय बनाने का आत्मविश्वास विकसित करने के लिए आवश्यक है–
A. भाषा-बोध और साहित्य बोध
B. कवि और कविता बोध
C. साहित्य-बोध और ऐतिहासिक बोध
D. साहित्य-बोध और छंद-बोध

113. बच्चों के लिए अतिरिक्त पठन-सामग्री क्यों विकसित की जाती हैं?
A. भाषा-ज्ञान बढ़ाने और सामान्य ज्ञान में रुचि जगाने के लिए।
B. पढ़ने में रुचि जगाने एवं भाषा-ज्ञान में वृद्धि के लिए।
C. पढ़ने में रुचि जगाने एवं सामान्य ज्ञान में वृद्धि के लिए।
D. भाषा-ज्ञान बढ़ाने एवं साहित्यकारों में रुचि जगाने के लिए।

114. उच्च प्राथमिक स्तर पर भाषा-शिक्षण का एक महत्वपूर्ण उद्देश्य है–
A. साहित्यिक विधाओं में रचना करना।
B. भाषा की नियमबद्ध प्रकृति को पहचानना।
C. भाषा के आलंकारिक रूप को पहचानना।
D. भाषा के व्याकरण को कंठस्थ करना।

115. ''विभिन्न कार्यक्षेत्रों से जुड़ी प्रयुक्तियों से विद्यार्थियों को परिचित कराया जाना चाहिए।'' इस कथन में 'प्रयुक्ति' से तात्पर्य है–
A. शब्दों की व्युत्पत्ति B. विभिन्न भाषा उदाहरण
C. विशिष्ट भाषा-प्रयोग D. भाषा के नियम

116. भाषा-शिक्षण की किस विधि में मातृभाषा को मध्यस्थ नहीं रखा जाता?

A. प्रत्यक्ष विधि
B. व्याकरण विधि
C. सूत्र विधि
D. अनुवाद विधि

117. भाषा-शिक्षण के संदर्भ में किसी शिक्षक के लिए सर्वाधिक महत्वपूर्ण है–

A. परीक्षा का आयोजन करना।
B. पाठ्यचर्या सहगामी क्रियाओं का आयोजन करना।
C. भाषा-प्रयोग के अधिक अवसर प्रदान करना।
D. निर्धारित पाठ्यक्रम को पूरा करना।

118. सतत आकलन का उद्देश्य यह जानना है कि–

A. बच्चों ने क्या सीखा है।
B. बच्चे कैसे सीखते हैं।
C. बच्चे क्यों नहीं सीखते।
D. बच्चों ने कितना सीखा है।

119. जब शिक्षिका पूछती है कि "हम भी सफल होंगे–इस वाक्य में 'भी' लगनेसे अर्थ में क्या अंतर आता है?", तो इसका आशय है कि शिक्षिका बच्चों को–

A. परीक्षा के लिए तैयार करना चाहती है।
B. अवलोकन क्षमता के अवसर देना चाहती है।
C. भाषा की बारीकियाँ समझाना चाहती है।
D. व्याकरण सिखाना चाहती है।

120. हिंदी भाषा के शिक्षक के रूप में आपके लिए सबसे कम महत्वपूर्ण है–

A. सवैधानिक मूल्यों की जानकारी
B. भाषा-प्रयोग की क्षमता का विकास
C. व्याकरणिक नियमों की जानकारी
D. भाषा-कौशलों का ज्ञान

भाग-IV

भाषा-II अंग्रेजी

Directions (Qs. No. 91-96): *Read the passage given below and answer the questions that follow, by selecting the* ***most appropriate*** *options.*

The massive fort of Jodhpur looked down from the hill at the new city which had sprawled out around the old one. The desert lay beyond the city. It crouched there like a lion, and was the colour of one, its rippled tawny pelt flea-specked here and there with small clumps of scrub. A gritty wind blew out of it, little rivers of sand eddied briefly down the pavements, then were snatched back into the air and flung like a challenge to the south. At the edge of the city, herds of camels twined their long necks around stunted trees, as though they were snakes. Then there were no more trees. Tall whirlwinds of sand marched down towards us from the horizon.

The desert enclosed us for the next ten days. There was a glare and dazzle on the skyline at dawn, then the ferocious eye of summer opened for a long look at its domain. For the next twelve hours it scowled down at the sand. We closed our eyes, visualized shadow and water, narrowed them open once more to the parch and scald of the desert wind. The shifting wind caused the dunes constantly to collapse and reform, or drifted them lazily out as bulwarks across the road. The car had to stop at frequent intervals, so that we could clear the heaped sand away, or because one of the tyres, hissing on the burning surface of the tarmac, had exploded. During those prolonged and sweaty intervals by the roadside, we were passed, sometimes, by the ghostly herds of livestock moving south.

121. .... are compared to snakes.

A. Edges of the city
B. Stunted trees
C. Long necks of camels
D. Herds of camels

122. The narrator's style of description is:

A. poetic
B. philosophic
C. analytical
D. scholarly

123. '........... the new city <u>which</u> had sprawled ....'
Which part of speech is the underlined word in the above clause?

A. Pronoun
B. Adjective
C. Conjunction
D. Noun

124. <u>The desert enclosed us</u> for the next ten days.
Voice in the above sentence has been correcly changed in:

A. We had been enclosed by the desert.
B. The desert had been enclosed.
C. The desert was enclosed by us.
D. We were enclosed by the desert.

125. Synonym for the word, 'clumps' is:

A. haunts
B. bunches
C. riots
D. locks.

126. Antonym for the word, 'scowled' is:

A. observed
B. located
C. frowned
D. smiled

127. The desert looked like a lion because both are:
A. massive
B. ferocious
C. found among the hills
D. of the same colour

128. The only objects that actually broke the monotony of the vast desert were :
A. rivers of sand in it.
B. clumps of scrub here and there.
C. shadow and water.
D. lions living in it.

129. Between the fort and the desert there isèare:
A. two cities B. three cities
C. no city D. a hill

Directions (Qs. No. 130-135): *Read the passage given below and answer the questions that follow by selecting the most appropriate options:*

In the affluent, industrialized nations giant surpluses of wheat, maize, and sorghum are commonplace; cattle, swine, and poultry are fed and fattened on cereal grains; meat, milk, eggs, fruits, and vegetables are within the economic reach of most of the population; well-balanced diets are more or less automatically achieved, and cereal products constitute only a modest portion of the 'daily bread'. Consequently, most of the people in such societies have difficulty in comprehending and appreciating the vital significance of providing high-yielding strains of wheat, rice, maize, sorghum and millet for the people of the developing nations. Understandably then, the majority of the urbanites in the industrialized nations have forgotten the significance of the words they learned as youngsters. 'Give us this day our daily bread.' They know that food comes from the supermarket, but only a few see beyond the necessary investments, the toil, struggle, and frustrations on the farms and ranches that provide their daily bread. Since the urbanites have lost their contact with the soil, they take food for granted and fail to appreciate the tremendous efficiency of their farmers and ranchers, who, although constituting only five per cent of the labour force in a country such as the United States, produce more than enough food for their nation.

Even worse, urbanites often vociferously criticize their government for attempting to bring into balance the agricultural production of its farmers with the domestic and foreign market demands for farm products, and attempting thereby to provide the consumer an abundant food supply at reasonable cost and also to assure a reasonable return to the farmer and ranchers.

130. People in the developed nations eat very little of:
A. Milk products
B. Fruits and vegetables
C. Cereals
D. Meat products

131. .... do not play a great role in providing food to the dining tables in developed nations.
A. Supermarkets
B. Farm labourers
C. Agricultural machines
D. Farms

132. Synonym for the word, 'vociferously' is:
A. vocally B. vocational
C. vividly D. stridently

133. Antonym for the word, 'modest' here is:
A. rightful
B. quick
C. smart
D. large

134. How do the rich countries use most of their surplus wheat and maize?
A. They feed their cattle and poultry.
B. They give them free to the poor people.
C. They burn them in the fields.
D. They export them to help the developing countries.

135. How do they benefit from such a use?
A. The surplus does not get wasted.
B. The country earns goodwill.
C. Their citizens get balanced diets.
D. The soil gets enriched.

Directions : *Answer the following questions by selecting the **most appropriate** options.*

136. A Task in task-based language learning is:
A. an activity for reading
B. a piece of work which involves engagement with language.
C. a physical activity
D. a piece of assignment

137. What are the other skills of language apart from listening, speaking, reading and writing?
A. Learning and Memorization
B. Grammar and Principles
C. Thinking and Reasoning
D. Creativity and Imagination

138. Which one of the following considers words and word chunks as basis for language learning?
A. Lexical appraoch
B. Grammar-translation method
C. Dictionary approach
D. Word approach

139. A non-fictional text is classified and organized through:
A. Simile and Rhetoric
B. Central theme and Meanings
C. Story and Plot
D. Synonyms and Antonyms

140. Which one of the following is NOT a poetic device?
A. Alliteration B. Imagery
C. Morpheme D. Metaphor

141. A class VII student makes mistakes in spelling. As a teacher would you
A. ask the student to re-pronounce the word?
B. show him his mistakes and ask him to repronouce them?
C. ignore the mistakes?
D. allow the student to use a mobile dictionary?

142. The idea of 'comprehensible input' was first used by:
A. Vygotsky B. Steplen Krashen
C. N.S. Prabhu D. Chomsky

143. If a teacher wants to develop the understanding of a text among her class students, what will be the best method?
A. Writing answers on the blackboard.
B. Making students to tick the answer in the textbook.
C. Asking students to pay attention to the classroom.
D. Asking questions

144. A teacher found an advertisement pamphlet for sale of biscuits. She uses it for reading and speaking activities in her class. What do you call the pamphlet?
A. An authentic text
B. Extra materials
C. Newspaper clipping
D. Realia

145. The Communicative Approach to teaching of language is related to:
A. teaching of language for written test
B. narrating the grammatical principles according to the needs of the audience.
C. honing the abilities of listening, speaking, reading, writing and meaning-making
D. teaching of grammar through principles of language and dictation

146. While reading a text, which one among the following can help students understand the relations between the parts of a sentence?
A. Pronouns
B. Nouns
C. Verbs
D. Adverbs

147. What is the status of English in India? It is:
A. the official language
B. a regional language
C. a foreign language
D. an associate official language.

148. Observation on a student's special academic ability includes :
A. has a proper physical stature.
B. accepts others' abilities and skills.
C. gives unexpected and illogical answers.
D. pays more attention to the areas of hisèher interests.

149. A Phoneme is :
A. a single unit of a word
B. a dipthong
C. a vowel sound
D. a single unit of sound

150. Which one of the following is NOT a prescribed level of teaching?
A. Differentiation B. Retention
C. Understanding D. Memory

Answers

1	2	3	4	5	6	7	8	9	10
A	B	A	D	A	B	C	A	B	B
11	12	13	14	15	16	17	18	19	20
D	C	D	C	D	A	B	D	B	B
21	22	23	24	25	26	27	28	29	30
D	D	C	B	A	C	A	C	C	A
31	32	33	34	35	36	37	38	39	40
B	C	D	C	B	A	B	A	D	C
41	42	43	44	45	46	47	48	49	50
C	A	D	C	D	D	B	D	A	A
51	52	53	54	55	56	57	58	59	60
A	D	A	C	D	D	B	D	C	D
61	62	63	64	65	66	67	68	69	70
D	D	B	A	D	D	D	A	C	A

71	72	73	74	75	76	77	78	79	80
C	A	B	A	D	A	B	B	D	A
81	82	83	84	85	86	87	88	89	90
D	B	C	B	B	A	A	B	B	C
91	92	93	94	95	96	97	98	99	100
A	A	A	C	A	C	B	A	C	D
101	102	103	104	105	106	107	108	109	110
A	A	A	B	C	D	B	B	D	A
111	112	113	114	115	116	117	118	119	120
D	A	B	B	C	A	C	B	C	C
121	122	123	124	125	126	127	128	129	130
C	A	A	D	B	D	D	B	A	C
131	132	133	134	135	136	137	138	139	140
A	D	D	A	C	B	C	A	B	C
141	142	143	144	145	146	147	148	149	150
B	B	D	A	C	C	D	D	D	A

Some Selected Explanatory Answers

31. कुल संख्या = 4, 5, 6, 7, 8, 9, 10, 11, 12, 13, 14, 15 = 12

कुल अभाज्य संख्या = 5, 7, 11, 13 = 4

$$P \text{ (अभाज्य संख्या) की प्रायिकता} = \frac{4}{12} = \frac{1}{3}.$$

32. माना कि मूलधन = ₹ x तथा दर = $r\%$

$$x\left(1+\frac{r}{100}\right)^3 = 4818 \quad ...(i)$$

$$x\left(1+\frac{r}{100}\right)^6 = 7227 \quad ...(ii)$$

समीकरण (*ii*) को (*i*) से भाग देने पर, हम पाते हैं कि

$$\frac{x\left(1+\frac{r}{100}\right)^6}{x\left(1+\frac{r}{100}\right)^3} = \frac{7227}{4818} = \frac{3}{2}$$

$$\Rightarrow \left(1+\frac{r}{100}\right)^3 = \frac{3}{2}$$

समीकरण (*i*) में इसका मान रखने पर,

$$x \times \frac{3}{2} = 4818$$

$$\Rightarrow x = \frac{2\times 4818}{3} = 2 \times 1606 = 3212$$

$\therefore$ अभीष्ट मूलधन = ₹ 3212.

33. जब वजन $\frac{1}{20}$ कि.ग्रा. है तब शीटों की संख्या = 18

जब वजन $\frac{15}{4}$ कि.ग्रा. है तब शीटों की संख्या

$$= 18\times 20\times \frac{15}{4} = 1350.$$

$\therefore$ अभीष्ट शीटों की संख्या = 1350.

34. $$\frac{3x-2}{3}+\frac{2x+3}{2} = x+\frac{7}{6}$$

$$\Rightarrow \frac{6x-4+6x+9}{6} = \frac{6x+7}{6}$$

$$\Rightarrow 12x + 5 = 6x + 7$$

$$\Rightarrow 6x = 2$$

$$\Rightarrow x = \frac{1}{3}$$

$$\frac{5x-2}{4} \text{ का मान} = \frac{5\times\frac{1}{3}-2}{4} = \frac{5-6}{3\times 4} = \frac{-1}{12}.$$

35. $\because 4x^2 + 12xy + 9y^2 - 8x - 12y$

$= (ax + by)(ax + by - 4)$

$\Rightarrow (2x + 3y)^2 - 4(2x + 3y) = (ax + by)(ax + by - 4)$

$\Rightarrow (2x + 3y)(2x + 3y - 4) = (ax + by)(ax + by - 4)$

समीकरणों से हम पाते हैं कि

$a = 2, b = 3$

$\therefore$ $a^2 + b^2$ का मान $= (2)^2 + (3)^2$

$= 4 + 9 = 13.$

36. $(5x + 2)(2x^2 - 3x + 5)$

$= 10x^3 - 15x^2 + 25x + 4x^2 - 6x + 10$

$= 10x^3 - 11x^2 + 19x + 10$

x^2 का गुणांक $= -11$

तथा x का गुणांक $= 19$

x^2 तथा x का गुणांकों का योग

$= -11 + 19 = 8.$

37. बक्से का आयतन $= 15 \times \frac{25}{2} \times \frac{15}{2}$ घन सेमी.

प्रत्येक घन का आयतन $= \frac{5}{2} \times \frac{5}{2} \times \frac{5}{2}$ घन सेमी.

$\therefore$ घनों की संख्या $= \frac{15 \times 25 \times 15 \times 2 \times 2 \times 2}{2 \times 2 \times 5 \times 5 \times 5}$

$= 3 \times 5 \times 3 \times 2$

$= 90.$

38. समलम्ब चतुर्भुज का परिमाप = 58 सेमी.

$\therefore$ $a + b + 20 = 58$

$\Rightarrow$ $a + b = 38$ ...(i)

समलम्ब चतुर्भुज का क्षेत्रफल $= \frac{1}{2} \times (a + b) \times h$

$\Rightarrow$ $152 = \frac{1}{2} \times (38) \times h$

$\therefore$ $h = \frac{2 \times 152}{38}$

$= 2 \times 4 = 8$ सेमी.

अतः समान्तर भुजाओं के बीच की दूरी

= 8 सेमी.

39. सम बहुभुज के प्रत्येक आन्तरिक कोण

$= \left(\frac{n-2}{n}\right) \times 180°$

$\Rightarrow$ $156 = \frac{180n - 360}{n}$

$\Rightarrow$ $360 = 180n - 156n$

$= 24n$

$\therefore$ $n = \frac{360}{24} = 15$

अतः बहुभुज की भुजाओं की संख्या = 15.

41. दो भुजाओं का योग तीसरी भुजा से बड़ा होता है।

$\therefore$ $x + 6.5 > 10$

$\Rightarrow$ $x > 10 - 6.5$

$\Rightarrow$ $x > 3.5$

$\therefore$ x का अभीष्ट मान = 4.

52. $\frac{6}{7} = .857$

$\frac{8}{9} = .888$

$\frac{9}{10} = .9$

$\frac{7}{8} = .875$

$\therefore$ सबसे छोटा भिन्न $= \frac{6}{7}$

सबसे बड़ा भिन्न $= \frac{9}{10}$

अन्तर $= \frac{9}{10} - \frac{6}{7}$

$= \frac{63 - 60}{70}$

$= \frac{3}{70}.$

53. $S = 1 + 3 + 5 + 7 + ... + 49$

$- (2 + 4 + 6 + 8 + ... + 50)$

$49 = a + (n - 1)d$

$\Rightarrow$ $49 = 1 + (n - 1)2$

$\Rightarrow$ $49 = 1 + 2n - 2$

$= 2n - 1$

$\Rightarrow$ $2n = 50$

$\Rightarrow$ $n = 25$

$\therefore$ $S = \frac{25}{2}(a + l) - \left[\frac{25}{2}(a + l)\right]$

$= \frac{25}{2}(1 + 49) - \left[\frac{25}{2}(2 + 50)\right]$

$$= \frac{25}{2}\times 50-\frac{25}{2}\times 52$$
$= 625 - 25 \times 26$
$= 625 - 650 = -25$

$\therefore$ S का योगात्मक प्रतिलोम = 25.

54. $\because$
$a = 3^{129} \times 5^{128} \times 7^{22}$
$b = 3^{128} \times 5^{129} \times 7^{21}$
$c = 3^{127} \times 5^{129} \times 7^{23}$
$d = 3^{127} \times 5^{128} \times 7^{24}$

$\therefore$ a, b, c तथा d का महत्तम समापवर्तक
$= 3^{127} \times 5^{128} \times 7^{21}$.

55. $\sqrt[3]{-2300}\times\sqrt[3]{5290}$ का मान
$= \sqrt[3]{-23\times 10\times 10\times 23\times 23\times 10}$
$= -23 \times 10 = -230.$

56. $\frac{(2^a)^{bc}}{(5^b)^{ac}}$ का मान

$$= \frac{2^{abc}}{5^{abc}}$$

$$= \frac{2^0}{5^0}=\frac{1}{1}=1.$$ [C = 0 दिया गया है]

57. $4+\frac{44}{10}+\frac{404}{100}+\frac{444}{1000}+\frac{4}{10000}$ का मान
$= 4 + 4.4 + 4.04 + .444 + .0004$
$= 12.8844$

58. $9y8071$
$9 + 8 + 7 = 24$
$1 + 0 + 1 = 2$
$24 - 2 = 22$
जो 11 का गुणक है।
$\therefore$ y का मान = 1.

59. $(14.96 \times 10^{10}) - (3.84 \times 10^{8})$

$$= \frac{1496}{100}\times 10^{10}-\frac{384}{100}\times 10^{8}$$
$= 1496 \times 10^8 - 384 \times 10^6$
$= 10^6\,(149600 - 384)$
$= 10^6\,(149216)$
$= 149216000000$
$= 1.49216 \times 10^{11}$.

60. माध्य $= \frac{6+3+9+5+1+2+3+6+5+1+3}{11} = \frac{44}{11}=4$

माध्यिका के लिए बढ़ते क्रम में लिखा जाए
1, 1, 2, 3, 3, 3, 5, 5, 6, 6, 9
यहाँ पर, $n = 11$ जो कि विषम संख्या है
$\therefore$ माध्यिका $= \left(\frac{n+1}{2}\right)$वाँ पद
= 6वाँ पद = 3
बहुलक = 3
$\therefore$ माध्य, माध्यिका तथा बहुलक का योग
$= 4 + 3 + 3 = 10.$

पिछले प्रश्न-पत्र (हल सहित)

CTET पेपर-II, फरवरी 2015*

(गणित एवं विज्ञान शिक्षक हेतु)

भाग-I

बाल विकास व शिक्षाशास्त्र

निर्देशः *निम्नलिखित प्रश्नों के उत्तर देने के लिए* ***सबसे उचित*** *विकल्प चुनिए।*

1. आपकी कक्षा में कुछ बच्चे हैं जो गलतियाँ करते हैं। इस परिस्थिति का आपके विश्लेषण के अनुसार इनमें से कौन-सा कथन सर्वाधिक उपयुक्त है?

A. बच्चों का बुद्धिस्तर निम्न है।

B. बच्चों ने अभी तक संकल्पनात्मक स्पष्टता प्राप्त नहीं की है तथा आपको अपनी शिक्षण-विधि पर चिन्तन करने की आवश्यकता है।

C. बच्चों की अध्ययन में रुचि नहीं है और वे अनुशासनहीनता उत्पन्न करना चाहते हैं।

D. बच्चों को आपकी कक्षा में प्रोन्नत नहीं करना चाहिए था।

2. कक्षा-परीक्षणों में अच्छा प्रदर्शन करने में एक बच्चे की असफलता हमें इस विश्वास की तरफ ले जाती है कि

A. आकलन वस्तुनिष्ठ है तथा असफलताओं को स्पष्ट रूप से पहचानने के लिए इसका प्रयोग किया जा सकता है।

B. बच्चे कुछ निश्चित सक्षमताओं और कमियों के साथ पैदा होते हैं।

C. पाठ्यक्रम, शिक्षण-पद्धति तथा आकलन प्रक्रियाओं पर विचार करने की आवश्यकता है।

D. कुछ बच्चों को अनुत्तीर्ण होना ही है, चाहे व्यवस्था उन पर कितना भी अधिक प्रयास करे।

3. एक अध्यापिका यह सुनिश्चित करना चाहती है कि उसके विद्यार्थी आन्तरिक रूप से प्रेरित हैं। इस संदर्भ में वह करेंगीः

A. सभी बच्चों के लिए उपलब्धि के एकसमान मानकों को उल्लिखित करना

B. इस प्रकार की अधिगम गतिविधियों की योजना बनाना जो अभिसारी चिन्तन को प्रोत्साहन देती हैं

C. अन्तिम परिणाम पर ध्यान देने के बजाय व्यक्तिगत रूप से बच्चों की अधिगम की प्रक्रियाओं पर ध्यान देना

D. वस्तु रूप में पुरस्कार प्रस्तुत करना

4. निम्नलिखित में से कौन-सा कथन सबसे बेहतर ढंग से वर्णन करता है कि कक्षा में बच्चों को प्रश्न पूछने के लिए क्यों प्रोत्साहित करना चाहिए?

A. प्रश्न बच्चों की जिज्ञासा को बढ़ाते हैं।

B. जिन चीजों के बारे में बच्चे नहीं जानते हैं उनके बारे में विचार करवाकर उन्हें यह महसूस करवाया जा सकता है कि उनमें बुद्धि की कमी है।

C. प्रश्न अन्योन्यक्रिया के द्वारा अधिगम को आगे बढ़ाते हैं तथा संकल्पनात्मक स्पष्टता की दिशा में बढ़ते हैं।

D. बच्चों को अपने भाषा-कौशलों के अभ्यास की आवश्यकता होती है।

5. इनमें से कौन-सी अधिगम-अशक्तता वाले बच्चे की एक विशेषता है?

A. 50 से नीचे की बुद्धिलब्धि

B. धाराप्रवाह रूप से पढ़ने तथा शब्दों पर पलट कर जाने में कठिनाई

C. अन्य बच्चों को धमकाना तथा आक्रामक कार्यों में लगे रहना

D. एक ही प्रकार की गत्यात्मक क्रिया को बार-बार दोहराना

6. निम्नलिखित में से कौन-सी आकलन पद्धति विद्यार्थियों की सर्वोत्तम क्षमता को पोषित करेगी?

A. जब विद्यार्थियों को बहु-विकल्पीय प्रश्नों के माध्यम से किए गए परीक्षण के रूप में तथ्यों को दोहराने की आवश्यकता होती है।

B. जब परीक्षा के अंकों और विद्यार्थी की योग्यता के बीच सकारात्मक सहसम्बन्ध पर बल दिया जाता है।

C. जब संकल्पनात्मक परिवर्तन तथा विद्यार्थियों के वैकल्पिक समाधानों को आकलन की विभिन्न विधियों के द्वारा आकलित किया जाता है।

D. जब कक्षा में विद्यार्थी के द्वारा प्राप्त किए गए अंक और स्थान सफलता का एकमात्र निर्धारक होते हैं।

7. वाइगोत्स्की के अनुसार, समीपस्थ विकास का क्षेत्र है

A. अध्यापिका के द्वारा दिए गए सहयोग की सीमा निर्धारित करना।

B. बच्ची अपने आप क्या कर सकती है जिसका आकलन नहीं किया जा सकता है।

*Exam was held on 22-02-2015.

C. बच्चे के द्वारा स्वतंत्र रूप से किए जा सकने वाले तथा सहायता के साथ करने वाले कार्य के बीच अन्तर।
D. बच्चे को अपना सामर्थ्य प्राप्त करने के लिए उपलब्ध कराए गए सहयोग की मात्रा एवं प्रकृति।

8. पियाज़े के सिद्धान्त के अनुसार, बच्चे निम्न में से किसके द्वारा सीखते हैं?
A. सही प्रकार से ध्यान लगाकर जानकारी को याद करना।
B. उपयुक्त पुरस्कार दिए जाने पर अपने व्यवहार में परिवर्तन करना।
C. समाज के अधिक योग्य सदस्यों के द्वारा उपलब्ध कराए गए सहारे के आधार पर।
D. अनुकूलन की प्रक्रियाएँ

9. पियाज़े अनुमोदन करते हैं कि पूर्व-संक्रियात्मक बच्चे याद रखने में असमर्थ होते हैं। निम्नलिखित कारकों में से किसको उन्होंने इस असमर्थता के लिए जिम्मेदार ठहराया है?
A. परिकल्पित-निगमनात्मक तार्किकता की अयोग्यता
B. उच्च-स्तर की अमूर्त तार्किकता की कमी
C. व्यक्तिगत कल्पित कथा
D. विचार की अनुत्क्रमणीयता (पलट न सके)

10. समाजीकरण एक प्रक्रिया है
A. मूल्यों, विश्वासों तथा अपेक्षाओं को अर्जित करने की।
B. मित्रों के साथ सामाजिक बनने की।
C. घुलने-मिलने तथा समायोजन की।
D. एक समाज की संस्कृति की आलोचना करना सीखने की।

11. अनुसंधान से पता चला है कि विद्यालयों में अनेक स्तरों पर विभेदीकरण पाया जाता है। उच्च प्राथमिक स्तर पर इनमें से कौन-सा विभेदीकरण का एक उदाहरण ***नहीं*** है?
A. बहुत से अध्यापक पढ़ाने के लिए केवल व्याख्यान विधि का प्रयोग करते हैं।
B. अध्यापकों की निम्न सामाजिक-आर्थिक परिवेश से आए बच्चों से बहुत कम अपेक्षाएँ होती हैं।
C. मध्याह्न भोजन के दौरान दलित बच्चों को अलग बैठाया जाता है।
D. लड़कियों को गणित तथा विज्ञान विषयों को लेने के लिए प्रोत्साहित नहीं किया जाता है।

12. एक अध्यापिका समाज के 'वंचित वर्गों' से आए बच्चों की आवश्यकताओं के प्रति प्रभावशाली तरीके से प्रतिक्रिया निम्नलिखित द्वारा कर सकती है:
A. 'अन्य बच्चों' को 'वंचित वर्ग से आए बच्चों' के साथ सहयोग करने के लिए कहना तथा विद्यालय के तरीकों को सीखने में उनकी सहायता करने के लिए कहना।
B. वंचित वर्ग से आए बच्चों को विद्यालय के नियमों एवं अपेक्षाओं के प्रति संवेदनशील बनाना ताकि वे उनका अनुपालन करें।
C. विद्यालयी व्यवस्था तथा स्वयं के उन तौर-तरीकों के बारे में विचार करना जिनसे पक्षपात एवं रूढ़िबद्धताएँ झलकती हैं।
D. उनके प्रताड़ित होने के अवसरों को कम करने के लिए यह सुनिश्चित करना कि बच्चे आपस में अन्योन्यक्रिया करने का मौका न पाएँ।

13. एक बहु-सांस्कृतिक कक्षा-कक्ष में एक अध्यापिका सुनिश्चित करेगी कि आकलन में निम्नलिखित में से सम्मिलित हो:
A. अपने आकलन उपकरण की विश्वसनीयता तथा वैधता।
B. अपने विद्यार्थियों की सामाजिक-सांस्कृतिक पृष्ठभूमि।
C. अधिगम के न्यूनतम स्तरों के लिए अनुपालन करते हुए विद्यालय प्रशासन की अपेक्षाओं को पूरा करना।
D. आकलन उपकरण के मानकीकरण।

14. कोहलबर्ग के सिद्धान्त की एक प्रमुख आलोचना क्या है?
A. कोहलबर्ग ने बिना किसी अनुभूतिमूलक आधार के सिद्धान्त प्रस्तुत किया।
B. कोहलबर्ग ने नैतिक विकास की स्पष्ट अवस्थाओं का उल्लेख नहीं किया।
C. कोहलबर्ग ने प्रस्ताव किया कि नैतिक तार्किकता विकासात्मक है।
D. कोहलबर्ग ने पुरुषों एवं महिलाओं की नैतिक तार्किकता में सांस्कृतिक विभिन्नताओं को महत्त्व नहीं दिया।

15. निम्नलिखित कथनों में से कौन-सा वाइगोत्स्की के द्वारा प्रस्तावित विकास तथा अधिगम के बीच सम्बन्ध का सर्वश्रेष्ठ रूप में सार प्रस्तुत करता है?
A. विकास अधिगम से स्वाधीन है।
B. अधिगम एवं विकास समानान्तर प्रक्रियाएँ हैं।
C. विकास-प्रक्रिया अधिगम-प्रक्रिया से पीछे रह जाती है।
D. विकास अधिगम का समानार्थक है।

16. किस प्रकार से एक अध्यापिका बच्चों को बेहतर समस्या समाधानकर्ता बनने में सहायता कर सकती है?
A. बच्चों को विविध प्रकार की समस्याओं का समाधान करने के मौके देना तथा उनका हल करते समय सहयोग देना।
B. समस्याओं का समाधान करने के लिए वस्तु रूप में पुरस्कार देना।
C. बच्चों को पाठ्य-पुस्तक में समस्याओं का उत्तर देखने के लिए प्रोत्साहित करना।
D. विद्यार्थियों के सामने प्रस्तुत सभी समस्याओं के सही समाधान उपलब्ध कराना।

17. एक विद्यार्थी एक प्रकरण में मुख्य बिन्दुओं को रेखांकित करती है, उसका एक दृश्यात्मक प्रस्तुतीकरण बनाती है तथा प्रकरण की समाप्ति पर अपने दिमाग में उत्पन्न होने वाले प्रश्नों को प्रस्तुत करती है। वह
A. विचारों के संघटन के द्वारा अपने चिन्तन को निर्देशित करने की कोशिश कर रही है।
B. केन्द्र-बिन्दु की विधि का प्रयोग करने की कोशिश कर रही है।
C. अनुरक्षण पूर्वाभ्यास की रणनीति का प्रयोग करने की कोशिश कर रही है।
D. प्रेक्षण अधिगम सुनिश्चित कर रही है।

18. एक शिक्षार्थी-केन्द्रित कक्षा-कक्ष में अध्यापिका करेगी

A. अधिगम को सुगम बनाने के लिए बच्चों को एक-दूसरे के साथ अंकों के लिए मुकाबला करने हेतु प्रोत्साहित करना।

B. मुख्य तथ्यों की व्याख्या करने के लिए व्याख्यान पद्धति का प्रयोग करना और बाद में शिक्षार्थियों का उनकी सजगता के लिए आकलन करना।

C. वह अपने विद्यार्थियों से जिस प्रकार की अपेक्षा करती है उसे प्रदर्शित करना और तब बच्चों को वैसा करने के लिए दिशा-निर्देश देना।

D. इस प्रकार की पद्धतियों को नियोजित करना जिसमें शिक्षार्थी अपने स्वयं के अधिगम के लिए पहल करने में प्रोत्साहित हों।

19. इस पर अत्यधिक वाद-विवाद होता है कि क्या लड़कों एवं लड़कियों में योग्यताओं का विशिष्ट समूह उनके आनुवंशिक घटकों के कारण होता है। इस संदर्भ में निम्नलिखित में से आप सबसे अधिक किससे सहमत हैं?

A. लड़कियों को सेवाभाव के लिए सामाजिक रूप से तैयार किया जाता है जबकि लड़कों को रोने जैसा संवेग प्रदर्शित करने के लिए हतोत्साहित किया जाता है।

B. लड़के सेवाभाव वाले नहीं हो सकते हैं क्योंकि वे जन्म से इस प्रकार के होते हैं।

C. यौवनारम्भ के बाद लड़के और लड़कियाँ एक साथ नहीं खेल सकते हैं क्योंकि उनकी अभिरुचियाँ पूर्णतया विपरीत होती हैं।

D. सभी लड़कियों में कला-विषयों के लिए अन्तर्निहित प्रतिभा होती है जबकि लड़के आक्रामक खेलों में बेहतर प्रदर्शन के लिए आनुवंशिक रूप से तैयार होते हैं।

20. गार्डनर के बहु-बुद्धि के सिद्धान्त के अनुसार, वह कारक जो व्यक्ति के 'आत्म-बोध' हेतु सर्वाधिक योगदान देगा, वह हो सकता है

A. संगीतमय

B. अन्तःवैयक्तिक

C. आध्यात्मिक

D. भाषा-विषयक

21. इनमें से कौन-सा बाल विकास का एक सिद्धान्त है?

A. विकास परिपक्वन तथा अनुभव के बीच अन्योन्यक्रिया की वजह से घटित होता है।

B. विकास प्रत्येक बच्चे की गति का सही ढंग से अनुमान लगा सकता है।

C. अनुभव विकास का एकमात्र निर्धारक है।

D. विकास प्रबलन तथा दण्ड के द्वारा सुनिश्चित किया जाता है।

22. वाइगोत्स्की तथा पियाज़े के परिप्रेक्ष्यों में एक प्रमुख विभिन्नता है

A. व्यवहारवादी सिद्धान्तों की उनकी आलोचना।

B. ज्ञान के सक्रिय निर्माताओं के रूप में बच्चों की संकल्पना।

C. बच्चों को एक पालन-पोषण का परिवेश उपलब्ध कराने की भूमिका।

D. भाषा एवं चिन्तन के बारे में उनके दृष्टिकोण।

23. 'प्रकृति–पालन-पोषण' वाद-विवाद के संदर्भ में निम्नलिखित कथनों में से कौन-सा आपको उपयुक्त प्रतीत होता है?

A. एक बच्चा एक खाली स्लेट के समान होता है जिसका चरित्र परिवेश के द्वारा किसी भी आकार में ढाला जा सकता है।

B. बच्चे आनुवंशिक रूप से उस तरफ प्रवृत्त होते हैं जिस तरफ होना चाहिए, इससे कोई फर्क नहीं पड़ता है कि वे किस प्रकार के परिवेश में पल-बढ़ रहे हैं।

C. एक बच्चे के व्यवहार का निर्धारण करने में परिवेशीय प्रभावों का बहुत कम महत्त्व होता है; वह प्राथमिक रूप में आनुवंशिक रूप से निर्धारित होता है।

D. वंशानुक्रम तथा परिवेश अभिन्न रूप से एक-दूसरे से गुँथे हुए हैं और दोनों विकास को प्रभावित करते हैं।

24. निम्नलिखित कथनों में से आप किससे सहमत हैं?

A. अधिगम पूर्ण रूप से बाह्य उद्दीपन के द्वारा नियंत्रित होता है।

B. अधिगम एक सामाजिक-सांस्कृतिक परिवेश में घटित होता है।

C. अधिगम तब तक घटित नहीं हो सकता है जब तक कि इसका अंकों के रूप में बाह्य रूप से आकलन नहीं कर लिया जाता है।

D. अधिगम केवल तभी होता है यदि यह व्यवहार में सुस्पष्ट होता है।

25. समावेशी शिक्षा के पीछे मूलाधार यह है कि

A. समाज में विभिन्नता है और विद्यालयों को इस विभिन्नता के प्रति संवेदनशील होने के लिए समावेशी होने की आवश्यकता है।

B. प्रत्येक बच्चे के निष्पादन के लिए मानक एकसमान तथा मानकीकृत होने चाहिए।

C. हमें विशेष आवश्यकता वाले बच्चों के ऊपर दया करने की आवश्यकता है और सुविधाओं तक उनकी पहुँच होनी चाहिए।

D. विशेष आवश्यकता वाले बच्चों के लिए अलग विद्यालयों की व्यवस्था करना लागत प्रभावी नहीं है।

26. एक उच्च प्राथमिक विद्यालय के संरचनात्मक कक्षा-कक्ष में अपने स्वयं के आकलन में विद्यार्थियों की भूमिका में निम्नलिखित में से क्या देखा जाएगा?

A. एक विस्तृत दिशा-निर्देश बनाना कि किस प्रकार से विद्यार्थियों की उपलब्धि तथा कक्षा में प्रतिष्ठा को अंकों के साथ सह-सम्बद्ध किया जाएगा।

B. शिक्षण-अधिगम में आकलन की भूमिका को नकारना।

C. विद्यार्थी अपने आकलन के एकमात्र निर्धारक होंगे।

D. विद्यार्थी अध्यापक के साथ आकलन के लिए योजना बनाएँगे।

27. निम्नलिखित में से कौन-सा तरीका अध्यापिका के द्वारा एक सृजनात्मक बच्चे की पहचान करने के लिए सर्वाधिक उपयुक्त होगा?

A. यह अवलोकन करना कि बच्ची समूह कार्यों में साथियों के साथ किस प्रकार से प्रतिक्रिया करती है

B. बच्चे का विस्तृत रूप से अवलोकन करना, विशेष रूप से उस समय जब वह समस्याओं को हल करती है

C. मानकीकृत बुद्धि परीक्षणों को देना

D. वस्तुनिष्ठ प्रकार के परीक्षणों को देना

28. उच्च प्राथमिक विद्यालय की गणित-अध्यापिका के रूप में आप विश्वास करती हैं कि

A. विद्यार्थियों की गलतियाँ उनके चिन्तन में अन्तर्दृष्टियाँ उपलब्ध कराती हैं।

B. विद्यार्थियों को कार्यविधिक ज्ञान को जानने की आवश्यकता होती है, चाहे वे संकल्पनात्मक आधार नहीं समझते हों।

C. उच्च प्राथमिक विद्यालय के सभी बच्चों में गणित पढ़ने की योग्यता नहीं होती है।

D. लड़के गणित को बिना अधिक प्रयास किए सीख जाएँगे क्योंकि यह उनकी 'जन्मजात' विशेषता है तथा आपको लड़कियों के ऊपर अधिक ध्यान देने की आवश्यकता है।

29. इन कथनों में से आप किससे सहमत हैं?

A. एक बच्चा अनुत्तीर्ण होता है क्योंकि सरकार विद्यालयों में पर्याप्त प्रौद्योगिकीय संसाधन प्रदान नहीं कर रही है।

B. एक बच्चे की असफलता मुख्य रूप से माता-पिता की शिक्षा तथा आर्थिक स्तर में कमी के कारण है।

C. एक बच्चे की असफलता के लिए वंशानुक्रम घटकों को प्रत्यक्ष रूप से जिम्मेदार ठहराया जा सकता है, जिसे उसने अपने माता-पिता से अर्जित किया है।

D. एक बच्चे की असफलता व्यवस्था तथा बच्चे के प्रति प्रतिक्रिया करने में इसकी असमर्थता का एक प्रतिबिम्ब है।

30. एक बच्चे को सहारा देने की मात्रा एवं प्रकार में परिवर्तन इस बात पर निर्भर करता हैः

A. अध्यापिका की मनोदशा

B. बच्चे की नैसर्गिक योग्यताएँ

C. कार्य के लिए प्रस्तावित पुरस्कार

D. बच्चे के निष्पादन का स्तर

भाग-II

भाग-II : गणित व विज्ञान

निर्देशः *निम्नलिखित प्रश्नों के उत्तर देने के लिए **सबसे उचित** विकल्प चुनिए।*

31. ΔDEF और ΔPQR में, यदि $PQ = DE$, $EF = PR$ और $FD = QR$ है, तब

A. $\Delta DEF \cong \Delta RPQ$ B. $\Delta DEF \cong \Delta QPR$
C. $\Delta DEF \cong \Delta QRP$ D. $\Delta DEF \cong \Delta PQR$

32. एक चतुर्भुज ABCD में, $\angle D = 60°$ और $\angle C = 100°$ है। $\angle A$ और $\angle B$ के समद्विभाजक बिन्दु P पर मिलते हैं। $\angle APB$ की माप है

A. 80° B. 70°
C. 100° D. 60°

33. एक उत्तल सम बहुभुज के सभी अंतः कोणों का योगफल 1080° है। इसके प्रत्येक अंतः कोण की माप है

A. 108° B. 135°
C. 75° D. 120°

34. आँकड़ों 4, 3, 2, 2, 7, 2, 2, 0, 3, 4, 4 के परिसर, बहुलक और माध्यक का माध्य है

A. 4 B. 3
C. 5 D. 2

35. 22, 54, 135 और 198 का ल.स. (LCM) है

A. $2^2 \times 3^3 \times 5 \times 11$ B. $2^3 \times 3^2 \times 5 \times 11$
C. $2 \times 3^3 \times 5 \times 11$ D. $2^2 \times 3^2 \times 5 \times 11$

36. निम्नलिखित में से कौन-सा कथन सही है?

A. दो अभाज्य संख्याओं का योगफल सदैव अभाज्य संख्या होता है।

B. सबसे छोटी अभाज्य संख्या '1' है।

C. एक भाज्य संख्या विषम संख्या हो सकती है।

D. कोई सम अभाज्य संख्या नहीं है।

37. –7 और –3 के बीच स्थित पूर्णांकों का गुणनफल है

A. 120 B. –360
C. –120 D. 840

38. $1+\frac{11}{10}+\frac{11}{100}+\frac{111}{1000}+\frac{111}{10000}$ का मान है

A. 3.3221 B. 2.432
C. 2.3321 D. 2.245

39. दो वर्ष पहले खरीदी गई किसी मशीन के मूल्य में 12% वार्षिक दर से अवमूल्यन होता है। यदि इसका वर्तमान मूल्य ₹ 9,680 है, तो इसका क्रय मूल्य कितना था?

A. ₹ 12,142.60 B. ₹ 11,350.50
C. ₹ 12,500 D. ₹ 10,200

40. एक मानचित्र का पैमाना (scale) $1 : 3 \times 10^6$ है। मानचित्र में दो नगर 9 सेमी. की दूरी पर हैं। नगरों के बीच वास्तविक दूरी (किमी. में) है

A. 180 B. 270
C. 360 D. 135

41. गुणनफल $(x^2 - 2)(1 - 3x + 2x^2)$ में x^2 और x के गुणांकों का योगफल है

A. 5 B. 3
C. 6 D. 2

42. राष्ट्रीय पाठ्यचर्या की रूपरेखा (एन.सी.एफ.) 2005 के अनुसार, विद्यालय पाठ्यचर्या में गणित के अध्यापन का लक्ष्य होना चाहिए कि बच्चे "प्रभावशाली गणित" सीखें। प्रभावशाली गणित का अर्थ है

A. सीखी गई गणितीय तकनीकों को समझकर उनका विनियोजित (उचित) उपयोग करना।

B. गणितीय खेलों और पहेलियों को हल करना।

C. गणित की प्रयोगशाला में ज्यामितीय प्रमेयों की जाँच करना।

D. गणितीय कार्यपद्धतियों और परिकलन प्रक्रियाओं (ऐल्गोरिथ्म) का ज्ञान।

43. 'गणितीय उपकरण' उल्लेख करते हैं
A. परिकलन यंत्र (कैल्कुलेटर), रेखक (रूलर), नापने वाला फीता (टेप), चाँदा (कोणमापक), परकार (कम्पास), इत्यादि
B. सूत्रों और संप्रत्ययों पर आधारित चार्ट, ग्राफ पेपर, बिन्दु शीट, इत्यादि
C. सभी प्रकार के सामग्री जिनमें समाविष्ट हैं–भाषा, लिखित संकेत, अर्थपूर्ण निर्देश जो कि उद्देश्य को स्थापित कर सकें
D. भौतिक पदार्थ जैसे कि जियो (ज्यामितीय) बोर्ड और त्रिविम (3डी) मॉडल, घनीय छड़ें, इत्यादि

44. कक्षा VI की इकाई 'चतुर्भुजों को समझना' में चतुर्भुज के कोण-योग गुणधर्म से सम्बन्धित मुख्य परिणाम कागज मोड़ने के क्रियाकलाप द्वारा परिचित कराए गए हैं और उसके पश्चात् इन गुणधर्मों पर आधारित अभ्यास दिए गए हैं।

इस स्तर पर कोणों के गुणधर्म का प्रमाण (प्रूफ) नहीं दिया गया है, क्योंकि कक्षा VI के विद्यार्थी इस समय वैन हिले के इस स्तर पर हैं:
A. स्तर 2 – अनौपचारिक निगमन
B. स्तर 1 – विश्लेषण
C. स्तर 3 – निगमन
D. स्तर 0 – मानसिक-चित्रण

45. विद्यालयों में प्रसिद्ध गणितज्ञ श्रीनिवास रामानुजन के जन्म की जयंती की स्मृति पर सी.बी.एस.ई. ने 'GANIT Week' ('गणित सप्ताह') मनाने की घोषणा की। GANIT का अर्थ है
A. संख्यात्मक नवाचार और तकनीक में योग्यता में वृद्धि
B. संख्यात्मक नवाचार और प्रशिक्षण में अभिवृत्ति में वृद्धि
C. संख्यात्मक नवाचार और प्रशिक्षण में योग्यता में वृद्धि
D. संख्यात्मक नवाचार और तकनीक में अभिवृत्ति में वृद्धि

46. एक शिक्षार्थी किसी विशेष आधार पर छाँटने में, पैटर्नों को पहचानने में, संख्या और आकृतियों को नई परिस्थितियों में जानना, समय बताना और मापन में परेशानी दर्शाता है। उसको निम्न में से किस समस्या के साथ डिस्कैल्कुलिया हो सकता है?
A. भाषा प्रयोग
B. दृश्य-स्मरण
C. दृश्य-गत्यात्मक (मोटर) सम्बन्ध (समन्वयन)
D. दृश्य-स्थानिक कौशल

47. कक्षा VI की पाठ्य-पुस्तक से निम्नलिखित प्रश्न को पढ़िए:
''पूर्णांकों का ऐसा युग्म लिखिए, जिसका योगफल एक ऋणात्मक पूर्णांक है।''
ऊपर दिया गया प्रश्न उल्लेख करता है
A. चिन्तनपूर्ण प्रश्न   B. बन्द-अंत वाला प्रश्न
C. बहुविषयी प्रश्न   D. खुले-अंत वाला प्रश्न

48. उच्च प्राथमिक स्तर पर गणित सीखने का तात्पर्य है:
A. गणितीय अवधारणाओं की समझ में वृद्धि और उनके अनुप्रयोग से समस्याओं को तर्कसंगत रूप से हल करना।
B. केवल समस्याओं को हल करने की तकनीकों को सीखना।
C. बहुत सारे नए सूत्रों और परिकलन प्रक्रियाओं को सीखना।
D. विभिन्न प्रकार की गणितीय समस्याओं के हल और विधियों को स्मरण करना।

49. कक्षा-कक्ष में गणित की भाषा विकसित करने के लिए चार चरण इस क्रम में हैं:
A. प्रतिदिन की भाषा → गणितीय परिस्थिति की भाषा → गणित की समस्याओं को हल करने की भाषा → प्रतीकात्मक भाषा
B. प्रतिदिन की भाषा → प्रतीकात्मक भाषा → गणित की समस्याओं को हल करने की भाषा → गणितीय परिस्थिति की भाषा
C. प्रतिदिन की भाषा → गणित की समस्याओं को हल करने की भाषा → गणितीय परिस्थिति की भाषा → प्रतीकात्मक भाषा
D. प्रतिदिन की भाषा → गणित की समस्याओं को हल करने की भाषा → प्रतीकात्मक भाषा → गणितीय परिस्थिति की भाषा

50. कक्षा VI की ज्यामितीय कक्षा में अध्यापक ने विद्यार्थियों को 30°, 60° और 90° माप के कोणों की रचना व उनके विभाजन करने का प्रदर्शन किया। उसके बाद विद्यार्थियों को 15° और 45° का कोण बनाने के लिए कहा।
इस समय यह कार्य अध्यापक का जो प्रयोजन दर्शा रहा है, वह है
A. शिक्षार्थी की उपलब्धियों का संक्रियात्मक परीक्षा में आकलन करना
B. अनुभव सम्बन्धी अधिगम का मौका देना।
C. दिए गए कार्य को पूरा करने के लिए विद्यार्थियों की समझ तथा सीखे गए दो कौशलों को समन्वित करने का आकलन।
D. प्रत्येक विद्यार्थी को किसी न किसी कार्य में व्यस्त करना।

51. पाठ्यचर्या रूपरेखा में गणित शिक्षा का स्थान दो महत्त्वों पर है:
A. गणित की शिक्षा संक्रियात्मक परीक्षा में विद्यार्थियों के अंक सुधारने के लिए क्या कर सकती है और उच्च कक्षाओं में सही विषयों का चुनाव करने में क्या सहायता कर सकती है
B. प्रत्येक बच्चे को विद्यालय में बनाए रखने के लिए गणित क्या कर सकता है और उन्हें आत्मनिर्भर बनने के लिए कैसे सहायता कर सकता है।
C. गणित की शिक्षा प्रत्येक बच्चे में सम्प्रेषण कौशल को कैसे सुधार सकती है और विद्यालय के बाद उन्हें कैसे रोजगार उपलब्ध करा सकती है।
D. गणित शिक्षा प्रत्येक विद्यार्थी के मस्तिष्क को कैसे संलग्न कर सकती है और यह विद्यार्थियों की क्षमताओं को कैसे सुदृढ़ कर सकती है।

52. दो बेलनों के आधारों की त्रिज्याओं में 2 : 3 का अनुपात है और उनकी ऊँचाइयों में 5 : 3 का अनुपात है। उनके आयतनों में अनुपात है
A. 7 : 6   B. 10 : 9
C. 4 : 9   D. 20 : 27

53. किसी समलम्ब का परिमाप 104 सेमी. है, उसकी दोनों असमान्तर भुजाओं की लम्बाइयाँ 18 सेमी तथा 22 सेमी. हैं, तथा उसकी ऊँचाई 16 सेमी. है। समलम्ब का क्षेत्रफल (सेमी.^{2} में) है
A. 1024   B. 640
C. 512   D. 320

54. $4x^2 + y^2 + 14x - 7y - 4xy + 12$ के गुणनखण्डों में एक गुणनखंड है

A. $2x + y + 4$ B. $2x - y - 3$

C. $2x + y - 4$ D. $2x - y + 3$

55. यदि किसी ठोस घन की प्रत्येक भुजा में 150% की वृद्धि की जाए, तो इसके पृष्ठीय क्षेत्रफल में हुई प्रतिशत वृद्धि है

A. 525 B. 225

C. 625 D. 150

56. वह सबसे छोटी संख्या जिसे 893304 में जोड़ने पर एक पूर्ण वर्ग प्राप्त हो, निम्न है:

A. 1521 B. 1042

C. 1612 D. 945

57. $\frac{-5}{7}$ में से क्या घटाया जाए कि $\frac{-2}{3}$ प्राप्त हो?

A. $\frac{29}{21}$ B. $\frac{-1}{21}$

C. $\frac{-29}{21}$ D. $\frac{1}{21}$

58. $\sqrt[3]{-91125} - \sqrt[3]{512}$ का मान है

A. –53 B. 42

C. 73 D. –37

59. 0.00001278 को मानक रूप में $k \times 10^n$ द्वारा व्यक्त किया जाता है। $(k + n)$ का मान है

A. 3.278 B. –3.278

C. –3.722 D. 4.722

60. y के मान जिससे 4-अंकों वाली संख्या $51y3$, 9 से विभाज्य हो, निम्न हैं:

A. 2 या 3 B. 0 या 9

C. 0 या 3 D. 3 या 9

61. मैं अपना एक कान स्टील की रेल की पटरी पर रखता हूँ।

1. मैं आने वाली ट्रेन की ध्वनि वायु की तुलना में रेल की पटरी द्वारा शीघ्र सुन लेता हूँ।
2. वायु की तुलना में ध्वनि स्टील में अधिक चाल से गमन करती है।
3. गैसों की तुलना में ध्वनि ठोसों में अधिक चाल से गमन करती है।

उपर्युक्त तीन कथनों में से यह पहचानिए कि इनमें से कौन-से प्रेक्षण हैं और कौन-से निष्कर्ष हैं।

A. 2 प्रेक्षण है तथा 1 और 3 निष्कर्ष हैं।

B. 1 प्रेक्षण है तथा 2 और 3 निष्कर्ष हैं।

C. 3 प्रेक्षण है तथा 1 और 2 निष्कर्ष हैं।

D. 1 और 2 प्रेक्षण हैं तथा 3 निष्कर्ष है।

62. निम्नलिखित में से कौन-सी परिस्थिति शिक्षार्थियों को 'ज्ञान की खोज' के लिए सर्वोत्तम अवसर प्रदान करती है?

A. विद्यार्थियों को 'टीम शिक्षण' द्वारा 'दैनिक उपयोग की सामग्रियों' के विषय में शिक्षा दी जा रही है।

B. विद्यार्थी 'भोजन के अवयव' विषय पर 'प्रोग्राम इन्स्ट्रक्शन' के सुपरिष्कृत और विस्तृत सत्र में भाग ले रहे हैं।

C. विद्यार्थियों को पहले 'आर्किमिडीज के सिद्धान्त' का निदर्शन दिखाया गया है और फिर विस्तृत व्याख्या की गई है।

D. विद्यार्थी दी गई सामग्रियों को स्वयं बनाए, बन्द विद्युत् परिपथ में रखकर उन पर 'चालक' और 'अचालक' (विद्युतरोधी) के लेबल लगा रहे हैं।

63. निम्नलिखित प्रश्नों में से कौन-सा 'मुक्त-अन्त वाला प्रश्न' है?

A. व्याख्या कीजिए कि हम सदैव चन्द्रमा का एक ही पक्ष (पार्श्व) क्यों देखते हैं।

B. चन्द्रमा अपनी आकृति प्रतिदिन क्यों बदलता है?

C. मान लीजिए, यदि चन्द्रमा अपना स्वयं का प्रकाश उत्सर्जित करता, तो क्या तब भी इसकी कलाएँ होतीं?

D. दिन के समय उल्काएँ दिखाई नहीं देतीं। कारण सहित व्याख्या कीजिए।

64. किसी आनत (तिरछे) समतल पर, एक गेंद के द्वारा लुढ़कते हुए तय की गई दूरी और उस आनत (तिरछे) समतल के कोण के बीच के सम्बन्ध को एक ग्राफ बनाकर दिखाया गया है। यह निम्नलिखित में से किसका उदाहरण है?

A. परिकल्पना करना B. सम्प्रेषित करना

C. अनुमान लगाना D. निर्वचन/व्याख्या करना

65. निम्नलिखित में से कौन-सा उच्च प्राथमिक स्तर पर विज्ञान शिक्षण का वांछित उद्देश्य ***नहीं*** है?

A. विज्ञान के तथ्यों और सिद्धान्तों एवं इसके अनुप्रयोगों को जानना

B. प्राकृतिक जिज्ञासा, सौन्दर्यपरकता की अनुभूति तथा विज्ञान एवं प्रौद्योगिकी में सृजनात्मकता का पोषण

C. विज्ञान की प्रक्रियाओं और विषय-वस्तुओं को याद करके उपलब्ध ज्ञान प्राप्त करना

D. ईमानदारी, सत्यनिष्ठा और सहयोग के मूल्यों को आत्मसात् करना

66. कक्षा VIII के किसी विद्यार्थी का यह कथन है, "हम पृथ्वी में रहते हैं और यह गोल है और यही कारण है कि कोलम्बस का जहाज अपने आरम्भिक बिन्दु पर लौट आया।" कक्षा VIII के विज्ञान शिक्षक के लिए इस पर प्रतिक्रिया के लिए सर्वोत्तम सलाह क्या होगी?

A. अन्तरिक्ष से लिए गए चित्रों को प्रस्तुत करके बच्चे की संकल्पना को चुनौती दीजिए और उसे यह समझने में सहायता कीजिए कि पृथ्वी की त्रिज्या कितनी अधिक बड़ी है।

B. इस कथन का निराकरण करिए और बच्चे से कहिए कि पृथ्वी ग्लोब की भाँति है और हम गोल पृथ्वी की सतह पर रहते हैं।

C. उसे यह स्पष्ट कीजिए कि यद्यपि पृथ्वी गेंद की भाँति गोल है परन्तु यह तश्तरी (प्लेट) की भाँति वृत्ताकार प्रतीत होती है।

D. इस कथन को स्वीकार कर लिया जाए, क्योंकि यह बच्चे की संकल्पना को इंगित करता है, जिसे आदर दिया जाना चाहिए।

67. मानव नेत्र में शलाकाओं और शंकुओं के विषय में सही कथन का चयन कीजिए:

A. शंकु मंद प्रकाश के लिए सुग्राही होते हैं।

B. शलाकाएँ तीव्र प्रकाश के लिए सुग्राही होती हैं।

C. शंकु तीव्र प्रकाश के लिए सुग्राही होते हैं।
D. शलाकाएँ वर्णों (रंगों) की अनुभूति कर सकती हैं।

68. निम्नलिखित पदों पर विचार कीजिए:
1. तड़ित
2. भूस्खलन
3. गर्जन
4. सुनामी
5. बाढ़

भूकम्प से हो सकता है
A. 2, 4 और 5
B. 2 और 5
C. 1, 2 और 3
D. केवल 2

69. कोई वस्तु 5000 Hz पर कम्पन कर रही है। उत्पन्न ध्वनि का आवर्त काल है
A. 0.005 s
B. 0.02 s
C. 0.0002 s
D. 0.5 s

70. विज्ञान शिक्षा द्वारा छात्रों में अभिव्यक्तियों एवं मूल्यों के विकास के मूल्यांकन के लिए निम्नलिखित में से कौन-सी तकनीक सबसे अधिक उपयुक्त होगी?
A. कागज-पेन्सिल परीक्षण
B. अवलोकन
C. जाँच-सूची (चैक-लिस्ट)
D. रेटिंग स्केल

71. एक शिक्षक किसी अधिगम उद्देश्य को इस प्रकार बनाता है–"सरल विद्युत् परिपथ का उपयोग करके किसी युक्ति का निर्माण करना।" यह अधिगम उद्देश्य नीचे दिए गए किस संज्ञानात्मक प्रक्रमण से सुमेलन करता है?
A. समझ
B. सर्जना
C. विश्लेषण
D. स्मरण

72. 'अच्छी विज्ञान शिक्षा' को कुछ आधारभूत वैधता को पूरा करना चाहिए। उच्च प्राथमिक स्तर पर कक्षा VI के पाठ्यक्रम में 'छाया बनने' के सम्प्रत्यय द्वारा निम्नलिखित में से कौन-सी वैधता का सर्वाधिक औचित्य से पालन होता है?
A. प्रक्रिया
B. संज्ञानात्मक
C. परिवेशीय
D. विषय-वस्तु

73. वैज्ञानिक ज्ञान के बारे में निम्नलिखित में से किस कथन से आप सहमत ***नहीं*** होंगे?
A. वैज्ञानिक ज्ञान निरपेक्ष, निश्चित और शाश्वत होता है।
B. वैज्ञानिक ज्ञान के विकास में कल्पना शक्ति और सृजनात्मकता सम्मिलित होती है।
C. वैज्ञानिक ज्ञान सामाजिक एवं सांस्कृतिक रूप से अंत:स्थापित है।
D. वैज्ञानिक ज्ञान सिद्धान्तों से निकलता है।

74. निम्नलिखित ग्रहों में से किसका अपना कोई प्राकृतिक उपग्रह ***नहीं*** है?
A. यूरेनस
B. मंगल
C. शुक्र
D. बृहस्पति

75. कोई बस अपनी यात्रा की पहली 10 km की दूरी 40 km/h की औसत चाल से तथा शेष 45 km की दूरी 60 km/h की औसत चाल से तय करती है। बस की संपूर्ण यात्रा की औसत चाल है
A. 52.5 km/h
B. 55 km/h
C. 50 km/h
D. 57.5 km/h

76. निम्नलिखित में से किसमें मानव उत्सर्जन तंत्र में मूत्र के मार्ग को सही क्रम में दर्शाया गया है?
A. वृक्क → मूत्राशय → मूत्रवाहिनी → मूत्रमार्ग
B. वृक्क → मूत्रवाहिनी → मूत्राशय → मूत्रमार्ग
C. वृक्क → मूत्राशय → मूत्रमार्ग → मूत्रवाहिनी
D. वृक्क → मूत्रमार्ग → मूत्राशय → मूत्रवाहिनी

77. कभी-कभी शारीरिक कार्य करने के पश्चात् हमारी पेशियों में क्रैम्प आते (मरोड़/खिंचाव उत्पन्न हो जाते) हैं। ऐसा होने का कारण है
A. ग्लूकोस का पाइरुवेट में परिवर्तित न होना।
B. पाइरुवेट का ऐल्कोहॉल में परिवर्तित होना।
C. ग्लूकोस का लैक्टिक अम्ल में परिवर्तित न होना।
D. पाइरुवेट का लैक्टिक अम्ल में परिवर्तित होना।

78. पोलियो का कारण है
A. प्रोटोजोआ
B. फफूंद
C. विषाणु (वायरस)
D. बैक्टीरिया

79. निम्नलिखित में से मानव पाचन तंत्र के भागों के संयोजन का वह कौन-सा समुच्चय है जो कोई पाचन कार्य ***नहीं*** करता?
A. ग्रसिका, बृहदांत्र, मलाशय
B. मुख गुहिका, ग्रसिका, बृहदांत्र
C. मुख गुहिका, बृहदांत्र, मलाशय
D. मुख गुहिका, ग्रसिका, मलाशय

80. किसी वस्तु का आभासी और विवर्धित छवि बनाने के लिए निम्नलिखित में से किसका उपयोग किया जा सकता है?
A. उत्तल दर्पण और उत्तल लेंस दोनों
B. केवल उत्तल लेंस
C. अवतल दर्पण और उत्तल लेंस दोनों
D. केवल अवतल लेंस

81. निम्नलिखित जन्तुओं में से रोमन्थी (रूमिनैन्ट) जन्तुओं का समुच्चय चुनिए:
A. भैंस, गाय, हिरन
B. बिल्ली, भैंस, हिरन
C. भैंस, गाय, कुत्ता
D. गाय, हिरन, कुत्ता

82. दीर्घरोम के बारे में निम्नलिखित कथनों का अध्ययन कीजिए:
1. इनकी अत्यधिक पतली भित्तियाँ होती हैं।
2. ये अंगुली के समान उभरी हुई संरचनाएँ होती हैं।
3. इनमें सूक्ष्म रुधिर वाहिकाओं का जाल फैला रहता है जो सतह के निकट होता है।
4. इनमें महीन छिद्र होते हैं जिनसे भोजन सरलता से गुजर सकता है।

उन कथनों को पहचानिए जो दीर्घरोम को पाचित भोजन को अवशोषित करने योग्य बनाने वाले लक्षण प्रदान करते हैं।
A. केवल 3 और 4
B. केवल 2 और 4
C. 1, 2 और 3
D. केवल 1 और 2

83. निम्नलिखित खाने योग्य पौधों पर विचार कीजिए:

1. केला
2. बैंगन
3. भिण्डी
4. कद्दू (काशीफल)

इनमें से पौधों का ऐसा युगल चुनिए जिनमें दो या दो से अधिक खाने योग्य भाग होते हैं:

A. 3 और 4 B. 2 और 3
C. 1 और 4 D. 1 और 2

84. कोई 6 kg द्रव्यमान का पिण्ड किसी घर्षणरहित क्षैतिज पृष्ठ पर 3 m/s की एकसमान चाल से फिसल रहा है। इस पिण्ड को इसी चाल से इसी सरल रेखा के अनुदिश गति कराने के लिए आवश्यक बल है

A. 27 न्यूटन B. 18 न्यूटन
C. 54 न्यूटन D. शून्य न्यूटन

85. जिस तालाब के जल में टैडपोल वृद्धि कर रहे हैं उस जल में निम्नलिखित में से किस तत्त्व की पर्याप्त मात्रा उपलब्ध होनी चाहिए?

A. ऑक्सीजन B. आयोडीन
C. नाइट्रोजन D. क्लोरीन

86. मानवों में जनन की अवधि की घटनाओं का सही क्रम है

A. युग्मनज, युग्मक बनना, निषेचन, भ्रूण
B. युग्मक बनना, निषेचन, युग्मनज, भ्रूण
C. युग्मक बनना, युग्मनज, निषेचन, भ्रूण
D. युग्मक बनना, निषेचन, भ्रूण, युग्मनज

87. कोशिकाओं से सम्बन्धित निम्नलिखित पदों पर विचार कीजिए:

1. क्रोमोसोम (गुणसूत्र)
2. जीन
3. न्यूक्लिओलस (केन्द्रिका)
4. राइबोसोम

इनमें से किसी कोशिका के केन्द्रक के भाग हैं

A. केवल 3 और 4 B. केवल 2 और 3
C. 1, 2 और 3 D. केवल 1 और 3

88. टार्टरिक अम्ल पाया जाता है

1. नींबूओं में
2. आँवला में
3. कच्चे आमों में
4. अंगूरों में

A. 1 और 2 B. 2 और 3
C. 3 और 4 D. 1 और 3

89. प्लास्टिक के सामान्य विशिष्ट गुण हैं

A. टिकाऊ, विद्युत् के सुचालक, अन-अभिक्रियाशील
B. टिकाऊ, ऊष्मा के सुचालक, अन-अभिक्रियाशील
C. ऊष्मा के सुचालक, वजन में हलके, विद्युत् के सुचालक
D. टिकाऊ, वजन में हलके, अन-अभिक्रियाशील

90. जैव-विविधता के सन्दर्भ में निम्नलिखित कथनों पर विचार कीजिए:

1. यह किसी क्षेत्र में पाई जाने वाली किसी विशेष स्पीशीज के व्यक्तियों की कुल संख्या का उल्लेख करती है।
2. यह किसी दिए गए क्षेत्र के केवल पादपजात और प्राणिजात की किसी विशेष स्पीशीज का उल्लेख करती है।
3. यह किसी दिए गए क्षेत्र के पादपजात और प्राणिजात की विभिन्न (विविध) स्पीशीज का उल्लेख करती है।
4. यह जानवरों के लिए कृत्रिम रूप से बनाया गया एक संरक्षित क्षेत्र है।

जैव-विविधता के सन्दर्भ में सही कथन है/हैं

A. 1, 2 और 3 B. केवल 3
C. 1, 3 और 4 D. केवल 1 और 2

भाग-III

भाषा-I हिन्दी

निर्देश (प्र. सं. 91 से 96): *कविता की पंक्तियाँ पढ़कर पूछे गए प्रश्नों में* ***सबसे उचित*** *उत्तर वाले विकल्प चुनिए।*

चमकीली है सुबह आज की आसमान में
निश्चय कल की सुबह और चमकीली होगी
बेचैनी की बाँहों में कल फूल खिलेंगे
घुटन गमकती साँसों की आवाज सुनेगी।
कुंठाओं की टहनी छिन्न-भिन्न होगी फिर
आशा अपने हाथों से अब कुसुम चुनेगी,
चटकीली है आज चहकती हुई चाँदनी
कल चंदा की किरण और चटकीली होगीं
खुल जाएँगे अब सबके दिल के दरवाजे
आँखें अपनी आँखों को पहचान सकेंगी।

91. काव्यांश में 'चमकीली सुबह' का आशय है

A. अंधकार समाप्ति के बाद आशाभरी सुबह
B. सूर्य की किरणों से चमकती सुबह
C. सफेद कोहरे से चमकती सुबह
D. प्रातःकाल का समय

92. कवि को विश्वास है कि

A. सुबह का समय सदा सुहाना होता है
B. कल की सुबह आज से अच्छी होगी
C. सुबह का सूर्य कष्ट दूर करता है
D. आज की सुबह सबसे अच्छी होगी

93. 'कुंठाओं की टहनी छिन्न-भिन्न होगी' से तात्पर्य है

A. दुख की अनुभूति खत्म होगी
B. पुरानी डाल टूट जाएगी
C. निराशा दूर होगी
D. मन का दुख दूर होगा

94. 'चाँदनी' का विशेषण है

A. चटकीली B. तड़पती

C. गमकती D. महकती

95. 'दिल के दरवाजे खुल जाएँगे' का क्या अर्थ है?

A. आपस में बातें करेंगे

B. दिलों में सबके प्रति मित्रता रहेगी

C. कोई बात छिपी नहीं रहेगी

D. ह्रदय से ह्रदय मिलेंगे

96. 'कुसुम' का पर्यायवाची शब्द ***नहीं*** है

A. कमल B. प्रसून

C. पुष्प D. सुमन

निर्देश (प्र. सं. 97 से 105): *गद्यांश को पढ़कर निम्नलिखित प्रश्नों में **सबसे उचित** उत्तर वाले विकल्प को चुनिए।*

पर्यावरण के प्रति गहरी संवेदनशीलता प्राचीनकाल से ही मिलती है। अथर्ववेद में लिखा है–भूमि माता है, हम पृथ्वी की संतान हैं। एक स्थान पर यह भी लिखा है कि हे पवित्र करने वाली भूमि, हम कोई ऐसा काम न करें जिससे तेरे ह्रदय को आघात पहुँचे। ह्रदय को आघात पहुँचाने का यहाँ अर्थ है पृथ्वी के पारिस्थितिकी तंत्र के साथ क्रूर छेड़छाड़। हमें प्राकृतिक संसाधनों के अप्राकृतिक और असीमित दोहन से बचना होगा। आज आवश्यकता इस बात की है कि विश्व के तमाम राष्ट्र जलवायु परिवर्तन के गंभीर खतरे को लेकर आपसी मतभेद भुला दें और अपनी-अपनी जिम्मेदारी ईमानदारी से निभाएँ, ताकि समय रहते सर्वनाश से उबरा जा सके। विश्वविनाश से निपटने के लिए सामूहिक एवं व्यक्तिगत प्रयासों की जरूरत है। इस दिशा में आन्दोलन हो रहे हैं। अरण्य-रोदन के बदले अरण्य-संरक्षण की बात हो रही है, सचमुच हमें आत्मरक्षा के लिए पृथ्वी की रक्षा करनी होगी। भूमि माता है और हम उसकी संतान–इस कथन को चरितार्थ करना होगा।

97. 'हम पृथ्वी की संतान हैं'–'हम' से तात्पर्य है

A. संसार के सभी लोग B. हम सभी नागरिक

C. एक खास देश के लोग D. हम भारतवासी

98. 'पर्यावरण' का सन्धि-विच्छेद होगा

A. पर् + आवरण B. पर् + यावरण

C. परि + आवरण D. परि + यावरण

99. हम प्रकृति के ह्रदय को आघात पहुँचाते हैं यदि हम

A. पारिस्थितिकी से छेड़छाड़ करते हैं

B. पृथ्वी की खुदाई करते हैं

C. संसाधनों का दोहन करते हैं

D. पृथ्वी से बुरा व्यवहार करते हैं

100. 'सर्वनाश से उबरा जा सके'–'उबरा' का अर्थ है

A. हटा B. बचा

C. निपटा D. तैरा

101. गद्यांश में 'चरितार्थ करना' का उल्लेख है। इसका आशय है

A. बहस करना B. सिद्ध करना

C. अपनाना D. चरित्र-चित्रण करना

102. विश्व के सभी देशों से अपेक्षा की गई है कि वे

A. पर्यावरण की रक्षा करें

B. अपने उत्तरदायित्व ईमानदारी से निभाएँ

C. व्यक्तिगत प्रयास करें

D. मिलजुल कर कार्य करें

103. 'अरण्य-संरक्षण' का अर्थ है

A. वनों की रक्षा

B. प्रकृति की रक्षा

C. पर्यावरण की रक्षा

D. सभी की रक्षा

104. जो सम्बन्ध माँ और उसकी संतान में है, वही सम्बन्ध है

A. पृथ्वी और पृथ्वी-निवासियों में

B. माता और पुत्र में

C. धरती और सभी देशों में

D. प्रकृति और पर्यावरण में

105. 'क्रूर' शब्द है

A. सर्वनाम

B. क्रिया

C. विशेषण

D. संज्ञा

निर्देशः *नीचे दिए गए प्रश्नों के लिए **सबसे उचित** विकल्प चुनिए।*

106. भाषा-अर्जन में बच्चे भाषा को

A. सहज और स्वाभाविक रूप से सीखते हैं

B. अभ्यास और यांत्रिकता से सीखते हैं

C. स्वाभाविक और प्रयासपूर्ण तरीके से सीखते हैं

D. सहजता और अभ्यास से सीखते हैं

107. जो बच्चे विशेष रूप से पढ़ने में कठिनाई महसूस करते हैं, वे

A. डिस्ग्राफिया से ग्रस्त होते हैं

B. मंदबुद्धि होते हैं

C. डिस्लेक्सिया से ग्रस्त होते हैं

D. सीखने में अक्षम होते हैं

108. हिन्दी भाषा शिक्षक के रूप में आप किसे सबसे अधिक महत्वपूर्ण मानते हैं?

A. बच्चों की लेखन-क्षमता का विकास करना

B. बच्चों को विभिन्न सन्दर्भों में भाषा-प्रयोग सिखाना

C. बच्चों की मौखिक अभिव्यक्ति की क्षमता का विकास करना

D. बच्चों को व्याकरण के नियम सिखाना

109. हिन्दी भाषा की बारीकी को सही रूप में समझने की क्षमता का विकास करने के लिए आप क्या करेंगे?

A. हिन्दी भाषा के विभिन्न प्रयोगों से युक्त सामग्री उपलब्ध कराना

B. संस्कृतनिष्ठ हिन्दी भाषा से युक्त सामग्री उपलब्ध कराना

C. हिन्दी भाषा के प्राचीनतम प्रयोगों से युक्त सामग्री उपलब्ध कराना

D. गूढ़ अर्थ वाली भाषा से युक्त सामग्री पढ़वाना

110. सातवीं कक्षा में पढ़ने वाली रूबी कक्षा में सबसे पहले अपना कार्य समाप्त कर लेती है। हिन्दी भाषा शिक्षक के रूप में आप क्या करेंगे?
A. रूबी को दूसरे बच्चों के कार्य की जाँच का एकमात्र अधिकारी बताएँगे
B. रूबी की दूसरों से तुलना करेंगे
C. रूबी को उसकी पसंद का कार्य करने के लिए कहेंगे
D. रूबी से शान्त बैठने के लिए कहेंगे

111. उच्च प्राथमिक स्तर पर भाषा सीखने को प्रभावित करता है
A. बच्चों द्वारा किया जाने वाला सुलेख
B. शिक्षक का भाषा शिक्षण सम्बन्धी रवैया
C. शिक्षक द्वारा ली गई लिखित परीक्षा
D. भाषा सम्बन्धी गृहकार्य

112. उच्च प्राथमिक स्तर पर हिन्दी भाषा-शिक्षण के लिए क्या अपेक्षित ***नहीं*** है?
A. स्वाध्यायशीलता का विकास
B. सुनकर शब्दशः दोहराने की क्षमता का विकास
C. भाषा-प्रयोग की क्षमता का विकास
D. चिंतनशीलता का विकास

113. उच्च प्राथमिक स्तर पर हिन्दी भाषा-शिक्षण में सर्वोपरि महत्वपूर्ण सामग्री है
A. अभ्यास-पत्रक
B. पाठ्य-पुस्तक
C. अभ्यास पुस्तिका
D. बाल साहित्य

114. उच्च प्राथमिक स्तर पर बहुभाषिक कक्षा में बच्चों की भाषा/भाषाएँ
A. एक संसाधन है/हैं
B. एक कठिन समस्या है/हैं
C. एक पहेली है/हैं
D. एक जटिल चुनौती है/हैं

115. उच्च प्राथमिक स्तर पर हिन्दी भाषा की समावेशी कक्षा का स्वरूप निर्धारित करने में सर्वाधिक महत्वपूर्ण है
A. अभ्यास कार्य B. शिक्षण प्रक्रिया
C. आकलन D. पाठ्य-पुस्तक

116. उच्च प्राथमिक स्तर पर बच्चों की मौखिक अभिव्यक्ति का सतत आकलन करने के लिए सर्वाधिक उचित तरीका है
A. प्रश्न पूछना B. प्रतिक्रिया व्यक्त करना
C. परिचर्चा D. उपर्युक्त सभी

117. भाषा सीखने में सामाजिक अन्तःक्रिया का महत्वपूर्ण स्थान है। इस कथन का सम्बन्ध .... से है।
A. स्किनर B. चॉम्स्की
C. वाइगोत्स्की D. पियाजे

118. उच्च प्राथमिक स्तर पर समझकर पढ़ने के संदर्भ में सर्वाधिक महत्वपूर्ण है
A. तीव्र गति से पढ़ जाना
B. बोल-बोलकर शुद्ध उच्चारण के साथ पढ़ना
C. लिखित सामग्री में शब्दों की पहचान करना
D. किसी लिखित सामग्री का निहितार्थ समझना

119. व्याकरण की समझ को संदर्भपरक प्रश्नों के माध्यम से आँकना
A. पूर्णतः उचित है
B. आंशिक रूप से उचित है
C. पूर्णतः असंभव है
D. बिल्कुल अनुचित है

120. उच्च प्राथमिक स्तर पर बच्चों की हिन्दी भाषा की क्षमता के आकलन में प्रकार्यपरक पक्ष पर बल देने का आशय है
A. भाषा-प्रयोग पर बल देना
B. भाषा के कार्यों को बढ़ावा देना
C. भाषा-प्रयोग का पक्ष बताना
D. भाषा के कार्यों की सूची बनाना

भाग-IV

भाषा-II अंग्रेजी

Directions (Qs. No. 121 to 126) : *Read the passage given below and answer the questions that follow by selecting the **most appropriate** option.*

My heart grieved when I read the other day a news item that more than two-thirds of the elderly are being ignored in their twilight years. They are isolated by their own children and are experiencing loneliness in their present lives. Most of them say they are not being respected or given good treatment by their family or society, and they are being discriminated against in their old age. Majority of the elderly attributed their loneliness to no or little interaction with family members. With fast changing socio-economic scenarios, growing nuclear families and changing value systems, the needs of the elderly have also changed. The most common problems that the elderly face are—marginalization, lack of love and affection from their loved ones, little or no access to medicines and healthcare, finding it difficult to secure their life and property. They have no work opportunities as a result of which they face financial problems. They suffer from restricted mobility and have psychological problems on account of loneliness.

To improve the situation for the elderly, the Government of India may consider enacting a law like many other countries have, to make it compulsory for children to maintain and look after their parents and also establish the National Commission for Elderly Persons. At the same time, the fact remains that the real compulsion has to come out of the bonds of affection between parents and children. We would not be wrong in saying that in India the joint-family system has made a powerful contribution in cementing the bonds of affection between the old and the young.

121. The twilight years are when one is ____ .
A. middle-aged
B. a young man
C. old
D. a child

122. The elderly do ***not*** feel ____ .
A. respected
B. ignored
C. discriminated against
D. lonely

123. What the elderly do not lack ____ .
A. is security of life and property
B. are medicines and healthcare
C. is loneliness in their lives
D. are love and affection

124. Only .... can keep the old united with the family.
A. courts
B. government rules
C. social compulsions
D. joint-family system

125. Which of the following is ***false***?
A. The old love to live in extended families.
B. Most old people are financially secure.
C. The old are not very mobile.
D. One's needs change when one gets old.

126. Which word in the passage means the same as 'saddened'?
A. isolated
B. ignored
C. restricted
D. grieved

Directions (Qs. No. 127 to 135) : *Read the passage given below and answer the questions that follow by selecting the* ***most appropriate*** *option.*

The nation is proud of its scientists and scholars, though, of course, many of them would reply that they doubt whether the nation cares for them at all. When asked why many of our best and brightest have gone abroad to make a living, they opine that this is because as a nation we have not cared for the talented and meritorious.

There is some truth in what they say. However, by and large, compared to the situation before independence, government assistance has provided a tremendous opportunity for higher education. If today Indian scientists, technologists and scholars in different fields are respected worldwide, it is because of the education system we have built up.

Our excellence is evident within the confines of the limited opportunities which are available for research and development in the universities and the national R&D laboratories. We believe and appeal that scientists, researchers and scholars should shed their pessimism. There are many reasons for it.

We know the problems they face, especially the younger ones, and also those who are not in positions of power in these institutions, the so-called middle levels and the lower levels. We appeal to these people to think big, because they are the only ones who understand the forces of technological modernization and the new energies that can be unleashed through technologies. They also have the capability to absorb the knowledge base which is growing at an explosive rate.

127. What is ironic about our pride in our scientists?
A. They go abroad to make a living.
B. They are talented and meritorious.
C. They are held in high esteem.
D. The nation cares for them.

128. What happens to our best scientists?
A. They get government grants.
B. They don't get respectable jobs here.
C. They start teaching in colleges.
D. They start doing research.

129. After independence how has the situation changed in India?
A. The government is sending scientists abroad.
B. Our system of higher education has improved a lot.
C. Foreign scholars are teaching in our universities.
D. The scientists are given Padma awards.

130. Our scientists have proved to be excellent even if ____ .
A. we have excellent research centres
B. we offer them excellent opportunities
C. we pay them well
D. we offer them limited opportunities

131. The writer wants our scientists to ____ .
A. go abroad to make a living
B. be pessimistic in their approach
C. be optimistic in their attitude
D. become part of the scientific community

132. Which one of the following is true?
A. Our scientists are respected all over the world.
B. Our scientists are not talented.
C. We have the best research facilities in India.
D. We care for our scientists.

133. The writer makes an appeal to _____ .
A. neither the middle nor lower level scientists
B. the lower level scientists only
C. both the middle and lower level scientists
D. the middle level scientists only

134. The phrase, 'at an explosive rate' means _____ .
A. at an abnormal speed
B. with the help of an explosion
C. at normal speed
D. at a great speed

135. The word opposite in meaning to 'unleashed' is ____ .
A. controlled
B. uncontrolled
C. unfastened
D. inexpensive

Directions : *Answer the following questions by selecting the **most appropriate** option.*

136. Scanning is a reading activity which helps the learners to _____ from/of the text.
A. draw out information
B. enrich the vocabulary
C. develop competence in the linguistic items
D. know the meanings of the words

137. Constructivist approach to language learning promotes ________ .
A. a child-centred approach
B. classroom noise
C. a teacher-centred approach
D. culture of silence

138. A phoneme is a ______ .
A. technique to improve pronunciation
B. single sound unit
C. sound pattern
D. lexical item

139. For process writing, which one of the following points should be followed?
A. Use of personal pronouns
B. Organisation of points
C. Word limit
D. Logical sequence

140. _____ is a prerequisite to learning a language.
A. Motivation
B. Reading stories
C. Knowing words and their meanings
D. Knowledge of grammar

141. According to which one of the following linguists, language cannot be sub standard; it may be non standard?
A. William Labov
B. Basil Bernstein
C. Stephen Krashen
D. Chomsky

142. Which one of the following is ***not*** a language component?
A. Structure
B. Sound
C. Script
D. Vocabulary

143. In order to improve the learners' pronunciation, a teacher first needs to ___ .
A. use recorded model of sounds
B. do pronunciation drills
C. show the documentary/films of the target language
D. ask them to read more

144. Problems of spelling errors of the students can be easily solved through _______ .
A. dictionary
B. textbooks
C. dictation
D. teaching aids

145. Cognitive Code Approach focuses more on _____ .
A. vocabulary
B. pronunciation
C. spelling
D. grammar rules

146. A good listener can _____ .
A. correctly respond to every question asked
B. recognize how intonation is used
C. pronounce each and every word correctly
D. understand how to spell a word

147. _____ is the father of modern linguistics.
A. Bloomsfield
B. Ferdinand de Saussure
C. Chomsky
D. Chaucer

148. In order to have language proficiency, which one is ***not*** essentially required?
A. Efficiency
B. Fluency
C. Appropriacy
D. Accuracy

149. Intensive reading stands for _______ .
A. reading for enrichment of vocabulary
B. reading for pleasure
C. reading for developing literary sensitivity
D. reading the text in parts for details

150. Decoding stands for _______ .
A. deciphering the sounds in words and sentences
B. passing on a message to others
C. only recognising the difference between sounds
D. failure to understand the given text

उत्तरमाला

1	2	3	4	5	6	7	8	9	10
B	C	C	C	B	C	C	D	D	A
11	**12**	**13**	**14**	**15**	**16**	**17**	**18**	**19**	**20**
A	C	B	D	C	A	A	D	A	B
21	**22**	**23**	**24**	**25**	**26**	**27**	**28**	**29**	**30**
A	D	D	B	A	D	B	A	D	D
31	**32**	**33**	**34**	**35**	**36**	**37**	**38**	**39**	**40**
B	A	B	A	C	C	C	C	C	B
41	**42**	**43**	**44**	**45**	**46**	**47**	**48**	**49**	**50**
B	A	C	A	B	D	D	A	A	C
51	**52**	**53**	**54**	**55**	**56**	**57**	**58**	**59**	**60**
D	D	C	D	A	C	B	A	C	B
61	**62**	**63**	**64**	**65**	**66**	**67**	**68**	**69**	**70**
B	D	C	B	C	A	C	A	C	B
71	**72**	**73**	**74**	**75**	**76**	**77**	**78**	**79**	**80**
B	B	A	C	B	B	D	C	A	C
81	**82**	**83**	**84**	**85**	**86**	**87**	**88**	**89**	**90**
A	C	C	D	B	B	C	C	D	B
91	**92**	**93**	**94**	**95**	**96**	**97**	**98**	**99**	**100**
A	B	C	A	B	A	A	C	A	B
101	**102**	**103**	**104**	**105**	**106**	**107**	**108**	**109**	**110**
B	B	A	A	C	A	C	B	A	C
111	**112**	**113**	**114**	**115**	**116**	**117**	**118**	**119**	**120**
B	B	D	A	B	D	C	D	A	A
121	**122**	**123**	**124**	**125**	**126**	**127**	**128**	**129**	**130**
C	A	C	D	B	D	A	B	B	D
131	**132**	**133**	**134**	**135**	**136**	**137**	**138**	**139**	**140**
C	A	C	D	A	A	A	B	D	A
141	**142**	**143**	**144**	**145**	**146**	**147**	**148**	**149**	**150**
A	C	A	C	D	A	B	A	D	A

कुछ चुने हुए प्रश्नों के व्याख्यात्मक उत्तर

5. 'वाक विकार' शब्द सभी प्रकार के अधिगम विकलांगता को प्रदर्शित करता है। पढ़ने में असमर्थता शायद पहला सूचक है कि बच्चे में कुछ गड़बड़ी है। एक वाकविकार वाला बच्चा धीरे-धीरे पढ़ेगा, अक्सर अक्षरों, शब्दों अथवा संख्याओं को उलटा पढ़ेगा। बच्चा पढ़ने के क्रम में हमेशा शब्दों को छोड़कर अथवा अलग से जोड़कर जो पाठ में नहीं है, का अनुमान लगाने की कोशिश करता है। उसके पास शब्दों की कमी और कमजोर समझ हो सकती है। वाक विकार वाले पाठक विशिष्ट लक्षणों को स्वतः समझने और विश्लेषण करने में असफल होते हैं; एक कहानी की अनुक्रमिक विशेषताओं की अनदेखी कर देता है जिससे समझ प्रभावित होती है और अर्थ पर कम ध्यान जाता है।

7. समीपस्थ विकास का क्षेत्र (ZPD): वाइगोत्सकी ने उन बच्चों पर कार्य करते हुए जो शारीरिक एवं मानसिक रूप से विकलांग थे, अपने अनुशीलन की शुरुआत एक मनोवैज्ञानिक के रूप में किया। सर्वप्रथम उसने बच्चों की मानसिक दक्षता का परीक्षण किया। यद्यपि उन्होंने शीघ्र ही यह धारणा विकसित की कि बच्चों का परीक्षण दो बार किया जाना चाहिए : पहली बार उनके अपने प्रदर्शन और दूसरी बार किसी वयस्क की थोड़ी मदद लेकर उनके प्रदर्शन की जाँच। यह तकनीक बच्चे की 'तत्परता' और 'उपलब्धि का वास्तविक स्तर' दोनों का आकलन करती है। स्वतंत्र रूप से बच्चा क्या कर सकता है और अत्यंत प्रशिक्षित वयस्क के मार्गदर्शन में बच्चा क्या कर सकता है, के बीच के अंतर को वाइगोत्सकी ने समीपस्थ विकास का क्षेत्र कहा।

8. स्विस मनोवैज्ञानिक जीन पियाजे को रचनात्मकतावाद के प्रारंभिक उन्नायकों (समर्थकों) में से एक माना जाता है। पियाजे का ज्ञान-मीमांसा के क्षेत्र में संज्ञानात्मक विकास का सिद्धांत आज के अधिगम एवं बाल विकास के सिद्धांतों को अत्यंत प्रभावित किया है। पियाजे के अनुसार, ज्ञान प्राप्ति के लिए बच्चों की योग्यताएं उस तथ्य के लिए जिम्मेदार हैं कि वे परिस्थिति के अनुकूलन की क्षमता के साथ पैदा हुए हैं। यह अनुकूलन दो विधियों के माध्यम से अर्जित किया जाता है : आत्मसात्करण और निभाव। पियाजे के विचार कई अनुदेशात्मक मॉडल को आधार प्रदान करते हैं। शैक्षणिक दृष्टि से, पियाजे के सिद्धांत का अर्थ है कि बच्चे जिस वातावरण में रहते हैं वहीं पारस्परिक वार्तालाप द्वारा स्वाभाविक रूप से सीखते हैं, न कि शिक्षक द्वारा दिए गए ज्ञान के माध्यम से।

9. पूर्व-संक्रियात्मक बच्चे संरक्षण करने में असफल हो जाते हैं। इनकी असफलता न सिर्फ इसलिए होती है कि वे ध्यान केंद्रित नहीं कर सकते बल्कि इसलिए भी कि वे मानसिक रूप से प्रतिलोम कार्यों को करने में असमर्थ होते हैं। पूर्व-संक्रियात्मक सोच की यह विशेषता अनुत्क्रमणीयता कहलाती है। उदाहरण के लिए, अगर एक पूर्व-संक्रियात्मक बच्चा एक छोटा, चौड़ा गिलास से कोई तरल पदार्थ एक लम्बे, पतले गिलास में ढालते हुए देखता है तो बच्चे को लगेगा कि दूसरे वाले गिलास में ज्यादा तरल पदार्थ है। तरल पदार्थ की मात्रा के संरक्षण की यह विफलता दृष्टिगोचर होती है जब इसे अलग आकृति लम्बा, पतला गिलास में रखा जाता है। यह सिर्फ बच्चे के दूसरे गिलास में तरल पदार्थ की ऊँचाई पर ध्यान केन्द्रित करने के कारण ही नहीं होता बल्कि बच्चे की कल्पना करने में असमर्थता के कारण भी होता है कि पहले गिलास से ढालने पर मात्रा वही रहेगी। इस उम्र के बच्चों में समान तर्क लागू होता है, जब बच्चा द्वारा अनुमान लगाया जाता है कि मिट्टी की गेंद को मिट्टी की सीढ़ी पर लुढ़काया जाता है तो उसकी मात्रा अधिक होती है।

10. किसी भी परिवार के बच्चे समाजीकरण के माध्यम से अपने मूल्यों को अर्जित करते हैं। समाजीकरण की प्रक्रिया में कोई भी व्यक्ति अपनी संस्कृति या उपसंस्कृति के मूल्यों, व्यवहारों, विश्वासों और धारणाओं को अर्जित करता है। इसमें धर्म, राष्ट्रीयता और सामाजिक वर्ग भी शामिल हैं।

15. 'माइन्ड इन सोसायटी : द डवलपमेंट ऑफ हायर साइकोलॉजिकल प्रोसेस' में वाइगोत्सकी (1978) ने दावा किया कि "अधिगम विकास नहीं है लेकिन उचित प्रकार से संगठित अधिगम, मानसिक विकास का परिणाम है और विकासात्मक विधियों को गति प्रदान करता है जो कि अधिगम के बिना असंभव होगा। इस प्रकार, सही प्रकार से संगठित रूप से विकास की प्रक्रिया का अधिगम एक अनिवार्य और सर्वस्वीकार्य तथ्य है। वाइगोत्सकी का मानना है कि विकासात्मक प्रक्रियाएं अधिगम की प्रक्रियाओं के पीछे-पीछे चलती हैं और यह क्रम तब्दील हो जाता है समीपस्थ विकास के क्षेत्र में, जिन्हें इस रूप में परिभाषित किया जा सकता है, "बच्चे का वास्तविक विकास स्तर जो कि स्वयं समस्या के समाधान द्वारा निर्धारित होता है और विकास क्षमता का स्तर जो किसी वयस्क की निगरानी में समस्या का समाधान किया जाता है, के बीच की दूरी है।" उनकी परिकल्पना ने अधिगम प्रक्रियाओं में समानता और आंतरिक विकास प्रक्रियाओं को स्थापित किया।

20. गार्डनर के बहु-बुद्धि का सिद्धांत प्रस्तावित करता है कि बुद्धि के एक सामान्य रूप के बजाय आठ बुद्धिमानी हो सकती है जिसे आमतौर पर बुद्धि परीक्षण द्वारा मापा जाता है। ये हैं:

- स्थानिक (कल्पना करने की क्षमता);
- भाषा-विषयक (भाषा कौशल);
- तार्किक गणितीय (कल्पना/तार्किक विचार);
- दैहिक-गतिसंवेदी (निपुणता);
- अंतर्वैयक्तिक (दूसरों को समझाना);
- अंतःवैयक्तिक (आत्मअभिज्ञता);
- संगीतमय (संप्रतीक अंतराल, लय और ताल के प्रति संवेदनशीलता);
- प्राकृतिक (प्रकृति के प्रति संवेदनशीलता);

31. $\Delta DEF \cong \Delta QPR$ (SSS).

32.

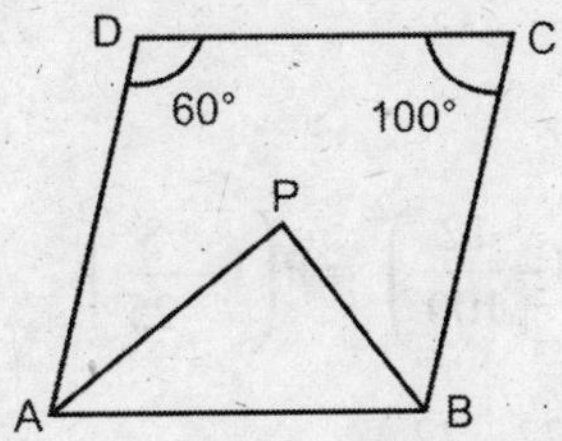

$$\because \quad \angle A + \angle B + \angle C + \angle D = 360°$$
$$\Rightarrow \quad \angle A + \angle B + 100° + 60° = 360°$$
$$\Rightarrow \quad \angle A + \angle B = 200°$$
$$\Rightarrow \quad \frac{1}{2}\angle A + \frac{1}{2}\angle B = \frac{200}{2} = 100°$$
$$\Rightarrow \quad \angle APB = 180° - 100° = 80°.$$

33.
$$(n-2) \times 180° = 1080°$$
$$\Rightarrow \quad n - 2 = \frac{1080}{180} = 6$$
$$\Rightarrow \quad n = 8$$

अतः प्रत्येक अन्तः कोण की माप

$$= \frac{1080°}{8} = 135°.$$

34. 0, 2, 2, 2, 2, 3, 3, 4, 4, 4, 7

बहुलक = 2

परिसर = 7 – 0 = 7

माध्यक = 6वाँ पद = 3

$\therefore$ माध्य $= \frac{2+7+3}{3} = \frac{12}{3} = 4.$

35.

2	22,	54,	135,	198
3	11,	27,	135,	99
3	11,	9,	45,	33
3	11,	3,	15,	11
11	11,	1,	5,	11
5	1,	1,	5,	1
	1,	1,	1,	1

∴ 22, 54, 135, 198 का लघुत्तम समापवर्त्य

$= 2 \times 3 \times 3 \times 3 \times 5 \times 11$

$= 2 \times 3^3 \times 5 \times 11.$

36. एक भाज्य संख्या विषम संख्या हो सकती है।

37. –7 तथा –3 के बीच स्थित पूर्णांक –6, –5 तथा –4 हैं।

(–6) × (–5) × (–4) का गुणनफल = –120.

38. $1+\frac{11}{10}+\frac{11}{100}+\frac{111}{1000}+\frac{111}{10000}$

$= 1 + 1.1 + 0.11 + 0.111 + 0.0111 = 2.3321.$

39. $A = P\left(1-\frac{r}{100}\right)^t$

$\Rightarrow \quad 9680 = P\left(1-\frac{12}{100}\right)^2 = P\left(1-\frac{3}{25}\right)^2$

$\Rightarrow \quad 9680 = P\left(\frac{22}{25}\times\frac{22}{25}\right)$

$\therefore \quad P = \frac{9680\times25\times25}{22\times22}$

$= 20 \times 25 \times 25$

$= 20 \times 625$

= ₹ 12500

अतः मशीन का क्रय मूल्य = ₹ 12500.

40. नगरों के बीच वास्तविक दूरी (किमी. में)

$= 9 \times 3 \times 10^6$ सेमी.

$= 9 \times 3 \times 10^4$ मी.

$= 9 \times 3 \times 10$ किमी.

= 270 किमी.

41. $(x^2 - 2)(1 - 3x + 2x^2)$

$= x^2 - 3x^3 + 2x^4 - 2 + 6x - 4x^2$

$= -3x^2 - 3x^3 + 2x^4 + 6x - 2$

x^2 का गुणांक = –3 तथा

x का गुणांक = 6

∴ गुणांकों का योगफल = –3 + 6 = 3.

52. अभीष्ट आयतनों का अनुपात

$= \frac{\pi(2r)^2\times5h}{\pi(3r)^2\times3h}$

$= \frac{4\times5}{9\times3}$

$= \frac{20}{27} = 20:27.$

53. असमान्तर भुजाओं का योग = 18 + 22 = 40 सेमी.

∴ समान्तर भुजाओं का योग = 104 – 40 = 64 सेमी.

ऊँचाई = 16 सेमी.

∴ समलम्ब का क्षेत्रफल

$= \frac{1}{2}\times$ ऊँचाई (समान्तर भुजाओं का योग)

$= \frac{1}{2}\times16\times64$

$= 8 \times 64 = 512$ वर्ग सेमी.

54. $4x^2 + y^2 + 14x - 7y - 4xy + 12$

$= 4x^2 + y^2 + 12x + 2x - 6y - y + 9 + 3 - 4xy$

$= [(2x^2) + (-y)^2 + (3)^2 - 4xy - 6y + 12x] + 2x - y + 3$

$= (2x - y + 3)^2 + (2x - y + 3)$

$= (2x - y + 3)(2x - y + 3 + 1)$

$= (2x - y + 3)(2x - y + 4)$

अतः दिए गये व्यंजक के गुणनखंडों में एक गुणनखण्ड $(2x - y + 3)$ है।

55. माना कि घन की भुजा = x

घन का क्षेत्रफल = $6x^2$

अब घन की भुजा = $x+\frac{150}{100}\times x$

$= x+\frac{3x}{2} = \frac{5x}{2}$

घन का क्षेत्रफल = $6\left(\frac{5x}{2}\right)^2$

$= 6\times\frac{25x^2}{4} = \frac{75x^2}{2}$

क्षेत्रफल में वृद्धि = $\frac{75}{2}x^2 - 6x^2$

$= \frac{75x^2 - 12x^2}{2} = \frac{63x^2}{2}$

क्षेत्रफल में प्रतिशत वृद्धि

$$= \frac{\frac{63x^2}{2}}{6x^2} \times 100$$

$$= \frac{63x^2}{12x^2} \times 100$$

$$= 25 \times 21 = 525\%.$$

56.

9	$\overline{89}\,\overline{33}\,\overline{04}$	945
	81	
184	833	
4	736	
1885	9704	
5	9425	
	279	

$\therefore$ $946 \times 946 = 894916$

$\therefore$ अभीष्ट संख्या = 894916 − 893304 = 1612.

57. $\frac{-5}{7} - \left(\frac{-2}{3}\right) = \frac{-5}{7} + \frac{2}{3} = \frac{-15+14}{21} = \frac{-1}{21}.$

58. $\sqrt[3]{-91125} - \sqrt[3]{512}$

$= \sqrt[3]{-5\times5\times5\times9\times9\times9} - \sqrt[3]{8\times8\times8}$

$= -5 \times 9 - 8$

$= -45 - 8 = -53.$

59. $0.00001278 = 1.278 \times 10^{-5}$

$\therefore$ $1.278 - 5 = -3.722.$

अतः $k + n$ का मान = −3.722.

60. अतः अभीष्ट y का मान 0 या 9 है।

69. जैसा कि दिया गया है, $f = 5000$ Hz

हम जानते हैं, $T = \frac{1}{f}$

$T = \frac{1}{5000}$ sec = 0.0002 sec.

75. जैसा कि दिया गया है, D_1 = 10 कि.मी.

s_1 = 40 कि.मी./घंटा

D_2 = 45 कि.मी.

s_2 = 60 कि.मी./घंटा

$\therefore$ $t_1 = \frac{D_1}{s_1} = \frac{10}{40} = \frac{1}{4}h$

$\therefore$ $t_2 = \frac{D_2}{s_1} = \frac{45}{60} = \frac{3}{4}h$

$t_1 + t_2 = \frac{1}{4} + \frac{3}{4} = \frac{4}{4} = 1$ घंटा

$D_1 + D_2 = 10 + 45 = 55$ कि.मी.

कुल गति = $\frac{D_1 + D_2}{t_1 + t_2} = \frac{55}{1}$

= 55 कि.मी./घंटा

84. जैसा कि दिया गया है, $m = 6$ kg

$u = v = 3$ m/s

$\therefore$ $v = u + at$

$3 = 3 + at$

$at = 0$

लेकिन, $t \neq 0$

$\therefore$ $a = 0$

$\therefore$ $f = ma$

$f = 6 \times 0$

$f = 0$ न्यूटन

85. चूँकि टेडपोल के समुचित विकास के लिए आयोडीन आवश्यक है और यह अधिकांश परजीवी पर्याक्रमणों (प्रकोपों) का नाश करता है।

88. टार्टरिक अम्ल (Tartaric acid)–($C_4H_6O_6$) कच्चे आमों एवं अंगूरों में पाया जाता है।

पिछले प्रश्न–पत्र (हल सहित)

CTET पेपर-II, सितम्बर 2014*

(गणित एवं विज्ञान शिक्षक हेतु)

भाग-I

बाल विकास व शिक्षाशास्त्र

निर्देशः *निम्नलिखित प्रश्नों के उत्तर देने के लिए* ***सबसे उचित विकल्प*** *चुनिए।*

1. अभिप्रेरणा-चक्र के संदर्भ में निम्नलिखित में से कौन-सा सही क्रम में है?

A. आवश्यकता, प्रबल प्रेरणा, उत्तेजना, लक्ष्य-उन्मुखी व्यवहार, उपलब्धि, उत्तेजना में कमी

B. उत्तेजना, प्रबल प्रेरणा, आवश्यकता, उपलब्धि, लक्ष्य-उन्मुखी व्यवहार, उत्तेजना में कमी

C. प्रबल प्रेरणा, आवश्यकता, उत्तेजना, लक्ष्य-उन्मुखी व्यवहार, उपलब्धि, उत्तेजना में कमी

D. आवश्यकता, लक्ष्य-उन्मुखी व्यवहार, प्रबल प्रेरणा, उत्तेजना, उपलब्धि, उत्तेजना में कमी

2. राजेश गणित की समस्या को हल करने के लिए पूरी तरह से संघर्ष कर रहा है। उसका आंतरिक बल जो उसे उस समस्या को पूरी तरह से हल करने के लिए विवश करता है, ... के रूप में जाना जाता है।

A. प्रत्यक्षण B. प्रेरक

C. व्यक्तित्व विशेषक D. संवेग

3. संवेग के मनोविज्ञान में निम्नलिखित में से किस तथ्य पर सबसे कम ध्यान दिया गया है?

A. संवेगात्मक प्रक्रिया में शारीरिक के साथ-साथ मनोवैज्ञानिक प्रतिक्रियाएँ शामिल होती हैं

B. संवेग विषयनिष्ठ (व्यक्तिपरक) भावना है और वह अलग-अलग व्यक्तियों में अलग-अलग होती है

C. संवेग न केवल वैयक्तिक शिक्षार्थियों में, बल्कि पूरी कक्षा में भी उत्पन्न होते हैं

D. संवेग उत्तेजना और संज्ञानात्मक व्याख्या के जटिल पैटर्न होते हैं

4. छिपी हुई वस्तुएँ ढूँढ़ निकालना इस बात का संकेत है कि शिशु निम्नलिखित में से किस संज्ञानात्मक कार्य में दक्षता प्राप्त करने लगा है?

A. प्रयोग करना B. साभिप्राय व्यवहार

C. वस्तु-स्थायित्व D. समस्या-समाधान

5. अधिगम-निर्योग्यता वाले बच्चों की प्रगति का निरीक्षण करने के लिए निम्नलिखित में से कौन-सी पद्धति सबसे उपयुक्त है?

A. संरचित व्यवहारपरक अवलोकन

B. व्यक्ति (केस) अध्ययन

C. घटनावृत्त अभिलेख (वास्तविक रिकार्ड)

D. व्यवहार-रेटिंग स्केल

6. अधिगम-निर्योग्यता वाले शिक्षार्थियों द्वारा एक पूर्ण और उत्पादक जीवन जीने के अवसरों को बढ़ाने का सबसे सही तरीका है

A. इन बच्चों को अपने लक्ष्यों का निर्धारण करने के लिए प्रोत्साहित करना

B. इस तरह के शिक्षार्थियों की कमजोरियों पर ध्यान केंद्रित करना

C. इस तरह के शिक्षार्थियों से उच्च अपेक्षाओं को बनाए रखना

D. विविध कौशलों और युक्तियों का शिक्षण करना जिसे सभी संदर्भों में लागू किया जा सकता है

7. प्रतिभाशाली शिक्षार्थियों के लिए,

A. शिक्षक को पहल करनी चाहिए और समस्या समाधान में मुख्य भूमिका निभानी चाहिए

B. अभिक्षमता को कौशल के रूप में समझना सही है

C. प्रगति का निरीक्षण करने की आवश्यकता नहीं है

D. शिक्षक को अनुकूलन करना चाहिए, जैसे शिक्षार्थी में बदलाव आता है

8. निम्नलिखित में से कौन-सा उपागम अशांतकारी व्यवहार संबंधी विकार वाले बच्चों के साथ व्यवहार करने के लिए बच्चे को उसके आस-पास के लोगों और सामाजिक संस्थाओं के साथ अंतः क्रिया करने का सुझाव देता है?

A. व्यवहारवादी B. मनोगत्यात्मक

C. पर्यावरणीय D. जीववैज्ञानिक

9. संवेगात्मक बुद्धि, बहुबुद्धि सिद्धांत के किस क्षेत्र के साथ संबंधित हो सकती है?

*Exam was held on 21-09-2014.

A. अस्तित्वपरक बुद्धि
B. अंतरा-वैयक्तिक और अंतः वैयक्तिक बुद्धि
C. प्राकृतिक बुद्धि
D. चाक्षुष-स्थानिक बुद्धि

10. व्याख्या, अनुमान, और/अथवा नियंत्रण प्राक्कल्पना .... के लक्ष्य हैं।
A. वैज्ञानिक पद्धति B. पारंपरिक तर्कणा
C. आगमनात्मक तर्कणा D. निगमनात्मक तर्कणा

11. वाइगोत्सकी के सामाजिक-सांस्कृतिक सिद्धांत के अनुसार
A. स्व-निर्देशित वाक् सहयोग का निम्नतम स्तर है
B. संस्कृति और भाषा विकास में महत्वपूर्ण भूमिका निभाते हैं
C. बच्चे अलग क्षेत्र में चिंतन करते हैं और वे पूर्ण परिप्रेक्ष्य नहीं लेते
D. यदि निम्न आयु पर अमूर्त सामग्री को प्रस्तुत किया जाए तो बच्चे अमूर्त तरीके से चिंतन करते हैं।

12. कक्षा VII का शिक्षार्थी गणित में त्रुटियाँ करता है। एक शिक्षक के रूप में आप
A. शिक्षार्थी को दिखाएँ कि त्रुटि कहाँ थी और शिक्षार्थी को उसे दुबारा करने के लिए कहेंगे
B. शिक्षार्थी को सही उत्तर उपलब्ध कराएँगे
C. शिक्षार्थी को कैल्कुलेटर का प्रयोग करने की अनुमति देंगे
D. शिक्षार्थी से कहेंगे कि वह विकल्पात्मक पद्धति का प्रयोग करे अथवा स्वयं त्रुटि का पता लगाने के लिए उसे दुबारा करे

13. रेनजुली प्रतिभाशाली की अपनी .... परिभाषा के लिए जाने जाते हैं।
A. त्रि-मुखी B. चार-पंक्तीय (टीयर)
C. चार-स्तरीय D. त्रि-वृत्तीय

14. वैयक्तिक अंतरों का ज्ञान शिक्षकों की मदद किसमें करता है?
A. सभी शिक्षार्थियों की व्यक्तिगत आवश्यकताओं का आकलन करने और उसके अनुरूप उन्हें पढ़ाने में
B. पिछड़े शिक्षार्थियों के साथ कठोर परिश्रम करने की निरर्थकता को समझने में, क्योंकि वे बाकी कक्षा के समान कभी नहीं हो सकते
C. वैयक्तिक अंतरों को शिक्षार्थियों की असफलता की स्वीकृति एवं उत्तरदायी ठहराने में
D. सभी शिक्षार्थियों को समान रूप से लाभ पहुँचाने के लिए अपनी प्रस्तुति-शैली को एकरूप बनाने में

15. निम्नलिखित में से कौन-सा समाज में लिंग समानता का मानदंड हो सकता है?
A. क्या छात्राओं को विद्यालय से बाहर आयोजित प्रतियोगिताओं में भाग लेने की अनुमति दी जाती है
B. विद्यालय में पुरुष और महिला शिक्षकों की संख्या की तुलना
C. कक्षा 12 में लड़कों और लड़कियों द्वारा समान संख्या में प्राप्त विशिष्ट योग्यता
D. कक्षा 12 तक पहुँचने वाले लड़कों और लड़कियों की संख्या की तुलना

16. सीखने के लिए आकलन
A. विशिष्ट होता है और अपने आप में की गई आकलन गतिविधि है
B. अभिप्रेरणा को बढ़ावा देता है
C. अलग करने और रैंक देने के प्रयोजन के लिए किया जाता है
D. ग्रेड्स को पूरी तरह से महत्त्व देने पर बल देता है

17. बैन्ड्यूरा के सामाजिक अवलोकन पर आधारित अधिगम सिद्धांत में निम्नलिखित में से कौन-सी प्रक्रिया होती है?
A. सार को दोहराना B. स्वचिंतन
C. प्रतिधारण D. पुनरावृत्ति

18. प्रगतिशील शिक्षा निम्नलिखित में से किस कथन से संबंधित है?
A. परीक्षा मानदंड-संदर्भित और बाह्य है।
B. शिक्षक सूचना और प्राधिकार के प्रवर्तक होते हैं।
C. ज्ञान प्रत्यक्ष अनुभव और सहयोग से उत्पन्न होता है।
D. अधिगम तथ्यों के एकत्रीकरण और कौशल में प्रवीणता के साथ सीधे मार्ग पर चलता है।

19. बुद्धि की स्पीयरमैन परिभाषा में कारक 'g' है–
A. वैश्विक बुद्धि B. आनुवंशिक बुद्धि
C. उत्पादक बुद्धि D. सामान्य बुद्धि

20. 'बहुबुद्धि के सिद्धांत' के संदर्भ में एयरफोर्स पायलट बनने के लिए निम्नलिखित में से कौन-सी बुद्धि की आवश्यकता है?
A. अंतरा-वैयक्तिक B. अंतःवैयक्तिक
C. भाषिक D. गतिक

21. आप एक शिक्षिका/शिक्षक के रूप में 'रैगिंग और धमकाने' के सख्त विरोधी हैं तथा इस संदर्भ में विद्यालय में पोस्टर लगवाते हैं तथा समिति बनवाते हैं। आपसे जुड़ने वाले किशोर जो इस विचार के दृढ़ विश्वासी हैं, निम्नलिखित में से किस स्तर पर होंगे?
A. सामाजिक व्यवस्था बनाए रखने वाला स्तर
B. पारंपरिक स्तर
C. पूर्व-पारंपरिक स्तर
D. उत्तर-पारंपरिक स्तर

22. यह तथ्य कि बच्चों को सांस्कृतिक रूप से प्रासंगिक ज्ञान की आवश्यकता होती है, निम्नलिखित में से किस व्यक्ति से सबंधित है?
A. लैव वाइगोत्स्की B. चार्ल्स डार्विन
C. बी.एफ. स्किनर D. यूरी ब्रोनफैनब्रेनर

23. शिक्षार्थियों को सबसे कम प्रतिबंधित विद्यालय वातावरण में रखने के माध्यम से, विद्यालय
A. दूसरे बच्चों को संवेदनशील बनाता है कि वे अलाभान्वित बच्चों को दबाएँ नहीं और उन्हें नीचा न दिखाएँ
B. लड़कियों और अलाभान्वित वर्गों के लिए शैक्षिक अवसरों को समान करता है

C. वंचित वर्ग के बच्चों के जीवन को सामान्य करता है, जो इन बच्चों के समुदायों और अभिभावकों के साथ विद्यालय के संबंध को बढ़ा रहा है

D. विज्ञान मेला और प्रश्नोत्तरी जैसी गतिविधियों में अलाभान्वित वर्ग के बच्चों को भागीदार बनाता है

24. कक्षा में शिक्षार्थियों से कहा गया कि वे अपने समाज के लिए क्या कर सकते हैं– इसे दर्शाने के लिए एक नोटबुक में अपने कार्य की विविध शिल्पकृतियों को संयोजित करें। यह किस प्रकार की गतिविधि है?

A. पोर्टफोलियो आकलन B. निबंधात्मक आकलन
C. घटनावृत्त अभिलेख D. समस्या समाधान आकलन

25. एकाग्रता-समय के साथ मेल बैठाने के लिए एक दत्त कार्य को पूरा करने के लिए आवंटित समय को घटाना और चरणबद्ध तरीके से इस एकाग्रता-समय को बढ़ाना निम्नलिखित में से किस प्रकार के विकार से निपटने के लिए सर्वाधिक उपयुक्त है?

A. एकाग्रता-ह्रास अतिक्रियाशील विकार
B. अशांतकारी व्यवहार संबंधी विकार
C. डिस्फेसिया
D. संवेदी एकीकरण विकार

26. शिक्षाथी तक तक नहीं सीख सकते जब तक

A. दैनिक आधार पर घर में उनके माता-पिता विद्यालय में उनके सीखने के बारे में नहीं पूछेंगे
B. उन्हें शिक्षा के सामाजिक उद्देश्यों की आवश्यकताओं के अनुरूप न पढ़ाया जाए
C. उन्हें यह पता न हो कि जो तथ्य उन्हें पढ़ाए गए हैं, निकट भविष्य में उनका परीक्षण किया जाएगा
D. वे सीखने के लिए तैयार न हों

27. विद्यालय आधारित आकलन

A. परीक्षा के लिए शिक्षण को बढ़ावा देता है, क्योंकि उसमें निरंतर परीक्षण होता है
B. परिणामों की अपेक्षा परीक्षा तकनीकों पर केंद्रित है
C. क्या आकलित किया जाएगा–इस पर शिक्षार्थियों को कम नियंत्रण प्रदान करता है
D. रचनात्मक प्रतिपुष्टि उपलब्ध कराते हुए सीखने में संवर्धन करता है

28. मनोसामाजिक सिद्धांत निम्नलिखित में से किस पर बल देता है?

A. क्रियाप्रसूत (सक्रिय) अनुबंधन
B. उद्दीपन व प्रतिक्रिया
C. लिंगीय व प्रसुप्ति स्तर
D. उद्यम के मुकाबले में हीनता स्तर

29. सामाजिक अधिगम का सिद्धांत निम्नलिखित में से किस घटक पर बल देता है?

A. पाठ-संशोधन B. प्रकृति
C. पोषण D. अनुकूलन

30. शिक्षण का विकासात्मक परिप्रेक्ष्य शिक्षकों से यह माँग करता है कि वे

A. इस प्रकार का अधिगम उपलब्ध कराएँ जिसका परिणाम केवल संज्ञानात्मक क्षेत्र के विकास में हो
B. कठोर अनुशासन बनाए रखने वाले बनें, क्योंकि बच्चे अक्सर प्रयोग (जाँच) करते हैं
C. विकासात्मक कारकों के ज्ञान के अनुसार अनुदेशन युक्तियों का अनुकूलन करें
D. विभिन्न विकासात्मक अवस्था वाले बच्चों के साथ समान रूप से व्यवहार करें

भाग-II

गणित व विज्ञान

निर्देशः *निम्नलिखित प्रश्नों के उत्तर देने के लिए **सबसे उचित विकल्प** चुनिए।*

31. "अधिक गणित जानने की अपेक्षा यह जानना अधिक उपयोगी है कि गणितीयकरण कैसे किया जाए।" यह कथन .... के द्वारा दिया गया है।

A. जॉर्ज पोल्या B. वेन हाइल
C. वाइगोत्स्की D. डेविड व्हीलर

32. एक बेलन के वक्र पृष्ठीय क्षेत्रफल का चार गुना उसके आधारों के क्षेत्रफलों के योगफल के 6 गुने के बराबर है। यदि इस बेलन की ऊँचाई 12 cm है, तो इसका आयतन, cm^3 में, है

A. 384π B. 546π
C. 768π D. 48π

33. यदि किसी त्रिभुज का एक कोण 130° का हो, तो शेष दो कोणों के समद्विभाजकों के बीच बने कोण की माप है

A. 115° B. 130°
C. 155° D. 65°

34. $\frac{-5}{7}$ में से क्या घटाया जाए कि –1 प्राप्त हो?

A. $\frac{4}{7}$ B. $\frac{2}{7}$
C. $\frac{-4}{7}$ D. $\frac{-2}{7}$

35. संख्याएँ $\frac{-11}{20}, \frac{7}{-15}, \frac{17}{-30}$ और $\frac{-3}{10}$ अवरोही क्रम में किस प्रकार से लिखी जाती हैं?

A. $\frac{-3}{10} > \frac{7}{-15} > \frac{-11}{20} > \frac{17}{-30}$

B. $\frac{-3}{10} > \frac{-11}{20} > \frac{7}{-15} > \frac{17}{-30}$

C. $\frac{-11}{20} > \frac{17}{-30} > \frac{-3}{10} > \frac{7}{-15}$

D. $\frac{17}{-30} > \frac{-11}{20} > \frac{-3}{10} > \frac{7}{-15}$

36. एन.सी.एफ 2005 के अनुसार, विद्यालयों में गणित शिक्षा का एक मुख्य उद्देश्य यह है

A. समस्या समाधान कौशल का विकास करना
B. विश्लेषणात्मक योग्यता को पोषित करना
C. बच्चे की चिंतन प्रक्रिया का गणितीयकरण करना
D. संख्या सम्बन्धी कौशल का विकास करना

37. 'जियोजेब्रा' सॉफ्टवेयर की सहायता से शिक्षार्थी .... के द्वारा ज्यामिति की सभी अवधारणाओं को सीख सकते हैं।

A. परिपृच्छा-आधारित उपागम
B. परियोजना-आधारित उपागम
C. व्याख्यान-आधारित उपागम
D. खोजपरक उपागम

38. एन.सी.एफ. 2005 के लक्ष्य कथन के अनुसार, विद्यालयी गणित उस स्थिति में नहीं होता, जहाँ बच्चे

A. गणित को अपने दैनिक जीवन के अनुभवों के रूप में देखते हैं
B. अर्थपूर्ण समस्याओं को रखते और हल करते हैं
C. सूत्रों और एल्गोरिद्म को कंठस्थ करते हैं
D. गणित का आनंद उठाने के लिए सीखते हैं

39. एक शिक्षक/शिक्षिका ने शिक्षार्थियों को "पाँच वर्ग देकर उन्हें जोड़कर बनने वाली सभी संभव पंचवर्गाकार आकृतियों की संख्या ज्ञात करने को कहा। इसके उपरांत छह वर्ग देकर उन्हें जोड़कर बनने वाली संभव छह वर्गाकृतियों की संख्या ज्ञात करने को कहा। इसी तरह आगे बढ़ने को कहा।" इस प्रकार की गतिविधियाँ शिक्षार्थी की सहायता करती हैं

A. संख्या पैटर्न और आकृतियों के बीच सम्बन्धों की पहचान करने में
B. स्थानिक योग्यता का सुधार करने में
C. विश्लेषणात्मक योग्यता के सुधार करने में
D. अवलोकन कौशलों के सुधार करने में

40. हमारी विद्यालयी पाठ्यचर्या में गणित शिक्षण के स्थान को सुनिश्चित करने के लिए युगल आधार-वाक्य हैं

A. "किस प्रकार प्रत्येक शिक्षार्थी की तर्कणा शक्ति में सुधार किया जाए" और "किस प्रकार उसकी स्थानिक योग्यता को बढ़ाया जाए।"
B. "किस प्रकार गणित में प्रत्येक शिक्षार्थी के निष्पादन को बढ़ाया जाए" और "किस प्रकार अंतर्राष्ट्रीय ओलंपियाड के लिए मेधावी शिक्षार्थियों को तैयार किया जाए।"
C. "गणित की कक्षा को किस प्रकार अधिक क्रियाकलाप-उन्मुखी बनाया जाए" और "किस प्रकार प्रत्येक शिक्षार्थी में प्रक्रमण-कौशलों का विकास और एल्गोरिद्म की समझ को बढ़ाया जाए।"
D. "किस प्रकार प्रत्येक शिक्षार्थी के मस्तिष्क को व्यस्त रखा जाए" और "किस प्रकार शिक्षार्थियों के संसाधनों को सुदृढ़ बनाया जाए।"

41. विद्यालय स्तर पर गणित में शिक्षार्थियों की असफलता का एक मुख्य कारण यह है कि हमारी आकलन प्रक्रिया

A. जेंडर सम्बन्धी पक्षपात करती है और लड़कों के रुचि-क्षेत्रों के संदर्भ में प्रासंगिक समस्याएँ पूछती है
B. अपनी प्रकृति में अधिक विषयनिष्ठ है और वस्तुनिष्ठ प्रकार के प्रश्न कम होते हैं या बिलकुल शामिल नहीं होते
C. योगात्मक आकलन की अपेक्षा रूपात्मक आकलन पर अधिक बल देती है।
D. योग्यताओं के गणितीयकरण की अपक्षा प्रक्रमण सम्बन्धी ज्ञान के परीक्षण पर बल देती है

42. किसी बहुभुज के सभी अंतःकोणों का योगफल 1440° है। इस बहुभुज की भुजाओं की संख्या है

A. 9 B. 10
C. 12 D. 8

43. किसी एक वर्ग का क्षेत्रफल किसी एक वृत्त के क्षेत्रफल का $\frac{16}{\pi}$ है। वर्ग की भुजा और वृत्त के व्यास में अनुपात है

A. 2 : 1 B. π : 1
C. $\sqrt{2}\pi:1$ D. 3 : 1

44. यदि x एक पूर्णांक है, जब $(x+1)^4-(x-1)^4$ सदैव ही निम्न से विभाज्य है:

A. 8 B. 9
C. 12 D. 6

45. संख्या 829030000 को मानक रूप में $k \times 10^n$ द्वारा व्यक्त किया जाता है। $k+n$ का मान है

A. 16.2903 B. 15.2903
C. 91.903 D. 90.903

46. यदि a, b और c विभिन्न पूर्णांक इस प्रकार हैं कि $a<b<c<0$, तब निम्न में से कौन-सा कथन सत्य है?

A. $ab<c$ B. $a+b>c$
C. $ac>ab$ D. $a+c<b$

47. दो अभाज्य संख्याओं x और y, $(x>y)$, का लघुतम समापवर्त्य 161 है। $3y-x$ का मान है

A. –2 B. –5
C. 62 D. 2

48. यदि $a=\sqrt{(2013)^2+2013+2014}$ है, तब a का मान है

A. 1007 B. 2013
C. 2014 D. 1002

49. $\sqrt[3]{500} \times \sqrt[3]{16}$ का मान है

A. 20 B. 25
C. 18 D. 16

50. इसकी क्या प्रायिकता है कि 72 के धनात्मक गुणनखंडों में से यादृच्छया चुना गया एक गुणनखंड 11 से कम है?

A. $\frac{7}{11}$ B. $\frac{7}{12}$
C. $\frac{7}{10}$ D. $\frac{5}{12}$

51. यदि एक पंचभुजीय पिरामिड के फलकों, किनारों और शीर्षों की संख्या क्रमशः *a*, *b* और *c* है, तब $\left(\frac{a-b+c}{2}\right)^2 - 2$ का मान है

A. 2 B. 1.75
C. –1 D. –1.5

52. किसी मशीन के मूल्य का 10% प्रति वर्ष की दर से अवमूल्यन होता है। इसे तीन वर्ष पहले खरीदा गया था। यदि इसका वर्तमान मूल्य ₹ 1,45,800 है, तो इसे कितने में खदीरा गया था?

A. ₹ 1,80,000 B. ₹ 2,00,000
C. ₹ 2,10,000 D. ₹ 1,75,800

53. 20 वस्तुओं का क्रय मूल्य, *x* वस्तुओं के विक्रय मूल्य के बराबर है। यदि लाभ 25% है, तब *x* का मान है

A. 16 B. 18
C. 25 D. 15

54. एक समद्विबाहु त्रिभुज ABC के आधार की लंबाई 48 cm है और इसका क्षेत्रफल 168 cm^2 है। इसकी समान भुजाओं में से एक की लंबाई है

A. 10 cm B. 17 cm
C. 25 cm D. 8 cm

55. तीन-अंकों वाली एक संख्या में सैकड़े का अंक इकाई से 7 बड़ा है। इस संख्या के अंकों को पलटने पर जो संख्या प्राप्त होती है, उसे वास्तविक तीन-अंकों वाली संख्या में से घटाया जाता है। अब इस प्रकार जो संख्या प्राप्त होती है उसका इकाई का अंक है

A. 1 B. 2
C. 3 D. 0

56. रानी, जो इस समय *y* वर्ष की है, वह हमीद से *x* वर्ष बड़ी है। पन्द्रह वर्ष पूर्व, हमीद की आयु रानी की आयु की $\frac{1}{4}$ थी। निम्न में से कौन-सा सत्य है?

A. $2y - x = 15$ B. $\frac{y}{x} - 15 = \frac{1}{4}$
C. $3x - 4y = 45$ D. $3y - 4x = 45$

57. एक शिक्षिका शिक्षार्थियों से पत्तियों को एकत्र करने और सममिति पैटर्न की पहचान करने के लिए कहती है। यह कार्य शिक्षिका के .... प्रयास को दर्शाता है।

A. अंतरा-विषयिक उपागम सम्बन्धी
B. शिक्षार्थियों में सृजनात्मकता का विकास करने सम्बन्धी
C. गणितीय संप्रेषण में सुधार करने सम्बन्धी
D. वास्तविक जीवन को गणितीय अवधारणाओं के साथ जोड़ सम्बन्धी

58. अनिल सभी प्रश्नों के मौखिक उत्तर तो दे देता है, परन्तु जब समस्याओं के हल लिखता है तो गलतियाँ करता है। उसके लेखन में गलतियों को हटाने हेतु निम्नलिखित में से कौन-सी उपचारात्मक विधि सर्वश्रेष्ठ है?

A. उसे श्यामपट्ट पर समस्या हल करने को कहना चाहिए
B. उसे ऐसे कार्यपत्रक देकर रिक्त स्थान भरने को कहना चाहिए जिनमें आंशिक रूप से समस्याएँ हल की हुई हों
C. उसे पूरे एक महीने तक लगातार विद्यालय समय के बाद अभ्यास परीक्षा देनी चाहिए
D. उसे प्रतिदिन 10 समस्याओं का कार्य देना चाहिए

59. एन.सी.एफ. 2005 के अनुसार, गणित की पाठ्यचर्या महत्त्वाकांक्षी सुसंगत है और यह महत्त्वपूर्ण गणित पढ़ाती है। यहाँ 'महत्त्वाकांक्षी' का अर्थ है

A. विद्यालय में गणित शिक्षण के उच्च उद्देश्यों को खोजना
B. गणित की समस्याओं को हल करने के एक से अधिक तरीकों का शिक्षण
C. विविध प्रकार के गणित का शिक्षण, जैसे– अंकगणित, बीजगणित, ज्यामिति और आंकड़ा-प्रबंधन
D. विद्यालय में गणित शिक्षण के संकीर्ण उद्देश्यों को खोजना

60. A के पास B से 20% अधिक धन है, और C के पास B से 20% कम धन है। A के पास C से कितने प्रतिशत अधिक धन हैं?

A. 50 B. 17
C. 43 D. 30

61. कोई छात्र सोडियम हाइड्रॉक्साइड के तनु विलयन की एक बूँद पहले नीले लिटमस पेपर पर और फिर लाल लिटमस पेपर पर डालता है। वह यह प्रेक्षण करेगा कि

A. नीले लिटमस पेपर में कोई परिवर्तन नहीं होता और लाल लिटमस पेपर नीला हो जाता है
B. लाल लिटमस पेपर में कोई परिवर्तन नहीं होता और नीला लिटमस पेपर लाल हो जाता है
C. नीला लिटमस पेपर रंगहीन हो जाता है और लाल लिटमस पेपर में कोई परिवर्तन नहीं होता
D. नीला लिटमस पेपर लाल हो जाता है और लाल लिटमस पेपर नीला हो जाता है

62. आपके पास तीन परखनलियों A, B तथा C में फीनॉलफ्थेलिन विलयन है। परखनली A में तनु हाइड्रोक्लोरिक अम्ल, B में सोडियम हाइड्रॉक्साइड विलयन और C में आसुत जल की 2 – 3 बूँद प्रत्येक परखनली में डालने के तुरन्त पश्चात् यदि आप प्रत्येक परखनली के विलयन के रंग का प्रेक्षण करें, तो आप यह पाएँगे कि इन परखनलियों में विलयनों के रंग इस प्रकार हैं

A. A में गुलाबी, B में फीका हरा और C में रंगहीन
B. A में रंगहीन, B में रंगहीन और C में गुलाबी
C. A में फीका हरा, B में गुलाबी और C में गुलाबी
D. A में रंगहीन, B में गुलाबी और C में रंगहीन

63. अच्छी विज्ञान शिक्षा को 'बच्चे के प्रति ईमानदार होना चाहिए' का अर्थ है कि वह विज्ञान जो हम पढ़ाते हैं, को
A. विज्ञान की विषय-वस्तु के सार्थक पक्षों को संप्रेषित करना चाहिए
B. बच्चे को समझ अपने योग्य होना चाहिए
C. बच्चे को सीखने की प्रक्रिया के कौशलों में शामिल करना चाहिए
D. बच्चे के परिवेश से जुड़ा हुआ होना चाहिए

64. वंदना की रुचि कक्षा VIII के शिक्षार्थियों द्वारा विज्ञान के प्रक्रमण कौशलों के अर्जन पर अधिक ध्यान केन्द्रित करने में है। 'सूक्ष्म जीव' पर आधारित प्रक्रमण को पढ़ाने के लिए उसे निम्न में से कौन-से पद्धति-संयोजन को प्राथमिकता देनी चाहिए?
A. परियोजना-कम-प्रयोगशाला पद्धति
B. गृह कार्य-कम-विज्ञान प्रश्नोत्तर पद्धति
C. गृह कार्य-कम-प्रश्न पद्धति
D. दत्त कार्य-कम-प्रश्न पद्धति

65. मापनीय बेलन का प्रयोग करते हुए ठोस के आयतन को मापने के सही तरीके के बारे में पढ़ाते समय, कविता अपनाए जाने वाले निम्नलिखित चरणों (सही क्रम में नहीं) का उल्लेख करती है:
(*a*) बेलन में पानी के स्तर का पाठ्यांक लिखिए।
(*b*) बेलन में पानी के भीतर धागे के साथ ठोस को लटकाइए।
(*c*) मापनी बेलन के अल्पतमांक (न्यूनतम माप) को लिखिए।
(*d*) बेलन में पर्याप्त मात्रा में पानी डालिए और पाठ्यांक लिखिए।
बताए गएँ उद्देश्य के लिए निम्न में से कौन-सा चरणों का सही क्रम है?
A. (*c*) (*b*) (*d*) (*a*)
B. (*c*) (*d*) (*b*) (*a*)
C. (*d*) (*b*) (*c*) (*a*)
D. (*a*) (*b*) (*c*) (*d*)

66. समुद्र समीर का कारण है
A. दिन में समय, समुद्र-जल का स्थल की अपेक्षा शीघ्र गरम होना
B. रात्रि में, समुद्र-जल की तुलना में स्थल का धीमी गति से ठंडा होना
C. रात्रि में, स्थल की तुलना में समुद्र-जल का धीमी गति से ठंडा होना
D. दिन के समय, स्थल का समुद्र-जल की अपेक्षा शीघ्र गरम होना

67. राष्ट्रीय पाठ्यचर्या की रूपरेखा, 2005 की यह अनुशंसा है कि उच्च प्राथमिक स्तर पर विज्ञान शिक्षा को .... पर बल देना चाहिए।
A. विज्ञान सीखने में अन्तर्राष्ट्रीय मानकों को प्राप्त करने में शिक्षार्थियों की मदद करने
B. शिक्षार्थियों में सामाजिक विषमताओं को न्यूनतम करने
C. शांतिपूर्ण समाज की स्थापना के लिए मानवीय मूल्यों और ज्ञानाधार को बढ़ावा देने
D. कक्षा-कक्षीय अधिगम को विद्यालय के बाहर की दुनिया के साथ जोड़ने में शिक्षार्थियों की मदद करने

68. कक्षा VI में 'पदार्थों का पृथक्करण' विषय सबसे अधिक प्रभावी ढंग से किस प्रकार पढ़ाया जा सकता है?
A. शिक्षार्थियों द्वारा हस्तसिद्ध क्रियाकलापों को कराकर
B. अच्छा गृहकार्य करवाकर
C. विभिन्न उप-विषयों पर अधिक सामूहिक चर्चाएँ आयोजित करके
D. सम्बन्धित संकल्पनाओं की गहन व्याख्या करके

69. निम्न में से कौन-सी उच्च प्राथमिक स्तर पर विज्ञान की सीखने-सिखाने की मुख्य अपेक्षा है?
A. साहित्यिक साक्षरता का निर्माण करना
B. विज्ञान और कला के अंतःसम्बन्धों को समझना
C. प्रतियोगितापरक परीक्षाओं के लिए शैक्षणिक श्रेष्ठता अर्जित करना
D. प्रश्न और जाँच-पड़ताल कौशलों का अर्जन करना

70. मानव शरीर का सामान्य ताप सेल्सियस मापक्रम और फारेनहाइट मापक्रम पर क्रमशः होता है
A. 37°F और 98.6°C B. 37°C और 96.8°F
C. 37°F और 96.8°C D. 37°C और 98.6°F

71. निम्नलिखित में से ऊष्मा के कुचालकों का समूह चुनिए:
A. ऊन, लकड़ी, आयरन
B. जल, कॉपर, लकड़ी
C. वायु, ऐलुमिनियम, ऊन
D. वायु, जल, प्लास्टिक

72. उच्च प्राथमिक स्तर पर विज्ञान पाठ्यचर्या की 'संज्ञानात्मक वैधता' का अर्थ यह है कि
A. उसे आयु के अनुरूप होना चाहिए
B. उसे शिक्षण में समुचित शिक्षणशास्त्रीय प्रक्रियाओं का प्रयोग करना चाहिए
C. उसे बच्चे को इस योग्य बनाना चाहिए कि वे विज्ञान को एक सामाजिक उद्यम के रूप में देखे
D. उसे सार्थक और वैज्ञानिकतापूर्ण सही तथ्यों को संप्रेषित करना चाहिए

73. मानव शरीर में क्षुद्रांत्र और बृहदांत्र की लम्बाइयों का अनुपात है
A. 5 : 1 B. 1 : 5
C. 1 : 8 D. 8 : 1

74. कोई जन्तु कैल्सियम कार्बोनेट के कठोर कवच वाले जन्तुओं के कोमल भागों को खाने के लिए अपने मुख से अपना आमाशय बाहर निकालता है। कवच को खोलने और कोमल पदार्थ को खाने के पश्चात् आमाशय जन्तु के शरीर में वापस चला जाता है जहाँ आहार धीरे-धीरे पचता है। इस जन्तु का नाम है
A. ऑक्टोपस (अष्टभुज) B. कछुआ
C. स्टारफिश (तारामीन) D. घड़ियाल (मगरमच्छ)

75. निम्नलिखित तालिका का अध्ययन कीजिए:

समूह	पुंकेसर के भाग	स्त्रीकेसर के भाग
(*a*)	परागकोश, तंतु	अण्डाशय, वर्तिकाग्र, वर्तिका
(*b*)	परागकोश, पंखुड़ी	परागकोश, बाह्यदल, वर्तिकाग्र
(*c*)	वर्तिकाग्र, तंतु	वर्तिका, वर्तिकाग्र, बाह्यदल
(*d*)	वर्तिका, अण्डाशय	परागकोश, तंतु, अण्डाशय

जिस समूह में पुंकेसर और स्त्रीकेसर के भाग सही-सही दर्शाए गए हैं, वह है

A. (*b*) B. (*c*)
C. (*d*) D. (*a*)

76. किसी सूचीछिद्र कैमरे में किसी दूरस्थ रंगीन बिम्ब का बनने वाला प्रतिबिम्ब सदैव होता है

A. वास्तविक, सीधा, रंगीन और छोटा
B. वास्तविक, उल्टा, श्याम एवं श्वेत और छोटा
C. वास्तविक, उल्टा, रंगीन और छोटा
D. आभासी, सीधा, रंगीन और छोटा

77. विज्ञान शिक्षा के संदर्भ में 'रचनावाद' शब्दावली का अर्थ है कि बच्चों को

A. विज्ञान सीखने की प्रक्रिया में सक्रिय रूप से शामिल करना चाहिए
B. कक्षा में प्रश्न पूछने के लिए बच्चों को हतोत्साहित करना चाहिए
C. वैज्ञानिक विकास के बारे में अद्यतन जानकारी देनी चाहिए
D. विज्ञान के बारे में पूर्ण जानकारी देनी चाहिए

78. कक्षा VII के शिक्षार्थियों को 'गति और समय' प्रकरण पढ़ाते समय सविता शिक्षार्थियों को विभिन्न प्रकार की गति के उदाहरण देती है। उसके द्वारा दिया गया निम्न में से कौन-सा उदाहण ***गलत*** है?

A. मैरी-गो-राउंड में बैठे लड़के की गति
B. विद्युतीय घंटी के हथौड़े की गति
C. बल्लेबाज द्वारा मारी गई क्रिकेट बॉल की गति
D. गतिमान कार में बैठे लड़के की कार के अनुसार गति

79. अंजलि, कक्षा VII के शिक्षार्थियों को विद्युत्-चुम्बक का निर्माण करते समय निम्नलिखित चरणों (सही क्रम में नहीं हैं) का निष्पादन करने के लिए कहती है:

(*a*) कील के किनारे के पास कुछ पिन रखिए।
(*b*) विद्युत् प्रवाहित कीजिए और देखिए कि क्या होता है।
(*c*) लोहे की कील के आस-पास ताँबे की तार को मजबूती से लपेटिए।
(*d*) तार के सिरों के सेल के टर्मिनल से जोड़िए।

वांछित परिणाम को प्राप्त करने के लिए निष्पादित किया जाने वाला निम्नलिखित में से कौन-सा क्रम सही है?

A. (*c*) (*d*) (*a*) (*b*)
B. (*c*) (*a*) (*b*) (*d*)
C. (*d*) (*c*) (*a*) (*b*)
D. (*a*) (*b*) (*c*) (*d*)

80. यदि आप किसी घास के पौधे को सावधानीपूर्वक उखाड़कर उसकी जड़ों और पत्तियों का प्रेक्षण करें तो आप यह पाएँगे कि इसमें

A. मूसला जड़ें और जालिकारूपी शिराविन्यास है
B. रेशेदार जड़ें और जालिकारूपी शिराविन्यास है
C. रेशेदार जड़ें और समान्तर शिराविन्यास है
D. मूसला जड़ें और समान्तर शिराविन्यास है

81. टैडपोल जिस जल में वृद्धि कर रहे हैं, उसमें उनका कायान्तरण (वृद्धि करके वयस्क बनना) तभी संभव है, जब वह जल पर्याप्त मात्रा में हो

A. ऑक्सीजन B. आयोडीन
C. खनिज D. कैल्सियम

82. ईंधनों के ऊष्मीय मान को सामान्यतः नीचे दिए गए किस मात्रक में व्यक्त किया जाता है?

A. किलोकैलोरी प्रति किलोग्राम
B. जूल
C. किलोजूल प्रति किलोग्राम
D. कैलोरी प्रति ग्राम

83. किसी क्षेत्र में गेहूँ तथा चने जैसे अनाजों को उगाया जाता है। इस क्षेत्र की मृदा होनी चाहिए

A. मृण्मय
B. बलुई और मृण्मय दोनों
C. मृण्मय और दुमटी दोनों
D. दुमटी और बलुई दोनों

84. यदि हम किसी तीन-चौथाई जल से भरे बीकर में, एक मुट्ठी भर बगीचे की मृदा मिलाएँ और फिर इसे किसी छड़ से अच्छी तरह से हिलाएँ ताकि मृदा जल में मिल जाए, तब कुछ देर के लिए इसे ऐसे ही रहने देने के पश्चात्, प्रेक्षण करने पर हम यह पाते हैं कि बीकर में कुछ परतें बन गई हैं। इन परतों का बीकर की तली से शीर्ष की ओर का क्रम है

A. बालू, बजरी, मृत्तिका, जल, ह्यूमस
B. मृत्तिका, बालू, बजरी, ह्यूमस, जल
C. बजरी, बालू, मृत्तिका, जल, ह्यूमस
D. बजरी, मृत्तिका, बालू, ह्यूमस, जल

85. निम्नलिखित में से कौन-सी अंतःस्रावी ग्रंथि शर्करा (मधुमेह) को नियंत्रित करने वाले हॉर्मोन को स्रावित करती है?

A. अग्न्याशय B. पीयूष
C. थाइरॉइड D. एड्रिनल

86. वायु कई गैसों का मिश्रण है। आयतन के अनुसार वायु में नाइट्रोजन और ऑक्सीजन के अतिरिक्त उपस्थित अन्य गैसों जैसे CO_2, मिथेन, आर्गन, ओजोन तथा जलवाष्प की सम्मिलित प्रतिशतता है लगभग

A. 1% B. 21%
C. 78% D. 0.1%

87. सामान्यतः उपयोग होने वाले निम्नलिखित किस ईंधन का ऊष्मीय मान अधिकतम है?

A. डीजल
B. द्रवित पेट्रोलियम गैस (LPG)

C. पेट्रोल

D. संपीड़ित प्राकृतिक गैस (CNG)

88. कोई व्यक्ति 'गॉयटर' नामक व्याधि से ग्रस्त है। इस व्यक्ति की निम्नलिखित में से कौन-सी ग्रंथि ठीक तरह से कार्य ***नहीं*** कर रही है?

A. अग्न्याशय B. पीयूष

C. थाइरॉइड D. एड्रिनल

89. उस बल का चयन कीजिए जो अनुप्रयुक्त किए जाने के ढंग में अन्य से भिन्न हैः

A. घर्षण बल B. गुरुत्वाकर्षण बल

C. चुम्बकीय बल D. स्थिर-वैद्युत बल

90. जब कोई कॉपर की प्लेट लम्बे समय तक नम वायु में खुली रखी रहती है, तो इस पर एक हल्की हरी परत जम जाती है। यह हरा पदार्थ होता है

A. कॉपर हाइड्रॉक्साइड और कॉपर सल्फेट का मिश्रण

B. कॉपर कार्बोनेट और कॉपर सल्फेट का मिश्रण

C. कॉपर कार्बोट और कॉपर हाइड्रॉक्साइड का मिश्रण

D. कॉपर सल्फेट

भाग-III

भाषा-I हिन्दी

निर्देश (प्र.सं. 91 से 99 तक): *कविता की पंक्तियाँ पढ़कर निम्नलिखित प्रश्नों के **सबसे उचित** विकल्प चुनिए।*

एक ही दीया, स्नेह से भरा,
प्रेम का प्रकाश, प्रेम से धरा,
झिलमिला हवा को तिलमिला रहा
ज्योति का निशान जो हिला रहा
मुस्करा रहा है अंधकार पर!

यह मजार है किसी शहीद का,
दर्शनीय था जो चाँद ईद का,
देश का सपूत था, गुमान था
सत्य का स्वरूप नौजवान था
जो चला किया सदा दुधार पर!

91. हवा क्यों तिलमिला रही है?

A. दीये के निरंतर जलने से B. दीये के स्नेह से

C. अंधकार होने से D. दीये के चलने से

92. ईद का चाँद किसे कहा गया है?

A. दर्शनीय-स्थल को B. शहीद को

C. नौजवानों को D. मजार को

93. शहीद की कौन-सी विशेषता बताई गई है?

A. वह तलवारबाजी में निपुण था

B. ईद के दिन पैदा हुआ था

C. उसे अपने ऊपर बहुत घमंड था

D. वह सच्चा इंसान था

94. कविता में 'अंधकार' शब्द से आशय है

A. रात्रि B. बुराइयाँ

C. चुनौतियाँ D. तम

95. 'दर्शनीय' शब्द में प्रत्यय है

A. नीय B. ई

C. य D. ईय

96. 'हवा' का पर्यायवाची शब्द ***नहीं*** है

A. मारुत B. समीर

C. अनल D. अनिल

निर्देश (प्र.सं. 97 से 105 तक): *गद्यांश को पढ़कर निम्नलिखित प्रश्नों के **सबसे उचित** विकल्प चुनिए।*

22 दिसम्बर, 1939 को श्री धनसिंह नागरकोटी का घर रिसने लगा। मल्ली ताल में दाहिनी ओर बने कुछ घर भी रिसने लगे। जाड़ों के दिनों में रिसना कम ही होता था पर अबकी पता नहीं क्यों पहाड़ी पर बने घरों में भी इस रिसाव के कारण ठंड का प्रभाव कुछ ज्यादा ही होने लगा। संतोष की बात थी कि शाम तक पानी का जोर हल्का पड़ने लगा। पर रात को जो बर्फ गिरनी शुरू हुई तो अगले दो दिन तक थमने का नाम ही नहीं लिया। 24 दिसम्बर की शाम तक आकाश खुल गया और लोग 'ह्वाइट क्रिसमस' या 'श्वेत बड़ा दिन' मनाने की तैयारी में जुट गए। बड़ा दिन जब आया तो सूर्यदेव के दर्शन हुए। छतों पर की बर्फ खिसक-गिरकर घरों के सामने जमा हो गयी थी। उसे हटाकर रास्ता साफ किया गया। पिघलती बर्फ के कारण हाड़ कंपाने वाली सर्दी में भी लोगों का उत्साह कम नहीं हुआ और वे परस्पर क्रिसमस की शुभकामनाएँ और डालियों का आदान-प्रदान करने लगे। तापमान शून्य से तीन डिग्री नीचे हो गया था। पानी की आपूर्ति नलों के भीतर पानी के जमने से उनके फट जाने से रुक गई थी।

97. गद्यांश में क्रिसमस के लिए 'ह्वाइट क्रिसमस' शब्द इसलिए आया है, क्योंकि

A. क्रिसमस के अवसर पर सब लोग सफेद केक खाते हैं

B. क्रिसमस के अवसर पर बहुत बर्फ पड़ी थी

C. क्रिसमस का असली नाम यही है

D. क्रिसमस के अवसर पर सब लोग सफेद रंग के कपड़े पहनते हैं

98. जाड़े के दिनों में पानी का रिसना

A. इस बार ज्यादा था B. कभी-कभी होता था

C. इस बार कम था D. हमेशा ज्यादा होता है

99. संतोष की बात क्या थी?

A. सुबह ठंड का प्रभाव बिल्कुल नहीं था

B. शाम को बारिश रुक गई
C. शाम को बारिश कम होने लगी
D. शाम को ठंड का प्रभाव ज्यादा नहीं था

100. गद्यांश के अनुसार बर्फ कब से पड़ना शुरु हुई?
A. 22 दिसम्बर की सुबह से B. 24 दिसम्बर की शाम से
C. 24 दिसम्बर की सुबह से D. 22 दिसम्बर की शाम से

101. पानी की आपूर्ति क्यों नहीं हो पाई?
A. पानी नलों में जम गया था
B. पानी फट गया था
C. बर्फ धीमी गति से पिघल रही थी
D. पानी पर्याप्त मात्रा में नही था

102. गद्यांश के आधार पर कहा जा सकता है कि
A. पहाड़ों पर हमेशा त्योहार मनाए जाते हैं
B. पहाड़ों पर जीवन व्यतीत करना कठिन होता है
C. पहाड़ों पर हमेशा बर्फ जमी रहती है
D. पहाड़ों का जीवन आसान है

103. 'हाड़ कंपाने वाली सर्दी' से आशय है
A. हाथ कंपाने वाली सर्दी B. सिर कंपाने वाली सर्दी
C. हड्डी कंपाने वाली सर्दी D. होंठ कंपाने वाली सर्दी

104. 'उत्साह' शब्द है
A. सकर्मक क्रिया B. गुणवाचक विशेषण
C. सम्बन्धवाचक सर्वनाम D. भाववाचक संज्ञा

105. 'घर' का बहुवचन रूप है
A. घर B. घरें
C. घराएँ D. घरों

निर्देशः *निम्नलिखित प्रश्नों के उत्तर देने के लिए **सबसे उचित** विकल्प चुनिए।*

106. अंतःवाक् की संकल्पना किससे सम्बद्ध है?
A. वाइगोत्स्की से B. पैवलॉव से
C. स्किनर से D. चॉम्स्की से

107. भाषा की कक्षा को एक समावेशी कक्षा बनाने के लिए यह आवश्यक है कि
A. भाषायी कुशलताओं का आकलन न किया जाए
B. विभिन्न प्रकार की दृश्य-श्रव्य सामग्री का उपयोग किया जाए
C. पाठ्य-पुस्तकों के पाठ कम कर दिए जाएँ
D. पाठ्यक्रम को कम कर दिया जाय

108. पूरक पठन-सामग्री का उद्देश्य है
A. शिक्षक की सहायता से बच्चों को पढ़ना सिखाना
B. द्रुत गति से पठन की योग्यता का विकास करना
C. सहपाठियों की सहायता से पढ़ना सीखना
D. भाषा की नियमबद्धता को सिखाना

109. लेखन-क्षमता का विकास करने के संदर्भ में आपके लिए सबसे अधिक महत्त्वपूर्ण है
A. मानक वर्तनी का प्रयोग
B. सुनी, पढ़ी और समझी हुई बातों की स्वाभाविक लिखित अभिव्यक्ति
C. दिए हुए बिन्दुओं और निर्देशों के आधार पर निबन्ध लिखना
D. सुन्दर लेखन का अभ्यास

110. हिन्दी भाषा के प्रश्न-पत्र में आप किस सवाल को सबसे बेहतर मानते हैं?
A. लाल बहादुर शास्त्री के बचपन का क्या नाम था?
B. बाबा भारती क्यों उदास थे?
C. अगर आप बाबा भारती की जगह होते तो क्या करते?
D. संज्ञा की परिभाषा बताइए।

111. कोई भी भाषा-पुस्तक तभी सफल मानी जाएगी जब
A. वह बच्चों को प्राचीन साहित्य की पूरी जानकारी दे
B. वह बच्चों को व्याकरण के नियमों से परिचित कराए
C. वह बच्चों को केवल प्रसिद्ध साहित्य से परिचित कराए
D. वह बच्चों में साहित्य की धरोहर और वर्तमान साहित्य के प्रति उत्सुकता बनाए

112. भाषा की पाठ्य-पुस्तकों में हिन्दीतर भाषाओं को भी जगह मिलनी चाहिए। इस कथन के समर्थन में कौन-सा तर्क काम करेगा?
A. इससे भाषागत विविधता को सही रूप में सम्बोधित किया जा सकता है
B. इससे भारत की सभी भाषाओं को स्थान दिया जा सकेगा
C. इससे त्रिभाषा सूत्र का पालन किया जा सकता है
D. इससे भाषाओं के बीच द्वंद्व नहीं होगा

113. कविता-शिक्षण के संदर्भ में आप किस बिन्दु को सर्वाधिक महत्त्व देते हैं?
A. कविता के एक से अधिक अर्थ हो सकते हैं
B. कविता में सामाजिक परिस्थितियों की झलक नहीं होती
C. कविता में राजनैतिक परिस्थितियों की झलक नहीं होती
D. कविता का एक निश्चित अर्थ होता है

114. "भाषा और चिन्तन में सम्बन्ध होता है।" यह कथन
A. आंशिक रूप से सही है B. पूर्णतः गलत है
C. व्यर्थ का है D. पूर्णतः सही है

115. भाषा-शिक्षण में पाठ्य-पुस्तकों के अतिरिक्त कौन-सा सबसे कम प्रभावशाली है?
A. संवाद अदायगी B. परिचर्चा करना
C. घटना-वर्णन करना D. प्रश्नों के उत्तर लिखना

116. नेहा अपनी बात कहते समय अपनी मातृभाषा के शब्दों का प्रयोग करती है। आप क्या करेंगे?
A. उसे डाँटेंगे कि वह अपनी भाषा के शब्दों का प्रयोग न करे
B. उसे बताएँगे कि किसी शब्द-विशेष को क्या कहते हैं
C. उसे बताएँगे कि ये शब्द गलत हैं
D. लक्ष्य भाषा के शब्द का प्रयोग करते हुए सहजता से उसके वाक्य को दोहराएँगे

117. "हर व्यक्ति को मैंने ही सच्चाई दिखाई।" वाक्य पर चर्चा करने का उद्देश्य है

A. बच्चों को सर्वनाम के प्रयोग का ज्ञान कराना
B. बच्चों को क्रिया के प्रयोग का ज्ञान कराना
C. बच्चों को भाषा की नियमबद्ध प्रकृति की पहचान और उसका विश्लेषण करना सिखाना
D. बच्चों को संज्ञा के प्रयोग का ज्ञान कराना

118. उच्च प्राथमिक स्तर पर भाषा-शिक्षण का उद्देश्य है
A. भाषा की विभिन्न संरचनाओं का यांत्रिक अभ्यास कराना
B. सभी साहित्यिक विद्याओं में लेखन की कुशलता विकसित करना
C. भाषा की बारीकी और सौन्दर्यबोध को समझने की क्षमता का विकास करना
D. व्याकरण के नियमों को कंठस्थ कराना

119. भाषा की कक्षा में यह जरूरी है कि
A. बच्चे मानक भाषा में ही बातचीत करें
B. भाषिक पृष्ठभूमि के आधार पर किसी को पीछे न छोड़ा जाए
C. बच्चों की अधिक-से-अधिक परीक्षाएँ ली जाएँ
D. भाषा की पाठ्य-पुस्तकों पर विशेष ध्यान दिया जाए

120. भाषा के सम्बन्ध में कौन-सा कथन सही ***नहीं*** है?
A. बहुभाषिकता बच्चे की अस्मिता का निर्माण करती है।
B. भाषाएँ आपस में सम्पर्क-सवांद करती हैं।
C. भाषागत विविधता एक समस्या है।
D. भारत की भाषिक विविधता एक जटिल चुनौती है।

भाग-IV

भाषा-II अंग्रेजी

Directions: *Answer the following questions by selecting the* ***most appropriate*** *option.*

121. Task: A role-play of approximately 2 minutes with the teacher in which the candidate exchanges information making four or five statements and asking three or four questions, including greeting and leave-taking ... would assess ______ skills.
A. speaking
B. listening
C. vocabulary
D. acting

122. Integrating semantic function as a part of grammar instruction requires students to focus on
A. building fluency use rather than grammatical correctness
B. accuracy of grammar use in syntax formation
C. communication of meaning and accuracy of language
D. drills for the practice of grammatical structures

123. Smaller class size for slow learners facilitates greater personalized instruction in the new language because of
A. disciplined approach, less interaction and formal assessment
B. more interaction, flexible schedule and authentic assessment
C. language focused, formal assessment and flexible schedule
D. incidental learning, informal assessment and more interaction

124. The progress of teaching-learning of reading skills of a language over a certain period of time may be evaluated
A. assessing students' interpretation of the text
B. setting a reading task with a variety of test items
C. through student's appreciation of stylistic devices
D. by asking students to read aloud a set text

125. New technology is becoming an integral part of our social fabric. This is reflected in the classroom when students are
A. using a whiteboard during a presentation
B. on frequent field trips for first-hand experience
C. narrating during PowerPoint presentation
D. actively searching for answers using computers

126. How can you get shy students to speak when they do not want to?
A. Change the topic to suit the student's ability
B. Give a list of words with meanings to learn and use
C. Conduct special classes to practice speaking
D. Don't put pressure on them to come up with a response quickly

127. The 'sandwich-technique' is a bilingual method which has a three-phase structure of
A. drills with levels of difficulty
B. presentation – practice – production
C. error correction – re-production (as drill)
D. listening – writing – repetition

128. Formative Assessment of student's writing skills could be based on
A. model-making individually
B. scripting a skit in pairs
C. a formal written test
D. group dancing

129. Considering learning styles broaden the approaches taken in the management of language-related problems. Some students prefer to get new information in written directions or verbal information. Their learning style is
A. visual
B. kinesthetic
C. manipulative
D. auditory

130. Student-generated corrections are important in language learning because

A. they indicate active engagement in the learning process
B. more time can be given to grammar drills before production
C. teachers can conduct more remedial classes
D. students revise and edit the errors in their own writing or speech

131. The ________ favours the exposure of students to a structure in different contexts that could allow them to apply the rules by themselves
A. inductive method
B. deductive method
C. communicative approach
D. direct method

132. The second language course is organized on elements of human society and the natural world, without relying on printed text. This is called the ________ method.
A. natural
B. grammar-translation
C. language immersion
D. situational

133. A short text is read aloud and then students visualize what the passage describes. Then, they tell the teacher about their visualization, or draw a picture. The activity assesses students'
A. listening comprehension
B. ability to draw well
C. accuracy in interpretation
D. speaking with clarity

134. Emphasis on interaction as both the means and the ultimate goal of learning a language underlies the _______ approach.
A. silent way
B. immersion
C. communicative
D. comprehension

135. The process of second language acquisition is influenced by languages that the learner already knows. The influence is __________.
A. systemic errors
B. language transfer
C. phonology
D. inter-language

Directions: *Read the given passage and answer the questions that follow (Q. No. 136 to 144) by selecting the* ***most appropriate*** *option.*

Archaeology is the scientific study of the human past. It is the means whereby we are able to extend our knowledge of human history beyond the limits of written records. In India, written history goes back many millennia; and, throughout the world, inscriptions on stone and clay tablets are only a few millennia old. Such records encompass only a small fraction of the human story. Archaeology gives us access to the entire specturm of human experience, spanning several million years in Africa. This enormous time depth offers the potential to study long-term cultural processes and the opportunity to learn the lessons of countless cultures. Recovering this knowledge may prove vital to our own survival. Even if the lessons learned do not turn out to have such an immediate and practical value, filling in the blank pages of India's and the world's history is an intrinsically worthwhile endeavour. Moreover, historical archaeology can supplement or clarify the knowledge gleaned from more traditional histories. Finally, by increasing our understanding and appreciation of the achievements of ancient cultures, archaeology can provide a significant boost to heritage tourism.

Although I argue that archaeology could save the world – or at least our civilization's precarious hold on it, I freely confess that I did not become an archaeologist to save the world, nor to make money. In fact, I chose to become an archaeologist because I was fascinated by the wonders of the past and the prospect of making new discoveries that would shed light on how we came to be what we are seemed to me to be noble thing, to which I could dedicate my life's work.

136. The primary purpose of the passage is to
A. list archaeological sites
B. present the state of archaeology
C. present archaeology as a career option
D. present new excavations

137. According to information in the text, "specturm of human experience" refers to
A. evidences of human settlement
B. historical events
C. geographical feature
D. lost communities

138. Pick out the correct statement based on your understanding.
A. Archaeology has no value at all
B. All locations are found in remote areas
C. The job of an archaeologist is an uninteresting job for anyone
D. Society should learn from its past

139. According to the text, which of the following statements is true?
A. is a subject which is easy to study
B. is very difficult to practice, professionally
C. gives few clues about cultural development
D. offers insight to prevent destruction of human heritage

140. Based on information, it can be assumed that
A. archaeology contributes to a better understanding of society
B. universities do not support the Archaeology Department
C. archaeology is a profitable business for archaeologists
D. only the rich can afford to travel to archaeological sites

141. It can be inferred that archaeology offers
A. greater career prospects

B. no evidence about human evolution
C. deeper historical insights
D. an alternative profession

142. In the essay, the writer
A. chose his profession to understand human behaviour
B. claims archaeology is a very accurate science
C. discourages potential archaeologists from going too far
D. refutes historical evidence, as they often contradict finds

143. The word/phrase "the blank pages" of India's and the world's history means
A. non-literary works B. unrecorded facts
C. empty pages D. oral traditions

144. Archaeology is "an intrinsically worthwhile endeavour." Here 'intrinsically' means
A. uniquely B. basically
C. usually D. specially

Directions: *Read the given passage and answer the questions that follow (Q. No. 145 to 150) by selecting the* ***most appropriate*** *option.*

Our ship was about 120 tons burden, carried fourteen men, besides the master, his boy, and myself; we had on board no large cargo of goods. The same day I went on board we set sail, standing away to the northward upon our own coast, with design to stretch over for the African coast when we came about ten or twelve degrees of northern latitude, which, it seems, was the manner of their course in those days. We had very good weather, all the way upon our own coast, till we came to the height of Cape St. Augustino; from whence, keeping further off at sea, we lost sight of land. In this course we passed about twelve days' time, when a violent tornado, or hurricane, took us quite out of our knowledge. It blew in such a terrible manner, that for twelve days together we could do nothing but drive; nor did any in the ship expect to save their lives. In this distress we had, besides the terror of the storm, one of our men died of the calenture, and a man and a boy washed overboard. About the twelfth day, the weather started abating a little, the master made an observation as well as he could, and found that he was in about eleven degrees of north latitude, but that he was in about eleven degrees of north latitude, but that he was twenty-two degrees of longitude difference west from Cape St. Augustino; so that he found he was gotten upon the north part of Brazil. Now he began to consult with me what course he should take; for the ship was leaky, and very much disabled, and he was for going directly back to the coast of Brazil.

145. The main theme of the extract is about a
A. voyage by ship B. ship caught in a storm
C. fishing expedition D. storm at sea

146. As used in the extract, which is the best definition of 'design'?
A. wish B. purpose
C. scheme D. disfigure

147. Based on infromation in the passage, it can be inferred that
A. they were sailing westwards during the storm
B. they were going to trade in Brazil
C. they were on an adventure trip
D. there were two sailors and a master

148. They decided to opt for the change of destination because
A. they had lost their way
B. the ship was not sea-worthy
C. the new course was smooth sailing
D. it was still stormy at sea

149. Who was drowned in the storm?
A. An older passenger
B. The ship's captain
C. The writer himself
D. A young sailor

150. The shipmen had travelled a total of ______ days before touching shore again.
A. 24 B. 14
C. 21 D. 12

उत्तरमाला

1	2	3	4	5	6	7	8	9	10
A	B	C	C	A	D	D	C	B	A
11	**12**	**13**	**14**	**15**	**16**	**17**	**18**	**19**	**20**
B	D	D	A	D	B	C	C	D	D
21	**22**	**23**	**24**	**25**	**26**	**27**	**28**	**29**	**30**
D	A	A	A	A	D	D	D	C	C
31	**32**	**33**	**34**	**35**	**36**	**37**	**38**	**39**	**40**
D	C	C	B	A	C	D	C	A	D
41	**42**	**43**	**44**	**45**	**46**	**47**	**48**	**49**	**50**
D	B	A	A	A	D	A	C	A	B

51	52	53	54	55	56	57	58	59	60
C	B	A	C	C	D	D	B	A	A
61	62	63	64	65	66	67	68	69	70
A	D	B	A	B	D	D	A	D	D
71	72	73	74	75	76	77	78	79	80
D	A	A	C	D	C	A	D	A	C
81	82	83	84	85	86	87	88	89	90
B	C	C	C	A	A	B	C	A	C
91	92	93	94	95	96	97	98	99	100
A	B	D	B	D	C	B	A	C	D
101	102	103	104	105	106	107	108	109	110
A	B	C	D	A	A	B	B	B	B
111	112	113	114	115	116	117	118	119	120
D	A	A	D	D	D	C	C	B	C
121	122	123	124	125	126	127	128	129	130
A	C	B	B	D	D	B	B	A	A
131	132	133	134	135	136	137	138	139	140
A	A	A	C	B	C	B	D	D	A
141	142	143	144	145	146	147	148	149	150
C	A	B	B	B	B	A	D	D	A

कुछ चुने हुए प्रश्नों के व्याख्यात्मक उत्तर

32. प्रश्नानुसार,

$$4 \times 2\pi rh = 6(\pi r^2 + \pi r^2)$$

$$\Rightarrow \quad 8\pi rh = 12\,\pi r^2$$

$$\Rightarrow \quad 8\pi \times 12 = 12\,\pi r$$

$$\Rightarrow \quad r = 8 \text{ सेमी}$$

बेलन का आयतन $= \pi r^2 h$

$$= \pi \times 8 \times 8 \times 12$$

$$= 768\pi \text{ घन सेमी}$$

33. अभीष्ट कोण $= 180° - 25° = 155°$.

34.

$$-\frac{5}{7} - x = -1$$

$$\Rightarrow \quad 1 - \frac{5}{7} = x$$

$$\Rightarrow \quad x = \frac{2}{7}.$$

35.

$$-\frac{11}{20} = -0.55$$

$$-\frac{7}{15} = -0.46$$

$$-\frac{17}{30} = -0.56$$

$$-\frac{3}{10} = -0.3$$

अतः अभीष्ट घटता हुआ क्रम है

$$\frac{-3}{10} > \frac{7}{-15} > \frac{-11}{20} > \frac{17}{-30}$$

42. $\because \quad (2n - 4) \times 90° = 1440$

$$\Rightarrow \quad 2n - 4 = \frac{1440}{90} = 16$$

$$\Rightarrow \quad 2n = 20$$

$$\Rightarrow \quad n = 10$$

अतः बहुभुज की भुजाओं की संख्या = 10

43. माना कि वर्ग की भुजा = x

तथा वृत्त की त्रिज्या = r

प्रश्नानुसार,

$$x^2 = \frac{16}{\pi}(\pi r^2)$$

$$\Rightarrow \quad x^2 = 16r^2$$

$$\Rightarrow \quad x = 4r$$

अभीष्ट अनुपात $= \dfrac{x}{d} = \dfrac{4r}{2r} = 2 : 1.$

44. $(x+1)^4 - (x-1)^4$

$= [(x+1)^2]^2 - [(x-1)^2]^2$

$= [(x+1)^2 + (x-1)^2]\,[(x+1)^2 - (x-1)^2]$

$= (2x^2 + 2)\,(4x)$

$= 8x^3 + 8x$

$= 8[x^3 + x]$

अतः $(x+1)^4 - (x-1)^4$ हमेशा 8 से विभाजित होगा।

45. 829030000 का साईन्टीफिक मान

$= 8.2903 \times 10^8$

$= k \times 10^n$

$\therefore$ $k + n$ का मान $= 8.2903 + 8$

$= 16.2903.$

46. $\because a < b < c < 0$

$-3 < -2 < -1 < 0$

A. $ab < c$

$(-3)\,(-2) < (-1)$

$\Rightarrow$ $6 < -1$ यह गलत है

B. $a + b > c$

$(-3) + (-2) > -1$

$\Rightarrow$ $-5 > -1$ यह गलत है

C. $ac > ab$

$(-3)\,(-1) > (-3)\,(-2)$

$\Rightarrow$ $3 > 6$ यह गलत है

D. $a + c < b$

$(-3) + (-1) < (-2)$

$\Rightarrow$ $-4 < -2$ यही सही है

अतः विकल्प (D) सही है।

47.

7	161
23	23
	1

$[\because x > y]$

$\therefore$ $x \times y = 7 \times 23$

$\Rightarrow$ $y = 7, x = 23$

$\because$ $3y - x = 3 \times 7 - 23$

$= 21 - 23 = -2$

$\therefore$ $3y - x$ का मान $= -2.$

48. $\because$ $a = \sqrt{(2013)^2 + 2013 + 2014}$

$= \sqrt{(x)^2 + x + (x+1)}$

$= \sqrt{(x^2 + 2x + 1)^2}$

$= \sqrt{(x+1)^2}$

$= x + 1$

$\therefore$ $a = 2013 + 1 = 2014.$

49. $\sqrt[3]{500} \times \sqrt[3]{16}$

$= \sqrt[3]{5 \times 5 \times 5 \times 4 \times 4 \times 4}$

$= 5 \times 4 = 20.$

50. 72 का गुणनखण्ड है

1, 2, 3, 4, 6, 8, 9, 12, 18, 24, 36, 72

कुल संख्या = 12

11 से कम हैं = 7

अभीष्ट प्रायिकता $= \dfrac{7}{12}.$

51. $a = 6, b = 10, c = 6$

$\left(\dfrac{a-b+c}{2}\right)^2 - 2$ का मान

$= \left(\dfrac{6-10+6}{2}\right)^2 - 2$

$= (1)^2 - 2 = 1 - 2 = -1.$

52. मिश्रधन = मूलधन $\left(1 - \dfrac{\text{दर}}{100}\right)^{\text{समय}}$

145800 = मूलधन $\left(1 - \dfrac{10}{100}\right)^3$

$\Rightarrow$ 145800 = मूलधन $\left(\dfrac{9}{10}\right)^3$

$\therefore$ मूलधन $= \dfrac{145800 \times 1000}{9 \times 9 \times 9}$

= 2,00,000

अतः अभीष्ट मशीन का मूल्य = ₹ 2,00,000.

53. प्रश्नानुसार,

$\dfrac{20 - x}{x} = 25\%$

$\Rightarrow$ $\dfrac{20 - x}{x} = \dfrac{25}{100} = \dfrac{1}{4}$

$\Rightarrow$ $x = 4(20 - x)$

$\Rightarrow$ $x = 80 - 4x$

$\Rightarrow$ $5x = 80$

$\Rightarrow$ $x = 16$

अतः x का मान = 16.

54.

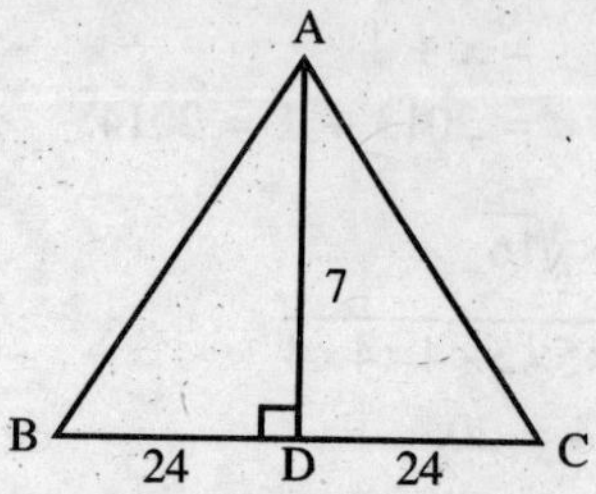

Δ ABC का क्षेत्रफल $= \frac{1}{2}\times b\times h$

$\Rightarrow \quad 168 = \frac{1}{2}\times 48\times h$

$\Rightarrow \quad h = \frac{168}{24} = 7$ सेमी

$\because \quad$ AD = 7 सेमी

Δ ABD में,

$$(AB)^2 = (AD)^2 + (BD)^2$$
$$= (7)^2 + (24)^2$$
$$= 49 + 576$$

$\Rightarrow \quad (AB)^2 = 625$

$\Rightarrow \quad$ AB = 25 सेमी.

55. माना कि इकाई अंक = 2

$\therefore$ सैकड़ा का अंक = 2 + 7 = 9

तथा दहाई का अंक = 4

$\therefore$ संख्या = 942

संख्या उलटने पर = 249

अन्तर = 942 − 249 = 693

अतः अभीष्ट संख्या का इकाई अंक = 3.

56. $\because$ राम की आयु = x + हमीद की आयु

$\Rightarrow \quad y = x$ + हमीद की आयु

$\therefore$ हमीद की आयु = $y - x$

15 वर्ष पहले राम की आयु = $y - 15$

हमीद की आयु = $y - x - 15$

प्रश्नानुसार,

$$\frac{1}{4}(y-15) = y - x - 15$$

$\Rightarrow \quad y - 15 = 4y - 4x - 60$

$\Rightarrow \quad 3y - 4x = 60$

अतः विकल्प D सही है।

60. A = B + B का 20%

$$= B+\frac{20}{100}\times B$$

$$= \frac{B+5B}{5} = \frac{6B}{5}$$

C = B − B का 20%

$$= B-\frac{20}{100}\times B = B-\frac{B}{5} = \frac{4B}{5}$$

A के पास अधिक धन $= \frac{6B}{5}-\frac{4B}{5}=\frac{2B}{5}$

A के धन का % $= \frac{\frac{2B}{5}}{\frac{4B}{5}}\times 100 = \frac{2B}{5}\times\frac{5}{4B}\times 100 = 50\%.$

पिछले प्रश्न-पत्र (हल सहित)

CTET पेपर-II, फरवरी 2014*

(गणित एवं विज्ञान शिक्षक हेतु)

भाग-I

बाल विकास व शिक्षाशास्त्र

निर्देशः *निम्नलिखित प्रश्नों के उत्तर देने के लिए* ***सबसे उचित विकल्प*** *चुनिए।*

1. पियाजे के विकासात्मक सिद्धान्त के परिप्रेक्ष्य में निम्नलिखित में से कौन-सा आरेख विकास को समुचित रूप से स्पष्ट करता है?

A.
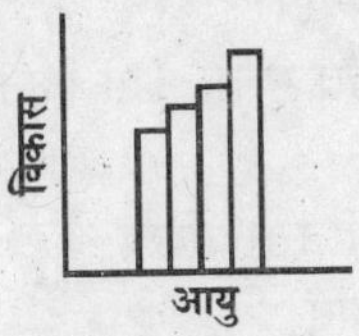

B.
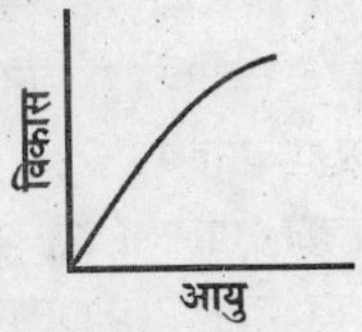

C.
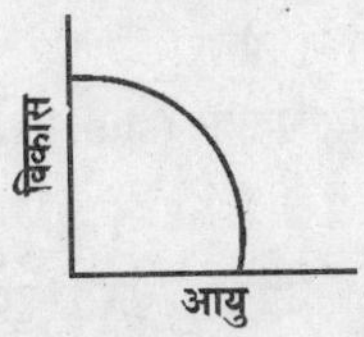

D.
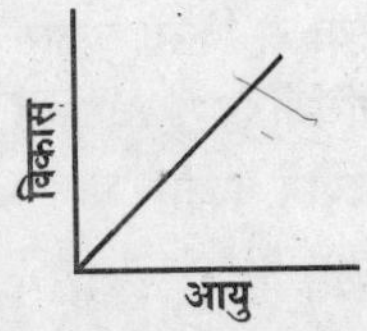

2. एक अध्यापक/अध्यापिका ने पाया कि एक विद्यार्थी वर्ग बनाने में कठिनाई अनुभव कर रहा है। उसने अनुमान लगाया कि वह हीरे (diamond) का चित्र बनाने में भी कठिनाई अनुभव करेगा। उसने निम्नलिखित में से किस सिद्धान्त पर आधारित होकर यह अनुमान लगाया?

A. विकास एक व्यवस्थित क्रम में होने की प्रवृत्ति से सम्बद्ध है
B. विकास की प्रक्रिया एक उत्परिवर्तनीय प्रक्रिया है
C. विकास निरन्तरीय होता रहता है
D. अलग-अलग लोगों के लिए विकास की प्रक्रिया भी अलग-अलग होती है

3. मानवीय विकास में आनुवंशिकता एवं परिवेश की भूमिका के सन्दर्भ में निम्नलिखित में से कौन-सा कथन समुचित है?

A. परिवेश की भूमिका लगभग स्थिर-सी रहती है जबकि आनुवंशिकता का प्रभाव परिवर्तन हो सकता है
B. 'व्यवहारवाद' के सिद्धान्त प्रायः मानवीय विकास में 'प्रकृति' की भूमिका पर आधारित हैं
C. विकास के विभिन्न क्षेत्रों में आनुवंशिकता एवं परिवेश का सापेक्षिक प्रभाव परिवर्तनशील है
D. भारत सरकार की विभेदात्मक क्षतिपूरकता (compensatory discrimination) सम्बन्धी नीति मानवीय विकास में 'प्रकृति' की भूमिका पर आधारित है

4. समाजीकरण के सन्दर्भ में विद्यालयों के पास प्रायः एक प्रच्छन्न पाठ्यचर्या विद्यमान रहती है, जिसमें निहित हैं

A. बलात्मक अधिगम, चिंतन व समकक्षीय साथी एवं अध्यापक की अनुकृति द्वारा विशेष रूप से अपनाया जाने वाला व्यवहार
B. अन्तःक्रिया व सामग्री द्वारा विद्यालयों में प्रस्तुत किए जाने वाले सामाजिक भूमिकाओं से सम्बद्ध अनौपचारिक संकेत
C. परिवारों के माध्यम से विद्यार्थियों का समझौतापूर्ण (negotiating) व प्रतिरोधात्मक समाजीकरण
D. मूल्यों व अभिवृत्तियों का शिक्षण एवं आकलन

5. निम्नलिखित में से कौन-सा निहितार्थ पियाजे के संज्ञानात्मक विकास के सिद्धान्त से **नहीं** निकाला जा सकता?

A. बच्चों की अधिगमनात्मक तत्परता के प्रति संवेदनशीलता
B. वैयक्तिक भेदों की स्वीकृति
C. खोजपूर्ण अधिगम
D. शाब्दिक शिक्षण की आवश्यकता

6. निम्नलिखित में से कौन-सा कोह्लबर्ग के नैतिक विकास के चरणों का लक्षण है?

A. चरणों का परिवर्तनशील अनुक्रम
B. विभिन्न चरण अलग-अलग प्रत्युत्तर हैं न कि सामान्य प्रतिमान
C. सभी संस्कृतियों से सम्बद्ध चरणों की सार्वभौम शृंखला
D. विभिन्न चरण एक गैर-पदानुक्रम रूप में आगे की ओर बढ़ते हैं

7. .... कक्षा में वास्तविक सांसारिक समस्याओं से सम्बद्ध जटिल परियोजनाओं पर कार्य करते हुए अध्यापक व छात्र एक-दूसरे के अनुभवों से परस्पर ग्रहण करते रहते हैं।

A. पारम्परिक
B. रचनात्मक (Constructivist)
C. अध्यापक-केन्द्रित
D. सामाजिक-रचनात्मक

*Exam was held on 16-02-2014.

8. प्रगतिशील शिक्षा के सन्दर्भ में 'समान शैक्षिक अवसर' से अभिप्राय है कि सभी छात्र
   A. किसी भी जाति, पंथ, रंग, क्षेत्र व धर्म के होते हुए भी समान शिक्षा प्राप्त करें
   B. समान शिक्षा पाने के बाद अपनी क्षमताओं को सिद्ध कर सकें
   C. बिना किसी भेद के समान पद्धतियों व सामग्रियों से शिक्षा प्राप्त करें
   D. ऐसी शिक्षा पाएँ जो उनके लिए अनुकूलतम हो तथा उनके भविष्य के कार्यों में संहायक हो
9. भाषा-विकास के सन्दर्भ में निम्नलिखित में से कौन-सा क्षेत्र पियाजे के द्वारा कमतर आँका गया?
   A. आनुवंशिकता B. सामाजिक अन्तःक्रिया
   C. अहं-केन्द्रित भाषा D. विद्यार्थी द्वारा संक्रियात्मक रचना
10. एक ग्यारह-वर्षीय बच्चे ने 'स्टैनफोर्ड-बिने बुद्धि मापनी' में 130 अंक पाए। मान लीजिए कि एक सामान्य सम्भाव्य वक्र में $\mu = 100$ तथा $\sigma = 15$ है, तो उन ग्यारह-वर्षीय बच्चों के प्रतिशत की गणना कीजिए जिनसे इस बच्चे ने बेहतर अंक प्राप्त किए।
   A. 98% B. 88%
   C. 78% D. 80%
11. निम्नलिखित में से कौन-सा निरीक्षण हॉवर्ड गार्डनर के बहुविध-बुद्धि सिद्धान्त का समर्थन करता है?
   A. मस्तिष्क के एक भाग में हुई क्षति केवल किसी एक विशिष्ट योग्यता को प्रभावित करती है न कि सम्पूर्ण को
   B. बुद्धि विश्लेषणात्मक, सृजनात्मक एवं व्यवहारात्मक बुद्धियों की अन्तःक्रिया है
   C. विभिन्न बुद्धियाँ अपने स्वरूप में पदानुक्रमात्मक हैं
   D. अनुदेशन के प्रारूप का निर्माण करते समय अध्यापकों को किसी एक विशिष्ट शैक्षिक नवाचार के सिद्धान्त का अनुपालन करना चाहिए
12. योग्यता व योग्यता समूहीकरण के परिप्रेक्ष्य में निम्नलिखित में से कौन-सा कथन सत्य है?
   A. विद्यार्थी सम-समूहों में बेहतर सीखते हैं
   B. अबाध व प्रभावी शिक्षण हेतु कक्षा को समरूपी (homogeneous) होना चाहिए
   C. छात्र असहिष्णु होते हैं व भेदों को स्वीकार नहीं करते
   D. विभिन्न योग्यता वाले समूहों को ग्रहण करने के लिए अध्यापकों को बहु-स्तरीय शिक्षण को अपनाना चाहिए
13. निम्नलिखित में से कौन-सा कथन सत्य है?
   A. रचनात्मक आकलन कभी-कभी संकलनात्मक हो सकता है एवं इसी प्रकार विपरीततः
   B. संकलनात्मक आकलन से अभिप्राय है कि आकलन अधिगम का एक निरन्तर व अभिन्न अंग है
   C. रचनात्मक आकलन का मुख्य उद्देश्य है विद्यार्थियों की उपलब्धि का श्रेणीकरण
   D. रचनात्मक आकलन समय-समय पर शिक्षार्थियों के विकास का सार प्रस्तुत करता है
14. एक अध्यापक/अध्यापिका विद्यार्थियों को किसी विषय की अपनी अवबोधनात्मकता को प्रतिबिम्बित करते हुए संकल्पनात्मक मानचित्र (concept map) का निर्माण करने को कहता/कहती है। वह
   A. विद्यार्थियों की स्मृतियों को मंथर गति से जागृत कर रहा/रही है
   B. रचनात्मक आकलन कर रहा/रही है
   C. छात्रों की मुख्य बिन्दुओं का सार लिखने की क्षमता का परीक्षण कर रहा/रही है
   D. छात्रों की उपलब्धि के मूल्यांकन हेतु शीर्षकों (rubrics) के विकास का प्रयास कर रहा/रही है
15. निम्नलिखित में से कौन-सा ब्लूम के पुनर्संशोधित वर्गीकरण में 'मूल्यांकन' (evaluating) के क्षेत्र को प्रदर्शित करता है?
   A. आँकड़ों का प्रयोग करते हुए ग्राफ (graph) अथवा चार्ट (chart) का निर्माण करना
   B. एक समाधान की तार्किक सुसंगतता का परीक्षण करना
   C. प्रदत्त आँकड़ों की प्रासंगिकता का मूल्यांकन करना
   D. वस्तुओं के श्रेणीकरण हेतु एक नूतन पद्धति का निर्माण करना
16. वंचित शिक्षार्थियों के साथ व्यवहार करने के सन्दर्भ में अध्यापक/अध्यापिका को निम्नलिखित मूल्यों में से किसमें विश्वास व्यक्त करना चाहिए?
   A. छात्रों की सफलता हेतु व्यक्तिगत उत्तरदायित्व
   B. समुचित व्यवहार की उच्च अपेक्षाएँ
   C. विद्यार्थी से किसी प्रकार की माँग न होना
   D. विद्यार्थियों द्वारा स्वीकृति हेतु आघात्मकता (shocked) व क्रोध का प्रयोग करना
17. निम्नलिखित में से किस पद्धति का उपयोग करते हुए हकलाने (stuttering) की समस्या से निबटा जा सकता है?
   A. अनुश्रुत वाक् (Dictated speech)
   B. प्रवर्द्धित वाक् (Prolonged speech)
   C. परिणामकारी वाक् (Pragmatic speech)
   D. लम्बित वाक् (Protracted speech)
18. सीखने में अशक्त (disabled) बच्चों के सन्दर्भों में तत्काल सम्बद्धता प्रदान करना, सहयोग पर बल देना तथा गैर-अधिगमनात्मक तकनीकी, जैसी तत्काल सूचनात्मकता, बुद्धिपूर्वक गवेषणा तथा सामग्री प्रबन्धन, का उत्तोलन (leveraging) निम्नलिखित में से किस प्रारूप से सम्बद्ध हैं?
   A. संग्रथित अधिगम (Embedded learning)
   B. हस्तक्षेपी अधिगम
   C. उपचारात्मक प्रत्युत्तर
   D. अधिगम का सार्वभौमिक प्रारूप
19. एक समावेशी कक्षा वह है, जहाँ
   A. तब तक आकलन की पुनरावृत्ति होती रहती है जब तक प्रत्येक अधिगमकर्ता न्यूनतम श्रेणी प्राप्त न कर ले
   B. विद्यार्थियों का भार कम करने के लिए अध्यापक केवल अनुमोदित पुस्तकों से ही पढ़ाते हैं

C. समस्याओं का अधिकाधिक समाधान करने की सम्भावना की दृष्टि से बच्चों की सक्रिय भागीदारिता रहती है
D. अध्यापक प्रत्येक अधिगमकर्ता के लिए वैविध्यपूर्ण व सार्थक अधिगमनात्मक अनुभवों हेतु परिवेश का निर्माण करते हैं

20. निम्नलिखित में से कौन-सा प्रदत्तकार्य (assignment) प्रतिभाशाली विद्यार्थी के लिए उपयुक्त है?
A. अन्य विद्यार्थियों की तुलना में समान प्रकार के परन्तु अपेक्षाकृत अधिक अभ्यास
B. उसें अपने समवयस्की साथियों को अनुशिक्षण देने के लिए कहना ताकि उसकी शक्तियों को दिशा मिल सके तथा वह व्यस्त रह सके
C. विभिन्न विषयों (themes) को ध्यान में रखते हुए विज्ञान की एक नई आदर्शात्मक पुस्तक का निर्माण करना
D. सम्पूर्ण कक्षा की अपेक्षा उसे अपनी पाठ्यपुस्तक को शीघ्र समाप्त करने देना

21. विद्यालय छोड़ने वाले विद्यार्थियों के नियन्त्रण की दृष्टि से सरकारी संगठनों द्वारा संस्था के स्तर पर विभिन्न उपाय किए गए हैं। निम्नलिखित में से कौन-सा कारण सांस्थानिक स्तर से जुड़ा है जिसके कारण बच्चे विद्यालय छोड़ देते हैं?
A. विद्यालय में श्यामपट्ट और शौचालय जैसी आधारभूत सेवाओं का अभाव होना
B. अध्यापकों का समुपयुक्त योग्यता वाला न होना तथा उन्हें कम आय देना
C. बच्चों से भली-भाँति व्यवहार करने की आवश्यकता के प्रति अध्यापकों का संवेदनशील न होना
D. जो बच्चे अनिवार्य पाठ्यचर्या को स्वीकार नहीं कर पाते उनके लिए विकल्पात्मक पाठ्यचर्या का न होना

22. अधिगम-अक्षमताएँ
A. वस्तुपरक तथ्य हैं तथा संस्कृति की इनमें कोई भूमिका नहीं है
B. पठन-अक्षमता के पर्याय हैं
C. सामान्य या उससे अधिक बुद्धि-लब्धांक वाले बच्चों में भी पाई जाती हैं
D. समय व हस्तक्षेप के स्वरूप की उपेक्षा करते हुए भी अपरिवर्तनशील नहीं होती हैं

23. समस्या-समाधान प्रायः उन विद्यालयों में सफल है, जहाँ
A. परिवर्तनशील/लचीली पाठ्यचर्या है
B. कक्षाओं में छात्रों का सम-समूहीकरण उपलब्ध है
C. केवल उच्चस्तरीय शैक्षिक उपलब्धि पर ही बल दिया जाता है
D. अध्यापक-केन्द्रित शिक्षा-शास्त्र प्रभावी है

24. संज्ञानात्मक प्रशिक्षुता तथा शैक्षिक संवाद
A. अधिगम को एक सामाजिक गतिविधि के रूप में ग्रहण करते हैं
B. आगमनात्मक तार्किकता के अनुप्रयोग पर आधारित हैं
C. पाठ्यसामग्री के सुव्यवस्थित संगठन पर बल देते हैं
D. कुशलता की प्राप्ति हेतु व्यावहारिक प्रशिक्षण की आवश्यकता पर बल देते हैं

25. जो अध्यापक/अध्यापिका अपने विद्यार्थियों की त्रुटियों में सुधार करना चाहता/चाहती है, उसके लिए निम्नलिखित में से कौन-सा समुचित मार्ग है?
A. उसे अपने विद्यार्थियों की प्रत्येक त्रुटि का संशोधन करना चाहिए, इसके लिए चाहे उसे विद्यालय में देर तक बैठना पड़े
B. उसे बार-बार की जाने वाली तथा सामान्य त्रुटियों की अपेक्षा कम बार होने वाली त्रुटियों का अधिक संशोधन करना चाहिए
C. उसे उन त्रुटियों का संशोधन करना चाहिए जो सामान्य अर्थ व अवबोधनात्मकता में हस्तक्षेप करती हैं
D. अगर त्रुटि-संशोधन प्रक्रिया बच्चों को क्षुब्ध करती है, तो उसे उनका संशोधन नहीं करना चाहिए

26. निम्नलिखित में से कौन-सा कौशल भावात्मक बुद्धि से सम्बद्ध **नहीं** है?
A. भावनाओं के प्रति जागरूकता
B. भावनाओं का प्रबन्धन
C. भावनाओं की आलोचना
D. कक्षा सहपाठियों के साथ मैत्रीपूर्ण व्यवहार

27. आकलन प्रक्रिया के दौरान देविका की उत्तेजना ऊर्जापूर्ण होती है जबकि राजेश की उत्तेजना अनुत्साही। उन दोनों के भावात्मक अनुभवों का अन्तर किससे सम्बद्ध है?
A. समयान्तराल B. भावनाओं की पराकाष्ठा
C. अनुकूलन का स्तर D. विचारों का घनत्व

28. भारत सरकार ने प्राथमिक विद्यालयों के लिए मध्याह्न-भोजन योजना प्रारम्भ की है। निम्नलिखित में से कौन-सा अभिप्रेरणात्मक सिद्धान्त इस योजना का समर्थन करता है?
A. व्यवहारवादी B. समाज-सांस्कृतिक
C. संज्ञानात्मक D. मानवीय

29. बच्चों के व्यवहार को समझने के लिए विद्यार्थियों के घर के वातावरण का महत्वपूर्ण स्थान है तथा इससे प्राप्त सूचना का प्रयोग प्रभावशाली शिक्षा-शास्त्र के निर्माण में किया जा सकता है। यह तथ्य अधिगम के किस सिद्धान्त से सम्बद्ध है?
A. व्यवहारवादी (Behaviourist)
B. पारिस्थितिक (Ecological)
C. संरचनावादी (Constructivist)
D. सामाजिक-संरचनावादी (Social-constructivist)

30. कक्षा में ध्यान न देने वाले बच्चे से व्यवहार करने के लिए कौन-सा उपाय सर्वाधिक लाभकारी हो सकता है?
A. बच्चे को महसूस कराने के लिए उसे कक्षा में सबके सामने बार-बार डाँटना-डपटना
B. बच्चे को उस जगह बैठाना जहाँ सबसे कम ध्यान भंग हो सके
C. ध्यान केन्द्रित करने के लिए, कार्य करते हुए बच्चे को खड़े रहने की अनुमति देना
D. बच्चे के ध्यान को स्फूर्तियुक्त बनाने के लिए बीच-बीच में उसे अवकाश देना

भाग-II

गणित एवं विज्ञान

निर्देश : *निम्नलिखित प्रश्नों के उत्तर देने के लिए* **सबसे उचित** *विकल्प चुनिए।*

31. 0.001 + 1.01 + 0.11 का मान है
A. 1.111　　B. 1.101
C. 1.013　　D. 1.121

32. 1999 में किसी देश की जनसंख्या 30.3 मिलियन थी। कौन-सी संख्या 30.3 मिलियन के समान है?
A. 303000000　　B. 30300000
C. 3030000　　D. 3030000000

33. यदि $a^3 = 1 + 7$, $3^3 = 1 + 7 + b$ और $4^3 = 1 + 7 + c$, जहाँ a, b और c विभिन्न धनात्मक पूर्णांक हैं, तब $a + b + c$ का मान है
A. 58　　B. 68
C. 77　　D. 79

34. हम किसी संख्या को सम्पूर्ण संख्या कहते हैं यदि यह संख्या इसके सभी धनात्मक गुणनखण्डों के (संख्या को छोड़कर) योग के बराबर हो। उदाहरणतया 28 एक सम्पूर्ण संख्या है क्योंकि 28 = 1 + 2 + 4 - 7 + 14 है। निम्न में से कौन-सी संख्या सम्पूर्ण संख्या है?
A. 13　　B. 10
C. 9　　D. 6

35. निम्न में से कौन-सी संख्या एक पूर्ण वर्ग संख्या है?
A. 548543213　　B. 548543215
C. 548543251　　D. 548543241

36. दो पूर्ण संख्याओं का गुणनफल 24 है। इन संख्याओं का न्यूनतम सम्भव योग है
A. 8　　B. 9
C. 10　　D. 12

37. $\dfrac{3^{502} - 3^{500} + 16}{3^{500} + 2}$ का मान है
A. 2　　B. 4
C. 8　　D. 16

38. यदि $800880 = 8 \times 10^x + 8 \times 10^y + 8 \times 10^z$ जहाँ x, y और z पूर्ण संख्याएँ हैं, तब $x + y + z$ का मान है
A. 11　　B. 8
C. 6　　D. 5

39. $x^4 + x^2 + 1$ का एक गुणनखण्ड है
A. $x^2 + 1$　　B. $x^2 + x - 1$
C. $x^2 - x + 1$　　D. $x^2 - x - 1$

40. एक मानचित्र का स्केल (scale) 1 : 10000 दिया है। मानचित्र पर एक जंगल को 10 सेमी. ×100 सेमी. की माप के एक आयताकार क्षेत्र के रूप में दिखाया गया है। इस जंगल का वास्तविक क्षेत्रफल, किमी.^{2} में, है
A. 1000　　B. 100
C. 10　　D. 1

41. एक भिन्न $\frac{5}{8}$ के तुल्य है। इसके हर और अंश का योग 91 है। इस भिन्न के हर और अंश में क्या अन्तर है?
A. 3　　B. 13
C. 19　　D. 21

42. संख्या n को दुगुना करके उसमें y को जोड़ा जाता है। इस परिणाम को 2 से भाग करके फिर उसमें से वास्तविक संख्या n को घटाया जाता है। अन्तिम परिणाम है
A. y　　B. $\frac{y}{2}$
C. $n + y$　　D. $\frac{n+y}{2}$

43. किसी बहुफलक के फलकों की संख्या 6 है तथा शीर्षों की संख्या 8 है। इसके कितने किनारे हैं?
A. 10　　B. 12
C. 14　　D. 15

44. यदि
$$\begin{array}{r} 1957 \\ -a9 \\ \hline 18b8 \end{array}$$
तब अंकों a और b का योग है
A. 15　　B. 14
C. 13　　D. 12

45. बयालिस घनों को, जिनमें से प्रत्येक की भुजा 1 सेमी. है, एक साथ चिपकाकर एक ठोस घनाभ बनाया जाता है। यदि इस घनाभ के आधार का परिमाप 18 सेमी. हो, तो इसकी ऊँचाई, सेमी. में, है
A. 1　　B. 2
C. 3　　D. 4

46. ΔPQR में, PQ = 4 सेमी., PR = 6 सेमी. और QR = 3 सेमी. है। निम्न में से कौन-सा सत्य है?
A. $\angle R > \angle Q$　　B. $\angle Q > \angle R$
C. $\angle Q = \angle R$　　D. $\angle R < \angle P$

47. ΔABC और ΔLMN में, AB = LM, AC = LN और $\angle B = \angle M$ है। तब
A. त्रिभुजें सर्वांगसम नहीं हो सकते हैं
B. त्रिभुजें अवश्य ही सर्वांगसम हैं
C. त्रिभुजें सर्वांगसम होंगे, यदि $\angle B$ एक समकोण है
D. त्रिभुजें सर्वांगसम हैं केवल यदि AB = AC हो

48. समलम्ब के आकार के एक खेत का क्षेत्रफल 720 मी.^{2} है, दो समान्तर भुजाओं के बीच की दूरी 20 मी. है और उनमें से एक समान्तर भुजा की लम्बाई 35 मी. है। दूसरी समान्तर भुजा की लम्बाई है

A. 35 मी. B. 36 मी.
C. 37 मी. D. 40 मी.

49. यदि 10 मोमबत्तियों का क्रय-मूल्य 8 मोमबत्तियों के विक्रय-मूल्य के बराबर हो, तो लाभ/हानि प्रतिशत है
A. 25% लाभ B. 20% हानि
C. 20% लाभ D. 25% हानि

50. आँकड़ों 7, 6, 7, 9, 8, 8, 10, 8 के माध्यक और बहुलक का माध्य है
A. 5.5 B. 8
C. 8.5 D. 9

51. एक शिक्षिका ने कक्षा में नीचे दिए गए विषय पर वाद-विवाद का आयोजन किया:
"शून्य अत्यन्त सार्थक अंक है।"
उसने प्रत्येक बच्चे को उक्त विषय पर अपने विचार व्यक्त करने के लिए प्रोत्साहित किया। शिक्षिका
A. अपनी कक्षा को अधिक अभिव्यक्तशील और विचारशील बना रही है
B. अपना समय व्यतीत कर रही है क्योंकि छात्रों की मनःस्थिति पढ़ने की नहीं है
C. बच्चों में तार्किक शक्ति विकसित करने के लिए अपनी गणित की कक्षा को जीवन-कौशल की कक्षा की भाँति उपयोग कर रही है
D. बच्चों को समस्याओं को हल करने की कुशलता की ओर प्रवृत्त कर रही है

52. विषय, "चरघातांकी का उपयोग छोटी संख्याओं को मानक रूप में व्यक्त करने में करना" के अन्तर्गत नीचे दिए गए तथ्यों का उल्लेख किया गया है:
1. प्रकाश की चाल 300000000 मी./से. है।
2. माउंट एवरेस्ट की ऊँचाई 8848 मी. है।
3. कम्प्यूटर चिप पर लगे तार का व्यास 0.000003 है।
4. पादप कोशिका का साइज 0.00001275 मी. है।
उपर्युक्त उदाहरणों का उपयोग प्रत्येक उल्लिखित संख्या को मानक रूप में व्यक्त करने में किया गया है। ऐसे उदाहरणों का उपयोग
A. संख्याओं के परिशुद्धता पहलू को दर्शाता है
B. अन्तर्विषयक उपगमन को प्रतिबिम्बित करता है
C. कक्षा में उन छात्रों, जो विज्ञान में अधिक रुचि लेते हैं, का ध्यान अपनी ओर करने का प्रयास है
D. शिक्षक द्वारा कक्षा के तीव्र बुद्धि वाले छात्रों की पहचान करने में सहायता करता है

53. जीन पियाजे के सिद्धान्त के अनुसार
A. रैखिक समीकरण का परिचय तथा इसे हल करने की अधिगम तकनीक आत्मसात्करण है एवं रैखिक समीकरण-युग्म की अवधारणा का विस्तार समायोजन की समस्या को बढ़ा सकता है
B. रैखिक समीकरण-युग्म का परिचय तथा इसे हल करने की तकनीक आत्मसात्करण है एवं इसे रैखिक समीकरण के मूलों से सम्बद्ध करना समायोजन है।
C. रैखिक समीकरण का प्रदर्शन, इसे हल करने की तकनीक तथा रैखिक समीकरण-युग्म आत्मसात्करण है
D. रैखिक समीकरण, रैखिक समीकरण-युग्म तथा द्विघाती समीकरणों की अवधारणा का अधिगम समायोजन-समस्या है

54. 'गणित प्रयोगशाला क्रियाकलापों' का उपयोग किया जा सकता है
A. केवल रचनात्मक मूल्यांकन के लिए
B. केवल संकलित मूल्यांकन के लिए
C. रचनात्मक और संकलित दोनों मूल्यांकनों के लिए
D. राष्ट्रीय गणित ओलिम्पियाड हेतु छात्रों के चयन के लिए

55. राष्ट्रीय पाठ्यचर्या की रूपरेखा, 2005 के अनुसार
A. स्कूलों में गणित शिक्षण का संकीर्ण उद्देश्य अंक-प्रणाली पढ़ाना और उच्चतर उद्देश्य बीजगणित पढ़ाना है
B. स्कूलों में गणित शिक्षण का संकीर्ण उद्देश्य परिकलन सिखाना और उच्चतर उद्देश्य मापन सिखाना है
C. स्कूलों में गणित शिक्षण का संकीर्ण उद्देश्य संख्या-सम्बन्धी कौशल विकसित करना और उच्चतर उद्देश्य समस्या हल करने का कौशल विकसित करना है
D. स्कूलों में गणित शिक्षण का संकीर्ण उद्देश्य अंकगणित पढ़ाना और उच्चतर उद्देश्य बीजगणित पढ़ाना है

56. ब्लूम की संशोधित वर्गिकी के अनुसार नीचे दिए गए कार्य
"भारतीय गणितज्ञों के योगदान पर पावरपॉइंट प्रस्तुतिकरण बनाएँ।"
द्वारा जिस ज्ञानात्मक उद्देश्य की उपलब्धि हो सकती है, वह है
A. याद करना B. समझना
C. विश्लेषण करना D. सृजन करना

57. दो शिक्षकों द्वारा किसी रैखिक समीकरण, जैसे $2x - 6 = 10$, को हल करने में उपयोग किए गए उपगमनों को पढ़िए:

शिक्षक A	शिक्षक B
चरण (*a*) 6 को दूसरे पक्ष में ले जाइए (*b*) 6 का चिह्न परिवर्तित करके 10 में जोड़िए (*c*) आपको प्राप्त होगा $2x = 16$ (*d*) 2 को दूसरे पक्ष में ले जाइए और विभाजित कीजिए (*e*) $x = 8$ प्राप्त कीजिए	*चरण* 1. समीकरण में समानता सदैव बनी रहती है। अतः दोनों पक्षों में समान संख्याओं के साथ समान प्रचालन समानता बनाए रखने के लिए किए जा सकते हैं 2. अतः $2x - 6 + 6 = 10 + 6$ अथवा $2x = 16$ 3. $\frac{2x}{2} = \frac{16}{2}$ अथवा $x = 8$

यह प्रेक्षित किया जा सकता है कि
A. शिक्षक A यंत्रीय समझ पर बल देता है जबकि शिक्षक B सम्बन्धी समझ पर
B. शिक्षक A सम्बन्धी समझ पर बल देता है जबकि शिक्षक B यंत्रीय समझ पर

C. शिक्षक A प्रत्ययात्मक ज्ञान पर केन्द्रित होता है जबकि शिक्षक B कार्यविधिक ज्ञान पर

D. शिक्षक A तथा शिक्षक B यंत्रीय समझ पर केन्द्रित होते हैं

58. कक्षा VI के विद्यार्थियों को किसी मकान का निम्नलिखित नक्शा दिया गया :

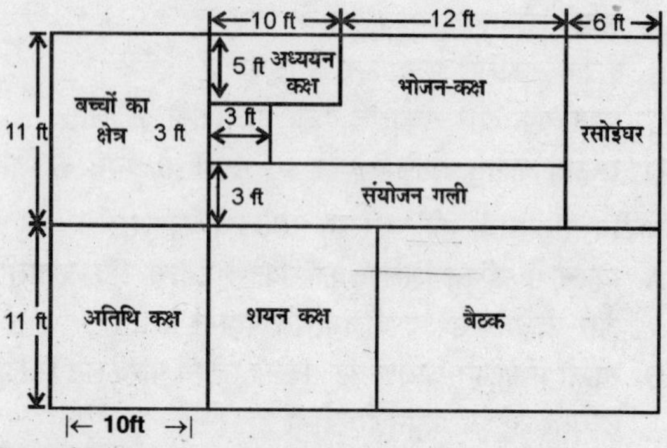

विद्यार्थियों से कहा गया कि वे ज्ञात करें–

1. प्रत्येक कमरे की परिमाप और उसका क्षेत्रफल;
2. मकान की कुल परिमाप और उसका कुल क्षेत्रफल

उपर्युक्त क्रियाकलाप को शिक्षक रचनात्मक मूल्यांकन के कार्य के रूप में ले सकता है, क्योंकि

A. इस कार्य के द्वारा शिक्षक आसानी से सभी विद्यार्थियों को 40 मिनट तक व्यस्त रख सकता है

B. विद्यार्थियों के उत्तर परिमाप, क्षेत्रफल आदि की विमाओं, परिकलनों, सूत्रों के ज्ञान से सम्बन्धित समझ का निदान करने में शिक्षक की सहायता करेंगे

C. विद्यार्थियों को यह कार्य रोचक लगेगा तथा वे एक-दूसरे की शान्ति भंग नहीं करेंगे

D. यह कार्य गणित की परीक्षा के प्रति भय को दूर करेगा

59. वास्तविक जीवन की स्थिति में वर्गमूलों की अवधारणा को लागू करने की विद्यार्थियों की क्षमता निम्न समस्या के जरिए निर्धारित किया जा सकता है

A. उस न्यूनतम वर्ग संख्या को ज्ञात कीजिए, जो संख्याओं 4, 9 तथा 10 प्रत्येक से विभाजित हो।

B. 25600 के वर्गमूल की गणना कीजिए।

C. उस न्यूनतम संख्या को ज्ञात कीजिए, जिसे 5607 से घटाने पर पूर्ण वर्ग संख्या प्राप्त होती है।

D. 2025 पौधों को एक बगीचे में इस तरह से बोया जाना है कि प्रत्येक पंक्ति में उतनी ही संख्या में पौधे हों जितनी संख्या पंक्ति की है। पंक्तियों की संख्या तथा प्रत्येक पंक्ति में पौधों की संख्या ज्ञात कीजिए।

60. कोई छात्र लिखता है

$\frac{10 \text{ सेमी.}}{12 \text{ सेमी.}} = \frac{5}{6} \text{ सेमी.}$ $\qquad \frac{15 \text{ किमी.}}{15 \text{ मी.}} = 1000 \text{ मी}.$

यह छात्र

A. अनुपात के साथ मात्रक लिखने की सदैव लेखन-सम्बन्धी त्रुटि करता है

B. मात्रकों और उनके रूपान्तरण का अच्छा ज्ञान रखता है

C. भिन्नों को लघुतम पद में सही ढंग से बदल सकता है और सही मात्रक लिख सकता है

D. मात्रकों का ज्ञान रखता है एवं मात्रकों के रूपान्तरण और भिन्नों की संकल्पना से परिचित है परन्तु यह भूल जाता है कि अनुपात का कोई मात्रक नहीं होता

61. मानव उत्सर्जन तंत्र के विषय में नीचे दिए गए कथनों का अध्ययन कीजिए:

1. जल में घुले हुए अपशिष्ट पदार्थ वृक्कों में मूत्र के रूप में पृथक् कर लिए जाते हैं।
2. मूत्राशय में संचित मूत्र, मूत्रमार्ग जिसका दूसरा सिरा मूत्ररंध्र से जुड़ा होता है, से होकर बाहर निकाल दिया जाता है।
3. मूत्र-वाहिनियों से होता हुआ मूत्र मूत्राशय में जाता है।
4. उपयोगी पदार्थों को रक्त में पुनः अवशोषित कर लिया जाता है।
5. उपयोगी और हानिकारक दोनों ही प्रकार के पदार्थों से युक्त रक्त निस्पन्दन के लिए वृक्कों में पहुँचता है।

उपर्युक्त प्रकथनों में दी गई प्रक्रियाओं का सही क्रम है।

A. 4, 5, 1, 3, 2 B. 5, 4, 1, 3, 2
C. 2, 4, 5, 1, 3 D. 5, 4, 1, 2, 3

62. अमीबा के पादाभ किसमें सहायता करते हैं?

A. केवल भोजन का आभास कराने में

B. केवल भोजन पकड़ने में

C. केवल गति देने में

D. गति देने एवं भोजन पकड़ने में

63. नीचे कुछ जीव दिए गए हैं:

1. यीस्ट 2. खटमल
3. जोंक 4. अमरबेल
5. शैवाल 6. जूँ
7. छत्रक (मशरूम) 8. लाइकेन

इनमें से परजीवियों में वर्गीकृत किए जाने वाले जीव हैं

A. 1, 3, 6 और 7 B. 2, 3, 4 और 8
C. 2, 3, 4 और 6 D. 3, 4, 5 और 7

64. कॉलम–A में वैज्ञानिकों के नाम दिए गए हैं और कॉलम–B में कुछ खोज दी गई हैं:

कॉलम–A	*कॉलम–B*
(*a*) अलेक्जेन्डर फ्लेमिंग	1. एन्थ्रेक्स जीवाणु
(*b*) एडवर्ड जेनर	2. किण्वन
(*c*) लुइ पाश्चर	3. लैक्टोबैसिलस जीवाणु
(*d*) रॉबर्ट कोच	4. पेनिसिलिन
	5. चेचक का टीका

वैज्ञानिकों के नाम का उनकी खोज से सही मिलान है

	(*a*)	(*b*)	(*c*)	(*d*)
A.	4	5	2	1
B.	1	3	2	4
C.	4	2	5	3
D.	3	5	2	1

65. जैवमण्डल आरक्षण (आरक्षित क्षेत्र) से सम्बन्धित सही कथन चुनिए।

A. ये वे सुरक्षित क्षेत्र हैं जो केवल विशेष क्षेत्री स्पीशीज के संरक्षण के लिए बनाए गए हैं

B. ये वे क्षेत्र हैं जो केवल पादप एवं जन्तुओं के संरक्षण के लिए बनाए गए हैं

C. ये वे क्षेत्र हैं जो क्षेत्र की जैव विविधता और संस्कृति को बनाए रखने में सहायक होते हैं

D. ये वे सुरक्षित क्षेत्र हैं जिन्हें वन्य जीवन के मुक्त आवास और प्राकृतिक सम्पदा के उपयोग के लिए आरक्षित किया गया है

66. नीचे दिए गए कथनों का अध्ययन कीजिएः

1. प्रोकैरियोट में केन्द्रक नहीं होते हैं।
2. एक-कोशिक जीव में एकल कोशिका सभी कार्य करती है।
3. नीले-हरे शैवाल प्रोकैरियोट के उदाहरण हैं।
4. यूकैरियोट में केन्द्रक झिल्ली सहित सुसंगठित केन्द्रक नहीं होता है।

इनमें से सही कथन हैं

A. 1, 2 और 3 B. 1, 2 और 4

C. 1, 3 और 4 D. 2, 3 और 4

67. दिए गए आरेख में मनुष्य के शरीर में चार अन्तःस्रावी ग्रन्थियों की स्थिति A, B, C तथा D द्वारा अंकित की गई हैं:

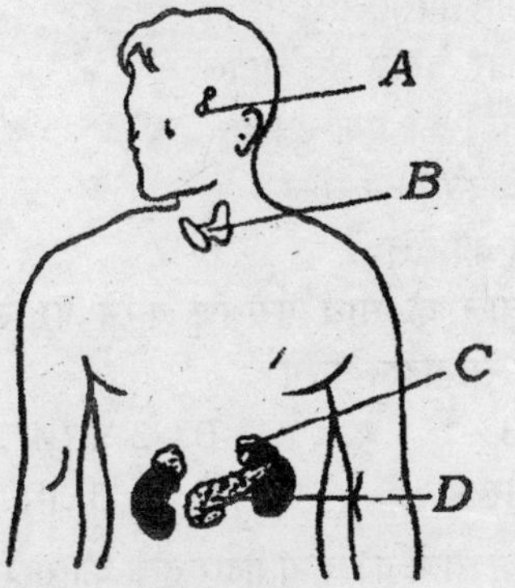

A, B, C और D का सही नामांकन है

A. A–पीयूष ग्रन्थि, B–थायरॉइड ग्रन्थि, C–ऐड्रिनल ग्रन्थि, D–अग्न्याशय

B. A–ऐड्रिनल ग्रन्थि, B–पीयूष ग्रन्थि, C–अग्न्याशय, D–थायरॉइड ग्रन्थि

C. A–ऐड्रिनल ग्रन्थि, B–थायरॉइड ग्रन्थि, C–अग्न्याशय, D–पीयूष ग्रन्थि

D. A–पीयूष ग्रन्थि, B–अग्न्याशय, C–थायरॉइड ग्रन्थि, D–ऐड्रिनल ग्रन्थि

68. नीचे दिए गए किसी आयताकार पात्र में जल से भारी कोई द्रव भरा है :

द्रव-दाब के विषय में निम्न में से सही कथन चुनिए।

A. A पर दाब = B पर दाब = C पर दाब

B. A पर दाब > B पर दाब > C पर दाब

C. C पर दाब > B पर दाब = A पर दाब

D. C पर दाब > B पर दाब > A पर दाब

69. आरेख में दर्शाए अनुसार S_1, S_2 और S_3 पृष्ठों पर प्रकाश गिर रहा हैः

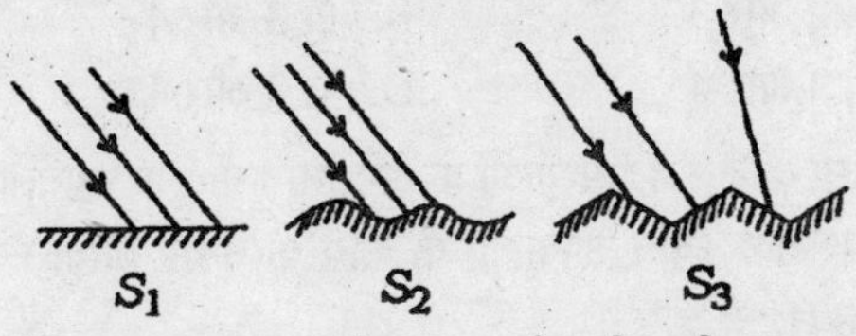

पृष्ठ, जिन पर आपतन कोण परावर्तन कोण के बराबर है, कौन-से हैं?

A. S_1 और S_2 B. S_2 और S_3

C. S_1 और S_3 D. सभी तीनों पृष्ठ

70. नीचे दिए गए मानव नेत्र के आरेख में A, B, C और D द्वारा अंकित भागों का नामांकन किस प्रकार किया जाना चाहिए?

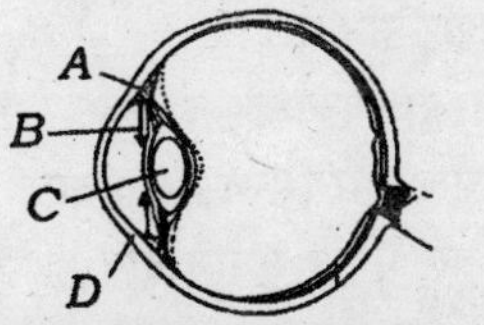

A. A–पक्ष्माभ पेशी, B–पुतली, C–लेंस, D–कॉर्निया

B. A–परितारिका, B–पुतली, C–लेंस, D–कॉर्निया

C. A–परितारिका, B–कॉर्निया, C–पुतली, D–लेंस

D. A–पक्ष्माभ पेशी, B–परितारिका, C–लेंस, D–कॉर्निया

71. मानव नेत्र के रेटिना पर बने किसी वस्तु के प्रतिबिम्ब का प्रभाव रेटिना पर लगभग कितने समय तक बना रहता है?

A. 1 सेकण्ड B. $\frac{1}{2}$ सेकण्ड

C. $\frac{1}{15}$ सेकण्ड D. $\frac{1}{25}$ सेकण्ड

72. नीचे दिए गए कथनों का अध्ययन कीजिएः

1. शुष्क परिस्थितियों में बीजों का अंकुरण नहीं होता है।
2. पोषकों का पादपों के विभिन्न भागों में स्थानान्तरण घुली हुई अवस्था में ही होता है।
3. विभिन्न समय अन्तरालों पर फसलों को जल की आपूर्ति से मृदा के गठन में सुधार होता है।
4. फसलों को जल की आपूर्ति से मृदा सरंध्र बनती है जिसके कारण गैसों का विनिमय (आदान-प्रदान) सरल हो जाता है।
5. जल फसलों की पाले (शीत) और गरम वायु दोनों से रक्षा करता है।

वे कथन कौन-से हैं जो फसलों की सिंचाई की पुष्टि करते हैं?

A. 1, 2 और 3 B. 2, 3 और 4

C. 3, 4 और 5 D. 1, 2 और 5

73. नीचे दिए गए कथनों का अध्ययन कीजिएः

1. गुणसूत्र, केन्द्रिका में स्थित होते हैं।

2. जीन, गुणसूत्रों में स्थित होतें हैं।
3. एक-कोशिक जीव श्वसन और जनन करते हैं।
4. कोशिका झिल्ली का सबसे महत्त्वपूर्ण कार्य कोशिका में पदार्थों के आवागमन को नियन्त्रित करना है।

इनमें सही कथन हैं

A. 1, 2 और 3　B. 2, 3 और 4
C. 1, 3 और 4　D. 1, 2 और 4

74. चिकित्सा के क्षेत्र में समस्याओं के अनुसंधान के लिए उपयोग किए जाने वाले पराश्रव्य ध्वनि उपकरणों के कार्य करने की आवृत्ति होती है

A. 20 Hz से कम
B. 20 Hz और 200000 Hz के बीच
C. 2000 Hz और 20000 Hz के बीच
D. 20000 Hz से अधिक

75. लोहे के एक ठोस आयताकार गुटके को किसी मेज के शीर्ष पर इसके विभिन्न फलकों को मेज को स्पर्श करते हुए रखा गया है। विभिन्न प्रकरणों में लोहे का यह ठोस गुटका आरोपित करता है

A. समान बल और समान दाब
B. समान बल परन्तु भिन्न-भिन्न दाब
C. भिन्न-भिन्न बल और भिन्न-भिन्न दाब
D. भिन्न-भिन्न बल परन्तु समान दाब

76. नीचे दिए गए जन्तु कोशिका के आरेख में A, B, C और D भागों का सही नामांकन है

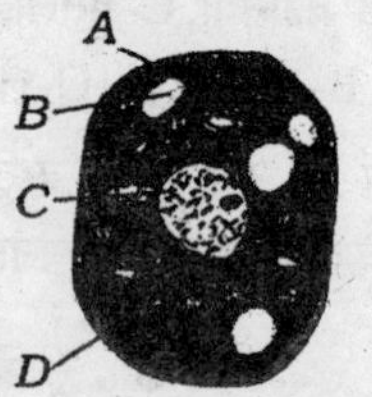

A. A–कोशिका भित्ति, B–रिक्तिका, C–क्लोरोप्लास्ट (हरित लवक), D–केन्द्रक
B. A–कोशिका झिल्ली, B–रिक्तिका, C–केन्द्रक, D–कोशिका द्रव्य
C. A–कोशिका झिल्ली, B–प्लैस्टिड, C–केन्द्रक, D–क्लोरोप्लास्ट (हरित लवक)
D. A–कोशिका भित्ति, B–रिक्तिका, C–केन्द्रक, D–माइटोकॉन्ड्रिया

77. किसी गतिमान कार के पथमापी (ओडोमीटर) का प्रातः 8:00 बजे पाठ्यांक 36540 किमी. तथा प्रातः 10:00 बजे पाठ्यांक 36666 किमी. है। यदि कार टेढ़े-मेढ़े पथ पर असमान चाल से गति करती है, तो कार की मीटर प्रति सेकण्ड में औसत चाल है

A. 6.3　B. 12.6
C. 17.5　D. 35

78. किसी छात्र के पास हल्दी का गाढ़ा पेस्ट है। इस पेस्ट को हाइड्रोक्लोरिक अम्ल और सोडियम हाइड्रॉक्साइड के जलीय विलयन में अलग-अलग डालने पर वह किस रंग/किन रंगों का प्रेक्षण करेगा?

A. दोनों प्रकरणों में पीला
B. हाइड्रोक्लोरिक अम्ल में पीला और सोडियम हाइड्रॉक्साइड में लाल
C. हाइड्रोक्लोरिक अम्ल में गुलाबी और सोडियम हाइड्रॉक्साइड में नीला
D. हाइड्रोक्लोरिक अम्ल में नीला और सोडियम हाइड्रॉक्साइड में लाल

79. क्षुद्रान्त्र के दीर्घरोम (रसांकुर) के सन्दर्भ में नीचे दिए गए कथनों का अध्ययन कीजिए:

1. ये अंगुली के समान उभरी हुई संरचनाएँ होती हैं और इनकी संख्या हजारों में होती है।
2. इनकी भित्ति बहुत पतली होती है।
3. इनमें उनकी सतह के निकट सूक्ष्म रुधिर वाहिकाओं का जाल फैला रहता है।
4. इनमें महीन छिद्र होते हैं जिनसे भोजन आसानी से गुजर सकता है।

इनमें से दीर्घरोम को पचे हुए भोजन को अवशोषित करने योग्य बनाने वाले कथन हैं

A. केवल 1 और 2　B. केवल 3 और 4
C. 1, 2 और 3　D. 2, 3 और 4

80. नीचे कुछ खाद्य पदार्थ दिए गए हैं:

1. उबले और पिसे आलू
2. उबले और चबाए हुए चावल
3. रोटी (ब्रेड) का एक टुकड़ा
4. चीनी (शर्करा) का घोल
5. नारियल का तेल

आयोडीन घोल के साथ परीक्षण करने पर उपर्युक्त में से कौन नीला-काला रंग प्रदान करेंगे?

A. 1 और 3　B. 2 और 4
C. 1, 2 और 3　D. 1, 3 और 5

81. कक्षा VIII के छात्रों को कमानीदार तुला की सही उपयोग विधि पढ़ाते समय गुंजन ने नीचे दिए गए चरणों (जो सही क्रम में नहीं दिए गए हैं) का पालन करने के लिए कहा:

1. शून्यांक त्रुटि नोट करना।
2. वास्तविक पाठ्यांक परिकलित करना।
3. अंशांकित पैमाने पर संकेतक की स्थिति नोट करना।
4. कमानीदार तुला का अल्पतमांक रिकॉर्ड करना।

निम्नलिखित में से इन चरणों का सही क्रम किसमें दिया गया है?

A. 1　4　2　3
B. 4　1　3　2
C. 1　4　3　2
D. 1　2　4　3

82. उच्च प्राथमिक स्तर पर विज्ञान सीखने का नीचे दिया गया कौन-सा उद्देश्य वांछनीय उद्देश्य **नहीं** है?

A. वैज्ञानिक साक्षरता अर्जित करना
B. तार्किक सोच विकसित करना
C. आवश्यक प्रक्रिया-कौशल अर्जित करना
D. प्रतियोगी परीक्षाओं में अच्छा प्रदर्शन करना

83. विज्ञान-शिक्षण में रोल-प्ले की तकनीक को एक प्रभावी नीति मानने का कारण यह है कि

A. यह वास्तविक जीवन में किसी की भूमिका को अच्छी प्रकार से समझना सुनिश्चित करती है

B. यह अधिगम-प्रक्रिया में छात्र की सक्रिय भागीदारी सुनिश्चित करती है

C. यह छात्रों की सामाजिक कुशलताओं को बढ़ावा दे सकती है

D. यह अधिगम-प्रक्रिया में एकरसता को तोड़ना सुनिश्चित करती है

84. विज्ञान को प्रश्न करना, खोजबीन करना, स्वयं करना और अन्वेषण करना माना जाता है। विज्ञान-शिक्षण के समय दीपिका द्वारा कराए गए नीचे दिए गए क्रियाकलापों में से कौन-सा उन मानदण्डों को संतुष्ट करने के लिए सबसे उपयुक्त है?

A. सूक्ष्म-जीवों पर यूनिट टेस्ट

B. सामान्य रोगों पर सामूहिक चर्चा

C. पर्यावरणीय समस्याओं पर वाद-विवाद

D. ध्वनि की प्रकृति पर परियोजना कार्य

85. राष्ट्रीय पाठ्यचर्या की रूपरेखा, 2005 में यह अनुशंसा (सिफारिश) की गई है कि उच्च प्राथमिक स्तर पर विज्ञान-शिक्षण में अधिक बल दिया जाना चाहिए

A. कक्षा की पढ़ाई को विद्यालय के बाहरी जीवन से सम्बन्धित करने के लिए

B. पाठ्यपुस्तक में दिए गए सभी वैज्ञानिक पदों को याद करने के लिए

C. पाठ्यपुस्तक के अभ्यास के सभी प्रश्नों के उत्तर देने के लिए

D. परीक्षाओं में विद्यार्थियों के प्रदर्शन में सुधार लाने के लिए

86. गीता कक्षा VIII के छात्रों को 'मानव नेत्र' विषय पढ़ाने के लिए पाठ-योजना बना रही है। नीचे दिए गए क्रियाकलापों में किसे पाठ-योजना में सम्मिलित करने पर पाठ अधिक प्रभावी बन सकता है और छात्रों की सम्बन्धित संकल्पनाओं को अच्छी तरह समझ सकने में सहायता कर सकता है?

A. अच्छा गृह कार्य बनाना

B. कक्षा में छात्रों को नोट लिखवाना

C. छात्रों के क्रियाकलापों और कक्षा में पारस्परिक प्रश्नोत्तर का उपयोग करना

D. मानव नेत्र के मॉडल का निदर्शन करना

87. राष्ट्रीय पाठ्यचर्या की रूपरेखा, 2005 की सिफारिशों के आधार पर NCERT की विज्ञान की पुस्तकों में अधिक बल दिया गया है

1. रटने की प्रवृत्ति को हतोत्साहित करने पर
2. विज्ञान की पाठ्यचर्या के विभिन्न कार्य-क्षेत्रों के बीच तीक्ष्ण सीमाएँ बनाए रखने पर
3. छात्रों को सक्रिय अधिगम अनुभव प्रदान करने पर
4. वैज्ञानिक पदों की यथार्थ परिभाषाएँ सीखने पर

नीचे दिया गया कौन-सा युगल उपर्युक्त सही कथनों के संयोजन को निरूपित करता है?

A. 1 और 2 B. 1 और 3

C. 3 और 4 D. 2 और 3

88. विज्ञान शिक्षिका द्वारा अपनाए नीचे दिए गए उपगमनों में से कौन-सा उपगमन उस शिक्षिका की वैज्ञानिक मनःस्थिति को दर्शाता है?

A. कक्षा में पूर्ण अनुशासन बनाए रखना

B. यथासम्भव शीघ्र प्रस्तावित पाठ्यक्रम को समाप्त करना

C. कक्षा में छात्रों को प्रश्न पूछने के लिए प्रोत्साहित करना

D. अधिगम में बढ़ोतरी करने के लिए कठिन प्रश्न-पत्र बनाना

89. वैज्ञानिक विधि के लिए सामान्यतः निम्नलिखित चरणों का पालन करने की (ये चरण उचित क्रम में नहीं दिए गए हैं) सिफारिश की जाती है:

1. परिकल्पना का परीक्षण
2. परिकल्पना बनाना
3. समस्या की पहचान
4. आँकड़ों को एकत्र करना
5. निष्कर्ष निकालना

निम्नलिखित में से इन चरणों का सही क्रम कौन-सा है?

A. 3 1 4 2 5

B. 3 2 4 1 5

C. 4 3 2 1 5

D. 2 3 1 4 5

90. हस्तसिद्ध क्रियाकलाप और परियोजनाएँ विज्ञान सीखने के अभिन्न अंग हैं। इन अधिगम अनुभवों का मुख्य उद्देश्य है

A. प्रायोगिक कौशलों पर छात्रों का मूल्यांकन

B. छात्रों को हर समय व्यस्त रखना

C. प्रयोगशाला में अनुशासन बनाए रखना

D. विस्तारित अधिगम के लिए छात्रों को अवसर प्रदान करना

भाग-III

भाषा-I: हिन्दी

निर्देश (प्र. सं. 91 से 99) : *नीचे दिए गए गद्यांश को पढ़कर सबसे उचित विकल्प का चयन कीजिए:*

समूची स्वार्थी व अहं-प्रेरित प्रवृत्तियाँ नकारात्मक हैं, ऐसे कर्मों में ऊँचे उद्देश्य नहीं होते, उनमें लोक-संग्रह नहीं होता, भव्य आदर्श नहीं होते। दूसरे, भले ही आप अपने सामने एक ऊँचा आदर्श रखें, तो भी आपके कर्म यदि आपके मन के चाहे या अनचाहे से प्रेरित हैं तो वे ह्रासमान ही होंगे, क्योंकि पसंद-नापसंद से किए जाते कार्य वासनाओं को बढ़ाए बिना नहीं रहते। कोई काम आपको महज इस आधार पर नहीं करना चाहिए कि वह आपको पसंद है। उसी तरह कोई काम करने से आपको महज इस आधार पर नहीं कतराना चाहिए कि वह काम आपका मनचाहा नहीं है। कार्य का निर्णय बुद्धि-विवेक

के आधार पर होना चाहिए, मनचली भावनाओं, तुनकमिजाजी के आधार पर कतई नहीं। इस एक बात को हमेशा याद रखिए कि पसंद और नापसंद आपके सबसे बड़े शत्रु हैं। आप इन्हें पहचानते तक नहीं। उल्टे आप इन्हें पाल-पोसकर दुलारते हैं। वे तो हर क्षण आपकी हानि व ह्रास करने पर ही तुले हैं। इनसे निबटने का व्यावहारिक मार्ग यह है कि अपनी रुचि और अरुचि का विश्लेषण करें।

91. कैसी प्रवृत्तियाँ नकारात्मक हैं?
A. जो स्वयं का हित देखती हों
B. जो अहं से ग्रसित हों
C. जिनमें अर्थ का भाव हो
D. जिनमें अहं और स्व-हित का भाव हो

92. कौन-से कार्य हानि की ओर ले जाते हैं?
A. जो मन के अनुसार और हित साधते हैं
B. जो अपनी पसंद-नापसंद के आधार पर किए जाते हैं
C. जिनमें संग्रह अनुपस्थित होता है
D. जिनमें संग्रह कूट-कूटकर भरा होता है

93. इस गद्यांश में किस प्रकार के कार्यों का समर्थन किया गया है?
A. जो मनचाहे होते हैं
B. जो मनचाहे नहीं होते हैं
C. जो बुद्धि और विवेक-शक्ति के आधार पर किए जाते हैं
D. जो मनचली भावनाओं और बुद्धि से परे होते हैं

94. इस गद्यांश में किन्हें शत्रु कहा गया है?
A. मनचली भावनाएँ B. तुनकमिजाजी
C. अहं और स्वार्थ D. रुचि-अरुचि

95. लेखक ने इन शत्रुओं से निबटने का कौन-सा मार्ग सुझाया है?
A. विश्लेषण करना B. भव्य आदर्श रखना
C. लोक-संग्रह करना D. कर्म करना

96. 'नकारात्मक' का विलोम शब्द है
A. अनकारात्मक B. सकारात्मक
C. अननकारात्मक D. असकारात्मक

97. "वे तो हर क्षण आपकी हानि व ह्रास करने पर ही तुले हैं।" वाक्य में 'वे' सर्वनाम किसके लिए आया है?
A. मनचली भावनाओं के लिए
B. अहं-प्रेरित प्रवृत्तियों के लिए
C. स्वार्थ-प्रेरित प्रवृत्तियों के लिए
D. पसंद-नापसंद के लिए

98. किस शब्द में 'ना' उपसर्ग का प्रयोग नहीं किया जा सकता है?
A. काबिल B. हाजिर
C. पसंद D. वाकिफ

99. 'विश्लेषण' का विलोम है
A. संश्लेषण B. अविश्लेषण
C. संश्लिष्ट D. संक्षेपण

निर्देश (प्र. सं. 100 से 105) : *नीचे दी गई काव्य-पंक्तियों को पढ़कर सबसे उचित विकल्प का चयन कीजिए :*

सदियों की ठंडी-बुझी राख सुगबुगा उठी,
मिट्टी सोने का ताज पहन इठलाती है;
दो राह, समय के रथ का घर्घर-नाद सुनो
सिंहासन खाली करो कि जनता आती है।
जनता, हाँ, मिट्टी की अबोध मूरतें वही,
जाड़े-पाले की कसक सदा सहने वाली
जब अंग-अंग में लगे साँप हों चूस रहे,
तब भी न कभी मुँह खोल दर्द कहने वाली।

100. काव्य में किस जनता की ओर संकेत किया गया है?
A. जिसे बोध है
B. जिसे साँप काटते हैं
C. जो खेतों-खलिहानों, कारखानों में काम करती है
D. जो रथ चलाती है

101. "समय के रथ का घर्घर-नाद सुनो"–पंक्ति का आशय है–
A. अब समय बदल रहा है
B. समय का रथ बढ़ा आ रहा है
C. समय कोलाहल कर रहा है
D. समय ने युद्ध-नाद बजा दिया है

102. "सिंहासन खाली करो कि जनता आती है।" पंक्ति का भाव है–
A. राजा के सिंहासन को खाली करना होगा
B. जनता, राजा का सिंहासन हिला देगी
C. सारी जनता अब सिंहासनों पर ही बैठेगी
D. राजतंत्र के विरुद्ध लोकतंत्र का स्वागत

103. सामान्य जनता ने अब तक बहुत कष्ट सहे हैं–इस भाव को व्यक्त करने वाली पंक्ति है–
A. जनता, हाँ, मिट्टी की अबोध मूरतें वही
B. जाड़े-पाले की कसक सदा सहने वाली
C. सदियों की ठंडी-बुझी राख सुगबुगा उठी
D. मिट्टी सोने का ताज पहन इठलाती है

104. 'साँप' किसकी ओर संकेत करता है?
A. विषैले साँपों की ओर B. जमींदारों की ओर
C. शोषकों की ओर D. सूदखोरों की ओर

105. 'सुगबुगा उठना' का अर्थ है
A. राख का जल उठना
B. अफवाह फैलाना
C. धीरे-धीरे कहना
D. अपने हक के लिए प्रयत्नशील होना

निर्देश (प्र. सं. 106 से 120): *सबसे सही विकल्प का चयन कीजिए :*

106. उच्च प्राथमिक स्तर पर भाषा-शिक्षण का सर्वोपरि उद्देश्य है
A. भाषा के सौंदर्यशास्त्र से परिचय
B. निजी अनुभवों के आधार पर भाषा का सृजनशील इस्तेमाल

C. विभिन्न साहित्यिक विधाओं का गहनतम ज्ञान प्राप्त करना
D. सरसरी तौर पर तीव्र गति से पढ़ना

107. सुनी, पढ़ी और समझी हुई भाषा को सहज और स्वाभाविक लेखन द्वारा अभिव्यक्त करने की क्षमता का विकास करने में निम्नलिखित में से कौन सहायक है?
A. औपचारिक पत्र-लेखन
B. किसी पढ़ी हुई कहानी को संक्षेप में लिखना
C. सुनी, देखी, पढ़ी घटना को अपने शब्दों में लिखित रूप में अभिव्यक्त करना
D. 'मेरा प्रिय विद्यालय' विषय पर निबंध लिखना

108. भाषा के संदर्भ में स्कूली जीवन का यह उच्च प्राथमिक चरण ......, ... और ..... बोध के विकास की दृष्टि से अत्यंत महत्त्वपूर्ण है।
A. भाषा, साहित्यिक, ऐतिहासिक
B. साहित्य बोध, सराहना बोध, ऐतिहासिक
C. साहित्य, सराहना, सामाजिक
D. सौन्दर्य बोध, साहित्य बोध, सामाजिक-राजनैतिक

109. उच्च प्राथमिक स्तर पर व्याकरण-शिक्षण का उद्देश्य .... में सहायक होगा।
A. व्याकरण की परिभाषाओं को कंठस्थ करने
B. भाषा की नियमबद्ध प्रकृति को समझने और उसका विश्लेषण करने
C. भाषा की नियमबद्ध प्रकृति को अत्यधिक महत्त्व देने
D. भाषा की प्रकृति, प्रकार्य और व्याकरणिक नियमों को कंठस्थ करने

110. उच्च प्राथमिक स्तर पर हिन्दी भाषा-विकास के लिए कौन-सी गतिविधि उपयोगी नहीं हो सकती?
A. पढ़ी गई कहानियों का समूह में नाट्य-रूपांतरण
B. विज्ञापनों, पोस्टरों, साइनबोर्ड और भाषा के अन्य उपयोगों का विश्लेषण करना
C. मुहावरों के अर्थ लिखकर वाक्य बनाना
D. सूचना, डायरी-लेखन, विज्ञापन-लेखन आदि का कार्य करवाना

111. उच्च प्राथमिक स्तर पर व्याकरण-शिक्षण की सर्वाधिक उचित विधि है
A. निगमन विधि B. आगमन विधि
C. भाषा-संसर्ग विधि D. सूत्र विधि

112. बच्चों का भाषायी विकास सर्वाधिक रूप से निर्भर करता है
A. पाठ्यपुस्तक पर
B. समृद्ध भाषा-परिवेश पर
C. आकलन की औपचारिकता पर
D. संचार-माध्यमों पर

113. उच्च प्राथमिक स्तर पर यह जरूरी है कि बच्चे
A. समाचार-पत्र में छपी किसी खबर, लेख या कही गई बात का निहितार्थ समझ सकें
B. अपनी पाठ्यपुस्तक के सभी पाठों का अभ्यास कर सकें
C. भाषा के आकलन के लिए की जाने वाली सभी गतिविधियों में समान रूप से हिस्सा लें
D. भाषा का अतिरिक्त अभ्यास करें और परियोजना-कार्य में इंटरनेट का प्रयोग करें

114. भाषा सीखने का अर्थ उस भाषा की .... सीखना भी है, क्योंकि भाषा किसी भी .... का अभिन्न हिस्सा होती है।
A. बारीकी, व्याकरण B. नियमबद्धता, व्याकरण
C. ऐतिहासिकता, इतिहास D. संस्कृति, संस्कृति

115. कक्षा आठ के बच्चों के लिए साहित्य का चयन करते समय आपके लिए क्या जानना सर्वाधिक जरूरी है?
A. बच्चों की भाषिक पृष्ठभूमि
B. बच्चों की मनोवैज्ञानिक विशेषताएँ और भाषा-प्रयोग की क्षमता
C. बच्चों के भाषा-प्रयोग का स्तर
D. अच्छे साहित्य के प्रकाशक, लेखक

116. नाटक, सिनेमा, परिचर्चा, वाद-विवाद आदि बच्चों की ...... व स्वाभाविक, ... एवं .... प्रतिक्रिया व्यक्त करने की क्षमता का विकास करने में मदद करते हैं।
A. मानक, सहज, प्रभावी B. मानक, प्रभावी, संस्कृतनिष्ठ
C. स्वतंत्र, मौलिक, लिखित D. स्वतंत्र, प्रभावी, संस्कृतनिष्ठ

117. हमारे अनुभवों को आकार देने में भाषा की महत्त्वपूर्ण भूमिका होती है। इसका शैक्षिक निहितार्थ यह है कि भाषा की कक्षा में
A. सदैव अनुभवों पर बातचीत की जाए
B. अनुभवों का लेखन-कार्य बढ़ाया जाए
C. डायरी-लेखन पर जोर दिया जाए ताकि लेखन परिपक्व बन सके
D. बच्चों को विविध संदर्भों में अनुभव करने, विविध अनुभवों से स्वयं को जोड़ने के अवसर दिए जाएँ

118. मुदिता आठवीं कक्षा में हिन्दी भाषा पढ़ाती हैं। कविता के भाव के बारे में बातचीत करते समय आप उन्हें किस बात के प्रति सचेत रहने की सलाह देंगे?
A. कविता में अलंकार, रस पर विशेष बल दिया जाए
B. कविता का एक निश्चित भाव, अर्थ नहीं हो सकता
C. कविता को गद्य में परिवर्तित करवाने वाली गतिविधि कविता-शिक्षण का अनिवार्य पक्ष है
D. कविता की भाषा, व्याकरण पर विशेष बल दिया जाए

119. हिन्दी भाषा का आकलन करते समय 'पोर्टफोलियो' बच्चों के बारे में यह बताता है कि
A. वे क्या जानते हैं
B. क्रमशः उनकी प्रगति किस प्रकार हो रही है
C. उनकी प्रगति में माता-पिता की भूमिका कैसी है
D. उनकी प्रगति में शिक्षकों की भूमिका कितनी है

120. किस साहित्यिक विधा को पढ़ाते समय आप सस्वर पठन पर अनिवार्यतः बल देंगे?
A. जीवनी B. यात्रा-वृत्तान्त
C. आत्मकथा D. एकांकी

भाग-IV

भाषा-II: अंग्रेजी

Directions : *Read the given passage and answer the questions (Q. Nos. 121 to 129) that follow by selecting the most appropriate option.*

Anthropology is the holistic study of humankind. It studies all aspects of human life in all geographic regions of all time periods, from its evolution as Homo sapiens to its diverse manifestations within cultures and societies, both Past and Present. Since recorded history, people have sought answers to such probing questions as *Who are we? How have we come to be as we are? How can diverse peoples peaceably coexist?* and *What might the past and present tell us about our future?* Anthropology seeks to answer these and many other fundamentally humanistic questions. Anthropology employs both qualitative and quantitative research methods within its numerous sub-disciplines. Common to all anthropologists is the method of fieldwork. A *physical anthropologist* may observe wild or captive primates, or dig prehistoric sites to discover clues about humankind's origins and early migration patterns, while an *applied anthropologist* plays games with disadvantaged schoolchildren to advise school administrators on how to create conflict-reducing after-school programmes.

A *Socio-cultural anthropologist* may live in a hut among tribal communities to learn the meanings of their unique rituals and political economy, while a *linguistic anthropologist* interacts with native language speakers at a family function to discover clues to their cultural retention amidst a globalizing society. Within each of these and the myriad other ways and places in which anthropologists conduct day-to-day research, they seek answers to benefit humankind. Anthropology has been described as "the reformer's science", and "the most humanistic of the sciences and the most scientific of the humanities".

121. The prime function of an anthropologist is to .... human history and behaviour.
A. watch B. record
C. predict D. analyze

122. *Quality* in the given context implies
A. the tools of research used during visits
B. positive impact on the community being studied
C. community benefits shared by anthropologist
D. use of test methods of research

123. .... anthropologist describes and analyzes the diverse peoples of the world, extending to all forms of human association, from village communities to corporate cultures to urban gangs.
A. Linguistic B. Applied
C. Socio-cultural D. Physical

124. The writer suggests that Anthropology is a discipline that leads to
A. removal of diversity of human cultures
B. greater globalization
C. promotion of diversity and individuality in human society
D. deeper understanding of human diversity which leads to harmony

125. A word that can best replace the word *holistic* in line 01 of the passage is
A. spiritual B. comprehensive
C. mystical D. healthy

126. A/An .... anthropologist studies human and non-human primate evolution, human variation and its significance, and the biological bases of human behaviour.
A. physical B. linguistic
C. socio-cultural D. applied

127. The discipline is referred to as the *reformer's science* because
A. necessary changes can easily be introduced
B. laws can be applied with little resistance
C. of being a favoured field of study for scientists
D. of its potential to improve human lives in general

128. An antonym for the word *countable* from the passage is
A. captive B. diverse
C. disadvantaged D. myriad

129. The phrase *the most scientific of the humanities* means conclusions can be drawn
A. based on the researchers' instincts
B. on humanistic grounds
C. based on factual records of observations
D. through personal interactions with study subjects

Directions : *Read the given passage and answer the questions (Q. Nos. 130 to 135) that follow by selecting the most appropriate option.*

The President of Earth glowered at the auto-cue and the television camera in the small presidential studio which was where he should have been right now instead of reading *ridiculous public service emergency announcements.*

It was his day off and he reckoned that the world and its wretched public service announcements should wait until tomorrow. Unfortunately, the world didn't want to wait and the World Parliament had prepared this announcement for him to read so he was glowering at everyone. The auto-cue started rolling and the President relaxed his scowling face and beamed into the television camera, *exuding bonhomie* to the billions who were watching as he read from the auto-cue.

Scientists are today investigating objects that are appearing across the world and which seem to present a degree of danger to anybody touching them. World scientists are advising that, under no circumstances should these objects be touched. A heavy metal object that is floating on a pond would be such an example. A tree growing out of concrete would be another. However there is no guarantee that objects will always have this incongruity and scientists are advising the general public to proceed with great caution, especially when at home where unfamiliar objects may be more easily identified. After reading the announcement, the President of Earth leaned back in his presidential chair and gave his most reassuring smile. Well that's it folks. Take care while we *get to the bottom of* this. You can be sure we are working on it hard. So bye for now, from your President, goodbye!

130. The contradiction is conveyed in the phrase *ridiculous public service emergency announcements* by the word
A. public B. ridiculous
C. emergency D. service

131. The expression *exuding bonhomie* means
A. appearing friendly B. showing pride
C. appearing tired D. lacking patience

132. The President was glowering at everyone because he was
A. tired B. angry
C. frightened D. forgetful

133. The *incongruity* lies in
A. strange objects seen everywhere and frequently
B. new objects appearing where none existed before
C. unfamiliar objects that cannot be touched
D. familiar objects seen in unexpected places

134. A word that can replace the phrase *get to the bottom of* is
A. clarify B. misunderstand
C. estimate D. explore

135. The writer's attitude is one of .... towards leaders.
A. admiration B. indifference
C. distrust D. deference

Directions : *Answer the following questions (Q. Nos. 136 to 150) by selecting the most appropriate option.*

136. Two competency areas, which give a language learner in progress the ability to communicate competently, are
A. linguistic and socio-cultural
B. discourse and accent
C. audio and expressive
D. grammar and phonetic

137. Communicative competence is a subset of functional grammar and its approach in teaching will allow students to
A. learn structures and use them accurately
B. use structures in a range of output texts
C. learn grammar through meaningful communication
D. enable teachers expose students to grammar in the lower classes

138. When students work in pairs or groups, they just end up chatting in their own language. This can be overcome/monitored by
A. giving an easy task, so that they may chat less
B. writing notes on the board, so that they will not use Ll
C. increasing the difficulty level of task
D. instructions for the task and objectives to be made clear first

139. To assess listening skills, the teacher has framed an activity. What can the assessment be based on?
A. Students' interpretation of a visual
B. Watching a short film and reviewing
C. Completing a tabulation based on an audio recording
D. Reading a text aloud

140. To develop language functions, teaching of speaking skills for younger children would include
A. greeting, informal requests, asking for personal information
B. telephonic chat
C. debates and declamations
D. short project presentations

141. Learners who develop an increased awareness of 'their own style' of learning and teacher's awareness of students' individual style enhance .... learning.
A. group B. biased
C. cooperative D. individualistic

142. An early emphasis on linguistic accuracy along with prompt error correction in L2 class at Class V level results in students'
A. mastering the language more quickly
B. failure to achieve requisite proficiency required of that level
C. learning only the minimum or less
D. not learning at all

143. *Poverty of stimulus* with respect to language acquisition among young children implies that they would
A. express themselves ungrammatically
B. read later
C. not recognize human language
D. need more stimulus at home for learning language

144. Considering students' learning styles broadens the approaches taken to help language-related problems. An example of a learning style is
A. loud B. quiet
C. print-orientated D. focused

145. Learning a language involves the processes of listening, speaking, reading and writing. These processes involve
A. linguistic aspect B. psychological aspect
C. either A or B D. both A and B

146. A reading activity where students focus on phonemic sounds, pronunciation and intonation can be used to assess

A. reading accuracy B. inference
C. analysis D. literary appreciation

147. A factual description of a laboratory equipment, for a school science journal, requires the student to present the following

A. Appearance, users, location
B. Function, appearance, use
C. Function, location, colours
D. Comparisons, function, users

148. .... facilitate communication between schools as well as between students/teachers and programmes or between students/teachers and data.

A. Reference books
B. Whiteboards
C. Voice recorders
D. Computers

149. .... education is to use the student's native language to teach some academic content while simultaneously providing an additional L2 instruction.

A. Multilingual B. Bilingual
C. Basic D. Humanistic

150. While writing, a student finds difficulty in expressing his/her views clearly due to lack of vocabulary. A possible solution would be the following

A. Motivate the student to read more storybooks and the teacher should take informal feedback about new words encountered
B. Change the topic to suit the student's ability
C. Give a list of words with meanings to learn and use
D. Conduct special classes to practice writing with periodic word dictations and drills

उत्तरमाला

1	2	3	4	5	6	7	8	9	10
A	A	C	B	D	C	D	D	B	A
11	**12**	**13**	**14**	**15**	**16**	**17**	**18**	**19**	**20**
A	D	A	B	B	A	B	A	D	C
21	**22**	**23**	**24**	**25**	**26**	**27**	**28**	**29**	**30**
D	C	A	A	C	C	C	D	B	B
31	**32**	**33**	**34**	**35**	**36**	**37**	**38**	**39**	**40**
D	B	C	D	D	C	C	B	C	C
41	**42**	**43**	**44**	**45**	**46**	**47**	**48**	**49**	**50**
D	B	B	B	C	B	C	C	A	B
51	**52**	**53**	**54**	**55**	**56**	**57**	**58**	**59**	**60**
A	B	A	A	C	D	A	B	D	D
61	**62**	**63**	**64**	**65**	**66**	**67**	**68**	**69**	**70**
B	D	C	A	C	A	A	D	D	D
71	**72**	**73**	**74**	**75**	**76**	**77**	**78**	**79**	**80**
C	D	B	D	B	B	C	B	C	A
81	**82**	**83**	**84**	**85**	**86**	**87**	**88**	**89**	**90**
C	D	B	D	A	C	B	C	B	D
91	**92**	**93**	**94**	**95**	**96**	**97**	**98**	**99**	**100**
D	B	C	D	A	B	D	B	A	C
101	**102**	**103**	**104**	**105**	**106**	**107**	**108**	**109**	**110**
A	D	B	C	D	B	C	D	B	C
111	**112**	**113**	**114**	**115**	**116**	**117**	**118**	**119**	**120**
B	B	A	D	B	C	D	B	B	D
121	**122**	**123**	**124**	**125**	**126**	**127**	**128**	**129**	**130**
D	B	C	D	B	A	D	D	C	B
131	**132**	**133**	**134**	**135**	**136**	**137**	**138**	**139**	**140**
A	B	D	A	C	A	C	D	C	A
141	**142**	**143**	**144**	**145**	**146**	**147**	**148**	**149**	**150**
C	C	D	C	D	A	B	D	B	A

कुछ चुने हुए प्रश्नों के व्याख्यात्मक उत्तर

31. 0.001 + 1.01 + 0.11 का मान = 1.121

$$\begin{array}{r} 0.001 \\ 1.01 \\ 0.11 \\ \hline 1.121 \\ \hline \end{array}$$

32. 30.3 मिलियन

$$= \frac{303}{10} \times 1000000 = 30300000.$$

33. चूँकि $a^3 = 1 + 7 = 8 = 2^3$

$\Rightarrow$ $a = 2$

$1 + 7 + b = 3^3 = 27$

$\therefore$ $b = 27 - 8 = 19$

$1 + 7 + c = 4^3 = 64$

$\therefore$ $c = 64 - 8 = 56$

अतः $a + b + c$ का मान

$= 2 + 19 + 56 = 77.$

34. $6 = 1 + 2 + 3.$

अतः 6 एक सम्पूर्ण संख्या है।

35.

2	$5\overline{48}\,\overline{54}\,\overline{32}\,\overline{41}$	23421
	4	
43	148	
	129	
464	1954	
	1856	
4682	9832	
	9364	
46841	46841	
	46841	
	×	

36. $6 \times 4 = 24$

$6 + 4 = 10.$

38. $800880 = 8 \times 10^x + 8 \times 10^y + 8 \times 10^z$

$= 8 \times 10^5 + 8 \times 10^2 + 8 \times 10^1$

$\therefore\; x + y + z = 5 + 2 + 1 = 8.$

39. $x^4 + x^2 + 1$

$= x^4 + 1 + x^2$

$= (x^2)^2 + (1)^2 + x^2$

$= (x^2 + 1)^2 - 2x^2 + x^2$

$= (x^2 + 1)^2 - (x)^2$

$= (x^2 + 1 + x)\,(x^2 + 1 - x)$

अतः एक गुणनखण्ड $(x^2 - x + 1)$ है।

42. $\dfrac{2n + y}{2} - n$

$$= \frac{2n + y - 2n}{2} = \frac{y}{2}.$$

43. अभीष्ट किनारों की संख्या = 12.

44.

$$\begin{array}{r} 1957 \\ -a9 \\ \hline 18b8 \\ \hline \end{array}$$

स्पष्टतः $a = 6$ तथा

$b = 8$

$6 + 8 = 14.$

48. समलम्ब चतुर्भुज का क्षेत्रफल

$= \dfrac{1}{2} \times$ ऊँचाई (समान्तर भुजाओं का योगफल)

$$720 = \frac{1}{2} \times 20 \times (b_1 + 35)$$

$\Rightarrow$ $\dfrac{720}{10} = b_1 + 35$

$\Rightarrow$ $b_1 = 72 - 35 = 37$

अतः दूसरी समान्तर भुजा की लम्बाई

= 37 मीटर।

49. लाभ = 10 − 8 = 2

प्रतिशत लाभ $= \dfrac{\text{लाभ}}{\text{क्रयमूल्य}} \times 100 = \dfrac{2}{8} \times 100 = 25\%.$

50. संख्याओं को बढ़ते क्रम में लिखने पर,

6, 7, 7, 8, 8, 8, 9, 10

यहाँ पर $n = 8$ जो कि सम संख्या है

अतः माध्यक $= \dfrac{\text{चौथा पद + पाँचवा पद}}{2}$

$$= \frac{8 + 8}{2} = \frac{16}{2} = 8$$

बहुलक = 8

(जो आँकड़ों में अधिक बार लिखा गया है।)

माध्यक और बहुलक का माध्य

$$= \frac{8 + 8}{2} = \frac{16}{2} = 8.$$

पिछले प्रश्न-पत्र (हल सहित)

CTET पेपर-II, जुलाई 2013*

(गणित एवं विज्ञान शिक्षक हेतु)

भाग-I

बाल विकास व शिक्षाशास्त्र

निर्देशः *सबसे उचित विकल्प चुनकर निम्नलिखित प्रश्नों के उत्तर दीजिए :*

1. अ, ब, स तीन शिक्षार्थी हैं जो अंग्रेजी पढ़ते हैं। 'अ' को यह विषय रोचक लगता है और वह सोचता है कि यह उसके भविष्य में सहायक होगा। 'ब' अंग्रेजी इसलिए पढ़ती है, क्योंकि वह कक्षा में पहला स्थान प्राप्त करना चाहती है। 'स' अंग्रेजी विषय इसलिए पढ़ता है, क्योंकि उसका प्राथमिक सरोकार उत्तीर्ण होने वाले ग्रेड्स प्राप्त करना है। अ, ब और स के उद्देश्य क्रमशः .... हैं।

A. निपुणता, निष्पादन-उपेक्षा, निष्पादन
B. निपुणता, निष्पादन, निष्पादन-उपेक्षा
C. निष्पादन, निष्पादन-उपेक्षा, निपुणता
D. निष्पादन-उपेक्षा, निपुणता, निष्पादन

2. हालांकि यह स्पष्ट रूप से उनकी सुरक्षा आवश्यकताओं के उल्लंघन में था, कैप्टन विक्रम बतरा अपने देश को बचाने के दौरान कारगिल युद्ध में मारे गए। संभवतः उन्हें .... था/थी।

A. अपने परिवार के नाम की ख्याति-प्राप्ति
B. नवीन अनुभव की प्राप्ति की इच्छा
C. आत्म-सिद्धि की प्राप्ति
D. अपने अपनत्व संबंधी आवश्यकताओं की उपेक्षा

3. प्रतिक्रिया का विलोप होना निम्नलिखित में से किसके बाद अधिक कठिन है?

A. मौखिक भर्त्सना   B. आंशिक पुनर्बलन
C. निरंतर पुनर्बलन   D. दंड

4. .... के द्वारा निपुणता अभिविन्यास को प्रोत्साहित किया जा सकता है।

A. अनपेक्षित परीक्षा लेकर
B. शिक्षार्थियों के व्यक्तिगत प्रयासों पर ध्यान केंद्रित करने
C. शिक्षार्थियों की सफलता की परस्पर तुलना करने
D. गृह-कार्य के रूप में बहुत अधिक अभ्यास सामग्री देकर

5. निम्न में से किसका मिलान उचित है?

A. संवेगात्मक विकास – परिपक्वता
B. शारीरिक विकास – वातावरण
C. संज्ञानात्मक विकास – परिपक्वता
D. सामाजिक विकास – वातावरण

6. .... के अतिरिक्त निम्नलिखित सभी तथ्य संकेत करते हैं कि बच्चा कक्षा में संवेगात्मक और सामाजिक रूप से समायोजित है।

A. हमउम्र साथियों के साथ प्रतियोगिता पर दृढ़तापूर्वक ध्यान केंद्रित करना
B. हमउम्र साथियों के साथ मधुर संबंधों का विकास
C. चुनौतीपूर्ण कार्यों पर ध्यान केंद्रित करना और उन्हें दृढ़तापूर्वक करते रहना
D. क्रोध तथा हर्ष दोनों को प्रभावी रूप से प्रबंधित करना

7. निम्न में से कौन-सा कथन बच्चे के विकास में परिवेश की भूमिका का समर्थन करता है?

A. शारीरिक रूप से स्वस्थ बच्चे अकसर नैतिक रूप से अच्छे पाए जाते हैं
B. कुछ शिक्षार्थी सूचनाओं का जल्दी प्रक्रमण करते हैं जबकि उसी कक्षा के अन्य विद्यार्थी ऐसा नहीं कर पाते
C. पिछली कुछ दशाब्दियों में बुद्धि लब्धांक परीक्षा में शिक्षार्थियों के औसत प्रदर्शन में लगातार वृद्धि हुई है
D. एकसमान जुड़वाँ बच्चे जिनका लालन-पालन भिन्न घरों में हुआ है, उनकी बुद्धिलब्धि 0.75 के समान उच्च है

8. समाजीकरण में सम्मिलित हैं—सांस्कृतिक संचरण और ....।

A. संवेगात्मक समर्थन उपलब्ध कराना
B. विद्रोहियों को निरुत्साहित करना
C. वैयक्तिक व्यक्तित्व विकास
D. बच्चों को लेबलों में समायोजित करना

*Exam was held on 16-07-2013.

9. एक शिक्षिका दो एकसमान गिलासों को प्रदर्शित करती है जो जूस की समान मात्रा से भरे हुए हैं। वह उन्हें दो भिन्न गिलासों में खाली करती है, जिनमें से एक लंबा है और दूसरा चौड़ा है। वह बच्चों को उस गिलास की पहचान करने के लिए कहती है, जिसमें जूस ज्यादा है। बच्चे प्रत्युत्तर देते हैं कि लंबे गिलास में जूस ज्यादा है। शिक्षिका के बच्चों को .... कठिनाई है।

A. पलटावी (Reversibility)
B. समायोजन
C. अहमकेंद्रिता
D. विकेंद्रीकरण

10. करनैल सिंह कानूनी कार्यवाही तथा खर्चे के बावजूद आयकर नहीं देते। वे सोचते हैं कि वे एक भ्रष्ट सरकार को समर्थन नहीं दे सकते जो अनावश्यक बाँधों के निर्माण पर लाखों रुपए खर्च करती है। वे संभवतः कोहलबर्ग के नैतिक विकास की किस अवस्था में है?

A. परा-परंपरागत (Para-conventional)
B. परंपरागत
C. पश्च-परंपरागत
D. पूर्व-परंपरागत

11. जो बुद्धि सिद्धांत बुद्धि में सम्मिलित मानसिक प्रक्रियाओं (जैसे परा-घटक) और बुद्धि द्वारा लिए जा सकने वाले विविध रूपों (जैसे सृजनात्मक बुद्धि) को शामिल करता है, वह है

A. थर्स्टन की प्राथमिक मानसिक योग्यताएँ
B. स्पीयरमैन का 'जी' कारक
C. स्टर्नबर्ग का बुद्धिमत्ता का त्रितंत्र सिद्धांत
D. बुद्धि का सावेंट सिद्धांत

12. निम्नलिखित में से कौन-सी बहुबुद्धि सिद्धांत की आलोचना है?

A. यह आनुभविक साक्ष्यों को बिलकुल भी समर्थन नहीं दे सकता
B. बहुबुद्धि केवल 'प्रतिभाएँ' हैं जो पूर्ण रूप में बुद्धि में विद्यमान रहती हैं
C. बहुबुद्धि शिक्षार्थियों को अपनी रुझान को खोजने में मदद उपलब्ध कराती है
D. यह व्यावहारिक बुद्धि पर आवश्यकता से अधिक बल देती है

13. निम्नलिखित में से कौन-से युग्म के सही होने की संभावना सबसे कम है?

A. भाषा वातावरण में एक उद्दीपक है – बी.एफ. स्किनर
B. बच्चे भाषा के बारे में निश्चित ज्ञान के साथ प्रवेश करते हैं – चॉम्स्की
C. भाषा और विचार प्रारंभ में दो भिन्न गतिविधियाँ हैं – वाइगोत्स्की
D. भाषा विचार पर आधारित है – पियाजे

14. सामाजिक भूमिकाओं के कारण न कि जीववैज्ञानिक संपत्ति के कारण सौंपी गई विशिष्टताएँ .... कहलाती हैं।

A. जेंडर भूमिका नैदानिकी
B. जेंडर भूमिका अभिवृत्ति
C. जेंडर भूमिका दबाव
D. जेंडर भूमिका रूढ़िबद्धता

15. निम्नलिखित में से कौन-सा अधिगम को अधिकतम करने के लिए सर्वाधिक उचित है?

A. समान सांस्कृतिक पृष्ठभूमि वाले शिक्षार्थियों को एक कक्षा में रखना चाहिए ताकि मत वैभिन्य से बचा जा सके
B. शिक्षिका को अपनी संज्ञानात्मक शैली के साथ-साथ अपने शिक्षार्थियों की संज्ञानात्मक शैली की पहचान करनी चाहिए
C. शिक्षार्थियों में वैयक्तिक भिन्नता को सहज बनाने के लिए समान शिक्षार्थियों के जोड़ बनाए जा सकते हैं
D. अधिकतम परिणाम लाने के लिए शिक्षक केवल एक अधिगम शैली पर ध्यान केंद्रित करता है

16. .... के अतिरिक्त निम्नलिखित सभी सीखने के रूप में आकलन को बढ़ावा देते हैं।

A. जितनी संभावना हो शिक्षार्थियों का लगातार परीक्षण लेना
B. शिक्षार्थियों को आंतरिक पृष्ठपोषण लेने के लिए कहना
C. अवसर लेने हेतु शिक्षार्थियों के लिए एक सुरक्षित वातावरण का निर्माण करना
D. पढ़ाए गए विषय पर मनन करने के लिए शिक्षार्थियों को कहना

17. जब एक बावर्ची खाना पकाते समय खाने को चखता है, तो वह .... के समान है।

A. आकलन और सीखना
B. सीखने का आकलन
C. सीखने के लिए आकलन
D. सीखने के रूप में आकलन

18. अंतरपरक अनुदेशन है

A. ऐसे समूहों का प्रयोग जो कभी नहीं बदलते
B. शिक्षार्थियों की आवश्यकताओं को पूरा करने के लिए समूहीकरण के विविध रूपों का प्रयोग करना
C. कक्षा में प्रत्येक शिक्षार्थी के लिए कुछ अलग करना
D. अव्यवस्थित अथवा स्वच्छंद शिक्षार्थी गतिविधियाँ

19. सांस्कृतिक तथा भाषिक रूप से वैविध्यपूर्ण कक्षा में यह निश्चित करने से पहले कि शिक्षार्थी विशिष्ट शिक्षा-वर्ग में आता है या नहीं, एक शिक्षक को करना चाहिए–

A. वातावरणीय कारकों को अप्रभावी बनाने के लिए बच्चे को अलग कर देना चाहिए
B. माता-पिता को इसमें सम्मिलित नहीं करना चाहिए क्योंकि उनके पास अपना कार्य होता है
C. अक्षमता स्थापित करने से पहले शिक्षार्थी की मातृभाषा का मूल्यांकन करना चाहिए
D. पारंगत मनोविज्ञानियों का उपयोग

20. निम्नलिखित में से .... के अतिरिक्त सभी के कारण अधिगम अक्षमता उत्पन्न हो सकती है–

A. शैशवकाल के समय दिमागी बुखार

B. शिक्षक की शिक्षण-शैली

C. जन्म से पहले माँ द्वारा मदिरा-सेवन

D. मंदबुद्धिता

21. एक समावेशी विद्यालय .... के अतिरिक्त निम्नलिखित सभी प्रश्नों पर मनन करता है।

A. क्या हम शिक्षार्थियों की विविध आवश्यकताओं को पूरा करने के लिए युक्तियाँ अपनाते हैं

B. क्या हम यह विश्वास करते हैं कि सभी शिक्षार्थी सीख सकते हैं

C. क्या हम अधिगमयोग्य परिवेश की योजना बनाने और उसे प्रदान करने के लिए समूह में कार्य करते हैं

D. क्या हम विशेष बालक को बेहतर देखभाल उपलब्ध कराने के लिए उचित तरीके से उन्हें सामान्य से अलग करते हैं

22. प्रतिभाशाली शिक्षार्थी .... हैं।

A. बहुत परिश्रमी B. अभिसारी चिंतक

C. अपसारी चिंतक D. बहिर्मुखी

23. छायांकित क्षेत्र सामान्य वितरण में उन शिक्षार्थियों को प्रदर्शित करता है जो .... में आते हैं।

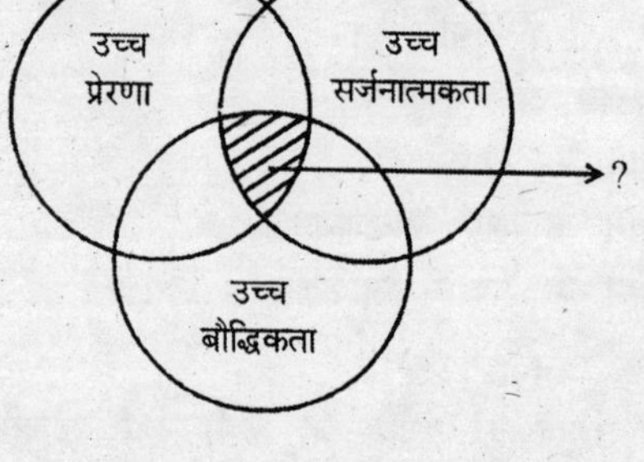

A. σ-2σ के बीच B. σ = 0 के बीच

C. 2σ-3σ के बीच D. 3σ के बाद

24. दिए गए वाक्य को पूरा करने के लिए निम्नलिखित में से कौन-सा युग्म सर्वाधिक उचित विकल्प होगा?

जब बच्चे उन गतिविधियों में शामिल होते हैं जो .... होती हैं, तब वे जल्दी .... करते हैं।

A. वास्तविक जीवन में उपयोगी; सीखा

B. कक्षा-कक्ष में उपयोगी; विस्मरण

C. केवल उनके कक्षा-कार्य से संबंधित; प्रत्यास्मरण

D. सांस्कृतिक रूप से निष्पक्षीय; स्मरण

25. सी.बी.एस.ई. शिक्षार्थियों के लिए व्यक्तिगत गतिविधियों के स्थान पर सामूहिक गतिविधियों की संस्तुति करती है। ऐसा करने के पीछे विचार हो सकता है

A. गतिविधि की ढाँचागत लागत को कम करना

B. व्यक्तिगत प्रतिस्पर्धा के प्रति नकारात्मक संवेगात्मक प्रतिक्रियाओं से उबारना जो संपूर्ण अधिगम पर सामान्यीकृत हो सकती हैं

C. प्रत्येक शिक्षार्थी के स्थान पर समूह में अवलोकन द्वारा शिक्षक के कार्य को सरल बनाने के लिए

D. विद्यालयों के पास उपलब्ध समय को प्रासंगिक बनाना जबकि उनमें से अधिकांश के पास व्यक्तिगत गतिविधियों के लिए पर्याप्त समय नहीं होता

26. 'बच्चे फिल्मों में दिखाए गए हिंसात्मक व्यवहार को सीख सकते हैं।' यह निष्कर्ष निम्नलिखित में से किस मनोवैज्ञानिक द्वारा किए गए कार्य पर आधारित हो सकता है?

A. जीन पियाजे B. एडवर्ड एल. थॉर्नडाइक

C. जे.बी. वाटसन D. एल्बर्ट बंडूरा

27. शिक्षार्थी फैशन शो को देखकर मॉडल्स का अनुकरण करने की कोशिश करते हैं। इस प्रकार के अनुकरण को .... कहा जा सकता है।

A. सामान्यीकरण B. प्राथमिक अनुकरण

C. गौण अनुकरण D. सामाजिक अधिगम

28. यदि शिक्षार्थी पाठ के दौरान लगातार गलतियाँ करते हैं तो शिक्षक को

A. गलतियाँ करने वाले शिक्षार्थियों को कक्षा-कक्ष से बाहर खड़ा कर देना चाहिए

B. अनुदेशन, कार्य, समय-सारिणी अथवा बैठने की व्यवस्था में परिवर्तन करना चाहिए

C. पाठ को कुछ समय के लिए छोड़ देना चाहिए और कुछ समय के बाद वापस जाना चाहिए

D. गलतियाँ करने वाले शिक्षार्थियों की पहचान करनी चाहिए और उनके बारे में प्राचार्य से बात करना चाहिए

29. .... के अतिरिक्त निम्नलिखित कुछ तकनीकें हैं जो परीक्षा के कारण होने वाली चिंता को दूर करती हैं।

A. विशिष्टताओं पर बल देना

B. प्रश्न-पत्र की संरचना (पैटर्न) से परिचित कराना

C. परिणाम के बारे में बहुत अधिक सोचना

D. समर्थन प्राप्त करना

30. ब्लूम की टैक्सोनॉमी .... की पदानुक्रमिक व्यवस्था है।

A. संज्ञानात्मक उद्देश्यों

B. उपलब्धि लक्ष्यों

C. पाठ्यचर्या संबंधी घोषणाओं

D. पठन कौशल

भाग-II

गणित एवं विज्ञान

31. श्री नदीम ने रेखाओं और कोण के प्रकरण को पूरा करने के बाद कक्षा को निम्नलिखित कार्य दिया :

रेखाओं और कोणों के बारे में अपने ज्ञान का प्रयोग करते हुए निम्नलिखित आकृति (figure) पर 2 मिनट बोलिए :

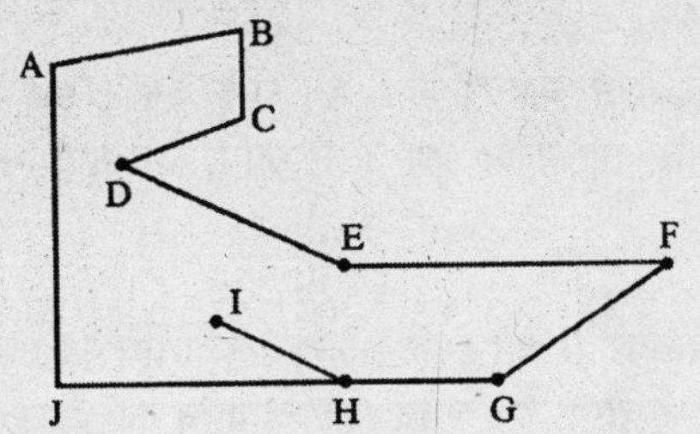

यह कार्य है

A. संप्रेषण करने वाला और खाली समय के दौरान कक्षा-कक्ष में गणितीय चर्चा को प्रोत्साहित कर सकता है

B. प्रकृति में मननपूर्ण, समय बिताने के लिए प्रयुक्त किया जा सकता है

C. प्रकृति में खोजपरक, योगात्मक आकलन के लिए प्रयुक्त किया जा सकता है

D. मननपूर्ण और रूपात्मक आकलन के लिए प्रयुक्त किया जा सकता है

32. कक्षा VII का एक बच्चा इस प्रकार आयत को परिभाषित करता है :

''आयत चतुर्भुज है जिसके विपरीत पृष्ठ/फलक समानांतर और समान है।''

परिभाषा यह बताती है कि बच्चा

A. कुछ विशेषताएँ जानता है लेकिन परिभाषा को पूरा करने में कुछ महत्वपूर्ण बातें छोड़ देता है

B. आकृति को पहचान नहीं सकता

C. आकृति की सही विशेषताओं को नहीं जानता

D. आकृतियों की विशेषताओं को जानता है लेकिन परिभाषा में कुछ विशेषताओं की आवृत्ति करता है

33. रेखीय व्यंजक के योग में एक बहुत सामान्य त्रुटि है :

$5y + 3 = 8y$

इस प्रकार की त्रुटि को .... कहा जा सकता है।

A. लापरवाह त्रुटि B. तुच्छ त्रुटि

C. संकल्पनात्मक त्रुटि D. प्रकमणपरक त्रुटि

34. कक्षा VI की पाठ्य-पुस्तक से निम्नलिखित अनुच्छेद पढ़िए :

''प्रबल ने 5% प्रति वर्ष ब्याज की दर से बैंक में ₹ 5,000 जमा किए। दो वर्ष बाद उन्होंने ₹ 3,500 पढ़ने वाली मेज खरीदने के लिए निकाले। उसने अपने पास बची राशि को अन्य दो वर्ष के लिए 5% प्रति वर्ष ब्याज दर पर जमा करा दी। दो वर्ष बाद वह कितनी राशि प्राप्त करेगा?''

इस प्रश्न के माध्यम से शिक्षार्थियों में कौन-सा मूल्य विकसित किया जा सकता है?

A. सादगी और दूसरों की सहायता करना

B. ईमानदारी

C. धन की बचत करने और उसे समझदार तरीके से खर्चना

D. निष्ठा

35. निम्नलिखित एक समस्या है जो कक्षा VI से ली गई है :

''रेखीय व्यंजक के माध्यम से निम्नलिखित कथन को अभिव्यक्त कीजिए :

नेहा के पास मेघा की तुलना में 7 ज्यादा टॉफियाँ हैं। यदि मेघा के पास x टॉफी हैं तो नेहा के पास कितनी टॉफियाँ होंगी?''

इस सवाल में ब्लूम के संज्ञानात्मक क्षेत्र की किस क्षमता की ओर संकेत किया गया है?

A. संश्लेषण B. ज्ञान

C. बोधन D. विश्लेषण

36. यदि $p = 3^{2000} + 3^{-2000}$ और $q = 3^{2000} - 3^{-2000}$ हो, तब $p^2 - q^2$ का मान है

A. 4 B. 1

C. -2 D. 3

37. 9 के वर्ग को 125 के घनमूल से भाग देने पर शेषफल है

A. 4 B. 1

C. 2 D. 3

38. $\sqrt{16\sqrt{8\sqrt{4}}}$ का मान है

A. $16\sqrt{2}$ B. 16

C. 8 D. $8\sqrt[3]{2}$

39. 1.2×10^{30} का आधा है

A. 1.2×10^{15} B. 6.0×10^{30}

C. 6.0×10^{29} D. 0.6×5^{30}

40. यदि $\frac{2}{3}, \frac{23}{30}, \frac{9}{10}, \frac{11}{15}$ तथा $\frac{4}{5}$ को आरोही क्रम में लिखा जाए, तो बीचों बीच जो भिन्न होगी, वह है

A. $\frac{11}{15}$ B. $\frac{23}{30}$

C. $\frac{4}{5}$ D. $\frac{2}{3}$

41. -3 से छोटी पर -8 से बड़ी पूर्णांकों की संख्या है
A. 6 B. 2
C. 3 D. 4

42. दो स्थानों के बीच की दूरी 12 किमी है। एक मानचित्र का स्केल 1 : 25000 है। मानचित्र पर इन दो स्थानों के बीच की दूरी, सेमी में, है
A. 60 B. 24
C. 36 D. 48

43. $\frac{-3}{8}\times\left(\frac{-7}{13}\right)$ का व्युत्क्रम है
A. $\frac{-21}{104}$ B. $\frac{104}{21}$
C. $\frac{-104}{21}$ D. $\frac{21}{104}$

44. किसी बहुफलक के 30 किनारे तथा 12 फलक हैं। इस बहुफलक के शीर्षों की संख्या है
A. 24 B. 12
C. 15 D. 20

45. जब किसी संख्या के आधे में 15 जोड़ दिया जाए तो परिणाम 39 है। वास्तविक संख्या के अंकों का योग है
A. 12 B. 6
C. 7 D. 9

46. ΔPQT में, PQ = PT है। बिंदु R और S भुजा QT पर इस प्रकार हैं कि PR = PS है। यदि $\angle PTS = 62^\circ$ तथा $\angle RPS = 34^\circ$ हो, तो $\angle QPR$ की मांप है
A. 17° B. 11°
C. 13° D. 15°

47. यदि ΔABC और ΔDEF सुमेलन CAB $\leftrightarrow$ EDF के अंतर्गत सर्वांगसम हो, तो निम्न में से कौन-सा सत्य नहीं है?
A. $\angle B = \angle F$ B. AC = DE
C. AB = EF D. $\angle A = \angle D$

48. (100 – 300 का 20%) का 40% बराबर है
A. 140 B. 16
C. 20 D. 64

49. दो संख्याओं का महत्तम समापवर्तक (HCF) 28 तथा उनका लघुत्तम समापवर्त्य (LCM) 336 है। यदि एक संख्या 112 हो, तो दूसरी संख्या है
A. 98 B. 56
C. 70 D. 84

50. यदि $\frac{2}{3}x = 0.6$ और $0.02\ y = 1$ है, तब $x + y^{-1}$ का मान है
A. 50.9 B. 0.92
C. 1.1 D. 49.1

51. यदि $y=\frac{x-2}{x+1}, y\neq 1$ है, तब x बराबर है
A. $\frac{2-y}{1-y}$ B. $\frac{y+2}{1-y}$
C. $\frac{y+2}{y-1}$ D. $\frac{y-2}{y+1}$

52. एक वर्ग और एक वृत्त के परिमाप बराबर हैं। वर्ग के क्षेत्रफल का वृत्त के क्षेत्रफल से अनुपात है
A. $\pi : 4$ B. 1 : 1
C. 1 : 4 D. $\pi : 2$

53. ABCD एक वर्ग है जिसमें AB = $(x + 16)$ सेमी तथा BC = $(3x)$ सेमी है। वर्ग का परिमाप (सेमी में) है
A. 96 B. 16
C. 24 D. 32

54. दस संख्याओं का माध्य 0 है। यदि इन संख्याओं में 72 और -12 और सम्मिलित कर लिए जाएँ, तो नया माध्य होगा
A. 60 B. 0
C. 5 D. 6

55. किसी लंबवृत्तीय बेलन के आधार की परिधि 44 सेमी तथा उसकी ऊँचाई 15 सेमी है। बेलन का आयतन का आयतन (सेमी^{3} में) है $\left(\pi = \frac{22}{7}\text{ लीजिए}\right)$
A. 2310 B. 770
C. 1155 D. 1540

56. कक्षा VII के शिक्षक कक्षा में निम्नलिखित समस्या पर चर्चा करना चाहते हैं :
"एक वर्ग को चार सर्वांगसम आयतों में विभाजित किया जाता है। प्रत्येक आयत का परिमाप है : 40 इकाई। दिए गए वर्ग का परिमाप क्या है?"
इस समस्या का हल करने के लिए आवश्यक मुख्य गणितीय संकल्पना है
A. समस्या को हल करने के लिए बीजगणितीय समीकरण
B. वर्ग और आयत का क्षेत्रफल, वर्ग और आयत का परिमाप, वर्ग और आयत की परिभाषा
C. वर्ग, आयत, सर्वांगसम, परिमाप आदि शब्दावली का अर्थ
D. आयत का क्षेत्रफल, वर्ग का परिमाप

57. माध्यमिक कक्षाओं में बीजगणित शुरू किया जाता है। पियाजे के संज्ञानात्मक विकास के सिद्धांत के अनुसार इस स्तर पर बीजगणित का परिचय उचित है, क्योंकि
A. बच्चा औपचारिक संक्रियात्मक चरण पर है और अमूर्त संकल्पनाओं को ग्रहण करने के लिए पूर्ण रूप से परिपक्व है
B. बच्चा संवेदीगतिक स्तर पर है और बहुत सारे हस्तपरिचालकों के साथ वह समझ सकता है
C. बच्चा पूर्व-संक्रियात्मक स्तर पर है और अमूर्त संकल्पनाएँ समझ सकता है
D. बच्चा मूर्त संक्रियात्मक स्तर पर है और वह तार्किक संरचना का निर्माण करने के द्वारा मूर्त अनुभवों को समझ सकता है।

58. श्री शर्मा ने घातांक पर शिक्षार्थियों को कार्य दिया। एक उत्तर-पत्रक इस प्रकार था :

1. $2^3 \times 2^5 = 2^8$ 2. $3^2 \times 4^2 = (12)^4$
3. $3^3 \div 3^5 = 3^{-2}$ 4. $7^{20} \div 7^{14} = 7^6$
5. $9^3 \div 18^6 = \left(\frac{1}{2}\right)^3$

इस उत्तर-पत्रक के आधार पर श्री शर्मा निम्नलिखित टिप्पणी दे सकते हैं :

A. जहाँ आधार समान होता है उन केसों में घातांक के नियमों को समझ गया है लेकिन जहाँ आधार अलग है – उस केस में संकल्पना को समझा नहीं है
B. बच्चा घातांक के नियम समझ गया है और भली प्रकार से उसका अनुप्रयोग कर सकता है
C. बच्चा घातांक के नियम समझ गया है लेकिन उसने लेखन-त्रुटियाँ की हैं
D. बच्चा घातांक के नियम समझ गया है लेकिन उसने दो संख्याओं के भाग वाले सवालों का अभ्यास नहीं किया

59. वेन हीले के ज्यामितीय विचार के स्तर के अनुसार ज्यामितीय समझ के पाँच स्तर हैं–चाक्षुषीकरण, विश्लेषण, अनौपचारिक निगमन, औपचारिक निगमन और दृढ़ता (rigour)। कक्षा VII के शिक्षार्थियों को चतुर्भुजों को उनकी विशेषताओं के आधार पर वर्गीकृत करने के लिए कहा गया। ये शिक्षार्थी वेन-हीले ज्यामितीय विचार के .... स्तर पर हैं।

A. औपचारिक निगमन B. चाक्षुषीकरण
C. विश्लेषण D. अनौपचारिक निगमन

60. कक्षा VIII को निम्नलिखित कार्य दिया गया :

एक खुला बक्सा 50 सेमी × 65 सेमी की मेटेलिक शीट से बना है। बक्से की लंबाई और चौड़ाई क्रमशः 30 सेमी और 15 सेमी है। बक्से की संभावित ऊँचाई क्या है? इस बक्से का आयतन भी ज्ञात कीजिए।

यह कार्य .... की ओर संकेत करता है।

A. उच्च स्तरीय संज्ञानात्मक माँग, क्योंकि यह संकल्पनात्मक समझ के उपयोग की माँग करता है जिसमें कार्य को पूरा करने की प्रक्रिया निहित है
B. निम्न स्तरीय संज्ञानात्मक माँग, क्योंकि यह आयतफलकी (क्यूबॉयड) के आयतन के सूत्र के ज्ञान की माँग करता है
C. निम्न स्तरीय संज्ञानात्मक माँग, क्योंकि सम्मिलित संकल्पनाओं और आवश्यक प्रक्रिया के मध्य कोई संबंध नहीं है
D. उच्च स्तरीय संज्ञानात्मक माँग, क्योंकि आरेख बनाते हुए और अनेक संभावित स्थितियों के बीच संबंध बनाते हुए समस्या का हल किया जा सकता है

61. विज्ञान-प्रदर्शनी के आयोजन का मुख्य उद्देश्य है

A. अपने शैक्षणिक निष्पादन को बढ़ाने के लिए शिक्षार्थियों को अवसर उपलब्ध कराना
B. शिक्षार्थियों को प्रायोगिक कौशल के आधार पर ग्रेड
C. दूसरों के साथ प्रतिस्पर्धा करने के लिए शिक्षार्थियों को अवसर उपलब्ध कराना
D. अपने सृजनात्मक कौशल का प्रदर्शन करने के लिए शिक्षार्थियों को अवसर उपलब्ध कराना

62. विज्ञान शिक्षक के पद के लिए साक्षात्कार देने वाले चार अभ्यर्थियों को "द्रवों और गैसों द्वारा लगाया दाब" प्रकरण पर कक्षा VIII के शिक्षार्थियों को एक निदर्शन पाठ देने के लिए कहा गया। भिन्न-भिन्न अभ्यर्थियों द्वारा भिन्न-भिन्न उपागमों का अनुपालन किया गया :

A. व्याख्यान के दौरान कक्षा-कक्षीय प्रश्नों पर ज्यादा ध्यान केंद्रित करना
B. श्यामपट्ट पर आरेख की सहायता से संबंधित संकल्पनाओं की विस्तृत व्याख्या करना
C. विभिन्न संकल्पनाओं को स्पष्ट करने के लिए चार्ट का प्रयोग करना
D. हस्तपरक शिक्षार्थी-गतिविधियों के बाद चर्चा का आयोजन करना

उपर्युक्त उपागमों में से प्रकरण को पढ़ाने के लिए सर्वाधिक प्रभावी कौन-सा है?

63. विज्ञान-शिक्षण में 'कक्षा-कक्षीय प्रश्नों' की तकनीक का .... के लिए प्रभावी रूप से प्रयोग किया जा सकता है

A. नवाचार एवं सृजनात्मकता को बढ़ावा देने
B. सीखने का स्तर सुनिश्चित करने
C. समस्या समाधान कौशलों का विकास करने
D. कक्षा में अनुशासन बनाए रखने

64. खाद्य पदार्थ में प्रोटीन की उपस्थिति का परीक्षण करने के कुछ चरण नीचे दिए गए हैं। ये चरण सही क्रम में नहीं हैं।

1. खाद्य पदार्थ का कुछ भाग परखनली में लेकर इसमें 10 बूँद जल डालिए और परखनली को हिलाइए।
2. परीक्षण किए जाने वाले खाद्य पदार्थ का पाउडर अथवा पेस्ट बनाइए।
3. परखनली में 10 बूँद कास्टिक सोडा विलयन की डालिए और भलीभांति हिलाइए।
4. इसमें 2 बूँद कॉपर सल्फेट विलयन की मिलाइए।

इन चरणों का सही क्रम है :

A. 4, 2, 1, 3 B. 1, 2, 4, 3
C. 2, 1, 4, 3 D. 2, 1, 3, 4

65. नीचे दिए गए कौन-से पद किसी पुष्प के मादा भाग को संघटित करते हैं?

A. पुंकेसर, पंखुड़ियाँ एवं बाह्यदल
B. वर्तिकाग्र, अण्डाशय एवं पुंकेसर
C. वर्तिकाग्र, अण्डाशय एवं वर्तिका
D. पुंकेसर, अण्डाशय एवं वर्तिका

66. किसी अस्थि को गति प्रदान करने के लिए कितनी पेशियाँ मिलकर संयुक्त रूप से कार्य करती हैं?
A. संख्या निश्चित नहीं है B. दो
C. चार D. छः

67. उस समुच्चय का चयन कीजिए जो किसी आवास के केवल जैविक अवयवों का निरूपण करता है।
A. कीट, जल, जलीय-पादप, मछली
B. बालू, कछुआ, केकड़ा, चट्टानें
C. कीट, मेंढ़क, मछली, जलीय-पादप
D. बाघ, हरिण, घास, मृदा

68. रसोईघर के कचरे को खाद में परिवर्तित करने के कुछ चरण, जो सही क्रम में नहीं हैं, नीचे दिए गए हैं :
1. कचरे को गड्ढे में डालिए।
2. गड्ढे की तली में रेत की परत बिछाकर ढक दीजिए।
3. गड्ढे को घास अथवा टाट के बोरे से पोला रखकर ढकिए।
4. अब गड्ढे में केंचुए डालिए।
इन चरणों का सही क्रम है :
A. 2, 4, 1, 3 B. 2, 1, 3, 4
C. 2, 3, 1, 4 D. 2, 1, 4, 3

69. दो जीव सबसे अच्छे मित्र हैं और साथ-साथ रहते हैं। इनमें से एक आवास, जल तथा पोषक तत्त्व प्रदान करता है, जबकि दूसरा भोजन बनाता एवं प्रदान करता है। जीवों के इस प्रकार के संबंध को कहते हैं
A. सहजीवन B. स्वपोषण
C. परजीविता D. विषमपोषण

70. आहार नाल (पाचन नली) में निगला गया भोजन नीचे की ओर गति करता है, क्योंकि
A. हृष्ट-पुष्ट जीभ भोजन को नीचे जाने के लिए बल प्रदान करती है
B. ग्रास नली (ग्रसिका) की भित्ति की पेशियाँ संकुचन करती हैं
C. भोजन के साथ लिया गया तरल पदार्थ प्रवाहित होता है
D. गुरुत्वीय बल लगता है

71. मेंढक तथा केंचुआ दोनों अपनी त्वचा से श्वसन करते हैं यही कारण है कि इन दोनों जीवों की त्वचा होती है
A. आर्द्र एवं श्लेष्मीय B. शुष्क एवं रुक्ष
C. शुष्क एवं श्लेष्मीय D. आर्द्र एवं रुक्ष

72. पिकनिक पर जाते समय किसी छात्र ने यात्रा समाप्त होने तक बस के ओडोमीटर का पाठ्यांक प्रत्येक 10 मिनट पश्चात नोट किया। अंत में उसने इन पाठ्यांकों को नीचे दर्शायी सारणी में लिखा :

समय (AM)	ओडोमीटर का पाठ्यांक (km)
8.00	78752
8.10	78758
8.20	78768
8.30	78780
8.40	78791
8.50	78800
9.00	78806

बस की समस्त यात्रा की मीटर प्रति सेकण्ड में औसत चाल थी
A. 54 B. 15
C. 18 D. 30

73. आपको एक अवतल दर्पण, एक अवतल लेंस, एक उत्तल दर्पण तथा एक उत्तल लेंस दिया गया है। किसी बिम्ब का विवर्धित प्रतिबिम्ब प्राप्त करने के लिए आप उपयोग कर सकते हैं या तो
A. अवतल दर्पण अथवा उत्तल लेंस
B. अवतल लेंस अथवा उत्तल लेंस
C. अवतल दर्पण अथवा उत्तल दर्पण
D. अवतल दर्पण अथवा अवतल लेंस

74. निम्नलिखित में से **खरीफ फसलों** का समुच्चय चुनिए :
A. मक्का, धान, अलसी, सोयाबीन
B. कपास, धान, मटर, अलसी
C. धान, मक्का, कपास, सोयाबीन
D. चना, सरसों, मूँगफली, गेहूँ

75. फसली पौधों पर खरपतवार के प्रभाव के विषय में नीचे दिए गए कथनों का अध्ययन कीजिए :
1. ये फसली पौधों की आरोग्य वृद्धि में सहायता करते हैं।
2. ये कटाई में बाधा उत्पन्न करते हैं।
3. ये पादप की वृद्धि को प्रभावित करते हैं
4. ये फसली पादपों से जल, पोषकों, स्थान तथा प्रकाश के लिए स्पर्धा करते हैं
इनमें सही कथन हैं :
A. 1, 2 तथा 4 B. केवल 3 तथा 4
C. केवल 4 D. 2, 3 तथा 4

76. जब हम सोडियम हाइड्रॉक्साइड के ताजा बने जलीय विलयन में ऐलुमिनियम की पन्नी डालते हैं, तो कोई गैस उत्पन्न होती है। नीचे दिए गए कथनों में से कौन-सा कथन इस गैस के गुणों का सही वर्णन करता है?
A. रंगहीन एवं गंधहीन गैस जो जलती माचिस की तीली नजदीक लाने पर 'पॉप' ध्वनि उत्पन्न करती है
B. रंगहीन एवं गंधहीन गैस जो जलती माचिस की तीली को बुझा देती है
C. रंगहीन एवं गंधहीन गैस जो जलती मोमबत्ती के जलने में सहायता करती है
D. तीक्ष्ण गंध वाली भूरे रंग की गैस

77. नीचे दिए गए ऑक्साइडों में से किसका जलीय विलयन नीले लिटमस् का रंग लाल कर देगा?

A. सल्फर डाइऑक्साइड B. कॉपर ऑक्साइड
C. आयरन ऑक्साइड D. मैग्नीशियम ऑक्साइड

78. निम्नलिखित में से कौन-सा समाप्त होने वाले प्राकृतिक संसाधनों का युगल है?
A. प्राकृतिक गैस तथा सूर्य का प्रकाश
B. कोयला तथा मृदा
C. पेट्रोलियम तथा जल
D. खनिज तथा वन्यजीव

79. विशेषक्षेत्री स्पीशीज के विषय में नीचे दिए कथनों में से कौन-सा कथन सत्य है?
A. विशेषक्षेत्री स्पीशीज कभी भी संकटापन्न नहीं हो सकती
B. अपने आवास के नष्ट होने का इन पर कोई प्रभाव नहीं होता
C. ये केवल चिड़ियाघरों एवं वानस्पतिक उद्यानों में पाई जाती हैं
D. ये केवल विशिष्ट आवास में ही पाई जाती हैं

80. नीचे दिए गए युगलों में से कौन-सा युगल लक्षणों की आनुवंशिकता से संबंधित है?
A. कोशिका झिल्ली तथा क्लोरोप्लास्ट (हरित लवक)
B. क्रोमोसोम (गुणसूत्र) तथा जीन
C. क्रोमोसोम तथा माइटोकॉन्ड्रिया
D. कोशिका झिल्ली तथा कोशिका भित्ति

81. नीचे दिए गए पदों के विभिन्न संयोजनों में से जन्तु कोशिका के संदर्भ पदों का कौन-सा संयोजन **सही** है?
A. कोशिका झिल्ली, राइबोसोम, क्लोरोप्लास्ट (हरितलवक), माइटोकॉन्ड्रिया
B. केन्द्रक, प्लैटिड, कोशिका झिल्ली, कोशिका भित्ति
C. केन्द्रक, क्रोमोसोम (गुणसूत्र), राइबोसोम, कोशिका भित्ति
D. कोशिका झिल्ली, क्रोमोसोम, राइबोसोम, माइटोकॉन्ड्रिया

82. नीचे दिए गए जनन से संबंधित पदों के समुच्चयों पर विचार कीजिए
1. शुक्राणु, अण्डवाहिनी, अण्ड, गर्भाशय
2. अण्डोत्सर्ग, अण्ड, अण्डवाहिनी, गर्भाशय
3. शुक्राणु, वृषण, शुक्राणुनलिका, शिश्न
4. ऋतुस्राव, अण्ड, अण्डवाहिनी, गर्भाशय

इनमें सही संयोजन के समुच्चय हैं:
A. 1, 2 तथा 4 B. 1, 2 तथा 3
C. 2, 3 तथा 4 D. 3, 4 तथा 1

83. टैडपोल के कायान्तरण के लिए जल में निम्नलिखित में से किस तत्त्व की उपलब्धता आवश्यक है?
A. आयोडीन B. क्लोरीन
C. ब्रोमीन D. सल्फर

84. निम्नलिखित में से कौन-सा उच्च प्राथमिक स्तर पर विज्ञान-शिक्षण का उद्देश्य **नहीं** है?
A. वैज्ञानिक साक्षरता अर्जित करना
B. प्रश्न पूछने और जाँच-पड़ताल कौशल का विकास करना
C. तकनीकी कौशल अर्जित करना
D. प्रक्रमण कौशल अर्जित करना

85. राष्ट्रीय पाठ्यचर्या की रूपरेखा (2005) ने इस बात का प्रबल समर्थन किया है कि उच्च प्राथमिक स्तर पर विज्ञान शिक्षण को
A. विषय सीखने-सिखाने के लिए रचनावादी उपागम का अनुसरण करना
B. शिक्षार्थियों को प्रतियोगिता परीक्षाओं के लिए तैयार करना चाहिए
C. संवेगात्मक रूप से संतुलित बनने में शिक्षार्थियों की सहायता करना
D. संगणना कौशल अर्जित करने में शिक्षार्थियों की सहायता करना

86. उच्च प्राथमिक स्तर पर विज्ञान-पाठ्यचर्या की 'संज्ञानात्मक वैधता' की यह माँग है कि
A. उसे शिक्षार्थियों को इस योग्य बनाना चाहिए कि वे सराहना कर सकें कि समय के साथ विज्ञान की संकल्पनाएँ किस तरह विकसित होती हैं
B. उसे शिक्षार्थियों की आयु की दृष्टि से उपयुक्त और उनके बोधन-स्तर की पहुँच के भीतर होना चाहिए
C. उसे वैज्ञानिक रूप से सही विषय-वस्तु संप्रेषित करनी चाहिए
D. उसे शिक्षार्थियों की स्वाभाविक जिज्ञासाओं और सृजनात्मकता को पोषित करना चाहिए

87. निम्नलिखित में से कौन-सा वैज्ञानिक प्रवृत्ति वाले व्यक्ति के व्यक्तित्व-विशेषता को प्रदर्शित **नहीं** करता?
A. व्यापक सोच B. प्रमाण माँगना
C. पक्षपाती राय D. तर्क संगत चिंतन

88. उच्च प्राथमिक स्तर की कक्षाओं की एन.सी.ई.आर.टी. की पुस्तकों में दैनिक जीवन से संबंधित व्यापक संख्या के प्रश्न शामिल किए गए हैं जिन्हें हल नहीं किया गया है। ऐसा इसलिए किया गया है ताकि
A. शिक्षार्थी विभिन्न स्रोतों की खोज करते हुए इन प्रश्नों के उत्तर प्राप्त कर सकें
B. आकलन के लिए शिक्षकों के पास एक अच्छा प्रश्न-भंडार है
C. शिक्षार्थी इन प्रश्नों को वैज्ञानिक के पास भेजकर उनके उत्तर प्राप्त कर सकें
D. शिक्षक गृह-कार्य के लिए इन प्रश्नों का प्रयोग कर सकें

89. कक्षा VIII को क्लीनिकल थर्मामीटर पढ़ने का सही तरीका बताते समय नेहा बरती जाने वाली निम्नलिखित आवश्यक सावधानियों का उल्लेख करती है:
A. थर्मामीटर के मरकरी स्तर को दृष्टि रेखा के स्तर में लाकर पठन करें
B. थर्मामीटर को प्रयोग से पहले और बाद में गर्म पानी से धोना चाहिए

C. थर्मामीटर को पढ़ते समय उसे बल्ब की तरफ से नहीं पकड़ना चाहिए

D. थर्मामीटर का प्रयोग करने से पहले यह सुनिश्चित कर लें कि उसका मरकरी स्तर 35ºC से कम है

उपर्युक्त में से कौन-सी सावधानी शिक्षक ने गलत बताई है?

90. कक्षा VIII के लिए एन.सी.ई.आर.टी. पाठ्य-पुस्तकों के अभ्यासों में 'गतिविधि एवं परियोजना' भाग रखने का मुख्य उद्देश्य है

A. अधिगम-विस्तार के लिए शिक्षार्थियों को अवसर उपलब्ध कराना

B. आधारभूत संकल्पनाओं की गहन समझ को बढ़ाना

C. छुट्टियों में शिक्षार्थियों को व्यस्त रखना

D. प्रायोगिक कौशलों में शिक्षार्थियों का आकलन करना

भाग-III

भाषा-I हिन्दी

***निर्देश :** नीचे दिए गए गद्यांश को पढ़कर सबसे उचित विकल्प का चयन कीजिए :*

किसे कहूँ मैं शिक्षा? क्या है शिक्षा का सच? कैसा होता है शिक्षित व्यक्ति और कैसा होता है पढ़ा-लिखा समाज? मेरे गुरु श्री दयालचन्द्र जी सोनी तो पूरी एक काव्यात्मक पुस्तक लिख गए। इस पुस्तक का नाम है 'हूं अणभणियों शिक्षित हूँ'। उनका आशय स्पष्ट है कि हर पढ़ा-लिखा आदमी अनपढ़ है। उन्होंने जब यह पुस्तक लिखी तो साफ कहा कि यह किताब उनके पूरे जीवन की शिक्षा का सार है। तब फिर हमें यह भी मान लेना चाहिए कि हमारा पूरा पढ़ा-लिखा समाज खासा अनपढ़ है। अशिक्षित है। तब फिर बताइए कि शिक्षा को कहाँ खोजें।

कहते हैं कि शिक्षा बालक के जन्म के साथ बालक को मिली प्रतिभा का विकास है। उसकी सोयी हुई शक्तियों को जगाने का नाम शिक्षा है। मगर ऐसा तो तब सम्भव है जब हम यह जान लें कि कौन-कौन सा बालक कौन-कौन सी प्रतिभा के साथ पैदा हुआ है? उसके शरीर में एवं उसके मन-मस्तिष्क में कौन-कौन सी शक्तियाँ सोयी हुई हैं? इसका अर्थ यह हुआ कि जो-जो बालक शाला में आया है उसको हम पहले पढ़ें। हर बालक को पढ़-पढ़ कर पहचानें कि वह क्या है? उसकी प्रदत्त प्रतिभा क्या है? और कौन-कौन सी सुषुप्त शक्तियों को लिए हुए वह हमारे सामने उपस्थित हुआ है।

91. 'उसकी प्रदत्त प्रतिभा क्या है?' वाक्य है–

A. संदेहवाचक B. विधानवाचक

C. नकारात्मक D. प्रश्नवाचक

92. 'शरीर' में 'इक' प्रत्यय लगने पर शब्द बनेगा–

A. शारिरिक B. शरीरिक

C. शारीरीक D. शारीरिक

93. लेखक के अनुसार शिक्षित होना और साक्षर होना–

A. दोनों में थोड़ा-बहुत अंतर है

B. दोनों समान हैं

C. दोनों में मूलभूत अंतर होता है

D. दोनों पर्यायवाची हैं

94. यहाँ 'पढ़ा-लिखा' होने से तात्पर्य है–

A. निरक्षर होना B. शिक्षित होना

C. अशिक्षित होना D. साक्षर होना

95. 'शिक्षा' का अर्थ है–

A. बच्चों में विद्यमान शक्तियों को प्रस्फुटित करना

B. बच्चों को जानकारी देना

C. बच्चों को केवल अक्षर ज्ञान देना

D. बच्चों को शक्तिशाली बनाना

96. लेखक के अनुसार–

A. सभी बच्चों की शक्तियाँ सुषुप्त अवस्था में ही रहती हैं

B. सभी बच्चे समान रूप से प्रतिभाशाली होते हैं

C. बच्चों में अलग-अलग प्रतिभा होती है

D. सभी बच्चे शाला जाकर प्रतिभाशाली बन जाते हैं

97. बच्चों को शिक्षा देने के लिए सबसे पहले क्या जरूरी है?

A. बच्चों को पढ़ाना

B. प्रतिभाओं के विभिन्न रूप जानना

C. बच्चों को प्रतिभाओं के अनुसार वर्गीकृत करना

D. बच्चों की समस्त क्षमताओं, प्रतिभाओं को जानने के लिए उन्हें पढ़ना

98. इस गद्यांश में शिक्षा का कौन-सा सिद्धांत निहित है?

A. पढ़े-लिखे लोग अनपढ़ होते हैं

B. सभी बच्चे समान रूप से प्रतिभाशाली होते हैं

C. सभी बच्चों में वैयक्तिक भिन्नता होती है

D. शक्तियाँ सदैव सुषुप्त अवस्था में ही रहती हैं

99. 'हर बालक को पढ़-पढ़ कर पहचानें कि वह क्या है?' वाक्य में 'पहचानें' क्रिया का कर्त्ता हो सकता है

A. वह B. मैं

C. हम D. तुम

***निर्देश :** नीचे दी गई पंक्तियों को पढ़कर सबसे उचित विकल्प का चयन कीजिए :*

दम्भ का जहाँ-जहाँ पड़ाव था,
सत्य से जहाँ-जहाँ दुराव था,

वह चला कि अग्नि-बाण मारता,
पाप की अहा-अहा उजाड़ता,
वज्र बन गिरा गिरे विचार पर।

100. 'जहाँ-जहाँ' शब्द है–
A. भिन्नार्थी शब्द-युग्म
B. एकार्थी शब्द-युग्म
C. पुनरुक्त शब्द-युग्म
D. विपरीतार्थक शब्द-युग्म

101. 'पाप' का विलोम शब्द है–
A. निरपराध
B. प्रायश्चित
C. अपाप
D. पुण्य

102. नौजवान शहीद ने किसे नष्ट किया?
A. अहंकार और असत्य को
B. अहंकार को
C. असत्य को
D. अहंकार और सत्य को

103. 'गिरे विचार' से तात्पर्य है–
A. उलझे विचार
B. सभी प्रकार के विचार
C. मिथ्या विचार
D. सत्य और हित से परे विचार

104. नौजवान शहीद ने अग्नि-बाण इसलिए चलाए क्योंकि वह–
A. अपनी शक्ति की गरिमा बनाए रखना चाहता था
B. अपना साम्राज्य स्थापित करना चाहता था
C. सुराज स्थापित करना चाहता था
D. वज्र गिराना चाहता था

105. 'दुराव' शब्द से तात्पर्य है–
A. बैर
B. दुर्गम स्थल
C. आवरण
D. काठिन्य

निर्देश : सबसे उचित विकल्प चुनिए :

106. भाषा में रचनात्मक आकलन का सर्वाधिक बेहतर उदाहरण है–
A. इकाई-परीक्षा लेना
B. बच्चों को अपने खट्टे-मीठे अनुभव लिखने के लिए कहना
C. श्रुतलेख
D. प्रश्नों के उत्तर लिखवाना

107. हिंदी भाषा के प्रश्न-पत्र में आप किस प्रश्न को सर्वाधिक उचित मानते हैं?
A. लेखक ने पहाड़ों पर होने वाली बारिश का वर्णन एक अलग तरीके से किया है। आप बारिश संबंधी अपना अनुभव लिखिए।
B. विशेषणों के कितने और कौन से भेद होते हैं
C. प्रत्ययों की परिभाषा लिखिए
D. सर्वनाम के भेदों को उदाहरण सहित स्पष्ट कीजिए

108. चॉम्स्की के अनुसार .... के कारण बच्चे भाषा सीखते हैं।
A. व्याकरणिक नियमों की जानकारी से ही
B. भाषायी समाज
C. भाषा-अर्जन क्षमता
D. भाषा-आकलन क्षमता

109. भाषा-शिक्षण में अनिवार्य है–
A. वर्तनी संबंधी गृहकार्य
B. मानक भाषा पर बल
C. समग्रतावादी दृष्टिकोण
D. विशेष आवश्यकता वाले बच्चों के साथ भिन्न व्यवहार

110. विशेष आवश्यकता वाले बच्चों की भाषा का आकलन करते समय–
A. उनके प्रति दया भाव रखना चाहिए
B. उन्हें प्रश्न-संख्या में विशेष छूट मिलनी चाहिए
C. उन्हें अधिक अंक देने का प्रयास करना चाहिए
D. उनकी क्षमता और सीमाओं का ध्यान रखना चाहिए

111. उच्च प्राथमिक स्तर पर कहानी, कविता पढ़ने के बाद यह जरूरी है कि बच्चे–
A. उन्हें अपने अनुभव संसार से जोड़ सकें
B. प्रश्नों के लिखित उत्तर दे सकें
C. उसे अपने शब्दों में दोहरा सकें
D. विपरीत भाव की कहानी या कविता लिख सकें

112. प्लेटो का यह कथन कि 'बच्चा बड़ों के बीच एक विदेशी की तरह होता है' किस भाषिक सच्चाई की ओर संकेत करता है?
A. बच्चों की भाषा के प्रति बड़ों का दृष्टिकोण संकीर्णता से परिपूर्ण होता है।
B. बच्चे अपनी भाषा में बोलते हैं जिसे बड़े सही-सही नहीं समझ पाते
C. बच्चा बड़ों से उम्र में छोटा होने के कारण अजनबी बना रहता है
D. बच्चों की भाषा अपरिपक्व होती है

113. 'भाषा की कक्षा' में कहानियाँ–
A. भाषा-कौशल के विकास का एकमात्र साधन है
B. मनोरंजन का साधन है
C. पाठ्य-पुस्तक का एक पाठ है
D. विभिन्न प्रकार की भाषायी संरचनाएँ और चिंतन-विकास की संभावनाएँ लिए होती हैं

114. राष्ट्रीय पाठ्यचर्या की रूपरेखा 2005 के अनुसार कौन-सा कथन सही है?
A. प्राथमिक स्तर पर भाषा सीखने-सिखाने में केवल पढ़ने पर बल देना चाहिए
B. भाषा केवल भाषा की कक्षा तक सीमित होनी चाहिए
C. भाषा-शिक्षण एक प्रकार से अन्य विषयों की कक्षाओं में भी मौजूद रहता है
D. बच्चे विद्यालय आकर ही भाषा सीखते हैं

115. भाषा-कौशलों के संदर्भ में कौन-सा कथन सही है?
A. सभी कौशल एक-दूसरे के साथ अंतःसंबंधित होते हैं
B. सुनना, बोलना, पढ़ना और लिखना एक क्रम से सीख जाते हैं
C. सुनना और पढ़ना निष्क्रिय कौशल है
D. पढ़ना और लिखना कौशल में कोई संबंध नहीं है

116. उच्च प्राथमिक स्तर पर भाषा की पाठ्य-पुस्तक में विविध प्रकार की साहित्यिक रचनाओं के समावेश का मुख्य उद्देश्य यह है
A. पाठ्य-पुस्तक निर्माण की परंपरा का निर्वाह करना
B. बच्चों को सभी प्रकार की साहित्यिक विधाओं में पारंगत करना
C. विभिन्न प्रकार की साहित्यिक विधाओं की भाषायी संरचनाओं से परिचित होने का अवसर देना
D. विभिन्न साहित्यिक विधाओं के प्रसिद्ध रचनाकारों से परिचित कराना

117. रश्मि अपनी कक्षा को बाहर मैदान में ले जाती है और पर्यावरण पर आधारित कविता-पाठ का कार्य करती है। रश्मि का उद्देश्य है–
A. अपने शिक्षक-प्रशिक्षण में सीखी बातों का निर्वाह करना
B. बच्चों को रोजमर्रा की चर्चा से कुछ अलग माहौल देना
C. बच्चों को मैदान में घूमने का अवसर देना
D. मैदान के प्राकृतिक वातावरण के साथ संबंध जोड़ते हुए कविता को समझने का अवसर देना

118. भाषा में आकलन करने के बाद महत्वपूर्ण सोपान होना चाहिए–
A. आँकड़ों का पुनः परीक्षण करना
B. आकलन से प्राप्त आँकड़ों के आधार पर बच्चों के अभिभावकों से विचार-विमर्श करना
C. आँकड़ों को सहेज कर रखना
D. आँकड़ों को तत्काल नष्ट करना

119. विद्यालय में एक से अधिक भाषाओं का शिक्षण–
A. व्यावहारिक नहीं है
B. जटिल समस्याएँ उत्पन्न करता है
C. अनेक भाषाओं के शिक्षकों के रोजगार को बढ़ावा देता है
D. बहुभाषिकता और राष्ट्रीय सद्भाव का प्रसार करता है

120. भाषा-शिक्षण की 'प्रत्यक्ष-विधि' में
A. भाषा की विविध संरचनाओं के लेखन हेतु अभ्यास पर बल दिया जाता है
B. मातृभाषा का निरर्थक हस्तक्षेप होता है
C. 'भाषा-अर्जन' की स्वाभाविक स्थिति का निर्माण होता है
D. अतिरिक्त शिक्षण सामग्री की कोई आवश्यकता नहीं

भाग-IV

भाषा-II अंग्रेजी

Directions: *Read the given passage and answer the questions that follow (Q. Nos. 121 to 129) by selecting the most appropriate option:*

Raja Ravi Verma was the Indian King and painter whose paintings brought a momentous turn in Indian art. His works on great Indian epics Ramayana and Mahabharata brought the omnipresent deities to the surroundings of earthy world. This showed excellent fusion of Indian traditional art with European realism. These paintings influenced future generation artists and also influenced the literature and films. His representation of mythological characters has become a part of the Indian imagination of the classics. His style is criticized for being too gaudy and sentimental.

Ravi Verma was born on April 29th, 1848 in Kilimanoor Palace in Kerala. Ravi Verma was brought up in an environment of art and culture. At the age of seven he started painting the figures of animals, acts and scenes from daily life on the wall with charcoal. As he grew up, he was exposed to the famous paintings of Italian painters. Here he was using indigenous paints made from leaves, flowers. He enhanced his creativity by listening to the music of veterans, watching Kathakali, a folk dance form, going through the manuscripts preserved in ancient families and listening to the artistic interpretation of the epics.

Raja Ravi Verma is most remembered for his paintings of beautifully sari-clad women, who were depicted as graceful and shapely.

121. In the extract, 'artistic interpretation of the epics' means he was interested in
A. unusual and rare myths found in legends
B. popular writing of his time
C. unique rendering of old mythologies
D. standard interpretation of the Indian epics

122. Find a word in the passage which is the opposite of 'minimized'
A. enhanced B. influenced
C. criticized D. exposed

123. The article is a/an
A. autobiography B. fiction
C. essay D. biography

124. The focus is on the subject's association with
A. dance (Kathakali) B. sculpture
C. painting D. music

125. The themes of Ravi Verma's famous paintings were
A. female figures
B. deities

C. animals and habitats
D. natural scenery

126. He was especially able to access historical documents in the possession of
A. his family members in Kilimanoor
B. national museums that curate them
C. certain individuals
D. families who inherited them

127. As he matured in his craft, Ravi Verma's skills were influenced by
A. None of these B. Italian artists
C. Indian cinema D. Ancient manuscripts

128. '*His style is criticized for being too gaudy and sentimental*' means that his work was characterized by
A. strong colours and emotionally appealing
B. pale colours and sad atmosphere
C. unrealistic images
D. lacking intellectual and emotional depth

129. A synonym for 'omnipresent' is
A. magnificent B. conspicuous
C. universal D. partly invisible

***Directions:** Read the given passage and answer the questions that follow (**Q. Nos. 130 to 135**) by selecting the most appropriate option:*

The scene presented by a community of bees is the more astonishing, the more we become acquainted with its details. Each hive is a commonwealth, of which the queen is nominally the head, receiving the greatest honour and care from her industrious subjects. With a greater wisdom than can be claimed by men, these creatures allow no disputes about the succession to the throne to induce them to injure each other; but they require the parties themselves individually to settle the quarrel between each other, without prolonged interference with the duties of the hive. Indeed, they may be said with truth to have adopted the advice: "Let those who make the quarrels, be the only ones to fight."

Only one queen is permitted to hold office in the community at a time; but while her claims are undisputed, she is treated with singular respect and affection. Indeed, her presence, and the prospect of a future generation, appear the chief motives of the insects to exert themselves.

130. The queen bee has a position which gives her .... from her subordinates.
A. caring support and indulgence
B. disregard but affection
C. aggressive defensiveness
D. exceptional reverence and devotion

131. '*To exert themselves*' means the bees are
A. very exhausted B. having influence
C. quite aggressive D. busy toiling

132. '*Each hive is a commonwealth*' means the hive is
A. without a leader B. over-crowded
C. has a queen D. self-governing

133. The writer's observation that the bees '*settle the quarrel between each other, without prolonged interference with the duties of the hive*' suggests that he/she is
A. condemning the behaviour of ill-tempered human beings
B. pointing a bee character
C. observing the traits of worker bees
D. appreciating the queen bee

134. 'The prospect of a future generation,' suggests that the writer is .... in his/her outlook.
A. appreciative B. ambivalent
C. nationalistic D. sympathetic

135. '*The parties*' in this context means
A. bees
B. participants
C. political organisation
D. individuals

***Directions:** Select the most appropriate option (**Q. Nos. 136 to 150**)*

136. Abilities for adaptive and positive behaviour that enable students to deal effectively with everyday demands and challenges are
A. learning methods
B. multiple intelligences
C. learning domains
D. life skills

137. A self-contained unit of a discourse in **writing** dealing with a particular point or **idea** is
A. a statement B. an essay
C. a poem D. a paragraph

138. The following is a conditional sentence
A. It's a sunny day, isn't it
B. I have to go to work
C. If the sea is stormy, the waves are high
D. Shut the door

139. Communication technology that enable sharing of educational resources within an institution
A. audio-video cassette
B. internet
C. intranet
D. telephone

140. Encouraging the student to love the world and to imagine a peaceful future; and caring for the student and encouraging the student to care for others is .... education
A. vocational B. distance
C. academic D. values

141. A communication technique that requires the listener to feed back what they have heard in their own words, to confirm the understanding of both parties, is .... listening.
A. passive B. active
C. appreciative D. informative

142. *Compounding* is
- A. forming new words from existing ones by adding affixes to them, like *shame* + *less* + *ness* → *shamelessness*
- B. stringing together older words like the formation of *earthquake* from *earth* and *quake*
- C. removing seeming affixes from existing words, such as forming *edit* from *editor*
- D. joining parts of two or more older words, such as forming *smog*, which comes from *smoke* and *fog*

143. *Constructivism* is a theory where students
- A. construct their own learning aids, thereby gaining hands-on experience
- B. study a variety of dissimilar samples and draw a well founded conclusion
- C. form their own understanding and knowledge of the world, through experiencing things and reflecting on those experiences
- D. are facilitated by the teacher and use a variety of media to research and create their own theories

144. E-learning refers to
- A. a language course for foreign languages
- B. acquisition of the mother tongue
- C. learning English language as the first language
- D. use of electronic media and information and communication technologies

145. Examples of irregular verbs are
- A. happy — happier
- B. break — broke
- C. train — trainer
- D. walk — walked

146. A *subject-centered approach* is where learning experiences are organized around
- A. educational technology
- B. students' interests
- C. teacher's subject competency
- D. course content

147. *Standardized assessment* means .... assessment.
- A. alternative
- B. formative
- C. summative
- D. frequent

148. In the word '*flower*', the phonetic transcription is
- A. /flour/
- B. /fleur/
- C. flæ r
- D. /flauer/

149. The *Gathering skill* while reading is
- A. analysis
- B. note-taking
- C. note-making
- D. puzzling out

150. *Multiple choice items* consist of a
- A. stem and a set of options
- B. set of questions
- C. options to choose questions
- D. sequence of grammatical errors

उत्तरमाला

1	2	3	4	5	6	7	8	9	10
B	C	C	A	D	A	B	C	A	C
11	**12**	**13**	**14**	**15**	**16**	**17**	**18**	**19**	**20**
A	B	C	D	B	D	A	C	C	B
21	**22**	**23**	**24**	**25**	**26**	**27**	**28**	**29**	**30**
D	C	D	A	B	D	A	B	C	A
31	**32**	**33**	**34**	**35**	**36**	**37**	**38**	**39**	**40**
A	A	C	C	A	A	B	C	C	B
41	**42**	**43**	**44**	**45**	**46**	**47**	**48**	**49**	**50**
D	D	B	D	A	B	C	B	D	B
51	**52**	**53**	**54**	**55**	**56**	**57**	**58**	**59**	**60**
B	A	A	C	A	B	A	A	C	D
61	**62**	**63**	**64**	**65**	**66**	**67**	**68**	**69**	**70**
D	D	C	C	C	A	C	D	A	B
71	**72**	**73**	**74**	**75**	**76**	**77**	**78**	**79**	**80**
A	B	A	C	B	A	A	C	D	B
81	**82**	**83**	**84**	**85**	**86**	**87**	**88**	**89**	**90**
D	B	A	C	A	D	C	A	B	A
91	**92**	**93**	**94**	**95**	**96**	**97**	**98**	**99**	**100**
D	D	C	D	A	C	D	C	C	C
101	**102**	**103**	**104**	**105**	**106**	**107**	**108**	**109**	**110**
D	A	D	C	A	B	A	C	C	D
111	**112**	**113**	**114**	**115**	**116**	**117**	**118**	**119**	**120**
A	B	D	C	A	C	D	B	D	C

121	122	123	124	125	126	127	128	129	130
C	A	D	C	A	D	B	A	C	D
131	132	133	134	135	136	137	138	139	140
D	D	A	C	B	D	D	C	C	D
141	142	143	144	145	146	147	148	149	150
B	B	C	D	B	D	C	C	C	A

कुछ चुने हुए प्रश्नों के व्याख्यात्मक उत्तर

3. विलोपन का अर्थ अधिगम की प्रतिक्रिया का गायब होना है। इसका कारण प्रतिक्रिया प्राप्त होने की स्थिति के समय सुदृढ़ीकरण की प्रक्रिया को हटा लेना है। अधिगम विलोपन के प्रति प्रतिरोध दर्शाना, इसका अर्थ यह है कि यद्यपि अधिगम प्रतिक्रिया का सुदृढ़ीकरण न किया जाए तो यह फिर भी कुछ समय के लिए जारी रहेगी। इस प्रकार बिना सुदृढ़ीकरण के परीक्षणों की संख्या को बढ़ाने से, प्रतिक्रिया की शक्ति धीरे-धीरे कम होती जाती है और अन्ततः वह मिलनी बन्द हो जाती है। अधिगम की प्रतिक्रिया कितने समय के लिए विलोपन का प्रतिरोध करेगी यह कई कारकों पर निर्भर करता है। यह देखा गया है कि सुदृढ़ीकरण के लिए परीक्षणों की बढ़ती संख्या के साथ विलोपन के प्रति प्रतिरोध भी बढ़ता है और परिणामस्वरूप अधिगम प्रतिक्रिया अपने उच्चतम स्तर पर पहुँच जाती है। इस स्तर पर प्रदर्शन स्थापित हो जाता है। इसके बाद परीक्षणों की संख्या बढ़ाने से परीक्षणों का अधिगम की प्रतिक्रिया में कोई परिवर्तन नहीं होता है।

7. हाल के दशकों में पूरी दुनिया में बुद्धि परीक्षणों के प्राप्तांक विचारणीय गति से बढ़े हैं–इस घटना को फ्लिन प्रभाव कहते हैं यह बुद्धिमत्ता में वातावरण की भूमिका का समर्थन करता है।

फ्लिन प्रभाव : 20वीं शताब्दी में लोग बुद्धिमान हो रहे हैं। 1940 के बाद से विश्व के सभी देशों में औसत बुद्धिलब्धि हर दशक में 3 पॉइन्टस (अंकों) की वृद्धि हुई है। इस घटना को इसके खोजकर्ता 'जेम्स फ्लिन' के नाम पर फ्लिन प्रभाव कहा जाता है। इतने बड़े स्तर पर इसका पाया जाना और इतनी तेजी होना उत्परिवर्तन के कारण नहीं हो सकता। अतः यह वातावरण का प्रभाव ही है।

8. सामाजिक विज्ञान में, 'समाजीकरण' के अर्थों में भिन्नता है, क्योंकि बहुत-सी शाखाएँ इसे केन्द्रीय प्रक्रिया मानती हैं। समाजीकरण अपने सबसे लोकप्रिय और सामान्य रूप में मेल-जोल बढ़ाने की प्रक्रिया है जिसमें व्यक्ति नियम, मूल्य, विश्वास, दृष्टिकोण और भाषा के लक्षणों के साथ अपने समूह में सम्पर्क में आता है। इन सांस्कृतिक अभिलक्षणों को ग्रहण करने के दौरान व्यक्तित्व का निर्माण होता है और यह आकार ग्रहण करता है। इस प्रकार समाजीकरण के कारण जीवन में दो प्रकार की परेशानियाँ सामने आती हैं : (1) एक पीढ़ी से दूसरी पीढ़ी तक सामाजिक सततता की समस्या तथा (2) मानवीय विकास की समस्या।

10. कोहलबर्ग (1927–1987) नैतिक विकास के क्षेत्र के अनूठे व्यक्ति थे। इन्होंने जीन पियाजे के सहयोग से नैतिक तार्किकता खोज के लिए विशाल समूह तैयार किया। पियाजे के समान ही वह भी बौद्धिकता के इस प्रकार के विकास में रुचि रखते थे, क्योंकि तर्क की क्षमता विकसित करने के दौरान बदलती रहती है। कोहलबर्ग ने शब्द चित्र विधि पर भरोसा किया। उन्होंने कुछ दृष्टांत लिखे जिसमें नैतिक भ्रम होता था। और यह उन्होंने उनके सामने रखा जिस पर वे अपना अनुसंधान कर रहे थे।

11. गार्डनर के MI सिद्धान्त के समान ही स्टर्नबर्ग का त्रितंत्र (ट्राई आर्किक) सिद्धान्त है, जो इस बात को सच मानता है कि बौद्धिकता की मूल प्रकृति अपने आपमें एक से अधिक कारकों से मिलकर बनी होती है। स्टर्नबर्ग ने एक ऐसा दृष्टिकोण अपनाया, जिसमें बौद्धिकता के कई आयामों को एक साथ रखकर उनका निरीक्षण किया जा सकता था, जिससे कि इस बात की व्याख्या की जा सके कि बौद्धिकता एक व्यवस्था की तरह कैसे कार्य करती है। यह सिद्धान्त मानता है कि बौद्धिकता के तीन भिन्न परन्तु एक-दूसरे से सम्बद्ध तीन प्रकार हैं–विश्लेषणात्मक, गुणात्मक, व्यवहारिक।

12. **सिद्धान्त :** सामान्य बनाम विशिष्ट कारक (मुख्य प्रस्तावक : चार्ल्स स्पीयर मेन)

- स्पीयर मेन ने बौद्धिकता के अध्ययन के लिए कारक विश्लेषण तैयार किया।
- बौद्धिकता में सामान्य कारक के लिए मजबूत साक्ष्य हैं।
- विशिष्ट कारक, विशिष्ट क्षमताएं–दक्षता, टेलेन्ट आदि होते हैं।

टिप्पणियाँ :

- एक शताब्दी के बाद g का सिद्धान्त आज भी प्रयोग में है।

सिद्धान्त : प्राथमिक मानसिक क्षमताएं (प्रस्तावक : लूइस थ्रस्टोन)

मूल जानकारियाँ :

- थ्रस्टोन ने कारक विश्लेषण का प्रयोग किया।
- प्राथमिक 'क्षमताएं' बहुत-सी हैं।
- सभी क्षमताएं और कारक संस्था उन्मुख हैं।

टिप्पणियाँ :

- अन्य शोधकर्ताओं ने सैकड़ों कारकों के होने का दावा किया है (जैसे : गिल्डफॉडी)
- जितने दावों का उन्होंने दावा किया उससे अधिक का उन्होंने अतिव्यापन किया।

सिद्धान्त : त्रितंत्र सिद्धांत (प्रस्तावक : रॉबर्ट स्टर्नबर्ग)

मूल जानकारियाँ :

- बुद्धि के तीन क्षेत्र हैं–विश्लेषणात्मक, सृजनशील और व्यावहारिक घटक।

- विश्लेषणात्मक बुद्धि, शैक्षिक क्षमता की समरूप होती है।

टिप्पणियाँ

- यह सिद्धान्त अरस्तू के सिद्धान्त से मेल खाता है।
- समीक्षा में सृजनशीलता को एक घटक के रूप में नहीं देखा जाता।

सिद्धान्त : बहुबुद्धि (प्रस्तावक : हॉवर्ड गार्डनर)

प्रमुख जानकारियाँ :

- गार्डनर ने भिन्न-भिन्न बुद्धियों को सिद्धान्तबद्ध किया।
- बुद्धि में व्यक्तिगत बुद्धि एवं सामाजिक बुद्धि, प्रतिभा और दार्शनिक बुद्धि शामिल होती हैं।
- यह सिद्धान्त विभिन्न बुद्धियों के लिए मस्तिष्क में विभिन्न स्थानों पर विश्वास करता है।

टिप्पणियाँ

- प्रस्तावक बुद्धियों की संख्या को लगातार बढ़ाते रहते हैं।
- बुद्धि के विभिन्न आयामों की अपेक्षा आलोचक बुद्धि के सिद्धान्तबद्ध होने को कम महत्वपूर्ण पाते हैं।
- अधिकतर आलोचक संगीत और शारीरिक प्रतिभाओं को बौद्धिक प्रतिभा नहीं मानते हैं।

14. 'जेंडर भूमिका' खास जेंडर के लिए समाज द्वारा व्याख्यायित निर्देशों का एक समूह है, जेंडर भूमिका व्यवहार इन निर्देशों के अनुसार व्यवहार करने पर जोर देता है, और जेन्डर भूमिका रूढ़िबद्धता सामान्यकृत मान्यताएं हैं जो किसी एक लिंग समूह की अभिलाक्षणिकताएँ होती हैं। जो अन्य लिंग के विपरीत होती हैं। उदाहरणस्वरूप पुरुष आक्रामक, स्वतन्त्र, प्रभावी, तेज (क्रियाशील), व्यापार में दक्ष, और किसी भी प्रकार से पराश्रित नहीं होते हैं। ये अपने इसी रूप में रूढ़िबद्ध होते हैं। जबकि महिलाएं कोमल, दूसरों की भावनाओं के बारे में अत्यधिक जागरूक, शारीरिक सौन्दर्य के प्रति लगाव, और सुरक्षा की अत्यधिक जरूरत, अपने इन्हीं लक्षणों में महिलाएं रूढ़िबद्ध होती हैं।

15. संज्ञानात्मक शैली, 'किसी के द्वारा व्यक्तिगत रूप से सोचने के तरीके' से सम्बन्धित है। संज्ञानात्मक शैली को किसी व्यक्ति में अंगभूत (हार्ड वायड) माना जाता है। यह व्यक्ति में शुरुआती विकास के समय ही विकसित हो जाती है अथवा अन्तर्निहित होती है। अतः इस पर उस समय का प्रभाव नहीं पड़ता है। जिस समय व्यक्ति की अनौपचारिक शिक्षा जारी रहती है। हमारी संज्ञानात्मक शैली हमें सूचनाओं को एक खास दिशा में प्रसंस्करण करने की ओर निर्देशित करती है।

20. 'अधिगम अक्षमता' (LD) पद का प्रयोग तंत्रिका तंत्रीय अक्षमता को दर्शाता है, जो किसी व्यक्ति की ग्रहण, प्रक्रिया भण्डारण और स्मरण करने की क्षमता को प्रभावित करती है। अधिगम अक्षमता के कई स्तर हैं जैसे—हल्का, मध्यम एवं तीव्र। क्योंकि अधिगम अक्षमता व्यक्ति के भ्रूणीय विकास से सम्बन्धित है अतः कोई बाह्य कारक जैसे शिक्षण पद्धति आदि का इस पर कोई प्रभाव नहीं होता है।

21. समावेशी शिक्षा : समावेशी शिक्षा, अधिगम के रास्ते में आने वाली किसी भी बाधा को समाप्त करने के लिए और सभी शिक्षार्थियों जो कि अधिगम से दूर विस्थापित किए जा रहे हैं यह उनके सारा अधिगम में हिस्सेदारी को सुनिश्चित करने हेतु संकल्पबद्ध है। यह सभी बच्चों के लिए अधिगम को उपलब्ध कराने की सफलता हेतु तैयार किया गया रणनीतिक दृष्टिकोण है। यह मानवाधिकारों और शिक्षा के अधिकारों में की गई कटौती को कम करने अथवा खत्म करने का प्रयत्न करती है। यह कम-से-कम प्राथमिक स्तर पर अधिगम तक पहुंच को आसान करना और भागीदारी को सुनिश्चित करती है।

22. गिल्डफोर्ड (1950) ने दो सामान्य प्रकार के चिंतन प्रस्तावित किए, अभिसारी चिंतन एवं अपसारी चिंतन। अभिसारी चिंतन में चिंतक अपना ध्यान समस्या के उपयुक्त उत्तर पर केन्द्रित करता है। अभिसारी चिंतक ऐसी समस्याओं को प्राथमिकता देते हैं, जिनका केवल एक ही उत्तर होता है। अपसारी चिंतन में किसी समस्या के एक से अधिक सम्भावित उत्तर होते हैं, अतः अपसारी चिंतक ऐसे प्रश्नों को प्राथमिकता देते हैं जिसके अन्त खुले होते हैं, जो विभिन्न प्रकार के नए उत्तरों को आने देते हैं। इस प्रकार के व्यक्ति सृजनशील होते हैं।

26. सामाजिक अधिगम विचारक इस बात की व्याख्या करते हैं कि सम्पूर्ण व्यवहार अधिगम है। प्राथमिक अधिगम प्रक्रिया में सक्रिय परिस्थितियाँ और प्रतिनिधिक अधिगम समाहित होते हैं। मनोविज्ञान में सामाजिक अधिगम के सिद्धान्त को अल्बर्ट बन्डूरा द्वारा अधिग्रहण और उग्रता का उपयोग करने की व्याख्या हेतु प्रतिपादित किया गया। बन्डूरा और उसके सहायकों ने प्रदर्शित किया कि बच्चे किसी मूवी (चलचित्र) को देखकर आसानी से आक्रामक व्यवहार सीख सकता है।

27. मानव का अधिकतर अधिगम सामाजिक परिस्थितियों में अन्य लोगों के व्यवहार के अनुकरण पर आधारित होता है, और इस प्रकार के अधिगम को व्यवहारविदों द्वारा अनदेखा कर दिया गया था। ऐसा माना जाता था कि सम्पूर्ण अधिगम प्रतिष्ठा और उपकरणों के प्रति अनुकूलन के परिणामस्वरूप होते हैं। "मॉडलिंग, प्रेक्षण और अनुकरण" शब्दों का पर्याय उस अधिगम से है, जिसे प्रायः व्यक्ति दूसरों के व्यवहार और उनके लिए इसके परिणामों को देखकर प्राप्त करता है। प्रारम्भ में 'सामाजिक अधिगम' जो कि दूसरों के व्यवहार के प्रेक्षण पर आधारित होता था, को प्रेक्षण अधिगम कहते थे। क्योंकि मनुष्य और पशु वृहत स्तर पर ज्ञान की प्राप्ति प्रेक्षण के द्वारा करते हैं जैसे देखना, सुनना, छूना और इसी प्रकार के अन्य सामान्य क्रियाकलापों द्वारा। दूसरों के व्यवहार को प्रेक्षण करने का हमारे व्यवहार का यह तरीका "प्रेक्षण अधिगम' कहलाता है।

36. $\because \quad P = 3^{2000} + 3^{-2000}$

$q = 3^{2000} - 3^{-2000}$

$$\therefore \quad p^2 - q^2 = (p+q)(p-q) = 2(3^{2000}) \times 2(3^{-2000}) = 4 \times 3^0 = 4 \times 1 = 4$$

37. 9 का वर्ग = 81

125 का घनमूल = 5

$\frac{81}{5} = 16\frac{1}{5}$

अतः शेषफल = 1

38. $\sqrt{16\sqrt{8\sqrt{4}}} = \sqrt{16\sqrt{8\times 2}} = \sqrt{16\times 4} = 8$

39. $\frac{1}{2}\times\frac{12}{10}\times10^{30} = 6 \times 10^{29} = 6.0 \times 10^{29}$

40. $\frac{20, 23, 27, 22, 24}{30}$

20, 22, 23, 24, 27 आरोही क्रम में हैं

अर्थात् = $\frac{2}{3}, \frac{11}{15}, \frac{23}{30}, \frac{4}{5}, \frac{9}{10}$ आरोही क्रम में है जिसके

बीचों-बीच भिन्न $\frac{23}{30}$ है।

41. 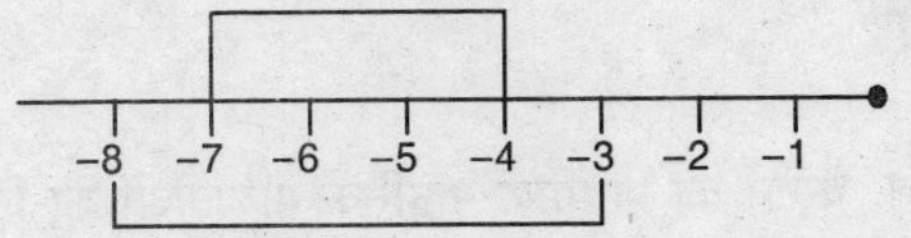

–3 से छोटी पर –8 से बड़ी पूर्णांकों की संख्या 4 है।

42. $\frac{1}{25000}\times1000\times100\times12 = 48$

43. $-\frac{3}{8}\times\left(-\frac{7}{13}\right) = \frac{21}{104}$

$\frac{21}{104}$ का व्युत्क्रम = $\frac{104}{21}$

45. माना कि संख्या x है।

$\frac{x}{2} + 15 = 39$

$\Rightarrow \frac{x}{2} = 24$

$\Rightarrow x = 48$

संख्या के अंकों का योग = 4 + 8 = 12

46. 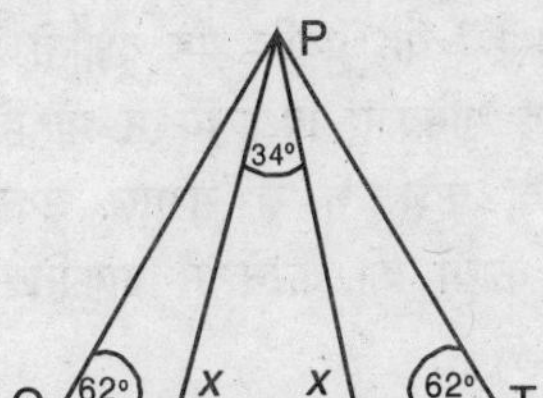

$\because$ PQ = PT $\therefore \angle Q = \angle T = 62^\circ$

तथा $\angle RPS = 34^\circ$ (दिया गया है)

ΔPRS में, PR = PS $\therefore \angle R = \angle S = x$

$x + x + 34^\circ = 180^\circ \Rightarrow 2x = 146^\circ \Rightarrow x = 73^\circ$

ΔQPR में, $62^\circ + \angle P = x$ (बहिष्कोण)

अतः $\angle P = 73^\circ - 62^\circ = 11^\circ \quad \therefore \angle QPR = 11^\circ$

48. (100 – 300 का 20%) का 40%

$= \frac{40}{100}\times\left(100-\frac{20}{100}\times300\right) = \frac{40}{100}\times(40) = 16$

49. दूसरी संख्या = $\frac{\text{महत्तम समापवर्तक}\times\text{लघुत्तम समापवर्त्य}}{\text{एक संख्या}}$

$= \frac{28\times336}{112} = 84$

50. $\because \frac{2}{3}x = 0.6 \Rightarrow x = 0.9$

तथा $0.02y = 1$ या $\frac{1}{y} = 0.02$

$x + y^{-1} = x + \frac{1}{y} = 0.9 + 0.02 = 0.92$

51. $\because y = \frac{x-2}{x+1}$ या $\frac{x-2}{x+1} = \frac{y}{1}$

या $\frac{x-2+x+1}{x-2-x-1} = \frac{y+1}{y-1}$

या $\frac{2x-1}{-3} = \frac{y+1}{y-1}$

या $\frac{2x}{-3}+\frac{1}{3} = \frac{y+1}{y-1}$

या $\frac{2x}{-3} = \frac{y+1}{y-1}-\frac{1}{3} = \frac{3y+3-y+1}{3(y-1)}$

या $\frac{2x}{-3} = \frac{2y+4}{3(y-1)} = \frac{2(y+2)}{3(y-1)}$

या $x = \frac{(y+2)}{-(y-1)} = \frac{y+2}{1-y}$

52. 

वर्ग की परिमिति तथा वृत की परिधि बराबर है

$\therefore \quad 4a = 2\pi r$

या $a = \frac{2\pi r}{4} = \frac{\pi r}{2}$

वर्ग का क्षेत्रफल = $a \times a = a^2$

वृत का क्षेत्रफल = πr^2

अभीष्ट अनुपात = $\frac{a^2}{\pi r^2} = \frac{\left(\frac{\pi r}{2}\right)^2}{\pi r^2}$

$= \frac{\pi r^2}{4(\pi r^2)} = \frac{1}{4} = 1:4$

पिछले प्रश्न-पत्र (हल सहित)

CTET पेपर-II, नवम्बर 2012*

(गणित एवं विज्ञान शिक्षक हेतु)

भाग-I

बाल विकास व शिक्षाशास्त्र

निर्देशः *निम्नलिखित प्रश्नों के उत्तर देने के लिए* ***सबसे उचित*** *विकल्प चुनिए।*

1. विद्यार्थियों से प्रतिक्रिया प्राप्त करने का आदर्श 'प्रतीक्षा समय' ________ के सही अनुपात में होना चाहिए।

A. पिछले पाठों से प्रश्नों का उत्तर देने के लिए विद्यार्थियों द्वारा लिया गया समय
B. वास्तविक जीवन में प्रश्न की प्रासंगिकता
C. पाठ्यचर्या में प्रकरण विशेष के लिए आवंटित समय
D. प्रश्न का कठिनाई स्तर

2. मान लीजिए आप विद्यालय शिक्षा बोर्ड के अध्यक्ष हैं, आप अपने अधिकार-क्षेत्र के अंतर्गत आने वाले विद्यालयों की शिक्षा की सम्पूर्ण गुणवत्ता को सुधारने के लिए क्या योजना बनाएंगे? इस प्रकार का प्रश्न ________ का एक उदाहरण है?

A. निम्न स्तरीय अभिसारी B. निम्न स्तरीय अपसारी
C. उच्च स्तरीय अभिसारी D. उच्च स्तरीय अपसारी

3. सीखने ________ आकलन, आकलन और अनुदेशन के बीच ________ के दृढ़ीकरण द्वारा सीखने को प्रभावित करता है।

A. का; अंतर B. का; भिन्नता
C. के लिए; सम्बन्धों D. के लिए; अंतर

4. आंतरिक रूप से अभिप्रेरित विद्यार्थी

A. का बाह्य रूप से अभिप्रेरित विद्यार्थी की तुलना में अभिप्रेरणा-स्तर कम होता है
B. के लिए औपचारिक शिक्षा की आवश्यकता नहीं है
C. के लिए पुरस्कार की बिल्कुल भी आवश्यकता नहीं है
D. के लिए बाह्य पुरस्कार उसकी अभिप्रेरणा को बनाए रखने के लिए पर्याप्त नहीं हैं

5. सतत और व्यापक मूल्यांकन की योजना में 'व्यापक' शब्द ________ के अलावा निम्नलिखित के द्वारा समर्थित किया जाता है।

A. जे.पी. गिलफोर्ड का बुद्धि-संरचना का सिद्धांत
B. एल.एल. थर्स्टन का प्राथमिक मानसिक योग्यताओं का सिद्धांत
C. बहुबुद्धि सिद्धांत
D. सूचना प्रक्रमण सिद्धांत

6. कक्षा-कक्ष में शिक्षक और विद्यार्थी किस प्रकार जेंडर को ________ करते हैं, यह सीखने के वातावरण ________।

A. रूपांतरित; को क्षुब्ध करता है
B. परिभाषित; को कम प्रभावी बनाता है
C. व्याख्यायित; पर कोई प्रभाव नहीं डालता
D. निर्मित; पर प्रभाव डालता है

7. उपलब्धि अभिप्रेरणा है

A. सफलता व असफलता को समान रूप से स्वीकारने की तत्परता
B. बिना विचारे, जल्दबाजी में कार्य करने की प्रवृत्ति
C. चुनौतीपूर्ण कार्य करने में डटे रहने की प्रवृत्ति
D. असफलता से बचने की प्रवृत्ति

8. विज्ञान के प्रयोगों में, सामान्यतः लड़के उपकरणों का नियंत्रण अपने हाथों में लेते हैं और लड़कियों से आंकड़ों को रिकॉर्ड करने अथवा बर्तनों को धोने के लिए कहते हैं। यह प्रवृत्ति यह दर्शाती है कि

A. पुरुष और स्त्री की रूढ़िबद्ध भूमिकाएं विद्यालय में भी होती हैं
B. लड़के उपकरणों को ज्यादा कुशलता से संभाल सकते हैं, क्योंकि वे इस प्रकार के कार्यों को करने में प्राकृतिक रूप से सक्षम होते हैं
C. लड़कियाँ नाजुक होने के कारण ऐसे काम करना पसंद करती हैं जिसमें ऊर्जा की खपत कम होती है
D. लड़कियाँ बेहतरीन अवलोकनकर्ता होती हैं और बिना किसी गलती के आंकड़ों का रिकॉर्ड रखती हैं

9. सी.बी.एस.ई. द्वारा प्रस्तावित समूह-परियोजना गतिविधि ________ का एक सशक्त साधन है।

A. रोजमर्रा के शिक्षण से होने वाले तनाव को दूर करने
B. अनेकता में एकता की संकल्पना का प्रचार-प्रसार करने
C. सामाजिक भागीदारिता को सुगम बनाने
D. शिक्षकों के भार को हल्का करने

*Exam was held on 18-11-2012.

10. रेवन का प्रोग्रेसिव मैट्रिसिज परीक्षण ________ परीक्षण का उदाहरण है।
A. अ-समूह बुद्धि-लब्धांक
B. व्यक्तित्व
C. मौखिक बुद्धि-लब्धांक
D. संस्कृति-मुक्त बुद्धि-लब्धांक

11. निम्नलिखित में से कौन-सा सिद्धान्त पाठ-योजना में शामिल नहीं है?
A. योजना की दृढ़ता B. शिक्षार्थियों का ज्ञान
C. उद्देश्यों की स्पष्टता D. शिक्षण का ज्ञान

12. 'निःशुल्क एवं अनिवार्य शिक्षा का अधिकार 2009' में 'अनिवार्य' शब्द का अर्थ है
A. केन्द्र सरकार दाखिले, उपस्थिति और प्रारंभिक शिक्षा की पूर्णता को सुनिश्चित करेगी
B. उचित सरकारें दाखिले, उपस्थिति और प्रारंभिक शिक्षा की पूर्णता को सुनिश्चित करेंगी
C. दण्डात्मक कार्य से बचने के लिए अपने बच्चों को विद्यालय भेजने के लिए अभिभावकों पर अनिवार्य रूप से जोर डाला गया है
D. अनिवार्य शिक्षा सतत परीक्षण के माध्यम से प्रदान की जाएगी

13. 'अधिगमकर्ता का स्व-नियमन' का क्या अर्थ है?
A. विद्यार्थी निकाय द्वारा बनाए गए नियम एवं विनियम
B. विद्यार्थियों के व्यवहार के लिए विनियमों का निर्माण करना
C. स्व-अनुशासन और नियंत्रण
D. अपने सीखने का स्वयं अनुवीक्षण करने की योग्यता

14. *'मैडम चाय खाती हैं'* वाक्य
A. अर्थ-विज्ञान एवं वाक्य-विन्यास दोनों की दृष्टि से सही है
B. अर्थ-विज्ञान एवं वाक्य विन्यास दोनों की दृष्टि से गलत है
C. वाक्य विन्यास की दृष्टि से सही है लेकिन अर्थ-विज्ञान की दृष्टि से गलत है
D. अर्थ-विज्ञान की दृष्टि से सही है लेकिन वाक्य विन्यास की दृष्टि से गलत है

15. सीखने के सिद्धांतों के संदर्भ में 'स्कैफोल्डिंग' ________ की ओर संकेत करता है।
A. सीखने में वयस्कों द्वारा अस्थायी सहयोग
B. विद्यार्थियों द्वारा की गई गलतियों के कारणों का पता लगाना
C. अनुरूपित शिक्षण
D. पूर्व अधिगम की पुनरावृत्ति

16. 'एक महिला ने भोजन प्राप्त करने के लिए अपने बच्चे को बेच दिया।' इस खबर को ________ के आधार पर अच्छी तरह समझा जा सकता है।
A. मनोसामाजिक सिद्धांत
B. पुनर्बलित आकस्मिकताओं का सिद्धांत
C. मनोविश्लेषणात्मक सिद्धांत
D. पदानुक्रमिक आवश्यकताओं का सिद्धांत

17. बुद्धि-लब्धांक के आधार पर विभिन्न समूहों में विद्यार्थियों का वर्गीकरण उनकी स्व-गरिमा को ________ है और उनके शैक्षणिक निष्पादन को ________ है।
A. घटाता; घटाता
B. घटाता; प्रभावित नहीं करता
C. बढ़ाता; घटाता
D. बढ़ाता; बढ़ाता

18. जॉन डयूवी द्वारा समर्थित 'लैब विद्यालय' के उदाहरण हैं
A. पब्लिक विद्यालय B. सामान्य विद्यालय
C. फैक्टरी विद्यालय D. प्रगतिशील विद्यालय

19. लॉरेंस कोहलबर्ग के द्वारा प्रस्तावित निम्नलिखित चरणों में से प्राथमिक विद्यालयों के बच्चे किन चरणों का अनुसरण करते हैं?
(*a*) आज्ञापालन और दण्ड-उन्मुखीकरण
(*b*) वैयक्तिकता और विनिमय
(*c*) अच्छे अंतःवैयक्तिक सम्बन्ध
(*d*) सामाजिक अनुबंध और व्यक्तिगत अधिकार
A. (*b*) और (*a*) B. (*b*) और (*d*)
C. (*a*) और (*d*) D. (*a*) और (*c*)

20. एक विद्यार्थी कहता है, *"उसका दादा आया है"*। एक शिक्षक होने के नाते आपकी प्रतिक्रिया होनी चाहिए
A. 'दादा आया है' की जगह पर 'दादाजी आए हैं' कहना चाहिए
B. आप अपनी भाषा पर ध्यान दीजिए
C. अच्छा, उसके दादाजी आए हैं
D. बच्चे, आप सही वाक्य नहीं बोल रहे

21. ________ के अलावा निम्नलिखित घटना/वृत्तांत रिकॉर्ड की विशेषताएं हैं।
A. यह पर्याप्त विस्तार से पूर्ण तथ्यात्मक प्रतिवेदन है
B. यह व्यवहार का व्यक्तिनिष्ठ साक्ष्य है और इसलिए यह शैक्षणिक क्षेत्र के लिए प्रतिपुष्टि (फीडबैक) उपलब्ध नहीं कराता
C. यह घटनाओं का सही वर्णन है
D. यह बच्चे के व्यक्तिगत विकास अथवा सामाजिक अंतःक्रियाओं को वर्णित करता है

22. मिश्रित आयु-वर्ग वाले विद्यार्थियों की कक्षा से व्यवहार रखने वाले शिक्षक के लिए ________ का ज्ञान सर्वाधिक महत्त्वपूर्ण है।
A. उनके अभिभावकों का व्यवसाय
B. सामाजिक-आर्थिक पृष्ठभूमि
C. सांस्कृतिक पृष्ठभूमि
D. विकासात्मक अवस्थाओं

23. प्रतिभाशाली बच्चे
A. बिना किसी की सहायता के अपने सामर्थ्य का पूर्ण विकास करते हैं
B. मानव के लिए महत्त्वपूर्ण किसी भी क्षेत्र में अस्वभावतः अच्छा निष्पादन करते हैं

C. सामान्यतः शारीरिक रूप से कमजोर होते हैं और सामाजिक अंतःक्रिया में अच्छे नहीं होते
D. सामान्यतः अपने शिक्षकों को पसंद नहीं करते

24. संकल्पनाओं की व्यवस्थित प्रस्तुति विकास के निम्नलिखित किन सिद्धांतों के साथ सम्बन्धित हो सकती है?
A. विकास के परिणामस्वरूप वृद्धि होती है
B. विकास विषमजातीयता से स्वायत्तता की ओर अग्रसर होता है
C. विद्यार्थी भिन्न दरों पर विकसित होते हैं
D. विकास सापेक्ष रूप से क्रमिक होता है

25. शिक्षा का अधिकार अधिनियम 2009 के क्रियान्वयन के बाद कक्षा-कक्ष
A. अप्रभावित हैं, क्योंकि शिक्षा का अधिकार विद्यालय में कक्षा की औसत आयु को प्रभावित नहीं करता
B. जेंडर के अनुसार अधिक समजातीय हैं
C. आयु के अनुसार अधिक समजातीय हैं
D. आयु के अनुसार अधिक विषमजातीय हैं

26. बाल-केंद्रित शिक्षा का समर्थन निम्नलिखित में से किस विचारक द्वारा किया गया?
A. एरिक इरिकसन B. चार्ल्स डार्विन
C. बी.एफ. स्किनर D. जॉन ड्यूवी

27. प्रतिभाशाली बच्चों के संदर्भ में संवर्द्धन (Acceleration) का अर्थ है
A. ऐसे विद्यार्थियों को वर्तमान स्तर/ग्रेड को छोड़कर अगले उच्च स्तर/ग्रेड में प्रोन्नत करना
B. आकलन की प्रक्रिया का संवर्द्धन करना
C. शैक्षणिक गतिविधियों के संपादन में संवर्द्धन करना
D. सह-शैक्षणिक गतिविधियों के संपादन की गति को बढ़ाना

28. एकल अभिभावक वाले बच्चे को पढ़ाते समय शिक्षक को
A. स्थिर और एकरूप वातावरण उपलब्ध कराना चाहिए
B. इस तथ्य को अनदेखा करना चाहिए और ऐसे बच्चे के साथ अन्य बच्चों के समान व्यवहार करना चाहिए
C. इस प्रकार के बच्चे के साथ भिन्न प्रकार से व्यवहार करना चाहिए
D. ऐसे बच्चे को कम गृहकार्य देना चाहिए

29. प्रतिभाशाली विद्यार्थियों के लिए निम्नलिखित में से कौन-सी गतिविधि सर्वाधिक उपयुक्त है?
A. अभी हाल ही में हुए स्कूल मैच का प्रतिवेदन लिखना
B. दी गई संकल्पनाओं के आधार पर मौलिक नाटक लिखना
C. पांच पाठों के अंत में दिए गए अभ्यासों को एक बार में हल करना
D. शिक्षक दिवस पर कक्षा को पढ़ाना

30. शारीरिक-गतिक बुद्धि रखने वाले बच्चे की अंतिम अवस्था निम्नलिखित में से कौन-सी हो सकती है?
A. शल्य चिकित्सक B. कवि
C. वाचक D. राजनैतिक नेता

भाग-II

गणित एवं विज्ञान

निर्देशः *निम्नलिखित प्रश्नों के उत्तर देने के लिए **सबसे उचित** विकल्प चुनिए।*

31. गणित की वर्तमान एन.सी.ई.आर.टी. पाठ्य-पुस्तकें ________ की अनुशंसाओं को ध्यान में रखकर लिखी गई हैं।
A. 2006 में सी.बी.एस.ई. द्वारा प्रस्तावित पाठ्यक्रम
B. 2006 में राज्य बोर्ड द्वारा प्रस्तावित पाठ्यक्रम
C. राष्ट्रीय पाठ्यचर्या की रूपरेखा 2005
D. राष्ट्रीय शिक्षा नीति 1986

32. "एक वर्ग किस प्रकार एक समानांतर चतुर्भुज है? स्पष्ट कीजिए।"

विद्यार्थियों को उपर्युक्त प्रश्न का उत्तर लिखने के लिए कहा गया। शिक्षक का उद्देश्य है
A. विद्यार्थियों को मुक्त-अंत वाले प्रश्नों से परिचित कराना
B. विद्यार्थियों के लेखन कौशल को सुधारना
C. विद्यार्थियों को चिंतन और मनन का अवसर देना
D. कक्षा को अधिक अंतःक्रियात्मक (सहभागी) बनाना

33. क्षेत्रमिति की इकाई पर आधारित पाठ-योजना में शामिल एक अनुदेशनात्मक उद्देश्य इस प्रकार था : "शिक्षार्थी गणित के अनुप्रयोग को समझ सकेंगे।" यह अनुदेशनात्मक उद्देश्य
A. उचित है, क्योंकि किसी को भी प्राप्त ज्ञान का अनुप्रयोग करने के योग्य होना चाहिए
B. अनुचित है, क्योंकि उद्देश्य अस्पष्ट है और खराब तरीके से परिभाषित है
C. उचित है, क्योंकि गणित की सभी इकाइयों का उद्देश्य यही है
D. उचित है, क्योंकि 'क्षेत्रमिति' पर आधारित इकाई के दैनिक जीवन में अनेक अनुप्रयोग हैं

34. कक्षा VII का एक शिक्षक 'सभी प्रकार के चतुर्भुजों की विशेषताएं' पढ़ाता है। इस इकाई के बाद कक्षा-परीक्षा में शिक्षक चतुर्भुज का निर्माण करने से संबंधित समस्याएं पूछते हैं। कक्षा में से कोई भी परीक्षा में निष्पादन नहीं कर पाता। इसका संभावित कारण हो सकता है
A. शिक्षक इस इकाई में विद्यार्थियों की रुचि नहीं बना पाया

B. विद्यार्थी कक्षा-परीक्षा के प्रति गंभीर नहीं थे और उन्होंने अच्छी तरह से तैयारी नहीं की थी

C. कक्षा के सभी विद्यार्थी होशियार नहीं हैं

D. कक्षा में दिए गए अनुदेशों और किए गए आकलन में अंतर है

35. दो धनात्मक संख्याओं का योगफल 63 है। यदि उनमें से एक संख्या x, दूसरी संख्या की दुगुनी हो, तब समीकरण है

A. $\frac{x-63}{x}=2$ B. $\frac{x}{63-x}=2$

C. $\frac{x}{x-63}=2$ D. $\frac{63-x}{x}=2$

36. $3 \times 10^5 + 4 \times 10^3 + 7 \times 10^2 + 5$ बराबर है

A. 304705 B. 347500

C. 3004705 D. 3475×10^{10}

37. संख्याओं 5.02, 5.18, 5.12, 5.007 और 5.018 के माध्य और माध्यिका का योगफल है

A. 10.71 B. 10.89

C. 10.089 D. 10.73

38. आकृति में सममिति रेखाओं की संख्या है

A. 4

B. 6

C. 1

D. 3

39. $0.33 \div 0.11$ को प्रतिशत के रूप में व्यक्त करने पर प्राप्त होता है

A. 30 B. 300

C. $\frac{1}{300}$ D. $\frac{1}{3}$

40. दो वर्गों की भुजाएं क्रमशः x सेमी तथा $(2x + 1)$ सेमी हैं। उनके परिमापों का योगफल 100 सेमी है। उनमें से बड़े वर्ग का क्षेत्रफल (सेमी^{2} में) है

A. 225 B. 289

C. 64 D. 81

41. संख्याओं 4, 20 और 28 के म.स. (HCF) तथा ल.स. (LCM) का योगफल है

A. 140 B. 144

C. 74 D. 136

42. संख्याओं $-20, -\frac{3}{4}, \frac{1}{2}, 10$ में से कौन-सी संख्या अपने वर्ग से बड़ी है?

A. 10 B. -20

C. $\frac{1}{2}$ D. $-\frac{3}{4}$

43. निम्न भिन्नों $\frac{3}{8}, \frac{4}{5}, \frac{31}{40}, \frac{9}{20}, \frac{7}{10}$ में से कौन-सी भिन्न $\frac{1}{2}$ से बड़ी तथा $\frac{3}{4}$ से छोटी है?

A. $\frac{4}{5}$ B. $\frac{7}{10}$

C. $\frac{31}{40}$ D. $\frac{9}{20}$

44. यदि $a^3 = 1 + 7$, $3^3 = 1 + 7 + b$, $4^3 = 1 + 7 + c$, हो, तो $a + b + c$ का मान है

A. 77 B. 110

C. 58 D. 75

45. आकृति में, ABC एक त्रिभुज है। $\angle ABD$ की माप, डिग्री में, है

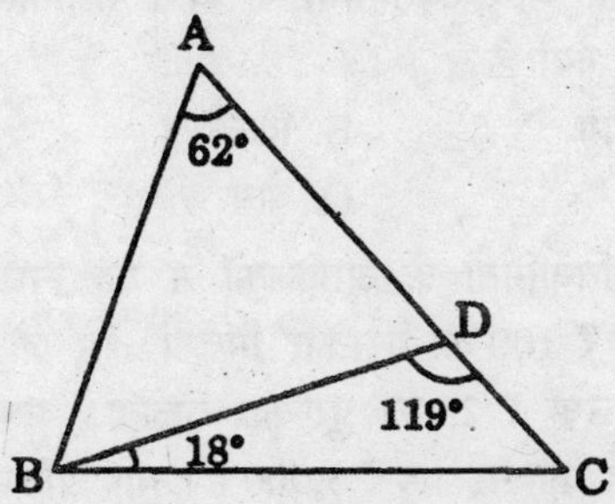

A. 72 B. 80

C. 57 D. 61

46. किसी घन का आयतन 125 सेमी^{3} है। इसके एक फलक का क्षेत्रफल है

A. 25 सेमी^{2} B. 30 सेमी^{2}

C. 5 सेमी^{2} D. 20 सेमी^{2}

47. ΔPQR और ΔTQR एक ही आधार QR पर तथा QR के एक ही ओर बने हुए हैं। यदि PQ = TR तथा PR = TQ हो, तो निम्न में से कौन-सा सही है?

A. $\Delta PQR = \Delta RQT$ B. $\Delta PQR = \Delta QTR$

C. $\Delta PQR = \Delta TQR$ D. $\Delta PRQ = \Delta TRQ$

48. 2010 में, किसी नगर की जनसंख्या 30.3 मिलियन है। यह संख्या निम्न के बराबर है

A. 3030000 B. 30030000

C. 30300000 D. 303000000

49. दो संख्याओं का योगफल 32 है। उनमें से यदि एक संख्या -36 हो, तो दूसरी संख्या है

A. -68 B. 68

C. -4 D. 4

50. $x^2 + 7x + 10$ और $x^2 - 3x - 10$ का एक उभयनिष्ठ गुणनखंड है

A. $x + 2$ B. $x - 2$

C. $x - 5$ D. $x + 5$

51. $2^{10} - 1$ निम्न से विभाज्य है

A. 4 B. 10

C. 2 D. 3

52. मुक्त-अंत वाले प्रश्न की पहचान कीजिए।

A. परीक्षित विमाओं 5 सेमी, 2 सेमी, 5 सेमी का एक घनाभ बनाता है। एक घन को बनाने के लिए ऐसे कितने घनाभों की आवश्यकता होगी?

B. अभाज्य गुणनखंडन पद्धति का प्रयोग करते हुए 512 का घनमूल ज्ञात कीजिए

C. 10 के घन को ज्ञात कीजिए

D. कोई पांच संख्याएँ लिखिए जिनका घन 64 से अधिक हो

53. निम्नलिखित प्रश्न को पढ़िए

हल कीजिए $\dfrac{x+1}{2x+3}=\dfrac{3}{8}$

इस प्रश्न में ब्लूम टैक्सोनॉमी के किस संज्ञानात्मक कौशल पर बल दिया गया है?

A. अनुप्रयोग B. विश्लेषण

C. ज्ञान D. बोध

54. "निबंध प्रतियोगिता के आयोजकों ने यह निर्धारित किया कि विजेता को ₹ 100 का पुरस्कार मिलेगा और जो प्रतिभागी जीत नहीं पाएँ उन्हें ₹ 25 का पुरस्कार मिलेगा। कुल पुरस्कार राशि जो वितरित की गई वह ₹ 3,000 है। यदि प्रतिभागियों की कुल संख्या 63 है, तो विजेताओं की संख्या ज्ञात कीजिए।"

गणितीय संकल्पना की जांच के अलावा, शिक्षक विद्यार्थियों के साथ चर्चा करते हुए इस प्रश्न के माध्यम से किन मूल्यों को विकसित कर सकता है?

A. अच्छा निबंध लिखने की योग्यता महत्त्वपूर्ण है

B. सामाजिक मुद्दों पर विचारों को लिखने का विकास नियमित आदत के रूप में किया जा सकता है और निबंध प्रतियोगिता में भागीदारिता के माध्यम से आप अपने विचारों को सार्वजनिक करने के अवसर को भी प्राप्त कर सकते हैं

C. जीतना भागीदारिता से अधिक महत्त्वपूर्ण है

D. भागीदारिता अधिक महत्त्वपूर्ण है

55. एक शिक्षक नीचे दिए गए संकल्पना मानचित्र को पूरा करने के लिए अपने विद्यार्थियों से कहता है :

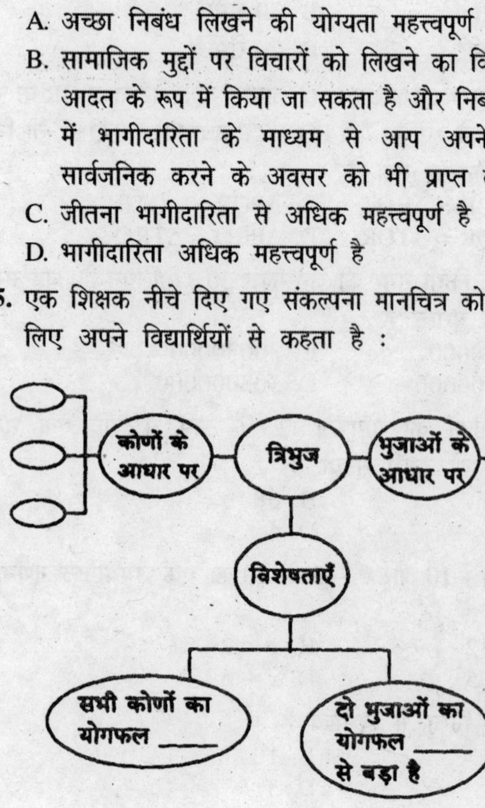

कक्षा में इस गतिविधि के माध्यम से शिक्षक संकल्पना मानचित्र का प्रयोग कर रहा है

A. रूपात्मक आकलन करने और यह अंतर्दृष्टि प्राप्त करने के लिए कि विद्यार्थियों ने कितना सीखा

B. शिक्षार्थियों की स्थानिक योग्यता को संवर्द्धित करने के लिए ताकि वे इकाई को सम्पूर्णता में देख सकें

C. प्रत्येक विद्यार्थी के ध्यान को खींचने के लिए

D. विभिन्न प्रकार की अधिगम सामग्री उपलब्ध कराने के लिए

56. किसी आयत का क्षेत्रफल A सेमी^{2} है और इसकी लम्बाई l सेमी है। इसका परिमाप (सेमी में) है

A. $2l+\dfrac{A}{l}$ B. $2l+\dfrac{2A}{l}$

C. $2l + 2A$ D. $2l+\dfrac{A}{2l}$

57. यदि किसी वृत्त की परिधि 3 सेमी है, तो इसका क्षेत्रफल, सेमी^{2} में, है

A. $\dfrac{9\pi}{4}$ B. $\dfrac{3\pi}{2}$

C. $\dfrac{9}{4\pi}$ D. $\dfrac{4}{9\pi}$

58. एक कार एक किलोमीटर की दूरी 30 किमी/घंटा की चाल से और उसके बाद अगले किलोमीटर की दूरी 40 किमी/घंटा की चाल से चलती है। 2 किमी के लिए कार की औसत चाल (किमी/घंटा में) है

A. $33\frac{3}{7}$ B. $33\frac{5}{7}$

C. 35 D. $34\frac{2}{7}$

59. गणित के विद्यार्थियों के पोर्टफोलियो में ________ हो सकते हैं।

A. अधिन्यास कार्य के रिकॉर्ड, कार्यपत्रक, गणित प्रयोगशाला की गतिविधियों के रिकॉर्ड, किसी भी गणितीय मॉडल पर 'राइट-अप', गणितीय पोस्टर और कार्ड्स, किसी भी नई प्रकार की समस्या जिसका हल खोजा गया अथवा सामान्यीकरण किया गया, आदि

B. सभी कक्षा परीक्षाओं, इकाई परीक्षाओं के रिकॉर्ड जो रूपात्मक और योगात्मक आकलन के दौरान आयोजित किए गए

C. उनके छायाचित्रों, ड्राइंग और कला कार्य के रिकॉर्ड

D. कक्षा-कार्य और गृह-कार्य की नोटबुक के रिकॉर्ड

60. यह देखा गया है कि इस प्रकार की समस्या 'यह दर्शाइए कि कोई दो विषम संख्याओं का योगफल सम संख्या होता है' के उत्तर के रूप में अधिकतर विद्यार्थी एक उदाहरण उद्धृत करते हैं, जैसे कि,

$$5 + 7 = 12.$$

विद्यार्थियों ने इस प्रश्न का उत्तर गलत दिया, क्योंकि
A. विद्यार्थियों को यह समझ में नहीं आया कि गणित में 'कोई' का प्रयोग सामान्यीकरण की ओर संकेत करने के लिए किया जाता है और इसलिए वे सही उत्तर नहीं दे सके
B. विद्यार्थियों ने पियाजे द्वारा प्रस्तावित औपचारिक संक्रियात्मक अवस्था प्राप्त कर ली है
C. विद्यार्थियों का यह दृढ़ विश्वास है कि यदि एक कथन संख्याओं के एक सेट के लिए सत्य है, तो वह हमेशा सत्य होगा और उन्होंने सामान्यीकरण करने की दृढ़ रणनीति विकसित कर ली है
D. विद्यार्थियों ने कक्षा में कथन के लिए तार्किक प्रमाण नहीं सीखा है

61. दीर्घरोम के संदर्भ में निम्नलिखित कथनों का अध्ययन कीजिए:
(*a*) ये अंगुली के समान उभरी हुई संरचनाएं होती हैं।
(*b*) इनकी भित्तियां अत्यधिक पतली होती हैं।
(*c*) इनमें महीन छिद्र होते हैं जिनसे भोजन आसानी से गुजर सकता है।
(*d*) इनमें सूक्ष्म रुधिर वाहिकों का जाल फैला रहता है जो इनके पृष्ठ के समीप होता है।
दीर्घरोम को पाचित भोजन को अवशोषित करने के योग्य बनाने वाले कथन हैं
A. (*c*), (*d*) व (*a*) B. (*d*), (*a*) व (*b*)
C. (*a*), (*b*) व (*c*) D. (*b*), (*c*) व (*d*)

62. विज्ञान की कक्षा में निम्नलिखित गतिविधियों में से किसका सबसे कम शैक्षिक मूल्य है?
A. वैज्ञानिक सिद्धान्त की चर्चा करना
B. डिजाइन बनाना
C. मॉडल का निर्माण करना
D. सरल प्रयोग के बारे में पढ़ना

63. निम्नलिखित में से कौन-से कथन प्रकाश-संश्लेषण के संदर्भ में सत्य हैं?
(*a*) इस प्रक्रिया में सौर ऊर्जा रासायनिक ऊर्जा में परिवर्तित होती है
(*b*) प्रकाश-संश्लेषण में CO_2 तथा H_2O का उपयोग किया जाता है
(*c*) प्रकाश-संश्लेषण में CO_2 मुक्त होती है तथा O_2 उपभुक्त होती है
(*d*) प्रकाश-संश्लेषण में O_2 मुक्त होती है तथा कार्बन मोनोक्साइड उपभुक्त होती है
A. (*c*) व (*d*) B. (*a*) व (*d*)
C. (*a*) व (*b*) D. (*b*) व (*c*)

64. भोजन के पाचन में शामिल जटिल प्रक्रियाओं का सही क्रम है
A. अंतर्ग्रहण → पाचन → स्वांगीकरण → अवशोषण → निष्कासन
B. अंतर्ग्रहण → स्वांगीकरण → अवशोषण → पाचन → निष्कासन
C. अंतर्ग्रहण → अवशोषण → पाचन → स्वांगीकरण → निष्कासन
D. अंतर्ग्रहण → पाचन → अवशोषण → स्वांगीकरण → निष्कासन

65. निम्नलिखित में से कौन-सी विधि एक मिश्रित योग्यता वाली कक्षा, जिसमें विद्यार्थी संज्ञानात्मक विकास के विभिन्न चरणों में हैं, के लिए सर्वाधिक उपयुक्त होगी?
A. प्रतिभाशाली विद्यार्थियों के लिए व्यष्टि-अनुदेश (अलग से शिक्षण) की योजना
B. विद्यार्थियों के बुद्धि-लब्धाकों का औसत निकालकर उसके अनुसार शिक्षण की योजना
C. मूर्त वस्तुओं को शामिल करके हाथ से की जाने वाली गतिविधियों द्वारा अमूर्त संकल्पनाओं का सरलीकरण
D. पियाजे द्वारा बताए गए संज्ञानात्मक विकास के चार चरणों के अनुसार कक्षा का चार समूहों में पुनः वर्गीकरण

66. अधिगम की जटिलता की प्रतिक्रिया के रूप में निम्नलिखित में से कौन-सी विधि के उपयोग की सलाह विज्ञान शिक्षकों को नहीं दी जानी चाहिए?
A. गूढ़ प्रक्रियाओं को समझाने हेतु हस्त-प्रचालित सामग्री का उपयोग
B. शिक्षण स्तर को अलग-अलग विद्यार्थियों के स्तर से थोड़ा अधिक परन्तु कक्षा के स्तर की सीमा के भीतर रखना
C. जटिल संकल्पनाओं को आरम्भ करते समय, विद्यार्थियों के चिंतन को प्रोत्साहित करने के लिए केवल मुक्त उत्तर वाले प्रश्नों का पूछना
D. विद्यार्थियों के पूर्ववर्ती ज्ञान का पता लगाने हेतु पूर्व-परीक्षण लेना

67. वनों के संरक्षण के लिए एक सफल कार्यनीति आवश्यक है। इस कार्यनीति में शामिल होना चाहिए
A. उपभोक्ताओं का बचाव
B. उच्चतम पोषी स्तर के जंतुओं, अर्थात् शीर्ष के मांसाहारियों, का बचाव, क्योंकि वे शाकाहारियों पर सीधे निर्भर होते हैं
C. वनों के सभी भौतिक एवं जैविक संघटकों के संरक्षण के लिए व्यापक कार्यक्रम
D. शाकाहारियों का बचाव

68. शिक्षण की प्रोजेक्ट पद्धति ________ के दर्शन के साथ सर्वश्रेष्ठ रूप से सम्बन्धित है।
A. रॉबर्ट हचिंस
B. बी.एफ. स्किनर
C. मैक्स रैफर्टी
D. जॉन ड्यूबी

69. जैव विज्ञानों में पाठ-योजना ________ को ध्यान में रखते हुए मुख्य रूप से निर्देशित होनी चाहिए।
A. पाठ्यचर्या के लक्ष्यों और अधिगम परिणामों
B. बच्चों को कार्य उपलब्ध कराने
C. कक्षा के औसत बच्चे की आवश्यकताओं को पूरा करने
D. अभिभावकों को संतुष्ट करने

70. विद्यार्थियों को अभिप्रेरित करने के लिए शिक्षक निदर्शन का आयोजन करता है लेकिन निदर्शन का अपेक्षित परिणाम नहीं आ पाता। शिक्षक के लिए सर्वश्रेष्ठ सलाह है

A. विद्यार्थियों के साथ मिलकर निदर्शन की असफलता का कारण पता लगाना व उसे समझाना

B. विज्ञान समन्वयक के पास एक नोट भेजना जिसमें उन्हें कक्ष में आने के लिए कहा गया है

C. निदर्शन को रोकना और उसे दुबारा करना

D. कक्षा को बताना कि निदर्शन असफल हो गया और उनसे कारण निर्धारित करने/सहायता करने के लिए कहना

71. भारी बोझा उठाने वाले कुली सदैव ही अपने पास एक लम्बा कपड़े का टुकड़ा रखते हैं। अपने सिर पर बोझ को रखने से पहले वे इस कपड़े को गोल चकती की आकृति में लपेटकर अपने सिर पर रखकर फिर उस पर बोझ रखते हैं। ऐसा करके वे

A. बोझ का प्रणोद घटा लेते हैं

B. संभावित चोट से अपने सिर का बचाव कर लेते हैं

C. अपने सिर से बोझ के सम्पर्क-क्षेत्र को बढ़ा लेते हैं

D. अपने सिर पर बोझ द्वारा लगाए बल को घटा लेते हैं

72. सितार बजाने से पूर्व कोई सितार वादक सदैव ही सितार की डोरी के तनाव को समायोजित करता है और उसे उचित प्रकार से झंकृत करने का प्रयास करता है। ऐसा करके सितार वादक समायोजित करता है

A. ध्वनि की तीव्रता

B. सितार की डोरी का तारत्व

C. सितार की डोरी द्वारा उत्पन्न ध्वनि की प्रबलता

D. कंपन का आयाम

73. जब उच्चतर कक्षा के बच्चे शोध कार्य करते हैं, तो शिक्षक को जिस मुख्य समस्या से जूझना पड़ता है, वह है

A. पब्लिक पुस्तकालय का सहयोग प्राप्त करना

B. बच्चों को नकल करके विश्वकोशों और पुस्तकों से शब्दशः उतारने से रोकना एवं प्रभावी तरीके से उनका मार्गदर्शन करना

C. उपयुक्त सामग्री खोजना

D. इंटरनेट पर विद्यालयी पुस्तकालय में समय का सूचीकरण करना

74. आहार नाल का वह कौन-सा भाग है जो यकृत से पित्त रस ग्रहण करके इसे पित्ताशय में संग्रहित करता है?

A. क्षुद्रांत्र B. अग्न्याशय

C. आमाशय D. ग्रसिका

75. निम्नलिखित में से किस पाठ में पहले सामान्य नियम स्पष्ट किए जाते हैं और उसके बाद उदाहरण दिए जाते हैं?

A. संज्ञानात्मक पाठ B. कौशल पाठ

C. निगमनात्मक पाठ D. आगमनात्मक पाठ

76. उर्वरकों में उपलब्ध फसलों के लिए पोषक हैं–

A. नाइट्रोजन, फॉस्फोरस और आयरन

B. नाइट्रोजन, सोडियम और पोटैशियम

C. नाइट्रोजन, पोटैशियम और आयरन

D. नाइट्रोजन, फॉस्फोरस और पोटैशियम

77. विज्ञान में पाठ्यचर्या-योजना के विषय में निम्नलिखित में से कौन-सा सवधिक उपयुक्त है?

A. यह प्रत्येक सत्र के लिए प्रत्येक कार्य इकाई का विवरण देती है

B. पूर्व अधिगम पर निर्मित करने के लिए प्रत्येक पाठ के विशिष्ठ अधिगम उद्देश्यों की योजना बनाने के लिए की जाती है

C. प्रत्येक सत्र में किए जाने वाले वैज्ञानिक प्रकरणों को निर्धारित करने के लिए की जाती है

D. वैज्ञानिक अध्ययन को दूसरे विषय-क्षेत्रों के कार्य के साथ जोड़ने के लिए की जाती है

78. व्यायाम के पश्चात् कभी-कभी हमारी पेशियों में क्रैंप आते (खिंचाव उत्पन्न हो जाते) हैं। इसका कारण है

A. पाइरुवेट का ऐल्कोहॉल में परिवर्तित होना

B. ग्लूकोस का पाइरुवेट में परिवर्तित नहीं होना

C. ग्लूकोस का लैक्टिक अम्ल में परिवर्तित नहीं होना

D. पाइरुवेट का लैक्टिक अम्ल में परिवर्तित होना

79. 5 kg द्रव्यमान का कोई पिण्ड किसी चिकने घर्षणरहित क्षैतिज पृष्ठ पर 10 मीटर प्रति सेकण्ड के नियत वेग से फिसल रहा है। इस पिण्ड को इसी वेग से गति करने के लिए आवश्यक बल है

A. 250 न्यूटन B. 500 न्यूटन

C. 0 न्यूटन D. 50 न्यूटन

80. निम्नलिखित में से पाचन तंत्र के भागों के उस सही समुच्चय को चुनिए जो कोई पाचन कार्य नहीं करते।

A. ग्रसिका, मुख गुहिका, बृहदांत्र

B. क्षुद्रांत्र, बृहदांत्र, मलाशय

C. ग्रसिका, मुख गुहिका, मलाशय

D. ग्रसिका, बृहदांत्र, मलाशय

81. मानव की आहार नाल के विभिन्न भागों के सही क्रम का चयन कीजिए।

A. मुख → ग्रसिका → आमाशय → बृहदांत्र → क्षुदांत्र

B. मुख → आमाशय → ग्रसिका → बृहदांत्र → क्षुदांत्र

C. मुख → ग्रसिका → आमाशय → क्षुदांत्र → बृहदांत्र

D. मुख → आमाशय → ग्रसिका → क्षुदांत्र → बृहदांत्र

82. भौतिकी के कड़े रूप से संरचित पाठ को यदि थोड़े लचीलेपन के साथ पढ़ाया जाता है तो यह उस विद्यार्थी के सीखने के लिए सबसे कम उपयुक्त होगा

A. जिसकी बुद्धि-लब्धि 85 है

B. जिसकी बुद्धि-लब्धि 125 है
C. जो अतिक्रियाशील है
D. जो सांस्कृतिक रूप से वंचित है

83. निम्नलिखित में से कौन-सा विषमांगी मिश्रण है?
A. स्टेनलेस स्टील
B. आयोडीनयुक्त नमक
C. गुब्बारे में भरी वायु
D. ब्रास (पीतल)

84. भूतापीय-ऊर्जा एक वैकल्पिक ऊर्जा-स्रोत है। इस ऊर्जा के लिए सर्वाधिक संभाव्य क्षेत्र वे हैं
A. जहां तापीय विद्युत् संयंत्र हैं
B. जो भूपर्पटी में तप्त स्थलों के ऊपर हैं
C. जो तटीय क्षेत्रों के निकट हैं
D. जहां कोयले की खानें हैं

85. निम्नलिखित अभिक्रियाओं में से उसे/उन्हें चुनिए जो संभव है/हैं
1. $Al_2(SO_4)_3$ (aq) + Cu(s) →
2. $FeSO_4$ (aq) + Zn(s) →
3. $CuSO_4$ (aq) + Fe(s) →
4. $Al_2(SO_4)_3$ (aq) + Zn(s) →

A. 1 व 4 B. 2 व 3
C. 1 व 2 D. 1

86. कुछ डायनासौरों के पर थे, यद्यपि वे उड़ नहीं पाते थे, परन्तु पक्षियों के पर होते हैं जो उड़ने में उनकी सहायता करते हैं। विकास के सन्दर्भ में इसका अर्थ यह है कि
A. सरीसृपों एवं पक्षियों के बीच कोई विकासीय संबंध नहीं है
B. दोनों ही जीवों में पर समजात अंग हैं
C. सरीसृपों का विकास पक्षियों से हुआ है
D. पक्षियों का विकास सरीसृपों से हुआ है

87. यदि आपसे किसी भली-भांति प्रकाशित पेंटिंग के प्रतिबिम्ब को दीवार पर प्रक्षेपित करने के लिए कहा जाए, तो आप इस उद्देश्य के लिए निम्नलिखित प्रकाशीय युक्तियों में से किसे चुनेंगे?
A. अवतल लेंस B. उत्तल लेंस
C. समतल दर्पण D. उत्तल दर्पण

88. किसी चुम्बक को लोह रेतन तथा सल्फर पाउडर के मिश्रण में फिराया गया। प्रेक्षण करने पर यह पाया गया कि
A. केवल लोह रेतन ही समान रूप से चुम्बक के दोनों ध्रुवों की ओर आकर्षित होती है
B. लोह रेतन दोनों ध्रुवों से आकर्षित होती है तथा सल्फर चुम्बक के बीच में चिपक जाती है
C. लोह रेतन चुम्बक के उत्तर-ध्रुव तथा सल्फर दक्षिण-ध्रुव की ओर आकर्षित होते हैं
D. लोह रेतन चुम्बक के दक्षिण-ध्रुव तथा सल्फर उत्तर-ध्रुव की ओर आकर्षित होते हैं

89. नीचे सारणी में किसी यात्रा के विभिन्न समयों पर ओडोमीटर के पाठ्यांक दिए गए हैं–

समय (AM)	ओडोमीटर का पाठ्यांक (km)
8.00	6640
8.30	6658
9.00	6676
9.30	6694
10.00	6712

वाहन की मीटर प्रति सेकण्ड में चाल है
A. 20 B. 36
C. 10 D. 18

90. निम्नलिखित में से तीन धातुओं के ऐसे समूह को चुनिए जो मुक्त अवस्था में पाई जाती है।
A. कॉपर, गोल्ड, आयरन
B. सिल्वर, गोल्ड, प्लैटिनम
C. ऐलुमिनियम, कॉपर, सिल्वर (चांदी)
D. गोल्ड (सोना), आयरन, सिल्वर

भाग-III

भाषा-I हिन्दी

निर्देश (प्र. सं. 91 से 96): *कविता की पंक्तियाँ पढ़कर निम्नलिखित प्रश्नों में* ***सबसे उचित*** *विकल्प चुनिए।*

मेघ आए, बड़े बन-ठन के सँवर के
आगे-आगे नाचती-गाती बयार चली
दरवाजे-खिड़कियाँ खुलने लगीं गली-गली
पाहुन ज्यों आए हों गाँव में शहर के।
मेघ आए बड़े बन-ठन के सँवर के
पेड़ झुक झाँकने लगे गरदन उचकाए
आँधी चली, धूल भागी घाघरा उठाए,
बाँकी चितवन उठा नदी ठिठकी घूँघट सरके।
मेघ आए बड़े बन-ठन के सँवर के।
बूढ़े पीपल ने आगे बढ़कर घर की
बरस बापद सुधि लीन्ही
बोली अकुलाई लता ओट हो किवार की
हरसाया ताल लाया पानी परात भर के
मेघ आए बड़े बन-ठन के सँवर के।
क्षितिज-अटारी गहराई दामिनी दमकी,
क्षमा करो गाँठ खुल गई अब भरम की

बाँध टूटा झर-झर मिलन के अश्रु ढरके,
मेघ आए बड़े बन-ठन के सँवर के।

91. 'मेघ आए बड़े बन-ठन के सँवर के' पंक्ति का भाव किसमें है?
A. बादलों ने सूरज को ढक लिया है
B. बादलों ने बिजली से शृंगार किया है
C. बादल सज-धज कर आए हैं
D. भूरे-काले बादल आकाश में घिर आए हैं

92. मेघों के आने से लगता है
A. बादल आसमान में छा गए हैं
B. मानों कहीं उत्सव मनाया जा रहा है
C. मानों गाँव में शहर से मेहमान आए हों
D. इनमें से कोई नहीं

93. 'बरस बाद सुधि लीन्ही' – इस पंक्ति का भाव किसमें है?
A. बादल एक बरस के बाद आए हैं
B. बादलों ने याद किया है
C. बादल बन सँवर कर आए हैं
D. बादल मेहमान बन कर आए हैं

94. पूरी कविता में कौन-सा अलंकार है?
A. श्लेष अलंकार B. रूपक अलंकार
C. मानवीकरण अलंकार D. उत्प्रेक्षा अलंकार

95. बूढ़े पीपल ने किस प्रकार मेघों का स्वागत किया?
A. झुककर प्रणाम करके B. प्रसन्न होकर
C. गले लगाकर D. उलाहना देकर

96. 'पाहुन' शब्द का क्या अर्थ है?
A. आना B. पालना
C. मेहमान D. पैर

निर्देश (प्र. सं. 97 से 105): *गद्यांश को पढ़कर निम्नलिखित प्रश्नों में **सबसे उचित** विकल्प चुनिए।*

गिजुभाई न केवल बच्चों की क्षमताओं, बौद्धिकता में विश्वास व्यक्त करते हैं अपितु वे उनकी सर्जनात्मकता में भी अगाध आस्था रखते हैं। उनके अनुसार कुछ हत्याएँ पीनल कोड की धारा के अधीन नहीं आतीं। उनमें कानूनवेत्ताओं को अपराध जैसी कोई चीजें नजर नहीं आतीं। कानूनवेत्ताओं की न्याय नीति-सम्बन्धी मर्यादाएँ सिर्फ पीनल कोड से बँधी होती हैं। शिक्षाशास्त्रियों के पास राज्य, रूढ़ि अथवा धर्म की कोई सत्ता नहीं है इसलिए जीवन के प्रति जो अपराध होते हैं उनके लिए न कोई पीनल कोड, न कोई उन्हें निंदनीय मानता, न कोई धार्मिक भय है। जीवन के प्रति होने वाला एक ऐसा ही अपराध है – बालक की सृजन-शक्ति की हत्या। ईश्वर ने मनुष्य का सृजन किया और उसे अपनी सृजन-शक्ति प्रदान की। मनुष्य के सृजन की अनंत शक्ति के समान ही अगणित है। साहित्य एक सृजन है, चित्रकला दूसरा सृजन है, संगीत तीसरा सृजन है और स्थापत्य चौथा सृजन है। इस तरह गिनने बैठा जाए तो मनुष्य के द्वारा बनाई गई अनेकानेक कृतियों को गिनाया जा सकता है। जब शिक्षक या अभिभावक यह तय करते हैं कि बच्चे को क्या करना चाहिए, क्या नहीं करना चाहिए – वस्तुतः इन निर्णयों में ही वे बालक की सृजन-शक्ति का दमन कर देते हैं।

97. गिजुभाई का किसमें विश्वास ***नहीं*** है?
A. उनकी रचनात्मकता में
B. उनके भविष्य का निर्णय शिक्षकों एवं अभिभावकों द्वारा तय करने में
C. बच्चों की बौद्धिकता में
D. उनकी क्षमताओं में

98. कौन-सा अपराध पीनल कोड की धारा के अधीन ***नहीं*** आता है?
A. बालक की सृजन-शक्ति का दमन
B. रिश्वत लेना
C. धोखाधड़ी करना
D. चोरी करना

99. 'बच्चे क्या करें और क्या न करें' जब शिक्षक और अभिभावक यह तय करते हैं तब
A. बच्चे में रचनात्मकता भर जाती है
B. अभिभावक व बच्चों के सम्बन्धों में प्रगाढ़ता आती है
C. बच्चे में पढ़ने-लिखने के प्रति रुचि जागृत हो जाती है
D. बच्चे में सृजन-शक्ति का दमन होता है

100. निम्नलिखित में से 'सृजन' के अंतर्गत ***नहीं*** आता है:
A. किसी विषय पर अपने विचार लिखना
B. प्रश्नों के उत्तर रटना
C. कहानी-लेखन
D. मिट्टी से खिलौने बनाना

101. 'साहित्य' शब्द में 'इक' प्रत्यय लगाने पर शब्द बनेगा
A. साहित्यीक
B. सहित्यिक
C. साहित्यिक
D. साहित्यइक

102. बौद्धिक, ऐतिहासिक शब्दों में मूल शब्द तथा प्रत्यय हैं
A. बौद्ध (मूल शब्द) + 'इक' प्रत्यय, ऐतिहास (मूल शब्द) + 'इक' प्रत्यय
B. बुद्ध (मूल शब्द) + 'इक' प्रत्यय, इतिहास (मूल शब्द) + 'इक' प्रत्यय
C. बौद्धि (मूल शब्द) + 'क' प्रत्यय, ऐतिहास (मूल शब्द) + 'इक' प्रत्यय
D. बुद्धि (मूल शब्द) + 'इक' प्रत्यय, इतिहास (मूल शब्द) + 'इक' प्रत्यय

103. न्याय-नीति में __________ समास है।
A. कर्मधारय
B. द्वंद्व समास
C. अव्ययीभाव
D. तत्पुरुष

104. 'ईश्वर' का पर्यायवाची ***नहीं*** है
A. जगदीश

B. परमेश्वर
C. परमात्मा
D. ब्रह्मा

105. 'समान' का विलोम शब्द है
A. सामना
B. असमानता
C. सामान
D. असमान

निर्देश (प्र. सं. 106 से 120): *निम्नलिखित प्रश्नों के उत्तर देने के लिए* ***सबसे उचित*** *विकल्प चुनिए।*

106. भाषा
A. जानने का अर्थ उसका व्याकरण जानना है
B. सीखने-सिखाने में पाठ्य-पुस्तकों का विशेष महत्त्व होता है
C. जीवन की विभिन्न स्थितियों को साधती है
D. व्याकरण पर ही आधारित होती है

107. भाषा की कक्षा में समाचार-पत्र-पत्रिकाओं का उपयोग यह सुनिश्चित करता है कि
A. शिक्षण-सामग्री का उपयोग हो रहा है
B. बच्चों की भाषा पर समाचार-पत्र-पत्रिकाओं का प्रभाव पड़े
C. बच्चों को मुख्य शीर्ष याद है
D. बच्चे प्रमाणित लेख, समाचार आदि पर अपनी प्रतिक्रिया देने की क्षमता रखते हैं

108. सुलेखा जब-तब बच्चों के साथ बातचीत करती रहती है। वह
A. बच्चों को वाचाल बनाना चाहती है
B. सदैव बच्चों की परीक्षा ले रही है
C. समय नष्ट कर रही है
D. बच्चों को भाषा अर्जित करने के लिए परिवेश दे रही है

109. सुमन बचपन से ही गुजराती बोल-समझ लेती है। वह कभी विद्यालय नहीं जाती। यह उदाहरण है
A. भाषा-अर्जन का
B. सुमन की प्रतिभा का
C. भाषा सीखने का
D. भाषा में पिछड़ेपन का

110. भाषा में सतत और व्यापक मूल्यांकन का उद्देश्य है
A. केवल बच्चों की कमियाँ जानना
B. केवल यह जानना कि बच्चों ने कितना सीखा
C. बच्चों को उत्तीर्ण-अनुत्तीर्ण श्रेणी में रखना
D. बच्चों द्वारा भाषा सीखने की प्रक्रिया को जानना, समझना

111. सस्वर पठन का मुख्य उद्देश्य है
A. मौन पठन करना
B. बच्चों की पढ़ने-सम्बन्धी झिझक को समाप्त करना
C. बोल-बोलकर पढ़ना
D. द्रुत गति से पठन करना

112. भाषा-शिक्षण में कौन-सा बिन्दु सबसे कम महत्त्वपूर्ण है?
A. भाषायी अभ्यास
B. भाषिक परिवेश
C. पाठ्य-सामग्री
D. परीक्षाएँ

113. सतत मूल्यांकन का एक निहितार्थ है
A. बच्चों के भाषा-प्रयोग का निरंतर अवलोकन करना
B. बच्चों के परीक्षा-सम्बन्धी भय को समाप्त करना
C. प्रतिदिन परीक्षाएँ लेना
D. हर महीने परीक्षाएँ लेना

114. भाषा के आधारभूत कौशल
A. क्रमबद्ध रूप से चलते हैं
B. हमेशा अर्जित किए जाते हैं
C. सर्वथा पृथक् हैं
D. अंतःसंबंधित होते हैं

115. शिक्षक की स्वयं की भाषा-प्रयोग की कुशलता
A. बच्चों के भाषा-प्रयोग के लिए आदर्श रूप प्रस्तुत करती है
B. बच्चों के भाषा-प्रयोग पर कोई प्रभाव नहीं डालती है
C. बच्चों को आलंकारिक भाषा-प्रयोग के लिए प्रेरित करती है
D. बच्चों को भाषा का अनुकरण करने के लिए बाध्य करती है

116. भाषा-अर्जन और भाषा-अधिगम में महत्त्वपूर्ण अंतर है
A. भाषा का कठिनाई-स्तर
B. भाषा की पाठ्य-पुस्तक
C. भाषा सीखने-सिखाने की पद्धति
D. भाषिक परिवेश की उपलब्धता

117. भाषा की पाठ्य-पुस्तक में ________ से सम्बन्धित पाठ होने चाहिए।
A. संस्कृति
B. साहित्य
C. विज्ञान
D. उपर्युक्त सभी

118. आकलन
A. मूलतः शिक्षक-केंद्रित ही होता है
B. केवल यह बताता है कि बच्चे ने क्या नहीं सीखा
C. भाषा सीखने-सिखाने की प्रक्रिया का अभिन्न अंग है
D. पाठ-समाप्ति पर ही किया जाता है

119. मौखिक भाषा के आकलन का सर्वोत्तम तरीका है
A. किताब पढ़ना
B. अन्त्याक्षरी
C. प्रश्नों के तयशुदा उत्तर देना
D. अनुभव बाँटना व बातचीत

120. स्वाभाविक अभिव्यक्ति, कल्पनाशीलता, कौशल और सोच को विकसित करना
A. भाषा-शिक्षण को किसी प्रकार की दिशा नहीं देता
B. भाषा-शिक्षण का एकमात्र उद्देश्य है
C. भाषा-शिक्षण का उद्देश्य नहीं है
D. भाषा-शिक्षण का एक महत्त्वपूर्ण उद्देश्य है

भाग-IV

भाषा-II अंग्रेजी

Directions: *Answer the following questions by selecting the* ***most appropriate*** *option.*

121. According to NCF 2005 [3.1.3], "At the initial stages of language learning ______ may be one of the languages for learning activities that create the child's awareness of the world."
A. Hindi B. English
C. Vernacular Language D. II Language

122. Criteria of assessment is a/an
A. general impression of a student's ability
B. assessment guideline
C. scoring key
D. question-wise distribution of marks

123. Read the following examples of dangling modifiers used in sentences by some students. Indicate how you will assess them. [Max. 1 mark]

Student 1 : Having arrived late for practice, a written excuse was needed.

Student 2 : Without knowing his name, it was difficult to introduce him.

Student 3 : The experiment was a failure not having studied the lab manual carefully.

A. *Student 1 : -0-*
Student 2 : -1-
Student 3 : -0-
B. *Student 1 : -0-*
Student 2 : -1-
Student 3 : -1-
C. *Student 1 : -1-*
Student 2 : -1-
Student 3 : -0-
D. *Student 1 : -1-*
Student 2 : -0-
Student 3 : -0-

124. While reading, 'signification' is
A. comprehending a sentence by putting together the meaning of its constituent words
B. conversion of message form into a diagram/table
C. arriving at the meaning of an unfamiliar word by reading other words in the sentence
D. recognizing the message in a set of symbols

125. Choose the appropriate intonation.
He has passed with distinction in English, however ...
A. rising-falling B. falling-rising
C. rising D. falling

126. While reading for comprehension, we understand that the following pairs are examples of homographs :
A. mail [post] / male [gender]
B. warm / tepid [being neither too hot nor too cold]
C. lead [metal] / lead [give direction]
D. led [gave direction] / lead [metal]

127. While writing a telegram, a necessary feature to be applied is
A. brevity B. neatness
C. personal touch D. personal abbreviation

128. The 'value' of a word in a text means the
A. dictionary meaning of a word
B. significance of the word in a particular context
C. appropriate use of the word in a particular context
D. number of ways a word can be used

129. Affective factors in motivation are linked to students'
A. understanding successes and failures
B. ability to complete a language task
C. survival and safety needs
D. own perceptions of their ability

130. What is taught is not what is learnt because
A. a teacher's socio-economic level may differ widely from the students'
B. a teacher or learner can never fully master any discipline
C. students possess different abilities, personalities and come from a variety of backgrounds
D. students pay attention during informal discussion

131. Which is ***not*** a teacher-centered instruction?
A. Modelling
B. Lecture
C. Individualized instruction
D. Demonstration

132. In a listening-speaking assessment activity, indicate how you will assess the following exchange :

Teacher : Have you watched any English film lately? Tell your friend about it.

Student 1 : Of course. Especially animations.

Student 2 : Me too. I like them a lot.

A. Student 1 : Incorrect response
Student 2 : Incorrect response
B. Student 1 : Correct response
Student 2 : Correct response
C. Student 1 : Incorrect response
Student 2 : Correct response
D. Student 1 : Correct response
Student 2 : Incorrect response

133. Constructivism is a theory where students
A. form their own understanding and knowledge of

the world, through experiencing things and reflecting on those experiences
B. construct their own learning aids, thereby gaining hands-on experience
C. study a variety of dissimilar samples and draw a well founded conclusion
D. are facilitated by the teacher and use a variety of media to research and create their own theories

134. Iconic mode of learning is based on a system of using
A. different types of graphs
B. a variety of activities
C. symbols
D. images and diagrams

135. Language acquisition
A. refers to the process of learning a native or second language because of the innate capacity of the human brain
B. is a technique intended to simulate the environment in which children learn their native language
C. requires the memorization and use of necessary vocabulary
D. involves a systematic approach to the analysis and comprehension of grammar as well as to the memorization of vocabulary

Directions (Q. Nos. 136 to 141): *Read the passage given below and answer the questions that follow by selecting the* ***most appropriate*** *option.*

1. Dust-caked clouds coated the bay, tanker ships signalled.
2. Dozens of us wearily pressed on through the unseasonal winds and blanketed chill. Outdoor cafe chairs were abandoned, some overturned and others stacked waiting to tumble down. But not today. My bag felt heavier on my shoulder than ever before. I lifted it in my hand to relieve the pressure and dreamed of days when I, too, was lighter.
3. My mind wandered.
4. Another year gone.
5. I tripped through a wall of pedestrians, then suddenly a moving bus carelessly littered me down into the curb. My tear-stained eyes searched for an angel on the concrete surface, but the illuminated white crossing hand signalled my insignificance.
6. I pushed myself up, bruised and filthy. A horn quickly warned me of approaching death, then the yellow taxi sped through the red bulb. Sighing, I checked each direction, brushing waste from my body as I joined a new crowd and made the final push across the last road. I hoisted my bag, checked for my office keys, then entered one the many sky-gripping fortresses of the financial district.
7. Back to work.

136. 'Unseasonal winds' refer to the
A. not the time of the year for such windy conditions
B. windy conditions that change the climate
C. strong winds blowing that day
D. winds causing unexpected storm

137. Here, 'blanketed chill' signifies that the weather was
A. dusty and cold
B. chilly and windy
C. turning cool
D. very windy and dusty

138. '... I, too, was lighter' suggests the narrator
A. is fat and clumsy
B. was light and agile
C. is very light for his size
D. was fat but light-footed

139. 'Carelessly littered me down' implies that the subject
A. was treated with indifference by society
B. was thrown high and far after the vehicle hit him
C. felt helpless and weak
D. was injured in the fall and needed help

140. 'An angel on the concrete surface' refers to
A. seeing an angel as he was confused after being hit
B. his colleagues walking past who would help him
C. a fellow angel after he died in the accident
D. a good Samaritan among the pedestrians

141. Here, 'sky-gripping fortresses' are
A. buildings that entrap the human spirit
B. tall buildings without windows, that are secure
C. tall buildings for commercial use
D. large buildings for residents on that street

Directions (Q. Nos. 142 to 150): *Read the passage given below and answer the questions that follow by selecting the* ***most appropriate*** *option.*

1. Some researchers suggest that emotional intelligence can be learned and strengthened, while others claim it is an inborn characteristic. The purpose for developing our emotional literacy is to precisely identify and communicate our feelings. When we do this we are helping nature fulfill its design for our feelings. We must know how we feel in order to be able to fill our emotional needs. And we must communicate our feelings in order to get the emotional support and understanding we need from others, as well as to show our emotional support and understanding to them.
2. Also, one of the first steps to developing our emotional intelligence is to improve our emotional literacy. In other words, to improve our ability to identify our feelings by their specific names — and the more specific we can be, the better. In the English language we have thousands of words which describe and identify our emotions, we just don't use many of them. If you are interested in working on your emotional literacy, the first step is to

start using simple, three word sentences such as these : *I feel sad. I feel motivated. I feel offended. I feel appreciated. I feel hurt. I feel disrespected.* When we talk about our feelings using three word sentences we are sending what have been called "I messages". On the other hand, when we say things like "You make me so jealous" we are sending a "you message". These "you messages" typically put the other person on the defensive, which hurts communication and relationships rather than helping.

142. The passage can be called
A. discursive B. factual
C. descriptive D. narrative

143. An 'inborn characteristic' referred to here is one's ability to
A. respond to a stimulus in the environment
B. be considerate
C. understand and evaluate emotionally, one's surroundings
D. give a calculated emotional response at all times

144. Here 'emotional support' suggests
A. pity B. tolerance
C. wise counsel D. sympathy

145. 'Working on your emotional literacy' means to
A. adopt a friendly attitude while meeting strangers
B. work with a counsellor to support your emotional behaviour
C. improve one's attitude and communication skills
D. control verbal or physical outbursts

146. "I messages" are usually about
A. blaming others
B. blaming yourself
C. other's business, therefore 'gossip'
D. expressing your views freely

147. "You messages" are usually about
A. looking at issues from others' viewpoint
B. blaming yourself
C. blaming others
D. sympathizing with the listener

148. The antonym from the passage for the word 'general' is
A. nature B. improve
B. simple D. specific

149. In the context 'defensive' means
A. support what is right B. support a point of view
C. attack an injustice D. expressing anger

150. A word that means 'of a nature' is
A. literacy B. offended
C. precisely D. typically

उत्तरमाला

1	2	3	4	5	6	7	8	9	10
D	D	C	D	A	A	C	A	C	D
11	**12**	**13**	**14**	**15**	**16**	**17**	**18**	**19**	**20**
A	B	D	C	A	D	B	D	A	C
21	**22**	**23**	**24**	**25**	**26**	**27**	**28**	**29**	**30**
B	D	A	D	C	D	A	B	B	A
31	**32**	**33**	**34**	**35**	**36**	**37**	**38**	**39**	**40**
C	C	C	D	B	A	C	C	B	B
41	**42**	**43**	**44**	**45**	**46**	**47**	**48**	**49**	**50**
B	C	B	A	C	A	D	C	B	A
51	**52**	**53**	**54**	**55**	**56**	**57**	**58**	**59**	**60**
D	D	B	D	B	B	C	D	A	A
61	**62**	**63**	**64**	**65**	**66**	**67**	**68**	**69**	**70**
C	B	C	D	C	B	C	D	A	A
71	**72**	**73**	**74**	**75**	**76**	**77**	**78**	**79**	**80**
A	C	B	A	C	D	A	C	C	C
81	**82**	**83**	**84**	**85**	**86**	**87**	**88**	**89**	**90**
C	A	B	B	B	D	B	A	C	B
91	**92**	**93**	**94**	**95**	**96**	**97**	**98**	**99**	**100**
D	C	A	C	D	C	B	A	D	B
101	**102**	**103**	**104**	**105**	**106**	**107**	**108**	**109**	**110**
C	D	D	D	D	C	D	D	A	D
111	**112**	**113**	**114**	**115**	**116**	**117**	**118**	**119**	**120**
B	D	A	D	A	C	D	C	D	D

121	122	123	124	125	126	127	128	129	130
B	A	A	A	A	C	A	B	A	C
131	132	133	134	135	136	137	138	139	140
A	A	A	C	B	A	B	A	D	D
141	142	143	144	145	146	147	148	149	150
C	C	A	D	D	D	C	D	D	C

कुछ चुने हुए प्रश्नों के व्याख्यात्मक उत्तर

3. अधिगम का मूल्यांकन : अधिगम के मूल्यांकन में विद्यार्थी की बढ़ी हुई स्वायत्तता को शामिल किया जाता है परन्तु इसे बिना अध्यापक के सहयोग और देखरेख के नहीं किया जाता। अधिगम मूल्यांकन कभी-कभी 'रचनात्मक मूल्यांकन' के समान दिखाई देता है और इसे अध्यापन से अवगत कराना भी मान सकते हैं। इसमें विद्यार्थियों को अधिक-से-अधिक लाभदायक सलाह देने पर जोर रहता है और अंक प्रदान करने व क्रियाकलापी को ग्रेड देने पर कम जोर रहता है जैसे–

- अधिगम की रूपरेखा अध्यापक तैयार करते हैं।
- अध्यापक मूल्यांकन की रूपरेखा तैयार करते हैं जिसमें विद्यार्थियों को प्रतिपुष्टि दी जाती है।
- अध्यापक, जो सीखा गया उसका मूल्यांकन करते हैं। विद्यार्थी उसके लिए अन्तर्दृष्टि विकसित करते हैं, जो उनके पास नहीं है।

4. आन्तरिक अभिप्रेरण : आन्तरिक अभिप्रेरण का अभिप्राय उस अभिप्रेरण से है जो किसी व्यक्ति के अन्दर पैदा होता है और यह किसी बाह्य पुरस्कार जैसे धन अथवा कोई उपकरण आदि से पैदा नहीं होता है। अभिप्रेरण किसी कार्य को पूर्ण करने अथवा किसी लक्ष्य के लिए कार्य करने के दौरान अथवा लक्ष्य पूर्ण होने से प्राप्त खुशी से आन्तरिक अभिप्रेरण के फलस्वरूप पैदा होता है। उदाहरणस्वरूप आन्तरिक अभिप्रेरित कोई विद्यार्थी गणित का समीकरण हल करता है क्योंकि यह मजेदार है। अथवा कोई आन्तरिक अभिप्रेरित व्यक्ति किसी समस्या का हल प्राप्त करने के लिए कार्य करेगा क्योंकि ऐसा करने की प्रक्रिया में उसे सुख की अनुभूति होती है।

5. बुद्धि संरचना सिद्धान्त : अमरीकन मनोवैज्ञानिक जे.पी. गिलफोर्ड का मानना है कि बौद्धिक क्षमता को तीन विभिन्न आयामों में विभाजित किया जा सकता है। ये तीन आयाम अन्तर्वस्तु, कार्यक्रम (प्रक्रिया), परिणाम और तीन आयाम त्रिविमीय संरचनात्मक मॉडल बनाते हैं। गिलफोर्ड के बुद्धि-संरचना सिद्धान्त के अनुसार किसी व्यक्ति का बुद्धि परीक्षणों में प्रदर्शन के द्वारा आधारभूत बौद्धिक क्षमताओं अथवा बौद्धिकता के कारकों का पता लगाया जा सकता है। बुद्धि-संरचना सिद्धान्त तीन आयामों अन्तर्वस्तु, कार्यक्रम और परिणाम के गिर्द संगठित 180 तक बौद्धिक क्षमताओं को उत्पन्न करता है।

10. उपलब्धि अभिप्रेरणा : मैक क्लेलैण्ड, एटकिंसन, क्लार्क एवं लॉवेल (1953) ने ही उपलब्धि अभिप्रेरण की संरचना पर असलियत में कार्य किया। उन्होंने उपलब्धि अभिप्रेरणा को उपलब्धि, ऊंचे लक्ष्य और उच्च स्तर की दक्षता प्राप्त करने की उच्च आवश्यकता के रूप में देखा।

10. रेवन का प्रोग्रेसिव मेटरिसिज परीक्षण एक संस्कृति मुक्त 10 परीक्षण है क्योंकि यह मौखिक दक्षता ज्ञान के अन्त में जो कि औपचारिक शिक्षा से प्राप्त होता है पर निर्भर नहीं होता। इस परीक्षण में केवल संरचना और प्रतिरूप शामिल होते हैं तथा कोई भी मौखिक संकेत अथवा मौखिक वक्तव्य शामिल नहीं किए जाते। यह एक पूर्ण अमौखिक परीक्षण है। इस परीक्षण का प्रयोग शिक्षित और अशिक्षित दोनों पर किया जा सकता है। यह बहुत ही मजेदार कार्य है।

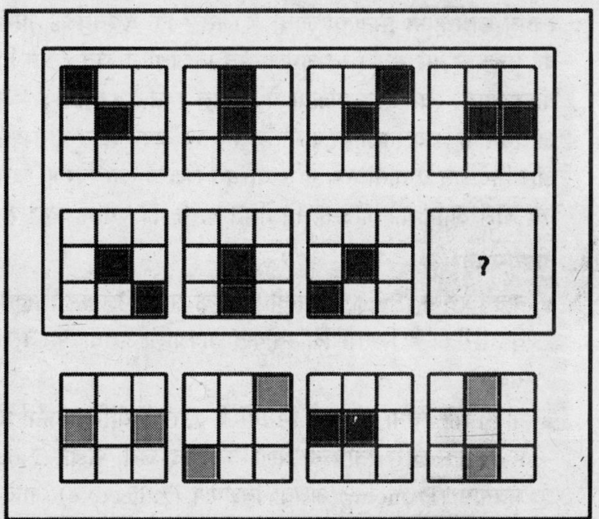

रेवन का प्रोग्रेसिव मेटरिसिज बड़े पैमाने पर प्रयोग किया जाने वाला अमौखिक परीक्षण है। परीक्षण की प्रत्येक वस्तु में प्रतियोगी को अज्ञात हिस्सा ढूँढ़ना होता है जो दिए गए प्रतिरूप को पूरा करता हो। इस उदाहरण में तीसरा विकल्प सही है।

11. पाठ योजना किसी अध्यापक द्वारा पढ़ाई जाने वाली विषय-वस्तु की एक इकाई अथवा इकाइयां होती हैं। अध्यापक और विशेषतः शिष्य अध्यापक किसी इकाई के मूल बिन्दुओं को लिखकर तैयार करते हैं अथवा इकाइयों की अन्तर्वस्तु को लिखकर तैयार करते हैं जिसे पाठ योजना कहते हैं। अतः पाठ योजना अध्यापक द्वारा निर्धारित समय में पढ़ाई जाने वाली सामग्री का विस्तृत विवरण है।

पाठ योजना के नियम

- उद्देश्य की स्पष्टता
- विषय का ज्ञान
- सभी विषयों का सामान्य ज्ञान
- अध्यापन सूत्र और रणनीति का ज्ञान
- विद्यार्थी की प्रकृति का ज्ञान

- पिछली जानकारी के विषय में स्पष्टता
- कक्षा स्तर का ज्ञान
- इकाइयों का विभाजन
- सहायक सामग्री का प्रयोग
- लोच
- समयाबोध

12. 'अनिवार्य शिक्षा' का मतलब है सरकार की निम्न बिन्दुओं के लिए बाध्यता :

- 6 से 14 वर्ष तक के बच्चों को निःशुल्क अनिवार्य शिक्षा उपलब्ध कराना और
- 6 से 14 वर्ष तक की आयु के बच्चों की अनिवार्य उपस्थिति, पंजीकरण और प्राथमिक शिक्षा के पूर्ण होने को सुनिश्चित करना।

13. विद्यालयी शिक्षा का बड़ा उद्देश्य स्व-अनुशासित विद्यार्थियों को विकसित करना है। विद्यार्थियों के रूप में बच्चों को स्व-अनुशासित होना और स्वतंत्र छात्र होना सिखाया जाता है जिससे कि वे स्वयं के अधिगम का प्रबन्धन कर सकें। स्व-अनुशासित विद्यार्थी वे होते हैं जो किसी 'क्रियाशील' रचनात्मक प्रक्रिया में शामिल रहते हैं। इसमें वे "अपने अधिगम के लक्ष्य निर्धारित करते हैं और तब अपने लक्ष्य द्वारा बाधित और निर्देशित व वातावरण में सम्बन्धित लक्षणों, अभिप्रेरण, व्यवहार एवं बोध आदि को जाँचना, नियंत्रित करने का प्रयत्न करते हैं।"

14. **वाक्य-रचना**

- वाक्य रचना (Syntex) शब्दों को एक साथ मिलाकर लिखने का वह तरीका है जिससे कि स्वीकृत वाक्यांश अथवा मुहावरा बन सके।
- वाक्य की रचना को कुछ नियमों के द्वारा निर्धारित किया जाता है जिसके द्वारा विभिन्न श्रेणी के शब्द जैसे, संज्ञा (Noun), सर्वनाम (Pronoun) अथवा विशेषण (Adjective) आदि को एक साथ लिखा जाता है।

उदाहरण :

- हम वाक्य "I am wearing a blue t-shirt" को समझ लेते हैं। परन्तु वाक्य "Wearing t-shirt I am blue" अर्थहीन है।

अर्थ विषयक (SEMANTICS)

- इसका सम्बन्ध शब्दों अथवा वाक्य के अर्थ से है।
- कभी-कभी dragon fruit and love जैसे शब्दों और वाक्यों का अर्थ जानना भी शामिल होता है।

उदाहरण : वाक्य "He drives a bicycle" वाक्य रचना के अनुसार ठीक, अर्थ विषयक के आधार पर गलत है।

15. **लेव विगोत्सकी का सामाजिक संस्कृति सिद्धान्त :** लेव विगोत्सकी के सिद्धान्त की अवधारणा यह है कि बच्चे संस्कृति के माध्यम से अपनी जानकारी को सक्रिय रूप में तैयार करते रहते हैं। उनका कहना है कि बच्चे के सांस्कृतिक विकास में हर क्रिया दो बार सामने आती है–पहला लोगों के बीच और दूसरा स्वयं बच्चे के अन्दर। विगोत्सकी का मानना है कि भाषा इस विकास का अत्यन्त महत्वपूर्ण हिस्सा है और विकास व भाषा सामाजिक आधार हैं। वह यह भी बताते हैं कि एक बच्चे का संज्ञानात्मक विकास एक साझी प्रक्रिया है। वयस्क बच्चों को कठिन लक्ष्यों को पूरा करने के लिए उपकरण उपलब्ध कराते हैं। इस सिद्धान्त के दो पूरक मत हैं (1) निकटस्थ विकास का क्षेत्र (2) ढाँचा (Scaffolding)।

निकटस्थ विकास का क्षेत्र : यह बच्चे के वास्तविक निष्पादन और निष्पादन क्षमता के बीच का अन्तर है। निकटस्थ विकास क्षेत्र (ZPD) किसी बच्चे के द्वारा मानक शिक्षण परिस्थितियों में दी गई शिक्षा से अधिकतम ग्रहण की जा सकने वाली सम्भव मात्रा को प्रदर्शित करता है। यदि विद्यार्थियों को किसी उच्च दक्षता वाले किसी व्यक्ति जैसे वयस्क व्यक्ति अथवा वरिष्ठ विशेषज्ञ के द्वारा मार्गदर्शन उपलब्ध कराने पर यह सम्भव है कि कोई बच्चा जो बिना सहायता के जितना ग्रहण कर सकता था वह मार्गदर्शन की उपलब्धता होने पर उससे आगे निकल जाए।

स्कैफोल्डिंग : स्कैफोलडिंग किसी अध्यापक द्वारा विद्यार्थी को दी जाने वाली एक सहायता है जब तक कि विद्यार्थी अकेले ही अपने कार्य में विशिष्टता प्राप्त न कर ले। स्कैफोल्डिंग के आवश्यक तत्व निम्न प्रकार हैं : (1) अधिगम के लिए मध्यस्थ का प्रयोग (2) अधिगम के लिए प्रयोग होने वाली भाषा और साझे क्रियाकलापों पर जोर (3) साझा क्रियाकलाप बच्चों में समस्या हल करने की क्षमता को बढ़ाता है (उदाहरणस्वरूप प्रथम श्रेणी के बच्चों को पांचवी श्रेणी के बच्चों द्वारा पुस्तक पढ़ने में सहायता करना।

18. प्रगतिशील शिक्षा के जनक जॉन डेवी ने कुछ विचार प्रस्तुत किए। उनके अनुसार विद्यालय को समाज को प्रदर्शित करना चाहिए, विद्यार्थियों को ऐसे प्रोजेक्ट पर कार्य करके सिखाना चाहिए जो उनकी पसन्द के हों और अधिगम को केन्द्रीय बिन्दु के चारों ओर समायोजित करना चाहिए।

कुछ प्रगतिशील प्रयोग नीचे दिए गए हैं :

- शिकागो लेबोरेट्री स्कूल, विश्वविद्यालय (1896-1904) का एलिस डेवी द्वारा प्रबन्धन किया गया था जोकि जॉन डेवी की पत्नी थी। विद्यार्थी प्रोजेक्ट में व्यस्त रहते थे और समूह में कार्य करते थे। शिकागो लेबोरेट्री स्कूल आज भी विद्यमान है और आज व्यक्ति निर्माण की भूमिका निभा रहा है।
- **गैरी योजना (1908-1915, गैरी इण्डियाना) :** इन विद्यालयों की इमारतों के पुनर्निर्माण के प्रयास किए। विद्यालय प्रांगण विभिन्न प्रयोगों के लिए निर्धारित स्थानों में विभाजित थी जैसे कक्षा, खेल का मैदान, दुकानें, प्रयोगशालाएं आदि। विद्यालयों को इस प्रकार बनाया गया था कि प्रत्येक स्थान का पर्याप्त प्रयोग हो सके।
- **डाल्टन योजना (1919, डाल्टन मेसाच्यूसेट्स) :** इन्होंने पाठ्यक्रम को इकाइयों में विभाजित कर दिया, ये इकाइयाँ विद्यार्थियों को निर्धारित समय में पढ़ाई जाती थीं।
- **विनेटका योजना (1919, विनेटका इलिनॉइस) :** इन्होंने पाठ्यक्रम को विषयों में विभाजित कर दिया और डाल्टन तकनीक का प्रयोग किया। इन्होंने सामाजिक सहकारिता की तकनीक का भी प्रयोग किया जिनको जॉन डेवी द्वारा प्रस्तावित किया गया था।

19. कोहूलबर्ग, लॉरेन्स

सिद्धान्त : नैतिक विकास : कोहूलबर्ग के अनुसार, प्राथमिक विद्यालयी आयु के बच्चे सामान्यतया नैतिक विकास के पहले पायदान पर होते हैं, जिसे पूर्व परम्परागत कहते हैं।

इस स्तर पर, प्राधिकरण की धमकी अथवा दण्ड का उपयोग आज्ञाकारिता को प्रेरित करता है। इस पायदान के अन्तर्गत दो स्तर होते हैं पहले स्तर पर व्यक्ति अचम्भित हो जाता है, "मैं दण्ड से कैसे बच सकता हूँ?" और दूसरे स्तर पर विचार करता है, "इसमें मेरे लिए क्या है?"

कोहूलबर्ग सिद्धान्त का दूसरा पायदान, परम्परागत पायदान है। यह स्थिति सामान्यतः वयस्कों तथा किशोरों में पायी जाती है। परम्परागत पायदान के तीसरे स्तर की अभिलाक्षणिकता।

कोहूलबर्ग के अनुसार, परम्परागत पायदान के बाद विकास का तीसरा स्तर युवाओं के बड़े हिस्से में बमुश्किल ही प्राप्त किया जाता है। पाँचवां स्तर सामाजिक साझेदारी और दूसरों के कल्याण की समझ को दर्शाता है। छठा स्तर सार्वभौमिक सिद्धान्तों और व्यक्तिगत अंतःकरण की आवश्यकता पर आधारित है।

पायदान (Level)	स्तर (Stage)	सामाजिक दृष्टिकोण
पूर्व औपचारिक	1	आज्ञाकारिता और दण्ड
पूर्व औपचारिक	2	व्यक्तिवाद, उपकरणवाद, आदान-प्रदान
औपचारिक	3	अच्छा लड़का/अच्छी लड़की
औपचारिक	4	नियम और कानून
उत्तर औपचारिक	5	सामाजिक संविदा
उत्तर औपचारिक	6	सिद्धान्तकृत अंतःकरण

23. प्रतिभाशाली बच्चे : ऐसे बच्चे जिनमें उच्च बौद्धिक स्तर, विशेष क्षमताएं और प्रतिभाएं होती हैं। उन्हें प्रतिभाशाली बच्चे कहते हैं।

26. बच्चों पर केन्द्रित प्रगतिशील-शिक्षा आन्दोलन का नेतृत्व और प्रचार जॉन डेवी द्वारा किया गया।

27. संवर्द्धन : संवर्द्धन एक पद है जिसका प्रयोग उन प्रगतिशील अधिगम अनुभवों को प्रदान करने के सन्दर्भ में प्रयोग किया जाता है जो बच्चे के विकास स्तर से मेल खाता है। विद्यालयी आयु के बच्चों के मामले में इसका अर्थ बच्चों की गति बढ़ाने से है, जिसके लिए बच्चों के अधिगम की दर तथा विकास स्तर के लिए उपयुक्त पाठ्यक्रम उपलब्ध कराया जाता है। प्रतिभाशाली बच्चों में संवर्द्धन कई प्रकार से हो सकता है। पहला है 'कक्षा लाँघना' (grade skipping), जिसमें विकसित (विशिष्ट) क्षमता वाले बच्चों को अपेक्षाकृत ऊँची कक्षा में प्रोन्नत कर दिया जाता है। इसका उद्देश्य बच्चों को उनकी शैक्षणिक क्षमता के समकक्ष स्थान पर पहुंचाना है।

33. माना की पहली संख्या $= x$

तथा दूसरी संख्या $= \frac{x}{2}$

$$\frac{x}{2}+x = 63$$

$$\Rightarrow \frac{x}{2} = 63 - x$$

$$\Rightarrow \frac{x}{63-x} = 2.$$

36.

$$\begin{array}{r} 300000 \\ 4000 \\ 700 \\ +\quad 5 \\ \hline 304705 \end{array}$$

37. माध्य $= \frac{5.007+5.018+5.02+5.12+5.18}{5}$

$= \frac{25.345}{5} = 5.069.$

माध्यिका = 5.007, 5.018, 5.02, 5.12, 5.18

यहां $n = 5$ जो विषम संख्या है

अतः माध्यिका = तीसरा पद = 5.02

माध्य तथा माध्यिका का योग = 5.069 + 5.02 = 10.089.

39. $\frac{33}{100}\times\frac{100}{11}=\frac{3}{1}$

अब $\frac{3}{1}\times 100 = 300$ प्रतिशत।

40. प्रश्नानुसार,

$4x + 4(2x + 1) = 100$

$\Rightarrow 4x + 8x + 4 = 100$

$\Rightarrow 12x = 96 \Rightarrow x = 8$

अतः बड़े वर्ग की एक भुजा = 17 सेमी

$\therefore$ बड़े वर्ग का क्षेत्रफल $= (17)^2 = 289$ सेमी^{2}

41. 4, 20 तथा 28 का महत्तम समापवर्तक = 4

4, 20 तथा 28 का लघुत्तम समापवर्तक = 140

महत्तम तथा लघुत्तम का योग = 4 + 140 = 144.

42. $\frac{1}{2}$ का वर्ग $= \frac{1}{4}$

अतः $\frac{1}{2}$ अपने वर्ग से बड़ी है।

43. $\frac{7}{10} = 0.7$ जो $\frac{1}{2}$ से बड़ी तथा $\frac{3}{4}$ से छोटी है क्योंकि $\frac{1}{2} =$ 0.5 तथा $\frac{3}{4} = 0.75$

44. यदि $a^3 = 1 + 7 = 8 \Rightarrow a = 2$
$3^3 = 1 + 7 + b \Rightarrow 8 + b = 27 \Rightarrow b = 19$
$4^3 = 1 + 7 + c \Rightarrow 8 + c = 64 \Rightarrow c = 56$
तब $a + b + c = 2 + 19 + 56 = 77$.

45. त्रिभुज ABD में
$\angle ADB = 180° - 119° = 61°$
$\angle ABD = 180° - (61 + 62)°$
$= 180° - 123° = 57°$.

46. घन का आयतन = 125 सेमी^{3}

$\therefore$ घन की एक भुजा = $\sqrt[3]{125} = 5$ सेमी

अतः एक फलक का क्षेत्रफल = 25 सेमी^{2}.

47. PQ = TR
PR = TQ
QR = QR

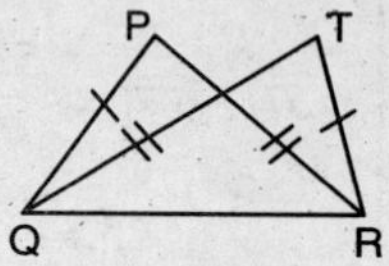

अतः त्रिभुज PQR $\cong$ त्रिभुज TRQ (SSS).

48. 30.3 मिलियन = 30300000.

49. दो संख्याओं का योग = 32
एक संख्या = –36
दूसरी संख्या = 32 –(–36) = 32 + 36 = 68.

50.
$$\begin{aligned} x^2 + 7x + 10 &= x^2 + 5x + 2x + 10 \\ &= x(x + 5) + 2(x + 5) \\ &= (x + 5)(x + 2) \\ x^2 - 3x - 10 &= x^2 - 5x + 2x - 10 \\ &= x(x - 5) + 2(x - 5) \\ &= (x + 2)(x - 5) \end{aligned}$$

अतः उभयनिष्ट गुणनखण्ड = $(x + 2)$.

51.
$$\begin{aligned} 2^{10} - 1 &= 2^5 \times 2^5 - 1 \\ &= 32 \times 32 - 1 \\ &= 1024 - 1 \\ &= 1023 \end{aligned}$$

अंकों का योग = 1 + 0 + 2 + 3 = 6

जो तीन से विभाजित होती है

अतः $2^{10} - 1$ तीन से विभाजित होगा।

56. आयत का क्षेत्रफल = A सेमी^{2}

आयत की लम्बाई = l सेमी

आयत की चौड़ाई = $\frac{A}{l}$ सेमी

आयत का परिमाप = $2\left(l + \frac{A}{l}\right) = 2l + \frac{2A}{l}$ सेमी।

57. वृत्त की परिधि = 3 सेमी

$3 = 2\pi r \Rightarrow r = \frac{3}{2\pi}$

वृत्त का क्षेत्रफल = $\pi r^2 = \pi\left(\frac{3}{2\pi}\right)^2$

$= \pi \times \frac{9}{4\pi^2} = \frac{9}{4\pi}$ सेमी^{2}।

58. 1 किमी जाने में लगा समय $= \frac{1}{30}$ घंटा

अगले 1 किमी जाने में लगा समय $= \frac{1}{40}$ घंटा

कार की औसत चाल = $\frac{\text{कुल दूरी}}{\text{कुल समय}}$

$$= \frac{1+1}{\frac{1}{30} + \frac{1}{40}} = \frac{2}{\frac{4+3}{120}}$$

$$= \frac{2 \times 120}{7} = \frac{240}{7} = 34\frac{2}{7}$$

अतः कार की औसत चाल = $34\frac{2}{7}$ किमी/घंटा।

पिछले प्रश्न-पत्र (हल सहित)

CTET पेपर-II, जनवरी 2012*

(गणित एवं विज्ञान शिक्षक हेतु)

भाग-I

बाल विकास व शिक्षाशास्त्र

निर्देश: *निम्नलिखित प्रश्नों के उत्तर देने के लिए* ***सबसे उचित*** *विकल्प चुनिए।*

1. श्रवण ह्रास से ग्रसित बच्चे कक्षा में किस सबसे मुख्य नैराश्य (कुण्ठा) का सामना करते हैं?
A. खेल-कूद में भागीदारिता निभाने में अक्षमता
B. दूसरों के साथ संप्रेषण करने तथा सूचनाओं को बाँटने में अक्षमता
C. दूसरे विद्यार्थियों के साथ परीक्षा देने में अक्षमता
D. प्रस्तावित पाठ्य-पुस्तक को पढ़ने की अक्षमता

2. 'डिस्लेक्सिया' मुख्य रूप से .... की समस्या से सम्बन्धित है।
A. बोलने व सुनने B. सुनने
C. पढ़ने D. बोलने

3. प्रतिभाशाली विद्यार्थी अपनी क्षमताओं को तब विकसित कर पाएँगे जब–
A. वे निजी कोचिंग कक्षाओं में पढ़ेंगे
B. बार-बार उनकी परीक्षा होगी
C. वे अन्य विद्यार्थियों के साथ अधिगम-प्रक्रिया से जुड़ते हैं
D. उन्हें अन्य विद्यार्थियों से अलग किया जाएगा

4. एक अच्छी पाठ्य-पुस्तक .... से बचती है।
A. लैंगिक संवेदनशीलता B. लैंगिक समानता
C. सामाजिक उत्तरदायित्व D. लैंगिक पूर्वाग्रह

5. पियाजे के अनुसार, संज्ञानात्मक विकास के किस चरण पर बच्चा 'वस्तु स्थायित्व' को प्रदर्शित करता है?
A. पूर्व-संक्रियात्मक चरण
B. मूर्त संक्रियात्मक चरण
C. औपचारिक संक्रियात्मक चरण
D. संवेदीप्रेरक चरण

6. अभिप्रेरणा के सिद्धांतों के अनुसार, एक शिक्षक .... के द्वारा सीखने को संवर्धित कर सकता है।
A. विद्यार्थियों से बहुत उच्च अपेक्षाएँ रखने
B. विद्यार्थियों से वास्तविक अपेक्षाएँ रखने
C. अपेक्षाओं का एकरूप स्तर रखने
D. विद्यार्थियों से किसी प्रकार की अपेक्षाएँ न रखने

7. विकास शुरू होता है–
A. पूर्व-बाल्यावस्था से B. उत्तर-बाल्यावस्था से
C. प्रसवपूर्व अवस्था से D. शैशवास्था से

8. बहुविध बुद्धि सिद्धांत के अनुसार सभी प्रकार के पशुओं, खनिजों और पेड़-पौधों को पहचानने और वर्गीकृत करने की योग्यता .... कहलाती है।
A. स्थानिक बुद्धि B. तार्किक-गणितीय बुद्धि
C. प्राकृतिक बुद्धि D. भाषिक बुद्धि

9. "अधिकांश व्यक्तियों की बुद्धि औसत होती है, बहुत कम लोग प्रतिभा-संपन्न होते हैं और बहुत कम व्यक्ति मंद-बुद्धि के होते हैं।" यह कथन .... के प्रतिस्थापित सिद्धांत पर आधारित है।
A. बुद्धि और लैंगिक विभिन्नताओं
B. बुद्धि और जातीय विभिन्नताओं
C. बुद्धि के वितरण
D. बुद्धि की वृद्धि

10. कोहलबर्ग के अनुसार, सही और गलत के प्रश्न के बारे में निर्णय लेने में शामिल चिंतन-प्रक्रिया को कहा जाता है–
A. नैतिक दुविधा B. सहयोग की नैतिकता
C. नैतिक तर्कणा D. नैतिक यथार्थवाद

11. एक विद्यार्थी अपने समकक्ष व्यक्तियों के समूह के प्रति आक्रामक व्यवहार करता है और विद्यालय के मानदंडों को नहीं मानता। इस विद्यार्थी को .... में सहायता की आवश्यकता है।
A. मनोगत्यात्मक क्षेत्र
B. भावात्मक क्षेत्र
C. उच्च स्तरीय चिंतन कौशल
D. संज्ञानात्मक क्षेत्र

*Exam was held on 12-01-2012.

12. शिक्षकों को यह सलाह दी जाती है कि वे अपने शिक्षार्थियों को सामूहिक गतिविधियों में शामिल करें क्योंकि सीखने को सुगम बनाने के अतिरिक्त, ये .... में भी सहायता करती हैं।

A. आक्रामकता B. दुश्चिंता

C. समाजीकरण D. मूल्य द्वंद्व

13. समावेशी शिक्षा उस विद्यालयी शिक्षा व्यवस्था की ओर संकेत करती है–

A. जो उनकी शारीरिक, बौद्धिक, सामाजिक, भाषिक या अन्य विभिन्न योग्यता स्थितियों को ध्यान में रखे बगैर सभी बच्चों को शामिल करती है

B. विशेष आवश्यकता वाले बच्चों को विशिष्ट विद्यालयों के माध्यम से शिक्षा देने को प्रोत्साहित करती है

C. केवल बालिका शिक्षा को बढ़ावा देने की आवश्यकता पर बल देती है

D. जो सभी निर्योग्य बच्चों को शामिल करती है

14. एक शिक्षिका अपने शिक्षार्थियों की सदैव इस रूप में सहायता करती है कि वे एक विषय-क्षेत्र से प्राप्त ज्ञान को दूसरे विषय-क्षेत्रों के ज्ञान के साथ जोड़ सकें। इससे .... को बढ़ावा मिलता है।

A. शिक्षार्थी-स्वायत्तता

B. पुनर्बलन

C. ज्ञान के सह-सम्बन्ध एवं अंतरण

D. वैयक्तिक भिन्नताओं

15. सृजनात्मकता मुख्य रूप से .... से सम्बन्धित है।

A. अपसारी (बहुविध) चिंतन

B. मॉडलिंग

C. अनुकरण

D. अभिसारी चिंतन

16. एक विद्यार्थी मेडिकल कॉलेज में दाखिला लेने के लिए कठिन परिश्रम करता है ताकि वह प्रवेश परीक्षा में उत्तीर्ण हो सके। यह विद्यार्थी .... रूप से अभिप्रेरित है।

A. बाह्य B. वैयक्तिक

C. आनुभविक D. आंतरिक

17. व्यवहार का 'करना' पक्ष .... में आता है।

A. सीखने के भावात्मक क्षेत्र

B. सीखने के गतिक (कोनेटिव) क्षेत्र

C. सीखने के मनोवैज्ञानिक क्षेत्र

D. सीखने के संज्ञानात्मक क्षेत्र

18. विज्ञान एवं कला प्रदर्शनियाँ, संगीत एवं नृत्य प्रस्तुतियाँ तथा विद्यालय-पत्रिका निकालना, ... के लिए हैं।

A. अभिभावकों को संतुष्ट करने

B. शिक्षार्थियों को सृजनात्मक मार्ग उपलब्ध कराने

C. विभिन्न व्यवसायों के लिए विद्यार्थियों को प्रशिक्षित करने

D. विद्यालय का नाम रोशन करने

19. एक शिक्षिका अपने शिक्षार्थियों को अनेक तरह की सामूहिक गतिविधियों में व्यस्त रखती है, जैसे–समूह-चर्चा, समूह-परियोजनाएँ, भूमिका निर्वाह, आदि। यह सीखने के किस आयाम को उजागर करता है?

A. प्रतियोगिता-आधारित अधिगम

B. सामाजिक गतिविधि के रूप में अधिगम

C. मनोरंजन द्वारा अधिगम

D. भाषा-निर्देशित अधिगम

20. जब एक शिक्षिका दृष्टिबाधित शिक्षार्थी को कक्षा के अन्य शिक्षार्थियों के साथ सामूहिक गतिविधियों में शामिल करती है, तो वह–

A. दृष्टिबाधित शिक्षार्थी पर सम्भवतः तनाव बढ़ा रही है

B. कक्षा के लिए सीखने हेतु बाधाएँ उत्पन्न कर रही है

C. समावेशी शिक्षा की भावना के अनुसार कार्य कर रही है

D. सभी शिक्षार्थियों में दृष्टिबाधित शिक्षार्थी के प्रति सहानुभूति विकसित करने में मदद कर रही है

21. एक शिक्षिका अपने शिक्षण में दृश्य-श्रव्य सामग्रियों और शारीरिक गतिविधियों का प्रयोग करती है क्योंकि–

A. इनमें अधिकतम इंद्रियों का उपयोग सीखने को संवर्धित करता है

B. वे शिक्षक को आराम देते हैं

C. वे प्रभावी आकलन को सुगम बनाते हैं

D. वे शिक्षार्थियों को वैविध्य उपलब्ध कराते हैं

22. पियाजे के अधिगम के संज्ञानात्मक सिद्धांत के अनुसार, वह प्रक्रिया जिसके द्वारा संज्ञानात्मक संरचना को संशोधित किया जाता है, ... कहलाती है।

A. स्कीमा B. प्रत्यक्षण

C. समायोजन D. समावेशन

23. जब पूर्व का अधिगम नई स्थितियों के सीखने को बिल्कुल प्रभावित नहीं करता, तो यह .... कहलाता है।

A. अधिगम का नकारात्मक स्थानांतरण

B. अधिगम का शून्य स्थानांतरण

C. अधिगम का निरपेक्ष स्थानांतरण

D. अधिगम का सकारात्मक स्थानांतरण

24. चिंतन अनिवार्य रूप से है एक–

A. भावात्मक व्यवहार B. संज्ञानात्मक गतिविधि

C. मनोगतिक प्रक्रिया D. मनोवैज्ञानिक परिघटना

25. एक बाल-केंद्रित कक्षा में, बच्चे सामान्यतः सीखते हैं–

A. समूहों में

B. वैयक्तिक और सामूहिक, दोनों रूपों में

C. मुख्य रूप से शिक्षक से

D. वैयक्तिक रूप से

26. सहयोगी अधिगम में अधिक उम्र के प्रवीण विद्यार्थी, छोटे और कम निपुण विद्यार्थियों की मदद करते हैं। इससे–

A. उच्च उपलब्धि और आत्म-सम्मान विकसित होता है
B. गहन प्रतियोगिता होती है
C. उच्च नैतिक विकास होता है
D. समूहों में द्वंद्व होता है

27. निम्नलिखित में से कौन-सा मुख्य रूप से आनुवंशिकता सम्बन्धी कारक है?
A. चिंतन पैटर्न
B. आँखों का रंग
C. सामाजिक गतिविधियों में भागीदारिता
D. समकक्ष व्यक्तियों के समूह के प्रति अभिवृत्ति

28. शिक्षकों को अपने विद्यार्थियों की त्रुटियों का अध्ययन करना चाहिए क्योंकि वे प्रायः .... की ओर संकेत करती हैं।
A. आवश्यक उपचारात्मक युक्तियों
B. योग्यताओं के अनुसार समूह बनाने हेतु दिशा-निर्देश
C. भिन्न प्रकार की पाठ्यचर्या की आवश्यकता
D. उनके ज्ञान की सीमा

29. सीमा हर पाठ को बहुत जल्दी सीख लेती है जबकि लीना उसे सीखने में ज्यादा समय लेती है। यह विकास के .... सिद्धांत को दर्शाता है।
A. सामान्य से विशिष्ट की ओर
B. वैयक्तिक भिन्नता
C. अंतःसम्बन्ध
D. निरंतरता

30. निम्नलिखित में से .... के अतिरिक्त सभी वातावरणीय कारक विकास को आकार देते हैं।
A. शारीरिक गठन
B. पौष्टिकता की गुणवत्ता
C. संस्कृति
D. शिक्षा की गुणात्मकता

भाग-II

गणित एवं विज्ञान

निर्देश: *निम्नलिखित प्रश्नों के उत्तर देने के लिए* **सबसे उचित** *विकल्प चुनिए।*

31. एक समांतर चतुर्भुज की कितनी सममिति रेखाएँ हैं?
A. 2
B. कोई नहीं
C. 4
D. 3

32. वह छोटी-से-छोटी संख्या, जो पूर्ण वर्ग हो तथा 10, 12, 15 और 18 से भी विभाज्य हो, है–
A. 2500
B. 1600
C. 900
D. 3600

33. $4 - (2 - 9)^0 + 3^2 \div 1 + 3$ किसके बराबर है?
A. 16
B. 15
C. 12
D. 17

34. आकृति में, त्रिभुजों PQR और TQR में, PQ = TR और PR = TQ हैं। निम्न में से कौन-सा कथन सही है?

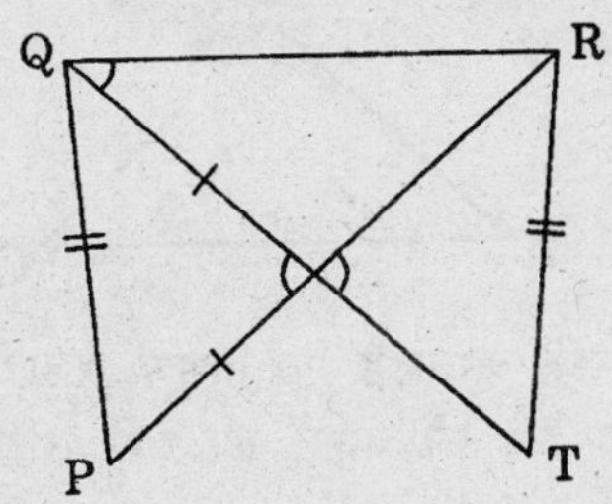

A. $\Delta PQR \cong \Delta TQR$
B. $\Delta PQR \cong \Delta RQT$
C. $\Delta PQR \cong \Delta QTR$
D. $\Delta PQR \cong \Delta TRQ$

35. संख्या 3^{98} को 5 से भाग करने पर, शेष रहता है–
A. 2
B. 3
C. 4
D. 1

36. निम्न में से कौन-सी भिन्न सबसे छोटी है?
A. $\frac{10}{11}$
B. $\frac{99}{100}$
C. $\frac{68}{69}$
D. $\frac{24}{25}$

37. एक विद्यार्थी निम्नलिखित उदाहरणों का अवलोकन करता है–

$$(10)^2 = (5+5)^2 = 5^2 + 2(5)(5) + (5)^2 = 100$$
$$= (6+4)^2 = 6^2 + 2(6)(4) + (4)^2 = 100$$
$$= (8+2)^2 = 8^2 + 2(8)(2) + (2)^2 = 100$$
$$= (1+9)^2 = 1^2 + 2(1)(9) + (9)^2 = 100$$

और निष्कर्ष निकालता है

$$(a+b)^2 = a^2 + 2(a)(b) + b^2$$

निष्कर्ष निकालने की उपर्युक्त पद्धति है–
A. आगमनात्मक
B. विश्लेषणात्मक
C. गतिविधि
D. निगमनात्मक

38. 'क्षेत्रमिति' इकाई का योगात्मक आकलन .... के द्वारा किया जा सकता है।
A. गणित प्रयोगशाला गतिविधि
B. पेपर-पेंसिल परीक्षा
C. आई.सी.टी. गतिविधि
D. परियोजना कार्य

39. कक्षा IX में निर्देशांक ज्यामिति परिचय कराने के लिए उपयुक्त उपागम है–
A. भूमिका निर्वाह (रोल प्ले)
B. प्रौद्योगिकी समाकलन का उपयोग करते हुए निदर्शन

C. समस्या समाधान

D. व्याख्यान पद्धति

40. 'अंकुर को परीक्षा में रैखिक समीकरणों पर आधारित शब्दों में दी गई समस्या में शून्य अंक मिलता है। शिक्षक जानता है कि वह रैखिक समीकरणों को सही तरीके से हल कर सकता है। शिक्षक को उसकी रिपोर्ट में टिप्पणी लिखनी चाहिए–

A. अंकुर को रैखिक समीकरणों की संकल्पना पूरी तरह से समझ में नहीं आई है

B. अंकुर को प्रश्न की भाषा समझने में कठिनाई होती है, लेकिन उसके पास समीकरणों को हल करने का कौशल है

C. अंकुर में एकाग्रता की कमी है जिसकी वजह से उसमें परीक्षा का भय है

D. अंकुर घर पर न तो पढ़ता है और न ही अभ्यास करता है

41. अनुपात और समानुपात पढ़ाते समय, सुश्री रमा स्क्रीन पर कुछ कम्प्यूटर संक्रियाएँ प्रदर्शित करती–'कॉपी एंड पेस्ट' तथा 'कॉपी एंड एनलॉर्ज' या 'कॉपी एंड रिड्यूस'। यह गतिविधि हो सकती है–

A. विषय-वस्तु-पश्च गतिविधि

B. रूपात्मक आकलन गतिविधि

C. समय व्यतीत करने के लिए मजेदार गतिविधि

D. अनुपात को प्रस्तुत करने के लिए विषय-वस्तु-पूर्व गतिविधि

42. सलमान $-3-4=+7$ को हल करता है। की गई त्रुटि का कारण है–

A. सलमान का पूर्णांकों के योगफल की संकल्पना स्पष्ट नहीं है

B. सलमान को समान प्रकार की समस्याओं को हल करने के अभ्यास की आवश्यकता है

C. सलमान को पूर्णांकों के गुणनफल की संकल्पना समझ में नहीं आई है

D. सलमान लापरवाह है

43. समस्या-समाधान पद्धति है–

A. पुनरावृत्ति और स्मरण के द्वारा गणितीय निष्कर्षों, परिभाषाओं तथा संकल्पनाओं को पढ़ाना

B. गणित के विकास को ऐतिहासिक, सामाजिक और सांस्कृतिक संदर्भ में पढ़ाना

C. विद्यार्थियों को खुली समझ वाला बनाते हुए उनमें गणितीय प्रवीणता, सृजनात्मकता और खोजपरक (अन्वेषणात्मक) चिंतन विकसित करना

D. गणितीय बोध/भाव, विचारों और तकनीकों के पदानुक्रमिकता के माध्यम से क्रमिक तथा व्यवस्थित दिशा-निर्देश

44. n संख्याएँ दी गई हैं, जहाँ $n > 1$ है, और जिनमें से एक संख्या $1-\frac{1}{n}$ है तथा शेष सभी 1 ही हैं। इन n संख्याओं का माध्य है–

A. $n-\frac{1}{n^2}$ B. $n-\frac{1}{n}$

C. $1-\frac{1}{n^2}$ D. 1

45. श्री मनीष 'सममिति' की संकल्पना को स्पष्ट करने के लिए बहुत सारे हस्तचालनों (मैनीप्यूलेटिव्स), गणित प्रयोगशाला गतिविधियों तथा आई.सी.टी. गतिविधियों का प्रयोग करते हैं। श्री मनीष–

A. अपने विद्यार्थियों में प्रसिद्ध होना चाहते हैं

B. समय व्यतीत करना चाहते हैं ताकि वे अगले प्रकरण पढ़ाने से बच सकें, जो उनकी रुचि का नहीं है

C. केवल गतिबोधक शिक्षार्थियों को संतुष्ट करना चाहते हैं

D. सभी अधिगम शैलियों वाले विद्यार्थियों को संतुष्ट करना चाहते हैं

46. यदि $A = \frac{3}{4} \div \frac{5}{6}$,

$B = 3 \div [(4 \div 5) \div 6]$

$C = [3 \div (4 \div 5)] \div 6$ तथा

$D = 3 \div 4\,(5 \div 6)$ हो, तो

A. A और C बराबर हैं B. A और D बराबर हैं

C. सभी बराबर हैं D. A और B बराबर हैं

47. सीमा, अनीस, आशा और टेसी को जो व्यंजक दिए गए हैं वे नीचे उनके उत्तर सहित दर्शाए गए हैं।

सीमा : $4 \times 1 + 8 \div 2 = 8$

अनीस : $6 + 4 \div 2 - 1 = 4$

आशा : $9 + 3 \times 2 - 4 \div 2 = 10$

टेसी : $27 \div 3 - 2 \times 3 = 21$

इनमें से किसने सही उत्तर प्राप्त किया है?

A. अनीस B. आशा

C. टेसी D. सीमा

48. 'पाइथागोरस थ्योरम' पर आधारित सवाल को हल करते समय एक शिक्षक निम्नलिखित त्रिभुज ABC बनाती है।

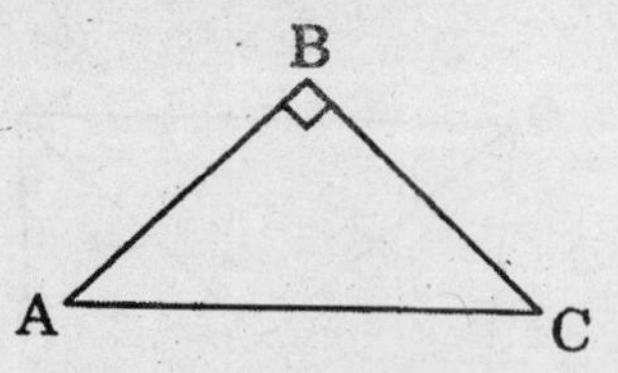

राजन यह तर्क करता है कि त्रिभुज ABC सही तरीके से नहीं बनाया गया है। इसे बनाने का सही तरीका है–

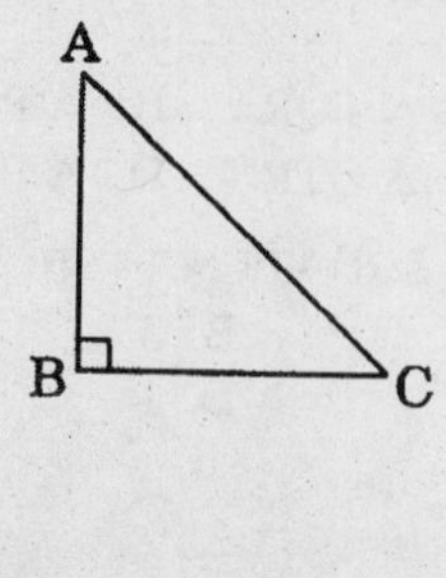

राजन की गलत धारणा इसलिए है क्योंकि–

A. उसके शिक्षक ने हमेशा इसी तरह त्रिभुज बनाया होगा
B. वह लेखन-अक्षमता (डिस्ग्राफिया) से ग्रस्त है
C. उसमें विश्लेषणात्मक क्षमता नहीं है
D. वह ज्यामितीय संकल्पनाओं में कमजोर है

49. संकेतन △a, चाहे वह किसी भी आकार का हो, का मतलब $a + 4$, तथा संकेतन [b], चाहे वह किसी भी आकार का हो, का मतलब b^2 है, जहाँ a और b संख्याएँ हैं। तब

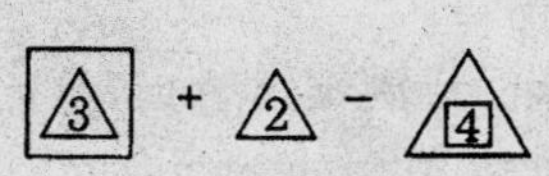

का मान है–

A. 35 B. 32
C. 9 D. 75

50. जिन विद्यार्थियों को ज्यामितीय शब्दावली और उनके अर्थ समझने में कठिनाई होती है उनकी सहायता करने के लिए शिक्षक को–

A. अधिक-से-अधिक गतिविधियों का प्रयोग करना चाहिए, जैसे–वर्ग पहेली (क्रॉसवर्ड पज़्ल्स), जिग-सॉ पहेली, आदि बनाना या हल करना
B. ज्यामितीय शब्दावली की परिभाषा पर विद्यार्थियों की परीक्षा लेनी चाहिए
C. समूह चर्चाओं को प्रोत्साहित करना चाहिए
D. समस्त शब्दावली और परिभाषाओं को रटकर याद करने पर बल देना चाहिए

51. यदि $xy = 6$ और $x^2y + xy^2 + x + y = 63$ हो, तो $x^2 + y^2$ का मान है–

A. 55 B. 61
C. 69 D. 23

52. एक फलों की बड़ी टोकरी में 3 संतरे, 2 सेब और 5 केले हैं। इनमें से यदि एक फल का यादृच्छिक रूप से चयन किया जाता है, तो इसके एक संतरे या एक केले होने की प्रायिकता क्या होगी?

A. $\frac{1}{2}$ B. $\frac{7}{8}$
C. $\frac{1}{5}$ D. $\frac{4}{5}$

53. आकृति में, ABC एक समद्विबाहु त्रिभुज है, जिसमें CA = CB तथा BC को एक बिन्दु D तक बढ़ाया गया है। यदि CE ⊥ BC, इस प्रकार है कि–

$$\angle D = \frac{1}{2}\ \angle E = \frac{1}{2}\ \angle A$$

है, तो ∠ ACD की माप है

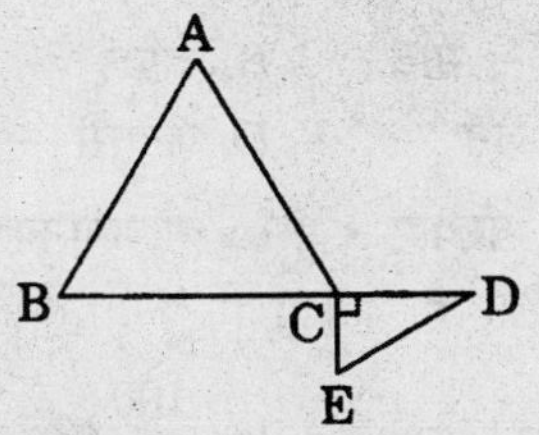

A. 120° B. 135°
C. 140° D. 110°

54. एक बेलनाकार जार के व्यास में 25% की वृद्धि की गई है। इस जार की ऊँचाई कितने प्रतिशत कम की जाए ताकि इसके आयतन में कोई बदलाव न हो?

A. 25 B. 36
C. 54 D. 10

55. संख्याएँ 3.75×10^{-7}, $3\frac{3}{4} \times 10^{-7}$, 375×10^{-9} और $\frac{3}{8} \times 10^{-7}$ दी गई हैं। इनमें से कौन-सी संख्या 0.000000375 के बराबर ***नहीं*** है?

A. $3\frac{3}{4} \times 10^{-7}$ B. 375×10^{-9}
C. $\frac{3}{8} \times 10^{-7}$ D. 3.75×10^{-7}

56. प्रेक्षणों 6, 6, 9, 14, 8, 9, 9, 8 के मध्यांक, बहुलांक तथा प्रसार का माध्य है–

A. 8.8 B. 10.3
C. 10.5 D. 8.5

57. व्यंजक $x^2 - y^2 + x + y - z^2 + 2yz - z$ का एक गुणनखंड है–

A. $x - y + z + 1$ B. $x + y - z + 1$
C. $x - y - z + 1$ D. $y - x + z$

58. यदि मैंने संख्याएँ 11 से 199 लिखी हों, तो मैंने कितनी बार 2 लिखा है?

A. 37 B. 38
C. 39 D. 36

59. दिए गए आलेख के अनुसार, किन दो क्रमागत महीनों में, ऑटो सेल्स (ऑटो बिक्री) में बदलाव सबसे अधिक था?

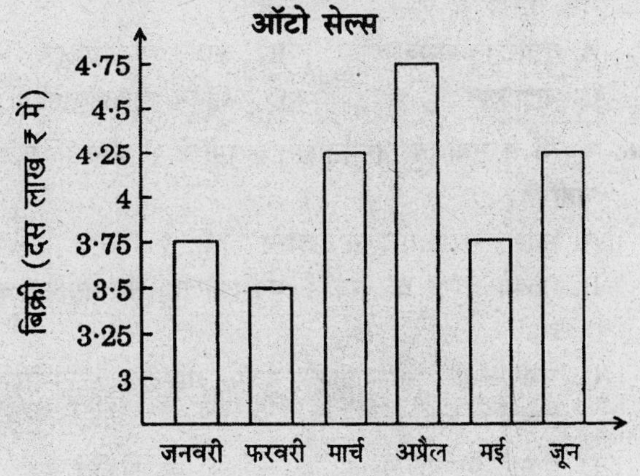

A. फरवरी – मार्च B. अप्रैल – मई
C. मई – जून D. जनवरी – फरवरी

60. दो धनात्मक संख्याएँ x और y व्युत्क्रमानुपाती हैं। यदि x में 10% की वृद्धि होती है, तब y में कमी होगी–

A. $\frac{2}{11}\%$ B. $\frac{100}{11}\%$
C. $\frac{10}{11}\%$ D. 10%

61. आहारी रेशे–
A. सेलूलोज़ और प्रोटीनों से बनते हैं
B. कोलैजन रेशों से बनते हैं
C. प्रोटीनों से बनते हैं
D. रूक्षांश भी कहलाते हैं

62. यदि किसी वस्तु की कंपनों की आवृत्ति घटती है और उसका आयाम बढ़ता है, तब–
A. उत्पादित ध्वनि का तारत्व और प्रबलता दोनों बढ़ते हैं
B. तारत्व बढ़ता है लेकिन प्रबलता घटती है
C. तारत्व घटता है लेकिन प्रबलता बढ़ती है
D. उत्पादित ध्वनि का तारत्व और प्रबलता दोनों घटते हैं

63. निम्नलिखित मानव-निर्मित रेशों में से कौन-सा कृत्रिम रेशम कहलाता है?
A. रेयॉन B. ऐक्रिलिक
C. पॉलिएस्टर D. नाइलॉन

64. विज्ञान-शिक्षण में रचनावाद-उपागम .... की ओर संकेत करता है।
A. विद्यार्थियों को आनुभाविक अधिगम उपलब्ध कराने
B. विद्यार्थियों को अधिक-से-अधिक पठन-सामग्री उपलब्ध कराने
C. कमजोर विद्यार्थियों को अतिरिक्त शैक्षणिक सहायता उपलब्ध कराने
D. समस्या समाधान में विभिन्न गणितीय सूत्रों का अनुप्रयोग करने

65. वह गैस जो रक्त में कार्बोक्सी-हीनोग्लोबिन बनाती है, जिससे दम घुटता है, है–
A. क्लोरोफ्लुओरोकार्बन B. कार्बन मोनोक्साइड
C. नाइट्रोजन D. कार्बन डाइऑक्साइड

66. भूकंपों से संबंधित निम्नलिखित कथनों में से कौन-सा कथन सही ***नहीं*** है?
A. भूकंपी तरंगें केंद्र से उत्पन्न होती हैं।
B. भूकंपी तरंगों का रिकॉर्ड भूकंप-लेखी (सीस्मोग्राफ) कहलाता है।
C. भूकंप-लेखी (सीस्मोग्राफ) भूकंप अभिलेख (सीस्मोग्राम) का रिकॉर्ड रखता है।
D. रिक्टर पैमाना रैखिक नहीं बल्कि लघुगणकीय है।

67. विज्ञान-शिक्षण में परियोजना पद्धति .... के लिए सबसे ज्यादा उपयुक्त है।
A. विद्यार्थियों की अंक संबंधी/अंकीय योग्यताओं को समुन्नत करने
B. विद्यार्थियों के तर्कणा कौशल को दृढ़ करने
C. कार्य करने की वैज्ञानिक पद्धति को बढ़ावा देने
D. विज्ञान में आधारभूत संकल्पनाओं की समझ को बढ़ावा देने

68. निम्नलिखित में से कौन-सा विज्ञान में रूपात्मक आकलन की मुख्य विशेषता है?
A. यह अपनी प्रकृति में निदानात्मक है।
B. इसका उद्देश्य है विद्यार्थियों में वैज्ञानिक दृष्टिकोण का विकास करना।
C. इसका उद्देश्य है प्रायोगिक कौशलों को समुन्नत करना।
D. यह वर्ष के अंत में आयोजित किया जाता है।

69. विलयनों के अम्लीय, क्षारीय या उदासीन प्रकृति का निर्धारण करने के लिए, एक विद्यार्थी परीक्षण के बाद निम्नलिखित परिणाम सारणी बनाता है। निम्नलिखित अवलोकनों में से सही रूप में सारणीकृत अवलोकन कौन-सा है?

केस	*परीक्षण विलयन*	*लाल लिटमस पत्र पर रंग में परिवर्तन*	*नीले लिटमस पत्र पर रंग में परिवर्तन*	*अम्लीय/क्षारकीय/उदासीन*
1.	NaCl	कोई परिवर्तन नहीं	लाल	अम्लीय
2.	चूने का पानी	नीला	कोई परिवर्तन नहीं	उदासीन
3.	सिरका	कोई परिवर्तन नहीं	कोई परिवर्तन नहीं	उदासीन
4.	कपड़े धोने का सोडा	नीला	कोई परिवर्तन नहीं	क्षारकीय

A. 2 B. 3
C. 4 D. 1

70. जब कार्बन डाइऑक्साइड ताजे चूने के पानी के विलयन में से गुजरती है तो चूने का पानी दूधिया हो जाता है। चूने के पानी का दूधियापन .... के कारण दिखाई देता है।
A. अविलेयशील कैल्शियम कार्बोनेट की उपस्थिति
B. विलेयशील कैल्शियम कार्बोनेट की उपस्थिति
C. चूने के पानी में चूने के कारण दूध का थक्का
D. चूने के पानी में उपस्थित अपद्रव्यों (गंदगी)

71. वायुमंडल में उपस्थित गैसें जो पौधाघर प्रभाव का कारण है–
A. नाइट्रस ऑक्साइड, ऑक्सीजन, जल-वाष्प
B. मेथैन, जल-वाष्प, कार्बन डाइऑक्साइड
C. कार्बन डाइऑक्साइड, ऑक्सीजन, नाइट्रोजन
D. कार्बन डाइऑक्साइड, सल्फर डाइऑक्साइड, मेथैन

72. प्रतिजैविक .... के उपचार में प्रभावी हैं।
A. हैजा B. इंफ्लुएंजा
C. हैपेटाइटिस A D. डेंगू बुखार

73. आमतौर पर खाद्य सामग्री को रखने के लिए पैट (PET) बोतलों और जारों का प्रयोग किया जाता है। पैट (PET) .... का सुपरिचित प्रकार है।

A. ऐक्रिलिक B. रेयॉन (कृत्रिम रेशा)
C. पॉलिऐमाइड D. पॉलिएस्टर

74. जब धात्विक चालक में विद्युत् धारा प्रवाहित होती है, तो चालक में उत्पादित ऊष्मा की मात्रा इसके .... पर निर्भर करती है।

A. केवल लंबाई और मोटाई
B. केवल पदार्थ और मोटाई
C. पदार्थ, लंबाई और मोटाई
D. केवल पदार्थ और लंबाई

75. मांसपेशियों की सुचारू क्रिया के लिए .... खनिजों की पर्याप्त मात्रा में आवश्यकता होती है।

A. सोडियम एवं पोटैशियम
B. आयोडीन एवं फ्लुओरीन
C. लौह एवं आयोडीन
D. लौह एवं कैल्शियम

76. विज्ञान-शिक्षण की परियोजना-पद्धति की एक मुख्य सीमा यह है कि–

A. यह एक मनोवैज्ञानिक पद्धति है
B. ज्ञान को क्रमिक रूप से अर्जित नहीं किया जा सकता
C. विभिन्न विषयों में संकल्पनाओं के एकीकरण को प्राप्त किया जा सकता है
D. विद्यार्थियों को अधिक मात्रा में मानसिक और शारीरिक कार्य करना पड़ता है

77. विज्ञान में योगात्मक आकलन को .... पर बल देना चाहिए।

A. महत्त्वपूर्ण सैद्धांतिक संकल्पनाओं का परीक्षण करने
B. अवलोकन कौशलों का आकलन करने
C. विद्यार्थियों के अधिगम-कठिनाई वाले क्षेत्रों का निदान करने
D. मुख्य रूप से प्रायोगिक कौशलों का परीक्षण करने

78. ऊष्मीय मान की एस.आई. इकाई है–

A. कैलोरी (Calorie)
B. जूल प्रति किलोग्राम (J/kg)
C. किलोकैलोरी प्रति किलोग्राम (Kilocalorie/kg)
D. किलोजूल प्रति किलोग्राम (KJ/kg)

79. शर्करा को ऐल्कोहल में परिवर्तित करने की प्रक्रिया .... के नाम से जानी जाती है।

A. किण्वन B. पाश्चुरीकरण
C. जीवाणुनाशन D. समांगीकरण

80. नीचे कुछ रासायनिक प्रक्रियाएँ दी गई हैं–

1. लोहे पर जंग लगना
2. मोमबत्ती का जलना
3. श्वसन
4. प्रकाश-संश्लेषण

इनमें से कौन-से दो धीमे दहन को दर्शाते हैं?

A. 2 और 4 B. 4 और 1
C. 1 और 3 D. 2 और 3

81. कोशिका भित्ति वाला सबसे छोटा सजीव जीव है–

A. जीवाणु B. यीस्ट
C. शैवाल D. सायनोबैक्टीरिया

82. जब सी.एन.जी. या एल.पी.जी. का पूर्ण दहन होता है, तब उत्पादन बनते हैं–

A. CO_2, CO एवं H_2O
B. CO_2 एवं H_2O
C. CO_2, SO_2 एवं H_2O
D. केवल CO_2

83. विज्ञान में आकलन हेतु विद्यार्थियों की .... की योग्यता के परीक्षण पर ज्यादा बल दिया जाना चाहिए।

A. दैनिक जीवन की अपरिचित परिस्थितियों में संकल्पनाओं की समझ का व्यवहार में लाने
B. मुक्त अंत वाले प्रश्नों के उत्तर देने
C. उच्च अधिगम के लिए पर्याप्त रूप से सक्षम होने
D. विज्ञान के तथ्यों और सिद्धांतों को सही रूप में बताने

84. निम्नलिखित में से कौन-सा विद्यार्थियों में वैज्ञानिक कौशलों के विकास के लिए सबसे ज्यादा उपयुक्त है?

A. क्षेत्र-भ्रमण का आयोजन करना
B. विज्ञान-ओलिम्पियाड का आयोजन करना
C. प्रयोगशाला-कार्य निष्पादित करना
D. विज्ञान-प्रश्नोत्तरी का आयोजन करना

85. एक विज्ञान शिक्षिका शिक्षार्थियों द्वारा प्रक्रमण-कौशलों के अर्जन पर ज्यादा ध्यान केंद्रित करना चाहती है। उसे निम्नलिखित में से कौन-से शिक्षण-पद्धति-संयोजन को प्राथमिकता देनी चाहिए ताकि वह अपने उद्देश्यों को प्राप्त कर सके?

A. व्याख्यान-'कम' (cum)-चर्चा पद्धति
B. परियोजना-'कम' (cum)-प्रयोगशाला पद्धति
C. व्याख्यान-'कम' (cum)-निदर्शन पद्धति
D. दत्त कार्य-'कम' (cum)-प्रश्न-पद्धति

86. निम्नलिखित में से कौन-से शब्द-समूह को *राइजोबियम* के साथ सही रूप से पहचाना जा सकता है?

A. नाइट्रोजन स्थिरीकरण, जड़ों की ग्रंथियाँ, फलीदार पादप
B. फलीदार पादपों की जड़ें, परजीवी, विलयशील नाइट्रोजन यौगिक
C. फलीदार पादप, सहजीवी, तने की ग्रंथि
D. जड़ों की ग्रंथियाँ, घटपर्णी, नाइट्रोजन की कमी वाली मृदा

87. एक प्रयोगशाला तापमापी (थर्मामीटर) 55° C और 56° C के बीच पाँच छोटे विभाजन प्रदर्शित करता है। इसका तात्पर्य है कि तापमापी .... तक उचित रूप में पढ़ा जा सकता है।

A. 55.5° C　　B. 55.2° C
C. 55.25° C　　D. 55.1° C

88. विज्ञान में .... के लिए प्रायोगिक कार्य पर बल दिया जा सकता है।
A. लिखित रिकॉर्ड रखने की आदत का विकास करने में विद्यार्थियों की सहायता करने
B. विद्यार्थियों की समय-पाबंदी और नियमितता की सही तरह से जाँच करने
C. सैद्धांतिक संकल्पनाओं की सत्यता की जाँच करने में विद्यार्थियों की सहायता करने
D. विद्यार्थियों द्वारा प्राप्त किए गए अंकों के प्रतिशत में सुधार करने

89. निम्नलिखित में से कौन-सा उच्च प्राथमिक स्तर पर विज्ञान-शिक्षण का मुख्य उद्देश्य है?
A. वैज्ञानिकों के नाम और वैज्ञानिक खोजों को याद करना
B. महत्त्वपूर्ण तथ्यों तथा सूत्र सीखना
C. अध्याय के अंत में दिए गए अभ्यासों को हल करने में निपुणता विकसित करना
D. तार्किक चिंतन को बढ़ावा देना

90. विद्यार्थियों A, B, C तथा D ने जब सूखे लिटमस पत्र पर ठोस बेकिंग सोडा (खाने का सोडा) रगड़ा, तो उन्होंने निम्नलिखित अवलोकन किए–

विद्यार्थी	*सूखे लाल लिटमस पत्र पर प्रभाव*	*सूखे नीले लिटमस पत्र पर प्रभाव*
1.	नीले रंग में बदल जाता है	कोई बदलाव नहीं
2.	कोई बदलाव नहीं	लाल रंग में बदल जाता है
3.	नीचे रंग में बदल जाता है	लाल रंग में बदल जाता है
4.	कोई बदलाव नहीं	कोई बदलाव नहीं

किस विद्यार्थी द्वारा किया गया अवलोकन सही है?
A. 2　　B. 3
C. 4　　D. 1

भाग-III

भाषा-I हिन्दी

निर्देश: *निम्नलिखित प्रश्नों के उत्तर देने के लिए **सबसे उचित** विकल्प चुनिए।*

91. निम्नलिखित में से कौन-सा उच्च प्राथमिक स्तर पर भाषा शिक्षण का उद्देश्य ***नहीं*** है?
A. दूसरों के अनुभवों से जुड़ पाना और संदर्भों में चीजों को समझना
B. सही रूप में समझना
C. व्याकरण के नियमों को रटना
D. निजी अनुभवों के आधार पर भाषा का सृजनशील प्रयोग

92. भाषा की पाठ्य-पुस्तक में ऐसे पाठ रखे जाएँ जो–
A. बच्चों के परिवेश से जुड़े हों
B. केवल व्याकरणिक नियमों का ही अभ्यास कराते हों
C. अत्यंत छोटे हों
D. सरल भाषा से युक्त हों

93. द्वितीय भाषा के रूप में हिंदी सीखने का मुख्य उद्देश्य है–
A. दैनिक जीवन में हिंदी में समझने तथा बोलने की क्षमता का विकास करना
B. मानक हिंदी लिखने में निपुणता प्राप्त करना
C. हिंदी और अपनी मातृभाषा के अंतर को कंठस्थ करना
D. हिंदी के व्याकरण पर अधिकार प्राप्त करना

94. माधुरी पढ़ते समय कभी-कभी वाक्यों, शब्दों की पुनरावृत्ति करती है। इसका यह भाषायी व्यवहार दर्शाता है कि–
A. वह पढ़ने में ज्यादा समय लेती है
B. वह समझ के साथ पढ़ने की कोशिश कर रही है
C. वह अटक-अटक कर ही पढ़ सकती है
D. उसे पढ़ना बिलकुल नहीं आता

95. 'उसने पढ़ा।', 'उसने खाया।' और 'उसने चीखा'। जैसे भाषा-प्रयोग दर्शाते हैं–
A. नियमों का अति सामान्यीकरण
B. नियम का उल्लंघन
C. संदर्भ की समझ न होना
D. नियम कंठस्थ न होना

96. व्याकरण-शिक्षण के संदर्भ में कौन-सा कथन सही है?
A. व्याकरण-शिक्षण अत्यंत आवश्यक है
B. व्याकरण-शिक्षण के लिए समय-सारणी में अलग से काव्यांशों की व्यवस्था होनी चाहिए
C. भाषा-प्रयोग की अपेक्षा भाषा-नियमों को ही महत्त्व देना चाहिए
D. बच्चे परिवेश में उपलब्ध भाषिक प्रयोगों के आधार पर स्वयं भाषा के नियम बनाने की क्षमता रखते हैं

97. सुहेल एक साल पहले असम से पंजाब आया है। वह हिंदी भाषा का प्रयोग करते समय त्रुटियाँ करता है। एक शिक्षक के रूप में आप किस कथन को सही मानेंगे?
A. सुहेल की मातृभाषा का प्रभाव लक्ष्य भाषा पर नहीं पड़ने देना चाहिए
B. उसे रोज एक घंटा हिंदी भाषा के शब्द बोलने का अभ्यास करना चाहिए

C. सुहेल को भाषा प्रयोग के अधिकाधिक अवसर व प्रोत्साहन देना चाहिए

D. सुहेल को बार-बार उसकी त्रुटियों के बारे में बताना चाहिए

98. सपना अपनी कक्षा के बच्चों को मौखिक अभिव्यक्ति के अवसर देने के लिए अनेक क्रियाकलाप करती है। आप निम्नलिखित में से सबसे ज्यादा प्रभावी किसे मानते हैं?

A. समाचार-पत्र का वाचन करना

B. विभिन्न परिस्थितियों में संवाद-अदायगी करना

C. शब्दों को जोर-जोर से बोलना

D. कहानी को बोल-बोलकर पढ़ना

99. कक्षा में मौजूद बहुभाषिकता–

A. भाषा-शिक्षण में एक संसाधन के रूप मे प्रयुक्त हो सकती है

B. बच्चों को 'लक्ष्य भाषा' सीखने के लिए हतोत्साहित करती है

C. शिक्षक के लिए एक जटिल और कठोर चुनौती है

D. भाषा-शिक्षण में बाधक है

100. भाषा के संदर्भ में निदानात्मक परीक्षण का उद्देश्य है–

A. बच्चों की भाषा-प्रयोग संबंधी कठिनाइयों के संभावित कारणों की पहचान करना

B. बच्चों हेतु भाषा-प्रयोग के अवसर जुटाना

C. बच्चों को अगली कक्षा में प्रोन्नत करना

D. बच्चों को विभिन्न श्रेणियों में विभक्त करना

101. उच्च कक्षाओं में–

A. भाषा की पाठ्य-पुस्तक अत्यंत महत्वपूर्ण है

B. साहित्य साध्य है और भाषा-कौशल साधन

C. केवल छन्द-अलंकारों को समझने के प्रयास करना ही भाषा-शिक्षण का उद्देश्य है

D. भाषा-कौशल साध्य हैं और साधन है–साहित्य

102. भाषा के सतत और व्यापक मूल्यांकन का उद्देश्य है–

A. मूल्यांकन की परंपरा का निर्वाह करना

B. बच्चों की सीखने की प्रक्रिया को समझकर उपयुक्त शिक्षण-अधिगम प्रक्रिया अपनाना

C. अगली कक्षा में प्रोन्नत करने हेतु साक्ष्य जुटाना

D. बच्चों की त्रुटियों की पहचान करना

103. उच्च प्राथमिक स्तर पर भाषा-शिक्षण की प्रक्रिया में सबसे अधिक महत्वपूर्ण है–

A. समाचार-पत्र, पत्रिकाओं या अन्य भाषिक सामग्री में कही गई बात के निहितार्थ, सोच, सरोकार की पहचान करना

B. पाठ्य-पुस्तक में दिए गए साहित्यिक अंशों की विस्तृत व्याख्या

C. पठन-कौशल पर अधिक बल देना

D. पाठों के शब्दों का अर्थ जानने के लिए शब्दकोश का प्रयोग करना

104. उपचारात्मक शिक्षण की सफलता मुख्यतः निर्भर करती है–

A. समस्याओं के कारणों की सही पहचान पर

B. बच्चों की समाज-सांस्कृतिक पृष्ठभूमि पर

C. बच्चों की भाषागत त्रुटियों की सूची बनाने पर

D. समस्याओं की पहचान पर

105. भाषा-अर्जन–

A. प्रयासपूर्ण होता है

B. शिक्षक की आवश्यक उपस्थिति की माँग करता है

C. भाषा की कक्षा में ही संभव है

D. सहज, स्वाभाविक होता है

निर्देश (प्र. सं. 106 से 111 तक): *कविता की पंक्तियाँ पढ़कर निम्नलिखित प्रश्नों में* ***सबसे उचित*** *विकल्प चुनिए।*

नदी के उस पार जाने को
मेरा बहुत मन करता है माँ;
वहाँ कतार में
बँधीं है नावें बाँस की खूँटियों से।
उसी रास्ते दूर-दूर जाते हैं
हल जोतने किसान
कंधों पर हल रखे,
रँभाते हुए गाय-बैल
तैरकर जाते हैं उस पार
घास चरने
शाम को जब वे
लौटते हैं घर
ऊँची-ऊँची घास में छिपकर
हुक्के–हो करते हैं सियार।
माँ तू बुरा न माने तो
बड़ा होकर मैं नाव खेने वाला
एक नाविक बनूँगा।

106. इस कविता में कौन किसे संबोधित कर रहा है?

A. लेखक के रूप में एक बच्चा माँ को

B. लेखक नाविक की माँ को

C. कोई किसी को नहीं

D. लेखक अपनी माँ को

107. लेखक नाविक क्यों बनना चाहता है?

A. वह हल चलाना चाहता है

B. वह नदी की यात्रा का मजा लेना चाहता है

C. वह नाव चलाने संबंधी अपने शौक को पूरा करना चाहता है

D. वह नदी पार के सौंदर्य का आनंद उठाना चाहता है

108. नावों को बाँसों की खूँटियों से क्यों बाँधा गया होगा?

A. नाविक ऐसा ही करते हैं

B. कहीं लहरें नाव को बहाकर न ले जाएँ

C. बाँसों की खूटियाँ पानी में तैरती रहती हैं

D. ताकि कोई दूसरा व्यक्ति नाव न ले जाए

109. 'माँ तू बुरा न माने तो' पंक्ति किस ओर संकेत नहीं करती?

A. लेखक जानता है कि माँ उसे नाविक नहीं बनने देगी

B. लेखक माँ की इच्छा के अनुसार कार्य करना चाहता है

C. माँ को बुरा लग गया है

D. लेखक माँ के संवेगों का ध्यान रखता है

110. कविता में पुनरुक्त शब्द-युग्म आए हैं–

A. ऊँची-ऊँची B. दूर-दूर, ऊँची-ऊँची

C. गाय-बैल D. दूर-दूर

111. 'तैरकर जाते हैं उस पार' पंक्ति में 'तैरकर' शब्द को पहले रखा गया है क्योंकि–

A. कविता में क्रिया शब्द पहले आते हैं

B. लेखक तैरने पर बल देना चाहता है

C. लेखक तुक मिला रहा है

D. वह क्रिया शब्द है

निर्देश (प्र. सं. 112 से 120): *गद्यांश को पढ़कर निम्नलिखित प्रश्नों में **सबसे उचित** विकल्प चुनिए।*

क्या आपने कभी महसूस किया है कि किसी सवाल का सही उत्तर मिल जाने के बाद सिर्फ उकताहट के सिवा कुछ बाकी नहीं बचता। इसके बाद सारे रास्ते बंद से लगने लगते हैं। दूसरी ओर एक गलत जवाब उतना ही रोचक होता है जितना कोई रहस्यमय कत्ल!

मुझे इस बात पर आश्चर्य होता है कि अपने अट्ठाईस वर्षों के अध्यापन के अनुभव में मैंने गलत उत्तरों से कितना कुछ सीखा है। अपनी खुद की और अपने विद्यार्थियों, दोनों द्वारा की गई गलतियों से। अब जब भी कोई विद्यार्थी किसी प्रश्न का गलत उत्तर देता है तो मैं उससे सबसे पहले यह पूछता हूँ कि उसने ऐसा उत्तर क्या सोचकर दिया?

कला-संकाय के छात्र अक्सर यह शिकायत करते हैं कि विज्ञान-संबंधी परीक्षाएँ उतनी रोमांचक नहीं होतीं–क्योंकि उनके प्रश्नों और उत्तरों का सही-सही अनुमान लगाया जा सकता है। यदि व्यक्ति को किसी प्रश्न को हल करने का तरीका पहले से ही मालूम है तो उसके लिए कोई चुनौती नहीं बचती। यह सही है, भौतिक विज्ञान के शिक्षक बहुत कड़ी मेहनत करते हैं और सुनिश्चित करना चाहते हैं कि उनके विद्यार्थी सही उत्तर तक पहुँच पाएँ।

हालाँकि यह भी अपनी जगह सच है कि भौतिक विज्ञान के शिक्षक के लिए सबसे मजेदार स्थिति तब पैदा होती है जब विद्यार्थी एक ऐसा गलत जवाब दे जिसमें गलती होते हुए भी कुछ सोचने के लिए मजबूर कर देने की क्षमता हो। यही वह स्थिति होती है जब भौतिकी के किसी पहलू पर पकड़ बनाने की कोशिश कर रहे विद्यार्थी के दिमाग की कशमकश को समझा जा सकता है।

बहुत-से गलत जवाबों की तह में कुछ सही तथ्य और सोचने की शक्ति छुपी होती है। हो सकता है कि उत्तर देने वाला अपना तर्क सही न दे पाया हो, या शिक्षक द्वारा दी गई व्याख्या को सही प्रकार से न समझ पाया हो, या फिर ऐसा भी हो सकता है कि जिस रूप में उसके समक्ष तथ्य प्रस्तुत किए गए उन्हीं में कोई कमी रह गई हो। हो सकता है कि भौतिक विज्ञान के सहज नियमों को समझने में ही कोई भूल हुई हो।

112. गलत जवाब को रोचक क्यों कहा गया है?

A. गलत जवाब में बेतुकी बातें होती हैं

B. गलत जवाब पर हँसने को मिलता है

C. गलत जवाब प्रश्नकर्त्ता को सोचने के लिए प्रेरित कर सकते हैं

D. गलत जवाब रोचक ही होते हैं

113. लेखक ने अपने और अपने विद्यार्थियों के गलत जवाब से क्या सीखा?

A. लोगों के सोचने के तरीके अलग-अलग होते हैं

B. गलत जवाब देने से रोमांच समाप्त हो जाता है

C. लोग गलत जवाब देकर रोमांच महसूस करते हैं

D. सवालों के सही जवाब

114. कला-संकाय के छात्रों को विज्ञान की परीक्षाएँ उतनी रोमांचक नहीं लगती थीं, क्योंकि–

A. विज्ञान की परीक्षाओं में अच्छे सवाल नहीं होते थे

B. विज्ञान की परीक्षाएँ अनुमान लगाने का अवसर नहीं देतीं क्योंकि उसके जवाब तयशुदा हैं

C. विज्ञान की परीक्षाओं में चुनौतीपूर्ण प्रश्न होते हैं

D. विज्ञान के सभी सवालों के जवाब सुनिश्चित हैं

115. अनुच्छेद के आधार पर इनमें से कौन-सा कथन ***गलत*** है?

A. भौतिक विज्ञान के शिक्षक सही उत्तर के लिए बहुत मेहनत करते थे

B. गलत जवाब बच्चों के दिमाग में चल रही चिंतन प्रक्रिया को उजागर करने की कोशिश करते हैं

C. गलत उत्तर से दिमाग में कशमकश होने लगती है

D. भौतिक विज्ञान के शिक्षक बच्चों से सही जवाब चाहते थे

116. गलत जवाब का क्या कारण नहीं हो सकता?

A. समझ न आना

B. व्याख्या को सही रूप में प्रस्तुत न करना

C. नियमों में कमियाँ

D. तर्क का अभाव, तथ्यों की सही उपलब्धि

117. पाठ में मुख्य रूप से यह कहा गया है कि–

A. गलत जवाब शिक्षकों को अच्छे लगते हैं

B. गलत जवाब यह बताता है कि बच्चे के दिमाग में क्या चल रहा है

C. गलत जवाब की मुख्य जिम्मेदारी बच्चे की है

D. गलत जवाब बच्चों की चिंतन-प्रक्रिया को कुंद कर देते हैं

118. 'विज्ञान' में 'इक' प्रत्यय लगाने से शब्द बनेगा–

A. वैज्ञानिक B. वेज्ञानिक

C. विज्ञानीक D. विज्ञानिक

119. परीक्षा, प्रश्न, गलती शब्द के बहुवचन रूप हैं–

A. परीक्षाओं, प्रश्नों, गलतियों

B. परीक्षायें, प्रश्न, गलतियों

C. परीक्षाएँ, प्रश्न, गलतियाँ

D. परीक्षाएँ, प्रश्नों, गलतियाँ

120. अपनी खुद की और अपने विद्यार्थियों .... वाक्य में रेखांकित सर्वनाम है–

A. संबंधवाचक सर्वनाम B. निजवाचक सर्वनाम

C. पुरुषवाचक सर्वनाम D. अनिश्चयवाचक सर्वनाम

भाग-IV

भाषा-II अंग्रेजी

Directions (Q. Nos. 121-126) : *Read the passage given below and answer the questions that follow by choosing the **most appropriate** option.*

The study of history provides many benefits. First, we learn from the past. We may repeat mistakes, but, at least, we have the opportunity to avoid them. Second, history teaches us what questions to ask about the present. Contrary to some people's view, the study of history is not the memorization of names, dates and places. It is the thoughtful examination of the forces that have shaped the courses of human life. We can examine events from the past and then draw inferences about current events. History teaches us about likely outcomes.

Another benefit of the study of history is the broad range of human experience which is covered. War and peace are certainly covered as are national and international affairs. However, matters of culture (art, literature and music) are also included in historical study. Human nature is an important part of history: emotions like passion, greed and insecurity have influenced the shaping of world affairs. Anyone who thinks that the study of history is boring has not really studied history.

121. By studying history we can—
- A. predict the future
- B. avoid mistakes
- C. question the authority
- D. repeat mistakes

122. Which method of teaching history would the author of this passage support?
- A. Using flash cards to remember specific facts
- B. Weekly quizzes on dates and events
- C. Analyzing wars and their causes
- D. Applying historical events to modern society

123. History is all about—
- A. understanding international affairs
- B. studying about a broad range of human experience
- C. maps, information and detailed data
- D. memorizing names, dates and places

124. History is ***not*** boring because—
- A. it studies human nature and culture
- B. it is full of historical events
- C. it is about the mistakes we make
- D. it covers both war and peace

125. What is the main idea of this passage?
- A. Studying history is not just memorization
- B. The role of history is to help students deal with real life
- C. Students should study both national and international history
- D. Studying history helps us to learn from the past

126. Pick out a word from the first paragraph that means the same as 'results'.
- A. inferences
- B. forces
- C. outcomes
- D. benefits

Directions (Q. Nos. 127-135): *Read the passage given below and answer the questions that follow by selecting the **most appropriate** option.*

It is your duty to train and develop your mind and acquire knowledge, as much knowledge as you possibly can obtain. Knowledge is like a deep well, fed by perennial springs, and your Mind is the little bucket that you drop into it: you will get as much as you can assimilate. The Brain, which is the physical organ of the mind, is one of the two precious products of the aeons of Evolution: the other is the imponderable 'Social instinct'. This wonderful Brain, whose every convolution represents millions of years of Time, really distinguishes you from the animals. Many animals have very powerful sense organs; the eagle, the ant and the dog have keener sense of sight than Man. But no animal has a more evolved Brain and higher Intelligence. If you do not develop and use this Brain to the utmost of your power, you are more akin to the beasts than to Homo-Sapiens.

Knowledge and mental self-culture will confer untold blessings upon you. You will not be the victim of superstition and demagogy in religion and politics. You will know your duty and do it. To be wise and independent in your religion and your politics, not to be doped and duped by the selfish priests and the scheming politicians of Capitalism and so called Socialism: is this not a noble aim worth striving for? Most men and women today are not free and wise: they are like kites flown by the priests and politicians who hold the string. They are fleeced and fooled on account of their ignorance. Half the ills of man are due to ignorance.

127. What, according to the passage, is the duty of human beings?
- A. To acquire knowledge and develop the mind
- B. To make ourselves cultured
- C. To digest knowledge
- D. To study correctly

128. Mind has been compared to—
- A. a deep well
- B. a deep sea
- C. a perennial spring
- D. a bucket

129. For human beings, their brain is one of the two products of evolution. The other is their—
- A. instinct for living in a society
- B. physical strength

C. self-culture and knowledge
D. keener sense of sight

130. What is man like if he does not develop and use his brain?
A. He is like an angel
B. He is akin to the beasts
C. He is greater than gods
D. He is akin to the motionless statues

131. What will knowledge and mental self-culture confer upon man?
A. Money and material things
B. Many blessings
C. Untold miseries
D. Richness of knowledge

132. If one acquires knowledge and develops mental self-culture, one will not be the victim of—
A. lust and carnal appetites
B. pugnacity
C. superstition and demagogy
D. breed

133. The author implies that most men and women—
A. lack social instinct
B. do not possess capacity for free judgement
C. are manipulated by priests and politicians
D. are arrogant in their behaviour

134. Pick out a word from the first paragraph that means the same as 'inexhaustible'.
A. convolution B. perennial
C. imponderable D. aeons

135. The word 'untold' as used in the second paragraph is—
A. a noun B. an adjective
C. an adverb D. a verb

Directions (Q. Nos. 136-150): *Answer the following questions by selecting the* ***most appropriate*** *option.*

136. Seating arrangement should be flexible in a language classroom because—
A. it helps the teacher in maintaining discipline
B. it helps learners change their places frequently
C. it facilitates pair work and group work
D. it reduces the responsibility of the teacher

137. Learners acquire a language by—
A. studying the literature of that language
B. learning about the culture of the speakers of that language
C. using the language in a natural interactive environment
D. analysing the structure of the language

138. Picture comprehension is effective to promote—
A. listening skill B. literary skill
C. artistic skill D. speaking skill

139. Teaching grammar is useful to improve—
A. literacy B. numeracy
C. accuracy D. fluency

140. A good test on reading comprehension will have questions—
A. that encourage learners to write answers without errors
B. that test inference, interpretation and evaluation besides comprehension
C. that focus primarily on the structures and words used in the text
D. that test the textual knowledge thoroughly

141. All-round development of a child implies—
A. specialized training to make the learner a 'Jack of all Trades'
B. following the natural stages of child development
C. providing vocational education for the learner to function in any work environment
D. harmonious development of physical, emotional and mental faculties

142. The most important feature of an effective language classroom is opportunity for learners to—
A. evaluate B. imitate
C. relax D. interact

143. In learning a new language, multilingualism is—
A. an interference B. a burden
C. a methodology D. an asset

144. A mixed ability group is heterogeneous in—
A. social strata B. knowledge and skill
C. economic status D. gender and age

145. Teachers should ***not*** give corporal punishment to learners because—
A. it creates stress and fear in learners
B. it is only an emotional release for the teachers
C. it makes parents very angry
D. it is risky

146. Pre-reading tasks are meant for—
A. introducing the main idea and motivating the learners
B. explaining the grammatical items used in the reading text
C. evaluating the reading skill of the learners
D. giving the meanings of difficult words and phrases

147. When a teacher asks her students to write a letter after having a group discussion, she is—
A. following a traditional method
B. likely to confuse the students
C. adopting the Direct Method of language teaching
D. integrating different language skills

148. Comprehensive Evaluation refers to assessment of—
A. both scholastic and co-scholastic areas
B. summative assessment tests
C. co-curricular activities
D. academic subjects

149. Speaking skill can be best developed by enabling the learners to—
A. listen to the model provided by the teacher
B. avoid all errors while speaking
C. read challenging and difficult texts
D. communicate in real-life situations

150. Curriculum is an educational programme which does ***not*** state—
A. the content (material, etc.), teaching strategies and learning experiences which will be necessary to achieve this purpose
B. the means of evaluating whether these educational ends have been achieved or not
C. the lesson planning details of the topics
D. the educational purpose of a programme

उत्तरमाला

1	2	3	4	5	6	7	8	9	10
B	C	C	D	D	B	D	C	B	C
11	**12**	**13**	**14**	**15**	**16**	**17**	**18**	**19**	**20**
B	C	A	C	A	D	B	B	B	C
21	**22**	**23**	**24**	**25**	**26**	**27**	**28**	**29**	**30**
A	D	B	B	B	A	B	A	B	A
31	**32**	**33**	**34**	**35**	**36**	**37**	**38**	**39**	**40**
A	C	B	D	C	A	A	B	B	B
41	**42**	**43**	**44**	**45**	**46**	**47**	**48**	**49**	**50**
D	A	D	C	D	B	D	C	A	A
51	**52**	**53**	**54**	**55**	**56**	**57**	**58**	**59**	**60**
C	D	A	B	C	D	A	C	B	B
61	**62**	**63**	**64**	**65**	**66**	**67**	**68**	**69**	**70**
D	C	A	A	B	C	C	A	C	A
71	**72**	**73**	**74**	**75**	**76**	**77**	**78**	**79**	**80**
B	A	D	C	D	D	C	D	A	C
81	**82**	**83**	**84**	**85**	**86**	**87**	**88**	**89**	**90**
A	B	A	C	B	A	B	C	D	D
91	**92**	**93**	**94**	**95**	**96**	**97**	**98**	**99**	**100**
C	A	A	B	D	C	C	B	A	A
101	**102**	**103**	**104**	**105**	**106**	**107**	**108**	**109**	**110**
D	B	D	A	D	A	B	B	D	B
111	**112**	**113**	**114**	**115**	**116**	**117**	**118**	**119**	**120**
C	C	A	B	C	C	B	A	D	B
121	**122**	**123**	**124**	**125**	**126**	**127**	**128**	**129**	**130**
B	C	B	A	B	C	A	D	A	B
131	**132**	**133**	**134**	**135**	**136**	**137**	**138**	**139**	**140**
B	C	C	D	B	C	C	C	C	B
141	**142**	**143**	**144**	**145**	**146**	**147**	**148**	**149**	**150**
D	D	D	C	A	A	D	A	D	C

कुछ चुने हुए प्रश्नों के व्याख्यात्मक उत्तर

2. **'डिसलेक्सिया'** पठन से सम्बन्धित अधिगम में कठिनाई भी एक बीमारी है, जबकि व्यक्ति के पास अच्छा शिक्षण, पर्याप्त बुद्धि और सामाजिक-सांस्कृतिक अवसर उपलब्ध होते हैं। यह मूलभूत बोधात्मक अयोग्यता पर निर्भर है, जो स्वतन्त्र रूप से जन्मजात होती है।

5. **संज्ञानात्मक विकास के पियाजे के चरण :**

चरण	आयु	मुख्य विशेषताएँ
ज्ञानेन्द्रिय गामक चरण	जन्म से 2 वर्ष	• शिशु ज्ञानेन्द्रियों और प्रेरण के अनुभव द्वारा शब्दों को समझता है।

		• वस्तुओं की स्थिरता प्राप्त कर लेता है। • संकेतात्मक विचारों को दर्शाने लगता है।
प्राक्संक्रियात्मक चरण	2 से 7 वर्ष	• बच्चा शब्दों के रूप में संकेतात्मक विचार का प्रयोग करता है और अपने अनुभवों को बताने के लिए चित्रों का प्रयोग करता है। • संकेतात्मक चिन्तन बच्चे को खेलने में उलझाए रखता है। • सोचना अहंकार, अनुक्रमणीयता और केन्द्रीयता को दर्शाता है।
मूर्त संक्रियात्मक चरण	7 से 12 वर्ष तक	• भूर्त घटनाओं के विषय में बच्चा तार्किक रूप से सोच सकता है। • संरक्षण एवं क्रमांकन के सिद्धान्त को ग्रहण करता है।
औपचारिक संक्रियात्मक चरण	12 वर्ष से ऊपर	• किशोर अपेक्षतया अधिक तार्किक, अमूर्तन एवं लचीलेपन से सोचते हैं। • ये कल्पना करके व्यवस्थित रूप से उनका परीक्षण कर सकते हैं।

7. **शैशवास्था(Prenatal Period) :** यह किसी व्यक्ति के जीवन काल में विकास का पहला समय होता है। इस काल की शुरुआत गर्भधारण के समय होती है तथा अन्त 270 से 280 दिनों के बाद शुरू होता है। विकास का यह समय बच्चें के जन्म लेने से पहले माँ के शरीर में गुजरता है।

शब्द–''नाटल'' जन्म से सम्बन्धित एक विशेषण है। जब बच्चे का विकास और वृद्धि जन्म से पहले ही हो जाती है तो इसे 'प्री-नेटल' विकास भी कहते हैं।

8. **गार्डनर की बहुविध बुद्धि सिद्धांतः**

बुद्धि	संक्रिया प्रक्रिया
भाषाई बुद्धि	• भाषा के कार्यों और ध्वनि, ताल व शब्दों के अर्थ के प्रति संवेदनशीलता।
तार्किक गणितीय बुद्धि	• तार्किक अथवा गणितीय पैटर्न, तार्किक श्रृंखलाओं को हल करने की क्षमता व संवेदनशीलता।
संगीतिक बुद्धि	• इसमें तारत्व एवं लय को प्रत्यक्ष करने की क्षमता, संगीतिक समर्थता एवं निपुणता विकसित करने की क्षमता होती है।
स्थानिक बुद्धि	• दृश्य क्षेत्र को समझने की क्षमता जिससे कि वह इस समझ के आधार पर रूपान्तरण कर सके तथा बिना वास्तविक वस्तु के उसी के जैसी वस्तु को दोबारा तैयार कर सके।
शारीरिक गतिक बुद्धि	• अपने लक्ष्यों को पूर्ण करने के लिए शरीर का दक्षता के साथ प्रदर्शन तथा वस्तुओं को दक्षतापूर्वक सम्भालना।
प्रकृतिवादी बुद्धि	• सभी जीवों, खनिजों और पौधों को उनके गुणों के आधार पर वर्गीकरण करने की क्षमता।
आन्तरिक व्यक्तिगत बुद्धि	• किसी दूसरे व्यक्ति के मूड़, अभिप्रेरण, मन्तव्य, और मिजाज को समझकर उपयुक्त प्रतिक्रिया करना।
बाह्य व्यक्तिगत बुद्धि	• अपने अंदर की जटिल भावनाओं में भेद करके समझना तथा इसका उपयोग किसी अन्य को समझाने में किया जाना जिससे कि वह अपने व्यवहार, कमजोरी, मजबूती, इच्छाओं आदि को नियन्त्रित कर सके।

9. **बुद्धि के विषय में कुछ स्थापित सत्य :**

1. **बुद्धि का प्रकृति तथा पालन-पोषण के साथ सम्बन्ध :** मनोवैज्ञानिकों ने बुद्धि पर प्रकृति तथा पालन-पोषण के प्रभाव एवं महत्व को समझने के बहुत से प्रयास किए हैं। उनके निष्कर्ष के रूप में यह सामने आया कि बुद्धि वातावरण एवं आनुवांशिकता का परिणाम है। बौद्धिक विकास के लिए ये दोनों आवश्यक हैं तथा इनमें से किसी एक को दूसरे की अपेक्षा अधिक महत्वपूर्ण समझा जाता है।
2. **बुद्धि का वितरण :** जिस प्रकार से प्रकृति में धन और सेहत आदि का वितरण है। उसी प्रकार बुद्धि का वितरण भी प्रत्येक व्यक्ति के लिए अलग है। यह वितरण एक छोटे-से सिद्धान्त से निधारित होता है। जिसके अनुसार ''लोगों की सामूहिक बुद्धि औसत होती है। कुछ बहुत बुद्धिमान तथा कुछ बहुत मूर्ख होते हैं।''
3. **बुद्धि विकास :** जैसे-जैसे बच्चे की आयु बढ़ती है तो क्या वैसे ही उसकी बुद्धि परीक्षणों में दर्शाए गए अनुसार विकसित होती है? अब प्रश्न यह उठता है कि विकास की यह प्रक्रिया किस आयु में रुक जाती है? बौद्धिक आयु का रुकना अलग-अलग व्यक्तियों में अलग-अलग होता है। अधिकतर मामलों में देखा गया है कि किसी व्यक्ति में अधिकतम बौद्धिक विकास 16 से 20 वर्ष की आयु में होता है। इसके बाद बुद्धि का ऊर्ध्वाधर विकास रुक जाता है, परन्तु किसी व्यक्ति का क्षैतिज ज्ञान इकट्ठा होना और दक्षता का ग्रहण होना उम्र भर जारी रहता है।
4. **बुद्धि एवं लिंग भेद :** यह पता लगाने के लिए कि क्या महिलाएँ, पुरुषों से कम बुद्धिमान होती हैं अथवा क्या पुरुष महिलाओं से कम बुद्धिमान होते हैं, इसके लिए किए गए परीक्षणों में प्राप्त बहुत से परिणामों में कोई भी महत्वपूर्ण अन्तर नहीं मिला।

5. **बौद्धिकता और नस्ल अथवा सांस्कृतिक अन्तर :** क्या कोई नस्ल, जाति अथवा सांस्कृतिक समूह किसी अन्य समूह से श्रेष्ठ हो सकता है? इस परिकल्पना का बहुत शोधकर्ताओं ने परीक्षण किया है। अमरीका में यह समस्या शताब्दियों से ज्वलन्त विषय रहा है। प्रारम्भिक अध्ययनों, जिसमें श्वेत लोगों को नीग्रो के मुकाबले में श्रेष्ठ माना गया, पर प्रश्न उठाए गए। अब यह स्पष्ट है कि बौद्धिकता पर किसी समूह का जन्मसिद्ध अधिकार नहीं हो सकता। बुद्धिमान तथा बुद्धिहीन सभी नस्लों, जातियों और संस्कृतियों में होते हैं और इनके बीच पाई जाने वाली भिन्नताओं को वातावरण के आधार पर समझाया जा सकता है।

10. लॉरेंस कोह्लबर्ग ने नैतिक विवेचना अथवा सही और गलत के निर्णय के विस्तृत चरण प्रस्तुत किए हैं। नैतिक विकास को उन्होंने तीन स्तरों में विभाजित किया है। (1) पूर्व परंपरागत, जहाँ पर निर्णय सिर्फ अकेले व्यक्ति की आवश्यकताओं और बोध के आधार पर होता है। (2) परम्परागत, जहाँ पर कानून और समाज को संज्ञान में लिया जाता है। और (3) उत्तर परम्परागत, जहाँ पर निर्णय अमूर्त, निजी सिद्धान्तों, जिनको समाज के लिए आवश्यक बताकर थोपा जाता है, पर निर्भर होता है।

11. 1950 में अमरीकी मनोवैज्ञानिक शैक्षिक अधिगम के विश्लेषण के लिए एक साथ इकट्ठे हुए। इस टीम के परिणाम **ब्लूम टेक्सोनॉमी** के नाम से सामने आए। यह नाम टीम के लीडर बेंजामिन ब्लूम के नाम पर रखा गया था। इस अधिगम के व्यवहार के पदानुक्रम को तीन एक-दूसरे से सम्बन्धित श्रेणियों में बाँटा गया है। (1) संज्ञानात्मक क्षेत्र (2) प्रभावी क्षेत्र (3) मनोप्रेरक क्षेत्र। संज्ञानात्मक क्षेत्र का किसी व्यक्ति की बौद्धिक क्षमताओं के रूप में वर्णन किया जाता है। संज्ञानात्मक अधिगम व्यवहार, बोध, सूचनाओं के मूल्यांकन, विचारों के वर्गीकरण अथवा प्रबन्धन के द्वारा प्रकट होता है। प्रभावी क्षेत्र पहले व्यक्ति की भावनाओं को अधिगम के अनुभवों और निहित ज्ञान के रूप में प्रदर्शित करता है। प्रभावी अधिगम को रुचि, ध्यान, जागरूकता और अधिगम से जुड़े अनुभवों से सम्बन्धित मूल्यों के स्तर द्वारा प्रदर्शित किया जाता है।

13. **यूनेस्को (2003) :** विस्तृत शिक्षा का अर्थ है कि विद्यालय को सभी बच्चों को बिना किसी शारीरिक, बौद्धिक, सामाजिक, भावनात्मक, भाषायी अथवा बिना अन्य किसी शर्त के सभी बच्चों को दाखिला देना होगा। इनमें विकलांग तथा प्रतिभाशाली बच्चे, गली में रहने वाले, काम करने वाले, दूर-दराज के बच्चे, घूमन्तुओं के बच्चे, भाषायी, नैतिक, सांस्कृतिक, हाशिए पर धकेल दिए गए बच्चों को दाखिला देना शामिल है।

15. अपसारी सोच को बड़े पैमाने पर सृजनशीलता का हॉलमार्क मानते हैं। अपसारी और अभिसारी सोच के बीच अन्तर सबसे पहले अमरीकी मनोवैज्ञानिक जॉय पॉल गिल फॉर्ड (1897-1987) द्वारा दिया गया। वह साइकोमीट्रिक अध्ययन करने वाले विशिष्ट लोगों में से थे। उन्होंने बताया कि सृजनशीलता का मुख्य घटक अपसारी सोच है।

17. **अधिगम का क्रियात्मक क्षेत्र :** इस अधिगम को व्यक्ति के क्रियात्मक क्षेत्र में परिवर्तित होने के रूप में देखा जाता है। इसको प्रयोग करके अपने व्यवहार के विभिन्न आयामों को चिन्हित किया जा सकता है। अतः चलने, बात करने, दौड़ने, कूदने, नाचने, झुकने, मुड़ने, चबाने, खाने-पीने, झूलने, बुनने, सूँघने, छूने, फेंकने, पकड़ने, देखने, सुनने, पीसने आदि (हमारे कार्यों द्वारा और ज्ञानेन्द्रियों द्वारा किए जाते हैं--कर्मेन्द्रियाँ और ज्ञानेन्द्रियाँ) किसी के अधिगम के क्रियात्मक क्षेत्र में आ सकते हैं।

22. **आत्मसातकरण :** पियाजे के क्रियात्मक विकास सिद्धान्त में उपलब्ध मानसिक फलक में नई सूचनाओं का आत्मसात होना ही आत्मसातकरण है।

सामंजस्य : पियाजे के सिद्धान्त के अनुसार यह विद्यमान (उपलब्ध) जानकारी की संरचना में नई जानकारी अथवा अनुभव के कारण उत्पन्न परिवर्तन है।

23. अधिगम स्थानान्तरण के तीन प्रकार हैं–

(*i*) सकारात्मक स्थानान्तरण

(*ii*) नकारात्मक स्थानान्तरण

(*iii*) शून्य स्थानान्तरण

स्थानान्तरण सकारात्मक होता है यदि पहले सीखी गई कोई चीज व्यक्ति के प्रदर्शन अथवा अधिगम में लाभ पहुँचाती है। इसी प्रकार जब पहले सीखी कोई चीज यदि नई परिस्थितियों में अधिगम अथवा प्रदर्शन को अवरुद्ध करती है तो इस स्थानान्तरण को नकारात्मक स्थानान्तरण कहते हैं। और यदि पिछला अधिगम नई परिस्थितियों में प्रदर्शन अथवा अधिगम पर कोई प्रभाव नहीं डालता है तो इसे शून्य स्थानान्तरण कहते हैं।

24. **चिंतन की प्रकृति :**

(*i*) चिंतन आवश्यक रूप से संज्ञानात्मक क्रियाकलाप है।

(*ii*) यह हमेशा किसी उद्देश्य अथवा समापन की ओर निर्देशित होता है। वास्तविक चिन्तन में हम अपने विचारों को आश्चर्य में परिवर्तित नहीं होने देते जैसा कि बिना किसी निश्चितता के, दिवास्वप्न के दौरान होता है और कल्पना करने में होता है।

(*iii*) चिंतन को समस्या सुलझाने वाले व्यवहार के रूप में परिभाषित किया जाता है। शुरू से आखिर तक चिंतन की प्रक्रिया जिस बिन्दु के चारों ओर घूमती है उसमें कुछ-न-कुछ समस्याएं होती हैं। परन्तु सभी समस्या हल करने वाली चिंतन प्रक्रियाएं नहीं होतीं यह केवल आन्तरिक संज्ञानात्मक व्यवहार से सम्बन्धित होती हैं।

(*iv*) चिन्तन प्रक्रिया प्रेरण जांच-पड़ताल के बजाय मानसिक जांच-पड़ताल होता है। जब कोई व्यक्ति किसी मानसिक अन्वेषण में व्यस्त होता है तो अन्वेषण के समय उसे प्रत्यक्ष अथवा प्रेरक क्रियाओं को रोक देना चाहिए।

(*v*) चिंतन एक प्रतीकात्मक क्रियाकलाप है। चिंतन में समस्या का मानसिक हल किया जाता है जिसको कुछ चिह्नों, प्रतीकों और मानसिक चित्र के द्वारा किया जाता है।

(*vi*) चिंतन, बढ़ते समय और स्थान को लगभग तत्काल तय करके बहुत तेजी से स्थानान्तरित हो सकता है।

31. समान्तर चतुर्भुज में कोई सममिति रेखा नहीं होती।

32. 10, 12, 15 और 18 का ल.स. =180°

180 का सबसे छोटा गुणज 900 है जो एक वर्ग संख्या भी है। अतः सही उत्तर C होगा।

33. $4 - (2 - 9)^0 + 3^2 \div 1 + 3$

$= 4 - (-7)^\circ + 9 \div 1 + 3$

$= 4 - 1 + 9 + 3$

$= 15$

34. $\left.\begin{matrix} PR = TQ \\ PQ = TR \end{matrix}\right\}$ (दिया है।)

तथा, QR = QR (उभयनिष्ठ)

अतः Δ PQR $\cong$ ΔTRQ (भुजा-भुजा-भुजा)

35. 3^1 का अंतिम अंक = 3

3^2 का अंतिम अंक = 9

3^3 का अंतिम अंक = 7

3^4 का अंतिम अंक = 1

3^5 का अंतिम अंक = 3

अर्थात् अंतिम अंक प्रत्येक चार घातांक के बाद दुहराता है।

अतः $98 \div 4$ की स्थिति में शेष 2 आता है।

3^{98} का अंतिम अंक 9 होगा।

स्पष्टतः 3^{98} में 5 से भाग देने पर शेष 4 होगा।

36. $\frac{10}{11}$ एवं $\frac{99}{100}$ में,

$10 \times 100 < 11 \times 99$

$\therefore \quad \frac{10}{11} < \frac{99}{100}$

पुनः $\frac{10}{11}$ एवं $\frac{68}{69}$ में;

$10 \times 69 < 11 \times 68$

$\therefore \quad \frac{10}{11} < \frac{68}{69}$

पुनः $\frac{10}{11}$ एवं $\frac{24}{25}$ में,

$10 \times 25 < 24 \times 11$

$\therefore \quad \frac{10}{11} < \frac{24}{25}$

अतः $\frac{10}{11}$ सबसे छोटा भिन्न है।

44. प्रश्नानुसार,

$$\frac{1-\frac{1}{n}+n-1}{n} = \frac{n-\frac{1}{n}}{n} = \frac{n^2-1}{n^2} = 1 - \frac{1}{n^2}$$

46. $A = \frac{3}{4} \div \frac{5}{6}$

$= \frac{3}{4} \times \frac{6}{5} = \frac{9}{10}$

$B = 3 \div [(4 \div 5) \div 6] = 3 \div \frac{4}{5} \times \frac{1}{6}$

$= 3 \times \frac{15}{2} = \frac{45}{2} = 22\frac{1}{2}$

$C = [3 \div (4 \div 5)] \div 6 = \left[3 \div \frac{4}{5}\right] \div 6$

$= 3 \times \frac{5}{4} \times \frac{1}{6} = \frac{5}{8}$

$D = 3 \div 4(5 \div 6)] = 3 \div 4 \times \frac{5}{6} = 3 \times \frac{6}{20} = \frac{9}{10}$

अतः A एवं D समान हैं।

47. सीमा: $4 \times 1 + 8 \div 2 = 8$

$\Rightarrow 4 + 4 = 8 \qquad \Rightarrow 8 = 8$

अनीस: $6 + 4 \div 2 - 1 = 4$

$\Rightarrow 6 + 2 - 1 = 4$

$\Rightarrow 7 \neq 4$

आशा: $9 + 3 \times 2 - 4 \div 2 = 10$

$\Rightarrow 9 + 6 - 2 = 10$

$\Rightarrow 13 \neq 10$

टेसी: $27 \div 3 - 2 \times 3 = 21$

$\Rightarrow 9 - 6 = 21$

$= 3 \neq 21$

अतः सीमा ने सही उत्तर प्राप्त किया।

49. प्रश्नानुसार,

[3 (त्रिभुज वर्ग में)] $= (3 + 4)^2 = 49$

[2 (त्रिभुज में)] $= 2 + 4 = 6$

[4 (वर्ग त्रिभुज में)] $= 4^2 + 4 = 20$

अतः 49 + 6 − 20 = 35.

51. $x^2y + xy^2 + x + y = 63$

$\Rightarrow xy\,(x + y) + (x + y) = 63$

$\Rightarrow (x + y)\,(xy + 1) = 63$

$\Rightarrow \quad x + y = \frac{63}{7} = 9$

$\therefore \; x^2 + x^2 = (x + y)^2 - 2xy$

$= 81 - 12 = 69.$

52. फलों की कुल संख्या = 10

एक संतरा होने की प्रायिकता $= \frac{3}{10}$

एक केला होने की प्रायिकता = $\frac{5}{10}$

अतः एक संतरा या एक केला होने की प्रायिकता

$$= \frac{3}{10}+\frac{5}{10}=\frac{8}{10}=\frac{4}{5}.$$

53. त्रिभुज CED में,

$\angle C = 90^\circ$ (दिया है)

प्रश्न से, $\angle E = 2\angle D$ $\quad (\because \angle D = \frac{1}{2}\angle E)$

$\therefore \angle C + \angle D + 2\angle D = 180^\circ$

$\Rightarrow \quad 90^\circ + 3\angle D = 180^\circ$

$\Rightarrow \quad 3\angle D = 90^\circ$

$\therefore \quad \angle D = 30^\circ$

$\therefore \quad \angle E = 60^\circ$

$\therefore \quad \angle A = \angle 60^\circ$ एवं $\angle B = 60^\circ$

अतः $\angle ACD = 60^\circ + 60^\circ = 120^\circ$.

54. जार का नया आयतन $= \pi (125)^2 h$

$= 15625\ \pi h$

आयतन में बढ़ोत्तरी $= 15625\ \pi h - 10000\ \pi h$

$= 5625\ \pi h$

$\therefore$ प्रतिशत वृद्धि $= \frac{5625\pi h \times 100}{15625\pi h} = 36\%.$

55. $3\frac{3}{4}\times 10^{-7} = 0.000000375$

$3.75 \times 10^{-9} = 0.000000375$

$\frac{3}{8}\times 10^{-7} = 0.000000375$

$3.75 \times 10^{-7} = 0.000000375$

अतः $\frac{3}{8}\times 10^{-7}$ सही उत्तर होगा।

56. प्रेक्षणों को आरोही क्रम में रखने पर, 6, 8, 9, 14

अतः माध्यिका $= \frac{8+9}{2} = 8.5$

प्रसार $= 14 - 6 = 8$

बहुलक $= 9$

अतः माध्यिका, बहुलक एवं प्रसार का माध्य

$$= \frac{8.5+9+8}{3} = 8.5.$$

57. दिये गए विकल्प के आधार पर,

$(x - y + z + 1)(x + y - z) = x^2 - y^2 + x + y - z^2 + 2yz - z$

अतः गुणनखण्ड $(x - y + z + 1)$ होगा।

60. प्रश्न से, $x = \frac{1}{y}$

माना $x = 100$ तब, $y = \frac{1}{100}$

किन्तु यदि $x = 110$ तब, $y = \frac{1}{110}$

$\therefore$ अन्तर $= \frac{1}{100}-\frac{1}{110}$

$= \frac{11-10}{1100}=\frac{1}{1100}$

अतः प्रतिशत कमी

$$= \frac{1}{1100}\times 100\times 100 = \frac{100}{11}\%.$$

पिछले प्रश्न-पत्र (हल सहित)

CTET पेपर-II, जून 2011*

(गणित एवं विज्ञान शिक्षक हेतु)

भाग-I

बाल विकास व शिक्षाशास्त्र

निर्देशः *निम्नलिखित प्रश्नों के उत्तर देने के लिए* ***सबसे उचित*** *विकल्प चुनिए।*

1. पियाजे के अनुसार विकास की पहली अवस्था (जन्म से लगभग 2 वर्ष आयु) के दौरान बच्चा .... सबसे बेहतर सीखता है।
A. अमूर्त तरीके से चिंतन द्वारा
B. भाषा के नए अर्जित ज्ञान के अनुप्रयोग द्वारा
C. इंद्रियों के प्रयोग द्वारा
D. निष्क्रिय (neutral) शब्दों को समझने के द्वारा

2. सबसे अधिक गहन और जटिल समाजीकरण होता है
A. पूर्व बाल्यावस्था के दौरान
B. प्रौढ़ावस्था के दौरान
C. व्यक्ति के पूरे जीवन में
D. किशोरावस्था के दौरान

3. आनुवंशिकता को .... सामाजिक संरचना माना जाता है।
A. गत्यात्मक B. स्थिर
C. प्राथमिक D. गौण

4. सीखने का वह सिद्धांत जो पूर्ण रूप से और केवल *'अवलोकनीय व्यवहार'* पर आधारित है, सीखने के .... सिद्धांत से सम्बद्ध है।
A. व्यवहारवादी B. रचनावादी
C. संज्ञानवादी D. विकासवादी

5. निम्नलिखित में से कौन-सा 'समझ के लिए शिक्षण' को प्रदर्शित ***नहीं*** करता?
A. समानता और अंतर देखने और सादृश्यता स्थापित करने के लिए विद्यार्थियों की सहायता करना
B. विद्यार्थियों को एकाकी तथ्यों और प्रक्रियाओं को याद करने के योग्य बनाना
C. परिघटना या अवधारणा को अपने शब्दों में अभिव्यक्त करने के लिए विद्यार्थियों को कहना
D. नियम कैसे काम करता है इसे स्पष्ट करने हेतु उदाहरण उपलब्ध कराने के लिए विद्यार्थियों को पढ़ाना

6. निम्नलिखित में से कौन-सी विशेषता आंतरिक रूप से अभिप्रेरित बच्चों के लिए सही ***नहीं*** है?
A. वे कार्य करते समय उच्च स्तर की ऊर्जा प्रदर्शित करते हैं
B. वे चुनौती भरे कार्यों को पसंद करते हैं
C. वे हमेशा सफल होते हैं
D. उन्हें कार्य करने में आनंद आता है

7. एक शिक्षिका अपनी कक्षा के प्रतिभाशाली बच्चों की योग्यताओं (potential) की उपलब्धि चाहती है। अपने उद्देश्य की प्राप्ति के लिए उसे निम्नलिखित में से क्या ***नहीं*** करना चाहिए?
A. विशेष ध्यान के लिए उन्हें उनके समकक्षियों से अलग करना
B. उनकी सृजनात्मकता को समृद्ध करने के लिए उन्हें चुनौती देना
C. गैर-शैक्षणिक गतिविधियों में आनंद लेना सिखाना
D. तनाव को नियंत्रित करना सिखाना

8. छोटे शिक्षार्थियों में निम्नलिखित में से कौन-सा लक्षण 'पठन-कठिनाई' का ***नहीं*** है?
A. शब्दों और विचारों को समझने में कठिनाई
B. सुसंगत वर्तनी में कठिनाई
C. वर्ण एवं शब्द पहचान में कठिनाई
D. पठन-गति और प्रवाह में कठिनाई

9. शिक्षार्थियों का 'आत्म-निजयमन' .... की ओर संकेत करता है।
A. विद्यार्थी-निकाय द्वारा बनाए गए नियम-विनियम
B. स्व-अनुशासन और नियंत्रण
C. अपने सीखने का स्वयं पर्यवेक्षण करने की उनकी योग्यता
D. विद्यार्थियों के व्यवहार के लिए विनियम बनाना

10. निम्नलिखित में से किस कथन को 'सीखने' के लक्षण के रूप में ***नहीं*** माना जा सकता?
A. व्यवहार का अध्ययन सीखना है
B. अन-अधिगम (unlearning) भी सीखने का एक हिस्सा है
C. सीखना एक प्रक्रिया है जो व्यवहार में मध्यस्थता करती है
D. सीखना कुछ ऐसी चीज है जो कुछ अनुभवों के परिणामस्वरूप घटित होती है

*Exam was held on 26-06-2011.

11. सिद्धांत के रूप में रचनावाद
A. सूचनाओं को याद करने और पुनःस्मरण द्वारा जाँच करने पर बल देता है
B. शिक्षक की प्रभुत्वशाली भूमिका पर बल देता है
C. अनुकरण की भूमिका पर केन्द्रित है
D. दुनिया के बारे में अपना दृष्टिकोण निर्मित करने में शिक्षार्थी की भूमिका पर बल देता है

12. सृजनात्मक शिक्षार्थी वह है जो
A. परीक्षा में हर बार अच्छे अंक प्राप्त करने के योग्य है
B. पार्श्व (लेट्रल) चिंतन और समस्या-समाधान में अच्छा है
C. ड्राइंग और पेंटिंग में बहुत विलक्षण है
D. बहुत बुद्धिमान् है

13. अवधारणाओं का विकास मुख्य रूप से .... का हिस्सा है।
A. शारीरिक विकास B. सामाजिक विकास
C. संवेगात्मक विकास D. बौद्धिक विकास

14. व्यक्तिगत शिक्षार्थी एक-दूसरे से ...... में भिन्न होते हैं
A. विकास-क्रम
B. विकास की सामान्य क्षमता
C. वृद्धि एवं विकास के सिद्धांतों
D. विकास की दर

15. 'बच्चे के उचित विकास को सुनिश्चित करने के लिए उसका स्वस्थ शारीरिक विकास एक महत्त्वपूर्ण पूर्व आवश्यकता है।' यह कथन
A. सही है, क्योंकि विकास-क्रम में शारीरिक विकास सबसे पहले स्थान पर आता है
B. सही है, क्योंकि शारीरिक विकास, विकास के अन्य पक्षों के साथ अंतःसम्बन्धित है
C. गलत है, क्योंकि शारीरिक विकास, विकास के अन्य पक्षों को किसी भी प्रकार से प्रभावित नहीं करता
D. गलत हो सकता है, क्योंकि विकास नितांत व्यक्तिगत मामला है

16. इरफान खिलौनों को तोड़ता है और उसके पुर्जों को देखने के लिए उन्हें अलग-अलग कर देता है। आप क्या करेंगे?
A. उसके जिज्ञासु स्वभाव को प्रोत्साहित करेंगे और उसकी ऊर्जा को सही दिशा में संचरित करेंगे
B. उसे समझाएंगे कि खिलौनों को तोड़ना नहीं चाहिए
C. इरफान को खिलौनों से कभी भी नहीं खेलने देंगे
D. उस पर हमेशा नजर रखेंगे

17. बच्चे के विकास के सिद्धांतों को समझना शिक्षक की सहायता करता है
A. शिक्षार्थियों को क्यों पढ़ाना चाहिए– यह औचित्य स्थापित करने में
B. शिक्षार्थियों की भिन्न अधिगम-शैलियों को प्रभावी रूप में संबोधित करने में
C. शिक्षार्थी के सामाजिक स्तर को पहचानने में
D. शिक्षार्थी की आर्थिक पृष्ठभूमि को पहचानने में

18. प्रत्येक शिक्षार्थी स्वयं में विशिष्ट है। इसका अर्थ है कि
A. सभी शिक्षार्थियों के लिए एकसमान पाठ्यचर्या संभव नहीं है
B. एक विषमरूपी कक्षा में शिक्षार्थियों की क्षमताओं को विकसित करना असंभव है
C. कोई भी दो शिक्षार्थी अपनी योग्यताओं, रुचियों और प्रतिभाओं में एकसमान नहीं होते
D. शिक्षार्थियों में न तो कोई समान विशेषताएँ होती हैं और न ही उनके लक्ष्य समान होते हैं

19. 'पुरुष स्त्रियों की अपेक्षा ज्यादा बुद्धिमान् होते हैं।' यह कथन
A. लैंगिक पूर्वाग्रह को प्रदर्शित करता है
B. बुद्धि के भिन्न पक्षों के लिए सही है
C. सही है
D. सही हो सकता है

20. क्रिस्टिना अपनी कक्षा को क्षेत्र-भ्रमण पर ले जाती है और वापस आने पर अपने विद्यार्थियों के साथ भ्रमण पर चर्चा करती है। यह .... की ओर संकेत करता है।
A. आकलन के लिए सीखना
B. आकलन का सीखना
C. सीखने का आकलन
D. सीखने के लिए आकलन

21. मानव विकास कुछ विशेष सिद्धांतों पर आधारित है। निम्नलिखित में से कौन-सा मानव विकास का सिद्धांत ***नहीं*** है?
A. सामान्य से विशिष्ट B. प्रतिवर्ती
C. निरंतरता D. आनुक्रमिकता

22. निःशक्त बच्चों के लिए समेकित शिक्षा की केंद्रीय प्रायोजित योजना का उद्देश्य है .... में निःशक्त बच्चों को शैक्षिक अवसर उपलब्ध कराना।
A. मुक्त विद्यालयों
B. 'ब्लाइंड रिलीफ एसोसिएशन' के विद्यालयों
C. नियमित विद्यालयों
D. विशेष विद्यालयों

23. निम्नलिखित में से कौन-सा कथन 'सीखने' के बारे में सही है?
A. सीखने के किसी भी चरण पर सीखना संवेगात्मक कारकों से प्रभावित नहीं होता।
B. सीखना मूल रूप से मानसिक क्रिया है।
C. बच्चों द्वारा की गई त्रुटियाँ यह संकेत करती है कि किसी तरह का सीखना नहीं हुआ।
D. सीखना उस वातावरण में प्रभावी होता है जो संवेगात्मक रूप से सकारात्मक हो और शिक्षार्थियों को संतुष्ट करने वाला हो।

24. मूल्यांकन (assessment) का मुख्य उद्देश्य होना चाहिए
A. यह निर्णय लेना कि क्या विद्यार्थी को अगली कक्षा में प्रोन्नत किया जाना चाहिए
B. सीखने में होने वाली कमियों का निदान और उपचार करना
C. शिक्षार्थियों की त्रुटियाँ निकालना
D. शिक्षार्थियों की उपलब्धि को मापना

25. शिक्षार्थी जो पहले सीख चुके हैं उसकी पुनरावृत्ति और प्रत्यास्मरण में शिक्षार्थियों की मदद करना महत्त्वपूर्ण है क्योंकि
A. पूर्व पाठों को दोहराने का यह एक प्रभावी तरीका है
B. यह शिक्षार्थियों की स्मृति को बढ़ाता है जिससे सीखना सुदृढ़ होता है
C. यह किसी भी कक्षा-अनुदेशन के लिए एक सुविधाजनक शुरुआत है
D. नई जानकारी को पूर्व जानकारी से जोड़ना सीखने को समृद्ध बनाता है

26. सृजनात्मक उत्तरों के लिए आवश्यक है
A. मुक्त-उत्तर वाले प्रश्न
B. एक अत्यंत अनुशासित कक्षा
C. प्रत्यक्ष शिक्षण एवं प्रत्यक्ष प्रश्न
D. विषय-वस्तु आधारित प्रश्न

27. शिक्षार्थियों को .... के लिए प्रोत्साहित ***नहीं*** करना चाहिए।
A. अधिक-से-अधिक पाठ्य-सहगामी क्रियाओं में हिस्सा लेने
B. शिक्षक जो पूछ सकते हैं उन सभी प्रश्नों के उत्तर याद करने
C. कक्षा के अंदर और बाहर अधिक-से-अधिक प्रश्न पूछने
D. समूह कार्य में दूसरे शिक्षार्थियों के साथ सक्रिय रूप से अंतःक्रिया करने

28. निम्नलिखित में से कौन-सा रचनात्मक आकलन (Formative Assessment) के लिए उचित उपकरण ***नहीं*** है?
A. सत्र परीक्षा
B. प्रश्नोत्तरी और खेल
C. दत्त कार्य
D. मौखिक प्रश्न

29. विद्यार्थियों के सीखने में जो रिक्तियाँ रह जाती हैं उनके निदान के बाद .... होना चाहिए।
A. सभी पाठों को व्यवस्थित रूप से दोहराना
B. शिक्षार्थियों और अभिभावकों को उपलब्धि के बारे में बताना
C. समुचित उपचारात्मक कार्य
D. सघन अभ्यास कार्य

30. भारतीय समाज की बहुभाषिक विशेषता को .... देखा जाना चाहिए।
A. विद्यार्थियों को सीखने के लिए अभिप्रेरित करने हेतु शिक्षक-योग्यता की चुनौती के रूप में
B. शिक्षार्थियों के लिए विद्यालयी जीवन को एक जटिल अनुभव के रूप में बनाने के एक कारक के रूप में
C. शिक्षण-अधिगम प्रक्रिया में बाधा के रूप में
D. विद्यालयी जीवन को समृद्ध बनाने के संसाधन के रूप में

भाग-II

गणित एवं विज्ञान

निर्देशः *निम्नलिखित प्रश्नों के उत्तर देने के लिए* ***सबसे उचित*** *विकल्प चुनिए।*

31. आधार x इकाई के साथ त्रिभुज का क्षेत्रफल भुजा x इकाई के साथ वर्ग के क्षेत्रफल के बराबर है। तो त्रिभुज का शीर्षलंब होगा
A. $2x$ इकाई B. $3x$ इकाई
C. $x/2$ इकाई D. x इकाई

32. $25 - p^2 - q^2 - 2pq$ का गुणनखण्ड है
A. $(5 + p - q)(5 - p + q)$
B. $(5 + p - q)(5 - p - q)$
C. $(5 + p + q)(5 - p + q)$
D. $(5 + p + q)(5 - p - q)$

33. $33\frac{1}{2}\%$; $\frac{4}{15}$ तथा 0.35 में सबसे बड़ा कौन-सा है?
A. 0.35 B. तुलना नहीं की जा सकती
C. $33\frac{1}{2}\%$ D. $\frac{4}{15}$

34. गणित पढ़ाने के एक उपागम रूप में समस्या-समाधान के बारे में चर्चा करते हुए शिक्षकों ने चार विचार बताए। निम्नलिखित में से कौन-सा विचार इस उपागम के वास्तविक अर्थ को उचित सिद्ध ***नहीं*** करता?
A. 'मेरे विचार से समस्या-समाधान को सामान्य गणित की कक्षा से जोड़ना बेहतर होता है।'
B. 'मेरे विचार से समस्या-समाधान और गणितीय तर्कणा में कोई सहसम्बन्ध नहीं है।'
C. 'मेरे विचार से समस्या-समाधान के प्रश्न वास्तविक जीवन की स्थितियों से बनाए जाने चाहिए।'
D. 'मेरे विचार से गणित की पाठ्य-पुस्तक के कई प्रश्न समस्या-समाधान के लिए इस्तेमाल किए जा सकते हैं।'

35. एक वर्गाकार कागज ABCD को जब उसके विकर्ण AC को घूर्णन अक्ष मानकर घुमाया जाता है, तो निम्न में से कौन-सी ठोस आकृति बनेगी?

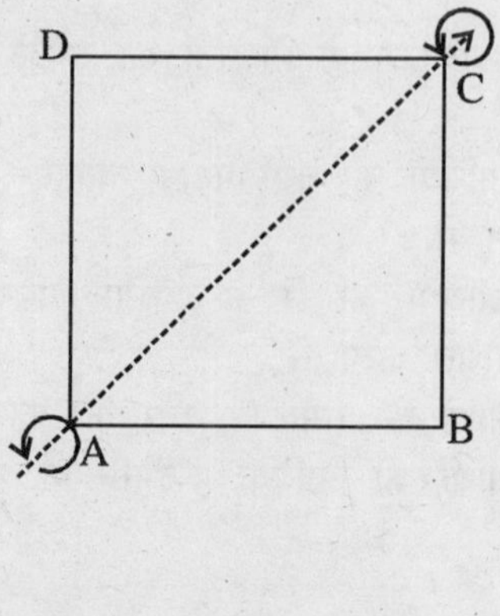

A. बेलन B. समलंब चतुर्भुज
C. शंकु D. तर्कु (स्पिंडल)

36. दिए गए रैखिक समीकरण I, II तथा III में से एक शिक्षार्थी III को बीजीय रूप में हल नहीं कर पाया। शिक्षार्थी जिसे समझ नहीं पाया वह कठिनाई-क्षेत्र यह हो सकता है

$$\begin{array}{c}4x+6y=12\\2x+6y=8\end{array}$$
I

$$\begin{array}{c}5x+4y=8\\9x+4y=10\end{array}$$
II

$$\begin{array}{c}6x+2y=1\\4x+3y=1\end{array}$$
III

A. समीकरणों को ग्राफ विधि के द्वारा हल किया जाना चाहिए
B. III में दिए गए दोनों समीकरण उचित संख्याओं से गुणन करने पर परिवर्तित किए जा सकते हैं
C. दो समीकरणों को हल करने के लिए उनका योग या व्यवकलन (घटाना) किया जा सकता है
D. प्रतिस्थापन विधि द्वारा दो समीकरणों को हल किया जा सकता है

37. घातांक का कार्य करते हुए एक शिक्षार्थी की नोट-बुक में जो कार्य देखा गया, वह इस प्रकार था:

$4^3 \times 4^2 = 4^5$
$6^4 \times 6^4 = 6^8$
$7^3 \times 3^7 = 21^{10}$

शिक्षार्थी को यह समझ नहीं आया कि .... कैसे किया जा सकता है।

A. समान आधार वाली संख्याओं का गुणन
B. अलग आधार वाली संख्याओं का गुणन
C. घातांकों का योग
D. घातांकों का योग और गुणन

38. विद्यार्थी गणितीय समस्याओं को हल करते समय गलतियाँ करते हैं, क्योंकि

A. उनका सामाजिक-आर्थिक स्तर उनके निष्पादन को प्रभावित करता है
B. वे अर्थ-निर्माण के अपने प्रयास में संकल्पनाओं का वैकल्पिक निर्वचन करते हैं
C. वे पर्याप्त अभ्यास नहीं करते
D. वे एक से अधिक पाठ्य-पुस्तकें नहीं पढ़ते

39. कागज मोड़ने की गतिविधि के साथ, एक शिक्षक समांतर चतुर्भुज और त्रिभुज के क्षेत्रफलों के सम्बन्ध का चित्रण करने की कोशिश करती है। निम्नलिखित में से कौन-सा चरणों के रूपांतरण का सबसे अच्छा चित्रण करता है?

A. 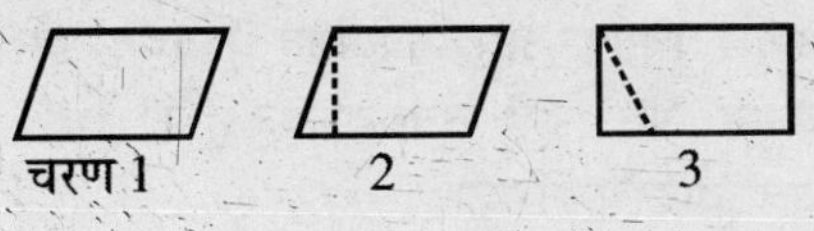

B. 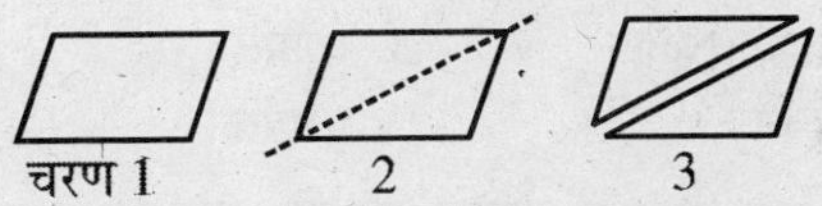

C. 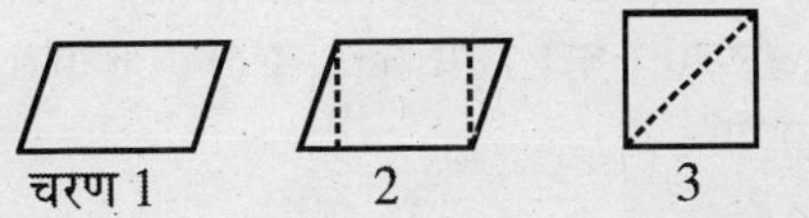

D. 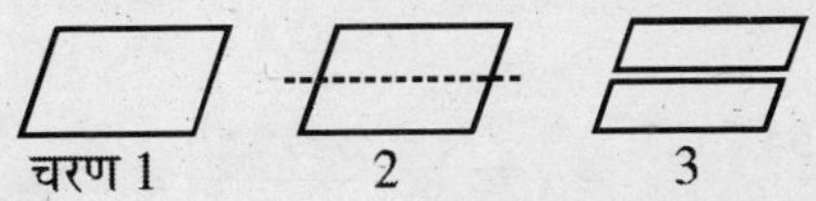

40. यदि आरोही क्रम में a, b और c तीन प्राकृत संख्याएँ हैं, तो

A. $c^2 - a^2 < b^2$ B. $c^2 + b^2 = a^2$
C. $c^2 - a^2 > b$ D. $c^2 - a^2 = b^2$

41. यदि $a * b = a^2 + b^2$ और $a \cdot b = a^2 - b^2$, तो $(5 * 2) \cdot 25$ का मान होगा

A. 226 B. 216
C. 215 D. 225

42. एक आयताकार प्लॉट की लंबाई तथा परिमाप का अनुपात 1 : 3 है। प्लॉट की लंबाई और चौड़ाई के बीच क्या अनुपात होगा?

A. 3 : 2 B. आँकड़े अपर्याप्त हैं
C. 1 : 2 D. 2 : 1

43. 13^{2003} में इकाई के स्थान पर आएगा

A. 7 B. 9
C. 1 D. 3

44. एक पूर्ण घन संख्या प्राप्त करने के लिए 68600 को किस सबसे छोटी संख्या से गुणा किया जाना चाहिए?

A. 8 B. 12
C. 5 D. 10

45. 'तीन खरीदने पर एक मुफ्त।' यहाँ दी गई छूट का प्रतिशत क्या है?

A. 20% B. 28.56%
C. 33.33% D. 25%

46. 'C' पर साइकिल चलाने वाला 'B' की तरफ साइकिल चला रहा है। A और B दोनों के समान्तराली आने से पहले उसे C से कितनी दूर तक साइकिल चलानी होगी?

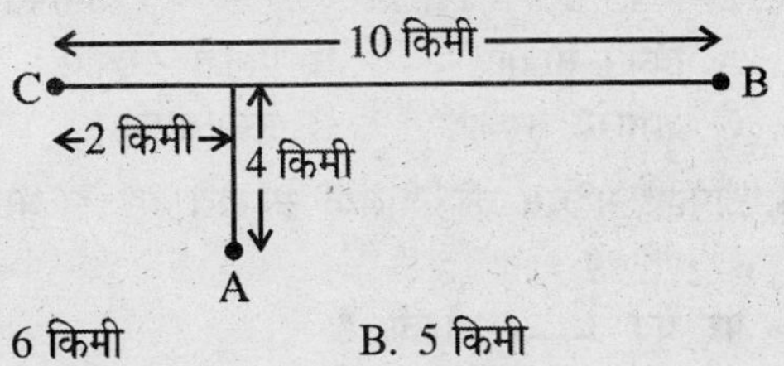

A. 6 किमी B. 5 किमी
C. 4 किमी D. 3 किमी

47. कक्षा-VI में शिक्षिका प्रत्येक बच्चे को एक सेंटीमीटर ग्रिड पेपर और कैंची देती है। वह उनसे चाहती है कि वे बताएँ कि द्वि-आयामी आकृतियों को त्रि-आयामी वस्तुओं के रूप में कैसे मोड़ा जा सकता है। विद्यार्थी निम्नलिखित में से कौन-सी संकल्पना खोज रहे हैं?

A. पाश (Nets) B. दशमलव
C. घूर्णन D. परावर्तन

48. यदि एक वर्गाकार कागज की दो आसन्न भुजाओं को क्रमशः 20% और 40% घटा दिया जाए, तो नया क्षेत्रफल कितने प्रतिशत घट जाएगा?
A. 52% B. 60%
C. 48% D. 50%

49. यदि $\frac{547.527}{0.0082} = x$ है, तो $\frac{547527}{82}$ का मान ज्ञात कीजिए।
A. $100\,x$ B. $\frac{x}{100}$
C. $\frac{x}{10}$ D. $10\,x$

50. समबाहु त्रिभुज की भुजा और ऊँचाई का अनुपात है
A. $2:\sqrt{3}$ B. $\sqrt{3}:2$
C. 2 : 1 D. 1 : 1

51. दिए गए चित्र में, PS = SQ = SR और ∠SPQ = 54°. ∠ x का माप ज्ञात कीजिए।

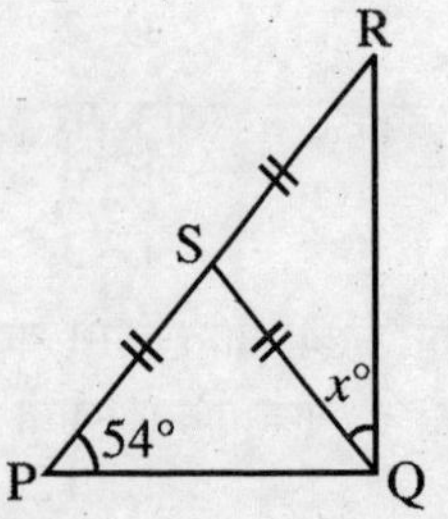

A. 108° B. 36°
C. 54° D. 72°

52. 57.12% की तुल्य भिन्न है (लगभग)
A. $\frac{357}{625}$ B. $\frac{347}{625}$
C. $\frac{349}{625}$ D. $\frac{359}{625}$

53. $2x - 13$, $2x - 11$, $2x - 9$, $2x - 7$ क्रमागत हैं
A. विषम संख्याएँ B. प्राकृत संख्याएँ
C. अभाज्य संख्याएँ D. सम संख्याएँ

54. अमीना माचिस की तीलियों से खेल रही है और वह हर चरण पर एक  जोड़ती है:

दूसरी तरफ अप्पू एक तालिका बनाता है:

L की संख्या	1	2	3	...
माचिस की तीलियों की संख्या	2	4	6	...

इस स्थिति में दोनों बच्चों के बारे में आपका अवलोकन क्या कहता है?
A. अमीना और अप्पू दोनों सामान्यीकरण तक पहुँचने की कोशिश कर रहे हैं
B. अमीना करके सीख रही है और अप्पू शायद पैटर्न बिल्कुल भी नहीं देख पाए
C. अमीना केवल खेल रही है और अप्पू गणित कर रहा
D. सामान्यीकरण तक पहुँचने के लिए अमीना को बहुत स माचिस की तीलियाँ चाहिए, जबकि अप्पू यह बहुत तेजी करेगा

55. किसी लोहे की एक छड़ को पुनः ढालते हुए उसके अर्धव्य को एक-चौथाई कर दिया जाता है। यदि उसका आयतन व रहता है, तो उसकी नई लंबाई हो जाएगी
A. मूल लंबाई की 16 गुना
B. मूल लंबाई की 4 गुना
C. मूल लंबाई की $\frac{1}{4}$ गुना
D. मूल लंबाई की $\frac{1}{16}$ गुना

56. $\sqrt{2+\sqrt{3}}+\sqrt{2-\sqrt{3}}$ का मान है
A. $2\sqrt{2}$ B. $2\sqrt{3}$
C. $\sqrt{6}$ D. 6

57. $\frac{4}{16}-\frac{1}{8}=\frac{3}{8}$

$\frac{6}{7}-\frac{2}{9}=\frac{4}{2}$

उपर्युक्त एक विद्यार्थी के कार्य को दर्शाता है। यदि यह त्रुटि-पै निरंतर जारी रहता है, तो $\frac{5}{11}-\frac{2}{7}$ के लिए विद्यार्थी का उ होगा
A. $\frac{3}{7}$ B. $\frac{2}{18}$
C. $\frac{7}{18}$ D. $\frac{3}{4}$

58. क्षेत्रमिति पढ़ाते समय शिक्षक आगे बढ़ने से पहले बोर्ड पर स सूत्र लिख देती है। यह तरीका दर्शाता है कि वह .... का अनुपालन कर रही है।
A. प्रायोगिक उपागम B. व्यावहारिक उपागम
C. आगमन उपागम D. निगमन उपागम

59. गणित में बेहतर होने के लिए एक व्यक्ति क .... आवश्यकता है।
A. अमूर्त चिंतन और तर्कसंगत विवेचन द्वारा समस्याओं बनाने और उन्हें सूत्रबद्ध करने की
B. सूत्र याद करने की

C. हल को याद रखने की
D. गणनाओं में प्रवीणता की

60. एक आयत को क्षैतिज रूप से दो बराबर भागों में बाँटा जाता है। ऊपर वाले भाग को पुनः तीन बराबर भागों में बाँटा जाता है और निचले भाग को चार बराबर भागों में बाँटा जाता है। मूल आयत का कितना भाग छायांकित है?

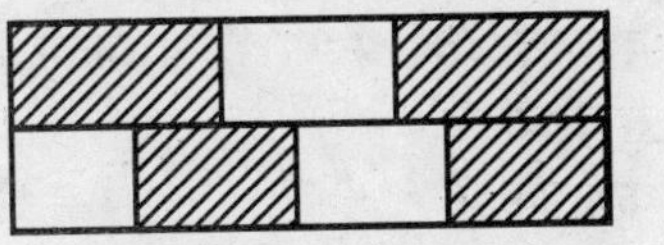

A. $\frac{4}{7}$ B. $\frac{7}{12}$
C. $\frac{3}{5}$ D. $\frac{2}{7}$

61. ग्रीन-हाउस प्रभाव जिससे वायुमंडलीय तापमान बढ़ रहा है, का मुख्य कारण है
A. कार्बन डाइऑक्साइड B. सल्फर
C. ऑक्सीजन D. नाइट्रोजन

62. हॉर्मोन ऐड्रिनलिन
A. लम्बाई नियंत्रण में सहायता करता है
B. शरीर के विद्युत्-अपघट्यों के संतुलन पर नियंत्रण रखने में सहायता करता है
C. रक्त शर्करा के स्तर के नियंत्रण में सहायक होता है
D. जब कोई बहुत गुस्से में होता है या चिंतित होता है तो यह तनाव के स्तर के समंजन में शरीर की सहायता करता है

63. यदि किसी द्रव पर दाब बढ़ता है, तो उसका क्वथनांक
A. परिवर्तित नहीं होता
B. पहले घटता है और फिर बढ़ता है
C. घटता है
D. बढ़ता है

64. खाद्य-पदार्थों के डिब्बों की आंतरिक सतह टिन से पुती होती है न कि जस्ते से क्योंकि
A. जस्ते का गलनांक टिन से अधिक होता है
B. जस्ता टिन से कम क्रियाशील होता है
C. जस्ता टिन से महँगा होता है
D. जस्ता टिन से अधिक क्रियाशील होता है

65. अधातु ऑक्साइड
A. प्रकृति में उभयधर्मी होते हैं
B. लाल लिटमस पत्र को नीला कर देते हैं
C. प्रकृति में अम्लीय होते हैं
D. प्रकृति में क्षारीय होते हैं

66. हरे पौधे दिन के समय कार्बन डाइऑक्साइड की बजाय वायुमंडल में ऑक्सीजन छोड़ते प्रतीत होते हैं, क्योंकि
A. हरे पौधे दिन के समय श्वसन करते हैं पर रात के समय प्रकाश-संश्लेषण करते हैं
B. दिन के समय प्रकाश-संश्लेषण की दर श्वसन की दर से अधिक होती है
C. हरे पौधे रात के समय श्वसन नहीं करते
D. हरे पौधे केवल रात के समय श्वसन करते हैं

67. एक 5 ग्राम भार वाले पंख और एक 10 ग्राम भार वाली कील, दोनों में समान गतिज ऊर्जा है। दोनों वस्तुओं के संवेग के बारे में निम्न में से कौन-सा कथन सही है?
A. दोनों वस्तुओं में बराबर संवेग होगा
B. दो वस्तुओं के संवेग की तुलना करना संभव नहीं है
C. हल्की वस्तु में अधिक संवेग होगा
D. भारी वस्तु में अधिक संवेग होगा

68. एक डॉक्टर अति-अम्लता का उपचार करने हेतु एक दवाई देता है। इस दवाई में मुख्य संघटक (ingredient) है
A. $CaCO_3$ B. Na_2CO_3
C. $Al(OH)_3$ D. $MgCl_2$

69. मनुष्य का अँगूठा बाकी अंगुलियों की अपेक्षा अधिक स्वतंत्रता से गति करता है, क्योंकि इसमें उपस्थित होती है
A. हिंज संधि B. सैडल संधि
C. धुराग्र संधि D. ग्लाइडिंग संधि

70. टी.जी.टी. (विज्ञान) के पद के लिए चार प्रत्याशियों को "वन काटने के परिणाम" पर एक-एक पाठ योजना बनाने के लिए कहा गया। निम्नलिखित में से कौन-सी पाठ योजना वैज्ञानिक उपागम प्रदर्शित करती है?
A. ऐसे क्रियाकलाप सम्मिलित करती है जिन्हें बच्चे समूहों में कर सकें और पावरप्वाइंट प्रस्तुति करके निष्कर्ष निकालें
B. सम्प्रत्यय विद्यार्थियों को समझाने के लिए ICT के प्रयोग की बात करती है
C. वन काटने के परिणामों को विस्तार से समझाती है
D. इस सम्प्रत्यय को समझाने हेतु अनेक प्रकार के उदाहरण प्रस्तुत करती है

71. गणित और विज्ञान औलम्पियैड संचालित करने का मुख्य उद्देश्य है
A. व्यावसायिक परीक्षाओं में विद्यार्थियों को उच्च अंक प्राप्त करने में सहायता करना
B. उनके विद्यार्थियों के परिणामों पर विद्यालयों का आकलन करना
C. सृजनात्मकता और प्रयोगीकरण को प्रोत्साहित करके विषय में निपुणता को बढ़ावा देना
D. विद्यार्थियों का उनकी योग्यताओं के अनुसार मूल्यांकन करना

72. खाद्य-पदार्थों में अधिक मात्रा में नमक और चीनी डालकर उन्हें लंबे समय तक परिरक्षित किया जा सकता है। ऐसा इसलिए क्योंकि अधिक नमक और चीनी
A. के कारण सूक्ष्मजीवी कोशिकाओं का आकार बदल जाता है
B. खाद्य-पदार्थों से पानी निकाल देते हैं

C. सूक्ष्मजीवी कोशिकाओं का द्रव्यकुंचन करते हैं
D. के कारण सूक्ष्मजीवी कोशिकाएँ फट जाती हैं

73. मूल गोप (root cap) नहीं पाया जाता है
A. समोद्भिद् (मीजोफाइट) में
B. लवणमृदोद्भिद् (हैलोफाइट) में
C. मरुस्थलीय पौधों (मरुद्भिद्) में
D. जलीय पौधों (जलोद्भिद्) में

74. अधिकतर शिक्षा बोर्ड ने पशुओं के विच्छेदन पर प्रतिबंध लगाया है, क्योंकि
A. पशुओं के प्रति क्रूरता को रोकने के लिए विद्यार्थियों को संवेदनशील करने की आवश्यकता है
B. वे नए रोग फैला सकते हैं
C. पशु विच्छेदन के लिए अब उपलब्ध नहीं हैं
D. पशुओं को प्राप्त करना एक महँगा सौदा हो गया है

75. पौधों की चालनी-नलिका कोशिकाओं और स्तनधारियों की लाल रक्त कोशिकाओं की संरचना में एक विशेष समानता है
A. कोशिका भित्ति की अनुपस्थिति
B. हीमोग्लोबिन की उपस्थिति
C. केन्द्रक की अनुपस्थिति
D. हरितलवक की अनुपस्थिति

76. सल्फ्यूरिक अम्ल को तनु बनाने के लिए अम्ल को पानी में डालने की सलाह दी जाती है, क्योंकि
A. अम्ल को तनु बनाने की प्रक्रिया अत्यधिक ऊष्माक्षेपी है
B. अम्ल को तनु बनाने की प्रक्रिया अत्यधिक ऊष्माशोषी है
C. अम्ल का पानी की ओर गहरा आकर्षण है
D. अम्ल काँच के बर्तन को तोड़ सकता है

77. विज्ञान की कक्षा में विद्यार्थियों में शोध कार्य से सम्बन्धित दक्षताओं का विकास करने हेतु कार्य का चुनाव करते हुए एक शिक्षक पाठ का चुनाव करेगा
A. जिसे वह सोचती है कि विद्यार्थियों के लिए महत्त्वपूर्ण है
B. जो विद्यार्थियों के दैनिक जीवन से सम्बन्धित समस्या हो और उस कक्षा के पाठ्यक्रम का भाग भी हो
C. पाठ्यक्रम में दी गई पाठ्यसामग्री में से जिसे एक निर्धारित समय में पूरा करना है
D. जिसे कक्षा के अधिकतर विद्यार्थी पसंद करें

78. एक विज्ञान-शिक्षक कक्षा-VI के विद्यार्थियों को "हवा के गुण" पढ़ाने के लिए समूहों में क्रियाकलाप करवाने की योजना बनाती है। वह समूहों का नेतृत्व करने वाले विद्यार्थियों का चयन किन गुणों के आधार पर करेगी?
A. मुख्य भूमिकाएँ होशियार विद्यार्थियों को देकर सुनिश्चित कर लेना कि उनका समूह सबसे पहले कार्य कर लेगा
B. योग्यता अनुसार भूमिका देना, प्रोत्साहित करना व सभी समूह सदस्यों के साथ समन्वय बनाए रखना
C. भूमिका चयन करने की स्वतंत्रता, अपनी गति से कार्य करना और समझना
D. विद्यार्थियों को भूमिका करने का आदेश देना और उनकी अपनी समझ के अनुसार कार्य करवाना

79. पानी के अंदर वायु का बुलबुला .... की तरह कार्य करता है।
A. समतल-उत्तल लेन्स   B. अवतल दर्पण
C. अवतल लेन्स   D. उत्तल लेन्स

80. विद्युत यंत्रों में बेकेलाइट का प्रयोग किया जाता है क्योंकि यह
A. विद्युत का सुचालक है
B. विद्युत का कुचालक है
C. थर्मोप्लास्टिक है
D. ऊष्मा का सुचालक है

81. घरों में प्रकाश स्रोत के रूप में LED और CFL दोनों का आमतौर पर प्रयोग किया जाता है। निम्न में से कौन-सा कथन सही है?
A. दोनों ही एकसमान अच्छे हैं
B. दोनों में से कोई भी अच्छा नहीं है, क्योंकि दोनों में विषैले पदार्थ होते हैं
C. CFL बेहतर (अधिक अच्छा) है क्योंकि LED में विषैले पदार्थ होते हैं
D. LED बेहतर (अधिक अच्छा) है क्योंकि CFL में विषैले पदार्थ होते हैं

82. गति के निम्न उदाहरणों में से किसमें तय की गई दूरी और विस्थापन के परिमाण बराबर हैं?
A. दोलन करता हुआ दोलक
B. सूर्य के गिर्द घूमती हुई पृथ्वी
C. सीधी सड़क पर चलती हुई कार
D. वृत्ताकार पथ पर चलती हुई कार

83. 'पानी बीजों के अंकुरण को कैसे प्रभावित करता है,' पता लगाने के लिए शिक्षक ने विद्यार्थियों को सेम के बीज रुई की परत पर भिगोकर कुछ दिन रखने के लिए और उनमें परिवर्तन देखने के लिए कहा। वह कौन-सी एक महत्त्वपूर्ण सलाह देना भूल गई? उनको निम्न प्रकार से रखनाः
A. बहुत सारे बीज सूखी रुई पर
B. थोड़े बीज सूखी रुई पर
C. बहुत सारे बीज गीली रुई पर
D. थोड़े बीज गीली रुई पर

84. एक शिक्षक विद्यार्थियों को "बल वस्तु की आकृति को परिवर्तित कर सकता है" संकल्पना को पढ़ाने के लिए निम्नलिखित गतिविधियों की योजना बनाती है:
(*a*) सामान्य रूप से अवलोकित उदाहरणों का प्रयोग करते हुए संकल्पना को स्पष्ट करना।
(*b*) विद्यार्थियों को एक प्लेट में गुंथा हुआ आटा देकर उसे हाथों से दबाने के लिए कहना।
(*c*) कुछ उदाहरणों के साथ संकल्पना को स्पष्ट करने वाली दृश्य-श्रव्य फिल्म दिखाना।

शिक्षक सिखाने के लिए अलग-अलग उपागमों का प्रयोग करती है क्योंकि

A. वह विद्यार्थियों को परीक्षा के लिए तैयार करना चाहती है
B. कक्षा में विभिन्न प्रकार के शिक्षार्थी हैं और वह बहु-आयामी बौद्धिकता को संबोधित करना चाहती है
C. वह अपने ज्ञान को सिद्ध करना चाहती है
D. वह जानती है कि उसे पाठ योजना के अनुसार चलना है

85. मिस पटेल, XYZ विद्यालय की प्राचार्या, अलग-अलग विषयों के शिक्षण के स्थान पर विज्ञान शिक्षण में एकीकृत उपागम का प्रयोग करना चाहती है। इसका आधार है

A. शिक्षार्थी अलग-अलग शिक्षकों के साथ समायोजन नहीं कर पाते
B. सभी विषय आपस में जुड़े हुए हैं और शिक्षक उनकी पाठ्यचर्याओं के मध्य सम्बन्ध जोड़ सकते हैं
C. उसके विद्यालय में अलग-अलग विषय पढ़ाने के लिए योग्य शिक्षक उपलब्ध नहीं हैं
D. शिक्षकों को समय-सारणी में व्यवस्थित करने में कठिनाई आती है

86. एक शिक्षक कक्षा-VI में "भोजन के तत्वों" को पढ़ाने की योजना बनाता है। निम्नलिखित में से किसे मुख्य प्रश्न के रूप में प्रयुक्त किया जा सकता है?

A. क्या आपकी माँ प्रतिदिन दोपहर को एक ही तरह के भोज्य पदार्थ तैयार करती है?
B. क्या आप प्रतिदिन दोपहर के भोजन के सभी भोज्य पदार्थों को खाते हैं?
C. उन भोज्य पदार्थों की सूची बनाइए जिन्हें आपकी माँ आपको दोपहर के भोजन में परोसती है।
D. आपकी माँ विविधतापूर्ण भोज्य पदार्थों वाला भोजन क्यों देती है?

87. एक आदमी सुनार बनकर घर-घर जाता है और लोगों के पुराने स्वर्ण-आभूषणों की चमक फिर से लौटाने का वचन देता है। उस पर विश्वास करके एक महिला अपनी सोने की चूड़ियाँ उसे देती है जिन्हें वह एक घोल में डालता है। चूड़ियाँ तो चमक जाती हैं पर उनका भार काफी कम हो जाता है। इस धोखेबाज द्वारा प्रयोग किया गया घोल संभवतः हो सकता है

A. सांद्र HCl और सांद्र HNO_3 का मिश्रण
B. सांद्र HNO_3
C. तनु HCl
D. सांद्र HCl

88. जब एक लोहे की कील को कॉपर सल्फेट के विलयन में डुबाया जाता है, तो धीरे-धीरे कॉपर सल्फेट के विलयन का रंग हल्का पड़ जाता है और लोहे की कील पर एक भूरे रंग की परत जम जाती है। यह उदाहरण है

A. द्वि-विस्थापन अभिक्रिया का
B. विस्थापन और रेडॉक्स अभिक्रियाओं का
C. संयोजन अभिक्रिया का
D. विघटन अभिक्रिया का

89. घाव पर फिटकरी लगाने से रक्तस्राव रुक जाता है, क्योंकि

A. फिटकरी घाव के आसपास तापमान को कम कर देती है
B. फिटकरी एक पूतिरोधी है
C. फिटकारी का टुकड़ा घाव को ढक देता है
D. फिटकरी रक्त को स्कंदित करके थक्का बना देती है

90. निम्न में से किसका आकलन हो सकता है जब गीता "मनुष्य में पोषण" विषय का केवल बहुविकल्पी प्रश्नों द्वारा मूल्यांकन कर रही है?

A. शिक्षार्थियों के ज्ञान को प्रयोग करके रोल-प्ले तैयार करके प्रार्थना सभा में प्रस्तुत करने की क्षमता
B. भोज्य अवयवों के महत्त्व को समझने की शिक्षार्थियों की क्षमता व उस पर एक लंबा निबन्ध लिखने की क्षमता
C. भोज्य पदार्थों को वर्गीकृत करने व पोस्टर बनाने के लिए विश्लेषण क्षमता
D. भोजन सम्बन्धी आदतों से जुड़ी गलत अवधारणाएँ

भाग-III

भाषा-I: हिन्दी

निर्देशः *निम्नलिखित प्रश्नों के उत्तर देने के लिए **सबसे उचित** विकल्प चुनिए।*

91. भाषा-शिक्षण का संप्रेषणपरक उपागम

A. संदर्भ में भाषा-प्रयोग की कुशलता पर बल देता है
B. मातृभाषा-प्रयोग का निषेध करता है
C. 'बोलना' कौशल पर बल देता है
D. भाषिक संरचनाओं की जानकारी पर बल देता है

92. भाषा-शिक्षण के संदर्भ में कौन-सा कथन सही ***नहीं*** है?

A. भाषा-शिक्षण में केवल भाषायी शुद्धता पर ही अधिक बल रहता है
B. भाषा सीखने में अन्य विषयों का अध्ययन-अध्यापन सहायक होता है
C. समृद्ध भाषा-परिवेश भाषा अर्जित करने में सहायक होता है
D. भाषा-अर्जन और भाषा-अधिगम में अंतर होता है

93. एल.एस. वाइगोत्स्की के अनुसार
A. चिंतन भाषा को निर्धारित करता है
B. भाषा एवं चिंतन एक-दूसरे से स्वतंत्र रूप से विकसित होते हैं
C. भाषा एक अर्जित योग्यता है
D. भाषा चिंतन को निर्धारित करती है

94. लोकगीतों को भाषा की कक्षाओं में स्थान दिया जाना चाहिए, क्योंकि
A. लोकगीत गाए जा सकते हैं
B. केवल लोकगीतों के माध्यम से पारंपरिक मूल्यों की शिक्षा दी जा सकती है
C. इससे बच्चे संस्कृतिगत विशेषताओं से परिचित होते हैं
D. लोकगीतों को बढ़ावा देना भाषा-शिक्षण का मुख्य उद्देश्य है

95. एक बहुसांस्कृतिक पृष्ठभूमि वाली कक्षा में भाषा सीखने के बारे में कौन-सा विचार उचित है?
A. भाषा सिखाने के लिए व्याकरणिक नियमों का और अधिकाधिक प्रयोग होना चाहिए
B. भाषा परिवेश का निर्माण किया जाए ताकि भाषा-अर्जन की सहज स्थिति बन सके
C. बच्चों में भाषा सीखने की क्षमता बलपूर्वक विकसित करनी होती है
D. अधिकाधिक पुस्तकों का निर्माण किया जाए

96. 'मैंने चाट खाई और फिर मैंने हँसी।' शर्मिला का यह भाषा-प्रयोग मुख्यतः किस ओर संकेत करता है?
A. नियमों का अति सामान्यीकरण
B. भाषा-प्रयोग में असावधानी
C. भाषा की समझ न होना
D. व्याकरणिक नियमों की जानकारी न होना

97. लिखित कार्य की जाँच में बच्चों की सहायता लेने से
A. बच्चे ज्यादा गलतियाँ ढूँढ़ना सीख जाते हैं
B. बच्चों को दूसरों की हस्तलिखित सामग्री को पढ़ने का अवसर और अवलोकन-क्षमता के विकास का अवसर मिलता है
C. बच्चे दूसरों के विचारों से परिचित होते हैं
D. केवल पठन-कौशल का अभ्यास होता है

98. सुलेखा ने पाठ को पढ़ते हुए 'जीवन' को 'जिंदगी' पढ़ा। यह इस ओर संकेत करता है कि
A. उसे केवल पठन-अभ्यास की बहुत आवश्यकता है
B. सुलेखा ध्यान से नहीं पढ़ती
C. वह अक्षर-पहचान की बजाय अर्थ को समझते हुए पढ़ रही है
D. उसे अक्षरों की पहचान में भ्रम हो जाता है

99. पाठ पढ़कर बच्चों से प्रश्न बनवाने से
A. शिक्षक को यह जानने का अवसर मिलता है कि बच्चों ने पाठ को कितनी गहराई से समझा है
B. कक्षा-कार्य की अच्छी युक्ति पूरी होती है
C. प्रश्न बनाने की आदत का विकास होता है
D. इस बात का पता चलता है कि बच्चे प्रश्नवाचक शब्दों से परिचित हैं या नहीं

100. भाषा सीखने में जो त्रुटियाँ होती हैं
A. उन्हें जल्दी से दूर किया जाना चाहिए
B. वे बच्चों की त्रुटियों की ओर संकेत करती हैं
C. वे सीखने की प्रक्रिया का स्वाभाविक हिस्सा होती हैं जो समय के साथ दूर होने लगती हैं
D. उन्हें कठोरता से लेना चाहिए

101. 'पढ़ना' कौशल में सबसे ज्यादा महत्त्वपूर्ण है
A. केवल अक्षर पहचान
B. तेज गति से पढ़ना
C. संदर्भानुसार अर्थ ग्रहण करना
D. शब्दों-वाक्यों को शुद्ध रूप से उच्चरित करना

102. किसी भाषा कक्षा में कहानी-कथन की आवश्यकता के संदर्भ में कौन-सा तर्क उचित ***नहीं*** है?
A. सभी बच्चों की क्षमता को ध्यान में रखते हुए यह उचित नहीं है।
B. बच्चों को शब्द-भंडार के विकास के अवसर प्राप्त होते हैं।
C. सभी बच्चों की क्षमता-अनुसार कल्पना-शक्ति का विकास होता है।
D. सभी बच्चों को भाषा सुनने का परिवेश मिलता है।

103. 'बच्चे भाषा सीखने की क्षमता के साथ पैदा होते हैं।' मुख्यतः यह किसका विचार है?
A. ईवान पैवलोव B. नॉओम चॉम्स्की
C. जीन पियाजे D. एल.एस. वाइगोत्स्की

104. स्वलीन विकार (ऑटिस्टिक डिस्ऑर्डर) में बच्चा
A. सामाजिक अंतःक्रिया और संप्रेषण में कठिनाई का अनुभव करता है
B. अक्सर खाने से मना कर देता है
C. अपने ही कार्यों में लीन रहता है
D. अपने हाथ-पैर हिलाने में कठिनाई का अनुभव करता है

105. भाषा-शिक्षण की कौन-सी विधि मातृभाषा को मध्यस्थ बनाए बिना दूसरी भाषा को सिखाने पर बल देती है?
A. अनुवाद विधि
B. व्याकरण एवं अनुवाद विधि
C. प्रत्यक्ष विधि
D. द्विभाषीय विधि

निर्देशः *गद्यांश को पढ़कर निम्नलिखित प्रश्नों* ***(प्र. सं. 106 से 114)*** *में* ***सबसे उचित*** *विकल्प चुनिए।*

मैं जिस घर में रहती थी, वहाँ मेरी आदत बहुत सवेरे उठने की थी। एक दिन उतने सवेरे एक छोटा बच्चा, जो शायद डेढ़ साल से कम का होगा, मेरे कमरे में आया। मैंने सोचा कि वह शायद भूखा होगा और उससे पूछा कि वह कुछ खाना चाहता है? उसने उत्तर दिया,

"कीड़े।" मैंने आश्चर्य से कहा, "कीड़े?" जब उसने देखा कि मेरी समझ में उसकी बात नहीं आ रही है तो मेरी सहायता के लिए उसने एक शब्द और जोड़ा, "अंडा।" मैंने अपने मन में सोचा कि इतने सवेरे कुछ पीना चाहता है क्या? यह आखिर कहना क्या चाह रहा है? उसने फिर कहा, 'नीना, अंडे, कीड़े।' अब मुझे पूरी बात समझ में आ गई। एक दिन पहले, उसकी बहन नीना कागज पर अंडे की शक्ल बनाकर उसमें रंग भर रही थी। इस बच्चे की इच्छा थी कि वह भी रंग भरे, पर नीना ने उसे गुस्से में आकर भगा दिया। उसने नीना का विरोध नहीं किया और बड़े धैर्य और लगन के साथ मौके का इंतजार करता रहा। मैंने उसे क्रेयॉन का रंग दे दिया और उसका चेहरा खुशी से दमक उठा। उससे अंडे के आकार की रेखा नहीं खींची गई, तो मैंने उसके लिए चित्र बना दिया। फिर उसने अपनी टेढ़ी-मेढ़ी लकीरों से उसमें रंग भरना शुरू कर दिया। उसकी बहन सीधी रेखाओं में रंग भरती थी, और उसने कीड़े की तरह लहदार रेखाओं में रंग भरा।

—मारिया मांटेसरी

106. बच्चे ने 'कीड़े' के बाद 'अंडा', 'नीना अंडे कीड़े' शब्दों का प्रयोग किया, क्योंकि
A. वह अंडा बनाना चाहता था
B. वह कागज और क्रेयॉन चाहता था
C. वह जान गया था कि लेखिका उसकी बात समझ नहीं पाई है
D. वह रंग भरने की बात बताना चाहता था

107. अनुच्छेद से पता चलता है कि डेढ़ साल के बच्चे
A. संप्रेषण के लिए कथ्य के मुख्य शब्दों का प्रयोग करते हैं
B. रंग चाहते हैं
C. तस्वीरें चाहते हैं
D. कागज चाहते हैं

108. टेढ़ी-मेढ़ी लकीरों को 'कीड़े' कहना इस ओर संकेत करता है कि बच्चा
A. लकीरों को कीड़ा मानता है
B. टेढ़ी-मेढ़ी लकीरें ही बना सकता है
C. दो अलग चीजों में आकृति के आधार पर समानता खोज लेता है
D. हर हालत में अपनी बात कह देता है

109. डेढ़ साल का बच्चा 'अंडा' नहीं बना पाया। यह बात किस ओर संकेत करती है?
A. बच्चे ने अंडा देखा नहीं इसलिए वह अंडा नहीं बना पाया
B. उसका अभी अपने हस्त संचालन की गति और दिशा पर नियंत्रण नहीं हो पाया है
C. बच्चा अंडा नहीं बना सकता
D. बच्चा चित्र बनाने में सक्षम नहीं है

110. रेखाओं को बच्चे ने 'कीड़े' कहा। बच्चा वृत्त को क्या कह सकता है?
A. पेड़ B. छतरी
C. चम्मच D. चूड़ी

111. 'उतने सवेरे' पद में 'उतने' शब्द किस ओर संकेत करता है?
A. सवेरे का वह समय जितने बजे लेखिका को उठने की आदत है
B. बहुत जल्दी
C. सवेरे की ओर
D. बहुत सवेरे की ओर

112. अनुच्छेद में से मिश्रित वाक्य का उदाहरण है
A. अब मुझे पूरी बात समझ में आ गई।
B. मैंने आश्चर्य से कहा, "कीड़े?"
C. उसने नीना का विरोध नहीं किया और बड़े धैर्य और लगन के साथ मौके का इंतजार करता रहा।
D. यह आखिर कहना क्या चाह रहा है?

113. 'उसका चेहरा खुशी से दमक उठा।' वाक्य में रेखांकित अंश के स्थान पर कौन-सा मुहावरा आएगा?
A. खुशी से फूला न समाया
B. गद्‌गद् हो गया
C. खिल उठा
D. खुश हो गया

114. 'इतने सवेरे कुछ पीना चाहता है क्या?' वाक्य में 'कुछ' शब्द है
A. अनिश्चयवाचक सर्वनाम
B. निश्चयवाचक सर्वनाम
C. अनिश्चय संख्यावाचक विशेषण
D. प्रश्नवाचक सर्वनाम

निर्देश (प्र. सं. 115 से 120) : *कविता की पंक्तियाँ पढ़कर निम्नलिखित प्रश्नों में सबसे उचित विकल्प चुनिए।*

जग-जीवन में जो चिर महान,
सौंदर्य पूर्ण औ सत्यप्राण,
मैं उसका प्रेमी बनूँ नाथ!
जिससे मानव-हित हो समान!
जिससे जीवन में मिले शक्ति
छूटे भय-संशय, अंध-भक्ति,
मैं वह प्रकाश बन सकूँ नाथ!
मिल जावे जिसमें अखिल व्यक्ति!

—सुमित्रानंदन पंत

115. कवि ने 'चिर महान' किसे कहा है?
A. जो सत्य और सुंदर से संपूर्ण हो
B. शक्ति को
C. मानव को
D. ईश्वर को

116. कवि कैसा प्रकाश बनना चाहता है?
A. जो जीने की शक्ति देता है
B. जिसमें मनुष्य सभी भेदभाव भुलाकर एक हो जाते हैं
C. जिससे सब तरफ उजाला हो जाए
D. अंधकार दूर हो जाए

117. कवि ने 'अखिल व्यक्ति' का प्रयोग क्यों किया है?
A. कवि भारत के व्यक्तियों की ओर संकेत करना चाहता है
B. कवि सांसारिक बात करना चाहता है

C. कवि समस्त विश्व के व्यक्तियों की बात करना चाहता है
D. कवि अमीर लोगों की बात करना चाहता है

118. कविता के किस अंश में तर्कहीन आस्था का उल्लेख हुआ है?
A. मैं वह प्रकाश बन सकूँ, नाथ!
B. जिससे मानव-हित हो समान!
C. छूटे भय-संशय, अंध-भक्ति,
D. मिल जावें जिसमें अखिल व्यक्ति!

119. कवि ने कविता की पंक्तियों के अंत में विस्मयादिबोधक चिह्न का प्रयोग क्यों किया है?
A. इससे कविता का सौंदर्य बढ़ता है
B. पूर्ण विराम की लीक से हटने के लिए
C. कविता को तुकांत बनाने के लिए
D. कवि अपनी इच्छा प्रकट कर रहा है

120. कविता का मूल भाव क्या है?
A. विश्व-परिवार की भावना
B. सत्य की प्राप्ति
C. कल्याण
D. अमर दान की प्राप्ति

PART-IV

LANGUAGE-II: ENGLISH

Directions: *Read the poem given below and answer the questions (Q. No. 121-126) that follow by choosing the **most appropriate** option.*

The Hand Holders:
A Tribute To Caregivers

There is no job more important than yours,
no job anywhere else in the land.
You are the keepers of the future;
you hold the smallest of hands.

Into your care you are trusted
to nurture and care for the young,
and for all of your everyday heroics,
your talents and skills go unsung.

You wipe tears from the eyes of the injured.
You rock babies brand new in your arms.
You encourage the shy and unsure child.
You make sure they are safe from all harm.

You foster the bonds of friendships,
letting no child go away mad.
You respect and you honour their emotions.
You give hugs to each child when they're sad.

You have more impact than does a professor,
a child's mind is moulded by four;
so whatever you lay on the table
is whatever the child will explore.

Give each child the tools for adventure,
let them be artists and writers and more;
let them fly on the wind and dance on the stars
and build castles of sand on the shore.

It is true that you don't make much money
and you don't get a whole lot of praise,
but when one small child says "I love you",
you're reminded of how this job pays.

Author unknown

121. The expression 'the smallest of hands' refers to
A. parents with small hands
B. people with small hands
C. babies
D. caregivers with small hands

122. Though caregivers look after the young they are
A. not loved by the children under their care
B. paid very well in return
C. never tired of their work
D. not properly recognised

123. A caregiver has more influence on a child than a professor because
A. the child spends the formative years with the caregiver
B. the caregiver can teach better than a professor
C. the child generally prefers a caregiver to a professor
D. the professor is not capable of providing love to a child

124. What is the most valuable gift that a caregiver gets?
A. Money for her services
B. Love from children
C. Acknowledgement of the society
D. Praise from the parents

125. 'You give hugs to each child when they're sad.' This act can be described as one of
A. recrimination B. reassurance
C. empathy D. encouragement

126. 'Letting no child go away mad' — the meaning of this line is
A. no child is allowed to become mad
B. no caregiver is permitted to be mad with a child
C. no child is allowed to be angry for long
D. no child is permitted to go away from school without permission

Directions: *Read the passage given below and answer the questions that follow (Q. No. 127 to 135) by selecting the* ***most appropriate*** *option.*

1. If you are living in a house with a child on the cusp of becoming a teenager, congratulations. I'm not being sarcastic; you are about to embark on an amazing voyage. It may be a bumpy ride, but on the journey your child will grow, change and blossom into the adult she will one day become. If you are living with an older teenager, I won't try to sugar coat it : you will meet challenges. The raging hormones; the pressures of exams; the angst of relationships with friends and eventually lovers — modern teenagers are under so much pressure, it's no wonder they get moody!

2. Living with teens can be difficult because your child is in the process of great change. Gone is the baby who adored you without question; only shadows remain of the child who hung on your every word of wisdom. Your teenager is becoming a young adult, trying to find his way in the world. He is now programmed to reject your values and kick against your authority. Some days, when arguments are raging, music is blaring, dishes pile up in the sink and your daughter misses her curfew again, you may feel that you just can't bear it any longer.

3. But if you take a step backwards, breathing deeply for a moment, you will be able to see that most of the problems and irritations we have parenting teens are small ones. It's only because we are so close to them that they look so big. It's all about perspective. Your baby is metamorphosing into the adult he or she will be, and it's hard to watch. You want to save them from making your mistakes, and make their lives easier. News flash : you can't. What you can — and must — do is always be there to listen. There will be times when you are the last person she wants to talk to, but you must make sure the opportunity is always there. Be available.

Source; Raising Teenagers
Lynn Huggins-Cooper (adapted)

127. According to the author, living with a teenager is like an 'amazing voyage' because
A. both the teenager and the parent will get to see many amazing sights
B. the voyage will take them to different wonderful places on the earth
C. during this voyage the parent will see the teenager blossoming into an adult
D. the voyage will be very bumpy and dangerous

128. 'I won't try to sugar coat it' — By this what the author wants to convey is that
A. parenting teenagers is like taking an unpleasant cure for an ailment
B. she does not want to flatter the parents into believing that they are capable of managing teenagers
C. she does not want to hide the fact that parenting a teenager is full of challenges
D. parenting is very challenging and parents must be prepared for it in a gentle manner

129. Modern teenagers easily become annoyed or unhappy for no reason because of
A. failing in examinations
B. the enormous stress they experience at this age
C. the hormonal imbalance that is characteristic of this period of development
D. the failed relationships with friends and lovers

130. 'Only shadows remain of the child ...'. The word 'shadows' here refers to
A. old memories of the parents
B. the darker aspect of the growing teenager
C. faint traces of the adoring child
D. old memories of the teenager

131. 'Kick against your authority' is a manifestation of a teenager's
A. excessive sentimentality
B. need for identification with family values
C. innate tendency to become physically violent
D. natural rebellious tendency

132. 'He is now programmed to reject your values' implies that the teenager
A. is capable of programming his behaviour carefully
B. rejects parents' values out of sheer spite
C. behaves in such a way because of biological factors
D. derives much pleasure in going against the family

133. The author says that parents ***cannot*** prevent their teenage children from making mistakes. What is his advice to the parents?
A. Be the last person to approach the teenagers with advice
B. Do not watch the children growing up at this stage because it can be painful
C. Be available for consultations and listen to the teenagers
D. Don't try to save the teenagers or make their lives easier

134. Pick out a word from the first paragraph of the above passage that means 'strong feelings of anxiety and unhappiness'.
A. sarcastic B. cusp
C. angst D. raging

135. Living with teens can be difficult <u>because your child is in the process of great change</u>. The underlined part of this sentence is a/an
A. prepositional phrase
B. noun clause

C. adverb clause
D. adjective clause

Directions: *Answer the following questions by selecting the **most appropriate** option.*

136. Enquiry-based learning
A. does not nurture creative thinking in students
B. allows learners to raise questions
C. does not place students in thought provoking situations
D. encourages quiet learners

137. In large language classes, group work can be accomplished by
A. asking all students to stand in a circle
B. asking half the class to go out to the playground
C. asking 4–5 students to sit together on a narrow bench despite lack of space
D. asking students to turn around for group work

138. A teacher can develop listening skills in English by
A. making the learners listen to everything they hear passively
B. creating opportunities for them to listen to a variety of sources and people and engage in listening activities
C. speaking to them continuously both within the classroom and outside
D. focusing only on listening skills without associating it with other language skills

139. Which of the following will be most effective to remove conventional beliefs about gender roles?
A. Encouraging girls to develop interest in household chores from a young age
B. Telling the girls that talking freely is not a trait of good girls
C. Showing a picture in which the mother is seen cooking and the father is seen reading a newspaper
D. Teaching all the learners to sweep, wash and sew in the craft class without any gender discrimination

140. A play can be best taught by
A. asking a number of questions to test the comprehension of the students
B. conducting a test with specific questions on the story and grammar items
C. making the students read it silently a number of times to understand the story
D. encouraging the students to stage the play after working in groups to understand the plot, characters etc.

141. "Schools need to become centres that prepare children for life and ensure that all children, especially the differently abled, children from marginalised sections, and children in difficult circumstances get the maximum benefit of this critical area of education." — This observation found in the National Curriculum Framework-2005 is related to
A. Gender equality
B. Critical pedagogy
C. Inclusive education
D. Constructivist learning

142. Which among the following is a feature of a child-centred language classroom?
A. Children work individually to prepare projects
B. Teacher plans assessment every day
C. Teacher gives instructions and expects children to obey and be disciplined
D. Children interact in the target language through tasks that require multiple intelligences

143. An effective lesson for teaching a language begins with
A. recapitulation and motivation through fun activity
B. writing on the blackboard
C. listing the learning objectives of the lesson
D. presenting the content of the lesson

144. The Right of Children to Free and Compulsory Education Act, 2009 has 'overall development' as an aim. It means
A. coaching all the children for academic excellence
B. training the children for different careers
C. training the children for the development of the country
D. nurturing both the scholastic and co-scholastic areas

145. A class is reading a story based in a village. The teacher asks some students to mark the villages in an outline map of their locality. Some other students are asked to collect information about the different crops grown in these villages. Yet another group works on the nutritional value of the grains, fruits and vegetables grown in the locality. Later the students exchange their work and have a class discussion, relating the information with the story. What is the underlying principle of this approach?
A. Teaching language through written assignments and projects
B. Giving importance to the practical and scholastic aspects of literary pieces
C. Treating knowledge in specific segments based on geography, science, language, etc.
D. Making connections across disciplines and bringing out the inter-relatedness of knowledge

146. Effective learning takes place when students are
A. quiet
B. good at preparing for examinations
C. passive
D. interactive

147. A test to assess the potential of students for specific abilities and skills such as music, spatial ability or logical ability is called a/an
A. Attitude Test
B. Achievement Test
C. Proficiency Test
D. Aptitude Test

148. Which of the following is best suited for improving the speaking skills of learners?
A. Oral language drill
B. Debates and group discussions followed by role play
C. Recitation of poetry
D. Reading a prose and drama aloud

149. Some noise in the language class indicates_
A. incompetence of the teacher
B. constructive activities with learners engaged in language learning
C. indiscipline of learners
D. teacher's lack of control over the class

150. Fluency in English can be developed through
A. The teacher being alert to spot the errors and correct them
B. allowing students who are not confident to have the freedom to be quiet
C. creating opportunities to use the target language for communication
D. the teacher talking for most of the time

उत्तरमाला

1	2	3	4	5	6	7	8	9	10
C	D	B	A	B	C	A	A	C	A
11	**12**	**13**	**14**	**15**	**16**	**17**	**18**	**19**	**20**
D	B	D	D	B	A	B	C	A	C
21	**22**	**23**	**24**	**25**	**26**	**27**	**28**	**29**	**30**
B	C	D	D	D	A	B	A	C	D
31	**32**	**33**	**34**	**35**	**36**	**37**	**38**	**39**	**40**
A	D	A	C	D	D	B	B	B	C
41	**42**	**43**	**44**	**45**	**46**	**47**	**48**	**49**	**50**
B	D	A	C	C	B	C	C	C	A
51	**52**	**53**	**54**	**55**	**56**	**57**	**58**	**59**	**60**
C	A	A	C	A	A	D	D	A	B
61	**62**	**63**	**64**	**65**	**66**	**67**	**68**	**69**	**70**
A	D	D	D	C	B	D	C	B	A
71	**72**	**73**	**74**	**75**	**76**	**77**	**78**	**79**	**80**
C	C	D	A	C	A	B	B	C	B
81	**82**	**83**	**84**	**85**	**86**	**87**	**88**	**89**	**90**
D	C	D	B	B	D	A	B	D	C
91	**92**	**93**	**94**	**95**	**96**	**97**	**98**	**99**	**100**
A	A	B	C	B	D	B	C	A	C
101	**102**	**103**	**104**	**105**	**106**	**107**	**108**	**109**	**110**
C	C	C	A	C	B	A	C	B	D
111	**112**	**113**	**114**	**115**	**116**	**117**	**118**	**119**	**120**
A	C	C	A	A	B	C	C	D	C
121	**122**	**123**	**124**	**125**	**126**	**127**	**128**	**129**	**130**
C	D	C	D	B	C	C	B	C	D
131	**132**	**133**	**134**	**135**	**136**	**137**	**138**	**139**	**140**
D	C	C	C	C	B	A	B	D	D
141	**142**	**143**	**144**	**145**	**146**	**147**	**148**	**149**	**150**
C	D	A	D	D	D	D	B	B	C

कुछ चुने हुए प्रश्नों के व्याख्यात्मक उत्तर

1. पियाजे के मतानुसार शिशु अवस्था संज्ञानात्मक विकास का पहला चरण है। इस चरण को ज्ञानेन्द्रिय गामक काल कहते हैं, यह दो वर्ष की आयु में समाप्त हो जाता है। प्रारम्भिक अधिगम का काल है। इस अवस्था में बच्चा अपनी ज्ञानेन्द्रियों का उपयोग करना सीखता है जैसे स्पर्श, स्वाद, दृष्टि, ध्वनि और गन्ध। इनका उपयोग वह नई चीजों का पता लगाने के साधन के रूप में करता है। वे जैसे-जैसे रेंगना,

घुटनों के बल चलना और वस्तुओं को पकड़ना सीखते हैं, वे उतना ही दुनिया के बारे में जानकारी इकट्ठा करते रहते हैं। वे जितना तेज चलने लगते हैं अपनी ज्ञानेन्द्रियों की सहायता से उतना ही अधिक सीखने लगते हैं। जब शिशु किसी नई वस्तु को पाता है वह इसे देखता है, इसे पकड़ता है, सूंघता है और फिर स्वाद का पता लगाने के लिए अपने मुँह में रख लेता है, उसे काटता है और महसूस करता है।

4. **व्यवहारवादी सिद्धान्त :** सिद्धान्तवादियों का ध्यान इस बात पर केन्द्रित रहता है कि किस प्रकार प्राकृतिक उद्दीपनों के प्रति मूर्त और अवलोकन योग्य व्यवहार सीखे जाते हैं। व्यवहारवादी सिद्धान्त मानसिक प्रक्रिया के स्थान पर दृश्य घटनाओं पर ध्यान केन्द्रित करता है। उदाहरणस्वरूप जब एक बच्चा अपने दोस्तों में खेल रहा होता है तब वह अपनी बारी लेना कैसे सीखता है। कोई विकास अयोग्य व्यक्ति वार्तालाप में एकदम सही कैसे बात कर सकता है और कोई व्यक्ति 'व्हील चेयर' को किसी शहरी समुदाय में चलाना कैसे सीखता है? निम्न सभी उदाहरणों में अवलोकन योग्य घटनाएं, किक बॉल खेल के समय बच्चे का अपनी बारी और किक मारने का इंतजार करना, किसी व्यक्ति द्वारा वार्तालाप में साझीदार द्वारा बिना किसी नयी सूचना के देने से पहले बोलना बन्द करने का इन्तजार करना और किसी व्यक्ति द्वारा भीड़-भाड़ वाले क्षेत्र में व्हीलचेयर को सफलतापूर्वक चलाना। सम्पूर्णता में व्यवहारवादी सिद्धान्त का मुख्य जोर इस पर रहता है कि प्राकृतिक उद्दीपन तथा उसके प्रति व्यवहारिक प्रेरण के सम्बन्ध और व्यवहार में परिवर्तन के अवलोकन के आधार पर अधिगम को कैसे चिह्नित किया जा सकता है।

9. स्व-नियमन अधिगम का सम्बन्ध उस स्तर से है जिस स्तर पर विद्यार्थी सक्रिय तथा अपने स्वयं के अधिगम की प्रक्रिया में उत्तरदायी होता है।

11. **रचनावाद :** यह अधिगम का एक उपागम है जिसके अन्तर्गत विद्यार्थी की सक्रिय भूमिका द्वारा समझदारी कायम करना तथा अनुभव के द्वारा सूचना को समझना।

12. **पार्श्विक चिन्तन :** पार्श्विक चिन्तन एक पद है जिसका प्रयोग सर्वप्रथम एडवर्ड दे बोनो द्वारा किया गया। पार्श्विक चिन्तन में समस्याओं को अप्रत्यक्ष तथा सृजनशील दृष्टिकोण द्वारा हल किया जाता है। यह तर्कशक्ति के बारे में है जो तत्काल प्रत्यक्ष नहीं होती, और समस्या को हल करने व चिन्तन के लिए नए दृष्टिकोण का प्रयोग करने से सम्बन्धित है।

14. पृथ्वी के जीवों की प्रत्येक जाति विकास के एक खास तरीके का अनुसरण करती है। यह गर्भधारण से शुरू होकर जीवन के अन्तिम चरण, मृत्यु तक लगातार जारी रहता है। अर्थात् प्रत्येक जीव में लगातार विकास होता रहता है परन्तु सभी जीवों में विकास की दर अलग-अलग होती है। उदाहरण के लिए शारीरिक, भावनात्मक व्यवहार और बौद्धिक रूपरेखा का विकार आयु, नैसर्गिक प्रवृत्ति, जीन और वातावरणीय प्रभाव के अनुसार भिन्न-भिन्न होगा। बच्चे का शारीरिक विकास "Cepalocaudal law" और "Proximodistal law" का अनुसरण करता है।

20. **अधिगम का मूल्यांकन :** सामान्यतया सभी मूल्यांकनों को एक प्रक्रिया के रूप में परिभाषित किया जाता है जिसमें एक व्यक्ति किसी दूसरे व्यक्ति के ज्ञान, रवैया अथवा दक्षताओं का परिमाण निर्धारित करता है। अध्यापक की अध्यापन क्षमता सर्वोच्च है और विद्यार्थी की मूल्यांकन की प्रक्रिया की संरचना और लागू करने में निम्न परिस्थितियों में बहुत कम भूमिका है।

- योगात्मक
- अध्यापक अधिगम की रूपरेखा तैयार करता है।
- अध्यापक साक्ष्य इकट्ठा करता है।
- अध्यापक निर्धारित करते हैं कि क्या सीखा गया है और क्या नहीं?

21. **वृद्धि एवं विकास के सिद्धान्त :** निम्नलिखित वृद्धि एवं विकास के मूलभूत सिद्धान्त हैं :

(*i*) विकास एक रूपरेखा और क्रम का अनुसरण करता है।
(*ii*) विकास सामान्य से विशिष्ट की ओर आगे बढ़ता है।
(*iii*) विकास एक सतत प्रक्रिया है।
(*iv*) विकास के विभिन्न आयामों की वृद्धि विभिन्न दरों पर होती है।
(*v*) अधिकतर लक्षण विकास में एक दूसरे से सह-सम्बन्धित होते हैं।
(*vi*) वृद्धि जटिल है।
(*vii*) वृद्धि किसी जीव का प्रकृति के साथ मिलन से उत्पन्न उत्पाद है।
(*viii*) व्यक्तियों में वृद्धि के बहुत बड़े अन्तर होते हैं।
(*ix*) विकास दो प्रकार के होते हैं—(1) गुणात्मक (2) मात्रात्मक।
(*x*) विकास की भविष्यवाणी की जा सकती है।

23. एक प्रकार का वातावरण जो नकारात्मक अथवा सकारात्मक हो सकता है, जो उनके जिन्होंने इसका अनुभव किया जैसे वरिष्ठ, अध्यापक एवं विद्यार्थी द्वारा निर्मित किया जाता है। एक सकारात्मक वातावरण वह होता है जहाँ विद्यार्थी बौद्धिक प्रेरण के द्वारा अधिकतम अधिगम प्राप्त करते हैं एवं उनका बेहतर पालन पोषण होता है व बच्चे सहज महसूस करते हैं। एक नकारात्मक वातावरण वह होता है जहाँ विद्यार्थी शारीरिक, भावनात्मक अथवा शैक्षिक कारणों से असहज महसूस करते हैं। बच्चों की मूलभूत मानसिक आवश्यकताओं की पूर्ति के लिए सकारात्मक कक्षा उपलब्ध कराया जाना आवश्यक है। इन आवश्यकताओं में प्रेम, शक्ति, मजाक और स्वतंत्रता शामिल हैं। उपलब्धि के स्तर को बढ़ाने हेतु विद्यार्थियों के लिए अध्यापक उपलब्ध होने चाहिए और अध्यापकों द्वारा विद्यार्थियों को कक्षा का ही एक हिस्सा होने के लिए प्रोत्साहित करना चाहिए।

24. **मूल्यांकन का उद्देश्य :**

- एक समयावधि में बच्चे के विभिन्न विषयों में अध्ययन, अधिगम और प्रगति में इसके अलावा बच्चे के व्यक्तित्व के विभिन्न आयामों में होने वाले परिवर्तन का निर्धारण करना।
- प्रत्येक शिक्षार्थी के अधिगम का तरीका और आवश्यकताओं का पता लगाना।

- अध्यापन-अधिगम योजना की कल्पना करना जो व्यक्तिगत आवश्यकताओं और अधिगम के तरीकों के अनुकूल हो।
- प्रत्येक विद्यार्थी की सहायता हेतु उनकी रुचियों, योग्यताओं, मजबूतियों और कमजोरियों का पता लगाना जिससे कि विद्यार्थी प्रभावी अधिगमनात्मक तरीकों को विकसित कर सके।
- उस बिन्दु को मापना जहाँ तक पाठ्यक्रम के उद्देश्यों को प्राप्त कर लिया गया है।
- शिक्षण-अधिगम प्रक्रिया के प्रभाव को बढ़ाना।
- प्रत्येक शिक्षार्थी के विकास को रिकॉर्ड करना तथा इसे बच्चे के माता-पिता तथा दूसरे सम्बन्धित लोगों तक पहुँचाना।
- अध्यापक और विद्यार्थी के बीच बातचीत को बनाए रखना एवं अभिभावकों के साथ भी, जो पूरे तन्त्र को विकसित करने के लिए प्रयासरत हैं।
- विद्यार्थियों को वरिष्ठ लोगों तथा स्वयं द्वारा स्वमूल्यांकन की प्रक्रिया में शामिल करना।

26. मुक्त उत्तर वाले प्रश्न वे होते हैं जिनके एक से अधिक सम्भावित उत्तर होते हैं। इसमें बच्चों को भिन्न प्रकार से सोचना और कार्य करना और उत्तर ज्ञात करने के लिए उच्च मानसिक स्तर पर कार्य करना होता है। ऑपन एंडेड प्रश्न के उदाहरण निम्न प्रकार हैं–

- जब आप एक कहानी पढ़ रहे होते हैं, तो पूछे जाने वाला प्रश्न कि "आप क्या मानते हैं आगे क्या होगा?"
- जब आप कोई आवाज सुनते हैं अथवा कोई आंशिक रूप से ढ़की हुई तस्वीर को देखते हैं, इसके बारे में प्रश्न पूछना कि "यह क्या हो सकता है?"
- जब एक बच्चा इनाम में मिले खिलौने को दूसरे बच्चे से छीनना चाहता है। इस पर पूछे जाने वाले प्रश्न कि "तुम इस खिलौने को छीनने के बजाय और क्या कर सकते हो?"

28. रचनात्मक आकलन में विद्यार्थी संरचनात्मक मापदण्ड से लेकर मूल्यांकन अथवा दूसरों के मूल्यांकन में एक महत्वपूर्ण हिस्सा होते हैं। यदि इसका प्रयोग प्रभावी रूप से किया जाए तो यह विद्यार्थी के प्रदर्शन को चौतरफा विकसित करता है। जबकि बच्चे के स्वाभिमान को ऊपर उठाया जाता है और अध्यापकों के कार्यभार को कम करता है। रचनात्मक मूल्यांकन शिक्षण पाठ्यक्रम के दौरान अध्यापक तथा विद्यार्थी को लगातार प्रतिक्रिया उपलब्ध कराने के लिए किया जाता है। इस मूल्यांकन का उपयोग अधिगम के सम्बन्ध में उपयुक्त बदलाव और लेन-देन हेतु भी किया जाता है।

रचनात्मक आकलन के उपकरण

- प्रश्न
- प्रेक्षण कार्यक्रम
- साक्षात्कार कार्यक्रम
- चेकलिस्ट
- रेटिंग स्केल
- उपाख्यान रिकॉर्ड
- दस्तावेज विश्लेषण
- परीक्षण एवं तालिका
- पोर्टफोलियो विश्लेषण

रचनात्मक आकलन की तकनीकें :

- लिखित कार्य–बहुविकल्पीय, लघु उत्तरीय, दीर्घ-उत्तरीय प्रश्न।
- टिप्पणियाँ
- स्रोत आधारित
- परियोजनाएँ–सूचनात्मक, खोजी, विश्लेषणात्मक, परीक्षणात्मक।
- पोस्टर तैयार करना
- फील्ड ट्रिप
- क्रमांकन (सीक्वेंसिंग)
- प्रदत्त व्याख्या (डाटा इन्टरप्रीटेशन)
- चित्र का अध्ययन
- मानचित्र कार्य
- रचनात्मक लेखन
- क्विज
- शोध
- सामूहिक कार्य–परियोजना, प्रदर्शन
- मॉडल और चार्ट
- सूचना तकनीक के प्रयोग द्वारा प्रदर्शन
- सत्यापित तथा मूल पाठ का प्रयोग
- ऑपन बुक टेस्ट
- द्वितीय स्रोत

31. दिया है, वर्ग की भुजा $= x$ इकाई

$\therefore$ वर्ग का क्षेत्रफल $= x^2$ इकाई

प्रश्न से, त्रिभुज का क्षेत्रफल $= x^2$ इकाई

$\therefore$ पुनः त्रिभुज का क्षेत्रफल $= \frac{1}{2} \times x \times$ ऊँचाई

$$x^2 = \frac{1}{2} \times x \times \text{ऊँचाई}$$

$\therefore$ ऊँचाई $= 2x.$

32. $25 - (p^2 + q^2 + 2pq)$

$\Rightarrow (5)^2 - (p + q)^2$

$\Rightarrow (5 + p + q)(5 - p - q)$

33. $33\frac{1}{2}\% = \frac{67}{2 \times 100} = \frac{0.67}{2} = 0.335$

$\frac{4}{15} = 0.26 \quad \therefore \quad 0.335, 0.26, 0.35$

स्पष्टतः 0.35 सबसे बड़ा है।

41. दिया है, $a * b = a^2 + b^2$ तथा $a \cdot b = a^2 - b^2$

अब, $(5 * 2) \cdot 25 = (5^2 + 2^2) \cdot 25$
$= 29 \cdot 25 = 29^2 - 25^2$
$= (29 + 25)(29 - 25)$
$= 54 \times 4 = 216$

42. माना, प्लॉट की लम्बाई $= x$ m
तथा चौड़ाई $= y$ m

प्रश्न से, $\frac{x}{2(x+y)} = \frac{1}{3}$

$\Rightarrow \quad 3x = 2x + 2y$

$\Rightarrow \quad x = 2y$

$\Rightarrow \quad \frac{x}{y} = \frac{2}{1}$

$\Rightarrow \quad x : y = 2 : 1$

43. 13^{2003} में इकाई का अंक $= (3)^{2003}$ में इकाई का अंक
हम जानते हैं कि $3^4 = 81$
∴ अतः इकाई का अंक 1 है
अब $(3^4)^{500} \times 3^3 = (3)^{2003}$
∴ $1 \times 3^3 = 27$
∴ इकाई का अंक = 7

44. 68600 का अभाज्य गुणनखंड

2 | 68600
7 | 34300
7 | 4900
7 | 700
2 | 100
2 | 50
5 | 25
  | 5

$= 2 \times 2 \times 2 \times 7 \times 7 \times 7 \times 5 \times 5$
स्पष्टतः एक पूर्ण घन संख्या प्राप्त करने के लिए 5 से गुणा करना होगा।

45. 3 में 1 मुफ्त है

∴ अतः 1 में, $\frac{1}{3}$ मुफ्त है

∴ अतः 100 में, $\frac{100}{3} = 33.33\%$ मुफ्त है।

∴ छूट प्रतिशत = 33.33%.

48. माना, वर्ग की भुजा $= a$.
∴ वर्ग का क्षेत्रफल $= a^2$.
प्रश्न से, संलग्न भुजा में 20% एवं 40% की कमी करने पर भुजाएँ

$a\left(1-\frac{20}{100}\right)$ तथा $a\left(1-\frac{40}{100}\right) = \frac{4}{5}a$ तथा $\frac{3}{5}a$

अतः क्षेत्रफल $= \frac{12}{25}a^2$

क्षेत्रफल में कमी $= a^2\left(1-\frac{12}{25}\right) = \frac{13}{25}a^2$

प्रतिशत कमी $= \frac{\frac{13}{25}a^2}{a^2} \times 100 = 52\%$

49. दिया है, $\frac{547.527}{0.0082} = x$

$\Rightarrow \quad \frac{5475270}{82} = x$

$\Rightarrow \quad \frac{547527}{80} \times 10 = x$

$\Rightarrow \quad \frac{547527}{80} = \frac{x}{10}$

50. समबाहु त्रिभुज ABC में
AB = BC = AC = a (माना)

तब ऊँचाई $= \sqrt{(a)^2 - \frac{a^2}{4}} = \sqrt{\frac{3a^2}{4}} = \frac{\sqrt{3}}{2}a$

अतः अभीष्ट अनुपात $= a : \frac{\sqrt{3}}{2}a$
$= 2 : \sqrt{3}$

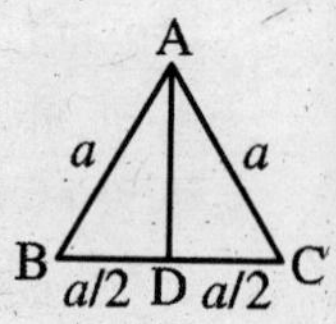

51. त्रिभुज ΔSQR में, SQ = SR
∴ $\angle SQR = \angle SRQ = x°$
इसी प्रकार, $\angle SPQ = \angle SQP = 54°$

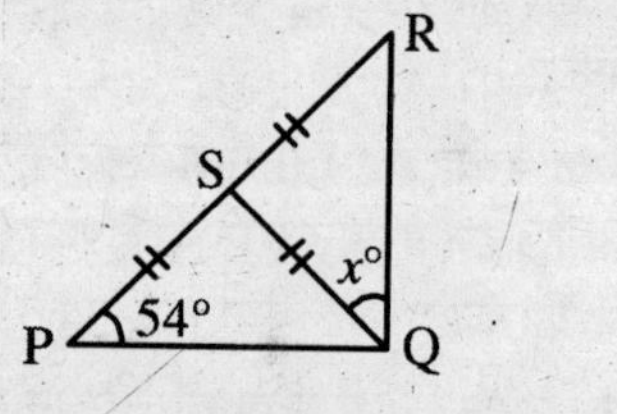

अब $\angle RPQ + \angle PQR + \angle QRP = 180°$
$\Rightarrow 54° + 54° + x° + x° = 180°$
$\Rightarrow 2x° = 180° - 180° = 72°$
$\Rightarrow x° = 36°$

55. माना, लोहे की छड़ की त्रिज्या $= r$
तथा छड़ की लम्बाई (ऊँचाई) $= a$
छड़ का आयतन $= \pi r^2 a$
प्रश्न से, छड़ की त्रिज्या $= \frac{r}{4}$ की जाती है
माना लम्बाई $= b$

तब आयतन $= \pi \frac{r^2}{16} b$

प्रश्न से, $\pi \frac{r^2}{16} b = \pi r^2 a \Rightarrow b = 16a.$

CTET/STETs

प्रैक्टिस टेस्ट पेपर्स (हल सहित)

(गणित एवं विज्ञान शिक्षक पद हेतु)

टेस्ट पेपर–1

भाग-I

बाल विकास व शिक्षाशास्त्र

निर्देशः *निम्नलिखित प्रश्नों के उत्तर देने के लिए* ***सबसे उचित*** *विकल्प चुनिए।*

1. एक व्यक्ति की ''जीवन में नाम व प्रशंसा कमाने की इच्छा'' किस प्रकार का अभिप्रेरक है?

A. आन्तरिक अभिप्रेरक   B. बाह्य अभिप्रेरक
C. दैहिक अभिप्रेरक   D. मनोवैज्ञानिक अभिप्रेरक

2. एक शिक्षण विधि में दो या अधिक शिक्षक सहयोगपूर्वक विषयों की योजना बनाते हैं, पूरा करते हैं तथा सदैव विद्यार्थियों पर इसके प्रभाव का मूल्यांकन आवर्ती रूप से करते हैं, यह विधि है

A. श्रव्य-दृश्य शिक्षण   B. टोली शिक्षण
C. दृश्य शिक्षण   D. वैयक्तिक शिक्षण

3. एक कक्षा में एक शिक्षक पढ़ाने के लिए बाल-केन्द्रित उपागम का प्रयोग कर रहा है। यह तरीका उपयुक्त ***नहीं*** है

A. समूह वार्तालाप के लिए
B. प्रोजेक्ट विधि के लिए
C. प्रदर्शन के लिए
D. प्रश्नोत्तर के लिए

4. विज्ञान में मूल्यांकन

A. पूर्णतया वैज्ञानिक तथा बहुविकल्पीय परीक्षण होना चाहिए।
B. विद्यार्थियों की क्रियाकलापों के अन्त में होना चाहिए।
C. सभी क्रियाकलापों का एकीकृत भाग होना चाहिए।
D. केवल विषय व प्रत्ययों को शामिल करें तथा प्रक्रिया व अभिवृत्ति को छोड़ दें।

5. मानव विकास की वह अवस्था जिसे 'सुनहरी अवस्था' कहा जाता है, वह है

A. शैशवावस्था   B. बाल्यावस्था
C. किशोरावस्था   D. प्रौढ़ावस्था

6. एक अच्छे शिक्षक का सबसे महत्त्वपूर्ण गुण है

A. विषयवस्तु का पूर्ण ज्ञान
B. अच्छा सम्प्रेषण कौशल
C. विद्यार्थियों के हित का ध्यान रखना
D. प्रभावी नेतृत्व का गुण

7. वह विशेषता जो कि सहयोगात्मक स्थिति की सीमा में ***नहीं*** है

A. आमने-सामने अन्तःक्रिया
B. वैयक्तिक जवाबदेही
C. कार्यों पर जोर
D. शिक्षक केन्द्रित

8. निचली कक्षाओं में पढ़ाते समय एक शिक्षक को प्राथमिकता देनी चाहिए

A. व्याख्यान विधि को   B. दत्तकार्य की
C. कहानी कथन को   D. समूह चर्चा को

9. एक अच्छा विद्यालय वह है

A. जो कड़ी प्रतियोगिता की भावना पर जोर देता है।
B. जहाँ प्रत्येक बालक खुशी का अनुभव करे व बिना एक-दूसरे के सहयोग से वैयक्तिक रूप से सीखे।
C. जो बालक के सामाजिक स्तरीकरण को समझे तथा कक्षा के वातावरण को प्रगतिशील व प्रेरणास्पद बनाए।
D. जो आदर्श उत्तरों को याद करने पर जोर दे।

10. पियाजे के संज्ञानात्मक सिद्धान्त की अवस्थाओं का क्रम निम्न है

A. संवेदनात्मक गामक काल–मूर्त संक्रियात्मक काल–पूर्वसंक्रियात्मक काल–औपचारिक संक्रियात्मक काल
B. संवेदनात्मक गामक काल–पूर्वसंक्रियात्मक काल–मूर्त संक्रियात्मक काल–औपचारिक संक्रियात्मक काल
C. पूर्वसंक्रियात्मक काल–संवेदनात्मक गामक काल–मूर्त संक्रियात्मक काल–औपचारिक संक्रियात्मक काल
D. पूर्वसंक्रियात्मक काल–संवेदनात्मक गामक काल–औपचारिक संक्रियात्मक काल–मूर्त संक्रियात्मक काल

11. वंशानुक्रम के सन्दर्भ में ***गलत*** कथन निम्न में से कौन-सा है?
A. वंशानुक्रम बालक का लिंग निर्धारित करता है।
B. यह शारीरिक संगठन में महत्त्वपूर्ण योगदान देता है।
C. यह जुड़वाँ बालकों के जन्म में योगदान देता है।
D. इसमें रुचि, अभिवृत्ति, पसंद, नापसंद तथा मस्तिष्क की संवेदात्मक भावनाएं समावेशित होती हैं।

12. "हम में से कुछ लोग, कुछ जो लम्बे हैं तथा कुछ जो छोटे हैं, कुछ जो गोरे हैं तथा कुछ जो काले हैं, कुछ लोग मजबूत हैं तथा कुछ कमजोर हैं।" यह कथन किस स्थापित सिद्धान्त पर आधारित है?
A. बुद्धि व लैंगिक विभिन्नता पर
B. बुद्धि व प्रजाति विभिन्नता पर
C. वैयक्तिक विभिन्नता पर
D. वैयक्तिक प्रगतिशीलता पर

13. दुर्बलीकरण बाधा है
A. शारीरिक स्तर पर B. कार्यात्मक स्तर पर
C. सामाजिक स्तर पर D. शैक्षिक स्तर पर

14. इरफान खिलौने तोड़ता है तथा उसके अवयवों को देखने के लिए उसे अलग-अलग कर देता है। आप क्या करेंगे?
A. इरफान को कभी भी खिलौने के साथ खेलने नहीं देंगे
B. सदैव कड़ी नजर रखेंगे
C. उसकी जिज्ञासु प्रकृति को बढ़ावा देंगे तथा उसकी ऊर्जा को दिशा प्रदान करेंगे
D. उसे बतायेंगे कि खिलौने नहीं तोड़ने चाहिए

15. चिन्तन शक्ति के विकास की प्रक्रिया में निम्न में से कौन-सा कथन ***गलत*** है?
A. ज्ञान व अनुभवों की यथेष्टता
B. यथेष्ट अभिप्रेरणा
C. यथेष्ट स्वतंत्रता व लचीलापन
D. कम बुद्धि व ज्ञान

16. व्यवहार का 'संवेगात्मक' पहलू निम्न से सम्बन्धित होता है
A. सीखने के संज्ञानात्मक पक्ष से
B. सीखने के भावात्मक पक्ष से
C. सीखने के क्रियात्मक पक्ष से
D. सीखने के मनोवैज्ञानिक पक्ष से

17. जब एक क्षेत्र का अधिगम दूसरे क्षेत्र के अधिगम में सहायता करता है, तो उसे कहते हैं
A. अधिगम का धनात्मक अन्तरण
B. अधिगम का ऋणात्मक अन्तरण
C. अधिगम का शून्य अन्तरण
D. अधिगम का परम अन्तरण

18. अधिगम कार्य के लिए विद्यार्थियों की तत्परता का आकलन करना शिक्षकों के लिए कठिन है क्योंकि
A. तत्परता के सभी तत्त्व एक साथ परिपक्व नहीं होते।
B. तत्परता के अधिकतर तत्त्व बाह्य रूप से दृश्य नहीं होते।
C. अभिभावक अपने बच्चों को उपलब्धि के लिए धकेलते हैं।
D. शिक्षक विद्यार्थियों के बाह्य व्यवहार का निर्णय करने में कमजोर होते हैं।

19. पद 'संवेगात्मक क्रान्ति' किस अवस्था से अधिक जुड़ा हुआ है?
A. शैशावस्था से B. बाल्यावस्था से
C. किशोरावस्था से D. प्रौढ़ावस्था से

20. सृजनात्मकता के बारे में क्या ***गलत*** है?
A. सृजनात्मकता तथा बुद्धि सदैव साथ-साथ चलते हैं।
B. सृजनात्मकता में लचीलापन होता है।
C. सृजनात्मकता सार्वभौमिक प्रत्यय है।
D. सृजनात्मकता में अहम् का समावेश होता है।

21. मनोविज्ञान का क्षेत्रवादी सिद्धान्त दिया
A. कर्ट लेविन ने B. सी.टी. मॉर्गन ने
C. लियोन फेस्टिंगर ने D. हेनरी गोडार्ड ने

22. किसने 'बहुबुद्धि सिद्धान्त' प्रतिपादित किया था?
A. अल्फ्रेड बिने B. हॉवर्ड गार्डनर
C. फ्रांसिस गाल्टन D. बी.एस. ब्लूम

23. एक सिद्धान्त के रूप में निर्मितीवाद
A. अनुकरण की भूमिका पर केन्द्रित करता है।
B. अधिगमकर्ता की स्वयं के शब्दों का निर्माण करने की भूमिका पर जोर देता है।
C. सूचनाओं को रटने तथा प्रत्यास्मरण द्वारा परीक्षण पर जोर देता है।
D. शिक्षक की प्रधान भूमिका पर ज़ोर देता है।

24. निम्न में से कौन रचनात्मक आकलन का एक उपयुक्त उपकरण ***नहीं*** है?
A. दत्तकार्य B. मौखिक प्रश्न
C. अवधि परीक्षा D. प्रश्न व खेल

25. जीन पियाजे की संज्ञानात्मक विकास की अवस्थाओं के अनुसार जिसे पूर्व-प्रत्ययात्मक काल जाना जाता है, निम्न में से किससे सम्बन्धित है?
A. इन्द्रिय गति अवस्था से
B. मूर्त-संक्रिया अवस्था से
C. पूर्व-संक्रियात्मक अवस्था से
D. औपचारिक-संक्रिया अवस्था से

26. युवा अधिगमकर्ताओं में निम्न में से कौन पढ़ने में कठिनाई का द्योतक ***नहीं*** है?
A. अक्षर व शब्द अभिज्ञान में कठिनाई
B. पठन गति व प्रवाह में कठिनाई
C. शब्दों व विचारों को समझने में कठिनाई
D. स्पेलिंग निरन्तरता में कठिनाई

27. संपुष्ट कार्यक्रम जरूरी होते हैं
A. कमजोर अधिगमकर्ताओं के लिए
B. प्रतिभाशाली बालकों के लिए

C. साधारण बालकों के लिए
D. शारीरिक रूप से अयोग्य बालकों के लिए

28. बुद्धि समावेश करती है
A. अपसारी चिन्तन का B. अभिसारी चिन्तन का
C. समालोचित चिन्तन का D. विचारशील चिन्तन का

29. चिंतन अनिवार्य रूप से है एक
A. क्रियात्मक गतिविधि B. भावात्मक व्यवहार
C. संज्ञानात्मक गतिविधि D. मनोगतिक प्रक्रिया

30. समावेशित विद्यालय योजना के सन्दर्भ में कौन-सा कथन *गलत* है?
A. समानता की भावना का विकास
B. धनात्मक आत्मसम्मान का विकास
C. विशेष आवश्यकता वाले विद्यार्थियों में आत्महीनता की भावना का विकास
D. विशेष बालकों के नैतिक आचरण को उठाना

भाग-II

गणित एवं विज्ञान

31. फूल का चमकीला तथा आकर्षक अंश है
A. दलपूंज B. बाहय दल
C. दल D. पुष्प वृंत

32. कॉलरा होता है
A. बैक्टीरिया द्वारा B. वायरस द्वारा
C. कीटों द्वारा D. टाक्सिन द्वारा

33. अंडे उत्तम स्रोत हैं
A. तंतुओं का B. प्रोटीन का
C. कार्बोहाइड्रेट का D. वसा का

34. पौधे के किस भाग से जूट तंतु पाया जाता है?
A. पत्ती B. फूल
C. तना D. मूल

35. चावल तथा गेहूं को नामित किया जाता है
A. दालों के रूप में B. अनाजों के रूप में
C. सब्जियों के रूप में D. फलों के रूप में

36. पौधे जो अपना खाद्य बना सकते हैं, कहलाते हैं
A. ऑटोट्राफ B. हेटेरोट्राफ
C. सैप्रोफाइट D. पैरासाइट

37. फूल, फल तथा बीज धारण करने वाले फूले हुए पौधे कहलाते हैं
A. क्रिप्टोगैम्स B. फर्न
C. जिम्नोस्पर्म D. एंजियोस्पर्म

38. निम्न में से द्विबीजपत्री कौन है?
A. घास B. आम
C. मकई D. इनमें से सभी

39. एकल कोशा प्राणियों को वर्गीकृत किया जाता है
A. आर्थ्रोपोड के रूप में B. स्तनियों के रूप में
C. प्रोटोजोअन के रूप में D. मोलस्क के रूप में

40. केले के पौधे के जड़ हैं
A. आरोही मूल B. अवस्तंभ मूल
C. श्वसन मूल D. अपस्थानिक मूल

41. अशुद्धि से पूर्ण रूप से मुक्त परम शुद्ध जल को कहा जाता है
A. आसूत जल B. खनिज जल
C. झरना का जल D. उबाला हुआ जल

42. किस पद्धति द्वारा एक विलयन से विलेय प्राप्त किया जा सकता है?
A. अवसादन B. निस्तारण
C. आसवन D. वाष्पन

43. जल जनित रोग क्या है?
A. डिफ्थेरिया B. टिटेनस
C. हेपेटाइटिस D. मलेरिया

44. क्वार्ट्ज के अवयव हैं सिलिकॉन तथा
A. ऑक्सीजन B. सल्फर
C. नाइट्रोजन D. हाइड्रोजन

45. किसके जलने से सबसे अधिक वायु प्रदूषण होता है?
A. कोयला B. सी.एनजी
C. एल.पी.जी D. हाइड्रोजन

46. निम्न में से कौन-सा पदार्थ जल में नहीं घुलता है?
A. दूध B. शहद
C. अल्कोहल D. तेल

47. व्युत्क्रमी परिवर्तन कौन-सा नहीं है?
A. जल से भाप B. लोहा का पिघलना
C. किरासन का जलना D. भाप का संघनन

48. निम्न में से किस पदार्थ के अणुओं में एक ही प्रकार के परमाणु रहते हैं?
A. ऑक्सीजन B. जल
C. कार्बन डाईऑक्साइड D. सल्फर डाइऑक्साइड

49. निम्न में से कौन-सा सूत्र ओजोन का अणु दर्शाता है?
A. O_2 B. O_3
C. H_2O_2 D. इनमें से कोई नहीं

50. निम्न में से कौन मिश्र धातु है?
A. लोहा B. सोना
C. स्टेनलेस स्टील D. ताँबा

51. 1 मी^{2} क्षेत्रफल पर अभिलंब रूप से कार्य करने वाला 1 न्यूटन बल के लिए दाब होगा
A. 1 जूल B. 1 पास्कल
C. 1 वाट D. 1 फैराड

52. 1 जूल में कितने अर्ग होते हैं?
A. 10^7 B. 10^6
C. 10^4 D. 10^2

53. किसी मशीन पर यांत्रिकीय कार्य करने हेतु प्रयुक्त बल कहलाता है।
A. भार B. प्रयास
C. निर्गम D. दक्षता

54. प्राकृतिक चुम्बक का उदाहरण है
A. लोहा B. स्टील
C. चुम्बक-पत्थर D. इनमें से सभी

55. कार्य करने का सामर्थ्य कहलाता है
A. शक्ति B. ऊर्जा
C. द्रव्यमान D. ऊष्मा

56. क्षेत्रफल की SI इकाई है
A. मिमी^{2} B. सेमी^{2}
C. मी^{2} D. किमी^{2}

57. एंगस्ट्रम क्या मापता है?
A. द्रव की मात्रा B. प्रकाश तरंगों की लंबाई
C. केबिलों की लंबाई D. जहाजों की चाल

58. एक कंघी का कागज के छोटे टुकड़े को आकर्षित करने का कारण है
A. घर्षण जनित बल B. चुम्बकीय बल
C. गुरुत्वीय बल D. स्थिर वैद्युतिकीय बल

59. बल को मापा जा सकता है
A. स्प्रिंग तुला के प्रयोग द्वारा
B. थर्मामीटर द्वारा
C. कैलोरीमीटर द्वारा
D. इनमें से कोई नहीं

60. घर्षण को बढ़ाया जा सकता है
A. तेल को प्रयोग कर B. सतहों पर नमी द्वारा
C. खुरदरे सतहों द्वारा D. इनमें से सभी

61. किसी घन का पृष्ठ क्षेत्रफल 96 सेमी^{2} है। इसकी भुजा की लंबाई क्या होगी?
A. 4 सेमी B. 5 सेमी
C. 6 सेमी D. 8 सेमी

62. बहुपद $4x^2 - 3x^5 + 8x^6$ की कोटि होगी
A. 6 B. 5
C. 3 D. 2

63. किसी वृत्त को दो बिन्दुओं पर परिच्छेद करने वाली सरल रेखा है
A. स्पर्शक B. छेदक
C. जीवा D. खण्ड

64. यदि समुच्चय $A = \{2, 3, 4, 5, 6\}$ तथा समुच्चय $B = \{3, 5, 7, 9\}$ तो $A \cap B$ में कितने अवयव होंगे?
A. 0 B. 1
C. 2 D. 3

65. किसी समुच्चय में अवयवों की संख्या कहलाती है
A. क्रमसूचक संख्या B. प्राकृतिक संख्या
C. गणन संख्या D. प्रमुख संख्या

66. किसी वस्तु का अंकित मूल्य ₹ 8,000 है जिसे ₹ 7,200 में बेचा जाता है। छूट प्रतिशत क्या है?
A. 10% B. 8%
C. 12% D. 11.1%

67. 55° का पूरक कोण क्या होगा?
A. 180° B. 90°
C. 125° D. 35°

68. किसी ऋजुरेखीय कोण का 0.2 गुना कोण कितने अंश का होगा?
A. 20° B. 32°
C. 36° D. 45°

69. अक्षर 'D' में कितनी सममित रेखाएं हैं?
A. एक B. दो
C. तीन D. इनमें से कोई नहीं

70. एक बंद लकड़ी के बक्सा की आंतरिक लंबाई 20 सेमी, चौड़ाई 14 सेमी. तथा ऊँचाई 9 सेमी हैं। यदि लकड़ी की मोटाई 1 सेमी हो तथा 1 सेमी^{3} लकड़ी का वजन 0.5 ग्राम हो, तो बक्सा का वजन क्या होगा?
A. 272 ग्राम B. 496 ग्राम
C. 504 ग्राम D. 534 ग्राम

71. 2^8 का वर्गमूल क्या है?
A. 64 B. 48
C. 32 D. 16

72. एक मैदान की लंबाई 80 मी और चौड़ाई 60 मी है। चौड़ाई तथा लम्बाई के बीच का अनुपात होगा
A. 3 : 2 B. 3 : 4
C. 4 : 3 D. 2 : 3

73. किसी त्रिभुज के कोण 3 : 7 : 8 के अनुपात में हैं। वृहत्तम कोण क्या है?
A. 60° B. 70°
C. 75° D. 80°

74. 50 विद्यार्थियों की एक कक्षा में 40% लड़कियाँ है। कक्षा में कितने लड़के हैं?
A. 20 B. 10
C. 25 D. 30

75. दशमलव में व्यक्त कीजिए :

$$\frac{₹\,37.25 + ₹\,2.30}{₹\,12.67 - ₹\,4.76} - \frac{1}{10}\left[\frac{₹\,30.45 - ₹\,1.20}{₹\,9.58 - ₹\,6.33}\right]$$

A. ₹ 4.10 B. ₹ 3.75
C. ₹ 5.30 D. ₹ 5.80

76. रिक्त स्थान की पूर्ति कीजिए :
0.00187 × .... = 18.7.

A. 100 B. 1000
C. 10000 D. 100000

77. घटाकर किग्रा में उत्तर कीजिए :
23 किग्रा से 4317 ग्राम

A. 19.683 किग्रा B. 18.383 किग्रा
C. 19.383 किग्रा D. 18.683 किग्रा

78. एक 4.85 मी लंबे खंभे को 5 बराबर भागों में विभाजित किया जाता है। प्रत्येक भाग की लंबाई क्या होगी?

A. 0.85 मी B. 0.97 मी
C. 0.95 मी D. 18.683 मी

79. $2x^3$ का मान क्या होगा यदि $x = 5$?

A. 225 B. 250
C. 125 D. 150

80. 0.02 का वर्ग क्या है?

A. 0.0004 B. 0.004
C. 0.04 D. 0.4

81. $\frac{5}{8}$ एक .... भिन्न है।

A. उचित B. अनुचित
C. भिश्र D. विपरीत

82. एक खंभा की लंबाई का $\frac{1}{5}$ कीचड़ में, आधा पानी में तथा शेष 10 फीट की लंबाई पानी के बाहर है। खंभा की पूरी लंबाई क्या है?

A. 26 फीट 6 इंच B. 33 फीट 4 इंच
C. 36 फीट D. 37 फीट 9 इंच

83. अवरोही क्रम का विकल्प चुनिएः

A. $\frac{3}{4}, \frac{2}{3}, \frac{9}{16}, \frac{5}{12}$ B. $\frac{5}{12}, \frac{9}{16}, \frac{2}{3}, \frac{3}{4}$
C. $\frac{3}{4}, \frac{9}{16}, \frac{2}{3}, \frac{5}{12}$ D. $\frac{9}{16}, \frac{5}{12}, \frac{3}{4}, \frac{2}{3}$

84. वह न्यूनतम भिन्न क्या है जिसे $4\frac{3}{7} - 3\frac{5}{9} + 11\frac{5}{21}$ से घटाने पर एक पूर्णांक परिणाम देगा?

A. $\frac{1}{3}$ B. $\frac{1}{6}$
C. $\frac{1}{7}$ D. $\frac{1}{9}$

85. निम्न को सरल कीजिएः

$$\left(\frac{1}{2} + \frac{1}{3}\right) \div \left(\frac{1}{4} - \frac{1}{6}\right)$$

A. $\frac{1}{6}$ B. 6
C. 10 D. 12

86. 25 से कम अभाज्य संख्याएँ कितनी हैं?

A. 5 B. 7
C. 8 D. 9

87. बिना कोई शेषफल के 99, 132 तथा 165 को भाग देनेवाली वृहत्तम संख्या है

A. 3 B. 11
C. 15 D. 33

88. 24, 12, 36 तथा 60 का म. स. क्या है?

A. 4 B. 6
C. 12 D. 24

89. 3 सर्चलाइट 20 से., 30 से. तथा 45 से के अंतराल पर दीप्त होते हैं। दो युगपत् दीप्तों के बीच का समय है

A. 5 से. B. 90 से.
C. 120 से. D. 180 से.

90. 10, 15 तथा 20 का ल.स. क्या है?

A. 60 B. 40
C. 30 D. 20

भाग-III

भाषा-I : हिन्दी

निर्देशः *निम्नलिखित प्रश्नों के उत्तर देने के लिए* ***सबसे उचित*** *विकल्प चुनिए।*

91. 'दुष्ट अपनी दुष्टता नहीं छोड़ता' के लिए उचित लोकोक्ति है

A. खिसियानी बिल्ली खंभा नोचे
B. गंगा गए तो गंगादास, जमुना गए तो जमुनदास
C. कबहुँ निरामिष होय न कागा
D. जिस पत्तल में खाना, उसी में छेद करना

92. किस शब्द में 'ल' प्रत्यय रूप में ***नहीं*** आया है?

A. कुशल B. मृदुल
C. विमल D. रोमल

93. "पंडित दूध पीता है।" इस वाक्य में कारक है

A. कर्म, करण B. संप्रदान, संबंध
C. कर्ता, कर्म D. कोई नहीं

94. रंगमंच पर पर्दे के पीछे का स्थान कहलाता है
A. नैऋत्य B. नेपथ्य
C. प्रेक्षागृह D. अलिंद

95. किस शब्द का संधि-विच्छेद सही ***नहीं*** है?
A. प्र + ऊढ़ = प्रौढ़
B. नी + ऊन = न्यून
C. अंबु + ऊर्मि = अंबूर्मि
D. शची + इंद्र = शचींद्र

96. निम्न में से किस शब्द में बहुव्रीहि समास है?
A. चौराहा B. पंसेरी
C. शताब्दी D. पंजाब

97. निम्न में से सकर्मक क्रिया है
A. हँसना B. पढ़ना
C. सोना D. रोना

98. 'अनजान सुजान, सदा कल्यान' लोकोक्ति का भावार्थ है
A. अनजान और सुजान के साथ सदैव लाभ मिलता है
B. भोला-भाला ज्ञानी कल्याणकारक होता है
C. मूर्ख और ज्ञानी दोनों मजे में रहते हैं
D. मूर्ख स्वयं को ज्ञानी समझकर नुकसान कराता है

99. 'ज्ञ' को वर्णमाला में माना जाता है
A. संयुक्त व्यंजन B. स्वर संधि
C. अनुस्वार D. व्यंजन

100. निम्न में से कौन-सा वर्ण स्पर्श संघर्षी है?
A. झ B. श
C. ट D. ह

101. कौन-सा शब्द 'ईन' प्रत्यय के योग से ***नहीं*** बना है?
A. मनोहारिन B. नमकीन
C. युगीन D. ग्रामीण

102. अधोलिखित शब्दयुग्म का **सही** अर्थ विकल्प चुनिए :
अनुलंब – अनुलग्न
A. ऊर्ध्वाकार – समय के अनुसार
B. ऊपरी – जुड़ा हुआ
C. अनिश्चित – किसी के साथ जुड़ा हुआ
D. लम्बाई के अनुसार – शुभकाल

103. 'इन्द्र' के पर्यायवाची शब्दों का समूह है
A. वैनतेय, चन्द्रमौलि, सुरपति, देवराज
B. मधवा, पुरन्दर, शचीपति, वासव
C. सुरपति, पुरन्दर, उपेन्द्र, अंशुमाली
D. वैनतेय, मधवा, सुरपति, वासव

104. 'कवि' शब्द में संज्ञा है
A. व्यक्तिवाचक B. जातिवाचक
C. द्रव्यवाचक D. कोई नहीं

105. विसर्ग सन्धि का उदाहरण है
A. अतएव B. विस्मरण
C. उच्चारण D. विसर्ग

106. प्रत्येक पाठ के प्रारंभ में होना चाहिए
A. पाठ का सार B. परिशिष्ट
C. प्रस्तावना D. अभ्यास

107. 'कनक' शब्द का अर्थ-समूह चुनिए
A. वृक्ष, स्वर्ण, धतूरा
B. स्वर्ण, धतूरा, गेहूँ
C. स्त्री, पलाश, आभूषण
D. कोई नहीं

108. भाषा प्रवाह तथा अभिव्यक्ति कौशल के मूल्यांकन का उपयुक्त तरीका है
A. लिखित परीक्षाएँ B. वस्तुनिष्ठ परीक्षण
C. मौखिक वार्तालाप D. उपर्युक्त में से कोई नहीं

109. 'प्राक्तन' शब्द में उपसर्ग एवं मूल शब्द का **सही** विकल्प है
A. प्रा + तन B. प्राक् + तन
C. पर् + तन D. प्रा + कतन

110. विद्यार्थियों में भाषा की रुचि का विकास करने का उपयुक्त उपाय है
A. विद्यार्थियों के व्याकरण के ज्ञान को बढ़ाना
B. विद्यार्थियों को पाठ्यपुस्तकें पढ़वाना
C. विद्यार्थियों को मौखिक रूप से अधिकाधिक समझाना
D. उपर्युक्त सभी

111. भाषा अधिगम में प्रायः कठिनाई नहीं आती
A. संकोची स्वभाव
B. आत्म विश्वास की कमी
C. मानसिक अस्वस्थता
D. मानसिक स्वस्थता

112. निम्न में ***शुद्ध*** रूप से लिखा वाक्य है
A. किसी आदमी को भेज दो।
B. हम तो अवश्य ही जाएँगे।
C. तब शायद यह काम अवश्य हो जाएगा।
D. कृपया आने का अनुग्रह करें।

113. शब्दकोश में निम्न में से सर्वप्रथम आने वाला शब्द है
A. प्याऊ B. प्रकंप
C. प्लवन D. प्रकीर्ण

114. वर्तनी की दृष्टि से ***शुद्ध*** शब्द है
A. इक्षा B. आव्हान
C. श्रृंगार D. प्रत्यूष

निर्देश (प्र. सं. 115 से 118) : *निम्नलिखित गद्यांश को पढ़कर दिए गए प्रश्नों के उत्तर **सबसे उचित** विकल्प को चुनकर दीजिए :*

वर्तमान मेरे लिए और मुझ जैसे बहुत से और लोगों के लिए मध्ययुगीनता, भयंकर गरीबी एवं दुर्गति और मध्यवर्ग की कुछ-कुछ सतही आधुनिकता का विचित्र मिश्रण है। मैं अपने वर्ग और अपनी किस्म के लोगों का प्रशंसक नहीं था, फिर भी भारतीय संघर्ष में नेतृत्व के लिए मैं निश्चित रूप से मध्यवर्ग की ओर देखता था। यह मध्यवर्ग स्वयं को बंदी और सीमाओं में जकड़ा हुआ महसूस करता था और

खुद तरक्की और विकास करना चाहता था। अंग्रेजी शासन के ढाँचे के भीतर ऐसा न कर पाने के कारण उसके भीतर विद्रोह की चेतना पनपी। लेकिन यह चेतना उस ढाँचे के खिलाफ नहीं जाती थी जिसने हमें रौंद दिया था। ये उस ढाँचे को बनाए रखना चाहते थे और अंग्रेजों को हटाकर उसका संचालन करना चाहते थे। ये मध्यवर्ग के लोग इस हद तक इस ढाँचे की पैदाइश थे कि उसे चुनौती देना या उसे उखाड़ फेंकने का प्रयास करना इनके बस की बात नहीं थी।

115. लेखक किस वर्ग से संबंधित है?
A. सामंत वर्ग B. मध्यवर्ग
C. निम्न वर्ग D. उपर्युक्त में से कोई नहीं

116. मध्यवर्ग में विद्रोही चेतना का कारण था
A. मध्यवर्ग साम्राज्यवाद विरोधी था
B. मध्यवर्ग राष्ट्रवादी था
C. मध्यवर्ग अंग्रेजों को विस्थापित करके शासन संचालन चाहता था
D. उपर्युक्त सभी

117. गद्यांश में आए भारतीय संघर्ष का संदर्भ है
A. भारत का स्वतंत्रता संघर्ष
B. चीन के विरुद्ध संघर्ष
C. पाकिस्तान के विरुद्ध संघर्ष
D. महाशक्तियों के विरुद्ध संघर्ष

118. निम्न में से कौन-सा सामाजिक वर्ग ब्रिटिश शासन प्रणाली की उपज था?
A. उच्च वर्ग B. सामंत वर्ग
C. किसान D. मध्यवर्ग

119. भाषा शिक्षण का आदर्श वातावरण है
A. विद्यार्थियों को अभिशक्ति के भरपूर अवसर
B. भाषागत शुद्धता पर अत्यधिक बल
C. अध्यापक का एकालाप
D. दृश्य-श्रव्य सामग्री का प्रचुर उपयोग

120. भाषा शिक्षक को एक बहु-सांस्कृतिक कक्षा में किस बात पर बल देना चाहिए?
A. बच्चों को भाषा प्रयोग के अधिक से अधिक अवसर देना
B. पाठ्यपुस्तक के प्रत्येक पाठ को भली-भांति समझाना
C. बच्चों को व्याकरण सिखाना
D. स्वयं द्वारा भाषा का शुद्ध प्रयोग करना

भाग-IV

भाषा-II: ENGLISH

Directions: *Answer the following questions by selecting the most* ***appropriate*** *option.*

121. Choose the ***mis-spelt*** word
A. peace B. piece
C. peirce D. piety

122. Choose the ***correct*** passive construction of the sentence:
'Someone sells tickets at the box office'.
A. Tickets are sold at the box office.
B. Tickets are being sold at the box office.
C. Tickets were sold at the box office by somebody.
D. At the box office, tickets were sold by somebody.

123. Manoj is one of the only students who .... passed the exam.
A. have B. has
C. had D. would have

124. How can language be best acquired?
A. Reading, writing, speaking, listening
B. Listening, speaking, reading, writing
C. Writing, reading, listening, speaking
D. Speaking, listening, reading, writing

125. Which of the following is ***not*** a characteristic of a slow learner?
A. Limited vocabulary
B. Short attention span
C. Abstract thinking
D. Limited range of interests

126. Passengers <u>must</u> switch off their mobile phones.
What does the underlined auxiliary 'must' suggest?
A. expectation
B. compulsion
C. obligation
D. none of the above

127. The English Language Teaching Method that refrains from using the learners native language and just uses the target language is
A. The audio-lingual method
B. The grammar translation method
C. Communicative language teaching
D. The direct method

128. Choose the ***correct*** indirect form of the sentence:
The policeman said, "Please move this car."
A. The policeman commanded me to move the car.
B. The policeman requested me to move the car.
C. The policeman suggested that I move the car.
D. The policeman advised me to move the car.

Directions (Q. Nos. 129 & 130): *Replace the underlined words by the* ***most suitable*** *option.*

129. "No, no", she cried, "You must not say such <u>grossly irreverent</u> things – you must not even think them."
A. sacrilegious B. pious
C. respectful D. religious

130. The street bazaar was a changing and enjoyable mixture of colours, smells and sounds.
A. telescope B. kaleidoscope
C. stethoscope D. microscope

131. Which of the following means—
'a drop in the ocean'
A. is a small problem that will probably get larger
B. something so small that it won't make any noticeable difference
C. every small contribution helps
D. None of the above

Directions (Q. Nos. 132 to 140): *Fill in the blanks by the most appropriate word in the following sentences:*

132. As a child, she .... dream of living in a castle.
A. is used to B. used to
C. will D. got used to

133. Don't .... me you've lost your keys again.
A. say B. tell
C. speak D. inform

134. I gave him a punch on .... nose.
A. the B. to
C. a D. an

135. .... people prefer tea to coffee.
A. A great deal of B. Plenty of
C. Much D. A lot of

136. The board at the ration shop announced. "We have .... rice. Wait till the next stock."
A. run down B. run away
C. run over D. run out of

137. The gallery has over 1,000 paintings. These .... during the last 100 years.
A. have collected B. have been collected
C. had been collected D. had collected

138. If you had worked hard, you ....
A. will pass B. would pass
C. would have passed D. had been pass

139. In 2004, ... a doctor?
A. you was B. was you
C. were you D. did you be

140. Bread and butter .... a wholesome food.
A. is B. are
C. was D. were

Directions (Q. Nos. 141 to 147): *Read the following passage and answer the questions that follow by selecting the* ***most appropriate*** *option.*

If you were to ask 20 people the meaning of physical fitness, you would get 20 different answers. Fitness is all things to all people, a precious commodity which enables us to live our lives to the full yet is really cherished only when it begins to fade away. To an older person, it might be the feeling of youthful vigour, to an athlete the capacity to run a mile in four minutes, to a stenographer ability to type for eight hours at a stretch without developing aching shoulder muscles. To a coach it is something which comes with training, to a physician it is a functional state of the body defined in technical terms.

It is all these things, and more. It is strength, flexibility, agility, power, speed, and muscular and cardiovascular endurance. It is the ability to enjoy our daily lives and to achieve our goals without undue fatigue or stress. It is having a reserve of physical stamina and strength for safety and the enjoyment of leisure activities. It is protection against degenerative diseases, and feeling physically youthful even when we are growing old.

Fitness is active, not passive. Yet recent decades have seen a quantum leap in the number of devices which help us to avoid effort and movement, the two key ingredients in physical fitness. We can no longer take fitness for granted, as could people of an earlier era, because the automatic movements which should maintain it—walking, carrying, pushing, running, jumping, digging, lifting —are gradually becoming unnecessary. We don't have to get to our feet to change television programs.

It's only human to take advantage of short cuts. But even though many of us are beginning to recognize the need to combat the rising toll of degenerative diseases and the decrease in capacity for activities which require effort, all too often we still look for a button to push. We want to get fit without having to work at it and without making changes in our life styles. This is not possible.

141. The statement that 'Fitness is all things to all people' implies that
A. everybody regards fitness to be the absolute good.
B. everybody includes everything under the concept of fitness.
C. everyone has his/her own definition of fitness.
D. there is an agreed comprehensive meaning of fitness

142. (*i*) Recent developments have vastly decreased the need for physical effort and movement.
(*ii*) Resorting to short cuts is against human nature.
A. Statement (*i*) is true
B. Statement (*ii*) is true
C. Both (*i*) and (*ii*) statements are true
D. Both (*i*) and (*ii*) statements are false

143. 'Fitness is active, not passive' means
A. We can take fitness for granted
B. We should avoid effort and movement
C. We can resort to short cuts
D. We cannot be sedentary

144. 'Take for granted' means
A. To value someone or something too lightly
B. To appreciate the value of something
C. Both A and B are correct
D. Both A and B are incorrect

145. The word 'vigour' means

A. weakness B. lethargy
C. vitality D. frailty

146. According to the passage, what has negatively affected our physical fitness?

A. Walking, carrying, pushing, running, jumping, digging, lifting
B. A quantum leap in the number of devices which help us to avoid effort and movement
C. Both A and B are correct
D. Both A and B are incorrect

147. 'All too often we still look for a button to push' means

A. We love to do physical work
B. We get on to our feet to change television programs
C. We accept the need for fitness and make it a personal commitment
D. We want to get fit without having to work at it and without making changes to our life styles

Directions (Q. Nos. 148 and 149): *Choose the* ***correct*** *prefix to build the word. The meaning of the word is given.*

148. .... beat = positive and enthusiastic.

A. up B. out
C. down D. over

149. .... hold = look at or see something or somebody.

A. with B. up
C. over D. be

150. As we got older we just grew apart. The underlined word in the sentence mean

A. natured
B. developed a strong bond
C. stayed at a distance
D. stopped having a close relationship

उत्तरमाला

1	2	3	4	5	6	7	8	9	10
A	B	C	C	B	A & B	D	C	C	B
11	**12**	**13**	**14**	**15**	**16**	**17**	**18**	**19**	**20**
D	C	B	C	D	B	A	A	C	A
21	**22**	**23**	**24**	**25**	**26**	**27**	**28**	**29**	**30**
A	B	B	A	C	B	B	B	C	C
31	**32**	**33**	**34**	**35**	**36**	**37**	**38**	**39**	**40**
C	A	B	C	B	A	D	B	C	D
41	**42**	**43**	**44**	**45**	**46**	**47**	**48**	**49**	**50**
A	D	C	A	A	D	C	A	B	C
51	**52**	**53**	**54**	**55**	**56**	**57**	**58**	**59**	**60**
B	A	B	C	B	C	B	D	A	C
61	**62**	**63**	**64**	**65**	**66**	**67**	**68**	**69**	**70**
A	A	B	C	D	A	D	C	A	C
71	**72**	**73**	**74**	**75**	**76**	**77**	**78**	**79**	**80**
D	B	D	D	A	C	D	B	B	A
81	**82**	**83**	**84**	**85**	**86**	**87**	**88**	**89**	**90**
A	D	A	D	C	D	D	C	D	A
91	**92**	**93**	**94**	**95**	**96**	**97**	**98**	**99**	**100**
C	C	C	B	B	D	B	C	A	A
101	**102**	**103**	**104**	**105**	**106**	**107**	**108**	**109**	**110**
A	C	B	B	A	C	B	C	B	C
111	**112**	**113**	**114**	**115**	**116**	**117**	**118**	**119**	**120**
D	A	A	D	B	C	A	D	A	A
121	**122**	**123**	**124**	**125**	**126**	**127**	**128**	**129**	**130**
C	A	B	B	C	C	D	B	A	B
131	**132**	**133**	**134**	**135**	**136**	**137**	**138**	**139**	**140**
B	B	B	A	D	D	B	C	C	A
141	**142**	**143**	**144**	**145**	**146**	**147**	**148**	**149**	**150**
C	A	D	A	C	B	D	A	D	D

टेस्ट पेपर–2

भाग-I

बाल विकास व शिक्षाशास्त्र

1. प्रेरणा का वही सम्बन्ध उपलब्धि से है, जो अधिगम का .... से है।
A. तर्क B. चिन्तन
C. बोध D. विवेक

2. थॉर्नडाइक के व्यक्तित्व के वर्गीकरण का आधार है–
A. शारीरिक गठन और शक्लसूरत
B. रचनात्मकता और मौलिकता
C. समायोजन और बुद्धि
D. चिन्तन और कल्पना

3. निम्नलिखित में कौन-सा भूलने का सिद्धान्त है?
A. प्रतिस्पर्धात्मक अवरोध B. प्रतीपकारी अवरोध
C. प्रतिबोधित अवरोध D. प्रतिच्छायित अवरोध

4. निम्नलिखित में से मानसिक विकार के लक्षणों को सभी दर्शाते हैं सिवाय–
A. भग्नाशा के B. तनाव के
C. सम्बन्ध के D. चिन्ता के

5. विकास के किस काल को 'अत्यधिक दबाव और तनाव का काल' कहा गया है?
A. किशोरावस्था B. प्रौढ़ावस्था
C. मध्यावस्था D. वृद्धावस्था

6. अभिवृत्ति सम्प्रत्यय है–
A. संज्ञानपरक B. क्रियापरक
C. संवेगात्मक D. ये सभी

7. मनोवैज्ञानिकों के अनुसार बुद्धि–
A. सीखने की क्षमता है
B. अमूर्त चिन्तन की योग्यता है।
C. या तो A या B
D. A और B दोनों

8. अध्यापन के समय अध्यापक को निम्नलिखित में से किसका सर्वाधिक ध्यान रखना चाहिए?
A. विषयवस्तु
B. विद्यार्थियों की आयु
C. वैयक्तिक भिन्नता
D. विद्यार्थियों की पारिवारिक पृष्ठभूमि

9. कर्टलेविन के अनुसार, "समूह में जो परिवर्तन होते हैं उन्हें....
A. परस्परता कहते हैं।"
B. रचनात्मकता कहते हैं।"
C. गतिशीलता कहते हैं।"
D. संगति कहते हैं।"

10. मानसिक स्वास्थ्य और .... में घनिष्ठ सम्बन्ध है।
A. अभिवृत्ति B. स्वीकार्यता
C. बचने D. समायोजन

11. निम्न में कौन अधिगमकर्ता को अधिक स्वतन्त्रता देता है?
A. संरचनावाद B. क्रियाशीलतावाद
C. व्यवहारवाद D. सृजनशीलतावाद

12. निम्नलिखित में से स्मरण करने की कौन-सी विधि है?
A. मिश्रित विधि
B. विचार-साहचर्य विधि
C. A और B दोनों
D. उपर्युक्त में से कोई नहीं

13. पावलॉव ने सीखने के अनुबन्धन-प्रतिक्रिया सिद्धान्त का प्रतिपादन ..... पर प्रयोग करके किया था।
A. खरगोश B. चूहे
C. कुत्ते D. बिल्ली

14. सीखने के वक्र–
A. सीखने की प्रगति के सूचक हैं।
B. सीखने की मौलिकता के सूचक हैं।
C. सीखने के गत्यात्मक स्वरूप के सूचक हैं।
D. सीखने की रचनात्मकता के सूचक हैं।

15. उत्सुकता परीक्षण निम्न में किसका घटक है?
A. सृजनात्मकता B. अभिप्रेरण
C. रुचि D. बुद्धि

16. निम्न में कौन सृजनात्मकता से सम्बन्धित नहीं है?
A. मौलिकता B. प्रवाह
C. मितव्ययता D. उपयोगिता

17. गैग्ने निम्न में किससे सम्बन्धित है?
A. अधिगम का श्रेणीक्रम
B. अधिगम के सिद्धान्त
C. अधिगम का मूल्यांकन
D. अधिगम का प्रबन्धन

18. बुद्धिलब्धि के सम्बन्ध में क्या सत्य है?
A. बौद्धिक आयु से व्युत्क्रमी सम्बन्धित
B. कालानुक्रमिक आयु से प्रत्यक्षतः सम्बन्धित
C. कालानुक्रमिक आयु से व्युत्क्रमी सम्बन्धित
D. बौद्धिक तथा कालानुक्रमिक आयु दोनों से प्रत्यक्षतः सम्बन्धित

19. 16-PF का प्रयोग किसके मापन हेतु किया जाता है?
A. सृजनात्मकता B. अभिरुचि
C. व्यक्तित्व D. दबाव

20. बुद्धि का तरल मोजेक मॉडल किसने दिया था?
A. कैटेल B. गिल्फर्ड
C. थर्स्टन D. स्पियरमैन

21. निम्न में से कौन-सा लक्षण किसी मापक उपकरण के लिए सर्वाधिक वांछनीय है?
A. विश्वसनीयता B. वैधता
C. वस्तुनिष्ठता D. मानक

22. थर्स्टन तथा लिकर्ट निम्न में से किसके मापन से सम्बन्धित हैं?
A. बुद्धि B. अभिवृत्ति
C. मूल्य D. व्यक्तित्व

23. व्यवहार में होने वाले स्थायी परिवर्तन, जो अभ्यास के कारण होते हैं, को कहा जाता है–
A. सीखना B. सोचना
C. क्रिया करना D. कल्पना करना

24. निम्नलिखित में से कौन-सा कारक स्मृति से सम्बन्धित नहीं है?
A. पहचान B. धारण
C. पुनर्स्मरण D. अनुभूति

25. मैस्लो के अभिप्रेरणा सिद्धान्त को कहा जाता है–
A. आवश्यकता का सिद्धान्त
B. शारीरिक सिद्धान्त
C. दृढ़ इच्छाशक्ति सिद्धान्त
D. अंतर्नोद का सिद्धान्त

26. प्रधानाध्यापक या वरिष्ठ शिक्षक के लिए विद्यालय में कौन-सी नेतृत्व शैली बेहतर है?
A. सत्ताधारी नेतृत्व
B. प्रजातांत्रिक नेतृत्व
C. अहस्तक्षेपी नेतृत्व
D. उपर्युक्त में से कोई नहीं

27. "मानसिक स्वास्थ्य के नियमों को खोजना और उन्हें बनाए रखना" अध्ययन का केन्द्र बिन्दु है–
A. शैफर B. हैडफील्ड
C. ड्रेवर D. लैडेल

28. चेस तथा कार्ड को निम्न में किसमें वर्गीकृत किया जा सकता है?
A. लड़ाई वाले खेल B. बौद्धिक खेल
C. प्रायोगिक खेल D. गतिमान खेल

29. बच्चे के संज्ञानात्मक विकास हेतु उत्तम स्थान है–
A. खेल का मैदान
B. सभागार
C. घर
D. विद्यालय एवं कक्षा का वातावरण

30. अभिप्रेरणा के स्रोत कौन-कौन-से हैं?
A. आवश्यकता B. चालक
C. प्रेरक D. इच्छा

भाग-II

गणित एवं विज्ञान

31. सात अंकों की पूर्ण वर्ग संख्या है–
A. 9999999
B. 9999768
C. 9998244
D. 9998222

32. यह दिया है कि एक समद्विबाहु ΔABC में भुजा AB तथा AC बराबर हैं। इसके अन्दर एक समबाहु ΔDEF बनाया गया है। यदि $\angle BFD = a$, $\angle ADE = b$, $\angle CEF = c$, तो–

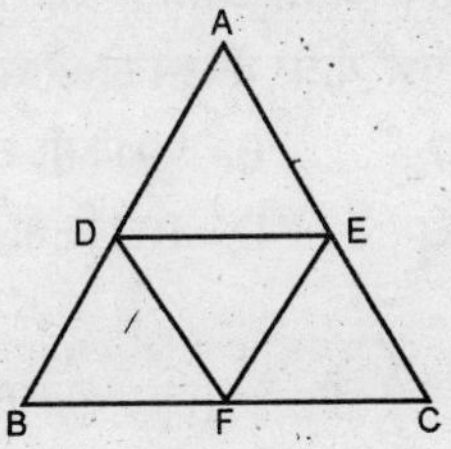

A. $a = \frac{b+c}{2}$ B. $b = \frac{a+c}{2}$

C. $c = \frac{a+b}{2}$ D. $c = 2(a+b)$

33. $2 + 22 + 222 + 2222 + ...$ का n पदों तक योग है–

A. $\frac{2}{9}\left\{\frac{10}{9}(10^n - 1) - n\right\}$ B. $\frac{2}{9}\left\{\frac{10}{9}(10^n - 1) + n\right\}$

C. $\frac{2}{9}\left\{\frac{10}{9}(10^n - 1) - n^2\right\}$ D. $\frac{2}{9}\left\{\frac{10}{9}(10^n - 1) + n^2\right\}$

34. ₹ 234 को तीन व्यक्तियों A, B और C में $\frac{1}{2}:\frac{1}{3}:\frac{1}{4}$ के अनुपात में बाँटा जाना था, परन्तु गलती से 2 : 3 : 4 के अनुपात में बाँट दिया। किसको सबसे अधिक और कितना लाभ हुआ?

A. A, ₹ 52 B. B, ₹ 35
C. A, ₹ 56 D. C, ₹ 50

35. 100 और 200 के बीच आने वाली उन संख्याओं का योग जो 9 से विभाज्य हो, होगा–

A. 1665 B. 1674
C. 1683 D. 1692

36. यदि $x = 2 + \sqrt{2}$, तो $x^2 + \frac{4}{x^2}$ का मान है–

A. 1 B. 4
C. 12 D. 16

37. $21a^3 - 17a^2$, $89a^3 - 64a^2 + 6a + 16$ से कितना कम है?

A. $68a^3 - 47a^2 + 6a + 16$
B. $68a^3 - 47a^2 - 6a + 16$
C. $68a^3 + 47a^2 + 6a + 16$
D. $68a^3 - 47a^2 + 6a - 16$

38. किसी धन का दो वर्ष का साधारण ब्याज ₹ 500 है तथा उतने ही धन का उतने ही समय एवं उतनी ही दर से चक्रवृद्धि ब्याज ₹ 520 है। ब्याज की दर है–

A. 5% B. 8%
C. 10% D. 12%

39. एक रेलगाड़ी A और B दो स्टेशनों के बीच चलती है। जब वह A से B तक जाती है, तो उसकी औसत चाल 90 किमी/घंटा है और जब वह B से A तक वापस आती है, तो उसकी औसत चाल 110 किमी/घंटा है। सम्पूर्ण यात्रा में उसकी औसत चाल होगी–

A. 95 किमी/घंटा B. 99 किमी/घंटा
C. 100 किमी/घंटा D. 102 किमी/घंटा

40. यदि $x^4 + \frac{1}{x^4} = 47$ तो $x^3 + \frac{1}{x^3}$ का मान है–

A. 9 B. 15
C. 18 D. 27

41. चित्र ABCD में AB = BC तथा ∠ BAD और ∠ BCD समकोण हैं। AD और CD में सम्बन्ध ज्ञात कीजिए।

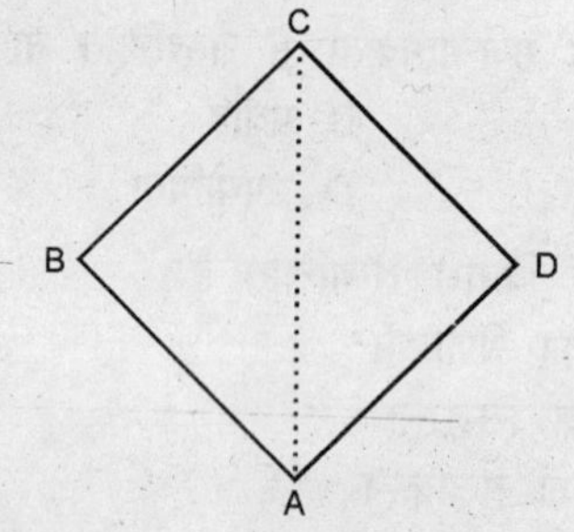

A. AD < CD B. AD > CD
C. AD = CD D. AD = 2 CD

42. एक गोले का व्यास $50\sqrt{3}$ सेमी है। इसके अन्दर समाने वाले सबसे बड़े घन का सम्पूर्ण पृष्ठ है–

A. 12000 सेमी² B. 15000 सेमी²
C. 16000 सेमी² D. 25000 सेमी²

43. यदि दो शंकुओं के आयतन में 1 : 4 का अनुपात हो और उनके व्यासों में 4 : 5 का अनुपात हो, तो उनकी ऊँचाइयों में अनुपात है–

A. 2 : 5 B. 5 : 4
C. 15 : 16 D. 25 : 64

44. 10 मी. लम्बी, 6 मी. ऊँची और 22.5 सेमी मोटी दीवार बनाने में कितनी ईंटों की आवश्यकता होगी, यदि प्रत्येक ईंट का आकार 25 सेमी × 12 सेमी × 9 सेमी हो?

A. 4500 B. 4800
C. 5000 D. 5500

45. संख्याओं 1, 4, 5, 7, 8, 10, 12, 13, 15, 17 के समुच्चय का मानक विचलन 4.85 है। यदि प्रत्येक संख्या में 10 जोड़ दिया जाए, तो नए समुच्चय का मानक विचलन होगा–

A. 48.50 B. 4.85
C. 0.485 D. इनमें से कोई नहीं

46. यदि किसी सारणी के सभी पदों का समान्तर माध्य 40 और माध्यिका 50 हो, तो उस सारणी के पदों का बहुलक हो सकता है–

A. 40 B. 50
C. 60 D. 70

47. निम्नलिखित में से किसका क्षेत्रफल सबसे अधिक है?

A. $\sqrt{2}$ सेमी त्रिज्या का एक वृत्त
B. 2 सेमी भुजा का एक वर्ग
C. 2 सेमी भुजा का एक समबाहु त्रिभुज
D. 3, 4 और 5 सेमी भुजाओं का एक त्रिभुज

48. एक समकोण त्रिभुज में दो भुजाओं की लम्बाइयों का गुणनफल, कर्ण के वर्ग के आधे के बराबर है। एक न्यूनकोण है–

A. 15° B. 30°
C. 45° D. 60°

49. 100 प्रेक्षणों का समान्तर माध्य 50 ज्ञात किया गया। यदि त्रुटिवश दो वस्तुओं की 3 और 92 के स्थान पर 30 और 29 मानकर गणना कर दी गई हो, तो सही समान्तर माध्य है–

A. 50.20 B. 50.36
C. 51.15 D. 51.45

50. यदि $x + y + z = 4$,
$x^2 + y^2 + z^2 = 6$ और
$x^{-1} + y^{-1} + z^{-1} = 1$, जहाँ x, y, z में से कोई भी शून्य नहीं है, तो xyz का मान है–

A. 1 B. 2
C. 4 D. 5

51. यदि $\log_{10} a + \log_{10} b = \log_{10}(a + b)$, तो a, b के मान निम्न तरह से सम्बन्धित हैं :

A. $a = b = 1$ B. $a = b = 3$
C. $b = \frac{a}{1+a}$ D. $a = \frac{b}{b-1}$

52. निम्न पाई-चार्ट एक व्यक्ति के खर्चों को प्रदर्शित करता है। उसकी कुल आमदनी ₹ 28,000 है। यदि वह ₹ 4,900 बचत करता हो, तो x का मान है–

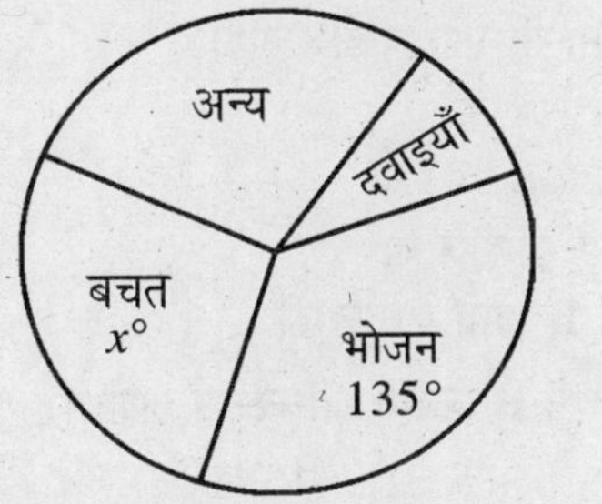

A. 136° B. 126°
C. 63° D. 45°

53. एक पुरुष एवं एक स्त्री एक साक्षात्कार में दो समान पदों पर नियुक्ति हेतु सम्मिलित होते हैं। पुरुष के नियुक्त होने की प्रायिकता 1/4 तथा स्त्री के नियुक्त होने की 1/3 है। उनमें से केवल एक के नियुक्त होने की प्रायिकता कितनी है?

A. 1/12 B. 5/12
C. 7/12 D. 1/24

54. एक कक्षा में 75% अंग्रेजी में, 60% गणित में उत्तीर्ण होते हैं और 20% दोनों विषयों में अनुत्तीर्ण हो जाते हैं। उत्तीण प्रतिशत है–

A. 55% B. 65%
C. 67.5% D. 68.2%

55. यदि x, y और z का माध्य A हो तथा $(x + y)z$ का योज्य प्रतिलोम xy हो, तो x^2, y^2 तथा z^2 का माध्य है–

A. A^2 B. $9A^2$
C. $3A^2$ D. $\frac{1}{3}A^2$

56. तीन संख्याओं का योग 58 है। पहली संख्या का दूसरी संख्या से अनुपात 4 : 9 तथा दूसरी संख्या से तीसरी संख्या का अनुपात 9 : 16 है। पहली और तीसरी संख्या का योग है–

A. 40 B. 29
C. 28 D. 50

57. $\frac{8.9 \times 8.9 \times 8.9 - 3.7 \times 3.7 \times 3.7}{8.9 \times 8.9 + 8.9 \times 3.7 + 3.7 \times 3.7}$ बराबर है–

A. 1 B. 5.2
C. 12.6 D. 8.9×3.7

58. यदि $x^{1/a} = y^{1/b} = z^{1/c}$, तो $a + b + c$ का मान होगा, जोकि $xyz = 1$ को संतुष्ट करे–

A. –1 B. 0
C. 1 D. 2

59. दोनों सिरों से खुली हुई एक बेलनाकार नली धातु की बनी हुई। उसका आन्तरिक व्यास 11.2 सेमी और उसकी लम्बाई 21 सेमी है। धातु की सभी जगह पर मोटाई 0.4 सेमी है, धातु का आयतन है–

A. 300 सेमी^{3} B. 306.2 सेमी^{3}
C. 312.5 सेमी^{3} D. 322.4 सेमी^{3}

60. यदि $x = 22^3 + 144^3 - 166^3$, तो x अवश्य विभाज्य है–

A. 7 और 12 दोनों से B. 11 और 13 दोनों से
C. 11 और 23 दोनों से D. 12 और 83 दोनों से

61. न्यूनतम सम्भव ताप है–

A. 0° C B. 0° F
C. –273° C D. –273 K

62. एक एमिथीलियमी ऊतक जिसकी पतली चपटी कोशिकाएँ एक-दूसरे के किनारों से ऐसे जुड़ी होती हैं मानो पास-पास सटे हुए टाइल से लगी हों, पाया जाता है–

A. आमाशय का भीतरी अस्तर
B. अण्डाशय की बाहरी सतह
C. गालों का भीतरी अस्तर
D. फैलोपियन नलिका का भीतरी भाग

63. इनमें से कौन सान्द्रण की एक विधि नहीं है?

A. फेन प्लवन विधि B. चुम्बकीय विधि
C. निस्तापन D. गुरुत्वीय पृथक्करण विधि

64. पृथ्वी के केन्द्र पर किसी पिण्ड का भार है–

A. शून्य
B. अनन्त
C. ध्रुवों पर भार से थोड़ा कम
D. विषुवत् रेखा पर भार से थोड़ा कम

65. एक उत्तल लेन्स जिसकी फोकस दूरी 0.5 मीटर और एक अवतल लेन्स जिसकी फोकस दूरी 1 मीटर है, को जोड़ा जाता है। परिणामी लेन्स की क्षमता होगी–

A. 1 डायोप्टर B. –1 डायोप्टर
C. 0.5 डायोप्टर D. –0.5 डायोप्टर

66. कौन-सा ऊतक शरीर के विभिन्न भागों में फैला होता है तथा शरीर के विभिन्न भाग को बनाता है?
A. संयोजी ऊतक B. पेशी ऊतक
C. तन्त्रिका ऊतक D. एपीथीलियम ऊतक

67. निम्नलिखित में से कौन-सा यौगिक है?
A. पेट्रोलियम B. मिट्टी का तेल
C. दूध D. ग्लूकोस

68. बाइनरी अंकन पद्धति में डेसीमल अंक 16 का मान है–
A. 1000 B. 10000
C. 1010 D. 11000

69. एक ऊतक जिसकी जीवित कोशिकाएँ सक्रिय बढ़ने वाले अंगों के यान्त्रिक ऊतकों को बनाती हैं और जिसकी कोशिका भित्तियों में कोनों पर सेलुलोसी और लिग्निन रहित स्थूलन होते हैं, उसे कहते हैं–
A. दृढ़ोतक B. मृदूतक
C. स्थूलकोण ऊतक D. परिरम्भ

70. न्यूमेरिक कुंजी (की) होती है–
A. मॉनीटर में B. सी.पी.यू. में
C. हार्ड डिस्क में D. की बोर्ड में

71. प्रोड्यूसर गैस के मुख्य अवयव हैं–
A. $CO + H_2$ B. $CO_2 + H_2$
C. $CO + N_2$ D. $CO_2 + N_2$

72. नारियल के रेशे किस भाग से मिलते हैं?
A. बाह्यफलभित्ति B. अन्तःफलभित्ति
C. मध्यफलभित्ति D. बीजकवच

73. इनमें से कौन-सा प्रबल अम्ल है?
A. H_2CO_3 B. HNO_3
C. CH_3COOH D. HCN

74. रुधिर संवहन जो केशिकाओं से आरम्भ होकर केशिकाओं में ही समाप्त हो जाता है, कहलाता है–
A. वृक्कीय संवहन B. लसिका संवहन
C. यकृतीय संवहन D. निवाहिका संवहन

75. हाइड्रोजन का कौन-सा समस्थानिक भारी जल का अवयव है?
A. ${}^1_1H$ B. ${}^2_1H$
C. ${}^3_1H$ D. ${}^1_1H$ एवं ${}^3_1H$

76. जलीय तथा कीटभक्षी पौधा है–
A. यूट्रीकुलेरिया B. डायोनिया
C. ड्रोसेरा D. उपर्युक्त में से कोई नहीं

77. कार्बन के बहुत अधिक यौगिक हैं, क्योंकि–
A. यह एक अधातु है और इसकी सहसंयोजकता चार है
B. यह सहसंयोजी बंध बनाता है
C. इसमें श्रृंखलीकरण की प्रवृत्ति अधिक है।
D. इसके यौगिक ज्वलनशील हैं और गलनांक तथा क्वथनांक कम हैं

78. निम्नलिखित में से कौन-सा चुम्बकीय क्षेत्र का मात्रक नहीं है?
A. वेबर/मीटर^2 B. गौस
C. वेबर D. टेस्ला

79. समान ताप पर ध्वनि की चाल अधिकतम होगी–
A. H_2 गैस में B. N_2 गैस में
C. O_2 गैस में D. सभी गैसों में बराबर

80. साबुन हैं–
A. निम्न श्रेणी वसा अम्लों की एल्कली धातुओं के लवण
B. डोडेसिल बेन्जीन सल्फोनेट
C. उच्च श्रेणी वसा अम्लों की एल्केलाइन धातुओं के लवण
D. उच्च श्रेणी वसा अम्लों की एल्कली धातुओं के लवण

81. बांझपनरोधी विटामिन है–
A. विटामिन-बी B. विटामिन-ई
C. विटामिन-ए D. विटामि-के

82. पासवर्ड से प्रयोक्ता–
A. ढाँचों को सरल कर सकते हैं।
B. समय का दक्ष प्रयोग कर सकते हैं।
C. जल्दी से सिस्टम में जा सकते हैं।
D. गोपनीयता बरकरार रख सकते हैं।

83. एक व्यक्ति के लाल रुधिराणुओं में A और B एन्टीजन है, तो इसके सीरम में कौन-सी एण्टीबॉडीज होगी?
A. एण्टीबॉडी-A
B. एण्टीबॉडी-B
C. कोई एण्टीबॉडीज नहीं
D. A और B दोनों एण्टीबॉडी

84. निम्नलिखित में से किसमें अधिकतम अणु हैं?
A. $1gH_2$ B. $1gN_2$
C. $1gCH_4$ D. $1gCO_2$

85. 1.5 ओम, 0.05 ओम तथा 0.25 ओम के प्रतिरोध श्रेणीक्रम में जुड़े हैं। इनका तुल्य प्रतिरोध होगा–
A. 1.80 ओम B. 180 ओम
C. 1.35 ओम D. 13.5 ओम

86. इनमें से कौन-सी वास्तव में मीन नहीं है?
A. फुफ्फुस मछली B. रजत मछली
C. बिल्ली मछली D. कुत्ता मछली

87. कैलेमाइन किस धातु का अयस्क है?
A. मैग्नीशियम B. कॉपर
C. जिंक D. आयरन

88. किसमें पर्णाभपर्व होता है?
A. पार्किन्सोनिया B. अकेशिया
C. ओपन्शिया D. ऐस्परेगस

89. पानी की स्थायी कठोरता निम्नलिखित में से किसके कारण होती है?
A. Na^+ एवं K^+ के क्लोराइडस् और सल्फेट के कारण
B. Ca^{2+} एवं Mg^{2+} के क्लोराइड्स और सल्फेट के कारण

C. Al^{3+} के नाइट्राइट्स और नाइट्रेट्स के कारण
D. Na^{+} एवं K^{+} के कार्बोनेट्स के कारण

90. अणुओं तथा परमाणुओं में इलेक्ट्रॉन के द्वारा उत्पन्न चुम्बकीय क्षेत्र का कारण है–
A. केवल चक्रण गति
B. केवल कक्षीय गति
C. चक्रण और कक्षीय गति दोनों
D. न तो चक्रण गति और न ही कक्षीय गति

भाग-III

भाषा-I : हिन्दी

91. "अमिय हलाहल मदभरे, सेत, स्याम रतनार।
जियत मरत, झुकि झुकि परत, जेहि चितवत एक बार।"
किस कवि द्वारा लिखी काव्य पंक्तियाँ हैं?
A. देव B. बिहारी
C. रसलीन D. मतिराम

92. 'आवारा मसीहा' जीवनी में किसका जीवनचरित है?
A. बंकिमचन्द्र चटर्जी B. शरत्चन्द्र चट्टोपाध्याय
C. भगतसिंह D. जैनेन्द्र

93. 'पिता' कहानी के लेखक कौन हैं?
A. शेखर जोशी B. उषा प्रियंवदा
C. उदयप्रकाश D. ज्ञानरंजन

94. "हिन्दी नए चाल में ढली।" कथन किसका है?
A. हजारी प्रसाद द्विवेदी B. भारतेन्दु हरिश्चन्द्र
C. रामचन्द्र शुक्ल D. नगेन्द्र

95. "हम दीवानों की क्या हस्ती है आज यहाँ कल वहाँ चले" किसकी पंक्तियाँ हैं?
A. नरेन्द्र शर्मा
B. हरिवंश राय बच्चन
C. बालकृष्ण शर्मा 'नवीन'
D. भगवतीचरण वर्मा

96. 'अन्या से अनन्या' किसकी रचना है?
A. मैत्रेयी पुष्पा B. मृदुला गर्ग
C. कृष्णा सोबती D. प्रभा खेतान

97. निम्नलिखित पंक्तियों में कौन-सा अलंकार है?
"फूले कास सकल महि छाई।
जनु बरसा रितु प्रकट बुढ़ाई।"
A. उपमा B. उत्प्रेक्षा
C. रूपक D. श्लेष

98. छायावादी प्रवृत्ति की रचना सबसे पहले दिखलाई पड़ी–
A. सुमित्रानंदन पंत की कविता में
B. मुकुटधर पाण्डेय की रचनाओं में
C. सूर्यकान्त त्रिपाठी 'निराला' में
D. श्रीधर पाठक में

99. एक-दूसरे से भिन्न-भिन्न, नए-नए विचारों एवं रचना शैलियों के जो सात कवि प्रयोगवाद के कवि के रूप में प्रसिद्ध हुए, उनकी कविताओं के संग्रह का सही नाम था–
A. पहला तार सप्तक B. प्रथम तार सप्तक
C. तार शप्तक D. तार सप्तक

100. 'अपने-अपने पिंजरे' आत्मकथा किसकी है?
A. ओमप्रकाश वाल्मीकि B. मोहनदास नैमिशराय
C. जयप्रकाश कर्दम D. श्योराज सिंह 'बेचैन'

101. 'इदन्नमम्' किसकी रचना है?
A. ममता कालिया B. मन्नू भंडारी
C. चित्रा मुद्गल D. मैत्रेयी पुष्पा

102. कौन-सा उपन्यास बालकृष्ण भट्ट का है?
A. सौ अजान और एक सुजान
B. धूर्त रसिकलाल
C. निस्सहाय हिन्दू
D. श्यामास्वप्न

103. 'चन्दायन' के रचयिता हैं–
A. मलिक मुहम्मद जायसी
B. कुतुबन
C. मंझन
D. मुल्ला दाउद

104. 'द्विवेदी युग' नामकरण किया गया है–
A. आचार्य हजारी प्रसाद द्विवेदी के नाम पर
B. शांतिप्रिय द्विवेदी के नाम पर
C. महावीर प्रसाद द्विवेदी के नाम पर
D. सोहनलाल द्विवेदी के नाम पर

105. "विभावानुभावव्यभिचारिसंयोगादरसनिष्पतिः" सूत्र किसका है?
A. भरतमुनि B. कुन्तक
C. वामन D. क्षेमेन्द्र

106. आदर्श हिन्दी शिक्षक के लिए आवश्यक है–
A. व्याकरण का ज्ञान होना
B. हिन्दी साहित्य का ज्ञान होना
C. शुद्ध उच्चारण कराना
D. उपर्युक्त सभी

107. नाटक शिक्षण की उपयुक्त विधि है–
A. कक्षाभिनय प्रणाली B. रंगमंच प्रणाली
C. अर्थबोध प्रणाली D. व्याख्या प्रणाली

108. लोकमंगल की भावना का सर्वश्रेष्ठ कवि इनमें से कौन है?
A. मलिक मुहम्मद जायसी
B. गोस्वामी तुलसीदास
C. सच्चिदानंद हीरानंद वात्स्यायन 'अज्ञेय'
D. मुक्तिबोध

109. 'गोदान' उपन्यास की कथावस्तु की कसावट में कमी आई है–
A. बहुत कम चरित्रों को शामिल करने से
B. शहरी और ग्रामीण पृष्ठभूमि के दो विस्तृत और लगभग विरोधी वातावरणों को समेट लेने से
C. दार्शनिक श्रेणी के चरित्रों द्वारा लम्बे भाषण तथा अल्पज्ञ चरित्रों द्वारा उपदेश दिलाने से
D. साधारण स्तर की स्त्रियों के साथ उत्कृष्ट कोटि की स्त्रियों को एक ही मंच पर ले आने से

110. कवि केशवदास की कौन-सी कृति अपने वर्ण्य-विषय की अपेक्षा छन्दों की विविधता में भटक गई लगती है?
A. रामचन्द्रिका B. कविप्रिया
C. रसिकप्रिया D. रतन बावनी

111. हिंदी शब्दकोश में पहले आने वाला शब्द है–
A. वक्त B. वरक
C. वक्र D. वर्ग

112. ''मोक्ष की इच्छा करने वाला'' वाक्यांश के लिए सही शब्द है–
A. मुमुक्षा B. मुमूर्षु
C. मुमुक्षु D. मुर्मुषा

113. हिन्दी शब्दकोश में अं किस वर्ण से पहले आता है?
A. औ B. अ
C. अः D. आ

114. ''उपकार को न मानने वाला'' वाक्यांश के लिए सही शब्द है–
A. कृतघ्न B. उपकारी
C. कृतज्ञ D. अपकारी

115. ताजमहल ..... का अद्भुत नमूना है। रिक्त स्थान की पूर्ति किस शब्द से होगी?
A. शिल्पकला B. मूर्तिकला
C. चित्रकला D. स्थापत्यकला

116. .....व्यक्ति को किंकर्तव्यविमूढ़ बना देती है।
A. दुविधा B. सुविधा
C. विविधा D. अविधा

117. 'लेखक' शब्द के अन्त में कौन-सा प्रत्यय लगा हुआ है?
A. क B. इक
C. आक D. अक

118. निम्न में से कौन-सा पाठ्य-पुस्तक का गुण नहीं है?
A. सोद्देश्यता B. उपयुक्तता
C. अशुद्धता D. क्रमबद्धता

119. निम्नलिखित में से 'दंतव्य' वर्ण है–
A. ट् B. च्
C. त् D. उ

120. निम्नलिखित में से 'तत्सम' शब्द है–
A. ऊँट B. काठ
C. दुग्ध D. काम

भाग-IV

भाषा-II: ENGLISH

Directions : *Candidates should answer the questions from the following part only if they have opted for English as Language-II*

121. In the given two sentences, select from the answer choice the word which has the same meaning and can be used in the same context as the bold part of both the sentences:
(*i*) The organisation was established at the **beginning** of this century.
(*ii*) The little girl could not **twist** the cap off the bottles.
A. Crack B. Break
C. Loosen D. Turn

122. Choose **one word** for the following expression:
'At sixes and sevens'
A. Scattered B. Under control
C. Foul or fair D. To apologise

123. Fill in the blanks by choosing the most suitable word given below:
Much that was .... in ancient Indian culture has already perished.
A. useless B. violent
C. religious D. prevalent

124. "Lines composed a few miles above Tintern Abbey" is a poem composed by which poet?
A. William Butler Yeats
B. Edger Allen Poe
C. Samuel Taylor Coleridge
D. William Wordsworth

125. Pick out the incorrectly spelt word:
A. Microscope B. Opaque
C. Mosaice D. Monarchy

126. Verb of ALTERNATION
A. Alternative B. Alteration
C. Alternate D. Alternatively

127. Certain Parts of the following sentences have been marked. Select the Part containing an error:
This is not (A)/ the first time (B)/ I am hearing of (C) / your insubordination. (D)

128. 'Indian Weavers' is a poem written by which of the following?
A. Sarojini Naidu B Cecil Spring Rice
C. Charles Mackay D. Ralph Waldo Emerson

Directions (Qs. 129 and 130) : *Find out the word that conveys the given meaning:*

129. To make more rapid in speed—
A. Speedier B. Accelerate
C. Affianced D. Abdicate

130. Mental weariness from lack of interest—
A. Exile B. Ennui
C. Enunciate D. Expiate

131. Find out the grammatically wrong sentence:
A. He feels bad about the defeat
B. All the boy scouts wear half pants
C. He hopes to secure good marks
D. Gavaskar is the Bradman of India

132. Supply the correct preposition in the following:
I prefer Chaucer .... Spenser in reading English poetry.
A. than B. from
C. to D. into

133. Find out the grammatically wrong sentence:
A. Let me put my sing here
B. These cattle are mine
C. He examined the book closely
D. He has no knowledge of and no interest in music

134. Choose the correct Synonym for the word given below:
Treason
A. Disloyalty B. Passion
C. Miserable D. Disappear

135. Choose the correct Antonym for the word given below:
Debtor
A. Reluctant B. Rigid
C. Static D. Creditor

136. Form verb from the Noun given below:
Dependence
A. Depending B. Depend
C. Dependable D. Depender

137. Which is not a quality of good handwriting?
A. Legibility
B. Distinctiveness
C. Spacing
D. Absence of uniformity in the size of letters

138. Remedial teaching involves–
A. teaching and testing
B. testing continuously
C. teaching, testing and reteaching
D. teaching difficult topics

139. The Right of Children to Free and Compulsory Education Act was proposed by the Indian Parliament on 4th August, 2009. When did this law come into effect in India except the State of Jammu & Kashmir?
A. 5th August, 2009 B. 1st January, 2010
C. 1st April, 2010 D. 1st July, 2010

140. Choose the correct answer:
What is rote learning?
A. Mechanical or habitual learning without understanding properly
B. Learning with great zeal and enthusiasm
C. Learning without interest
D. None of the above

141. Choose the most appropriate meaning of the given phrase:
'Fabian policy'
A. Dictatorial policy
B. Democratic policy
C. Market policy
D. Policy of using gradual reforms

142. What does the following sentence mean?
Pt. Jawaharlal Nehru loved to be up with the lark.
A. Nehruji woke up early in the morning
B. Nehruji was punctual
C. Went to bed early
D. Did not wake up early in the morning

143. Synonym of the word : 'Cajole'
A. Coax B. Evince
C. Congratulate D. Clarify

144. Name the poet of the poem :
'The Solitary Reaper'
A. P.B. Shelley B. Keats
C. William Wordsworth D. Coleridge

145. How many words are wrongly spelt in the sentence below?
The nurse wraped a bandege round his head
A. 1 B. 2
C. 3 D. None

146. "You are probably sleepy, because you ...."
(Choose the most appropriate answer)
A. are yawning a lot
B. went out for lunch
C. ate too much chocolates
D. watched a movie

147. 'King Lear' was written by
A. Tennyson B. William Shakespeare
C. G.B. Shaw D. T.S. Eliot

148. Identify the correct reported form of the given sentence:
My friend said, "You must accept this gift."
A. My friend asked that I must accept that gift
B. My friend said that you must accept that gift

C. My friend requested that I must accept this gift
D. My friend insisted that I must accept that gift

149. What is noun of the word 'Pedagogic'?
A. Pedagogically B. Pedagogical
C. Pedagogue D. None of these

150. Choose the appropriate answer:
What is the bitter truth of school education in India?
A. High quality teaching and learning
B. Emphasis on memorisation and completing a pre-determined syllabus
C. Government and private schools are equally good
D. Every child in school is paid attention for his growth.

उत्तरमाला

1	**2**	**3**	**4**	**5**	**6**	**7**	**8**	**9**	**10**
C	D	B	C	A	C	D	C	C	D
11	**12**	**13**	**14**	**15**	**16**	**17**	**18**	**19**	**20**
D	B	C	A	B	C	A	C	C	A
21	**22**	**23**	**24**	**25**	**26**	**27**	**28**	**29**	**30**
B	B	A	D	A	B	B	B	D	A
31	**32**	**33**	**34**	**35**	**36**	**37**	**38**	**39**	**40**
C	A	A	C	C	C	A	B	B	C
41	**42**	**43**	**44**	**45**	**46**	**47**	**48**	**49**	**50**
C	B	D	C	B	D	A	C	D	D
51	**52**	**53**	**54**	**55**	**56**	**57**	**58**	**59**	**60**
D	C	B	A	C	A	B	B	B	D
61	**62**	**63**	**64**	**65**	**66**	**67**	**68**	**69**	**70**
C	C	B	A	A	B	D	A	A	D
71	**72**	**73**	**74**	**75**	**76**	**77**	**78**	**79**	**80**
C	C	B	D	B	B	C	C	A	D
81	**82**	**83**	**84**	**85**	**86**	**87**	**88**	**89**	**90**
D	D	C	A	A	B	C	A	B	C
91	**92**	**93**	**94**	**95**	**96**	**97**	**98**	**99**	**100**
C	B	D	C	C	D	B	B	D	B
101	**102**	**103**	**104**	**105**	**106**	**107**	**108**	**109**	**110**
D	A	D	C	A	D	A	B	B	A
111	**112**	**113**	**114**	**115**	**116**	**117**	**118**	**119**	**120**
A	C	C	A	D	A	D	C	C	C
121	**122**	**123**	**124**	**125**	**126**	**127**	**128**	**129**	**130**
A	A	D	D	C	C	C	A	B	B
131	**132**	**133**	**134**	**135**	**136**	**137**	**138**	**139**	**140**
D	C	D	A	B	B	D	C	C	D
141	**142**	**143**	**144**	**145**	**146**	**147**	**148**	**149**	**150**
D	A	A	C	A	A	B	D	C	B

टेस्ट पेपर–3

भाग-I

बाल विकास व शिक्षाशास्त्र

निर्देश: *निम्नलिखित प्रश्नों के उत्तर देने के लिए* ***सबसे उचित*** *विकल्प चुनिए।*

1. सिद्धांत के रूप में रचनावाद
A. सूचनाओं को याद करने और पुनःस्मरण द्वारा जाँच करने पर बल देता है
B. शिक्षक की प्रभुत्वशाली भूमिका पर बल देता है
C. अनुकरण की भूमिका पर केन्द्रित है
D. दुनिया के बारे में अपना दृष्टिकोण निर्मित करने में शिक्षार्थी की भूमिका पर बल देता है

2. सृजनात्मक शिक्षार्थी वह है जो
A. परीक्षा में हर बार अच्छे अंक प्राप्त करने के योग्य है
B. पार्श्व (लेट्रल) चिंतन और समस्या-समाधान में अच्छा है
C. ड्राइंग और पेंटिंग में बहुत विलक्षण है
D. बहुत बुद्धिमान् है

3. अवधारणाओं का विकास मुख्य रूप से .... का हिस्सा है।
A. शारीरिक विकास B. सामाजिक विकास
C. संवेगात्मक विकास D. बौद्धिक विकास

4. व्यक्तिगत शिक्षार्थी एक-दूसरे से ...... में भिन्न होते हैं
A. विकास-क्रम
B. विकास की सामान्य क्षमता
C. वृद्धि एवं विकास के सिद्धांतों
D. विकास की दर

5. 'बच्चे के उचित विकास को सुनिश्चित करने के लिए उसका स्वस्थ शारीरिक विकास एक महत्त्वपूर्ण पूर्व आवश्यकता है।' यह कथन
A. सही है, क्योंकि विकास-क्रम में शारीरिक विकास सबसे पहले स्थान पर आता है
B. सही है, क्योंकि शारीरिक विकास, विकास के अन्य पक्षों के साथ अंतःसम्बन्धित है
C. गलत है, क्योंकि शारीरिक विकास, विकास के अन्य पक्षों को किसी भी प्रकार से प्रभावित नहीं करता
D. गलत हो सकता है, क्योंकि विकास नितांत व्यक्तिगत मामला है

6. इरफान खिलौनों को तोड़ता है और उसके पुर्जों को देखने के लिए उन्हें अलग-अलग कर देता है। आप क्या करेंगे?
A. उसके जिज्ञासु स्वभाव को प्रोत्साहित करेंगे और उसकी ऊर्जा को सही दिशा में संचरित करेंगे
B. उसे समझाएंगे कि खिलौनों को तोड़ना नहीं चाहिए
C. इरफान को खिलौनों से कभी भी नहीं खेलने देंगे
D. उस पर हमेशा नजर रखेंगे

7. बच्चे के विकास के सिद्धांतों को समझना शिक्षक की सहायता करता है
A. शिक्षार्थियों को क्यों पढ़ाना चाहिए—यह औचित्य स्थापित करने में
B. शिक्षार्थियों की भिन्न अधिगम-शैलियों को प्रभावी रूप में संबोधित करने में
C. शिक्षार्थी के सामाजिक स्तर को पहचानने में
D. शिक्षार्थी की आर्थिक पृष्ठभूमि को पहचानने में

8. प्रत्येक शिक्षार्थी स्वयं में विशिष्ट है। इसका अर्थ है कि
A. सभी शिक्षार्थियों के लिए एकसमान पाठ्यचर्या संभव नहीं है
B. एक विषमरूपी कक्षा में शिक्षार्थियों की क्षमताओं को विकसित करना असंभव है
C. कोई भी दो शिक्षार्थी अपनी योग्यताओं, रुचियों और प्रतिभाओं में एकसमान नहीं होते
D. शिक्षार्थियों में न तो कोई समान विशेषताएँ होती हैं और न ही उनके लक्ष्य समान होते हैं

9. 'पुरुष स्त्रियों की अपेक्षा ज्यादा बुद्धिमान् होते हैं।' यह कथन
A. लैंगिक पूर्वाग्रह को प्रदर्शित करता है
B. बुद्धि के भिन्न पक्षों के लिए सही है
C. सही है
D. सही हो सकता है

10. क्रिस्टिना अपनी कक्षा को क्षेत्र-भ्रमण पर ले जाती है और वापस आने पर अपने विद्यार्थियों के साथ भ्रमण पर चर्चा करती है। यह .... की ओर संकेत करता है।

A. आकलन के लिए सीखना

B. आकलन का सीखना

C. सीखने का आकलन

D. सीखने के लिए आकलन

11. एक शिक्षिका अपने शिक्षण में दृश्य-श्रव्य सामग्रियों और शारीरिक गतिविधियों का प्रयोग करती है क्योंकि–

A. इनमें अधिकतम इंद्रियों का उपयोग सीखने को संवर्धित करता है

B. वे शिक्षक को आराम देते हैं

C. वे प्रभावी आकलन को सुगम बनाते हैं

D. वे शिक्षार्थियों को वैविध्य उपलब्ध कराते हैं

12. पियाजे के अधिगम के संज्ञानात्मक सिद्धांत के अनुसार, वह प्रक्रिया जिसके द्वारा संज्ञानात्मक संरचना को संशोधित किया जाता है, ... कहलाती है।

A. स्कीमा B. प्रत्यक्षण

C. समायोजन D. समावेशन

13. जब पूर्व का अधिगम नई स्थितियों के सीखने को बिल्कुल प्रभावित नहीं करता, तो यह .... कहलाता है।

A. अधिगम का नकारात्मक स्थानांतरण

B. अधिगम का शून्य स्थानांतरण

C. अधिगम का निरपेक्ष स्थानांतरण

D. अधिगम का सकारात्मक स्थानांतरण

14. चिंतन अनिवार्य रूप से है एक–

A. भावात्मक व्यवहार B. संज्ञानात्मक गतिविधि

C. मनोगतिक प्रक्रिया D. मनोवैज्ञानिक परिघटना

15. एक बाल-केंद्रित कक्षा में, बच्चे सामान्यतः सीखते हैं–

A. समूहों में

B. वैयक्तिक और सामूहिक, दोनों रूपों में

C. मुख्य रूप से शिक्षक से

D. वैयक्तिक रूप से

16. सहयोगी अधिगम में अधिक उम्र के प्रवीण विद्यार्थी, छोटे और कम निपुण विद्यार्थियों की मदद करते हैं। इससे–

A. उच्च उपलब्धि और आत्म-सम्मान विकसित होता है

B. गहन प्रतियोगिता होती है

C. उच्च नैतिक विकास होता है

D. समूहों में द्वंद्व होता है

17. निम्नलिखित में से कौन-सा मुख्य रूप से आनुवंशिकता सम्बन्धी कारक है?

A. चिंतन पैटर्न

B. आँखों का रंग

C. सामाजिक गतिविधियों में भागीदारिता

D. समकक्ष व्यक्तियों के समूह के प्रति अभिवृत्ति

18. शिक्षकों को अपने विद्यार्थियों की त्रुटियों का अध्ययन करना चाहिए क्योंकि वे प्रायः .... की ओर संकेत करती हैं।

A. आवश्यक उपचारात्मक युक्तियों

B. योग्यताओं के अनुसार समूह बनाने हेतु दिशा-निर्देश

C. भिन्न प्रकार की पाठ्यचर्या की आवश्यकता

D. उनके ज्ञान की सीमा

19. सीमा हर पाठ को बहुत जल्दी सीख लेती है जबकि लीना उसे सीखने में ज्यादा समय लेती है। यह विकास के .... सिद्धांत को दर्शाता है।

A. सामान्य से विशिष्ट की ओर

B. वैयक्तिक भिन्नता

C. अंतःसम्बन्ध

D. निरंतरता

20. निम्नलिखित में से .... के अतिरिक्त सभी वातावरणीय कारक विकास को आकार देते हैं।

A. शारीरिक गठन B. पौष्टिकता की गुणवत्ता

C. संस्कृति D. शिक्षा की गुणात्मकता

21. विद्यार्थियों से प्रतिक्रिया प्राप्त करने का आदर्श 'प्रतीक्षा समय' .... के सही अनुपात में होना चाहिए।

A. पिछले पाठों से प्रश्नों का उत्तर देने के लिए विद्यार्थियों द्वारा लिया गया समय

B. वास्तविक जीवन में प्रश्न की प्रासंगिकता

C. पाठ्यचर्या में प्रकरण विशेष के लिए आवंटित समय

D. प्रश्न का कठिनाई स्तर

22. मान लीजिए आप विद्यालय शिक्षा बोर्ड के अध्यक्ष हैं, आप अपने अधिकार-क्षेत्र के अंतर्गत आने वाले विद्यालयों की शिक्षा की सम्पूर्ण गुणवत्ता को सुधारने के लिए क्या योजना बनाएंगे? इस प्रकार का प्रश्न .... का एक उदाहरण है।

A. निम्न स्तरीय अभिसारी

B. निम्न स्तरीय अपसारी

C. उच्च स्तरीय अभिसारी

D. उच्च स्तरीय अपसारी

23. सीखने .... आकलन, आकलन और अनुदेशन के बीच .... के दृढ़ीकरण द्वारा सीखने को प्रभावित करता है।

A. का; अंतर B. का; भिन्नता

C. के लिए; सम्बन्धों D. के लिए; अंतर

24. आंतरिक रूप से अभिप्रेरित विद्यार्थी

A. का बाह्य रूप से अभिप्रेरित विद्यार्थी की तुलना में अभिप्रेरणा-स्तर कम होता है

B. के लिए औपचारिक शिक्षा की आवश्यकता नहीं है

C. के लिए पुरस्कार की बिल्कुल भी आवश्यकता नहीं है

D. के लिए बाह्य पुरस्कार उसकी अभिप्रेरणा को बनाए रखने के लिए पर्याप्त नहीं हैं

25. सतत और व्यापक मूल्यांकन की योजना में 'व्यापक' शब्द .... के अलावा निम्नलिखित के द्वारा समर्थित किया जाता है।

A. जे.पी. गिलफोर्ड का बुद्धि-संरचना का सिद्धांत

B. एल.एल. थर्स्टन का प्राथमिक मानसिक योग्यताओं का सिद्धांत

C. बहुबुद्धि सिद्धांत

D. सूचना प्रक्रमण सिद्धांत

26. कक्षा-कक्ष में शिक्षक और विद्यार्थी किस प्रकार जेंडर को .... करते हैं, यह सीखने के वातावरण ....।

A. रूपांतरित; को क्षुब्ध करता है

B. परिभाषित; को कम प्रभावी बनाता है

C. व्याख्यायित; पर कोई प्रभाव नहीं डालता

D. निर्मित; पर प्रभाव डालता है

27. उपलब्धि अभिप्रेरणा है

A. सफलता व असफलता को समान रूप से स्वीकारने की तत्परता

B. बिना विचारे, जल्दबाजी में कार्य करने की प्रवृत्ति

C. चुनौतीपूर्ण कार्य करने में डटे रहने की प्रवृत्ति

D. असफलता से बचने की प्रवृत्ति

28. विज्ञान के प्रयोगों में, सामान्यतः लड़के उपकरणों का नियंत्रण अपने हाथों में लेते हैं और लड़कियों से आंकड़ों को रिकॉर्ड करने अथवा बर्तनों को धोने के लिए कहते हैं। यह प्रवृत्ति यह दर्शाती है कि

A. पुरुष और स्त्री की रूढ़िबद्ध भूमिकाएं विद्यालय में भी होती हैं

B. लड़के उपकरणों को ज्यादा कुशलता से संभाल सकते हैं, क्योंकि वे इस प्रकार के कार्यों को करने में प्राकृतिक रूप से सक्षम होते हैं

C. लड़कियाँ नाजुक होने के कारण ऐसे काम करना पसंद करती हैं जिसमें ऊर्जा की खपत कम होती है

D. लड़कियाँ बेहतरीन अवलोकनकर्ता होती हैं और बिना किसी गलती के आंकड़ों का रिकॉर्ड रखती हैं

29. सी.बी.एस.ई. द्वारा प्रस्तावित समूह-परियोजना गतिविधि .... का एक सशक्त साधन है।

A. रोजमर्रा के शिक्षण से होने वाले तनाव को दूर करने

B. अनेकता में एकता की संकल्पना का प्रचार-प्रसार करने

C. सामाजिक भागीदारिता को सुगम बनाने

D. शिक्षकों के भार को हलका करने

30. रेवन का प्रोग्रेसिव मैट्रिसिज परीक्षण .... परीक्षण का उदाहरण है।

A. अ-समूह बुद्धि-लब्धांक

B. व्यक्तित्व

C. मौखिक बुद्धि-लब्धांक

D. संस्कृति-मुक्त बुद्धि-लब्धांक

भाग-II

गणित एवं विज्ञान

निर्देशः *निम्नलिखित प्रश्नों के उत्तर देने के लिए* **सबसे उचित** *विकल्प चुनिए।*

31. कक्षा VIII के शिक्षक कक्षा में निम्नलिखित समस्या पर चर्चा करना चाहते हैं–

"एक वर्ग को चार सर्वांगसम आयतों में विभाजित किया जाता है। प्रत्येक आयत का परिमाप 40 इकाई है। दिए गए वर्ग का परिमाप क्या है?" इस समस्या का हल करने के लिए आवश्यक मुख्य गणितीय संकल्पना है

A. वर्ग और आयत का क्षेत्रफल, वर्ग और आयत का परिमाप तथा वर्ग और आयत की परिभाषा, वर्ग, आयत, सर्वांगसम, परिमाप आदि शब्दावली का अर्थ

B. आयत का क्षेत्रफल, वर्ग का परिमाप

C. समस्या को हल करने के लिए

D. बीज-गणितीय समीकरण का विरचन

32. सलमान $-3 - 4 = 7$ लिखता है। इस त्रुटि का कारण है

A. सलमान को समान प्रकार की समस्याओं को हल करने के अभ्यास की आवश्यकता है।

B. सलमान को पूर्णांकों के गुणनफल की संकल्पना समझ में नहीं आई।

C. सलमान लापरवाह है।

D. सलमान को पूर्णांकों के योगफल की संकल्पना स्पष्ट नहीं है।

33. "किन दो संख्याओं को गुणा करने पर 24 गुणनफल प्राप्त होगा?" यह प्रश्नः

A. बद्ध-अंत वाला प्रश्न है क्योंकि इसके निश्चित संख्या में उत्तर हैं।

B. बच्चे को सामान्य समस्या-समाधान रणनीतियों को सुझाता है ताकि वे सही उत्तर दे सकें।

C. अधिसंज्ञानात्मक रूप से चिंतन करने में बच्चे की सहायता करता है।

D. मुक्त अंत वाला प्रश्न है क्योंकि इसके एक से अधिक उत्तर हैं।

34. मुक्त अंत वाले प्रश्न की पहचान कीजिएः

A. परीक्षित, विमाओं 5 सेमी., 2 सेमी., 5 सेमी. का एक घनाभ बनाता है। एक घन को बनाने के लिए ऐसे कम-से-कम कितने घनाभ की आवश्यकता होगी?

B. अभाज्य गुणनखण्ड विधि का प्रयोग करते हुए 512 का घनमूल ज्ञात कीजिए।

C. 10 के घन को ज्ञात कीजिए।

D. कोई पाँच संख्याएँ लिखिए जिनका घन 64 से अधिक हो।

35. पिता की आयु पुत्र की आयु की 6 गुनी है। चार वर्ष बाद पिता की आयु पुत्र की आयु की चार गुनी हो जाएगी, तो पुत्र और पिता की वर्तमान आयु क्रमशः वर्षों में हैं

A. 4 और 24 B. 5 और 30
C. 6 और 36 D. 3 और 24

36. एक पासे को एक बार फेंका जाता है। अभाज्य संख्या आने की प्रायिकता है

A. $\frac{2}{3}$ B. $\frac{1}{3}$
C. $\frac{1}{2}$ D. $\frac{3}{2}$

37. यदि समुच्चय A में 5 अवयव हैं तब समुच्चय A के उपसमुच्चयों की संख्या जहाँ कोई भी उपसमुच्चय रिक्त समुच्चय नहीं है, है

A. 32 B. 16
C. 64 D. 31

38. यदि $(x-2)$, $x^3 + ax^{-} + bx + 16$ का एक गुणनखण्ड है तथा $b = 4a$, तब a और b के मान क्रमशः हैं

A. 2, –8 B. –2, 8
C. –2, –8 D. 2, 8

39. आँकड़ों के विश्लेषण सम्बन्धी विद्यार्थियों की समझ का आकलन करने के लिए सर्वाधिक उचित रूपात्मक कार्य है

A. भूमिका निर्वाह (रोल प्ले)
B. वर्ग पहेली
C. सर्वेक्षण आधारित परियोजना
D. प्रश्नोत्तरी

40. दिए गए चित्र में यदि $\angle OAB = 40°$, तब $\angle ACB$ का मान है

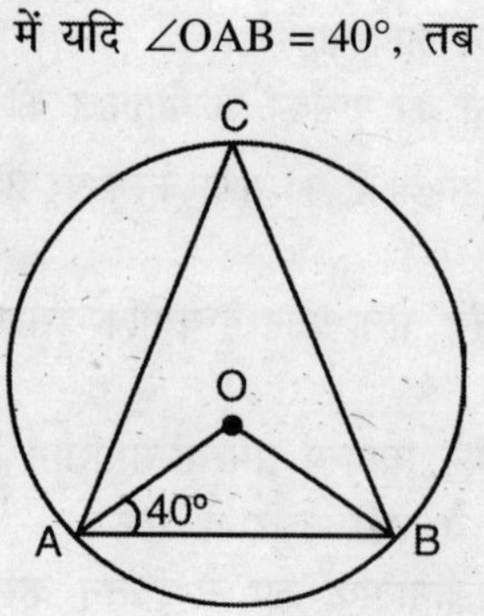

A. 50° B. 40°
C. 60° D. 70°

41. यदि किसी समबाहु त्रिभुज का क्षेत्रफल $16\sqrt{3}\text{ cm}^2$ है, तब इसका परिमाप है

A. 48 सेमी B. 24 सेमी
C. 12 सेमी D. 36 सेमी

42. आँकड़ों 29, 25, 38, 22, 38, 25, 38, 29 का बहुलक है

A. 29 B. 38
C. 25 D. 22

43. बहुपद $P(x) = x^4 - 2x^3 + 3x^2 - ax + 3a - 7$ को जब $(x + 1)$ से विभाजित किया जाता है, तो शेषफल 19 आता है a का मान है

A. 3 B. 2
C. 5 D. 4

44. दिए गए चित्र में यदि $l \parallel m$, तब x का मान है

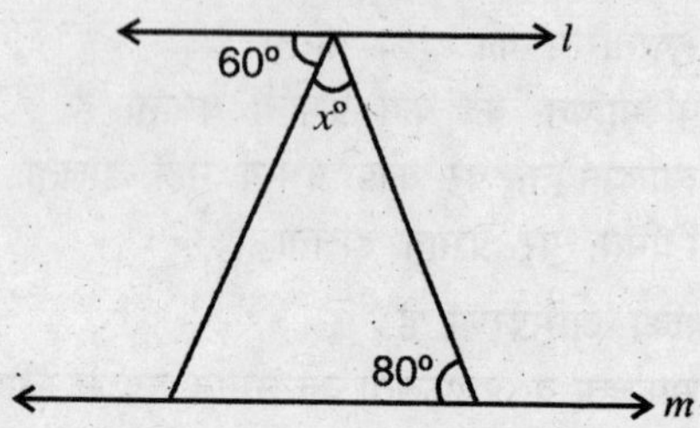

A. 60° B. 80°
C. 40° D. 140°

45. चार ट्रैफिक लाइट्स क्रमशः 30 सेकंड, 45 सेकंड, 60 सेकंड और 120 सेकंड में लाल संकेत देती हैं। यदि सभी ट्रैफिक लाइट्स एक साथ आरंभ होती हैं तो सभी एक ही समय पर लाल संकेत देंगी

A. 180 सेकंड में
B. 120 सेकंड में
C. 300 सेकंड में
D. 360 सेकंड में

46. बिन्दु (–2, –5) का भुज है

A. 2 B. –2
C. 5 D. –5

47. यदि संख्या 23583*ab*, 80 से पूर्णतः विभाज्य है, तो $a - b$ का मान है

A. 2 B. 3
C. 4 D. 0

48. निम्न चित्र में O वृत्त का केन्द्र है। $\angle OCB$ का मान है

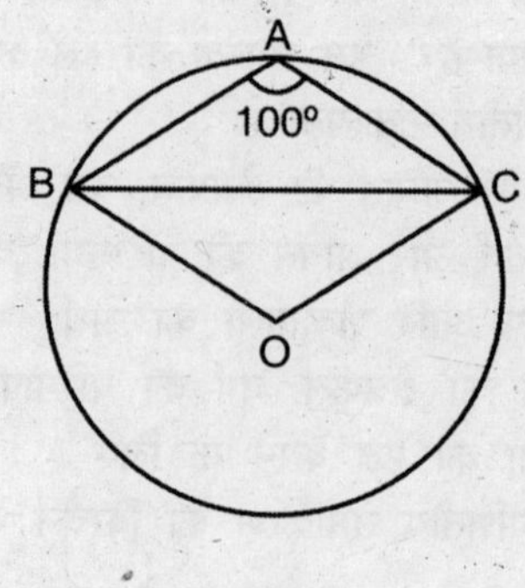

A. 10°
B. 20°
C. 30°
D. 40°

49. पानी से लबालब भरे एक खुले उलटे शंक्वाकार बर्तन की ऊँचाई 8 cm और शीर्ष की त्रिज्या 5 cm है। सीसे की कुछ गोलियाँ बर्तन में डाली जाती हैं, जिससे बर्तन का एक-चौथाई पानी बह जाता है। सीसे की प्रत्येक गोली की त्रिज्या 0.5 cm है। बर्तन में डाली गई गोलियों की संख्या है

A. 50 B. 75
C. 100 D. 150

50. चतुर्भुज ABCD के शीर्ष एक वृत्त की परिधि पर हैं। यदि AB वृत्त का व्यास हो तथा $\angle ADC = 130°$ हो, तो $\angle BAC$ का मान है

A. 50° B. 40°
C. 30° D. 20°

51. OA, OB तथा OC एक घन के एक ही शीर्ष O पर मिलने वाली कोरें हैं। यदि प्रत्येक की लम्बाई '*a*' सेमी हो, तो Δ ABC का क्षेत्रफल होगा

A. a^2 सेमी^{2} B. $\frac{\sqrt{3}}{4}a^2$ सेमी^{2}
C. $\frac{\sqrt{3}}{2}a^2$ सेमी^{2} D. $\frac{3}{4}a^2$ सेमी^{2}

52. दो बेलनों के आयतन बराबर हैं और उनकी ऊँचाइयों का अनुपात 1 : 3 है। उनकी त्रिज्याओं का अनुपात होगा

A. 1 : 3 B. 3 : 1
C. $\sqrt{3}:3$ D. $3:\sqrt{3}$

53. दो समरूप त्रिभुजों के क्षेत्रफल क्रमशः 4 सेमी^{2} व 9 सेमी^{2} हैं। उनकी संगत भुजाओं का अनुपात है

A. 4 : 9 B. 9 : 4
C. 3 : 2 D. 2 : 3

54. यदि *a*, *b* और *c* कोई तीन शून्येतर वास्तविक संख्याएं हों तथा $\frac{a}{2}=\frac{b}{2}=\frac{c}{4}=\frac{2a-3b+5c}{A}$ हो, तब A का मान होगा

A. 7 B. 9
C. 11 D. 15

55. दो संख्याओं *p* तथा *q* का ल.स.प. तथा म.स.प. क्रमशः P तथा Q है।

यदि $P - p = q - Q$ हो, तो

A. $p^2 + q^2 = P^2 + Q^2$
B. $p^2 - p^2 = q^2 - Q^2$
C. $P - Q = p - q$
D. $pP = qQ$

56. यदि $3 \le x \le 10$ तथा $5 \le y \le 15$ हो, तब $\left(\frac{x}{y}\right)$ का न्यूनतम मान है

A. $\frac{1}{3}$ B. $\frac{1}{2}$
C. $\frac{1}{5}$ D. 10

57. यदि $a^x = b, b^y = c$ और $c^z = a$ हो, तब (xyz) का शून्येतर मान होगा

A. 1 B. 2
C. 3 D. –1

58. यदि $\frac{1}{x}+\frac{1}{y}=u$ और $xy=\frac{1}{v}$ हो, तब $\frac{1}{x^2}+\frac{1}{y^2}$ का मान है

A. $\frac{1}{u^2}-\frac{2}{v}$ B. $u^2-\frac{2}{v}$
C. $u^2 - 2v$ D. $\frac{1}{u^2}-2v$

59. $5^x\left(\sqrt{32}\right)^{\frac{x}{x+3}}=50$ में *x* का मान है

A. –1 B. 1
C. 2 D. 3

60. किसी व्यक्ति के पास कुछ एक रुपये, 50 पैसे और 25 पैसे के सिक्के हैं, जिनका मूल्य ₹ 210 है और अनुपात 5 : 6 : 8 है, तब एक रुपये के सिक्कों की संख्या है

A. 41 B. 42
C. 103 D. 105

61. निम्न में से कौन-सी क्रिया आधारित शिक्षण विधि नहीं है?

A. प्रदर्शन विधि B. अवलोकन विधि
C. ह्यूरिस्टिक विधि D. व्याख्यान विधि

62. किसी परिकल्पना को परीक्षण करने के लिए करते हैं

A. परीक्षण B. परीक्षा
C. मूल्यांकन D. परिणाम

63. 'अन्वेषण विधि' को और किस नाम से जाना जाता है?

A. समस्या-समाधान विधि
B. संग्रह विधि
C. ह्यूरिस्टिक विधि
D. वर्गीकरण विधि

64. सरसों का पुष्प पढ़ाते हुए निम्नलिखित में सर्वाधिक उपयुक्त पद्धति कौन-सी है?

A. अवलोकन पद्धति B. व्याख्यान पद्धति
C. क्षेत्र भ्रमण पद्धति D. चर्चा पद्धति

65. पृथ्वी के चुम्बकीय क्षेत्र का ऊर्ध्वाधर घटक शून्य होता है

A. चुम्बकीय ध्रुवों पर B. भौगोलिक ध्रुवों पर
C. प्रत्येक स्थान पर D. चुम्बकीय निरक्ष पर

66. पोटैश फिटकरी (potash alum) का सूत्र है

A. $(NH_4)_2SO_4 \cdot Fe(SO_4)_3 \cdot 24H_2O$
B. $(NH_4)_2SO_4 \cdot Al_2(SO_4)_3 \cdot 24H_2O$
C. $K_2SO_4 \cdot Al_2(SO_4)_3 \cdot 24H_2O$
D. $K_2SO_4 \cdot Cr_2(SO_4)_3 \cdot 24H_2O$

67. जिन प्रोजेक्टर में अपारदर्शी चित्रों तथा पुस्तकों के पृष्ठों को दिखाया जाता है, उसे कहते हैं

A. एपिडायास्कोप B. टेलीस्कोप
C. बाइस्कोप D. रेडियोस्कोप

68. केन्द्रक के अलावा किस कोशिकीय अंगक में डी.एन.ए. होता है?

A. राइबोसोम
B. गॉल्गी कॉम्प्लेक्स
C. माइटोकोण्ड्रिया
D. लाइसोसोम

69. जो व्यक्ति एस्कार्बिक अम्ल वाला अधिक आहार लेते हैं उन्हें कौन-सा रोग नहीं होता?

A. रिकेट्स B. पैलाग्रा
C. स्कर्वी D. बेरी-बेरी

70. मनुष्य का कौन-सा अंग अवशेषी अंग होता है?

A. कर्ण पल्लव पेशियाँ B. कर्ण पल्लव
C. क्षुद्रांत्र D. दाँत

71. निम्नलिखित में से कौन एक अगुहिक जन्तु है?

A. इकाइनोडर्म B. एनीलिडा
C. आर्थोपोडा D. प्लेटीहेल्मिन्थिस

72. निम्नलिखित में से कौन-सा प्रोटीन नहीं है?

A. हिपैरिन B. किरेटिन
C. फाइब्रॉइन D. ऐल्बूमिन

73. स्तनियों के कशेरूक में किस प्रकार का सेन्ट्रम होता है?

A. उभयपट्टित (एम्फीप्लेटॉन)
B. विषमगर्ती (हेटरोसीलस)
C. अग्रगर्ती (प्रोसीलस)
D. उभयगर्ती (एम्फीसीलस)

74. प्रकाश की अनुपस्थिति में क्या बढ़ेगा?

A. जल उद्ग्रहण
B. अन्तर्पर्वों का लम्बान (Elongation of Internodes)
C. खनिज लवणों का उद्ग्रहण
D. पर्ण फलक का विस्तारण

75. SO_2 का जलीय विलयन है

A. अम्लीय B. क्षारीय
C. उदासीन D. उभयधर्मी

76. एक ऐसे पौधे को जिसमें बीजाणु बनते हैं, संवहन ऊतक है, परन्तु पुष्प व बीज नहीं हैं, किस समूह में वर्णित करेंगे?

A. शैवाल B. ब्रायोफाइटा
C. टेरिडोफाइटा D. जिम्नोस्पर्म

77. एक अवतल लेंस से बनने वाला प्रतिबिम्ब होगा

A. सदैव वास्तविक
B. सदैव आभासी
C. सदैव उल्टा
D. सदैव वस्तु से बड़ा

78. दिए गए परिपथ में सेल से प्रवाहित धारा i है (सेल का आंतरिक प्रतिरोध शून्य है)

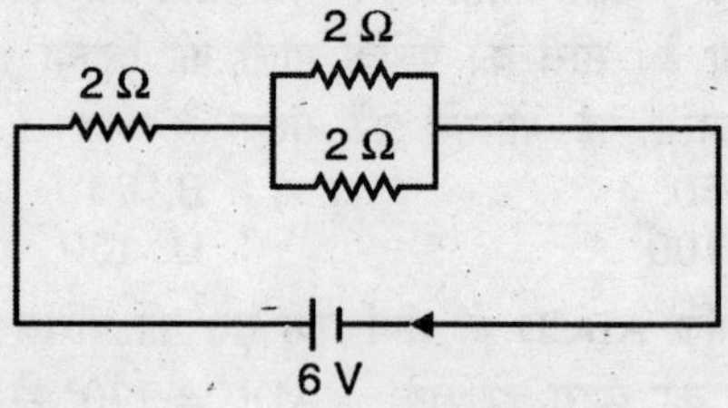

A. 1 एम्पियर B. 3/2 एम्पियर
C. 2 एम्पियर D. 3 एम्पियर

79. यदि किसी प्रकार सूर्य तथा पृथ्वी के बीच की दूरी दो गुनी हो जाए, तो उनके बीच लगने वाले गुरुत्वाकर्षण बल का मान हो जाएगा

A. दो गुना B. आधा
C. चार गुना D. चौथाई

80. दशमलव संख्या 37 का मान बाइनरी संख्या पद्धति में होगा

A. 100101 B. 101001
C. 100011 D. 101010

81. यदि किसी वेक्टर $\vec{A}$ का परिणाम 10 सेमी तथा दिशा उत्तर है, तो वेक्टर $-2\vec{A}$ का परिमाण और दिशा होगी

A. 20 सेमी पूर्व
B. 20 सेमी पश्चिम
C. 20 सेमी उत्तर
D. 20 सेमी दक्षिण

82. फलीदार पौधों में आणविक नाइट्रोजन को अमोनिया में बदलने के लिए उत्तरदायी एन्जाइम है

A. नाइट्राइट-रिडक्टेज़
B. नाइट्रेट-रिडक्टेज़
C. नाइट्रोजिनेज़
D. उपर्युक्त सभी

83. रेखीय प्रसार गुणांक, क्षेत्रीय प्रसार गुणांक तथा आयतन प्रसार गुणांक में सम्बन्ध है

A. 1 : 2 : 3 B. 2 : 3 : 1
C. 3 : 1 : 2 D. 1 : 3 : 2

84. कोई विलयन लाल लिटमस को नीला कर देता है। इसका pH मान सम्भवतः होगा

A. 1 B. 4
C. 7 D. 10

85. $CClF_3$ में कौन-सा संकर ऑबिटल प्रयुक्त होता है?

A. sp^3 B. sp^2
C. sp^2d D. sp^3d

86. मार्श गैस है

A. मीथेन B. इथेन
C. प्रोपेन D. ब्यूटेन

87. जंग लगना एक प्रक्रिया है
A. अपचयन अभिक्रिया
B. ऑक्सीकरण अभिक्रिया
C. अपचयोपचय अभिक्रिया
D. विस्थापन अभिक्रिया

88. पेट्रोलियम का शुद्धिकरण किया जाता है
A. सरल आसवन
B. प्रभाजी आसवन
C. भाप आसवन
D. निर्वात आसवन

89. इनमें से कौन बेयर अभिकर्मक के नाम से जाना जाता है?
A. पोटेशियम परमैंगनेट का क्षारीय तनु विलयन
B. पोटेशियम परमैंगनेट का अम्लीय सांद्र विलयन
C. पोटेशियम परमैंगनेट का अम्लीय विलयन
D. पोटेशियम परमैंगनेट का उदासीन विलयन

90. एक आवेशित कण q नियत वेग v से एकसमान चुम्बकीय क्षेत्र B में बल रेखाओं के समान्तर गतिमान है। कण पर लगने वाले बल का मान है
A. qvB
B. qv/B
C. शून्य
D. Bv/q

भाग-III

भाषा-I : हिन्दी

निर्देश: *निम्नलिखित प्रश्नों के उत्तर देने के लिए* ***सबसे उचित*** *विकल्प चुनिए।*

91. 'औंधी खोपड़ी' मुहावरे का अर्थ है
A. मूर्ख होना
B. कुछ निर्णय न कर पाना
C. किंकर्तव्यविमूढ़ होना
D. झगड़ालू होना

92. 'त्यागपत्र' उपन्यास के उपन्यासकार कौन हैं?
A. यशपाल
B. जैनेन्द्र
C. अज्ञेय
D. उपेन्द्रनाथ अश्क

93. हिन्दी साहित्य के इतिहास के सम्बन्ध में 'मॉर्डन वरनाक्यूलर लिटरेचर ऑफ हिन्दोस्तान' किसने लिखा है?
A. गार्सा द तासी
B. जॉर्ज अब्राहम ग्रियर्सन
C. सुनितिकुमार चटर्जी
D. धीरेन्द्र वर्मा

94. निम्नलिखित में कौन-सा वाक्य शुद्ध है?
A. उसने मुझे पास आने के लिए कहा।
B. उसने मुझसे पास आने को कहा।
C. उसने मुझे पास आने का कहा।
D. उसने मेरे को पास आने के लिए कहा।

95. मूक होइ बाचाल पंगु चढ़इ गिरिबर गहन।
जासु कृपाँ सो दयाल द्रवउ सकल कलि मल दहन।।
प्रस्तुत पंक्तियों में कौन-सा छंद है?
A. सोरठा
B. चौपाई
C. दोहा
D. बरवै

96. कौन-सी वर्तनी शुद्ध है?
A. विशेष
B. विशेश
C. विषेष
D. विसेष

97. मैथिलीशरण गुप्त ने नहीं लिखा है
A. साकेत
B. कामायनी
C. जयद्रथ वध
D. यशोधरा

98. भाषा शिक्षण के अन्तर्गत वर्तनी सम्बन्धी त्रुटियों का निवारण करना चाहिए
A. वर्तनी का शुद्ध उच्चारण एवं लेखन अभ्यास करवाकर।
B. त्रुटियों का प्रकार गिनाकर।
C. वर्तनी के बारे में कुछ बातें बताकर।
D. त्रुटियों की उपेक्षा कर।

99. बच्चों में भाषा प्रयोग की दक्षता विकसित करने के आवश्यक है
A. उन्हें सुनने और बोलने की पूरी आजादी हो।
B. उन्हें कविताएँ याद हों।
C. उन्हें मुहावरें याद हों।
D. वे किसी वक्ता के साथ रहते हों।

100. वर्णों के उस समूह को, जिससे कोई निश्चित अर्थ निकलता हो, कहा जाता है
A. शब्द
B. वर्ण
C. वर्ण-समूह
D. वक्तव्य

101. वे कथन जो आपसी व्यवहार में सामान्य रूप से प्रयुक्त होते हैं उन्हें कहते हैं
A. अनौपचारिक कथन
B. औपचारिक कथन
C. प्रासंगिक कथन
D. तर्कसंगत कथन

102. निम्न में से किस पत्रिका का संबंध इलाहाबाद से है?
A. ब्राह्मण
B. हिंदी प्रदीप
C. समन्वय
D. माधुरी

103. 'तरनि तनूजा तट तमाल तरुवर बहु छाए' में कौन-सा अलंकार है?
A. अनुप्रास B. यमक
C. उत्प्रेक्षा D. उपमा

104. 'रामचरितमानस' में कांड का सही क्रम है
A. सुन्दरकांड, अयोध्याकांड, बालकांड, लंकाकांड
B. बालकांड, अयोध्याकांड, सुन्दरकांड, लंकाकांड
C. अयोध्याकांड, बालकांड, सुन्दरकांड, लंकाकांड
D. लंकाकांड, अयोध्याकांड, बालकांड, सुन्दरकांड

105. 'पराधीन सपनेहुँ सुख नाहीं' – किस रचनाकार की पंक्ति है?
A. कबीरदास B. रैदास
C. सूरदास D. तुलसीदास

106. 'वह थोड़ा बीमार है' – इस वाक्य में 'थोड़ा' में कौन-सा क्रियाविशेषण है?
A. परिमाणवाचक क्रियाविशेषण
B. कालवाचक क्रियाविशेषण
C. स्थानवाचक क्रियाविशेषण
D. रीतिवाचक क्रियाविशेषण

107. पद्य पाठ का सर्वाधिक महत्त्वपूर्ण सोपान है–
A. प्रस्तावना B. भाव विश्लेषण
C. समभावी कविता D. आदर्श प्रस्तावना

108. 'कलेजा मुंह को आना' मुहावरे का सही अर्थ है–
A. बहुत दुखी होना B. क्रोध करना
C. धोखा खाना D. मूर्ख बनना

109. आकाश का विलोम है–
A. धरती B. पाताल
C. गगन D. नभ

110. निम्न में से कौन एक भिन्न है?
A. अहं B. दर्प
C. अहंकार D. निराला

111. सहिष्णुता शब्द है–
A. विशेषण B. अव्यय
C. भाववाचक संज्ञा D. सर्वनाम

112. उल्लास का समानार्थक शब्द है–
A. उत्साह B. दुःख
C. प्रसन्नता D. ताजगी

113. सज्जन शब्द का संधि विच्छेद है–
A. सज् + जन
B. सः + जन
C. सत् + जन
D. सा + जन

114. पर्यावरण का शब्दार्थ है–
A. जलमंडल
B. स्थलमंडल
C. वायुमंडल
D. वातावरण

115. निम्नलिखित में से रचनात्मक शिक्षण की विधि नहीं है–
A. कक्षा नियम विधि
B. आदर्श अभिनय विधि
C. व्याख्या विधि
D. भाषा-संसर्ग विधि

116. सुमन बचपन से ही गुजराती बोल-समझ लेती है। वह विद्यालय नहीं जाती। यह उदाहरण है
A. भाषा-अर्जन का
B. सुमन की प्रतिभा का
C. भाषा सीखने का
D. भाषा में पिछड़ेपन का

117. भाषा-शिक्षण में कौन-सा बिन्दु सबसे कम महत्त्वपूर्ण है?
A. भाषायी अभ्यास
B. भाषिक परिवेश
C. पाठ्य-सामग्री
D. परीक्षाएँ

118. शिक्षक की स्वयं की भाषा-प्रयोग की कुशलता
A. बच्चों के भाषा-प्रयोग के लिए आदर्श रूप प्रस्तुत करत
B. बच्चों के भाषा-प्रयोग पर कोई प्रभाव नहीं डालती है
C. बच्चों को आलंकारिक भाषा-प्रयोग के लिए प्रेरित करत
D. बच्चों को भाषा का अनुकरण करने के लिए बाध्य करत

119. भाषा की पाठ्य-पुस्तक में .... से सम्बन्धित पाठ चाहिए।
A. संस्कृति B. साहित्य
C. विज्ञान D. उपर्युक्त सभी

120. स्वाभाविक अभिव्यक्ति, कल्पनाशीलता, कौशल और सोच विकसित करना
A. भाषा-शिक्षण को किसी प्रकार की दिशा नहीं देता
B. भाषा-शिक्षण का एकमात्र उद्देश्य है
C. भाष-शिक्षण का उद्देश्य नहीं है
D. भाषा-शिक्षण का एक महत्त्वपूर्ण उद्देश्य है

भाग-IV

भाषा-II: ENGLISH

ections: *Answer the following questions by selecting the t* ***appropriate*** *option.*

. "Schools need to become centres that prepare children for life and ensure that all children, especially the differently abled, children from marginalised sections, and children in difficult circumstances get the maximum benefit of this critical area of education." — This observation found in the National Curriculum Framework-2005 is related to
A. Gender equality
B. Critical pedagogy
C. Inclusive education
D. Constructivist learning

. Which among the following is a feature of a child-centred language classrocm?
A. Children work individually to prepare projects
B. Teacher plans assessment every day
C. Teacher gives instructions and expects children to obey and be disciplined
D. Children interact in the target language through tasks that require multiple intelligences

. An effective lesson for teaching a language begins with
A. recapitulation and motivation through fun activity
B. writing on the blackboard
C. listing the learning objectives of the lesson
D. presenting the content of the lesson

. The Right of Children to Free and Compulsory Education Act, 2009 has 'overall development' as an aim. It means
A. coaching all the children for academic excellence
B. training the children for different careers
C. training the children for the development of the country
D. nurturing both the scholastic and co-scholastic areas

5. A class is reading a story based in a village. The teacher asks some students to mark the villages in an outline map of their locality. Some other students are asked to collect information about the different crops grown in these villages. Yet another group works on the nutritional value of the grains, fruits and vegetables grown in the locality. Later the students exchange their work and have a class discussion, relating the information with the story. What is the underlying principle of this approach?
A. Teaching language through written assignments and projects
B. Giving importance to the practical and scholastic aspects of literary pieces
C. Treating knowledge in specific segments based on geography, science, language, etc.
D. Making connections across disciplines and bringing out the inter-relatedness of knowledge

126. Effective learning takes place when students are
A. quiet
B. good at preparing for examinations
C. passive
D. interactive

127. A test to assess the potential of students for specific abilities and skills such as music, spatial ability or logical ability is called a/an
A. Attitude Test B. Achievement Test
C. Proficiency Test D. Aptitude Test

128. Which of the following is best suited for improving the speaking skills of learners?
A. Oral language drill
B. Debates and group discussions followed by role play
C. Recitation of poetry
D. Reading a prose and drama aloud

129. Some noise in the language class indicates
A. incompetence of the teacher
B. constructive activities with learners engaged in language learning
C. indiscipline of learners
D. teacher's lack of control over the class

130. Fluency in English can be developed through
A. The teacher being alert to spot the errors and correct them
B. allowing students who are not confident to have the freedom to be quiet
C. creating opportunities to use the target language for communication
D. the teacher talking for most of the time

Directions (Q. No. 131-136) : *Read the passage given below and answer the questions that follow by choosing the* ***most*** ***appropriate*** *option.*

The study of history provides many benefits. First, we learn from the past. We may repeat mistakes, but, at least, we have the opportunity to avoid them. Second, history teaches us what questions to ask about the present. Contrary to some people's view, the study of history is not the memorization of names, dates and places. It is the thoughtful examination of the forces that have shaped the courses of human life. We can examine events from the past and then draw inferences about current events. History teaches us about likely outcomes.

Another benefit of the study of history is the broad range of human experience which is covered. War and peace are certainly covered as are national and international affairs. However, matters of culture (art, literature and music) are also included in historical study. Human nature is an important part of history: emotions like passion, greed and insecurity have influenced the shaping of world affairs. Anyone who thinks that the study of history is boring has not really studied history.

131. By studying history we can—
A. predict the future
B. avoid mistakes
C. question the authority
D. repeat mistakes

132. Which method of teaching history would the author of this passage support?
A. Using flash cards to remember specific facts
B. Weekly quizzes on dates and events
C. Analyzing wars and their causes
D. Applying historical events to modern society

133. History is all about—
A. understanding international affairs
B. studying about a broad range of human experience
C. maps, information and detailed data
D. memorizing names, dates and places

134. History is ***not*** boring because—
A. it studies human nature and culture
B. it is full of historical events
C. it is about the mistakes we make
D. it covers both war and peace

135. What is the main idea of this passage?
A. Studying history is not just memorization
B. The role of history is to help students deal with real life
C. Students should study both national and international history
D. Studying history helps us to learn from the past

136. Pick out a word from the first paragraph that means the same as 'results'.
A. inferences B. forces
C. outcomes D. benefits

Directions (Q. No. 137-145): *Read the passage given below and answer the questions that follow by selecting the* ***most appropriate*** *option.*

It is your duty to train and develop your mind and acquire knowledge, as much knowledge as you possibly can obtain. Knowledge is like a deep well, fed by perennial springs, and your Mind is the little bucket that you drop into it: you will get as much as you can assimilate. The Brain, which is the physical organ of the mind, is one of the two precious products of the aeons of Evolution: the other is the imponderable 'Social instinct'. This wonderful Brain, whose every convolution represents millions of years of Time, really distinguishes you from the animals. Many animals have very powerful sense organs; the eagle, the ant and the dog have keener sense of sight than Man. But no animal has a more evolved Brain and higher Intelligence. If you do not develop and use this Brain to the utmost of your power, you are more akin to the beasts than to Homo-Sapiens.

Knowledge and mental self-culture will confer untold blessings upon you. You will not be the victim of superstition and demagogy in religion and politics. You will know your duty and do it. To be wise and independent in your religion and your politics, not to be doped and duped by the selfish priests and the scheming politicians of Capitalism and so called Socialism: is this not a noble aim worth striving for? Most men and women today are not free and wise: they are like kites flown by the priests and politicians who hold the string. They are fleeced and fooled on account of their ignorance. Half the ills of man are due to ignorance.

137. What, according to the passage, is the duty of human beings?
A. To acquire knowledge and develop the mind
B. To make ourselves cultured
C. To digest knowledge
D. To study correctly

138. Mind has been compared to—
A. a deep well
B. a deep sea
C. a perennial spring
D. a bucket

139. For human beings, their brain is one of the two products of evolution. The other is their—
A. instinct for living in a society
B. physical strength
C. self-culture and knowledge
D. keener sense of sight

140. What is man like if he does not develop and use his brain?
A. He is like an angel
B. He is akin to the beasts
C. He is greater than gods
D. He is akin to the motionless statues

141. What will knowledge and mental self-culture confer upon man?
A. Money and material things
B. Many blessings
C. Untold miseries
D. Richness of knowledge

142. If one acquires knowledge and develops mental self-culture, one will not be the victim of—

A. lust and carnal appetites
B. pugnacity
C. superstition and demagogy
D. breed

143. The author implies that most men and women—
A. lack social instinct
B. do not possess capacity for free judgement
C. are manipulated by priests and politicians
D. are arrogant in their behaviour

144. Pick out a word from the first paragraph that means the same as 'inexhaustible'.
A. convolution
B. perennial
C. imponderable
D. aeons

145. The word 'untold' as used in the second paragraph is—
A. a noun
B. an adjective
C. an adverb
D. a verb

146. According to NCF 2005 [3.1.3], "At the initial stages of language learning ______ may be one of the languages for learning activities that create the child's awareness of the world."
A. Hindi
B. English
C. Vernacular Language
D. II Language

147. Criteria of assessment is a/an
A. general impression of a student's ability
B. assessment guideline
C. scoring key
D. question-wise distribution of marks

148. Read the following examples of dangling modifiers used in sentences by some students. Indicate how you will assess them. [Max. 1 mark]

Student 1 : Having arrived late for practice, a written excuse was needed.

Student 2 : Without knowing his name, it was difficult to introduce him.

Student 3 : The experiment was a failure not having studied the lab manual carefully.

A. *Student 1* : -0- *Student 2* : -1- *Student 3* : -0-
B. *Student 1* : -0- *Student 2* : -1- *Student 3* : -1-
C. *Student 1* : -1- *Student 2* : -1- *Student 3* : -0-
D. *Student 1* : -1- *Student 2* : -0- *Student 3* : -0-

149. While reading, 'signification' is
A. comprehending a sentence by putting together the meaning of its constituent words
B. conversion of message form into a diagram/table
C. arriving at the meaning of an unfamiliar word by reading other words in the sentence
D. recognizing the message in a set of symbols

150. Choose the appropriate intonation.

He has passed with distinction in English, however ...

A. rising-falling B. falling-rising
C. rising D. falling

उत्तरमाला

1	2	3	4	5	6	7	8	9	10
D	B	D	D	B	A	B	C	A	C
11	**12**	**13**	**14**	**15**	**16**	**17**	**18**	**19**	**20**
A	D	B	B	B	A	B	A	B	A
21	**22**	**23**	**24**	**25**	**26**	**27**	**28**	**29**	**30**
D	D	C	D	A	A	C	A	C	D
31	**32**	**33**	**34**	**35**	**36**	**37**	**38**	**39**	**40**
B	D	D	D	C	C	D	C	C	A
41	**42**	**43**	**44**	**45**	**46**	**47**	**48**	**49**	**50**
B	B	C	C	D	B	A	A	C	B
51	**52**	**53**	**54**	**55**	**56**	**57**	**58**	**59**	**60**
C	D	D	D	A	C	A	C	C	D
61	**62**	**63**	**64**	**65**	**66**	**67**	**68**	**69**	**70**
D	A	C	A	D	C	A	C	C	A
71	**72**	**73**	**74**	**75**	**76**	**77**	**78**	**79**	**80**
D	A	A	B	A	C	B	C	D	A
81	**82**	**83**	**84**	**85**	**86**	**87**	**88**	**89**	**90**
D	D	A	D	D	A	B	B	A	C

91	92	93	94	95	96	97	98	99	100
A	B	B	A	A	A	B	A	A	A
101	**102**	**103**	**104**	**105**	**106**	**107**	**108**	**109**	**110**
A	B	A	B	D	A	B	A	B	D
111	**112**	**113**	**114**	**115**	**116**	**117**	**118**	**119**	**120**
C	A	C	D	D	A	D	A	D	D
121	**122**	**123**	**124**	**125**	**126**	**127**	**128**	**129**	**130**
C	D	A	D	D	D	D	B	B	C
131	**132**	**133**	**134**	**135**	**136**	**137**	**138**	**139**	**140**
B	C	B	A	B	C	A	D	A	B
141	**142**	**143**	**144**	**145**	**146**	**147**	**148**	**149**	**150**
B	C	C	D	B	B	A	A	A	A

टेस्ट पेपर–4

भाग-I

बाल विकास व शिक्षाशास्त्र

1. शिक्षण का सत्तावादी स्तर है
A. शिक्षक केन्द्रित B. छात्र केन्द्रित
C. प्रधानाध्यापक केन्द्रित D. अनुभव केन्द्रित

2. चरित्र का विकास होता है
A. इच्छाशक्ति द्वारा B. बर्ताव एवं व्यवहार द्वारा
C. नैतिकता द्वारा D. इनमें से सभी

3. निम्न में से कौन शिक्षण-अधिगम का स्तर नहीं है?
A. विभेदीकरण स्तर B. स्मृति स्तर
C. चिंतनशील स्तर D. समझ स्तर।

4. यदि एक विद्यार्थी कक्षा में भाग लेने से संकोच करता है तो आप
A. उससे प्रश्न नहीं पूछेंगे
B. जिन प्रश्नों के उत्तर वह दे सकता है, केवल उन्हीं प्रश्नों को पूछेंगे
C. उन प्रश्नों को नहीं पूछेंगे जिनके उत्तर उसके सामर्थ्य से बाहर है जिसके कारण वह कक्षा में उपहास का पात्र बन सकता है
D. उससे केवल तब प्रश्न पूछेंगे जब वह उनके उत्तर देने के लिए उत्साहित हो

5. शिक्षक का बर्ताव होना चाहिए
A. प्रशासनात्मक B. शिक्षाप्रद
C. आदर्शवादी D. निदेशात्मक

6. बालिका शिक्षा को महत्ता देना उचित है, कारण
A. बालिकाएँ बालकों से अधिक बुद्धिमती हैं
B. बालिकाएँ बालकों से अल्पसंख्यक हैं
C. अतीत में बालिकाओं को बुरी तरह से विभेदित किया जाता था
D. किसी सामाजिक परिवर्तन के नेतृत्व में केवल बालिकाएँ समर्थ हैं

7. समन्वित शिक्षा की सफलता निर्भर करता है
A. समुदाय के समर्थन पर
B. पाठ्यपुस्तकों की उत्कृष्टता पर
C. शिक्षण अधिगम वस्तु की गुणवत्ता पर
D. शिक्षकों में अभिवृत्तिगत परिवर्तन पर

8. अधिगम से संबंधित किसी विद्यार्थी की समस्याओं का सबसे अच्छा उपचार है
A. कठोर परिश्रम का सुझाव B. ग्रन्थालय में निरीक्षित अध्ययन
C. निजी शिक्षण का सुझाव D. निदानात्मक शिक्षण

9. एक शिक्षक विद्यार्थियों को अनुप्रेरित कर सकता है
A. पुरस्कार देकर B. सही मार्गदर्शन कराकर
C. उदाहरण देकर D. कक्षा में भाषण देकर

10. यदि कोई विद्यार्थी आपका सम्मान नहीं करता है तो आप
A. उसकी उपेक्षा करेंगे
B. परीक्षा में कम अंक देंगे
C. उसके अभिभावकों से बात करेंगे
D. उसे डांटेंगे

11. मानवीय मूल्यों जो प्रकृति में सार्वत्रिक है, के विकास का अर्थ है
A. मतारोपण B. अंगीकरण
C. अनुकरण D. अभिव्यक्ति

12. अपने विद्यार्थियों को समझने के लिए एक शिक्षक में अच्छी जानकारी होनी चाहिए
A. बाल मनोविज्ञान का
B. बच्चों को समझने की प्रवृत्ति का
C. विषय वस्तु के प्रति विद्यार्थियों के मत का
D. इनमें से सभी

13. निम्न में से किस स्तर में बच्चे अपने समकक्षी वर्ग के सक्रिय सदस्य बनते हैं?
A. किशोरावस्था B. वयस्कावस्था
C. प्राक् बाल्यावस्था D. बाल्यावस्था

14. मनोचित्रण का संदर्भ है
A. अर्थग्राह्यता को बढ़ाने का एक तकनीक
B. जोखिम भरे कार्य के लिए कर्म योजना
C. मन का चित्र खींचना
D. मन के प्रकार्य का अन्वेषण

15. 'प्रतिभाशाली होने' का संकेत निम्न में से कौन नहीं है?
A. विचारों में सृजनात्मकता B. दूसरों के साथ लड़ना
C. अभिव्यक्ति में अनूठापन D. कुतूहल

16. एक प्रसामान्य 12 वर्ष उम्र के बच्चे में सबसे अधिक होना संभव है
A. कुल प्रेरक समन्वय में कठिनाई
B. वयस्कों को खुश करने के बारे में दुश्चिन्ता की अनुभूति
C. अब और यहाँ में उसकी रुचियों को सीमित करना
D. समकक्षी के अनुमोदन के लिए बेचैनी

17. विद्यालय से विद्यार्थियों को भाग जाने का कारण है
A. कक्षा शिक्षण में रुचि का अभाव
B. विद्यार्थियों में अध्ययन में रूचि का अभाव
C. विद्यार्थियों को दण्ड नहीं देना
D. समस्या के प्रति शिक्षकों की निर्दय अभिवृत्ति

18. विद्यार्थियों में श्रम की स्फूर्ति का विकास करने के लिए
A. शिक्षक अपने ही श्रम में प्रवृत्ति दिखाएगा
B. शिक्षक श्रम के महत्व पर व्याख्यान करेगा
C. समय-समय पर विद्यार्थियों को श्रम करने का अवसर देना पड़ेगा
D. विद्यार्थियों को श्रम करने वाले लोगों का उदाहरण देना पड़ेगा

19. बाल विकास की परिभाषा का अध्ययन क्षेत्र है जो
A. मानवीय सामर्थ्यों में परिवर्तन का परीक्षण करता है
B. जीवन अवधि के दौरान व्यवहार की व्याख्या ढूंढ़ेगा
C. बच्चों व वयस्क तथा वरिष्ठ नागरिकों के साथ तुलना करेगा
D. किसी बच्चे का संज्ञानात्मक, सामाजिक तथा दूसरे सामर्थ्यों का क्रमिक विकास के लिए उत्तरदायी होगा

20. प्राथमिक शिक्षक के लिए बाल मनोविज्ञान का ज्ञान आवश्यक है, क्योंकि
A. यह बच्चों को अनुशासित बनाने में सहायता करता है
B. परीक्षा के परिणाम में उन्नति होती है
C. यह बच्चों को अभिप्रेरित करने के लिए सुविधाजनक तरीका बन जाता है
D. यह बच्चों के व्यवहार को समझने में शिक्षक की सहायता करता है

21. विद्यार्थी में अवांछित व्यवहार को किंचित परिवर्तन करने में सबसे प्रभावी पद्धति है
A. विद्यार्थी को दण्ड देना
B. अभिभावकों के ध्यान में इसे लाना
C. अवांछित व्यवहार के कारणों को ढूंढ़ना एवं उपचार का प्रबंधन करना
D. इसकी उपेक्षा करना

22. आपको शिक्षक दिवस पर कुछ विद्यार्थियों ने एक बधाई पत्र भेजा है। आप क्या करेंगे? आप
A. कुछ नहीं करेंगे
B. उन्हें धन्यवाद देंगे
C. उन्हें पैसों की बर्बादी नहीं करने के लिए बोलेंगे
D. उन्हें बदले में शुभकामनाएं देंगे

23. जब एक विद्यार्थी असफल होता है तो समझा जाता है कि
A. पद्धति असफल है
B. शिक्षक असफल है
C. पाठ्य-पुस्तकें असफल हैं
D. यह वैयक्तिक असफलता है

24. किसी विद्यार्थी की सबसे महत्वपूर्ण विशेषता है
A. उत्तरदायित्व की अनुभूति B. ईमानदारी
C. सहभागिता D. आज्ञाकारिता

25. आप किसी कक्षा में पाठ पढ़ाते हैं और एक विद्यार्थी विषय से असम्बद्ध एक प्रश्न पूछता है। आप क्या करेंगे?
A. उसे असम्बद्ध प्रश्न पूछने की अनुमति देंगे
B. उसे असम्बद्ध प्रश्न पूछने की अनुमति नहीं देंगे
C. उसे गैर-अनुशासित समझकर दण्डित करेंगे
D. कक्षा के बाद प्रश्न का उत्तर देंगे

26. बुनियादी स्तर पर मातृभाषा में शिक्षा देना बेहतर है, क्योंकि यह
A. बच्चों में आत्मविश्वास का विकास करेगा
B. अधिगम को सरल बनाएगा
C. बौद्धिक विकास में सहायता करेगा
D. प्राकृतिक वातावरण में बच्चों को सीखने में सहायता करेगा

27. श्यामपट्ट पर लिखते समय सबसे महत्वपूर्ण क्या है?
A. अच्छी लिखावट B. लेखन में स्पष्टता
C. बड़े अक्षरों में लिखना D. छोटे अक्षरों में लिखना

28. आपकी कक्षा में एक छात्र देर से आता है। आप
A. उसके अभिभावकों को सूचित करेंगे
B. उसे दंड देंगे
C. कारण जानने की चेष्टा करेंगे
D. उस पर कोई ध्यान नहीं देंगे

29. विद्यालय में विद्यार्थियों को कैसे अभिप्रेरित करना उचित है?
A. चुने हुए अध्ययन द्वारा
B. प्रासंगिक अध्ययन द्वारा
C. गहन अध्ययन द्वारा
D. सस्वर अधिगम द्वारा

30. शिक्षा का उद्देश्य होना चाहिए
A. विद्यार्थियों में व्यावसायिक कुशलता का विकास करना
B. विद्यार्थियों में सामाजिक जागरूकता का विकास करना
C. विद्यार्थियों को परीक्षा के लिए तैयार करना
D. व्यावहारिक जीवन के लिए विद्यार्थियों को तैयार करना

भाग-II

गणित एवं विज्ञान

31. प्रोड्यूसर गैस है
A. CO तथा H_2 का मिश्रण
B. CO_2 तथा H_2 का मिश्रण
C. CO_2 तथा Cl_2 का मिश्रण
D. CO तथा N_2 का मिश्रण

32. कौन-सा कथन **सत्य** है?
A. पादपों में जल व लवण का परिवहन फ्लोएम द्वारा होता है।
B. प्रकाश-संश्लेषण के दौरान ऑक्सीजन CO_2 से विमुक्त होती है।
C. सभी जीवों के लिए ऊर्जा का एकमात्र स्रोत सूर्य है।
D. छुईमुई (Mimosa pudica) पौधे की पत्तियाँ कम्पानुकुंचन दर्शाती हैं।

33. विटामिन के बारे में कौन-सा तथ्य सही **नहीं** है?
A. इसका नामकरण फन्क ने किया।
B. ये जीवन के लिए महत्त्वपूर्ण हैं।
C. इसकी कमी रोग उत्पन्न करती है।
D. ये पाचन में सहायक होते हैं।

34. कौन-सी मिश्र धातु सम्भव **नहीं** है?
A. Cu-Zn B. Pb-Zn
C. Cu-Au D. Cu-Ag

35. यदि एक प्रयोग का परिणाम आशा से अलग आता है, तो यह सिद्ध होता है कि
A. व्यक्ति द्वारा वैज्ञानिक विधि का पालन नहीं किया गया।
B. व्यक्ति को इच्छित परिणाम प्राप्त न होने तक प्रयोग को पुनः पुनः करते रहना है
C. व्यक्ति को यह स्वीकार करना होगा कि प्रयोग असफल रहा।
D. व्यक्ति को इसके संभावित कारणों का निष्कर्ष खण्ड में विवेचन करना चाहिए

36. निम्न में से दुर्बलतम लूइस क्षारक है
A. OH^- B. H^-
C. HCO_3^- D. Cl^-

37. 1 a.m.u. के तुल्य ऊर्जा है
A. 0.693 MeV B. 1 eV
C. 931 MeV D. 14.2 MeV

38. यूरिक अम्ल निम्नलिखित में से किसका उत्सर्जी पदार्थ है?
A. मेंढक, मनुष्य B. पक्षी, सर्प
C. अमीबा, तारामछली D. इनमें से कोई नहीं

39. निम्न में से कौन-सा समुच्चय समान अणुओं की संख्या रखता है?
(*a*) 1 ग्राम O_2, 2 ग्राम SO_2
(*b*) 1 ग्राम CO_2, 1 ग्राम N_2O
(*c*) 1 ग्राम CO, 1 ग्राम N_2
(*d*) 1 ग्राम O_2, 1 ग्राम O_3
A. (*a*), (*b*) एवं (*c*)
B. (*a*) एवं (*b*)
C. (*c*) एवं (*d*)
D. (*a*), (*b*), (*c*) एवं (*d*)

40. थर्मोसेटिंग तथा थर्मोप्लास्टिक बहुलक का उदाहरण क्रमशः है
A. पॉलीस्टाइरीन, पॉलीविनाइलक्लोराइड
B. बेकेलाइट, पॉलीस्टाइरीन
C. पॉलीएथीन, पॉलीएक्रिलोनाइट्राइल
D. पॉलीस्टाइरीन, यूरिया-फार्मल्डिहाइड रेजिन

41. न्यूटन के गति के नियम पढ़ाते समय एक शिक्षिका आगे बढ़ने से पहले ही बोर्ड पर सभी सूत्र लिख देती है। यह तरीका दर्शाता है कि वह पालन कर रही है
A. प्रायोगिक उपागम का B. व्यावहारिक उपागम का
C. आगमन उपागम का D. निगमन उपागम का

42. निम्न में से कौन-सा अभ्रूणीय पादप (Non-embryophyta) का उदाहरण है?
A. इफेड्रा B. टेरिडियम
C. रिक्सिया D. यूलोथ्रिक्स

43. निम्नलिखित में से कौन-सा तत्त्व दाता (donor) अशुद्धि है?
A. Al B. B
C. Ga D. P

44. निम्न में से कौन-सी ऊष्मीय विकिरण की विशेषता **नहीं** है?
A. इसको आगे बढ़ने में माध्यम की आवश्यकता नहीं होती है।
B. यह प्रकाश के वेग से गति करता है।
C. यह सीधी रेखा में गति करता है।
D. यह जिस माध्यम से गुजरता है उसे प्रभावित करता है।

45. इन्सुलिन हॉर्मोन परिवर्तित करता है
A. ग्लाइकोजन को ग्लूकोस में
B. ग्लूकोस को ग्लाइकोजन में
C. वसा को ग्लूकोस में
D. प्रोटीन को ग्लूकोस में

46. Cr का इलेक्ट्रॉनिक विन्यास है
A. $3d^5 4s^1$ B. $3d^6 4s^0$
C. $3d^4 4s^2$ D. $3d^5 4s^0$

47. ब्रायोफिलम (पत्थरचट्टा) में जनन होता है
A. तने द्वारा B. पत्ती द्वारा
C. पुष्प द्वारा D. जड़ (मूल) द्वारा

48. निम्न में से कौन-सा प्रभाव ध्वनि तरंगों में **नहीं** पाया जाता है?

A. ध्रुवण B. परावर्तन
C. व्यतिकरण D. विवर्तन

49. वैज्ञानिक विधि का प्रथम चरण होता है

A. परिकल्पना का निर्माण
B. अवलोकन करना
C. प्रयोग करना
D. प्रयोग के परिणाम का अनुमान लगाना

50. धातु परमाणु से युक्त विटामिन है

A. विटामिन C B. विटामिन B_6
C. विटामिन B_{12} D. विटामिन A

51. उच्चतम बेधन क्षमता का विकिरण है

A. अवरक्त विकिरण B. पराबैंगनी विकिरण
C. X-किरणें D. γ-किरणें

52. एक व्यक्ति का द्रव्यमान पृथ्वी पर 72 किलोग्राम है। चंद्रमा की सतह पर g का मान 1/6 है। चंद्रमा पर व्यक्ति का द्रव्यमान होगा

A. 12 किलोग्राम B. 120 किलोग्राम
C. 72 किलोग्राम D. 432 किलोग्राम

53. अत्यधिक व्यायाम के पश्चात् किस पदार्थ के संचय के कारण थकान होती है?

A. कार्बन डाइऑक्साइड B. एल्कोहल
C. लैक्टिक अम्ल D. पानी

54. निम्न में से कौन-सा एक विद्युत्-चुम्बकीय तरंग का उदाहरण **नहीं** है?

A. पराबैंगनी किरणें B. रेडियो तरंगें
C. X-किरणें D. वायु में ध्वनि तरंगें

55. रसोई गैस मुख्य रूप से निम्न दो गैसों का मिश्रण होती है

A. मिथेन एवं एथेन
B. एथेन एवं प्रोपेन
C. प्रोपेन एवं ब्यूटेन
D. ब्यूटेन एवं पेन्टेन

56. किसी फ्यूज तार के लिए क्या महत्व है?

A. इसका गलनांक B. इसका विशिष्ट प्रतिरोध
C. इसमें बहने वाली धारा D. उपरोक्त सभी

57. सूची-I को सूची-II के साथ सुमेलित कीजिए तथा सूची के नीचे दिए गए कूटों की सहायता से सही उत्तर का चयन कीजिए:

सूची-I (पेट्रोलियम प्रभाज्य)	**सूची-II (संघटन)**
(*a*) गैसोलीन	1. C_8 से C_{16}
(*b*) केरोसीन	2. C_4 से C_9
(*c*) भारी तेल	3. C_{10} से C_{18}
(*d*) डीजल	4. C_{16} से C_{30}

कूट :

	(*a*)	(*b*)	(*c*)	(*d*)
A.	1	2	4	3
B.	2	1	3	4
C.	2	1	4	3
D.	1	2	3	4

58. निम्नलिखित में से कौन-सी एक 'पौध घर गैस' (हरित गृह गैस) **नहीं** है?

A. SO_2 B. CFC
C. CH_4 D. N_2O

59. विज्ञान शिक्षण में सतत एवं समग्र मूल्यांकन के सम्बन्ध में से कौन-सा कथन **गलत** है?

A. यह रचनात्मक मूल्यांकन है
B. यह संकलनात्मक मूल्यांकन है
C. यह वर्ष में एक बार ही होता है
D. यह वर्षपर्यन्त चलता है

60. मिस कुमार, विद्यालय की प्राचार्या, अलग-अलग विषयों के शिक्षण के स्थान पर विज्ञान शिक्षण में एकीकृत उपागम का प्रयोग करना चाहती हैं। इसका कारण है

A. शिक्षकों को समय-सारणी में व्यवस्थित करने में कठिनाई आती है।
B. विद्यार्थी अलग-अलग शिक्षकों के साथ समायोजन नहीं कर पाते।
C. उनके विद्यालय में अलग-अलग विषय पढ़ाने के लिए योग्य शिक्षक नहीं हैं।
D. सभी विषय आपस में जुड़े हुए हैं और शिक्षक उनकी पाठ्यचर्याओं के मध्य सम्बन्ध जोड़ सकते हैं।

61. भास्कर की 'लीलावती' पुस्तक का अंग्रेजी में अनुवाद किसने किया?

A. जेम्स टेलर ने B. मार्क टेलर ने
C. ए.एल. बाभाम ने D. इनमें से कोई नहीं

62. 51234 में क्या जोड़ा जाए, जिससे वह 9 से भाज्य बन जाए?

A. 6 B. 4
C. 3 D. 5

63. एक आयत की लम्बाई तथा चौड़ाई का अनुपात 2 : 1 तथा परिमाप 60 सेमी है। आयत का क्षेत्रफल ज्ञात कीजिए।

A. 250 वर्ग सेमी B. 200 वर्ग सेमी
C. 300 वर्ग सेमी D. 205 वर्ग सेमी

64. किस प्रकार के सहसम्बन्ध को स्थापित करने के लिए गणित अध्यापक की विभिन्न विषयों के सम्बन्ध में आवश्यक तथा उपयोगी ज्ञान अवश्य होना चाहिए?

A. प्रासंगिक सहसम्बन्ध
B. क्रमबद्ध सहसम्बन्ध
C. A और B दोनों
D. इनमें से कोई नहीं

65. जब 4^{96} को 6 से विभाजित किया जाता है, तो शेषफल प्राप्त होता है

A. 3 B. 4
C. 5 D. 6

66. यदि ताश की गड्डी में से एक पत्ता यादृच्छिक चुना जाता है, तो उसके काला रंग होने की प्रायिकता ज्ञात कीजिए

A. $\frac{1}{3}$ B. $\frac{1}{2}$
C. $\frac{3}{4}$ D. $\frac{3}{8}$

67. क्रमशः 3 सेमी., 4 सेमी. और 5 सेमी. त्रिज्याओं वाले धातु के तीन ठोस गोलों को पिघलाकर एक बड़ा ठोस गोला बनाया गया है। उस गोले की त्रिज्या है

A. 12 B. 10
C. 6 D. 4

68. एक संख्या के तिगुने में से यदि 15 घटाया जाता है तो 120 प्राप्त होता है। संख्या ज्ञात कीजिए

A. 45 B. 40
C. 42 D. 50

69. $0.46 \times 0.46 + 0.54 \times 0.54 + 0.92 \times 0.54$ बराबर है

A. 1 B. 10
C. 11 D. 101

70. यदि $x^2 + \frac{1}{x^2} = 34$ हो, तो $x + \frac{1}{x}$ का मान ज्ञात कीजिए

A. 4 B. 6
C. 8 D. 17

71. प्रश्नचिह्न (?) के स्थान पर क्या आएगा?

$$\frac{17.28 \div ?}{3.6 \times 0.2} = 2$$

A. 120 B. 1.20
C. 12 D. 0.12

72. $5 + \cfrac{1}{5 + \cfrac{1}{5 + \cfrac{1}{5 + \ldots\ldots\ldots}}}$ का मान ज्ञात कीजिए

A. $\frac{11}{2}$ B. $\frac{\sqrt{29}+1}{2}$
C. $\frac{\sqrt{13}+1}{2}$ D. $\frac{\sqrt{29}+5}{2}$

73. एक थैले में 5 लाल गेंदें, 8 सफेद गेंदें, 4 हरी गेंदें और 7 काली गेंदें हैं। यदि उनमें से एक गेंद यादृच्छया निकाली जाए, तो प्रायिकता ज्ञात कीजिए कि निकाली गई गेंद हरी नहीं होगी

A. $\frac{1}{6}$ B. $\frac{5}{6}$
C. $\frac{5}{8}$ D. $\frac{1}{2}$

74. एक समचतुर्भुज की कितनी सममिति रेखाएँ होती हैं?

A. 1 B. 2
C. 3 D. 4

75. $3\frac{5}{6} + 6\frac{1}{7} + -2\frac{1}{3} - 1\frac{1}{2} =$

A. $6\frac{1}{7}$ B. $6\frac{1}{21}$
C. $6\frac{5}{28}$ D. $6\frac{1}{14}$

76. प्रश्नचिह्न (?) के स्थान पर क्या मान होना चाहिए?

$(1.06 + 0.04)^2 - ? = 4 \times 1.06 \times 0.04$

A. 1.0404 B. 1.4
C. 1.5 D. 1.45

77. यदि $x : y = 3 : 4$, तब $\frac{2x+3y}{3x+4y}$ का मान है

A. $\frac{9}{25}$ B. $\frac{18}{25}$
C. $\frac{7}{18}$ D. $\frac{17}{25}$

78. k के किस मान के लिए बिंदु A (3, 4), B (5, k) और C (–3, 1) संरेखी हैं?

A. 2 B. 3
C. 4 D. 5

79. 1234567654321 का वर्गमूल ज्ञात कीजिए

A. 1121121 B. 111111
C. 1112111 D. 1111111

80. एक समबाहु त्रिभुज का क्षेत्रफल क्या होगा, जिसकी भुजा 16 सेमी है?

A. $48\sqrt{3}$ वर्ग सेमी. B. $128\sqrt{3}$ वर्ग सेमी.
C. $9.6\sqrt{3}$ वर्ग सेमी. D. $64\sqrt{3}$ वर्ग सेमी.

81. एक गोले की त्रिज्या को 20% घटाने पर उसका आयतन कितना घटेगा?

A. 20% B. 28.8%
C. 57.6% D. 48.8%

82. व्यंजक $x^2 - 2xy + y^2 - x + y$ का एक गुणनखंड है

A. $x - y + 1$ B. $x + y - 1$
C. $x - y - 1$ D. $x + y + 1$

83. समांतर श्रेढ़ी (A. P.) 11, 7, 3, ... के प्रथम 20 पदों का योग है

A. 20 B. –540
C. 980 D. –65

84. गणित की पाठ्यपुस्तक में विषयवस्तु को विकसित करना चाहिए

A. अभ्यास के क्रम में B. तार्किक क्रम में
C. समस्यात्मक क्रम में D. उपरोक्त सभी में

85. निम्न संख्याओं का माध्यक ज्ञात कीजिए

10, 8, 5, 3, 9, 6, 12, 14, 13, 7, 1

A. 8 B. 10
C. 9 D. 14

86. यदि 73^2 किसी संख्या के वर्ग में से घटाया जाए तो 5280 प्राप्त होता है। संख्या क्या है?

A. 97 B. 103
C. 99 D. 101

87. $\sqrt{\dfrac{1.44\times0.81}{0.9\times3.6}}$ का मान ज्ञात कीजिए

A. 0.6 B. 0.5
C. 1 D. 0.75

88. यदि मद A का मूल्य मद B के मूल्य से 25% कम है, तो B का मूल्य A के मूल्य से कितने प्रतिशत अधिक है?

A. 50% B. $33\frac{1}{3}\%$
C. $16\frac{2}{3}\%$ D. 25%

89. यदि किसी वृत्त का क्षेत्रफल A, त्रिज्या r तथा उसकी परिधि C हो, तो

A. $rc = 2A$ B. $\dfrac{C}{A}=\dfrac{r}{2}$
C. $AC=\dfrac{r^2}{4}$ D. $\dfrac{A}{r}=c$

90. निम्न में से कौन-सी संख्या 4 तथा 9 दोनों से भाज्य है?

A. 2368 B. 2736
C. 3954 D. 3814

भाग-III

भाषा-I : हिन्दी

91. महादेव' का पर्यायवाची शब्द चुनिये :

A. गरुड़ध्वज B. नारायण
C. चन्द्रशेखर D. विश्वम्भर

92. निम्नलिखित शब्द का समास बताइए :
यथाशीघ्र

A. अव्ययीभाव B. द्वन्द्व
C. कर्मधारय D. तत्पुरुष

93. महात्मा गांधी में अमूल्य गुण थे।
उपर्युक्त वाक्य में 'अमूल्य' शब्द है

A. विशेषण B. संज्ञा
C. सर्वनाम D. क्रिया

94. निम्नलिखित वाक्यों में क्रिया-विशेषण युक्त वाक्य कौन-सा है?

A. मैं कल नहीं जाऊँगा
B. यह फूल सुन्दर है
C. हवा धीरे-धीरे बह रही है
D. आज हम स्कूल जाएंगे

95. निम्नलिखित में योगरूढ़ शब्द चुनिये :

A. पीला B. चक्रपाणि
C. दूधवाला D. नैन

96. 'जगन्नाथ' किस संधि का उदाहरण है?

A. व्यंजन सन्धि B. विसर्ग सन्धि
C. दीर्घ स्वर सन्धि D. यण स्वर सन्धि

97. 'मोर' का तत्सम शब्द होगा

A. मऊर B. मयूर
C. मोयूर D. मउर

98. निम्नलिखित शब्द में उपसर्ग चुनिये :
'अभिशाप'

A. अति B. अधि
C. आ D. अभि

99. वर्तनी के अनुसार शुद्ध रूप का चयन कीजिए :

A. ईर्ष्या B. ईर्षा
C. इर्षा D. ईरषा

100. 'चन्द्रमा' का पर्यायवाची शब्द चुनिए :

A. निशाकर B. निशाचर
C. तरणि D. कृशानु

101. लोगों ने शोरगुल करके डाकुओं को भगाया।
उपर्युक्त वाक्य में कारक बताइए :

A. कर्ता कारक B. करण कारक
C. सम्प्रदान कारक D. कर्म कारक

102. 'घुड़सवार' शब्द निम्न में से क्या है?
A. रूढ़ शब्द B. योगरूढ़ शब्द
C. यौगिक शब्द D. निरर्थक शब्द

103. 'अजायबघर' है
A. देशी शब्द B. तत्सम शब्द
C. विदेशी शब्द D. संकर शब्द

104. 'आचार' का विलोम शब्द है
A. आनाचार B. अनाचार
C. अत्याचार D. विचार

105. निम्नलिखित शब्द का उपसर्ग चुनिये :
दुस्साहस
A. दुस् B. दुर
C. दु D. स

106. निम्नलिखित शब्दों के दिये गए विकल्पों में तत्सम शब्द का चयन कीजिए :
A. कलश B. कलस
C. कल्स D. कल्श

107. निम्नलिखित वाक्यों में से शुद्ध रूप चुनिये :
A. हमारी सौभाग्यवती कन्या का विवाह होने जा रहा है।
B. हमारी आयुष्मती कन्या का विवाह होने जा रहा है।
C. हमारी सौभाग्यवती कन्या का विवाह होने जा रही है।
D. हमारी आयुष्मती कन्या की विवाह होने जा रहा है।

108. निम्नलिखित शब्द का सन्धि-विच्छेद क्या होगा?
भानूदय
A. भानु + उदय B. भानू + उदय
C. भानू + ऊदय D. भानु + ऊदय

109. निम्नलिखित वाक्यों में से शुद्ध रूप चुनिए :
A. हमारे यहाँ तरुण नवयुवकों की शिक्षा का अच्छा प्रबन्ध है।
B. हमारे यहाँ तरुण नवयुवकों की शिक्षा का अच्छा प्रबन्ध है।
C. हमारे यहाँ नवयुवकों की शिक्षा की अच्छा प्रबन्ध है।
D. हमारे यहाँ नवयुवकों की शिक्षा का अच्छा प्रबन्ध है।

110. 'धन' का पर्यायवाची जो शब्द नहीं है उसे चुनिए :
A. द्रव्य B. द्रव
C. सम्पदा D. दौलत

111. 'चौराहा' कौन-सा समास है?
A. बहुव्रीहि B. द्वन्द
C. द्विगु D. तत्पुरुष

112. 'पुत्री' का पर्यायवाची शब्द नहीं है
A. तनय B. सुता
C. आत्मजा D. दुहिता

113. निम्नलिखित में से कौन-सा शब्द 'कमल' का पर्यायवाची शब्द नहीं है?
A. सरोज B. अरविन्द
C. सलिल D. पंकज

114. 'जिसकी मत झट सोचने वाली हो' के लिए एक शब्द होगा
A. कुशाग्र बुद्धि B. प्रत्युत्पन्नमति
C. द्रुतगामी D. दूरदर्शी

115. 'निर्गुण' का सन्धि-विच्छेद होगा
A. निर + गुण B. नि + गुण
C. निः + गुण D. निर + गूण

116. वर्तनी के अनुसार शुद्ध शब्द का चयन कीजिए :
A. पूज्यनीय B. पूजनीय
C. पुज्यनीय D. पुजनीय

117. 'जिसका जन्म पहले हुआ हो', इसके लिए एक शब्द, जो उपयुक्त हो लिखिए :
A. अनुज B. द्विज
C. अग्रज D. सर्वज्ञ

118. वर्तनी के अनुसार शब्द का शुद्ध रूप चुनिये :
A. पुरूस्कार B. पुरष्कार
C. पुरुष्कार D. पुरस्कार

119. निम्नलिखित शब्द का प्रत्यय बताइए :
सजावट
A. आव B. आवट
C. आहट D. टा

120. लड़का पेड़ से गिरा।
उपर्युक्त वाक्य का कारक बताइए :
A. सम्प्रदान कारक B. कर्म कारक
C. अपादान कारक D. करण कारक

भाग-IV

भाषा-II: ENGLISH

121. Choose the sentence where the comma is placed correctly:
A. Yes the play was, fun.
B. No I didn't, go backstage.
C. Well, the ending did surprise me.
D. No Mohan, was the lead actor.

122. Choose the option which gives the correct abbreviation :
A. Janu. 12, 1965 B. Laxmi Paper Comp
C. Satur., May 19 D. North St.

123. Choose the correct spelling :
A. calendar B. celender
C. calandar D. calander

124. Choose the correct spelling :
A. preveledge B. previlege
C. privilege D. priviledge

125. What does the phrase 'cream of the crop' mean?
A. putting cream in coffee
B. the worst of a group
C. icing a cake
D. the best of a group

126. The word pair– discrete and discreet – are called
A. homonym B. homophone
C. synonym D. antonym

127. Choose the noun form of the given word :
Strong
A. strongly B. strongness
C. strength D. strengthen

128. Choose the noun form of the given word :
grave
A. gravely B. graveness
C. gravel D. gravity

129. A very brief pause in a sentence is marked by using a/an
A. semicolon B. comma
C. apostrophe D. period

130. In the given sentence identify the gerund :
Jogging is a good exercise.
A. jogging B. is
C. good D. exercise

131. Identify the type of word that is underlined in the given sentence :
All the people cheered.
A. noun B. pronoun
C. adjective D. verb

132. Identify the type of word that is underlined in the given sentence :
It's **Sheer** rubbish
A. noun B. pronoun
C. adjective D. verb

133. Choose the singular form of the given word :
gulfs
A. engulf B. gulp
C. gulf D. golf

134. Choose the correct sentence :
A. Of water take this glass
B. Take glass of this water
C. Take this glass of water
D. Take this water of glass

135. Choose the word that is spelt incorrectly :
A. dulcet B. convulse
C. principal D. negetive

136. Choose the word that is spelt correctly :
A. difine B. maime
C. perfidy D. ingrace

137. This movie is .... than the last one.
A. best B. good
C. better D. worst

138. Ravi wasn't thinking ....
A. clear B. unclear
C. clearly D. unclearly

139. Choose the part where there is an error in the given sentence :
A. I went to
B. the library to get
C. as many information
D. as I could

140. Choose the sentence that is correct with respect to punctuation and capitalization :
A. how glad we were to see Aunt Rekha!
B. She was visiting us for summer
C. Had she missed us
D. we welcomed her into our home?

141. Which statement is correct ?
Statement I : We considered the matter farther
Statement II : We considered the matter further
A. Both I and II B. Only I
C. Only II D. Neither I nor II

142. What is the past participle of 'ride'?
A. ride B. rode
C. rides D. ridden

143. What is the simple present of 'grew' ?
A. grow B. growth
C. grown D. grows

144. Choose the adverb from the following :
A. walk B. badly
C. good D. fast

145. Choose the adverb from the following :
A. hardly B. hard
C. harder D. hardy

146. Identify the type of verb in the given sentence:
He slept.
A. transitive verb B. intransitive verb
C. regular verb D. irregular verb

147. Choose the superlative form of 'fast' :
A. fast B. faster
C. fastest D. fastly

148. If the superlative is least, then the positive is
A. least B. less
C. little D. lesser

149. What is the comparative form of 'bad'?
A. bad B. worse
C. better D. worst

150. Fill in the blank :
.... time has already been wasted.
A. Few B. Many
C. Much D. All of these

उत्तरमाला

1	2	3	4	5	6	7	8	9	10
A	D	A	D	C	D	B	D	A	A
11	12	13	14	15	16	17	18	19	20
D	D	A	D	B	D	D	C	D	D
21	22	23	24	25	26	27	28	29	30
C	B	D	D	D	D	A	C	C	D
31	32	33	34	35	36	37	38	39	40
D	C&D	D	B	D	D	C	B	A	B
41	42	43	44	45	46	47	48	49	50
D	D	D	A	B	A	B	A	B	C
51	52	53	54	55	56	57	58	59	60
D	C	C	D	C	D	C	A	C	D
61	62	63	64	65	66	67	68	69	70
A	C	B	A	B	B	C	A	A	B
71	72	73	74	75	76	77	78	79	80
C	D	B	B	A	A	B	D	D	D
81	82	83	84	85	86	87	88	89	90
D	C	B	B	A	B	A	B	A	B
91	92	93	94	95	96	97	98	99	100
C	A	A	C	B	A	B	D	A	A
101	102	103	104	105	106	107	108	109	110
A	C	C	B	A	A	B	A	D	B
111	112	113	114	115	116	117	118	119	120
C	A	C	B	C	B	C	D	B	C
121	122	123	124	125	126	127	128	129	130
C	D	A	C	D	B	C	D	B	A
131	132	133	134	135	136	137	138	139	140
B	C	C	C	D	C	C	C	C	B
141	142	143	144	145	146	147	148	149	150
C	D	A	B	A	B	C	C	B	C

टेस्ट पेपर–5

भाग-I

बाल विकास व शिक्षाशास्त्र

निर्देशः *निम्नलिखित प्रश्नों के उत्तर देने के लिए* ***सबसे उचित*** *विकल्प चुनिए।*

1. बहुबुद्धि सिद्धांत निम्नलिखित निहितार्थ देता है *सिवाय*

A. बुद्धि प्रक्रमण संक्रियाओं का एक विशिष्ट समुच्चय है जिसका उपयोग एक व्यक्ति द्वारा समस्या समाधान के लिए किया जाता है

B. विषयों को विभिन्न तरीकों से प्रस्तुत किया जा सकता है

C. विविध तरीकों से सीखने का आकलन किया जा सकता है

D. संवेगात्मक बुद्धि, बुद्धि-लब्धि से सम्बन्धित नहीं है

2. 16-वर्षीय बच्चा बुद्धि-लब्धि परीक्षण में 75 अंक प्राप्त करता है; उसकी मानसिक आयु .... वर्ष होगी।

A. 12 B. 8

C. 14 D. 15

3. निम्नलिखित में से कौन-सा सीखने के लिए अधिकतम रूप से अभिप्रेरित करता है?

A. लक्ष्यों को प्राप्त करने में व्यक्तिगत संतुष्टि

B. बाह्य कारक

C. असफलता से बचने के लिए अभिप्रेरणा

D. बहुत सरल या कठिन लक्ष्यों का चयन करने की प्रवृत्ति

4. भाषा में अर्थ की सबसे छोटी इकाई .... है।

A. संकेतप्रयोगविज्ञान (प्रैगमैटिक्स)

B. वाक्य

C. रूपिम

D. स्वनिम

5. बुद्धि-लब्धांक सामान्यतः .... रूप से शैक्षणिक निष्पादन से संबंधित होते हैं।

A. कम-से-कम B. पूर्ण

C. उच्च D. मध्यम

6. सफल समावेशन को निम्नलिखित की आवश्यकता होती है *सिवाय*

A. अभिभावकों की भागीदारी B. क्षमता-संवर्द्धन

C. संवेदनशील बनाना D. पृथक्करण

7. विद्यालय में नियमित उपस्थिति के लिए वंचित बच्चों को प्रोत्साहित करने का निम्नलिखित में से कौन-सा तरीका सर्वाधिक उपयुक्त होगा?

A. विद्यालय द्वारा बच्चों को एकत्रित करने वाले एक व्यक्ति को नियुक्त किया जाए जो प्रतिदिन घरों से बच्चों को लेकर आए

B. बच्चों को आकर्षित करने के लिए प्रतिदिन ₹ 5 देना

C. आवासीय विद्यालय खोलना

D. बच्चों को विद्यालय आने की अनुमति न देने को कानूनन दंडनीय अपराध बनाया जाए

8. विद्यालय में लिंग भेदभाव से बचने का सर्वोत्तम तरीका हो सकता है

A. विद्यालय में लिंग-भेदभाव को दूर करने के लिए नियम बनाना और कड़ाई से उसका पालन करवाना

B. संगीत प्रतियोगिता के लिए लड़कियों की अपेक्षा अधिक लड़कों का चयन करना

C. शिक्षकों द्वारा उनके लिंग-पक्षपातपूर्ण व्यवहारों का अधिसंज्ञान

D. पुरुष एवं महिला शिक्षकों को समान संख्या में भर्ती करना

9. प्रतिभाशाली विद्यार्थी

A. अपनी आवश्यकताओं को दृढ़तापूर्वक नहीं कह पाते

B. अपने निर्णयों में आत्मनिर्भर होते हैं

C. शिक्षकों से स्वतंत्र होते हैं

D. स्वभाव में अंतर्मुखी होते हैं

10. सह-शैक्षणिक क्षेत्रों में निष्पादन के आधार पर शैक्षणिक क्षेत्रों में निष्पादन के स्तर को बढ़ाने का औचित्य स्थापन किस आधार पर किया जा सकता है?

A. यह हाशियाकृत विद्यार्थियों के लिए प्रतिपूरक भेदभाव की नीति का अनुगमन करता है

B. यह सार्वभौमिक धारण (retention) को सुनिश्चित करता है

C. यह हाथ से किए जाने वाले श्रम के प्रति सम्मान विकसित करता है

D. यह वैयक्तिक भिन्नताओं को संतुष्ट करता है

11. चिंतन के सूचना प्रक्रमण सिद्धांत में निम्नलिखित चरण आते हैं:
1. प्रतिक्रिया क्रियान्वयन
2. प्रतिक्रिया चयन
3. पूर्व-प्रक्रमण
4. श्रेणीकरण

इन चरणों का सही क्रम है

A. 3, 1, 4, 2 B. 4, 3, 2, 1
C. 3, 4, 2, 1 D. 2, 4, 3, 1

12. एक बच्चा जो .... से ग्रस्त है, वह 'saw' और 'was', 'nuclear' और 'unclear' में अंतर नहीं कर सकता।

A. डिस्लेक्सिमिया B. डिस्मोरफीमिया
C. डिस्लेक्सिया D. शब्द 'जंबलिंग' विकार

13. सीखने-संबंधी निर्योग्यताएँ सामान्यतः

A. अधिकतर उन बच्चों में पाई जाती हैं जो शहरी क्षेत्रों की अपेक्षा ग्रामीण क्षेत्रों से सम्बन्ध रखते हैं
B. उन बच्चों में पाई जाती हैं विशेषतः जिनके पैत्रिक अभिभावक इस प्रकार की समस्याओं से ग्रसित होते हैं
C. औसत से श्रेष्ठ बुद्धि-लब्धि वाले बच्चों में पाई जाती हैं
D. लड़कियों की तुलना में अधिकतर लड़कों में पाई जाती हैं

14. एक सशक्त विद्यालय अपने शिक्षकों में निम्नलिखित योग्यताओं में से किसे सर्वाधिक बढ़ावा देगा?

A. परीक्षण करने की प्रवृत्ति B. स्मृति
C. अनुशासित स्वभाव D. प्रतिस्पर्धात्मक अभिवृत्ति

15. किशोर .... का अनुभव कर सकते हैं।

A. आत्मसिद्धि के भाव
B. जीवन के बारे में परितृप्ति के भाव
C. दुश्चिंता और स्वयं से सरोकार
D. बचपन में किए गए अपराधों के प्रति डर के भाव

16. शारीरिक रूप से अक्षम बच्चों को सामान्यतः .... होता है।

A. डिस्लेक्सिया B. डिस्ग्राफिया
C. डिस्थीमिया D. डिस्केल्कुलिया

17. आंशिक पुनर्बलन

A. पशुओं को प्रशिक्षित करने में सर्वाधिक कार्य करता है
B. सतत पुनर्बलन की अपेक्षा अधिक प्रभावी होता है
C. सतत पुनर्बलन की अपेक्षा कम प्रभावी होता है
D. वास्तविक कक्षा-कक्ष में अनुप्रयुक्त नहीं किया जा सकता

18. वाइगोत्स्की के सिद्धांत का निहितार्थ है

A. बच्चे उन बच्चों की संगति में श्रेष्ठतम रूप से सीख सकते हैं जिनका बुद्धि-लब्धांक उनके बुद्धि-लब्धांक से कम होता है
B. सहयोगात्मक समस्या समाधान
C. प्रत्येक विद्यार्थी को व्यक्तिगत रूप से दत्त कार्य देना
D. प्रारंभिक व्याख्या के बाद कठिन सवालों को हल करने में बच्चे की सहायता न करना

19. मोनिका, जो गणित की शिक्षिका है, राधिका से एक प्रश्न पूछती है। राधिका से कोई उत्तर न मिलने पर वह तुरंत मोहन से दूसरा प्रश्न पूछती है। जब उसे महसूस होता है कि मोहन उत्तर बताने में संघर्ष कर रहा है तो वह अपने प्रश्न के शब्दों को बदलती है। मोनिका की यह प्रवृत्ति यह प्रदर्शित करती है कि वह

A. मोहन का पक्ष लेकर लिंग भूमिकाओं में रूढ़िबद्धता को बढ़ावा दे रही है
B. राधिका को किसी उलझनपूर्ण स्थिति में नहीं डालना चाह रही
C. इस तथ्य से पूर्णतः परिचित है कि राधिका सवालों के जवाब देने के योग्य नहीं है
D. अपने सवाल के प्रति थोड़ा घबरा गई है

20. सीखने के लिए आकलन निम्नलिखित का ध्यान रखता है *सिवाय*

A. विद्यार्थियों की त्रुटियाँ B. विद्यार्थियों की अधिगम-शैलियाँ
C. विद्यार्थियों की क्षमताएँ D. विद्यार्थियों की आवश्यकताएँ

21. एकसमान जुड़वाँ भाइयों में से एक को सामाजिक-आर्थिक रूप से धनाढ्य परिवार द्वारा गोद लिया जाता है और दूसरे को एक निर्धन परिवार द्वारा। एक वर्ष के बाद उनके बुद्धि-लब्धांक के बारे में निम्नलिखित में से क्या अवलोकित होने की सर्वाधिक संभावना है?

A. सामाजिक-आर्थिक स्तर बुद्धि-लब्धांक को प्रभावित नहीं करता
B. निर्धन परिवार वाले लड़के की अपेक्षा धनी सामाजिक-आर्थिक परिवार वाला लड़का अधिक अंक प्राप्त करेगा
C. दोनों समान रूप से अंक प्राप्त करेंगे
D. धनी सामाजिक-आर्थिक परिवार वाले लड़के की अपेक्षा निर्धन परिवार वाला लड़का अधिक अंक प्राप्त करेगा

22. निम्नलिखित में से कौन-सा सूक्ष्म गतिक कौशल का उदाहरण है?

A. चढ़ना B. फुदकना
C. दौड़ना D. लिखना

23. निम्नलिखित में से कौन-सी विशेषता समस्या-समाधान उपागम का विशेष चिन्ह है?

A. समस्या केवल एक सिद्धांत/प्रकरण पर आधारित होती है
B. समस्या कथन में संकेत अंतर्निहित रूप से दिया होता है
C. समस्या मौलिक होती है
D. सही उत्तर प्राप्त करने का सामान्यतः एक उपागम होता है

24. बच्चों द्वारा की जाने वाली त्रुटियों के सम्बन्ध में निम्नलिखित में से कौन-सा कथन सत्य है?

A. प्रत्येक त्रुटि को सुधारने में बहुत अधिक समय लगेगा तथा एक शिक्षक के लिए थकाने-वाला होगा
B. स्वयं बच्चों द्वारा त्रुटियों को सुधारा जा सकता है इसलिए शिक्षक को उन्हें तुरंत ही नहीं सुधारना चाहिए
C. यदि एक शिक्षक कक्षा-कक्ष में सभी बच्चों की त्रुटियों को सुधारने योग्य नहीं है तो यह संकेत करता है कि शिक्षक-शिक्षा की व्यवस्था असफल है
D. एक शिक्षक को प्रत्येक त्रुटि पर ध्यान नहीं देना चाहिए अन्यथा पाठ्यक्रम पूरा नहीं होगा

25. प्राथमिक कक्षा में सकारात्मक वातावरण निर्मित करने के लिए एक शिक्षक को

A. सकारात्मक अंत वाली कहानियाँ सुनानी चाहिए
B. सुबह प्रत्येक बच्चे का अभिवादन करना चाहिए
C. विभेद नहीं करना चाहिए और प्रत्येक बच्चे के लिए समान लक्ष्य सुनिश्चित करने चाहिए
D. समूह-गतिविधियों के दौरान समाजमिति के आधार पर उन्हें अपने समूह बनाने की अनुमति देनी चाहिए

26. विद्यार्थियों के पोर्टफोलियो के लिए सामग्री का चयन करते समय .... का .... जरूर होना चाहिए।

A. अभिभावकों; समावेशन
B. विद्यार्थियों; बहिष्करण
C. अन्य शिक्षकों; समावेशन
D. विद्यार्थियों; समावेशन

27. नर्सरी कक्षा में शुरुआत करने के लिए कौन-सी विषय-वस्तु (theme) सबसे अच्छी है?

A. मेरा प्रिय मित्र
B. मेरा पड़ोस
C. मेरा विद्यालय
D. मेरा परिवार

28. वे शिक्षार्थी जो संवृद्ध ज्ञान और शैक्षणिक दक्षता की हार्दिक इच्छा प्रदर्शित करते हैं, उनके पास होता है

A. कार्य-परिहार अभिविन्यास
B. नैपुण्यता अभिविन्यास
C. निष्पादन-उपागम अभिविन्यास
D. निष्पादन-परिहार अभिविन्यास

29. शिक्षक .... के अलावा निम्नलिखित सभी को करते हुए समस्या-समाधान को विद्यार्थियों के लिए मजेदार बना सकता है

A. मुक्त अंत वाली सामग्री उपलब्ध कराने
B. मुक्त खेल के लिए समय देने
C. सृजनात्मक चिंतन के लिए असीमित अवसर उपलब्ध कराने
D. जब विद्यार्थी स्वयं से कोई कार्य करने की कोशिश कर रहे हों तो उनसे परिपूर्णता की अपेक्षा करने

30. निम्नलिखित में से अंतःविषयी अनुदेशन का सर्वोत्कृष्ट लाभ यह है कि

A. प्रकरणों की विविधता, जिन्हें परंपरागत पाठ्यचर्या में संबोधित किए जाने की आवश्यकता है, से शिक्षकों के अभिभूत होने की कम संभावना होती है
B. विद्यार्थियों में विभिन्न विषय-क्षेत्रों के विशेष प्रकरणों के प्रति नापसंदगी विकसित होने की कम संभावना होती है
C. पाठ-योजना बनाने और गतिविधियों में शिक्षकों को अधिक लचीलेपन की अनुमति होती है
D. विद्यार्थियों को सीखे गए नए ज्ञान का बहु-संदर्भों में अनुप्रयोग करने और सामान्यीकृत करने के अवसर दिए जाते हैं

भाग-II

गणित एवं विज्ञान

31. यदि $2^{x+13} = 4^{x+2}$ तो x के बराबर है:

A. 2
B. 3
C. 9
D. 4

32. समीकरण $x^4 - 2 = 0$ के कितने वास्तविक हल हैं?

A. 1
B. 2
C. 3
D. 4

33. व्यंजक $0.7 \times \frac{0.08}{0.004}$ का मूल्य बराबर है:

A. 14
B. 0.14
C. 140
D. 0.56

34. दो संख्याओं का जोड़ 50 है। बड़ी संख्या को छोटी संख्या से भाग देने पर प्राप्त भिन्न 3/2 है। संख्याएँ हैं:

A. 25, 25
B. 10, 40
C. 15, 35
D. 20, 30

35. पिता की आयु बेटे की आयु से 5 गुना है। 15 वर्ष के बाद पिता अपने बेटे से 2½ गुना बड़ा होगा। पिता की वर्तमान आयु है:

A. 35 वर्ष
B. 45 वर्ष
C. 55 वर्ष
D. 30 वर्ष

36. मान्यता $\{\sin x + \cos x\}$ बराबर है:

A. 2
B. 1
C. $\sqrt{2}$
D. $\frac{1}{\sqrt{2}}$

37. एक थैले में 6 लाल और 4 हरी गेंदें हैं। एक गेंद को थैले में से बेतरतीबे ढंग से निकाला जाता है। इस संभावना को मालूम करें कि यह गेंद या तो लाल है या हरी गेंद है:

A. 1
B. 3
C. 1/2
D. 5

38. किसी E घटना के लिए, यदि P(E) = 0.99, P(E नहीं) का मूल्य मालूम करें:

A. 0.1
B. 0.01
C. 0.0001
D. इनमें से कोई भी नहीं है

39. 5 + 9 + 13 + ... + 49 श्रेणी का जोड़ है:

A. 351
B. 535
C. 324
D. 435

40. यदि $(x^{97} - 1)$ को $x + 1$ से भाग दिया जाता है, तो शेषफल होगा:

A. 96
B. 0
C. 2
D. –2

41. यदि (16 ! + 1) को 17 से भाग दिया जाता है, तो शेषफल क्या होगा?
A. 1 B. 0
C. 2 D. इनमें से कोई भी नहीं है

42. विषम डिग्री बहुपद समीकरण का होता है :
A. कम-से-कम एक वास्तविक मूल
B. कोई वास्तविक मूल नहीं होता
C. केवल एक वास्तविक मूल
D. इनमें से कोई भी नहीं है

43. अपरिमेय संख्या का दशमलव प्रसार है :
A. गैर-समापक, आवर्तक
B. समापक
C. गैर-समापक, अनावर्तक
D. इनमें से कोई भी नहीं है

44. समीकरण $|x + 2| = -2$ का है/के हैं :
A. अनन्य हल B. दो हल
D. अनेक हल D. कोई भी हल नहीं है

45. Sin (13 π / 4) का मूल्य किसके समान है?
A. Sin (3π / 4) B. Sin (5π / 4)
C. Sin (π / 4) D. Sin (9π / 4)

46. यदि $ax + by = c$, वृत्त $x^2 + y^2 = 16$ के साथ स्पर्शी है, तो
A. $16(a^2 + b^2) = c^2$
B. $16(a^2 - b^2) = c^2$
C. $16(a^2 + b^2) = -c^2$
D. $16(a^2 - b^2) = -c^2$

47. सीमा $\lim_{x\to 0} \frac{\sqrt{x+1}-1}{x}$ का मूल्य बराबर है:
A. 1 B. 2
C. 1/2 D. इनमें से कोई भी नहीं है

48. यदि $[2x \quad 3]\begin{bmatrix}1 & 2\\ -3 & 0\end{bmatrix}\begin{bmatrix}x\\ 8\end{bmatrix} = 0$, तो x का मूल्य है:
A. $\frac{23}{2}$ B. $\frac{13}{2}$
C. $\frac{-13}{2}$ D. $\frac{-23}{2}$

49. हरेक समघात समीकरण $f(x, y, z) = 0$ दर्शाता है:
A. गोला B. मूलबिन्दु पर शिरोबिन्दु सहित शंकु
C. बेलन D. इनमें से कोई भी नहीं है

50. समीकरण $x^2 - y^2 = 0$ दर्शाता है:
A. वृत्त
B. दीर्घवृत्त
C. सीधी रेखाओं का जोड़ा
D. अतिपरवलय

51. समद्विबाहु त्रिभुज के दो कोण हमेशा होते हैं:
A. बराबर B. 45° के बराबर
C. 60° के बराबर D. इनमें से कोई भी नहीं है

52. फलन $y = f(x)$ की सापेक्ष अल्पमात्राए हैं, जहाँ
A. $f(x) = 0$ और $f'(x) < 0$
B. $f'(x) = 0$ और $f''(x) > 0$
C. $f(x) = 0$ और $f'(x) > 0$
D. $f'(x) = 0$ और $f''(x) < 0$

53. यदि एक गोले का आयतन 36π है, तो इस की सतह का क्षेत्रफल होगा:
A. 18π B. 6π
C. 12π D. 36π

54. मान लें तीन संख्याओं का औसत 16 है। यदि दो संख्याएँ 8 और 10 हैं, तो शेष संख्या क्या है?
A –30 B. 18
C. 12 D. 30

55. एक थैले में 7 लाल और 4 नीली गेंदें हैं। दो गेंदें बेतरतीब ढंग से निकाल ली जाती हैं और उनकी जगह दो गेंदें थैले में डाल दी जाती हैं। विभिन्न रंगों की गेंदें प्राप्त करने की संभावना है:
A. $\frac{28}{121}$ B. $\frac{56}{121}$
C. $\frac{1}{2}$ D. इनमें से कोई भी नहीं है

56. समतल $3x - 6y + 2z + 11 = 0$ से (2, 3, 4) बिन्दु की दूरी है:
A. 9 B. 7
C. 10 D. इनमें से कोई भी नहीं है

57. यदि $g(x) = ax + b$ द्वारा वर्णित फलन $g = \{(1, 1), (2, 3), (3, 5), (4, 7)\}$ है, तो a और b को क्या मूल्य नियत किए जाने चाहिए?
A. 1, 1 B. 1, –2
C. 2, –1 D. –2, –1

58. एक व्यक्ति अपनी आधी यात्रा 40 m/sec की रफ्तार से और दूसरी आधी यात्रा 50 m/sec. की रफ्तार से तय करता है। पूरी यात्रा में उसकी रफ्तार का औसत लगभग है:
A. 15 m/sec. B. 45 m/sec.
C. 75 m/sec. D. 90 m/sec.

59. दो संख्याओं का योगफल 10 है तथा उनका अन्तर 6 है, तो संख्याएँ हैं:
A. (8, 2) B. (9, 1)
C. (6, 4) D. (7, 3)

60. दीपिका अधिकतम 500 अंकों में से 285 अंक प्राप्त की। दीपिका का प्रतिशत अंक है?
A. 27% B. 57%
C. 75% D. 25%

61. लिंग निर्धारण के लिए गुणसूत्र प्रक्रिया कौन-सी है?
A. जीवन संबंधी संतुलन प्रक्रिया
B. अगुणित द्विगुणित प्रक्रिया
C. उपापचय प्रक्रिया
D. एक जीन प्रक्रिया

62. लम्बे समय-अवधि के लिए किस सहायक प्रजनक टेक्नोलॉजी का प्रयोग किया जाता है?
A. अंतरा-कोशिका द्रव्य शुक्राणु टीका
B. कृत्रिम वीर्यरोपण
C. नहिर्प्राणी निषेचन
D. युग्मक अंतरा-डिम्ब वाहिनी नली से अंतरण

63. निष्क्रिय क्षोमकों सहित लयन कयों को कहते हैं :
A. स्व-भक्षक B. अवशेषी काय
C. गौण लयन काय D. प्राथमिक लयन काय

64. किन अवस्थाओं के अधीन प्रस्वेदन कर्षण अधिकतम होगा?
A. खुले रंध्र, उच्च आर्द्र वायुमण्डल और सुसिंचित मिट्टी
B. खुले रंध्र, उच्च आर्द्र वायुमण्डल और शुष्क मिट्टी
C. खुले रंध्र, शुष्क वायुमण्डल और नम मिट्टी
D. बन्द रंध्र, निम्न हल्की तीव्रता और आर्द्र वायुमण्डल

65. यकृत निवाहिका तंत्र कहां से आरंभ होता है?
A. पाचन तंत्र से जिगर
B. गुरदे से जिगर
C. जिगर से हृदय
D. जिगर से गुरदा

66. इवान पैवलोव ने किन पर प्रयोग किए?
A. सरल प्रतिवर्त B. अनुकूलित प्रतिवर्त
C. हृदय प्रतिवर्त D. जीवन का मूल

67. ग्रीनहाउस प्रभाव किसके द्वारा होता है?
A. हरे पौधे B. अवरक्त किरणें
C. UV किरणें D. X-किरणें

68. स्वतंत्र सप्राण नाइट्रोजन स्थाईकर जीवाणु हैं?
A. नाइट्रोसोमोना B. क्लॉस्ट्रिडियम
C. राइज़ोपस D. ऐनाबीना

69. सुपोषीकरण _____ में पानी की अधिकता से होता है?
A. पोषक B. भारी धातुएँ
C. कीटनाशक D. सूक्ष्मांगी

70. पौधों में विद्यमान फोटो-संश्लेशणात्मक रंजक हैं?
A. क्लोरोफिल a और b
B. क्लोरोफिल a और c
C. क्लोरोफिल a
D. क्लोरोफिल b

71. वायुजीवी अंगियों में, ग्लूकोज़ अंतिम उत्पाद के रूप में ____ में बदल जाता है :
A. लेक्टिक अम्ल B. CO_2
C. O_2 D. ईथानोल

72. आवृतवीजियों में दोहरे निषेचन की भूमिका _____ का उत्पादन करना है :
A. अध्यावरण B. अन्तःपोषी
C. अंतः फलमित्ति D. ग्राहक गुच्छ

73. हृदय में प्राकृतिक गतिचालक है :
A. SA निस्पंद B. परकिन्जी तंतु
C. कॉरडे टेन्डिने D. मिट्रल कपाट

74. मानवशिम्बों में उत्सर्जन अंग हैं :
A. वृक्कांक B. ज्वाला कोशिकाएँ
C. नलपाद D. माल्पीजियन नलिकायें

75. मानव शरीर में दिमाग का कौन-सा भाग तापमान को नियंत्रित करता है?
A. अनुमस्तिष्क B. मध्यांश
C. अधश्चेतक D. चेतक

76. एडिसन-रोग का कारण हार्मोन की कमी है जो _____ द्वारा नियंत्रित होता है :
A. पीयूष ग्रन्थि B. अधिवृक्क वल्कुट
C. अवटु ग्रन्थि D. थाइमस ग्रन्थि

77. गौण प्रदूषक कौन-सा है?
A. वायुविलय B. CO
C. PAN D. SO_2

78. पृथ्वी के वायुमण्डल की परत जहाँ बादल होते हैं, वह है:
A. हट्रेटोस्फियर B. ट्रोपोस्फियर
C. थर्मोस्फियर D. मेसोस्फियर

79. वर्गसंकर वर्द्धिष्णुता किसके कारण है?
A. शुद्ध स्वलक्षणों की समयुग्मजता
B. सभी जीनों की उत्कृष्टता
C. विषमयुग्मजता
D. नर के कोशिकाद्रव्य का मादा के कोशिकाद्रव्य से मिश्रण

80. समान उपजाति द्वारा दो पौधों में संकरों को कहते हैं :
A. अंतः उपजातीय B. अंतर-उपजातीय
C. अन्तराजातीय D. अंतरजीनी

81. रिले अंतराल सस्य उगाने की व्याख्या कौन-सा करता है?
A. उपलब्ध स्पेस में अंगभूत फसलों को पूरी तरह मिश्रित किया जाता है
B. अंगभूत फसलों को एकान्तर कतारों में व्यवस्थित किया जाता है
C. तेज़ बढ़ने वाली फसलों को धीमे बढ़ने वाली फसलों के साथ बीजा जाता है
D. दूसरी फसल को पहली फसल की वृद्धि के दौरान और अक्सर फलन के बाद बोया जाता है

82. पौधे की टहनियाँ और जड़ें दर्शाती हैं :
A. क्रमशः नकारात्मक और सकारात्मक गुरुत्ववृत्ति
B. केवल नकारात्मक गुरुत्ववृत्ति
C. केवल सकारात्मक और नकारात्मक गुरुत्ववृत्ति
D. क्रमशः सकारात्मक और नकारात्मक गुरुत्ववृत्ति

83. जीवाणुओं का अलिंगी तौर पर किस द्वारा प्रजनन होता है?
A. असूत्री विभाजन B. अर्धसूत्री कोशिका विभाजन
C. संयुग्मन D. रूपांतरण

84. दृष्टिपटल कहाँ पर अत्यधिक अतिसंवेदी होता है?
A. दृष्टि बिम्ब B. परिधि
C. मेक्युला ल्युटिया D. फोविया सेन्ट्रेलिस

85. लेन्स की अबिन्दुकता को _______ के पहनने से सही किया जा सकता है :
A. अवतल लेन्स B. उत्तल लेन्स
C. गोल बेलनाकार लेन्स D. बिना किसी लेन्स के

86. जब अंडा निषेचित नहीं होता, तो एक फटे कूप द्वारा किस हार्मोन की उत्पत्ति होती है?
A. LH B. FSH
C. प्रोगेस्टेरॉन D. थायरॉक्सिन

87. कीटों द्वारा परागण को कहते हैं :
A. एन्टॉमॉफिलि B. वायु परागण
C. कायरोप्टेरोफिलि D. पक्षी परागण

88. पीनकजनक किसको बनाने की प्रक्रिया है?
A. विकसित हो रहे अंड कोशिका के इर्द-गिर्द पीतक झिल्ली
B. रेंगने वाले प्राणियों और पक्षियों के विकास में पीलक-पिण्ड के इर्द-गिर्द पीतक कोशिका झिल्ली
C. उभयचरों के बढ़ रहे अंडक के भीतर पीतक और इसका निक्षेप
D. अंड कोशिका के इर्द-गिर्द पुरान्त्र

89. नूतन जीव महाकल्प के किस युग में, विशाल स्तनधरियों का विलोपन हुआ था?
A. अल्पनूतन युग B. अतिनूतन युग
C. न्यूनतम युग D. अत्यंत नूतन युग

90. जीवाश्म किसमें मिलते हैं?
A. चट्टानें B. तृणमणि
C. डामर D. इन सभी माध्यमों में

भाग-III

भाषा-I : हिन्दी

निर्देश : *निम्नलिखित प्रश्नों के उत्तर देने के लिए **सबसे** उचित विकल्प चुनिए।*

91. भाषा-अर्जन में महत्त्वपूर्ण है
A. भाषा का व्याकरण
B. पाठ्य-पुस्तक
C. भाषा का शिक्षक
D. भाषा के विभिन्न रूपों का प्रयोग

92. पत्र-पत्रिकाएँ भाषा सीखने में
A. बड़ों के पढ़ने की वस्तु हैं
B. साधक हैं
C. बाधक हैं
D. त्रुटियों को बढ़ावा देती हैं

93. भाषा स्वयं में
A. एक विषय मात्र है
B. संप्रेषण का एकमात्र साधन है
C. एक नियमबद्ध व्यवस्था है
D. एक जटिल चुनौती है

94. भाषा का प्रयोग
A. केवल परीक्षा में होता है
B. केवल पाठ्य-पुस्तक में होता है
C. केवल मुद्रित सामग्री में होता है
D. जीवन के विभिन्न संदर्भों में होता है

95. बच्चों की भाषा-संबंधी क्रमिक प्रगति का लेखा-जोखा रखना .. .. से सम्भव है।
A. उत्तर-पुस्तिकाओं B. लिखित परीक्षा
C. मौखिक परीक्षा D. पोर्टफोलियो

96. भाषा की पाठ्य-पुस्तकें
A. अभ्यासपरक ही होनी चाहिए
B. साधन हैं
C. साध्य हैं
D. भाषा सीखने का एकमात्र संसाधन हैं

97. बच्चों की भाषा के आकलन का सर्वाधिक प्रभावी तरीका है
A. प्रश्न पूछना और पढ़ी गई सामग्री पर प्रतिक्रिया व्यक्त करना
B. श्रुतलेख
C. लिखित परीक्षा
D. प्रश्नों के उत्तर देना

98. बहुभाषिक एवं बहुसांस्कृतिक कक्षा में
A. बच्चों को केवल मानक भाषा के प्रयोग के लिए ही पुरस्कृत करना चाहिए
B. बच्चों की मातृभाषा का ही सदैव प्रयोग किया जाना चाहिए
C. बच्चों की मातृभाषा का प्रयोग वर्जित होना चाहिए

D. बच्चों की मातृभाषा को समुचित सम्मान, स्थान देते हुए मानक भाषा से भी परिचय कराना चाहिए

99. निम्नलिखित में से कौन-सा भाषा-शिक्षण का उद्देश्य है?

A. भाषा की बारीकी और सौंदर्यबोध को सही रूप में समझने की क्षमता को हतोत्साहित करना

B. भाषा के व्याकरण सीखने पर बल देना

C. निजी अनुभवों के आधार पर भाषा का सृजनशील प्रयोग करना

D. भाषा सीखते समय त्रुटियाँ बिल्कुल न करना

100. भाषा के व्याकरण की समझ को

A. निबंधात्मक प्रश्नों के माध्यम से आँका जाना चाहिए

B. संदर्भपरक प्रश्नों के माध्यम से आँका जाना चाहिए

C. केवल वस्तुनिष्ठ प्रश्नों के माध्यम से आँका जाना चाहिए

D. केवल लघूत्तर प्रश्नों के माध्यम से आँका जाना चाहिए

101. प्रश्न पूछना, प्रतिक्रिया व्यक्त करना, परिचर्चा में भाग लेना, वर्णन करना

A. भाषा सीखने-सिखाने तथा आकलन के तरीके हैं

B. केवल शिक्षण-पद्धति हैं

C. केवल साहित्यिक गतिविधियाँ हैं

D. भाषा-आकलन के तरीके मात्र हैं

102. एक भाषा-शिक्षक के लिए सर्वाधिक महत्त्वपूर्ण है

A. भाषा की त्रुटियों के प्रति कठोर रवैया अपनाना

B. भाषा की पाठ्य-पुस्तक

C. भाषा का आकलन

D. बच्चों को भाषा-प्रयोग के अवसर उपलब्ध कराना

103. भाषा सीखने-सिखाने का उद्देश्य है

A. विभिन्न स्थितियों में भाषा का प्रभावी प्रयोग करना

B. अपनी बात कहना सीखना

C. दूसरों की बात समझना सीखना

D. अपनी बात की पुष्टि के लिए तर्क देना

104. भाषा की कक्षा में एक शिक्षक बच्चों से क्या अपेक्षा करता है?

A. बच्चे सवालों के बँधे-बँधाए जवाब न दें

B. बच्चे सवालों के बँधे-बँधाए जवाब दें

C. संस्कृतनिष्ठ भाषा में ही जवाब दें

D. बच्चे अपनी मातृभाषा का बिल्कुल भी प्रयोग न करें

105. बच्चे अपने परिवेश से स्वयं भाषा अर्जित करते हैं। इसका एक निहितार्थ यह है कि

A. बच्चों को बिल्कुल भी भाषा न पढ़ाई जाए

B. बच्चों को समृद्ध भाषिक परिवेश उपलब्ध कराया जाए

C. बच्चों को केवल लक्ष्य भाषा का ही परिवेश उपलब्ध कराया जाए

D. बच्चों को अत्यंत सरल भाषा का परिवेश उपलब्ध कराया जाए

निर्देश (प्र. सं. 106 से 114) : *गद्यांश को पढ़कर निम्नलिखित प्रश्नों में सबसे उचित विकल्प चुनिए।*

मुझे मालूम नहीं था कि भारत में 'तिलोनिया' नाम की भी कोई जगह है जहाँ हमारे देश के समसामयिक इतिहास का एक विस्मयकारी पन्ना लिखा जा रहा है। उस वक्त तक तिलोनिया के बारे में मुझे इतनी ही जानकारी थी कि वहाँ पर एक स्वावलंबी विकास-केंद्र चल रहा है, जिसे स्थानीय ग्रामवासी, स्त्री-पुरुष मिलजुलकर चला रहे हैं। मुझे वहाँ जाने का अवसर मिला। बस्ती क्या थी, कुछ पुराने और कुछ नए छोटे-छोटे घरों का झुरमुट थी।

वहाँ एक सज्जन ने बताया कि एक सुशिक्षित तथा उसके दो साथियों टाइपिस्ट तथा फोटोग्राफर ने मिलकर 1972 में इस संस्थान की स्थापना की थी। संस्थान का नाम था – सामाजिक कार्य तथा शोध-संस्थान (एस.डब्ल्यू.आर.सी.)।

मेरे मन में संशय उठने लगे थे। आज के जमाने में वैज्ञानिक उपकरणों और जानकारी के बल पर ही तरक्की की जा सकती है। उससे कटकर और अवहेलना करते हुए नहीं की जा सकती। एक पिछड़े हुए गाँव के लोग अपनी समस्याएँ स्वयं सुलझा लेंगे, यह नामुमकिन था। वह सज्जन कहे जा रहे थे "हमारे गाँव आज नहीं बसे हैं। इन गाँवों में शताब्दियों से हमारे पूर्वज रहते आ रहे हैं। पहले जमाने में भी हमारे लोग अपनी सूझ और पहलकदमी के बल पर ही अपनी दिक्कतें सुलझाते रहे होंगे। जरूरत इस बात की है कि हम शताब्दियों की इस परंपरागत जानकारी को नष्ट न होने दें। उसका उपयोग करें।" फिर मुझे समझाते हुए बोले "हम बाहर की जानकारी से भी पूरा-पूरा लाभ उठाते हैं, पर मूलतः स्वावलंबी बनना चाहते हैं, स्वावलंबी, आत्मनिर्भर।" मुझे बार-बार गाँधीजी के कथन याद आ रहे थे। मैंने गाँधीजी का जिक्र किया तो वह बड़े उत्साह से बोले – "आपने ठीक ही कहा है। यह संस्थान गाँधीजी की मान्यताओं के अनुरूप ही चलता है – सादापन, कर्मठता, अनुशासन, सहभागिता। यहाँ सभी निर्णय मिल-बैठकर किए जाते हैं। आत्मनिर्भरता... ।" आत्मनिर्भरता से मतलब कि ग्रामवासियों की छिपी क्षमताओं को काम में लाया जाए और गाँधीजी के अनुसार, ग्रामवासी अपनी अधिकांश बुनियादी जरूरत की वस्तुओं का उत्पादन स्वयं करें....।

(एक तीर्थ यात्रा, स्रोत : भीष्म साहनी)

106. सामाजिक कार्य तथा शोध-संस्थान की स्थापना का उद्देश्य था

A. उन्हें प्राचीन परंपराओं से परिचित कराना

B. ग्रामवासियों को देश-विदेश की जानकारी प्रदान करना

C. उन्हें केवल अनुशासित करना

D. उन्हें स्वावलंबी, आत्मनिर्भर बनाना

107. लेखक का मानना था

A. आधुनिक समय में वैज्ञानिक उपकरणों और जानकारी से कटकर या उसकी अवहेलना करके तरक्की नहीं की जा सकती है

B. आधुनिक समय में वैज्ञानिक उपकरणों और जानकारी के बल पर ही तरक्की नहीं की जा सकती है

C. ग्रामवासी अपनी समस्याएँ स्वयं सुलझा सकते हैं

D. ग्रामवासियों को अपनी समस्याएँ स्वयं सुलझाने की आदत है

108. संस्थान के निर्णय और संचालन में आधारभूत भूमिका इनमें से किसकी है?
A. गाँव-प्रधान की
B. संस्थापक की
C. केवल गरीब और दलित महिलाओं की
D. उस गाँव में रहने वाले सभी लोगों की

109. 'आत्म' उपसर्ग किस शब्द में ***नहीं*** है?
A. परमात्मा B. आत्मनिर्भर
C. आत्मसम्मान D. आत्मीय

110. लेखक के अनुसार "'तिलोनिया' गाँव में हमारे देश के आजकल के इतिहास का विस्मयकारी पन्ना लिखा जा रहा है" इसका कारण है
A. केन्द्र में इतिहास पर विस्मयकारी शोध किया जा रहा है
B. 'तिलोनिया' गाँव पिछड़े गाँव के रूप में जाना जाता है
C. वहाँ एक स्वावलंबी विकास-केंद्र चल रहा है
D. वहाँ के लोग अनुदान पर आश्रित हैं

111. 'शताब्दी' .... समास का उदाहरण है।
A. अव्ययीभाव B. बहुव्रीहि
C. द्विगु D. तत्पुरुष

112. गाँधीजी .... को मान्यता नहीं देते हैं।
A. सादापन B. आत्मनिर्भरता
C. कर्मठता D. अकर्मण्यता

113. निम्नलिखित में से संज्ञा का उदाहरण ***नहीं*** है
A. अनुशासित B. आत्मनिर्भरता
C. स्वावलंब D. अनुशासन

114. 'उपयोगी' शब्द का विलोम है
A. उपयोगिता B. अउपयोगी
C. अनुपयोगी D. अनपयोगी

निर्देश (प्र.सं. 115 से 120) : *कविता को पढ़कर निम्नलिखित प्रश्नों में **सबसे उचित** विकल्प चुनिए।*

सुनता हूँ मैंने भी देखा,
काले बादल में रहती चाँदी की रेखा।
काले बादल जाति-द्वेष के,
काले बादल विश्व-क्लेश के,
काले बादल उठते पथ पर
नवस्वतंत्रता के प्रवेश के!
सुनता आया हूँ, है देखा
काले बादल में हँसती चाँदी की रेखा!

(चाँदी की रेखा, सुमित्रानंदन पंत)

115. "काले बादल में रहती चाँदी की रेखा।" पंक्ति का भाव है
A. अँधेरे के बाद प्रकाश आता है
B. काले बादलों में चाँदी की रेखा है
C. विपत्तियों के बीच आशा की किरण दिखाई देती है
D. बादलों के टकराने से बिजली चमकती है

116. 'काले बादल' प्रतीक हैं .... के।
A. तूफान
B. गर्मी से मुक्ति
C. जातिगत वैमनस्य
D. मानसून द्वारा आने वाली खुशहाली

117. 'काले बादल में रहती चाँदी की रेखा' में कौन-सा अलंकार है?
A. श्लेष अलंकार B. उपमा अलंकार
C. रूपक अलंकार D. उत्प्रेक्षा अलंकार

118. निम्न में से 'बादल' का पर्यायवाची शब्द ***नहीं*** है:
A. पयोधर B. जलज
C. जलद D. घन

119. 'स्वतंत्रता' का विलोम शब्द है
A. पराधीनता B. परतंत्र
C. गुलाम D. परतंत्रता

120. कवि क्या सुनने और देखने की बात कहता है?
A. निराशा को B. बादलों को
C. बिजली को D. आशा की किरण को

भाग-IV

भाषा-II: ENGLISH

Directions : *Answer the following questions by selecting the **most appropriate** option.*

121. In the word 'scarce', the phonetic transcription for 'a' is
A. /ae/ B. /e/
C. /ea/ D. /ie/

122. Notes can be made using a flowchart or a web-diagram. The study skill involved is
A. gathering B. storing
C. summarising D. retrieving

123. Language acquisition
A. is a technique intended to simulate the environment in which children learn their native language
B. requires the memorization and use of necessary vocabulary
C. involves a systematic approach to the analysis and comprehension of grammar as well as to the memorization of vocabulary
D. refers to the process of learning a native or a second language because of the innate capacity of the human brain

124. A rhetorical question is asked
A. to get a feedback about what others think about your speech/writing
B. to gather personal information
C. to clarify a concept
D. for the sake of effect with no answer needed

125. The homonym of 'bier' is
A. bar B. bear
C. beer D. bare

126. An example of linking adverbials is
A. your B. the
C. these D. so

127. *'I loved Ophelia : forty thousand brothers Could not, with all their quantity of love Make up my sum'.* The phrase '...forty thousand brothers' illustrates a figure of speech called
A. allegory B. imagery
C. personification D. hyperbole

128. Student A and Student B ask and answer questions to complete a worksheet. This is
A. a controlled interview
B. an information transfer activity
C. a role play
D. an information gap activity

129. 'While listening' means a stage
A. when a listening activity is introduced
B. when students are listening for pleasure
C. when students are listening to a recording of a natural conversation
D. where the students attempt a listening task

130. Criteria of assessment is a/are
A. scoring key
B. guidelines with marking scheme
C. question-wise distribution of marks
D. general impression of a student's ability

131. According to NCF 2005, learning of English aims
A. to provide adequate facilities at the State level for instruction in English at the primary stage of education
B. to enable knowledge acquisition through literacy and its development into an instrument of abstract thought
C. to subsume the languages that a child acquires naturally from her/his home and societal environment
D. to introduce standard sign language in English for children with language-related impairments

132. What is taught is not what is learnt because
A. students possess different abilities, personalities and come from a variety of backgrounds
B. a teacher or learner can never fully master any discipline
C. students pay attention during informal discussion
D. a teacher's socio-economic level may differ widely from the students'

133. Constructivism is a theory where students
A. construct their own learning aids, thereby gaining hands-on experience
B. study a variety of dissimilar samples and draw a well founded conclusion
C. form their own understanding and knowledge of the world, through experiencing things and reflecting on those experiences
D. are facilitated by the teacher and use a variety of media to research and create their own theories

134. Learners are familiar with the concept 'cyberspace' due to their cognitive overload. Therefore, learners
A. may be exposed to a sequential and cohesive expository presentation
B. may end up studying more meaningful topics in class
C. may explore their own interests according to their own experience, background and perspective while spending considerable time navigating for content
D. usually omit studying prescribed but important topics

135. The students make mistakes while playing a grammar game. The teacher should
A. quietly note down the mistakes and discuss them with the class after the activity
B. call aside the erring student and offer some guidance
C. call aside the student incharge in the group and instruct him/her to guide the student
D. quietly note down the mistakes and hold a remedial class for the 'erring' students

Directions (Qs. No. 136 to 144) : *Read the passage given below and answer the questions that follow by selecting the* ***most appropriate*** *option.*

1. Nammescong Creek flowed into the backs of my thighs as I fished, pausing between casts to secure my balance in the current and admire a new hatch of pale yellow mayflies lift from the stream. Over my shoulder, the sun dropped into a farmer's cornfield, the final patch of orange light on the water enough for me to spot the small, vaguely metallic object at my feet. Retrieving it, I ran my thumb over its raised lettering, rubbing away the mud and a string of algae. A name appeared, along with an expiration date. June 1984. I had discovered arrowheads here in the past, so it didn't seem misplaced to find a tool used by modern man to obtain a meal.
2. I took a moment to consider how the card had come to rest in the bed of the Nammy. I thought may be there was a story in it. I was curious to know if the owner had lost his wallet while fishing, the whole trip ruined the second he'd inventoried his cash or dug out his license for a game warden. Over time the leather would've

rotted into fish food, with the scoured plastic remaining. I wondered how many miles the card might have ridden on spring floods over the past quarter of a century. For all I knew he could've been robbed, the thieves stripping out the money and tossing the billfold away later as they crossed a bridge.

3. Looking him up and phoning, I recited the card number and issuing bank. He laughed, recalling it as the first credit account he'd ever taken out, a line of imaginary cash in those years when he had no real money. But that finally changed, he explained, after an industrial accident cost him his left eye, the payoff from the plant enabling him to retire eight years earlier than expected and move to a small hobby farm in southern Virginia. He told me a glass eye wasn't his style, so he had taken to wearing an eyepatch, which his wife still hates and his grandchildren — ages three, five, and seven — have always loved, as it makes Grandpop look like a pirate. He called them his Miracle Grandbabies, born to a daughter who struggled with alcohol and drug addiction for years — her rock-bottom in 1984, a year before she cleaned up for good.
4. But in the end the man couldn't remember ever losing his wallet, either by accident or theft. He said he'd never fished the Nammy, that, in fact, he'd always thought the sport a little boring, and so I came to realize there was no story here.

136. "Flowed into the backs of my thighs" informs the reader that the narrator was fishing while
A. walking across the river
B. sitting on the river bank
C. his legs were hanging in the river
D. standing in the river

137. 'Scoured' means
A. discoloured
B. drenched
C. cleaned
D. bent shapeless

138. "....a tool used by modern man to obtain a meal" in this context is a/some
A. credit card
B. fishing rod
C. money
D. coins

139. 'The whole trip ruined' was because of the
A. narrator's attention being diverted by his find
B. sudden appearance of mayflies
C. loss of the wallet for its 'owner' who had given up his/her holiday
D. orange sunlight falling on the water thereby disturbing the fish

140. By 'looking him up', the narrator
A. found out about him through various sources
B. referred to a telephone directory
C. attempted to meet the 'owner' personally
D. called him up through an operator

141. 'A small hobby farm' would be
A. a farm run without any profit
B. an open space where rare animals are cared for
C. a small zoo in the backyard
D. a commmercially successful farm

142. The 'owner's daughter had cleaned up by
A. choosing to stay with her parents
B. getting married
C. having two children
D. giving up a destructive lifestyle

143. There was no story because
A. the reality did not live up to his imagination
B. what he found out showed that the 'owner's' life lacked adventure
C. he was disappointed that the 'owner' was well to do
D. the 'owner' did not share his interest in fishing

144. A word in the story that means 'soar' is
A. rub
B. born
C. lift
D. plant

Directions (Qs. No. 145 to 150): *Read the passage given below and answer the questions that follow by selecting the **most appropriate** option.*

1. The No Child Left Behind Act of 2001 has served as a catalyst in many school improvement efforts. Schools in the United States are responding to meet the challenge of these improvement efforts, although in doing so, some are caught in a decision-making and funding quagmire. They ask, "How can we best support teachers so that all students can succeed?" Using technology as a means of closing achievement gaps is one option schools are considering more purposefully and effectively. This includes using assistive technologies for students with special needs and creating a systemic approach to change that benefits all students, including subgroups.
2. Assistive technologies are technologies that support students with disabilities, of which a total of 6.5 million were being served through the Individuals with Disabilities Education Act of 1997. This Act defines an assistive technology device as "any item, piece of equipment, or product system, whether acquired commercially off the shelf, modified, or customized, that is used to increase, maintain, or improve functional capabilities of a child with a disability." Regardless of their previous experience, many administrators and educators are expected to be change agents of school improvement efforts today and be well versed and knowledgeable about assistive technologies, despite the fact that the definition of assistive technology is so broad and the field is relatively new.

145. "Schools found themselves in a funding quagmire." Here, 'quagmire' means
A. quicksand
B. boggy area
C. isolation
D. indebtedness

146. According to this report, 'achievement gaps' can be closed by
- A. recruiting and training moral personnel to help the special needs children
- B. investing on more reference books in the library
- C. conducting after school special classes for weak students
- D. getting more financial support from the government

147. Functional capabilities constitute the
- A. exceptional talent in academic or literary activities
- B. ability to go for higher studies
- C. the skills to cope with everyday challenges
- D. the determination to succeed

148. A 'product system' here means
- A. products that are freely accessible to schools only
- B. services or financial investments that are not commercially value-adding
- C. important resources not available to the disabled persons
- D. special training equipment designed for disabled children

149. Find a word in the report that means 'widely circulated'.
- A. change
- B. systemic
- C. achievement
- D. product

150. The antonym for the word 'hindering' would be
- A. customized
- B. challenge
- C. disability
- D. assistive

उत्तरमाला

1	2	3	4	5	6	7	8	9	10
A	A	A	D	C	D	C	C	B	D
11	12	13	14	15	16	17	18	19	20
C	C	B	D	C	B	B	B	A	D
21	22	23	24	25	26	27	28	29	30
A	D	B	C	C	D	D	C	D	D
31	32	33	34	35	36	37	38	39	40
C	B	A	D	B	C	A	B	C	D
41	42	43	44	45	46	47	48	49	50
B	A	C	D	B	A	C	D	B	C
51	52	53	54	55	56	57	58	59	60
A	B	D	D	B	D	C	B	A	B
61	62	63	64	65	66	67	68	69	70
C	B	D	C	A	B	B	B	A	A
71	72	73	74	75	76	77	78	79	80
B	B	A	D	C	B	C	B	C	A
81	82	83	84	85	86	87	88	89	90
D	A	A	D	C	C	A	C	D	D
91	92	93	94	95	96	97	98	99	100
D	B	C	D	D	B	A	D	A	B
101	102	103	104	105	106	107	108	109	110
A	D	A	A	B	D	A	D	A	C
111	112	113	114	115	116	117	118	119	120
C	D	A	C	C	C	A	B	A	D
121	122	123	124	125	126	127	128	129	130
A	C	A	D	C	D	D	B	C	D
131	132	133	134	135	136	137	138	139	140
C	A	C	C	D	D	C	A	C	A
141	142	143	144	145	146	147	148	149	150
A	D	A	C	D	A	C	D	D	D